中国民法典适用大全

商事卷·公司法（一）

最高人民法院民法典贯彻实施工作领导小组　编著

人民法院出版社

图书在版编目（CIP）数据

中国民法典适用大全．商事卷．公司法／最高人民法院民法典贯彻实施工作领导小组编著． -- 北京：人民法院出版社，2022.12
ISBN 978-7-5109-3584-8

Ⅰ．①中… Ⅱ．①最… Ⅲ．①民法－法典－法律适用－中国②公司法－法律适用－中国 Ⅳ．①D923.05

中国版本图书馆CIP数据核字(2022)第170850号

中国民法典适用大全（商事卷·公司法）

最高人民法院民法典贯彻实施工作领导小组　编著

策划编辑	陈建德　李安尼
责任编辑	张　怡　巩　雪　赵芳慧　周利航
执行编辑	沈洁雯
装帧设计	天平文创视觉设计
出版发行	人民法院出版社
地　　址	北京市东城区东交民巷27号（100745）
电　　话	（010）67550691（责任编辑）　67550558（发行部查询） 65223677（读者服务部）
客 服 QQ	2092078039
网　　址	http://www.courtbook.com.cn
E－mail	courtpress@sohu.com
印　　刷	天津市嘉恒印务有限公司
经　　销	新华书店
开　　本	787毫米×1092毫米　1/16
字　　数	1201千字
印　　张	71.25
版　　次	2022年12月第1版　2022年12月第1次印刷
书　　号	ISBN 978-7-5109-3584-8
定　　价	248.00元（全2册）

版权所有　侵权必究

"民法典适用大全"小程序使用图示

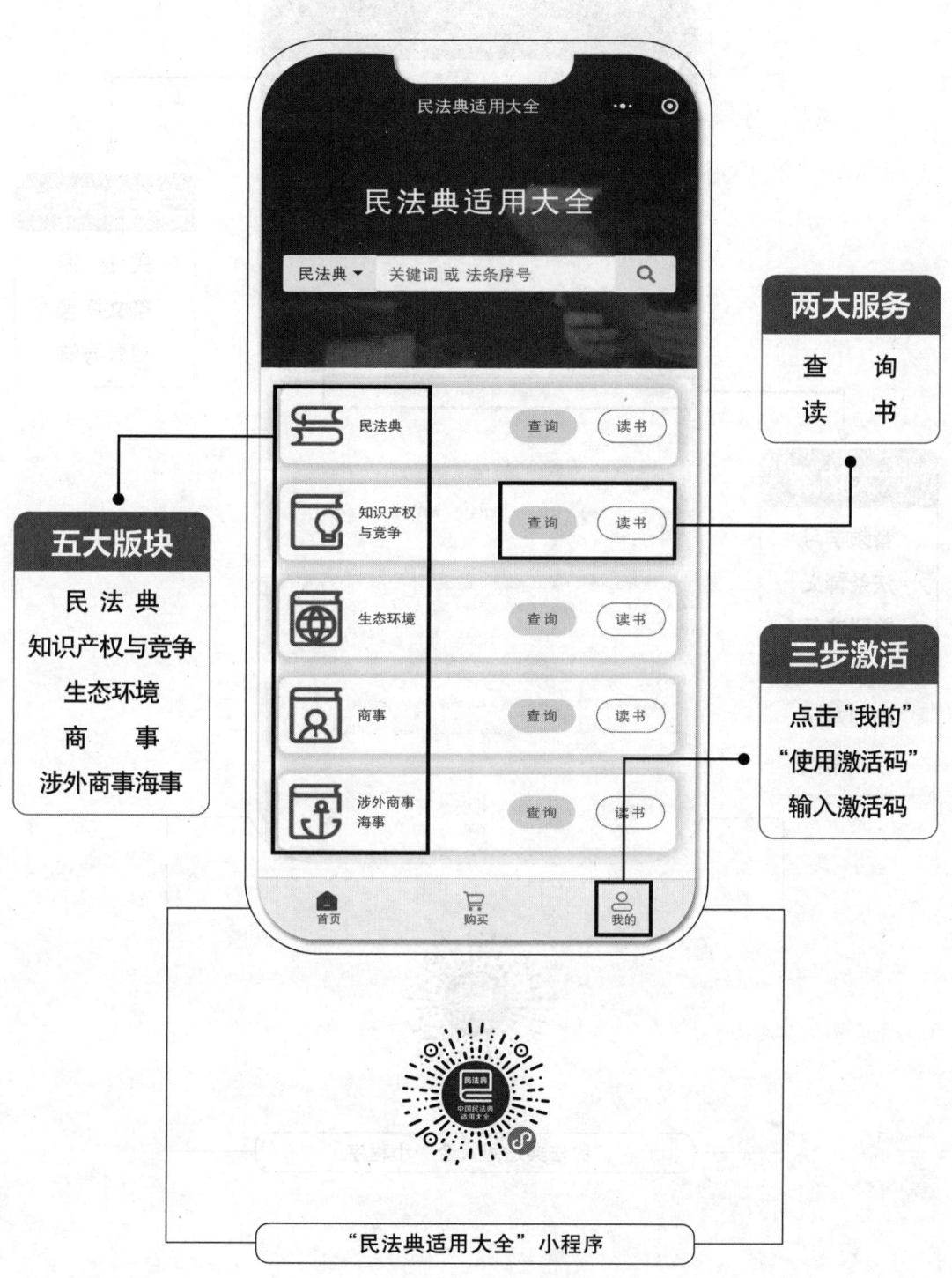

最高人民法院
民法典贯彻实施工作领导小组

组　　　长	周　强			
常务副组长	贺　荣			
副　组　长	陶凯元	杨万明	杨临萍	贺小荣	刘贵祥
成　　　员	（按机构排序）			
	郭竞坤	董文濮	钱晓晨	郑学林	林文学
	林广海	王淑梅	刘竹梅	于厚森	韩维中
	孔　玲	何东宁	郭　锋	赵晋山	李广宇
	胡仕浩	祝二军	马　岩	陈宜芳	郝银钟
	高晓力	邰中林	孙晓勇		

办公室

主　　　任	杨万明	刘贵祥		
副　主　任	郭　锋	杨永清		
成　　　员	丁广宇	周伦军	陈龙业	

《中国民法典适用大全（商事卷·公司法）》

执行编委	林文学	郭　锋	杨永清	周伦军	
编　　审	付金联	潘勇锋	葛洪涛	张　颖	吴光荣
	孙德昌	孙亚菲	唐荣娜		

全面深化民法典贯彻实施
为推进中国式现代化提供有力司法服务

民法典是中华人民共和国成立以来第一部以"法典"命名的法律，是党的十八大以来全面推进依法治国的标志性立法成果，在中国特色社会主义法律体系中具有重要地位。以习近平同志为核心的党中央高度重视民法典贯彻实施工作，作出一系列重大部署。2020年5月29日，十九届中央政治局就"切实实施民法典"举行第二十次集体学习，习近平总书记主持学习时强调，全党要切实推动民法典实施，以更好推进全面依法治国、建设社会主义法治国家，更好保障人民权益，指出"各级司法机关要秉持公正司法，提高民事案件审判水平和效率。要加强民事司法工作，提高办案质量和司法公信力。要及时完善相关民事司法解释，使之同民法典及有关法律规定和精神保持一致，统一民事法律适用标准。要加强涉及财产权保护、人格权保护、知识产权保护、生态环境保护等重点领域的民事审判工作和监督指导工作，及时回应社会关切"。习近平总书记的重要讲话为贯彻实施民法典指明了方向，提供了根本遵循。党的二十大报告明确指出，必须更好发挥法治固根本、稳预期、利长远的保障作用，在法治轨道上全面建设社会主义现代化国家，并对统筹法律立改废释纂、严格公正司法提出明确要求，对深入贯彻实施民法典具有重要指导意义。

最高人民法院坚持以习近平新时代中国特色社会主义思想为指

导，深入贯彻习近平法治思想，认真学习贯彻习近平总书记关于切实实施民法典的重要论述，深刻领悟"两个确立"的决定性意义，增强"四个意识"、坚定"四个自信"、做到"两个维护"，全面落实党中央决策部署，深刻理解和把握民法典的核心要义和重要制度，积极推动贯彻实施好民法典。在前期成立最高人民法院民法典编纂工作研究小组的基础上，专门成立民法典贯彻实施工作领导小组，党组书记、院长周强担任组长，研究制定一系列措施，就贯彻实施民法典提出具体要求。全国各级人民法院严格依据民法典公正审理案件，深入研究民法典司法适用理论和实践问题，分析总结典型案例，推动民法典贯彻实施取得显著成效。

为深入学习宣传贯彻党的二十大精神，贯彻党中央关于坚持全面依法治国、推进法治中国建设的重大决策部署，系统反映人民法院贯彻实施民法典举措成果，全面总结新时代民商事审判经验，最高人民法院民法典贯彻实施工作领导小组组织编写了《中国民法典适用大全》（以下简称《适用大全》），为学习宣传贯彻民法典、推进法治中国建设提供权威审判指导。

一、《适用大全》的编辑背景

民法典颁布后，人民法院深入推动民法典学习宣传和贯彻实施，取得一系列经验成果，为《适用大全》的编辑出版提供了丰富素材，奠定了坚实基础。

一是全面清理已有司法解释。最高人民法院完成中华人民共和国成立以来最为全面系统规范的司法解释清理工作，对中华人民共和国成立以来至2020年5月28日有效的全部591件司法解释逐一清理，废止116件，修改111件。其中，直接废止司法解释89件，另有27件废止后重新整合出台新的司法解释；修改的司法解释包括民事类27件、商事类29件、知识产权类18件、民事诉讼类19件、执行类

18 件。完成清理工作后，作出司法解释废止、修改决定，自 2021 年 1 月 1 日起与民法典同步施行。

二是及时制定配套司法解释。最高人民法院坚持以问题为导向、以审判执行需求为出发点、以准确理解和适用法律为原则，构建多层次民法典配套司法解释。制定适用民法典时间效力的解释，整合制定民法典物权编解释、担保制度解释、婚姻家庭编解释、继承编解释、建设工程施工合同解释、劳动争议解释等，出台民法典总则编解释、人脸识别解释、生态环境侵权惩罚性赔偿解释等，有力配合民法典贯彻实施。

三是广泛开展学习宣传。最高人民法院统筹部署全国各级人民法院学习培训宣传工作。举行"人民法院大讲堂"活动，分层次、全覆盖培训干警 120 余万人次。以人民群众喜闻乐见的方式开展民法典普法宣传，会同中宣部等组织开展"美好生活·民法典相伴"主题宣传，推出"一分钟带你了解民法典"系列普法动漫等栏目。发挥典型案件示范引领作用，配合民法典总则编解释颁布，同步发布第一批 13 件人民法院贯彻实施民法典典型案例。

据统计，自 2021 年 1 月 1 日至 2022 年 9 月 30 日，全国各级人民法院根据民法典及相关司法解释的规定，共审结一审民商事案件 2737 万件。人民法院统一法律适用工作成效更加彰显，人民群众司法获得感、满意度持续提升。尤其是根据民法典新规，办理人格权侵害禁令、人身安全保护令案件 8067 件，让人民生活更加安全、更有尊严；审结环境侵权类案件 3502 件，促进发展更加和谐、更可持续。

二、《适用大全》的重大意义

《适用大全》是人民法院深入学习贯彻党的二十大精神，深入贯彻习近平法治思想，切实贯彻实施民法典、确保民法典统一正确适用，推动新时代新征程人民法院民事审判工作高质量发展的最新成果和重要举措,编辑出版《适用大全》意义重大。

第一,编辑出版《适用大全》是人民法院深入学习贯彻党的二十大精神、深入贯彻习近平法治思想的实际行动。党的二十大报告对坚持全面依法治国、推进法治中国建设作出专题论述、专门部署。民法典作为党的十八大以来全面推进依法治国的标志性立法成果,体现社会主义性质、符合人民利益和愿望、顺应时代发展要求,闪耀着习近平法治思想的光芒。编辑出版《适用大全》,有利于各级人民法院深入贯彻落实党的二十大精神,严格公正司法,深化司法体制综合配套改革,全面准确落实司法责任制,加快建设公正高效权威的社会主义司法制度,努力让人民群众在每一个司法案件中感受到公平正义,确保习近平总书记关于切实实施民法典的重要讲话和重要指示精神不折不扣落到实处,以正确贯彻实施民法典的生动实践坚定不移推进法治中国建设。

第二,编辑出版《适用大全》是人民法院正确贯彻实施民法典,推进司法为民、公正司法的应有之义。人民性是中国特色社会主义司法制度的本质属性,实现好、维护好、发展好最广大人民根本利益是我国司法工作的出发点和落脚点。编辑出版《适用大全》,有利于各级人民法院正确理解掌握民法典的核心精神、基本原则和具体制度,切实把民法典对生命健康、财产安全、交易便利、生活幸福、人格尊严等各方面权利的平等保护贯彻落实到审判执行工作的全过程、各方面,不断提高运用民法典维护人民权益、化解矛盾纠纷、促进社会和谐稳定的能力和水平,更好地满足和保障人民美好生活需要。

第三,编辑出版《适用大全》是人民法院提高司法能力,服务全面建设社会主义现代化国家、以中国式现代化全面推进中华民族伟大复兴的必然要求。民法典将庞大的民事法律规范按照完整逻辑体系予以整合,健全充实了民事权利种类,充分展现我国多年来关于市场经济体制改革的一系列重要制度成果,积极回应新时代人民司法关切,是高质量发展的助推器和法治保障。编辑出版《适用大全》,有利于各级人民法院统一裁判尺度,完整、准确、全面贯彻新发展理念,构建新发展格局,助力营造稳定公平透明、可预期的法治化营商环境;有利于各级人民法院围绕满足人民群众多元司法需求,深化司法体制综合配套改革和智慧法院建设,全面准确落实司法责任制,推进审判体系和审判能力现代化,充分发挥审判职能作用,服务全面建设社会主义现代化国家、以中国式现代化全面推进中华民族伟大复兴。

三、《适用大全》的编辑目标

《适用大全》作者群体主要为最高人民法院法官,同时吸收部分地方法院法官和高等院校中青年学者参加。编辑基本要求是以民法典条文为中心,体系化编辑相关法律法规、司法解释、司法指导性文件、权威释义、指导性案例、典型案例等内容,并基于我国民商合一的立法模式,将有关商事、知识产权、涉外民事关系等法律的具体适用纳入其中,形成民法典司法适用的逻辑体系,方便法律适用参考和普法宣传。通过编辑《适用大全》,力图实现以下目标:

一是推动民商事案件裁判尺度统一。向广大法官阐释好民法典关于坚持主体平等、保护财产权利、便利交易流转、维护人格尊严、促进家庭和谐、追究侵权责任等基本要求,阐释好民法典关于见义勇为、紧急救助、好意同乘、高空抛物、情势变更、保理合同等一系列创新性规定,指引广大法官强化法典化体系化思维,准确把握基本原则与具体规定、总则与分则、民法典与民商事特别法之间的适用关系,不断提升法律适用的系统性、科学性、准确性。

二是总结新时代民商事审判经验。系统梳理相关司法解释和司法指导性文件,深入挖掘民事案例"富矿",全面总结和展示新时代各级人民法院坚持以习近平新时代中国特色社会主义思想为指导,深入贯彻习近平法治思想,认真履行司法职能,推进全面依法治国探索形成的新经验、新举措、新成就,为人民法院服务保障中国式现代化奠定坚实基础。

三是助力更高水平的法治中国建设。整理汇编相关规定、释义、案例，既帮助广大法官准确理解民法典条文的精神要义，准确把握司法适用中的重点难点问题，提高办案质量和司法公信力，又帮助人民群众提高找法用法效率，促进民法典普法宣传和贯彻实施。

四、《适用大全》的体例结构

《适用大全》共计12卷33册，分为三大部分：

第一部分为法典卷。以民法典七编制结构为基础，分为总则卷、物权卷、合同卷、人格权卷、婚姻家庭卷、继承卷、侵权责任卷（含附则）。本部分将民法典的1260个条文全部收录，并围绕每一个条文编辑关联规定、条文释义、典型案例等内容。

第二部分为扩展卷。在法典卷的基础上增加知识产权与竞争卷、生态环境卷、商事卷、涉外商事海事卷。本部分主要是针对相关法律中与审判工作密切相关的条文开展编辑工作。

第三部分为索引卷。本部分旨在方便检索查阅（平装版不设索引卷）。

在体例安排上，以民法典具体条文为中心，设置关联规定、条文释义、适用指引、指导案例、典型案例、类案检索等栏目。其中，关联规定栏目主要收录与民法典或有关法律条文密切相关的法律、行政法规、司法解释、部门规章及司法指导性文件。条文释义栏目主要介绍目标条文的条文主旨、条文演变和条文解读。适用指引栏目侧重分析目标条文在审判实践中的重点难点问题。指导案例栏目主要收录目标条文涉及的相应指导性案例。典型案例栏目主要收录党的十八大以来最高人民法院的公报、工作报告中列举的案例，以及最高人民法院各部门发布评选的典型案例、优秀案例。类案检索主要收录其他相关案例。全书共收录案例3000余件，包括指导性案例、典型案例800余件。

五、《适用大全》的指导价值及其他说明事项

《适用大全》是一部服务审判执行、普法宣传、研究教学、生产经营、社会生活的法律适用工具书。各级人民法院和法官在阅读参考《适用大全》时，主要用途有三：一是可以民法典条文为基础，一揽子查找到相应的法律规定、司法解释、典型案例等，快速全面了解相关法律规定和政策精神，更加准确把握民法典立法精神、条款含义。二是可借鉴《适用大全》汇集的理论成果、关联规定、裁判观点，结合具体实际总结典型案例，提炼裁判规则。三是可利用《适用大全》提供的丰富素材，组织业务培训和普法宣传，弘扬社会主义法治精神，推动尊法学法守法用法在全社会蔚然成风。

广大法官在使用《适用大全》时，应当注意以下两方面问题：一是严格遵守裁判文书引用法律、法规、司法解释的规定。本书关联规定部分收录的法律、行政法规、司法解释、部门规章及司法指导性文件等，旨在帮助法官掌握相关法律规定、政策精神。其中司法指导性文件、部门规章等不能作为裁判依据援引。裁判文书在引用法律、法规等规范性文件时，应当严格遵照《最高人民法院关于裁判文书引用法律、法规等规范性法律文件的规定》。二是区别使用参考案例。本书收录的指导性案例应严格参照适用，典型案例可作为裁判适用参考，类案检索中的案例仅在于提示法官有相关裁判存在，便于检索查找。

各级人民法院要坚持以习近平新时代中国特色社会主义思想为指导，深入学习贯彻党的二十大精神，深入贯彻习近平法治思想，切实把思想和行动统一到习近平总书记关于切实实施民法典的重要论述精神上来，深刻领悟"两个确立"的决定性意义，增强"四个意识"、坚定"四个自信"、做到"两个维护"，以学好用好《适用大全》为抓手，全面深化民法典贯彻实施，增强服务保障高质量发展的司法能

力，夯实推进审判体系和审判能力现代化的实践基础，服务大局、司法为民、公正司法，在坚持全面依法治国、推进法治中国建设的伟大实践中不断开辟司法事业发展新天地，为全面建设社会主义现代化国家、以中国式现代化全面推进中华民族伟大复兴提供有力司法服务！

本书的编辑出版得到了各级人民法院、有关单位和社会各界的大力支持。在此，向为本书编辑出版提供帮助支持的全国人大常委会法工委、最高人民检察院、司法部，其他有关中央和国家机关、法学理论界的专家学者，以及广大人民群众、新闻媒体和社会各界表示衷心的感谢！

最高人民法院民法典贯彻实施工作领导小组
二〇二二年十一月二十八日

凡 例

一、本书有关条文释义和典型案例中法律、行政法规名称一般用简称，例如《中华人民共和国公司法》简称《公司法》。

二、本书有关条文释义和典型案例中下列司法解释及司法指导性文件一般也使用简称：

文件全称	简称	相关信息
《最高人民法院关于人民法院执行工作若干问题的规定（试行）》	《执行工作规定（试行）》	发文字号：法释〔1998〕15号 公布日期：1998年7月8日 施行日期：1998年7月8日 修正施行日期：2021年1月1日
《最高人民法院关于冻结、拍卖上市公司国有股和社会法人股若干问题的规定》	《冻结、拍卖国有股和社会法人股的规定》	发文字号：法释〔2001〕28号 公布日期：2001年9月21日 施行日期：2001年9月30日
《最高人民法院关于人民法院民事执行中拍卖、变卖财产的规定》	《民事执行拍卖、变卖财产的规定》	发文字号：法释〔2004〕16号 公布日期：2004年11月15日 施行日期：2005年1月1日 修正施行日期：2021年1月1日
《最高人民法院关于适用〈中华人民共和国公司法〉若干问题的规定（一）》	《公司法规定（一）》	发文字号：法释〔2006〕3号 公布日期：2006年4月28日 施行日期：2006年5月9日 修正施行日期：2014年3月1日

文件全称	简称	相关信息
《最高人民法院关于适用〈中华人民共和国公司法〉若干问题的规定（二）》	《公司法规定（二）》	发文字号：法释〔2008〕6号 公布日期：2008年5月12日 施行日期：2008年5月19日 第一次修正施行日期：2014年3月1日 第二次修正施行日期：2021年1月1日
《最高人民法院关于适用〈中华人民共和国公司法〉若干问题的规定（三）》	《公司法规定（三）》	发文字号：法释〔2011〕3号 公布日期：2011年1月27日 施行日期：2011年2月16日 第一次修正施行日期：2014年3月1日 第二次修正施行日期：2021年1月1日
《最高人民法院关于适用〈中华人民共和国民事诉讼法〉的解释》	《民事诉讼法解释》	发文字号：法释〔2015〕5号 公布日期：2015年1月30日 施行日期：2015年2月4日 第一次修正施行日期：2021年1月1日 第二次修正施行日期：2022年4月10日
《最高人民法院关于人民法院网络司法拍卖若干问题的规定》	《网络司法拍卖规定》	发文字号：法释〔2016〕18号 公布日期：2016年8月2日 施行日期：2017年1月1日
《最高人民法院关于适用〈中华人民共和国公司法〉若干问题的规定（四）》	《公司法规定（四）》	发文字号：法释〔2017〕16号 公布日期：2017年8月25日 施行日期：2017年9月1日 修正施行日期：2021年1月1日
《最高人民法院关于适用〈中华人民共和国公司法〉若干问题的规定（五）》	《公司法规定（五）》	发文字号：法释〔2019〕7号 公布日期：2019年4月28日 施行日期：2019年4月29日 修正施行日期：2021年1月1日
《全国法院民商事审判工作会议纪要》	《民商审判会议纪要》	发文字号：法〔2019〕254号 公布日期：2019年11月8日 施行日期：2019年11月8日

　　三、本书部分案例中引用的法律法规、司法解释等为案件审理当时所适用，在参照过程中应注意以法律法规、司法解释等文件的最新规定为准。

总目录

第一章	总　则	1
第二章	有限责任公司的设立和组织机构	115
	第一节　设　立	115
	第二节　组织机构	192
	第三节　一人有限责任公司的特别规定	292
	第四节　国有独资公司的特别规定	308
第三章	有限责任公司的股权转让	349
第四章	股份有限公司的设立和组织机构	422
	第一节　设　立	422
	第二节　股东大会	523
	第三节　董事会、经理	581
	第四节　监事会	624
	第五节　上市公司组织机构的特别规定	637
第五章	股份有限公司的股份发行和转让	676
	第一节　股份发行	676
	第二节　股份转让	722
第六章	公司董事、监事、高级管理人员的资格和义务	773
第七章	公司债券	794
第八章	公司财务、会计	824
第九章	公司合并、分立、增资、减资	859

第十章　公司解散和清算 898
第十一章　外国公司的分支机构 964
第十二章　法律责任 988
第十三章　附　则 1076

索引 1085
后记 1104

目 录

（第一册）

《公司法》

第一章 总 则

第一条【公司法立法目的】 1
第二条【公司法调整对象】 4
第三条【公司法律地位和股东责任形式】 6
第四条【股东权利】 12
第五条【公司经营活动基本原则】 16
第六条【公司设立登记】 18
第七条【公司成立日期和营业执照】 24
第八条【公司名称】 27
第九条【公司变更及其债权债务处理】 31
第十条【公司住所】 34
第十一条【公司章程】 37
第十二条【公司经营范围】 41

第十三条【公司法定代表人】……………………………………………45
第十四条【公司设立分公司、子公司】…………………………………48
第十五条【公司对外投资责任的限制】…………………………………51
第十六条【公司对外投资及担保应遵守的程序规定】…………………54
第十七条【保护公司职工权益】…………………………………………62
第十八条【公司职工依法组织工会和参与民主管理】…………………64
第十九条【公司中中国共产党的基层组织活动】………………………68
第二十条【股东滥用权利的禁止】………………………………………69
第二十一条【禁止利用关联交易损害公司利益】………………………92
第二十二条【公司决议无效或可撤销情形】……………………………105

第二章 有限责任公司的设立和组织机构

第一节 设　立

第二十三条【有限责任公司设立条件】…………………………………115
第二十四条【有限责任公司股东人数】…………………………………119
第二十五条【有限责任公司章程记载事项】……………………………121
第二十六条【有限责任公司注册资本】…………………………………126
第二十七条【股东出资方式】……………………………………………136
第二十八条【股东按期足额缴纳出资】…………………………………141
第二十九条【有限责任公司设立登记申请】……………………………146
第 三 十 条【公司设立时股东出资不实责任】…………………………150
第三十一条【有限责任公司股东出资证明书】…………………………156
第三十二条【有限责任公司股东名册主要内容及其效力】……………161
第三十三条【股东知情权】………………………………………………168
第三十四条【有限责任公司股东股权收益权与优先认缴出资权利】…177
第三十五条【股东不得抽逃出资】………………………………………183

第二节 组织机构

第三十六条【股东会的组成及法律地位】..................192

第三十七条【股东会职权】..................197

第三十八条【首次股东会会议召集、主持及职权】..................203

第三十九条【股东会定期会议和临时会议以及股东会议召开办法】..................205

第 四 十 条【股东会会议的召集与主持】..................209

第四十一条【股东会会议的通知与记录】..................213

第四十二条【股东表决权】..................216

第四十三条【股东会的议事方式和表决程序】..................219

第四十四条【有限责任公司董事会的组成及产生】..................224

第四十五条【有限责任公司董事任职期限】..................232

第四十六条【有限责任公司董事会职权】..................239

第四十七条【有限责任公司董事会会议的召集和主持】..................245

第四十八条【有限责任公司董事会的议事方式、表决程序、会议记录和表决权】..................248

第四十九条【有限责任公司经理】..................254

第 五 十 条【执行董事的设立及其职权】..................258

第五十一条【有限责任公司监事会设立、组成及产生】..................261

第五十二条【监事任期】..................267

第五十三条【监事会、不设监事会的公司监事的职权】..................271

第五十四条【监事个人对董事会决议的质询权、建议权以及监事会、不设监事会的监事行使特别事项调查权】..................278

第五十五条【监事会会议召开、表决和会议记录】..................283

第五十六条【监事会、监事行使职权费用承担】..................289

第三节　一人有限责任公司的特别规定

第五十七条【一人有限责任公司设立和组织机构的法律适用及一人有限责任公司含义】 292

第五十八条【自然人投资设立一人有限责任公司】 295

第五十九条【一人有限责任公司的登记要求】 297

第 六 十 条【一人有限责任公司章程的制定】 299

第六十一条【一人有限责任公司的股东决议】 301

第六十二条【一人有限责任公司实行法定审计】 303

第六十三条【一人有限责任公司股东连带责任的情况】 305

第四节　国有独资公司的特别规定

第六十四条【国有独资公司设立、组织机构与概念】 308

第六十五条【制定国有独资公司章程】 316

第六十六条【国有独资公司不设股东会、公司重大事项的决定程序】 320

第六十七条【国有独资公司董事会】 327

第六十八条【国有独资公司经理的设置、产生和职权】 334

第六十九条【国有独资公司董事长、副董事长、董事、高级管理人员兼职禁止】 338

第 七 十 条【国有独资公司监事会成员人数、组成及监事会职权】 342

第三章　有限责任公司的股权转让

第七十一条【有限责任公司股权转让】 349

第七十二条【有限责任公司股权因强制执行而转让】 377

第七十三条【股权转让的变更记载】 388

第七十四条【有限责任公司异议股东股份回购请求权】 399

第七十五条【股东资格继承】..414

第四章 股份有限公司的设立和组织机构
第一节 设　立

第七十六条【股份有限公司的设立条件】..................................422

第七十七条【股份有限公司的设立方式】..................................429

第七十八条【股份有限公司发起人的人数及其资格】..................435

第七十九条【发起人义务】..439

第 八 十 条【股份有限公司注册资本】......................................444

第八十一条【股份有限公司的公司章程内容】............................450

第八十二条【股份有限公司发起人出资方式】............................457

第八十三条【股份有限公司发起设立程序】...............................461

第八十四条【募集设立股份有限公司的发起人认购公司股份的法定
　　　　　　最低限额】..470

第八十五条【向社会公开募集股份的发起人必须公告招股说明书并
　　　　　　制作认股书】..474

第八十六条【招股说明书应当记载的事项】...............................479

第八十七条【发行股份方式】..483

第八十八条【发起人向社会公开募集股份应当同银行签订代收
　　　　　　股款协议】..490

第八十九条【创立大会召开的时间、组成及认股人有权要求返还
　　　　　　股款的情形】..494

第 九 十 条【召开创立大会的程序及创立大会的职权】..............499

第九十一条【发起人、认股人除特殊情形外不得抽回股本】........501

第九十二条【董事会申请公司设立登记】..................................504

第九十三条【股份有限公司成立后发起人承担资本充实责任】.....506

第九十四条【发起人的责任】......510

第九十五条【有限责任公司变更为股份有限公司时如何折合股份
以及如何向社会公开发行股份】......513

第九十六条【股份有限公司应当将有关文件置备于公司】......516

第九十七条【股东查阅权和建议、质询权】......517

第一章 总　则

第一条 为了规范公司的组织和行为，保护公司、股东和债权人的合法权益，维护社会经济秩序，促进社会主义市场经济的发展，制定本法。

▶ 关联规定

法律、行政法规、司法解释

《中华人民共和国公司法》

第二百一十七条　外商投资的有限责任公司和股份有限公司适用本法；有关外商投资的法律另有规定的，适用其规定。

▶ 条文释义

一、本条主旨

本条是关于公司法立法目的的规定。

二、条文演变

本条源于1993年《公司法》第1条的规定，2005年《公司法》修订时删去了原来"适应建立现代企业制度的需要"和"根据宪法"的内容。这是因为，1993年制定《公司法》时，我国刚刚开始实行建立社会主义市场经济体制下的现代企业制度，随着社会主义市场经济的快速发展，公司已成为目前比较普遍的一种市场主体，是自然人、法人、国有出资人进行投资经营普遍采用的一种企业组织形式，可以不再将"适应建立现代企业制度的需要"作为《公司法》的立法目的。同时，《宪法》是我国的根本法，一切法律、法规、规章都不得与《宪法》相抵触，所以没有必要在每一部法律中都规定"根据宪法"的内容。

三、条文解读

公司是市场经济条件下、适应社会化生产而产生的现代企业组织形式。作为市场主体，其设立和行为是否规范，治理结构是否科学合理，直接关系到公司能否以最有效的方式从事经营活动、创造社会生产力。制定《公司法》，即是力求通过为公司提供切实可行的制度设计，以规范公司的组织和行为，使公司能够按照法律的规范设立并进行活动，以充分发挥其优势、促进市场经济的发展。

公司是以资本联合为基础的经济组织，享有独立的法人财产权；股东是出资者，享有股权；其他经济主体在经济活动中与公司发生经济往来，可能成为公司的债权人，他们的合法权益都应当受到法律的保护。制定《公司法》，就是要明确规定公司的权利和义务：对内规范公司与股东的关系，对外规范公司与交易对方的关系；通过对违法行为的民事、行政制裁措施，切实保护公司、股东和债权人的合法权益。

根据本条规定，《公司法》的立法目的有四项，即规范公司的组织和行为，保护公司、股东和债权人的合法权益，维护社会经济秩序，促进社会主义市场经济的发展。

（一）规范公司的组织和行为

公司作为一种企业形式，有特定的法律地位、组织形式及行为规范要求，以公司为调整对象的《公司法》，其主要特征之一就是组织法，即通过对公司的设立、变更、终止，公司章程，公司的权利能力和行为能力，公司的内部组织机构及其相互间的关系，公司股东的权利与义务等作出明确规定，确立公司这一组织的法律地位与生产经营资格的同时，公司作为一种企业法人，要以营利为目的，必然要开展生产经营活动，特别是与公司这一组织形式紧密相连的活动，如订立合同，发行股票、公司债券及其相关交易等，也需要由公司法进行规范，所以《公司法》的另一个主要特征就是它是一种行为法。因此，制定《公司法》的一个直接目的，就是规范公司的组织和行为，通过确立公司的法律地位，明确公司的法定权利和责任，使公司能够依法设立和开展活动。

（二）保护公司、股东和债权人的合法权益

公司财产由股东出资形成，公司对由股东出资形成的财产，享有独立的法人财产权，股东出资后依法享有股东权。公司成立后开展生产经营活动，必然要与其他市场主体进行交易，产生权利义务关系。在不同的交易关系中，公司或者成为债权人，或者成为债务人。当公司成为债务人时，其他市场主体就成为公司的债权人，他们的合法权益必须受到法律保护。因此，制定《公司法》的第二个重要目的，就是保护公司、股东和债权人的合法权益。

（三）维护社会经济秩序

公司作为社会经济的重要主体，大量参与社会经济活动，如果其组织管理不规范，生产经营不合法，必然引起严重的纠纷和混乱，进而损害整个社会经济秩序。因此，制定《公司法》，通过规范公司的组织和行为，使公司的一切活动都在法律允许的范围内进行，进而促进良好社会经济秩序的形成和稳定。所以维护社会经济秩序是制定《公司法》的又一个重要目的。

（四）促进社会主义市场经济的发展

公司依法设立、合法经营，对内对外权利义务关系清楚、明确，各方合法权利得到切实保护，就会促进公司的良好发展，进而促进社会主义市场经济的健康发展。同时，我国《宪法》明确规定，国家实行社会主义市场经济，所以，促进社会主义市场经济的发展，是宪法原则和精神的体现和要求，也是《公司法》制定的总目标、总要求。

> **第二条** 本法所称公司是指依照本法在中国境内设立的有限责任公司和股份有限公司。

▶ 条文释义

一、本条主旨

本条是关于公司法调整对象的规定。

二、条文演变

本条自1993年《公司法》制定时即存在，历次修订及修正均无修改。

三、条文解读

根据本条规定，《公司法》调整的公司有两种：一是有限责任公司；二是股份有限公司。

公司按照不同的分类标准可以作不同的划分，如以信用标准进行划分，可以分为人合公司、资合公司及人合兼资合公司；以规模标准进行划分，可以分为大型公司、中型公司、小型公司；以是否公开招股标准进行划分，可以分为公开型公司、封闭型公司；以公司支配关系标准进行划分，可以分为母公司、子公司；以登记标准进行划分，可以分为本国公司、外国公司；等等。在现实生活中，人们通常以股东对公司承担责任形式的不同而加以分类，按此标准划分的公司主要有以下四种：

第一，无限公司，是指由两个以上的股东组成的、股东对公司的债务负连带无限责任的公司。其主要特点是，所有的股东都对公司承担无限责任；不仅如此，所有的股东还要对公司其他股东不能偿还的债务承担连带责任。

第二，有限责任公司，是股东只以其出资额为限对公司承担责任、公司以其全部财产对债务承担责任的公司。其主要特点是，所有的股东都只以其对公司的出资额为限来对公司承担责任；而公司则要以其全部财产来承担公司的债务。

第三，两合公司，是指由一人或者一人以上的无限责任股东与一人或者一人以上的有限责任股东所组成的公司。其主要特点是，股东之间的责任是不同的；有的股东只以其对公司的出资额为限来对公司承担责任，有的股东则是对公司承担无限责任。

第四，股份有限公司，是指由一定人数以上的股东组成、公司全部资本分为等额股份、股东以其所认购股份为限对公司承担责任、公司以其全部财产对公司债务承担责任的公司。

将公司分为无限公司、有限责任公司、两合公司和股份有限公司，是公司分类中最基本、最常见，也是最具法律意义的分类。

根据本条规定，《公司法》所称的公司是指依照《公司法》在中国境内设立的有限责任公司和股份有限公司。因此，纳入《公司法》调整的只能是有限责任公司和股份有限公司这两种形式。虽然我国也允许设立类似无限公司与两合公司的经济体，但一则名称有所不同；二则不纳入《公司法》调整。实践证明，这样规定适应我国社会主义市场经济发展的需要，符合我国的实际情况，也有利于不同公司（企业）的规范与发展。

> **第三条** 公司是企业法人，有独立的法人财产，享有法人财产权。公司以其全部财产对公司的债务承担责任。
>
> 有限责任公司的股东以其认缴的出资额为限对公司承担责任；股份有限公司的股东以其认购的股份为限对公司承担责任。

关联规定

一、法律、行政法规、司法解释

《中华人民共和国公司法》

第二十条　公司股东应当遵守法律、行政法规和公司章程，依法行使股东权利，不得滥用股东权利损害公司或者其他股东的利益；不得滥用公司法人独立地位和股东有限责任损害公司债权人的利益。

公司股东滥用股东权利给公司或者其他股东造成损失的，应当依法承担赔偿责任。

公司股东滥用公司法人独立地位和股东有限责任，逃避债务，严重损害公司债权人利益的，应当对公司债务承担连带责任。

第六十三条　一人有限责任公司的股东不能证明公司财产独立于股东自己的财产的，应当对公司债务承担连带责任。

二、司法指导性文件

《最高人民法院执行工作办公室关于攀枝花市国债服务部与重庆市涪陵财政国债服务部证券回购纠纷执行请示案的复函》

根据《中华人民共和国公司法》第四条第二款规定："公司享有由股东投资形成的全部法人财产权，依法享有民事权利，承担民事责任。"因此，具有独立法人资格的重庆市涪陵国有资产经营公司（以下简称经营公司）对其持有的"长丰通信"国家股股票享有全部的财产权。被执行人重庆涪陵区财政局虽然投资开办了经营公司，并占有其100%的股权，但其无权直接支配经营公司的资产，其权力只能通过处分其股权或者收取投资权益来实现。因此，执行法院只能执行涪陵区财政局在经营公司的股权或投资权益，而不能直接执行经营公司所有的股票。

▶ 条文释义

一、本条主旨

本条是关于公司法律地位和股东责任形式的规定。

二、条文演变

本条是在1993年《公司法》第3条、第4条、第5条有关规定的基础上修改而来。虽然在条款安排和文字表述上有所差别，但仍然维持了公司制度的两大基本原则：第一，公司的法律地位，即公司是企业法人，享有法人的权利义务；第二，股东对公司的责任形式，即股东以出资为限对公司承担责任。

三、条文解读

（一）公司是企业法人

公司是企业法人，这既是公司的法律地位，也是公司的基本特征。所谓企业，其实是一个集合概念，它泛指一切从事生产、流通或者服务性活动以谋取经济利益的经济组织，凡追求经济目的的经济组织，都属于企业的范畴，所以企业是指以营利为目的的组织。所谓法人，按照我国《民法典》的规定，是指具有民事权利能力和民事行为能力，依法独立享有民事权利和承担民事义务的组织。具体来讲，法人应当具备依法成立、有必要的财产或者经费、能够独立承担民事责任、有自己的名称和组织机构以及场所四个条件。

确立公司的企业法人地位，就是从法律上保证了公司可以独立地享有财产权及其他权利，独立地从事生产经营活动，与其他经济实体发生权利义务关系，同时也要求它独立承担责任。因此，有限责任公司也好，股份有限公司也好，都是企业法人，都以营利为目的，都具有企业法人资格。

（二）公司独立享有法人财产权、独立承担债务

公司是企业法人，而"法人"的本质特点是依法独立享有民事权利和承担民事责任。因此，有限责任公司和股份有限公司都有独立的法人财产，对本公司财产享有独立的法人财产权，即股东出资形成的公司财产和公司经营过程中积累的财产，都属于公司所有，由公司依法占有、使用、收益和处分，包括股东在内的他人不得非法干涉，也就是应由全体股东统一使用、统一经营，股东不得以个人名义独立支配、任意分割。股东转让出资或者卖出股票，从整体上并不会减少公司财产，也不影响公司的持续存在。这一本质特性表明公司是独立的财产主体，享有由股东投资形成的全部法人财产权，可以依法统一支配公司的全部财产。

同时，当公司在生产经营过程中对外发生债务责任时，也只能由公司以自己的全部财产对公司债务承担责任，而不能要求股东对债权人承担清偿债务的义务，即公司以其全部财产对公司的债务承担责任。公司独立承担债务，也是公司独立享有法人财产权的必然结果。

股东对公司债务所承担的责任，体现为股东对公司的出资，股东必须以其全部出资，而且也只能以其全部的出资为限，对公司债务承担责任。这是因为，股东出资后，该出资即成为公司的财产，由公司享有法人财产权，股东对该出资即丧失占有、使用、收益和处分的权利。同时，股东对公司的出资，往往只是股东全部财产的一部分，与股东没有投入到公司或者没有承诺作为出资的其他财产是严格分开的。因此，有限责任公司的股东以其认缴的出资额为限对公司承担责任；股份有限公司的股东以其认购的股份为限对公司承担责任。

▶ 典型案例

海南碧桂园房地产开发有限公司与三亚凯利投资有限公司、张某某等确认合同效力纠纷案

关键词： 股东　独立请求权　第三人

裁判摘要： 公司股东仅存在单笔转移公司资金的行为，尚不足以否认公司独立人格的，不应依据《公司法》第20条第3款判决公司股东对公司的债务

承担连带责任。但该行为客观上转移并减少了公司资产,降低了公司的偿债能力,根据"举重以明轻"的原则参照《公司法规定(三)》第14条关于股东抽逃出资情况下的责任形态之规定,可判决公司股东对公司债务不能清偿的部分在其转移资金的金额及相应利息范围内承担补充赔偿责任。

基本案情: 2017年7月15日,碧桂园公司与凯利公司《资产转让合同》,约定凯利公司将三亚蓝月湾海景酒店公寓项目(原海景泰鑫花园项目)所有资产(含目标土地及地上/地下建筑物)转让至碧桂园公司,且将股东圣方公司持有的50%公司股权、股东张某某持有的25%公司股权,股东梁某持有的25%公司股权,质押给碧桂园公司,作为碧桂园公司向凯利公司提供借款的担保措施,担保主债权为1.3亿元;另外,凯利公司提供公司全额资产抵押给碧桂园公司,作为凯利公司全面、适当履行《资产转让合同》项下全部义务和责任的担保,担保主债权为3.2亿元。

2017年10月31日,凯利公司向碧桂园公司出具《情况说明》,载明按照《资产转让合同》第14条的约定,由于三亚市政府2017年棚改项目政策调整,致使已经列入其中的网枝村棚改项目控制性规划调整未能在10月30日前完成,因而三亚蓝月湾海景酒店公寓项目虽然已经纳入网枝村棚改项目控规调整范围,但由于上述政府不可抗力原因造成规划调整无法按合同约定完成,为此,凯利公司向碧桂园公司致函说明,也希望能够就下一步合作事宜提出建议。

2017年11月12日,凯利公司收到碧桂园公司发出的《催款函》,该函载明凯利公司已逾期退还3.2亿元诚意金,严重影响碧桂园公司资金安全。现再次函告凯利公司解除合同,请凯利公司立即无条件退还3.2亿元诚意金及相应违约金至碧桂园公司账户。

2018年1月29日,凯利公司收到碧桂园公司发出的《解除合同返还资金催告函》,该函载明碧桂园公司已经多次向凯利公司提出解除《资产转让合同》并要求凯利公司依约承担责任,但凯利公司至今不能返还和支付相应资金。现碧桂园公司再次催告凯利公司立即退还3.2亿元资金并向碧桂园公司支付违约金和相应利息。

2015年8月5日,凯利公司与圣方公司签订《借款协议》,圣方公司向凯利公司提供借款2000万元,借款期限为12个月。借款资金占用费按年利率12%计算。

2015年8月5日,凯利公司、圣方公司与乌鲁木齐中盛天誉股权投资管理有限公司签订的《委托借款三方协议》，圣方公司委托乌鲁木齐中盛天誉股权投资管理有限公司向凯利公司提供借款1000万元，该金额计入《借款协议》总额度内。

2015年8月5日，凯利公司与张某某签订《借款协议》，约定张某某向凯利公司提供借款2000万元。

2015年10月26日，凯利公司向圣方公司出具《借款确认函》载明，凯利公司与圣方公司于2015年8月5日签订了《借款协议》，约定圣方公司向凯利公司提供2000万元借款，借款期限12个月。因项目资金紧急需要，经凯利公司及凯利公司授权代表张某某先生申请，圣方公司已委托乌鲁木齐中盛天誉股权投资管理有限公司于2015年5月25日向凯利公司提供了1000万元借款。凯利公司确认该笔借款已收到，且该笔借款期限、利率及用途均按照《借款协议》执行，计入《借款协议》总额度内。

2017年5月25日，圣方公司作为甲方与凯利公司作为乙方签订的《还款协议书》约定：鉴于甲、乙双方于2015年8月5日签署《借款协议》，甲方向乙方提供借款2000万元。经双方平等协商，各方就上述借款及资金占用费的偿还，自愿达成以下协议：（1）甲、乙双方确认，截至2017年6月16日，乙方应付甲方借款本金2000万元，资金占用费419.1616万元，共计2419.1616万元。（2）乙方应于2017年6月16日之前向甲方或甲方指定第三方付清上述借款及资金占用费；否则由乙方按照《借款协议》约定承担违约责任。

2017年5月25日，张某某作为甲方与凯利公司作为乙方签订的《还款协议书》约定：鉴于甲、乙双方于2015年8月5日签署《借款协议》，甲方向乙方提供借款2000万元。经双方平等协商，各方就上述借款及资金占用费的偿还，自愿达成以下协议：（1）甲、乙双方确认，截至2017年6月16日，乙方应付甲方借款本金2000万元，资金占用费951.8384万元，共计2951.8384万元。（2）乙方应于2017年6月16日之前向甲方或甲方指定第三方付清上述借款及资金占用费；否则由乙方按照《借款协议》约定承担违约责任。

2017年8月8日，凯利公司向圣方公司转账2419.1616万元，凯利公司向张某某转账2951.8384万元。

碧桂园公司起诉请求：（1）确认《资产转让合同》合法有效；（2）确认《资产转让合同》已经解除（具体合同解除之日以法院认定为准）；（3）判令凯利公司立即退还碧桂园公司诚意金3.2亿元；（4）判令凯利公司以3.2亿元

为基础，按年利率24%的标准向碧桂园公司计付自2017年11月3日至凯利公司全部清偿3.2亿元之日止的违约金；（5）判令张某某、圣方公司对上述第3项、第4项诉讼请求项下的全部债务承担连带责任；（6）判令张某某、圣方公司、梁某在未出资1000万元本息范围内对公司债务不能清偿的部分承担连带补充赔偿责任；（7）判令碧桂园公司对抵押物（不动产权证号：琼（2016）三亚市不动产权第×号的土地使用权及其地上附着物）拍卖、变卖所得价款在上述第3项、第4项诉讼请求项下全部债务的范围内享有优先受偿权；（8）本案诉讼费用由凯利公司、张某某、圣方公司、梁某承担。

【案　　号】（2019）最高法民终960号
【审理法院】最高人民法院
【来　　源】《最高人民法院公报》（2021年第2期）

> **第四条** 公司股东依法享有资产收益、参与重大决策和选择管理者等权利。

条文释义

一、本条主旨

本条是关于股东权利的规定。

二、条文演变

本条是在1993年《公司法》第4条第1款规定的基础上修改形成。第一，将原来"公司股东作为出资者按投入公司的资本额享有所有者的资产受益、重大决策和选择管理者等权利"，修改为"公司股东依法享有资产收益、参与重大决策和选择管理者等权利"，这样表述更为简练、明了和准确，如在"重大决策"前加上"参与"两字，更加准确地表述出股东行使重大决策权的特点，即公司的重大决策依法由股东会、股东大会作出，单个股东只是参与其中，而不是每个股东都可以单独作出公司的重大决策。第二，考虑到原来第2款"公司享有由股东投资形成的全部法人财产权，依法享有民事权利，承担民事责任"的内容已经在修改后的《公司法》第3条中作了规定，所以删去了原来第2款的规定。第三，删去了1993年《公司法》第4条第3款关于"公司中的国有资产所有权属于国家"的规定，主要考虑是：首先，股东出资后，只能依法享有股东权利，而不能再对该出资享有所有权或者直接控制权，作为出资投入到公司的国有资产，已经成为公司财产或者公司财产的组成部分；其次，该内容与公司作为企业法人享有由股东投资形成的全部法人财产权，在逻辑上存在一定的冲突，不利于保护国有资产投资入股的公司依法享有的独立法人财产权。

三、条文解读

根据本条的规定,股东作为出资者享有的权利主要有:按投入公司的资本额享有的资产收益权;参与公司生产经营以及利润分配等重大问题的决策权;选举公司董事、监事等管理者的权利。这些权利都是由股东是公司出资者这一身份决定的。

▶ 典型案例

庆阳市太一热力有限公司、李某某与甘肃居立门业有限责任公司盈余分配纠纷案

关键词: 盈余分配　股东会决议　公司举证责任

裁判摘要: 在公司盈余分配纠纷中,虽请求分配利润的股东未提交载明具体分配方案的股东会或股东大会决议,但当有证据证明公司有盈余且存在部分股东变相分配利润、隐瞒或转移公司利润等滥用股东权利情形的,诉讼中可强制盈余分配,且不以股权回购、代位诉讼等其他救济措施为前提。在确定盈余分配数额时,要严格公司举证责任以保护弱势小股东的利益,但还要注意优先保护公司外部关系中债权人、债务人等的利益,对于有争议的款项因涉及案外人实体权利而不应在公司盈余分配纠纷中作出认定和处理。有盈余分配决议的,在公司股东会或股东大会作出决议时,在公司与股东之间即形成债权债务关系,若未按照决议及时给付则应计付利息,而司法干预的强制盈余分配则不然,在盈余分配判决未生效之前,公司不负有法定给付义务,故不应计付利息。盈余分配义务的给付主体是公司,若公司的应分配资金因被部分股东变相分配利润、隐瞒或转移公司利润而不足以现实支付时,不仅直接损害了公司的利益,也损害到其他股东的利益,利益受损的股东可直接依据《公司法》第20条第2款的规定向滥用股东权利的公司股东主张赔偿责任,或依据《公司法》第21条的规定向利用其关联关系损害公司利益的控股股东、实际控制人、董事、监事、高级管理人员主张赔偿责任,或依据《公司法》第149条的规定向违反法律、行政法规或者公司章程的规定给公司造成损失的董事、监事、高级管理人员主张赔偿责任。

基本案情： 太一热力公司由李某某和张某某二人于2006年3月设立。2007年4月，张某某与居立门业公司签订股权转让协议，将其在太一热力公司的350万元股权转让给居立门业公司。2007年5月，李某某与甘肃太一工贸有限公司（以下简称太一工贸公司）、居立门业公司签订股权转让协议，将其在太一热力公司的股权600万元转让给太一工贸公司，50万元转让给居立门业公司。同年5月，太一热力公司修改公司章程，将公司股东变更为太一工贸公司和居立门业公司，太一工贸公司持股比例60%，居立门业公司持股比例40%，并在工商行政管理部门进行变更登记。

2006年10月，太一热力公司受让取得甘肃省庆阳市西峰区南二环一路与长庆路交汇口西南角46 200.4平方米市政设施建设用地。

2009年9月29日，庆阳市人民政府召开市长办公会决定对太一热力公司进行整体收购，并形成第23期会议纪要。会议纪要主要内容有：（1）收购内容包括资产和土地两大项。资产包括7791.33平方米的新建办公楼、锅炉房、换热站等房屋建筑；2台40吨的供热锅炉、1台10吨的供热锅炉，高、低压配电系统和电气自控系统各1套，以及与之相配套的设施设备；226万元的备用供热管材和相关工程物资；已完成铺设的20.44公里的供热管道；在建的12个换热站和供热管线。土地按热源厂现有占地36.6亩收购，平行分割。（2）收购价款除政府已拨付的支持资金和截至2009年8月15日太一热力公司已收取的城市供热配套费（共计3234.72万元）外，政府再支付7000万元。（3）换热站、供热管线等在建工程，包括内配设施，由太一热力公司负责建成，具备供热条件；所有工程的善后工作由太一热力公司负责，并按程序做好竣工验收；项目建设的所有遗留问题，包括项目建设的各种规费、税费、工程建设费等，一律由太一热力公司负责，不留尾巴。（4）对现有的69.3亩热源厂建设用地（不含代征城市道路用地7.14亩），36.6亩用于热源厂的建设和发展，32.7亩留太一热力公司开发，市政府允许对留太一热力公司开发的土地性质依法依规转换。

2009年10月6日，庆阳市西峰区人民政府（甲方）与太一热力公司（乙方）签订《庆阳市西峰区新区集中供热站工程回购合同》约定，按照庆阳市人民政府2009年第23期会议纪要制定该合同，回购太一热力公司资产，经甘肃华信会计师事务所评估价款为9126.48万元，递减政府拨付的补助资金和已交付乙方的城市供热配套费，共计3234.72万元。甲方再向乙方支付收购价款

7000万元。合同还约定，甲方已于2009年10月前向乙方支付1000万元，其余6000万元于2009年采暖期结束前一次性付清。

2010年7月10日，庆阳市经济发展投资有限公司向太一热力公司支付资产转让余款57 616 003.25元。

居立门业公司一审诉讼请求：（1）判令太一热力公司对盈余的7000余万元现金和盈余的32.7亩土地（从政府受让取得时的地价款为330万元）按照《公司法》第35条和太一热力公司章程第27条之规定向居立门业公司进行分配；（2）判令李某某对居立门业公司的第一项诉讼请求承担连带责任。

一审法院另查明：2010年6月17日，庆阳市国土资源局（出让人）与太一热力公司（受让人）签订了《国有土地使用权出让合同变更协议》，约定出让人于2006年10月14日出让给受让人位于西峰区南二环一路与长庆路交汇口西南角46 200.4平方米市政设施用地，受让人申请、出让人同意将21 661.96平方米土地用途变更为商业、住宅用地，变更后土地使用权出让年限为商业40年、住宅70年，从2006年9月28日起算，土地使用权出让金金额为909 700元。同日，庆阳市人民政府就前述21 661.96平方米土地向太一房地产公司颁发了庆市国用（2010）第4106号《国有土地使用证》。

2012年10月24日，甘肃省天水市中级人民法院就居立门业公司诉庆阳市人民政府、第三人太一房地产公司土地管理行政登记一案作出（2012）天行初字第04号行政判决书：撤销庆阳市人民政府于2010年6月17日向第三人太一房地产公司颁发的庆市国用（2010）第4106号《国有土地使用证》。该案二审期间，各方当事人达成和解协议并履行完毕。2013年7月26日，甘肃省高级人民法院裁定准予庆阳市人民政府、太一房地产公司撤回上诉。

再查明：太一工贸公司2013年1月诉太一热力公司、第三人居立门业公司公司解散纠纷一案，太一工贸公司2013年1月诉居立门业公司、第三人太一热力公司与居立门业公司反诉太一工贸公司、第三人太一热力公司股东出资纠纷一案，甘肃省庆阳市中级人民法院在重审中于2014年12月15日分别裁定准许太一工贸公司撤回起诉。

【案　　号】（2016）最高法民终528号
【审理法院】最高人民法院
【来　　源】《最高人民法院公报》（2018年第8期）

> **第五条** 公司从事经营活动，必须遵守法律、行政法规，遵守社会公德、商业道德，诚实守信，接受政府和社会公众的监督，承担社会责任。
>
> 公司的合法权益受法律保护，不受侵犯。

条文释义

一、本条主旨

本条是关于公司经营活动基本原则的规定。

二、条文演变

本条是在2005年《公司法》修订时在1993年《公司法》第14条规定的基础上修改而来。1993年《公司法》第14条第1款规定："公司从事经营活动，必须遵守法律，遵守职业道德，加强社会主义精神文明建设，接受政府和社会公众的监督。"2005年《公司法》修订时，对本条有三处变动：一是将"遵守法律"改为"遵守法律、行政法规"；二是将"遵守职业道德"改为"遵守社会公德、商业道德"，将"加强社会主义精神文明建设"改为"诚实守信"；三是增加"承担社会责任"。对1993年《公司法》第14条第2款没有作修改。其后保留至今。

三、条文解读

根据本条第1款的规定，公司从事经营活动，必须做到以下五点。

（一）遵守法律、行政法规

公司必须遵守法律、行政法规，是其开展经营活动的一个前提，这也是其最基本、最重要的一项义务。公司的各项经营活动都必须依法进行。本条中的法律，是指全国人大及其常委会依照法定程序通过的规范性文件；行政法规，是指国务院依照法定程序通过的规范性文件。

（二）遵守社会公德、商业道德

公司必须遵守社会公德、商业道德，这也是其从事生产经营活动的一个重要条件。社会公德，是指社会全体成员都应当自觉遵循和维护的道德规范。商业道德，是指从事商业活动应当自觉遵循和维护的道德规范。公司作为参与社会经济活动、与其他市场主体进行交易的经济实体，应当自觉遵守社会公德和商业道德，按照社会公德和商业道德的要求开展经营活动，自觉维护社会公共利益和市场经济秩序。

（三）诚实守信

公司开展经营活动，必须诚实守信。市场经济，既是法治经济，也是信用经济。公司与其他市场主体发生交易，必须讲诚实讲信用，方能获得他人的信任，他人方能自觉自愿地与其开展业务联系。如果在经营上采用坑蒙拐骗的手段，不仅损害交易对方的利益，也为法律、道德所不容。所以诚实守信是公司保持基业长青的不二法门。

（四）接受政府和社会公众的监督

公司从事经营活动是否符合法律、行政法规，是否符合社会公德和商业道德，是否诚实守信，应当自觉接受政府和社会公众的监督。通过监督，可以促使公司的经营活动更加规范化，更好地维护国家利益、社会公共利益以及公司自身的合法权益，维护市场秩序，促进公司的健康发展。

（五）承担社会责任

公司作为企业法人，虽然以营利为目的，但公司同时是社会成员，必须承担社会责任，如分担劳动就业的社会责任、维护经济秩序的社会责任、依法纳税的社会责任、依法为员工办理社会保险的社会责任、保护环境的社会责任等。

公司是独立享有权利和经济利益的法人，其合法权益受到法律的严格保护，禁止任何人以任何方式侵犯公司合法权益。公司的合法权益包括公司的合法财产、公司开展生产经营活动所形成的合法商业利益等，都受到法律保护。侵犯公司合法权益的，必将受到法律的严格追究。

第六条 设立公司，应当依法向公司登记机关申请设立登记。符合本法规定的设立条件的，由公司登记机关分别登记为有限责任公司或者股份有限公司；不符合本法规定的设立条件的，不得登记为有限责任公司或者股份有限公司。

法律、行政法规规定设立公司必须报经批准的，应当在公司登记前依法办理批准手续。

公众可以向公司登记机关申请查询公司登记事项，公司登记机关应当提供查询服务。

▶ 关联规定

法律、行政法规、司法解释

《中华人民共和国市场主体登记管理条例》

第二条 本条例所称市场主体，是指在中华人民共和国境内以营利为目的从事经营活动的下列自然人、法人及非法人组织：

（一）公司、非公司企业法人及其分支机构；

（二）个人独资企业、合伙企业及其分支机构；

（三）农民专业合作社（联合社）及其分支机构；

（四）个体工商户；

（五）外国公司分支机构；

（六）法律、行政法规规定的其他市场主体。

第三条 市场主体应当依照本条例办理登记。未经登记，不得以市场主体名义从事经营活动。法律、行政法规规定无需办理登记的除外。

市场主体登记包括设立登记、变更登记和注销登记。

第八条 市场主体的一般登记事项包括：

（一）名称；

（二）主体类型；

（三）经营范围；

（四）住所或者主要经营场所；

（五）注册资本或者出资额；

（六）法定代表人、执行事务合伙人或者负责人姓名。

除前款规定外，还应当根据市场主体类型登记下列事项：

（一）有限责任公司股东、股份有限公司发起人、非公司企业法人出资人的姓名或者名称；

（二）个人独资企业的投资人姓名及居所；

（三）合伙企业的合伙人名称或者姓名、住所、承担责任方式；

（四）个体工商户的经营者姓名、住所、经营场所；

（五）法律、行政法规规定的其他事项。

第九条 市场主体的下列事项应当向登记机关办理备案：

（一）章程或者合伙协议；

（二）经营期限或者合伙期限；

（三）有限责任公司股东或者股份有限公司发起人认缴的出资数额，合伙企业合伙人认缴或者实际缴付的出资数额、缴付期限和出资方式；

（四）公司董事、监事、高级管理人员；

（五）农民专业合作社（联合社）成员；

（六）参加经营的个体工商户家庭成员姓名；

（七）市场主体登记联络员、外商投资企业法律文件送达接受人；

（八）公司、合伙企业等市场主体受益所有人相关信息；

（九）法律、行政法规规定的其他事项。

第十条 市场主体只能登记一个名称，经登记的市场主体名称受法律保护。

市场主体名称由申请人依法自主申报。

第十一条 市场主体只能登记一个住所或者主要经营场所。

电子商务平台内的自然人经营者可以根据国家有关规定，将电子商务平台提供的网络经营场所作为经营场所。

省、自治区、直辖市人民政府可以根据有关法律、行政法规的规定和本地区实际情况，自行或者授权下级人民政府对住所或者主要经营场所作出更加便利市场主体从事经营活动的具体规定。

第十三条　除法律、行政法规或者国务院决定另有规定外，市场主体的注册资本或者出资额实行认缴登记制，以人民币表示。

出资方式应当符合法律、行政法规的规定。公司股东、非公司企业法人出资人、农民专业合作社（联合社）成员不得以劳务、信用、自然人姓名、商誉、特许经营权或者设定担保的财产等作价出资。

第十四条　市场主体的经营范围包括一般经营项目和许可经营项目。经营范围中属于在登记前依法须经批准的许可经营项目，市场主体应当在申请登记时提交有关批准文件。

市场主体应当按照登记机关公布的经营项目分类标准办理经营范围登记。

第十九条　登记机关应当对申请材料进行形式审查。对申请材料齐全、符合法定形式的予以确认并当场登记。不能当场登记的，应当在3个工作日内予以登记；情形复杂的，经登记机关负责人批准，可以再延长3个工作日。

申请材料不齐全或者不符合法定形式的，登记机关应当一次性告知申请人需要补正的材料。

第二十条　登记申请不符合法律、行政法规规定，或者可能危害国家安全、社会公共利益的，登记机关不予登记并说明理由。

第二十一条　申请人申请市场主体设立登记，登记机关依法予以登记的，签发营业执照。营业执照签发日期为市场主体的成立日期。

法律、行政法规或者国务院决定规定设立市场主体须经批准的，应当在批准文件有效期内向登记机关申请登记。

第二十三条　市场主体设立分支机构，应当向分支机构所在地的登记机关申请登记。

▶ 条文释义

一、本条主旨

本条是关于公司设立登记的规定。

二、条文演变

本条是2005年《公司法》修订时在1993年《公司法》第8条规定的基础

上修改而来,在维持原来公司设立登记制度的前提下,作了以下两个方面的修改:一是对原来第1款、第2款作了一些文字修改,如在第1款增加向公司登记机关申请设立登记的内容、将原第2款中的审批手续改为批准手续等;二是增加了第3款公司登记事项查询的规定。2005年《公司法》修订之后,本条内容保留至今。

三、条文解读

根据本条第1款、第2款的规定,在我国设立公司,实行准则主义加核准主义相结合的原则,即只要符合法律规定的公司设立条件,就应当允许设立公司,除非法律、行政法规明确规定设立公司必须事先取得批准。具体而言,包括以下三个方面的内容:

第一,设立公司应向公司登记机关申请设立登记。设立公司,应当依法向公司登记机关申请设立登记,这实际上是对公司设立申请人的要求,即设立公司只能向人民政府负责公司登记的机关提出申请,而不能向其他机关提出设立公司的申请。依法向公司登记机关申请设立登记,包括由法定的申请人提交公司登记申请书、公司章程、批准文件等资料,在申请书中需要载明公司名称、公司住所、公司法定代表人、注册资本、经营范围、公司股东或者公司发起人等登记事项,向有管辖权的公司登记机关提出登记申请,申请书应当采用书面形式等。

第二,公司登记机关依照法定条件决定是否准予公司登记。对于设立公司登记的申请,符合法定设立条件的,登记为有限责任公司或者股份有限公司;不符合法定设立条件的,不得登记为有限责任公司或者股份有限公司。这实际上是对公司登记机关的要求,即公司登记机关在收到设立公司的申请文件后,应当进行审查,对于符合《公司法》规定的公司设立条件的,应当依法登记为有限责任公司或者股份有限公司;对于不符合《公司法》规定的公司设立条件的,则不得违反法律规定登记为有限责任公司或者股份有限公司。

第三,法律、行政法规规定设立公司必须报经批准的,必须取得批准。对于法律、行政法规明文规定设立公司必须报经有关部门批准的,则应当在公司登记前依法办理批准手续。例如,《证券法》规定,设立证券公司应取得证券监管机关的批准;《商业银行法》规定,设立商业银行应取得银行业监管机关批准。本项规定既是对申请人的要求,也是对公司登记机关的要求。因此,公司登记机关在收到设立公司的申请后,应当审查申请人是否已经依照法律、行政法规的规定,取得了有关部门的批准文件,如果没有取得批准文件,则不得进行登记。

符合《公司法》规定的设立公司条件,就可以依法登记为有限责任公司或者股份有限公司,即公司设立的准则主义原则;同时,法律、行政法规规定取得批准方可设立公司,即公司设立的核准主义原则。因此,我国实行准则主义为主、核准主义为辅的公司设立原则。

公司作为市场主体,自然参与市场经济活动,与他人发生业务联系,需要将自己的一些信息透露给他人,以取得他人的信任并与之进行交易。同时,公司作为法人,与自然人一样,具有不同于他人的信息,这些信息中的名称、住所、法定代表人、注册资本、经营范围、股东或者发起人等,具有特定的法律意义,在公司设立时就需要在公司登记机关进行登记。为了保护交易相对方的安全和合法权益,维护社会经济秩序,促进市场经济的健康规范发展,应当允许交易相对方通过合法渠道获得公司的真实信息。因此,本条第3款明确规定,公众可以向公司登记机关申请查询公司登记事项,公司登记机关应当提供查询服务。这实际上是对公司登记机关提出要求,即法律已经赋予不特定的社会公众查询公司登记事项的权利,公司登记机关应当为公众实现该项权利提供方便。

按照国家工商行政管理局发布的《企业登记档案资料查询办法》规定,企业登记档案资料的查询,按照提供途径,可以分为机读档案资料查询和书式档案资料查询。机读档案资料的查询内容包括:(1)企业登记事项:名称、住所、经营场所、法定代表人或负责人、经济性质或企业类别、注册资金或注册资本、经营范围、经营方式、主管部门、出资人、经营期限、注册号、核准登记注册日期等。(2)企业登记报批文件:部门批准文件、章程、验资证明、住所证明、法人资格证明或自然人身份证明、法定代表人任职文件和身份证明、名称预先核准通知书。(3)企业变更事项:核准设立子公司或分支机构日期、变更有关名称、住所、法定代表人、经济性质或企业类别、注册资金或注册资本、经营范围、经营方式等事项的各种登记文件及核准变更日期。(4)企业注销(吊销)事项:法院破产裁定、企业决议或决定、行政机关责令关闭的文件、清算组织及清算报告、核准注销(吊销)日期。(5)监督检查事项:企业被处罚记录及日期、年度检验情况(企业经营情况、财务状况、开户银行及账号除外)。书式档案资料的查询内容包括核准登记企业的全部原始登记档案资料。各组织、个人均可向各地工商行政管理机关申请进行机读档案资料查询。各级公安机关、检察机关、审判机关、国家安全机关、纪检监察机关、审计机关，持有关公函，并出示查询人员有效证件，可以向各级工商行政管理机关进行书式档案资料查询。律师事务所代理诉讼活动，查询人员出示法院立案证明和律师证件，可以进行书式档案资料查询。书式档案资料中涉及的机密事项，须经工商行政管理机关批准方可查阅。机读档案资料、书式档案资料查询，应查询人的要求，可以加盖工商行政管理机关档案资料查询专用章。查询人不得利用获得的资料开展有偿服务活动，也不得公布企业登记档案资料。

> 第七条　依法设立的公司，由公司登记机关发给公司营业执照。公司营业执照签发日期为公司成立日期。
>
> 公司营业执照应当载明公司的名称、住所、注册资本、经营范围、法定代表人姓名等事项。
>
> 公司营业执照记载的事项发生变更的，公司应当依法办理变更登记，由公司登记机关换发营业执照。

▶关联规定

法律、行政法规、司法解释

《中华人民共和国市场主体登记管理条例》

第二十一条　申请人申请市场主体设立登记，登记机关依法予以登记的，签发营业执照。营业执照签发日期为市场主体的成立日期。

法律、行政法规或者国务院决定规定设立市场主体须经批准的，应当在批准文件有效期内向登记机关申请登记。

第二十二条　营业执照分为正本和副本，具有同等法律效力。

电子营业执照与纸质营业执照具有同等法律效力。

营业执照样式、电子营业执照标准由国务院市场监督管理部门统一制定。

▶条文释义

一、本条主旨

本条是关于公司成立日期和公司营业执照的规定。

二、条文演变

本条是2005年《公司法》修订时在1993年《公司法》第27条第3款、

第4款和第95条的基础上修改增加的规定。在2013年《公司法》修订时进行了第二次修改,将营业执照上应当载明的事项中删除"实收资本"项目。之后其内容未修改。

三、条文解读

公司登记机关接到公司设立申请后,应当对收到的申请书及其他有关文件依照《公司法》和其他有关法律、行政法规的规定进行审核,对符合法定条件的应当予以登记,对不符合法定条件的不予登记。法律、行政法规对登记机关审核登记的期限有规定的,登记机关应当在规定的期限内办理审查登记。依法登记设立的公司,由公司登记机关发给营业执照。公司登记机关签发的营业执照是确定公司成立的法律文件,营业执照的签发日期为公司成立之日。公司自成立之日起成为独立享有权利、承担责任的法人,具有相应的权利能力和行为能力,可以依法开展经营活动。从公司营业执照签发之日起,公司登记机关对公司各主要事项所作登记,同时产生法律效力,对公司具有约束力。

根据本条第2款的规定,公司营业执照应当载明公司的名称、住所、注册资本、经营范围、法定代表人姓名等事项。

第一,公司名称。公司名称是公司区别于其他公司和市场主体的标志,公司都必须有名称。公司营业执照上载明的公司名称,是公司的法定名称,是确认公司权利义务归属的依据。

第二,公司住所。公司住所是其主要办事机构所在地,公司都必须有住所。公司营业执照上载明的公司住所,是公司的法定住所,是确定公司相关权利义务关系的依据。

第三,公司注册资本。注册资本是指以货币表示的各股东认缴的出资额的总和。公司营业执照上载明的公司注册资本数额,应当符合法律规定的公司注册资本最低限额的要求。

第四,公司经营范围。公司从事经营活动,应当有明确的行业、经营项目的种类,并依法经过登记,有些还需要依法经过批准。公司营业执照载明公司的经营范围,有利于公司依法开展业务活动,有利于相对交易人了解公司生产经营情况,有利于行政机关依法实施监督管理。

第五,公司法定代表人姓名。公司营业执照应当载明公司法定代表人的姓名。根据《公司法》第13条规定,依章程规定公司法定代表人由董事长、执行董事或者经理担任。公司的法定代表人是法人代表，也就是公司对外发生法律关系时，由法律规定代表其作出法人意思表示的人。法定代表人应是具有完全民事行为能力的自然人。

根据本条第3款的规定，公司营业执照记载的事项发生变更的，公司应当依法办理变更登记，由公司登记机关换发营业执照。

公司成立后，可以根据客观情况的需要，对有关事项作出调整，如调整公司法定代表人、公司主要办事机构更换新的办公地址等。但是，公司调整的事项属于公司营业执照载明事项的，即涉及公司名称、住所、注册资本、经营范围、法定代表人姓名等事项变更的，必须依法办理变更登记，由公司登记机关换发营业执照。

公司申请变更登记，应当向公司登记机关提交下列文件：公司法定代表人签署的变更登记申请书；依照《公司法》作出的变更决议或者决定；国家市场监督管理部门规定要求提交的其他文件。公司变更登记事项涉及修改公司章程的，应当提交由公司法定代表人签署的修改后的公司章程或者公司章程修正案。变更登记事项依照法律、行政法规或者国务院决定规定在登记前须经批准的，还应当向公司登记机关提交有关批准文件。

第八条 依照本法设立的有限责任公司，必须在公司名称中标明有限责任公司或者有限公司字样。

依照本法设立的股份有限公司，必须在公司名称中标明股份有限公司或者股份公司字样。

▶ 关联规定

一、法律、行政法规、司法解释

《中华人民共和国市场主体登记管理条例》

第十条 市场主体只能登记一个名称，经登记的市场主体名称受法律保护。

市场主体名称由申请人依法自主申报。

二、部门规章及规范性文件

《企业名称登记管理实施办法》

第八条 企业名称应当使用符合国家规范的汉字，不得使用汉语拼音字母、阿拉伯数字。

企业名称需译成外文使用的，由企业依据文字翻译原则自行翻译使用，不需报工商行政管理机关核准登记。

第九条 企业名称应当由行政区划、字号、行业、组织形式依次组成，法律、行政法规和本办法另有规定的除外。

第十条 除国务院决定设立的企业外，企业名称不得冠以"中国"、"中华"、"全国"、"国家"、"国际"等字样。

在企业名称中间使用"中国"、"中华"、"全国"、"国家"、"国际"等字样的，该字样应是行业的限定语。

使用外国（地区）出资企业字号的外商独资企业、外方控股的外商投资企业，可以在名称中间使用"（中国）"字样。

第十一条　企业名称中的行政区划是本企业所在地县级以上行政区划的名称或地名。

市辖区的名称不能单独用作企业名称中的行政区划。市辖区名称与市行政区划连用的企业名称，由市工商行政管理局核准。

省、市、县行政区划连用的企业名称，由最高级别行政区的工商行政管理局核准。

第十二条　具备下列条件的企业法人，可以将名称中的行政区划放在字号之后，组织形式之前：

（一）使用控股企业名称中的字号；

（二）该控股企业的名称不含行政区划。

第十三条　经国家工商行政管理总局核准，符合下列条件之一的企业法人，可以使用不含行政区划的企业名称：

（一）国务院批准的；

（二）国家工商行政管理总局登记注册的；

（三）注册资本（或注册资金）不少于5000万元人民币的；

（四）国家工商行政管理总局另有规定的。

第十四条　企业名称中的字号应当由2个以上的字组成。

行政区划不得用作字号，但县以上行政区划的地名具有其他含义的除外。

第十五条　企业名称可以使用自然人投资人的姓名作字号。

第十六条　企业名称中的行业表述应当是反映企业经济活动性质所属国民经济行业或者企业经营特点的用语。

企业名称中行业用语表述的内容应当与企业经营范围一致。

第十七条　企业经济活动性质分别属于国民经济行业不同大类的，应当选择主要经济活动性质所属国民经济行业类别用语表述企业名称中的行业。

第十八条　企业名称中不使用国民经济行业类别用语表述企业所从事行业的，应当符合以下条件：

（一）企业经济活动性质分别属于国民经济行业5个以上大类；

（二）企业注册资本（或注册资金）1亿元以上或者是企业集团的母公司；

（三）与同一工商行政管理机关核准或者登记注册的企业名称中字号不相同。

第十九条　企业为反映其经营特点，可以在名称中的字号之后使用国家

(地区)名称或者县级以上行政区划的地名。

上述地名不视为企业名称中的行政区划。

第二十条 企业名称不应当明示或者暗示有超越其经营范围的业务。

▶ 条文释义

一、本条主旨

本条是关于公司名称的规定。

二、条文演变

本条是 2005 年《公司法》修订时自 1993 年《公司法》第 9 条的规定修改而来。修改中增加了有限责任公司和股份有限公司简称的内容，即"或者有限公司""或者股份公司"。其后内容保留至今。

三、条文解读

公司作为法人，与自然人一样，是权利义务关系的主体，应当有自己的名称，以便明确主体的标志和权利义务的归属。公司名称在公司设立登记时作为登记事项之一，在经过公司登记机关的登记后，就成为公司的法定名称。公司有了确定的名称，等于确立了自己的标志，有利于公司开展经营活动，依法享有权利和履行义务。

为了使社会公众通过公司名称就能够了解公司的性质、责任形式，进而能够基本评价公司的实力、信用，维护公司及交易相对人的合法权益，保障交易安全，维护社会经济秩序，确定公司名称应当客观反映社会公众普遍关注的公司基本情况，特别是公司的责任形式，因此，本条明确规定：依照《公司法》设立的有限责任公司，必须在公司名称中标明有限责任公司或者有限公司字样；依照《公司法》设立的股份有限公司，必须在公司名称中标明股份有限公司或者股份公司字样。如果公司名称中没有"有限责任公司""有限公司"或者"股份有限公司""股份公司"这几个字样，就不是依照《公司法》规定设立的公司，审批机关不予审批、登记机关也不予登记。

公司名称通常包括以下四个方面的内容：一是公司种类，公司名称必须标明"有限责任公司""有限公司"或者"股份有限公司""股份公司",而不能只标明公司,这是法定要求。二是具体名称,公司名称的这部分内容,也应当依法确定,对于法律、行政法规禁止使用的名称,不得采用。如不得在公司名称中含有对国家、社会或者公共利益有损害的名称,外国国家(地区)名称,国际组织名称等。三是营业种类,公司名称中的营业种类,虽然法律并无强制性规定,但一般要求与其营业规模或者营业种类相适应,如××百货公司、××电力公司、××建筑公司等,以便社会公众通过公司名称即可大体了解该公司所从事的行业或者主要业务范围。四是公司所在地的名称,如北京××公司、山东××公司、四川××公司等,以便社会公众通过公司名称即可大体了解该公司的所在地。

公司名称应当符合国家有关规定。公司只能使用一个名称。公司名称经过依法登记后,就产生了法律上的权利和义务关系,即公司名称只能由该公司使用,该公司可以自由地将公司名称用于自己的经营活动等,而其他公司或者组织不得使用该公司的名称开展经营活动。如果他人非法使用该公司名称,该公司有权依法要求侵害人赔偿损失。

第九条 有限责任公司变更为股份有限公司，应当符合本法规定的股份有限公司的条件。股份有限公司变更为有限责任公司，应当符合本法规定的有限责任公司的条件。

有限责任公司变更为股份有限公司的，或者股份有限公司变更为有限责任公司的，公司变更前的债权、债务由变更后的公司承继。

▶ 关联规定

一、法律、行政法规、司法解释

《中华人民共和国市场主体登记管理条例》

第十一条 市场主体只能登记一个住所或者主要经营场所。

电子商务平台内的自然人经营者可以根据国家有关规定，将电子商务平台提供的网络经营场所作为经营场所。

省、自治区、直辖市人民政府可以根据有关法律、行政法规的规定和本地区实际情况，自行或者授权下级人民政府对住所或者主要经营场所作出更加便利市场主体从事经营活动的具体规定。

二、司法指导性文件

《最高人民法院对〈商务部关于请确认《关于审理与企业改制相关的民事纠纷案件若干问题的规定》是否适用于外商投资的函〉的复函》

中国企业与外国企业合资、合作的行为，以及外资企业在中国的投资行为，虽然涉及到企业主体、企业资产及股东的变化，但他们不属于国有企业改制范畴，且有专门的法律、法规调整，因此，外商投资行为不受上述司法解释的调整。

▶ 条文释义

一、本条主旨

本条是关于公司变更及其债权债务处理的规定。

二、条文演变

本条是 2005 年《公司法》修订时在 1993 年《公司法》第 98 条、第 100 条规定的基础上经过修改而成的。1993 年《公司法》第 98 条规定："有限责任公司变更为股份有限公司，应当符合本法规定的股份有限公司的条件，并依照本法有关设立股份有限公司的程序办理。"第 100 条规定："有限责任公司依法变更为股份有限公司的，原有限责任公司的债权、债务由变更后的股份有限公司承继。"2005 年《公司法》修订后，一是将原来第 98 条改为本条第 1 款；二是增加了本条第 2 款的规定；三是在原来第 100 条规定的基础上，根据本条第 2 款的规定，增加了股份有限公司变更为有限责任公司后原债权、债务承继的内容。其后内容保留至今。

三、条文解读

有限责任公司通常更多地被看作是一种人合公司，在这种公司中，股东之间的合作关系往往较资金更重要；而股份有限公司则通常被看作是典型的资合公司，在这种公司中，资本的联合因素往往比股东之间的合作更重要。所以法律对两种公司的设立条件、设立程序、内部治理结构等方面规定了不同的要求。但是，有限责任公司与股份有限公司有许多相同之处，如都是企业法人，在法律地位上并不存在谁高谁低的问题；股东都以出资为限对公司承担有限责任；公司都以全部资产对外承担责任等。因此，有限责任公司可以变更为股份有限公司，股份有限公司也可以变更为有限责任公司。

有限责任公司在经营过程中，可能会因资金需求量的增加等原因而要求改为股份有限公司，以便向社会公众筹集更多的资金。但有限责任公司与股份有限公司毕竟是两种不同类型的公司，在设立、内部组织机构的设置及组成以及对内对外事务的管理等方面都存在不同之处，所以有限责任公司在变更为股份有限公司时，必须符合股份有限公司的条件。

有限责任公司变更为股份有限公司或者股份有限公司变更为有限责任公司以后，原有限责任公司或者原股份有限公司就不再存在，但原有限责任公司或者原股份有限公司的债权、债务仍然存在，不会因为原有限责任公司或者原股份有限公司的不再存在而自动消失。因此，本条第2款明确规定，有限责任公司变更为股份有限公司的，或者股份有限公司变更为有限责任公司的，公司变更前的债权、债务由变更后的公司承继。即原有限责任公司或者原股份有限公司的债权、债务，转移到变更后的股份有限公司或者有限责任公司，债权由变更后的股份有限公司或者有限责任公司享受，债务由变更后的股份有限责任公司或者有限责任公司承担。变更后的股份有限公司或者有限责任公司，不得以自己已经不是原来的有限责任公司或者股份有限公司为由，拒不承担原有限责任公司或者原股份有限公司的债务。

第十条 公司以其主要办事机构所在地为住所。

关联规定

法律、行政法规、司法解释

《中华人民共和国市场主体登记管理条例》

第八条 市场主体的一般登记事项包括：

（一）名称；

（二）主体类型；

（三）经营范围；

（四）住所或者主要经营场所；

（五）注册资本或者出资额；

（六）法定代表人、执行事务合伙人或者负责人姓名。

除前款规定外，还应当根据市场主体类型登记下列事项：

（一）有限责任公司股东、股份有限公司发起人、非公司企业法人出资人的姓名或者名称；

（二）个人独资企业的投资人姓名及居所；

（三）合伙企业的合伙人名称或者姓名、住所、承担责任方式；

（四）个体工商户的经营者姓名、住所、经营场所；

（五）法律、行政法规规定的其他事项。

第十一条 市场主体只能登记一个住所或者主要经营场所。

电子商务平台内的自然人经营者可以根据国家有关规定，将电子商务平台提供的网络经营场所作为经营场所。

省、自治区、直辖市人民政府可以根据有关法律、行政法规的规定和本地区实际情况，自行或者授权下级人民政府对住所或者主要经营场所作出更加便利市场主体从事经营活动的具体规定。

第二十七条 市场主体变更住所或者主要经营场所跨登记机关辖区的，应当在迁入新的住所或者主要经营场所前，向迁入地登记机关申请变更登记。迁出地登记机关无正当理由不得拒绝移交市场主体档案等相关材料。

▶ 条文释义

一、本条主旨

本条是关于公司住所的规定。

二、条文演变

本条自1993年《公司法》制定时在第10条予以规定，其后历次《公司法》修订及修正中均未进行修改。

三、条文解读

所谓住所，俗称地址，是指为法律关系集中于一处而确定的民事法律关系主体即自然人或者法人的地址。根据本条的规定，公司以其主要办事机构所在地为住所。其中的"办事机构所在地"，是指执行公司的业务活动、决定和处理公司事务的机构的所在地。在公司的"办事机构"只有一个的情况下，即以该机构的所在地为公司的住所；在公司的"办事机构"有多个并分别位于不同的地方时，则以"主要办事机构"为公司的住所。至于如何区分公司的"主要办事机构"与"次要办事机构"，则要以公司的登记为准，即以公司登记时所注明的主要办事机构为公司的住所。

确定公司的住所，具有十分重要的法律意义：

第一，可以确定公司的诉讼管辖地。《民事诉讼法》第22条第2款规定，对法人或者其他组织提起的民事诉讼，由被告住所地人民法院管辖。同时，《民事诉讼法》还具体规定，因合同纠纷、票据纠纷或者侵权行为等提起的民事诉讼，可以由被告住所地人民法院管辖。公司作为民事活动的重要主体，在经营活动中难免会与其他经济组织发生各种纠纷，因此确定公司的住所地，对于解决纠纷，维护社会经济秩序，保障当事人的合法权益，具有重要的现实意义。

第二，可以确定公司的受送达地点。公司在经营活动中，必然会与外界发生各种联系，确定了公司的住所地，有利于其他组织能够及时、迅速地与公司取得联系，也有利于公司能够以自己的住所地为据点向外进行联系。同时，在各种经济纠纷案件中，无论公司是原告还是被告，有了明确的住所地，人民法院就能够及时、迅速地送达各种法律文书，为公司或者其他当事人依法维护自己的合法权益提供保障。

第三，有利于确定债务的履行地。确定了公司的住所，对于对方当事人来讲，也就为自己确定了债务的履行地。

第四，有利于确定公司的登记机关。确定了公司的住所地，也就确定了该公司的登记管理机关，为检举、控告公司违法活动提供了便利，有利于维护社会经济秩序的稳定。

第十一条 设立公司必须依法制定公司章程。公司章程对公司、股东、董事、监事、高级管理人员具有约束力。

条文释义

一、本条主旨

本条是关于公司章程的规定。

二、条文演变

本条是 2005 年《公司法》修订时在 1993 年《公司法》第 11 条第 1 款规定的基础上修改而成,主要将原来的"经理"改为"高级管理人员",扩大了公司章程约束力的适用范围。此外,还对原规定作了个别文字修改,如将原来的"依照本法制定公司章程"改为"依法制定公司章程"。

三、条文解读

(一)公司章程的概念

公司章程,即由公司权力机构依据规定程序制定的,规范股东出资及相关关系、公司机构设置、公司经营准则等相关事项的法定文件。设立公司,首先要制定公司章程,以便明确公司的类型、宗旨、组织机构设置等涉及公司根本性、方向性的重大问题,为公司的设立和设立以后的运行提供一个基本的准则。因此,公司章程是有关公司组织和行为的基本规则,是公司设立的必备条件和重要步骤。

现代意义上的公司,需要具备三大条件,即股东(人)、资本和章程(意思表示)。设立公司,除了股东和资本条件外,还必须制定公司章程。公司章程可以从两种意义去理解。从实质意义上讲,公司章程是关于公司组织和行为的基本准则。从形式意义上讲,公司章程是记载上述基本规则的书面文件。

（二）公司章程的意义

第一，公司作为由股东共同投资组成的一个联合体，特别是在有些公司的股东人数还很多的情况下，股东之间需要对公司的组织和行为规则有共同的约定，也就是要形成共同的意志，其具体表现形式就是制定书面形式的公司章程。

第二，公司的组织和行为，首先必须遵守法定的规则，但法律作为一个国家范围内普遍适用的行为规范，不可能针对所有的、不同类型的公司的实际情况，不可能满足所有公司的具体需要，而且法律作为国家立法机关依照法定程序制定的行为规范，也不可能朝令夕改。因此，允许公司自己制定一些规则，有利于弥补法定规则的不足和适应不同公司的具体情况，这就需要制定公司章程，在服从法定规则的前提下，确定适应本公司实际情况的具体规则。

第三，公司作为企业法人，设立以后必然要开展经营活动，必然要与社会产生联系，这就需要向外界申明公司的宗旨，表明公司的基本情况，如公司的责任形式、经营目的、经营范围、资本构成、组织体制、重要管理制度等。而制定公司章程，并通过适当方式予以公布，是一种比较好的做法，有利于公司树立良好的社会形象，也有利于社会公众了解公司、监督公司。

第四，作为公司设立的一个重要步骤，公司章程需要在设立公司时向登记机关提交，由登记机关依法进行审查，经公司登记机关核准登记后，公司章程就变成了行政机关依法对公司进行监督的一项依据，有利于行政机关依法行政，也有利于公司组织和行为的规范。

（三）公司章程的制定

公司章程作为公司组织和行为的基本规则，具有特定的法律地位，所以对其制定主体也有特定的要求。按照法律规定，有限责任公司的公司章程，由股东制定，而且必须是全体股东共同制定。全体股东应当亲自参加公司章程的制定工作，或者委托代理人参加公司章程的制定工作，并在公司章程上签名、盖章。

股份有限公司的公司章程，根据设立方式的不同，其制定主体也有所不同。采取发起方式设立的，由全体发起人共同制订公司章程，即由全体发起人亲自或者委托代理人参加公司章程的制订，并在公司章程上签名、盖章。采取募集方式设立的，由发起人拟订公司章程（实为草案），并提交创立大会通过。创立大会必须有代表股份总数 1/2 以上的认股人出席方可举行，并且必须经出席会议的认股人所持表决权的半数以上通过，方为完成公司章程的制定程序。

（四）公司章程的内容

公司章程主要规定公司的宗旨、组织机构设置及其运行等涉及公司根本性、方向性的问题，所以只能就公司的一些重大问题作出规定，而不可能事无巨细、面面俱到。

根据法律规定，有限责任公司的公司章程，应当载明的事项包括：公司名称和住所；公司经营范围；公司注册资本；股东的姓名或者名称；股东的出资方式、出资额和出资时间；公司的机构及其产生办法、职权、议事规则；公司的法定代表人。股份有限公司的公司章程，应当载明的事项包括：公司名称和住所；公司经营范围；公司设立方式；公司股份总数、每股金额和注册资本；发起人的姓名或者名称、认购的股份数、出资方式和出资时间；董事会的组成、职权、任期和议事规则；公司法定代表人；监事会的组成、职权、任期和议事规则；公司利润分配办法；公司的解散事由与清算办法；公司的通知和公告办法以及股东大会认为需要规定的其他事项。上述事项，是法律规定公司章程应当载明的事项，可以说是公司章程的法定载明事项，除此之外，公司还可以根据自身情况，对其他事项作出规定。

所谓公司章程的约束力，是指公司章程对哪些人发生效力。根据本条的规定，公司章程对公司、股东、董事、监事、高级管理人员具有约束力。

第一，公司章程对公司具有约束力。公司章程是依法制定的规范公司组织和行为的规则，所以对公司有约束力，公司必须遵守公司章程的规定。

第二，公司章程对股东具有约束力。公司章程是股东共同制定的，是股东之间的共同约定，所以对股东有约束力，股东必须遵守公司章程的规定。即使是后加入公司的股东，也是以认可公司章程为前提的，所以后加入公司的股东，也必须遵守公司章程的规定。

第三，公司章程对董事、监事具有约束力。公司的董事、监事，是由股东会（股东大会）选举产生的，是被委托、推选来负责公司经营管理事务的，所以有义务遵守公司章程规定的规则，受公司章程的约束。

第四，公司章程对高级管理人员具有约束力。高级管理人员包括公司的经理、副经理、财务负责人以及上市公司董事会秘书和公司章程规定的其他人员,这些人员由公司董事会聘任,负责公司日常的经营管理事务,所以必须受公司章程的约束,遵守公司章程的规定。

> 第十二条　公司的经营范围由公司章程规定，并依法登记。公司可以修改公司章程，改变经营范围，但是应当办理变更登记。
>
> 公司的经营范围中属于法律、行政法规规定须经批准的项目，应当依法经过批准。

▶ 关联规定

法律、行政法规、司法解释

《中华人民共和国市场主体登记管理条例》

第十四条　市场主体的经营范围包括一般经营项目和许可经营项目。经营范围中属于在登记前依法须经批准的许可经营项目，市场主体应当在申请登记时提交有关批准文件。

市场主体应当按照登记机关公布的经营项目分类标准办理经营范围登记。

第二十六条　市场主体变更经营范围，属于依法须经批准的项目的，应当自批准之日起 30 日内申请变更登记。许可证或者批准文件被吊销、撤销或者有效期届满的，应当自许可证或者批准文件被吊销、撤销或者有效期届满之日起 30 日内向登记机关申请变更登记或者办理注销登记。

▶ 条文释义

一、本条主旨

本条是关于公司经营范围的规定。

二、条文演变

本条是 2005 年《公司法》修订时在 1993 年《公司法》第 11 条第 2 款、第 3 款规定的基础上修改而成，主要是删去了原来关于"公司应当在登记的经营范围内从事经营活动"的规定，不再将经营范围视为公司行为能力的范围，不能因为公司代表人代表公司实施的行为超越公司经营范围而主张其行为无效，从而保障交易环境和保护交易相对人的合法权益。这样修改的主要理由是：第一，体现国家对公司这一民事主体自治的适当尊重。在市场经济条件下，公司为了适应市场变化，需要一定的自主经营空间，如果将公司的经营范围仅限于登记的经营范围内，超出部分一律以无效论，既不利于公司的发展，也不利于维护交易秩序和保护交易相对方的合法权益。所以法律上不宜再笼统规定公司必须在登记的经营范围内从事经营活动。第二，与有关法律等规定相衔接。我国1999年制定的原《合同法》第50条已经明确规定，法人或者其他组织的法定代表人、负责人超越权限订立的合同，除相对人知道或者应当知道其超越权限的以外，该代表行为有效。原《最高人民法院关于适用〈中华人民共和国合同法〉若干问题的解释（一）》中也规定，当事人超越经营范围订立合同，人民法院不因此认定无效，但违反国家限制经营、特许经营以及法律、行政法规禁止经营规定的除外。此外，还作了一些文字性、技术性的调整，如将原来第1款中的"公司的经营范围中属于法律、行政法规限制的项目，应当依法经过批准"，单独列为第2款，并将"限制"改为"规定须经批准"，以与"应当依法经过批准"的规定相一致。本条在2005年《公司法》修订后，内容保留至今。

三、条文解读

所谓公司的经营范围，是指公司在经营活动中所涉及的领域，具体表现为公司具有什么样的生产项目、经营种类、服务事项等。公司需要一定的经营范围，以便开展经营活动。同时，确定公司的经营范围，还涉及以下因素：一是方便投资者了解公司资金的投入方向，也就是资金投入的项目以及该项目已经存在或者可能存在的风险；二是为公司开展经营活动确定大体的范围，有利于公司经营活动的专业化发展；三是有利于公司董事、监事、经理以及其他高级管理人员认清公司发展的前景以及努力的方向；四是有利于建立和维护一定的管理秩序、经营秩序，防止市场竞争的无序状态。

根据本条规定，公司经营范围的确定，主要包括以下内容。

（一）公司经营范围由公司章程规定

公司作为企业法人，依法享有经营自主权，所以应当有权自主决定在什么领域中从事经营活动。因此，公司的经营范围，不应当由政府行政主管部门确定或指定，而应当由公司自行确定，这是符合社会主义市场经济基本要求的。

公司章程作为公司组织和行为的基本规则，对公司的类型、宗旨、组织机构设置等涉及公司根本性、方向性的重大问题作出规定，为公司的设立和设立以后的运行提供基本的准则。因此，公司经营范围应当由公司章程规定。

（二）公司经营范围必须依法进行登记

确定公司的经营范围，涉及许多方面。企业法人的经营范围，应当与其资金、场地、设备、从业人员以及技术力量相适应。如果公司的经营范围很大，但资金很少，那么在实际经营活动中就容易产生公司拖欠许多债务的情况，这样，既不利于维护社会经济秩序的稳定，也可能因为公司资不抵债破产而影响公司投资者的利益。因此，公司的经营范围必须依法进行登记，由登记机关依法予以审查核准登记。

（三）公司变更经营范围必须依法办理变更登记

公司设立后，应当在经过登记的经营范围内从事经营活动。然而，由于主客观情况的变化，公司的经营范围并不是固定不变的，公司可以根据需要更改自己的经营范围，或者扩大经营范围，或者缩小经营范围，这是法律允许的。但是，公司决定更改自己的经营范围，应当经过法定的程序。公司变更经营范围需要经过的法定程序是：一是由股东会（股东大会）依法修改公司章程，对经营范围作出变更；二是向公司登记机关提出变更经营范围的申请；三是由公司登记机关依法进行变更登记。如果经营范围属于法律、行政法规规定须经批准的项目，则应当在依法取得批准后，再向公司登记机关提出变更经营范围的申请。

（四）公司经营范围中属于法律、行政法规规定须经批准的项目，应当依法经过批准

所谓经批准的项目，是指应当具备特定的条件并经政府有关行政主管部门

批准后方可经营的项目。公司的经营范围中如果法律、行政法规规定须经批准项目的,那么在进行登记之前,还须经过有关部门的批准。至于哪些项目是属于法律、行政法规规定必须经过批准的,依照法律、行政法规的规定确定。

> **第十三条** 公司法定代表人依照公司章程的规定，由董事长、执行董事或者经理担任，并依法登记。公司法定代表人变更，应当办理变更登记。

关联规定

法律、行政法规、司法解释

1.《中华人民共和国民法典》

第六十一条 依照法律或者法人章程的规定，代表法人从事民事活动的负责人，为法人的法定代表人。

法定代表人以法人名义从事的民事活动，其法律后果由法人承受。

法人章程或者法人权力机构对法定代表人代表权的限制，不得对抗善意相对人。

2.《中华人民共和国市场主体登记管理条例》

第十二条 有下列情形之一的，不得担任公司、非公司企业法人的法定代表人：

（一）无民事行为能力或者限制民事行为能力；

（二）因贪污、贿赂、侵占财产、挪用财产或者破坏社会主义市场经济秩序被判处刑罚，执行期满未逾5年，或者因犯罪被剥夺政治权利，执行期满未逾5年；

（三）担任破产清算的公司、非公司企业法人的法定代表人、董事或者厂长、经理，对破产负有个人责任的，自破产清算完结之日起未逾3年；

（四）担任因违法被吊销营业执照、责令关闭的公司、非公司企业法人的法定代表人，并负有个人责任的，自被吊销营业执照之日起未逾3年；

（五）个人所负数额较大的债务到期未清偿；

（六）法律、行政法规规定的其他情形。

第二十五条 公司、非公司企业法人的法定代表人在任职期间发生本条例

第十二条所列情形之一的，应当向登记机关申请变更登记。

▶ 条文释义

一、本条主旨

本条是关于公司法定代表人的规定。

二、条文演变

本条是 2005 年《公司法》修订时新增加的条文。修订前的《公司法》，对公司法定代表人作了多处规定，如第 45 条规定，有限责任公司设董事会的，董事长为公司的法定代表人；第 51 条规定，有限责任公司不设董事会的，执行董事为公司的法定代表人；第 113 条规定，股份有限公司的董事长为公司的法定代表人。这些规定表明，我国公司实行董事长为法定代表人制度，只有董事长一人对外代表公司。这一制度，在实践中也存在一些问题，主要是不能很好地适应市场经济条件下不同种类、不同规模公司的经营要求，有时显得灵活性不够；同时，董事长除了是法定代表人以外，又是董事会的召集人和主持人，现实生活中董事长凌驾于各董事之上、滥用职权的现象时有发生，造成董事长一人权力独大的客观事实。因此，有必要对这一制度进行适当修改。

三、条文解读

公司的法定代表人对外代表公司，其以公司名义对外实施的行为，就是公司的行为，该行为的法律后果直接由公司承担。因此，公司法定代表人如何确定，应当由公司章程规定。这是因为公司章程作为公司组织和行为的规则，需要对公司如何进行组织、如何开展活动、由谁对外代表公司等事项作出明确的规定。所以《公司法》在公司章程应当载明的事项中明确规定，公司章程应当载明公司法定代表人。

公司法定代表人，在股份有限公司和设立董事会的有限责任公司，可以由董事长担任，也可以由董事会聘任的经理担任；在股东人数较少或者规模较小没有设立董事会的有限责任公司，可以由执行董事担任，如果聘任经理的，也可以由经理担任。

2005年修订《公司法》时专门增加了公司董事、监事、高级管理人员资格和义务的规定，由于法定代表人必然是董事或者经理，所以有关董事、监事、高级管理人员义务的规定，同样适用公司法定代表人。公司法定代表人应当严格遵守执行，依法行使自己的职权，履行法律、法规以及公司章程规定的义务，不得利用职权收受贿赂或者其他非法收入，不得侵占公司财产。否则，要依法承担相应的法律责任。

公司法定代表人作为公司的代表，依照公司章程的规定确定以后，应当依法进行登记；发生变更的，应当办理变更登记。

> **第十四条** 公司可以设立分公司。设立分公司,应当向公司登记机关申请登记,领取营业执照。分公司不具有法人资格,其民事责任由公司承担。
>
> 公司可以设立子公司,子公司具有法人资格,依法独立承担民事责任。

▶ 关联规定

法律、行政法规、司法解释

1.《中华人民共和国民法典》

第七十四条 法人可以依法设立分支机构。法律、行政法规规定分支机构应当登记的,依照其规定。

分支机构以自己的名义从事民事活动,产生的民事责任由法人承担;也可以先以该分支机构管理的财产承担,不足以承担的,由法人承担。

2.《中华人民共和国民事诉讼法》

第五十一条 公民、法人和其他组织可以作为民事诉讼的当事人。

法人由其法定代表人进行诉讼。其他组织由其主要负责人进行诉讼。

3.《最高人民法院关于适用〈中华人民共和国民事诉讼法〉的解释》

第五十二条 民事诉讼法第五十一条规定的其他组织是指合法成立、有一定的组织机构和财产,但又不具备法人资格的组织,包括:

(一)依法登记领取营业执照的个人独资企业;

(二)依法登记领取营业执照的合伙企业;

(三)依法登记领取我国营业执照的中外合作经营企业、外资企业;

(四)依法成立的社会团体的分支机构、代表机构;

(五)依法设立并领取营业执照的法人的分支机构;

(六)依法设立并领取营业执照的商业银行、政策性银行和非银行金融机构的分支机构;

（七）经依法登记领取营业执照的乡镇企业、街道企业；

（八）其他符合本条规定条件的组织。

第五十三条 法人非依法设立的分支机构，或者虽依法设立，但没有领取营业执照的分支机构，以设立该分支机构的法人为当事人。

▶ 条文释义

一、本条主旨

本条是关于公司设立分公司、子公司的规定。

二、条文演变

本条是 2005 年《公司法》修订时在 1993 年《公司法》第 13 条规定的基础上修改形成。在维持原来规定的基础上，增加了设立分公司申请登记和领取营业执照的规定，还对个别文字作了修改。同时，删去了 1993 年《公司法》第 29 条关于设立有限责任公司的同时设立分公司和设立股份有限公司的同时设立分公司申请登记、领取营业执照的规定。

三、条文解读

有限责任公司和股份有限公司根据生产经营的需要，可以设立分公司。分公司是相对于总公司而言的，是总公司的分支机构，也可以说是总公司的一个组成部分。分公司不论是在经济上还是在法律上，都不具有独立性。分公司的非独立性主要表现在以下方面：一是分公司不具有法人资格，不能独立享有权利、承担责任，其一切行为的后果及责任由总公司承担。二是分公司没有独立的公司名称及章程，其对外从事经营活动必须以总公司的名义，遵守总公司的章程。三是分公司在人事、经营上没有自主权，其主要业务活动及主要管理人员由总公司决定并委任，并根据总公司的委托或授权进行业务活动。四是分公司没有独立的财产，其所有资产属于总公司，并作为总公司的资产列入总公司的资产负债表中。基于上述特性，本条明确规定了分公司的法律地位，即分公司不具有法人资格，其民事责任由公司承担。

有限责任公司和股份有限公司根据生产经营的需要，除了可以设立分公司外，还可以设立子公司。子公司是相对于母公司而言的，它是独立于向它投资的母公司而存在独立主体。子公司具有如下特征：一是其一定比例以上的资本被另一公司持有或通过协议方式受到另一公司实际控制。对子公司有控制权的公司是母公司。子公司的重大事务都是由母公司实际决定的。二是子公司是独立的法人。子公司在经济上受母公司的支配与控制，但在法律上，它具有独立的法人资格。子公司的独立性主要表现为：拥有独立的公司名称和公司章程；具有独立的组织机构；拥有独立的财产，能够自负盈亏，独立核算；以自己的名义开展经营活动，从事各类民事活动；独立承担公司行为所带来的一切后果和责任。根据子公司的特征，本条明确规定了子公司的法律地位，即子公司具有企业法人资格，依法独立承担民事责任。

> **第十五条** 公司可以向其他企业投资；但是，除法律另有规定外，不得成为对所投资企业的债务承担连带责任的出资人。

▶ 关联规定

法律、行政法规、司法解释

1.《中华人民共和国民法典》

第一百七十八条 二人以上依法承担连带责任的，权利人有权请求部分或者全部连带责任人承担责任。

连带责任人的责任份额根据各自责任大小确定；难以确定责任大小的，平均承担责任。实际承担责任超过自己责任份额的连带责任人，有权向其他连带责任人追偿。

连带责任，由法律规定或者当事人约定。

2.《中华人民共和国合伙企业法》

第三条 国有独资公司、国有企业、上市公司以及公益性的事业单位、社会团体不得成为普通合伙人。

▶ 条文释义

一、本条主旨

本条是关于公司对外投资责任限制的规定。

二、条文演变

本条是2005年《公司法》修订时在1993年《公司法》第12条的基础上修改而来。2005年修订时，删去了1993年《公司法》第12条中"公司向其他有限责任公司、股份有限公司投资的，除国务院规定的投资公司和控股公司外，所累积投资额不得超过本公司净资产的百分之五十"的规定。公司对外投资属于公司的经营自主权，在保护交易相对人的利益、维护交易安全的前提下，应当便利公司的投融资活动，放宽对公司对外投资的限制；《公司法》实施的经验也表明，这一规定在实践中难以操作，已失去其规范性。由于修改后的《公司法》对公司经营活动的风险已通过建立多种制度加以规范，则没有继续保留这一规定。2005年《公司法》修订后，该条内容保留至今。

三、条文解读

公司可以向其他企业投资，这是因为公司是法人，享有自主经营的权利，能够自行承担责任。运用自己的财产进行投资是公司发展的正常要求，法律是允许的。按照这一规定，公司不仅可以向其他有限责任公司或者股份有限公司投资，也可以向公司以外的其他企业投资。一般来说，公司对外投资只能承担有限责任，除法律另有规定外，不得成为对所投资企业的债务承担无限连带责任的出资人。这样规定主要是考虑到公司对外投资有营利的机会，同时也有风险：对外投资失败，如果允许投资的公司承担无限责任，有可能直接导致公司的破产或利益受到重大损失，进而损害公司股东和债权人的利益，直接危害社会经济秩序的稳定。在我国现阶段部分公司信誉不佳、公司经营状况不透明、信息不畅通的情况下，为了保护债权人的利益、维护市场秩序，不宜允许公司对所投资企业债务承担无限责任。同时，考虑到将来可能会有需要进一步研究的特殊情况，在这一条中作出了"法律另有规定除外"的规定。

▶ 类案检索

柳州化工股份有限公司、广西柳州化工控股有限公司与广西金伍岳能源集团有限公司、贵州鑫悦煤炭有公司、贵州新益矿业有限公司合同纠纷案

关键词：投资　债务清偿　债务加入　连带清偿责任

裁判摘要：作为法人主体的公司，享有自主经营的权利，法律应保护其运用自己的财产进行对外投资的权利，但投资具有风险性，如果允许投资的公司承担无限责任，有可能直接导致公司破产或公司利益受到重大损失，进而损害公司股东和债权人的利益,直接危害社会经济秩序的稳定。因此,《公司法》规定,公司可以对其他企业投资,但不能在出资时约定对该企业的债务承担连带责任。本案并不属于《公司法》第15条规定的情形。《股权转让合同》第2条第4项约定鑫悦公司应采取措施促使新益公司在2014年8月31日前足额偿还全部债务,并就偿还债务承担连带保证责任。同日订立的《债务清偿协议》约定,鑫悦公司代新益公司偿还债务2.4亿元。根据本案事实可见,鑫悦公司对新益公司原债务承担连带清偿责任是其取得新益公司股权、成为新益公司出资人的条件之一,且该债务的内容、金额是明确的,鑫悦公司并非在成为出资人之后再行对新益公司将来的不确定债务承担连带责任。因此,鑫悦公司不属于《公司法》第15条规定的对新益公司的债务承担连带责任的出资人。

【案　　号】(2017)最高法民终882号
【审理法院】最高人民法院

第十六条　公司向其他企业投资或者为他人提供担保，依照公司章程的规定，由董事会或者股东会、股东大会决议；公司章程对投资或者担保的总额及单项投资或者担保的数额有限额规定的，不得超过规定的限额。

公司为公司股东或者实际控制人提供担保的，必须经股东会或者股东大会决议。

前款规定的股东或者受前款规定的实际控制人支配的股东，不得参加前款规定事项的表决。该项表决由出席会议的其他股东所持表决权的过半数通过。

▶ 关联规定

一、法律、行政法规、司法解释

1.《中华人民共和国民法典》

第三百八十八条　设立担保物权，应当依照本法和其他法律的规定订立担保合同。担保合同包括抵押合同、质押合同和其他具有担保功能的合同。担保合同是主债权债务合同的从合同。主债权债务合同无效的，担保合同无效，但是法律另有规定的除外。

担保合同被确认无效后，债务人、担保人、债权人有过错的，应当根据其过错各自承担相应的民事责任。

第五百零四条　法人的法定代表人或者非法人组织的负责人超越权限订立的合同，除相对人知道或者应当知道其超越权限外，该代表行为有效，订立的合同对法人或者非法人组织发生效力。

2.《最高人民法院关于适用〈中华人民共和国公司法〉若干问题的规定（四）》

第五条　股东会或者股东大会、董事会决议存在下列情形之一，当事人主张决议不成立的，人民法院应当予以支持：

（一）公司未召开会议的，但依据公司法第三十七条第二款或者公司章程规定可以不召开股东会或者股东大会而直接作出决定，并由全体股东在决定文件上签名、盖章的除外；

（二）会议未对决议事项进行表决的；

（三）出席会议的人数或者股东所持表决权不符合公司法或者公司章程规定的；

（四）会议的表决结果未达到公司法或者公司章程规定的通过比例的；

（五）导致决议不成立的其他情形。

第六条 股东会或者股东大会、董事会决议被人民法院判决确认无效或者撤销的，公司依据该决议与善意相对人形成的民事法律关系不受影响。

3.《最高人民法院关于适用〈中华人民共和国民法典〉有关担保制度的解释》

第七条 公司的法定代表人违反公司法关于公司对外担保决议程序的规定，超越权限代表公司与相对人订立担保合同，人民法院应当依照民法典第六十一条和第五百零四条等规定处理：

（一）相对人善意的，担保合同对公司发生效力；相对人请求公司承担担保责任的，人民法院应予支持。

（二）相对人非善意的，担保合同对公司不发生效力；相对人请求公司承担赔偿责任的，参照适用本解释第十七条的有关规定。

法定代表人超越权限提供担保造成公司损失，公司请求法定代表人承担赔偿责任的，人民法院应予支持。

第一款所称善意，是指相对人在订立担保合同时不知道且不应当知道法定代表人超越权限。相对人有证据证明已对公司决议进行了合理审查，人民法院应当认定其构成善意，但是公司有证据证明相对人知道或者应当知道决议系伪造、变造的除外。

第八条 有下列情形之一，公司以其未依照公司法关于公司对外担保的规定作出决议为由主张不承担担保责任的，人民法院不予支持：

（一）金融机构开立保函或者担保公司提供担保；

（二）公司为其全资子公司开展经营活动提供担保；

（三）担保合同系由单独或者共同持有公司三分之二以上对担保事项有表决权的股东签字同意。

上市公司对外提供担保，不适用前款第二项、第三项的规定。

第九条　相对人根据上市公司公开披露的关于担保事项已经董事会或者股东大会决议通过的信息，与上市公司订立担保合同，相对人主张担保合同对上市公司发生效力，并由上市公司承担担保责任的，人民法院应予支持。

相对人未根据上市公司公开披露的关于担保事项已经董事会或者股东大会决议通过的信息，与上市公司订立担保合同，上市公司主张担保合同对其不发生效力，且不承担担保责任或者赔偿责任的，人民法院应予支持。

相对人与上市公司已公开披露的控股子公司订立的担保合同，或者相对人与股票在国务院批准的其他全国性证券交易场所交易的公司订立的担保合同，适用前两款规定。

第十七条　主合同有效而第三人提供的担保合同无效，人民法院应当区分不同情形确定担保人的赔偿责任：

（一）债权人与担保人均有过错的，担保人承担的赔偿责任不应超过债务人不能清偿部分的二分之一；

（二）担保人有过错而债权人无过错的，担保人对债务人不能清偿的部分承担赔偿责任；

（三）债权人有过错而担保人无过错的，担保人不承担赔偿责任。

主合同无效导致第三人提供的担保合同无效，担保人无过错的，不承担赔偿责任；担保人有过错的，其承担的赔偿责任不应超过债务人不能清偿部分的三分之一。

二、司法指导性文件

《全国法院民商事审判工作会议纪要》

17.【违反《公司法》第16条构成越权代表】为防止法定代表人随意代表公司为他人提供担保给公司造成损失，损害中小股东利益，《公司法》第16条对法定代表人的代表权进行了限制。根据该条规定，担保行为不是法定代表人所能单独决定的事项，而必须以公司股东（大）会、董事会等公司机关的决议作为授权的基础和来源。法定代表人未经授权擅自为他人提供担保的，构成越权代表，人民法院应当根据《合同法》第50条关于法定代表人越权代表的规定，区分订立合同时债权人是否善意分别认定合同效力；债权人善意的，合同有效；反之，合同无效。

18.【善意的认定】前条所称的善意，是指债权人不知道或者不应当知道法定代表人超越权限订立担保合同。《公司法》第16条对关联担保和非关联担保的决议机关作出了区别规定，相应地，在善意的判断标准上也应当有所区别。一种情形是，为公司股东或者实际控制人提供关联担保，《公司法》第16条明确规定必须由股东（大）会决议，未经股东（大）会决议，构成越权代表。在此情况下，债权人主张担保合同有效，应当提供证据证明其在订立合同时对股东（大）会决议进行了审查，决议的表决程序符合《公司法》第16条的规定，即在排除被担保股东表决权的情况下，该项表决由出席会议的其他股东所持表决权的过半数通过，签字人员也符合公司章程的规定。另一种情形是，公司为公司股东或者实际控制人以外的人提供非关联担保，根据《公司法》第16条的规定，此时由公司章程规定是由董事会决议还是股东（大）会决议。无论章程是否对决议机关作出规定，也无论章程规定决议机关为董事会还是股东（大）会，根据《民法总则》第61条第3款关于"法人章程或者法人权力机构对法定代表人代表权的限制，不得对抗善意相对人"的规定，只要债权人能够证明其在订立担保合同时对董事会决议或者股东（大）会决议进行了审查，同意决议的人数及签字人员符合公司章程的规定，就应当认定其构成善意，但公司能够证明债权人明知公司章程对决议机关有明确规定的除外。

债权人对公司机关决议内容的审查一般限于形式审查，只要求尽到必要的注意义务即可，标准不宜太过严苛。公司以机关决议系法定代表人伪造或者变造、决议程序违法、签章（名）不实、担保金额超过法定限额等事由抗辩债权人非善意的，人民法院一般不予支持。但是，公司有证据证明债权人明知决议系伪造或者变造的除外。

19.【无须机关决议的例外情况】存在下列情形的，即便债权人知道或者应当知道没有公司机关决议，也应当认定担保合同符合公司的真实意思表示，合同有效：

（1）公司是以为他人提供担保为主营业务的担保公司，或者是开展保函业务的银行或者非银行金融机构；

（2）公司为其直接或者间接控制的公司开展经营活动向债权人提供担保；

（3）公司与主债务人之间存在相互担保等商业合作关系；

（4）担保合同系由单独或者共同持有公司三分之二以上有表决权的股东签字同意。

20.【越权担保的民事责任】依据前述3条规定,担保合同有效,债权人请求公司承担担保责任的,人民法院依法予以支持;担保合同无效,债权人请求公司承担担保责任的,人民法院不予支持,但可以按照担保法及有关司法解释关于担保无效的规定处理。公司举证证明债权人明知法定代表人超越权限或者机关决议系伪造或者变造,债权人请求公司承担合同无效后的民事责任的,人民法院不予支持。

21.【权利救济】法定代表人的越权担保行为给公司造成损失,公司请求法定代表人承担赔偿责任的,人民法院依法予以支持。公司没有提起诉讼,股东依据《公司法》第151条的规定请求法定代表人承担赔偿责任的,人民法院依法予以支持。

22.【上市公司为他人提供担保】债权人根据上市公司公开披露的关于担保事项已经董事会或者股东大会决议通过的信息订立的担保合同,人民法院应当认定有效。

23.【债务加入准用担保规则】法定代表人以公司名义与债务人约定加入债务并通知债权人或者向债权人表示愿意加入债务,该约定的效力问题,参照本纪要关于公司为他人提供担保的有关规则处理。

▶ 条文释义

一、本条主旨

本条是关于公司对外投资及担保应遵守的程序规定。

二、条文演变

本条在2005年《公司法》修订后,未作修改。

我国1993年《公司法》第60条第3款规定:"董事、经理不得以公司资产为本公司的股东或者其他个人债务提供担保。"无论从该规定的体系位置还是规范内容来看,该条规定都是对董事、经理个人的忠实义务的规定。然而,该法第214条对于违反第60条规定的责任为"责令取消担保",将对董事、经理个人行为的禁止扩展为对公司行为的禁止。由此导致了该条在司法裁判中曾经被错误地理解为公司不能提供担保,混淆了董事、经理的个人义务与公司的权利能力。这样的情形虽然在后来的司法审判中得到了纠正，但可能给人们留下了错误印象。因此，2005年《公司法》第16条也有澄清是非的作用，即明确承认公司具有对外担保的权利能力。

这一判断还可以从《公司法》的其他一些规定得到佐证。如《公司法》第16条还同时对公司（转）投资行为进行了规定。与公司是否具有担保能力一样，历史上法律对公司的转投资能力也曾抱有怀疑甚至否定态度。我国1993年《公司法》第12条直接限制公司的转投资数额，并表明仅支持公司转投资于有限责任公司和股份有限公司。2005年《公司法》第15条废除了对转投资的规模限制，但再次明确了公司不得投资于承担"无限连带责任"的企业。可见，2005年《公司法》依然保留了对公司转投资能力的一定限制。同时，现行《公司法》第16条第1款增加了对公司转投资的决策程序的规定，为其设置了与公司担保相同的法律对待。

三、条文解读

公司向其他企业投资或者为他人提供担保，应当由公司机关作出决议。对外投资和为他人提供担保，是公司的重大经营行为和民事活动，有较大的风险：如果决策不当，将会给公司、公司的股东和债权人造成损失。对这类行为，公司应当充分考虑其风险，进行合理判断，作出决策。为了引导公司对这类重大行为作出科学的决策、保证公司行为的恰当性、避免风险，本条第1款、第2款作了两方面的规定：（1）公司向其他企业投资或者为他人提供担保，应当由公司机关作出决议，其一般原则是，公司章程可以根据实际经营的需要，将对外投资和为他人担保的决策权授予股东会（有限责任公司）、股东大会（股份有限公司）或者董事会。对外投资和为他人担保的数额较大的，可以授权由股东会、股东大会作出决议；数额不大的，为了保持公司经营的灵活性，可以授权董事会作出决议。当然，公司也可以将对外投资和为他人担保的决策权全部授予董事会，但应当在公司章程中明确规定。其特别规定是，公司为公司股东或者实际控制人提供担保的，必须经股东会或者股东大会决议。（2）为了保证交易安全，公司章程可以对投资或者担保的总额及每一项投资或者担保的数额作出限制性规定。公司章程有这类规定的，公司机关在作出决议或在具体进行此类活动时，不得超过规定的限额，除非修改公司章程。本条所称"决议"包括普通决议和特别决议，公司章程可以根据公司的实际情况规定采用的决议方式。

公司为公司股东或者实际控制人提供担保，当股东会或者股东大会作出决议时，该股东及实际控制人支配的股东应当回避，不得参加表决。这样规定主要是为了维护股东大会决议的公正性，避免表决事项所涉及的股东，特别是控股股东滥用资本多数决的原则，以公司决议的方式谋求与公司利益不符的股东或实际控制人自己的利益，损害公司和其他股东的利益。公司违反这一规定，强行表决的，股东可以根据《公司法》第22条的规定，向人民法院提起决议无效之诉。公司为股东或者实际控制人提供担保，股东会或者股东大会采用普通决议方式，由出席会议的其他股东所持表决权的过半数通过。

▶ 适用指引

对《公司法》第16条规范性质的不同理解，决定了越权代表行为不同效力认定规则。在相当长的一段时间内，司法实践中的主流观点认为，该条性质上属于管理型规定，故即便法定代表人未经决议程序擅自对外签订担保合同，也不影响合同效力。其结果一方面，完全架空了《公司法》第16条的规定，使该条成为具文。另一方面，让公司承担担保责任，不利于保护股东尤其是中小股东的合法权益。另一种观点认为，该条属于效力性规定，违反的后果是担保合同无效。但一概认定担保合同无效，既不利于善意相对人的保护，有时也不符合公司自身的利益。正是看到前述两种观点存在的不足，最高人民法院2019年11月8日发布的《民商审判会议纪要》改采纳代表权限制规范说，认为其作为《公司法》规定的规范，属于组织规范的范畴，限制的是法定代表人的代表权限，即法定代表人尽管可以一般地代表公司对外从事行为，但对于担保行为，因其涉及公司以及股东的重大利益，不是法定代表人所能单独决定的事项，而必须要以公司股东（大）会、董事会等公司机关的决议作为法定代表人代表权的基础和来源。法定代表人未经授权擅自为他人提供担保的，构成越权代表，应当根据原《合同法》第50条①的规定来认定效力。需要特别说明的是，效力性规定和管理性规定是对强制性规定所作的区分，而强制性规定、任意性规定本身属于行为规范的范畴。而《公司法》作为组织法，其规范既有

---

① 对应《民法典》第504条。

组织规范，也有行为规范，而《公司法》第16条就属于组织规范的范畴，因而不能简单地将其归入管理性规定或者效力性规定。

公司对外担保案件的基本裁判思路，可以归纳为以下三个步骤：

一是看有无决议。法定代表人未经公司决议程序对外提供担保，构成越权代表；相对人未审查公司决议，就直接与公司签订担保合同，表明其非善意相对人，因而公司不承担担保责任。当然，公司不承担担保责任，并不意味着无须承担任何责任，在一定情况下，公司也应承担一定的责任。二是有决议的，要看是否为适格决议。此时要根据最高人民法院2019年11月8日发布的《民商审判会议纪要》第18条的规定，区别关联担保和非关联担保：前者必须要是股东会或股东大会决议；后者董事会决议或股东会决议。三是尽管有决议，但在决议伪造、变造等情况下，已经尽了必要形式的审查义务的善意相对人，可根据表见代表规则请求公司承担担保责任。

> 第十七条　公司必须保护职工的合法权益，依法与职工签订劳动合同，参加社会保险，加强劳动保护，实现安全生产。
> 公司应当采用多种形式，加强公司职工的职业教育和岗位培训，提高职工素质。

▶ 关联规定

法律、行政法规、司法解释

《中华人民共和国劳动合同法》

第四条　用人单位应当依法建立和完善劳动规章制度，保障劳动者享有劳动权利、履行劳动义务。

用人单位在制定、修改或者决定有关劳动报酬、工作时间、休息休假、劳动安全卫生、保险福利、职工培训、劳动纪律以及劳动定额管理等直接涉及劳动者切身利益的规章制度或者重大事项时，应当经职工代表大会或者全体职工讨论，提出方案和意见，与工会或者职工代表平等协商确定。

在规章制度和重大事项决定实施过程中，工会或者职工认为不适当的，有权向用人单位提出，通过协商予以修改完善。

用人单位应当将直接涉及劳动者切身利益的规章制度和重大事项决定公示，或者告知劳动者。

▶ 条文释义

一、本条主旨

本条是关于保护公司职工权益的规定。

二、条文演变

本条自1993年《公司法》制定时入法，该法第15条规定："公司必须保护职工的合法权益，加强劳动保护，实现安全生产。公司采用多种形式，加强公司职工的职业教育和岗位培训，提高职工素质。"2005年《公司法》修订时，新增"依法与职工签订劳动合同，参加社会保险"规定。

三、条文解读

公司职工是直接从事生产经营的劳动者，公司在生产经营过程中，有义务保护职工的合法权益。如果公司违反法律规定侵害了职工合法权益，就要承担相应的法律责任。保护职工的合法权益，主要体现在：（1）依法与职工签订劳动合同。公司应当本着平等自愿、协商一致的原则，与职工签订劳动合同，确立劳动关系、明确双方的权利和义务，充分尊重和保障职工的劳动权益。劳动合同应为书面形式。（2）依法为职工办理社会保险。根据《劳动法》的规定，国家发展社会保险事业，建立社会保险制度，设立社会保险基金，使劳动者在年老、患病、工伤、失业、生育等情况下获得帮助和补偿；"用人单位和劳动者必须依法参加社会保险，缴纳社会保险费"。因此，依法为职工办理社会保险、交纳保险费是公司的一项法定义务。（3）加强劳动保护，实现安全生产。劳动保护的基本要求是，为劳动者提供安全、卫生的劳动条件，并不断加以改善，要消除和预防生产经营中可能发生的伤亡、职业病和其他伤害劳动者的事故，保障劳动者能以健康的体力参加生产经营活动。加强对职工的劳动保护，有利于保护社会生产力，调动劳动者的积极性，实现安全生产。根据法律的规定，公司在组织生产经营过程中，必须采取各项保护措施，对劳动者进行保护。

公司职工素质对公司的发展具有重要影响。随着公司的发展，对公司职工素质的要求也越来越高。公司必须加强职工的职业教育和岗位培训，才能适应公司发展对职工素质的要求。对职工利益来说，公司应当为职工提供接受专业知识和技能培训的机会，使职工能掌握所任岗位的基础知识、实用知识和技能技巧，胜任本职工作。将加强职业教育和岗位培训作为公司的一项法定义务，有利于促使公司积极采取措施，提高职工素质，提高劳动生产率和工作效率。

> 第十八条　公司职工依照《中华人民共和国工会法》组织工会，开展工会活动，维护职工合法权益。公司应当为本公司工会提供必要的活动条件。公司工会代表职工就职工的劳动报酬、工作时间、福利、保险和劳动安全卫生等事项依法与公司签订集体合同。
>
> 　　公司依照宪法和有关法律的规定，通过职工代表大会或者其他形式，实行民主管理。
>
> 　　公司研究决定改制以及经营方面的重大问题、制定重要的规章制度时，应当听取公司工会的意见，并通过职工代表大会或者其他形式听取职工的意见和建议。

▶ 关联规定

法律、行政法规、司法解释

1.《中华人民共和国工会法》

第三条　在中国境内的企业、事业单位、机关、社会组织（以下统称用人单位）中以工资收入为主要生活来源的劳动者，不分民族、种族、性别、职业、宗教信仰、教育程度，都有依法参加和组织工会的权利。任何组织和个人不得阻挠和限制。

工会适应企业组织形式、职工队伍结构、劳动关系、就业形态等方面的发展变化，依法维护劳动者参加和组织工会的权利。

第四条　工会必须遵守和维护宪法，以宪法为根本的活动准则，以经济建设为中心，坚持社会主义道路，坚持人民民主专政，坚持中国共产党的领导，坚持马克思列宁主义、毛泽东思想、邓小平理论、"三个代表"重要思想、科学发展观、习近平新时代中国特色社会主义思想，坚持改革开放，保持和增强政治性、先进性、群众性，依照工会章程独立自主地开展工作。

工会会员全国代表大会制定或者修改《中国工会章程》，章程不得与宪法和法律相抵触。

国家保护工会的合法权益不受侵犯。

第五条 工会组织和教育职工依照宪法和法律的规定行使民主权利，发挥国家主人翁的作用，通过各种途径和形式，参与管理国家事务、管理经济和文化事业、管理社会事务；协助人民政府开展工作，维护工人阶级领导的、以工农联盟为基础的人民民主专政的社会主义国家政权。

第六条 维护职工合法权益、竭诚服务职工群众是工会的基本职责。工会在维护全国人民总体利益的同时，代表和维护职工的合法权益。

工会通过平等协商和集体合同制度等，推动健全劳动关系协调机制，维护职工劳动权益，构建和谐劳动关系。

工会依照法律规定通过职工代表大会或者其他形式，组织职工参与本单位的民主选举、民主协商、民主决策、民主管理和民主监督。

工会建立联系广泛、服务职工的工会工作体系，密切联系职工，听取和反映职工的意见和要求，关心职工的生活，帮助职工解决困难，全心全意为职工服务。

2.《中华人民共和国劳动法》

第七条 劳动者有权依法参加和组织工会。

工会代表和维护劳动者的合法权益，依法独立自主地开展活动。

第八条 劳动者依照法律规定，通过职工大会、职工代表大会或者其他形式，参与民主管理或者就保护劳动者合法权益与用人单位进行平等协商。

第八十八条 各级工会依法维护劳动者的合法权益，对用人单位遵守劳动法律、法规的情况进行监督。

任何组织和个人对于违反劳动法律、法规的行为有权检举和控告。

▶ 条文释义

一、本条主旨

本条是关于公司职工依法组织工会和参与民主管理的规定。

二、条文演变

2005年《公司法》修订时，在1993年《公司法》第16条第1款基础上新增"公司工会代表职工就职工的劳动报酬、工作时间、福利、保险和劳动安全卫生等事项依法与公司签订集体合同。公司依照宪法和有关法律的规定,通过职工代表大会或者其他形式,实行民主管理。公司研究决定改制以及经营方面的重大问题、制定重要的规章制度时,应当听取公司工会的意见,并通过职工代表大会或者其他形式听取职工的意见和建议"的规定,并将1993年《公司法》中第16条第2款"国有独资公司和两个以上的国有企业或者其他两个以上的国有投资主体投资设立的有限责任公司,依照宪法和有关法律的规定,通过职工代表大会和其他形式,实行民主管理"的内容删除。将参与公司民主管理的主体扩大到所有的公司,并在有关章节中设计了具体制度加以保障。为了保障公司经营活动的正常进行,保证企业经营决策必要的效率,公司职工参与民主管理应当通过职代会和其他民主形式进行,并应主要对经营决策中涉及职工切身利益的问题发表意见。

三、条文解读

公司应当依法实行民主管理。公司职工依法参与公司的管理,有利于维护公司开展正常经营活动的和谐环境,符合现代公司制度发展的潮流。2005年修订前的《公司法》只规定了国有独资公司和两个以上国有企业或者其他两个以上的国有投资主体投资设立的有限责任公司,通过职工代表大会和其他形式,实行民主管理。

公司职工有权依照《工会法》的规定组织工会,开展工会活动。根据《工会法》的规定,在中国境内的企业、事业单位、机关、社会组织中以工资收入为主要生活来源的劳动者,不分民族、种族、性别、职业、宗教信仰、教育程度,都有依法参加和组织工会的权利。所以公司职工依法组织工会是受到法律保护的。公司职工依法开展工会活动,参与管理法律规定的事务,可以更好地代表和维护职工的合法利益,并为调动职工的积极性、促进公司的发展提供支持和帮助。为此,公司应当提供必要的条件,支持工会的工作。

维护职工合法权益是工会的基本职责。其中一个重要的体现是工会代表职工与企业继续平等协商,签订集体合同。集体合同所涉及的事项应包括职工的劳动报酬、工作时间、福利、保险和劳动安全卫生等涉及职工切身利益的事项。根据《工会法》的规定,公司违反集体合同,侵犯职工劳动权益的,工会可以依法要求企业承担责任;因履行集体合同发生争议的工会可以向劳动争议仲裁机构提请仲裁，对仲裁裁决不服的，可以向人民法院提起诉讼。

公司在就经营目标、投资计划、利润分配、合并分立、兼并破产等问题作出重大决策以及制定包括公司的奖励制度、工作纪律等方面的重要的规章制度时应当听取公司工会和职工的意见。公司遵守这一规定，有利于有关决策和规章制度的执行，体现了职工参与民主管理，有利于公司的长远发展。

第十九条 在公司中，根据中国共产党章程的规定，设立中国共产党的组织，开展党的活动。公司应当为党组织的活动提供必要条件。

条文释义

一、本条主旨

本条是关于公司中中国共产党基层组织活动的规定。

二、条文演变

2005年《公司法》修订时，将1993年《公司法》中第17条"公司中中国共产党基层组织的活动，依照中国共产党章程办理"的内容修改为现在条文表述，此后未再修改。

三、条文解读

根据我国《宪法》的规定，国家的根本任务是，沿着中国特色社会主义道路，集中力量进行社会主义建设。中国各族人民将继续在中国共产党的领导下，把我国建设成为富强、民主、文明、和谐、美丽的社会主义现代化强国。《宪法》明确指出了中国共产党在我国政治生活和经济建设中的领导地位。为了更好地发挥党的基层组织和党员在公司发展、经济建设中的作用，《公司法》依据《宪法》规定的原则，对公司中党的基层组织活动作了进一步具体的规定。这一规定包括两层含义：一是在公司中设立党的组织，开展党的活动，应当遵守《中国共产党章程》的规定。按照《中国共产党章程》的规定，企业、农村、机关、学校、科研院所、街道、人民解放军连队和其他基层单位，凡是有正式党员3人以上的，都应当成立党的基层组织。公司是企业的一种，公司中如果有正式党员3人以上的，应当成立党的基层组织。党的基层组织应当按照党章的规定开展活动。二是公司要为公司中党组织开展活动提供支持，如提供必需的活动场所等。

第二十条 公司股东应当遵守法律、行政法规和公司章程，依法行使股东权利，不得滥用股东权利损害公司或者其他股东的利益；不得滥用公司法人独立地位和股东有限责任损害公司债权人的利益。

公司股东滥用股东权利给公司或者其他股东造成损失的，应当依法承担赔偿责任。

公司股东滥用公司法人独立地位和股东有限责任，逃避债务，严重损害公司债权人利益的，应当对公司债务承担连带责任。

▶ 关联规定

一、法律、行政法规、司法解释

1.《中华人民共和国民法典》

第八十三条 营利法人的出资人不得滥用出资人权利损害法人或者其他出资人的利益；滥用出资人权利造成法人或者其他出资人损失的，应当依法承担民事责任。

营利法人的出资人不得滥用法人独立地位和出资人有限责任损害法人债权人的利益；滥用法人独立地位和出资人有限责任，逃避债务，严重损害法人债权人的利益的，应当对法人债务承担连带责任。

2.《中华人民共和国公司法》

第六十三条 一人有限责任公司的股东不能证明公司财产独立于股东自己的财产的，应当对公司债务承担连带责任。

3.《最高人民法院关于适用〈中华人民共和国公司法〉若干问题的规定（四）》

第十五条 股东未提交载明具体分配方案的股东会或者股东大会决议，请求公司分配利润的，人民法院应当驳回其诉讼请求，但违反法律规定滥用股东权利导致公司不分配利润，给其他股东造成损失的除外。

4.《最高人民法院关于适用〈中华人民共和国民法典〉有关担保制度的解释》

第十条 一人有限责任公司为其股东提供担保,公司以违反公司法关于公司对外担保决议程序的规定为由主张不承担担保责任的,人民法院不予支持。公司因承担担保责任导致无法清偿其他债务,提供担保时的股东不能证明公司财产独立于自己的财产,其他债权人请求该股东承担连带责任的,人民法院应予支持。

二、司法指导性文件

《全国法院民商事审判工作会议纪要》

(四)关于公司人格否认

公司人格独立和股东有限责任是公司法的基本原则。否认公司独立人格,由滥用公司法人独立地位和股东有限责任的股东对公司债务承担连带责任,是股东有限责任的例外情形,旨在矫正有限责任制度在特定法律事实发生时对债权人保护的失衡现象。在审判实践中,要准确把握《公司法》第20条第3款规定的精神。一是只有在股东实施了滥用公司法人独立地位及股东有限责任的行为,且该行为严重损害了公司债权人利益的情况下,才能适用。损害债权人利益,主要是指股东滥用权利使公司财产不足以清偿公司债权人的债权。二是只有实施了滥用法人独立地位和股东有限责任行为的股东才对公司债务承担连带清偿责任,而其他股东不应承担此责任。三是公司人格否认不是全面、彻底、永久地否定公司的法人资格,而只是在具体案件中依据特定的法律事实、法律关系,突破股东对公司债务不承担责任的一般规则,例外地判令其承担连带责任。人民法院在个案中否认公司人格的判决的既判力仅仅约束该诉讼的各方当事人,不当然适用于涉及该公司的其他诉讼,不影响公司独立法人资格的存续。如果其他债权人提起公司人格否认诉讼,已生效判决认定的事实可以作为证据使用。四是《公司法》第20条第3款规定的滥用行为,实践中常见的情形有人格混同、过度支配与控制、资本显著不足等。在审理案件时,需要根据查明的案件事实进行综合判断,既审慎适用,又当用则用。实践中存在标准把握不严而滥用这一例外制度的现象,同时也存在因法律规定较为原则、抽象,适用难度大,而不善于适用、不敢于适用的现象,均应当引起高度重视。

10.【人格混同】认定公司人格与股东人格是否存在混同,最根本的判断标准是公司是否具有独立意思和独立财产，最主要的表现是公司的财产与股东的财产是否混同且无法区分。在认定是否构成人格混同时，应当综合考虑以下因素：

（1）股东无偿使用公司资金或者财产，不作财务记载的；

（2）股东用公司的资金偿还股东的债务，或者将公司的资金供关联公司无偿使用，不作财务记载的；

（3）公司账簿与股东账簿不分，致使公司财产与股东财产无法区分的；

（4）股东自身收益与公司盈利不加区分，致使双方利益不清的；

（5）公司的财产记载于股东名下，由股东占有、使用的；

（6）人格混同的其他情形。

在出现人格混同的情况下，往往同时出现以下混同：公司业务和股东业务混同；公司员工与股东员工混同，特别是财务人员混同；公司住所与股东住所混同。人民法院在审理案件时，关键要审查是否构成人格混同，而不要求同时具备其他方面的混同，其他方面的混同往往只是人格混同的补强。

11.【过度支配与控制】公司控制股东对公司过度支配与控制，操纵公司的决策过程，使公司完全丧失独立性，沦为控制股东的工具或躯壳，严重损害公司债权人利益，应当否认公司人格，由滥用控制权的股东对公司债务承担连带责任。实践中常见的情形包括：

（1）母子公司之间或者子公司之间进行利益输送的；

（2）母子公司或者子公司之间进行交易，收益归一方，损失却由另一方承担的；

（3）先从原公司抽走资金，然后再成立经营目的相同或者类似的公司，逃避原公司债务的；

（4）先解散公司，再以原公司场所、设备、人员及相同或者相似的经营目的另设公司，逃避原公司债务的；

（5）过度支配与控制的其他情形。

控制股东或实际控制人控制多个子公司或者关联公司，滥用控制权使多个子公司或者关联公司财产边界不清、财务混同，利益相互输送，丧失人格独立性，沦为控制股东逃避债务、非法经营，甚至违法犯罪工具的，可以综合案件事实，否认子公司或者关联公司法人人格，判令承担连带责任。

12.【资本显著不足】资本显著不足指的是，公司设立后在经营过程中，股东实际投入公司的资本数额与公司经营所隐含的风险相比明显不匹配。股东利用较少资本从事力所不及的经营，表明其没有从事公司经营的诚意，实质是恶意利用公司独立人格和股东有限责任把投资风险转嫁给债权人。由于资本显著不足的判断标准有很大的模糊性，特别是要与公司采取"以小博大"的正常经营方式相区分，因此在适用时要十分谨慎，应当与其他因素结合起来综合判断。

13.【诉讼地位】人民法院在审理公司人格否认纠纷案件时，应当根据不同情形确定当事人的诉讼地位：

（1）债权人对债务人公司享有的债权已经由生效裁判确认，其另行提起公司人格否认诉讼，请求股东对公司债务承担连带责任的，列股东为被告，公司为第三人；

（2）债权人对债务人公司享有的债权提起诉讼的同时，一并提起公司人格否认诉讼，请求股东对公司债务承担连带责任的，列公司和股东为共同被告；

（3）债权人对债务人公司享有的债权尚未经生效裁判确认，直接提起公司人格否认诉讼，请求公司股东对公司债务承担连带责任的，人民法院应当向债权人释明，告知其追加公司为共同被告。债权人拒绝追加的，人民法院应当裁定驳回起诉。

▶ 条文释义

一、本条主旨

本条是关于股东应当依法行使权利，不得滥用权利以及股东滥用权利的责任承担的规定。

二、条文演变

1993年《公司法》制定时，并未规定本条。本条是在2005年《公司法》全面修订时增加的，其后在《公司法》的历次修正过程中均未对本条进行修改。

2005年《公司法》修订过程中，在研究和制定本条规定时，曾有过不同的意见，主要集中在两个方面：第一，是否应在《公司法》中确立法人人格否认制度，是否对股东在此情形下应当承担的责任作出明确规定；第二，是否应当在法律中规定具体认定公司股东滥用公司法人独立地位和股东有限责任的标准。

对于第一个问题，有意见认为，其他国家一般不在成文法中明确规定公司法人人格否认制度，只在司法审判中以判例形式运用，且非常谨慎。如果这一制度确立后被滥用，可能会动摇公司有限责任这一基石，不利于公司的正常、有序发展。对此，经认真研究，多数意见认为：一是虽然不少国家没有明确的成文法规定，但在司法实践中已经广泛运用这一制度，有较成熟的经验，许多国家在其司法文书中对这一制度的适用范围、掌握的标准均有明确阐述。二是有些国家对股东滥用权利应当承担民事责任作出了规定。三是确立这一制度符合中国的实际需要，有利于解决公司实践中存在的问题，并且我国在司法审判实践中已经开始运用法人人格否认的裁判规则。因此，应当建立这一制度，并明确规定股东对公司承担的责任。关于在这种情况下应如何追究股东的责任，理论界有不同的认识：第一种意见认为，应当直接追究股东的责任；第二种意见认为，应当先追究公司的责任，然后再追究股东的补充清偿责任；第三种意见认为，基于公司已失去法人人格的现实，应当追究股东和公司的共同责任。经过研究，本条采用上述第三种意见，规定股东滥用公司法人独立地位和股东有限责任，对公司债务承担连带责任。

对于第二个问题，许多部门、地方和专家建议在法律中明确规定股东滥用公司独立法人地位和有限责任的具体行为，以避免司法审判实践中的滥用。经研究认为，实践中股东滥用公司法人独立地位和股东有限责任的表现形式多样，在法律中难以一一列举。因此，鉴于我国当前的司法实践，法律只作原则性规定，由最高人民法院根据审判实践情况作出具体规定较为稳妥。故，本条并未列举确定股东滥用公司法人独立地位和有限责任的具体标准。

三、条文解读

本条第1款规定，公司股东应当遵守法律、行政法规和公司章程，依法行使股东权利，不得滥用股东权利损害公司或者其他股东的利益，不得滥用公司法人独立地位和股东有限责任损害公司债权人的利益。

公司股东依法和依章程正当行使权利，是股东的基本义务。本着权利、义务平等的原则，公司股东在享受各项权利的同时，负有正当行使权利的义务。

其正当行使权利受法律保护，滥用权利将受到法律的制裁。结合我国公司实践的实际需要，本条规定了公司股东正当行使权利的一般原则及股东滥用权利的民事责任。股东在行使权利时，一是要遵守法律有关权利行使的规定；二是要依照法律规定的程序行使。股东行使权利不得损害公司和其他股东的利益。例如，《公司法》规定有限责任公司股东有查账权，但前提是股东应当有正当的理由，一般为公司的经营活动特别是在财务处理上有损害股东利益之嫌。如果股东为个人经营的目的，以查账为由，窃取公司商业秘密，则构成股东滥用权利。再如，公司章程规定公司出售重大资产需股东大会特别决议通过；公司的控股股东无视公司章程规定，不经法定程序，强令公司经营管理层出售该资产，也构成股东权利的滥用。对股东滥用权利的行为，给公司和其他股东造成损失的，滥用权利的股东应承担赔偿责任。这样规定有利于规范股东行为，促使股东依法、正当行使权利。

（一）股东不得滥用股东权利

1. 股东行使股东权利的依据

股东按其出资份额对公司享有一定的权利，即股东权利。根据《公司法》第4条规定，公司股东享有资产受益权、参与重大决策权与选择管理者权三个基本权利。除此之外，公司股东还享有其他权利，均体现在《公司法》相关条款之中。

股东行使权利的依据是有关法律、法规和公司章程。我国《公司法》对公司股东的权利作了规定，其他法律和行政法规对公司股东权利有规定的，公司股东也可以据以行使相关权利。公司章程是由公司股东共同制定的全面规定公司制度的基本规范，具有契约的性质，是公司根据法律的规定和授权制定的内部规章。《公司法》第11条规定："设立公司必须依法制定公司章程。公司章程对公司、股东、董事、监事、高级管理人员具有约束力。"可见，公司股东在行使权利的时候，必须依据公司章程进行。

2. 股东不得滥用股东权利

股东在依据法律、行政法规和公司章程行使股东权利的时候，不得利用其权利损害公司或者其他股东的利益。公司股东如果遵守法律、行政法规和公司章程来行使股东权利，就不会损害公司或者其他股东的利益。《公司法》的宗旨之一正是保护公司、股东和债权人的合法权益，股东如果遵守《公司法》的规定，就必须在行使自身权利的同时不损害公司或者其他股东的利益；公司章程依照《公司法》的规定制定，是保障股东合法行使权利的细则规范，股东受公司章程的约束，必须在合法范围内行使自身权利。因此，股东行使权利，必须严格遵守法律、行政法规和公司章程的规定。

这一规定主要是针对控股股东而言的。控股股东是从公司控制权角度确立的概念，股东持股达到一定的比例，可认定该股东对公司拥有控制权，但持股未达到公认控股比例的公司股东也可能通过协议或者其他安排实际控制公司事务。控股股东在行使权利的时候，应当负有如下义务：(1)对公司负有的义务。控股股东在公司内部成为实际上的业务执行和经营者，在享有经营管理之权的同时，必须有特定的义务加以约束。(2)控股股东对其他股东的义务。各股东之间同为公司的出资人，共同享有资产收益、参与重大决策、选择管理者等权利，在他们之间也应互相负有诚信的义务。控股股东如果有利用自己的股权控制、支配公司，损害公司其他股东利益的行为，是典型的权利滥用。(3)控股股东的注意义务。所谓控股股东的注意义务，是指控股股东在处理公司事务时，应尽如同一个谨慎的人处于同等地位与情形下对其经营的事项所给予的注意一样的谨慎义务，即控股股东在作为业务执行和经营者处理公司事务时，应怀有善意，并从公司的最大利益出发来考虑问题。控股股东应当严格履行忠实义务，严禁危害公司、债权人、社会公众和其他股东的利益，不得有欺诈行为（欺诈行为体现为虚假出资、操纵发行价格、操纵利润分配、操纵信息披露、侵吞公司和其他股东的财产），不得通过关联交易来谋取不正当利益。

3. 股东滥用股东权利应承担赔偿责任

本条第2款规定，公司股东滥用股东权利给公司或者其他股东造成损失的，应当依法承担赔偿责任。股东滥用股东权利给公司或者其他股东造成损失，主要有两种形式：其一，股东作为董事、监事或者高级管理人员违法执行职务，给公司或者其他股东造成损失。对此，《公司法》规定，有限责任公司的股东、股份有限公司连续180日以上单独或者合计持有公司1%以上股份的股东，可以书面请求有关公司机关向人民法院提起诉讼，有关机关拒绝的，股东有权为了公司利益以自己的名义直接向人民法院提起诉讼。其二，股东作为控股股东，通过股东会或者股东大会的决议来侵占公司或者其他股东的利益，对此，《公司法》第151条也规定："他人侵犯公司的合法权益，给公司造成损失的，本条第一款规定的股东可以依照前两款的规定向人民法院提起诉讼。"

（二）股东不得滥用公司法人独立地位和股东有限责任

1. 股东不得滥用公司法人独立地位和股东有限责任

股东在依据法律、行政法规和公司章程行使股东权利的时候，不得利用其公司法人独立地位和股东有限责任损害社会公共利益、公司债权人利益或者其他利害关系人的利益。这一规定可以从两方面来理解。第一，公司股东如果遵守法律、行政法规和公司章程来行使股东权利，就不会损害社会公共利益、公司债权人利益或者其他利害关系人的利益。第二，股东的公司法人独立地位和股东有限责任制度如果被不合法利用，将很容易损害社会公共利益、公司债权人利益或者其他利害关系人的利益。在以公司为代表的企业法人的有限责任下，即使公司的资产不足以清偿全部债务，债权人也不得请求公司的股东承担超过其出资义务的责任，公司也不得将其债务转换到股东身上。有限责任制度注重对股东的保护，也为股东滥用公司的法律人格提供了机会。因此，股东行使权利，必须严格遵守法律、行政法规和公司章程的规定，不得利用其有限责任损害社会公共利益、公司债权人利益或者其他利害关系人的利益。

2. 股东滥用公司法人独立地位和股东有限责任应承担赔偿责任

在法人制度和股东有限责任制度下，股东对公司债务并不承担连带责任。但是，如果公司股东滥用公司法人独立地位和股东有限责任，逃避债务，严重损害公司债权人利益的，为了保护债权人的利益，维护市场交易安全，公司法对违法股东的有限责任权利予以剥夺。对此，本条第3款规定："公司股东滥用公司法人独立地位和股东有限责任，逃避债务，严重损害公司债权人利益的，应当对公司债务承担连带责任。"具体而言，利益受到损害的债权人，既有权向公司要求清偿，又可以向违法的股东要求以其自身财产予以清偿。违法股东应承担连带责任的公司债务，是与违法行为对应的那部分债务，而并非公司的全部债务。

股东滥用公司法人独立地位和股东有限责任的，应当对公司债务承担连带责任。我国公司实践中，由于各方面的原因，出现股东利用公司独立地位侵占公司财产，逃避债务，损害债权人利益的情况。《公司法》在放宽公司设立和有关管制的同时，有必要引进公司法人格否认制度，防止股东滥用公司法人人格、有限责任获取非法利益，以保护债权人、维护正常的交易秩序。适用这一规定，应把握以下几个原则：一是坚持有限责任这一公司制度的基石。适用

《公司法》应当维护股东的有限责任，由公司依法独立承担民事责任。因此，公司法人人格否认制度的适用应当限制在公司审判中针对某一具体案件的适用，不得任意扩大其适用范围。二是我国公司法人人格否认制度主要适用于股东滥用公司法人独立地位和股东有限责任，逃避债务的行为，即股东有逃避债务的主观恶意和具体行为，应当有严重损害公司债权人利益的后果。债权人可以直接请求人民法院向股东追偿。三是具体认定公司股东滥用公司法人独立地位和股东有限责任行为的标准由最高人民法院根据本条的基本原则作出具体规定；人民法院在审理公司案件中应统一遵守有关规定。

▶ 适用指引

　　股东不得滥用公司法人独立地位和股东有限责任损害公司债权人的利益。公司法为保护和鼓励出资，同时也保证公司经营的灵活性和高效性，创制了股东有限责任和公司独立法人地位的制度。对股东而言，股东依约定足额出资后，即享受有限责任的待遇，不再对公司的债务承担责任；股东通过公司权力机关依法定程序行使其权利，不直接插手公司的经营。公司则独立地运用股东投入公司中的财产从事经营，创造利润。公司在经营活动中，与债权人独立地发生债权、债务关系，承担由此产生的民事责任。但是，实际经济生活中，有的公司的股东通过各种途径控制着公司，为赚取高额利润或逃避债务，常常擅自挪用公司的财产，或者与自己的财产混同、账目混同、业务混同。有的股东为达到非法目的，设立一个壳公司从事违法活动，实际控制该公司，但又以有限责任为掩护逃避责任。在这些情况下，公司在实际上已失去了独立地位，该独立法人地位被股东滥用了。同时，股东利用上述方式逃避其应承担的责任，也滥用了其有限责任的待遇；而公司的债权人将面临极大的交易风险。面对这一现实问题，一些国家和地区在维护公司股东有限责任的基本原则的同时，本着权利和义务相一致的原则，为切实保护债权人的利益、维护正常的交易秩序，创制了公司法人人格否认的制度。即当符合法定条件，认定股东滥用公司法人独立地位和有限责任时，可以揭开公司面纱，将公司股东和公司视为一体，追究股东和公司共同的法律责任。

　　公司法人人格否认又称"揭开公司面纱""刺破公司面纱"，是指在具体的法律关系中，基于特定事由，否认公司的独立人格，使股东在某些场合对公司债务承担无限责任的法律制度。公司法人人格否认是对实际上已经丧失独立人格的公司现状的一种揭示和确认,也是公司人格独立制度和有限责任制度的例外。由此可见,公司法人人格否认制度是对股东权利的限制,同时也是对公司债权人利益的保护。该制度是对公司有限责任制度缺陷的弥补和修正,它的出发点就是债权人利益。

一、公司法人人格否认制度的形成

公司法人人格否认制度的发展经历了两个阶段:一是在传统的判例法领域形成了"揭开公司面纱"原则,其目的主要是用来防止自然人股东滥用公司法律形式从事欺诈活动;二是后来发展成为现代的自由形式的"揭开公司面纱"原则,其重点转向对企业集团或者企业间关联关系的调整,适用的范围已经不局限于公司法领域,而是拓展至税法、诉讼法、企业破产法等领域。

二、公司法人人格否认制度的特征

第一,公司法人人格否认是以公司独立人格合法、有效存在为前提。从逻辑上讲,如果公司的独立人格根本就未合法地存在,也就无所谓股东滥用公司人格的行为,更谈不上以此为依据否定法人的独立人格。这是法人人格否认制度与法人被撤销或被宣告设立无效的根本差别。

第二,公司法人人格否认是对公司独立人格的个案否认。公司人格的否认并非对法人合法、有效存在的彻底否定,它只是对特定的法律关系中借助法人合法有效的外壳从事规避法律义务行为的股东的有限责任的否认,是典型的个案否认。它并不及于公司与其他当事人之间形成的法律关系的评价。所以,债权人由此获得的是追究股东责任的权利,而不是申请法人成立无效的权利。

第三,公司法人人格否认是对已丧失独立人格特征之法人状态的揭示与确认。公司法人人格否认是公司无法实现债权人诉求的特殊处理,通过剥离徒有人格之名而无人格之实的公司人格,显示原本隐藏于公司背后的股东,使其承担的责任由有限向无限复归。也就是说,在实践中即使有股东滥用公司人格的事实,但是在公司还能偿债的情况下,是不能以公司法人人格否认为依据,起诉它后面的股东从而追究其责任。

▶ 指导案例

一、指导案例 15 号：徐工集团工程机械股份有限公司诉成都川交工贸有限责任公司等买卖合同纠纷案

（最高人民法院审判委员会讨论通过 2013 年 1 月 31 日发布）

关键词：民事 关联公司 人格混同 连带责任

裁判要点：1. 关联公司的人员、业务、财务等方面交叉或混同，导致各自财产无法区分，丧失独立人格的，构成人格混同。

2. 关联公司人格混同，严重损害债权人利益的，关联公司相互之间对外部债务承担连带责任。

相关法条：《中华人民共和国民法通则》第四条

《中华人民共和国公司法》第三条第一款、第二十条第三款

基本案情：原告徐工机械公司诉称：川交工贸公司拖欠其货款未付，而川交机械公司、瑞路公司与川交工贸公司人格混同，三个公司实际控制人王某某以及川交工贸公司股东等人的个人资产与公司资产混同，均应承担连带清偿责任。请求判令：川交工贸公司支付所欠货款 10 916 405.71 元及利息；川交机械公司、瑞路公司及王某某等个人对上述债务承担连带清偿责任。

被告川交工贸公司、川交机械公司、瑞路公司辩称：三个公司虽有关联，但并不混同，川交机械公司、瑞路公司不应对川交工贸公司的债务承担清偿责任。

王某某等人辩称：王某某等人的个人财产与川交工贸公司的财产并不混同，不应为川交工贸公司的债务承担清偿责任。

法院经审理查明：川交机械公司成立于 1999 年，股东为四川省公路桥梁工程总公司二公司、王某某、倪某、杨某某等。2001 年，股东变更为王某某、李某、倪某。2008 年，股东再次变更为王某某、倪某。瑞路公司成立于 2004 年，股东为王某某、李某、倪某。2007 年，股东变更为王某某、倪某。川交工贸公司成立于 2005 年，股东为吴某、张某某、凌某、过某某、汤某某、武某、郭某，何某某 2007 年入股。2008 年，股东变更为张某某（占 90% 股份）、吴某（占 10% 股份），其中张某某系王某某之妻。在公司人员方面，三个公司的经理均为王某某，财务负责人均为凌某，出纳会计均为卢某，工商手

续经办人均为张某;三个公司的管理人员存在交叉任职的情形,如过某某兼任川交工贸公司副总经理和川交机械公司销售部经理的职务,且免去过某某川交工贸公司副总经理职务的决定系由川交机械公司作出;吴某既是川交工贸公司的法定代表人,又是川交机械公司的综合部行政经理。在公司业务方面,三个公司在工商行政管理部门登记的经营范围均涉及工程机械且部分重合,其中川交工贸公司的经营范围被川交机械公司的经营范围完全覆盖;川交机械公司系徐工机械公司在四川地区(攀枝花除外)的唯一经销商,但三个公司均从事相关业务,且相互之间存在共用统一格式的《销售部业务手册》《二级经销协议》、结算账户的情形;三个公司在对外宣传中区分不明,2008年12月4日重庆市公证处出具的《公证书》记载:通过因特网查询,川交工贸公司、瑞路公司在相关网站上共同招聘员工,所留电话号码、传真号码等联系方式相同;川交工贸公司、瑞路公司的招聘信息,包括大量关于川交机械公司的发展历程、主营业务、企业精神的宣传内容;部分川交工贸公司的招聘信息中,公司简介全部为对瑞路公司的介绍。在公司财务方面,三个公司共用结算账户,凌某、卢某、汤某某、过某某的银行卡中曾发生高达亿元的往来,资金的来源包括三个公司的款项,对外支付的依据仅为王某某的签字;在川交工贸公司向其客户开具的收据中,有的加盖其财务专用章,有的则加盖瑞路公司财务专用章;在与徐工机械公司均签订合同、均有业务往来的情况下,三个公司于2005年8月共同向徐工机械公司出具《说明》,称因川交机械公司业务扩张而注册了另两个公司,要求所有债权债务、销售量均计算在川交工贸公司名下,并表示今后尽量以川交工贸公司名义进行业务往来;2006年12月,川交工贸公司、瑞路公司共同向徐工机械公司出具《申请》,以统一核算为由要求将2006年度的业绩、账务均计算至川交工贸公司名下。

另查明,2009年5月26日,卢某在徐州市公安局经侦支队对其进行询问时陈述:川交工贸公司目前已经垮了,但未注销。又查明徐工机械公司未得到清偿的货款实为10 511 710.71元。

裁判结果:江苏省徐州市中级人民法院于2011年4月10日作出(2009)徐民二初字第0065号民事判决:一、川交工贸公司于判决生效后10日内向徐工机械公司支付货款10 511 710.71元及逾期付款利息;二、川交机械公司、瑞路公司对川交工贸公司的上述债务承担连带清偿责任;三、驳回徐工机械公司对王某某、吴某、张某某、凌某、过某某、汤某某、郭某、何某某、卢某的诉讼请求。宣判后,川交机械公司、瑞路公司提起上诉,认为一审判决认定三个公司人格混同,属认定事实不清;认定川交机械公司、瑞路公司对川交工贸公司的债务承担连带责任,缺乏法律依据。徐工机械公司答辩请求维持一审判决。江苏省高级人民法院于2011年10月19日作出(2011)苏商终字第0107号民事判决:驳回上诉,维持原判。

裁判理由: 法院生效裁判认为:针对上诉范围,二审争议焦点为川交机械公司、瑞路公司与川交工贸公司是否人格混同,应否对川交工贸公司的债务承担连带清偿责任。

川交工贸公司与川交机械公司、瑞路公司人格混同。一是三个公司人员混同。三个公司的经理、财务负责人、出纳会计、工商手续经办人均相同,其他管理人员亦存在交叉任职的情形,川交工贸公司的人事任免存在由川交机械公司决定的情形。二是三个公司业务混同。三个公司实际经营中均涉及工程机械相关业务,经销过程中存在共用销售手册、经销协议的情形;对外进行宣传时信息混同。三是三个公司财务混同。三个公司使用共同账户,以王某某的签字作为具体用款依据,对其中的资金及支配无法证明已作区分;三个公司与徐工机械公司之间的债权债务、业绩、账务及返利均计算在川交工贸公司名下。因此,三个公司之间表征人格的因素(人员、业务、财务等)高度混同,导致各自财产无法区分,已丧失独立人格,构成人格混同。

川交机械公司、瑞路公司应当对川交工贸公司的债务承担连带清偿责任。公司人格独立是其作为法人独立承担责任的前提。《公司法》第三条第一款规定:"公司是企业法人,有独立的法人财产,享有法人财产权。公司以其全部财产对公司的债务承担责任。"公司的独立财产是公司独立承担责任的物质保证,公司的独立人格也突出地表现在财产的独立上。当关联公司的财产无法区分,丧失独立人格时,就丧失了独立承担责任的基础。《公司法》第二十条第三款规定:"公司股东滥用公司法人独立地位和股东有限责任,逃避债务,严重损害公司债权人利益的,应当对公司债务承担连带责任。"本案中,三个公司虽在工商登记部门登记为彼此独立的企业法人,但实际上相互之间界线模糊、人格混同,其中川交工贸公司承担所有关联公司的债务却无力清偿,又使其他关联公司逃避巨额债务,严重损害了债权人的利益。上述行为违背了法人制度设立的宗旨,违背了诚实信用原则,其行为本质和危害结果与《公司法》第二十条第三款规定的情形相当,故参照《公司法》第二十条第三款的规定,川交机械公司、瑞路公司对川交工贸公司的债务应当承担连带清偿责任。

二、指导案例163号：江苏省纺织工业（集团）进出口有限公司及其五家子公司实质合并破产重整案

（最高人民法院审判委员会讨论通过　2021年9月18日发布）

关键词： 民事　破产重整　实质合并破产　关联企业　债转股　预表决

裁判要点： 1. 当事人申请对关联企业合并破产的，人民法院应当对合并破产的必要性、正当性进行审查。关联企业成员的破产应当以适用单个破产程序为原则，在关联企业成员之间出现法人人格高度混同、区分各关联企业成员财产成本过高、严重损害债权人公平清偿利益的情况下，可以依申请例外适用关联企业实质合并破产方式进行审理。

2. 采用实质合并破产方式的，各关联企业成员之间的债权债务归于消灭，各成员的财产作为合并后统一的破产财产，由各成员的债权人作为一个整体在同一程序中按照法定清偿顺位公平受偿。合并重整后，各关联企业原则上应当合并为一个企业，但债权人会议表决各关联企业继续存续，人民法院审查认为确有需要的，可以准许。

3. 合并重整中，重整计划草案的制订应当综合考虑进入合并的关联企业的资产及经营优势、合并后债权人的清偿比例、出资人权益调整等因素，保障各方合法权益；同时，可以灵活设计"现金+债转股"等清偿方案、通过"预表决"方式事先征求债权人意见并以此为基础完善重整方案，推动重整的顺利进行。

相关法条：《中华人民共和国企业破产法》第1条、第2条

基本案情： 2017年1月24日，南京市中级人民法院（以下简称南京中院）根据镇江福源纺织科技有限公司的申请，裁定受理江苏省纺织工业（集团）进出口有限公司（以下简称省纺织进出口公司）破产重整案，并于同日指定江苏东恒律师事务所担任管理人。2017年6月14日，南京中院裁定受理省纺织进出口公司对江苏省纺织工业（集团）轻纺进出口有限公司（以下简称省轻纺公司）、江苏省纺织工业（集团）针织进出口有限公司（以下简称省针织公司）、江苏省纺织工业（集团）机电进出口有限公司（以下简称省机电公司）、无锡新苏纺国际贸易有限公司（以下简称无锡新苏纺公司）的重整申请及省轻纺公司对江苏省纺织工业（集团）服装进出口有限公司（以下简称省服装公司）的

重整申请（其中，省纺织进出口公司对无锡新苏纺公司的重整申请经请示江苏省高级人民法院，指定由南京中院管辖）。同日，南京中院指定江苏东恒律师事务所担任管理人，在程序上对六家公司进行协调审理。2017年8月11日，管理人以省纺织进出口公司、省轻纺公司、省针织公司、省机电公司、无锡新苏纺公司、省服装公司等六家公司人格高度混同为由，向南京中院申请对上述六家公司进行实质合并重整。

法院经审理查明：第一，案涉六家公司股权情况。

省纺织进出口公司注册资本5500万元，其中江苏省纺织（集团）总公司（以下简称省纺织集团）出资占60.71%，公司工会出资占39.29%。省轻纺公司、省针织公司、省机电公司、无锡新苏纺公司、省服装公司（以下简称五家子公司）注册资本分别为1000万元、500万元、637万元、1000万元、1000万元，省纺织进出口公司在五家子公司均出资占51%，五家子公司的其余股份均由职工持有。

第二，案涉六家公司经营管理情况。

1. 除无锡新苏纺公司外，其余案涉公司均登记在同一地址，法定代表人存在互相交叉任职的情况，且五家子公司的法定代表人均为省纺织进出口公司的高管人员，财务人员及行政人员亦存在共用情形，其中五家子公司与省纺织进出口公司共用财务人员进行会计核算，付款及报销最终审批人员相同。

2. 省纺织进出口公司和五家子公司间存在业务交叉混同情形，五家子公司的业务由省纺织进出口公司具体安排，且省纺织进出口公司与五家子公司之间存在大量关联债务及担保。

裁判结果： 依照《企业破产法》第一条、第二条规定，南京中院于2017年9月29日作出（2017）苏01破1、6、7、8、9、10号民事裁定：省轻纺公司、省针织公司、省机电公司、无锡新苏纺公司、省服装公司与省纺织进出口公司合并重整。

依照《企业破产法》第八十六条第二款之规定，南京中院于2017年12月8日作出（2017）苏01破1、6、7、8、9、10号之二民事裁定：一、批准省纺织进出口公司、省轻纺公司、省针织公司、省机电公司、无锡新苏纺公司、省服装公司合并重整计划；二、终止省纺织进出口公司、省轻纺公司、省针织公司、省机电公司、无锡新苏纺公司、省服装公司合并重整程序。

裁判理由： 法院生效裁判认为：公司人格独立是公司制度的基石，关联企业成员的破产亦应以适用单个破产程序为原则。但当关联企业成员之间存在法人人格高度混同、区分各关联企业成员财产成本过高、严重损害债权人公平清偿利益时，可以适用关联企业实质合并破产方式进行审理，从而保障全体债权人能够公平受偿。

本案中，案涉六家公司存在人格高度混同情形，主要表现在：人员任职高度交叉，未形成完整独立的组织架构；共用财务及审批人员，缺乏独立的财务核算体系；业务高度交叉混同，形成高度混同的经营体，客观上导致六家公司收益难以正当区分；六家公司之间存在大量关联债务及担保，导致各公司的资产不能完全相互独立，债权债务清理极为困难。在此情形下，法院认为，及时对各关联企业进行实质性的合并，符合破产法关于公平清理债权债务、公平保护债权人、债务人合法权益的原则要求。企业破产法的立法宗旨在于规范破产程序，公平清理债权债务，公平保护全体债权人和债务人的合法权益，从而维护社会主义市场经济秩序。在关联企业存在人格高度混同及不当利益输送的情形下，不仅严重影响各关联企业的债权人公平受偿，同时也严重影响了社会主义市场经济的公平竞争原则，从根本上违反了企业破产法的实质精神。在此情形下，对人格高度混同的关联企业进行合并重整，纠正关联企业之间不当利益输送、相互控制等违法违规行为，保障各关联企业的债权人公平实现债权，符合法律规定。具体到债权人而言，在分别重整的情形下，各关联企业中的利益实质输入企业的普通债权人将获得额外清偿，而利益实质输出企业的普通债权人将可能遭受损失。因此，在关联企业法人人格高度混同的情况下，单独重整将可能导致普通债权人公平受偿的权利受到损害。进行合并后的整体重整，部分账面资产占优势的关联企业债权人的债权清偿率，虽然可能较分别重整有所降低，使其利益表面上受损，但此种差异的根源在于各关联企业之间先前的不当关联关系，合并重整进行债务清偿正是企业破产法公平清理债权债务的体现。

依照《企业破产法》第一条、第二条规定，南京中院于2017年9月29日作出（2017）苏01破1、6、7、8、9、10号民事裁定：省轻纺公司、省针织公司、省机电公司、无锡新苏纺公司、省服装公司与省纺织进出口公司合并重整。

合并重整程序启动后，管理人对单个企业的债权进行合并处理，同一债权人对六家公司同时存在债权债务的，经合并进行抵销后对债权余额予以确认,六家关联企业相互之间的债权债务在合并中作抵销处理,并将合并后的全体债权人合为一个整体进行分组。根据破产法规定,债权人分为有财产担保债权组、职工债权组、税款债权组、普通债权组,本案因全体职工的劳动关系继续保留,不涉及职工债权清偿问题,且税款已按期缴纳,故仅将债权人分为有财产担保债权组和普通债权组。同时设出资人组对出资人权益调整方案进行表决。

鉴于省纺织进出口公司作为省内具有较高影响力的纺织外贸企业,具有优质的经营资质及资源,同时五家子公司系外贸企业的重要平台,故重整计划以省纺织进出口公司等六家公司作为整体,引入投资人,综合考虑进入合并的公司的资产及经营优势、合并后债权人的清偿、出资人权益的调整等,予以综合设计编制。其中重点内容包括:

第一,引入优质资产进行重组,盘活企业经营。进入重整程序前,案涉六家公司已陷入严重的经营危机,重整能否成功的关键在于是否能够真正盘活企业经营。基于此,本案引入苏豪控股、省纺织集团等公司作为重整投资方,以所持上市公司股权等优质资产对省纺织进出口公司进行增资近12亿元。通过优质资产的及时注入对企业进行重组,形成新的经济增长因子,盘活关联企业的整体资源,提高债务清偿能力,恢复企业的经营能力,为重塑企业核心竞争力和顺利推进重整方案执行奠定了坚实基础。同时,作为外贸企业,员工的保留是企业能够获得重生的重要保障。重整计划制定中,根据外贸企业特点,保留全部职工,并通过职工股权注入的方式,形成企业经营的合力和保障,从而保障重整成功后的企业能够真正获得重生。

第二,调整出资人权益,以"现金+债转股"的方式统一清偿债务,并引入"预表决"机制。案涉六家公司均系外贸公司,自有资产较少,在债务清偿方式上,通过先行对部分企业资产进行处置,提供偿债资金来源。在清偿方式上,对有财产担保、无财产担保债权人进行统一的区分。对有财产担保的债权人,根据重整程序中已处置的担保财产价值及未处置的担保财产的评估价值,确定有财产担保的债权人优先受偿的金额,对有财产担保债权人进行全额现金清偿。对无财产担保的普通债权人,采用部分现金清偿、部分以股权置换债权(债转股)的方式清偿的复合型清偿方式,保障企业的造血、重生能力,最大化保障债权人的利益。其中,将增资入股股东的部分股权与债权人的债权进行置换(债转股部分),具体而言,即重整投资方省纺织集团以所持(将其所持的)省纺织进出口公司的部分股份,交由管理人按比例置换债权人所持有的债权的方式进行清偿,省纺织集团免除省纺织进出口公司及五家子公司对其负有的因置换而产生的债务。清偿完毕后,债权人放弃对省纺织进出口公司及五家子公司的全部剩余债权。由于采用了"现金+债转股"的复合型清偿方式,债权人是否愿意以此种方式进行受偿,是能否重整成功的关键。因此,本案引入了"预表决"机制,在重整计划草案的制定中,由管理人就债转股的必要性、可行性及清偿的具体方法进行了预先的说明,并由债权人对此预先书面发表意见,在此基础上制定完善重整计划草案,并提交债权人会议审议表决。从效果看,通过"债转股"方式清偿债务,在重整计划制定过程中进行预表决,较好地保障了债权人的知情权和选择权,自主发表意见,从而使"债转股"清偿方式得以顺利进行。

2017年11月22日,案涉六家公司合并重整后召开第一次债权人会议。管理人向债权人会议提交了合并重整计划草案,各关联企业继续存续。经表决,有财产担保债权组100%同意,普通债权组亦93.6%表决通过计划草案,出资人组会议也100%表决通过出资人权益调整方案。法院经审查认为,合并重整计划制定、表决程序合法,内容符合法律规定,公平对待债权人,对出资人权益调整公平、公正,经营方案具有可行性。依照《企业破产法》第八十六条第二款之规定,南京中院于2017年12月8日作出(2017)苏01破1、6、7、8、9、10号之二民事裁定:一、批准省纺织进出口公司、省轻纺公司、省针织公司、省机电公司、无锡新苏纺公司、省服装公司合并重整计划;二、终止省纺织进出口公司、省轻纺公司、省针织公司、省机电公司、无锡新苏纺公司、省服装公司合并重整程序。

三、指导案例165号:重庆金江印染有限公司、重庆川江针纺有限公司破产管理人申请实质合并破产清算案

(最高人民法院审判委员会讨论通过 2021年9月18日发布)

关键词:民事 破产清算 实质合并破产 关联企业 听证

裁判要点:1.人民法院审理关联企业破产清算案件,应当尊重关联企业法人人格的独立性,对各企业法人是否具备破产原因进行单独审查并适用单个破产程序为原则。当关联企业之间存在法人人格高度混同、区分各关联企业财产的成本过高、严重损害债权人公平清偿利益时,破产管理人可以申请对已进入

破产程序的关联企业进行实质合并破产清算。

2. 人民法院收到实质合并破产清算申请后，应当及时组织申请人、被申请人、债权人代表等利害关系人进行听证，并综合考虑关联企业之间资产的混同程度及其持续时间、各企业之间的利益关系、债权人整体清偿利益、增加企业重整的可能性等因素，依法作出裁定。

相关法条：《中华人民共和国企业破产法》第1条、第2条

基本案情：2015年7月16日，重庆市江津区人民法院裁定受理重庆金江印染有限公司（以下简称金江公司）破产清算申请，并于2015年9月14日依法指定重庆丽达律师事务所担任金江公司管理人。2016年6月1日，重庆市江津区人民法院裁定受理重庆川江针纺有限公司（以下简称川江公司）破产清算申请，于2016年6月12日依法指定重庆丽达律师事务所担任川江公司管理人。

金江公司与川江公司存在以下关联关系：（1）实际控制人均为冯某某。川江公司的控股股东为冯某某，金江公司的控股股东为川江公司，冯某某同时也是金江公司的股东，且两公司的法定代表人均为冯某某。冯某某实际上是两公司的实际控制人。（2）生产经营场所混同。金江公司生产经营场地主要在江津区广兴镇工业园区，川江公司自2012年转为贸易公司后，没有生产厂房，经营中所需的库房也是与金江公司共用，其购买的原材料均直接进入金江公司的库房。（3）人员混同。川江公司与金江公司的管理人员存在交叉，且公司发展后期所有职工的劳动关系均在金江公司，但部分职工处理的仍是川江公司的事务，在人员工作安排及管理上两公司并未完全独立。（4）主营业务混同。金江公司的主营业务收入主要来源于印染加工及成品布销售、针纺加工及产品销售，川江公司的主营业务收入来源于针纺毛线和布的原材料及成品销售。金江公司的原材料大部分是通过川江公司购买而来，所加工的产品也主要通过川江公司转售第三方，川江公司从中赚取一定的差价。（5）资产及负债混同。两公司对经营性财产如流动资金的安排使用上混同度较高，且均与冯某某的个人账户往来较频繁，无法严格区分。在营业成本的分担和经营利润的分配等方面也无明确约定，往往根据实际利润及税务处理需求进行调整。两公司对外借款也存在相互担保的情况。

2016年4月21日、11月14日重庆市江津区人民法院分别宣告金江公司、川江公司破产。两案审理过程中，金江公司、川江公司管理人以两公司法人人

格高度混同，且严重损害债权人利益为由，书面申请对两公司进行实质合并破产清算。2016年11月9日，重庆市江津区人民法院召开听证会，对管理人的申请进行听证。金江公司、川江公司共同委托代理人、金江公司债权人会议主席、债权人委员会成员、川江公司债权人会议主席等参加了听证会。

另查明，2016年8月5日川江公司第一次债权人会议、2016年11月18日金江公司第二次债权人会议均表决通过了管理人提交的金江公司、川江公司进行实质合并破产清算的报告。

裁判结果： 重庆市江津区人民法院于2016年11月18日作出（2015）津法民破字第00001号之四民事裁定：对金江公司、川江公司进行实质合并破产清算。重庆市江津区人民法院于2016年11月21日作出（2015）津法民破字第00001号之五民事裁定：认可《金江公司、川江公司合并清算破产财产分配方案》。重庆市江津区人民法院于2017年1月10日作出（2015）津法民破字第00001号之六民事裁定：终结金江公司、川江公司破产程序。

裁判理由： 法院生效裁判认为，公司作为企业法人，依法享有独立的法人人格及独立的法人财产。人民法院在审理企业破产案件时，应当尊重企业法人人格的独立性。根据企业破产法第二条规定，企业法人破产应当具备资不抵债，不足以清偿全部债务或者明显缺乏清偿能力等破产原因。因此，申请关联企业破产清算一般应单独审查是否具备破产原因后，决定是否分别受理。但受理企业破产后，发现关联企业法人人格高度混同、关联企业间债权债务难以分离、严重损害债权人公平清偿利益时，可以对关联企业进行实质合并破产清算。本案中，因金江公司不能清偿到期债务、并且资产不足以清偿全部债务，法院于2015年7月16日裁定受理金江公司破产清算申请。因川江公司不能清偿到期债务且明显缺乏清偿能力，法院于2016年6月1日裁定受理川江公司破产清算申请。在审理过程中，发现金江公司与川江公司自1994年、2002年成立以来，两公司的人员、经营业务、资产均由冯某某个人实际控制，在经营管理、主营业务、资产及负债方面存在高度混同，金江公司与川江公司已经丧失法人财产独立性和法人意志独立性，并显著、广泛、持续到2016年破产清算期间，两公司法人人格高度混同。另外，金江公司与川江公司在管理成本、债权债务等方面无法完全区分，真实性亦无法确认。同时，川江公司将85 252 480.23元经营负债转入金江公司、将21 266 615.90元对外集资负债结算给金江公司等行为，已经损害了金江公司及其债权人的利益。根据金江公司和川江公司管理人实质合并破产清算申请,法院组织申请人、被申请人、债权人委员会成员等利害关系人进行听证,查明两公司法人人格高度混同、相互经营中两公司债权债务无从分离且分别清算将严重损害债权人公平清偿利益,故管理人申请金江公司、川江公司合并破产清算符合实质合并的条件。

▶ 典型案例

郑某某与余某1等滥用股东权利损害赔偿责任纠纷案

关键词:公司增资扩股　滥用股东权利　股东出资义务

裁判摘要:小股东反对公司股东会增资扩股的决议,可在60日内行使撤销权。以滥用大股东权利为由主张股东会决议不合理并请求返还股权,缺乏法律依据,人民法院不予支持。

基本案情:小股东的核心观点是凤凰公司增资扩股的方式不符合法律规定、大股东以虚假的债权增资侵犯其股权份额,其请求权基础应是《公司法》第20条第2款"公司股东滥用股东权利给公司或者其他股东造成损失的,应当依法承担赔偿责任"的规定。

关于案涉股东会决议的效力。公司是否增资扩股以及如何增资扩股,是公司自治的范畴,法律没有明确的禁止性规定。根据《公司法》第37条和第43条的规定,对公司增加或者减少注册资本作出决议,是股东会的职权,股东会会议作出公司增加或者减少注册资本的决议,必须经代表2/3以上表决权的股东通过。凤凰公司章程第9条、第15条亦作了同样的规定。本案中,郑某某(占凤凰公司20%的股权)于2017年3月28日在《西安商报》发表声明,明确表明不出席2017年3月31日的股东会会议并对增资扩股的议题通过声明发表了意见。凤凰公司于2017年3月31日召开股东会会议,余某1、余某2、余某3(共占有凤凰公司80%的股权)参加了会议并就增资扩股及其具体方式作出了决议。根据《公司法》第22条,公司股东会的决议内容违反法律、行政法规的无效。股东会的会议召集程序、表决方式违反法律、行政法规或者公司章程,或者决议内容违反公司章程的,股东可以自决议作出之日起60日内,请求人民法院撤销。郑某某未在2017年6月1日前行使请求人民法院撤销案涉股东会决议的权利,其撤销权已过60日除斥期间,归于消灭。现郑某某通过提起本案诉讼对增资扩股方式上的合理性提出异议,主张股东会会议无权决定增资扩股的方式,从而间接否定股东会决议的效力,缺乏法律依据。同时,郑某某未能提交证据证明案涉股东会会议召集的程序、表决的方式、决议的内容存在违反法律、行政法规的情形或者存在违反公司章程的情形,其主张决议无效亦缺乏事实依据,不予支持。

关于三被上诉人是否虚构债权增资扩股以及是否应当向郑某某返还股权的问题。郑某某质疑案涉验资报告和审计报告,但其提交的证据不足以推翻两报告,不足以证明三被上诉人的债权系虚构。同时,根据《公司法》第28条的规定,股东应当足额缴纳公司章程中规定的各自认缴的出资额,股东未缴纳出资的,除应当向公司足额缴纳外,还应当向已按期足额缴纳出资的股东承担违约责任。《公司法规定(三)》第13条规定,股东未履行或者未全面履行出资义务,公司或者其他股东请求其向公司依法全面履行出资义务的,人民法院应予支持。凤凰公司章程第10条亦作出了与《公司法》前述条文一致的规定。据此,股东未足额缴纳出资的法律责任是补足出资。郑某某主张三被上诉人虚构债权,其法律救济的途径是请求三被上诉人补足出资、承担违约责任,而非返还股权。增资扩股必然导致未增资股东的股权被稀释,但股权被稀释并不意味着权益被侵害,股权的价值与其出资仍然存在对应关系。凤凰公司章程第12条规定股东有权优先按照实缴的出资比例认缴出资,郑某某如意图保持其在公司的股权比例,可在本轮增资扩股中认缴出资,但其在2017年3月28日《西安商报》上声明不认缴增加注册资本金,已对自己的权利进行了处分,现其请求三被上诉人连带返还股权,缺乏法律依据,亦不予支持。

【案　　号】(2019)最高法民终469号
【审理法院】最高人民法院
【来　　源】最高人民法院第六巡回法庭2019年度参考案例19号

▶ 类案检索

一、红富士公司与董某、苏某损害公司利益责任纠纷案

关键词:股东滥用权利　资本公积金　损害股东利益

裁判摘要:《公司法》的立法宗旨在于强调公司意思自治,一般而言,《公

司法》应当慎重介入公司内部治理及运营，但如果控股股东滥用权利对公司利益及小股东利益造成实质损害，则《公司法》可以对此予以规制。资本公积金仅能用于公司扩大生产经营或转增注册资本，不得用于弥补公司亏损或转为负债等其他用途，控股股东为推动公司上市而将其对公司的债权转入资本公积金，应视为其对公司债务的豁免，控股股东再利用其对公司的控制权，擅自将资本公积金调整为公司对其的应付款，减少了公司的所有者权益，损害了公司利益和小股东利益，依法应当承担返还财产、恢复原状的责任，将账款调整回资本公积科目。

【案　　号】（2020）沪民再 1 号
【审理法院】上海市高级人民法院

二、姚某某与鸿大（上海）投资管理有限公司、章某等公司决议纠纷案

关键词： 出资期限　股东滥用权利　损害股东利益

裁判摘要： 有限责任公司章程或股东出资协议确定的公司注册资本出资期限系股东之间达成的合意。除法律规定或存在其他合理性、紧迫性事由需要修改出资期限的情形外，股东会会议作出修改出资期限的决议应经全体股东一致通过。公司股东滥用控股地位，以多数决方式通过修改出资期限决议，损害其他股东期限权益，其他股东请求确认该项决议无效的，人民法院应予支持。

【案　　号】（2019）沪 02 民终 8024 号
【审理法院】上海市第二中级人民法院

> **第二十一条** 公司的控股股东、实际控制人、董事、监事、高级管理人员不得利用其关联关系损害公司利益。
>
> 违反前款规定，给公司造成损失的，应当承担赔偿责任。

▶ 关联规定

一、法律、行政法规、司法解释

1.《中华人民共和国民法典》

第八十四条 营利法人的控股出资人、实际控制人、董事、监事、高级管理人员不得利用其关联关系损害法人的利益；利用关联关系造成法人损失的，应当承担赔偿责任。

2.《中华人民共和国公司法》

第一百二十四条 上市公司董事与董事会会议决议事项所涉及的企业有关联关系的，不得对该项决议行使表决权，也不得代理其他董事行使表决权。该董事会会议由过半数的无关联关系董事出席即可举行，董事会会议所作决议须经无关联关系董事过半数通过。出席董事会的无关联关系董事人数不足三人的，应将该事项提交上市公司股东大会审议。

第二百一十六条 本法下列用语的含义：

（一）高级管理人员，是指公司的经理、副经理、财务负责人，上市公司董事会秘书和公司章程规定的其他人员。

（二）控股股东，是指其出资额占有限责任公司资本总额百分之五十以上或者其持有的股份占股份有限公司股本总额百分之五十以上的股东；出资额或者持有股份的比例虽然不足百分之五十，但依其出资额或者持有的股份所享有的表决权已足以对股东会、股东大会的决议产生重大影响的股东。

（三）实际控制人，是指虽不是公司的股东，但通过投资关系、协议或者其他安排，能够实际支配公司行为的人。

（四）关联关系，是指公司控股股东、实际控制人、董事、监事、高级管理人员与其直接或者间接控制的企业之间的关系,以及可能导致公司利益转移的其他关系。但是,国家控股的企业之间不仅因为同受国家控股而具有关联关系。

3.《中华人民共和国企业国有资产法》

第四十六条 国有资本控股公司、国有资本参股公司与关联方的交易,依照《中华人民共和国公司法》和有关行政法规以及公司章程的规定,由公司股东会、股东大会或者董事会决定。由公司股东会、股东大会决定的,履行出资人职责的机构委派的股东代表,应当依照本法第十三条的规定行使权利。

公司董事会对公司与关联方的交易作出决议时,该交易涉及的董事不得行使表决权,也不得代理其他董事行使表决权。

4.《中华人民共和国证券法》

第八十条 发生可能对上市公司、股票在国务院批准的其他全国性证券交易场所交易的公司的股票交易价格产生较大影响的重大事件,投资者尚未得知时,公司应当立即将有关该重大事件的情况向国务院证券监督管理机构和证券交易场所报送临时报告,并予公告,说明事件的起因、目前的状态和可能产生的法律后果。

前款所称重大事件包括:

(一)公司的经营方针和经营范围的重大变化;

(二)公司的重大投资行为,公司在一年内购买、出售重大资产超过公司资产总额百分之三十,或者公司营业用主要资产的抵押、质押、出售或者报废一次超过该资产的百分之三十;

(三)公司订立重要合同、提供重大担保或者从事关联交易,可能对公司的资产、负债、权益和经营成果产生重要影响;

(四)公司发生重大债务和未能清偿到期重大债务的违约情况;

(五)公司发生重大亏损或者重大损失;

(六)公司生产经营的外部条件发生的重大变化;

(七)公司的董事、三分之一以上监事或者经理发生变动,董事长或者经理无法履行职责;

(八)持有公司百分之五以上股份的股东或者实际控制人持有股份或者控制公司的情况发生较大变化,公司的实际控制人及其控制的其他企业从事与公司相同或者相似业务的情况发生较大变化;

（九）公司分配股利、增资的计划，公司股权结构的重要变化，公司减资、合并、分立、解散及申请破产的决定，或者依法进入破产程序、被责令关闭；

（十）涉及公司的重大诉讼、仲裁，股东大会、董事会决议被依法撤销或者宣告无效；

（十一）公司涉嫌犯罪被依法立案调查，公司的控股股东、实际控制人、董事、监事、高级管理人员涉嫌犯罪被依法采取强制措施；

（十二）国务院证券监督管理机构规定的其他事项。

公司的控股股东或者实际控制人对重大事件的发生、进展产生较大影响的，应当及时将其知悉的有关情况书面告知公司，并配合公司履行信息披露义务。

第一百二十三条 国务院证券监督管理机构应当对证券公司净资本和其他风险控制指标作出规定。

证券公司除依照规定为其客户提供融资融券外，不得为其股东或者股东的关联人提供融资或者担保。

第二百零五条 证券公司违反本法第一百二十三条第二款的规定，为其股东或者股东的关联人提供融资或者担保的，责令改正，给予警告，并处以五十万元以上五百万元以下的罚款。对直接负责的主管人员和其他直接责任人员给予警告，并处以十万元以上一百万元以下的罚款。股东有过错的，在按照要求改正前，国务院证券监督管理机构可以限制其股东权利；拒不改正的，可以责令其转让所持证券公司股权。

5.《最高人民法院关于适用〈中华人民共和国公司法〉若干问题的规定（五）》

第一条 关联交易损害公司利益，原告公司依据民法典第八十四条、公司法第二十一条规定请求控股股东、实际控制人、董事、监事、高级管理人员赔偿所造成的损失，被告仅以该交易已经履行了信息披露、经股东会或者股东大会同意等法律、行政法规或者公司章程规定的程序为由抗辩的，人民法院不予支持。

公司没有提起诉讼的，符合公司法第一百五十一条第一款规定条件的股东，可以依据公司法第一百五十一条第二款、第三款规定向人民法院提起诉讼。

第二条 关联交易合同存在无效、可撤销或者对公司不发生效力的情形，公司没有起诉合同相对方的，符合公司法第一百五十一条第一款规定条件的股东，可以依据公司法第一百五十一条第二款、第三款规定向人民法院提起诉讼。

二、部门规章及规范性文件

《上市公司章程指引》

第二十一条 公司或公司的子公司（包括公司的附属企业）不得以赠与、垫资、担保、补偿或贷款等形式，对购买或者拟购买公司股份的人提供任何资助。

第八十条 股东大会审议有关关联交易事项时，关联股东不应当参与投票表决，其所代表的有表决权的股份数不计入有效表决总数；股东大会决议的公告应当充分披露非关联股东的表决情况。

注释：公司应当根据具体情况，在章程中制订有关联关系股东的回避和表决程序。

第一百一十九条 董事与董事会会议决议事项所涉及的企业有关联关系的，不得对该项决议行使表决权，也不得代理其他董事行使表决权。该董事会会议由过半数的无关联关系董事出席即可举行，董事会会议所作决议须经无关联关系董事过半数通过。出席董事会的无关联董事人数不足三人的，应将该事项提交股东大会审议。

▶ 条文释义

一、本条主旨

本条是关于禁止利用关联交易损害公司利益的规定。

二、条文演变

本条在1993年《公司法》制定之时没有规定，直至2005年《公司法》全面修订时，新增加入《公司法》。之后《公司法》历次修改中，均未发生变更。公司与其有关联关系的企业之间的交易，并不必然会损害公司利益，法律也并不禁止。但是实践中，有些公司的控股股东或实际控制人等，通过与关联方之间的交易，以高价向关联方购进原材料、设备，低价向关联方出售产品等方式，向关联方输送利益，严重损害公司和其他股东的利益。2005年《公司法》全面修订时，各方面普遍提出，一些公司的控股股东、实际控制人、董事、监事、高级管理人员，利用关联交易"掏空"公司，侵害了公司、公司中小股东以及公司债权人的利益，应当对公司的关联交易加以规范，建议《公司法》作出具体明确的规定。为此，2005年修订的《公司法》增加了本条规定。同时，还增加了关于"上市公司董事与董事会会议决议事项所涉及的企业有关联关系的，不得对该项决议行使表决权，也不得代理其他董事行使表决权。该董事会会议由过半数的无关联关系董事出席即可举行，董事会会议所作决议须经无关联关系董事过半数通过。出席董事会的无关联关系董事人数不足三人的，应将该事项提交上市公司股东大会审议"之规定，对上市公司董事会就关联事项做决议时进行了规范。同时，在《公司法》第216条中明确定义了关联关系。这三个《公司法》条文相结合，专门对关联交易的问题作了规定。

三、条文解读

本条第1款规定："公司的控股股东、实际控制人、董事、监事、高级管理人员不得利用其关联关系损害公司利益。"公司的控股股东、实际控制人、董事、监事、高级管理人员不得利用其关联关系损害公司利益。

（1）控股股东，是指其出资额占有限责任公司资本总额50%以上或者其持有的股份占股份有限公司股本总额50%以上；出资额或者持有股份的比例虽然不足50%，但依其出资额或者持有的股份所享有的表决权已足以对股东会、股东大会的决议产生重大影响的股东。（2）实际控制人，是指虽然不是公司的股东，但通过投资关系、协议或者其他安排，能够实际支配公司行为的人。（3）董事，是指公司股东会或股东大会选举出来的董事会成员。（4）监事，是指公司股东会或股东大会选举出来的监事会成员。（5）高级管理人员，是指公司的经理、副经理、财务负责人、上市公司董事会秘书和公司章程规定的其他人员。公司的控股股东、实际控制人、董事、监事、高级管理人员，不得利用其关联关系，实施损害公司利益的行为。

维护公司利益，具体说来，主要通过以下两种制度。

（一）股东表决权排除制度

股东表决权排除制度，是指当某一股东与股东大会讨论的决议事项有特别利害关系时，该股东或其代理人均不得就其持有的股份行使表决权，或代理其他股东行使表决权的制度。它是股东表决权得以公正、自由行使的基本保障，其作用主要在于：一是防止大股东利用持股优势，促使与其有特别利害关系的议题得以形成决议，损害公司及其他股东的利益；二是为股东表决权的行使提供自由、公正的环境，防止股东表决权的行使受到其他人为因素的影响。

关于表决权排除制度，《公司法》第16条规定："公司向其他企业投资或者为他人提供担保，依照公司章程的规定，由董事会或者股东会、股东大会决议；公司章程对投资或者担保的总额及单项投资或者担保的数额有限额规定的，不得超过规定的限额。公司为公司股东或者实际控制人提供担保的，必须经股东会或者股东大会决议。前款规定的股东或者受前款规定的实际控制人支配的股东，不得参加前款规定事项的表决。该项表决由出席会议的其他股东所持表决权的过半数通过。"

（二）禁止不公平的关联交易

关联交易是在关联人与企业之间发生转移资源或义务的事项，而不论是否收取价款。

关联交易通常来说能在一般商业条款中使参与双方受益。但在某些情况下，关联交易却是为了使交易的一方受益而进行的，例如，某一公司的董事可能影响销售给他人的一项资产的价格，使之低于市场价，或是一方为另一方提供便利而参与交易。另外，一项关联交易可能按为减少企业由于另一国家税收或关税而引起的财务负担而设计的条款定价。在某些情况下，有些交易在不存关联关系时就不可能产生，正是由于存在着关联关系，一方控制另一方，这种交易才可能产生。在这种情况下，对关联交易的充分披露，可在一定程度上杜绝虚假关联交易。

本条第2款原则规定了对公司利用关联交易损害公司利益处理。违反本条第1款规定，给公司造成损失的，应当承担赔偿责任，赔偿公司的损失。

▶ 适用指引

司法实践中，正确理解与适用本条，需要注意对关联关系的界定。关联人，是能够在财务或经营决策中，对企业施加重大影响的自然人或法人；关联人与该企业间的关系，称之为关联关系。所谓关联关系，根据《公司法》规定，是指公司控股股东、实际控制人、董事、监事、高级管理人员与其直接或者间接控制的企业之间的关系，以及可能导致公司利益转移的其他关系。但是，国家控股的企业之间不仅仅因为同受国家控股而具有关联关系。判断关联关系存在的基本标准是，在企业财务和经营决策中，如果自然人或法人有能力直接或间接控制、共同控制企业或对企业施加重大影响，一般认为具有关联关系。

运用这一判断标准时需要掌握以下五个方面：（1）本标准中的关联人是指自然人或法人。（2）本标准中所指的关联关系存在于企业与法人之间的关系、企业与自然人之间，不包括部门（或单位）与部门（或单位）之间、企业与部门（或单位）之间，它们之间的关系不是本标准所规范的范畴。（3）本标准所指的直接或间接控制，包括直接控制、间接控制、直接和间接控制。（4）本标准所指的共同控制或重大影响仅指直接共同控制或直接重大影响，不包括间接共同控制或间接重大影响。（5）同受共同控制的两方或多方之间，本标准不视为具有关联关系。从理论上讲，同受共同控制的两方或多方之间应当视为关联方，但考虑到共同控制与控制的程度不同，在共同控制情况下，两方或多方投资者中任何一方都不能单独作出财务和经营方面的决策，必须由投资各方共同决定。因此，在直接共同控制的情况下，同受共同控制的各方的财务和经营政策需受共同控制各方的共同操纵，投资各方完全为追求自身利益的可能性受到一定的限制。

本条明确规定关联人不得利用其关联关系侵占公司利益，有效地保护企业的合法利益，并要求违反该规定，致使公司利益遭受损害的，应当承担赔偿责任。

指导案例

指导案例33号：瑞士嘉吉国际公司诉福建金石制油有限公司等确认合同无效纠纷案

（最高人民法院审判委员会讨论通过　2014年12月18日发布）

关键词：民事　确认合同无效　恶意串通　财产返还

裁判要点：1. 债务人将主要财产以明显不合理低价转让给其关联公司，关联公司在明知债务人欠债的情况下，未实际支付对价的，可以认定债务人与其关联公司恶意串通、损害债权人利益，与此相关的财产转让合同应当认定为无效。

2.《合同法》第五十九条规定适用于第三人为财产所有权人的情形，在债权人对债务人享有普通债权的情况下，应当根据《合同法》第五十八条的规定，判令因无效合同取得的财产返还给原财产所有人，而不能根据第五十九条规定直接判令债务人的关联公司因"恶意串通，损害第三人利益"的合同而取得的债务人的财产返还给债权人。

基本案情：瑞士嘉吉国际公司（Cargill International SA，简称嘉吉公司）与福建金石制油有限公司（以下简称福建金石公司）以及大连金石制油有限公司、沈阳金石豆业有限公司、四川金石油粕有限公司、北京珂玛美嘉粮油有限公司、宜丰香港有限公司（该六公司以下统称金石集团）存在商业合作关系。嘉吉公司因与金石集团买卖大豆发生争议，双方在国际油类、种子和脂类联合会仲裁过程中于2005年6月26日达成《和解协议》，约定金石集团将在五年内分期偿还债务，并将金石集团旗下福建金石公司的全部资产，包括土地使用权、建筑物和固着物、所有的设备及其他财产抵押给嘉吉公司，作为偿还债务的担保。2005年10月10日，国际油类、种子和脂类联合会根据该《和解协议》作出第3929号仲裁裁决，确认金石集团应向嘉吉公司支付1337万美元。2006年5月，因金石集团未履行该仲裁裁决，福建金石公司也未配合进行资产抵押，嘉吉公司向福建省厦门市中级人民法院申请承认和执行第3929号仲裁裁决。2007年6月26日，厦门市中级人民法院经审查后裁定对该仲裁裁决的法律效力予以承认和执行。该裁定生效后，嘉吉公司申请强制执行。

2006年5月8日，福建金石公司与福建田源生物蛋白科技有限公司（以下简称田源公司）签订一份《国有土地使用权及资产买卖合同》，约定福建金石公司将其国有土地使用权、厂房、办公楼和油脂生产设备等全部固定资产以2569万元人民币（以下未特别注明的均为人民币）的价格转让给田源公司，其中国有土地使用权作价464万元、房屋及设备作价2105万元，应在合同生效后30日内支付全部价款。王某1和柳某分别作为福建金石公司与田源公司的法定代表人在合同上签名。福建金石公司曾于2001年12月31日以482.1万元取得本案所涉32 138平方米国有土地使用权。2006年5月10日，福建金石公司与田源公司对买卖合同项下的标的物进行了交接。同年6月15日，田源公司通过在中国农业银行漳州支行的账户向福建金石公司在同一银行的账户转入2500万元。福建金石公司当日从该账户汇出1300万元、1200万元两笔款项至金石集团旗下大连金石制油有限公司账户，用途为往来款。同年6月19日，田源公司取得上述国有土地使用权证。

2008年2月21日，田源公司与漳州开发区汇丰源贸易有限公司（以下简称汇丰源公司）签订《买卖合同》，约定汇丰源公司购买上述土地使用权及地上建筑物、设备等，总价款为2669万元，其中土地价款603万元、房屋价款334万元、设备价款1732万元。汇丰源公司于2008年3月取得上述国有土地使用权证。汇丰源公司仅于2008年4月7日向田源公司付款569万元，此后未付其余价款。

田源公司、福建金石公司、大连金石制油有限公司及金石集团旗下其他公司的直接或间接控制人均为王某2、王某3、王某1、柳某。王某2与王某1、王某3是父女关系，柳某与王某1是夫妻关系。2009年10月15日，中纺粮油进出口有限责任公司（以下简称中纺粮油公司）取得田源公司80%的股权。2010年1月15日，田源公司更名为中纺粮油（福建）有限公司（以下简称中纺福建公司）。

汇丰源公司成立于2008年2月19日，原股东为宋某某、杨某某。2009年9月16日，中纺粮油公司和宋某某、杨某某签订《股权转让协议》，约定中纺粮油公司购买汇丰源公司80%的股权。同日，中纺粮油公司（甲方）、汇丰源公司（乙方）、宋某某和杨某某（丙方）及沈阳金豆食品有限公司（丁方）签订《股权质押协议》，约定：丙方将所拥有汇丰源公司20%的股权质押给甲方，作为乙方、丙方、丁方履行"合同义务"之担保；"合同义务"系指乙方、丙方在《股权转让协议》及《股权质押协议》项下因"红豆事件"而产生的所有责任和义务;"红豆事件"是指嘉吉公司与金石集团就进口大豆中掺杂红豆原因而引发的金石集团涉及的一系列诉讼及仲裁纠纷以及与此有关的涉及汇丰源公司的一系列诉讼及仲裁纠纷。还约定,下述情形同时出现之日,视为乙方和丙方的"合同义务"已完全履行:(1)因"红豆事件"而引发的任何诉讼、仲裁案件的全部审理及执行程序均已终结,且乙方未遭受财产损失;(2)嘉吉公司针对乙方所涉合同可能存在的撤销权因超过法律规定的最长期间(五年)而消灭。2009年11月18日,中纺粮油公司取得汇丰源公司80%的股权。汇丰源公司成立后并未进行实际经营。

由于福建金石公司已无可供执行的财产,导致无法执行,嘉吉公司遂向福建省高级人民法院提起诉讼,请求:一是确认福建金石公司与中纺福建公司签订的《国有土地使用权及资产买卖合同》无效;二是确认中纺福建公司与汇丰源公司签订的国有土地使用权及资产《买卖合同》无效;三是判令汇丰源公司、中纺福建公司将其取得的合同项下财产返还给财产所有人。

裁判结果:福建省高级人民法院于2011年10月23日作出(2007)闽民初字第37号民事判决,确认福建金石公司与田源公司(后更名为中纺福建公司)之间的《国有土地使用权及资产买卖合同》、田源公司与汇丰源公司之间的《买卖合同》无效;判令汇丰源公司于判决生效之日起三十日内向福建金石公司返还因上述合同而取得的国有土地使用权,中纺福建公司于判决生效之日起三十日内向福建金石公司返还因上述合同而取得的房屋、设备。宣判后,福建金石公司、中纺福建公司、汇丰源公司提出上诉。最高人民法院于2012年8月22日作出(2012)民四终字第1号民事判决,驳回上诉,维持原判。

裁判理由:最高人民法院认为:因嘉吉公司注册登记地在瑞士,本案系涉外案件,各方当事人对适用中华人民共和国法律审理本案没有异议。本案源于债权人嘉吉公司认为债务人福建金石公司与关联企业田源公司、田源公司与汇丰源公司之间关于土地使用权以及地上建筑物、设备等资产的买卖合同,因属于《合同法》第五十二条第二项"恶意串通,损害国家、集体或者第三人利益"的情形而应当被认定无效,并要求返还原物。本案争议的焦点问题是:福建金石公司、田源公司(后更名为中纺福建公司)、汇丰源公司相互之间订立的合同是否构成恶意串通、损害嘉吉公司利益的合同?本案所涉合同被认定无效后的法律后果如何?

第一,关于福建金石公司、田源公司、汇丰源公司相互之间订立的合同是否构成"恶意串通,损害第三人利益"的合同。

首先,福建金石公司、田源公司在签订和履行《国有土地使用权及资产买卖合同》的过程中,其实际控制人之间系亲属关系,且柳某、王某1夫妇分别作为两公司的法定代表人在合同上签署。因此,可以认定在签署以及履行转让福建金石公司国有土地使用权、房屋、设备的合同过程中,田源公司对福建金石公司的状况是非常清楚的,对包括福建金石公司在内的金石集团因"红豆事件"被仲裁裁决确认对嘉吉公司形成1337万美元债务的事实是清楚的。

其次,《国有土地使用权及资产买卖合同》订立于2006年5月8日,其中约定田源公司购买福建金石公司资产的价款为2569万元,国有土地使用权作价464万元、房屋及设备作价2105万元,并未根据相关会计师事务所的评估报告作价。一审法院根据福建金石公司2006年5月31日资产负债表,以其中载明固定资产原价44 042 705.75元、扣除折旧后固定资产净值为32 354 833.70元,而《国有土地使用权及资产买卖合同》中对房屋及设备作价仅2105万元,认定《国有土地使用权及资产买卖合同》中约定的购买福建金石公司资产价格为不合理低价是正确的。在明知债务人福建金石公司欠债权人嘉吉公司巨额债务的情况下,田源公司以明显不合理低价购买福建金石公司的主要资产,足以证明其与福建金石公司在签订《国有土地使用权及资产买卖合同》时具有主观恶意,属恶意串通,且该合同的履行足以损害债权人嘉吉公司的利益。

再次,《国有土地使用权及资产买卖合同》签订后,田源公司虽然向福建金石公司在同一银行的账户转账2500万元,但该转账并未注明款项用途,且福建金石公司于当日将2500万元分两笔汇入其关联企业大连金石制油有限公司账户;又根据福建金石公司和田源公司当年的财务报表,并未体现该笔2500万元的入账或支出,而是体现出田源公司尚欠福建金石公司"其他应付款"121 224 155.87元。一审法院据此认定田源公司并未根据《国有土地使用权及资产买卖合同》向福建金石公司实际支付价款是合理的。

最后,从公司注册登记资料看,汇丰源公司成立时股东构成似与福建金石公司无关,但在汇丰源公司股权变化的过程中可以看出,汇丰源公司在与田源公司签订《买卖合同》时对转让的资产来源以及福建金石公司对嘉吉公司的债务是明知的。《买卖合同》约定的价款为2669万元,与田源公司从福建金石公司购入该资产的约定价格相差不大。汇丰源公司除已向田源公司支付569万元外，其余款项未付。一审法院据此认定汇丰源公司与田源公司签订《买卖合同》时恶意串通并足以损害债权人嘉吉公司的利益，并无不当。

综上，福建金石公司与田源公司签订的《国有土地使用权及资产买卖合同》、田源公司与汇丰源公司签订的《买卖合同》，属于恶意串通、损害嘉吉公司利益的合同。根据合同法第五十二条第二项的规定，均应当认定无效。

第二，关于本案所涉合同被认定无效后的法律后果。

对于无效合同的处理，人民法院一般应当根据合同法第五十八条"合同无效或者被撤销后，因该合同取得的财产，应当予以返还；不能返还或者没有必要返还的，应当折价补偿。有过错的一方应当赔偿对方因此所受到的损失，双方都有过错的，应当各自承担相应的责任"的规定，判令取得财产的一方返还财产。本案涉及的两份合同均被认定无效，两份合同涉及的财产相同，其中国有土地使用权已经从福建金石公司经田源公司变更至汇丰源公司名下，在没有证据证明本案所涉房屋已经由田源公司过户至汇丰源公司名下、所涉设备已经由田源公司交付汇丰源公司的情况下，一审法院直接判令取得国有土地使用权的汇丰源公司、取得房屋和设备的田源公司分别就各自取得的财产返还给福建金石公司并无不妥。

合同法第五十九条规定："当事人恶意串通，损害国家、集体或者第三人利益的，因此取得的财产收归国家所有或者返还集体、第三人。"该条规定应当适用于能够确定第三人为财产所有权人的情况。本案中，嘉吉公司对福建金石公司享有普通债权，本案所涉财产系福建金石公司的财产，并非嘉吉公司的财产，因此只能判令将系争财产返还给福建金石公司，而不能直接判令返还给嘉吉公司。

▶ 类案检索

一、微研公司与徐某某等买卖合同损害公司利益纠纷案

关键词：公司高级管理人员　忠实义务　损害公司利益

裁判摘要：公司高级管理人员违反对公司的忠实义务，利用自己担任公司高管的便利与公司进行交易，损害公司利益的，因违反法律的强制性规定而无效；案涉公司高级管理人员，以其自己及其另行设立的公司的名义与案涉公司

订立合同，其行为违反了《公司法》的相关禁止性规定，故这些违法所订立的合同均应认定为无效。

【案　　号】（2006）锡滨民二初字第 0810 号

【审理法院】江苏省无锡市滨湖区人民法院

二、刘某某等与彭某等损害股东利益纠纷案

关键词： 股东　损害公司利益

裁判摘要： 公司作为具有独立民事责任能力的企业法人，其对公司资产享有完全独立的财产权。公司的实际控制人以公司的名义无偿给予他人享有公司的资产权益，损害了公司及少数股东的利益，应当承担赔偿责任。

【案　　号】（2012）琼民抗字第 10 号

【审理法院】海南省高级人民法院

> 第二十二条 公司股东会或者股东大会、董事会的决议内容违反法律、行政法规的无效。
>
> 股东会或者股东大会、董事会的会议召集程序、表决方式违反法律、行政法规或者公司章程，或者决议内容违反公司章程的，股东可以自决议作出之日起六十日内，请求人民法院撤销。
>
> 股东依照前款规定提起诉讼的，人民法院可以应公司的请求，要求股东提供相应担保。
>
> 公司根据股东会或者股东大会、董事会决议已办理变更登记的，人民法院宣告该决议无效或者撤销该决议后，公司应当向公司登记机关申请撤销变更登记。

▶ 关联规定

一、法律、行政法规、司法解释

1.《中华人民共和国民法典》

第八十五条 营利法人的权力机构、执行机构作出决议的会议召集程序、表决方式违反法律、行政法规、法人章程，或者决议内容违反法人章程的，营利法人的出资人可以请求人民法院撤销该决议。但是，营利法人依据该决议与善意相对人形成的民事法律关系不受影响。

2.《最高人民法院关于适用〈中华人民共和国公司法〉若干问题的规定（一）》

第三条 原告以公司法第二十二条第二款、第七十四条第二款规定事由，向人民法院提起诉讼时，超过公司法规定期限的，人民法院不予受理。

3.《最高人民法院关于适用〈中华人民共和国公司法〉若干问题的规定（四）》

第一条 公司股东、董事、监事等请求确认股东会或者股东大会、董事会决议无效或者不成立的，人民法院应当依法予以受理。

第二条 依据民法典第八十五条、公司法第二十二条第二款请求撤销股东会或者股东大会、董事会决议的原告,应当在起诉时具有公司股东资格。

第三条 原告请求确认股东会或者股东大会、董事会决议不成立、无效或者撤销决议的案件,应当列公司为被告。对决议涉及的其他利害关系人,可以依法列为第三人。

一审法庭辩论终结前,其他有原告资格的人以相同的诉讼请求申请参加前款规定诉讼的,可以列为共同原告。

第四条 股东请求撤销股东会或者股东大会、董事会决议,符合民法典第八十五条、公司法第二十二条第二款规定的,人民法院应当予以支持,但会议召集程序或者表决方式仅有轻微瑕疵,且对决议未产生实质影响的,人民法院不予支持。

第五条 股东会或者股东大会、董事会决议存在下列情形之一,当事人主张决议不成立的,人民法院应当予以支持:

(一)公司未召开会议的,但依据公司法第三十七条第二款或者公司章程规定可以不召开股东会或者股东大会而直接作出决定,并由全体股东在决定文件上签名、盖章的除外;

(二)会议未对决议事项进行表决的;

(三)出席会议的人数或者股东所持表决权不符合公司法或者公司章程规定的;

(四)会议的表决结果未达到公司法或者公司章程规定的通过比例的;

(五)导致决议不成立的其他情形。

第六条 股东会或者股东大会、董事会决议被人民法院判决确认无效或者撤销的,公司依据该决议与善意相对人形成的民事法律关系不受影响。

4.《最高人民法院关于适用〈中华人民共和国公司法〉若干问题的规定(五)》

第三条 董事任期届满前被股东会或者股东大会有效决议解除职务,其主张解除不发生法律效力的,人民法院不予支持。

董事职务被解除后,因补偿与公司发生纠纷提起诉讼的,人民法院应当依据法律、行政法规、公司章程的规定或者合同的约定,综合考虑解除的原因、剩余任期、董事薪酬等因素,确定是否补偿以及补偿的合理数额。

第四条 分配利润的股东会或者股东大会决议作出后,公司应当在决议载明的时间内完成利润分配。决议没有载明时间的，以公司章程规定的为准。决议、章程中均未规定时间或者时间超过一年的，公司应当自决议作出之日起一年内完成利润分配。

决议中载明的利润分配完成时间超过公司章程规定时间的，股东可以依据民法典第八十五条、公司法第二十二条第二款规定请求人民法院撤销决议中关于该时间的规定。

二、司法指导性文件

1.《全国法院民商事审判工作会议纪要》

3.【民法总则与公司法的关系及其适用】民法总则与公司法的关系，是一般法与商事特别法的关系。民法总则第三章"法人"第一节"一般规定"和第二节"营利法人"基本上是根据公司法的有关规定提炼的，二者的精神大体一致。因此，涉及民法总则这一部分的内容，规定一致的，适用民法总则或者公司法皆可；规定不一致的，根据《民法总则》第11条有关"其他法律对民事关系有特别规定的，依照其规定"的规定，原则上应当适用公司法的规定。但应当注意也有例外情况，主要表现在两个方面：一是就同一事项，民法总则制定时有意修正公司法有关条款的，应当适用民法总则的规定。例如，《公司法》第32条第3款规定："公司应当将股东的姓名或者名称及其出资额向公司登记机关登记；登记事项发生变更的，应当办理变更登记。未经登记或者变更登记的，不得对抗第三人。"而《民法总则》第65条的规定则把"不得对抗第三人"修正为"不得对抗善意相对人"。经查询有关立法理由，可以认为，此种情况应当适用民法总则的规定。二是民法总则在公司法规定基础上增加了新内容的，如《公司法》第22条第2款就公司决议的撤销问题进行了规定，《民法总则》第85条在该条基础上增加规定："但是营利法人依据该决议与善意相对人形成的民事法律关系不受影响。"此时，也应当适用民法总则的规定。

2.《最高人民法院关于审理公司强制清算案件工作座谈会纪要》

十二、关于强制清算清算组的议事机制

26.公司强制清算中的清算组因清算事务发生争议的，应当参照公司法第一百一十二条的规定，经全体清算组成员过半数决议通过。与争议事项有直接利害关系的清算组成员可以发表意见，但不得参与投票；因利害关系人回避表决无法形成多数意见的，清算组可以请求人民法院作出决定。与争议事项有直接利害关系的清算组成员未回避表决形成决定的,债权人或者清算组其他成员可以参照公司法第二十二条的规定,自决定作出之日起六十日内,请求人民法院予以撤销。

3.《最高人民法院关于人民法院为企业兼并重组提供司法保障的指导意见》

6. 依法认定兼并重组行为的效力,促进资本合法有序流转。要严格依照合同法第五十二条关于合同效力的规定,正确认定各类兼并重组合同的效力。结合当事人间交易方式和市场交易习惯,准确认定兼并重组中预约、意向协议、框架协议等的效力及强制执行力。要坚持促进交易进行,维护交易安全的商事审判理念,审慎认定企业估值调整协议、股份转换协议等新类型合同的效力,避免简单以法律没有规定为由认定合同无效。要尊重市场主体的意思自治,维护契约精神,恰当认定兼并重组交易行为与政府行政审批的关系。要处理好公司外部行为与公司内部意思自治之间的关系。要严格依照公司法第二十二条的规定,从会议召集程序、表决方式、决议内容等是否违反法律、行政法规或公司章程方面,对兼并重组中涉及的企业合并、分立、新股发行、重大资产变化等决议的法律效力进行审查。对交叉持股表决方式、公司简易合并等目前尚无明确法律规定的问题,应结合个案事实和行为结果,审慎确定行为效力。

▶ 条文释义

一、本条主旨

本条是关于公司决议无效或可撤销情形的规定。

二、条文演变

本条自1993年《公司法》制定时即存在,该法第111条规定:"股东大会、董事会的决议违反法律、行政法规,侵犯股东合法权益的,股东有权向人民法院提起要求停止该违法行为和侵害行为的诉讼。"其后1999年、2004年两次修正《公司法》时均未修改。直至2005年《公司法》全面修订时,各方面纷纷要求建立健全股东合法权益的保障机制,其中包括要求明确股东会或者股东大会、董事会无效和可撤销制度。因此,对本条进行了实质性变更,专门就公司决议无效以及股东请求法院撤销股东会或者股东大会、董事会的违法决议作了规定。

三、条文解读

本条第1款规定，公司股东会或者股东大会、董事会的决议内容违反法律、行政法规的无效。这是对无效决议的规定。

有限责任公司的股东会或者股份有限公司的股东大会，是公司的权力机构，应当依法行使职权。股东会或者股东大会行使职权的形式，就是对相关事项作出决议，并由公司业务执行机关执行。股东会或者股东大会作出的决议，内容上不得违反法律、行政法规的规定，否则，即为无效决议。股东会或者股东大会决议内容违反法律、行政法规的，自始无效。

董事会是公司的业务执行机关，享有特定的职权，董事会应当依法行使职权，作出的决议必须符合法律、行政法规的规定。董事会作出内容违反法律、行政法规的决议，自始无效。

本条第2款规定，股东会或者股东大会、董事会的会议召集程序、表决方式违反法律、行政法规或者公司章程，或者决议内容违反公司章程的，股东可以自决议作出之日起60日内，请求人民法院撤销。这是对可撤销决议的规定。

对于可撤销的公司股东会或者股东大会、董事会的决议，股东可以自该决议作出之日起60日内，依法提起诉讼，请求人民法院撤销。人民法院可以应公司的请求，要求股东提供相应担保。关于决议无效或者被撤销的后果。股东通过向人民法院提起诉讼，经人民法院依法审理后，分别作出撤销该决议或者宣告该决议无效的裁判。此时，如果公司已经按照股东会或者股东大会、董事会的决议办理了相关变更登记手续的，公司应当向公司登记机关申请撤销变更登记。

（一）公司股东会或者股东大会董事会决议的瑕疵

股东会或者股东大会、董事会决议对于保证公司的利益向着股东利益的正方向发展，保证公司营利目标的实现，以及保证交易安全都有着不可忽视的重要意义。然而，股东会或者股东大会、董事会的决议可能存在着各种各样的瑕疵。这些决议瑕疵的存在，将严重影响公司、股东的利益和债权人的合法权益。因此，在法律上对公司股东会或者股东大会、董事会决议的瑕疵进行救济具有不可或缺的重要性。股东会或者股东大会、董事会决议因其显著的重要地位和决议的特点，在程序和内容上必须符合法律或公司章程的规定，否则该决议就可被撤销、变更或确认无效。

（二）公司决议的无效与撤销

股东会或者股东大会、董事会决议的无效，是指股东会或者股东大会、董事会决议内容违反法律、行政法规的规定而导致该决议在法律上归于无效。《公司法》中并未规定决议无效之诉的提诉主体。因此，决议无效的诉讼的提诉主体不限于股东，与该决议有关的利益关系人都可向法院提起确认决议无效之诉。根据司法解释相关规定，可以提起决议无效之诉的主体包括公司股东、董事、监事等。其中"等"字包括与股东会或者股东大会、董事会决议内容有直接利害关系的其他人。主要是股东会决议、董事会决议通常会涉及的主体。例如，高级管理人员、公司员工或公司债权人。

可撤销决议的构成条件是：（1）关于会议召集程序。法律、行政法规以及公司章程对股东会或者股东大会、董事会会议的召集和主持作了规定的，公司应当严格执行。如果股东会或者股东大会、董事会的会议召集程序违反法律、行政法规或者公司章程规定，该次会议所通过的决议，即为可撤销的决议。（2）关于会议表决方式。股东会或者股东大会、董事会会议的表决方式，应当严格按照法律、行政法规或者公司章程的规定执行。如果采用违反法律、行政法规或者公司章程规定的表决方式通过的决议，即为可撤销的决议。（3）关于决议内容。股东会或者股东大会、董事会决议的内容，应当符合法律、行政法规和公司章程的规定，决议内容违反公司章程规定的，即为可撤销的决议；如果违反法律、行政法规规定的，则属于无效决议。股东会或者股东大会、董事会决议的撤销，是指股东会或者股东大会、董事会决议在程序、形式等方面与法律、法规、公司章程的规定不符，或决议内容违反公司章程的规定，股东有权在一定期限内向法院提起诉讼，要求法院宣判撤销该决议。决议撤销之诉并不限制提诉股东持股比例和持股延续时间，而且与瑕疵无关的股东、无表决权的股东、未出席会议的股东都可以提起诉讼。需要注意的是，根据司法解释的规定，提起撤销之诉的原告应当在起诉时具有公司股东资格，但不以决议时是否具备股东资格为原件。

股东会或者股东大会、董事会决议无效与撤销、变更判决同样具有追溯力，均属自始无效。然而二者仍有区别：（1）决议无效之提诉的主体除公司股东外，与决议有关的利害关系人也可成为提诉主体；而决议撤销之诉的提起人，只能是公司股东。（2）如果决议内容上存在瑕疵，其瑕疵不可能在短期内治愈，因而各国法律都未规定提起确认决议无效之诉的诉讼期间，以充分保护利害关系人的合法权益；相反，对于提起决议撤销之诉的请求，法律都规定了一定的诉讼期间。

《公司法》对于公司机关决议的无效与撤销的规定，不同之处主要有：（1）原因不同。股东会或者股东大会、董事会决议内容违反法律、行政法规的无效；而股东会或者股东大会、董事会决议形式违法或者决议内容违反公司章程的可撤销。（2）认定方式不同。如果决议内容违法，自然归于无效。而如果决议形式违法或者决议内容违反股东意志，尚不构成足够的违法要件，人民法院经过股东的请求，可以撤销该决议，但如果没有股东请求，法院也不撤销，因为即便公司机关决议形式违法或者决议内容违反章程，只要股东不请求，就可以认为股东认可该决议，法院不宜对股东的自由意志进行剥夺。（3）诉讼期间不同。对于无效决议的诉讼，《公司法》没有规定诉讼期间；而对于可撤销的诉讼，《公司法》规定，股东可以自决议作出之日起60日内，请求人民法院撤销。如果股东在此期间内不提起诉讼，该决议就不能被撤销。（4）诉讼期间股东的要求不同。对于决议无效的诉讼，公司不得要求股东提供担保；对于决议撤销的诉讼，人民法院可以应公司的请求，要求股东提供相应担保。合法的股东会或者股东大会、董事会决议一经作出，应当坚决贯彻执行，但由于各股东利益不同，难免会有一些股东滥用诉权图谋不正当利益。为了防止滥用诉权，同时约束起诉的股东，有必要由提出诉讼的股东提供相当的担保。

公司已经根据股东大会或者董事会决议办理了变更登记的，如果公司败诉，人民法院撤销了股东大会、董事会的决议或者宣告决议无效后，即宣布了公司变更登记不具有法律效力，公司应当向公司登记机关申请撤销变更登记。但股东会或者股东大会、董事会决议无效及撤销之诉涉及的法律关系和公司依据该决议与公司以外的他人建立的法律关系是两个独立的法律关系。人民法院决议无效或者撤销决议的判决，对公司因该决议与公司以外善意相对人发生的其他法律关系没有溯及力，公司依据该决议与善意相对人形成的民事法律关系不受影响。股东会或者股东大会、董事会决议无效及撤销之诉，与公司执行该决议与公司以外的他人间的法律关系发生争议而因此提起的诉讼，是两个分别独立的诉讼，人民法院可以分别处理。无论决议是否确认无效或者被撤销，公司依据该决议与善意相对人形成的民事法律关系不受影响。

▶ 指导案例

指导案例 10 号：李某某诉上海佳动力环保科技有限公司公司决议撤销纠纷案

（最高人民法院审判委员会讨论通过　2012 年 9 月 18 日发布）

关键词：民事　公司决议撤销　司法　审查范围

裁判要点：人民法院在审理公司决议撤销纠纷案件中应当审查：会议召集程序、表决方式是否违反法律、行政法规或者公司章程，以及决议内容是否违反公司章程。在未违反上述规定的前提下，解聘总经理职务的决议所依据的事实是否属实，理由是否成立，不属于司法审查范围。

相关法条：《中华人民共和国公司法》第二十二条第二款

基本案情：原告李某某诉称：被告上海佳动力环保科技有限公司（简称佳动力公司）免除其总经理职务的决议所依据的事实和理由不成立，且董事会的召集程序、表决方式及决议内容均违反了公司法的规定，请求法院依法撤销该董事会决议。

被告佳动力公司辩称：董事会的召集程序、表决方式及决议内容均符合法律和章程的规定，故董事会决议有效。

法院经审理查明：原告李某某系被告佳动力公司的股东，并担任总经理。佳动力公司股权结构为：葛某某持股40%，李某某持股46%，王某某持股14%。三位股东共同组成董事会，由葛某某担任董事长，另两人为董事。公司章程规定：董事会行使包括聘任或者解聘公司经理等职权；董事会须由三分之二以上的董事出席方才有效；董事会对所议事项作出的决定应由占全体股东三分之二以上的董事表决通过方才有效。2009 年 7 月 18 日，佳动力公司董事长葛某某召集并主持董事会，三位董事均出席，会议形成了"鉴于总经理李某某不经董事会同意私自动用公司资金在二级市场炒股，造成巨大损失，现免去其总经理职务，即日生效"等内容的决议。该决议由葛某某、王某某及监事签名，李某某未在该决议上签名。

裁判结果：上海市黄浦区人民法院于 2010 年 2 月 5 日作出（2009）黄民二（商）初字第 4569 号民事判决：撤销被告佳动力公司于 2009 年 7 月 18 日形成的董事会决议。宣判后，佳动力公司提出上诉。上海市第二中级人民法院于 2010 年 6 月 4 日作出（2010）沪二中民四（商）终字第 436 号民事判决：一、撤销上海市黄浦区人民法院（2009）黄民二（商）初字第 4569 号民事判决；二、驳回李某某的诉讼请求。

裁判理由：法院生效裁判认为：根据《公司法》第二十二条第二款的规定，董事会决议可撤销的事由包括：（1）召集程序违反法律、行政法规或公司章程；（2）表决方式违反法律、行政法规或公司章程；（3）决议内容违反公司章程。从召集程序看，佳动力公司于 2009 年 7 月 18 日召开的董事会由董事长葛某某召集，三位董事均出席董事会，该次董事会的召集程序未违反法律、行政法规或公司章程的规定。从表决方式看，根据佳动力公司章程规定，对所议事项作出的决定应由占全体股东三分之二以上的董事表决通过方才有效，上述董事会决议由三位股东（兼董事）中的两名表决通过，故在表决方式上未违反法律、行政法规或公司章程的规定。从决议内容看，佳动力公司章程规定董事会有权解聘公司经理，董事会决议内容中"总经理李某某不经董事会同意私自动用公司资金在二级市场炒股，造成巨大损失"的陈述，仅是董事会解聘李某某总经理职务的原因，而解聘李某某总经理职务的决议内容本身并不违反公司章程。

董事会决议解聘李某某总经理职务的原因如果不存在，并不导致董事会决议撤销。首先，公司法尊重公司自治，公司内部法律关系原则上由公司自治机制调整，司法机关原则上不介入公司内部事务；其次，佳动力公司的章程中未对董事会解聘公司经理的职权作出限制，并未规定董事会解聘公司经理必须要有一定原因，该章程内容未违反公司法的强制性规定，应认定有效，因此佳动力公司董事会可以行使公司章程赋予的权力作出解聘公司经理的决定。故法院应当尊重公司自治，无须审查佳动力公司董事会解聘公司经理的原因是否存在，即无须审查决议所依据的事实是否属实，理由是否成立。综上，原告李某某请求撤销董事会决议的诉讼请求不成立，依法予以驳回。

▶ 类案检索

刘某与同利水电站股东知情权纠纷案

关键词：股东大会 股东知情权

裁判摘要：股东大会召集程序违反公司章程，股东大会通知时间违反公司章程，股东自决议作出之日起60日内，请求人民法院撤销，人民法院依法予以撤销。

《公司法》规定召开股东会会议，应当于会议召开15日前通知全体股东。被告同利水电站公司章程也明确规定，召开股东会议，应于会议召开15日前通知股东。由此可见，公司作出的股东会决议不仅应当不违反法律法规的强制性规定，而且应当符合公司章程的规定。被告同利水电站决定在2011年11月27日召开全体股东会会议，其公司总经理曹某在2011年11月16日才发短信通知全体股东到电站开会，与法律法规和公司章程规定的"应于会议召开十五日前通知股东"不符，属于未按章程规定时间履行通知义务，被告召开股东会程序错误，此类属于可撤销，并非因此无效。法院撤销被告资源县同利水电站有限公司于2011年11月27日作出的股东会决议符合法律规定。

【审理法院】广西壮族自治区资源县人民法院

第二章 有限责任公司的设立和组织机构

第一节 设　立

第二十三条　设立有限责任公司，应当具备下列条件：
（一）股东符合法定人数；
（二）有符合公司章程规定的全体股东认缴的出资额；
（三）股东共同制定公司章程；
（四）有公司名称，建立符合有限责任公司要求的组织机构；
（五）有公司住所。

▶ **关联规定**

法律、行政法规、司法解释

《中华人民共和国民法典》
第五十八条　法人应当依法成立。
法人应当有自己的名称、组织机构、住所、财产或者经费。法人成立的具体条件和程序，依照法律、行政法规的规定。
设立法人，法律、行政法规规定须经有关机关批准的，依照其规定。
第六十三条　法人以其主要办事机构所在地为住所。依法需要办理法人登记的，应当将主要办事机构所在地登记为住所。
第七十九条　设立营利法人应当依法制定法人章程。

▶ 条文释义

一、本条主旨

本条是关于有限责任公司设立条件的规定。

二、条文演变

2005年《公司法》修订时，将1993年《公司法》第19条第5项"有固定的生产经营场所和必要的生产经营条件"修改为"有公司住所"，是考虑到在公司设立之前就要求具备固定的生产经营场所和必要的生产经营条件，即营业准备，是不现实的，因为除了少数实行许可的行业外，绝大多数行业的公司通常是在设立以后，再准备相关的生产经营条件。否则，公司设立不成功，就会产生较大的损失。所以，对公司设立前的营业准备问题不作规定，比较符合实际。[①]

2013年《公司法》修正时，为了适应经济社会发展和注册资本登记制度改革等的形势和要求，取消了公司注册资本最低限额制度，将2005年《公司法》第23条第2项"股东出资达到法定资本最低限额"修改为"有符合公司章程规定的全体股东认缴的出资额"。

2018年《公司法》修正时，本条未作修改。

三、条文释义

根据本条规定，设立有限责任公司必须具备以下五项条件：

第一，股东符合法定人数。股东符合法定人数，是指股东必须在50人以下。之所以对有限责任公司股东人数作出限制，主要考虑到有限责任公司虽然以资本联合为基础组成，但股东是在相互了解、相互信任的基础上进行联合，所以人数不宜过多；同时，有限责任公司不公开募集股份，管理上较为封闭，股东人数过多反而影响公司的决策和经营。对股东人数的限制，既包括参与公司设立的原始股东，也包括公司设立后由于新增出资、转让出资、公司合并等原因新增加的股东。股东人数符合法定要求，包括国有独资公司和一人有限责

[①] 朱少平主编：《〈中华人民共和国公司法〉释义及实用指南》，中国民主法制出版社2012年版，第99页。

任公司。①

第二，有符合公司章程规定的全体股东认缴的出资额。2013年12月28日，第十二届全国人民代表大会常务委员会第六次会议决定将《公司法》第23条第2项"股东出资达到法定资本最低限额"修改为"有符合公司章程规定的全体股东认缴的出资额"，废除了公司最低注册资本制度，即除法律另有规定外，取消了对公司注册资本的管制，将公司注册资本事宜，完全交由股东自治。认缴出资的股东是否履行出资义务，不再构成评判股东地位的条件，股东地位的取得仅以股东认缴出资的生效意思表示为必要，打破了过去过分强调法定最低注册资本和以股东出资是否达到了最低注册资本限额作为是否维持股东有限责任唯一标准的做法。

第三，股东共同制定公司章程。设立有限责任公司，必须制定公司章程。要求股东共同制定公司章程，具有重要意义：一是设立有限责任公司，必须有公司章程，没有公司章程者，不能设立有限责任公司。二是制定公司章程必须符合法律规定，公司章程所记载的事项可以分为必备事项和任意事项。三是公司章程由公司股东共同制定，如果是新设立的公司，则由参与设立的各个股东共同制定。共同制定，是指在制定公司章程时，股东们取得协商一致，有共同的意思表示，体现全体股东的意志。

第四，有公司名称，建立符合有限责任公司要求的组织机构。设立公司，必须有确定的公司名称，才能以公司名义开展正常经营等活动。公司的运行是由公司的内部组织机构来进行的，没有相应的组织机构，公司就无法开展正常的生产经营活动。《公司法》对有限责任公司的组织机构专门设立一节进行规定。所以设立公司，应当建立符合有限责任公司要求的组织机构。

第五，有公司住所。设立公司，必须有公司住所。没有住所的公司，不得设立。公司以其主要办事机构所在地为住所。②

---

① 朱少平主编：《〈中华人民共和国公司法〉释义及实用指南》，中国民主法制出版社2012年版，第99页。

② 朱少平主编：《〈中华人民共和国公司法〉释义及实用指南》，中国民主法制出版社2012年版，第100页。

类案检索

刘某某等股东出资纠纷案

关键词： 公司章程　股东

裁判摘要： 根据《公司法》第23条规定，股东共同制定公司章程，股东在公司章程上签名是成立有限责任公司的必备要件，也是判断相关主体是否具备股东资格的重要因素。刘某某等3人在公司章程、工商登记资料上的签名均非本人签名，三人亦未授权他人代为办理工商登记手续，未向江西省刘氏投资发展有限公司出资，也未参与公司经营，故三人无投资设立公司的意思表示，不是江西省刘氏投资发展有限公司股东。

【案　　号】（2021）赣08民终782号

【审理法院】江西省吉安市中级人民法院

第二十四条　有限责任公司由五十个以下股东出资设立。

▶ 关联规定

法律、行政法规、司法解释

《最高人民法院关于适用〈中华人民共和国公司法〉若干问题的规定（三）》

第一条　为设立公司而签署公司章程、向公司认购出资或者股份并履行公司设立职责的人，应当认定为公司的发起人，包括有限责任公司设立时的股东。

▶ 条文释义

一、本条主旨

本条是关于有限责任公司股东人数的规定。

二、条文演变

2005年修订《公司法》时，本条是在1993年《公司法》第20条规定的基础上修改形成的，1993年《公司法》分两款规定："有限责任公司由二个以上五十个以下股东共同出资设立。""国家授权投资的机构或者国家授权的部门可以单独投资设立国有独资的有限责任公司。"2005年修订的《公司法》增加了一人有限责任公司的特别规定，允许设立一个自然人或者一个法人出资设立的有限责任公司，以便鼓励和引导社会资金投向经济领域，促进市场经济的发展。因此，本条对原来第20条规定作出相应修改，将有限责任公司"由二个以上五十个以下股东共同出资设立"，修改为"由五十个以下股东出资设立"，并删去第2款的规定。修改后内容保留至今。

三、条文释义

根据本条的规定,有限责任公司由 50 个以下股东出资设立。这一规定包含:

第一,50 个以下股东可以设立有限责任公司。法律规定设立有限责任公司必须是 50 个以下股东,主要理由是有限责任公司是一种资合与人合性质兼有的公司,股东之间相互比较了解,很大程度上是基于股东之间的信任而建立起来的一种合作,如果人数太多,不利于股东之间的合作;同时有限责任公司一般是中小型性质的经济组织,人数太多,不利于公司的决策和经营。

第二,50 个以下的股东必须都要出资,才能设立有限责任公司。不出资,不能成为有限责任公司的股东,而且股东的出资必须符合法律规定的要求。

第三,50 个以下的股东,既可以是自然人,也可以是法人。①

类案检索

华某某、潘某某等股东资格确认纠纷案

关键词: 有限责任公司 股东人数

裁判摘要: 案涉松阳县长运有限公司系松阳县长运集团公司根据松阳县人民政府政发(1998)33 号文件要求改制而来,公司原有职工 200 余人,如将出资股东全部进行工商显名登记,违反《公司法》第 24 条"有限责任公司由五十个以下股东出资设立"的规定。

【案　　号】(2020)浙民申 36 号
【审理法院】浙江省高级人民法院

---

① 朱少平主编:《〈中华人民共和国公司法〉释义及实用指南》,中国民主法制出版社 2012 年版,第 101~102 页。

> 第二十五条 有限责任公司章程应当载明下列事项:
> (一)公司名称和住所;
> (二)公司经营范围;
> (三)公司注册资本;
> (四)股东的姓名或者名称;
> (五)股东的出资方式、出资额和出资时间;
> (六)公司的机构及其产生办法、职权、议事规则;
> (七)公司法定代表人;
> (八)股东会会议认为需要规定的其他事项。
> 股东应当在公司章程上签名、盖章。

关联规定

法律、行政法规、司法解释

《中华人民共和国民法典》

第六十一条 依照法律或者法人章程的规定,代表法人从事民事活动的负责人,为法人的法定代表人。

法定代表人以法人名义从事的民事活动,其法律后果由法人承受。

法人章程或者法人权力机构对法定代表人代表权的限制,不得对抗善意相对人。

第六十二条 法定代表人因执行职务造成他人损害的,由法人承担民事责任。

法人承担民事责任后,依照法律或者法人章程的规定,可以向有过错的法定代表人追偿。

第六十三条 法人以其主要办事机构所在地为住所。依法需要办理法人登记的,应当将主要办事机构所在地登记为住所。

第八十条 营利法人应当设权力机构。

权力机构行使修改法人章程，选举或者更换执行机构、监督机构成员，以及法人章程规定的其他职权。

第八十一条 营利法人应当设执行机构。

执行机构行使召集权力机构会议，决定法人的经营计划和投资方案，决定法人内部管理机构的设置，以及法人章程规定的其他职权。

执行机构为董事会或者执行董事的，董事长、执行董事或者经理按照法人章程的规定担任法定代表人；未设董事会或者执行董事的，法人章程规定的主要负责人为其执行机构和法定代表人。

第八十二条 营利法人设监事会或者监事等监督机构的，监督机构依法行使检查法人财务，监督执行机构成员、高级管理人员执行法人职务的行为，以及法人章程规定的其他职权。

▶ 条文释义

一、本条主旨

本条是关于有限责任公司章程记载事项的规定。

二、条文演变

2005 年修订《公司法》时，将 1993 年《公司法》第 22 条规定的公司章程应当载明的 11 项事项修改为 8 项，删去了"股东的权利和义务""股东转让出资的条件"以及"公司的解散事由与清算办法"，并根据股东出资可以分期缴纳的新规定，在"股东的出资方式和出资额"后增加了"出资时间"的规定。上述修改的主要理由是：第一，关于股东的权利和义务，在公司组织机构一节中已经作了明确规定，除了这些权利和义务之外，需要公司章程另行作出规定的，现实生活中并不多见，所以不再规定公司章程应当载明股东的权利和义务。第二，关于股东转让出资的条件，2005 年修订后的《公司法》专门设立一章，对有限责任公司的股权转让作出规定，所以没有必要再规定公司章程应当载明股东转让出资的条件。第三，因公司的解散与清算通常涉及债权人的利益，不能完全按照公司章程的规定处理，同时《公司法》已经设立专章对公司的解散和清算作了明确规定，所以不再要求公司章程载明公司的解散事由与清算办法。修改后内容保留至今。

三、条文释义

（一）有限责任公司章程应当载明的事项

根据本条第1款的规定，有限责任公司应当载明的事项共8项：

第一，公司名称和住所。公司名称是公司区别于其他公司和市场主体的标志，公司都必须有名称。公司住所是其主要办事机构所在地，公司都必须有住所。载明公司的名称和住所，是标识公司，确认其权利义务归属的依据。

第二，公司经营范围。公司从事经营活动，应当有明确的行业、经营项目的种类。公司经营范围要依法经过登记，有些还需要依法经过批准。载明公司经营范围是明确公司开展业务活动的界限，便于政府监督管理，也便于公司经营管理人员执行。

第三，公司注册资本。注册资本，是指以货币表示的各股东认缴的出资额的总和。公司章程应当载明公司注册资本的具体数额，而且必须符合法律规定的要求。

第四，股东的姓名或者名称。公司章程应当载明股东的姓名或者名称，以确定公司的投资人，以便股东依法享有权利和履行义务。股东为自然人的，应当载明其姓名；股东为法人的，应当载明其名称。

第五，股东的出资方式、出资额和出资时间。出资方式，是指出资的种类，不论股东是以货币、实物还是无形财产作为出资，都应当在公司章程中载明。出资额是指各类出资的价值金额，应当以货币表示。出资时间包括股东首次出资的时间以及公司成立以后分期缴足的各自认缴出资的时间。

第六，公司的机构及其产生办法、职权、议事规则。公司应当依法建立符合有限责任公司要求的组织机构，如股东会、董事会、监事会等。这些机构的具体产生办法，如董事会的组成人数、董事长和副董事长的产生、董事的任期、董事的改选等，应当在公司章程中载明。同时，公司章程还应当对这些机构的职权、议事规则、议事程序等作出具体规定。

第七，公司法定代表人。公司的法定代表人是法人代表，也就是公司对外发生法律关系时，由法律规定代表其作出法人意思表示的人。法定代表人应是具有完全民事行为能力的自然人。公司章程应当对由谁担任公司法定代表人作出明确规定。

第八，股东会会议认为需要规定的其他事项。这是一个兜底条款。

需要说明的是，公司章程所记载的事项可以分为必备事项和任意事项。必备事项是法律规定在公司章程中必须记载的事项，或称绝对必要事项，包括公司名称和住所，公司经营范围，公司注册资本，股东的姓名或者名称，股东的出资方式、出资额和出资时间，公司的机构及其产生办法、职权、议事规则，公司的法定代表人等。任意事项是由公司自行决定是否记载的事项，包括公司有自主决定权的一些事项，即本条第1款第8项的规定。

（二）股东应当在公司章程上签名、盖章

根据本条第2款的规定，股东应当在公司章程上签名、盖章。公司章程由公司股东共同制定。所谓共同制定，是指参与制定公司章程的股东，经过协商，取得一致意见，并有共同的意思表示。设立有限责任公司，参与设立的全体股东应当共同制定公司章程。

公司章程由股东共同制定，具体表达形式就是股东在公司章程上签名、盖章。股东的签名、盖章，一般情况下应当由股东本人亲自为之，但股东也可以委托他人代为签名、盖章。委托他人代为签名、盖章的，股东应当签署授权委托书，写明委托人和代理人的姓名、授权事项等内容。

▶ 类案检索

李某某与河南省德瑞置业有限公司、马某某借款合同纠纷案

关键词： 公司章程　股东　登记

裁判摘要： 根据会计师事务所出具的验资报告可以看出，河南省德瑞置业有限公司（以下简称德瑞置业公司）的初始出资人是方某某第3人，方某某对代马某某持股的说法不予认可，马某某亦不认可其是德瑞置业公司的真实股东。根据《公司法》第25条之规定："有限责任公司章程应当载明下列事项：……（四）股东的姓名或者名称；（五）股东的出资方式、出资额和出资时间……"，本案德瑞置业公司的公司章程所记载的股东没有马某某。德瑞置业公司的工商登记资料中也未将马某某登记为股东。因此，现有证据不足以证明马某某是德瑞置业公司的股东。

【案　　号】（2020）豫民再 177 号
【审理法院】河南省高级人民法院

> **第二十六条** 有限责任公司的注册资本为在公司登记机关登记的全体股东认缴的出资额。
>
> 法律、行政法规以及国务院决定对有限责任公司注册资本实缴、注册资本最低限额另有规定的，从其规定。

关联规定

一、法律、行政法规、司法解释

1.《中华人民共和国证券法》

第一百二十条 经国务院证券监督管理机构核准，取得经营证券业务许可证，证券公司可以经营下列部分或者全部证券业务：

（一）证券经纪；

（二）证券投资咨询；

（三）与证券交易、证券投资活动有关的财务顾问；

（四）证券承销与保荐；

（五）证券融资融券；

（六）证券做市交易；

（七）证券自营；

（八）其他证券业务。

国务院证券监督管理机构应当自受理前款规定事项申请之日起三个月内，依照法定条件和程序进行审查，作出核准或者不予核准的决定，并通知申请人；不予核准的，应当说明理由。

证券公司经营证券资产管理业务的，应当符合《中华人民共和国证券投资基金法》等法律、行政法规的规定。

除证券公司外，任何单位和个人不得从事证券承销、证券保荐、证券经纪和证券融资融券业务。

证券公司从事证券融资融券业务，应当采取措施，严格防范和控制风险，不得违反规定向客户出借资金或者证券。

第一百二十一条 证券公司经营本法第一百二十条第一款第（一）项至第（三）项业务的，注册资本最低限额为人民币五千万元；经营第（四）项至第（八）项业务之一的，注册资本最低限额为人民币一亿元；经营第（四）项至第（八）项业务中两项以上的，注册资本最低限额为人民币五亿元。证券公司的注册资本应当是实缴资本。

国务院证券监督管理机构根据审慎监管原则和各项业务的风险程度，可以调整注册资本最低限额，但不得少于前款规定的限额。

2.《中华人民共和国商业银行法》

第十三条 设立全国性商业银行的注册资本最低限额为十亿元人民币。设立城市商业银行的注册资本最低限额为一亿元人民币，设立农村商业银行的注册资本最低限额为五千万元人民币。注册资本应当是实缴资本。

国务院银行业监督管理机构根据审慎监管的要求可以调整注册资本最低限额，但不得少于前款规定的限额。

3.《中华人民共和国保险法》

第六十九条 设立保险公司，其注册资本的最低限额为人民币二亿元。

国务院保险监督管理机构根据保险公司的业务范围、经营规模，可以调整其注册资本的最低限额，但不得低于本条第一款规定的限额。

保险公司的注册资本必须为实缴货币资本。

第一百二十条 以公司形式设立保险专业代理机构、保险经纪人，其注册资本最低限额适用《中华人民共和国公司法》的规定。

国务院保险监督管理机构根据保险专业代理机构、保险经纪人的业务范围和经营规模，可以调整其注册资本的最低限额，但不得低于《中华人民共和国公司法》规定的限额。

保险专业代理机构、保险经纪人的注册资本或者出资额必须为实缴货币资本。

4.《中华人民共和国证券投资基金法》

第十三条 设立管理公开募集基金的基金管理公司，应当具备下列条件，并经国务院证券监督管理机构批准：

（一）有符合本法和《中华人民共和国公司法》规定的章程；

（二）注册资本不低于一亿元人民币，且必须为实缴货币资本；

（三）主要股东应当具有经营金融业务或者管理金融机构的良好业绩、良好的财务状况和社会信誉，资产规模达到国务院规定的标准，最近三年没有违法记录；

（四）取得基金从业资格的人员达到法定人数；

（五）董事、监事、高级管理人员具备相应的任职条件；

（六）有符合要求的营业场所、安全防范设施和与基金管理业务有关的其他设施；

（七）有良好的内部治理结构、完善的内部稽核监控制度、风险控制制度；

（八）法律、行政法规规定的和经国务院批准的国务院证券监督管理机构规定的其他条件。

5.《中华人民共和国拍卖法》

第十二条 企业申请取得从事拍卖业务的许可，应当具备下列条件：

（一）有一百万元人民币以上的注册资本；

（二）有自己的名称、组织机构、住所和章程；

（三）有与从事拍卖业务相适应的拍卖师和其他工作人员；

（四）有符合本法和其他有关法律规定的拍卖业务规则；

（五）符合国务院有关拍卖业发展的规定；

（六）法律、行政法规规定的其他条件。

第十三条 拍卖企业经营文物拍卖的，应当有一千万元人民币以上的注册资本，有具有文物拍卖专业知识的人员。

6.《中华人民共和国市场主体登记管理条例》

第十三条 除法律、行政法规或者国务院决定另有规定外，市场主体的注册资本或者出资额实行认缴登记制，以人民币表示。

出资方式应当符合法律、行政法规的规定。公司股东、非公司企业法人出资人、农民专业合作社（联合社）成员不得以劳务、信用、自然人姓名、商誉、特许经营权或者设定担保的财产等作价出资。

7.《中华人民共和国外资保险公司管理条例》

第七条 合资保险公司、独资保险公司的注册资本最低限额为2亿元人民币或者等值的自由兑换货币；其注册资本最低限额必须为实缴货币资本。

外国保险公司分公司应当由其总公司无偿拨给不少于2亿元人民币或者等值的自由兑换货币的营运资金。

国务院保险监督管理机构根据外资保险公司业务范围、经营规模，可以提高前两款规定的外资保险公司注册资本或者营运资金的最低限额。

8.《中华人民共和国外资银行管理条例》

第八条 外商独资银行、中外合资银行的注册资本最低限额为 10 亿元人民币或者等值的自由兑换货币。注册资本应当是实缴资本。

外商独资银行、中外合资银行在中华人民共和国境内设立的分行，应当由其总行无偿拨给人民币或者自由兑换货币的营运资金。外商独资银行、中外合资银行拨给各分支机构营运资金的总和，不得超过总行资本金总额的 60%。

外国银行分行应当由其总行无偿拨给不少于 2 亿元人民币或者等值的自由兑换货币的营运资金。

国务院银行业监督管理机构根据外资银行营业性机构的业务范围和审慎监管的需要，可以提高注册资本或者营运资金的最低限额，并规定其中的人民币份额。

9.《期货交易管理条例》

第十六条 申请设立期货公司，应当符合《中华人民共和国公司法》的规定，并具备下列条件：

（一）注册资本最低限额为人民币 3000 万元；

（二）董事、监事、高级管理人员具备任职条件，从业人员具有期货从业资格；

（三）有符合法律、行政法规规定的公司章程；

（四）主要股东以及实际控制人具有持续盈利能力，信誉良好，最近 3 年无重大违法违规记录；

（五）有合格的经营场所和业务设施；

（六）有健全的风险管理和内部控制制度；

（七）国务院期货监督管理机构规定的其他条件。

国务院期货监督管理机构根据审慎监管原则和各项业务的风险程度，可以提高注册资本最低限额。注册资本应当是实缴资本。股东应当以货币或者期货公司经营必需的非货币财产出资，货币出资比例不得低于 85%。

国务院期货监督管理机构应当在受理期货公司设立申请之日起 6 个月内，根据审慎监管原则进行审查，作出批准或者不批准的决定。

未经国务院期货监督管理机构批准，任何单位和个人不得委托或者接受他人委托持有或者管理期货公司的股权。

10.《对外劳务合作管理条例》

第六条 申请对外劳务合作经营资格，应当具备下列条件：

（一）符合企业法人条件；

（二）实缴注册资本不低于600万元人民币；

（三）有3名以上熟悉对外劳务合作业务的管理人员；

（四）有健全的内部管理制度和突发事件应急处置制度；

（五）法定代表人没有故意犯罪记录。

11.《直销管理条例》

第七条 申请成为直销企业，应当具备下列条件：

（一）投资者具有良好的商业信誉，在提出申请前连续5年没有重大违法经营记录；外国投资者还应当有3年以上在中国境外从事直销活动的经验；

（二）实缴注册资本不低于人民币8000万元；

（三）依照本条例规定在指定银行足额缴纳了保证金；

（四）依照规定建立了信息报备和披露制度。

12.《最高人民法院关于适用〈中华人民共和国公司法〉若干问题的规定（二）》

第二十二条 公司解散时，股东尚未缴纳的出资均应作为清算财产。股东尚未缴纳的出资，包括到期应缴未缴的出资，以及依照公司法第二十六条和第八十条的规定分期缴纳尚未届满缴纳期限的出资。

公司财产不足以清偿债务时，债权人主张未缴出资股东，以及公司设立时的其他股东或者发起人在未缴出资范围内对公司债务承担连带清偿责任的，人民法院应依法予以支持。

二、部门规章及规范性文件

1.《金融租赁公司管理办法》

第七条 申请设立金融租赁公司，应当具备以下条件：

（一）有符合《中华人民共和国公司法》和银监会规定的公司章程；

（二）有符合规定条件的发起人；

（三）注册资本为一次性实缴货币资本，最低限额为1亿元人民币或等值的可自由兑换货币；

（四）有符合任职资格条件的董事、高级管理人员，并且从业人员中具有金融或融资租赁工作经历3年以上的人员应当不低于总人数的50%；

（五）建立了有效的公司治理、内部控制和风险管理体系；

（六）建立了与业务经营和监管要求相适应的信息科技架构，具有支撑业务经营的必要、安全且合规的信息系统，具备保障业务持续运营的技术与措施；

（七）有与业务经营相适应的营业场所、安全防范措施和其他设施；

（八）银监会规定的其他审慎性条件。

2.《融资性担保公司管理暂行办法》

第九条　设立融资性担保公司，应当具备下列条件：

（一）有符合《中华人民共和国公司法》规定的章程。

（二）有具备持续出资能力的股东。

（三）有符合本办法规定的注册资本。

（四）有符合任职资格的董事、监事、高级管理人员和合格的从业人员。

（五）有健全的组织机构、内部控制和风险管理制度。

（六）有符合要求的营业场所。

（七）监管部门规定的其他审慎性条件。

董事、监事、高级管理人员和从业人员的资格管理办法由融资性担保业务监管部际联席会议另行制定。

第十条　监管部门根据当地实际情况规定融资性担保公司注册资本的最低限额，但不得低于人民币500万元。

注册资本为实缴货币资本。

3.《汽车金融公司管理办法》

第十条　汽车金融公司注册资本的最低限额为5亿元人民币或等值的可自由兑换货币。注册资本为一次性实缴货币资本。

中国银监会根据汽车金融业务发展情况及审慎监管的需要，可以调高注册资本的最低限额。

4.《信托公司管理办法》

第十条　信托公司注册资本最低限额为3亿元人民币或等值的可自由兑换货币，注册资本为实缴货币资本。

申请经营企业年金基金、证券承销、资产证券化等业务，应当符合相关法律法规规定的最低注册资本要求。

中国银行业监督管理委员会根据信托公司行业发展的需要，可以调整信托公司注册资本最低限额。

5.《典当管理办法》

第八条 典当行注册资本最低限额为 300 万元；从事房地产抵押典当业务的，注册资本最低限额为 500 万元；从事财产权利质押典当业务的，注册资本最低限额为 1000 万元。

典当行的注册资本最低限额应当为股东实缴的货币资本，不包括以实物、工业产权、非专利技术、土地使用权作价出资的资本。

▶ 条文释义

一、本条主旨

本条是关于有限责任公司注册资本的规定。

二、条文演变

本条于 1993 年《公司法》制定时入法，2005 年《公司法》修订时经历了第一次大的修改，2013 年《公司法》修正时经历了第二次大的修改。2013 年 10 月 25 日，李克强总理主持召开国务院常务会议，部署推进公司注册资本登记制度改革相关事宜。会议决定，按照便捷高效、规范统一、宽进严管的原则，创新公司登记制度，降低准入门槛，强化市场主体责任，促进形成诚信、公平、有序的市场秩序。会议明确，公司注册资本登记制度改革的主要内容有：一是放宽注册资本登记条件。除法律、行政法规等另有规定外，取消有限责任公司最低注册资本 3 万元、一人有限责任公司最低注册资本 10 万元、股份有限公司最低注册资本 500 万元的限制；取消对公司设立时全体股东的首次出资额和缴足剩余出资期限等的限制；公司实收资本不再作为工商登记事项。二是将企业年检制度改为年报制度，建立公平规范的抽查制度。三是放宽对市场主体住所的登记条件。四是大力推进企业诚信制度建设。五是推进注册资本由实缴登记制改为认缴登记制。实行公司股东自主约定认缴出资额、出资期限、出资方式，并对真实性、合法性负责。

为依法开展公司注册资本登记制度改革,2013年12月28日,第十二届全国人民代表大会常务委员会第六次会议作出《关于修改〈中华人民共和国海洋环境保护法〉等七部法律的决定》,当时修正的《公司法》彻底取消最低注册资本额,公司设立时不再要求股东实缴一定数额的资本,公司注册资本可由股东完全认缴,出资期限、出资类别也可由股东自由约定,《公司法》不作任何限制。此种公司资本制的确立,标志着从1993年我国《公司法》奉行的严格法定资本制、高额法定最低注册资本额、恪守法定资本制度、公司必须奉行资本三原则,到2005年我国《公司法》奉行的股东分期缴纳资本制、大幅调低法定最低注册资本额、只要求股东首期缴纳一定出资,走向了资本完全认缴制。

2014年2月7日,《国务院关于印发注册资本登记制度改革方案的通知》(国发〔2014〕7号)发布施行,在"放松市场主体准入管制,切实优化营商环境"部分,进一步明确以下内容:

实行注册资本认缴登记制。公司股东认缴的出资总额或者发起人认购的股本总额(即公司注册资本)应当在工商行政管理机关登记。公司股东(发起人)应当对其认缴出资额、出资方式、出资期限等自主约定,并记载于公司章程。有限责任公司的股东以其认缴的出资额为限对公司承担责任,股份有限公司的股东以其认购的股份为限对公司承担责任。公司应当将股东认缴出资额或者发起人认购股份、出资方式、出资期限、缴纳情况通过市场主体信用信息公示系统向社会公示。公司股东(发起人)对缴纳出资情况的真实性、合法性负责。

放宽注册资本登记条件。除法律、行政法规以及国务院决定对特定行业注册资本最低限额另有规定的外,取消有限责任公司最低注册资本3万元、一人有限责任公司最低注册资本10万元、股份有限公司最低注册资本500万元的限制。不再限制公司设立时全体股东(发起人)的首次出资比例,不再限制公司全体股东(发起人)的货币出资金额占注册资本的比例,不再规定公司股东(发起人)缴足出资的期限。

公司实收资本不再作为工商登记事项。公司登记时,无须提交验资报告。

现行法律、行政法规以及国务院决定明确规定实行注册资本实缴登记制的银行业金融机构、证券公司、期货公司、基金管理公司、保险公司、保险专业代理机构和保险经纪人、直销企业、对外劳务合作企业、融资性担保公司、募集设立的股份有限公司,以及劳务派遣企业、典当行、保险资产管理公司、小额贷款公司实行注册资本认缴登记制问题,另行研究决定。在法律、行政法规以及国务院决定未修改前,暂按现行规定执行。

已经实行申报(认缴)出资登记的个人独资企业、合伙企业、农民专业合作社仍按现行规定执行。

鼓励、引导、支持国有企业、集体企业等非公司制企业法人实施规范的公司制改革,实行注册资本认缴登记制。

积极研究探索新型市场主体的工商登记。

2018年《公司法》修正时本条未作修改。

三、条文释义

有限责任公司注册资本是有限责任公司经营资本的一部分,有着重要的作用:一是注册资本提供了公司生产经营所需要的部分资本。公司开展生产经营活动,需要一定的经营资本,注册资本就是基本的经营资本,除此之外公司还可以通过借款等方式借入资本,注册资本与借入资本构成公司的经营资本。二是注册资本是确定股东权利和义务的主要标准。股东在公司中享有权利、承担义务,其权利的大小、义务的多少,通常由股东出资占公司注册资本的比例来确定。三是注册资本是公司承担亏损风险的一种担保。从公司债权人来看,可以作为其债权清偿担保的主要是公司的财产,而注册资本一经公司成立,即为公司财产,所以法律要求设立公司股东必须出资并构成公司注册资本。根据本条规定,对有限责任公司注册资本的要求有:一是公司注册资本一般实行认缴制且没有最低注册资本额要求。即取消公司最低注册资本额要求,且公司设立时不再要求股东实缴一定数额的资本,公司注册资本完全可由股东认缴,出资期限、出资类别也可由股东自由约定,《公司法》一般不作限制。二是特殊情况下实行实缴制且有最低注册资本额要求。即法律、行政法规以及国务院决定对有限责任公司注册资本实缴、注册资本最低限额另有规定的,从其规定。

类案检索

李某某与德瑞置业公司、马某某认缴出资纠纷案

关键词：注册资本　股东　登记

裁判摘要：《公司法》第26条第1款规定："有限责任公司的注册资本为在公司登记机关登记的全体股东认缴的出资额。"本案中，李某某虽已将3000万元交付德瑞置业公司，但从德瑞置业公司最后一次变更工商登记信息看，李某某登记的出资额为600万元。德瑞置业公司主张收到李某某3000万元款项均系李某某对公司的出资，但德瑞置业公司未提供证据证明李某某超过注册资本的2400万元为股权性投资，亦未提供证据证明德瑞置业公司就李某某增资修改过公司章程并进行过变更登记，也未提供证据证明德瑞置业公司就李某某增资曾向李某某签发过新的出资证明书等。因此，在没有证据证明德瑞置业公司所收李某某2400万元款项系股东提供给公司的增资款或股东明确表示就多出资部分无须返还的情形下，超出注册资本的出资不能简单认定为股东的股权性投资。借此，原审在未查明李某某超出注册资本的出资性质情形下，就认定李某某所交付的3000万元均系其对公司的出资，进而否定李某某的全部诉讼请求，依据不足。

【案　　号】（2019）最高法民申6078号

【审理法院】最高人民法院

> 第二十七条　股东可以用货币出资,也可以用实物、知识产权、土地使用权等可以用货币估价并可以依法转让的非货币财产作价出资;但是,法律、行政法规规定不得作为出资的财产除外。
> 　　对作为出资的非货币财产应当评估作价,核实财产,不得高估或者低估作价。法律、行政法规对评估作价有规定的,从其规定。

▶ 关联规定

法律、行政法规、司法解释

1.《中华人民共和国民法典》

第三百一十一条　无处分权人将不动产或者动产转让给受让人的,所有权人有权追回;除法律另有规定外,符合下列情形的,受让人取得该不动产或者动产的所有权:

(一)受让人受让该不动产或者动产时是善意;

(二)以合理的价格转让;

(三)转让的不动产或者动产依照法律规定应当登记的已经登记,不需要登记的已经交付给受让人。

受让人依据前款规定取得不动产或者动产的所有权的,原所有权人有权向无处分权人请求损害赔偿。

当事人善意取得其他物权的,参照适用前两款规定。

2.《中华人民共和国市场主体登记管理条例》

第十三条　除法律、行政法规或者国务院决定另有规定外,市场主体的注册资本或者出资额实行认缴登记制,以人民币表示。

出资方式应当符合法律、行政法规的规定。公司股东、非公司企业法人出资人、农民专业合作社(联合社)成员不得以劳务、信用、自然人姓名、商誉、特许经营权或者设定担保的财产等作价出资。

3.《最高人民法院关于适用〈中华人民共和国公司法〉若干问题的规定（三）》

第七条 出资人以不享有处分权的财产出资，当事人之间对于出资行为效力产生争议的，人民法院可以参照民法典第三百一十一条的规定予以认定。

以贪污、受贿、侵占、挪用等违法犯罪所得的货币出资后取得股权的，对违法犯罪行为予以追究、处罚时，应当采取拍卖或者变卖的方式处置其股权。

▶ 条文释义

一、本条主旨

本条是关于股东出资方式的规定。

二、条文演变

本条于1993年《公司法》制定时即入法，后历经2005年、2013年两次修改。2005年《公司法》修订过程中，对股东出资方式提出的修改意见主要集中在两个方面：一是关于非货币出资形式的问题，有观点认为只规定实物、工业产权、非专利技术、土地使用权四种非货币出资形式，限制过严，不利于社会经济发展，建议扩大非货币出资形式，如允许股权、债权、有价证券甚至信用、劳务等非货币出资。二是关于无形资产出资比例的问题，有观点认为规定无形资产出资比例不得超过注册资本20%的条件过高，不利于高新技术通过入股方式推广应用，同时反过来要求较多的货币出资，容易产生资金的闲置。针对上述情况，经过反复研究，2005年《公司法》修订过程中对股东出资方式作了以下主要修改：一是不再将非货币出资形式限制在实物、工业产权、非专利技术、土地使用权四种，而是规定实物、知识产权、土地使用权等可以用货币估价并可以依法转让的非货币财产都可以用于出资，即明确了只要能够"用货币估价并可以依法转让"的非货币财产，都可以用于出资，扩大了非货币的出资形式，为以后新出现的财产形态用于出资留下了发展空间。二是不再将无形资产的出资比例限制在不超过注册资本20%的范围内，而是通过规定货币出资金额不得低于注册资本30%的方式，提高了包括专利权、商标权、专有技术等无形资产在内的非货币财产的出资，同时规定货币出资金额不得低于30%的条件，有利于保护交易相对方的利益和维护社会经济秩序。

2013年《公司法》修正过程中，为了配合资本认缴制度的实施，进一步删除了本条原来第3款关于全体股东的货币出资金额不得低于有限责任公司注册资本30%的规定。2018年《公司法》修正时，本条未作修改。

三、条文释义

（一）关于股东的出资方式

根据本条第1款的规定，股东可以用货币出资，也可以用实物、知识产权、土地使用权等可以用货币估价并可以依法转让的非货币财产作价出资。

1. 货币出资

货币具有支付、结算等功能。设立公司必然需要一定数量的货币，用以支付创建公司时的开支和生产经营费用。股东可以用货币进行出资。我国的法定货币为人民币。股东用货币出资，除了人民币外，还可以用外币出资。股东以货币出资的，应当将货币出资足额存入有限责任公司在银行开设的账户。

2. 实物、知识产权、土地使用权等非货币财产出资

实物，是指房屋、机器设备、工具、原材料、零部件等有形财产。知识产权是无形资产，包括工业产权、植物新品种权和非专利技术。工业产权包括专利权、商标专用权；植物新品种权，是指完成育种的单位或者个人对于依法获得授予植物新品种权的品种，享有排他的独占权；非专利技术，是指未以专利权形式公开表现的技术诀窍等。土地使用权，是指国有土地和农民集体所有的土地，依法明确给单位或者给个人使用的权利。以实物、知识产权、土地使用权出资的，必须评估作价，并依法办理转让手续。

除了实物、知识产权、土地使用权这三种非货币财产出资外，其他"可以用货币估价并可以依法转让的非货币财产"，如股权、债权、探矿权、采矿权、林权等，也可以用于出资。但是，法律、行政法规规定不得作为出资的财产除外。

（二）非货币财产出资的评估作价

股东可以用实物、知识产权、土地使用权等非货币财产出资。但是，为了计算公司注册资本总额，以及确定各股东出资在公司全部注册资本中所占的

比例，以明确他们各自取得收益、承担风险责任的依据，对于用实物、知识产权、土地使用权等非货币财产出资的，必须评估作价、核实财产。评估作价、核实财产，必须依法进行，不得高估作价，也不得低估作价。

由于实物、知识产权、土地使用权等的财产形态不同，其评估作价的方法、要求、规则以及主管部门等也都有区别，法律、行政法规对评估作价有规定的，要严格按照法律、行政法规的要求执行。例如，对国有资产的评估，应当依照《国有资产评估管理办法》的规定，委托持有国务院或者省、自治区、直辖市人民政府国有资产管理行政主管部门颁发的国有资产评估资格证书的资产评估公司、会计师事务所、审计事务所、财务咨询公司以及经国务院或者省、自治区、直辖市人民政府国有资产管理行政主管部门认可的临时评估机构进行国有资产评估。又如，对专利资产的评估，应当委托从事专利资产评估业务的评估机构进行，并提交专利管理机关出具的有效专利证明文件；如果不能提交有效证明文件的，应按专利管理的有关规定，到所在地的省、自治区、直辖市专利管理机关或主管部委的专利管理机关办理确权手续等。①

▶ 适用指引

关于以挪用等违法犯罪所得货币出资效力如何认定的问题。《最高人民法院关于昌邑市华星矿业有限责任公司与姜光先股东资格确认和公司盈余分配权纠纷一案的请示的答复》规定："昌邑市华星矿业有限责任公司系由政府主导下进行的国有企业改制而来。鉴于姜光先在昌邑市华星矿业有限责任公司的 14 万元出资系挪用改制前的国有企业资金的犯罪行为且已被判处刑罚，其 14 万元出资款已全部被没收追缴，昌邑市体改委和经贸局组织有关部门研究决定取消了姜光先的股东资格，由其他人认购该 14 万元出资份额。昌邑市华星矿业有限责任公司也就此召开股东会并形成决议，取消姜光先股东资格，由赵安会等人认购该部分出资并已完成出资验证。鉴于上述情况以及参照 2006 年施行的《中华人民共和国公司法》第二十七条关于非法财产不得作为出资的规定精神，同意你院的第二种处理意见，即认定姜光先股东资格无效。"

---

① 朱少平主编：《〈中华人民共和国公司法〉释义及实用指南》，中国民主法制出版社 2012 年版，第 99 页。

▶ 类案检索

扬州晶新微电子有限公司与伊川县人民政府、洛阳市鼎晶电子材料有限公司合同纠纷案

关键词： 非货币财产　出资

裁判摘要：《公司法》第27条规定："股东可以用货币出资，也可以用实物、知识产权、土地使用权等可以用货币估价并可以依法转让的非货币财产作价出资；但是，法律、行政法规规定不得作为出资的财产除外。对作为出资的非货币财产应当评估作价，核实财产，不得高估或者低估作价。法律、行政法规对评估作价有规定的，从其规定。"第28条第1款规定："股东应当按期足额缴纳公司章程中规定的各自所认缴的出资额。股东以货币出资的，应当将货币出资足额存入有限责任公司在银行开设的账户；以非货币财产出资的，应当依法办理其财产权的转移手续。"按照合同约定，洛阳市鼎晶电子材料有限公司（以下简称鼎晶公司）应当以合资公司需要并经双方认可的包括设备、工装、材料、产品、半成品等在内的有效资产出资，鼎晶公司的出资资产虽已搬迁至洛阳市芯源半导体有限公司的厂房内，但出资资产未经双方认可，亦未经过验资，故鼎晶公司的出资义务并未全面履行。

【案　　号】（2019）最高法民终1781号
【审理法院】最高人民法院

> 第二十八条　股东应当按期足额缴纳公司章程中规定的各自所认缴的出资额。股东以货币出资的，应当将货币出资足额存入有限责任公司在银行开设的账户；以非货币财产出资的，应当依法办理其财产权的转移手续。
>
> 股东不按照前款规定缴纳出资的，除应当向公司足额缴纳外，还应当向已按期足额缴纳出资的股东承担违约责任。

▶ 关联规定

法律、行政法规、司法解释

1.《中华人民共和国民法典》

第五百七十七条　当事人一方不履行合同义务或者履行合同义务不符合约定的，应当承担继续履行、采取补救措施或者赔偿损失等违约责任。

2.《中华人民共和国市场主体登记管理条例》

第四十五条　实行注册资本实缴登记制的市场主体虚报注册资本取得市场主体登记的，由登记机关责令改正，处虚报注册资本金额5%以上15%以下的罚款；情节严重的，吊销营业执照。

实行注册资本实缴登记制的市场主体的发起人、股东虚假出资，未交付或者未按期交付作为出资的货币或者非货币财产的，或者在市场主体成立后抽逃出资的，由登记机关责令改正，处虚假出资金额5%以上15%以下的罚款。

3.《最高人民法院关于适用〈中华人民共和国公司法〉若干问题的规定（三）》

第八条　出资人以划拨土地使用权出资，或者以设定权利负担的土地使用权出资，公司、其他股东或者公司债权人主张认定出资人未履行出资义务的，人民法院应当责令当事人在指定的合理期间内办理土地变更手续或者解除权利负担；逾期未办理或者未解除的，人民法院应当认定出资人未依法全面履行出资义务。

第九条 出资人以非货币财产出资,未依法评估作价,公司、其他股东或者公司债权人请求认定出资人未履行出资义务的,人民法院应当委托具有合法资格的评估机构对该财产评估作价。评估确定的价额显著低于公司章程所定价额的,人民法院应当认定出资人未依法全面履行出资义务。

第十条 出资人以房屋、土地使用权或者需要办理权属登记的知识产权等财产出资,已经交付公司使用但未办理权属变更手续,公司、其他股东或者公司债权人主张认定出资人未履行出资义务的,人民法院应当责令当事人在指定的合理期间内办理权属变更手续;在前述期间内办理了权属变更手续的,人民法院应当认定其已经履行了出资义务;出资人主张自其实际交付财产给公司使用时享有相应股东权利的,人民法院应予支持。

出资人以前款规定的财产出资,已经办理权属变更手续但未交付给公司使用,公司或者其他股东主张其向公司交付、并在实际交付之前不享有相应股东权利的,人民法院应予支持。

第十一条 出资人以其他公司股权出资,符合下列条件的,人民法院应当认定出资人已履行出资义务:

(一)出资的股权由出资人合法持有并依法可以转让;

(二)出资的股权无权利瑕疵或者权利负担;

(三)出资人已履行关于股权转让的法定手续;

(四)出资的股权已依法进行了价值评估。

股权出资不符合前款第(一)、(二)、(三)项的规定,公司、其他股东或者公司债权人请求认定出资人未履行出资义务的,人民法院应当责令该出资人在指定的合理期间内采取补正措施,以符合上述条件;逾期未补正的,人民法院应当认定其未依法全面履行出资义务。

股权出资不符合本条第一款第(四)项的规定,公司、其他股东或者公司债权人请求认定出资人未履行出资义务的,人民法院应当按照本规定第九条的规定处理。

▶ 条文释义

一、本条主旨

本条是关于股东按期足额缴纳出资的规定。

二、条文演变

本条于1993年《公司法》制定时即入法，第25条规定："股东应当足额缴纳公司章程中规定的各自所认缴的出资额。股东以货币出资的，应当将货币出资足额存入准备设立的有限责任公司在银行开设的临时帐户；以实物、工业产权、非专利技术或者土地使用权出资的，应当依法办理其财产权的转移手续。股东不按照前款规定缴纳所认缴的出资，应当向已足额缴纳出资的股东承担违约责任。"后2005年《公司法》修订时本条内容进行了大的修改，同时条序变为第28条。修订后内容保留至今。

三、条文释义

（一）股东应当按期足额缴纳出资

股东应当严格按照公司章程的规定，按期足额缴纳自己所认缴的出资额。

1. 股东以货币出资的，应当按照公司章程规定的时间和金额，将货币出资存入有限责任公司在银行开设的账户

如果公司章程规定为一次性缴纳货币出资的，股东必须一次性足额将货币出资存入公司的账户；如果公司章程规定为分期缴纳货币出资的，股东必须按期足额将货币出资存入公司账户。如果公司为中外合资经营企业，中外合资经营企业各方必须以自己所有的货币进行出资，任何一方不得用以合营企业的财产或者其他权益以及合营他方的财产或权益作为出资的担保。

2. 股东以实物、知识产权、土地使用权等非货币财产出资的，必须进行作价评估，并依法办理转移财产权的手续

这里的手续，是指过户手续，即将原来属于股东所有的财产，转移为属于公司所有的财产。如股东以房产出资的，必须到房管部门办理房屋所有权转移的手续，将房屋所有权人由股东改为公司；股东以知识产权如专利权、商标专

用权出资的,必须到专利管理机关、商标注册机关办理权属变更手续,将权利人由股东变更为公司;以土地使用权出资的,必须到土地管理部门办理土地使用权转让登记,将土地使用权人变更为公司。股东以非专利技术出资的,则应当向公司提交该非专利技术的相关文件资料。

股东或者发起人可以用货币出资,也可以用实物、知识产权、土地使用权等可以用货币估价并可以依法转让的非货币财产作价出资。股东或者发起人以货币、实物、知识产权、土地使用权以外的其他资产出资的,应当符合有关规定。股东或者发起人不得以劳务、信用、自然人姓名、商誉、特许经营权或者设定担保的财产等作价出资。股东或者发起人必须以自己的名义出资。

(二)股东不按期缴纳出资的责任

按期足额缴纳出资,是股东的一项重要法定义务,必须严格履行。如果股东没有按期足额缴纳公司章程中规定其所认缴出资额,如没有按照公司章程规定的时间或者没有按照公司章程规定的出资金额出资,则需要依法承担相应的法律责任。

1. 承担继续履行出资义务的责任

股东不按期缴纳出资的,不能因此免除或者减轻其按照公司章程规定应当履行缴纳出资义务的责任,相反,股东必须继续履行足额缴纳公司章程中规定的自己所认缴出资额的义务。

2. 向其他股东承担违约责任

股东不按期缴纳出资的,还应当向已经足额缴纳出资的其他股东承担违约责任。股东未按照公司章程规定的时间、金额缴纳出资,就是违反了公司章程规定的出资义务,构成了对其他已经履行缴纳出资义务的股东违约,应当依法向其他股东承担违约责任。股东在共同制定公司章程中,应当对股东不按期履行缴纳出资义务构成条件、承担违约责任的形式等,尽量作出具体、详细的规定,以便在出现该种情形时,能够比较明确地确定不按期缴纳出资股东的具体责任,避免产生不必要的纠纷。①

---

① 朱少平主编:《〈中华人民共和国公司法〉释义及实用指南》,中国民主法制出版社2012年版,第112~114页。

类案检索

武汉新睿途实业有限公司与武汉富拓包装技术有限责任公司、沈某某等2人增资纠纷案

关键词：土地使用权　增资

裁判摘要：《公司法》第27条规定："股东可以用货币出资，也可以用实物、知识产权、土地使用权等可以用货币估价并可以依法转让的非货币财产作价出资；但是，法律、行政法规规定不得作为出资的财产除外。对作为出资的非货币财产应当评估作价，核实财产，不得高估或者低估作价。法律、行政法规对评估作价有规定的，从其规定。"第28条规定："股东应当按期足额缴纳公司章程中规定的各自所认缴的出资额。股东以货币出资的，应当将货币出资足额存入有限责任公司在银行开设的账户；以非货币财产出资的，应当依法办理其财产权的转移手续。股东不按照前款规定缴纳出资的，除应当向公司足额缴纳外，还应当向已按期足额缴纳出资的股东承担违约责任。"据上述规定，以土地使用权出资的股东，必须办理财产权转移给公司的手续。武汉富拓包装技术有限责任公司（以下简称富拓公司）2004年出具的《股东会决议》载明其"同意以其名下的土地以沈某某2人个人名义投资到武汉新睿途实业有限公司（以下简称新睿途公司），作为新睿途公司增资扩股的来源"。该《股东会决议》载明的内容仅能表明沈某某等2人拟用土地使用权履行增资义务，富拓公司作为土地使用权人愿意以其土地使用权作为股东沈某某等2人的出资。沈某某等2人既未将案涉争议土地交付给新睿途公司使用，也未办理产权转移手续，这说明沈某某等2人未按约定缴纳出资。即使新睿途公司据此对沈某某等2人享有缴付出资请求权，在沈某某等2人并非案涉土地使用权人也未实际获得该宗土地使用权的情况下，新睿途公司要求沈某某等2人交付案涉土地存在事实上的履行不能。

【案　　号】（2017）最高法民申3268号
【审理法院】最高人民法院

> 第二十九条 股东认足公司章程规定的出资后,由全体股东指定的代表或者共同委托的代理人向公司登记机关报送公司登记申请书、公司章程等文件,申请设立登记。

▶ 关联规定

法律、行政法规、司法解释

1.《中华人民共和国民法典》

第七十七条 营利法人经依法登记成立。

第七十八条 依法设立的营利法人,由登记机关发给营利法人营业执照。营业执照签发日期为营利法人的成立日期。

2.《中华人民共和国市场主体登记管理条例》

第三条 市场主体应当依照本条例办理登记。未经登记,不得以市场主体名义从事经营活动。法律、行政法规规定无需办理登记的除外。

市场主体登记包括设立登记、变更登记和注销登记。

第十五条 市场主体实行实名登记。申请人应当配合登记机关核验身份信息。

第十六条 申请办理市场主体登记,应当提交下列材料:

(一)申请书;

(二)申请人资格文件、自然人身份证明;

(三)住所或者主要经营场所相关文件;

(四)公司、非公司企业法人、农民专业合作社(联合社)章程或者合伙企业合伙协议;

(五)法律、行政法规和国务院市场监督管理部门规定提交的其他材料。

国务院市场监督管理部门应当根据市场主体类型分别制定登记材料清单和文书格式样本,通过政府网站、登记机关服务窗口等向社会公开。

登记机关能够通过政务信息共享平台获取的市场主体登记相关信息,不得要求申请人重复提供。

第十七条　申请人应当对提交材料的真实性、合法性和有效性负责。

第十八条　申请人可以委托其他自然人或者中介机构代其办理市场主体登记。受委托的自然人或者中介机构代为办理登记事宜应当遵守有关规定，不得提供虚假信息和材料。

第十九条　登记机关应当对申请材料进行形式审查。对申请材料齐全、符合法定形式的予以确认并当场登记。不能当场登记的，应当在3个工作日内予以登记；情形复杂的，经登记机关负责人批准，可以再延长3个工作日。

申请材料不齐全或者不符合法定形式的，登记机关应当一次性告知申请人需要补正的材料。

第二十条　登记申请不符合法律、行政法规规定，或者可能危害国家安全、社会公共利益的，登记机关不予登记并说明理由。

第二十一条　申请人申请市场主体设立登记，登记机关依法予以登记的，签发营业执照。营业执照签发日期为市场主体的成立日期。

法律、行政法规或者国务院决定规定设立市场主体须经批准的，应当在批准文件有效期内向登记机关申请登记。

▶ 条文释义

一、本条主旨

本条是关于有限责任公司设立登记申请的规定。

二、条文演变

本条自1993年《公司法》制定时入法，经历了2005年、2013年两次大的修改。2013年《公司法》修正时，为了配合资本认缴制度的实施，删除了原来关于股东缴纳出资后，必须经依法设立的验资机构验资并出具证明的规定，并将本条第1款关于申请设立有限责任公司登记的时间，由2005年《公司法》规定的"股东的首次出资经依法设立的验资机构验资后"修改为"股东认足公司章程规定的出资后"。2018年《公司法》修正时，本条未作修改。

三、条文释义

本条对有限责任公司设立登记的申请作了以下规定：

第一，提出申请的时间。根据本条规定，申请设立有限责任公司登记的时间，为"股东认足公司章程规定的出资后"。

第二，申请的具体提出人。除了国有独资公司和一人有限责任公司外，设立有限责任公司需要有多个股东，究竟应当由谁去向公司登记机关提出设立登记申请呢？根据本条规定，应当"由全体股东指定的代表或者共同委托的代理人"提出申请。按照这一规定，具体向登记机关提出公司设立登记申请的人，有两种：一是全体股东指定的代表，全体股东可以从股东中间指定一人或者几人作为大家的代表，具体办理申请公司设立登记的事务。实践中，全体股东通常指定拟担任公司法定代表人或者拟担任公司其他重要职务的股东去具体办理相关事务。二是全体股东共同委托的代理人，即全体股东委托的股东之外的人员具体办理申请公司设立登记的事务。在这种情形下，全体股东应当共同委托，即在授权委托书上明确载明为全体股东共同委托，而不是其中的一个或者几个股东的委托。

第三，申请应当提交的文件。按照本条规定，申请设立公司登记时，应当向公司登记机关报送公司登记申请书、公司章程等文件。

根据《市场主体登记管理条例》的规定，申请办理市场主体登记，应当提交下列材料：（1）申请书；（2）申请人资格文件、自然人身份证明；（3）住所或者主要经营场所相关文件；（4）公司、非公司企业法人、农民专业合作社（联合社）章程或者合伙企业合伙协议；（5）法律、行政法规和国务院市场监督管理部门规定提交的其他材料。此外，市场主体的经营范围包括一般经营项目和许可经营项目。经营范围中属于在登记前依法须经批准的许可经营项目，市场主体应当在申请登记时提交有关批准文件。

需要说明的是，申请人提交的申请材料和证明文件是否真实的责任，由申请人承担。公司登记机关的责任是对申请人提交的有关申请材料和证明文件是否齐全，以及申请材料和证明文件及其所记载的事项是否符合有关登记管理法律法规的规定进行审查。因申请材料和证明文件不真实所引起的后果，公司登记机关不承担相应的责任。但是，对不符合规定条件或不按规定程序予以登记的，登记主管机关应根据情节给予相关工作人员相应的行政处分；构成犯罪的，交由司法机关处理。①

---

① 朱少平主编：《〈中华人民共和国公司法〉释义及实用指南》，中国民主法制出版社2012年版，第116~117页。

> **第三十条** 有限责任公司成立后，发现作为设立公司出资的非货币财产的实际价额显著低于公司章程所定价额的，应当由交付该出资的股东补足其差额；公司设立时的其他股东承担连带责任。

▶ 关联规定

法律、行政法规、司法解释

1.《中华人民共和国民法典》

第五百七十七条 当事人一方不履行合同义务或者履行合同义务不符合约定的，应当承担继续履行、采取补救措施或者赔偿损失等违约责任。

2.《最高人民法院关于适用〈中华人民共和国公司法〉若干问题的规定（三）》

第十三条 股东未履行或者未全面履行出资义务，公司或者其他股东请求其向公司依法全面履行出资义务的，人民法院应予支持。

公司债权人请求未履行或者未全面履行出资义务的股东在未出资本息范围内对公司债务不能清偿的部分承担补充赔偿责任的，人民法院应予支持；未履行或者未全面履行出资义务的股东已经承担上述责任，其他债权人提出相同请求的，人民法院不予支持。

股东在公司设立时未履行或者未全面履行出资义务，依照本条第一款或者第二款提起诉讼的原告，请求公司的发起人与被告股东承担连带责任的，人民法院应予支持；公司的发起人承担责任后，可以向被告股东追偿。

股东在公司增资时未履行或者未全面履行出资义务，依照本条第一款或者第二款提起诉讼的原告，请求未尽公司法第一百四十七条第一款规定的义务而使出资未缴足的董事、高级管理人员承担相应责任的，人民法院应予支持；董事、高级管理人员承担责任后，可以向被告股东追偿。

第十六条 股东未履行或者未全面履行出资义务或者抽逃出资，公司根据公司章程或者股东会决议对其利润分配请求权、新股优先认购权、剩余财产分配请求权等股东权利作出相应的合理限制，该股东请求认定该限制无效的，人民法院不予支持。

第十七条 有限责任公司的股东未履行出资义务或者抽逃全部出资，经公司催告缴纳或者返还，其在合理期间内仍未缴纳或者返还出资，公司以股东会决议解除该股东的股东资格，该股东请求确认该解除行为无效的，人民法院不予支持。

在前款规定的情形下，人民法院在判决时应当释明，公司应当及时办理法定减资程序或者由其他股东或者第三人缴纳相应的出资。在办理法定减资程序或者其他股东或者第三人缴纳相应的出资之前，公司债权人依照本规定第十三条或者第十四条请求相关当事人承担相应责任的，人民法院应予支持。

第十八条 有限责任公司的股东未履行或者未全面履行出资义务即转让股权，受让人对此知道或者应当知道，公司请求该股东履行出资义务、受让人对此承担连带责任的，人民法院应予支持；公司债权人依照本规定第十三条第二款向该股东提起诉讼，同时请求前述受让人对此承担连带责任的，人民法院应予支持。

受让人根据前款规定承担责任后，向该未履行或者未全面履行出资义务的股东追偿的，人民法院应予支持。但是，当事人另有约定的除外。

第十九条 公司股东未履行或者未全面履行出资义务或者抽逃出资，公司或者其他股东请求其向公司全面履行出资义务或者返还出资，被告股东以诉讼时效为由进行抗辩的，人民法院不予支持。

公司债权人的债权未过诉讼时效期间，其依照本规定第十三条第二款、第十四条第二款的规定请求未履行或者未全面履行出资义务或者抽逃出资的股东承担赔偿责任，被告股东以出资义务或者返还出资义务超过诉讼时效期间为由进行抗辩的，人民法院不予支持。

第二十条 当事人之间对是否已履行出资义务发生争议，原告提供对股东履行出资义务产生合理怀疑证据的，被告股东应当就其已履行出资义务承担举证责任。

▶ 条文释义

一、本条主旨

本条是关于公司设立时股东出资不实责任的规定。

二、条文演变

本条于1993年《公司法》制定时入法,其第28条规定为:"有限责任公司成立后,发现作为出资的实物、工业产权、非专利技术、土地使用权的实际价额显著低于公司章程所定价额的,应当由交付该出资的股东补交其差额,公司设立时的其他股东对其承担连带责任。"2005年《公司法》修订时,本条作了修改,修改后内容保留至今。

三、条文释义

股东应当如实足额地缴付公司章程所规定的出资额,这是法律规定的义务。股东如果没有按照公司章程的规定如实足额缴纳出资,就会对公司的成立以及成立后的经营产生不利影响。因此,设立公司的股东不如实缴付出资,就应当承担相应的法律责任。

根据本条的规定,设立公司的股东承担不如实缴付出资责任的确定时间、责任主体、构成条件、责任形式如下。

（一）确定时间

股东承担不如实缴付出资责任的时间,为"有限责任公司成立后"。公司成立之前或者公司成立过程中,股东也可能存在是否如实缴纳出资的问题,但此时公司尚未依法成立,仍属于股东相互之间的问题。但公司一旦依法成立,即为新的法律主体,所以股东不如实缴付出资的问题,已经成为股东与公司之间的问题。因此,法律确定股东承担不如实缴付出资责任的时间,应以有限责任公司成立后为限。

（二）责任主体

责任主体限于设立公司时的股东,不及于公司成立后增资时加入的股东。

（三）构成条件

设立公司的股东承担不如实缴付出资责任的构成条件，为"作为设立公司出资的非货币财产的实际价额显著低于公司章程所定价额"。以用货币形式出资的，因货币本身具有确定性，所以不存在差额问题。以实物、知识产权、土地使用权等非货币财产出资，必须经过核实、评估作价，既不得高估作价，也不得低估作价。所以股东用实物、知识产权、土地使用权等非货币财产出资，就不能排除其与实际价值不相符的可能性。根据本条的规定，当作为设立公司出资的非货币财产的实际价额"显著低于"公司章程所定价额时，股东就须承担不如实缴付出资的责任。所谓"显著低于"，是指非货币财产的实际价额，明显地少于公司章程所定价额，即两者之间的差额过大，已经到了无法忽视的程度。从各国的法律实践看，实物、知识产权或者土地使用权等非货币财产的实际价额，应根据公司成立前后一定时间内对该出资标的价值的综合评估额，并按照资本充实的原则来考察，如果该评估额与注册资本的价额相差比较大，影响到注册资本出现较大欠缺，或者对公司所经营的事业带来的障碍比较大，就可以视为构成"显著低于"要件。

（四）责任形式

公司设立时股东以实物、知识产权、土地使用权等非货币财产出资，其实际价额显著低于公司章程规定价额的，股东必须承担责任。根据本条规定，股东承担责任的形式是"补足其差额"，即缴资不实的股东仍然承担缴付其差额的责任。同时，公司设立时的其他股东承担连带责任，即对缴付该差额承担连带责任。足额缴付认缴的出资，保证公司资本充足，既是每一个股东的法定义务，也是全体股东的共同责任。因此，为了保证公司注册资本的实有性和充实性，当股东出资不足时，该股东必须承担补足差额的责任，补足其差额，公司设立时的其他股东应当积极督促该股东履行其责任；如果该股东已无力承担补足差额的责任时，则由公司设立时的其他股东承担连带责任，代为补足，并向该股东追偿，以确保公司资本的充足。

需要说明的是，股东出资不足，除了补足差额外，还必须向其他已经足额出资的股东承担违约责任。①

▶ 类案检索

江西省煤炭集团云南矿业有限责任公司与福建双林农业开发有限责任公司等股东出资纠纷案

关键词： 探矿权　出资　出资不实

裁判摘要： 关于云南恒达华星矿业有限公司（以下简称恒达华星公司）、云南广丰矿业有限公司（以下简称广丰公司）、麒麟区永灿经营部（以下简称永灿经营部）以案涉四煤矿探矿权作价出资组建江西省煤炭集团云南矿业有限责任公司（以下简称江煤云南公司）时是否出资不实问题。根据江西省国有资产监督管理委员会赣国资规划〔2010〕157号文件，江煤云南公司的成立经过了江西省国有资产监督管理委员会的事前合规性审查。案涉四个探矿权由江西省煤炭集团公司（以下简称江煤集团）下属企业江西省丰龙矿业有限责任公司（以下简称丰龙公司）出具了《云南煤矿项目尽职调查报告》，且丰龙公司委托北京山连山矿业开发咨询有限公司出具了《矿权价值评估报告》。根据上述报告，江煤集团已知晓四个煤矿，特别是云南省罗平县永思安煤矿、云南省师宗县永乐顺煤矿缺乏翔实的地质资料及充分的勘察工作，且四个煤矿的储量都依据地质资料预估的资源储量按照评估规范进行了调整。再从四个煤矿现查明的实际储量看，2010年2月，云南省国土资源厅出具评审备案证明云南省富源县顺通煤矿的探明储量（6962万吨）已经得到国土部门的评审备案；2014年9月，云南省罗平县红丫口煤矿的资源储量（3668万吨）通过云南省国土资源厅评审备案。也即四个煤矿目前已经探明的资源总量超过了评估时所预测的资源总量。故即便按照江西省煤矿司法鉴定中心《司法鉴定报告》的认定，在江煤云南公司设立时恒达华星公司、广丰公司、永灿经营部提交的评估资料存在虚假的成分，也未对江煤云南公司造成实质性损害，更不足以证实江煤云南公司关于其设立时四煤矿探矿权出资价值为零的主张。而恒达华星公司、广丰公司、双林公司原法定代表人林某与江煤云南公司原董事长张某某之间行贿、受

---

① 朱少平主编：《〈中华人民共和国公司法〉释义及实用指南》，中国民主法制出版社2012年版，第117~119页。

贿一案中，目前未有生效裁判文书认定张某某与林某之间的犯罪行为与本案江煤云南公司股东出资问题具有因果关系，亦不能据此认定恒达华星公司、广丰公司、永灿经营部出资不实。退一步讲，且不说探矿权高风险的属性致使其价值衡量难有统一标准，即便恒达华星公司、广丰公司、永灿经营部按照《探矿权出资作价协议》约定的评估价值低于作价出资应以现金补足，因江煤云南公司未提供证据证明案涉四煤矿实际价值，也应承担未尽举证责任的败诉后果。

【案　　号】（2019）最高法民终1391号

【审理法院】最高人民法院

> 第三十一条　有限责任公司成立后，应当向股东签发出资证明书。出资证明书应当载明下列事项：
> （一）公司名称；
> （二）公司成立日期；
> （三）公司注册资本；
> （四）股东的姓名或者名称、缴纳的出资额和出资日期；
> （五）出资证明书的编号和核发日期。
> 出资证明书由公司盖章。

▶ 关联规定

法律、行政法规、司法解释

《最高人民法院关于适用〈中华人民共和国公司法〉若干问题的规定（三）》

第二十三条　当事人依法履行出资义务或者依法继受取得股权后，公司未根据公司法第三十一条、第三十二条的规定签发出资证明书、记载于股东名册并办理公司登记机关登记，当事人请求公司履行上述义务的，人民法院应予支持。

▶ 条文释义

一、本条主旨

本条是关于有限责任公司股东出资证明书的规定。

二、条文演变

本条自1993年《公司法》制定时即有规定，该法第30条规定："有限责任公司成立后，应当向股东签发出资证明书。出资证明书应当载明下列事项：

（一）公司名称；（二）公司登记日期；（三）公司注册资本；（四）股东的姓名或者名称、缴纳的出资额和出资日期；（五）出资证明书的编号和核发日期。出资证明书由公司盖章。"其后修改中均未进行修改，直至2005年《公司法》修订时，将第2项修改为"公司成立日期"，此后的《公司法》修改中只是对条文序号作了修改，内容并无变动。

三、条文解读

本条是关于股东出资证明书的规定。本条共3款，对股东出资证明书作了以下规定：

有限责任公司成立后，应当向股东签发出资证明书。一方面，向股东签发出资证明书是有限责任公司的义务；另一方面，出资证明书的签发只能发生在有限责任公司成立之后。因为在有限责任公司成立之前，股东的出资只能而且应该表现为验资证明，公司的主体资格尚未取得，也就无所谓公司向股东签发的出资证明书。

出资证明书的内容采用法定主义原则。根据本条规定，出资证明书应当载明下列事项：（1）公司名称；（2）公司登记日期；（3）公司注册资本；（4）股东的姓名或者名称、缴纳的出资额和出资日期；（5）出资证明书的编号和核发日期。出资证明书须由公司盖章。

从出资证明书的内容和作用来看，它的性质应表现为以下几个方面：（1）出资证明书具有出资凭证的性质；（2）出资证明书是表彰有限责任公司股东的股东权的证书。

出资证明书既具有上述性质，它当然应具有特定的效力，主要有：（1）有证明有限责任公司股东资格的效力；（2）有证明有限责任公司股东权利、义务范围的效力；（3）交付出资证明书，是出资转让的要件之一；（4）出资证明书应记载事项是该证明书发生效力的要素。

▶ 适用指引

一、公司成立后须向股东签发出资证明书

（一）出资证明书的概念

本条第 1 款规定，有限责任公司成立后，应当向股东签发出资证明书。所谓出资证明书，是有限责任公司签发的证明股东已经履行出资义务的法律文件。出资证明书是投资人成为有限责任公司股东，并依法享有股东权利和承担股东义务的法律凭证。

（二）出资证明书的特征

出资证明书有以下特征：

第一，出资证明书为非设权证券。即股东所享有的股东权并非由出资证明书所创设，股东所享有的股东权来源于股东的出资，出资证明书只是记载和反映股东出资的客观状况，因此，它与设定权利的设权证券不同。

第二，出资证明书为要式证券。即出资证明书的制作和记载事项必须按照法定的方式和要求进行。

第三，出资证明书为有价证券。出资证明书是股东享有股东权的重要法律凭证。但是，出资证明书与股票不同，股票是可流通的有价证券，而出资证明书则为不流通的有价证券或者是称为流通受到严格限制的有价证券。

第四，出资证明书为有限责任公司所特有。这是相对于股份有限公司来讲的，股份有限公司表现股东权益的凭证称为股票，而不称为出资证明书。

第五，出资证明书是有限责任公司成立后签发的证明股东权益的凭证。公司未成立之前，不能向股东签发出资证明书。

二、出资证明书应当载明的事项

为了使出资证明书记载的内容明确、规范，保证其效力，法律对出资证明书应当记载的事项作出了规定。根据这一规定，出资证明书的法定记载事项有五项。

（一）公司的名称

公司名称不仅是公司章程绝对必要记载的事项，而且也是公司出资证明书必须载明的事项。没有公司的名称，则难以确定该出资证明书是签发主体，一旦出现纠纷，就难以解决。故出资证明书必须记载公司的名称，以保障股东依法行使股东权，主张股东权益，并有利于公司对股东事务的管理。

（二）公司成立日期

公司成立日期为公司营业执照签发日期，从公司的成立日期起，股东就可以对公司行使股东权。如果不载明公司的成立日期，就难以确定公司是什么时候成立的，股东从什么时候起可以依法行使股东权。公司成立之前，不得签发出资证明书。

（三）公司的注册资本

公司的注册资本是在公司登记机关登记的全体股东认缴的出资总额。出资证明书载明公司注册资本，以便确定股东的出资额在公司注册资本中所占的比例，并据此确定股东在公司事务中享有权利和承担义务的范围，方便股东依法行使自己的股东权。

（四）股东的姓名或者名称、缴纳出资的数额和出资的日期

有限责任公司的出资证明书不同于股份有限公司的股票。股票可分为记名股票和无记名股票。记名股票将股东的姓名或者名称记载于股票之上，无记名股票则无须将股东的姓名或者名称记载于股票之上。而出资证明书则必须将股东的姓名或者名称记载于出资证明书之上。出资证明书的一个重要作用是确定股东之间权利的大小，即股东权的大小，所以必须记载股东的姓名或者名称、缴纳出资的数额，以便股东依法享受股东权利和承担股东义务。此外，还须记载股东的出资日期，方便日后确定股东是否已经出资、何时出资、出资时间是否符合公司章程规定等事项。

（五）出资证明书的编号和核发日期

出资证明书应当进行编号，签发给每个股东的出资证明书，应当编有不同

的号码,以便保管、查阅、核对。同时,出资证明书应当载明核发日期,以便确定股东依法享有股东权利和承担股东义务的起始时间。

三、出资证明书的形式要件

出资证明书应当由公司盖章,这是对出资证明书形式要件的规定。出资证明书只有经过公司盖章以后,才能产生法律效力。没有公司盖章的出资证明书,因不具备法定的形式要件,不能发生效力。

▶ 类案检索

江苏省范群干燥设备厂与汤某某等股东资格纠纷案

关键词: 股东资格　出资证明书

裁判摘要: 若有限责任公司未依法向股东发放出资证明书,但以其他形式能够认定出资人或者受让人股东身份的,不影响股东资格的认定;案涉5人未实际出资,也未持有出资证明书,因此,不能认定该5人的股东资格。

【**审理法院**】江苏省常州市中级人民法院

第三十二条　有限责任公司应当置备股东名册，记载下列事项：

（一）股东的姓名或者名称及住所；

（二）股东的出资额；

（三）出资证明书编号。

记载于股东名册的股东，可以依股东名册主张行使股东权利。

公司应当将股东的姓名或者名称向公司登记机关登记；登记事项发生变更的，应当办理变更登记。未经登记或者变更登记的，不得对抗第三人。

▶ 关联规定

一、法律、行政法规、司法解释

1.《中华人民共和国民法典》

第六十四条　法人存续期间登记事项发生变化的，应当依法向登记机关申请变更登记。

第六十五条　法人的实际情况与登记的事项不一致的，不得对抗善意相对人。

2.《中华人民共和国市场主体登记管理条例》

第八条　市场主体的一般登记事项包括：

（一）名称；

（二）主体类型；

（三）经营范围；

（四）住所或者主要经营场所；

（五）注册资本或者出资额；

（六）法定代表人、执行事务合伙人或者负责人姓名。

除前款规定外，还应当根据市场主体类型登记下列事项：

（一）有限责任公司股东、股份有限公司发起人、非公司企业法人出资人的姓名或者名称；

（二）个人独资企业的投资人姓名及居所；

（三）合伙企业的合伙人名称或者姓名、住所、承担责任方式；

（四）个体工商户的经营者姓名、住所、经营场所；

（五）法律、行政法规规定的其他事项。

第九条 市场主体的下列事项应当向登记机关办理备案：

（一）章程或者合伙协议；

（二）经营期限或者合伙期限；

（三）有限责任公司股东或者股份有限公司发起人认缴的出资数额，合伙企业合伙人认缴或者实际缴付的出资数额、缴付期限和出资方式；

（四）公司董事、监事、高级管理人员；

（五）农民专业合作社（联合社）成员；

（六）参加经营的个体工商户家庭成员姓名；

（七）市场主体登记联络员、外商投资企业法律文件送达接受人；

（八）公司、合伙企业等市场主体受益所有人相关信息；

（九）法律、行政法规规定的其他事项。

第二十四条 市场主体变更登记事项，应当自作出变更决议、决定或者法定变更事项发生之日起 30 日内向登记机关申请变更登记。

市场主体变更登记事项属于依法须经批准的，申请人应当在批准文件有效期内向登记机关申请变更登记。

第二十九条 市场主体变更本条例第九条规定的备案事项的，应当自作出变更决议、决定或者法定变更事项发生之日起 30 日内向登记机关办理备案。农民专业合作社（联合社）成员发生变更的，应当自本会计年度终了之日起 90 日内向登记机关办理备案。

3.《最高人民法院关于适用〈中华人民共和国公司法〉若干问题的规定（三）》

第二十三条 当事人依法履行出资义务或者依法继受取得股权后，公司未根据公司法第三十一条、第三十二条的规定签发出资证明书、记载于股东名册并办理公司登记机关登记，当事人请求公司履行上述义务的，人民法院应予支持。

第二十五条 名义股东将登记于其名下的股权转让、质押或者以其他方式处分，实际出资人以其对于股权享有实际权利为由，请求认定处分股权行为无效的，人民法院可以参照民法典第三百一十一条的规定处理。

名义股东处分股权造成实际出资人损失，实际出资人请求名义股东承担赔偿责任的，人民法院应予支持。

第二十六条 公司债权人以登记于公司登记机关的股东未履行出资义务为由，请求其对公司债务不能清偿的部分在未出资本息范围内承担补充赔偿责任，股东以其仅为名义股东而非实际出资人为由进行抗辩的，人民法院不予支持。

名义股东根据前款规定承担赔偿责任后，向实际出资人追偿的，人民法院应予支持。

第二十七条 股权转让后尚未向公司登记机关办理变更登记，原股东将仍登记于其名下的股权转让、质押或者以其他方式处分，受让股东以其对于股权享有实际权利为由，请求认定处分股权行为无效的，人民法院可以参照民法典第三百一十一条的规定处理。

原股东处分股权造成受让股东损失，受让股东请求原股东承担赔偿责任、对于未及时办理变更登记有过错的董事、高级管理人员或者实际控制人承担相应责任的，人民法院应予支持；受让股东对于未及时办理变更登记也有过错的，可以适当减轻上述董事、高级管理人员或者实际控制人的责任。

第二十八条 冒用他人名义出资并将该他人作为股东在公司登记机关登记的，冒名登记行为人应当承担相应责任；公司、其他股东或者公司债权人以未履行出资义务为由，请求被冒名登记为股东的承担补足出资责任或者对公司债务不能清偿部分的赔偿责任的，人民法院不予支持。

二、司法指导性文件

《全国法院民商事审判工作会议纪要》

3.【民法总则与公司法的关系及其适用】民法总则与公司法的关系，是一般法与商事特别法的关系。民法总则第三章"法人"第一节"一般规定"和第二节"营利法人"基本上是根据公司法的有关规定提炼的，二者的精神大体一致。因此，涉及民法总则这一部分的内容，规定一致的，适用民法总则或者公司法皆可；规定不一致的，根据《民法总则》第11条有关"其他法律对民事关系有特别规定的，依照其规定"的规定，原则上应当适用公司法的规定。但应当注意也有例外情况，主要表现在两个方面：一是就同一事项，民法总则制定时有意修正公司法有关条款的，应当适用民法总则的规定。例如，《公司法》第32条第3款规定："公司应当将股东的姓名或者名称及其出资额向公司登记机关登记；登记事项发生变更的，应当办理变更登记。未经登记或者变更登记的，不得对抗第三人。"而《民法总则》第65条的规定则把"不得对抗第三人"修正为"不得对抗善意相对人"。经查询有关立法理由，可以认为，此种情况应当适用民法总则的规定。二是民法总则在公司法规定基础上增加了新内容的，如《公司法》第22条第2款就公司决议的撤销问题进行了规定，《民法总则》第85条在该条基础上增加规定："但是营利法人依据该决议与善意相对人形成的民事法律关系不受影响。"此时，也应当适用民法总则的规定。

8.【有限责任公司的股权变动】当事人之间转让有限责任公司股权，受让人以其姓名或者名称已记载于股东名册为由主张其已经取得股权的，人民法院依法予以支持，但法律、行政法规规定应当办理批准手续生效的股权转让除外。未向公司登记机关办理股权变更登记的，不得对抗善意相对人。

▶ 条文释义

一、本条主旨

本条是关于有限责任公司股东名册主要内容及其效力的规定。

二、条文演变

本条在1993年《公司法》制定时即有规定，该法第31条规定："有限责任公司应当置备股东名册，记载下列事项：（一）股东的姓名或者名称及住所；（二）股东的出资额；（三）出资证明书编号。"2004年《公司法》修正时，没有改动这一条，直至2005年《公司法》修订时，对这一条进行了实质性修改，为了增强有限责任公司股东名册的作用，明确其法律效力，专门增加了第2款、第3款的内容，分别规定了股东名册的对内和对外效力。该条修改后变更为第33条，条文内容变更为："有限责任公司应当置备股东名册，记载下列事项：（一）股东的姓名或者名称及住所；（二）股东的出资额；（三）出资证明书编号。记载于股东名册的股东，可以依股东名册主张行使股东权利。公司应当将股东的姓名或者名称及其出资额向公司登记机关登记；登记事项发生变更的，应当办理变更登记。未经登记或者变更登记的，不得对抗第三人。"2013年《公司法》修正时，该条序号进行了变动，并对该条第3款进行了实质性修改，删除了"及其出资额"的规定，第3款变更为"公司应当将股东的姓名或者名称向公司登记机关登记；登记事项发生变更的，应当办理变更登记。未经登记或者变更登记的，不得对抗第三人"。其后内容一直延续至现在。

三、条文解读

（一）股东名册的概念

本条第1款规定，有限责任公司应当置备股东名册。所谓股东名册，是指有限责任公司依照法律规定登记对本公司进行投资的股东及其出资情况的簿册。股东名册是法律规定的有限责任公司（国有独资公司、一人有限责任公司除外）必须置备的文本。因此，置备股东名册，是有限责任公司成立后必须履行的一项法定义务。

（二）股东名册的作用

股东名册具有以下主要作用：

第一，股东名册是股东状况的查询依据。股东是公司存续的基础，是公司股东会的构成分子。股东的状况直接或者间接地反映了公司的情况。公司登记机关、公司主管机关、公司的投资者、公司的债权人等，可以通过查阅股东名册了解股东的状况，进而了解公司的情况，从而决定对公司进行投资、交易或者监督管理。

第二，股东名册是公司正常活动的基础。股东名册记载了股东的情况，公司召开股东会或者开展其他活动时，可以凭股东名册通知股东参加或者将有关文件送达于股东，有利于公司活动的开展。即公司依法对股东名册上记载的股东履行了通告、公告等必须履行的义务后，就可以免除责任。

（三）股东名册应当记载的事项

股东名册不能任意记载，其记载内容有法定要求。根据本条的规定，股东名册应当记载的事项为：

第一，股东的姓名或者名称及住所。股东为自然人的，应当记载该自然人户口簿或者身份证件上登记的姓名、住址；股东为法人的，应当记载该法人营业执照上登记的名称、地址。

第二，股东的出资额。股东名册应当记载股东的出资额，并应当与公司章程规定的股东出资额相一致。

第三，出资证明书编号。股东名册除了记载股东姓名、名称及其住所、出资额外，还应当记载公司成立后签发给股东的出资证明书编号。

（四）股东名册的效力

股东名册作为公司的法定置备文件，具有特定的效力。根据本条第2款、第3款的规定，股东名册的效力包括两个方面内容。

1. 记载于股东名册的股东，可以依据股东名册主张行使股东权利

股东作为公司的投资人、出资者，依法享有股东权利，如在股东会上行使表决的权利、取得公司利润分配的权利等。股东可以凭出资证明书等文件主张行使自己的股东权利，也可以依据股东名册主张行使自己的股东权利。当出资证明书等的记载与股东名册的记载之间出现不一致时，应当以股东名册的记载为准。这就是股东名册的确定效力、推定效力，即实质上的权利人在尚未完成股东名册登记或者股东名册上的股东名义变更前，不能对抗公司，只有在完成股东名册的登记或者名义变更后，才能成为对公司行使股东权利的人，也就是说，公司只以股东名册上记载的股东为本公司的股东。换言之，股权转让从变更股东名册时开始生效。

2. 未在公司登记机关登记或者变更登记的，不得对抗第三人

股东名册记载的事项，通常也是公司设立登记的事项，如《市场主体登记管理条例》中规定，公司登记事项包括有限责任公司股东的姓名或者名称等事项。本条第3款也明确规定，公司应当将股东的姓名或者名称及其出资额向公司登记机关登记。股东名册记载的事项，应当与公司登记的事项保持一致。但是，在出现股东转让出资等情形下，就有可能出现股东名册记载与公司登记记载之间不一致的情况。对此，公司应当及时办理变更登记，保持股东名册与公司登记之间的一致性。如果没有经过登记，或者没有及时办理变更登记，则不得对抗第三人，即通过受让出资等方式成为公司股东并记载于股东名册后，如果没有在公司登记机关办理相关登记的，对公司以外的第三人，其股东资格无效。

▶ 适用指引

一、股东名册的权利推定效力

本条第 2 款规定："记载于股东名册的股东，可以依股东名册主张行使股东权利。"由此可见，在与公司的关系上，只有在股东名册上记载的人，才能成为公司股东，此即股东名册的权利推定效力。在股东名册上记载为股东的人，无须向公司提示股票或者出资证明书，也没有必要向公司举证自己的实质性权利，仅凭股东名册记载本身就可主张自己为股东。公司也没有义务查证股权的实际持有人，仅向股东名册上记载的名义上的股东履行各种义务即可。股东名册的权利推定效力，是股东名册最重要的法律效力。正因为股东名册具有权利推定效力。因此股东名册上记载的股东具有形式上的股东资格或者说具有名义所有人的地位。有必要说明的是，有权主张股东名册权利推定效力的主体只能是公司或股东，其他第三人不得仅以股东名册上的记载推定股东的身份。因为，对第三人，法律规定了其他表征股东权的方式。例如，股份有限公司股东以股票作为其权利表征方式，有限责任公司股东以工商行政管理部门的登记作为其权利表征方式。

二、股东名册具有对抗效力

本条第 3 款规定："公司应当将股东的姓名或者名称向公司登记机关登记；登记事项发生变更的，应当办理变更登记。未经登记或者变更登记的，不得对抗第三人。"由此可见，即使具备合法的原因及方法而受让股份，如果未进行名义更换，就不可以对公司行使股东权。股权受让人如欲取得对抗公司的效力，必须在股东名册上办理过户登记手续，将受让人姓名和联系地址载入股东名册。应当注意的是，所谓股东名册的对抗效力，仅指股权的受让人如果没有在股东名册上作变更登记则不得对抗公司，但是如果受让人已经实质上取得了股权，受让人即使未经股东名册的登记，也可以对抗第三人，向第三人主张股权的存在。

> 第三十三条 股东有权查阅、复制公司章程、股东会会议记录、董事会会议决议、监事会会议决议和财务会计报告。
> 股东可以要求查阅公司会计账簿。股东要求查阅公司会计账簿的,应当向公司提出书面请求,说明目的。公司有合理根据认为股东查阅会计账簿有不正当目的,可能损害公司合法利益的,可以拒绝提供查阅,并应当自股东提出书面请求之日起十五日内书面答复股东并说明理由。公司拒绝提供查阅的,股东可以请求人民法院要求公司提供查阅。

▶ 关联规定

法律、行政法规、司法解释

《最高人民法院关于适用〈中华人民共和国公司法〉若干问题的规定(四)》

第七条 股东依据公司法第三十三条、第九十七条或者公司章程的规定,起诉请求查阅或者复制公司特定文件材料的,人民法院应当依法予以受理。

公司有证据证明前款规定的原告在起诉时不具有公司股东资格的,人民法院应当驳回起诉,但原告有初步证据证明在持股期间其合法权益受到损害,请求依法查阅或者复制其持股期间的公司特定文件材料的除外。

第八条 有限责任公司有证据证明股东存在下列情形之一的,人民法院应当认定股东有公司法第三十三条第二款规定的"不正当目的":

(一)股东自营或者为他人经营与公司主营业务有实质性竞争关系业务的,但公司章程另有规定或者全体股东另有约定的除外;

(二)股东为了向他人通报有关信息查阅公司会计账簿,可能损害公司合法利益的;

(三)股东在向公司提出查阅请求之日前的三年内,曾通过查阅公司会计账簿,向他人通报有关信息损害公司合法利益的;

（四）股东有不正当目的的其他情形。

第九条 公司章程、股东之间的协议等实质性剥夺股东依据公司法第三十三条、第九十七条规定查阅或者复制公司文件材料的权利，公司以此为由拒绝股东查阅或者复制的，人民法院不予支持。

第十条 人民法院审理股东请求查阅或者复制公司特定文件材料的案件，对原告诉讼请求予以支持的，应当在判决中明确查阅或者复制公司特定文件材料的时间、地点和特定文件材料的名录。

股东依据人民法院生效判决查阅公司文件材料的，在该股东在场的情况下，可以由会计师、律师等依法或者依据执业行为规范负有保密义务的中介机构执业人员辅助进行。

第十一条 股东行使知情权后泄露公司商业秘密导致公司合法利益受到损害，公司请求该股东赔偿相关损失的，人民法院应当予以支持。

根据本规定第十条辅助股东查阅公司文件材料的会计师、律师等泄露公司商业秘密导致公司合法利益受到损害，公司请求其赔偿相关损失的，人民法院应当予以支持。

第十二条 公司董事、高级管理人员等未依法履行职责，导致公司未依法制作或者保存公司法第三十三条、第九十七条规定的公司文件材料，给股东造成损失，股东依法请求负有相应责任的公司董事、高级管理人员承担民事赔偿责任的，人民法院应当予以支持。

▶ 条文释义

一、本条主旨

本条是关于股东知情权的规定。

二、条文演变

本条自1993年《公司法》制定时即存在，但当时关于股东知情权的规定较为简单。该法第32条规定："股东有权查阅股东会会议记录和公司财务会计报告。"1999年、2004年两次《公司法》修正时，均未发生变化。2005年《公司法》修订时，社会各界意见比较集中的一个方面就是建议进一步健全股东合法权益的保障机制。在有限责任公司股东权益保障方面，有观点认为，一些有限责任公司的大股东利用其对公司的控制权，长期不向股东分配利润，也不允许中小股东查阅公司财务状况，权益受到损害的中小股东又无法像股份有限公司股东那样可以通过转让股票退出公司，致使中小股东的利益受到严重损害，因此建议《公司法》增加保障中小股东知情权方面的规定。因此，此次修改在原来股东有权查阅股东会会议记录和公司财务会计报告规定的基础上，进一步扩大为股东有权查阅、复制公司章程、股东会会议记录、董事会会议决议、监事会会议决议和财务会计报告，并有权要求查阅公司会计账簿，公司拒绝提供查阅会计账簿的，股东可以请求人民法院要求公司提供查阅。这一规定是保障股东合法权益的一项重要措施，具有重要的法律意义。此次修改后的条文序号为第34条，内容为："股东有权查阅、复制公司章程、股东会会议记录、董事会会议决议、监事会会议决议和财务会计报告。股东可以要求查阅公司会计账簿。股东要求查阅公司会计账簿的，应当向公司提出书面请求，说明目的。公司有合理根据认为股东查阅会计账簿有不正当目的，可能损害公司合法利益的，可以拒绝提供查阅，并应当自股东提出书面请求之日起十五日内书面答复股东并说明理由。公司拒绝提供查阅的，股东可以请求人民法院要求公司提供查阅。"

该条文内容一直延续至今，没有变动。条文序号于2013年《公司法》修正时为第33条，2018年《公司法》修正时未变更。

三、条文解读

股东是公司的投资人、出资者，是公司财产的最终所有人，是公司的主人，对公司如何开展生产经营活动，如何对重大事务作出决策，如何运用公司财产进行生产经营，公司盈余如何分配等，拥有决定权。因此，股东有权了解公司的一切情况，特别是公司经营决策和公司财产使用的情况，即股东对公司事务享有知情权。公司的内部机构必须尊重股东的知情权，保障股东知情权得到切实的维护和实现。股东知情权，并不是一项空泛的权利，而是一项实实在在的权利，具体表现为股东对反映公司经营决策和财产使用情况的相关资料，有权进行查阅和复制。

（一）查阅、复制公司章程

公司章程是公司组织和行为的基本规则，是全体股东共同制定或者认可的，对公司性质、宗旨、经营范围、组织机构、活动方式、权利义务分配等内容进行记载的基本文件，是股东享有权利和承担义务的重要依据，是公司内部组织及其成员必须遵守的行为准则。因公司章程置备于公司，不是每个股东人手一册，所以股东有权查阅、复制公司章程。

（二）查阅、复制股东会会议记录

股东是公司股东会成员，股东会是公司的权力机构，其职权包括决定公司的经营方针和投资计划，选任或者更换董事、监事等高级管理人员，审批公司年度财务预决算方案、公司利润分配或者亏损弥补方案，对公司注册资本变更、发行公司债券以及公司分立、合并等重大事项作出决议，修改公司章程等。股东会举行会议时，对所议事项的决议作成会议记录，出席会议的股东应当签名。所以，股东会会议记录是关于公司重大经营决策的记录，是公司日常经营活动的依据。股东要行使经营决定权，了解公司的经营方针、发展计划和重要人事任免等情况，就需要查阅、复制股东会会议记录。

（三）查阅、复制董事会会议决议

有限责任公司董事会是受股东会委托管理经营公司的决策机构，对选举和委托它的股东会负责。按照《公司法》的规定，董事会的职权包括执行股东会的决议，决定公司的经营计划和投资方案，制订公司的年度财务预算方案、决算方案，制订公司的利润分配方案和弥补亏损方案，制订公司增加或者减少注册资本以及发行公司债券的方案，拟订公司合并、分立、变更公司形式、解散的方案，决定公司内部管理机构的设置，聘任或者解聘公司经理（总经理）并根据经理的提名聘任或者解聘公司副经理、财务负责人，制定公司的基本管理制度等。董事会会议决议是公司日常生产经营活动的具体体现，股东要了解公司生产经营状况，就需要查阅、复制董事会会议决议。

（四）查阅、复制监事会会议决议

有限责任公司监事会为公司的监督机构，是公司必须设立的机构，对股东

171

会负责。监事会的主要职权包括检查公司财务,对董事、高级管理人员执行公司职务时违反法律、法规或者公司章程、股东会决议的行为进行监督,要求董事和经理纠正其损害公司利益的行为,提议召开临时股东会,向股东会提出议案,对董事、高级管理人员提起诉讼等。监事会会议决议是监事会开展监督工作的具体体现,股东要了解监事会的工作情况,就需要查阅、复制监事会会议决议。

（五）查阅、复制财务会计报告

公司财务会计报告是综合反映公司财务状况和经营成果的书面文件,按照《会计法》及有关法律的规定,有限责任公司应当于每一会计年度终了时依法编制财务会计报告。财务会计报告由会计报表、财务情况说明书及会计报表附注等有关文件组成,具体包括资产负债表、损益表、现金流量表等。公司应当按照公司章程规定的期限将财务会计报告送交各股东。公司财务会计报告不仅是公司经营者准确掌握公司经营情况的重要手段,也是股东、债权人了解公司财产和经营状况的主要途径。如果股东无权查阅、复制公司财务会计报告,就无从知道公司的经营状况与公司经营管理人员的业绩表现,就无法通过股东会来行使对董事的任免或者监督的权利,也无法维护自身的利益。

（六）关于会计账簿的查阅

会计账簿包括总账、明细账、日记账和其他辅助性账簿。根据法律规定,各单位发生的各项经济业务事项应当在依法设置的会计账簿上统一登记、核算,不得违反法律和国家统一的会计制度的规定私设会计账簿登记、核算。各单位应当定期将会计账簿记录与实物、款项及有关资料相互核对,保证会计账簿记录与实物及款项的实有数额相符、会计账簿记录与会计凭证的有关内容相符、会计账簿之间相对应的记录相符、会计账簿记录与会计报表的有关内容相符。会计账簿应当按照连续编号的页码顺序登记。因此,会计账簿是公司日常经济活动的直接记载,是编制公司财务会计报告的基础资料。

根据本条第 2 款的规定,股东可以要求查阅公司会计账簿。股东要求查阅公司会计账簿的,应当向公司提出书面请求,说明目的。公司有合理根据认为股东查阅会计账簿有不正当目的,可能损害公司合法利益的,可以拒绝提供查阅,并应当自股东提出书面请求之日起 15 日内书面答复股东并说明理由。公司拒绝提供查阅的，股东可以请求人民法院要求公司提供查阅。

▶ 适用指引

一、股东有权查阅、复制公司职能机构的会议记录或决议的意义

法定股东查阅、复制股东会会议记录、董事会会议决议、监事会会议决议，既便于股东了解各类会议的情况，也能够以此来行使监督权利，使各种会议趋于透明、公正。如果董事、监事违反忠实与勤勉义务，通过各种会议来谋取私利，股东可以查阅、复制各类会议记录，了解各董事、监事在会议上面的表决情况，从而追究董事或者监事对损害公司和股东利益应承担的责任。

二、股东查阅公司会计账簿的特别规定

股东查阅、复制公司的公司章程、股东会会议记录、董事会会议记录、监事会会议记录和财务会计报告等资料，是不需要公司批准的，即股东的这部分查阅、复制权是由《公司法》授予的。与此不同的是，股东虽然也有权查阅公司的会计账簿，但必须取得公司的批准，即这部分权利是公司授予的，一般来说，公司章程都规定由董事会来行使授权的职责。此外，股东即使取得批准可以查阅公司会计账簿，但无权复制公司的会计账簿。

本条第2款规定："股东可以要求查阅公司会计账簿。股东要求查阅公司会计账簿的，应当向公司提出书面请求，说明目的。公司有合理根据认为股东查阅会计账簿有不正当目的，可能损害公司合法利益的，可以拒绝提供查阅，并应当自股东提出书面请求之日起十五日内书面答复股东并说明理由。公司拒绝提供查阅的，股东可以请求人民法院要求公司提供查阅。"会计账簿与公司章程、股东会会议记录、董事会会议决议、监事会会议决议和财务会计报告等资料的性质是不同的。会计账簿记载着公司经营活动中的每一笔业务，蕴涵着公司重要的商业秘密，如果不对公司账簿加以严格保管，公司和其他股东的利益就有被严重侵害的可能。而公司章程、有关会议记录和财务会计报告都是具有开放型的公司资料，对于公司保守商业秘密的意义不大，公司往往还借助公布这些资料以获得市场投资者的青睐。因此，《公司法》对会计账簿与公司章程等公司资料的查阅采取了不同的态度。

股东要求查阅公司会计账簿的，应当向公司提出书面请求，并说明目的。如果公司认为股东查阅会计账簿的目的合理，对于公司和全体股东的利益有益，就应当允许股东查阅。例如，股东为了监督董事、监事和高级管理人员执行职务是否履行了忠实义务和勤勉义务，就有必要借助于查阅公司会计账簿。但是，如果公司有合理根据认为股东查阅会计账簿有不正当目的，可能损害公司合法利益的，可以拒绝提供查阅，并应当自股东提出书面请求之日起15日内书面答复股东并说明原因。如果公司拒绝提供查阅，股东可以请求人民法院要求公司提供查阅。

三、保障股东知情权的行使要严格限制"不正当目的"的内涵，不宜作扩大理解

从股东知情权权利行使主体的角度来讲，股东在享有权利的同时，必须遵循诚信的原则，出于正当目的，合理地行使知情权。对于股东查阅会计账簿以行使其股东知情权目的的认识，应当分为形式目的与实质目的两个层次。形式目的包括两个方面：一是股东确实有提出书面请求，说明目的的行为；二是股东说明的目的从字面上理解不具有明显的不正当性，即使所说明的目的不具有合理的意义，亦不影响形式上目的的成立。实质上的目的相较于形式目的层次更进一步，旨在透过形式直接探寻股东行使知情权的真正目的与动机。区分形式目的与实质目的的意义在于根据《公司法》的相关规定更加明晰地分配关于"不正当目的"的举证责任。根据《公司法》规定，股东在查阅会计账簿时，需要说明目的，但对于该目的并无严格限制，应属形式上的目的。只需股东证明存在说明目的的行为，且该目的从字面上理解不具有明显不正当性即可，股东没有证明自己目的正当性的义务，这与股东知情权属于股东固有的法定的权利，不得轻易限制或剥夺的法理基础相一致。

从股东知情权义务主体的角度来讲，公司有合理根据认为股东查阅会计账簿有不正当目的，可能损害公司合法利益的，可以拒绝提供查阅。虽然公司具有拒绝的权利，但该权利不得无限制地行使，为了防止公司恣意拒绝股东行使知情权，致股东知情权形同虚设，就应当严格不正当目的的内涵。此处的目的，应属实质目的，公司若要拒绝提供查阅，必须证明股东行使知情权的真正目的具有不正当性。结合《公司法规定（四）》相关规定，"不正当目的"的内涵应当限于股东行使知情权的实质目的为可能泄露公司商业秘密、可能与公

司存在恶意竞争等利用通过行使股东知情权获知的信息对公司利益造成损害的情形，而不宜作扩大理解。

四、同时具有公司行政职务与公司股东双重身份，当职务行为的结果与行使股东知情权结果相重叠时，不得以此阻却股东知情权的行使

在中小型有限责任公司中，股东参与公司经营管理活动的情形十分普遍。当股东在公司承担财务工作时，其具有公司职务与公司股东双重身份。基于公司职务，股东亦会获取公司的财务信息包括公司的财务状况、会计报告、会计账簿等，但不能以此阻却股东知情权的行使，原因有三：首先，二者的权利基础不同。在股东担任公司行政职务过程中知悉、了解的公司情况源于其公司职务行为，具有职务行为的属性；股东知情权的权利基础则直接来源股东的身份和法律的规定，具有法定性。其次，二者的法律性质不同。前者基于公司职务而获得公司的信息，是其履行职责必备的权利，具有准公共权的性质；后者基于股东身份行使知情权而获得公司的信息，是股东维护自身权益的一种手段，具有私权的性质。最后，二者行使权利的条件不同，前者获得公司的信息须属其工作职责范围；后者须履行提出申请、说明目的等前置程序。基于以上的不同，两者没有相互替代的空间和可能，即使职务行为的结果与行使股东知情权结果相重叠，亦不得以此阻却股东知情权的行使。

五、股东知情权查阅的范围应当及于与会计账簿记载内容有关的会计凭证

有限责任公司具有较强的人合性，当股东之间合作顺利没有分歧时，控股股东愿意将公司经营、财务状况予以通告，使中小股东及时了解掌握公司的经营情况。当股东之间因合作发生矛盾产生分歧时，拒绝中小股东查阅公司财务账册，则可能成为某些控股股东对中小股东进行报复、欺凌的手段。更有甚者，控股股东也可能通过对会计报告的造假以达到对中小股东进行压榨、欺凌的目的。会计报告是对公司经营、财务状况的概括反映，在中小型有限公司整体财务管理水平亟待提高的现实情况下，不能排除控股股东作假的可能性。而会计账簿来源于记载公司具体经营活动的原始凭证、财务票据等，作假难度相对较大。根据《会计法》相关的规定，股东知情权查阅的范围应当及于会计凭证。实践中，会计凭证包含记账凭证、相关原始凭证及作为原始凭证附件入账备查的有关资料，内容较为庞大，为了防止股东知情权范围的不当扩大，将会计凭证的查阅限定在与会计账簿记载内容有关的会计原始凭证和记账凭证，则可以较好地保护股东权的行使和公司财务资料的保密，实现公司权利与股东权利的均衡保护。

▶ 类案检索

一、赵某某与西安市五星商贸有限公司股东知情权纠纷案

关键词： 股东知情权　不正当目的

裁判摘要： 约束股东知情权行使的不正当目的内涵应严格限制。依照《公司法》的规定，有限责任公司股东查阅公司会计账簿的前置程序满足书面形式、目的正当的形式外观要件即可。公司拒绝股东查阅公司会计账簿的，则应举证证明股东查阅的实质目的具有不正当性，该不正当目的的内涵应当严格限制在利用通过行使股东知情权可能损害公司合法利益的范围之内，包括可能泄露公司商业秘密、可能与公司存在恶意竞争等，而不宜作扩大理解。股东同时具备公司行政职务身份的，公司不得以其职务行为与行使股东知情权相重合而拒绝。股东知情权查阅的范围应当及于与会计账簿记载内容有关的会计凭证。

【案　　号】（2017）陕民申286号

【审理法院】陕西省高级人民法院

二、石某某等与珠海市建安建筑装饰工程有限公司股东知情权案

关键词： 股东知情权　书面请求　正当目的

裁判摘要： 股东要求查阅公司会计账簿的应该提出书面请求，并说明正当目的，此系股东行使知情权的前提条件，此外股东负有证明查阅具有正当目的的举证责任，而公司如果拒绝股东查阅账簿，则负有证明股东查阅的不正当目的的举证责任。

【案　　号】（2011）珠中法民二终字第66号

【审理法院】广东省珠海市中级人民法院

第三十四条 股东按照实缴的出资比例分取红利；公司新增资本时，股东有权优先按照实缴的出资比例认缴出资。但是，全体股东约定不按照出资比例分取红利或者不按照出资比例优先认缴出资的除外。

▶ 关联规定

法律、行政法规、司法解释

1.《最高人民法院关于适用〈中华人民共和国公司法〉若干问题的规定（四）》

第十三条 股东请求公司分配利润案件，应当列公司为被告。

一审法庭辩论终结前，其他股东基于同一分配方案请求分配利润并申请参加诉讼的，应当列为共同原告。

第十四条 股东提交载明具体分配方案的股东会或者股东大会的有效决议，请求公司分配利润，公司拒绝分配利润且其关于无法执行决议的抗辩理由不成立的，人民法院应当判决公司按照决议载明的具体分配方案向股东分配利润。

第十五条 股东未提交载明具体分配方案的股东会或者股东大会决议，请求公司分配利润的，人民法院应当驳回其诉讼请求，但违反法律规定滥用股东权利导致公司不分配利润，给其他股东造成损失的除外。

2.《最高人民法院关于适用〈中华人民共和国公司法〉若干问题的规定（五）》

第四条 分配利润的股东会或者股东大会决议作出后，公司应当在决议载明的时间内完成利润分配。决议没有载明时间的，以公司章程规定的为准。决议、章程中均未规定时间或者时间超过一年的，公司应当自决议作出之日起一年内完成利润分配。

决议中载明的利润分配完成时间超过公司章程规定时间的，股东可以依据民法典第八十五条、公司法第二十二条第二款规定请求人民法院撤销决议中关于该时间的规定。

3.《最高人民法院关于人民法院执行工作若干问题的规定（试行）》

36. 对被执行人从有关企业中应得的已到期的股息或红利等收益，人民法院有权裁定禁止被执行人提取和有关企业向被执行人支付，并要求有关企业直接向申请执行人支付。

对被执行人预期从有关企业中应得的股息或红利等收益，人民法院可以采取冻结措施，禁止到期后被执行人提取和有关企业向被执行人支付。到期后人民法院可从有关企业中提取，并出具提取收据。

39. 被执行人在其独资开办的法人企业中拥有的投资权益被冻结后，人民法院可以直接裁定予以转让，以转让所得清偿其对申请执行人的债务。

对被执行人在有限责任公司中被冻结的投资权益或股权，人民法院可以依据《中华人民共和国公司法》第七十一条、第七十二条、第七十三条的规定，征得全体股东过半数同意后，予以拍卖、变卖或以其他方式转让。不同意转让的股东，应当购买该转让的投资权益或股权，不购买的，视为同意转让，不影响执行。

人民法院也可允许并监督被执行人自行转让其投资权益或股权，将转让所得收益用于清偿对申请执行人的债务。

40. 有关企业收到人民法院发出的协助冻结通知后，擅自向被执行人支付股息或红利，或擅自为被执行人办理已冻结股权的转移手续，造成已转移的财产无法追回的，应当在所支付的股息或红利或转移的股权价值范围内向申请执行人承担责任。

▶ 条文释义

一、本条主旨

本条是关于有限责任公司股东股权收益权与优先认缴出资权利的规定。

二、条文演变

本条于1993年《公司法》制定时即存在，该法第33条规定："股东按照出资比例分取红利。公司新增资本时，股东可以优先认缴出资。"1999年、

2004年《公司法》两次修正时，本条未作修改。2005年《公司法》修订时，本条进行了实质性修改：一是配合此次股东可以分期缴纳出资进行修改，相应地将原来按照"出资比例"分红、认缴增资的规定，改为按照"实缴的出资比例"分红、认缴增资。二是增加了全体股东另有约定，可以不按照实缴出资比例确定分红或优先认缴出资的规定，即公司分配红利时，全体股东约定不按实缴出资比例分取红利，则可以不按照实缴的出资比例分取红利；公司新增资本时，全体股东约定不按出资比例优先认缴出资的，则可以不按照实缴的出资比例优先认缴出资。修改后的条文内容为"股东按照实缴的出资比例分取红利；公司新增资本时，股东有权优先按照实缴的出资比例认缴出资。但是，全体股东约定不按照出资比例分取红利或者不按照出资比例优先认缴出资的除外"。同时该条序号由第33条变更为第35条。经2005年修改后，条文内容一直延续至今，条文序号则在2013年《公司法》修正时变更为第34条，2018年修正时没有发生变化。

三、条文解读

（一）关于股东按照出资比例分取红利的权利

股东作为公司的投资人，其投资目的就是获得利润。公司的利润，在缴纳各种税款及依法提取法定公积金、法定公益金之后的盈余，就是可以向股东分配的红利。股东依据自己的出资享有获取红利的权利，股东之间分取红利的比例应当与股东的出资比例一致。也就是说，股东应当按照实缴的出资比例分取红利。股东按实缴的出资比例分取红利的权利，即股东的收益权，该权利是股东的一项重要权利，任何人都不得非法限制或者剥夺。所谓按照实缴的出资比例，是指按照股东实际已经缴纳的出资占公司注册资本总额的比例。一般情况下，实缴出资比例相同的股东获取红利的比例相同，实缴出资所占比例较大的股东，获取的红利比例也会较大。

但是，如果全体股东约定不按照出资比例分取红利的，则可以不按照股东的出资比例分取红利。这表明，公司如何向股东分配利润，决定权在股东，由股东根据具体情况作出决定。

（二）关于股东优先按照出资比例认缴出资的权利

有限责任公司决定新增注册资本时，股东有权优先认缴公司新增资本。公司设立后，可能会因经营业务发展的需要而增加公司资本。由于有限责任公司更具有人合性质，其股东固定，股东之间具有相互信赖、比较紧密的关系。因此，在公司新增注册资本时，应当由本公司的股东首先认缴，以防止因新增股东而打破公司原有股东之间的紧密关系，此即为股东的优先认缴出资权。只有在原有股东不认缴时，方允许其他投资者认缴，成为公司的新股东。

然而，公司新增注册资本时，也存在原有股东之间如何优先认缴的问题。根据本条的规定，原则上由股东按照实缴的出资比例认缴出资。但是，如果全体股东约定不按照出资比例优先认缴出资的，则可以不按照出资比例优先认缴出资。

需要说明的是，无论是现有股东还是其他投资者认缴公司新增资本，都必须遵守法律规定，履行如实足额缴付出资的义务，其出资须经法定的验资机构验资并出具证明，之后还要依法向公司登记机关办理变更登记。公司应当向认缴新增资本的股东签发出资证明书，并在股东名册上予以记载。

▶ 适用指引

一、股东分派红利的权利

获取收益是股东出资的基本目的，分派红利权是股东各项权利的核心。红利是指公司从纯利润中分派给股东的报酬，它是股东获取收益的最基本渠道。为了巩固公司的资本基础，防止公司借分派红利之机抽逃资本、逃避公司债务，《公司法》要求在分派红利前，有亏损的公司必须弥补上一年度公司的亏损，然后提取剩余利润的10%列入公司法定公积金。但在公司法定公积金累计额为公司注册资本的50%以上的，可以不再提取。公司在弥补亏损、提取法定公积金后所余利润，应按股东的出资比例进行分配。

二、股东优先认缴新增资本的权利

有限责任公司基于生产发展需要可以增加资本。增加资本可以由公司章程规定，也可以由股东会通过增资决议确定。有限责任公司增加资本的形式有两种：一是增加股本但没有新股东参加该公司；二是增加资本且有新股东参加该公司。采用第一种形式，不存在本条规定的原股东优先认缴出资权，因为没有新股东参加。采用第二种形式，原股东有优先认缴出资权，也就是说，在有原股东和原股东之外的投资者都想认缴新增出资的情况下，原股东可以优先于原股东之外的投资者而认缴出资。这主要因为：（1）增加资本时，原股东出资在公司全部出资中所占的比例降低，从而影响到原股东的经济利益和经营管理权利。（2）原股东对公司的生产经营和该行业比较熟悉。（3）有限责任公司具有人合因素。从保护原股东利益和促进整个社会经济发展的角度，本条规定了原股东的优先认购权。

三、股东行使本条所规定权利的比例

根据本条规定，股东按照实缴的出资比例分取红利；公司新增资本时，股东有权优先按照实缴的出资比例认缴出资。但是，全体股东约定不按照出资比例分取红利或者不按照出资比例优先认缴出资的除外。有限责任公司是一种人合性的公司，《公司法》允许股东比较自由地制定红利的分配方案与股份的认购方案，凡红利的分配方案与股份的认购方案为全体股东所一致认可，法律并不剥夺股东的自由意志。在这种情况下，全体股东应当以书面形式来确定对红利的分配方案与股份的认购方案的认可，一般来说，是以全体股东一致同意的方式写入公司章程。

▶ 类案检索

叶某某与厦门华龙兴业房地产开发有限公司公司盈余分配权纠纷案

关键词： 股东会决议　公司利润分配方案

裁判摘要： 股东之间的合作协议中对公司利润分成存在与股东会决议内容不一致的约定时，公司应该执行符合公司章程的股东会决议。

从股东会决议的法律性质来看，公司利润分配方案应由股东大会通过。股东大会决议是持有法定比例以上表决权股份的股东就特定事项所作的集体意思。股东大会决议一旦有效作出，即被拟制为公司的意思，对公司全体股东、

经营者甚至未来加入公司的股东具有拘束力，决议的效力还及于公司、董事、监事、经理。根据资本多数决原则，即使部分股东对股东大会决议内容表示反对，《公司法》同样将股东大会的决议拟制为公司的意思。从股东会行使的职权看，公司的利润分配方案应当得到股东会或股东大会的通过，并作出股东会决议。

从股东协议的法律性质来看，股东协议并不能对公司直接产生约束力。在有限责任公司中，股东协议原则上仅形成或变更股东内部的法律关系，并不自动创设公司与股东的法律关系。股东协议从性质上看，只是股东之间的意思，而不是公司的意思。股东协议并不能对公司直接产生法律约束力。当股东协议对股东之间的权利义务关系进行变更，与原来的公司章程相矛盾，可以通过法定程序对公司章程进行修改，将股东协议上升为股东会决议，才能体现为公司的意思。

此外，公司盈余分配请求权来源于股东会决议，对于利润分配方案，股东会决议的效力优先于股东协议。公司盈余分配请求权，是指股东请求公司分配公司盈余，以使按其所持有的股份取得股利的权利，是股东投资受益权。股东行使该权须具备两个条件：一是从实体上公司有实际可供分配的利润；二是从程序上公司的利润分配方案得到股东会或股东大会的通过。在以上两个条件未满足时，股东的盈余分配权尚停留在法律规定的抽象层次上，无法具体实现。《公司法》规定股东按照实缴的出资比例分取红利；公司新增资本时，股东有权优先按照实缴的出资比例认缴出资；但是全体股东约定不按照出资比例分取红利或不按照出资比例优先认缴出资的除外。股东的盈余分配请求权可以通过诉讼途径获得救济。当股东向公司行使盈余分配请求权时应依据股东会决议进行利润分配。

【案　　号】（2007）厦民终字第2330号
【审理法院】福建省厦门市中级人民法院

> **第三十五条** 公司成立后,股东不得抽逃出资。

关联规定

一、法律、行政法规、司法解释

1.《中华人民共和国公司法》

第二百条 公司的发起人、股东在公司成立后,抽逃其出资的,由公司登记机关责令改正,处以所抽逃出资金额百分之五以上百分之十五以下的罚款。

2.《中华人民共和国市场主体登记管理条例》

第四十五条 实行注册资本实缴登记制的市场主体虚报注册资本取得市场主体登记的,由登记机关责令改正,处虚报注册资本金额5%以上15%以下的罚款;情节严重的,吊销营业执照。

实行注册资本实缴登记制的市场主体的发起人、股东虚假出资,未交付或者未按期交付作为出资的货币或者非货币财产的,或者在市场主体成立后抽逃出资的,由登记机关责令改正,处虚假出资金额5%以上15%以下的罚款。

3.《最高人民法院关于适用〈中华人民共和国公司法〉若干问题的规定(三)》

第十二条 公司成立后,公司、股东或者公司债权人以相关股东的行为符合下列情形之一且损害公司权益为由,请求认定该股东抽逃出资的,人民法院应予支持:

(一)制作虚假财务会计报表虚增利润进行分配;

(二)通过虚构债权债务关系将其出资转出;

(三)利用关联交易将出资转出;

(四)其他未经法定程序将出资抽回的行为。

第十四条 股东抽逃出资,公司或者其他股东请求其向公司返还出资本息、协助抽逃出资的其他股东、董事、高级管理人员或者实际控制人对此承担连带责任的,人民法院应予支持。

公司债权人请求抽逃出资的股东在抽逃出资本息范围内对公司债务不能清偿的部分承担补充赔偿责任、协助抽逃出资的其他股东、董事、高级管理人员或者实际控制人对此承担连带责任的，人民法院应予支持；抽逃出资的股东已经承担上述责任，其他债权人提出相同请求的，人民法院不予支持。

第十五条 出资人以符合法定条件的非货币财产出资后，因市场变化或者其他客观因素导致出资财产贬值，公司、其他股东或者公司债权人请求该出资人承担补足出资责任的，人民法院不予支持。但是，当事人另有约定的除外。

第十六条 股东未履行或者未全面履行出资义务或者抽逃出资，公司根据公司章程或者股东会决议对其利润分配请求权、新股优先认购权、剩余财产分配请求权等股东权利作出相应的合理限制，该股东请求认定该限制无效的，人民法院不予支持。

第十八条 有限责任公司的股东未履行或者未全面履行出资义务即转让股权，受让人对此知道或者应当知道，公司请求该股东履行出资义务、受让人对此承担连带责任的，人民法院应予支持；公司债权人依照本规定第十三条第二款向该股东提起诉讼，同时请求前述受让人对此承担连带责任的，人民法院应予支持。

受让人根据前款规定承担责任后，向该未履行或者未全面履行出资义务的股东追偿的，人民法院应予支持。但是，当事人另有约定的除外。

第十九条 公司股东未履行或者未全面履行出资义务或者抽逃出资，公司或者其他股东请求其向公司全面履行出资义务或者返还出资，被告股东以诉讼时效为由进行抗辩的，人民法院不予支持。

公司债权人的债权未过诉讼时效期间，其依照本规定第十三条第二款、第十四条第二款的规定请求未履行或者未全面履行出资义务或者抽逃出资的股东承担赔偿责任，被告股东以出资义务或者返还出资义务超过诉讼时效期间为由进行抗辩的，人民法院不予支持。

第二十条 当事人之间对是否已履行出资义务发生争议，原告提供对股东履行出资义务产生合理怀疑证据的，被告股东应当就其已履行出资义务承担举证责任。

4.《最高人民法院关于民事执行中变更、追加当事人若干问题的规定》

第十八条 作为被执行人的营利法人，财产不足以清偿生效法律文书确定的债务，申请执行人申请变更、追加抽逃出资的股东、出资人为被执行人，在抽逃出资的范围内承担责任的，人民法院应予支持。

第十九条 作为被执行人的公司，财产不足以清偿生效法律文书确定的债务，其股东未依法履行出资义务即转让股权，申请执行人申请变更、追加该原股东或依公司法规定对该出资承担连带责任的发起人为被执行人，在未依法出资的范围内承担责任的，人民法院应予支持。

第三十二条 被申请人或申请人对执行法院依据本规定第十四条第二款、第十七条至第二十一条规定作出的变更、追加裁定或驳回申请裁定不服的，可以自裁定书送达之日起十五日内，向执行法院提起执行异议之诉。

被申请人提起执行异议之诉的，以申请人为被告。申请人提起执行异议之诉的，以被申请人为被告。

第三十三条 被申请人提起的执行异议之诉，人民法院经审理，按照下列情形分别处理：

（一）理由成立的，判决不得变更、追加被申请人为被执行人或者判决变更责任范围；

（二）理由不成立的，判决驳回诉讼请求。

诉讼期间，人民法院不得对被申请人争议范围内的财产进行处分。申请人请求人民法院继续执行并提供相应担保的，人民法院可以准许。

第三十四条 申请人提起的执行异议之诉，人民法院经审理，按照下列情形分别处理：

（一）理由成立的，判决变更、追加被申请人为被执行人并承担相应责任或者判决变更责任范围；

（二）理由不成立的，判决驳回诉讼请求。

5.《最高人民法院关于人民法院执行工作若干问题的规定（试行）》

37. 对被执行人在其他股份有限公司中持有的股份凭证（股票），人民法院可以扣押，并强制被执行人按照公司法的有关规定转让，也可以直接采取拍卖、变卖的方式进行处分，或直接将股票抵偿给债权人，用于清偿被执行人的债务。

38. 对被执行人在有限责任公司、其他法人企业中的投资权益或股权，人民法院可以采取冻结措施。

冻结投资权益或股权的，应当通知有关企业不得办理被冻结投资权益或股权的转移手续，不得向被执行人支付股息或红利。被冻结的投资权益或股权，被执行人不得自行转让。

39.被执行人在其独资开办的法人企业中拥有的投资权益被冻结后,人民法院可以直接裁定予以转让,以转让所得清偿其对申请执行人的债务。

对被执行人在有限责任公司中被冻结的投资权益或股权,人民法院可以依据《中华人民共和国公司法》第七十一条、第七十二条、第七十三条的规定,征得全体股东过半数同意后,予以拍卖、变卖或以其他方式转让。不同意转让的股东,应当购买该转让的投资权益或股权,不购买的,视为同意转让,不影响执行。

人民法院也可允许并监督被执行人自行转让其投资权益或股权,将转让所得收益用于清偿对申请执行人的债务。

二、司法指导性文件

1.《全国法院民商事审判工作会议纪要》

(一)关于"对赌协议"的效力及履行

实践中俗称的"对赌协议",又称估值调整协议,是指投资方与融资方在达成股权性融资协议时,为解决交易双方对目标公司未来发展的不确定性、信息不对称以及代理成本而设计的包含了股权回购、金钱补偿等对未来目标公司的估值进行调整的协议。从订立"对赌协议"的主体来看,有投资方与目标公司的股东或者实际控制人"对赌"、投资方与目标公司"对赌"、投资方与目标公司的股东、目标公司"对赌"等形式。人民法院在审理"对赌协议"纠纷案件时,不仅应当适用合同法的相关规定,还应当适用公司法的相关规定;既要坚持鼓励投资方对实体企业特别是科技创新企业投资原则,从而在一定程度上缓解企业融资难问题,又要贯彻资本维持原则和保护债权人合法权益原则,依法平衡投资方、公司债权人、公司之间的利益。对于投资方与目标公司的股东或者实际控制人订立的"对赌协议",如无其他无效事由,认定有效并支持实际履行,实践中并无争议。但投资方与目标公司订立的"对赌协议"是否有效以及能否实际履行,存在争议。对此,应当把握如下处理规则:

5.【与目标公司"对赌"】投资方与目标公司订立的"对赌协议"在不存在法定无效事由的情况下,目标公司仅以存在股权回购或者金钱补偿约定为由,主张"对赌协议"无效的,人民法院不予支持,但投资方主张实际履行的,人民法院应当审查是否符合公司法关于"股东不得抽逃出资"及股份回购的强制性规定，判决是否支持其诉讼请求。

投资方请求目标公司回购股权的，人民法院应当依据《公司法》第35条关于"股东不得抽逃出资"或者第142条关于股份回购的强制性规定进行审查。经审查，目标公司未完成减资程序的，人民法院应当驳回其诉讼请求。

投资方请求目标公司承担金钱补偿义务的，人民法院应当依据《公司法》第35条关于"股东不得抽逃出资"和第166条关于利润分配的强制性规定进行审查。经审查，目标公司没有利润或者虽有利润但不足以补偿投资方的，人民法院应当驳回或者部分支持其诉讼请求。今后目标公司有利润时，投资方还可以依据该事实另行提起诉讼。

2.《最高人民法院关于金融机构为企业出具不实或者虚假验资报告资金证明如何承担民事责任问题的通知》

近年来，我院陆续发布了一些关于验资单位承担民事责任的司法解释，对各级人民法院正确理解和适用民法通则、注册会计师法，及时审理关于验资单位因不实或者虚假验资承担民事责任的相关案件，起到了积极作用。但是，也有一些法院对有关司法解释的理解存在偏差。为正确执行我院的司法解释，规范金融机构不实或者虚假验资案件的审理和执行，现就有关问题通知如下：

一、出资人未出资或者未足额出资，但金融机构为企业提供不实、虚假的验资报告或者资金证明，相关当事人使用该报告或者证明，与该企业进行经济往来而受到损失的，应当由该企业承担民事责任。对于该企业财产不足以清偿债务的，由出资人在出资不实或者虚假资金额范围内承担责任。

二、对前项所述情况，企业、出资人的财产依法强制执行后仍不能清偿债务的，由金融机构在验资不实部分或者虚假资金证明金额范围内，根据过错大小承担责任，此种民事责任不属于担保责任。

三、未经审理，不得将金融机构追加为被执行人。

四、企业登记时出资人未足额出资但后来补足的，或者债权人索赔所依据的合同无效的，免除验资金融机构的赔偿责任。

五、注册会计师事务所不实或虚假验资民事责任案件的审理和执行中出现类似问题的，参照本通知办理。

▶ 条文释义

一、本条主旨

本条是关于股东不得抽逃出资的规定。

二、条文演变

本条自1993年《公司法》制定时即存在，该法第34条规定："股东在公司登记后，不得抽回出资。"1999年、2004年《公司法》修正时，该条未修改。2005年《公司法》修订时，该条进行了修改，修改后的条文为："公司成立后，股东不得抽逃出资。"同时，条文序号变更为第36条。2013年《公司法》修正时，条文序号由第36条变更为第35条，一直延续至今。

三、条文解读

股东的出资是公司设立并从事生产经营活动的物质基础。同时，公司一旦成立，股东的出资就成为公司的财产，即股东的出资形成公司的全部法人财产，而公司以其全部财产对外承担责任。股东按照公司章程的规定出资到位，是维护公司正常生产经营活动以及促进公司发展、保证公司必要的偿债能力、维护债权人利益的必要条件。同时，按照法律规定，公司注册资本是公司章程规定的全体股东认缴的出资之和，为了方便公司设立，降低公司设立门槛，我国《公司法》允许股东认缴出资，更应当保证公司的资本充实。因此，股东在公司成立之后，不得抽逃出资，不得将自己的出资从公司中抽回，从而使公司财产减少。如果违反法律规定抽逃出资的，股东要承担相应的法律责任。

本条要求股东不得抽逃出资，目的是防止因股东抽逃出资而减少公司资本。当然，司法实践中，适用本条时，需要注意股东不得抽逃出资，不等于绝对禁止股东从公司撤回投资。如果股东想撤回在公司的投资，可以按照《公司法》允许的方式，实现出资的撤回，如股东将自己在公司的出资转让给其他股东，或者与其他股东协商并经股东会按照法律规定或者公司章程规定作出决议向股东以外的其他人转让出资等，在不减少公司注册资本的情况下，实现撤回自己在公司的投资的经济目的。

股东不得抽逃出资的义务是资本维持原则的体现。资本维持原则又称资本充实原则,是指公司在其存续过程中,应当经常保持与其资本额相当的财产。资本是公司对外交往的一般担保和从事生产经营活动的物质基础。公司拥有足够的现实财产,可在一定程度上减少股东有限责任制给债权人带来的交易风险。因为,公司成立时的公司资本代表了公司的实有财产,但这一财产并非恒量。在公司的存续过程中,它可能因公司经营的盈亏或财产本身的无形损耗而在价值量上发生变动。当实有财产的价值大于公司资本时,公司偿债能力增加,对社会交易安全有利。但若相反,必然使公司不能按其在公司设立之初标明的价值范围承担责任,从而对交易安全或公司债权人构成威胁。同时,由于股东对盈余分配有着无限扩张的偏好,如果法律对盈余分配没有一定限制,股东就可能在无盈余时,蚕食公司资本。鉴于此,资本维持原则应运而生,而这一原则的本意就是要求公司在成立之后的动态运行中保持实有资本额的相对稳定。

实行资本维持原则的目的在于维持公司资本,保护公司债权人利益和维护交易安全。这一原则要求在公司存续期间,不允许向股东分配公司的财产,不允许公司股东把已出资的资本收回。由此可见,本条的这一规定正是资本维持原则的具体体现。

▶ 典型案例

河南省中原小额贷款有限公司、雏鹰农牧集团股份有限公司与河南新郑农村商业银行股份有限公司、郑州正通联合会计师事务所、西藏吉腾实业有限公司、河南泰元投资担保有限公司损害公司债权人利益责任纠纷案

关键词: 股东 损害公司债权人利益

裁判摘要: 某公司股东既是目标公司的股东,又是第三方的股东,其对目标公司的增资通过将一笔资金,循环多次投入到目标公司,虚增增资数额,随后此笔资金流入第三方,该股东又以第三方股东的身份以减资的名义将资金从第三方收回。虽然这个过程中,该上市公司股东公告了其在第三方的减资,第三方也召开合伙人会议,决议退还出资款,但是因最终收回的款项发生在上述增资款的循环流转中,并非实质来源于第三方,且在国家企业信用信息公示系

统，此第三方的减资也未作变更登记，应当认为该股东从第三方收回的资金并非减资款，上述收回资金的行为构成对目标公司增资款的抽逃。

基本案情： 河南省中原小额贷款有限公司（简称中原小额贷款公司）对河南泰元投资担保有限公司（简称泰元公司）享有经过生效判决确定的担保债权。中原小额贷款公司诉请泰元公司的股东雏鹰农牧集团股份有限公司（简称雏鹰公司）、西藏吉腾实业有限公司（简称吉腾公司）分别在抽逃出资的范围内对泰元公司的债务承担连带赔偿责任。

2018年5月23日，泰元公司召开股东会，一致同意公司增资扩股，原股东雏鹰公司认缴新增注册资本17.55亿元，新股东吉腾公司认缴3.85亿元等。为履行增资决议，2018年5月28日，雏鹰公司将第一笔投资款3.81亿元汇入泰元公司账户，泰元公司以债权投资形式把该3.81亿元转入有关合作社及其他单位，后者把该款项转入深圳泽赋基金账户，深圳泽赋基金又通过减资的形式把该款项退回雏鹰公司账户，雏鹰公司再次将3.81亿元以增资款形式汇入泰元公司，如此循环6次，金额达到17.55亿元以上，吉腾公司也以同样方式进行增资，金额达到3.85亿元以上，泰元公司的注册资金达到30亿元。2018年5月28日，新郑农商银行向正通会计出具4份《银行询证函回函》，分别载明：收到雏鹰公司投资款金额3.28亿元、3.25亿元、3.28亿元、1.494亿元。同日，正通会计向泰元公司出具《验资报告》，载明：截至2018年5月28日，泰元公司已收到股东雏鹰公司新增注册资本17.55亿元，收到吉腾公司出资3.85亿元。

一审判决：一、雏鹰公司在其未履行出资、抽逃出资数额17.55亿元的范围内对泰元公司所承担的连带清偿责任向中原小额贷款公司承担补充赔偿责任。二、吉腾公司在其未履行出资、抽逃出资数额3.85亿元的范围内对泰元公司所承担的连带清偿责任向中原小额贷款公司承担补充赔偿责任。三、驳回中原小额贷款公司的其他诉讼请求。

中原小额贷款公司、雏鹰公司不服上诉。二审认为：雏鹰公司将一笔资金循环多次投入到泰元公司，虚增增资数额，随后此笔资金流入第三方深圳泽赋基金，雏鹰公司又以第三方股东的身份以减资的名义将资金收回，虽然第三方深圳泽赋基金召开合伙人会议，决议退还出资款，雏鹰公司也公告了减资事宜，但因最终收回的款项发生在上述增资款的循环流转中，并非实质来源于深圳泽赋基金，且此减资也未在国家企业信用信息公示系统作变更登记，应当认为雏鹰公司从深圳泽赋基金收回的资金并非减资款,上述收回资金的行为属于抽逃资金,抽逃出资的股东雏鹰公司应当在抽逃出资的本息范围内就泰元公司的债务对债权人中原小额贷款公司承担补充赔偿责任。中原小额贷款公司没有直接的证据证明其接受泰元公司提供的担保是基于其增资行为,或使用了新郑农商银行、正通会计在泰元公司增资时为其出具的《银行询证函回函》《验资报告》,中原小额贷款公司未收回贷款的损失与新郑农商银行、正通会计师事务所的验资行为不存在法律上的因果关系,依法不应当承担补充赔偿责任。二审遂驳回上诉,维持原判。

【案　　号】(2021)豫民终1034号

【审理法院】河南省高级人民法院

【来　　源】最高人民法院发布2021年全国法院十大商事案件

类案检索

高某某与定西市熙海油脂有限责任公司等股东资格确认纠纷案

关键词:股东资格　抽逃出资　公司减资

裁判摘要:依据《公司法》第28条、第32条及《公司法规定(三)》第23条规定,取得股东资格需具备实质要件和形式要件,实质要件是以认缴出资为取得股东资格的必要条件,形式要件是对股东出资状况的记载和证明。

为了防止股东出资后又抽逃出资导致公司实有资本减少,损害公司及第三人利益,依据《公司法》第177条及第179条第2款规定,公司需要减少注册资本时,必须编制资产负债表及财产清单,通知债权人及时在报纸上公告,并应当依法向公司登记机关办理变更登记。根据公司资本维持原则,股东向公司提出退回出资,属于公司减资。未经上述法定程序减资的,仍以工商部门登记的注册资本认定公司资本。

【案　　号】(2019)最高法民申5080号

【审理法院】最高人民法院

第二节 组织机构

> **第三十六条** 有限责任公司股东会由全体股东组成。股东会是公司的权力机构，依照本法行使职权。

▶ 条文释义

一、本条主旨

本条是关于股东会的组成及法律地位的规定。

二、条文演变

本条在1993年《公司法》制定时即已规定。该法第37条规定："有限责任公司股东会由全体股东组成，股东会是公司的权力机构，依照本法行使职权。"其内容一直延续至现在，没有发生变更。只是条文序号在2013年《公司法》修正时，由第37条变更为第36条。2018年《公司法》修正时，本条没有修改。

三、条文解读

股东会，是指依照《公司法》和公司章程的规定设立的，由全体股东共同组成的，对公司经营管理和各种涉及公司及股东利益的事项拥有最高决策权的机构。

（一）股东会由全体股东组成

根据本条规定，有限责任公司股东会由全体股东组成。股东是向公司出资并对公司享有权利和承担义务的人。组成股东会的股东包括原始股东和继受股东。原始股东，是指在公司设立时因出资筹办公司或认缴公司资本，随公司成立而成为公司的股东。就有限责任公司的原始股东而言，他是由公司的设立人转化而来。继受股东，是指因受让、继承、遗赠、共同财产分割、公司合并、认缴公司新增资本等方式取得原始股东的出资或向公司出资而成为公司的股东。继受股东和原始股东都依法享有股东权利，承担股东义务，由他们共同组成股东会。

股东会是由股东组成的机构。从形式意义上讲，股东会，是指依照《公司法》、公司章程的规定定期或者临时举行的由全体股东或者部分股东参加的会议。股东参加股东会是股东作为投资人的所有者权益的重要体现。股东会的成员是全体股东，因为股东是实际出资人，并以其出资额为限对公司债务承担责任。本条强调所有股东即"全体股东"，是平等地体现股东的所有者权益。股东参加股东会是法定权利。股东可以亲自出席股东会行使股东权利，也可以委托他人代为出席股东会。股东委托他人出席股东会代其行使股东权利的，应当出具书面委托，明确委托事项、授权范围等。

（二）股东会是权力机构

从实质意义上讲，股东会是指依照《公司法》、公司章程的规定而设立的由全体股东组成的决定公司重大问题的公司权力机构。本条规定，"股东会是公司的权力机构"，表明了股东会的性质，即"权力机构"。所谓权力机构，是指公司的一切重大问题，需要由该机构来作出决议，权力机构既区别于执行机构，不执行日常业务，也区别于监督机构和咨询机构。股东会只负责就公司的大的方面作出决议，集体行使所有者权益。股东会是以会议的形式行使权力，而不采取常设机构或日常办公的方式，是由股东会的权力性质和所有权与经营权相分离的现代公司制度的基本原理所决定的。

（三）股东会要依法行使职权

股东会是公司的权力机构。公司的一切重大决策和其他重大事项，必须依照法律规定，由股东会按照少数表决权服从多数表决权的原则作出决议。股东会作为有限责任公司的权力机构必须依照《公司法》行使职权。

股东会可以对公司的哪些重大问题作出决定，法律作了明确的规定，划定了具体的范围。股东会应当依照法律和公司章程的规定，行使自己的职权，做到不失职。同时，股东会也不应当超越职权，代行公司其他机构如董事会、监事会的职权。

典型案例

张某某与江苏万华工贸发展有限公司、万某、吴某某、毛某某股东权纠纷案

关键词：股东会　股东表决权　公司决议成立

裁判摘要：公司股东实际参与股东会议并作出真实意思表示，是股东会议及其决议成立、有效的必要条件。虽然公司个人股东享有公司绝对多数的表决权，但并不意味着股东个人利用控制公司的便利作出的个人决策过程就等同于召开了公司股东会议。实际控制公司的个人股东虚构股东会议并作出股东会决议的，可认定该决议不成立，不能产生法律效力。

基本案情：万华工贸公司成立于1995年12月21日，发起人为被告万某、原告张某某和其他两名股东朱某某、沈某，注册资本为106万元，其中万某出资100万元，朱某某、沈某、张某某各出资2万元。1995年11月23日，万某、朱某某、沈某、张某某签订了万华工贸公司章程。万华工贸公司成立后，由万某负责公司的经营管理。2004年4月12日，万华工贸公司向公司登记机关申请变更登记，具体事项为：（1）公司名称变更；（2）法定代表人变更为被告吴某某，股东变更为被告万某、吴某某、毛某某及股东邢某某4人；（3）变更了公司章程的部分内容。万华工贸公司申请上述变更公司登记所依据的材料为：（1）2004年4月6日股权转让协议两份，其主要内容分别为：被告万某将其100万元出资中的80万元出资对应的公司股权转让给被告吴某某；朱某某将其出资2万元对应的公司股权转让给邢某某，沈某将其2万元出资中的1万元对应的股权转让给被告毛某某，将另1万元对应的公司股权转让给邢某某，原告张某某将2万元出资对应的公司股权转让给毛某某。上述两份股权转让协议落款处有全部转让人及受让人的签名。（2）被告万华工贸公司章程（2004年4月6日修正）一份。该章程有被告吴某某、毛某某、万某及股东邢某某的签名。（3）2004年4月6日被告万华工贸公司股东会决议一份，主要内容是：全体股东一致同意上述股权转让；转让后各股东出资额及占注册资本的比例为：被告吴某某出资80万元、占75.5%，被告万某出资20万元、占

18.9%，邢某某出资3万元、占2.8%，被告毛某某出资3万元、占2.8%；全体股东一致同意将公司名称变更为"江苏办公伙伴贸易发展有限公司"；全体股东一致同意公司住所地变更为"南京市洪武北路×××号"；全体股东一致同意免去朱某某、沈某董事职务，重新选举吴某某、毛某某为董事，与万某组成董事会；全体股东一致同意免去原告张某某的监事职务，选举邢某某为监事；全体股东一致同意2004年4月6日所修改的公司章程。张某某起诉认为，自己从未被通知参加上述股东会议，从未转让股权，也未见到该次会议决议。请求确认2004年4月6日万华工贸公司股东会决议无效，确认其与毛某某之间的股权转让协议无效，确认万某与吴某某之间的股权转让协议无效，或者撤销上述股东会决议和股权转让协议。

后，法院判决：2004年4月6日被告万华工贸公司股东会决议不成立。原告张某某与被告毛某某之间的股权转让协议不成立。被告万某与吴某某签订的股权转让协议无效。

裁判理由： 有限责任公司的股东会议，应当由符合法律规定的召集人依照法律或公司章程规定的程序，召集全体股东出席，并由符合法律规定的主持人主持会议。股东会议需要对相关事项作出决议时，应由股东依照法律、公司章程规定的议事方式、表决程序进行议决，达到法律、公司章程规定的表决权比例时方可形成股东会决议。有限责任公司通过股东会对变更公司章程内容、决定股权转让等事项作出决议，其实质是公司股东通过参加股东会议行使股东权利、决定变更其自身与公司的民事法律关系的过程，因此公司股东实际参与股东会议并作出真实意思表示，是股东会议及其决议有效的必要条件。本案中，虽然被告万某享有被告万华工贸公司的绝对多数的表决权，但并不意味着万某个人利用控制公司的便利作出的个人决策过程就等同于召开了公司股东会议，也不意味着万某个人的意志即可代替股东会决议的效力。根据本案事实，不能认定2004年4月6日万华工贸公司实际召开了股东会，更不能认定就该次会议形成了真实有效的股东会决议。万华工贸公司据以决定办理公司变更登记、股权转让等事项的所谓"股东会决议"，是当时该公司的控制人万某所虚构，实际上并不存在，因而当然不能产生法律效力。

【审理法院】 江苏省南京市玄武区人民法院

【来　　源】《最高人民法院公报》（2007年第9期）

类案检索

重庆鼎典物业发展有限公司申请破产清算案

关键词： 股东会决议　股东表决权

裁判摘要： 股东行使参与公司重大决策的权利，系股东作为出资者对公司享有的管理公司的权利，当事人之间不能通过合同约定对《公司法》规定的股东会股东表决权加以限制或者剥夺。本案鼎典物业公司全体股东作出股东会决议，一致同意该公司向法院申请破产清算系股东依据《公司法》的规定，行使对公司管理的决策权，股东会的决议具有法律效力。华融信托公司以鼎典物业公司的破产清算申请未经其同意，申请无效，请求驳回鼎典物业公司的破产清算申请的理由和主张，法院对此不予支持。

【审理法院】重庆市高级人民法院

第三十七条　股东会行使下列职权：
（一）决定公司的经营方针和投资计划；
（二）选举和更换非由职工代表担任的董事、监事，决定有关董事、监事的报酬事项；
（三）审议批准董事会的报告；
（四）审议批准监事会或者监事的报告；
（五）审议批准公司的年度财务预算方案、决算方案；
（六）审议批准公司的利润分配方案和弥补亏损方案；
（七）对公司增加或者减少注册资本作出决议；
（八）对发行公司债券作出决议；
（九）对公司合并、分立、解散、清算或者变更公司形式作出决议；
（十）修改公司章程；
（十一）公司章程规定的其他职权。
对前款所列事项股东以书面形式一致表示同意的，可以不召开股东会会议，直接作出决定，并由全体股东在决定文件上签名、盖章。

▶ 关联规定

法律、行政法规、司法解释

《最高人民法院关于适用〈中华人民共和国公司法〉若干问题的规定（四）》

第五条　股东会或者股东大会、董事会决议存在下列情形之一，当事人主张决议不成立的，人民法院应当予以支持：

（一）公司未召开会议的，但依据公司法第三十七条第二款或者公司章程规定可以不召开股东会或者股东大会而直接作出决定，并由全体股东在决定文件上签名、盖章的除外；

（二）会议未对决议事项进行表决的；

（三）出席会议的人数或者股东所持表决权不符合公司法或者公司章程规定的；

（四）会议的表决结果未达到公司法或者公司章程规定的通过比例的；

（五）导致决议不成立的其他情形。

▶ 条文释义

一、本条主旨

本条是关于股东会职权的规定。

二、条文演变

本条在1993年《公司法》制定之时即予以规定。该法第38条规定："股东会行使下列职权：（一）决定公司的经营方针和投资计划；（二）选举和更换董事，决定有关董事的报酬事项；（三）选举和更换由股东代表出任的监事，决定有关监事的报酬事项；（四）审议批准董事会的报告；（五）审议批准监事会或者监事的报告；（六）审议批准公司的年度财务预算方案、决算方案；（七）审议批准公司的利润分配方案和弥补亏损方案；（八）对公司增加或者减少注册资本作出决议；（九）对发行公司债券作出决议；（十）对股东向股东以外的人转让出资作出决议；（十一）对公司合并、分立、变更公司形式、解散和清算等事项作出决议；（十二）修改公司章程。"此后1999年和2004年两次《公司法》修正时，该条均未修改。

直至2005年《公司法》修订时，对公司股东会职权进行了实质性变更，并且增加了第2款，除了保留原来的规定外，将股东会行使职权的方式由召开股东会会议作出决定一种，修改为既可以召开股东会会议作出决定，也可以不召开股东会会议作出决定两种方式。此外，还作了一些技术性、文字性的修改。修改后的条文内容一直延续至现在，未进行修改。条文序号在2013年《公司法》修正时，由第38条变更为第37条。

三、条文解读

股东会有权依照公司章程规定的董事选任条件选举董事，组成董事会。股东会选举产生董事会，使所有权与经营权相分离，是现代企业的显著特征。如果董事不符合法定条件，股东会也可以对非由职工代表担任的董事予以更换。同时，虽然公司高级管理人员的报酬是由董事会决定的，但董事的报酬还是必须由股东会决定，以免董事会以权谋私。

股东会赋予董事会全面负责公司经营管理的职权，但随着所有权与经营权的分离，董事会的职权有进一步扩大的趋势。快速多变的市场经济环境，决定了不能对董事会的职权进行过多限制，此时，为了防止董事会利用职权侵害公司、股东和职工的利益，由股东和职工选出各自代表组成监事会或作为监事，加强对董事会、董事、经理和其他高级管理人员的监督，是非常必要的。

监事或组成监事会的股东代表，是由股东会选举产生的。股东会选举产生监事会的股东代表，是股东所有权的自然延伸。如果股东监事不符合法定条件，股东会也可以对非由职工代表担任的股东监事予以更换。同时，股东会还有权决定所有监事的报酬问题，包括股东监事和职工监事。

需要特别强调的是，股东会只有权依规定选举和更换由股东代表出任的监事，而对监事会中的职工代表则无权选举和更换。

（一）股东会职权

根据本条的规定，股东会享有11项职权。这些职权，可以归纳概括为六个方面的内容。

1. 投资经营决定权

投资经营决定权，是指股东会有权对公司的投资计划和经营方针作出决定。公司的投资计划和经营方针是公司经营的目标方向和资金运用的长期计划，这样的计划和方针是否可行，是否给公司带来盈利并给股东带来盈利，影响股东的收益预期，决定公司的命运与未来，是公司的重大问题。公司的经营方针和投资计划关系公司在今后一个时期中的发展方向，直接关系到公司的成败。决策得正确，公司就可以获得稳定的收益。如果决策失误，则导致公司亏损，甚至破产。因此，这些关系公司重要命运的事项，股东们最关心，同时，其后果也需由股东们承担。所以，法律明确规定由公司股东会对公司的经营方针和投资计划作出决定。

2. 人事决定权

股东会有权选任和决定本公司非由职工代表担任的董事、监事,对于不合格的董事、监事,有权予以更换。在现代社会竞争日益加剧的情况下,股东会拥有用人权是必需的。董事、监事受公司股东会委托或委任,为公司服务,参与公司日常经营管理活动,需要给予他们相应的报酬。有关董事、监事报酬的事项,包括数额、支付方式、支付时间等,都由股东会决定。根据法律规定,董事会、监事会应有一定的职工代表参加,对于由职工代表担任的董事、监事,则应当依照相关规定决定。

3. 重大事项审批权

股东会享有对重大事项的审批权。

一是审议批准工作报告权。即股东会有权对公司董事会、监事会或者监事提出的报告进行审议,并决定是否予以批准。具体包括:第一,审议批准董事会的报告。董事会是由股东会设置的,其成员是由股东会选举的,必须向股东会负责并报告工作。对于董事会的工作情况实施必要的考核和检查,使他们的工作符合股东们的要求,最终有利于维护股东的投资利益。股东会对董事会的工作报告进行审查批准,是其行使最终所有权的具体表现形式之一。第二,审议批准监事会或者监事的报告。这一规定与《公司法》关于监事会及监事的设立是一致的。依据《公司法》第51条的规定,有限责任公司,经营规模较大的,设立监事会;股东人数较少或规模较小的,可以设1~2名监事,而不设监事会。

二是审议批准有关经营管理方面方案权。即公司的股东会有权对公司的董事会或者执行董事向股东会提出的年度财务预算方案、决算方案、利润分配方案以及弥补亏损方案进行审议,并决定是否予以批准。具体包括:第一,审议批准公司的年度财务预算方案、决算方案。公司生产经营活动的效果如何,都需要通过财务会计核算表现出来。股东会通过对董事会拟订的年度预算方案和决算方案的审查,一方面能够全面掌握公司一年来经营效益的情况;另一方面,为今后年度发展的财务安排打好基础。第二,审议批准公司的利润分配方案和弥补亏损方案。利润分配方案由董事会制订。有限责任公司对弥补亏损和提取公积金、法定公益金后所余利润,按股东出资比例进行分配,在此之前不得分配利润。股东会对此类利润方案也不能审议批准。

股东会行使有关方案审议批准权,需要董事会或者执行董事提交相关的方案。董事会或者执行董事不得隐瞒不报。股东会批准以后,董事会、监事会应当严格执行。

4. 重大事项决议权

重大事项决议权,即股东会有权对公司增加或者减少注册资本,发行公司债券,公司合并、分立、解散、清算或者变更公司形式作出决议。具体包括:第一,对公司增加或者减少注册资本作出决议。股东会决定减少公司注册资本不得违反《公司法》关于有限责任公司注册资本最低限额的规定。第二,对发行公司债券作出决议。发行公司债券是公司吸收和利用社会资金的一种重要渠道。发行公司的债券,是以公司作为举债人,需要承担偿债的责任。由于债券的本质特征是,债息固定,到期必须还本付息,因此对公司的压力比较大,如果所举债务过大或者使用不当,使所借资金不能产生应有的效益,最终损失的仍是股东们的出资。因此,发行公司债券的决定权需要股东会来行使。第三,对公司合并、分立、解散、清算或者变更公司形式作出决议。公司的组织形式发生重大变化,关系到公司的生死存亡,这是公司法人发生变更的重大事项。由于股东的出资目的和利益都与公司的存续相关联,公司与其他公司合并,或者自身进行分立,都给股东行使股权以及如何支配公司带来重大影响。特别是公司解散,关系到公司法人的终止和消灭,就更加涉及股东们的利益。因此,上述重大事项,都须由股东会直接作出决定。这些事项与股东的所有者权益有着密切的联系,所以应由股东会作出议决。股东会作出决议以后,董事会、监事会应当认真组织实施。

5. 公司章程修改权

公司章程一经制定通过,并非一成不变,可以对其进行修改。有限责任公司股东会有权就公司章程按法定程序进行修改。但是修改公司章程与制定公司章程一样,都必须遵守《公司法》有关公司章程的规定。公司章程是由公司全体股东在设立公司时共同制定的,规定了公司的重大问题,是公司组织和行为的基本规则,所以应当由股东会修改,而不能由董事会、监事会进行修改。股东会修改公司章程,必须经代表 2/3 以上表决权的股东赞成通过方为有效。

6. 其他职权

除了上述职权外,股东会还享有公司章程规定的其他职权。至于其他职权的具体内容,由公司章程规定。

（二）股东会行使职权的方式

股东会行使职权，应当按照法律规定和公司章程规定的议事方式和表决程序进行。一般情况下，股东会应当通过召开股东会会议作出决定的形式，行使自己的职权。但是，如果全体股东以书面形式一致表示同意将属于股东会职权范围内的事项，以不召开股东会会议的形式作出决定的，则应当由全体股东在相关决定文件上签字、盖章，直接作出决定。

▶ 类案检索

杨某某与昆明宝信捷生物应用设备有限公司等公司盈余分配纠纷案

关键词： 股东会职权　利润分配方案

裁判摘要： 有限责任公司的股东会行使审议批准公司的利润分配方案和弥补亏损方案的职权，也就是说，只有公司的股东会对董事会或执行董事向股东会提出的利润分配方案，才有进行审议，予以批准或不批准的权利，人民法院不能对公司股东会的这一权利进行干预。只有在法律规定情形下，人民法院依法定程序才能对此进行干预。

【审理法院】 云南省昆明市中级人民法院

第三十八条　首次股东会会议由出资最多的股东召集和主持，依照本法规定行使职权。

条文释义

一、本条主旨

本条是关于首次股东会会议召集、主持及职权的规定。

二、条文演变

本条在1993年《公司法》制定时即存在，该法第42条规定："股东会的首次会议由出资最多的股东召集和主持，依照本法规定行使职权。"其后1999年、2004年《公司法》修正时均未变更。直至2005年《公司法》修订时，对本条内容进行了文字修改。修改后的条文为："首次股东会会议由出资最多的股东召集和主持，依照本法规定行使职权。"同时，该条序号由第42条变更为第39条。至2013年《公司法》修正时，内容未发生变动，序号调整为第38条。其后，内容未调整，延续至今。

三、条文解读

股东会是有限责任公司的权力机构，同时也是股东的议事机关。首次股东会会议，即股东会的首次会议，是指有限责任公司第一次召开的由全体股东参加的会议。召开会议，必须有召集人和主持人。通常情况下，股东会由董事会召集，董事长主持。但在召开首次股东会之前，公司的董事没有选举产生，即董事会还没有组成，董事长也没有确定，这就产生了首次股东会会议如何召开的问题。

根据本条的规定，首次股东会会议，由出资最多的股东召集和主持。出资最多的股东，也就是通常所说的大股东，其出资最多，利益预期最大，第一次股东会议由其召集和主持是适宜的。"召集和主持"，主要指负责首次股东会的筹备、组织、会议文件准备，安排和掌握会议的进程，推动有关各项决议的通过等工作。对首次股东会的职权，即可以对哪些事项作出决定，《公司法》只作了原则规定，即依照《公司法》规定行使职权。《公司法》对股东会的职权作了明确的规定，首次股东会可以行使这些职权，如决定公司的经营方针和投资计划、选举公司的董事和监事并确定其报酬等。首次股东会会议在行使股东会的职权时，必须遵守《公司法》的有关规定（如第42条的规定），即召开股东会首次会议，应当于首次会议召开15日以前，由出资最多的股东通知全体股东。股东会的首次会议应当对所议事项的决定作成会议记录，出席首次会议的股东应当在会议记录上签名。

▶ 适用指引

司法实践中，正确理解和适用本条，需要注意，根据《公司法》规定，召集股东会会议是董事会的一项职权，但在实践中，公司董事会的成立往往有赖于股东会首次会议的召开，而在董事会尚未成立的情况下，也就无所谓由董事会召集股东会的首次会议。因此特设本条对此作出规定，即由出资最多的股东召集和主持股东会的首次会议。

股东会首次会议，依照《公司法》规定行使职权，有两层含义：一是关于职权内容。股东会的首次会议也应依据《公司法》第37条的规定行使股东会的职权。一般包括决定公司的经营方针和投资计划；选举董事、监事；决定董事、监事的报酬事项等。二是关于行权方式。首次会议在行使股东会的职权时，必须遵守《公司法》的有关程序规定，召开股东会首次会议，应当于首次会议召开15日以前，由出资最多的股东通知全体股东。股东会的首次会议应当对所议事项的决定作成会议记录，出席首次会议的股东应当在会议记录上签名等。

> 第三十九条 股东会会议分为定期会议和临时会议。
> 定期会议应当依照公司章程的规定按时召开。代表十分之一以上表决权的股东,三分之一以上的董事,监事会或者不设监事会的公司的监事提议召开临时会议的,应当召开临时会议。

▶ 条文释义

一、本条主旨

本条是关于股东会定期会议和临时会议以及股东会召开办法的规定。

二、条文演变

本条自1993年《公司法》制定时即存在。该法第43条规定:"股东会会议分为定期会议和临时会议。定期会议应当按照公司章程的规定按时召开。代表四分之一以上表决权的股东,三分之一以上董事,或者监事,可以提议召开临时会议。有限责任公司设立董事会的,股东会会议由董事会召集,董事长主持,董事长因特殊原因不能履行职务时,由董事长指定的副董事长或者其他董事主持。"1999年、2004年两次《公司法》修正时,均未发生变更。直至2005年《公司法》修订时,将本条拆分成两条。本条保留了1993年《公司法》第43条第1款、修改了第2款,规定了股东会分为定期会议和临时会议,并分别规定了提议召开会议的权利。条文序号由第43条变更为第40条。第3款则脱离本条,规定了股东会议的召集和主持的权利,形成单独的一条。

2005年《公司法》修订时的主要修改是:一是将原来"代表四分之一以上表决权的股东"提议召开临时会议,修改为"代表十分之一以上表决权的股东",降低了提议召开临时会议的股东所持表决权的比例,方便股东行使提议召开临时会议的权利,这是2005年修改《公司法》,健全股东权益保障机制的一项具体措施。二是将原来"三分之一以上董事,或者监事"改为"三分之一以上的董事,监事会或者不设监事会的公司的监事",更加准确地表述了董事三分之一以上,监事会或者不设监事会的公司的监事可提议召开临时会议的含义,明确设监事会的公司监事个人或者数人不能提议召开临时会议。三是将原来"可以提议召开临时会议"的规定,改为"提议召开临时会议的,应当召开临时会议",明确了有法定提议权的人提议召开临时会议后,必须召开临时会议。

2005年修改后的条文为:"股东会会议分为定期会议和临时会议。定期会议应当依照公司章程的规定按时召开。代表十分之一以上表决权的股东,三分之一以上的董事,监事会或者不设监事会的公司的监事提议召开临时会议的,应当召开临时会议。"该条文内容一直延续至今,没有发生变化。在2013年《公司法》修正时,条文序号由第40条变更为第39条。

三、条文解读

(一)股东会的定期会议

根据本条第1款的规定,股东会会议分为两种:一是定期会议;二是临时会议。所谓股东会的定期会议,是指依照公司章程规定在一定时期内必须召开的会议。在公司存续期间,股东们为了定期地检查监督公司经营决策机构和业务执行机构进行经营管理的工作情况,集体决定公司的重大问题,可以在公司章程中规定股东会的定期会议,并按照规定的时间定期举行。一般情况下,每个营业年度终了后,股东会必须召开一次年会,听取上一年经营效益情况的报告,决定收益分配,安排下一年度的生产经营重大问题。此外,股东们也可以事先规定每半年或者每个季度举行一次会议,定期地对公司进行检查。定期会议应当依照公司章程的规定,按时召开。这就要求公司章程对定期股东会会议作出具体规定,如一年召开一次定期会议,或者一年召开两次定期会议等,并明确定期会议召开的时间,如每年年底或者年初等。

(二)股东会的临时会议

所谓股东会的临时会议,是指公司章程中没有明确规定什么时间召开的一种不定期的会议。临时会议相对于定期会议,指在正常召开的定期会议之外,由于法定事项的出现而临时召开的会议。除了公司章程中规定的固定的会议召开时间外,在公司经营中,会遇到许多意想不到的事件或问题,特别是有些较重大的问题，如果不及时由股东们研究解决，则会损害公司和股东们的利益。因此，在符合法律规定的条件下，公司的股东会可以随时召开。

临时会议是一种因法定人员的提议而召开的会议。根据本条第2款的规定，代表1/10以上表决权的股东，1/3以上董事，监事会或者不设监事会的公司的监事提议召开临时会议的，应当召集临时会议。有权提议召开临时会议的主体和要求具体如下。

1. 股东

股东是公司的出资人，是股东会的当然成员，可以要求召开股东会会议，特别是当公司出现重大问题、重大事项时。但召开股东会会议涉及筹备、组织、通知、会务、交通等诸多事务，且公司章程已经对定期会议作了规定，所以股东也不应当随意要求召开股东会会议。否则将会对公司的正常生产经营活动产生不良影响。因此，为了既能保证股东权利，又能避免频繁召开会议，明确股东提议召开临时会议的条件，是必要的。按照本条规定，代表1/10以上表决权的股东，有权提议召开临时会议。"以上"包括本数在内。需要注意的是，代表1/10以上表决权的股东，不仅仅指单独拥有1/10以上表决权的股东，而且还指合计拥有1/10以上表决权的股东。

2. 董事

董事是董事会的组成人员，由公司股东会选举产生，参与公司的经营决策等事务，对公司的生产经营情况比较熟悉。当出现影响公司前途、股东重大权益、公司重大利益等问题，需要由股东会会议作出决定时，应当赋予董事召开临时会议的提议权。按照本条规定，三分之一以上的董事，有权提议召开临时会议。

3. 监事机构

公司监事会或者不设监事会的公司的监事，对公司负有监督职责，对于董事、经理等具体负责公司日常经营管理的活动进行监督，如果发现情况需要通过召开股东会会议作出相应决定的，应当赋予其提议权。因此，公司监事会或者不设监事会的公司的监事，有权提议召开临时会议。

上述提议召开临时会议的人员要求、比例限制，表明股东会的临时会议并不是可以随时、随便就能够召开的会议。只有当公司需要作出重要决策，或者出现重大问题时，才能由法定人员提议召开。一般性、经常性的问题，可以在股东会的定期会议上解决。需要进一步明确的是，上述法定人员依法提议召开股东会临时会议的,"应当"召集临时会议,即法律规定的股东会会议的召集人提议召开临时会议的,必须召开临时会议,否则即违反法律规定。

第四十条　有限责任公司设立董事会的，股东会会议由董事会召集，董事长主持；董事长不能履行职务或者不履行职务的，由副董事长主持；副董事长不能履行职务或者不履行职务的，由半数以上董事共同推举一名董事主持。

有限责任公司不设董事会的，股东会会议由执行董事召集和主持。

董事会或者执行董事不能履行或者不履行召集股东会会议职责的，由监事会或者不设监事会的公司的监事召集和主持；监事会或者监事不召集和主持的，代表十分之一以上表决权的股东可以自行召集和主持。

关联规定

一、法律、行政法规、司法解释

《最高人民法院关于适用〈中华人民共和国公司法〉若干问题的规定（四）》

第四条　股东请求撤销股东会或者股东大会、董事会决议，符合民法典第八十五条、公司法第二十二条第二款规定的，人民法院应当予以支持，但会议召集程序或者表决方式仅有轻微瑕疵，且对决议未产生实质影响的，人民法院不予支持。

二、司法指导性文件

《全国法院民商事审判工作会议纪要》

29.【请求召开股东（大）会不可诉】 公司召开股东（大）会本质上属于公司内部治理范围。股东请求判令公司召开股东（大）会的，人民法院应当告知其按照《公司法》第40条或者第101条规定的程序自行召开。股东坚持起诉的，人民法院应当裁定不予受理；已经受理的，裁定驳回起诉。

条文释义

一、本条主旨

本条是关于股东会会议的召集与主持的规定。

二、条文演变

本条在1993年《公司法》制定时即存在，该法第43条第3款规定："有限责任公司设立董事会的，股东会会议由董事会召集，董事长主持，董事长因特殊原因不能履行职务时，由董事长指定的副董事长或者其他董事主持。"1999年、2004年两次《公司法》修正过程中，对本条都没有进行修改。直至2005年对《公司法》进行全面修订时，本条从第43条中独立出来，形成单独一条，其内容也进行了实质性修改和全面扩充，成为2005年《公司法》的第41条。

原来《公司法》第43条第3款规定实质就是只赋予董事长一人召集和主持股东会会议的权力。实践证明，现实生活中有限责任公司的大股东，往往就是公司的董事长、法定代表人，利用其对公司的实际控制权，对涉及公司前途、股东重大权益、公司重要利益等问题，不召开股东会会议就作出决定，有的甚至连董事会也不开就擅自作出决定，严重损害公司股东特别是中小股东的利益。所以，为健全股东合法权益的保障机制，2005年《公司法》修订时，对股东会会议的召集和主持作出重大修改，详细设定了股东会会议召集和主持的程序。这是健全股东合法权益保障机制的一项重要措施。

2005年修改后的条文内容一直延续至今，2013年《公司法》修正时，条文序号变更为第40条。

三、条文解读

（一）股东会会议的召集

股东会会议，无论是临时会议还是定期会议，必须由董事会或者执行董事来召集。公司未设董事会的，由执行董事召集。如果董事会或者执行董事不能履行或者不履行召集股东会会议职务的，由监事会或者不设监事会的公司的监事召集；监事会或者监事不召集的，代表1/10以上表决权的股东可以召集。只要表决权达到公司注册资本1/10以上的股东，在监事会或者监事不能履行或者不履行召集职责时，都可以代位行使召集股东会的权利，并无股东人数的限制。

如果多个表决权达到公司注册资本1/10以上的股东或者股东团体均提议召开股东会，那么股东会的召集由谁来执行，法律虽未明确规定，但考虑到在这种情况下，各股东或者股东团体的意思表示具有一致性，各股东或者股东团体可以自行协商，共同召集股东会会议。

（二）股东会会议的主持

股东会会议由董事长或者执行董事主持。如果公司设有董事会，则由董事长主持；董事长不能履行职务或者不履行职务时，由副董事长主持；副董事长不能履行职务或者不履行职务时，由半数以上董事共同推举一名董事主持。如果公司未设董事会，则由执行董事主持。董事会或者执行董事不能履行或者不履行职责的，由监事会或者不设监事会的公司的监事主持；监事会或者监事不主持的，代表1/10以上表决权的股东可以主持股东会会议。

董事长必须履行主持股东会会议的职责，执行董事必须履行召集和主持股东会会议的职责。法律规定，只有在因为特殊情况不能履行职务时，董事长或者执行董事才可以免于被追究责任。前述所谓"不能履行职责"的特殊情况，一般是指生病、出差在外等客观上的原因。属合法情况。而所谓"不履行职务"，是指不存在无法履行职务的生病、出差在外等客观上的原因，但以其他理由或者根本就没有理由而不履行职务的情形。如果董事长或者执行董事可以履行职责而拒不履行职责，那么就不能免除法律责任。这在性质上和不能履行职责是完全不同的。这是因为，董事长与执行董事召集和主持股东会，既是权利，也是义务，董事长或者执行董事的职责关系到全体股东的利益，必须依法履行。

据此，股东会会议的主持，以下列次序确定：第一，董事长主持；第二，董事长不能履行职务或者不履行职务的，由副董事长主持；第三，副董事长不能履行职务或者不履行职务的，由半数以上董事共同推举的一名董事主持。

类案检索

北京贝瑞德生物科技有限公司与吕某公司证照返还纠纷案

关键词： 公司会议召集程序　表决方式　决议撤销

裁判摘要： 股东会或者股东大会、董事会的会议召集程序、表决方式违反法律、行政法规或者公司章程，或者决议内容违反公司章程的，股东可以自决议作出之日起60日内，请求人民法院撤销。自决议作出之日已经过60日，股东未申请撤销临时股东会议决议的，决议不可撤销。

吕某于2013年4月20日召集的股东会由于表决权达不到出资比例未形成有效的股东会决议，王某某于2013年4月21日召集的股东会已形成决议，虽然该股东会在召集程序上存在违反法律规定及公司章程之处，但吕某并未在决议作出之日起60日内申请撤销该临时股东会决议，因此该决议应为有效。

【案　　号】（2013）二中民终字第17025号

【审理法院】北京市第二中级人民法院

> 第四十一条　召开股东会会议，应当于会议召开十五日前通知全体股东；但是，公司章程另有规定或者全体股东另有约定的除外。
>
> 股东会应当对所议事项的决定作成会议记录，出席会议的股东应当在会议记录上签名。

条文释义

一、本条主旨

本条是关于股东会会议的通知与记录的规定。

二、条文演变

本条在1993年《公司法》制定时即存在。该法第44条规定："召开股东会会议，应当于会议召开十五日以前通知全体股东。股东会应当对所议事项的决定作成会议记录，出席会议的股东应当在会议记录上签名。"1999年、2004年两次修正《公司法》时，均未对本条进行修改。2005年全面修订《公司法》时，对本条第1款进行了实质性修改，增加了除外规定。同时条文序号变更为第42条。修改后的条文为："召开股东会会议，应当于会议召开十五日前通知全体股东；但是，公司章程另有规定或者全体股东另有约定的除外。股东会应当对所议事项的决定作成会议记录，出席会议的股东应当在会议记录上签名。"该内容一直延续至今。在2013年修正《公司法》时，将条文序号由第42条调整为第41条。

三、条文解读

（一）会议通知

股东是有限责任公司股东会的当然成员，召开股东会会议，无论是召开定期会议，还是召开临时会议，都应于会议召开之日的一定期限前通知全体股东出席。召开股东会会议,应当提前通知股东,以便股东安排时间、准备材料等。通知的目的,是让股东清楚地了解在什么时间、什么地点召开股东会会议,以及会议的议题和议程安排,确保股东或股东派代表参加股东会,给股东以必要的准备时间,了解并充分考虑股东会会议拟议事项,从而提高股东会会议的决策水平,保证股东有效地行使其表决权。根据本条第 1 款的规定,召开股东会会议,应当于会议召开 15 日以前通知全体股东;但是,公司章程另有规定或者全体股东另有约定的除外。因此,股东会会议通知涉及以下两个要求:一是必须提前通知,提前的时间为会议召开前 15 日,目的是方便股东安排好时间、准备好有关材料等,这样有利于股东会会议能够集中议题,按照议程安排顺利进行。二是必须通知全体股东,召开股东会会议,不能只通知部分股东,而必须通知全体股东,即股东名册上记载的全部股东。但是,如果公司章程对召开股东会会议的通知另有规定的,或者全体股东对召开股东会会议的通知另有约定的,按照公司章程的规定和全体股东的约定执行。

至于会议通知的方式,是用电话通知、当面口述等口头形式,还是用给股东寄送通知等书面形式,或是通过报纸、网络等媒体公告的形式,可以由公司章程作出规定,以便实际执行。如果公司章程没有作出规定,则可以由股东会会议的召集者根据具体情况确定。

(二)会议记录

可以说,在对内关系中,作成书面记录的股东会的决议,是公司登记机关、法院以及仲裁机关处理股东间权益纠纷的依据;在对外关系中,也是上述有关机关判断公司的行为能力以及公司行为是否存在违反《公司法》规定的依据。因此,股东会的会议记录,连同公司其他财务会计报告、清算报告等,未逾法律规定期限,不得销毁。股东会是有限责任公司的权力机构,决定公司的重大问题。为了真实地记载股东会的决定,股东会应当对所议事项的决定作成会议记录,出席会议的股东应当在会议记录上签名。因此,会议记录是法律明确规定的要求,公司不得违反。股东会会议的召集人、主持人,应当对会议记录作出具体安排,指定专人进行记录。出席股东会会议的股东,则需要在会议记录上签名。会议记录的内容,是所议事项的决定,即会议讨论的议题及其结论性意见。

要求股东会会议制作会议记录并由股东签名,具有重要的意义:一是有利于股东查阅会议记录，通过会议记录了解股东会会议对公司重大问题的决策。二是有利于公司生产经营活动的开展，董事会、监事会、经理等可以根据会议记录的决定具体实施公司日常经营管理活动。三是有利于国家执法机关在执法过程中，根据会议记录准确地分析和确定公司生产经营活动的决策、执行等情形，如认定某一行为究竟是公司法人犯罪还是公司法定代表人个人犯罪等，会议记录就是一个直接的重要证据。

▶ 类案检索

一、刘某某等与新沂市恒大机械有限公司股东会决议效力纠纷案

关键词： 公司会议程序　会议通知　通知送达

裁判摘要： 根据《公司法》的立法精神，公司通知股东参加股东大会的通知，应为实质意义的通知，即既要有公司的"告诉"，又要有股东的"知晓"，而不能为仅走通知形式的程序性通知。公司因未经有效通知股东而召开股东大会所作出的决议，未能参会的股东有权请求人民法院予以撤销。

【审理法院】 江苏省徐州市中级人民法院

二、韦某某与河池利达石油运输有限公司及覃某某等23人撤销临时股东会决议案

关键词： 公司会议程序　会议通知　通知送达

裁判摘要： 股东同住成年家属在召集临时股东会的书面通知的送达回执上代签的行为，应视为该通知已送达。公司发出召集临时股东会的书面通知，未获取股东本人在送达回证上的亲笔签字，而是由股东成年亲属代签。股东未能提供证据证明其亲属未将会议通知告知，应视为该通知已送达。

【案　　号】（2007）河市民二终字第16号

【审理法院】 广西壮族自治区河池市中级人民法院

第四十二条 股东会会议由股东按照出资比例行使表决权；但是，公司章程另有规定的除外。

关联规定

一、法律、行政法规、司法解释

《最高人民法院关于适用〈中华人民共和国公司法〉若干问题的规定（四）》

第五条 股东会或者股东大会、董事会决议存在下列情形之一，当事人主张决议不成立的，人民法院应当予以支持：

（一）公司未召开会议的，但依据公司法第三十七条第二款或者公司章程规定可以不召开股东会或者股东大会而直接作出决定，并由全体股东在决定文件上签名、盖章的除外；

（二）会议未对决议事项进行表决的；

（三）出席会议的人数或者股东所持表决权不符合公司法或者公司章程规定的；

（四）会议的表决结果未达到公司法或者公司章程规定的通过比例的；

（五）导致决议不成立的其他情形。

二、司法指导性文件

《全国法院民商事审判工作会议纪要》

7.【表决权能否受限】股东认缴的出资未届履行期限，对未缴纳部分的出资是否享有以及如何行使表决权等问题，应当根据公司章程来确定。公司章程没有规定的，应当按照认缴出资的比例确定。如果股东（大）会作出不按认缴出资比例而按实际出资比例或者其他标准确定表决权的决议，股东请求确认决议无效的，人民法院应当审查该决议是否符合修改公司章程所要求的表决程序，即必须经代表三分之二以上表决权的股东通过。符合的，人民法院不予支持；反之，则依法予以支持。

条文释义

一、本条主旨

本条是关于股东表决权的规定。

二、条文演变

本条自1993年《公司法》制定时即存在，该法第41条规定："股东会会议由股东按照出资比例行使表决权。"1999年、2004年两次《公司法》修正时，该条均未有变动。直至2005年全面修订《公司法》时，该条内容在保持原来规定的前提下，增加了公司章程可以对股东行使表决权作出规定的内容，还增加了除外规定，同时条文序号变更为第43条。修改后的条文内容为："股东会会议由股东按照出资比例行使表决权；但是，公司章程另有规定的除外。"该条文内容一直延续至今。在2013年《公司法》修正时，条文序号变更为第42条。

三、条文解读

正确理解本条，应当注意，股东作为股东会的当然成员，有权出席股东会会议。股东会会议是股东表达自己对公司的意志的场所。股东会决定有关事项，必须由股东提出自己的意见，表达自己的意志。任何单位和个人都无权阻止股东出席股东会会议，也无权阻止股东表达自己作为投资人的意志。因此，股东在股东会上有表决权。股东享有表决权，是股东参与管理权的最重要的体现。是股东各项权利得到保证的基础。股东是公司的出资人与所有者，赋予其享有表决权，使股东会能够真正成为公司的权力机构，公司董事会根据股东会的决议对公司行使管理权，公司的治理机制才能够真正运转起来。

（一）股东依据出资比例行使表决权

根据本条规定，以股东出资比例来行使表决权。有限责任公司以出资多少为基础和标准决定股东的利益分配和风险分担。有限责任公司的这种构造和内在特性，使其在股东相互关系上必然以股东平等原则为基本指导思想。股东平等原则具体表现在股东表决权上，就是以出资比例分配表决权，即在有限责任公司内部，任何股东都不能享有特权，股东的权利只能来源于其出资比例，并与出资比例的大小相适应。有限责任公司要求按照出资比例的大小决定表决权票数，而不以人数为单位实行一人一票。

（二）股东依据公司章程规定行使表决权

有限责任公司作为以资本为基础、信任为纽带的经济组织，各股东的表决权原则上应当取决于各自的出资，即股东会会议由股东按照出资比例行使表决权。也就是说，股东的表决权，应当根据股东对公司的出资以及该出资在公司资本中所占比例的多少，来表达自己对公司事务的意志。出资多的股东，表决权就多一些，反之就少一些。股东按出资比例行使表决权，体现了资本的本质，是世界各国通行的做法。

然而，除了资本因素外，有限责任公司股东之间往往具有相互信赖的原因。出资多的股东对公司发展的贡献，未必一定超过出资少的股东，出资少的股东在公司发展、经营决策等方面可能具有独到的见解。如果只以出资比例确定股东在股东会会议上行使表决权，可能不利于公司的发展和股东之间的合作。因此，本条明确规定，"公司章程另有规定的除外"，即股东在股东会会议上的表决权，公司章程可以作出不以出资比例行使表决权的规定，并按此规定执行。

根据规定，公司章程应当载明公司的议事规则，股东行使表决权的方式，也应当在公司章程中予以明确规定。有限责任公司是由出资人创办的公司，出资人订立的公司章程对公司每一个股东均有约束力。因此，股东在章程中规定的股东行使表决权的方式，法律也予以承认。也就是说，股东行使表决权的方式，依照公司章程的规定进行。公司章程可以规定以投资比例行使表决权或者不按照出资比例使表决权，如以股东人数行使表决权等，法律均没有限制。

> 第四十三条　股东会的议事方式和表决程序，除本法有规定的外，由公司章程规定。
>
> 股东会会议作出修改公司章程、增加或者减少注册资本的决议，以及公司合并、分立、解散或者变更公司形式的决议，必须经代表三分之二以上表决权的股东通过。

▶ 条文释义

一、本条主旨

本条是关于股东会的议事方式和表决程序的规定。

二、条文演变

本条在1993年《公司法》制定时即存在，分为2条内容。该法第39条规定："股东会的议事方式和表决程序，除本法有规定的以外，由公司章程规定。股东会对公司增加或者减少注册资本、分立、合并、解散或者变更公司形式作出决议，必须经代表三分之二以上表决权的股东通过。"第40条规定："公司可以修改章程。修改公司章程的决议，必须经代表三分之二以上表决权的股东通过。"2005年《公司法》全面修订时，将上述两条合并为一条，作为第44条，并作了文字性调整。修改后的条文规定为："股东会的议事方式和表决程序，除本法有规定的外，由公司章程规定。股东会会议作出修改公司章程、增加或者减少注册资本的决议，以及公司合并、分立、解散或者变更公司形式的决议，必须经代表三分之二以上表决权的股东通过。"

该规定一直延续至今，只在2013年《公司法》修正时，将条文序号变更为第43条。

三、条文解读

(一) 股东会议事方式和表决程序的确定

所谓"议事方式",是指公司股东会以什么方式就公司的重大问题进行讨论并作出决议。所谓"表决程序",是指公司股东会决定事项如何进行表决和表决时需要多少股东赞成,才能通过某一特定的决议。

股东会的议事方式和表决程序,是股东通过股东会会议行使股东权利、股东会作为公司权力机构行使权力的具体途径。由于有限责任公司具有人合性质,不同的公司,往往有不同的做法。为了保障各方面的合法权益,《公司法》作了一些明确的规定,如股东会会议由股东按照出资比例行使表决权等,这些是原则性的规定。股东会的议事方式和表决程序,除了《公司法》的原则规定外,还需要更为详细、具体的操作规则,以便具体实施和操作。因此,本条第1款规定,股东会的议事方式和表决程序,除《公司法》有规定的以外,由公司章程规定。

(二) 法定事项表决的特别规定

股东会由全体股东组成,依法行使股东会的职权,其议事方式和表决程序一般由公司章程加以规定,但是法律就此作出特别规定的,应当严格遵守法律的规定。股东会决议可分为两种:一种是普通决议,它是股东会对公司一般事项作出的决议,只需经代表1/2以上表决权的股东通过。另一种是特别决议,它是股东会就公司的重大事项作出的决议,关系到公司的存续和发展,因此,法律对此作出特别规定。(1)修改公司章程。公司章程是公司组织和行为的基本规则,是公司活动的依据,法律对其制定、内容、形式等都有明确要求,公司可以对公司章程进行修改,但必须严格按照法定程序进行。(2)公司增加或者减少注册资本。公司注册资本是公司设立、存续、发展的物质基础,是法定登记事项。公司在成立以后,可以根据客观需要增加或者减少注册资本,但必须严格按照法定程序进行。(3)公司合并、分立、解散。公司解散,导致公司消失;公司合并、分立,或者导致公司解散,或者导致公司分裂。因公司合并、分立、解散涉及公司财产的变化,事关股东重大权益,所以必须严格按照法定程序进行。(4)变更公司形式。有限责任公司可以依法变更为股份有限公司，股份有限公司也可以依法变更为有限责任公司。公司变更形式，涉及公司注册资本、股东权益、组织机构等方面的重大变化，属于重大事项，所以必须严格按照法定程序进行。

值得注意的是，股东会的特别决议须经代表 2/3 以上表决权的股东通过，它不受股东人数多少的限制。即只需表示同意的股东代表了 2/3 以上的表决权，该决议即为通过。《公司法》对股东会特别决议的表决程序的规定是强制性规定，不得由公司章程作出与此不一致的规定。公司章程只能重复记载此类特别决议的表决程序，否则无效。对《公司法》的特殊规定以外的事项，可由公司章程任意作出规定。

▶ 适用指引

司法实践中，正确理解和适用本条，还需要注意，股东会的特别决议须经代表 2/3 以上表决权的股东通过，它不受股东人数多少的限制。即只需表示同意的股东代表了 2/3 以上的表决权，该决议即为通过。《公司法》对股东会特别决议的表决程序的规定是强制性规定，公司章程不得作出与此不一致的规定。公司章程只能重复记载此类特别决议的表决程序，否则无效。对《公司法》的特殊规定以外的事项，可由公司章程任意作出规定。

公司章程是规定设立公司的宗旨、组织原则、经营管理方式、业务范围、经营活动的基本原则以及股东权利义务和公司权力的法律文件，是公司内部的自治法规。公司章程应当由全体股东一致同意，共同制定，它是公司的核心文件。公司章程的变更，是指已经生效的公司章程的修改。公司章程是公司组织与公司经营活动的基本规则，它对公司、公司股东、公司董事、监事、经理都有约束力。因而，公司章程是公司正常运转和存续的重要因素。正因为如此，公司章程不得任意修改。但是，公司又是活跃在市场中的以营利为目的的经营主体，它在经营中遇到公司内部和公司外部各种因素的变化之情形是难以避免的。若绝对禁止修改公司章程，显然对公司的健康发展不利。所以，依法定程序修改公司章程是必要的。根据本条规定，修改公司章程必须经过代表 2/3 以上表决权的股东通过，才能作出修改公司章程的股东会决议。

一、公司章程变更的原因和范围

公司章程虽可变更，但变更并非随意的。它只有在公司成立后出现情势变迁，而公司章程又不适应新的情势时，才不得不加以变更。这里的所谓"情势变迁"，是指国家经济形势与公司营业状况发生变化，或其他公司内在、外在因素的变化。诸如公司住所之变更，董事或监事的组成之变更，公司名称之变更，公司资本增减之变更，公司财务状况发生重大变化或公司法定代表人的更迭等。当发生上述原因时，公司章程变更便十分必要。

对公司章程变更的范围，我国《公司法》并无限制性规定。原则上公司章程所记载的事项，不论是绝对记载事项，还是任意记载事项，只要确属必要，均可变更。但公司章程在变更时，还应遵循必要的原则。

二、公司章程变更的原则

其一，不违法原则。即公司章程变更的内容不得与法律、行政法规相抵触，不得违背公序良俗。其二，不损害股东利益原则。即公司章程变更后，不得因此而违反股东平等原则和侵害股东合法权益，如因大股东操纵股东会修改公司章程，以决定公司资本增减、股份收购与合并，由此而损害公司小股东的利益，受害股东可以诉讼方式主张章程修改无效。其三，不损害债权人利益原则。因为公司在原来章程指导下已经运营并与特定债权人之间结成了受法律保护的债权债务关系，故此时修改章程已不只牵涉股东利益，有可能涉及债权人利益。如公司减资、合并分立等，均可能影响公司的偿债能力，由此而涉及债权人利益的实现与否。若如此，应允许公司债权人对公司章程之修改提出异议或抗辩，以维护债权人利益。其四，不妨害公司法人的一致性原则，即不得因公司章程的变更，而使一个公司法人转变为另一个公司法人。

三、公司章程变更的程序

首先，由董事会提出修改公司章程的提议。董事会是公司的经营决策机构，对章程的执行和变化情况最为清楚，能够对公司章程提出恰当的修改建议。而且依照我国《公司法》规定，董事会负责召集股东会或股东大会，为股东会或股东大会准备章程修改议案应是其职责之一。

其次，将修改公司章程的提议通知其他股东。修改公司章程是股东会或股东大会审议事项之一,故修改公司章程的提议应提前通知各股东,以便其做好投票准备。根据《公司法》第41条规定,有限责任公司董事会应于股东会会议召开15日以前将章程修改提议随会议通知一同送达全体股东。

再次,由股东会或股东大会表决通过。修改公司章程属于公司的重大事项,应规定较严格的表决通过程序,并要求股东会或股东大会对公司章程之修改作出特别决议。本条规定,有限责任公司修改公司章程的决议,必须经代表2/3以上表决权的股东通过。

最后,进行公司章程变更登记。由于公司章程属于公司注册登记的必备文件,且修改公司章程属于法人变更登记事项,故而,公司章程变更后,公司董事会应向工商行政管理机关申请变更登记。凡因公司变更登记事项而修改公司章程的,进行变更登记时须提交新的公司章程或公司章程修正案;凡公司章程修改未涉及登记事项的,公司应将修改后的公司章程或公司章程修正案送原公司登记机关备案。

▶ 类案检索

郑某某与余某某等滥用股东权利损害赔偿责任纠纷案

关键词: 决议撤销 滥用股东权利 损害赔偿

裁判摘要: 小股东反对公司股东会增资扩股的决议,可在60日内行使撤销权。以滥用大股东权利为由主张股东会决议不合理并请求返还股权,缺乏法律依据,人民法院不予支持。

【案　　号】(2019)最高法民终469号

【审理法院】最高人民法院

第四十四条 有限责任公司设董事会,其成员为三人至十三人;但是,本法第五十条另有规定的除外。

两个以上的国有企业或者两个以上的其他国有投资主体投资设立的有限责任公司,其董事会成员中应当有公司职工代表;其他有限责任公司董事会成员中可以有公司职工代表。董事会中的职工代表由公司职工通过职工代表大会、职工大会或者其他形式民主选举产生。

董事会设董事长一人,可以设副董事长。董事长、副董事长的产生办法由公司章程规定。

▶ 关联规定

法律、行政法规、司法解释

《中华人民共和国民法典》

第八十一条 营利法人应当设执行机构。

执行机构行使召集权力机构会议,决定法人的经营计划和投资方案,决定法人内部管理机构的设置,以及法人章程规定的其他职权。

执行机构为董事会或者执行董事的,董事长、执行董事或者经理按照法人章程的规定担任法定代表人;未设董事会或者执行董事的,法人章程规定的主要负责人为其执行机构和法定代表人。

▶ 条文释义

一、本条主旨

本条是关于有限责任公司董事会的组成及产生的规定。

二、条文演变

1993年《公司法》第45条规定:"有限责任公司设董事会,其成员为三人至十三人。两个以上的国有企业或者其他两个以上的国有投资主体投资设立的有限责任公司,其董事会成员中应当有公司职工代表。董事会中的职工代表由公司职工民主选举产生。董事会设董事长一人,可以设副董事长一至二人。董事长、副董事长的产生办法由公司章程规定。董事长为公司的法定代表人。"《公司法》于1999年、2004年进行修正时,本条未变更。2005年修订时,条文序号未作调整,内容修改情况为:一是第1款增加规定但书条款"但是,本法第五十一条另有规定的除外"。二是将第2款关于公司职工代表的规定修改为:"其他有限责任公司董事会成员中可以有公司职工代表。董事会中的职工代表由公司职工通过职工代表大会、职工大会或者其他形式民主选举产生"。三是将第3款"可以设副董事长一至二人"修改为"可以设副董事长"。四是将第4款"董事长为公司的法定代表人"的规定删除。2013年修正时,将本条文序号调整为第44条,内容未作变更。2018年修正时,本条未作变更。

从本条的演变及修改内容看出:一是增加但书规定,将不设董事会的股东人数较少或者规模较小的有限公司予以完整规范,表述更加严谨。二是明确了对于非国有投资主体设立的有限责任公司中也可以由职工代表担任董事,并且完善了职工董事产生的民主选举方式,明确了职工代表大会、职工大会或者其他形式均可以作为民主选举产生职工代表担任公司董事的方式。三是对于副董事长的人数不作强制性规定,由公司章程或者公司意志决定。四是由于公司经营和决策过程是非常复杂的,如果强制性规定董事长为公司法定代表人,必然会导致公司经营和决策的效率下降,不利于公司运行和治理的正常发展,因此取消关于公司法定代表人的强制性规定,将其作为公司意思自治的范畴。

三、条文解读

董事会,是指依法由股东会选举产生、由全体董事组成的、行使公司经营管理和决策权的业务执行机关。[1] 董事会是公司的必设机关,董事是董事会成员。无论采用股东会中心主义抑或董事会中心主义,董事会在法律上始终掌管

---

[1] 李东方:《公司法学》,中国政法大学出版社2012年版,第337页。

着公司财产，执行着股东会决议，拥有公司事务的自由裁量权。与此同时，董事作为拥有独立利益的个体，始终有追求自身利益的冲动，也受到自身知识、能力和品行的限制，存在置公司财产和事务于危险中的可能。因而，如何站在保护公司乃至全体股东共同利益的立场上，划定董事自由裁量权的边界，妥善处理董事与公司之间的关系，始终是公司法的重要任务。① 如果站在将公司等同于股东手臂的延伸的角度，纯粹从功能上、经济效率上来考虑的话，我们可能会有疑问：董事会有什么意义呢？尤其是一些一年只开一两次会议，并不存在实质交流、真实辩论的董事会。集体决策就一定要好于个体决策吗？这种高成本维持的法律制度，究竟能获得多少制度收益呢？② 现代公司最大的特点就是所有权和经营权的分离，有限责任公司设立董事会，是公司市场化运作的必然要求，尤其是股东人数较多的公司，如果不设立董事会，由股东会直接从事经营管理，程序的繁琐以及股东素质参差不齐等因素都会影响到股东会决策水平和效率，不利于公司的正常运行，不利于公司正常经营活动的开展，最终制约公司的运行效率，损害公司及股东利益。而对于人数较少、规模较小的有限责任公司，股东可以聘任一名执行董事，也可以由股东出任执行董事，更有效便捷地发挥董事的职能。法律实践对董事会的冲击，受到一体化和规模经济的影响，现实中的大公司决策和管理上的集权不断增强，权力趋向于管理层。经理层或CEO在公司管理中的地位和作用日益明显，《公司法》对经理的相关职权也进行了规定和明确。需要特别指出的是：（1）《公司法》还规定了职工董事制度，在国有性质的有限责任公司中，职工作为董事参与公司治理，是对职工民主决策、民主管理、民主监督权利的制度保障。非国有的有限责任公司，也倡导性地规定董事会成员中可以有职工代表，使职工董事的地位有了法律保障。（2）法定代表人并非只能由董事长担任，执行董事和经理也可以对外代表公司，法定代表人的选任工作是公司内部事务，由公司章程规定。

现代公司通常实行所有权与经营权相分离的原则，由股东选任董事成员，由被选任的董事组成董事会，作为公司的决策机构，负责公司经营管理。公司各有特点，规模各异，各公司可根据本条规定和实际需要确定董事会的组成人员和人数，少则可以3人，最多可以13人。但是通常董事会成员人数应为单

---

① 叶林：《董事忠实义务及其扩张》，载《政治与法律》2021年第2期。
② 邓峰：《董事会制度的渊源、进化和中国的学习》，载《证券法苑》2011年第4期。

数，以防止董事会在作出决定时出现赞成、反对各半的僵局，无法形成有效的决议，将影响公司的正常运转，制约公司的经营决策，股东会的相关经营方针、投资计划及盈利分配等都无法有效地实现，必然会导致公司的瘫痪和混乱，损害公司及股东的利益。

依照本条规定，两个以上的国有企业或者其他两个以上的国有投资主体设立的有限责任公司的董事会中必须有职工董事，此处体现我国公司制度的民主特点。其他有限责任公司的董事会中也可以有职工董事，以有利于职工参与公司的民主管理，该规定具有倡导性，有利于保护职工及相关利益者的权益，充分调动职工的积极性。为了保证职工董事真正从公司职工中产生，确实代表职工利益，明确职工董事应由公司职工通过职工代表大会、职工大会或者其他形式民主选举产生，不能由股东大会选举产生。

董事会作为有限责任公司权力机构的执行机构，依法也采取集体议事制度，行使公司经营决策权，采取会议决议体制，故有必要设置董事长，在董事会内部负责董事会会议的召集、主持等程序事务，协调董事会成员之间的关系，统筹公司各项事务，检查董事会决议的执行情况。公司还可以根据实际需要设副董事长，协助董事长工作，关于副董事长的人数不再作强制性规定，更符合一些大型公司设置数名副董事长的实际需要。董事长、副董事长的产生办法，法律中未作规定，应由公司章程规定。公司章程可以规定由股东会直接选举董事长和副董事长；也可以规定由股东会选举董事会后，由董事会成员选举产生董事长和副董事长；还可以规定按照股东的出资比例大小决定由谁担任董事长、副董事长等。

▶ 适用指引

一、关于职工董事

有限责任公司的人合性特点明显，这样会导致公司股东和高管形成封闭性的经营管理特点，而职工系公司聘用的劳动者，属于被雇佣和管理的对象，但如果单从雇佣关系和劳动关系看，无法体现人民当家作主的社会本质，最直接的原因是无法调动劳动者的积极性，最终损害的还是公司和股东利益，特别是在国有性质的公司中，人民当家作主和民主制特征，更应当充分体现出来，故本条第 2 款专门对董事会中的职工代表问题加以规定。两个以上的国有企业或者两个以上的其他国有投资主体投资设立的有限责任公司，资本全部来源于国有资产，即全民所有的财产，为了与《宪法》和其他法律相衔接，体现我国人民当家作主的宗旨，有利于民主化管理，董事会成员中应当有职工代表，即所谓的职工董事，让职工参与公司管理，让职工与公司命运相连。本条并未对其他有限责任公司作硬性规定，用"可以"来作倡导性和指引性规定，一般情况下，为了维护职工合法权益，增强职工积极性，其他有限责任公司章程中也会规定，董事会成员中有公司职工代表。

二、关于董事会成员的产生方式

从董事会成员的产生方式看，一般的董事会成员，因其属股东会的执行机构，应当由股东会选举、更换。但是，董事会中的职工代表，属民主制度的体现，不应当由股东会任命或者指定，而应由职工民主选举产生。职工应当通过职工代表大会、职工大会或者其他形式，民主选举产生由职工代表担任的董事。董事会成员中，较为特殊的就是董事长，属特别的董事。由于董事会作为公司的经营管理机构，承担着大量的经营决策、人事管理、方案制订等多方面的工作。同时，董事会行使职权，作出决定，是通过董事会会议的形式进行的，这就需要负责董事会日常事务的负责人能够统筹和安排公司的整体运转，通过公司经营决策体现民主下的集中，更有效地作出决议加以执行。因此，法律规定，董事会应设董事长一人，同时还可以根据需要设副董事长。董事长、副董事长应当是董事会成员，不是董事会成员的人不能成为董事长、副董事长。至于董事长、副董事长如何产生，法律授权由公司章程确定。

三、适用本条时应注意的问题

（一）关于董事长和副董事长的职责与自治边界问题

董事长是董事会的负责人，负责召集和主持董事会，在公司经营决策、管理运行过程中，起着重要的决定作用。本条规定董事会应当设董事长，意味着必须有一名董事会的负责人，将董事会各项事务负责起来，统筹并运转，以顺利地实现董事会的决议，发挥董事会作为执行机构的真正作用。从人数上看，董事长应当由一人担任，这是和董事长职位及作用相契合的，否则极容易陷入

"群龙无首"的公司瘫痪状态。相对而言,副董事长作为董事长的助手,作为董事会职能的部分承担者,本条未予强制规定,而是倡导性的,由公司章程自治决定是否设立。另外,对于副董事长的人数未作限制,可以根据公司的具体情况加以设立,法律不干涉公司的该部分自治权力。

(二)关于法定代表人的职责与法律地位问题

依照法律或者法人组织章程规定,代表法人行使职权的负责人,是法人的法定代表人。公司是企业法人,有独立的法人财产,享有法人财产权,作为拟制主体,其对外的意志和意思表达需要法定代表人实际履行,因此法定代表人成为公司的"代言人",代表公司意志,是公司的表象,而非民法上的代理关系。从《公司法》的修订历程看,本条取消原来《公司法》关于董事长为公司唯一法定代表人的强制性规定。因为公司代表权的安排属于公司内部事务,由哪个职位的人员作为代表公司意志机关,应当由公司自己决定,并非外界权力予以强加。谁最有能力代表公司且最合适代表公司,只有公司自己最清楚。因此,若规定强制性的单一法定代表人制,只有董事长才享有代表权,使董事长具有了不同于其他公司董事的特殊地位。董事长享有的不同于其他董事的法定的代表权,容易形成在公司经营活动中董事长专权,无法体现公司自治,更不利于公司民主制度的体现及民主决策的形成。此外,董事长作为董事会的成员,在进行董事会决议时,实行一人一票制度,并不存在投票权的差异,董事长与其他董事职权的不同之处仅在于他是董事会的召集人和主持人,在公司实际经营事务中,对章程赋予的董事长职权,享有部分决定权和决策权,此外则无区别。

司法实践中,有公司诉请原法定代表人返还公司印章、营业证照、财务账册等公司财产的案例。但法定代表人抗辩认为,公司的印章、证照、财物财册、人事档案、业务合同等经营管理文件均属公司财产,但法律并未规定该财产均由法定代表人保管。公司作为私法商主体,有权在公司内部决定由谁保管相应的印章、营业执照、税务登记证、财务账册等,司法权不应干预公司自治。法院认为,在公司章程没有明确规定印章、证照、财物财册、人事档案、业务合同等经营管理文件由谁保管时,因该部分财产属于法人独立财产,法定代表人是法人财产权的负责人,故推定上述财产由对外行使职权的负责人即法定代表人保管,判令原法定代表人向公司返还相应的财产。

229

（三）关于职工董事在公司治理中的相关问题

职工董事是公司法规定公司经营管理过程中，结合不同有限责任公司的特点进行的制度设计。从制度本身来看，职工董事符合我国的社会主义本质特征，体现我国国家制度的人民性特征。特别是本条第 2 款专门强调国有性质的公司，更要突出职工董事的特征和优势。从私法角度看，也能够让职工参与到公司管理中，促进公司管理和经营，调动职工积极性。但是没有规定职工董事的比例。即职工董事在董事会成员中仅能有一人，还是可以多人？其所占比例应当多大？而且该问题并没有明确章程可以规定，如果按照"法无明文禁止则自由"的理念，关于职工董事的人数及职工董事在董事会中的比例问题，公司章程可以作出规定和限制。

关于职工董事能否成为董事长的问题。董事会中没有职工董事人数和比例的限定，董事长一般是从董事会成员中选任或指定，职工董事有成为董事长的条件；董事长的产生由公司章程规定，是公司自身意志的体现，职工董事有成为董事长的可能；从董事会议事方式和决议程序看，董事会成员的投票为一人一票，股东董事与职工董事并没有区别，职工董事成为董事长不违背董事会决议议事规则；董事长的主要职责是主持和召集董事会及相关事务性工作，职工董事本身就是公司的职员，更加熟悉公司经营决策情况，事务性工作也能够胜任，职工董事成为董事长更符合公司的实际情况。但实践中，职工董事担任董事长的情况并不多见，主要原因可能是从董事会的来源看，其还是股东会的执行机构，股东会当然希望自己的利益在董事会中也能够体现，股东才是公司的出资人和所有者，必然要控制董事会来无障碍地执行股东会及全体股东的意志，所以董事长由股东董事担任，更能符合公司的利益和宗旨。

▶ 类案检索

28 名股东与金某等损害公司利益赔偿纠纷案

关键词： 董事长　选举产生　公司自治

裁判摘要： 董事长、副董事长的产生办法由公司章程规定。而依照该公司公司章程规定，董事会由全体股东选举产生。在前述一系列程序未完成之前，法院的司法权不能代替行政权和公司自治原则而对公司法定代表人作出更换。

【案　　号】（2006）南川法民初字第538号
【审理法院】重庆市南川区人民法院

> **第四十五条** 董事任期由公司章程规定，但每届任期不得超过三年。董事任期届满，连选可以连任。
>
> 董事任期届满未及时改选，或者董事在任期内辞职导致董事会成员低于法定人数的，在改选出的董事就任前，原董事仍应当依照法律、行政法规和公司章程的规定，履行董事职务。

▶ 关联规定

法律、行政法规、司法解释

《最高人民法院关于适用〈中华人民共和国公司法〉若干问题的规定（五）》

第三条 董事任期届满前被股东会或者股东大会有效决议解除职务，其主张解除不发生法律效力的，人民法院不予支持。

董事职务被解除后，因补偿与公司发生纠纷提起诉讼的，人民法院应当依据法律、行政法规、公司章程的规定或者合同的约定，综合考虑解除的原因、剩余任期、董事薪酬等因素，确定是否补偿以及补偿的合理数额。

▶ 条文释义

一、本条主旨

本条是关于有限责任公司董事任职期限的规定。

二、条文演变

1993年《公司法》第47条规定："董事任期由公司章程规定，但每届任期不得超过三年。董事任期届满，连选可以连任。董事在任期届满前，股东会不得无故解除其职务。"《公司法》于1999年、2004年进行修正时，本条未变更。2005年《公司法》修订时，条文序号调整为第46条，将第2款规定修改为"董事任期届满未及时改选，或者董事在任期内辞职导致董事会成员低于法定人数的，在改选出的董事就任前，原董事仍应当依照法律、行政法规和公司章程的规定，履行董事职务"。2013年《公司法》修正时，将本条条文序号调整为第45条，内容未作变更。2018年《公司法》修正时，本条未作变更。

从本条的演变及修改内容可以看出，关于董事任期的规定，并未作出变更，对于董事任期届满后和新董事就任前的"空档期"的衔接问题，在条文演变中进行了明确规定，防止公司董事在任期或者交接过程中，公司的经营和决策等事项无法进行，公司陷入混乱状态，特别规定新董事就任前，原董事负有持续履行职责的义务。同时，取消了关于董事任期届满前，股东会不得无故解除其职务的规定内容。

三、条文解读

（一）关于董事的任期

所谓"董事的任期"，是指担任董事职务的时间限制。董事职务本身属于公司自治内容，由谁担任董事是股东会及职工大会等选任的，属公司内部事务，法律不作太多干预。根据本条规定，董事的任期，由公司章程规定。公司可以根据自身情况，在公司章程中规定董事的具体任期。公司的经营管理是与公司长期经营相关的，董事能否尽职履职，能否尽到勤勉义务和忠实义务，能否将公司经营好并给股东带来盈利，是考核和判断董事经营管理及决策能力的重要标准，因此，解任和更换董事，就成为题中之义，为此法律对董事的任期加以适当制约，即董事的每届任期不得超过3年，法定最高年限为3年，公司章程规定的董事任期必须符合这一要求，即董事的任期不得超过3年，公司章程可以规定董事任期少于3年。

（二）关于董事任期届满后的连选连任

董事的三年任期届满后，如果公司并未再次将其选任或委派为董事，则自然发生退任的效果。但是，本条规定董事任期届满，连选可以连任。"连选"，是指董事这一届的任期届满时，又被股东会或者职工选举为下一届的董事，即有资格继续参加下一任董事的选任或委派等；所谓"连任"，是指董事这一届的任期届满时,接着担任下一届的董事,即不受连任限制,可以连续成为多届董事。如果中间隔了一届,则不属于连选连任。法律允许董事连任,前提条件是必须获得连选。至于董事可以连任多少届,法律没有作出限制性规定,可以由公司根据自身情况,在公司章程中作出规定。一般情况下,股东会选举产生的董事,如果能够尽到勤勉义务和忠实义务,能够获得股东会的信赖和支持,切实维护公司和股东权益,对公司发展作出贡献,会一直担任董事职务,股东会或职工大会将连续选任其为公司董事。

(三)关于董事任期届满,没有改选前仍须履职

实践中,公司在设立董事会时,会选任出符合法律或章程规定的董事,但在公司经营和发展过程中,董事的任期届满是正常的运营效果,但董事职务时间届满后,需要公司股东会召开、召集等加以改选或连选,而股东会的召集和主持等程式化的工作,并非一蹴而就。特别是有限责任公司股东较多的情形下,股东会选任董事就会被耽搁和迟延,以至于出现董事会成员低于法定人数的情形,此时如果董事会要进行公司经营管理等方面的决策,就无法有效地通过相关决议,制约董事会行使职权和发挥其功能。此时需要一个缓冲时间来解决该"真空"阶段,确保董事会正常运行,不影响公司董事会决议的顺利作出。根据本条第2款的规定,董事的任期届满,公司应当及时进行改选,选出下届董事。但是,由于现实情况的复杂多样,有的公司可能因为某种原因,没有及时进行改选。董事已经完成任期,按理可以不再履行董事职务,然而公司又没有进行改选,在改选出的董事就任前,原董事仍应当按照法律、行政法规和公司章程的规定,履行董事职务。这就是说,法律要求董事按照规定继续履行职务,而不能以任期届满为由,拒绝履行董事职务。此为董事任期届满后的一项法定义务,该义务的截止时间为改选出的董事就任时。

(四)董事在任期内辞职,在改选出的董事就任前应继续履行董事职务

董事的任期并未届满,但在任期届满之前,董事可以提前辞职,公司并不会提前对董事的辞职有所预期,此时如果该董事的辞职导致董事会成员低于法定人数的,即便是公司很快改选出了新的董事,但其交接工作、上任履职等需要一定的时间,如果在此时段董事会要进行相关事项的决议,就不能实现顺利

表决或者会陷入决议僵局。为避免此僵局的出现，本条第 2 款规定，在改选出的董事就任前，原董事仍应当继续履行董事职务，同样不得拒绝或进行抗辩。也就是说，辞职的董事需按照有关规定办理相关手续、交接有关工作，正式辞职之后，董事的职位就出现了空缺，如果因此导致董事会成员低于法定人数的，公司应当及时进行补选，以满足董事会人数的法定要求，否则将会影响董事会的运行。但是，公司可能因为某种原因，没有及时进行改选，补选出新的董事。对此，本条第 2 款明确规定，董事在任期内辞职导致董事会成员低于法定人数的，在改选出的董事就任前，原董事仍应当按照法律、行政法规和公司章程的规定，履行董事职务。原董事即使辞职了，也不能以已经辞职为由，拒绝履行董事职务。此为董事辞职后的一项法定义务，该义务的截止时间为改选出的董事就任时。

适用指引

一、关于董事与公司之间的法律关系问题

董事是由公司股东会选任或职工大会选举产生的，履行公司及股东会赋予的经营管理、人事任免、制订方案等职权，属公司经营管理的核心部门。但是，包括董事长在内的董事，与公司之间是何种法律关系，对此，有观点认为系劳动合同关系，因为虽然董事是管理机构履职，但从劳动合同角度看，董事履行公司与其约定的职权，接受公司的雇佣，由公司发放劳动报酬，应属于劳动合同关系。也有观点认为，董事和监事等职务与公司之间是一种委任关系，即股东董事本身是公司股东，如果其被选任为公司董事，经营管理公司相关工作，那么公司就委任其为董事会成员并赋予相应职权，虽然公司也会给予其相应的职务报酬，但该委任关系并不是劳动法意义上的劳动合同关系。最高人民法院生效判决的观点认为，董事与公司之间的法律关系，从公司法角度看，是一种委任关系，但并不排斥董事与公司之间形成事实上的劳动合同关系。①

---

① 参见最高人民法院（2020）最高法民再 50 号民事判决书。

二、股东会或股东大会是否享有对董事职务的任意解除权

从《公司法》的修改沿革可以看出，原《公司法》规定，公司股东会不能无故解除董事职务，以维护公司董事会的稳定，此立法原意是出于对公司经营管理稳定的考量，如果允许股东会任意解除董事职务，将会导致董事不能安心经营和管理公司，对公司的勤勉义务和忠实义务势必会有所折扣。但从公司法的角度而言，股东会与董事之间是委托关系，股东会应有权随时解除董事的职务，且这一规定并不能阻止股东会借"正当理由"解除董事职务。特别是在《公司法规定（五）》施行后，该司法解释第3条第1款明确规定，董事任期届满前被股东会或者股东大会有效决议解除职务，其主张解除不发生法律效力的，人民法院不予支持。这就意味着，股东会或股东大会只要以有效的决议解除董事职务，是不需要"正当理由"的，也就肯定了股东会或股东大会对董事享有任意解除权，只不过解除董事职务的决议须为有效决议而已。有问题的是：如果董事是通过股东会选任而担任董事职务，该董事未能尽到勤勉义务或忠实义务，作为权力机构有权解除其董事职务。但如果该董事是职工董事，其产生是通过职工大会或职工代表大会民主选举产生的，代表公司职工利益，并非股东会选任产生，此时股东会是否有权任意解除职工董事的职务？由于职工董事并非由公司股东会选举产生及更换，而是由职工代表大会或职工大会等通过民主选举的方式产生，故一般而言，股东会无权解除职工董事的职务。虽然《公司法》并未明确职工董事的罢免程序，但若职工董事发生违反公司章程、不履行或怠于履行董事职责、不适合继续担任董事职务等情形，还是应当通过召开职工代表大会或职工大会等方式的罢免程序进行罢免。

三、关于董事缺位的改选问题

正如前文分析，董事可能因任期届满而发生退任或连任，也可能在任期内提出辞职导致董事会成员低于法定人数，还可能因《公司法规定（五）》第3条之规定被解除职务，此三种情况都可能导致董事会成员低于法定人数，需要通过改选并就任，才能恢复董事会的正常运转。此处的"导致董事会成员低于法定人数"应当如何理解？试举例如下：如果有限责任公司董事会成员共三人，只要发生上述三种情形之一，便无法形成董事会决议，董事会将陷入瘫痪的危险，此时改选势在必行。如果有限责任公司董事会成员共5人，其中一名

董事任期届满，一名董事被股东会解除职务，现在董事会剩余3人。倘若仅从表决程序看，公司章程规定某项事务，董事会决议2/3同意通过，方为有效。在改选出新的董事前，或改选出新董事但未就任前，剩余3名董事全部投赞成或反对票，董事会决议的通过或不通过都不会因缺少两名董事而受到影响。当然不能保证所有董事都能投一致的意见，但有限公司人合性较强，董事之间形成一致意见、投出一致赞成或反对票的可能性非常大，那么此种情况下，是否符合本条第2款规定的"导致董事会成员低于法定人数"？更进一步明确的疑问是：此处的法定人数指的是公司董事会固有人数，还是法定通过董事会决议半数决或多数决所需要的人数？后附类案检索一中关于孙某某辞职是否有效的问题，该案例将本条的"法定人数"认定为"法定三人以上"，如果董事辞职后，董事人数没有低于3人，不影响董事会正常行使职权，那么辞职应当不需要股东会召开或通过为条件。如果董事一定要通过股东会和董事会作出"同意"的决议才能离职，在公司股东间出现矛盾的情况下是不能实现的，根据民商法的意思表示自由原则及公平原则，不应该限制董事辞职的权利。

司法实践中若遇到相关案例，要谨慎适用法律，防止与立法本意相悖。

▶ 类案检索

一、孙某某与中顺公司高级管理人员损害公司利益赔偿案

关键词： 董事　辞职　法定人数　辞职有效

裁判摘要： 董事在任期内可以辞职，但是由于董事会应当具备法定人数三人以上，如其辞职后公司董事人数大于3人，不影响公司董事会的正常运作，董事的辞职应当是有效的。

【案　　号】（2011）东中法民二终字第88号

【审理法院】广东省东莞市中级人民法院

二、欧某与金之彩公司、美盈森公司公司决议纠纷案

关键词： 董事长　选举产生　司法权不干预　公司自治

裁判摘要：《公司法规定（五）》第3条规定廓清了公司与董事的关系，明确了公司可以随时解除董事职务，即公司董事和董事长职务可以无因解除。

董事长的职务，实际上因公司与董事之间的合同关系而产生，依股东会的选任决议和董事同意任职而成立合同法上的委托合同，合同双方均有任意解除权，即公司可以随时解除董事长的职务，董事长也可以随时辞职。

【案　　号】（2018）粤0309民初5060号
【审理法院】广东省深圳市龙华区人民法院

第四十六条　董事会对股东会负责，行使下列职权：

（一）召集股东会会议，并向股东会报告工作；

（二）执行股东会的决议；

（三）决定公司的经营计划和投资方案；

（四）制订公司的年度财务预算方案、决算方案；

（五）制订公司的利润分配方案和弥补亏损方案；

（六）制订公司增加或者减少注册资本以及发行公司债券的方案；

（七）制订公司合并、分立、解散或者变更公司形式的方案；

（八）决定公司内部管理机构的设置；

（九）决定聘任或者解聘公司经理及其报酬事项，并根据经理的提名决定聘任或者解聘公司副经理、财务负责人及其报酬事项；

（十）制定公司的基本管理制度；

（十一）公司章程规定的其他职权。

条文释义

一、本条主旨

本条是关于有限责任公司董事会职权的规定。

二、条文演变

1993年《公司法》第46条规定了董事会的十项职权。《公司法》于1999年、2004年进行修正时，内容未变更。2005年《公司法》修订时，条文序号调整为第47条，将第6项职权内容修改为"制订公司增加或者减少注册资本以及发行公司债券的方案"；将第7项职权内容调整为"制订公司合并、分立、解散或者变更公司形式的方案"；将第9项职权修改为"决定聘任或者解聘公司经理及其报酬事项，并根据经理的提名决定聘任或者解聘公司副经理、财务负责人及其报酬事项"；增加规定第11项职权即"公司章程规定的其他职权"。2013年《公司法》修正时，将本条条文序号调整为第46条，内容未作变更。2018年《公司法》修正时，本条未作变更。

从本条的演变及修改内容可以看出，除将董事会职权规定内容进行进一步规范表述外，增加规定了发行公司债券方案的职权，作为公司对外融资的重要方式，发行公司债券方案应当成为董事会的重要职权内容。此外还增加了公司章程规定的其他职权，进一步赋予公司意思自治的权利，如果公司章程在《公司法》列举的十项职权之外，赋予董事会其他职权，应当认定为公司的真实意思表示，依法应当予以保护。

三、条文解读

股东会是有限责任公司的权力机构，决定公司的重大问题。董事会则是有限责任公司的执行机关，它负责公司经营活动的指挥和管理，其中包括代表公司对各种业务事项作出意思表示或者决策，以及组织实施和贯彻执行这些决策。因此，从一定程度上讲，董事会是股东会的执行机关，是公司的业务决策机关，具体行使下列职权。

（一）召集股东会会议，并向股东会报告工作

董事会由董事组成，董事由股东会选举产生，董事会对股东会负责。因此，召集股东会会议，并向股东会报告工作，既是董事会的一项职权，也是董事会的一项义务。董事会应当依照法律规定和公司章程的规定，及时召集股东会会议，并向股东会报告自己的工作情况。

（二）执行股东会的决议

股东会作为公司的权力机构，是公司的最高决策机关，依照法律规定和公司章程规定决定公司的重大问题。股东会对公司生产经营方面作出的决议，由董事会执行。因此，执行股东会的决议，是董事会的一项职权，其实也是董事会的一项义务。董事会应当认真贯彻执行股东会的决议。

（三）决定公司的经营计划和投资方案

所谓公司的经营计划，是指管理公司内外业务的方向、目标和措施，是公司内部的、短期的管理计划。所谓公司的投资方案，是指公司内部短期资金的

运用方向。根据法律规定，决定公司的经营方针和投资计划，是公司股东会的职权。所以公司的经营计划和投资方案，是执行股东会决定的经营方针和投资计划的一项具体措施。因此，决定公司的经营计划和投资方案，既是董事会的一项职权，也是董事会的一项义务。董事会应当根据股东会作出的公司经营方针和投资计划的决议，决定公司的经营计划和投资方案，而不能违反股东会有关公司经营方针和投资计划的决议。

（四）制订公司的年度财务预算方案、决算方案

根据法律规定，审议批准公司的年度财务预算方案、决算方案，是股东会的职权。董事会作为股东会的执行机关，应当按照有关规定及时拟订公司年度财务预算方案、决算方案，报请股东会会议审议批准。因此，制订公司的年度财务预算方案、决算方案，既是董事会的一项职权，也是董事会的一项义务。

（五）制订公司的利润分配方案和弥补亏损方案

公司经过一段期间的经营活动，或者产生利润，或者产生亏损，或者收支相抵没有盈亏。当公司出现利润时，应当进行分配；出现亏损时，应当进行弥补。根据法律规定，审议批准公司的利润分配方案和弥补亏损方案，是股东会的职权。而制订公司的利润分配方案和弥补亏损方案，则是董事会的职权。董事会应当按照规定及时制订公司的利润分配方案和弥补亏损方案，并提交股东会会议审议批准。

（六）制订公司增加或者减少注册资本以及发行公司债券的方案

公司根据经营情况的需要，可以增加注册资本，也可以减少注册资本，还可以依照法律规定发行公司债券。根据法律规定，公司增加或者减少注册资本以及发行公司债券的方案，由股东会作出决议。而提出增加或者减少注册资本以及发行公司债券的方案，则是董事会的职权。董事会应当根据公司经营需要，及时制订公司增加或者减少注册资本以及发行公司债券的方案，并提请股东会会议审议，作出决议。

（七）制订公司合并、分立、解散或者变更公司形式的方案

合并、分立、解散或者变更公司形式，都是公司的重大问题，关系到公司

是否继续存在、以何种形式存在、股东权利义务变化等，依照法律规定，由股东会作出决议。但是，公司与谁合并、怎样分立、变更为什么样的公司以及解散的具体方案，由董事会制订，然后提请股东会会议进行审议并作出决议。

（八）决定公司内部管理机构的设置

董事会作为公司的业务执行机关，负责公司经营活动的指挥和管理，所以有权决定公司管理机构的设置。董事会决定内部管理机构设置，是指董事会有权根据本公司的具体情况，确定内部的管理机构设置，如设立事业开发部、市场营销部、综合管理部、客户服务部等具体的业务部门、行政管理部门等。

（九）决定聘任或者解聘高级管理人员并决定报酬事项

聘任或者解聘高级管理人员，是指董事会有权决定聘任或者解聘公司经理，并根据经理的提名决定聘任或者解聘公司的副经理、财务负责人等高级管理人员。同时，董事会有权决定经理、副经理、财务负责人等高级管理人员的报酬事项，如报酬标准、支付时间、支付方式等。

（十）制定公司的基本管理制度

所谓公司的基本管理制度，是指保证公司能够正常运营的基本的管理体制。基本管理制度涉及公司内部运行的方方面面，董事会应当依照国家法律、公司章程等的要求，及时制定，保证公司具有良好的生产经营秩序。

（十一）公司章程规定的其他职权

除了上述列举的十项董事会的职权外，本条还赋予公司对其他应当由董事会履行的勤勉和忠实义务加以规范的权力。公司股东可以根据公司的具体情况，通过公司章程授予董事会其他职权，例如，规定由董事会决定承办公司审计业务的会计师事务所的聘任或者解聘等。此项职权的规定，体现了公司自治原则，为公司扩大董事会职权提供了弹性空间。

综上，董事会行使的职权，包括召集股东会及执行股东会决议、宏观决策权、经营管理权、机构与人事管理权、基本管理制度制定权以及公司章程规定的其他职权。这些职权体现了董事会在公司内部组织机构中的地位，体现了董事会作为公司业务执行和业务决策机关应当享有的权利和承担的职责。

适用指引

一、关于董事会职权的权利属性和义务属性

本条在案件审理过程中，对于董事会职权内容的认定需要注意职权的内涵，董事会不仅有行使权利，而且有行使的义务职权，不行使将导致公司的管理和经营决策发生障碍，应当限制或防止其不行使职权。如召集股东会、决定经营计划和投资方案、制订年度财务预算方案及利润分配方案等，如果董事会不履行或怠于履行，则会损害公司的经营及运行，损害股东权利，董事会不得因属于其职权而不予行使。

二、关于公司自治的界限问题

股东向公司履行出资义务后，分红、分配利润即成为其最基本的股东权利。实践中，公司的股东会、董事会经常由大股东控制，压迫、排挤小股东，在公司有盈余可以分配利润时，使公司无法形成董事会、股东会决议或决议侵害小股东利益。同时，基于有限公司的人合性、闭合性特征，被侵害的股东只能通过提起相应的分配诉讼、对外股权转让或回购股权的方式，保护和救济自己的权利。从检索的案例看，公司盈余分配纠纷是发生频率较高的纠纷类型，在审理此类案件时，要准确把握公司自治与司法干预之间的关系，本条规定了董事会的职权之一即制订公司的利润分配方案，由股东会批准，此即公司经营自治范畴。正如后附沈某某与宏昇公司盈余分配纠纷案中，法院认为，利润分配属公司或股东基于自身知识和经验作出的商业判断，公司享有是否分配以及如何分配公司利润的决策权，司法不应当代替公司作出盈余分配的相关判断。

类案检索

一、白某某等与福建省兴泰建筑工程有限公司盈余分配案

关键词：公司利润分配　公司自治　股东会职权　董事会职权

裁判摘要：公司利润分配方案的制订权在公司的董事会或不设董事会的执行董事。对于董事会或执行董事所提出的公司利润分配方案的批准权，则在公

司的股东会。因此,公司股利是否分配以及分配的数额,原则上属于公司自治和股东自治的范围,司法权不能干预股东会的这一权利,当董事会或执行董事未制订利润分配方案且未经公司股东会批准通过时,股东不能请求法院强制公司分配股利。

【案　　号】(2011)泉民终字第 1987 号

【审理法院】福建省泉州市中级人民法院

二、沈某某与宏昇公司盈余分配纠纷案

关键词:公司利润分配　公司自治　董事会职权

裁判摘要:公司盈余分配系公司自主决策事项,与公司其他经营决策一样都属于公司或股东基于自身知识和经验作出的商业判断,《公司法》对此也明确规定公司利润分配方案由董事会制订,由股东会审议批准。因此,人民法院对于属于公司意思自治范畴的盈余分配事宜一般采取谨慎干预原则,即只有在公司董事会、股东会议已形成盈余分配决定,而公司拒不执行该决议,致使股东依据该决议所享有的盈余分配给付请求权受到侵害,股东提起盈余分配权诉讼时,人民法院才予以审理。

【案　　号】(2017)最高法民再 66 号

【审理法院】最高人民法院

> 第四十七条　董事会会议由董事长召集和主持；董事长不能履行职务或者不履行职务的，由副董事长召集和主持；副董事长不能履行职务或者不履行职务的，由半数以上董事共同推举一名董事召集和主持。

▶ 条文释义

一、本条主旨

本条是关于有限责任公司董事会会议的召集和主持的规定。

二、条文演变

1993年《公司法》第48条规定："董事会会议由董事长召集和主持；董事长因特殊原因不能履行职务时，由董事长指定副董事长或者其他董事召集和主持。三分之一以上董事可以提议召开董事会会议。"《公司法》于1999年、2004年进行修正时，本条未变更。2005年《公司法》修订时，条文序号未作调整，将规定内容修改为"董事会会议由董事长召集和主持；董事长不能履行职务或者不履行职务的，由副董事长召集和主持；副董事长不能履行职务或者不履行职务的，由半数以上董事共同推举一名董事召集和主持"。2013年《公司法》修正时，将本条条文序号调整为第47条，内容未作变更。2018年《公司法》修正时，本条未作变更。

从本条的演变及修改内容可以看出，董事会作为公司经营和决策的核心部门，其负有11项重要职权，全部关乎公司重大或重要事项，而董事会会议是由董事长负责召集和主持的，在实践中，有的董事长不能正常履行其召集或者主持董事会会议的职责，有时是不能履行，有时则是故意不履行职责，导致公司经营和决策陷入僵局或者瘫痪，本条则进一步完善了董事长不召集或不主持董事会会议时的替代机制，有效解决了公司治理僵局。

三、条文解读

（一）条文沿革的意义和出发点

本条在规定董事长召集权、主持权的同时，赋予副董事长、半数以上董事共同推举董事的召集权、主持权，这是《公司法》修改过程中，公司董事会法律制度的一项重大改革。既确定董事长在董事会中的职责，也防止董事长滥用职权，导致董事会陷入僵局，公司经营决策、人事调整等诸多内容无法获得正常开展。

（二）董事长召集和主持董事会会议

董事会作为一个集体行使权力的机构，必须有人召集和主持会议。而召开董事会会议，研究决定公司经营管理事务，是公司的一项重要活动。本条首先规定，董事会会议由董事长召集和主持。这是因为，董事长一般由大股东或者大股东推选的人担任，同时还可以担任公司的法定代表人，对外代表公司。所以由董事长召集和主持董事会会议，符合实际。

（三）董事长不履职时董事会会议的召集和主持

法律规定董事长为董事会会议的第一召集人、主持人，董事长应当依照法律和公司章程的规定，认真负责地履行自己的职责，按照规定及时召集和主持董事会会议。但在现实生活中，却有部分公司的董事长，不按要求认真履行董事长职务，不积极召集和主持董事会会议，导致董事会集体决策的机制失效。因此，为了充分发挥董事会的作用，保障董事会依法行使职权，本条明确规定：董事长不能履行职务或者不履行职务的，由副董事长召集和主持；副董事长不能履行职务或者不履行职务的，由半数以上董事共同推举一名董事召集和主持。这一规定的实质是，半数以上董事主张召开董事会的，即使董事长或者副董事长持不同意见，董事会会议也能够召开起来，能够保证董事会制度的运行。

适用指引

一、如何理解不能履行职务或者不履行职务的问题

本条规定的"不能履行职务"或者"不履行职务",是从客观上和主观上两个层面,发生董事长不能召集和主持董事会的事实。不能履行职务是指由于发生客观原因,使得董事长职务履行不能;不履行职务是指董事长客观上可以履行职务,但是由于其主观上的原因而拒绝履行。这两种情况下,都由副董事长召集和主持。同样,副董事长由于客观和主观上的原因,履行不能或拒绝履行召集和主持董事会会议的职务时,由半数以上董事共同推举的一名董事召集和主持。

二、准确认定"半数以上董事"及其规制目的

本条规定的"半数以上的董事",是指董事会全体成员的半数以上,并非到会董事成员的半数以上。这样规定的主要目的是防止董事长或者副董事长滥用召集和主持权,使得董事会能够如期召开,公司的各项经营决策、利润分配方案等董事会职权能够顺利行使。

类案检索

邹某某与佳成公司等公司决议纠纷案

关键词: 董事长退席　董事会召开　公司决议

裁判摘要: 董事长召集董事会会议,因会议提出更换董事长及法定代表人的事项,董事长自行退席,其他董事继续召开董事会并就相关事项形成表决议,符合《公司法》关于董事会会议召开召集、主持等规定。

【案　　号】(2018)鲁民终1270号
【审理法院】山东省高级人民法院

> 第四十八条 董事会的议事方式和表决程序，除本法有规定的外，由公司章程规定。
>
> 董事会应当对所议事项的决定作成会议记录，出席会议的董事应当在会议记录上签名。
>
> 董事会决议的表决，实行一人一票。

▶ 条文释义

一、本条主旨

本条是关于有限责任公司董事会的议事方式、表决程序、会议记录和表决权的规定。

二、条文演变

1993年《公司法》第49条规定："董事会的议事方式和表决程序，除本法有规定的以外，由公司章程规定。召开董事会会议，应当于会议召开十日以前通知全体董事。董事会应当对所议事项的决定作成会议记录，出席会议的董事应当在会议记录上签名。"《公司法》于1999年、2004年进行修正时，本条未变更。2005年《公司法》修订时，条文序号未作调整，删除了第2款关于"召开董事会会议，应当于会议召开十日以前通知全体董事"的规定；将原条文第3款规定内容调整为第2款；增加规定第3款"董事会决议的表决，实行一人一票"。2013年《公司法》修正时，将本条条文序号调整为第48条，内容未作变更。2018年《公司法》修正时，本条未作变更。

从本条的演变及修改内容可以看出，对董事会的议事规则及表决方式等，应当属于公司的自治范畴，特别是董事会会议通知的期限，不再作强制性规定，由公司自主确定，这样更能体现公司的自由意志。对于表决方式特别规定了一人一票制，不得由公司通过自由约定的方式加以改变。

三、条文解读

（一）董事会会议的议事方式和表决程序

董事会会议的议事方式和表决程序，是保证董事会会议顺利进行的一个重要前提。由于有限责任公司具有特殊的人合性和封闭性，其董事会的议事方式和表决程序也多体现自治性，此种自治可能比法律规定的条件更为严格，但并非法律所干预之事项。实践中，每个公司及其董事会的实际情况都不尽相同，应当允许董事会在不违背公司法基本规定的前提下，通过公司章程结合公司各自的特点、经营方式、管理习惯和董事会的具体情况，采取适合公司自己的议事方式和程序。股份有限公司对于董事会的议事方式和表决程序等，不同于有限责任公司，股份有限公司对于董事会会议的出席人数以及董事会决议的通过都有规定。议事方式，是指董事会会议讨论问题采用的形式。表决程序，是指董事会会议对所议事项作出决定的步骤、方式。议事方式和表决程序，包括如何通知董事参加会议，会议的召集和主持，讨论问题的方式，有效出席人数，议事议程的提出和确定，审议规则，表决方式等。议事方式和表决程序，规定得具体、详细，具有可操作性，有利于董事会会议的顺利召开和作出决定。由于不同公司的情况不同，对董事会会议议事方式和表决程序的要求也不同，所以法律不可能对此规定得十分具体、详尽，需要由公司章程根据本公司的具体情况作出规定。

因此，本条第1款明确规定，董事会的议事方式和表决程序，除《公司法》有规定的外，由公司章程规定，即法律原则上授权公司章程对议事方式和表决程序作出规定，但是法律有特别规定的除外。

（二）董事会的会议记录

董事会作为公司的业务决策机关，为了执行股东会的决议，实施公司经营活动，需要依照其职权，经常作出决议，是董事会进行实际的经营管理的体现。（1）会议记录。董事会会议应当对所议事项的决定作成会议记录，以便股东和监事查阅。董事会会议记录的内容应当包括董事会会议所议事项及讨论后所得出的结论，具体包括会议召开的时间、地点、出席人员、议题、董事讨论意见、投票表决情况等。（2）董事签名。董事应当积极履行自己的职责，出席董事会会议，为公司发展献计献策。为了备后查询，明确董事责任，出席会议的董事应当在会议记录上签名。董事在董事会会议记录上签名，是董事的一项法定义务，董事必须履行。同时，董事作为董事会的组成人员，出席董事会会议并在会议记录上签名，也是董事的一项权利，任何人不得剥夺其签名的权利，董事会会议的召集人、主持人，特别是董事长要保证董事的签名权。在会议记录上签名，一是体现会议记录的真实性和有效性，也通过会议记录的真实有效保证董事会形成的相关决议是有效的，用于公司对董事会相关经营决策和管理决定加以明确和执行；二是如果因董事会决策失误或失职，经营决策和方案执行发生了错误，导致公司利益受损，相应的会议记录则可以作为证据，用以追究相关人员的责任，决议中持异议的董事可以免责。

（三）董事会成员的表决权

董事会中，每一名董事的权责都是相同和平等的，不因其在公司中的持股数额、时间长短、职位高低，是公司股东还是职工董事等任何因素而存在差别，因此，董事的表决权是采取"一人一票"的原则。董事会作出决议，需要由董事投票表决。根据本条第3款的规定，董事会决议的表决，实行一人一票制，即包括董事长、副董事长在内的董事会全体成员，每人只有一票的投票权，彼此之间不存在投票权大小的差别。

▶ 适用指引

一、如何理解"本法有规定"的含义

本条虽然已经将议事方式及表决程序的自治权力留给了公司自己，但是加了限制条件即"除本法有规定的外"，那么如何理解《公司法》的规定呢？从法理及体系解释看，虽然公司自己享有通过章程确定议事方式及表决程序的自由，但是若《公司法》对议事方式或表决程序有特别规定的，章程不得违反。公司从审慎运行的角度出发，可以严格于法律的特别规定，但是不能比法定的条件低，否则将会导致董事会召集程序及表决决议等无效。

二、关于议事方式和表决程序在实践中的问题

董事会的议事方式和表决程序问题,在司法实践中,涉及纠纷最多的就是关于董事会决议是否成立或有效问题。如果公司章程对董事会决议的通过或效力等作出了详细安排,应当遵守章程的规定。公司决议是否成立属于事实判断问题,应主要取决于该决议是否欠缺成立要件,是否存在程序上的瑕疵。公司决议是公司股东通过股东会或股东大会、董事通过董事会形成的公司内部意思。股东、董事的会议表决一旦形成决议,其结果即归属于公司本身,脱离于股东、董事个体成为公司的意思。因此,公司股东会、董事会的召开,以及决议的形成都应按照《公司法》和公司章程的规定进行,只有按照规定的程序形成的决议才能保证决议参与者平等、充分地表达意思,才能发生公司决议的效力。倘若公司决议在程序上存在瑕疵,就不能体现为所有应当享有表决权的决议参与者的真实意思表示,除非该决议作出后取得所有应当享有表决权的决议参与者的一致追认或默认。后附类案检索二中,中广核实华公司对董事会的议事方式规定可以书面决议,但以必须送达董事为前提;表决应当明确签回期限,未在签回期限内签回的发生相应后果。但案例中的决议在议事方式和表决程序两个方面均存在瑕疵,公司决议依法不能成立。

三、董事会会议记录在案件纠纷中的作用和意义

上文已述,董事会会议记录一方面是董事会召开会议及会议情况的记载,也是股东或监事等查阅知情的凭据,更是在公司受到损失或发生纠纷时,认定各董事是否出现判断错误、失职、免责等的依据。因此董事会会议记录非常重要,一般要求书面记录,且参会人员情况及签名盖章等都需要谨慎为之,真实反映实际情况。在现在的商事交往中,公司对外提供担保已经成为商业往来的惯常做法,股东会及董事会在作出相关决议时,就应当如实反映董事会成员的真实意思。在审理公司担保等案件时,需要审查公司是否具有对外担保的意思表示,其中重要的证据及参考内容,就是董事会的会议记录对此问题是否有明确的决议。即便公司的担保意思真实,如果要追偿或要求董事承担责任,当时会议记录上显示反对意见的董事可以据此免责。正如股份公司董事会会议记录明确规定,董事应当对董事会的决议承担责任。董事会的决议违反法律、行政法规或者公司章程、股东大会决议,致使公司遭受严重损失的,参与决议的董

事对公司负赔偿责任。但经证明在表决时曾表明异议并记载于会议记录的，该董事可以免除责任。

四、表决权的差异与股东利益之间的关联

董事会决议表决实行一人一票，体现董事的平等，职工董事与董事长的投票表决地位也是平等的。关于投票表决不平等问题，需要介绍《公司法》规定的另一个投票制度，即累积投票制，是指每一股份拥有与应选董事或者监事人数相同的表决权，股东拥有的表决权可以集中使用。《公司法》第105条同时规定，股东大会选举董事、监事，可以依照公司章程的规定或者股东大会的决议，实行累积投票制。该投票制度是在资本多数决的原则下，为了防止大股东控制董事会，小股东无法通过直接投票方式选出代表自己意志的董事或监事，无法真实反映中小股东的利益，而且上市公司控股股东控股比例在30%以上的，应当采用累积投票制，因为有专条规定该制度，所以具体制度内容不在本条展开。

▶ 类案检索

一、范某与金天地典当公司典当纠纷案

关键词：章程　董事会决议　未达通过比例　决议不成立

裁判摘要：公司章程明确规定，要形成董事会决议，必须不少于2/3董事表决通过方为有效。公司5名董事，只有3名投了赞成票，未达到公司章程规定的通过比例，董事会决议不能成立。

【案　　号】（2019）晋05民终1629号

【审理法院】山西省晋城市中级人民法院

二、中广核实华公司与江西实华公司公司决议纠纷案

关键词：章程　书面决议　签回期限　决议不成立

裁判摘要：公司章程已经对通过书面决议代替董事会会议作出了严格的制度性安排，即倘若公司通过书面决议代替董事会会议，则需事先向各位董事送达议案，且在议案里应明确指定签回的期限，在此之后，相关议案才进入表决

程序。在无法举证证明已经向董事送达相关议案及签回期限，导致书面决议的议事方式和表决程序两方面均存在瑕疵，案涉董事会决议不成立。

【案　　号】（2020）赣08民终2134号
【审理法院】江西省吉安市中级人民法院

> 第四十九条 有限责任公司可以设经理，由董事会决定聘任或者解聘。经理对董事会负责，行使下列职权：
> （一）主持公司的生产经营管理工作，组织实施董事会决议；
> （二）组织实施公司年度经营计划和投资方案；
> （三）拟订公司内部管理机构设置方案；
> （四）拟订公司的基本管理制度；
> （五）制定公司的具体规章；
> （六）提请聘任或者解聘公司副经理、财务负责人；
> （七）决定聘任或者解聘除应由董事会决定聘任或者解聘以外的负责管理人员；
> （八）董事会授予的其他职权。
> 公司章程对经理职权另有规定的，从其规定。
> 经理列席董事会会议。

条文释义

一、本条主旨

本条是关于有限责任公司经理的设立和职权的规定。

二、条文演变

1993年《公司法》第50条规定了公司经理制度及其八项职权。公司法于1999年、2004年《公司法》进行修正时，该条未变更。2005年《公司法》修订时，条文序号未作调整，在第7项职权中增加"决定"二字；第8项职权修改为"董事会授予的其他职权"，删除了公司章程授予职权的内容，单独增加为第2款"公司章程对经理职权另有规定的，从其规定"。2013年《公司法》修正时，将本条条文序号调整为第49条，内容未作变更。2018年《公司法》修正时，本条未作变更。

从本条的演变及修改内容可以看出，对于经理的职权规定，并无大幅调整和改变，只是在表述上进一步准确和完善，特别是对于公司章程授予经理的其他职权，单独规定为本条的第2款，应强调公司章程对条文列举的经理职权之外其他职权的授予，一方面强调公司内部治理的自由意志，另一方面明确了公司章程的优先地位，更好地规范和保障了公司经营过程中的灵活性和自由度。

三、条文解读

本条规定公司可以设经理，也可以不设经理，属公司的自治范畴。若设经理的，经理由董事会决定聘任或者解聘，对董事会负责，这是董事会的职权之一。

董事会对公司的管理主要是决策性的，是公司的经营计划、投资方案、预算方案、利润分配方案等的制订和决定机构，而经理则是具体执行和管理相关事项的执行主体，在董事会的授权下，执行董事会决议，完成董事会交给的任务，维持公司正常运转。不同公司的经理，被授予的实际权限有所区别，为了使公司能有效率地持续运营，《公司法》总结提炼出经理的一般职权范围，作为公司经理一般情况下职权内容的参考。由于经理是公司的日常经营管理及执行机关，故其职权往往和日常的经营管理有关，依据本条规定，经理的职权主要包括四个方面：第一，组织经营权。经理是公司日常业务的执行机构，要负责公司的日常生产经营管理工作。同时，经理作为董事会的执行机构，还要负责执行董事会制订的公司年度经营计划、投资方案以及董事会的其他决议。第二，公司内部规章的拟订、制定权，包括公司内部机构设置方案、公司基本管理制度的拟订权和公司的其他具体规章的制定权。第三，人事任免权。经理可以向董事会提出公司副经理、财务负责人的人选，由董事会决定聘任或者解聘；同时，经理可以直接决定聘任或者解聘除应由董事会决定聘任或者解聘以外的其他负责管理人员。

同时本条又规定了公司章程对经理职权另有规定的，从其规定。即公司可以通过公司章程的形式改变以上所列职权，可以根据实际情况赋予经理职权，而不受上述条款限制。

经理作为执行机关，为更好地理解董事会决议的意图，更准确地执行董事会的决议，经理列席董事会会议。

适用指引

一、注意区分《公司法》上的经理与实践中的"经理"

本条规定的是公司法意义上的经理,并非实践中所称的公司经理。虽然两种称谓下的经理,都是公司雇员,但本条规定的经理是董事会的业务执行机构,由董事会决定聘任或者解聘,在董事会的领导下工作,对董事会负责,是对公司日常经营管理工作负总责的管理人员,地位或更多称为总经理。而实践中一般所称的经理,指负责公司某一部门具体管理工作的负责人,是在总经理领导下、协助总经理负责日常管理工作的管理人员,不享有公司法规定的经理职权。

二、准确把握公司经理职权的意义

本条第 2 款规定,公司章程可以对经理职权作出不同于本条第 1 款的规定,以根据自身情况完善其内部法人治理结构。在多数情况下,这是公司为了自身财产及内部治理需要,增加对经理职权的限制,一方面,将公司认为重要的权力上移;另一方面,对公司的经理是一种约束。例如,有的国家公司法为了保护公司股东的股东权,保证公司核心财产的安全,对公司经理处分公司不动产的权力进行限制。《公司法》虽然没有作出类似限制,但如果公司章程对经理的职权作出了限制性规定,应按照章程的规定执行。当然,公司章程还可以将法定职权之外的职权赋予经理,并不为法律所禁止。

另外,本条虽然是关于有限责任公司经理职权的规定,但按照《公司法》第 113 条第 2 款的规定,对于股份有限公司的经理也是适用的。

类案检索

一、李某某与中南环保公司董事会决议效力确认纠纷案

关键词: 董事会决议　调整总经理人选　公司内部管理

裁判摘要: 董事会决议内容为调整公司总经理人选,并不具备违反法律、行政法规强制性规定的法定情形,当事人亦未举证证明系争董事会决议确定的

新总经理人选存在任职资格上的瑕疵,故难以认定系争董事会决议属无效决议。是否免除公司管理人员,属公司内部管理事务,亦系公司董事会、股东会的权利,即使公司高管任职资格无瑕疵,亦履行了其相应义务,公司董事会、股东会仍然有权免除其职务。

【案　　号】(2010)沪一中民四(商)终字第852号

【审理法院】上海市第一中级人民法院

二、张某某与奋发公司决议效力确认纠纷案

关键词: 撤销决议　没有召开董事会　前提

裁判摘要: 依照《公司法》规定,公司董事会有权聘任或解聘公司经理,董事会的决议是由公司董事会依法定程序和职权作出的,决议的内容不存在违反法律、行政法规的事实的,该董事会决议合法有效。

【案　　号】(2017)鲁06民终1922号

【审理法院】山东省烟台市中级人民法院

> **第五十条** 股东人数较少或者规模较小的有限责任公司,可以设一名执行董事,不设董事会。执行董事可以兼任公司经理。
> 执行董事的职权由公司章程规定。

条文释义

一、本条主旨

本条是关于执行董事的设立及其职权的规定。

二、条文演变

1993年《公司法》第51条规定:"有限责任公司,股东人数较少和规模较小的,可以设一名执行董事,不设立董事会。执行董事可以兼任公司经理。执行董事的职权,应当参照本法第四十六条规定,由公司章程规定。有限责任公司不设董事会的,执行董事为公司的法定代表人。"《公司法》于1999年、2004年进行修正时,本条未变更。2005年《公司法》修订时,条文序号未作调整,将第2款修改为"执行董事的职权由公司章程规定",删除原条文第3款"有限责任公司不设董事会的,执行董事为公司的法定代表人"之规定。2013年《公司法》修正时,将本条条文序号调整为第50条,内容未作变更。2018年《公司法》修正时,本条未作变更。

从本条的演变及修改内容可以看出,一方面,对于不设董事会的有限责任公司,不再强制性要求执行董事的职权参照董事会予以规定,而是将其职权交由公司章程规定;另一方面,对于公司法定代表人不再作唯一的强制性规定,同样交由公司章程规定。

三、条文解读

有限责任公司数量大,种类多,特别是在认缴资本制度下,公司的设立相对简单和容易,"小快灵"的有限责任公司与股份有限公司相比,具有股东人数少、组织机构相对简单等特点,所以许多国家的公司法中规定,有限责任公司可以设执行董事作为公司的执行机关,而不一定设董事会,避免议事及决议的繁冗程序。根据本条第 1 款的规定,有限责任公司可以不设董事会,而只设一名执行董事。执行董事可以兼任公司经理。之所以允许其不设董事会,只设执行董事,就是为了精减公司业务执行机构,提高运营效率,尽快将公司相关决策落实下去,因此本条规定执行董事可以兼任经理,即让公司的业务决策机构和执行机构在一定程度上合并。

执行董事虽然只有一人,但其法律地位与董事会相同,是公司的执行机关和业务决策机关,对股东会负责。仅由一名执行董事行使职权,毕竟与董事会集体决策、集体行使职权不同,所以执行董事的职权,可以不完全相同于董事会的职权。同时,只设一名执行董事的有限责任公司之间也不完全相同,因此,本条第 2 款规定,执行董事的职权,由公司章程规定,由该公司自治决定该执行董事的职权。执行董事应当严格根据公司章程的规定行使职权,履行职责。结合有限责任公司董事会的一般职权,应包含:召集股东会会议,并向股东会报告工作;执行股东会的决议;决定公司的经营计划和投资方案;制订公司的年度财务预算方案、决算方案;制订公司的利润分配方案和弥补亏损方案;制订公司增加或者减少注册资本以及发行公司债券的方案;拟订公司合并、分立、解散或者变更公司形式的方案;决定公司内部管理机构的设置;决定聘任或者解聘公司经理及其报酬事项,并根据经理的提名决定聘任或者解聘公司副经理、财务负责人及其报酬事项;制定公司的基本管理制度;公司章程规定的其他职权。当然这些职权内容都是作为执行董事的职权参考,可以通过公司章程进行排除规定。

▶ 适用指引

第一,公司由股东投资设立,在不违反法律强制性规定的前提下,如何确立公司的治理结构,提高公司的运营效率,维护股东权益,应交由股东自己决定。因此,本条并未对可以不设立董事会的有限责任公司的具体条件作出规定,而是将这一权力交与公司,公司可以在公司章程中或者通过股东会决议的形式,对这一事项作出规定。

第二,关于执行董事的职权及认定在案件审理中的运用。在司法实践中,在公司决议纠纷中经常涉及执行董事的设立与职权范围问题。因公司在实际经营和治理过程中，执行董事或总经理等核心人员，并非一成不变，随着公司的发展变化，相关人员的职位也会发生变更或撤换，这是公司治理的正常现象。因此在审判实践中，一方面，要根据查明的案件事实，对争议的公司执行董事或总经理等职务及职权加以认定，而该认定并不能单纯依工商登记的记载信息或者公司公示信息等作直接判断，还应当随着公司的章程更迭、公司的实际经营管理事实等多方面加以认定其职务，防止发生纠纷后逃避责任。另一方面，还要判断该公司执行董事是否行使了其职权范围内的权利，该权利应结合《公司法》和章程内容加以规定，进一步而言，执行董事作出的决定是属于具体的业务活动还是属于应当由公司决议决定的决策性事务。如后附类案检索一，业务互动属执行董事正常的履职行为，并不超越其职权范围。后附类案检索二，执行董事撤换总经理属其依据章程规定行使职权，并不违法或越权。

▶ 类案检索

一、富盛公司、全盛公司与施某某损害股东利益责任纠纷案

关键词： 名义职务　实际经营管理　公司具体业务　未越权

裁判摘要： 从《公司法》相关规定及公司章程的规定、公司实际运作中的职权分配情况来看，名义上为执行董事或监事，但实际上全面负责两公司的经营活动，并且签订赔偿协议的行为在性质上属于公司的具体业务活动，并非筹资投资等决策性事务，因此，签订赔偿协议的行为并不越权。

【案　　号】（2007）慈民二初字第519号

【审理法院】浙江省慈溪市人民法院

二、帆船港公司与东永公司等公司决议撤销纠纷案

关键词： 执行董事　撤换总经理　不违反章程规定　不越权

裁判摘要： 公司设立董事会，撤换总经理应由董事会决议决定，但根据公司工商登记及公司章程规定，公司不设董事会，设立一名执行董事。执行董事撤换总经理属正常行使职权，并不违反法律和章程规定。

【案　　号】（2016）琼02民终1471号

【审理法院】海南省三亚市中级人民法院

《公司法》| 第二章 有限责任公司的设立和组织机构 | 第五十一条

> 第五十一条 有限责任公司设监事会，其成员不得少于三人。股东人数较少或者规模较小的有限责任公司，可以设一至二名监事，不设监事会。
>
> 监事会应当包括股东代表和适当比例的公司职工代表，其中职工代表的比例不得低于三分之一，具体比例由公司章程规定。监事会中的职工代表由公司职工通过职工代表大会、职工大会或者其他形式民主选举产生。
>
> 监事会设主席一人，由全体监事过半数选举产生。监事会主席召集和主持监事会会议；监事会主席不能履行职务或者不履行职务的，由半数以上监事共同推举一名监事召集和主持监事会会议。
>
> 董事、高级管理人员不得兼任监事。

▶ 条文释义

一、本条主旨

本条是关于有限责任公司监事会设立、组成及产生的规定。

二、条文演变

1993年《公司法》第52条规定："有限责任公司，经营规模较大的，设立监事会，其成员不得少于三人。监事会应在其组成人员中推选一名召集人。监事会由股东代表和适当比例的公司职工代表组成，具体比例由公司章程规定。监事会中的职工代表由公司职工民主选举产生。有限责任公司，股东人数较少和规模较小的，可以设一至二名监事。董事、经理及财务负责人不得兼任监事。"《公司法》于1999年、2004年进行修正时，本条未变更。2005年《公司法》修订时，条文序号未作调整，将原条文的第1款和第3款合并规定为第1款"有限责任公司设监事会，其成员不得少于三人。股东人数较少或者规模较小的有限责任公司，可以设一至二名监事，不设监事会"。第2款关于职工代表监事的规定内容修改为"监事会应当包括股东代表和适当比例的公司职工代表,其中职工代表的比例不得低于三分之一,具体比例由公司章程规定。监事会中的职工代表由公司职工通过职工代表大会、职工大会或者其他形式民主选举产生"。第3款新增规定监事会主席制度,即"监事会设主席一人,由全体监事过半数选举产生。监事会主席召集和主持监事会会议;监事会主席不能履行职务或者不履行职务的,由半数以上监事共同推举一名监事召集和主持监事会会议"。第4款修改为"董事、高级管理人员不得兼任监事"。2013年《公司法》修正时,将本条条文序号调整为第51条,内容未作变更。2018年《公司法》修正时,本条未作变更。

从本条的演变及修改内容可以看出,一是对于监事会制度的规定内容更加准确、逻辑更加严谨,对实践中有限责任公司的股东人数多少和公司规模大小,在同一条款中予以规定并进行了区分。二是进一步规范职工代表担任监事制度,包括职工代表的比例以及产生方式,突出公司监事制度的民主性和规范性。三是改变原条文规定的召集人制度,新设监事会主席制度,不仅对其职权加以明确,也对监事会主席怠于履行或者不履行职责的替代制度加以规范。

三、条文解读

监事会,是指依法由股东和职工分别选举产生的监事组成的,对公司董事和高级管理人员的经营管理行为以及公司财务进行专门监督的常设机构。各国对监事会的称谓不尽相同,有监事会、监察委员会、监察人等多种称谓,但并无实质差异。股东是公司的投资人,由其出资设立公司,但股东人数众多,不可能每个人都亲自参与企业经营。从经营管理的专业性和技术性角度看,并非每一名股东都具备公司所要求的高层次经营素质。因此,在公司制度发展,特别是公司经营管理制度和理念的演进中,发生了所有权和经营权的分离,股东将公司的经营权交给了董事和经理,而且随着市场化的深入,职业经理人、CEO及现代管理理念日益更新,股东也在不断将经营权完全交给专业的经营管理机构,通过间接控制的方式,保证管理人在商事活动中高效决策。但是,所有权和经营权分离的过程同时也是一个代理(严格称谓应当是"委任")问题不断产生的过程,原来的"股东会中心主义"随着董事权力的日益膨胀,变成了"董事会中心主义",为了追求自身利益的最大化,董事在经营决策中可能损害公司、股东和利益相关人的利益,这就是著名的"代理成本"。权力制约是达到秩序平衡的方法，面对董事会及经理的权力膨胀，公司及股东应当如何通过制衡董事权力，有效保护公司、股东及相关者利益，成为公司治理进行结构化重置和权衡的迫切问题。我国《公司法》通过监事会相关制度来监督董事会、董事及高级管理人员的履职行为，监督他们是否尽到了勤勉义务和忠实义务，是否存在损害公司利益的风险，甚至在经营决策之虞就进行风险评估和决策预警，强化事前监督，确保董事会审慎作出经营管理的相关判断和决策，最大限度地降低经营决策中可能发生的风险，尽可能地减小损害公司及股东利益的可能。

（一）监事会和监事

有限责任公司在实践中存在规模大小、类型不同的特点，所以监事会作为公司的专门监督机构，其规模也应根据公司的具体情况而定。如果监事会的规模过大，监事人数过多，对公司经营管理层的制约也就越大，极有可能会影响公司的运营效率，也会增加公司的监督成本，从而损害公司和全体股东的利益；如果监事会的规模过小，监事人数过少，对公司经营情况的了解就可能不够全面，不能够真正起到监督的作用，监督制度的实际效用可能会发生缺位。因此，本条第1款仅规定监事会的成员不得少于3人，而未对其具体规模作出规定，公司可以根据其具体情况对监事会成员的人数作出规定。股东人数较少和规模较小的有限责任公司，可以不设立监事会，而是设立1~2名监事，负责履行监督职能，避免会议的程序繁琐，更能直接体现监督的灵活性和有效性。

（二）监事会的组成结构

根据本条第2款规定，监事会由两类监事组成：第一类是股东代表，为了防止公司的经营管理层如董事、经理滥用权利，股东必然要选派代表自己利益的人员作为监事参加监事会，监督董事及高级管理人员是否存在怠于履行职责甚至违规违法行为，因为董事及高级管理人员的不履行或不尽责履行职权，最终将导致公司经营和运营不畅，损害公司及股东的利益。第二类是职工代表，让职工代表参加监事会，因为职工与公司的利益是一体的，职工付出劳动能否获得相应报酬或奖金等，需要公司能够正常运行并盈利，职工也和股东一样，最关心公司的兴衰，公司经营的好坏直接关系着职工利益，职工监事能够调动其积极性。职工作为公司经营的一线劳动者,比管理层更熟悉本公司的情况,让职工参加监事会,能够更好地发挥监督作用,切实找到公司经营中的问题或漏洞所在。通过职工监事的方式,发挥职工在公司民主管理和公司治理中的作用,让职工参与公司的经营监督,体现职工利益,将公司和职工的利益融为一体,也符合公司法发展的趋势。相应地,监事会成员的产生途径根据类别也分为两种。监事会中的股东代表由股东会选举产生;监事会中的职工代表由公司职工民主选举产生,由公司职工通过职工代表大会、职工大会或者其他形式民主选举产生。同时,本条第2款还明确规定,职工监事的比例不得低于监事会成员的三分之一,具体比例由公司章程规定。

（三）关于监事会主席

根据本条第3款规定,监事会主席从监事会成员中选举产生,须经全体监事的过半数同意。监事会主席仅负责召集和主持监事会,其他权利与普通监事相同。在监事会主席不能履行或者不履行召集和主持监事会的职务时,半数以上的监事可以共同推举一名监事来召集和主持监事会,从而建立了监事会主席不能履行或者不履行职务时的替代机制。同时,监事会成员的构成,决定了监事会成员在协同发挥监督作用时,会出于不同的利益衡量,作出不同的决定,在履职过程中会形成不协调或不统一,而监事开展监督工作应以监事会集体方式进行,于是监事会内部的协调就极为重要。监事会主席的设立将有助于监事会成员之间的工作协调,加强监事之间的协调统一,有助于真正发挥监事会的作用。

（四）监事会设立的目的在于监督公司经营管理层

为了保证监事会、监事行使职权的独立性、公正性,本条第4款明确禁止董事、高级管理人员兼任监事。这里的高级管理人员,按照《公司法》有关规定,包括公司的经理、副经理、财务负责人,上市公司董事会秘书和公司章程规定的其他人员。

适用指引

一、监事会成员的身份与比例可能导致公司决议效力瑕疵

监事会成员应当包括股东代表和职工代表，这是身份的要求，如果当事人无法举证证明其是公司股东或与公司存在劳动关系的，不足以证明其监事身份。同时，监事会关于职工代表的比例有法定限制，即职工代表的比例不得低于三分之一，在此基础上才由公司章程自由规定。正如下文中类案检索一，职工代表监事首先应当是公司的职工身份，如果并非公司职工或产生程序即比例违反本条规定的，所作的相关决议会存在效力瑕疵。

二、监事会与监事会主席职责在诉讼中的不同效果

监事会主席是监事会选举产生的，负责召集和主持监事会会议。实践中，虽多数监事会的职能由监事会主席行使，但监事会主席并不能完全代表监事会。在提起损害公司利益或确认决议效力等诉讼时，要正确认定监事会的职权范围。如下文中类案检索二，依法应由监事会行使的职权，监事会主席以公司名义直接起诉董事及高级管理人员，法院不予支持。

类案检索

一、上海保翔冷藏有限公司与上海长翔冷藏物流有限公司决议效力确认纠纷案

关键词：监事　职工代表　产生程序　产生比例　无效

裁判摘要：有限责任公司监事会中的职工代表监事应当具有该公司职工的身份，职工代表监事的产生方式应符合《公司法》第51条规定的职工民主选举产生的程序，并符合该条规定的代表比例。公司股东会作出任命职工代表监事的决议，如果该被任命监事并非本公司职工，或该被任命监事的产生程序、代表比例违反《公司法》第51条规定的，该部分决议内容应属无效。

【案　　号】（2017）沪02民终891号

【审理法院】上海市第二中级人民法院

二、蓉联公司与黄某某损害公司利益纠纷案

关键词： 监事会主席　董事　前置程序

裁判摘要： 有限责任公司设监事会，针对董事、高级管理人员有《公司法》第149条规定的情形的，股东可以书面请求监事会或不设监事会的有限责任公司的监事向人民法院提起诉讼，此属监事会职权范围，未经监事会决议的前置程序，监事会主席直接以公司名义诉董事及高级管理人员，不应支持。

【案　　号】（2021）川民终663号

【审理法院】四川省高级人民法院

> 第五十二条 监事的任期每届为三年。监事任期届满，连选可以连任。
>
> 监事任期届满未及时改选，或者监事在任期内辞职导致监事会成员低于法定人数的，在改选出的监事就任前，原监事仍应当依照法律、行政法规和公司章程的规定，履行监事职务。

▶ 条文释义

一、本条主旨

本条是关于监事任期的规定。

二、条文演变

1993年《公司法》第53条规定："监事的任期每届为三年。监事任期届满，连选可以连任。"《公司法》于1999年、2004年进行修正时，本条未变更。2005年修订时，条文序号未作调整，增加规定第2款"监事任期届满未及时改选，或者监事在任期内辞职导致监事会成员低于法定人数的，在改选出的监事就任前，原监事仍应当依照法律、行政法规和公司章程的规定，履行监事职务"。2013年《公司法》修正时，将本条条文序号调整为第52条，内容未作变更。2018年《公司法》修正时，本条未作变更。

从本条的演变及修改内容看出，对于监事的任期规定并未作出调整和改变，而是对监事任期届满、改选及新监事就任之前，确保监事会正常运行，进行了明确规定。其规范内容及原理参照董事任期的相关规定，此处不再赘述。

三、条文解读

监事在公司的治理和运行过程中，是一个非常重要的职位。监事作为公司股东会选举或者职工民主选举产生的监事会组成人员，通过参加监事会会议、投票表决所议事项等方式参与公司监督工作，负有重要的职责。而担任该职位的人，首先应当具有履行该职位工作所需的资格，其次应当在担任该职位后能够忠实履行职务，符合该职位所需的工作能力等方面的要求。而考察和衡量一个人是否符合担任监事职务的要求，通过设定一定的任职期限、期满后重新作出选择，用任职和离职进行相应的约束，是一种比较科学且被广泛采用的方法。因此，法律有必要对监事任期以及期满后的有关事项作出规定。

所谓"监事任期"，是指担任监事职务的时间限制。根据本条规定，监事的任期，每届为3年。此与董事的任期要求不同，董事的任期由公司章程规定，每届不得超过3年。

监事3年任期届满后，应当退任。但是，监事任期届满，连选可以连任。所谓"连选"，是指监事这一届的任期届满时，又被股东会或者职工选举为下一届的监事；所谓"连任"，是指监事这一届的任期届满时，接着担任下一届的监事。如果中间隔了一届，则不属于连选连任。法律允许监事连任，前提条件是必须获得连选。至于监事可以连任多少届，法律没有作出限制性规定。

根据本条第2款的规定，监事在下列两种情形下，必须继续履行监事职务：（1）任期届满后。监事任期届满，应当及时进行改选，选出下届监事。但是，由于现实情况的复杂多样，有的公司可能因为某种原因，没有及时进行改选。在此情形下，本条第2款明确规定，监事任期届满未及时改选，在改选出新的监事就任前，原监事仍应当按照法律、行政法规和公司章程的规定，履行监事职务。这就是说，法律要求监事按照规定继续履行职务，而不能以任期届满为由，拒绝履行监事职务。此为监事任期届满后的一项法定义务，该义务的截止时间为改选出的监事就任时。（2）提前辞职后。监事作为公司的一个职位，担任这一职位的人，在任期届满之前，可以提前辞职。监事辞职的，应当按照有关规定办理相关手续、交接有关工作。监事辞职之后，监事的职位就出现了空缺，如果因此导致监事会成员低于法定人数的，公司应当及时进行补选，以满足监事会人数的法定要求。但是，公司可能因为某种原因，没有及时进行改选，补选出新的监事。对此，本条第2款明确规定，监事在任期内辞职导致监事会成员低于法定人数的，在改选出的监事就任前，原监事仍应当按照法律、行政法规和公司章程的规定，履行监事职务。这就是说，监事即使辞职了，也必须按照法律规定的要求继续履行监事职务，而不能以已经辞职为由，拒绝履行监事职务。此为监事辞职后的一项法定义务，该义务的截止时间为改选出的监事就任时。

▶ 适用指引

监事作为公司监督机关监事会的成员,其任期应当与公司经营管理者如董事会成员的任期大致相当。监事的任期究竟是长于董事任期好还是短于董事任期好,或者是与董事任期一致好,存在着不同的看法。我国《公司法》选择了监事任期长于或者等于董事任期的做法,按照《公司法》第45条的规定,董事的任期不得超过3年,可以少于3年,具体任期由公司章程制定。

同时,本条第1款明确规定,监事任期届满,连选可以连任。监事可以连任几届,法律未作出强制性限制规定,公司章程可以自主规定。

在实践中有的公司监事会任期届满,不及时进行改选;或者监事在任职期间辞职,使监事会成员人数低于法定人数,公司应当及时选举新的监事而未选举;或者公司进行了改选,而新的监事尚未就任。上述三种情况,都会出现旧监事离职而新监事未就任的情况,使公司的监督出现一个空白时期。因此本条第2款明确规定,监事任期届满未及时改选,或者监事在任期内辞职导致监事会成员低于法定人数的,在改选出的监事就任前,原有监事仍视为在职的监事,仍应当按照法律、行政法规和公司章程的规定,履行监事的职务。规定新选监事就任前,公司原监事负有持续履行职责的义务,有利于前后任监事之间的工作衔接,避免因监事辞职或任期届满而未及时改选或新选监事未就任出现的职位空缺,有助于保证公司监督工作的正常开展。

一、关于监事任期届满问题

监事的任期系公司监事履行监事职责的期限,在其任职期限内依法行使公司监事职权。在有限责任公司监事的任期内,若股东代表监事已经通过股权转让的方式,不再是公司股东,或者职工代表监事已经与公司解除劳动合同关系,此时继续由该监事担任监事职责,并不能起到监事的作用,出于公司及股东利益的考虑,公司应当及时进行改选和更换监事。

二、关于公司监事的改选及继续履行职务

虽然出现公司监事任期届满,或在任期内提出辞职等情形,公司应当及时进行监事的改选,但公司决议需要股东会的召开,会议召集、形成决议等需要一个过程,此时若同意监事不履行监事职务,就会出现监事缺位的真空,因此

本条规定,在新的监事改选之前,应当继续履行监事职务。但监事辞职并给公司留足改选时间时,作为自然人独资公司,改选监事并不存在障碍,故公司应当及时配合监事办理工商变更登记。

▶ 类案检索

一、陈某与汇银运达公司请求变更公司登记纠纷案

关键词: 监事　任期已满　不再担任　未改选　继续履行

裁判摘要: 监事因股权转让后不再担任公司股东,未与公司间成立劳动合同关系,且该监事自愿不再继续担任公司监事。公司股东会应当协助其办理相关工商变更登记,并作出改选监事的决议。但在改选前,应由其继续履行监事职务。

【案　　号】(2018)粤03民终19072号

【审理法院】广东省深圳市中级人民法院

二、高某与衡水展拓工程咨询有限公司请求变更公司登记纠纷案

关键词: 监事辞职　留出改选期间　自然人独资　办理变更登记

裁判摘要: 监事向公司邮寄了辞去监事职务的信件,并登报声明,该行为已为公司重新改选监事留出了必要的准备时间。考虑到公司系自然人独资公司,改选监事一职并不存在时限上的障碍,故法院判令公司涤除监事职务并到相关行政部门办理监事变更登记。

【案　　号】(2019)冀11民终1358号

【审理法院】河北省衡水市中级人民法院

第五十三条　监事会、不设监事会的公司的监事行使下列职权：

（一）检查公司财务；

（二）对董事、高级管理人员执行公司职务的行为进行监督，对违反法律、行政法规、公司章程或者股东会决议的董事、高级管理人员提出罢免的建议；

（三）当董事、高级管理人员的行为损害公司的利益时，要求董事、高级管理人员予以纠正；

（四）提议召开临时股东会会议，在董事会不履行本法规定的召集和主持股东会会议职责时召集和主持股东会会议；

（五）向股东会会议提出提案；

（六）依照本法第一百五十一条的规定，对董事、高级管理人员提起诉讼；

（七）公司章程规定的其他职权。

▶ 关联规定

法律、行政法规、司法解释

《最高人民法院关于适用〈中华人民共和国公司法〉若干问题的规定（四）》

第二十三条　监事会或者不设监事会的有限责任公司的监事依据公司法第一百五十一条第一款规定对董事、高级管理人员提起诉讼的，应当列公司为原告，依法由监事会主席或者不设监事会的有限责任公司的监事代表公司进行诉讼。

董事会或者不设董事会的有限责任公司的执行董事依据公司法第一百五十一条第一款规定对监事提起诉讼的，或者依据公司法第一百五十一条第三款规定对他人提起诉讼的，应当列公司为原告，依法由董事长或者执行董事代表公司进行诉讼。

▶ 条文释义

一、本条主旨

本条是关于监事会、不设监事会的公司监事职权的规定。

二、条文演变

1993年《公司法》第54条规定了监事会和监事的五项职权,并规定监事列席董事会会议。《公司法》于1999年、2004年进行修正时,本条未变更。2005年《公司法》修订时,条文序号未作调整,第2项职权修改为"对董事、高级管理人员执行公司职务的行为进行监督,对违反法律、行政法规、公司章程或者股东会决议的董事、高级管理人员提出罢免的建议";第3项职权将"经理"修改为"高级管理人员";第4项职权修改为"提议召开临时股东会会议,在董事会不履行本法规定的召集和主持股东会会议职责时召集和主持股东会会议";新增第5项职权"向股东会会议提出提案";新增第6项职权"依照本法第一百五十二条的规定,对董事、高级管理人员提起诉讼";将原第5项职权调整为第7项职权。删除了第2款关于监事列席董事会会议的规定。2013年《公司法》修正时,将本条条文序号调整为第53条,将第6项职权修改为"依照本法第一百五十一条的规定,对董事、高级管理人员提起诉讼"。2018年修正时,本条未作变更。

从本条的演变及修改内容看出,本条规定在逐步规范和完善监事会和监事的职权,在原条文基础上,增加了监事会和监事对董事、高级管理人员的罢免提议权、在特定情况下对股东会会议的召集和主持权、股东会会议提案权及在特定情况下对董事、高级管理人员提起诉讼的职权,丰富和完善监事会和监事职权,意味着《公司法》将监事制度进一步予以规范,健全监事会和监事与董事、高级管理人员之间的约束机制,特别增加规定了对董事、高级管理人员侵害公司利益提出罢免建议,享有提案权以及代表诉讼权,不断加大监事会和监事的监督力度,重新对公司内部权力进行配置,充分发挥监事会和监事的监督作用。

三、条文解读

监事会、不设监事会的公司监事作为公司的监督机构，监督董事及高级管理人员的履职情况、执行公司职务行为的尽责情况。除职工代表监事由职工民主选举产生外，监事会成员由股东会选举产生，对股东会负责，是公司治理中重要的监督机构，能否真正发挥监事会的作用，关乎公司及股东的切身利益。根据本条的规定，监事会、不设监事会的公司的监事行使下列职权。

（一）检查公司财务

检查公司财务，主要是审核、查阅公司的财务会计报告和其他财务会计资料。财务会计报告是公司董事会制作的反映公司一定期限内财务状况和经营成果的书面文件，主要是对公司资产负债表、损益表等表册的说明。其他会计资料是指资产负债表、损益表、财务状况变动表（或者现金流量表）、附表及会计报表附注和财务状况的说明书等。审核、查阅公司的财务会计报告和其他财务会计资料，是指监事有权对公司的财务会计报告和其他财务会计资料进行审查与核实，看其所制作表册和内容是否合法、是否符合公司章程的规定。

（二）监督董事、高级管理人员履职情况及提出罢免建议

为了确保董事、高级管理人员依法履职，监事会、监事应当对董事、高级管理人员执行公司职务的行为进行监督。如果发现董事、高级管理人员在执行公司职务的过程中，存在违反法律、行政法规、公司章程或者股东会决议情形的，有权提出罢免董事、高级管理人员的建议。建议罢免董事的，应当向产生该董事的机构如股东会提出；建议罢免高级管理人员的建议，应当向董事会提出。

（三）要求董事、高级管理人员纠正其损害公司利益的行为

监事会、监事应当认真履行监督董事、高级管理人员执行公司职务的行为，当发现董事、高级管理人员的行为损害公司的利益时，应当及时向该董事、高级管理人员提出，要求其予以纠正。

（四）提议召开及召集、主持临时股东会会议

监事会、监事在监督工作中，因情况紧急，如董事、高级管理人员实施严重违法行为并拒绝监事会、监事要求纠正的意见，不予制止将对公司产生重大利益影响的，有权提议召开临时股东会。如果董事会不履行召集和主持股东会会议职责的，监事会、监事有权直接召集和主持股东会会议。

（五）向股东会会议提出提案

监事会、监事有权直接向股东会会议提出议案，如提出建议罢免董事的议案等。

（六）依法对董事、高级管理人员提起诉讼

公司董事、高级管理人员在执行公司职务时，违反法律、行政法规或者公司章程的规定，给公司造成损害的，监事会、监事有权依法对董事、高级管理人员提起诉讼，要求董事、高级管理人员赔偿公司损失。

（七）公司章程规定的其他职权

除了上述职权外，监事会、不设监事会的有限责任公司的监事还行使公司章程规定的其他职权。

▶ 适用指引

监事会一直以来都是公司健康运转不可或缺的部分。公司治理是在上市公司等企业中建立经营制约机制，其目标始终应包含两方面：一是防止因公司治理问题而导致公司利益受损的情形再次发生；二是努力构建可以提高公司业绩、促进公司发展的意思决定机制。监事会履行监督职责与董事会对公司日常事务进行领导和管理统一于公司治理的总目标之下，即公司及股东利益最大化。但在公司治理的实践中，监事会是否真正能够发挥其制度作用经常受到诟病。其原因是多方面的，如监事会独立性不够、监事会与管理层信息不对称、监事会职权不足、监事缺乏必要的激励和约束机制等。就立法而言，长期以来监事制度的规定较为简略，监督权力配置亦不合理，权力制衡的机制未切实建

立，缺乏科学的运行机理及可操作性。因此，完善我国公司监事会制度，一个重要方面就是扩大并强化其监督权力，重新对公司内部权力进行配置，增强监事会的约束和制衡作用，促进公司能够健康有序运转。

本条规定了监事会、不设监事会的公司监事的具体职权，在适用中本条应注意以下两个问题。

一、关于经营权与监督权的界限

监事会的职权之所以经常在公司治理中出现问题，就是因为现代公司不仅所有权和经营权分离，经营权和监督权也分离。只有不同的职权在不同的人员中履行，才能更加有效地形成制约机制，发挥监事会的真正作用。虽然监事会享有检查权、罢免建议权等职权，但财务检查的频率和效果是有限度的，特别是在股东董事和股东监事均由同一家控股公司委派或选任时，二者的利益在实质上是一致行动人，监督必然缺位。检查权、质询权等权利都是单向的，董事会、公司高管与监事会之间缺少沟通和对话机制。董事会及公司高管既无须主动向监事会报告其监督所需要的信息，无须与监事会成员共同商议关涉公司经营发展的经营方针，也无须为其在配合监事会监督方面的被动行为承担责任。从制度设计的初衷看，董事会和监事会的最终目标都是公司及股东利益的最大化，在监事制度的发展中，也应当从对立式的监督转变为合作式的监督。在二元制监督模式下，经营权与监督权的制度性分离，要求董事会与监事会紧密合作。增强公司监督机构与管理机构的良性互动，同时要恪守职责划分的原则，监督机构在于最大限度地减少管理机构的失范或可能失范行为，其提供的参考意见，董事会及高级管理人员应当充分考虑，因为二者在使公司和股东利益最大化这一目标上是一致的。

二、关于代表诉讼在司法实践中的运用

司法实践中，争议较多的是本条第6项，即监事会的代表诉讼职权。现代公司都施行所有权与经营权相分离的原则，股东将公司委托董事及高级管理人员实际经营时，接受委托的董事、高级管理人员是否能够尽职尽责，是否能把公司经营好，股东能否获得投资回报，是股东切身利益所在，为此设立监事制度进行公司权力的制衡，督促和监督经营人员能够尽到本职，将公司运营好。但实践中，并非总是与制度设计的初衷相吻合。公司监事制度，更多的初衷在

于内部监督和制约,但董事及高级管理人员在实践中,并非能够听从监督,甚至在公司可能遭受利益损害时,董事及高级管理人员亦无动于衷。此时本条第6项还规定了诉讼监督,股东可以请求监事会或监事向人民法院提起诉讼。后类案检索二,公司监事依法行使提起赔偿之诉的职权,但被公司免除监事身份,此时不影响监事已经启动的诉讼程序。类案检索三,是在诉讼中的诉讼地位确立问题,虽监事会或监事提起诉讼,但结果是归属公司的,因此公司应当为原告,监事会或监事为诉讼代表人。实践中还有案例情形是,董事、监事等均怠于行使职权,公司执行董事、监事是公司控股股东一方所委派,与控股股东的利益趋同,不具备独立性。此时,在公司小股东与公司的执行董事、监事及控股股东利益主张相悖的情况下,仍然坚持"(提起诉讼的股东)书面请求监事会或者监事,董事会或者执行董事提起诉讼"的前置程序,既不利于小股东诉讼权利的行使,也不利于公司利益的保护,亦有悖于设立股东代表诉讼的立法初衷,故股东可以未经《公司法》规定的前置程序而直接提起股东代表诉讼。相关问题在本书第151条还将详述,此处不再展开。

▶ 类案检索

一、中机国际(西安)技术发展有限公司与杨某某等11人股东会或者股东大会、董事会决议撤销纠纷案

关键词: 召开股东会　董事会无法召集　监事会履职　程序合法

裁判摘要: 监事会、不设监事会的公司监事依法享有提议召开临时股东会会议的职权,有权在董事会不履行《公司法》规定的召集和主持股东会会议职责时召集和主持股东会会议。公司董事长辞职且未设立副董事长,余下董事亦未达成召集临时董事会及召开股东会的意见,公司监事会召集和主持了临时股东会会议,其召集程序未违反法律规定。

【案　　号】(2014)陕民提字第00020号
【审理法院】陕西省高级人民法院

二、兆润公司与万杰公司等损害公司利益责任纠纷案

关键词: 监事　提起损害赔偿之诉　免除监事　不能阻却

裁判摘要：作为公司监事，认为公司利益受到损害的，有权代表公司提起损害赔偿之诉，所得的利益归属于公司；在公司监事已经提起股东代表诉讼后，公司免除其监事身份的，并不影响本案启动程序的合法性，亦不当然阻却本案诉讼程序的正常进行。

【案　　号】（2017）苏01民终7525号

【审理法院】江苏省南京市中级人民法院

三、唐城实业有限公司与周某等损害公司利益责任纠纷

关键词：监事会　代表诉讼　以公司名义　重复诉讼

裁判摘要：监事在符合条件的股东书面请求其向法院提起诉讼之后，或者监事认为公司董事等经营者确实存在侵犯公司利益行为的，应在收到股东书面诉讼请求之后30日之内，或发现董事等经营者确实存在侵犯公司利益的行为30日内，以公司名义提起诉讼，监事为公司诉讼代表人，诉讼结果应由公司承担。监事代表诉讼后，其他股东和公司机关不得就同一理由再次向人民法院提起诉讼。

【案　　号】（2014）黄埔民二（商）初字第1166号

【审理法院】上海市黄浦区人民法院

> **第五十四条** 监事可以列席董事会会议，并对董事会决议事项提出质询或者建议。
>
> 监事会、不设监事会的公司的监事发现公司经营情况异常，可以进行调查；必要时，可以聘请会计师事务所等协助其工作，费用由公司承担。

条文释义

一、本条主旨

本条是关于监事个人对董事会决议的质询权、建议权以及监事会、不设监事会的监事行使特别事项调查权的规定。

二、条文演变

本条系 2005 年修订《公司法》时的新增条文，规定为第 55 条"监事可以列席董事会会议，并对董事会决议事项提出质询或者建议。监事会、不设监事会的公司监事发现公司经营情况异常，可以进行调查；必要时，可以聘请会计师事务所等协助其工作，费用由公司承担。"2013 年《公司法》修正时，将条文序号修改为第 54 条，内容未作修改。2018 年《公司法》修正时，本条未作变更。

从本条的修改情况看，本条内容系由 1993 年《公司法》第 54 条关于监事列席董事会会议的规定而来，增加规定对董事会决议事项提出质询或者建议。新增规定监事会行使特别事项调查权时可以聘请会计师事务所等协助其工作，费用由公司承担。一方面，完善了监事会和监事行使关于监督之权的具体内容。另一方面，更全面、更有效、更具操作性地规范和指引监事会及监事对董事、高级管理人员的监督方式，最大限度地维护和保障公司利益。

三、条文解读

为了强化监事会作用，增加监事会履行监督职责权限，监事可以列席并在董事会会议上对董事会决议事项提出质询或者建议。同时，为了进一步发挥监事会、不设监事会的有限责任公司监事的监督作用，赋予其必要的调查职权，以便其更好地行使监督职权。

监事作为由股东或者职工选举产生并负有对董事、高级管理人员执行职务的行为进行监督职责的人员，如果不了解公司业务决策、业务执行情况，是很难开展监督工作的。为了增强监督实效，保证监事能够有针对性地开展监督工作，应当建立监事了解公司业务决策情况和业务执行情况的机制。因此，本条第1款中明确规定，监事可以列席董事会会议。这是法律赋予监事的一项权利，董事会应当予以保障，在召开董事会会议前，应当及时通知监事列席会议。

监事列席董事会会议，只是赋予其董事会会议的列席权。如果董事会会议决议事项存在损害公司或者股东的利益以及侵犯职工合法权益的，应当进一步赋予监事相应的权利。因此，本条第1款还规定，监事在列席董事会会议时，有权对董事会决议事项提出质询或者建议。这就是说，监事列席董事会会议，在了解董事会会议决议情况的基础上，如果认为董事会会议决议的事项存在问题的，有权提出质询或者建议。对于监事的质询，董事会应当认真对待，给予答复，作出说明或者解释；对于监事的建议，应当认真研究，该采纳的及时采纳。

监事会、不设监事会的公司监事履行监督职责，应当了解有关情况，这需要公司董事会、董事以及经理、副经理等高级管理人员的配合和协助。然而，现实表明，公司董事、高级管理人员不愿意配合或者协助监事会、监事履行开展监督工作的现象时有发生，有的甚至公开拒绝或者阻挠监事会、监事履行监督职责。为了保证监事会、监事依法履行监督职责，有必要赋予监事会、监事一定的调查权。因此，本条第2款规定，监事会、不设监事会的有限责任公司的监事发现公司经营情况异常，可以进行调查；必要时，可以聘请会计师事务所等协助其工作，费用由公司承担。

适用指引

一、关于监督的内涵

结合《公司法》第 54 条关于监事会职权的规定，监事会对公司经营情况的监督既包括事前监督也包括事后监督。要实现这一职能，监事会首先必须了解公司的经营情况，监事列席董事会会议，并有权对董事会决议事项提出质询或者建议。本条关于监事的立法与经理不同，在规定经理的职权时，直接在第 49 条第 3 款规定"经理列席董事会会议"；监事列席董事会会议在第 53 条并无相关规定，而是单独作为本条规定内容，加以强调。

同时，在实践中，监事虽然可以列席董事会会议，但并不参与公司的决策决议及日常经营管理。因此，监事会的监督以事后监督为主，往往是在董事、高级管理人员的违规行为给公司造成损害以后，才发现并进行监督。这将影响监事会的监督效果。因此本条专门强调了监事会的事前和事中的监督功能，即监事会在公司的日常经营活动中，发现经营情况异常时，可以就特定事项行使调查权，进行监督。具体手段包括查阅公司财务文件，对董事、高级管理人员进行询问，要求其对某一具体事项进行说明等。在必要的时候，监事会可以以自己的名义聘请专业服务机构如会计师事务所协助其工作，所发生的费用由公司承担。实践中，监事会的作用未能有效发挥，其履行职责缺乏必要的保障是一个重要因素。监事会的监事由股东代表和职工代表组成，并非对公司账务、经营及管理均能进行有针对性的专业监督，第 2 款规定监事会行使特别事项调查权时，可聘请会计师事务所等协助其工作，可弥补监事会在专业或精力方面的不足。有关费用由公司承担的规定则为监事会执行职务提供了物质保障。

二、监事会行使职权与公司治理机关的协调

值得注意的是，公司设立的最终目的是营利，而公司的运营效率的高低对于公司能否营利是至关重要的。监事会作为公司整体利益的监督机构，其同样不得借监督名义，挤压董事会的权力空间。因此，监事会在根据本条行使特别事项调查权时，要秉持适度和比例原则，注意不要影响公司的运营效率，不要过分增加公司的运营成本。这就要求，监事会只有在必要的时候才能行使本条规定的权利，同时在行使调查权时应尽量避免影响公司的日常经营管理工作。

三、关于质询或建议职权的行使

如前所述，监事会或监事有权提出质询或者建议，但是仅能针对董事会决议事项提出。其一，董事会所有的决议都可以提出质询或建议，还是涉及公司经营决策、人事任免等部分事项可以提出？本条规定的是董事会决议事项，并未限制决议内容，一般理解应当是通过董事会决议的所有事项，均属监事会或监事监督范畴。其二，如果董事会决定的事项并非通过决议的形式作出，而是通过其他内部方式作出，监事会或监事认为不合理或不理解的，能否提出质询或建议？对此，本条规定并未明确。一般而言，既然董事会就某些事项未形成决议，则不能视为公司意思，不应属于监事会或监事履行质询或建议职权的范围，但若确实损害公司利益，监事会或监事可通过其他方式加以救济。

四、关于"经营情况异常"和"必要"

监事会或监事行使调查权是监督董事及高级管理人员的重要手段，只有经过尽职调查才能详细了解相关决议、决定或方案是否损害公司利益，但行使该调查权的前提条件是，发现公司经营情况异常。至于何为"经营情况异常"，有限公司的类型、经营规模、治理方式千差万别，不可能一概而论，在实践中还是由监事会根据商业经验、惯常做法及公司的具体情况进行判断。当监事会、监事行使调查权时，公司相关机构和人员应当予以配合和协助，不得拒绝或者阻挠。我国立法可以借鉴国外关于董事会的全面报告义务之规定，即董事会在进行日常经营管理过程中，通过季度报告、年度报告、收益报告等形式，将公司经营管理的相关信息提交给监事会，监事会能够较早知悉公司的运营计划和管理风险等，发挥事前监督的作用。通过批判性问询及时商讨公司经营管理中存在的特别风险，及早发现可能存在的决策失误，进而采取积极措施避免董事会错误决策的作出，从而最大限度地保护公司的整体利益。当然，监事会要提前充分了解董事会的经营、投资及管理计划，涉及公司商业秘密的，应当负有保密的义务。

在必要的时候，监事会、监事有权聘请会计师事务所等协助其开展调查工作，聘请会计师事务所等的费用，由公司承担。何为"必要"？例如，该监事就是从事会计审计工作的，其调查时，是否为必要？在无法明确必要情况时，大多数做法是聘请相关机构协助工作，因为有公司进行最后的费用保障。如果调查后发现没有问题，董事及高级管理人员的经营、决策等并不存在问题，此时费用是否还是由公司承担，需要结合此处的必要性来综合判断，是属于监事的正常行使职权还是失职。从监事制度设计本身来看，倾向于维护监事的权利，合理怀疑的判断标准应当放宽，但公司是由董事及高级管理人员在经营，能否通过正常的公司治理结构行使职权，需要各方互相配合，董事及高级管理人员应当包容和接受监事及监事会合理的质询和调查。

此外，对于本条的规定的调查权，设立监事会的由监事会行使，依法未设立监事会的有限责任公司，该职权由公司设立的1~2名监事行使。

▶ 类案检索

一、煜森公司与李某某、刘某某损害公司利益责任纠纷案

关键词： 监事　履行职责　支出费用　公司损失

裁判摘要： 公司治理过程中，监事履行其监督职责，会支出相关的费用，包括咨询费、审计费或服务费等，应当属于公司的必要支持，并非公司的损失。即便有损失，也应当举证证明该损失与董事或高级管理人员因未尽到勤勉或忠实义务之间存在因果关系。

【案　　号】（2020）京民终696号

【审理法院】北京市高级人民法院

二、王某某与福民公司股东知情权纠纷案

关键词： 监事　公司经营异常　行使职权　提起诉讼

裁判摘要： 监事在发现公司经营异常时，有权对公司相关情况进行调查。在向公司书面申请查阅财务报表、会计资料等财务资料时，是为了解公司真实经营情况，履行监事职责，监督公司合法经营，公司在收到书面申请并在合理期间内未予答复时，有权通过诉讼的方式请求行使监事职责。

【案　　号】（2016）豫07民终3656号

【审理法院】河南省新乡市中级人民法院

> 第五十五条 监事会每年度至少召开一次会议,监事可以提议召开临时监事会会议。
>
> 监事会的议事方式和表决程序,除本法有规定的外,由公司章程规定。
>
> 监事会决议应当经半数以上监事通过。
>
> 监事会应当对所议事项的决定作成会议记录,出席会议的监事应当在会议记录上签名。

▶ 条文释义

一、本条主旨

本条是关于监事会会议召开、表决和会议记录的规定。

二、条文演变

本条系2005年修订《公司法》时的新增条文,在第56条规定:"监事会每年度至少召开一次会议,监事可以提议召开临时监事会会议。监事会的议事方式和表决程序,除本法有规定的外,由公司章程规定。监事会决议应当经半数以上监事通过。监事会应当对所议事项的决定作成会议记录,出席会议的监事应当在会议记录上签名"。2013年《公司法》修正时,将条文序号修改为第55条,内容未作修改。2018年《公司法》修正时,本条未作变更。

从本条的制定和修改情况看,本条规定的是监事会的会议制度,由于之前监事会议事制度、表决程序等制度的缺失,监事会难以有效开展和履行其监督职责,本条规定有利于进一步方便监事会有效开展相关工作,充分发挥其监督职责。应当予以特别强调以下内容:一是监事会会议每年度至少应召开一次,这是强制性规定,公司不能通过章程等方式予以变更;二是对于议事方式和表决程序一般由公司章程规定,但是监事会决议应当经半数以上监事通过,避免实践中表决方式的不规范,影响监事会职能的发挥;三是监事会会议记录作为监事是否履行监事职责、是否正确履行监事义务以及证明监事是否违反监督义务时的重要证据资料，明确规定其作成及签名等内容，保证监事会会议记录的有效性。另外需要指出的是，监事会决议并未规定实行一人一票制，注意和董事会决议的表决加以区分。

三、条文解读

监事会在公司运营和治理中能否有效开展工作，真正发挥其监督职能，需通过完备的会议制度、议事方式及表决程序来实现，具体为：

第一，监事会行使其监督职权，必须通过一定的形式加以体现。《公司法》规定了监事会以监事会会议的形式讨论和决定相关事项，采取集体讨论和民主决定的方式，实现监事会行使监督职权的相关内容。本条第1款规定了监事会会议每年度至少要召开一次，公司章程可以自由规定具体的次数，但是不得少于每年度一次。监事还有权提议召开临时会议，但并未对次数加以限制，法律将临时会议的决定权留给章程，留给公司自治决定。至于召开时间、召开地点、采取的会议形式、会议议程等具体操作过程，亦应当由公司章程规定，法律对事务性内容不作过多干预。

第二，对于监事会的议事方式和表决程序，交由公司章程规定。本条除明确监事会决议应当经过半数以上监事通过之外，其他监事会的议事方式和表决程序，仍授权公司章程制定。这是由于有限公司的种类众多、规模各异，治理结构、治理方式和治理理念均不尽相同，本条仅对监事会决议的表决通过加以限制，确保监事会能够通过有效的决议行使相关监督权利。具体的实际操作过程及流程等，全部交由公司章程自由决定，尊重公司内部自治规范。

第三，监事会记录是公司的重要文件资料，它是监事会会议能否达到预期会议目标的重要标志，是确认监事是否依法履行监事义务的重要依据，也是在监事违反监督义务而追究其责任时的重要证据资料。因此，本条第4款明确规定，监事会应当对所议事项的决定作成会议记录，并要求所有出席会议的监事在监事会会议记录上签名以确认其效力，体现监事在监事会会议中的权利和义务，也体现监事依法行使和履行了公司赋予的监督职责，没有监事签名确认的监事会会议记录是没有法律效力的。拒绝签名或伪造签名的，还应当承担相应的责任。

适用指引

一、关于监事会会议的种类

根据本条第 1 款的规定，监事会会议分为定期会议和临时会议。所谓监事会的定期会议，是指依照法律规定，每年度至少召开一次的会议。虽然本条明确规定每年度至少要召开一次监事会会议，但是两次还是多次，应由公司章程作出规定，只是章程不能规定监事会会议每年度少于一次。公司章程还应当对定期会议的召开作出具体的规定，如明确规定一年召开一次会议或者召开两次会议等，并明确每次会议的召开时间，如每年年中或者年底等。所谓监事会的临时会议，是指公司章程中没有明确规定什么时间召开的一种临时性的会议。临时会议是相对于定期会议而言的，指在正常召开的定期会议之外，由监事临时提议召开的会议。根据本条规定，监事可以提议召开临时监事会会议。根据《公司法》第 51 条第 3 款之规定，监事提议召开临时监事会会议的，监事会主席应当及时召集和主持监事会会议；监事会主席不能履行职务或者不履行职务的，由半数以上监事共同推举一名监事召集和主持监事会会议。

二、关于监事会会议的议事方式和表决程序

监事会会议的议事方式和表决程序，是保证监事会会议顺利进行的一个重要前提，也是监事会通过监事会会议履行职责的过程展现。议事方式是指监事会会议讨论问题采用的形式，表决程序是指监事会会议对所议事项作出决议的步骤、方式。议事方式和表决程序，包括通知监事参加会议的方式、召集和主持会议的形式、所要讨论的议题及讨论方式、出席会议的人数、会议的议事议程和方案等的提出和确定、议事规则、表决方式等。议事方式和表决程序，规定得具体、详细，具有可操作性，有利于监事会会议的顺利召开和作出决议。由于不同公司的情况不同，对监事会会议议事方式和表决程序的要求也不同，所以法律不可能对此规定得十分具体、详尽，需要由公司章程根据本公司的具体情况作出规定，由公司自由决定和治理。但是，对监事会决议的通过方式在本条第 3 款进行特别规定，即监事会决议应当经半数以上监事通过方为有效，意味着除了监事会决议获得通过应当遵守公司法专门规定之外，公司章程可以规定其他监事会会议的议事方式和表决程序。

三、监事会会议的记录

监事会作为公司内部的监督机关,在履行监督职责时,需要依照职权,作出决议,监事会的决议是在其职权范围内就公司财务情况、提案情况、董事及高级管理人员是否存在损害公司利益等事项进行的决议,这些决议是要加以执行并体现监事会监督作用的,因此,监事会会议记录就是监事会发挥监督作用的载体,将监事会或监事监督职权内容书面固定下来,作为执行监事会决议的依据或公司决策的参考依据;也是判断监事会是否怠于履行、不完全履行、不正当履行监事职权的重要凭据,若因监事失职导致公司或股东利益受损,可以作为证据进行追责或免责。这就要求监事会会议应当对所议事项的决定作成会议记录。监事会会议记录应当包括监事会会议所议事项、表决及讨论后所得出的决议结论,具体包括会议召开的时间、地点、出席人员、议题、监事讨论意见、决议通过情况等。监事应认真履行职责,出席监事会会议,对监督事项发表意见,也要尽到勤勉义务和忠实义务。为备后查询,明确监事的责任,出席会议的监事应当在会议记录上签名,是本条第4款规定的监事的一项法定义务,监事必须履行。同时,监事作为监事会的组成人员,出席监事会会议并在会议记录上签名,也是监事的一项权利,任何人不得剥夺其签名的权利,不得拒绝或阻止出席会议的监事在会议记录上进行签名确认,监事会会议的召集人、主持人应当保证监事的签名权。此处并未明确是否可以代签问题,实践中很多签名都是他人代签的,须判断代签是否有监事明确的签名委托,未经授权代他人签名或伪造签名将承担相应的法律责任。

四、关于"经半数以上监事通过"的问题

监事会会议形成决议事项,需经过监事表决通过方为有效的决议,只有有效的决议才能作为公司股东或管理层判断经营决策是否存在风险或失策可能的依据。本条规定监事会决议应当经半数以上监事通过,此处包含两层意思:一是通过决议以半数以上监事同意的标准,不属于前款所规定的公司章程可以约定排除或限制的内容,公司章程可以规定会议决议的形式、时间、地点、表决程序等,但如果决议要获得通过,必须经监事半数以上通过,如果公司章程违背此规定的,监事会会议决议应认定为未获通过。二是此处规定的是"半数以上监事",从法条文义上理解,应当是指全部监事的半数,并非出席监事会会

议的监事过半数通过。

五、关于股东知情权与监事会会议记录的问题

本条规定的监事会会议记录，在司法实践中经常体现在股东知情权的诉讼中。股东知情权是股东的基本权利，有限责任公司股东查阅公司会计账簿的前置程序满足书面形式、目的正当的形式外观要件即可，也是《公司法》第33条明确规定股东知情权的内容。公司拒绝股东查阅公司会计账簿的，则应举证证明股东查阅的实质目的具有不正当性。《公司法规定（四）》第8条列举了股东可能存在"不正当目的"的数种情形：（1）股东自营或者为他人经营与公司主营业务有实质性竞争关系业务的，但公司章程另有规定或者全体股东另有约定的除外；（2）股东为了向他人通报有关信息查阅公司会计账簿，可能损害公司合法利益的；（3）股东在向公司提出查阅请求之日前的三年内，曾通过查阅公司会计账簿，向他人通报有关信息损害公司合法利益的。当股东依法行使知情权时，公司应当向其提供包括监事会会议记录在内的相关材料，供股东查阅和了解。一方面，除不设监事会情形之外，监事会会议必须每年度至少召开一次，若公司无法提供没有监事会会议记录的理由或合理说明，应当承担相应的责任。另一方面，公司拒绝查阅监事会会议记录应当依法举证证明股东查阅目的的不正当性，否则应当承担相应的责任。

▶ 类案检索

一、上海亚新公司与上海古强公司股东知情权纠纷案

关键词： 股东　知情权　不设监事会　监事会会议记录

裁判摘要： 公司股东在依法行使知情权时，要求查阅股东会、董事会、监事会会议记录及财务会计报表和会计账簿，对于依法不设监事会的公司，仅有一至二名监事，并不召开监事会，也没有监事会会议记录，公司股东要求查阅监事会会议记录的请求，不予支持。

【案　　号】（2016）沪0105民初14710号

【审理法院】上海市长宁区人民法院

二、李某某与宇红公司股东知情权纠纷案

关键词： 股东　知情权　监事会会议　责任

裁判摘要： 股东会、董事会及监事会会议记录及公司财务账簿资料等，依法属于股东知情权查阅的内容，监事会会议应当每年度至少召开一次，公司无法提供监事会会议记录等相关资料，也没有举证证明未召开监事会会议或未形成监事会会议记录的正当理由，应承担相应的责任。

【案　　号】（2018）粤07民终490号

【审理法院】广东省江门市中级人民法院

第五十六条　监事会、不设监事会的公司的监事行使职权所必需的费用，由公司承担。

▶ 条文释义

一、本条主旨

本条是关于监事会、监事行使职权费用承担的规定。

二、条文演变

本条系 2005 年修订《公司法》时的新增条文，在第 57 条规定，"监事会、不设监事会的公司的监事行使职权所必需的费用，由公司承担"。2013 年《公司法》修正时，将条文序号修改为第 56 条，内容未作修改。2018 年《公司法》修正时，本条未作变更。

从本条的制定和修改情况看，其规定的宗旨是确保监事会和监事职责的充分发挥，避免实践中公司监事履行其监督职责时，出现对监督费用和监督成本的顾虑，确保监事制度的有效运转，确保监事作用的正常发挥。

三、条文解读

关于有限责任公司中监事行使职权的费用问题客观存在，特别是在规模较大、组织机构复杂的公司中，监事职权的发挥行使经常受到相关费用问题的制约，特别是在需要查账、审计等情形时，能否有费用的保障，影响着监事作用能否充分发挥。

实践中，监事会的作用相对较弱，行使监督职能的积极性和主动性不足，有时不能真正起到监督公司日常经营管理的作用，甚至可能出现监事会形同虚设的现象。其中一个重要原因就是监事会履行职责缺乏必要的物质保障。公司的日常经营管理由董事会以及经理等人员负责，公司的财务大权也由上述人员掌握。监事会履行职责所需经费则依赖于上述公司管理层，而从机构设置和职能分工看,监事会或监事是监督管理层是否尽职尽责经营决策的部门,董事或高级管理人员对于监督自己的监事会往往持排斥态度,对于监事会履行监督职能所需要的费用往往不愿意提供,或者以各种理由拖延支付。从而使监事会履行职责所需费用得不到保障,影响监督职能的实现。因此,本条专门强调,监事会、不设监事会的监事行使职权所必需的费用,由公司承担。公司的董事、高级管理人员不得以任何理由拒绝或拖延支付上述费用。

本条规定的费用只限于监事会、不设监事会的监事行使职权所必需的费用。监事会、不设监事会的监事超出行使职权所必需费用以外的开支,公司不予承担,这是降低公司监督成本的需要。

▶ 适用指引

监事会、不设监事会的监事在履行监督职责,依法行使职权时,有时会产生一定的费用,这些费用是监事及监事会在履行法律或公司章程赋予的相关职权时,支出的必要的费用,应当由公司承担。如在检查公司财务时,可能聘请会计师事务所对财务会计报告进行审计,需要支付相应的报酬;在发现公司经营异常需行使调查权时,也需要聘请相关专业人员协助进行,需要支付相应的报酬和费用;董事会不履行召集和主持股东会会议职责时,直接召集和主持股东会会议,需要相应的会议经费;依法对董事、高级管理人员提起诉讼时,需要支付一定的诉讼费用,如果聘请律师代理的,还需要支付律师代理费用;等等。

根据本条的规定,由公司承担的费用,必须是监事会、监事行使职权"所必需的费用"。所谓"必需",则是指"一定要的""不可少的",同时也是"合理的""当然的"。因此,由公司承担的费用,必须是监事会、监事行使职权所不可缺少的费用,非支出不可的。如果该费用不属于监事会、监事行使职权"所必需的",则不由公司承担。至于"所必需的费用"究竟包括哪些具体项目,除了上述列举的内容外,还可由公司章程作出规定。当然,如果公司章程规定,某些费用由监事会支付,公司以劳动报酬或其他奖励的形式予以激励或补助,均属于公司在监事人事管理及公司治理方面的具体方法,法律不予干涉。但从本质上看,监事会及监事在正当履行职权范围内,形成的各种合理或必需费用,最终应由公司承担,这样才能确保监事会及监事行使职权,解决监事会及监事履职的后顾之忧,充分发挥监事会及监事有效监督作用。

关于费用的承担。虽然监事在行使职权过程中所必需的费用,由公司承担,但如何承担?是由监事先行垫付,待诉讼或相关事务结束后,找公司偿付;还是可以直接申请公司支出。如果由行使监事职权的监事会或监事先行垫付,可能会导致监事会或监事没有积极性,因为并非个人事务,其并没有垫付的义务,应当先由公司支出相关费用。如果最后认定监事会或监事并非履职范畴或者并非必需,可以找相关责任人加以追偿。如果已经发生了垫付行为,只要属履职所必需,则监事会或监事可以直接请求公司给付,不需要公司同意。因为该笔费用的出发点是为了公司或股东的福祉,先由公司垫付或支持,才能保障监事会或监事更加积极地履行职责,更加"后顾无忧"地发挥监督作用。

▶ 类案检索

苏尊荣大律所与兆润公司、乔某委托代理合同纠纷案

关键词: 监事 提起诉讼 必需的费用 公司承担

裁判摘要: 公司监事代表公司提起损害公司利益诉讼,属监事行使监事的职权,履行监事职责所必需的费用,应当由公司承担。因提起诉讼所支出的律师代理费应当属于该必需的费用范围,但关于风险代理服务费超出合理、必需的限度,不应当由公司承担。

【案　　号】(2020)苏01民终7400号

【审理法院】江苏省南京市中级人民法院

第三节　一人有限责任公司的特别规定

第五十七条　一人有限责任公司的设立和组织机构，适用本节规定；本节没有规定的，适用本章第一节、第二节的规定。

本法所称一人有限责任公司，是指只有一个自然人股东或者一个法人股东的有限责任公司。

▶ 关联规定

法律、行政法规、司法解释

1.《中华人民共和国民法典》

第五十八条　法人应当依法成立。

法人应当有自己的名称、组织机构、住所、财产或者经费。法人成立的具体条件和程序，依照法律、行政法规的规定。

设立法人，法律、行政法规规定须经有关机关批准的，依照其规定。

2.《中华人民共和国市场主体登记管理条例》

第二条　本条例所称市场主体，是指在中华人民共和国境内以营利为目的从事经营活动的下列自然人、法人及非法人组织：

（一）公司、非公司企业法人及其分支机构；

（二）个人独资企业、合伙企业及其分支机构；

（三）农民专业合作社（联合社）及其分支机构；

（四）个体工商户；

（五）外国公司分支机构；

（六）法律、行政法规规定的其他市场主体。

第三条　市场主体应当依照本条例办理登记。未经登记，不得以市场主体名义从事经营活动。法律、行政法规规定无需办理登记的除外。

市场主体登记包括设立登记、变更登记和注销登记。

条文释义

一、本条主旨

本条是关于一人有限责任公司设立和组织机构的法律适用及一人有限责任公司含义的规定。

二、条文演变

本条是 2005 年《公司法》全面修订时的新增条款。后来数次《公司法》修正过程中内容均未变化。

三、条文解读

一人公司又称独资公司、独股公司，是指股东（自然人或法人）仅为一人，并由该股东持有公司全部出资或所有股份的有限公司。一人公司出现于19 世纪末，一人公司产生的主要原因包括：一是有限责任公司或者股份有限公司内部股权通过转让或者继承归一人所有；二是投资者投资设立一人有限责任公司，以最大限度地利用有限责任原则规避风险；三是一些拥有巨额投资能力的经济实体需要以设立独资公司的方式将资本分散，以实现公司的发展战略，谋取投资利益的最大化；四是随着专业化分工的不断细化，中小企业具有越来越大的优势，其大量的存在为一人公司的出现和发展奠定了基础。所以，进入 20 世纪以来，许多国家或地区或修改公司法或相关法律，用成文法的方式承认一人公司，或通过判例的方式给予一人公司合法地位。

由于一人公司突破了"公司是社团法人"的传统公司法理论，因此，自其出现以来，对它存在的合法性争论就从未停止过。但应当看到，一人公司具有诸多优点。从经济学上讲，可以节约公司设立、运营和监督成本。承认一人公司，可以使投资者利用公司形式，获得较多的社会信用，有利于企业的发展。况且法律即使完全禁止一人公司的设立，也不能阻止事实上一人公司的出现，反而可能导致规避法律的现象，衍生更多的社会矛盾。如果承认一人公司，则可以通过法律来进行规范，以防止一人公司的唯一股东滥用公司独立人格和有限责任原则，增强对公司债权人的保护。所以对一人公司法律地位的承认是国际潮流、大势所趋。

需要注意的是，一人公司包括一人有限责任公司和一人股份公司两种类型，我国《公司法》本着"既积极又慎重"的原则，只对一人有限公司作出了特别规定。

本条第1款是对一人有限责任公司法律适用的衔接性规定，明确了以下原则：一人有限责任公司的设立和组织机构，首先应遵守本节的特别规定，对于本节没有规定，而与一般的有限责任公司设立和组织机构有共性的要求，则适用有限责任公司的设立和组织机构一章第一节、第二节的规定。这样规定一方面，突出了对一人有限责任公司的特别限制性规定；另一方面，也较好地解决了立法技术上的问题，避免了不必要的内容重复。

按照本条第2款的规定，《公司法》所称一人有限责任公司，是指只有一个自然人股东或者一个法人股东的有限责任公司。与其他有限责任公司相比，一人有限责任公司具有以下法律特征：第一，一人有限责任公司仅有一个股东，而其他有限责任公司的股东为二个以上。第二，一人有限责任公司特别是只有一个自然人股东的一人有限责任公司的所有权和经营权大多是合一的，而其他有限责任公司的所有权与经营权大多是分离的。第三，一人有限责任公司的股东以其出资额为限对公司的债务承担有限责任，而由一个自然人投资设立的个人独资企业的投资者要以其个人财产对企业债务承担无限责任。

> **第五十八条** 一个自然人只能投资设立一个一人有限责任公司。该一人有限责任公司不能投资设立新的一人有限责任公司。

条文释义

一、本条主旨

本条是关于自然人投资设立一人有限责任公司的规定。

二、条文演变

本条是在 2005 年《公司法》全面修订时新增的规定。当时还规定了一人有限责任公司的最低注册资本为 10 万元，且应一次性缴足。目的在于充分保护债权人的合法权益。为激发市场活力，鼓励大众创业，2013 年《公司法》修正时取消了对一人有限责任公司最低注册资本的限制，保留了对一人有限责任公司对外投资的限制。2018 年《公司法》修正时，本条未作修改。

三、条文解读

通常情况下，一人有限责任公司的财产有限，且股东只以投入公司的财产对公司债权人承担责任，因此难以对公司债权人形成有效的保护。另外，一人有限责任公司的唯一股东，通常直接经营公司业务，实际上完全控制了公司，更容易因股东和公司的财产混同而导致股东滥用公司法人独立地位和股东有限责任，将公司财产充作私用，损害公司债权人的利益，所以需要通过立法来尽可能地加以防范和约束。

强化资本充实义务，严格资本维持制度主要是使股东要完全和适当履行出资义务，防止出资不实或抽逃出资、转移资本。为此，有的国家规定一个自然人只能投资设立一个一人公司，即一个自然人不得成为一个以上公司全部资本的权利人；有的国家规定出资种类必须具有客观经济价值；有的国家规定必须对出资义务履行严格的核查程序；还有的国家对一人公司股东出资义务的履行规定了特别程序，要求设立一人公司的股东如果不能为其剩余出资提供担保的话，则商事登记机关可以拒绝登记。

为了广泛吸引社会资金和提高资金使用效率，促进经济发展和扩大就业，考虑到一人有限责任公司的股东只有一人，缺乏股东的相互制衡，而股东又对公司债务只承担有限责任，因此为了保障债权人的利益和一人有限责任公司对外的正常经营，《公司法》规定一个自然人只能设立一个一人有限责任公司，该一人有限责任公司不能再设立新的一人有限责任公司。这样规定对于保障交易安全，明确一人有限责任公司及其股东的法律义务是完全必要的，也符合我国实际情况。

▶ 类案检索

温某某、内蒙古联创投资有限公司股权转让纠纷案

关键词： 股权转让　一人有限责任公司

裁判摘要：《公司法》第58条规定："一个自然人只能投资设立一个有限责任公司，该一人有限责任公司不能投资设立新的一人有限责任公司。"上述规定系针对公司设立行为，意在避免自然人利用设立一人公司的权利，滥用公司有限责任制度。本案中，温某某、联创投资公司如依照《股权回购协议》受让平安投资公司持有联创煤炭公司的股权，虽可能导致联创投资公司、联创煤炭公司实际均为温某某的一人公司，但其并非基于原始设立行为，而是依法履行合同义务的结果，且可通过将联创投资公司或联创煤炭公司的部分股份转让给他人，或将上述两公司合并等方式加以调整，从而符合《公司法》第58条的规定。因此，温某某、联创投资公司、中誉控股公司、能源投资公司该项主张没有法律依据，法院不予支持。

【案　　号】（2018）最高法民终1291号
【审理法院】最高人民法院

> 第五十九条 一人有限责任公司应当在公司登记中注明自然人独资或者法人独资，并在公司营业执照中载明。

▶ 关联规定

法律、行政法规、司法解释

《中华人民共和国民法典》

第七十八条 依法设立的营利法人，由登记机关发给营利法人营业执照。营业执照签发日期为营利法人的成立日期。

▶ 条文释义

一、本条主旨

本条是关于一人有限责任公司有关登记要求的规定。

二、条文演变

本条是2005年修订《公司法》时入法，其后数次修正中条文内容未修改。

三、条文解读

根据《公司法》的有关规定，设立公司应当依法向公司登记机关申请设立登记。公众可以向公司登记机关申请查询公司登记事项，公司登记机关应当提供查询。依法登记设立的公司，由公司登记机关发给公司营业执照。公司营业执照应当载明公司的名称、住所、注册资本、实收资本、经营范围、法定代表人姓名等事项。上述这些规定是公司法的一般原则性规定，适用于所有类型公司的登记和公示事宜，一人有限责任公司当然也不例外，但除此之外，一人有限责任公司还必须在公司登记中注明自然人独资或者法人独资,并在公司营业执照中载明,这是对一人有限责任公司登记的特殊要求,对于维护经济秩序、保障交易安全具有积极意义。

第六十条　一人有限责任公司章程由股东制定。

▶关联规定

法律、行政法规、司法解释

《中华人民共和国民法典》

第七十九条　设立营利法人应当依法制定法人章程。

▶条文释义

一、本条主旨

本条是关于一人有限责任公司章程制定的规定。

二、条文演变

本条是2005年修订《公司法》时入法，其后数次修正中条文内容未修改。设立公司必须依法制定公司章程。公司章程对公司、股东、董事、监事、高级管理人员具有拘束力。有限责任公司设立应当具备的条件之一就是股东共同制定公司章程。那么对于只有一个股东的一人有限责任公司而言，应当如何制定公司章程呢？本条规定明确一人有限责任公司的章程仍要由股东自己制定，而没有其他的限制性规定。

三、条文解读

本条只规定了一人有限责任公司章程由股东制定，至于章程都应当记载哪些事项等相关问题则未作规定，按照《公司法》第57条关于"一人有限责任公司的设立和组织机构，适用本节规定；本节没有规定的，适用本章第一节、第二节的规定"的规定，有关一人有限责任公司章程应当载明的事项，适用本章第一节有限责任公司设立的规定,其中第25条规定了有限责任公司章程应当载明的事项,包括:(1)公司名称和住所;(2)公司经营范围;(3)公司注册资本;(4)股东的姓名或者名称;(5)股东的出资方式、出资额和出资时间;(6)公司的机构及其产生办法、职权、议事规则;(7)公司法定代表人;(8)股东会会议认为需要规定的其他事项。

> **第六十一条** 一人有限责任公司不设股东会。股东作出本法第三十七条第一款所列决定时,应当采用书面形式,并由股东签名后置备于公司。

关联规定

法律、行政法规、司法解释

《中华人民共和国民法典》

第八十条 营利法人应当设权力机构。

权力机构行使修改法人章程,选举或者更换执行机构、监督机构成员,以及法人章程规定的其他职权。

条文释义

一、本条主旨

本条是关于一人有限责任公司不设股东会及股东行使职权作出决定应当采用书面形式的规定。

二、条文演变

本条是2005年修订《公司法》时入法,其后数次修正中条文内容未修改。

三、条文解读

为了使一人公司的交易相对人在与公司进行交易时充分了解公司的状况,一些国家的法律规定了必要的书面记载制度,要求一人公司的股东在行使职权、决定公司重大事项时,应当以书面形式进行。同时,由他自己和由他代表的公司签订的合同,也应以书面形式记录入档。

我国《公司法》借鉴了国外有关一人公司立法的有益经验，明确规定一人有限责任公司不设股东会及股东行使职权作出决定应当采用书面形式。这也就是说，虽然一人有限责任公司不设股东会，但在涉及决定公司的经营方针和投资计划，选举和更换非由职工代表担任的董事、监事，决定有关董事、监事的报酬事项，批准董事会、监事会或者监事的报告，批准公司的年度财务预决算方案，批准公司的利润分配方案和弥补亏损方案，决定公司增减注册资本、发行债券，转让出资，决定公司合并、分立、变更公司形式、解散和清算，修改公司章程等重大事项时，股东必须以书面形式作出决定并签字，而且这些文件还应当放置于公司中以方便各方查询。这样规定对于保护交易安全是完全必要的。

> **第六十二条** 一人有限责任公司应当在每一会计年度终了时编制财务会计报告，并经会计师事务所审计。

▶ 关联规定

法律、行政法规、司法解释

《中华人民共和国会计法》

第九条 各单位必须根据实际发生的经济业务事项进行会计核算，填制会计凭证，登记会计帐簿，编制财务会计报告。

任何单位不得以虚假的经济业务事项或者资料进行会计核算。

第十一条 会计年度自公历1月1日起至12月31日止。

第二十五条 公司、企业必须根据实际发生的经济业务事项，按照国家统一的会计制度的规定确认、计量和记录资产、负债、所有者权益、收入、费用、成本和利润。

第三十一条 有关法律、行政法规规定，须经注册会计师进行审计的单位，应当向受委托的会计师事务所如实提供会计凭证、会计帐簿、财务会计报告和其他会计资料以及有关情况。

任何单位或者个人不得以任何方式要求或者示意注册会计师及其所在的会计师事务所出具不实或者不当的审计报告。

财政部门有权对会计师事务所出具审计报告的程序和内容进行监督。

▶ 条文释义

一、本条主旨

本条是关于一人有限责任公司实行法定审计的规定。

二、条文演变

本条是 2005 年修订《公司法》时入法,其后数次修正中条文内容未修改。

三、条文解读

《公司法》承认了一人有限责任公司的合法地位,允许设立一人有限责任公司,并依法给予保护,是有利于社会资金投向经济领域、有利于扩大就业和企业发展的,但是同时为了更好地保护交易相对人的利益,降低交易风险,法律也应当对一人有限责任公司作出特别的限制性规定,以取得保护与规范的平衡,本条就是对一人有限责任公司实行法定审计的特别规定,既是一人有限责任公司治理结构中的一项基本制度配置,也是加强对其规制、严格管理的一项重要法律措施。

这里还需要说明的是,本条规定与《公司法》公司财务、会计一章中第164 条明确规定的"公司应当在每一会计年度终了时编制财务会计报告,并依法经会计师事务所审计"的含义是不同的,第164 条是对所有类型公司的一般原则性规定,其中"依法经会计师事务所审计"并不是说所有公司都必须经过会计师事务所进行年度审计,而是根据《公司法》《会计法》和其他有关法律的规定,明确要求必须进行审计的公司,其财务会计报告才要经过会计师事务所审计。而按照本条的规定,一人有限责任公司应当在每一会计年度终了时编制财务会计报告,并经会计师事务所审计。这属于法律的强制性规范,表明对一人有限责任公司是实行法定审计的,一人有限责任公司的财务会计报告必须经会计师事务所审计。

> **第六十三条** 一人有限责任公司的股东不能证明公司财产独立于股东自己的财产的，应当对公司债务承担连带责任。

▶ 关联规定

法律、行政法规、司法解释

1.《中华人民共和国民法典》

第八十三条 营利法人的出资人不得滥用出资人权利损害法人或者其他出资人的利益；滥用出资人权利造成法人或者其他出资人损失的，应当依法承担民事责任。

营利法人的出资人不得滥用法人独立地位和出资人有限责任损害法人债权人的利益；滥用法人独立地位和出资人有限责任，逃避债务，严重损害法人债权人的利益的，应当对法人债务承担连带责任。

2.《中华人民共和国公司法》

第二十条 公司股东应当遵守法律、行政法规和公司章程，依法行使股东权利，不得滥用股东权利损害公司或者其他股东的利益；不得滥用公司法人独立地位和股东有限责任损害公司债权人的利益。

公司股东滥用股东权利给公司或者其他股东造成损失的，应当依法承担赔偿责任。

公司股东滥用公司法人独立地位和股东有限责任，逃避债务，严重损害公司债权人利益的，应当对公司债务承担连带责任。

▶ 条文释义

一、本条主旨

本条是关于一人有限责任公司股东不能证明公司财产独立于自己财产应当

对公司债务承担连带责任的规定。

二、条文演变

本条是 2005 年修订《公司法》时入法，其后数次修正中条文内容未修改。

三、条文解读

公司股东对公司债务承担有限责任是公司法的基本原则。但在现实生活中，有的股东利用公司独立法人地位和自己的有限责任，滥用权力，采用将公司财产与本人财产混同等手段，逃避债务，造成公司可以用于履行债务的财产大量减少，严重损害公司债权人的利益。有这种情形的，股东理应对公司债务承担连带清偿责任。

为了维护公司债权人的利益和正常的经济秩序，总结我国人民法院审判实践经验，我国《公司法》规定，公司股东滥用公司独立法人地位和股东有限责任，逃避债务，严重损害公司债权人利益的，应当对公司债务承担连带责任。这一原则同样适用于一人有限责任公司，同时本条还规定了一人有限责任公司的股东应就其个人财产是否与公司财产相分离负有举证责任，即由一人有限责任公司的股东自己来证明公司财产与本人财产是否独立，这就与一般公司发生债务纠纷由权利主张者举证不同，实际上加重了一人有限责任公司股东的法律义务。针对一人有限责任公司的特殊情况，本条规定对于更好地保护公司债权人的利益、降低交易风险是完全必要的，其根本目的就在于强化一人有限责任公司的股东必须将公司财产与本人财产严格分离。

▶ 类案检索

江苏南通二建集团有限公司、天津国储置业有限公司建设工程施工合同纠纷案

关键词： 一人公司　审计　财务报表

裁判摘要： 一人公司的股东虽提交了公司的年度审计报告以及所附的部分财务报表，但从审计意见的结论看，仅能证明公司的财务报表制作符合规范，反映了公司的真实财务状况，无法证明其财产与公司财产是否相互独立，不能达到证明目的。

【案　　号】（2019）最高法民终 1093 号

【审理法院】最高人民法院

第四节　国有独资公司的特别规定

第六十四条　国有独资公司的设立和组织机构，适用本节规定；本节没有规定的，适用本章第一节、第二节的规定。

本法所称国有独资公司，是指国家单独出资、由国务院或者地方人民政府授权本级人民政府国有资产监督管理机构履行出资人职责的有限责任公司。

▶ **关联规定**

法律、行政法规、司法解释

《企业国有资产监督管理暂行条例》

第三条　本条例所称企业国有资产，是指国家对企业各种形式的投资和投资所形成的权益，以及依法认定为国家所有的其他权益。

第四条　企业国有资产属于国家所有。国家实行由国务院和地方人民政府分别代表国家履行出资人职责，享有所有者权益，权利、义务和责任相统一，管资产和管人、管事相结合的国有资产管理体制。

第六条　国务院，省、自治区、直辖市人民政府，设区的市、自治州级人民政府，分别设立国有资产监督管理机构。国有资产监督管理机构根据授权，依法履行出资人职责，依法对企业国有资产进行监督管理。

企业国有资产较少的设区的市、自治州，经省、自治区、直辖市人民政府批准，可以不单独设立国有资产监督管理机构。

第十二条　国务院国有资产监督管理机构是代表国务院履行出资人职责、负责监督管理企业国有资产的直属特设机构。

省、自治区、直辖市人民政府国有资产监督管理机构，设区的市、自治州级人民政府国有资产监督管理机构是代表本级政府履行出资人职责、负责监督管理企业国有资产的直属特设机构。

上级政府国有资产监督管理机构依法对下级政府的国有资产监督管理工作进行指导和监督。

第十三条 国有资产监督管理机构的主要职责是：

（一）依照《中华人民共和国公司法》等法律、法规，对所出资企业履行出资人职责，维护所有者权益；

（二）指导推进国有及国有控股企业的改革和重组；

（三）依照规定向所出资企业委派监事；

（四）依照法定程序对所出资企业的企业负责人进行任免、考核，并根据考核结果对其进行奖惩；

（五）通过统计、稽核等方式对企业国有资产的保值增值情况进行监管；

（六）履行出资人的其他职责和承办本级政府交办的其他事项。

国务院国有资产监督管理机构除前款规定职责外，可以制定企业国有资产监督管理的规章、制度。

▶ 条文释义

一、本条主旨

本条是关于国有独资公司设立、组织机构与概念的规定。

二、条文演变

1993年《公司法》第64条规定："本法所称国有独资公司是指国家授权投资的机构或者国家授权的部门单独投资设立的有限责任公司。国务院确定的生产特殊产品的公司或者属于特定行业的公司，应当采取国有独资公司形式。"《公司法》于1999年、2004年进行修正时，本条未变更。2005年修订时，将本条的条文序号调整为第65条，内容作了三处修改：一是增加规定"国有独资公司的设立和组织机构，适用本节规定；本节没有规定的，适用本章第一节、第二节的规定"。二是将"国家授权投资的机构或者国家授权的部门单独投资设立"修改为"国家单独出资、由国务院或者地方人民政府授权本级人民政府国有资产监督管理机构履行出资人职责"。三是删除了原第2款规定。

2013年《公司法》修正时，将本条条文序号调整为第64条，内容未作变更。2018年《公司法》修正时，本条未作变更。

从条文的演变及修改内容看，主要涉及以下几个方面的问题：一是从2005年《公司法》修订开始，将本节规定的国有独资公司进行特殊规范的同时，将其设立、组织结构等公司一般特征纳入公司法的普通规范之中，意在说明，虽然国有独资公司有其特殊性，但从公司法意义上看，其还是属于《公司法》的调整范畴，具有市场竞争中公司主体的一般特征，如对其设立、组织机构等没有作出特殊规定的，应当适用《公司法》的一般规定加以调整。该修订内容，积极推动了国有企业改革，在确保国有企业特殊性的前提下，深层次推进企业体制改革，适应市场经济发展的需要。二是强调国有独资公司的特殊性，并对条文规定内容加以明确，将原条文中"国家授权投资的机构或者国家授权的部门"进行明确和规范表述，变更为"国家单独出资、由国务院或者地方人民政府授权本级人民政府国有资产监督管理机构履行出资人职责"。一方面，明确国家单独出资的前提；另一方面，对于出资人主体明确规定为国有资产监督管理机构，赋予国有资产监督管理机构出资人的职责，由其代国家进行投资和履行相关职责，避免原条文中国家授权机构和授权部门在理论和实践中的分歧及争议，使条文内容更加规范和准确。三是删除了"国务院确定的生产特殊产品的公司或者属于特定行业的公司，应当采取国有独资公司形式"。原规定内容体现我国从立法上明确国有独资公司所担负的政治和社会任务，对国家垄断经营领域和行业的具有垄断地位。所谓特殊产品或者特定行业，是指关系国计民生或国家专营的产品、行业，包括邮政、铁路、军火、烟草、稀有金属及从事国家机密、尖端技术研究、生产的企业等。根据一定时期的产业政策和竞争政策，国务院可以确定这些行业的垄断程度适当引进竞争，确定具体应采取国有独资公司的范围。但从国有企业实行公司化改造，以转换企业经营机制、加强企业各股东主体利益的相互制约、增强企业活力和市场竞争力的宗旨来看，《公司法》对国有独资公司的法律规定从严解释，对一般竞争性企业取消了采取国有独资公司形式的限制。

三、条文解读

国有独资公司是有限责任公司的特殊形式，一般情况下仍应遵守本章第一节、第二节的规定。本节仅对其某些方面作特别规定。从《公司法》的历次沿革情况看，《公司法》关于国有独资公司的规定对国有企业改革起到了积极的推动作用。近年来，努力建成具有社会主义特色的现代企业制度，已经成为我国公司的改革目标，特别是在我国综合实力不断增强、市场经济日益繁荣的发展趋势下，吸收国内外公司治理先进经验和理念，打造现代化企业管理体制，形成产权清晰的现代公司制度，确保国有资产的保值增值，发挥国有公司的经济主导地位和支柱产业作用，充分体现和保护公有制经济稳定健康发展，不断增添市场活力，完善和促进国际国内市场双循环，保障我国经济发展大局繁荣稳定。国有独资公司的任务是实现国有资产的增值保值，符合国家改革的愿望和国家利益。从国有独资公司形成的渊源和原有的管理体制上看，原有的国有企业在体制上隶属于不同的机构或部门，这一现象短期内无法改变，国有独资公司就是在不改变这一深层次体制的条件下的企业制度创新。所以，国有独资公司作为有限责任公司的特殊形态，与原有的全民所有制企业相比，有较强的独立性，更能适应市场经济的发展需要，是国有企业改革的目标。几次修改保留本节规定是为了继续为改革的深入提供制度支持。作为一种特殊的公司形式，国有独资公司既采取了有限责任公司的基本形式和结构，又根据其股东单一的特点规定了较为灵活和简易的组织机构和管理方式。《公司法》在 2005 年修改时，已根据国有企业改革和国有资产监督管理体制改革的精神和成果，并参照《企业国有资产监督管理暂行条例》的有关规定，对本节的个别条文作了修改。2013 年及 2018 年的修改，均保留本节条文规定的绝大部分，并未作大幅调整和修改。

国有独资公司作为市场参与者和交易主体，不同于一般的商事主体，具有自身的特殊性。其特殊性最重要的体现即为投资人的特殊，虽然从出资形式上看是国有资产监督管理机构出资，但实质上是国有资产监督管理机构获得政府授权后，用国有资产出资成立的有限责任公司。该公司形式是将国有资产投放市场交易，充分发挥其优质资本的效益，通过市场经济中的经营和管理获得市场利润，也是盘活国有资产的重要形式。也正是基于其出资主体的特殊性，在公司设立、组织机构、治理机构及运行方式等多方面均区别于一般的有限责任公司，因此本节单独对国有独资公司进行特殊规定，而其作为有限责任公司的一种，没有特殊规定的，还应当受到公司法关于一般有限责任公司规定的约束。

2005 年修改时，删除了原条文第二款的规定。原条文第二款确定了生产特殊产品的公司或者属于特定行业的公司应当采取国有独资公司的形式。所谓特殊产品或者特定行业，是指关系国计民生或国家专营的产品、行业，包括邮政、铁路、军火、烟草、稀有金属及从事国家机密、尖端技术研究、生产的企业等。根据一定时期的产业政策和竞争政策，国务院可以确定这些行业的垄断程度或适当引进竞争，确定具体应采取国有独资公司的范围。但从国有企业实行公司化改造、以转换企业经营机制、加强企业各股东主体利益的相互制约、增强企业活力和市场竞争力的宗旨来看，《公司法》对国有独资公司的法律规定从严解释，对一般竞争性企业取消了采取国有独资公司形式的限制。

▶ 适用指引

一、国有独资公司的概念

根据本条规定，国有独资公司，是指国家单独出资，由国务院或者地方人民政府授权本级人民政府国有资产监督管理机构履行出资人职责的有限责任公司。

国有独资公司是借鉴现代公司制度，改革我国国有资产管理和国有企业经营体制而确定的一种全新的企业组织形式。按照本法规定，国有资产监督管理机构可以单独投资设立国有独资的有限责任公司，这意味着可以在任何行业设立国有独资公司；可见，国家设立国有独资公司并没有明确的限制，实践中许多竞争性行业的国有企业以此纷纷改组为国有独资公司。与一般意义上的有限责任公司相比较，国有独资公司具有以下特征：（1）出资股东的特殊性。公司的出资股东只能是国家，国家作为商事主体参与市场交易。（2）公司股东的单一性。国有独资公司的股东仅有一人，不能有其他股东参股，如果存在其他股东，则不能成为国有独资公司。（3）出资人的特定性。国有独资公司的出资人只能是国有资产监督管理机构。而国有资产监督管理机构的是经国务院或本级人民政府授权其出资。（4）公司形态的限定性。国有独资公司只能是有限责任公司形态，受公司法关于有限责任公司相关规定的约束。

二、国有独资公司的设立和组织机构

（一）国有独资公司的设立

国有独资公司由国有资产监督管理机构单独投资设立，其设立条件和程序除《公司法》有特别规定外，与一般的有限责任公司大体相同，所不同的主要是股东的人数与公司章程的制定。国有独资公司的章程由国有资产监督管理机构依法制定，或者由公司董事会制订报国有资产监督管理机构批准。在《公司法》施行前已设立的由单一投资主体投资设立的国有企业，符合规定的有限责任公司设立条件的，可以依法改建为国有独资公司，并按国务院规定的有关实施步骤和具体办法进行改制。

（二）国有独资公司的组织机构

由于国有独资公司是有限责任公司的一种特殊形式，其组织机构的设置与一般的有限责任公司有所不同。（1）《公司法》明确规定：国有独资公司不设股东会，因为国有独资公司的股东只有一人即国家。（2）设立董事会，其成员由国有资产监督管理机构和职工代表共同组成。（3）设立经理，实行聘任制，由董事会聘任和解聘，但经国有资产监督管理机构同意，董事会成员可以兼任经理。（4）国有资产监督管理机构可以授权公司董事会行使股东会的部分职权，决定公司的重大事项，但公司的合并、分立、解散、增减资本和发行公司债券，必须由国有资产监督管理机构决定；其中，重要的国有独资公司合并、分立、解散、申请破产的，应当由国有资产监督管理机构审核后，报本级人民政府批准。

三、国有独资公司与一般有限责任公司的区别与联系

从基本的公司类型上来看，国有独资公司是有限责任公司的一种。只是因为该类公司是由国家单独投资设立的，具有一定的特殊性和重要性，所以《公司法》中对其作了专节的规定。这并不表明国有独资公司已经脱离有限责任公司成为一种与其并列的公司类型。国有独资公司这一专节的规定，仅涉及国有独资公司因为其投资主体的特殊性以及它对于国民经济的重要性而区别于其他有限责任公司的几个方面，对于国有独资公司与其他有限责任公司共通的地方

没有再规定。因此，作为本节的第 1 条，本条特别在第 1 款中指明了国有独资公司的设立和组织机构，在适用本节规定以外，还应适用本章第一节和第二节中关于有限责任公司设立和组织机构的一般规定。另一层含义是，对于国有独资公司而言，当有限责任公司的一般规定与本节的规定相冲突时，以本节的规定为准。这是因为这两者之间的关系是一般法与特别法的关系，根据法理，在适用时应该特别法优于一般法。

本款属于技术性条款，它表明国有独资公司除了有自身的特殊性，需要特别规定以外，在其他方面应与普通有限责任公司一样，遵守公司法关于有限责任公司的一般规定。

四、国有独资公司与国有企业的关系

在理解本条第 2 款时值得注意的一点是，本条第 2 款定义的国有独资公司与传统的国有企业是有着本质区别的。尽管两者都属"国有"，但前者是依据《公司法》设立的一种特殊的有限责任公司。公司作为一种现代企业形式，对内部的治理结构以及责任能力等方面相对传统的国有企业而言，有着很大的优势。比如，它的治理结构更合理，更有利于明确国家与公司的产权关系和经营责任，更有利于国有资产的保值、增值，也更有利于企业的独立经营，自负盈亏。有限责任公司的出资人中可能有国有资本的成分，即国有资本会投入一般的公司之中，与非国有资本共同持股，此时如果国有资本所占股份比例超过 50%，从法人的控制权上看，也可以成为"国有"，但该类型的有限责任公司并非本条所规定的国有独资公司，应当注意区分。

五、国有资产监督管理机构的概念和职责

国有资产监督管理机构指的是，根据 2003 年《第十届全国人民代表大会第一次会议关于国务院机构改革方案的决定》设立的国务院国有资产监督管理委员会，以及各省、市（地）政府依法设立的地方各级国有资产监督管理委员会。国有资产监督管理机构，是为了深化国有资产管理体制改革，强化对国有资产的监管力度，以适应市场经济发展要求而设立的机关，目标是实现国有资产的保值增值。《企业国有资产监督管理暂行条例》第 13 条规定："国有资产监督管理机构的主要职责是：（一）依照《中华人民共和国公司法》等法律、法规，对所出资企业履行出资人职责，维护所有者权益；（二）指导推进国有

及国有控股企业的改革和重组;(三)依照规定向所出资企业委派监事;(四)依照法定程序对所出资企业的企业负责人进行任免、考核,并根据考核结果对其进行奖惩;(五)通过统计、稽核等方式对企业国有资产的保值增值情况进行监管;(六)履行出资人的其他职责和承办本级政府交办的其他事项。国务院国有资产监督管理机构除前款规定职责外,可以制定企业国有资产监督管理的规章、制度。"

六、国有独资公司是一种特殊的有限责任公司

虽然是独资公司,但其本质上还是有限责任公司,享有法人的独立财产,在承担责任时,也应当以法人财产承担有限责任。同时国有独资公司的设立和组织机构都具有特殊性,在公司决议、公司意志表达等方面,不能简单地以一般公司的程序和要求来审查认定。

七、国有独资公司与一人有限责任公司

一人有限责任公司,是指只有一个自然人股东或者一个法人股东的有限责任公司。从股东结构和出资情况看,国有独资公司和一人有限责任公司是相同的,不同之处在于:一是国有独资公司的股东是国家,出资人是经过授权的国有资产监督管理机构;普通的一人有限责任公司股东是自然人或法人。二是国有独资公司是国家通过国有资产设立的独资公司;而普通的一人有限责任公司的自然人股东只能设立一个一人有限责任公司,而且设立的有限责任公司不能再投资设立新的一人有限责任公司。三是国有独资公司关于设立和组织机构适用本章关于有限责任公司的一般规定,这与一人有限责任公司是一致的,但国有独资公司的章程、决定事项及组织机构等都有特定的审批或报批程序,这是由其国有资产性质决定的。而普通的一人有限责任公司关于章程制定、事项决定等虽较一般的有限责任公司要更加严苛,但还是遵循公司个人意思自治。四是国有独资公司并未规定法人人格否认问题,一人有限责任公司在股东不能证明公司财产独立时,应当对公司债务承担连带责任。

第六十五条　国有独资公司章程由国有资产监督管理机构制定，或者由董事会制订报国有资产监督管理机构批准。

关联规定

法律、行政法规、司法解释

《企业国有资产监督管理暂行条例》

第二十条　国有资产监督管理机构负责指导国有及国有控股企业建立现代企业制度，审核批准其所出资企业中的国有独资企业、国有独资公司的重组、股份制改造方案和所出资企业中的国有独资公司的章程。

条文释义

一、本条主旨

本条是关于制定国有独资公司章程的规定。

二、条文演变

1993年《公司法》第65条规定："国有独资公司的公司章程由国家授权投资的机构或者国家授权的部门依照本法制定，或者由董事会制订，报国家授权投资的机构或者国家授权的部门批准。"《公司法》于1999年、2004年进行修正时，本条未变更。2005年《公司法》修订时，将本条的条文序号调整为第66条，将"国家授权投资的机构或者国家授权的部门"修改为"国有资产监督管理机构"。对于代表国家意志进行投资的主体进行明确的同时，避免了相关政策因素或者国家职能分工、机构变化等造成出资人主体的不明确或不确定。2013年《公司法》修正时，将本条条文序号调整为第65条，内容未作变更。2018年《公司法》修正时，本条未作变更。

三、条文解读

公司章程是公司股东依法订立的规范公司组织与活动的基本法律文件，是一个公司组织设立和进行活动必不可少的具有约束力的重要法律文件。国有独资公司因其股东为国家，经营的是国有资产，在公司章程的制定及规范公司组织活动中应当体现国家的意志。但国家是一个抽象主体，不能亲自经营和管理公司，因此授权国有资产监督管理机构制定公司章程，确定国有独资公司的组织与活动相应规范。同时还进行了灵活规范，即可以由董事会制订公司章程后，报国有资产监督管理机构批准，但以哪种方式制定公司章程，必须由国有资产监督管理机构作为决定主体，充分体现国家的意志。章程，是指公司必须具备的由发起设立公司的投资者制定的，并对公司、股东、公司经营管理人员具有约束力的，调整公司内部组织关系和经营行为的自治规则，它对于公司有着极为重大的意义。按照《公司法》的规定，有限责任公司的章程应由公司的全体股东共同制定。由于国有独资公司是由国家单独投资设立的，国家是其唯一股东，因此国有独资公司章程的制定有着其特殊性。

▶ 适用指引

根据本条的规定，国有独资公司章程的制定主体有二：一是国有资产管理机构直接制定；二是由公司的董事会制订后，上报国有资产监督管理机构审查批准后方可生效。一方面，在保证国有资产监督管理机构享有最终决定权的基础上，减轻了国有资产监督管理机构的负担；另一方面，作为公司的董事会，能更直接全面地了解公司的相关情况，制订出的章程也更符合公司的实际。

国有独资公司章程的内容、效力和修改等其他相关事宜由于本节没有规定，所以应适用《公司法》中关于有限责任公司的一般规定。

第一，公司章程是一个公司组织设立和进行活动必不可少的具有约束力的重要法律文件。公司章程在公司外部关系中，表明该公司的法律形式、公司名称、经营范围、资本数额、公司住所等，是公司登记机关对申请设立公司据以审核的依据，也是交易相对人与该公司进行经济交往时据以了解公司情况的基本依据；公司章程在公司内部关系中，表明股东就设立公司及对相关重要事项达成一致协议，在公司存续期间，公司章程所载事项对公司股东、董事、监事及所聘任高级管理人员具有约束效力。

第二，国有独资公司作为有限责任公司的一种特殊形式，其设立也必须依法制定公司章程。其他有限责任公司是由公司股东会制定公司章程，但国有独资公司不设股东会，其章程应如何制定？按照本条的规定，国有独资公司章程由国有资产监督管理机构制定，或者由董事会制订报国有资产监督管理机构批准。具体来讲，一般情况下，应当由国有资产监督管理机构依照《公司法》关于公司章程的规定进行制定。从内容上看，包括绝对必要记载事项、相对必要记载事项和任意记载事项在内的所有方面。从程序上看，《公司法》并未涉及国有资产监督管理机构制定章程的议事规则，此不属于《公司法》调整范围。根据《企业国有资产监督管理暂行条例》第13条第2款的规定，国务院国有资产监督管理机构，可以制定企业国有资产监督管理的规章、制度。因此具体制定章程应采取何种程序，由国务院国有资产监督管理机构加以规定。同时考虑到实际需要，在有些情况下，公司章程也可以由公司的董事会制订，也就是由董事会拟订后报国有资产监督管理机构批准。

第三，本条只明确了国有独资公司的章程由谁制定或者批准，至于章程都应当记载哪些事项以及修改公司章程的规则等则未作规定。

按照本节中关于"国有独资公司的设立和组织机构，适用本节规定；本节没有规定的，适用本章第一节、第二节的规定"的规定，有关国有独资公司章程应当载明的事项，适用《公司法》关于有限责任公司章程的规定。依照《公司法》第25条的规定，"有限责任公司章程应当载明下列事项：（一）公司名称和住所；（二）公司经营范围；（三）公司注册资本；（四）股东的姓名或者名称；（五）股东的出资方式、出资额和出资时间；（六）公司的机构及其产生办法、职权、议事规则；（七）公司法定代表人；（八）股东会会议认为需要规定的其他事项。股东应当在公司章程上签名、盖章"。据此，国有独资公司的章程应当包含上述规定内容。

公司章程内容并非在公司存续期间永久不变，为了更好地适应经营环境的变化，需要适时地进行修改。在不违反法律、行政法规强行性规范的前提下，公司可以修改包括绝对必要记载事项，相对必要记载事项和任意记载事项在内的所有内容。依据法律对有限责任公司的规定，修改公司章程的权限专属于公司的权力机构，并须以特别决议为主，此外，为保证章程内容的合法和相对稳定，须办理相应的变更登记。对于国有独资公司来说，根据《公司法》第66

条规定，由国有资产监督管理机构行使股东会职权，也即具有修改章程权力的公司权力机构是国有资产监督管理机构。另据《企业国有资产监督管理暂行条例》第 20 条的规定，国有资产监督管理机构负责指导国有及国有控股企业建立现代企业制度，审核批准其所出资企业中的国有独资企业、国有独资公司的重组、股份制改造方案和所出资企业中的国有独资公司的章程。此条所规定的审核批准国有独资公司的章程，应当包括章程的制定以及修改。因此，可以明确国有独资公司的章程修改的权力，应由国有资产监督管理机构行使。当然，董事会在国有资产监督管理机构授权的情况下也可行使此项权力。

第六十六条 国有独资公司不设股东会,由国有资产监督管理机构行使股东会职权。国有资产监督管理机构可以授权公司董事会行使股东会的部分职权,决定公司的重大事项,但公司的合并、分立、解散、增加或者减少注册资本和发行公司债券,必须由国有资产监督管理机构决定;其中,重要的国有独资公司合并、分立、解散、申请破产的,应当由国有资产监督管理机构审核后,报本级人民政府批准。

前款所称重要的国有独资公司,按照国务院的规定确定。

▶ 关联规定

法律、行政法规、司法解释

1.《中华人民共和国企业国有资产法》

第三十条 国家出资企业合并、分立、改制、上市,增加或者减少注册资本,发行债券,进行重大投资,为他人提供大额担保,转让重大财产,进行大额捐赠,分配利润,以及解散、申请破产等重大事项,应当遵守法律、行政法规以及企业章程的规定,不得损害出资人和债权人的权益。

第三十一条 国有独资企业、国有独资公司合并、分立,增加或者减少注册资本,发行债券,分配利润,以及解散、申请破产,由履行出资人职责的机构决定。

第三十二条 国有独资企业、国有独资公司有本法第三十条所列事项的,除依照本法第三十一条和有关法律、行政法规以及企业章程的规定,由履行出资人职责的机构决定的以外,国有独资企业由企业负责人集体讨论决定,国有独资公司由董事会决定。

第三十三条 国有资本控股公司、国有资本参股公司有本法第三十条所列事项的,依照法律、行政法规以及公司章程的规定,由公司股东会、股东大会或者董事会决定。由股东会、股东大会决定的,履行出资人职责的机构委派的股东代表应当依照本法第十三条的规定行使权利。

第三十四条 重要的国有独资企业、国有独资公司、国有资本控股公司的合并、分立、解散、申请破产以及法律、行政法规和本级人民政府规定应当由履行出资人职责的机构报经本级人民政府批准的重大事项，履行出资人职责的机构在作出决定或者向其委派参加国有资本控股公司股东会会议、股东大会会议的股东代表作出指示前，应当报请本级人民政府批准。

本法所称的重要的国有独资企业、国有独资公司和国有资本控股公司，按照国务院的规定确定。

2.《企业国有资产监督管理暂行条例》

第二十一条 国有资产监督管理机构依照法定程序决定其所出资企业中的国有独资企业、国有独资公司的分立、合并、破产、解散、增减资本、发行公司债券等重大事项。其中，重要的国有独资企业、国有独资公司分立、合并、破产、解散的，应当由国有资产监督管理机构审核后，报本级人民政府批准。

国有资产监督管理机构依照法定程序审核、决定国防科技工业领域其所出资企业中的国有独资企业、国有独资公司的有关重大事项时，按照国家有关法律、规定执行。

第三十二条 所出资企业中的国有独资企业、国有独资公司的重大资产处置，需由国有资产监督管理机构批准的，依照有关规定执行。

▶ 条文释义

一、本条主旨

本条是关于国有独资公司不设股东会、公司重大事项的决定程序以及重要的国有独资公司的规定。

二、条文演变

1993年《公司法》第66条规定："国有独资公司不设股东会，由国家授权投资的机构或者国家授权的部门，授权公司董事会行使股东会的部分职权，决定公司的重大事项，但公司的合并、分立、解散、增减资本和发行公司债券，必须由国家授权投资的机构或者国家授权的部门决定。"《公司法》于1999年、2004年进行修正时，本条未变更。2005年《公司法》修订时，将本条的条文序号调整为第67条，除将"国家授权投资的机构或者国家授权的部门"修改为"国有资产监督管理机构"外，一是明确规定"国有资产监督管理机构行使股东会职权"；二是"增减资本"修改为"增加或者减少注册资本"；三是新增规定"其中，重要的国有独资公司合并、分立、解散、申请破产的，应当由国有资产监督管理机构审核后，报本级人民政府批准。前款所称重要的国有独资公司，按照国务院的规定确定"。2013年《公司法》修正时，将本条条文序号调整为第66条，内容未作变更。2018年《公司法》修正时，本条未作变更。

从条文演变及修改的内容看，一是强调国有独资公司的股东系单一主体，不具有团体性，因此并不设立股东会，这是由其公司的特殊性所决定的。二是明确由国有资产监督管理机构行使股东会职权，2005年《公司法》修订之前条文并未规定由"国家授权投资的机构或者国家授权的部门"行使股东会职权。三是对于公司合并、分立、解散等重大事项仍然由国有资产监督管理机构进行决定，这是国有资产监督管理机构职能所决定的。既让国有独资公司在公司决策、运营、管理等方面享有一定的"自由空间"，又在公司重大事项上进行了权限控制，确保国家意志的同时，赋予公司一定的主体自由。四是2005年新增规定"重要的国有独资公司合并、分立、解散、申请破产的，应当由国有资产监督管理机构审核后，报本级人民政府批准。前款所称重要的国有独资公司，按照国务院的规定确定"，对于重大事项的审批权限进行了绝对控制，并且通过报本级人民政府批准和国务院的最终解释权，来决定该重大事项，体现国有独资公司的国家意志。

三、条文解读

股东会是公司中由全体股东组成的，行使其作为出资人的职责的组织，具有决定公司重大事项等职能，是公司的权力机关。而国有独资公司只有国家这一个股东，自然没有设立股东会的必要。那么国家作为出资人的职责，也就是原本应由股东会来行使的相关职责，该如何行使呢？根据本条第1款的规定，由国有资产监督管理机构代表国家来行使出资人的职责。而国有独资公司的数量和所涉及的行业类型较多时，国有资产监督管理机构的管理经营的能力便会"有限"，无法全面地兼顾各个国有独资公司的出资人职责的行使。因此，本条第2款规定，国有资产监督管理机构可以将其享有的部分股东会职权，授予公司的董事会来行使，决定公司的重大事项。这样，对公司具体情况更为了解的董事会，就能充分发挥其优势，使公司重大事项的决策能更专业、合理，有利于公司的经营与发展。

▶ 适用指引

公司制是现代企业制度的一种有效组织形式。公司法人治理结构是公司制的核心。要明确股东会、董事会、监事会和经理层的职责，形成各负其责、协调运转、有效制衡的公司法人治理结构。所有者对企业拥有最终控制权。据此，国有独资公司，应按照这一精神确保出资人对公司拥有最终控制权。

普通有限责任公司是由两个以上股东投资设立，根据《公司法》的规定，有限责任公司设立股东会，由全体股东组成，作为公司的权力机构，依法行使股东权益。国有独资公司的投资主体只有一个即国家单独投资设立，并须接受经授权履行出资人职责的国有资产监督管理机构对公司中的国有资产的监督管理，因此，在公司内部组织机构上，没有设立股东会的必要。除了公司的合并、分立、解散、增加或减少注册资本和发行公司债券必须由国有资产监督管理机构决定之外，由国有资产监督管理机构授权公司董事会行使股东会的部分职权，决定公司的重大事项。这就意味着，《公司法》将股东会的职权分为两个部分，分由国有资产监督管理机构和董事会行使。董事会享有股东会的部分决策权限，是国有独资公司的常设权力和执行机构，除有关国有资产变动等涉及国家重大权益的问题以外，其他重大事项由董事会经授权后直接决定。而本条则明确指出由国有资产监督管理机构行使股东会职权。这一规定使国有独资公司的权力机构更为明朗化，股东会的公司章程制定及对公司国有资产的监督管理等重大权力，由国有资产监督管理机构来行使，董事会只是公司的执行机构，负责公司的经营性决策和业务执行，只在某些有必要的情况下，由国有资产监督管理机构授权公司董事会行使股东会部分职权。

一般来讲，国有独资公司董事会行使《公司法》第37条规定的股东会的部分职权，可以包括决定公司的经营方针和投资计划，审议批准公司的年度财务预算方案、决算方案，审议批准公司的利润分配方案和弥补亏损方案等，具体需要根据国有资产监督管理机构的授权确定。同时，本条又保留了一些须由国有资产监督管理机构决定的事项，明确规定公司的合并、分立、解散、增加或减少注册资本和发行公司债券，必须由国有资产监督管理机构决定；其中，重要的国有独资公司合并、分立、解散、申请破产的，应当由国有资产监督管理机构审核后，报本级人民政府批准。这就是说，国有独资公司合并、分立、解散、增加或减少注册资本和发行公司债券这五项通常在公司法里被认为是涉及公司所有者权益的核心问题，其最终决定权只能由公司出资人的代表即国有资产监督管理机构来行使，而且重要的国有独资公司的合并、分立、解散、申请破产，不仅应当由国有资产监督管理机构审核，还要报本级人民政府批准。这样规定符合公司法的原理与我国的实际情况，体现了国家对国有独资公司拥有最终控制权的原则。国家投资设立公司的目的，除少数情况下是为国有财产的增值外，多是为国家对社会经济的干预和管理，实现政府的经济行政职能。直接的全部投资是实现这一目的的有效形式，由国家作为唯一股东的国有独资公司无疑处于国家的支配之下，国家关于经济管理的意志和要求也就通过这种支配而直接决定企业的行为。维护国家财产的安全，合理利用国家财产，并使其最大限度地增值，既是全体人民的根本利益之所在，也是国家所负有的基本职责。

按照本条第2款的规定，前款所称重要的国有独资公司，按照国务院的规定确定。这里所说的重要的国有独资公司，主要是指那些关系国家安全和国民经济命脉的重要行业和关键领域中的国有独资公司，包括涉及国家安全的行业，自然垄断的行业，提供重要公共产品和服务的行业，以及支柱产业和高新技术产业中的重要的国有独资公司。

一、国有独资公司不设股东会

根据本条的规定，国有独资公司不设股东会，由国有资产监督管理机构行使股东会的职权。国有独资公司不设股东会主要是因为其只有一个投资主体，即国家，因此也就无法同普通的有限责任公司一样，必须设立股东会。即使按照普通有限责任公司的设立规定设立股东会，只能是形同虚设，与股东会的应有功能和作用相违背。当然，国有独资公司不设股东会并不意味着股东会的职责和功能不复存在，而是通过其他形式予以体现。因此，我们应当从国有独资公司的特征出发，由国有资产监督管理机构行使股东会的职权，如决定公司的经营方针和投资计划、向公司委派董事、审批董事会的报告、审批公司年度财务预算方案、决算方案等。

二、公司重大事项的决定程序

国有资产监督管理机构与国有独资公司的职权划分中，在公司中的一般性问题由董事会行使职权加以决定和批准。例如，决定公司的经营方针和投资计划，批准公司的年度财务预算、决算方案和公司的利润分配方案和弥补亏损方案等。重大问题由国有资产监督管理机构行使，例如，公司的合并、分立、解散、增加或者减少资本和发行公司债券由国有资产监督管理机构决定。实践中，还有一些与董事有利害关系或董事会无法行使的职权也要由国有资产监督管理机构来行使。这些职权主要有：（1）决定董事、监事的报酬事项；（2）委派和更换由股东出任的监事；（3）审议批准董事会的报告；（4）审议批准监事会或监事的报告；（5）对股东向股东以外的人转让出资作出决议等。国有资产监督管理机构对董事会的授权只是部分授权，对于公司的合并、分立、解散、增加或减少资本和发行公司债券，这些关系到国有独资公司根本命运的特别重大的事项，仍然必须由国有资产监督管理机构决定。毕竟国有资产监督管理机构才是对国有独资公司负有出资人职责的主体，根本事项的决定权不能授予他人，否则就失去了作为出资人的意义。

三、重要的国有独资公司重大事项决定权的特殊程序

为了保护国有资产保值增值，防止个别人利用公司的合并、分立、解散、申请破产过程中从中谋取私利，造成国有资产的流失，同时还要兼顾到地方同级人民政府对本地税收、就业、投资等事项的考虑，本条还规定，重要的国有独资公司合并、分立、解散、申请破产的，应当由国有资产监督管理机构审核后，报本级人民政府批准。什么是重要的国有独资公司由国务院的规定来确定。一般而言，重要的国有独资公司都是规模大，对国民经济有着一定影响，所在领域关系到国计民生或者有其他重大意义的国有独资公司。这样的公司自然应当慎重对待，而对于分立、合并、破产、解散这几个事关公司生死存亡的重大事项更应慎之又慎，因此特别规定重要国有独资公司的这几个事项不但要由国有资产监督管理机构审核，还要报人民政府批准方可生效，以求对国有资产的严格保护。

类案检索

一、新广国际公司与兴业银行广州分行借款合同纠纷案

关键词： 重大资产处置　国有资产监督管理机构批准　关联公司

裁判摘要： 出资企业中的国有独资企业、国有独资公司的重大资产处置，需由国有资产监督管理机构批准的，依照有关规定执行。人民法院审理涉及国有企业集团与关联公司、关联公司与第三人的相关纠纷案件时，不能以国有企业集团与所属关联公司的隶属关系，认定关联公司负有向国有企业集团申报重大资产处置事项的义务。

【案　　号】（2011）穗中法民二终字第1098号

【审理法院】 广东省广州市中级人民法院

二、云南旅投与小孩儿旅行社等公司解散纠纷案

关键词： 公司解散　决定　批准

裁判摘要： 国有资产监督管理机构对其控股或参股公司重大事项享有决定权。解散公司应属公司重大事项，该事项应取得委派机构的指示，并由履行出资人职责的机构委派的股东代表向委派机构报告履行情况。

【案　　号】（2020）云2801民初1714号

【审理法院】 云南省景洪市人民法院

> **第六十七条** 国有独资公司设董事会，依照本法第四十六条、第六十六条的规定行使职权。董事每届任期不得超过三年。董事会成员中应当有公司职工代表。
>
> 董事会成员由国有资产监督管理机构委派；但是，董事会成员中的职工代表由公司职工代表大会选举产生。
>
> 董事会设董事长一人，可以设副董事长。董事长、副董事长由国有资产监督管理机构从董事会成员中指定。

▶ 关联规定

法律、行政法规、司法解释

1.《中华人民共和国企业国有资产法》

第二十二条 履行出资人职责的机构依照法律、行政法规以及企业章程的规定，任免或者建议任免国家出资企业的下列人员：

（一）任免国有独资企业的经理、副经理、财务负责人和其他高级管理人员；

（二）任免国有独资公司的董事长、副董事长、董事、监事会主席和监事；

（三）向国有资本控股公司、国有资本参股公司的股东会、股东大会提出董事、监事人选。

国家出资企业中应当由职工代表出任的董事、监事，依照有关法律、行政法规的规定由职工民主选举产生。

第二十三条 履行出资人职责的机构任命或者建议任命的董事、监事、高级管理人员，应当具备下列条件：

（一）有良好的品行；

（二）有符合职位要求的专业知识和工作能力；

（三）有能够正常履行职责的身体条件；

（四）法律、行政法规规定的其他条件。

董事、监事、高级管理人员在任职期间出现不符合前款规定情形或者出现《中华人民共和国公司法》规定的不得担任公司董事、监事、高级管理人员情形的，履行出资人职责的机构应当依法予以免职或者提出免职建议。

2.《企业国有资产监督管理暂行条例》

第二十二条 国有资产监督管理机构依照公司法的规定，派出股东代表、董事，参加国有控股的公司、国有参股的公司的股东会、董事会。

国有控股的公司、国有参股的公司的股东会、董事会决定公司的分立、合并、破产、解散、增减资本、发行公司债券、任免企业负责人等重大事项时，国有资产监督管理机构派出的股东代表、董事，应当按照国有资产监督管理机构的指示发表意见、行使表决权。

国有资产监督管理机构派出的股东代表、董事，应当将其履行职责的有关情况及时向国有资产监督管理机构报告。

▶ 条文释义

一、本条主旨

本条是关于国有独资公司董事会的规定。

二、条文演变

1993年《公司法》第68条规定："国有独资公司设立董事会，依照本法第四十六条、第六十六条规定行使职权。董事会每届任期为三年。公司董事会成员为三人至九人，由国家授权投资的机构或者国家授权的部门按照董事会的任期委派或者更换。董事会成员中应当有公司职工代表。董事会中的职工代表由公司职工民主选举产生。董事会设董事长一人，可以视需要设副董事长。董事长、副董事长，由国家授权投资的机构或者国家授权的部门从董事会成员中指定。董事长为公司的法定代表人。"《公司法》于1999年、2004年进行修正时，本条未变更。2005年修订时，条文序号未作调整，内容修改情况为：除将"国家授权投资的机构或者国家授权的部门"修改为"国有资产监督管理机构"外，对于董事会成员不再作具体人数的规定，删除原条文中"公司董事会成员为三人至九人"的规定；删除原条文中"董事长为公司的法定代表人"的规定。2013年《公司法》修正时，将本条条文序号调整为第67条，内容未作变更。2018年《公司法》修正时，本条未作变更。

从条文演变及修改的内容看，一是对于董事会成员的数量不再进行具体规定，赋予公司决策和运营的自由意志，进一步明确了董事会成员的组成要求，体现国有独资公司的特殊性。二是取消关于董事长为公司法定代表人的规定，因为在实践中，公司运营和经营具有复杂性，硬性规定和限制法定代表人，忽视了公司意思表示所需要的效率性、自由性和适时性，谁担任公司法定代表人并代表公司意志，应当属于公司的自治范围。同时，修改后的法定代表人也没有限制必须为一人，避免单一代表人制度所固有的缺陷，防止法定代表人的恣意滥权和专制腐败。[①]

三、条文解读

本条关于国有独资公司的董事会制度的规定，区别于过去全民所有制工业企业法及相关法规规定国有企业的领导体制。全民所有制工业企业法规定的是厂长负责制。即这类企业的厂长为该企业的最高业务指挥者。而按照本条的规定，国有独资公司要设立董事会，即董事会为公司的最高业务指挥者，要实行集体负责制。按照国家有关规定，经济体制改革的方向为建立现代企业制度，而现代企业制度的内容之一即是建立科学的企业领导体制和组织管理制度，形成激励和约束相结合的经营机制。《公司法》规定国有独资公司实行董事会制度，适应了改革的方向。同时，也考虑到，市场经济是一个平等竞争的经济，在这种情况下，要求公司的决策做到科学化、民主化，防止由于一个人说了算，出现决策的失误，影响公司的利益，进而影响国家的利益。本条规定具有以下几层意思。

（一）董事会的职权

第一，董事会依照《公司法》第46条、第66条的规定行使以下职权：（1）选聘或者解聘公司总经理（中央管理主要领导人员的企业，按照有关规定执行），并根据总经理的提名，聘任或者解聘公司副总经理、财务负责人；负责对总经理的考核，决定其报酬事项，并根据总经理建议决定副总经理、财务

[①] 桂敏杰、安建主编：《新公司法条文解析》，人民法院出版社2006年版，第171页。

负责人的报酬；（2）决定公司的经营计划、投资方案（含投资设立企业、收购股权和实物资产投资方案），以及公司对外担保；（3）制订公司的年度财务预算方案、决算方案；（4）制订公司的利润分配方案和弥补亏损方案；（5）制订公司增加或者减少注册资本的方案以及发行公司债券的方案；（6）拟订公司合并、分立、变更公司形式、解散的方案；（7）决定公司内部管理机构的设置，决定公司分支机构的设立或者撤销；（8）制定公司的基本管理制度。

第二，根据公司具体情况，董事会可以行使以下职权：（1）审核公司的发展战略和中长期发展规划，并对其实施进行监督；（2）决定公司的年度经营目标；（3）决定公司的风险管理体制，包括风险评估、财务控制、内部审计、法律风险控制，并对实施进行监控；（4）制订公司主营业务资产的股份制改造方案（包括各类股权多元化方案和转让国有产权方案）与其他企业重组方案；（5）除依照有关规定须由国务院国有资产监督管理机构批准外，决定公司内部业务重组和改革事项；（6）除依照有关规定须由国有资产监督管理机构批准的重要子企业的重大事项外，依照法定程序决定或参与决定公司所投资的全资、控股、参股企业的有关事项。

第三，董事会应对以下有关决策制度作出全面、明确、具体的规定，并将其纳入公司章程：（1）应由董事会决定的重大事项的范围和数量界限，其中重大投融资应有具体金额或占公司净资产比重的规定。公司累计投资额占公司净资产比重应符合法律法规的规定；（2）公司发展战略、中长期发展规划、重大投融资项目等决策的程序、方法，并确定投资收益的内部控制指标；（3）对决策所需信息的管理。其中提供信息的部门及有关人员对来自公司内部且可客观描述的信息的真实性、准确性应承担责任；对来自公司外部且不可控的信息的可靠性应进行评估；（4）董事会表决前必须对决策的风险进行讨论，出席董事会会议的董事应作出自己的判断；（5）董事会对董事长、董事的授权事项应有具体的范围、数量和时间界限。

第四，董事会履行以下义务：（1）执行国有资产监督管理机构的决定，对国有资产监督管理机构负责，最大限度地追求所有者的投资回报，完成国家交给的任务；（2）向国有资产监督管理机构提交年度经营业绩考核指标和资产经营责任制目标完成情况的报告；（3）向国有资产监督管理机构提供董事会的重大投融资决策信息；（4）向国有资产监督管理机构提供真实、准确、全面的财务和运营信息；（5）向国有资产监督管理机构提供董事和经理人员的实际薪酬以及经理人员的提名、聘任或解聘的程序和方法等信息；（6）维护公司职工、债权人和用户的合法权益；（7）确保国家有关法律法规和国有资产监督管理机构规章在公司的贯彻执行。

（二）董事会成员的来源

根据本条的规定，董事会的成员主要来源于以下两方面：一是公司董事会成员由国有资产监督管理机构委派。二是由公司职工代表大会选举产生。也就是说，董事会成员中的职工代表由公司职工代表大会选举产生。在董事会成员中规定一定比例的职工代表主要是考虑到国有独资公司要依照宪法和法律的规定通过职工代表大会和其他形式实行民主管理，既加强职工的国家主人公使命感，也有利于加强对国有资产保值增值并防止国有资产的流失。

（三）董事会内部的设置

根据本条的规定，董事会设董事长一人，可以设副董事长。董事长、副董事长，由国有资产监督管理机构从董事会成员中指定。作为国有独资公司的法定代表人，董事长享有与其他有限责任公司董事长基本相同的职权，但比较特殊的是，国有独资公司的董事长要经过国有资产监督管理机构的审核批准，即由国有资产监督管理机构从董事会成员中指定，而不是董事会内部选举产生。这样规定，有利于董事会组成人员的稳定及调动董事的积极性，在工作中对公司勤恳敬业。

▶ 适用指引

一、国有独资公司必须设董事会

国有独资公司股东的特殊性，公司出资人的特定性等特点决定了其必须设立董事会。普通的有限责任公司则并非必须设立董事会，《公司法》第 50 条明确规定，股东人数较少或规模较小的，可以设一名执行董事，不设董事会。

二、董事成员、董事长、副董事长等产生方式不同

国有独资公司的董事成员由国有资产监督管理机构委派，董事长由国有资

产监督管理机构从董事成员中委派,副董事长可以不设,如果要设副董事长,也是由国有资产监督管理机构从董事成员中指定。董事会的人事任免权力完全由国有资产监督管理机构掌握,充分体现国家的意志。普通的有限责任公司董事长和副董事长的产生办法,由公司章程规定,充分给予公司自治自理的权力。一般而言,董事会的控制权在股东及股东会,因为股东会的职权之一就是修改公司章程,董事会的职责之一是执行股东会的决议,向股东会报告工作。根据《公司法》第109条,董事长和副董事长由董事会以全体董事的过半数选举产生。

三、关于职工代表在国有独资公司中的特殊性

本条明确规定,董事会成员中应当有公司职工代表,即董事会成员中必须设立公司职工代表,国有资产监督管理机构在委派董事会成员时,职工代表并非由其委派,而是由公司职工代表大会选举产生。与此规定类似的是《公司法》第44条第2款,两个以上的国有企业或者两个以上的其他国有投资主体设立的有限责任公司,董事会成员中应当有公司职工代表;其他有限责任公司的董事会成员可以有公司职工代表,另一层含义则是可以没有职工代表。职工代表的产生方式也存在区别,国有独资公司限制为通过职工代表大会选举产生。而普通有限责任公司无论是否存在国有企业或国有投资主体,都是通过职工代表大会、职工大会或者其他形式民主选举产生,产生的方式更加灵活和自由。

四、董事的任期与普通有限责任公司的区别

国有独资公司的董事明确规定每届任期不得超过三年,并未规定例外情形。普通有限责任公司的董事任期每届任期不得超过三年,但届满可以连选连任。

五、关于法定代表人的问题

从本条的历史沿革可以看出,2005年取消了原条文最后一款"董事长为公司的法定代表人"的规定。法定代表人的概念实际上并非绝对法定,因为还有"组织章程规定",也没有将法定代表人限定为一人。而《公司法》中将法定代表人制度绝对化,规定"董事长为公司的法定代表人",意味着只有董事

长才能对外代表公司，没有商量的余地。这种做法，注意了向公司之外表示意思的一致性，但忽视了公司经营的复杂性和表示意思的适时性。实践中，经理总是公司中与外界打交道最多的人，如果事事都要董事长的授权，不仅影响公司运营效率，更时时将公司交易相对人置于不安全之境。由谁作为公司的代表人，当属公司的自治范围。为了让公司有更多的自由应付变化多端的市场，防止唯一法定的代表人实行高度集权而造成公司经营权由个人操控，以及确保代表行为专业上的针对性和有效性，2005年《公司法》修订时取消了董事长为公司法定代表人的规定，这样对公司的交易相对人而言提高了交易安全性，对公司而言也提高了运营效率，而且避免了单一代表人制度所固有的缺陷——恣意滥权和专制腐败。

第六十八条 国有独资公司设经理,由董事会聘任或者解聘。经理依照本法第四十九条规定行使职权。

经国有资产监督管理机构同意,董事会成员可以兼任经理。

关联规定

法律、行政法规、司法解释

《中华人民共和国企业国有资产法》

第二十二条 履行出资人职责的机构依照法律、行政法规以及企业章程的规定,任免或者建议任免国家出资企业的下列人员:

(一)任免国有独资企业的经理、副经理、财务负责人和其他高级管理人员;

(二)任免国有独资公司的董事长、副董事长、董事、监事会主席和监事;

(三)向国有资本控股公司、国有资本参股公司的股东会、股东大会提出董事、监事人选。

国家出资企业中应当由职工代表出任的董事、监事,依照有关法律、行政法规的规定由职工民主选举产生。

第二十三条 履行出资人职责的机构任命或者建议任命的董事、监事、高级管理人员,应当具备下列条件:

(一)有良好的品行;

(二)有符合职位要求的专业知识和工作能力;

(三)有能够正常履行职责的身体条件;

(四)法律、行政法规规定的其他条件。

董事、监事、高级管理人员在任职期间出现不符合前款规定情形或者出现《中华人民共和国公司法》规定的不得担任公司董事、监事、高级管理人员情形的,履行出资人职责的机构应当依法予以免职或者提出免职建议。

▶ 条文释义

一、本条主旨

本条是关于国有独资公司经理的设置、产生和职权的规定。

二、条文演变

1993年《公司法》第69条规定:"国有独资公司设经理,由董事会聘任或者解聘。经理依照本法第五十条规定行使职权。经国家授权投资的机构或者国家授权的部门同意,董事会成员可以兼任经理。"《公司法》于1999年、2004年进行修正时,本条未变更。2005年《公司法》修订时,条文序号未作调整,将"国家授权投资的机构或者国家授权的部门"修改为"国有资产监督管理机构",其他内容未作变更。2013年《公司法》修正时,将本条条文序号调整为第68条,将"经理依照本法第五十条规定行使职权"修改为"经理依照本法第四十九条规定行使职权",其他内容未作变更。2018年《公司法》修正时,本条未作变更。从条文演变及修改的内容看,本条规定没有实质性的变化。

三、条文解读

经理作为辅助董事会执行业务的人员,其人选由公司董事会依法聘任或解聘。在坚持党管干部原则并同市场化选聘企业经营管理者的机制相结合的情况下,董事会以经营知识、工作经验、创新能力等为标准,挑选和聘任适合本公司的经理,决定经理的报酬及支付方法,并对经理的业绩进行考核和评价。董事会如果认为聘任的经理不适合公司,可以依法召开董事会会议决定解聘该经理。有限责任公司可以设经理,也可以不设经理,各公司可以根据自身情况的特点,自行决定是否设立经理的职位。这样规定的目的是让各公司有更大的选择空间,也是让公司自己决定自己的事务,充分尊重公司法人的独立和自由意志。国有独资公司则必须设置经理的职位,由公司董事会依法聘任或者解聘。因为对于国有独资公司来说,其公司性质及管理机构的特殊性决定了设立经理的职位还是很有必要的。经理在董事会领导下开展工作,并且对董事会负责,因此由董事会来聘任和解聘是在情理之中的。国有独资公司的经理按照《公司法》第 49 条的规定行使职权，和普通的有限责任公司经理的职权基本一致。

本条第 2 款规定，董事会的成员，经国有资产监督管理机构同意，可以同时兼任公司的经理。这款规定是从我国国有独资公司的实际情况出发，本着精简人员、提高工作效率的原则作出的安排。在一定程度上可以加强董事会与经理之间的合作与联系，防止沟通不畅对公司的运作造成负面影响。

▶ 适用指引

经理是在公司章程授权范围内，按照董事会的决议，负责并控制公司业务活动的高级职员。从效率的角度看，经理的设置有利于公司经营决策的民主化、科学化及公司具体业务执行的专业化、便捷化；从权力制衡的角度看，也是基于对过分集权进行限制的需要。与快速变化的市场对现代公司高效快捷的要求相一致，经理同市场零距离接触并具有在经营上强烈的趋理性、科学的预见性、无穷的创造性，这些特征使其能更好地承担公司运营中的市场职能、资源职能、管理职能和创新职能。

按照本条第 1 款的规定，国有独资公司设经理。经理作为辅助董事会执行业务的人员，其人选由公司董事会依法聘任或者解聘。同时，董事会享有当然的权利对经理进行监督，此种监督既含对业务执行的合法性监督，也含对业务执行的妥当性监督。

国有独资公司的经理是在董事会领导下从事具体业务的管理人员，这同一般有限责任公司的情况是相同的，因此，其依照《公司法》关于一般有限责任公司经理职权的规定履行经理职务。依照《公司法》相关规定，经理对董事会负责，主要行使下列职权：主持公司的生产经营管理工作，组织实施董事会决议；组织实施公司年度经营计划和投资方案；拟订公司内部管理机构设置方案；拟订公司的基本管理制度；制定公司的具体规章；提请聘任或者解聘公司副经理、财务负责人；聘任或者解聘除应由董事会决定聘任或者解聘以外的负责管理人员；执行公司章程和董事会授予的其他职权。此外，经理列席董事会会议。

按照本条第 2 款的规定，经国有资产监督管理机构同意，董事会成员可以兼任经理。从董事会内部选择经理人员，兼顾了员工个人发展与公司业务发展，有利于公司文化的延续。经理对自身尊严、信仰以及内在工作满足的追求，会促使其努力经营公司，成为公司国有资产的"好管家"。董事和经理二职合一，有利于提高公司创新自由，适应瞬息万变的市场环境，从而有助于提高公司的经营绩效。

本条在适用中应注意以下两个问题：

第一，国有独资公司设经理与普通有限公司的区别。公司经理，是有限责任公司负责并控制公司及其分支机构各生产部门或其他业务单位的高级职员，对公司事务进行具体管理，并能全权代表公司从事交易活动。经理必须服从董事会的所有决议和指示，并使之在公司的生产经营活动中得以有效地贯彻和执行，即经理对董事会负责。国有独资公司的经理是《公司法》所规定的有限责任公司必设机构，而普通有限责任公司是"可以"设经理，应注意区分。且经理是公司董事会的助理机关，公司的董事会成立以后必须对经理的人选作出选择，聘任经理，同时监督公司经理的具体经营活动，对于不称职的，应当及时解聘。

第二，国有独资公司董事会成员可以兼任经理。从有限责任公司的理论而言，董事与经理不可互相兼任，以保证公司的高管人员各司其职，勤恳竞业，防止职责不分，个人从中渔利，从而破坏公司体制的稳固和生产经营发展。而国有独资公司有所不同，因公司董事会成员由国有资产监督管理机构委派，代表国家行使出资人的职权，因此，出于国有资产保值增值的需要，国有独资公司董事会成员可以兼任经理，但是董事会作出聘任或者解聘经理的决定前，应当征得国有资产监督管理机构的同意。

> 第六十九条　国有独资公司的董事长、副董事长、董事、高级管理人员，未经国有资产监督管理机构同意，不得在其他有限责任公司、股份有限公司或者其他经济组织兼职。

关联规定

法律、行政法规、司法解释

《中华人民共和国企业国有资产法》

第二十五条　未经履行出资人职责的机构同意，国有独资企业、国有独资公司的董事、高级管理人员不得在其他企业兼职。未经股东会、股东大会同意，国有资本控股公司、国有资本参股公司的董事、高级管理人员不得在经营同类业务的其他企业兼职。

未经履行出资人职责的机构同意，国有独资公司的董事长不得兼任经理。未经股东会、股东大会同意，国有资本控股公司的董事长不得兼任经理。

董事、高级管理人员不得兼任监事。

条文释义

一、本条主旨

本条是关于国有独资公司董事长、副董事长、董事、高级管理人员兼职禁止的规定。

二、条文演变

1993年《公司法》第70条规定："国有独资公司的董事长、副董事长、董事、经理，未经国家授权投资的机构或者国家授权的部门同意，不得兼任其他有限责任公司、股份有限公司或者其他经营组织的负责人。"《公司法》于

1999年、2004年进行修正时，本条未变更。2005年《公司法》修订时，条文序号未作调整，将"国家授权投资的机构或者国家授权的部门"修改为"国有资产监督管理机构"，将"不得兼任其他有限责任公司、股份有限公司或者其他经营组织的负责人"修改为"不得在其他有限责任公司、股份有限公司或者其他经济组织兼职"。2013年《公司法》修正时，将本条条文序号调整为第69条，内容未作变更。2018年《公司法》修正时，本条未作变更。

从条文的演变及修改内容看，本条进一步对董事、高级管理人员的兼职进行了限制，将不得兼任负责人扩大为不得兼职任何职务，扩大了限制的范围。这一点细微的变化意味着《公司法》对兼职禁止的要求更加严格了：不仅是负责人的职位不能兼任，其他职位也不得兼任，从而真正确保他们能全心全意地投入到本公司的经营管理中。

三、条文解读

我国不断强调对公司经营管理人员的激励，其中一个重要的手段就是对经营管理人员放权。但在这一放权的过程中，出现了对经营管理人员的软化倾向，这可能会助长他们的腐败，并使国有企业出现变相的私有化。据此，本条明确规定，国有独资公司的董事长、副董事长、董事、高级管理人员，未经国有资产监督管理机构同意，不得在其他有限责任公司、股份有限公司或者其他经济组织兼职，这是对公司经营管理人员建立的约束机制，也大大强化了经营管理人员的法律责任。这些职位上的人都属于直接行使经营管理权，对公司的运作和发展有着举足轻重作用的人，肩负着管理好国有独资公司，实现国有资产保值增值的重大使命。因此，必须要求他们不得在其他公司或者其他经济组织兼职，以免造成精力的分散，确保他们能专心努力做好经营管理工作，忠于职守，完成好为国家创造财富的使命。

但是，凡事没有绝对。在某些情况下，禁止兼职就显得有些不合理了。例如，国有独资公司设立子公司或者与其他公司共同投资设立公司，国有独资公司作为出资人需要派出人员担任某些职务。又如，国有独资公司的出资人国有资产监督管理机构设立了相关的其他公司，需要在国有独资公司中派出人员兼任其他公司的某些职务。在这些情况下，兼职是有利于国有独资公司的经营管理的，可以起到精简人员提高效率的作用。所以，本条相应地作了例外规定：如果取得了国有资产监督管理机构的同意，那么国有独资公司的董事长、副董事长、董事、高级管理人员，就可以在其他有限责任公司、股份有限公司或者其他经济组织兼职。

▶ 适用指引

国有独资公司董事会成员和高级管理人员是国有独资公司的主要决策人员、业务执行人员，行使国有独资公司的经营管理权，掌握着公司的经营事务、商业秘密、重大投资等情况，担负着使国有资产保值增值的重要任务，因此，国有独资公司的董事长、副董事长、董事、高级管理人员，既对公司投资人尽忠实服务的义务，又对国有资产的运营尽勤勉注意的义务，如果同时处于公司竞争者的地位，则公司的商业秘密将难以维持，公司的国有资产将可能流失，同时也损害了在正常情况下公司应当和可能获得的利益。所以，必须专人专职，固定岗位，明确职责，忠于职守，以最大限度实现、保护公司的利益作为衡量自己执行职务的标准。

国有独资公司负责人的专任制度与董事、经理的竞业禁止义务不同。竞业禁止义务是要求董事、经理不得自营或者为他人经营与其所任职公司同类的营业或者从事损害本公司利益的活动，如果不发生与其所任职公司竞业之情形，且所从事的活动并不损害本公司的利益，法律并不限制一般公司的董事、经理对其他公司职务的兼任。而国有独资公司负责人的专任制度则不论兼职是否存在竞业禁止的事由，也不问兼职是否损害本公司利益，原则上对兼职都予以禁止，除非经国有资产监督管理机构同意。由此可见，对于国有公司高管人员的兼职，专任制度较之竞业禁止的规定更为严格，适用的范围更广泛。

一、如何理解兼职禁止

对于禁止兼职的公司类型规定为"有限责任公司、股份有限公司或者其他经济组织"。值得探讨的是，列举的方式规定，总会有不周延，因为市场经济主体中除了上述三种公司或组织类型外，是否还有其他主体存在？如非营利组织、合伙、个体户等是否都被包含其中？值得研究。禁止兼职的职位也很明确，并非禁止担任某些职务，而是所有的职位和职务都不能兼职，这点是绝对的，而且并不以给公司带来或可能带来损害为条件。但同时也意味着，除了列举的董事长、副董事长、董事、高级管理人员之外，其他职员是可以兼职的。

二、关于高级管理人员的范围

高级管理人员也是一个公司法概念。尽管董事及董事会均享有对内管理公司事务的权力,但董事长、副董事长、董事并不是高级管理人员的范围。根据《公司法》第 216 条的规定,"高级管理人员",是指公司的经理、副经理、财务负责人,上市公司董事会秘书和公司章程规定的其他人员。国有独资公司的章程规定上述列举之外的其他人员属高级管理人员,也属于规范和约束的对象,也应当遵守关于兼职禁止的规定。

▶ 类案检索

冯某与 A 公司劳动争议纠纷案

关键词: 公司　集中管辖

裁判摘要: A 公司主张冯某在劳动合同到期后,经董事长推荐担任董事兼总经理职务,但未提供国有资产监督管理机构的同意函件,不应与其签订劳动合同。法院认为,冯某劳动合同到期在前,未签订合同事实在后,符合劳动法关于构成劳动关系而没有签订劳动合同的情形。关于竞业禁止义务,因劳动合同并未约定,不应当承担相应的责任。

【案　　号】(2019)内 01 民终 3554 号

【审理法院】内蒙古自治区呼和浩特市中级人民法院

第七十条　国有独资公司监事会成员不得少于五人，其中职工代表的比例不得低于三分之一，具体比例由公司章程规定。

监事会成员由国有资产监督管理机构委派；但是，监事会成员中的职工代表由公司职工代表大会选举产生。监事会主席由国有资产监督管理机构从监事会成员中指定。

监事会行使本法第五十三条第（一）项至第（三）项规定的职权和国务院规定的其他职权。

关联规定

法律、行政法规、司法解释

《中华人民共和国企业国有资产法》

第二十二条　履行出资人职责的机构依照法律、行政法规以及企业章程的规定，任免或者建议任免国家出资企业的下列人员：

（一）任免国有独资企业的经理、副经理、财务负责人和其他高级管理人员；

（二）任免国有独资公司的董事长、副董事长、董事、监事会主席和监事；

（三）向国有资本控股公司、国有资本参股公司的股东会、股东大会提出董事、监事人选。

国家出资企业中应当由职工代表出任的董事、监事，依照有关法律、行政法规的规定由职工民主选举产生。

第二十三条　履行出资人职责的机构任命或者建议任命的董事、监事、高级管理人员，应当具备下列条件：

（一）有良好的品行；

（二）有符合职位要求的专业知识和工作能力；

（三）有能够正常履行职责的身体条件；

（四）法律、行政法规规定的其他条件。

董事、监事、高级管理人员在任职期间出现不符合前款规定情形或者出现《中华人民共和国公司法》规定的不得担任公司董事、监事、高级管理人员情形的，履行出资人职责的机构应当依法予以免职或者提出免职建议。

▶ 条文释义

一、本条主旨

本条是关于国有独资公司监事会成员人数、组成及监事会职权的规定。

二、条文演变

1993年《公司法》第67条规定："国家授权投资的机构或者国家授权的部门依照法律、行政法规的规定，对国有独资公司的国有资产实施监督管理。"《公司法》于1999年修正时，第67条规定："国有独资公司监事会主要由国务院或者国务院授权的机构、部门委派的人员组成，并有公司职工代表参加。监事会的成员不得少于三人。监事会行使本法第五十四条第一款第（一）、（二）项规定的职权和国务院规定的其他职权。监事列席董事会会议。董事、经理及财务负责人不得兼任监事。"2004年《公司法》进行修正时，本条未变更。2005年《公司法》修订时，条文序号修改为第71条，内容修改情况为：一是将"国有独资公司监事会主要由国务院或者国务院授权的机构、部门委派的人员组成"修改为"由国有资产监督管理机构委派"；二是将"监事会的成员不得少于三人"修改为"监事会成员不得少于五人"；三是将"监事会行使本法第五十四条第一款第（一）、（二）项规定的职权"修改为"监事会行使本法第五十四条第（一）项至第（三）项规定的职权"；四是增加规定"其中职工代表的比例不得低于三分之一，具体比例由公司章程规定""监事会主席由国有资产监督管理机构从监事会成员中指定"；五是删除"监事列席董事会会议。董事、经理及财务负责人不得兼任监事"的规定。2013年《公司法》修正时，将本条条文序号调整为第70条，内容上将"监事会行使本法第五十四条第（一）项至第（三）项规定的职权"修改为"监事会行使本法第五十三条第一款第（一）项至第（三）项规定的职权"。2018年《公司法》修正时，本条未作变更。

从条文的演变及修改内容看,1993年在我国制定《公司法》时,并没有直接规定国有独资公司是否设监事会或监事。1999年将1993年《公司法》第67条修改并规定了监事制度。后在监事制度的人数、监事会主席、监事会运行以及职工代表担任监事的比例等,都进行了逐步规范,强化国有独资公司的监督机制。

三、条文解读

从公司机关权力制约机制的一般原理上看,监督的主要任务和目标是:在充分激励经营者,充分发挥其积极性和创造力的前提下,对其工作过程和工作结果进行有效的监督、评价、控制和约束,以便使其符合公司的目的(即符合公司和股东的根本利益),避免出现经营者低能、懈怠、恣意和腐败现象,并及时更换不称职的经营者,或对经营者的不良行为(包括错误的经营行为和有害的非经营行为)加以有效地纠正或制止,从而有利于公司的健康发展。这种监督与制约机制,在现代公司里,通过设置监督机关从不同的角度和方面对经营者的业务执行情况进行及时有效的监督控制来实现。

国有独资公司是由国家单独投资设立的,其资本全部是国有资产,为了保证投入到国有独资公司的国有资产通过生产经营活动能够得到保值和增值,必须加强对国有独资公司的监督。在实践中,我国公司监事会中的绝大多数并不能充分发挥对经营者业务执行的监督作用。国有独资公司完善监事会工作机制,更有利于从制度上确保公司机关及成员正常地行使职权,充分发挥经营者的积极性和创造力,促使公司经营决策的民主化、科学化,维护国家权益,实现国有资产的保值增值和国有经济的发展壮大。完善监事会的工作机制,保障监事会切实起到对董事会、经营管理人员行为的监督制约作用是十分必要的。

监事的资格与选任直接关系到其监督职能的行使质量,为强化监事职能,确保监事应有的独立性,按照本条第2款的规定,监事会成员由国有资产监督管理机构委派;但是,监事会中的职工代表由公司职工代表大会选举产生。监事会主席由国有资产监督管理机构从监事会成员中指定。具体来讲,监事会由主席一人、监事若干人组成。国务院国有资产监督管理机构代表国务院向其所出资企业中的国有独资公司派出监事会。地方人民政府国有资产监督管理机构代表本级人民政府向其所出资企业中的国有独资公司派出监事会。监事会中的职工代表与普通的有限责任公司监事会一样,国有独资公司的监事会也应有公司职工代表参加，其中，职工代表的比例不得低于1/3，具体比例由公司章程规定。但不同的地方有四点：第一，国有独资公司监事会成员的最少人数是5人，而不是3人。这是因为国有独资公司一般都是规模比较大且对国民经济有着一定影响的公司，而且投资主体只有一个，为了确保公司的健康运作，监事会的作用显得尤为重要。最少人数的提高能使监事会的职能得到更广泛和有效的发挥。第二，明确了监事会中的职工代表由公司职工代表大会选举产生。第三，职工代表以外的成员由国有资产监督管理机构委派，而不是由股东会选举产生。这是因为根据《公司法》第66条的规定，国有独资公司不设股东会，由国有资产监督管理机构行使股东会职责。第四，监事会的主席由国有资产监督管理机构从监事会成员中指定，而不是由全体监事过半数选举产生。

本条第3款规定了国有独资公司监事会的职权。该职权包括一般有限责任公司监事会职权的第1~3项，而不包括其他4项（《公司法》第53条）。这较之于2005年修改前的规定，增加赋予了国有独资公司监事会要求董事和高级管理人员纠正损害公司利益的行为，提出罢免董事和高级管理人员的建议两项职权。目的也是增强监事会的监督能力，防止国有资产流失。此外该款还规定国有独资公司监事会可以根据国务院的相关规定行使其他职权。

▶ 适用指引

一、国有独资公司监事会成员

监事应当具备下列条件：（1）熟悉并能够贯彻执行国家有关法律、行政法规和规章制度；（2）具有财务、会计、审计或者宏观经济等方面的专业知识，比较熟悉企业经营管理工作；（3）坚持原则，廉洁自持，忠于职守；（4）具有较强的综合分析、判断和文字撰写能力，并具备独立工作能力。监事分为专职监事和兼职监事：从有关部门和单位选任的监事，为专职；监事会中国务院有关部门、单位派出代表和企业职工代表担任的监事，为兼职。专职监事由监事会管理机构任命。专职监事由司（局）、处级国家工作人员担任，年龄一般在55周岁以下。监事会成员中的企业职工代表由企业职工代表大会民主选举产生，报监事会管理机构批准。企业负责人不得担任监事会中的企业职工代表。

另外，监事会开展监督检查工作所需费用由国家财政拨付，由监事会管理机构统一列支。监事会成员不得接受企业的任何馈赠，不得参加由企业安排、组织或者支付费用的宴请、娱乐、旅游、出访等活动，不得在企业中为自己、亲友或者其他人谋取私利。监事会主席和专职监事、派出监事不得接受企业的任何报酬、福利待遇，不得在企业报销任何费用。监事会成员必须对检查报告内容保密，并不得泄露企业的商业秘密。

二、国有独资公司监事会主席

监事会主席由国有资产监督管理机构从监事会成员中指定。根据有关规定，监事会主席人选按照规定程序确定，由国务院任命。监事会主席由副部级国家工作人员担任，为专职，年龄一般在60周岁以下。监事会主席应当具有较高的政策水平，坚持原则，廉洁自持，熟悉经济工作。监事会主席履行下列职责：（1）召集、主持监事会会议；（2）负责监事会的日常工作；（3）审定、签署监事会的报告和其他重要文件；（4）应当由监事会主席履行的其他职责。

三、国有独资公司监事会职权

根据本条的规定，监事会的职权分为两方面：一是《公司法》所规定的职权，即检查公司财务；对董事、高级管理人员执行公司职务时违反法律、行政法规、公司章程或者股东会决议的行为进行监督，并可以提出罢免董事、高级管理人员的建议。二是国务院规定的其他职权。例如，（1）检查企业贯彻执行有关法律、行政法规和规章制度的情况；（2）检查企业财务，查阅企业的财务会计资料及与企业经营管理活动有关的其他资料，验证企业财务会计报告的真实性、合法性；（3）检查企业的经营效益、利润分配、国有资产保值增值、资产运营等情况；（4）检查企业负责人的经营行为，并对其经营管理业绩进行评价，提出奖惩、任免建议。

监事会一般每年对企业定期检查1~2次，并可以根据实际需要不定期地对企业进行专项检查。监事会开展监督检查，可以采取下列方式：（1）听取企业负责人有关财务、资产状况和经营管理情况的汇报，在企业召开与监督检查事项有关的会议；（2）查阅企业的财务会计报告、会计凭证、会计账簿等财务会计资料以及与经营管理活动有关的其他资料；（3）核查企业的财务、资产状况，向职工了解情况、听取意见，必要时要求企业负责人作出说明；（4）向财政、工商、税务、审计、海关等有关部门和银行调查了解企业的财务状况和经营管理情况。

而且,监事会每次对企业进行检查结束后,应当及时作出检查报告。检查报告的内容包括:企业财务以及经营管理情况评价;企业负责人的经营管理业绩评价以及奖惩、任免建议;企业存在问题的处理建议;国务院要求报告或者监事会认为需要报告的其他事项。

对于监事会在监督检查中发现企业经营行为有可能危及国有资产安全、造成国有资产流失或者侵害国有资产所有者权益以及监事会认为应当立即报告的其他紧急情况,应当及时向监事会管理机构提出专项报告,也可以直接向国务院报告。

监事会根据对企业实施监督检查的需要,必要时,经监事会管理机构同意,可以聘请注册会计师事务所对企业进行审计。监事会根据对企业进行监督检查的情况,可以建议国务院责成国家审计机关依法对企业进行审计。

四、国有独资公司监事会成员的构成及比例与普通有限责任公司的区别

(1)国有独资公司的监事会成员由国有资产监督管理机构委派和职工代表由职工代表大会选举产生;普通有限责任公司监事会成员由股东会选举和职工代表大会、职工大会或其他形式民主选举产生。(2)国有独资公司的监事会成员不得少于五人;普通有限责任公司的监事会成员不得少于三人,且监事会构成系股东代表和职工代表构成。(3)国有独资公司的监事会主席由国有资产监督管理机构从监事会成员中指定;普通有限责任公司则由全体监事过半数选举产生。

五、国有独资公司中董事及高级管理人员是否可以兼任

普通有限责任公司的董事、高级管理人员不得兼任监事。国有独资公司虽未进行特别规定和说明,按照公司治理结构及权力运行和监督制约机制看,国有独资公司中的董事及高级管理人员也不得兼任监事,应当由国有资产监督管理机构另外委派担任。

六、关于监事的任期问题

普通有限责任公司监事的任期,按照《公司法》第52条规定,为3年,任期届满的，连选可以连任。《公司法》对国有独资公司董事的任期问题，进行了特别规定，但并未对监事的任期进行了特别规定，按照一般法与特殊法的关系，应当解释为：国有独资公司的监事，每届任期为3年，连选可以连任。

七、国有独资公司监事会职权的特殊性

本条第3款明确规定监事会职权为《公司法》第53条第1~3项和国务院规定的其他职权，具体内容上文已经阐明，对于第53条第4~7项职权，是普通有限责任公司的监事会或监事行使与股东会相关的职权及股东诉讼等，因国有独资公司并不设立股东会，因此也不存在行使相关职权的问题。值得注意的是，第7项规定监事会及监事的其他职权，由公司章程规定；国有独资公司的其他职权并非公司章程规定，而是直接由国务院规定。

第三章 有限责任公司的股权转让

第七十一条 有限责任公司的股东之间可以相互转让其全部或者部分股权。

股东向股东以外的人转让股权，应当经其他股东过半数同意。股东应就其股权转让事项书面通知其他股东征求同意，其他股东自接到书面通知之日起满三十日未答复的，视为同意转让。其他股东半数以上不同意转让的，不同意的股东应当购买该转让的股权；不购买的，视为同意转让。

经股东同意转让的股权，在同等条件下，其他股东有优先购买权。两个以上股东主张行使优先购买权的，协商确定各自的购买比例；协商不成的，按照转让时各自的出资比例行使优先购买权。

公司章程对股权转让另有规定的，从其规定。

▶ 关联规定

一、法律、行政法规、司法解释

1.《最高人民法院关于适用〈中华人民共和国公司法〉若干问题的规定（三）》

第十八条 有限责任公司的股东未履行或者未全面履行出资义务即转让股权，受让人对此知道或者应当知道，公司请求该股东履行出资义务、受让人对此承担连带责任的，人民法院应予支持；公司债权人依照本规定第十三条第二款向该股东提起诉讼，同时请求前述受让人对此承担连带责任的，人民法院应予支持。

受让人根据前款规定承担责任后，向该未履行或者未全面履行出资义务的股东追偿的，人民法院应予支持。但是，当事人另有约定的除外。

第二十五条 名义股东将登记于其名下的股权转让、质押或者以其他方式处分，实际出资人以其对于股权享有实际权利为由，请求认定处分股权行为无效的，人民法院可以参照民法典第三百一十一条的规定处理。

名义股东处分股权造成实际出资人损失，实际出资人请求名义股东承担赔偿责任的，人民法院应予支持。

2.《最高人民法院关于适用〈中华人民共和国公司法〉若干问题的规定（四）》

第十六条 有限责任公司的自然人股东因继承发生变化时，其他股东主张依据公司法第七十一条第三款规定行使优先购买权的，人民法院不予支持，但公司章程另有规定或者全体股东另有约定的除外。

第十七条 有限责任公司的股东向股东以外的人转让股权，应就其股权转让事项以书面或者其他能够确认收悉的合理方式通知其他股东征求同意。其他股东半数以上不同意转让，不同意的股东不购买的，人民法院应当认定视为同意转让。

经股东同意转让的股权，其他股东主张转让股东应当向其以书面或者其他能够确认收悉的合理方式通知转让股权的同等条件的，人民法院应当予以支持。

经股东同意转让的股权，在同等条件下，转让股东以外的其他股东主张优先购买的，人民法院应当予以支持，但转让股东依本规定第二十条放弃转让的除外。

第十八条 人民法院在判断是否符合公司法第七十一条第三款及本规定所称的"同等条件"时，应当考虑转让股权的数量、价格、支付方式及期限等因素。

第十九条 有限责任公司的股东主张优先购买转让股权的，应当在收到通知后，在公司章程规定的行使期间内提出购买请求。公司章程没有规定行使期间或者规定不明确的，以通知确定的期间为准，通知确定的期间短于三十日或者未明确行使期间的，行使期间为三十日。

第二十条 有限责任公司的转让股东，在其他股东主张优先购买后又不同意转让股权的，对其他股东优先购买的主张，人民法院不予支持，但公司章程另有规定或者全体股东另有约定的除外。其他股东主张转让股东赔偿其损失合理的，人民法院应当予以支持。

第二十一条 有限责任公司的股东向股东以外的人转让股权，未就其股权转让事项征求其他股东意见，或者以欺诈、恶意串通等手段，损害其他股东优先购买权，其他股东主张按照同等条件购买该转让股权的，人民法院应当予以支持，但其他股东自知道或者应当知道行使优先购买权的同等条件之日起三十日内没有主张，或者自股权变更登记之日起超过一年的除外。

前款规定的其他股东仅提出确认股权转让合同及股权变动效力等请求，未同时主张按照同等条件购买转让股权的，人民法院不予支持，但其他股东非因自身原因导致无法行使优先购买权，请求损害赔偿的除外。

股东以外的股权受让人，因股东行使优先购买权而不能实现合同目的的，可以依法请求转让股东承担相应民事责任。

第二十二条 通过拍卖向股东以外的人转让有限责任公司股权的，适用公司法第七十一条第二款、第三款或者第七十二条规定的"书面通知""通知""同等条件"时，根据相关法律、司法解释确定。

在依法设立的产权交易场所转让有限责任公司国有股权的，适用公司法第七十一条第二款、第三款或者第七十二条规定的"书面通知""通知""同等条件"时，可以参照产权交易场所的交易规则。

3.《最高人民法院关于人民法院执行工作若干问题的规定（试行）》

39. 被执行人在其独资开办的法人企业中拥有的投资权益被冻结后，人民法院可以直接裁定予以转让，以转让所得清偿其对申请执行人的债务。

对被执行人在有限责任公司中被冻结的投资权益或股权，人民法院可以依据《中华人民共和国公司法》第七十一条、第七十二条、第七十三条的规定，征得全体股东过半数同意后，予以拍卖、变卖或以其他方式转让。不同意转让的股东，应当购买该转让的投资权益或股权，不购买的，视为同意转让，不影响执行。

人民法院也可允许并监督被执行人自行转让其投资权益或股权，将转让所得收益用于清偿对申请执行人的债务。

二、司法指导性文件

《全国法院民商事审判工作会议纪要》

9.【侵犯优先购买权的股权转让合同的效力】审判实践中，部分人民法院对公司法司法解释（四）第21条规定的理解存在偏差，往往以保护其他股东的优先购买权为由认定股权转让合同无效。准确理解该条规定,既要注意保护其他股东的优先购买权,也要注意保护股东以外的股权受让人的合法权益,正确认定有限责任公司的股东与股东以外的股权受让人订立的股权转让合同的效力。一方面,其他股东依法享有优先购买权,在其主张按照股权转让合同约定的同等条件购买股权的情况下,应当支持其诉讼请求,除非出现该条第1款规定的情形。另一方面,为保护股东以外的股权受让人的合法权益,股权转让合同如无其他影响合同效力的事由,应当认定有效。其他股东行使优先购买权的,虽然股东以外的股权受让人关于继续履行股权转让合同的请求不能得到支持,但不影响其依约请求转让股东承担相应的违约责任。

▶ 条文释义

一、本条主旨

本条是关于有限责任公司股权转让的规定。

二、条文演变

1993年《公司法》第35条规定:"股东之间可以相互转让其全部出资或者部分出资。股东向股东以外的人转让其出资时,必须经全体股东过半数同意;不同意转让的股东应当购买该转让的出资,如果不购买该转让的出资,视为同意转让。经股东同意转让的出资,在同等条件下,其他股东对该出资有优先购买权。"《公司法》于1999年、2004年修正时,本条未变更。2005年《公司法》修订时,对该条进行了修改,此后几次修正中未发生变化。《公司法》第1款的内容与2005年修改前的第35条第1款的内容基本相同,都是规定有限责任公司股东之间可以自由转让股权。《公司法》第2款与2005年修改前的第35条第2款虽均就股东对外转让股权进行规范,但有较大差异,旧法规定"必须经全体股东过半数同意"是何所指,一直存在理解上的分歧,转让股东是否为全体股东存在争议。为减少争议,2005年《公司法》修订时着重对前述规定进行了修改,将"经全体股东过半数同意"修改为"经其他股东过半数同意"。此外,为促进股权转让流通,还规定了发通知征求意见以及股东默示推定同意制度。

具体来说：第一，股东向公司现有股东以外的其他人转让股权应当遵守法定程序，即须将其股权转让事项书面通知其他股东征求同意，这是2005年《公司法》修订增加的内容。第二，增加了视为同意的情形，即默示推定同意制度，其他股东在接到转让股东的书面通知后逾期未答复的，视为同意对外转让。立法在此显然是拓宽同意之类型，将沉默股东作为同意股东对待，进而便于转让股东更便利地符合过半数股东同意之条件。第三，直接同意股东与沉默股东（即视为同意之股东）总和仍没有超过半数时，就意味着其他股东半数以上不同意转让，此时不同意转让的股东应当购买，否则，视为同意转让。不难看出，要求其他股东购买，与其说是赋予其他股东"购买权"，不如说是施加给其购买义务，法律通过迫使其他股东购买，要么使股权转让给其他股东，要么因其他股东不购买而再次成就其他股东"同意"这一条件，从而使股权成功实现对外转让。

此外，2005年《公司法》修订时，还在旧法相应条文的基础上增加规定了其他股东之间的比例购买权，进一步强化股权分布的均衡，从根本上讲也有利于维护公司的人合性。而且，股东转让股权主要涉及该股东和公司其他股东之间的利益关系，这种利益关系完全可以交由具有"股东协议"性质的公司章程来调整，所以本条第4款规定公司章程可以对股权转让另设规则。

三、条文解读

股权具有财产权利的属性，它具有价值并可转让。同时，有限责任公司又具有人合性质，公司的组建依赖于股东之间的信任关系和共同利益关系。因此，一方面，法律要确认并保障有限责任公司股东转让股份的权利；另一方面，法律也要维护股东间的相互信赖及其他股东的正当利益。因此，有限责任公司中，股权对外转让不应是一个完全自由的行为，而必须是在考虑公司人合性的基础上对股权对外转让设定规则。本条规定了股东对外转让股权时其他股东的同意权和优先购买权。无疑，这是从维护有限责任公司人合性的角度对股权对外转让作出的规范。也即，原则上要求有限责任公司股权转让应当在股东之间进行，股东之间可以自由转让股权；对股东向公司现有股东以外的其他人转让股权设定了较为严格的条件。需要注意的是，本条规定仅适用于有限公司，不适用于股份有限公司，《公司法》没有赋予股份有限公司的股东对其他股东转让股份的同意权或优先购买权。

本条主要规定了同意权、股东优先购买权、异议股东的强制购买义务。在理解本条规定时，需要注意如下问题。

（一）其他股东的同意权问题

股东向公司现有股东以外的其他人转让股权应当经其他股东过半数同意，就是其他股东的同意权。这里讲的其他股东过半数同意，是以股东人数为标准，而不以股东所代表的表决权多少为标准，是"股东多数决"而非"资本多数决"。这既可以避免因少数股东的反对而否定多数股东的意愿，也可以最大限度地降低股权转让的障碍、保障股东对其财产处分权的实现。为了保障股东行使股份转让权、避免其他股东的不当或消极阻挠，本条进一步规定，股东对股权转让的通知逾期未答复的视为同意转让；如果半数以上其他股东不同意转让，则应购买要求转让的股权，否则视为同意对外转让。据此，转让股东对外转让时，在征求其他股东是否同意的过程中，其他股东可以通过其"同意权"的反向行使（即不同意）实现购买股权的目的。

就股东出让股权时其他相关主体同意权的效力而言，我国《公司法》规定，某一股东对外转让股权时，即使其他股东全体都不同意，此时并非该股东不能对外转让，而是其他股东自然产生购买义务。虽然其他股东可以通过购买股权阻却对外转让，但是，一是其他股东将付出较大代价（即股权转让款）且转让股东并未受到不利影响（即转让股东将股权内部转让仍然实现了出让目的，使得股权"脱手"）；二是因定价权掌握在转让股东手中，转让股东可能通过"高报价"来吓阻其他股东，致使其他股东无力购买而被迫被视为同意对外转让。此时，其他股东同意与否一般不会对出让股东造成影响。

还需要注意到对同意权的限制。针对转让股东征求同意的书面通知，如果其他股东在接到书面通知之日起满30日未作答复，本条对其他股东采取了法律推定的处理措施，即"视为同意转让股东对外转让股权"。如果其他股东半数以上不同意转让股东对外转让股权，不同意的股东就负有购买转让股东拟对外转让的股权的义务。

本条规定将同意权制度、异议股东的强制购买义务以及股东优先购买权三项制度糅合一体。由于股东对外转让股权，只要外部有人愿意买，并且认可转让价格的，其他股东不论是否同意，股权是一定能卖出的，所以，其他股东是同意还是不同意，对于转让股东来说，可能只有程序意义，没有实质作用。因此，对于同意权而言，其本身并不产生防止股权对外转让的效力，不同意股东若无力或不愿购买，将被视为同意转让，所以这项权利的限制作用不大。

也许是立法者看到了同意权实际作用并不大，还徒增股权转让程序的复杂性，降低股权转让的效率，特别是将同意权和优先购买权分两步走的股权转让，2021年公布的《公司法（修订草案）》中，取消了同意权程序和异议股东强制购买义务，仅规定了股东优先购买权，规定股东对外转让股权的，应当就股权转让的数量、价格、支付方式和期限等事项书面通知其他股东，其他股东自接到书面通知之日起30日内未作答复的，视为放弃优先购买权。如果按照此规定，大大简化了股权对外转让程序。

（二）优先购买权及其行使问题

1. 优先购买权的含义及立法目的

股东优先购买权，是指股东向股东以外的人转让股权时，经股东同意转让的股权，在同等条件下，其他股东享有优先购买的权利。除有限责任公司股东的优先购买权外，我国法律还规定了共有人的优先购买权、承租人的优先购买权、合伙人的优先购买权、联营方的优先购买权、技术成果的优先购买权、基于政策性考虑的优先购买权等。我国股东优先购买权和大部分国家规定的股东优先购买权一样，主要适用于有限责任公司，而对股份公司的股权采取自由转让的政策。当然，部分国家的立法允许公司以章程的形式将股东优先购买权扩大适用于非上市的股份公司。

股东优先购买权制度的正当性主要源自有限责任公司具有资合兼人合的性质，既需要强调股东之间的信任与合作关系，也需要确保股权作为财产权利的自由流动。股东享有优先购买权，主要目的是保证有限责任公司的老股东可以通过行使优先购买权实现对公司的控制权，因为有限责任公司兼具资合与人合的性质，人合的性质要求公司股东之间具有很强的信任与合作关系，赋予老股东优先购买权，以便其选择是否接受新股东的合作。同时，也是对老股东对公司贡献的承认和对老股东既得利益的维护，其中便包括公司控制权的归属。因此，在公司股东向股东以外的人转让股权时，考虑到股权转让对公司信用关系和股权结构的影响，有必要在保证股权自由转让的基础上，予以一定限制。在司法审判实务当中，对股东优先购买权案件在解释、适用法律时应当立足于对股东优先购买权制度的立法目的，既要把握住维护有限责任公司人合性、确保其他股东可以优先受让股权的首要立法目的,又要兼顾转让股东与公司之外第三人的利益,维持有限责任公司中股权转让的自由度。

2. 享有优先购买权的主体

本条对优先购买权的规定比较笼统,因此实践中对于权利行使主体争议较多,争议主要在于同意转让的股东、瑕疵出资的股东以及股权继承等情形下能否享有优先购买权。

首先,关于同意转让的股东是否享有优先购买权的问题。股权对外转让时,对于不同意对外转让的股东可以购买该股权并无争议。但是,同意对外转让的股东,是否因其"同意"就概括性地放弃了对该股权的购买利益,还存有一些争议。对此,《公司法规定(四)》第17条第3款予以了明确,该款规定,经股东同意转让的股权,在同等条件下,转让股东以外的其他股东主张优先购买的,人民法院应当予以支持。可见,同意对外转让的股东对股权的优先购买权并不丧失。

其次,关于瑕疵出资的股东是否享有优先购买权的问题。从广义上而言,瑕疵出资一般是未履行或者未全面履行出资义务或者抽逃出资。《公司法规定(三)》第16条规定:"股东未履行或者未全面履行出资义务或者抽逃出资,公司根据公司章程或者股东会决议对其利润分配请求权、新股优先认购权、剩余财产分配请求权等股东权利作出相应的合理限制,该股东请求认定该限制无效的,人民法院不予支持。"该条规定对瑕疵出资的股东的权利进行了限制。那么问题是,对于利润分配请求权、新股优先认购权、剩余财产分配请求权之外的优先购买权能否包含在"等"字之中,成为公司章程或者股东会决议可以限制的权利?有观点认为,股东自益权原则上应当限制,股东共益权原则上不应限制。①我们认为,优先购买权与新股优先认购权比较相似,性质上更多具有浓厚的自益权色彩。因此,应当允许公司根据公司章程或者股东会决议对其此项权利进行限制,否则在其已经构成瑕疵出资的情况下,其是否具备财力出资受让股权,也存在疑问。因出资瑕疵并不导致股东丧失股东资格,除非被股东会依法除名,此时,如果公司章程或股东会决议对出资瑕疵的股东未限制的,则由于其具有股东资格,因而享有此项权利。

最后,关于股权继承时是否享有优先购买权。《公司法》并未明确股权继

---

① 最高人民法院民事审判第二庭编著:《最高人民法院关于公司法解释(三)、清算纪要理解与适用》,人民法院出版社2016年版,第268~269页。

承时股东是否享有优先购买权。对此,《公司法规定(四)》第16条对此予以明确,该条规定:"有限责任公司的自然人股东因继承发生变化时,其他股东主张依据公司法第七十一条第三款规定行使优先购买权的,人民法院不予支持,但公司章程另有规定或者全体股东另有约定的除外。"显然,自然人股东因继承发生变化时,原则上其他股东不享有优先购买权,公司章程另有规定或者全体股东另有约定的除外。

3. 同等条件的认定

同等条件是其他股东行使优先购买权的前提和实质条件。本条仅原则性规定在同等条件下,其他股东有优先购买权。那么,同等条件应当如何认定?实践及理论中素来有"绝对同等说"和"相对同等说"之争,在此基础上又有学者提出"折中说"。"绝对同等说"认为,优先购买权人认购的条件应与第三人绝对相同和完全一致。"相对同等说"认为,优先购买权人购买条件与第三人条件大致相等即为"同等条件",不能僵化理解。[①] 我们认为,总体而言,确定股东行使优先购买权时的同等条件标准应采"相对同等说"。因为"绝对同等说"过于严苛,实践中难以操作,且容易架空股东的优先购买权,而"相对同等说"与"折中说"并无本质差异。

《公司法规定(四)》第18条对"同等条件"的认定作出了规定,即"人民法院在判断是否符合公司法第七十一条第三款及本规定所称的'同等条件'时,应当考虑转让股权的数量、价格、支付方式及期限等因素"。具体而言,"同等条件"的内容主要包括以下几个方面:

第一,对股权数量相同的判断。标的数量往往是合同中的核心条款之一,故股权数量也应是衡量"同等条件"的核心因素之一。其他股东在行使优先购买权时,必须按照转让股东与第三人约定转让的股权数量行使,即股东的优先购买权不得部分行使。简言之,第三人在购买特定比例的股权时,是将该比例的股权视作一个整体购买,转让股东同样是将股权作为整体出售,交易双方就转让股权的整体达成合意。如果允许其他股东部分行使优先购买权,违反了转让股东的意思,改变了合同中的实质条款,显然未达到"同等条件"。此外,允许优先购买权的部分行使可能损害转让股东和第三人的利益。因为股东转让的股份中往往还蕴含着控制权的附加价值,如果允许其他股东部分行使优先购

---

① 叶林:《公司法研究》,中国人民大学出版社2008年版,第228页。

买权,则转让条件中的控制权要素将被解构,剩余部分的股权价值将因此大大降低,第三人可能不愿再购买剩余部分的股权,转让股东也难以再行出售该部分股权,最终转让股东和第三人的利益均受到损害。

当然,如果在公司章程规定或全体股东另有约定允许部分行使优先购买权,或者转让股东及第三人同意其他股东对部分股权优先购买时,应当允许优先购买权的部分行使。

第二,对转让价格相同的判断。价格条款是股权转让合同中的核心条款。一般情况下,其他股东行使优先购买权时支付的价款应当等同于第三人向转让股东允诺支付的价款。原则上,股东应当以高于第三人或与第三人相同的价格行使优先购买权,而转让股东与第三人恶意串通虚拟高价以规避其他股东的优先购买权时,其他股东有权要求以双方之间的真实转让价格作为确定"同等条件"的标准。

第三,对支付方式相同的判断。支付方式可分为一次性付款及分期付款,又可依据具体付款方式的不同分为信汇、电汇、票汇、信用证等。此处关于支付方式作为"同等条件"的衡量因素,旨在关注该支付方式是否从根本上影响转让股东的利益。因为每个人的信用及支付能力不尽相同,分期支付通常基于转让股东对第三人资信状况、履约意愿及能力的信赖,分期付款的支付方式与一次性付款相比较风险较大,故出让人出于对第三人资信情况及履约能力的信赖同意分期付款的方式也是合同的一个重要条件。如第三人一次性付款的,其他股东不得主张分期支付。

第四,对履行期限相同的判断。对于转让股东而言,获得股权对价是其基于股权转让合同的主要权利,如以金钱为对价,该笔款何时可以占有和使用对转让股东的利益有直接影响。在转让股东转让股权系基于对于现金的急迫需求时,履行期限直接关系到其转让目的是否能够实现,故履行期限应属于判断"同等条件"的重要考量因素。

第五,对于其他因素相同的判断。其他因素如违约金条款、从给付义务,受让方承诺增加商业机会、帮助提升经营管理能力、拓宽经营渠道等,在实践中不如数量、价格、支付方式及期限等因素常见、重要。例如,从给付义务虽不属于合同核心条款,但也是对价的一部分,原则上也应属于"同等条件"的一部分,尤其在某些情形下,从给付义务对合同订立有决定作用。比如,转让股东向第三人出让自己的一部分股权,第三人除按约定的价格支付外,还应当向公司提供一项关键的技术，则该从给付义务亦属于"同等条件"的内容，除非该从给付义务可替代履行或可以金钱作价，否则其他股东不得行使优先购买权。其他因素是否相同的判断，仍要遵循利益平衡的原则，根据股权转让合同的具体情况以及其他合同条款是否影响转让股东实质利益的实现，是否侵犯股东优先购买权，如交易条件的变化是否使当事人增加履行负担，是否增加了股权转让的难度等，来认定其是否能够作为"同等条件"的判断因素。

需要注意的是，为了规避其他股东的优先购买权，转让股东与第三人恶意串通，虚拟过高的价款或严苛的支付条件，或以假赠掩盖真买卖，这些无效的约定不影响其他股东以真实价款或支付条件确定"同等条件"。如果转让股东与第三人订立"阴阳合同"，依据所载股份数量不符、交易价格高或其他条件更苛刻"阳合同"通知其他股东，迫使其他股东放弃优先购买权后，转让股东与第三人按载有真正的数量和交易价格及其他条件的"阴合同"履行，第三人因"阴合同"的履行取得了股权后，已经放弃"阳合同"购买条件下优先购买权的其他股东，仍然有权以"阴合同"的条件请求行使优先购买权。因为"阳合同"是转让股东与第三人恶意串通下的虚假意思表示。根据《民法典》第154条规定："行为人与相对人恶意串通，损害他人合法权益的民事法律行为无效。"因此，该"阳合同"无效，也不能作为其他股东放弃优先购买权的根据。

实践中，还存在股东与股东以外的人恶意串通，股东先通过高价向该股东以外的人转让少量股权，待其取得股东身份之后，再基于本条第1款的规定，以不合理的低价向其转让剩余股权的方式，实现由该股东以外的人取得相应的股权的目的。那么两次股权转让行为可能会被认定为属于《民法典》第154条规定的行为，从而被确认为无效。

4. 优先购买权的行使期限

关于股东优先购买权的行使期限问题，本条第2款规定"股东应就其股权转让事项书面通知其他股东征求同意，其他股东自接到书面通知之日起满三十日未答复的，视为同意转让"。该规定是否为优先购买权的行使期限，实践中存在争议。为减少争议，《公司法规定（四）》第19条规定："有限责任公司的股东主张优先购买转让股权的，应当在收到通知后，在公司章程规定的行使期间内提出购买请求。公司章程没有规定行使期间或者规定不明确的，以通知确定的期间为准，通知确定的期间短于三十日或者未明确行使期间的，行使期间为三十日。"根据该规定,股东优先购买权的行使期间交由当事人决定,法律仅对最短期限作出硬性规定。如果公司股东事先在章程中进行了约定,则以章程约定的期间为准。即章程约定或转让股东指定的行使期间不得低于30日,短于30日则视为30日,当事人未作约定或约定的行使期间不明的,直接拟制为30日。

此外,还需要注意的是,股东优先购买权行使期间,属于不可变期间,不适用中止、中断或延长的相关规定。优先购买权的行使期间起算之日不应早于通知到达其他股东之日。因为优先购买权的行使期限从通知到达其他股东之日开始起算,权利人的意思表示应当自到达相对方之时发生法律效力。如果公司章程或转让股东发出的征询通知确定了优先购买权行使期间的起算时间,但前述确定的起算时间,早于该通知到达其他股东的时间,则行使期间的起算之日应当相应顺延至通知到达其他股东之日。

5. 按照出资比例行使优先购买权的认定

本条规定的按照出资比例行使优先购买权,这里的"出资比例"是认缴出资比例还是实缴出资比例?尤其是《公司法》规定认缴制,不可避免会出现出资期限未届满而出资尚未缴足的情形,或者是出资期限已届满但并未缴足的情形,此时到底按照认缴出资比例还是实缴出资比例行使优先购买权,实践中争议较多。有观点认为,"可以理解为股权转让时主张行使优先购买权的各股东认缴的出资份额"。① 对此,我们认为,如果公司章程对此有规定,则按照公司章程规定。如果章程未规定,当事人又协商不成的,在届满期限已至但并未缴足的情形,如果公司章程或者股东会决议未对其优先购买权作出限定,我们倾向于认为按照实缴出资比例行使优先购买权,否则在其本身出资尚未足额到位的情形下,还支持其按照认缴出资比例行使优先购买权可能对其他股东不公;在出资期限尚未届满的情形,按照认缴出资比例行使优先购买权。

6. 侵犯优先购买权的股权转让合同的效力认定

优先购买权的行使,必然会在出卖人、第三人、优先权人之间成立两个合同,形成在同一股权之上的"一股二卖"局面。其中,在未遵守《公司法》第71条规定的情况下,如何处理转让人与第三人在先转让合同的效力问题,产生了较大争议。主要存在无效说、附法定生效条件说、效力待定说、可撤销说

---

① 安建主编:《中华人民共和国公司法释义》,法律出版社2013年版,第111页。

以及相对无效说等观点。

《公司法规定（四）》第21条对侵犯优先购买权作出了具体规定，支持其他股东主张按照同等条件购买该转让股权，并规定因股东行使优先购买权而不能实现合同目的的，可以依法请求转让股东承担相应民事责任。虽然该条没有明文规定即使没有履行《公司法》第71条第2款、第3款的义务侵犯了其他股东的优先购买权，转让股东与股东以外的股权受让人之间签订的股权转让合同效力如何，但从文义来看，如无其他无效事由，应该也是有效的。

为减少争议，《民商审判会议纪要》第9条对侵犯优先购买权的股权转让合同的效力予以明确，规定："审判实践中，部分人民法院对公司法司法解释（四）第21条规定的理解存在偏差，往往以保护其他股东的优先购买权为由认定股权转让合同无效。准确理解该条规定，既要注意保护其他股东的优先购买权，也要注意保护股东以外的股权受让人的合法权益，正确认定有限责任公司的股东与股东以外的股权受让人订立的股权转让合同的效力。一方面，其他股东依法享有优先购买权，在其主张按照股权转让合同约定的同等条件购买股权的情况下，应当支持其诉讼请求，除非出现该条第1款规定的情形。另一方面，为保护股东以外的股权受让人的合法权益，股权转让合同如无其他影响合同效力的事由，应当认定有效。其他股东行使优先购买权的，虽然股东以外的股权受让人关于继续履行股权转让合同的请求不能得到支持，但不影响其依约请求转让股东承担相应的违约责任。"也即，除转让股东和股东以外的股权受让人恶意串通损害其他股东优先购买权订立的合同无效外，一般情况下，转让股东与股东以外的股权受让人之间签订股权转让合同时即使没有履行《公司法》第71条第2款、第3款的义务，侵犯了其他股东的优先购买权，该合同也是有效的。主要理由是股东优先购买权的行使目的在于通过保障其他股东优先购买权获得拟转让股份而维护公司内部信赖关系，法律所要否定的是股东以外的股权受让人优先于公司其他股东取得公司股份的行为，而不是转让股东与股东以外的股权受让人之间签订的股权转让合同的效力。而且，合同的效力是可以与权利变动的结果相区分的。在否定合同效力情况下，股东以外的股权受让人只能通过缔约过失的责任机制获得救济，在肯定合同效力的情况下，股东以外的股权受让人则可以凭借违约为由获得救济，而违约责任与缔约过失责任，无论在归责要件上还是在追责力度上都有较大不同。

7. 侵害股东优先购买权的救济

根据《公司法规定（四）》第21条规定，有限责任公司的股东向股东以外的人转让股权，未就其股权转让事项征求其他股东意见，或者以欺诈、恶意串通等手段，损害其他股东优先购买权，其他股东主张按照同等条件购买该转让股权的，人民法院应当予以支持。在转让股东未就其股权转让事项征求其他股东意见，或者以欺诈、恶意串通等手段，损害其他股东优先购买权的情况下，其他股东应当自知道或者应当知道行使优先购买权的同等条件之日起30日内主张，或者自股权变更登记之日起1年内主张。规定自股权变更登记之日起1年之内必须主张，是因为股权变更登记之后，新的股东进入公司，公司的生产经营可能会发生较大变化，如果时间太长，还允许推翻已经形成的法律关系，不利于公司的稳定经营，也不便再将新进入的股东强制令其退出公司，因为新股东进入后，其投入、产出很多时候很难计算。但优先购买权受到损害的其他股东，仍然可以依法向转让股东或者受让人主张相应的民事权利，转让股东或者受让人应当承担相应的民事责任。"三十日"和"一年"，属于不变期间，不适用中止、中断和延长的规定。

优先购买权受到损害的其他股东，如果仅提出确认股权转让合同及股权变动效力等请求，未同时主张按照同等条件购买转让股权的，其请求不应支持。这是因为，其他股东主张优先购买权受到损害，那么，法律要做的就是保护其优先购买权，对其权利进行救济。而优先购买权的救济方式首先应当是支持其行使优先购买权的主张。如果其他股东主张其优先购买权受到损害，同时，又不主张优先购买权，而提出其他主张，那么其他主张就没有依据，除非其他股东非因自身原因导致无法行使优先购买权，请求损害赔偿。

优先购买权受到损害的其他股东，如果不是因为自身原因导致无法行使优先购买权，就只能请求损害赔偿，因为已经无法主张优先购买权了。比如，股权变更登记已经超过1年，其他股东才知道或者应当知道其优先购买权受到损害，不能主张优先购买权，只能请求损害赔偿。

如果股东以外的股权受让人，因股东行使优先购买权而不能实现合同目的的，那么他可以依法请求转让股东承担相应的民事责任。

8. 股东放弃优先购买权时的处理

根据《公司法规定（四）》第20条规定，在有限责任公司的其他股东主张优先购买后，转让股东又不同意转让的，对其他股东优先购买的主张，不应支持。换言之，原则上转让股东享有"又不同意转让股权"的权利，即反悔权。但是，存在两种例外情形：一是如果公司章程规定转让股东不允许反悔，不享有"又不同意转让股权"的权利，那么，对其他股东优先购买的主张，应当予以支持。二是如果全体股东约定转让股东不允许"反悔"，不享有"又不同意转让股权"的权利，那么对其他股东优先购买的主张，应当予以支持。除了上述两种例外情形，在有限责任公司的其他股东主张优先购买后，转让股东又不同意转让的，在支持转让股东"又不同意转让股权"的情况下，如果转让股东该行为给其他股东造成了损失，其他股东主张转让股东赔偿其损失合理的，应当予以支持。

（三）股权转让生效时点的认定

关于有限责任公司股权转让何时生效的问题。以股东名册变更作为股权移转的标志，区分了股权转让合同生效与股权权属变更，区分了股东名册记载与公司登记机关记载的效力，兼顾了转让股东、受让股东的利益以及对公司债权人和不特定相对人的保护。《民商审判会议纪要》第8条即规定以股东名册变更作为股权移转的标志，对此问题予以了明确。根据我国《公司法》第32条之规定，有限责任公司应当置备股东名册。记载股东的姓名或者名称及住所、股东的出资额、出资证明书编号。记载于股东名册的股东，可以依股东名册主张行使股东权利。故有限责任公司股东名册记载在效力上属于设权登记，即有关事项登记后产生创设权利或者法律关系的效力。受让人取得股权是股权转让合同与股东名册变更共同作用的结果，而股东名册的变更是受让人取得股权的标志。

需要注意的是，虽然公司法中明确要求有限责任公司应当置备股东名册，但是目前实践中部分公司管理不规范，存在股东名册形同虚设甚至不设股东名册的情况。针对这一现实情况，考虑到股东名册记载变更的目的归根结底是公司正式认可股权转让的事实，审判实践中可以根据案件实际审理情况，认定股东名册是否变更。在不存在规范股东名册的情况下，有关的公司文件，如公司章程、会议纪要等，只要能够证明公司认可受让人为新股东的，都可以产生相应的效力。

还需要注意的是，因股权转让行为发生的股权变动与因其他原因发生的股权变动生效时点相互区分。例如，司法实践中法院强制执行标的物为有限责任公司股权的情形也很多见,根据《民事诉讼法解释》第491条关于"拍卖成交或者依法定程序裁定以物抵债的,标的物所有权自拍卖成交裁定或者抵债裁定送达买受人或者接受抵债物的债权人时转移"之规定,如果有限责任公司股权被人民法院在执行程序中强制拍卖或者依照法定程序裁定以物抵债,则在拍卖成交裁定书或者抵债裁定送达买受人或者接受抵债物的债权人时,该股权由原股东移转至买受人或者接受抵债物的债权人。

有限责任公司股权转让过程中,还涉及公司登记机关的登记变更环节。有限责任公司股东转让股权的,可能出现股东名册与公司登记机关记载之间不一致的情况,对此公司应当及时办理变更登记,保持股东名册与公司登记机关登记之间的一致性。公司登记机关登记与股东名册记载都属于登记范畴,但两者效力存在区别:股东名册记载确定股权的归属,变更股东名册记载之后,受让人便可以股东身份参与公司事务,实际享有股权,股权转让生效。而公司登记机关登记是以公司股东名册登记为基础和根据,具有向社会不特定多数人公示的作用。因此,有限责任公司股权转让后经公司登记机关变更登记,产生对抗效力。

综上,根据《民商审判会议纪要》规定,在有限责任公司股权转让领域,明确了股东名册变更、公司登记机关变更登记与股权转让合同效力、股权变动效力之间的关系。即以转让方式变动有限责任公司股权的,有限责任公司股权转让合同自签订时生效,附条件的自所附条件成就时生效,公司股东名册变更登记与公司登记机关变更登记不影响股权转让合同本身的效力;股权转让生效时点以股东名册变更为准,法律、行政法规规定应当办理批准手续才能生效的,则以股东名册变更与办理批准手续完成为准;股权变动未经公司登记机关变更登记的,不得对抗善意相对人。

(四)对股权变更的救济问题

股权转让自公司股东名册变更时生效,产生的问题就是公司如果没有按照法律规定履行股东名册变更义务时,受让人如何救济自己的权利?股权转让实际是股权转让合同的履行行为。股权转让合同生效后,转让人所负的主要合同义务就是向受让人交付股权,而转让人与受让人股权转移的标志是股东名册变更,故转让人交付股权的义务就具体体现为将股权转让的事实以书面方式通知公司,请求公司办理变更登记手续,并在需要时进行协助配合。而根据《公司法》规定，有限责任公司股东转让股权的，公司负有将股权转让结果记载于股东名册、修改公司章程、申请变更工商登记的义务。故根据股权转让合同，双方当事人有权要求公司办理股东名册的变更，公司有义务将受让人的姓名或者名称、住所地在股东名册上记载，从而使受让人取得股东资格。

如果因转让人不履行交付股权的义务导致公司不变更股东名册，则受让人应当就股权转让合同纠纷提起诉讼，追究转让人的违约责任。

如果转让人通知了公司股权转让的事实，请求公司办理变更登记手续，而公司怠于或者拒绝履行义务，既造成转让人不能履行自己的合同义务，妨碍了转让人转让股权，又造成受让人不能正常取得股东身份或者行使股东权利，则转让人、受让人均可以公司为被告起诉请求办理股东名册变更，得到法律救济。法院可以判令公司履行法律规定的义务，排除对股东行使权利的妨碍。

（五）公司章程对股权转让限制问题

公司章程可以对股权转让作出限制性的约定，这种约定相比《公司法》关于股权转让的一般性规定，提出了更为苛刻的条件，是章程制定者为了维护自身及公司利益达成合意的体现。在肯定章程可以对股权转让作出限制性约定的同时，必须明确，这一限制性约定是受到制约的，对于违法的或者违反公司法原理的限制性条款，不应认定其效力。具体而言：（1）公司章程对股权转让的限制性条款与法律和行政法规的强制性规定相抵触的，应确认该公司章程条款无效，对股东没有法律约束力，股东违反该条款转让股权而签订的股权转让合同有效。（2）公司章程的限制性条款造成禁止股权转让的后果。这种约定如果违反股权自由转让的基本原则，剥夺了股东的基本权利，应属无效，股权转让不因违反这些限制性约定而无效。

（六）国有股的股权转让问题

国有股权交易行为属于平等主体之间实施的民事行为，因此，国有股权的转让应当适用《公司法》及《民法典》合同编的相关规定。为贯彻国有股权转让的基本原则，最大限度地维护国家利益，防止国有资产流失，国有资产监督管理法律规范就国有股权转让程序和方式都作出了有别于非国有股权转让更加严格的要求和限制。因此，不同于一般股权的转让，国有股权转让应遵循国有资产监督管理法律法规的诸多强制性规范。国有股权转让的特殊规定有以下三点。

1. 严格的股权转让审批制度

国有股权转让涉及国家股东的切身利益，因此，《企业国有资产交易监督管理办法》及《企业国有资产法》均规定了国有股权转让的审批程序。《企业国有资产交易监督管理办法》第7条规定："国资监管机构负责审核国家出资企业的产权转让事项。其中，因产权转让致使国家不再拥有所出资企业控股权的，须由国资监管机构报本级人民政府批准。"第8条规定："国家出资企业应当制定其子企业产权转让管理制度，确定审批管理权限。其中，对主业处于关系国家安全、国民经济命脉的重要行业和关键领域，主要承担重大专项任务子企业的产权转让，须由国家出资企业报同级国资监管机构批准。"

2. 国有股权转让应经资产评估确定转让价格

为防止国有资产流失，不同于非国有股权一般以协商确定股权转让价格的方式，国有股权的转让应经资产评估确定转让价格。《企业国有资产交易监督管理办法》第12条规定："对按照有关法律法规要求必须进行资产评估的产权转让事项，转让方应当委托具有相应资质的评估机构对转让标的进行资产评估，产权转让价格应以经核准或备案的评估结果为基础确定。"《企业国有资产法》第55条规定："国有资产转让应当以依法评估的、经履行出资人职责的机构认可或者由履行出资人职责的机构报经本级人民政府核准的价格为依据，合理确定最低转让价格。"

3. 国有股权转让应公开进场交易

国有股权公开进场交易规则，是指法律规定国有股权转让时，必须在特定产权交易机构挂牌交易，以拍卖、招标、协议转让等公开方式进行交易的规则。《企业国有资产交易监督管理办法》第13条规定，"产权转让原则上通过产权市场公开进行"。《企业国有资产法》第54条第2款规定："除按照国家规定可以直接协议转让的以外，国有资产转让应当在依法设立的产权交易场所公开进行。转让方应当如实披露有关信息，征集受让方；征集产生的受让方为两个以上的，转让应当采用公开竞价的交易方式。"上述法律法规规定确立我国的国有股权公开进场交易制度，除按照国家规定可以直接协议转让的之外，国有股权转让必须按照相关国有资产监督管理法律规范的规定，在依法设立的产权交易场所进行，否则国有资产监督管理机构或者企业国有产权转让相关批准机构有权要求转让方终止股权转让活动，必要时可依法向人民法院提起诉讼，确认股权转让行为无效。

国有股权转让公开进场交易方式,主要有两种:一是协议转让。《企业国有资产交易监督管理办法》第31条规定:"以下情形的产权转让可以采取非公开协议转让方式:(一)涉及主业处于关系国家安全、国民经济命脉的重要行业和关键领域企业的重组整合,对受让方有特殊要求,企业产权需要在国有及国有控股企业之间转让的,经国资监管机构批准,可以采取非公开协议转让方式;(二)同一国家出资企业及其各级控股企业或实际控制企业之间因实施内部重组整合进行产权转让的,经该国家出资企业审议决策,可以采取非公开协议转让方式。"二是公开竞价。经公开征集产生两个以上受让方时,由产权交易机构按照转让方公告时公布的竞价方式实施公开竞价。按照《企业国有产权交易操作规则》的规定,公开竞价方式包括拍卖、招投标、网络竞价以及其他竞价方式。与协议方式相比,拍卖和招投标等公开竞价交易方式由于引入了竞争机制,更加公开、公正和透明,有利于实现国有产权的真实价值。

根据《公司法规定(四)》第22条第2款规定,"在依法设立的产权交易场所转让有限责任公司国有股权的,适用公司法第七十一条第二款、第三款或者第七十二条规定的'书面通知''通知''同等条件'时,可以参照产权交易场所的交易规则"。在实践中,关于优先权股东是否必须进场参与交易,各地产权交易机构的做法也不统一,北京某产权交易所不要求必须到场,而上海某产权交易所规定必须到场。在立法对于是否进场没有明确的情形下,将该行权细则交由市场自主调整。

▶ 适用指引

一、转让股东对外转让股权时未采取书面通知方式的效力认定

本条规定股东对外转让股权时,应当将转让事项书面通知其他股东同意。按照立法者解读,之所以要求采用书面方式:一是便于对股东间是否达成合意进行判断,从而具备证据效力;二是当由于股权出让导致股东身份变化时,也会引起后续的一系列法定程序的启动(如修改公司章程、变更公司的注册登记事项、向原审批机关办理变更审批手续等),而这些程序都需要以书面材料作

为事实依据。① 由此可见，法律是从证据保留和便利办理登记手续两方面综合考虑而要求采用书面通知形式。法律对此作出的规定无疑对股权对外转让过程具有积极的指导作用。

实践中，如果转让股东未采取法律规定的书面通知形式，是否意味着不发生相应的法律效力呢？答案显然是否定。从通知内容应实际被其他股东所知晓的角度来考虑，转让股东向其他股东的告知方式可以拓宽。对此，《公司法规定（四）》第17条规定，在认定转让股东是否恰当告知其他股东有关信息方面，除了书面形式的通知外，还可以采取"其他能够确认收悉的合理方式通知其他股东"。实践中，所谓"其他能够确认收悉的合理方式通知其他股东"，存在如下情形：一是向其他股东发出了公告，并且为其他股东所知晓。有的公司股东常年未在公司出现，转让股东也并不清楚该股东的住所和通信地址，要求转让股东逐一书面通知可能是勉为其难。此时，转让股东如果采取发布公告的形式告知有关内容，并且有证据证明其他股东知晓了该公告内容（如其他股东在公告后就公告内容向转让股东或他人提出了异议或意见），就应当等同于书面通知之效果。二是在诉讼、仲裁等法律程序中转让股东陈述股权对外转让事项或者优先购买权相关事项，并且为其他股东所知晓，当然也就可以发生相应后果。三是转让股东虽以口头方式通知其他股东，但有证据证明其他股东已经知晓。这种情况下，因通知的功能是完成信息传递，所以在信息传递已经准确完成的情况下，也应当视为转让股东已尽到通知义务。

还需要注意的是，根据《公司法规定（四）》第17条规定，转让股东对外转让时，其对其他股东的通知并不限于一次。在不同的交易模式中，转让股东可以根据实际情况决定需要作出一次或者多次通知以及每次通知的具体内容，转让股东的不同通知行为、通知形式会产生不同的法律后果，法律没有必要强制性要求第一次通知所有转让条件。

二、瑕疵出资股权转让的效力及责任承担问题

根据我国《公司法》的规定，股东必须正确、适当地履行自身的出资义务，但是在实践中，却常常存在股东违反出资义务的情形，未履行出资义务和未完全履行出资义务。如果出资瑕疵的股东转让股权的，应当如何处理？

---

① 安建主编：《中华人民共和国公司法释义》，法律出版社2013年版，第110页。

对此，《公司法规定（三）》第18条规定："有限责任公司的股东未履行或者未全面履行出资义务即转让股权，受让人对此知道或者应当知道，公司请求该股东履行出资义务、受让人对此承担连带责任的，人民法院应予支持；公司债权人依照本规定第十三条第二款向该股东提起诉讼，同时请求前述受让人对此承担连带责任的，人民法院应予支持。受让人根据前款规定承担责任后，向该未履行或者未全面履行出资义务的股东追偿的，人民法院应予支持。但是，当事人另有约定的除外。"

（一）效力认定

根据前述规定，认定出资瑕疵股东转让股权的效力时，除了当事人适格、股权可以依法转让等法定条件外，尤其应当根据受让人的意思表示是否真实来处理。当转让人隐瞒出资瑕疵事实，受让人对此不知亦不应当知道时，股权转让合同属于可变更、可撤销的合同。股权转让合同是否变更或者撤销取决于受让人的意志，受让人可在法定期间内以欺诈为由主张变更合同转让价款或者撤销合同；如果受让人明知或者应知转让股东出资瑕疵事实的，那么股权转让合同应当认定为有效合同。

1. 受让人不知的处理原则

如果转让人与受让人签订股权转让合同时，隐瞒了出资瑕疵的事实，受让人并不知道也不应当知道出资瑕疵的事实，并因此而受让股权，则受让人有权以欺诈为由请求撤销或者变更股权转让合同；如果受让人考虑到公司经营前景较好，不愿撤销股权转让协议，法院应当确认转让合同的效力。当然，对于是否构成隐瞒出资瑕疵的欺诈行为，在现实中应当具体分析，同时要看受让人的受让股权行为是否受到出资瑕疵的重大影响。

2. 受让人明知或应知的处理原则

转让人与受让签订股权转让合同时，将出资瑕疵的事实告知受让人，或者受让人知道或者应当知道出资瑕疵的事实，仍然受让转让人转让的股权，则股权转让合同有效。受让人应当就出资瑕疵承担补足出资的责任。至于对"应知"的理解，则需要根据受让人的具体情况进行判定。

（二）责任承担问题

股东未尽出资义务即转让股权，转让股东的出资义务不得因股权转让而解除，公司仍有权请求转让股东履行出资义务。为了尽快促使公司资本充实，弥补资本"空洞"，《公司法》第30条、第93条第1款规定其他股东或发起人应对未出资股东的义务承担连带责任。那么，由于受让人在受让股权时应当查证该股权所对应的出资义务是否履行，具有较公司其他股东更高的注意义务，在受让人明知转让股东未尽出资义务仍受让股权时，其更应对转让股东未尽的出资义务承担连带责任。

股权转让合同存在瑕疵出资的，受让人不能以自身不知并不应知出资瑕疵为由对抗公司债权人，主张不承担相应责任。当公司的债权人能够举证证明公司的注册资本没有实际到位时，即有权将工商登记在册的股东（包括受让人）与公司一同列为被告，追究其相应的连带责任。受让人向公司债权人承担清偿责任后，有权向转让人追偿。这也是遵循商事外观主义的需要。

因此，当转让股东未履行或者未全面履行出资义务即转让股权，受让人对此知道或者应当知道，公司债权人有权请求转让股东在未出资本息范围内对公司债务不能清偿的部分承担补充赔偿责任、受让人承担连带责任。此处需要强调两点：（1）公司债权人享有诉权的条件是因股东未履行或未全面履行出资义务侵害了公司债权人的债权，即公司不能清偿公司债务；（2）公司债权人请求赔偿的金额以股东未出资本金及利息范围为限。

公司或者债权人请求股权受让人对转让股东的出资义务承担连带责任时，如果存在股权多次转让情形，即受让人为多数人时，则公司或者债权人既可以请求知道或者应当知道转让股东未尽出资义务的全部受让人承担连带责任，也可以向其中的部分受让人请求承担连带责任。被选择承担连带责任的受让人，不得以其与前手股东或者后手股东之间的约定对抗公司或者债权人。当然，根据连带责任内部求偿原理，已承担责任的受让人有权向包括转让股东在内的所有前手股东追偿，因被追偿而受到损失的受让人有权继续向其前手追偿。但是，受让人之间或者受让人与转让股东之间关于出资义务的承担另有约定的，从其约定。

综上，未缴足出资的股东也可以将其股权转让给其他股东或股东以外的人。但是，在有限责任公司股东履行其对公司的出资义务的期限已经届至的情况下，股东未履行出资义务或未全面履行出资义务转让股权，其出资义务不因股权转让而免除；并且，在受让人知道或应当知道转让人未履行出资义务或未全面履行出资义务转让股权的情况下，受让人还应当与转让人就其出资义务承担连带责任。应当指出,在股东出资分期缴付的情况下,出让股权的股东认缴了出资,但尚未缴足即出让股权的,该股东有义务将出资不足的情况告知受让方,受让方应当向公司承诺在成为公司股东后承担继续缴资的义务。

当然,作为转让人的股东在其对公司的出资义务的履行期限已经届至、应履行出资义务而未履行或未全面履行出资义务的情况下将其股权转让给他人,如果出资义务的履行期限尚未届满,则应由受让人履行相应的出资义务。

三、股权转让的善意取得问题

根据《公司法规定(三)》第25条、第27条规定,名义股东将登记于其名下的股权转让,或者股权转让后原股东再次处分股权,均可适用善意取得制度。

在名义股东擅自处分登记在其名下股权的情形中,当善意第三人终局地取得该股权时,名义股东违反双方隐名出资协议的行为构成了对实际出资人股权的侵权,实际出资人的投资权益将不复存在,其可以要求作出处分行为的名义股东承担赔偿责任。

▶ 指导案例

指导案例67号:汤某某诉周某某股权转让纠纷案
(最高人民法院审判委员会讨论通过 2016年9月19日发布)

关键词:民事 股权转让 分期付款 合同解除

裁判摘要:有限责任公司的股权分期支付转让款中发生股权受让人延迟或者拒付等违约情形,股权转让人要求解除双方签订的股权转让合同的,不适用《合同法》第一百六十七条关于分期付款买卖中出卖人在买受人未支付到期价款的金额达到合同全部价款的五分之一时即可解除合同的规定。

相关法条:《中华人民共和国合同法》第94条、第167条

基本案情:原告汤某某与被告周某某于2013年4月3日签订《股权转让协议》及《股权转让资金分期付款协议》。双方约定:周某某将其持有的青岛变压器集团成都双星电器有限公司6.35%股权转让给汤某某。股权合计710万元,分四期付清,即2013年4月3日付150万元;2013年8月2日付150

万元；2013年12月2日付200万元；2014年4月2日付210万元。此协议双方签字生效，永不反悔。协议签订后，汤某某于2013年4月3日依约向周某某支付第一期股权转让款150万元。因汤某某逾期未支付约定的第二期股权转让款，周某某于同年10月11日，以公证方式向汤某某送达了《关于解除协议的通知》，以汤某某根本违约为由，提出解除双方签订的《股权转让资金分期付款协议》。次日，汤某某即向周某某转账支付了第二期150万元股权转让款，并按照约定的时间和数额履行了后续第三、四期股权转让款的支付义务。周某某以其已经解除合同为由，如数退回汤某某支付的4笔股权转让款。汤某某遂向人民法院提起诉讼，要求确认周某某发出的解除协议通知无效，并责令其继续履行合同。

另查明，2013年11月7日，青岛变压器集团成都双星电器有限公司的变更（备案）登记中，周某某所持有的6.35%股权已经变更登记至汤某某名下。

裁判结果：四川省成都市中级人民法院于2014年4月15日作出（2013）成民初字第1815号民事判决：驳回原告汤某某的诉讼请求。汤某某不服，提起上诉。四川省高级人民法院于2014年12月19日作出（2014）川民终字第432号民事判决：一、撤销原审判决；二、确认周某某要求解除双方签订的《股权转让资金分期付款协议》行为无效；三、汤某某于本判决生效后十日内向周某某支付股权转让款710万元。周某某不服四川省高级人民法院的判决，以二审法院适用法律错误为由，向最高人民法院申请再审。最高人民法院于2015年10月26日作出（2015）民申字第2532号民事裁定，驳回周某某的再审申请。

裁判理由：法院生效判决认为：本案争议的焦点问题是周某某是否享有《合同法》第一百六十七条规定的合同解除权。

第一，《合同法》第一百六十七条第一款规定，"分期付款的买受人未支付到期价款的金额达到全部价款的五分之一的，出卖人可以要求买受人支付全部价款或解除合同"。第二款规定，"出卖人解除合同的，可以向买受人要求支付该标的物的使用费"。最高人民法院《关于审理买卖合同纠纷案件适用法律问题的解释》第三十八条规定，"合同法第一百六十七条第一款规定的'分期付款'，系指买受人将应付的总价款在一定期间内至少分三次向出卖人支付。分期付款买卖合同的约定违反合同法第一百六十七条第一款的规定，损害买受人利益，买受人主张该约定无效的，人民法院应予支持"。依据上述法律和司法解释的规定，分期付款买卖的主要特征为：一是买受人向出卖人支付总价款分三次以上，出卖人交付标的物之后买受人分两次以上向出卖人支付价款；二是多发、常见在经营者和消费者之间，一般是买受人作为消费者为满足生活消费而发生的交易；三是出卖人向买受人授予了一定信用，而作为授信人的出卖人在价款回收上存在一定风险，为保障出卖人剩余价款的回收，出卖人在一定条件下可以行使解除合同的权利。

本案系有限责任公司股东将股权转让给公司股东之外的其他人。尽管案涉股权的转让形式也是分期付款，但由于本案买卖的标的物是股权，因此具有与以消费为目的的一般买卖不同的特点：一是汤某某受让股权是为参与公司经营管理并获取经济利益，并非满足生活消费；二是周某某作为有限责任公司的股权出让人，基于其所持股权一直存在于目标公司中的特点，其因分期回收股权转让款而承担的风险，与一般以消费为目的分期付款买卖中出卖人收回价款的风险并不同等；三是双方解除股权转让合同，也不存在向受让人要求支付标的物使用费的情况。综上特点，股权转让分期付款合同，与一般以消费为目的分期付款买卖合同有较大区别。对案涉《股权转让资金分期付款协议》不宜简单适用《合同法》第一百六十七条规定的合同解除权。

第二，本案中，双方订立《股权转让资金分期付款协议》的合同目的能够实现。汤某某和周某某订立《股权转让资金分期付款协议》的目的是转让周某某所持青岛变压器集团成都双星电器有限公司6.35%股权给汤某某。根据汤某某履行股权转让款的情况，除第2笔股权转让款150万元逾期支付两个月，其余3笔股权转让款均按约支付，周某某认为汤某某逾期付款构成违约要求解除合同，退回了汤某某所付710万元，不影响汤某某按约支付剩余3笔股权转让款的事实的成立，且本案一、二审审理过程中，汤某某明确表示愿意履行付款义务。因此，周某某签订案涉《股权转让资金分期付款协议》的合同目的能够得以实现。另查明，2013年11月7日，青岛变压器集团成都双星电器有限公司的变更（备案）登记中，周某某所持有的6.35%股权已经变更登记至汤某某名下。

第三，从诚实信用的角度，《合同法》第六十条规定，"当事人应当按照约定全面履行自己的义务。当事人应当遵循诚实信用原则，根据合同的性质、目的和交易习惯履行通知、协助、保密等义务"。鉴于双方在股权转让合同上明确约定"此协议一式两份，双方签字生效，永不反悔"，因此周某某即使依据

《合同法》第一百六十七条的规定，也应当首先选择要求汤某某支付全部价款，而不是解除合同。

第四，从维护交易安全的角度，一项有限责任公司的股权交易，关涉诸多方面，如其他股东对受让人汤某某的接受和信任（过半数同意股权转让），记载到股东名册和在工商部门登记股权，社会成本和影响已经倾注其中。本案中，汤某某受让股权后已实际参与公司经营管理、股权也已过户登记到其名下，如果不是汤某某有根本违约行为，动辄撤销合同可能对公司经营管理的稳定产生不利影响。

综上所述，本案中，汤某某主张的周某某依据《合同法》第一百六十七条之规定要求解除合同依据不足的理由，于法有据，应当予以支持。

▶ 典型案例

一、中静实业（集团）有限公司与上海电力实业有限公司、中国水利电力物资有限公司、上海新能源环保工程有限公司、上海联合产权交易所股权转让纠纷案

关键词： 股权转让　通知　优先购买权

裁判摘要： 考虑到有限公司的人合性特征，我国《公司法》等相关法律法规规定了股东向股东以外的人转让股权的，应当向其他股东充分履行通知义务。其他股东在同等条件下享有优先购买权。此处所涉通知的内容，应当包括拟转让的股权数量、价格、履行方式、拟受让人的有关情况等多项主要的转让条件。

基本案情： 中静实业（集团）有限公司（以下简称中静公司）、国有企业上海电力实业有限公司（以下简称电力公司）系上海新能源环保工程有限公司（以下简称新能源公司）的股东，分别持股38.2%、61.8%。2012年2月15日，新能源公司通过股东大会决议：同意电力公司转让其所持股份，转让价以评估价为依据；中静公司不放弃优先购买权。5月25日，新能源公司将股权公开转让材料报送某产权交易所。6月1日，产权交易所公告新能源公司61.8%股权转让的信息。7月2日，中静公司向产权交易所发函称，根据框架协议及补充协议，系争转让股权信息披露遗漏、权属存在争议，中静公司享有

优先购买权，请求产权交易所暂停挂牌交易，重新披露信息。7月3日，中国水利电力物资有限公司（以下简称水利公司）与电力公司通过产权交易所签订产权交易合同。9月11日，新能源公司向水利公司出具出资证明书，并将其列入公司股东名册，但未能办理工商变更登记。中静公司诉至法院，认为电力公司擅自转让股份侵害了其优先购买权，请求判令中静公司对电力公司转让给水利公司的新能源公司61.8%股权享有优先购买权，并以转让价48 691 000元行使优先购买权。

上海市黄浦区人民法院一审认为：股东优先购买权是公司法赋予股东的法定权利。《公司法》第71条规定："有限责任公司的股东之间可以相互转让其全部或者部分股权。股东向股东以外的人转让股权，应当经其他股东过半数同意。股东应就其股权转让事项书面通知其他股东征求同意，其他股东自接到书面通知之日起满三十日未答复的，视为同意转让。其他股东半数以上不同意转让的，不同意的股东应当购买该转让的股权；不购买的，视为同意转让。经股东同意转让的股权，在同等条件下，其他股东有优先购买权。两个以上股东主张行使优先购买权的，协商确定各自的购买比例；协商不成的，按照转让时各自的出资比例行使优先购买权。公司章程对股权转让另有规定的，从其规定。"本案中，中静公司未明示放弃优先购买权，且在股权交易前向产权交易所提出了异议，产权交易所在对中静公司提出的异议未予答复，且未告知交易是否如期进行的情况下，直接将电力公司股权拍卖给水利公司，侵害了中静公司的优先购买权，电力公司与水利公司的股权转让合同不发生效力。判决：中静公司对电力公司转让给水利公司的61.8%新能源公司的股权享有优先购买权。电力公司、水利公司上诉后，上海市第二中级人民法院认为："考虑到有限公司的人合性特征，我国《公司法》等相关法律法规规定了股东向股东以外的人转让股权的，应当向其他股东充分履行通知义务。其他股东在同等条件下享有优先购买权。此处所涉通知的内容，应当包括拟转让的股权数量、价格、履行方式，拟受让人的有关情况等多项主要的转让条件。"据此判决驳回上诉，维持原判。

【案　　号】（2014）沪二中民四（商）终字第1566号
【审理法院】上海市第二中级人民法院
【来　　源】《最高人民法院公报》（2016年第5期）

二、薛某1等4人与西藏国能矿业发展有限公司、西藏龙辉矿业有限公司股权转让合同纠纷案

关键词： 股权转让　矿业权

裁判摘要：《合作协议》及转让合同的性质应为股权转让，而非矿业权转让；矿山企业股权转让协议不属于法律、行政法规规定须办理批准、登记等手续才生效的合同，《合作协议》依法成立并生效。薛某1、薛某2以欺诈手段和超低对价再次转让股权，王某某、薛某3受让股权不符合善意取得条件，应为无效。《合作协议》应继续履行。

基本案情： 2013年7月12日，西藏国能矿业发展有限公司（以下简称国能公司）与薛某1、薛某2签订《合作协议》，约定薛某1、薛某2将持有的矿山企业西藏龙辉矿业有限公司（以下简称龙辉公司）全部股权转让给国能公司。合作协议签订后，国能公司支付了部分款项，并对龙辉公司的资质及财务证照等进行了交接，但未办理股权转让工商变更登记手续。11月28日，薛某1、薛某2以龙辉公司营业执照丢失为由，申请补发，并于次日将已转让给国能公司的股权再次转让给王某某、薛某3。国能公司提起诉讼，请求确认国能公司与薛某1、薛某2签订的《合作协议》合法有效并继续履行，薛某1、薛某2为其办理股权变更工商登记手续；确认薛某1、薛某2与王某某、薛某3签订的转让合同无效。薛某1、薛某2反诉请求国能公司返还相关证照，并支付因《合作协议》未生效给其造成的经济损失。

【案　　号】（2014）民二终字第205号

【审理法院】最高人民法院

【来　　源】最高人民法院2016年发布的十个矿业权民事纠纷案件典型案例

第七十二条　人民法院依照法律规定的强制执行程序转让股东的股权时，应当通知公司及全体股东，其他股东在同等条件下有优先购买权。其他股东自人民法院通知之日起满二十日不行使优先购买权的，视为放弃优先购买权。

关联规定

法律、行政法规、司法解释

1.《最高人民法院关于适用〈中华人民共和国公司法〉若干问题的规定（四）》

第二十二条　通过拍卖向股东以外的人转让有限责任公司股权的，适用公司法第七十一条第二款、第三款或者第七十二条规定的"书面通知""通知""同等条件"时，根据相关法律、司法解释确定。

在依法设立的产权交易场所转让有限责任公司国有股权的，适用公司法第七十一条第二款、第三款或者第七十二条规定的"书面通知""通知""同等条件"时，可以参照产权交易场所的交易规则。

2.《最高人民法院关于人民法院执行工作若干问题的规定（试行）》

39.被执行人在其独资开办的法人企业中拥有的投资权益被冻结后，人民法院可以直接裁定予以转让，以转让所得清偿其对申请执行人的债务。

对被执行人在有限责任公司中被冻结的投资权益或股权，人民法院可以依据《中华人民共和国公司法》第七十一条、第七十二条、第七十三条的规定，征得全体股东过半数同意后，予以拍卖、变卖或以其他方式转让。不同意转让的股东，应当购买该转让的投资权益或股权，不购买的，视为同意转让，不影响执行。

人民法院也可允许并监督被执行人自行转让其投资权益或股权，将转让所得收益用于清偿对申请执行人的债务。

3.《最高人民法院关于人民法院民事执行中拍卖、变卖财产的规定》

第二条 人民法院对查封、扣押、冻结的财产进行变价处理时，应当首先采取拍卖的方式，但法律、司法解释另有规定的除外。

第十一条 人民法院应当在拍卖五日前以书面或者其他能够确认收悉的适当方式，通知当事人和已知的担保物权人、优先购买权人或者其他优先权人于拍卖日到场。

优先购买权人经通知未到场的，视为放弃优先购买权。

第十三条 拍卖过程中，有最高应价时，优先购买权人可以表示以该最高价买受，如无更高应价，则拍归优先购买权人；如有更高应价，而优先购买权人不作表示的，则拍归该应价最高的竞买人。

顺序相同的多个优先购买权人同时表示买受的，以抽签方式决定买受人。

4.《最高人民法院关于人民法院网络司法拍卖若干问题的规定》

第二条 人民法院以拍卖方式处置财产的，应当采取网络司法拍卖方式，但法律、行政法规和司法解释规定必须通过其他途径处置，或者不宜采用网络拍卖方式处置的除外。

第十六条 网络司法拍卖的事项应当在拍卖公告发布三日前以书面或者其他能够确认收悉的合理方式，通知当事人、已知优先购买权人。权利人书面明确放弃权利的，可以不通知。无法通知的，应当在网络司法拍卖平台公示并说明无法通知的理由，公示满五日视为已经通知。

优先购买权人经通知未参与竞买的，视为放弃优先购买权。

第十九条 优先购买权人经人民法院确认后，取得优先竞买资格以及优先竞买代码、参拍密码，并以优先竞买代码参与竞买；未经确认的，不得以优先购买权人身份参与竞买。

顺序不同的优先购买权人申请参与竞买的，人民法院应当确认其顺序，赋予不同顺序的优先竞买代码。

第二十一条 优先购买权人参与竞买的，可以与其他竞买人以相同的价格出价，没有更高出价的，拍卖财产由优先购买权人竞得。

顺序不同的优先购买权人以相同价格出价的，拍卖财产由顺序在先的优先购买权人竞得。

顺序相同的优先购买权人以相同价格出价的，拍卖财产由出价在先的优先购买权人竞得。

《公司法》 | 第三章 有限责任公司的股权转让 | 第七十二条

条文释义

一、本条主旨

本条是关于有限责任公司股权因强制执行而转让的规定。

二、条文演变

1993年《公司法》通过时，并无本条规定内容。2005年《公司法》进行修订时，在第73条增加了本条规定内容，规定："人民法院依照法律规定的强制执行程序转让股东的股权时，应当通知公司及全体股东，其他股东在同等条件下有优先购买权。其他股东自人民法院通知之日起满二十日不行使优先购买权的，视为放弃优先购买权。"2013年对《公司法》进行修正时，将条序由第73条改为第72条，但内容未发生变化。此后，一直未作修改。

三、条文解读

（一）基本含义

股权作为财产权，可以作为强制执行的标的。当债务人拒绝向债权人自动履行具有强制执行效力的已经生效的法院判决、裁定或法律规定由人民法院执行的其他法律文书所确认的债权时，其所拥有的公司股权可以作为强制执行的标的，但该强制执行必须依照法律规定的程序进行。在强制执行程序中转让有限责任公司股东的股权时，为了既便于债权的执行又尽可能维护公司的人合性，本条规定人民法院应当通知公司及全体股东，并再次确认其他股东在同等条件下的优先购买权。通知公司是为了使其协助执行，通知其他股东则是为了保障其行使优先购买权。本条也规定了其他股东行使优先购买权的期限，即自人民法院通知之日起满20日，逾期不行使视为放弃权利。该期限的起始日期应当理解为人民法院通知的送达日期。①

我们知道，有限责任公司的股东对外转让股权，公司其他股东有优先购买权。但股权拍卖的情形下，如何保护优先购买权、相关制度如何协调在实践中

---

① 安建主编：《中华人民共和国公司法释义》，法律出版社2013年版，第111~112页。

容易产生争议。拍卖,又称"竞买",是指以公开竞价的方式,将特定物品或者财产权利转让给最高应价者的买卖方式。根据拍卖的主体及拍卖程序的不同,拍卖可以被划分为强制拍卖和任意拍卖。其中,强制拍卖,是指国家机关依照有关规定,对已查封的财产所实施的拍卖,主要目的在于清偿债务,因执行主体一般为法院,故又称司法拍卖。股权拍卖是股权转让的一种形式,是公司股东依法将自己的股东权益通过拍卖方式有偿转让给受让人,受让人取得股权的民事法律行为。无论对司法拍卖性质如何认识,公开竞价都是基本形式,"价高者得"是最基本特征。

曾有观点认为,拍卖是以"落槌成交"为标志的诺成性合同,是以"最高竞价者得"为原则,并无"同等条件"可言,进而认为股权拍卖与股东优先购买权存在着理论冲突;但多数意见认为,拍卖只是一种特殊的买卖方式,不能剥夺有限责任公司股东基于人合性的优先购买权。我国《拍卖法》虽然没有规定在拍卖程序中对优先购买权的保护,但是《民事执行拍卖、变卖财产的规定》肯定了优先购买权在司法拍卖中的实现方式。该规定第13条明确规定:"拍卖过程中,有最高应价时,优先购买权人可以表示以该最高价买受,如无更高应价,则拍归优先购买权人;如有更高应价,而优先购买权人不作表示的,则拍归该应价最高的竞买人。顺序相同的多个优先购买权人同时表示买受的,以抽签方式决定买受人。"该规定明确了执行拍卖中优先购买权可以行使以及优先购买权的实现方式问题。《公司法》第72条亦肯定了强制执行程序中优先购买权在同等条件下的适用。本条第1款进一步明确了拍卖方式下的股权转让中对优先购买权的保护;同时考虑到拍卖与一般买卖方式的不同,本条明确了关于优先购买权相关条件的适用遵循"特别法优于一般法"的原则,根据相关法律、司法解释确定。

(二)股权拍卖中优先购买权的通知程序

《公司法》第71条第2款规定:"股东向股东以外的人转让股权,应当经其他股东过半数同意。股东应就其股权转让事项书面通知其他股东征求同意,其他股东自接到书面通知之日起满三十日未答复的,视为同意转让。其他股东半数以上不同意转让的,不同意的股东应当购买该转让的股权;不购买的,视为同意转让。"《公司法》第72条规定:"人民法院依照法律规定的强制执行程序转让股东的股权时,应当通知公司及全体股东,其他股东在同等条件下有优先购买权。其他股东自人民法院通知之日起满二十日不行使优先购买权的，视为放弃优先购买权。"《民事执行拍卖、变卖财产的规定》第11条规定："人民法院应当在拍卖五日前以书面或者其他能够确认收悉的适当方式，通知当事人和已知的担保物权人、优先购买权人或者其他优先权人于拍卖日到场。优先购买权人经通知未到场的，视为放弃优先购买权。"《网络司法拍卖规定》第16条第1款规定："网络司法拍卖的事项应当在拍卖公告发布三日前以书面或者其他能够确认收悉的合理方式，通知当事人、已知优先购买权人。权利人书面明确放弃权利的，可以不通知。无法通知的，应当在网络司法拍卖平台公示并说明无法通知的理由，公示满五日视为已经通知。"

上述规定中均为关于股东优先购买权"通知"程序的规定，适用范围有所区别：《公司法》第71条第2款系关于股东自行对外转让，向优先购买权人通知征得"同意"的规定。而《公司法》第72条、《民事执行拍卖、变卖财产的规定》第11条、《网络司法拍卖规定》第16条均系强制执行程序中的司法拍卖相关的规定。

（三）有关股权拍卖的规定

1998年《执行工作规定（试行）》明确了股权可以成为强制执行的标的。2001年8月28日，《冻结、拍卖国有股和社会法人股的规定》，对强制执行有关上市公司的股权程序作出较为具体的司法解释。2004年最高人民法院《民事执行拍卖、变卖财产的规定》第1条和第2条分别规定："在执行程序中，被执行人的财产被查封、扣押、冻结后，人民法院应当及时进行拍卖、变卖或者采取其他执行措施。""人民法院对查封、扣押、冻结的财产进行变价处理时，应当首先采取拍卖的方式，但法律、司法解释另有规定的除外。"人民法院在财产保全和执行过程中，冻结、拍卖上市公司国有股和社会法人股适用《冻结、拍卖国有股和社会法人股的规定》，该规定第8条第3款规定："人民法院执行股权，必须进行拍卖。"即在法院民事执行中，上市公司国有股和社会法人股必须进行拍卖。

后又颁布《网络司法拍卖规定》，规定人民法院在执行程序中对冻结的有限责任公司的股权进行变价处理时，应当首先采取拍卖的方式，且应当首先采取网络司法拍卖的方式。作为优先购买权的股东，如果是线下拍卖，经通知未到场的，视为放弃优先购买权；如果是网络拍卖，经通知未参与竞买的，视为放弃优先购买权。也即，根据前述司法解释规定，其他股东要想行使优先购买权，必须参与竞拍。

▶ 适用指引

一、本条规定的通知时间与有关拍卖规则规定的拍卖时间不同，应如何适用

根据本条规定，股东自人民法院通知之日起满20日不行使优先购买权的，视为放弃优先购买权。而《民事执行拍卖、变卖财产的规定》第11条确定的法院在拍卖前5日通知优先购买权人到场，不到场视为放弃优先购买权。因此，涉及本条规定的"20日"，与《民事执行拍卖、变卖财产的规定》的第11条规定的"5日"应如何适用的问题。

我们认为，第一，本条规定的"20日"，是对股东优先购买权行使的时间限制，以自人民法院通知之日起计算，逾期不行使视为放弃优先购买权；而《民事执行拍卖、变卖财产的规定》规定的"5日"并非优先购买权行使时间的限制，仅为提前通知的时间规定。第二，本条规定的通知，其通知内容系行使优先购买权；而《民事执行拍卖、变卖财产的规定》规定的通知系到场参与拍卖。鉴于《民事执行拍卖、变卖财产的规定》第13条规定的优先购买权的行使方式是"询价式"，拍卖程序兼具一定的价格发现机制，故在拍卖程序开始前，对优先购买权人的通知内容无法包括具体的股权价格。所以，此时提前20日通知优先购买权人，优先购买权人如作出肯定的意思表示，实质为不放弃优先购买权而非基于特定条件的优先购买。根据本条规定，最迟在拍卖程序开始之前20天通知公司其他股东，并询问其是否行使优先购买权，使其有合理的时间思考是否行使该权利。自通知之日起20天内表示行使优先购买权的股东，可以根据《民事执行拍卖、变卖财产的规定》在拍卖程序中行使优先购买权。需要注意的是，如果其他股东没有表示行使优先购买权，其亦有权以普通竞买人的身份参加竞买，只是不享有优先购买权，需要参加竞价而已。

《网络司法拍卖规定》也规定，应就网络司法拍卖的事项在拍卖公告发布3日前以书面或者其他能够确认收悉的合理方式，通知已知优先购买权人。此条来源于《民事执行拍卖、变卖财产的规定》，通知内容为"网络司法拍卖的

事项",至少包括:第一,网络司法拍卖行为本身,即执行法院依法通过互联网平台,以网络电子竞价方式公开处置财产;第二,拍卖公告包括的事项;第三,《网络司法拍卖规定》第 13 条规定的信息公示的内容。此通知的效力,一方面,保障了优先权购买人的知情权;另一方面,具有催告意义,即经通知未参与竞买,视为放弃优先购买权。

二、股权拍卖中股东优先购买权的"同等条件"应如何认定

同等条件是股东优先购买权制度的核心,同等条件的关键内容是同等价格。由于缺乏明确的法律规定,股权强制执行实践中存在以下三种做法:(1)以评估机构作出的市场评估价格为准;(2)以有意购买股权的第三人向人民法院所为意思表示的价格为准;(3)以拍卖程序确定的价格为准。

股东优先购买权指权利人在"同等条件"下优先于第三人受让标的物,这里的"同等条件"是相对于受让第三人的同等。上述做法(1)中股权的市场评估价格只是有关机构对股权价值的一般估计,并无法保证与实际转让价格一致;做法(2)中第三人所作意思表示的价格仅仅是一个磋商价格,没有任何的强制效力。当股东据此价格同意行使优先购买权时,第三人仍可以抬高价格,从而使股东优先购买权的价值丧失。"同等条件"的确定应以拍卖价格为依据,除了拍卖程序可以最大限度实现股权的价值外,关键在于股东优先购买权行使的前提是存在义务人与第三人的买卖合同,该买卖合同确定的买卖价格及支付方式等内容就成为同等条件确定的依据。

《民事执行拍卖、变卖财产的规定》第 13 条第 1 款规定:"拍卖过程中,有最高应价时,优先购买权人可以表示以该最高价买受,如无更高应价,则拍归优先购买权人;如有更高应价,而优先购买权人不作表示的,则拍归该应价最高的竞买人。"司法拍卖首先须由拍卖机构确定最高应价,再以该应价询问优先购买权人,且可再次询价应价。该条规定对于强制执行的竞价规则予以明确,该竞价规则亦为股权司法拍卖中"同等条件"的价格发现程序。当然,为了使竞买人有充分的心理准备,在拍卖程序开始前,可在权利瑕疵告知中,进一步向竞买人明确,由于可能存在股东行使优先购买权的情形,故拍定后的实际履行以股东不行使优先购买权为条件。

《网络司法拍卖规定》第 21 条第 1 款规定:"优先购买权人参与竞买的,可以与其他竞买人以相同的价格出价,没有更高出价的,拍卖财产由优先购买

权人竞得。"传统司法拍卖对于优先购买权人参加竞拍的,采取的是确定最高价后向优先购买权人询价的模式。而网络拍卖则是将竞买过程与优先购买权人的询价过程结合在一起。拍卖财产的优先权人,经法院确认资格后,被系统自动确认为优先购买权人,其在竞拍时给出与其他一般竞买人相同最高出价时,可自动获得竞买优势,如无更高出价,则拍得拍卖财产。网络司法拍卖中,优先购买权人"同等条件"的发现是在其参与竞价的过程中形成的,优先购买权人必须在竞拍过程中作出最终报价,而不得在竞拍结束后应价,网络司法拍卖中没有单独的询价环节。优先购买权人的优先购买权体现在可凭借与一般竞买人相同报价而获得优先地位的优势。

三、本条规定与《民事执行拍卖、变卖财产的规定》第13条的适用是否存在冲突问题

在法院强制执行股权的拍卖程序中,对于保护优先购买权存在两种方法:一种是"跟价法",另一种是"询价法"。"跟价法"指法院通知优先购买权人直接作为竞买人参与拍卖,通过拍卖程序,实行价高者得。不过,此处的价高者得并非唯一的最高价者胜出,而是在其他人举牌应价后,有最高应价时,拍卖师高呼三声,此时优先购买权人可以表示以此最高价接受。如其他竞价人未进一步报出高价,则卖给优先购买权人;如果他人报出更高价,而优先购买权人不再"跟进",则拍归最高应价者。这种做法将优先购买权人视同一般的竞买人,优先购买权人要行使和实现其优先购买权,必须同其他竞买人一样,按照拍卖公告的要求,进行竞买登记,交纳拍卖保证金,举牌竞价,否则视为放弃优先购买权。"询价法"指由法院通知优先购买权人到拍卖现场,但优先权人不直接参与竞价。待经过拍卖程序产生最高应价者后,由拍卖师询问优先购买权人是否愿意购买。如果其不愿购买,则拍卖标的即由最高应价者购得。如果其愿意购买,则拍卖师询问最高应价者是否愿意再加价,如果其不愿加价,则拍卖物由优先购买权人购得,如果其表示愿意,则在加价后再询问优先购买权人。如此反复,直至其中一人退出,拍卖即为成交。

我国《公司法》第72条规定,人民法院依照法律规定的强制执行程序转让股东的股权时,应当通知公司及全体股东。《民事执行拍卖、变卖财产的规定》第13条第1款规定,拍卖过程中,有最高应价时,优先购买权人可以表示以该最高价买受,如无更高应价,则拍归优先购买权人;如有更高应价,而

优先购买权人不作表示的，则拍归该应价最高的竞买人。有观点认为，《公司法》第 72 条与《民事执行拍卖、变卖财产的规定》第 13 条之间存在矛盾，现行《公司法》的颁布时间晚于《民事执行拍卖、变卖财产的规定》，《公司法》的相关规定应当优先适用。

我们认为，有限责任公司股权转让涉及保持公司人合性和维护股东财产权益两方面利益的平衡问题，而司法拍卖不同于一般的股权转让，还需要考虑转让股东债权人的利益，因执行程序的申请执行人需要通过被执行人的股权转让实现债权。故关于司法拍卖程序中的优先购买权应当兼顾上述三方面利益。《公司法》第 72 条的规定与《民事执行拍卖、变卖财产的规定》第 13 条并不冲突。《公司法》第 71 条规定了股东对外转让股权的同意程序和优先购买权，其旨在保证股权流通的同时维护公司的人合性。《公司法》第 72 条系增加一个前置程序，即司法拍卖有限责任公司股权时，最迟应在拍卖程序开始之前 20 天通知公司其他股东，并询问其是否行使优先购买权。按照《公司法》第 72 条的规定在法定期限内表示行使优先购买权的股东，可以按照《民事执行拍卖、变卖财产的规定》第 13 条之规定在拍卖过程中行使优先购买权；而没有按照《公司法》第 72 条的规定表示行使优先购买权的股东则视为放弃优先购买权，不能按照《民事执行拍卖、变卖财产的规定》在拍卖过程中行使优先购买权。在司法拍卖过程中，优先购买权的行使主要适用《民事执行拍卖、变卖财产的规定》，优先购买权人无须自始参与拍卖程序，而是以"询价法"为基础，待竞拍确定最高价后，与竞拍最高价者比价。

四、股权拍卖中多个股东主张优先购买权的处理

《网络司法拍卖规定》第 21 条第 3 款规定："顺序相同的优先购买权人以相同价格出价的，拍卖财产由出价在先的优先购买权人竞得。"此种内部竞合关系的处理系基于网络司法拍卖竞价机制的特殊性，如前所述，网络拍卖中，优先购买权人均实际参与竞价，相同顺位的优先购买权人参加竞拍，一方作出报价后，另一方无法作出相同报价，只能高于原报价出价，实则在相同顺位的优先购买权人之间产生了竞价关系。

五、股权拍卖中股东优先购买权主张部分行使的处理

执行程序中面对股东能否部分行使优先购买权的问题，存在肯定和否定的

不同观点。持肯定观点的理由有：第一，允许股东部分行使优先购买权可以维持老股东对公司的控制权，维护其既得利益。第二，我国《公司法》并没有明确禁止股东优先购买权的部分行使，民商法领域"法无禁止即自由"。第三，公司股权本身是可分物，法律既然允许对其分割并部分转让，执行程序中亦应不宜禁止股东优先购买权的部分行使。持否定观点的理由有：第一，现实中不乏第三人为了取得公司的控制权而受让股权的情形，这时，股东转让的标的物已经变为随特定比例股权而存在的公司控制权。从这个意义上讲，作为转让标的股权具有不可分的性质。第二，从转让股权的可得利益角度讲，多数股权因含有较大的控制权，其价格往往高于少数股权。执行程序中如若允许部分行使优先购买权，将降低股权的价格，不利于对申请执行人债权的清偿。第三，如部分行使优先购买权，第三人很可能因无法取得控制权而拒绝受让，这将导致剩余股权无法转让，无法实现执行目的。对此，我们对股东优先购买权的部分行使持反对态度。除了上述否定的理由外，还在于：其一，肯定说维持老股东的控制权与允许股东部分行使优先购买权间没有必然联系。相反，完全行使优先购买权才能够更大程度上实现公司控制权。其二，"法不禁止即自由"及股权是"可分物"，仅仅是股权优先购买权部分行使的必要条件，而不是充分条件。同时，《公司法》属于带有公法色彩的私法，其调整对象关乎交易安全而带有"公共因素"，对于其规定的事项不能一律采用"法不禁止即自由"的解释规则。其三，如前所述，执行程序中股东优先购买权行使的前提是通过拍卖形成合同，并据以确定"同等条件"，该"同等条件"中股权的数量也是当然的应有内容。而部分行使优先购买权则不具备和第三人同等的条件。其四，如果允许优先购买权部分行使，而竞买人又因股权数量的缩减而不再购买剩余股权，那只能就剩余股权重新开始新一轮的执行程序。如若在下一轮执行程序中出现同样问题，那执行程序将陷于无限循环。

▶ 类案检索

甘肃兰驼集团有限责任公司与常柴银川柴油机有限公司、兰州常柴西北车辆有限公司、兰州万通房地产经营开发有限公司股权转让纠纷案

关键词：侵犯优先购买权

裁判摘要：《公司法》第 72 条规定："人民法院依照法律规定的强制执行程序转让股东的股权时，应当通知公司及全体股东，其他股东在同等条件下有优先购买权。其他股东自人民法院通知之日起满二十日不行使优先购买权的，视为放弃优先购买权。"西北车辆公司为有限责任公司。该公司 57% 的股权在执行程序中以拍卖方式进行转让，应根据上述法条规定，保护作为西北车辆公司股东的兰驼公司等股东的优先购买权。在常柴银川公司与万通公司借款质押案执行程序中，法院采取拍卖的方式对 57% 股权中的 0.5% 股权进行转让。常柴银川公司向兰驼公司发出的《征询函》，告知 0.5% 股权转让的价款为 500 万元并询问兰驼公司是否行使优先购买权。兰驼公司回复意见称，其行使优先购买权，但需经甘肃省国资委批准。在法定的 20 日期间内，兰驼公司未提交甘肃省国资委的批准文件，亦未交付转让款，在本案一审期间，亦没有甘肃省国资委的批准意见，未交付转让款，故应认定兰驼公司对以 500 万元转让 0.5% 股权不行使优先购买权。由于万通公司与常柴银川公司签订的《执行和解协议书》明确载明 0.5% 的股权抵债 50 万元的事实，且该事实被法院裁定书认定，故该 0.5% 股权的对价款为 50 万元而非 500 万元。鉴于 0.5% 的股权的转让款为 50 万元，远低于询问兰驼公司是否行使优先购买权时《征询函》载明的价格，故载明案涉 0.5% 的股权的转让款为 500 万元的《征询函》并不构成有效通知。在二审期间，兰驼公司仍明确表示，其行使上述股权的优先购买权。该股权抵债行为侵犯了兰驼公司的优先购买权，万通公司与常柴银川公司没有有效转让案涉 0.5% 的股权。由于万通公司未合法取得西北车辆公司 0.5% 的股权，故其以股东身份受让剩余 56.5% 股权抵债，未通知西北车辆公司股东行使优先购买权的行为也侵害了西北车辆公司其他股东的优先购买权，亦不发生有效转让股权的效力。万通公司应将案涉 57% 的股权返还给常柴银川公司。万通公司若对设定质押的案涉 57% 的股权行使质押权，应根据《公司法》第 72 条的规定，保障兰驼公司等西北车辆公司股东的优先购买权。

【案　　号】（2016）最高法民终 295 号
【审理法院】最高人民法院

第七十三条 依照本法第七十一条、第七十二条转让股权后,公司应当注销原股东的出资证明书,向新股东签发出资证明书,并相应修改公司章程和股东名册中有关股东及其出资额的记载。对公司章程的该项修改不需再由股东会表决。

关联规定

一、法律、行政法规、司法解释

1.《中华人民共和国公司法》

第二十五条 有限责任公司章程应当载明下列事项:

(一)公司名称和住所;

(二)公司经营范围;

(三)公司注册资本;

(四)股东的姓名或者名称;

(五)股东的出资方式、出资额和出资时间;

(六)公司的机构及其产生办法、职权、议事规则;

(七)公司法定代表人;

(八)股东会会议认为需要规定的其他事项。

股东应当在公司章程上签名、盖章。

第三十一条 有限责任公司成立后,应当向股东签发出资证明书。

出资证明书应当载明下列事项:

(一)公司名称;

(二)公司成立日期;

(三)公司注册资本;

(四)股东的姓名或者名称、缴纳的出资额和出资日期;

(五)出资证明书的编号和核发日期。

出资证明书由公司盖章。

第三十二条　有限责任公司应当置备股东名册，记载下列事项：

（一）股东的姓名或者名称及住所；

（二）股东的出资额；

（三）出资证明书编号。

记载于股东名册的股东，可以依股东名册主张行使股东权利。

公司应当将股东的姓名或者名称向公司登记机关登记；登记事项发生变更的，应当办理变更登记。未经登记或者变更登记的，不得对抗第三人。

2.《中华人民共和国市场主体登记管理条例》

第二十四条　市场主体变更登记事项，应当自作出变更决议、决定或者法定变更事项发生之日起30日内向登记机关申请变更登记。

市场主体变更登记事项属于依法须经批准的，申请人应当在批准文件有效期内向登记机关申请变更登记。

3.《最高人民法院关于适用〈中华人民共和国公司法〉若干问题的规定（三）》

第二十三条　当事人依法履行出资义务或者依法继受取得股权后，公司未根据公司法第三十一条、第三十二条的规定签发出资证明书、记载于股东名册并办理公司登记机关登记，当事人请求公司履行上述义务的，人民法院应予支持。

二、司法指导性文件

《全国法院民商事审判工作会议纪要》

8.【有限责任公司的股权变动】当事人之间转让有限责任公司股权，受让人以其姓名或者名称已记载于股东名册为由主张其已经取得股权的，人民法院依法予以支持，但法律、行政法规规定应当办理批准手续生效的股权转让除外。未向公司登记机关办理股权变更登记的，不得对抗善意相对人。

▶ 条文释义

一、本条主旨

本条是关于股权转让的变更记载的规定。

二、条文演变

1993年通过的《公司法》第36条规定:"股东依法转让其出资后,由公司将受让人的姓名或者名称、住所以及受让的出资额记载于股东名册。"从该规定可以看出,仅要求公司将股权变更情况记载于股东名册,未规定公司负有注销原股东的出资证明书,向新股东签发出资证明书,以及修改公司章程的义务。2005年修订《公司法》时,对公司的义务进行完善,同时规定对公司章程的该项修改不再需要召开股东会决议。理由是修改公司章程本属于股东会的表决事项,考虑到股东之间已经就股权转让达成书面协议或者同意,视为同意,故2005年修订《公司法》时规定不再需要股东会表决,大大简化了股权变动登记手续。2013年修正《公司法》时,将2005年《公司法》中"依照本法第七十二条、第七十三条",修改为"依照本法第七十一条、第七十二条"。同时条文序号由原第74条改为第73条。2018年修正《公司法》时,本条未作修改。

二、条文解读

根据《公司法》第31条、第32条规定,为股东签发出资证明书,将股东姓名记载于股东名册,并向公司登记机关办理股东变更登记,是公司的法定义务。因此,有限责任公司股权转让后,本条规定了公司的三项程序性义务:一是注销原股东的出资证明书,向新股东签发出资证明书;二是根据股东以及股权的变化情况修改公司章程中有关股东及出资额的记载;三是根据股东以及股权变化情况修改股东名册中有关股东及出资额的记载。需要说明的是,由于各公司股权转让的情况各有差异、股权转让的具体交割时间与方式也可能不尽一致,因此本条并未规定程序性义务的履行时间,公司应当在合理的时间内完成。①

完整无瑕疵的股东资格的取得,除了满足出资或认缴出资的实质要件之外,还应通过一些形式要件对此予以公示,以获对抗效力。根据我国《公司法》的规定,有限责任公司成立后,应当向股东签发出资证明书,置备股东名册,将股东的基本情况记载于股东名册,并到工商机关将公司股东的姓名或者

---

① 安建主编:《中华人民共和国公司法释义》,法律出版社2013年版,第112页。

名称进行登记。股权继受取得的，公司应当注销原股东的出资证明书，修改股东名册中有关股东的记载，并到工商机关办理变更记。《公司法》第31条、第32条具体规定了颁发出资证明书、股东名册记载及登记办理的具体事项内容。因此，股权取得的公示，通过出资证明、股东名册和工商登记等形式表现出来。

尽管出资证明书本身并不创设股权，但是却是股东对公司主张行使股权的一个重要凭证。股东名册，是指公司依照法律要求设置的记载股东及其所持股份的簿册。一般来讲，股东名册具有两种效力：一是推定效力，即在名册上记载的股东推定为公司股东，股东可凭该记载对外主张为股东；二是对抗效力，这是推定效力的必然结果。而工商登记是政府提供的一个更广泛的公示平台，因此其公示公信力更强。股东依法继受了股权，公司有义务在出资证明书、股东名册上进行记载或者变更并依法办理工商登记，以此实现对股东资格的完整保护。如果公司未颁发出资证明书或者未在股东名册上记载而引起纠纷，只要股东能提供证据证明其已经实际履行了出资义务或者依法继受了股权，可以要求公司履行颁发出资证明书或记载变更股东名册的义务。公司未办理登记的，股东同样可以按照《公司法》的规定要求公司履行其登记义务。

在理解本条时，应注意如下问题。

（一）股权取得的实质要件

股权转让，是指股东将其对公司所有的股权转移给受让人，由受让人继受取得股权而成为公司新股东的法律行为。股权转让中，股东通过转让其投资或者股份使股权变现，受让人因受让其出资或股份而获得股权，实际上就是股权的转让，转让人因转让股份而丧失股权，受让人因受让股份而取得股权。股权转让是股权继受取得的方式之一，作为一种法律行为，经当事人之间达成协议即为有效。股份或出资上一切权利包括收益权和表决权均应由受让人继受。受让人可要求公司为其办理过户手续，转让人应当协助。股权转让经当事人达成协议，并办理过户手续后，始对公司和第三人发生效力。

对于股权转让协议的受让方，如果没有其他来印证其股东资格的证据材料，股权转让协议就是唯一能够证明其股东资格的证据。在实践中，由于公司没有办理相关手续导致继受股东没有其他证据材料或者其他证据材料与实际股份转让协议相矛盾的情况屡见不鲜。如果股权转让后，继受股东资格已经在公司章程、工商登记、出资证明书或股东名册中得以确认的,应当认定继受股东具有股东资格。如果继受股东资格没有得到这些证据的印证,股份转让协议作为唯一证据时的证明效力,则有待于考察该证据的内容及形式的合法性。只有在具有充分的证据证明此类证据内容合法、形式完备的情况下,才能据此认定继受股东的股东资格。

(二)股权取得的形式要件

实质要件是以出资为取得股东资格的必要条件,形式要件是对股东出资的记载和证明,是实质要件的外在表现。受让人受让公司的股份后,完成了成为公司股东的实质要件,但其权利的取得还必须要经过一定外在形式的表彰予以公示,为公众所知,公布于众后才能确保其权利的顺利行使。这种外在形式的表彰即为公司章程记载、股东名册记载和工商部门登记。形式要件存在的意义主要在于涉及交易第三人时对善意的保护。

1. 出资证明书

出资证明书,是有限责任公司向股东签发的股东资格证明。根据我国《公司法》第31条的规定:"有限责任公司成立后,应当向股东签发出资证明书。出资证明书应当载明下列事项:(一)公司名称;(二)公司成立日期;(三)公司注册资本;(四)股东的姓名或者名称、缴纳的出资额和出资日期;(五)出资证明书的编号和核发日期。出资证明书由公司盖章。"出资证明书的作用是表明股东履行了出资义务,是股东行使股东权利的凭证。股东根据其出资比例行使表决权、请求分配股利、承担有限责任等。如果股东出资瑕疵,公司可以拒绝向其签发出资证明书。另外,根据《公司法》第73条规定,有限责任公司的股东转让股权后,公司应当注销原股东的出资证明书,向新股东签发出资证明书。因此,向股东签发出资证明书是公司的义务,如果公司拒绝向股东交付出资证明书,股东可以公司为被告提起给付之诉。

需要注意的是,出资证明书只能对抗公司和股权的转让人,不能对抗善意第三人。出资证明书具有证明股东资格的效力。证明股东已向公司出资,而本身并无设权效力。股东持有出资证明书应当认定其已合法出资,但不能仅以出资证明书认定出资人具有股东资格。持有出资证明书不是认定股东资格的必要条件,没有出资证明书的也可能被认定为股东。此外,出资证明书的证明效力是在出资证明书上对股东情况的记载与股东名册上的记载一致时才具有,如果二者记载不一致时，以股东名册的记载为准。

2. 公司章程的记载

公司章程对股权确认的重要意义得到普遍认可。因为公司章程由全体股东共同制定，并记载了有关公司的主要事项，包括公司名称和住所、公司的注册资本、股东的出资方式、出资额等，股东要在公司章程中签字并盖章。在公司设立时，公司将章程提交公司登记机关核准，转让股权时要变更公司章程并到公司登记机关申请变更登记。据此，公司章程不仅表明了出资者向公司出资，有作为公司股东的真实意思表示，而且也在一定程度上起到了公示的作用。所以，股权转让后，公司应相应修改公司章程。

3. 股东名册的记载

一般而言，股东名册作为有限责任公司必须置备的重要法律文件，至少发生如下三个方面的法律效力：

第一，权利推定效力。权利推定的含义是指在股东名册上记载为股东的，推定为公司股东。也就是说，股东仅凭该种记载就可以主张自己为股东，并以此依据主张行使股东权利，无须向公司出示出资证明书或者举证自己的实质权利。

第二，对抗效力。也即，如果受让人受让股权后，未在股东名册上记载，不能对公司行使股权。股东名册推定效力的必然后果是，未在股东名册上记载的人，不能视为公司股东。因此，当股东将其权利转让给第三人时，如果没有及时进行股东名册的变更记载，股东名册上记载的人仍视为股东，即使受让人在实质上已经具备了股东的条件。

第三，免责效力。股东名册推定效力的另一后果是，公司只将股东名册上记载的股东视为股东。一旦公司将股东名册上记载的股东认定为股东，那么该人即享有股东所享有的一系列实体权利，即便股东名册上的股东不是真正的股东，也可免除公司的责任。公司没有义务查证股权的实际持有人，仅向股东名册上记载的名义上的股东履行各种义务即可。

综上，股东名册作为公司的内部文件，其效力主要及于公司和股东之间。基于股东名册的"权利推定效力"，股东名册上记载的股东可以被认定为公司的股东，否认股东名册上记载的股东之权益的人要承担举证责任。通常情况下，公司只需要对在册的股东履行义务。但是在一些特殊情形下，如公司未置备股东名册，或者股东名册未予记载或记载错误时，股东名册对股东资格及股权的确认效力大大削弱，需要结合其他证据来确定股东资格。

4. 变更登记

原《公司登记管理条例》第 34 条第 1 款规定："有限责任公司变更股东的，应当自变更之日起 30 日内申请变更登记，并应当提交新股东的主体资格证明或者自然人身份证明。"该规定对股权发生变动后的工商变更登记时间作出了规定。《市场主体登记管理条例》于 2021 年 4 月 14 日通过，自 2022 年 3 月 1 日起施行，《公司登记管理条例》不再适用。《市场主体登记管理条例》第 9 条规定："市场主体的下列事项应当向登记机关办理备案：（一）章程或者合伙协议……（八）公司、合伙企业等市场主体受益所有人相关信息；（九）法律、行政法规规定的其他事项。"第 24 条第 1 款规定："市场主体变更登记事项，应当自作出变更决议、决定或者法定变更事项发生之日起 30 日内向登记机关申请变更登记。"根据前述规定，当发生股权变动时，应当视为法定变更事项，在 30 日之内申请登记机关变更登记。

登记机关对公司股东的登记材料，可以作为证明股东资格并对抗第三人的表面证据。第三人有理由相信登记材料的真实性，如果登记存在瑕疵，按照商法公示主义与外观主义原则，第三人仍可认为登记是真实的，并要求登记的股东按照登记的内容对外承担责任。因此，公司登记机关对公司股东的登记或者变更登记，在股东资格认定时具有相对优先的效力，但不具有决定性的效力。

（三）股权转让合同生效与股权转让生效的区别

股权是股东因出资行为而对公司享有的获取经济利益和参与公司经营管理的各项权利的总称。股权转让，则是股东与受让人意思表示一致，依照法律或者公司章程的规定将自己的股权让与受让人，使受让人继受取得股权成为公司股东。股权转让合同的生效，是合同约定对转让人与受让人当事人双方产生法律约束力的问题。有限责任公司股权转让生效的时点问题，涉及对股权转让合同生效、股东名册登记以及工商登记的效力和相互关系的理解。

股权转让合同生效后，转让人所负主要合同义务是交付股权，受让人所负主要合同义务是支付约定的价款。而股权转让则是股权权属在转让人与受让人之间转移，实际是股权的交付行为。股权转让合同生效后，不会自动发生股权转让，还需要经过股权转让合同的实际履行。我国《公司法》第 32 条规定，将有限责任公司股东名册变更登记作为股权变动的公示方式。是否办理公司股东名册变更登记影响受让人对股权的取得，但无论公司股东名册变更还是公司登记机关的变更均不是股权转让合同成立或者生效的要件，对股权转让合同本身的效力没有影响。办理股权权属变更登记，是股权转让合同的履行问题，因一方的原因导致未办理有关变更登记的，对方有权要求其承担违约责任。

因此，当事人之间订立有关转让有限责任公司股权的合同，除法律另有规定或者合同另有约定外，自合同成立时生效；未将受让人记载于股东名册或者未向公司登记机关办理变更登记的，不影响股权转让合同的效力。也即，股权转让合同的生效时间要早于股权变动的生效时间。

（四）有限责任公司股权转让自股东名册记载变更生效

根据我国《公司法》第 32 之规定，有限责任公司应当置备股东名册记载股东的姓名或者名称及住所、股东的出资额、出资证明书编号。记载于股东名册的股东，可以依股东名册主张行使股东权利。故有限责任公司股东名册记载在效力上属于设权登记，即有关事项登记后产生创设权利或者法律关系的效力。有观点认为，根据我国《公司法》相关规定，股东依法转让股权后，公司应当修改股东名册中有关股东及其出资额的记载。而只有在股权转让生效的情形下，才由公司履行相应的股东名册变更记载等义务。因此股权变更的生效应当在股东名册变更之前，股东名册变更是对股权变更结果的一种公示。

对此，我们认为，股东名册登记的设权性质决定了股权转让合同生效并不会使受让人自动取得股权。受让人只有在公司股东名册上记载了自己的姓名或者名称后，才能以股东身份对公司主张行使股东的权利，此时才取得了股权。因此，受让人取得股权是股权转让合同与股东名册变更共同作用的结果，而股东名册的变更是受让人取得股权的标志。《民商审判会议纪要》第 8 条规定，受让人以其姓名或者名称已记载于股东名册为由主张其已经取得股权的，人民法院依法予以支持，但法律、行政法规规定应当办理批准手续生效的股权转让除外。

需要注意的是，虽然《公司法》中明确要求有限责任公司应当置备股东名册，但是目前实践中部分公司管理不规范，存在股东名册形同虚设甚至不设股东名册的情况。针对这一现实情况，考虑到股东名册记载变更的目的归根结底是公司正式认可股权转让的事实，审判实践中可以根据案件实际审理情况，认定股东名册是否变更。在不存在规范股东名册的情况下，有关的公司文件，如公司章程、会议纪要等，只要能证明公司认可受让人为新股东的，都可以产生相应的效力。

（五）股权转让经公司登记机关办理股权变更登记后具备对抗善意相对人的效力

有限责任公司股权转让过程中，还涉及公司登记机关的登记变更环节。有限责任公司股东转让股权时，可能出现股东名册与公司登记机关记载之间不一致的情况，对此公司应当及时办理变更登记，保持股东名册与公司登记机关登记之间的一致性。公司登记机关登记与股东名册记载都属于登记范畴，但两者的效力存在区别：股东名册记载确定股权的归属，变更股东名册记载之后，受让人便可以股东身份参与公司事务，实际享有股权，股权转让生效。而公司登记机关登记是以公司股东名册登记为基础和根据，具有向社会不特定多数人公示的作用。依据我国《公司法》第32条以及相关规定，公司应当将股东的姓名或者名称向公司登记机关登记；登记事项发生变更的，应当办理变更登记。未经变更登记的，不得对抗善意相对人。依据上述规定，有限责任公司股权转让后经公司登记机关变更登记，产生对抗效力。需要注意的是，根据《公司法》相关规定，公司是工商登记的义务人。工商变更登记不是股权转让双方的责任，而是公司的责任。公司是否办理工商登记，既不影响股权转让合同生效，也不影响受让人取得股权。

有学者还将股权变动的效力区分于公司内部登记生效主义与外部登记对抗主义。即就公司内部关系而言，将公司股东名册的变更登记之时视为股权交付、股东身份开始转移之时；就公司外部关系而言，公司登记机关的股权变更登记行为具有对抗第三人的效力。①

综上，以转让方式变动有限责任公司股权的，有限责任公司股权转让合同自签订时生效，附条件的自所附条件成就时生效，公司股东名册变更登记与公司登记机关变更登记不影响股权转让合同本身的效力；股权转让生效时点以股东名册变更为准，法律、行政法规规定应当办理批准手续才能生效的，则以股东名册变更与办理批准手续完成为准；股权变动未经公司登记机关变更登记的，不得对抗善意相对人。

---

① 刘俊海：《现代公司法》，法律出版社2008年版，第321~322页。

▶ 适用指引

一、公司违反股权变更登记义务时对受让人的救济途径

《公司法》第73条虽然规定了公司的三项程序性义务，但没有明确违反该义务时应承担的法律责任。产生的问题就是公司如果没有按照法律规定履行有关义务时，受让人如何救济自己的权利？

股权转让实际是股权转让合同的履行行为。股权转让合同生效后，转让人所负的主要合同义务就是向受让人交付股权，而转让人与受让人股权转移的标志是股东名册变更，故转让人交付股权的义务就具体体现为将股权转让的事实以书面方式通知公司，请求公司办理变更登记手续，并在需要时进行协助配合。而根据《公司法》及《市场主体登记管理条例》的相关规定，有限责任公司股东转让股权的，公司负有将股权转让结果记载于股东名册、修改公司章程、申请变更工商登记的义务。故根据股权转让合同，双方当事人有权要求公司办理股东名册的变更，公司有义务将受让人的姓名或者名称、住所地在股东名册上记载，从而使受让人取得股东资格。如果转让人通知了公司股权转让的事实请求公司办理变更登记手续，而公司怠于或者拒绝履行义务，不履行上述法定义务时，构成不作为侵权，应当承担相应的民事责任。受让人可以公司为被告起诉请求办理相应变更，得到法律救济。法院可以判令公司履行法律规定的义务，排除对股东行使权利的妨碍。根据《公司法规定（三）》第23条规定，当公司未履行签发出资证明书、记载于股东名册并办理工商变更登记的义务的，受让人请求公司履行上述义务的，人民法院应当予以支持。如果受让人因此遭受实际损失的，有权请求公司予以赔偿。

当然，如果股权转让合同的当事人包括受让方的过错，导致公司不知道或者不应当知道股权转让合同生效的事实，由此导致公司未及时变更股东名册、修改公司章程、办理工商变更登记的，公司依然有权推定股东为记载于原有股东名册上的股东。但受让方有权依据生效的股权转让合同请求转让方协助受让方请求公司变更股东名册。股权转让方在股权转让合同生效后接受股利或剩余财产分配的，应当对受让人承担不当得利之债；但转让双方在合同中约定以股

权变动作为划分股利、剩余财产分配权属的时点的，不在此限。①

二、因股权转让行为发生的股权变动与因其他原因发生的股权变动生效时点相互区分

有限责任公司股权转让行为发生股权变动的生效时点，应当与因其他原因发生的股权变动生效时点区分开。例如，司法实践中法院强制执行标的物为有限责任公司股权的情形也很多见，根据《民事诉讼法解释》第491条关于"拍卖成交或者依法定程序裁定以物抵债的，标的物所有权自拍卖成交裁定或者抵债裁定送达买受人或者接受抵债物的债权人时转移"之规定，如果有限责任公司股权被人民法院在执行程序中强制拍卖或者依照法定程序裁定以物抵债，则在拍卖成交裁定书或者抵债裁定送达买受人或者接受抵债物的债权人时，该股权由原股东移转至买受人或者接受抵债物的债权人。

---

① 刘俊海：《现代公司法》，法律出版社2008年版，第322~323页。

第七十四条 有下列情形之一的,对股东会该项决议投反对票的股东可以请求公司按照合理的价格收购其股权:

(一)公司连续五年不向股东分配利润,而公司该五年连续盈利,并且符合本法规定的分配利润条件的;

(二)公司合并、分立、转让主要财产的;

(三)公司章程规定的营业期限届满或者章程规定的其他解散事由出现,股东会会议通过决议修改章程使公司存续的。

自股东会会议决议通过之日起六十日内,股东与公司不能达成股权收购协议的,股东可以自股东会会议决议通过之日起九十日内向人民法院提起诉讼。

▶ 关联规定

法律、行政法规、司法解释

1.《中华人民共和国公司法》

第一百四十二条 公司不得收购本公司股份。但是,有下列情形之一的除外:

(一)减少公司注册资本;

(二)与持有本公司股份的其他公司合并;

(三)将股份用于员工持股计划或者股权激励;

(四)股东因对股东大会作出的公司合并、分立决议持异议,要求公司收购其股份;

(五)将股份用于转换上市公司发行的可转换为股票的公司债券;

(六)上市公司为维护公司价值及股东权益所必需。

公司因前款第(一)项、第(二)项规定的情形收购本公司股份的,应当经股东大会决议;公司因前款第(三)项、第(五)项、第(六)项规定的情形收购本公司股份的,可以依照公司章程的规定或者股东大会的授权,经三分之二以上董事出席的董事会会议决议。

公司依照本条第一款规定收购本公司股份后,属于第(一)项情形的,应当自收购之日起十日内注销;属于第(二)项、第(四)项情形的,应当在六个月内转让或者注销;属于第(三)项、第(五)项、第(六)项情形的,公司合计持有的本公司股份数不得超过本公司已发行股份总额的百分之十,并应当在三年内转让或者注销。

上市公司收购本公司股份的,应当依照《中华人民共和国证券法》的规定履行信息披露义务。上市公司因本条第一款第(三)项、第(五)项、第(六)项规定的情形收购本公司股份的,应当通过公开的集中交易方式进行。

公司不得接受本公司的股票作为质押权的标的。

2.《最高人民法院关于适用〈中华人民共和国公司法〉若干问题的规定(一)》

第三条 原告以公司法第二十二条第二款、第七十四条第二款规定事由,向人民法院提起诉讼时,超过公司法规定期限的,人民法院不予受理。

3.《最高人民法院关于适用〈中华人民共和国公司法〉若干问题的规定(二)》

第五条 人民法院审理解散公司诉讼案件,应当注重调解。当事人协商同意由公司或者股东收购股份,或者以减资等方式使公司存续,且不违反法律、行政法规强制性规定的,人民法院应予支持。当事人不能协商一致使公司存续的,人民法院应当及时判决。

经人民法院调解公司收购原告股份的,公司应当自调解书生效之日起六个月内将股份转让或者注销。股份转让或者注销之前,原告不得以公司收购其股份为由对抗公司债权人。

4.《最高人民法院关于适用〈中华人民共和国公司法〉若干问题的规定(五)》

第五条 人民法院审理涉及有限责任公司股东重大分歧案件时,应当注重调解。当事人协商一致以下列方式解决分歧,且不违反法律、行政法规的强制性规定的,人民法院应予支持:

(一)公司回购部分股东股份;

(二)其他股东受让部分股东股份;

(三)他人受让部分股东股份;

（四）公司减资；

（五）公司分立；

（六）其他能够解决分歧，恢复公司正常经营，避免公司解散的方式。

▶ 条文释义

一、本条主旨

本条是关于有限责任公司异议股东股份回购请求权的规定。

二、条文演变

1993 年通过的《公司法》由于背景的历史局限性，并未对异议股东的股份回购请求权作出规定，反而在第 149 条规定了除为减少资本而注销股份或与持有本公司股票的其他公司合并，公司不得收购本公司的股票，即没有为异议股东股份回购请求权制度的建立留下空间。后来，为了满足实践的需要，在中国证监会颁布的《到境外上市公司章程必备条款》和《上市公司章程指引》中，异议股东股份收买请求权制度初露端倪。例如，《到境外上市公司章程必备条款》第 149 条第 1 款规定，反对公司合并、分立方案的股东，有权要求公司或者同意公司合并、分立方案的股东，以公平价格购买其股份。《上市公司章程指引》（证监〔1997〕16 号，现已失效）第 173 条亦规定："公司合并或者分立时，公司董事会应当采取必要的措施保护反对公司合并或者分立的股东的合法权益。"

在 2005 年《公司法》修订过程中，有些全国人大常委会委员、全国人大代表和有关部门等提出，有些有限责任公司的大股东利用其对公司的控制权，长期不向股东分配利润，也不允许中小股东查阅公司财务状况，权益受到损害的中小股东又无法像股份有限公司股东那样通过转让股份退出公司，从而致使中小股东的利益受到严重损害，因此应当增加保障中小股东知情权和在特定条件下退出公司的规定。后，针对上述问题，增加规定了公司连续 5 年盈利，并符合《公司法》规定的分配利润条件，但不向股东分配利润的，对股东会的该项决议投反对票的股东可要求公司以合理的价格收购其股权。股东与公司不能达成股权收购协议的，股东可向人民法院提起诉讼。因此，2005 年《公司法》

修订时增加了此项制度，这既能保障大多数股东意思自治的权利，又不会损害少数异议股东的最初期待利益，能够更好地保护异议股东的合法权益。

此外，在《公司法》修订过程中，有观点建议将异议股东股份回购请求权的条件确定为"公司连三年不向股东分配利润，而公司该三年连续赢利，并且符合《公司法》规定的分配利润条件的"。但为预防股东频繁退股对公司生存与发展造成风险，最终出台的2005年《公司法》将"三年"改为"五年"。2013年修正《公司法》时，条文序号由原第75条改为第74条，内容未作变动。2018年修正《公司法》时，本条未作修改。

三、条文解读

根据本条规定，在特殊情况下，股东可以请求公司按照合理的价格收购其股权。公司收购股权是股东转让股权的一种特殊方式，但由于收购者是本公司，其性质就不单纯是股权的转让，而是股东撤回投资退出公司的行为。本条是在"资本多数决"的情况下，赋予中小股东或少数股东维护自身权益的救济措施的制度设计。当公司的控股股东或代表多数表决权的股东利用股东会决议的方式，客观上造成"绑架"或"裹挟"其他股东，使其合理期待的利益落空或者蒙受额外风险的威胁时，后者可以利用本条规定的救济措施，实现退出公司的目的。①

（一）异议股东回购请求权的缘起及含义

异议股东回购请求权制度最早见于美国俄亥俄州1851年法律中，产生于契约原则与商业应急的融合。起初仅适用于公司合并时异议股东股份的收买，后逐渐扩张至公司章程修改、营业转让、资产出售等事项。19世纪早期，在公司契约理论下，有关公司结构、财产处分、股东权利及公司章程重大改变的决策均须经公司全体股东同意，这就是"全体一致同意"原则。在此原则下，凡是涉及公司合并、分立、解散、收购和章程的修改等事项，每一个股东都有权反对该提议，并且因为任何一个股东的反对，该提议将不能被通过并生效。这一原则保障了所有股东对公司的期待利益，当公司变更其基本结构或营运政策时，就要平等地赋予每一位股东表决的权利以维护自身的利益。19世纪末，

---

① 参见安建主编：《中华人民共和国公司法释义》，法律出版社2005年版，第113~114页。

美国迎来了经济的高速发展,此时公司的规模不断扩大,股权日益分散。股东人数增加且不断变动,在这样的背景下,公司的行动要获得全体股东的一致同意变得十分困难。"全体一致同意"原则的弊端越来越显现出来,它使公司的决策效率低下,限制了公司的发展。为了使公司经营更加灵活,为多数股东谋求更大利益,法官和立法者意识到公司灵活的必要性,"全体一致同意"原则便由此逐渐被"资本多数决"原则所取代。确立"资本多数决"原则的同时,必然意味着少数股东的意志可能被多数股东的决策所掩埋,为了补偿少数股东所丧失的对公司决议实质意义上的否决权,法律赋予了异议股东股份回购请求权。

异议股东回购请求权,又称中小股东异议估价权、少数股东收买请求权,是指在股东大会就合并、解散、营业让与等公司重大事项进行表决前和表决时,如果股东明确表示了反对意见,而该事项获得决议通过,则该股东有权要求公司以公平价格收买其所持有的公司股份。该制度是保护少数股东最有力、也是最后一道救济程序,其与股东大会决议撤销、无效之诉、公司解散之诉、股东派生诉讼等诉讼救济方式相比节约了成本,因此各国公司法中大都规定了异议股东股份回购请求权制度。

(二)享有回购请求权的主体

本条并未对异议股东的持股比例、持股时间作出规定。根据本条规定,股东应该在相关事项作出决议时享有表决权,如果不享有表决权或者表决权受限,则当然谈不上投反对票的问题。这里的反对票必须是明确地提出反对票,如果仅表明有异议,但未投反对票,而是投赞成票或者弃权票;或者在股东会上投赞成票或者弃权票,嗣后又后悔,提出异议,均不属于异议股东,即主体不适格。

需要注意的是,对于未参加股东会议并投反对票的股东,如果该股东并非因自身过错导致未能参加股东会议,如未被通知参加股东会,自然无法通过投反对票的方式表达异议,如其知道股东会决议后明确持反对意见,则应当认定其享有回购请求权。

(三)异议股东回购请求权的条件

异议股东回购请求权有严格条件限制,即有以下三种情形之一,并且股东会在该股东投反对票的情况下依然作出了有效的决议，该投反对票的股东才可以请求公司按照合理的价格收购其股权。

1. 长期不分红

公司连续 5 年不向股东分配利润，而公司该 5 年连续盈利，并且符合《公司法》规定的分配利润的条件。股东基于投资关系对利润分配具有期待权。在长期不分红的情形下，股东要求分配利润的主张是合法的，但持有公司多数表决权的其他股东却通过股东会决议的形式阻碍了少数异议股东分配利润的要求。按照规定，必须是连续 5 年不分红，股东才能请求公司回购其股权，如果公司的盈利不具有连续性，而是断断续续地累计，股东则不享有此项权利。此外，根据《公司法》第 166 条规定，只有在公司弥补亏损和提取公积金后所余利润，才能向股东分配利润。如果公司不符合分配利润条件，股东也不能享有此项权利。

实践中，不乏控制股东为了压榨中小股东权益，滥用股东权利，长期推行不分红或少分红的政策，使股东追求投资回报的投资目的落空。根据本条规定，如果具备长期不分红的条件，中小股东可以行使异议股东股份回购请求权从而退出公司。

2. 公司合并、分立、转让主要财产

公司合并与分立是实践中常见的公司重组策略，在该情形下，公司的股东情况、股权结构、资产以及负债情况都将发生重大变化，导致公司未来的发展充满不确定性，甚至可能产生风险。而公司转让主要财产也会严重影响公司的发展前景，甚至带来风险，足以从根本上动摇股东对公司的投资预期。何谓公司转让"主要财产"，即主要财产应当如何认定？《上市公司重大资产重组管理办法》第 2 条规定，出售资产或者通过其他方式进行资产交易达到规定的比例，导致上市公司的主营业务、资产、收入发生重大变化的资产交易行为构成重大资产重组。该办法虽然针对的是上市公司，但我们认为，对于有限责任公司转让主要财产也具有参考意义，也即如果有限责任公司转让的主要财产导致公司的主营业务、资产、收入发生重大变化，应该认定为转让主要财产。有学者指出，公司转让主要财产中所指的主要财产包括两个类型：一是从财产价值上看，公司转让的主要财产在公司净资产中所占比例较高，如 30% 以上；二是从用途、效能与重要性来看，公司转让的财产属于公司的核心业务资产。[①]

在公司合并、分立、转让主要财产的情形下，尽管股东会按照资本多数决原则形成了合法的决议，但少数股东反对。因此可见，公司合并、分立、转让主要财产与少数股东的意愿相反，改变了其设立或者加入公司的初衷，改变了其合理利益期待，应允许其退出公司。

3. 公司章程规定的营业期限届满或章程规定的其他解散事由出现，股东会会议通过修改章程使公司存续

根据《公司法》第180条规定，公司章程规定的营业期限届满或者公司章程规定的其他解散事由出现，公司应当解散。同时第181条规定，此种情形下可以通过修改公司章程而存续，有限责任公司须经持有2/3，以上表决权的股东通过即可。因此，章程规定的营业期限届满或章程规定的其他解散事由出现时，公司本应解散并成立清算组对公司财产进行清算，公司最终注销，股东据此得以退出公司。如果持有公司多数表决权的其他股东通过股东会决议修改公司章程决定使公司存续，这显然与股东投资公司的预期不符，面临着更多的经营风险，股东也不能通过清算获得公司的剩余财产并进行分配，因此应允许对决议投反对票的股东退出公司，不能要求少数表决权股东违背意愿被强迫面对公司继续经营的风险。

需要注意的是，长期不分红以及公司转让主要财产、继续延续公司的异议股东回购请求权仅适用于有限责任公司的股东，这是由有限责任公司的股权流通性较弱因素决定的。根据《公司法》第142条规定，对于股份有限公司的股东，只有在对公司合并、分立决议持有异议时才能请求公司回购其股权。当股份有限公司出现上述情形时，股东只能通过股权转让退出公司。

（四）异议股东回购请求权的程序

1. 股东对有关决议持有异议，即投反对票

根据本条规定，在发生法定的异议股东回购请求权的情形下，只要股东在股东会上对有关决议投反对票即可享有回购请求权。

2. 异议股东与公司协商股票的收购价格

至于价格的确定，《公司法》仅规定合理的价格，至于何谓合理的价格，

---

① 刘俊海：《现代公司法》，法律出版社2008年版，第258页。

双方可协商以退股时公司的净资产为准，也可以上一年度的净资产为准等，由双方确定。

3. 收购股权的期限

作为保护中小股东合理利益的救济措施，为实现救济手段的可操作性，本条规定了股东要求公司收购其股权的协议期限，即自股东会会议决议通过之日起60日内。如果双方在该期限内不能达成股权收购协议，则股东有权自股东会决议通过之日90日内向人民法院提起诉讼。需要注意的是，90日为除斥期间，自股东会决议通过之日起算，而非自股东与公司谈判破裂之日起算。

（五）公司收购股东股权后的处理

公司收购异议股东的股份后，由于公司不能持有自己的股份，有限责任公司依据《公司法》第74条的规定收购其股东的股权的，应当依法申请减少注册资本的变更登记。因此，公司应当及时注销进行减资处理。根据《公司法》第142条第3款规定，股份有限公司收购异议股东的股份后，应当在6个月内转让或者注销。参照该规定，如果有限责任公司不减资的，也可以转让。事实上，《公司法（修订草案）》于2021年12月24日向社会公开征求意见时，就在本条增加规定第3款，如果有限责任公司依照本条第1款收购的本公司股权，应当在六个月内依法转让或注销，与第142条规定保持一致。

▶ 适用指引

一、如何确定决议通过之日

决议通过之日为法定期限的起算之日，实践中应当如何确定？需要区分不同的情形：其一，以股东会形式通过决议。此时可能出现两个日期：召开会议通过决议之日和与会人员在决议文件上签名之日。通常情况下，这两个日期是统一的，即与会人员表决通过决议并同时在会议记录等决议文件上签名。但实践中也可能出现两个日期不一致的情况：决议通过时间与参会人员在文件上的署名日期不同，此时应当以会议通过决议的日期为准，作为期限的起算日。除非公司无法证明会议通过决议的时间，并因此与股东所认定的"在文件上签章的日期"有争议，则认定股东在决议上签章之日为决议通过之日。其二，传签书面文件通过决议。此时，最后一个应当参加表决的股东在传签的决议上签章的日期，为该决议通过之日。简言之，决议通过的日期可以分为两种情形进行确定：其一，以召开股东会会议形式进行表决的情形，此时，法定比例的股东表决同意提案之日即是决议通过之日；其二，传签书面文件通过决议的情形，此时，最后一个应当参加表决的股东在传签的文件上签章的日期，为该决议通过日期。

二、请求公司收购股权之诉超过法定期限应当如何处理

对于超过本条规定的90日期间提起诉讼的，法院应如何处理？对此，有人主张裁定不予受理或驳回起诉，也有人认为应在实体上以权利消灭为由，判决驳回诉讼请求。从本条规定来看，确实并不能很好地明确，超过"90日"的法定期间，会导致什么样的后果，当事人会丧失什么样的权利，继而也不容易断定此法定期间的性质。

为减少争议，《公司法规定（一）》第3条规定："原告以公司法第二十二条第二款、第七十四条第二款规定事由，向人民法院提起诉讼时，超过公司法规定期限的，人民法院不予受理。"因此，如果原告提起公司收购股权之诉超过90日的法定期限，人民法院不予受理。此时股东丧失的是诉权，其丧失的是进入到诉讼程序的权利，而不是胜诉权利的消灭，也不是实体权利的消灭。可见，此处的期限并不是诉讼时效。至于除斥期间，虽然其自身不能"中止、中断、延长"，但它可以通过性质转换，从而达到权利生存期限的"再生"。例如，债权人在保证期间内主张权利，开始起算保证债务的诉讼时效，但这里的法定期间显然不具有该种性质。因此，不能将此期限视为除斥期间。因此，它既区别于诉讼时效，也不同于除斥期间，为了反映其具有的这种起诉唯一性的特征，应当被称为商法上特殊的起诉期限。

异议股东回购股份请求权之诉法定期间的起算之日比较明确，"决议通过之日"为请求公司收购股权之诉90日期限的开始。《公司法》将决议生效这一客观事实作为法定期限的起算日期，而并不对股东知道与否或应当知道与否的主观状态进行考量。

人民法院在审查起诉阶段无须对当事人是否知道或应当知道决议的通过日期、起诉期间有没有中止、中断或者延长事由等事实因素进行审查和认定，更无须通过原、被告间的抗辩来确认期间是否已经经过，因此，当事人在进入诉

讼程序前即可确定是否超过 90 日的法定期限。这不但易于当事人确定股东起诉时是否超过了《公司法》规定的期限，也方便人民法院作出接受起诉或者裁定不予受理的选择。

请求公司收购股权之诉意味着：异议股东采取向人民法院提起诉讼的方式已经不能实现其退出公司的目的，异议股东只能通过协商等其他自力救济的办法寻求权利的保护。可见，一旦法定期间届满，股东就丧失了通过诉讼途径保护其利益的权利。

为了在已有法律框架下尽可能地保护中小股东的利益，在出现当事人对会议通过决议的时间或者股东在决议上签章的时间有争议，但根据双方提供的证据无法确定期间起算日期的情形时，人民法院应当推定股东的起诉没有超过法定期间，并予以受理。

三、除了本条规定的三种情形，公司能否回购股份

公司原则上不得收购本公司股份，因为根据公司法上的人格独立原则，公司以其全部财产对公司债务承担责任。如果允许公司以自身的财产收购并持有本公司股份，势必会减少公司责任财产的范围，同时也给公司非诚信股东借此手段抽逃出资创造了机会。如《公司法》第 142 条规定，股份有限公司不得收购本公司股份。《公司法》第 74 条、第 142 条为中小股东在公司受控股股东操纵时为了维护自己的利益而退出公司提供了法律上的保障，但适用条件比较严格，仅规定了公司收购本公司股份的几种特殊情形，如果不符合条件，原告股东不能申请公司收购自己的股份。

那么是否意味着，对于有限责任公司，只有出现本条规定的三种情形，公司才能回购股东的股份呢？我们认为，答案是否定。在公司僵局的情形下，根据《公司法规定（二）》第 5 条规定，人民法院在审理解散公司诉讼案件时，当事人协商同意由公司收购股份，或者以减资的方式使公司存续，人民法院应予支持。也即，在公司解散诉讼中，如果经过法院的调解，当事人能够通过转让或者减资达成股份收购协议，公司可以收购股东的股权。此外，根据《公司法规定（五）》第 5 条规定，如果有限责任公司的股东出现重大分歧，公司也可以回购股东股份。

如果公司章程明确约定公司回购条款，只要不违反《公司法》等法律强制性规定，可认定为有效。具体可参考下文的最高人民法院指导案例 96 号。

《公司法》 | 第三章 有限责任公司的股权转让 | 第七十四条

指导案例

指导案例96号：宋某某诉西安市大华餐饮有限公司股东资格确认纠纷案

关键词：民事　股东资格确认　初始章程　股权转让限制　回购

裁判要点：国有企业改制为有限责任公司，其初始章程对股权转让进行了限制，明确约定了公司回购条款，只要不违反公司法等法律强制性规定，可认定为有效。有限责任公司按照初始章程约定，支付合理对价回购股东股权，且通过转让给其他股东等方式进行合理处置的，人民法院应予支持。

相关法条：《公司法》第11条、第25条第2款、第35条、第74条

基本案情：西安市大华餐饮有限责任公司（以下简称大华公司）成立于1990年4月5日。2004年5月，大华公司由国有企业改制为有限责任公司，宋某某系大华公司员工，出资2万元成为大华公司的自然人股东。大华公司章程第三章"注册资本和股份"第十四条规定"公司股权不向公司以外的任何团体和个人出售、转让。公司改制一年后，经董事会批准后可在公司内部赠予、转让和继承。持股人死亡或退休经董事会批准后方可继承、转让或由企业收购，持股人若辞职、调离或被辞退、解除劳动合同的，人走股留，所持股份由企业收购……"，第十三章"股东认为需要规定的其他事项"下第六十六条规定"本章程由全体股东共同认可，自公司设立之日起生效"。该公司章程经大华公司全体股东签名通过。2006年6月3日，宋某某向公司提出解除劳动合同，并申请退出其所持有的公司的2万元股份。2006年8月28日，经大华公司法定代表人赵某某同意，宋某某领到退出股金款2万元整。2007年1月8日，大华公司召开2006年度股东大会，大会应到股东107人，实到股东104人，代表股权占公司股份总数的93%，会议审议通过了宋某某、王某某、杭某某三位股东退股的申请并决议"其股金暂由公司收购保管，不得参与红利分配"。后宋某某以大华公司的回购行为违反法律规定，未履行法定程序且公司法规定股东不得抽逃出资等，请求依法确认其具有大华公司的股东资格。

裁判结果：西安市碑林区人民法院于2014年6月10日作出（2014）碑民初字第01339号民事判决，判令：驳回原告宋某某要求确认其具有被告西安市大华餐饮有限责任公司股东资格之诉讼请求。一审宣判后，宋某某提出上

诉。西安市中级人民法院于2014年10月10日作出了（2014）西中民四终字第00277号民事判决书，驳回上诉，维持原判。终审宣判后，宋某某仍不服，向陕西省高级人民法院申请再审。陕西省高级人民法院于2015年3月25日作出（2014）陕民二申字第00215号民事裁定，驳回宋某某的再审申请。

裁判理由： 法院生效裁判认为：通过听取再审申请人宋某某的再审申请理由及被申请人大华公司的答辩意见，本案的焦点问题如下：1. 大华公司的公司章程中关于"人走股留"的规定，是否违反了《公司法》的禁止性规定，该章程是否有效；2. 大华公司回购宋某某股权是否违反《公司法》的相关规定，大华公司是否构成抽逃出资。

针对第一个焦点问题，首先，大华公司章程第十四条规定，"公司股权不向公司以外的任何团体和个人出售、转让。公司改制一年后，经董事会批准后可以在公司内部赠与、转让和继承。持股人死亡或退休经董事会批准后方可继承、转让或由企业收购，持股人若辞职、调离或被辞退、解除劳动合同的，人走股留，所持股份由企业收购"。依照《公司法》第二十五条第二款"股东应当在公司章程上签名、盖章"的规定，有限公司章程系公司设立时全体股东一致同意并对公司及全体股东产生约束力的规则性文件，宋某某在公司章程上签名的行为，应视为其对前述规定的认可和同意，该章程对大华公司及宋某某均产生约束力。其次，基于有限责任公司封闭性和人合性的特点，由公司章程对公司股东转让股权作出某些限制性规定，系公司自治的体现。在本案中，大华公司进行企业改制时，宋某某之所以成为大华公司的股东，其原因在于宋某某与大华公司具有劳动合同关系，如果宋某某与大华公司没有建立劳动关系，宋某某则没有成为大华公司股东的可能性。同理，大华公司章程将是否与公司具有劳动合同关系作为取得股东身份的依据继而作出"人走股留"的规定，符合有限责任公司封闭性和人合性的特点，亦系公司自治原则的体现，不违反公司法的禁止性规定。再次，大华公司章程第十四条关于股权转让的规定，属于对股东转让股权的限制性规定而非禁止性规定，宋某某依法转让股权的权利没有被公司章程所禁止，大华公司章程不存在侵害宋某某股权转让权利的情形。综上，本案一、二审法院均认定大华公司章程不违反《公司法》的禁止性规定、应为有效的结论正确，宋某某的这一再审申请理由不能成立。

针对第二个焦点问题，《公司法》第七十四条所规定的异议股东回购请求权具有法定的行使条件，即只有在"公司连续五年不向股东分配利润，而公司该五年连续盈利，并且符合本法规定的分配利润条件的；公司合并、分立、转让主要财产的；公司章程规定的营业期限届满或者章程规定的其他解散事由出现，股东会会议通过决议修改章程使公司存续的"三种情形下，异议股东有权要求公司回购其股权，对应的是公司是否应当履行回购异议股东股权的法定义务。而本案属于大华公司是否有权基于公司章程的约定及与宋某某的合意而回购宋某某股权，对应的是大华公司是否具有回购宋某某股权的权利，二者性质不同，《公司法》第七十四条不能适用于本案。在本案中，宋某某于2006年6月3日向大华公司提出解除劳动合同申请并于同日手书《退股申请》，提出"本人要求全额退股，年终盈利与亏损与我无关"，该《退股申请》应视为其真实意思表示。大华公司于2006年8月28日退还其全额股金款2万元，并于2007年1月8日召开股东大会审议通过了宋某某等三位股东的退股申请，大华公司基于宋某某的退股申请，依照公司章程的规定回购宋某某的股权，程序并无不当。另外，《公司法》所规定的抽逃出资专指公司股东抽逃其对于公司出资的行为，公司不能构成抽逃出资的主体，宋某某的这一再审申请理由不能成立。综上，裁定驳回再审申请人宋某某的再审申请。

▶ 典型案例

袁某某与长江置业（湖南）发展有限公司请求公司收购股份纠纷案

关键词：异议股东　回购

裁判摘要：根据《公司法》第74条规定，对股东会决议转让公司主要财产投反对票的股东有权请求公司以合理价格回购其股权。非因自身过错未能参加股东会的股东，虽未对股东会决议投反对票，但对公司转让主要财产明确提出反对意见的，其请求公司以公平价格收购其股权，法院应予支持。

基本案情：长江置业（湖南）发展有限公司（以下简称长江置业公司）申请再审称，原判决适用《公司法》第74条规定认定袁某某有权行使股份回购权，适用法律错误。最高人民法院认为：关于袁某某是否有权请求长江置业公司回购股权的问题。2010年3月5日，长江置业公司形成股东会决议，明确由沈某、钟某某、袁某某三位股东共同主持工作，确认全部财务收支、经营活动和开支、对外经济行为必须通过申报并经全体股东共同联合批签才可执行，对重大资产转让要求以股东决议批准方式执行。但是，根据长江置业公司与袁某某的往来函件，在实行联合审批办公制度之后，长江置业公司对案涉二期资产进行了销售，该资产转让从定价到转让，均未取得股东袁某某的同意，也未通知其参加股东会。根据《公司法》第74条之规定，对股东会决议转让公司主要财产投反对票的股东有权请求公司以合理价格回购其股权。本案从形式上看，袁某某未参加股东会，未通过投反对票的方式表达对股东会决议的异议。但是，《公司法》第74条的立法精神在于保护异议股东的合法权益，之所以对投反对票作出规定，意在要求异议股将反对意见向其他股东明示。本案中袁某某未被通知参加股东会，无从了解股东会决议，并针对股东会决议投反对票。袁某某在2010年8月19日申请召开临时股东会时，明确表示反对二期资产转让，要求立即停止转让上述资产，长江置业公司驳回了袁某某的申请，并继续对二期资产进行转让，已经侵犯了袁某某的股东权益。因此，二审法院依照《公司法》第74条之规定，认定袁某某有权请求长江置业公司以公平价格收购其股权，并无不当。

　　同时，长江置业公司《公司章程》中规定，股东权利受到公司侵犯，股东可书面请求公司限期停止侵权活动，并补偿因被侵权导致的经济损失。如公司经法院或公司登记机关证实：公司未在所要求的期限内终止侵权活动，被侵权的股东可根据自己的意愿退股，其所拥有的股份由其他股东协议摊派或按持股比例由其他股东认购。本案中，长江置业公司在没有通知袁某某参与股东会的情况下，于2010年5月31日作出股东会决议，取消了袁某某的一切经费开支，长江置业公司和其股东会没有保障袁某某作为股东应享有的决策权和知情权，侵犯了袁某某的股东权益，符合长江置业公司《公司章程》所约定的"股东权利受到公司侵犯"的情形。因此，袁某某有权根据《公司章程》的规定，请求公司以回购股权的方式让其退出公司。

　　从本案实际处理效果看，长江置业公司股东之间因利益纠纷产生数次诉讼，有限公司人合性已不复存在，通过让股东袁某某退出公司的方式，有利于尽快解决公司股东之间的矛盾和冲突，从而保障公司利益和各股东利益。如果长江置业公司有证据证明袁某某存在侵占公司资产的行为，可以另行主张。综上，袁某某请求长江置业公司收购其20%股权的行为符合《公司法》和长江置业公司《公司章程》的规定。

《公司法》 | 第三章 有限责任公司的股权转让 | 第七十四条

【案　　号】（2014）民申字第2154号
【审理法院】最高人民法院
【来　　源】《最高人民法院公报》（2016年第1期）

第七十五条 自然人股东死亡后,其合法继承人可以继承股东资格;但是,公司章程另有规定的除外。

关联规定

一、法律、行政法规、司法解释

1.《中华人民共和国民法典》

第一千一百二十一条第一款 继承从被继承人死亡时开始。

第一千一百二十二条 遗产是自然人死亡时遗留的个人合法财产。

依照法律规定或者根据其性质不得继承的遗产,不得继承。

第一千一百二十七条 遗产按照下列顺序继承:

(一)第一顺序:配偶、子女、父母;

(二)第二顺序:兄弟姐妹、祖父母、外祖父母。

继承开始后,由第一顺序继承人继承,第二顺序继承人不继承;没有第一顺序继承人继承的,由第二顺序继承人继承。

本编所称子女,包括婚生子女、非婚生子女、养子女和有扶养关系的继子女。

本编所称父母,包括生父母、养父母和有扶养关系的继父母。

2.《最高人民法院关于适用〈中华人民共和国公司法〉若干问题的规定(四)》

第十六条 有限责任公司的自然人股东因继承发生变化时,其他股东主张依据公司法第七十一条第三款规定行使优先购买权的,人民法院不予支持,但公司章程另有规定或者全体股东另有约定的除外。

3.《最高人民法院关于适用〈中华人民共和国民法典〉继承编的解释(一)》

第一条 继承从被继承人生理死亡或者被宣告死亡时开始。

宣告死亡的,根据民法典第四十八条规定确定的死亡日期,为继承开始的时间。

二、部门规章及规范性文件

《国家工商行政管理总局关于未成年人能否成为公司股东问题的答复》

广东省工商行政管理总局：

你局《关于未成年人是否具备公司股东资格问题的请示》（粤工商企字〔2006〕247号）收悉。经请示全国人大常委会法制工作委员会同意，现答复如下：《公司法》对未成年人能否成为公司股东没有作出限制性规定。因此，未成年人可以成为公司股东，其股东权利可以由法定代理人代为行使。

二〇〇七年六月二十五日

▶ 条文释义

一、本条主旨

本条是关于股东资格继承的规定。

二、条文演变

2005年修订前的《公司法》并未就股东资格继承问题进行规定，导致实践中有关纠纷不好解决。我国学界的一般观点是继承人可以直接通过行使继承权取得股东资格，但公司章程另有规定的除外。此外，从继承法的一般原理来看，被继承人也可以通过遗嘱的方式排除继承人继承股东资格的权利。2005年修订后的《公司法》规定了股东资格，增加规定了本条内容。2013年修正《公司法》时条文序号由原第76条修改为第75条，内容未作修改。2018年《公司法》修正时，本条未作修改。

三、条文解读

遗产继承是财产转让的合法形式之一。根据原《继承法》的规定，遗产是公民死亡时所遗留的个人合法财产。而股权就其本质属性来说，既包括股东的财产权，也包括基于财产权产生的身份权（即股东资格），该身份权体现为股东可以就公司的事务行使表决权等有关参与公司决策的权利。就股权所具有的财产权属性而言，其作为遗产被继承是符合我国现行法律规定的。而股东资格的继承问题,则有必要在《公司法》中作出规定。本条规定提供了股权继承的一般原则,即自然人股东的合法继承人可以继承股东资格,但同时也允许公司章程作出其他安排。

自然人股东的合法继承人可以继承股东资格。这样规定是考虑到股东身份(即股东资格)是基于股东的财产权而产生的。一般来说,其身份权应当随其财产权一同转让;同时,也考虑到被继承人作为公司的股东,对公司曾作出过贡献,其死后如无遗嘱另作安排,由其法定继承人继承其股东资格具有合理性,也符合我国传统。

允许公司章程另行规定股东资格继承办法,主要是考虑到有限责任公司具有人合性,股东之间的合作是基于相互间的信任。而自然人股东死亡后,其继承人毕竟已不是原股东本人,股权实质上发生了转让。在此情况下,其他股东对原股东的信任并不能自然转变为对继承人的信任,因此其他股东不一定愿意与继承人合作,由此可能导致股东之间的纠纷,甚至形成公司僵局。为此,从实际出发,应当允许章程规定股东认为切实可行的办法,解决股东资格继承问题。比如,公司章程可以规定,当股东不同意某人继承已死亡的股东的资格时,可以采用股权转让的办法处理股权继承问题等。

从我国目前公司实践来看,有关继承权的纠纷呈上升趋势。为避免纠纷,股东在制定章程时应充分考虑股权的继承问题,事先约定继承办法。应当注意,公司章程只能限制继承人继承股东资格,不得违反《民法典》继承编的基本原则剥夺继承人获得与股权价值相适应的财产对价的权利。公司章程对股东资格继承的限制,也只能以合理为标准。这种合理,应当体现为公司利益、其他股东利益、已死亡股东生前的意愿及其继承人的利益之间的协调与平衡。至于公司章程中未约定继承办法的,应当按照本条规定的一般原则由继承人继承死亡股东的股东资格。

▶ 适用指引

一、无民事行为能力人、限制民事行为能力人能否继承股东资格的问题

无民事行为能力人和限制民事行为能力人能否成为有限责任公司股东,学

界有不同的理解。有观点认为，应当以公司设立时和公司存续中两个阶段来分别界定。自然人作为设立公司时的股东必须具备民事行为能力。[1] 在这阶段，股东实际上担任着公司发起人的职责，这些职责明显与无民事行为能力人或限制民事行为能力人的年龄、智力不相适应，所以不宜由这些自然人担任公司设立阶段的股东。[2] 而有限责任公司设立后，股东不必再承担发起职责，也可以不实际参与公司管理，所以对股东的行为能力要求可以降低。尽管这样的观点有一定的道理，但是对此问题，国家工商行政管理总局2007年在对广东省工商行政管理局作出的《关于未成年人能否成为公司股东问题的答复》中载明："经请示全国人大常委会法制工作委员会同意，现答复如下：《公司法》对未成年人能否成为公司股东没有作出限制性规定。因此，未成年人可以成为公司股东，其股东权利可以由法定代理人代为行使。"

我们赞同上述答复意见。继承行为不是民事法律行为，而是事实行为，只要被继承人死亡的事实发生，就产生继承问题，与继承人的行为能力无关。我国《民法典》继承编并未对继承人的行为能力提出要求。既然《公司法》第75条规定继承人可以继承股东身份，那么，取得股东身份的人，可以是完全民事行为能力人，也可以是无民事行为能力人或者限制民事行为能力人。继承人如果是无民事行为能力人或者限制民事行为能力人，其股权可以由其法定代理人代为行使。当然，股东共益权的行使以股东具有完全民事行为能力为前提，但是共益权的享有与共益权的行使是性质不同的两个问题，继承人虽然不具有完全民行为能力，但是取得股东资格后，完全可以由其法定代理人行使共益权。

二、股东资格继承后公司只有一个股东或者人数超过50人时的处理

有限责任公司中不少是家族性质的公司，有些公司的股东可能仅为夫妻二人。如果夫妻二人同时死亡，继承人又只有一人的，或者公司仅有的两个股东中一个股东死亡而继承人就是另一股东时，都会导致公司股东变成一人。此时，原先的普通有限责任公司将变成一人有限责任公司。我们认为，在发生股东资格继承时如果将导致公司股东只有一人，法院在因股东资格继承提起的诉

---

[1] 甘培忠：《企业与公司法学》（第7版），北京大学出版社2014年版，第163页。
[2] 施天涛：《公司法论》，法律出版社2005年版，第277页。

讼中可以确认继承人的股东资格,但同时应在裁判文书中向公司和股东释明及时将部分或全部股权转出以符合有限责任公司股东人数的要求,或者释明及时办理公司形态变更,将普通有限责任公司变更为一人有限责任公司。

各继承人均取得股东资格后,如果将导致有限责任公司的人数超过50人的,此时该如何处理。我国《公司法》第24条规定,"有限责任公司由五十个以下股东出资设立",在股东资格继承时不得使有限责任公司股东人数超过50人。如果因继承将导致股东人数超过50人,在操作上:首先,应当引导各继承人协商由部分继承人继承股东资格,未继承股东资格的其他继承人的其他股权(投资)收益不受影响;其次,各继承人协商后未达成协议的,应当引导公司将公司形态变更为股份有限公司,从而避免受有限责任公司股东50名股东人数上限的限制;最后,各继承人协商不成且公司不愿变更组织形态的,不得同时确认各继承人的股东资格。

三、公司章程中的"另行规定"是否当然有效

《公司法》第75条第1句规定,自然人股东死亡后继承人继承股东资格。这是股东资格继承的一般原则。但是第2句规定,公司章程可以另行作出规定。对带有"另有规定"之表述的法条而言,立法者实际上是将《公司法》的规定变为当事人意思空白情形下的一种补充,在适用法的顺位上,改变了公司章程与《公司法》的关系,将公司章程置于优先适用的地位。然而这并非意味着当事人的"另有规定"可以恣意妄为。因为这种"另有规定"授权下所制定的章程内容应当获得法律上或一般社会观念上的肯定性评价。① 换言之,公司章程所作出的不同于《公司法》的规定,并非均被当然认可,其有效性还有进一步探讨的余地。

如前所述,正如立法者所解读的,即便公司章程要限制继承权,一是要以合理为标准,这种合理,应当体现为公司利益、其他股东利益、已死亡股东生前的意愿及其继承人利益之间的协调和平衡;二是该限制只能限制继承人继承股东的资格,而不得违反继承法的基本原则剥夺继承人获得与股权价值相适应的财产对价的权利。

因此,在股东资格继承上如果公司章程作出不同于《公司法》第75条的

---

① 钱玉林:《公司章程"另有规定"检讨》,载《法学研究》2009年第2期。

规定，那么应注意几下几点：一是该章程规定的形成时间。理论上，就公司章程区分为初始章程（即公司设立时经全体股东一致同意制定的章程）和后续的章程修正案。有观点认为，初始章程因经过了全体股东一致同意而当然有效，而后续章程修正案往往是经"资本多数决"形成，故其效力有待被检验和审查。我们认为，股东资格继承并不会对该股权利益本身造成实质性影响。在公司章程（哪怕是经资本多数决形成的章程修正案）已作出"另行规定"的情况下，表明对股东资格继承的不同规定已有较为深厚的公司内部民意基础，所以这种情况下，不宜笼统地以作出的"另行规定"系章程修正案授权为由对其不予认定。但是，如果该章程修正案是在股东死亡后才形成，即在作出修正案时死亡的股东已无机会表达意见，对此时形成的章程修正案的公平性及其效力则需谨慎对待。在公司或其他股东未提出充足理由的情况下，对这种突击式修改形成的章程内容，不宜认定。二是该章程规定是否平等对待所有股东。虽然在有限责任公司中对股东平等有一些特殊规定，但是股东平等原则应是公司法的基本原则。比如，《公司法》第34条规定，公司在分取红利或者增资时股东可以约定不按照出资比例分取红利或认缴出资。但此处对股东权利限制是以"全体股东约定"即股东一致同意（尤其是被限制权利的股东表示同意）为前提。否则，相应权利在股东间必须平等享有。在股东资格继承场合，如果章程系针对一部分股东甚至某位股东在继承方面作出限制，那么原则上，除非被限制的股东同意，否则不能轻易认为章程内容发生效力。

此外，如果是股权的"全体约定"，该股东的"全体约定"应是死亡股东在死亡前股东之间作出的约定，死亡后其他股东的一致约定并不代表全体股东，应不足以排除股东资格可以继承。

四、自然人股东因继承发生变化时其他股东是否可以主张行使优先购买权

《公司法规定（四）》第16条规定："有限责任公司的自然人股东因继承发生变化时，其他股东主张依据公司法第七十一条第三款规定行使优先购买权的，人民法院不予支持，但公司章程另有规定或者全体股东另有约定的除外。"据此，因继承而发生股东资格或股权变动时，其他股东不享有同意权和优先购买权，但是公司章程另有规定或者全体股东另有约定的除外。对于公司章程另有规定的适用上文已有介绍。《公司法规定（四）》第16条还明确规定"全体股东另有约定"时可以对股东资格继承作出另行处理。这是因为考虑到目前有限责任公司这种企业形态的实践中,投资者(股东)的章程意识并不强烈。就此,一个明显的表现就是有些公司的章程均原文摘抄《公司法》的条文,而未结合自身经营事业的特点和投资者(股东)的特点"私人定制"公司自己的章程条款。在很多公司中,股东也并不知道章程的意义、作用和法律效果,在公司事务上较多采用股东约定的形式来处理公司事务。对此,我们认为,对目前我国有限责任公司实践的上述现实应当予以考虑。

相应地,股东间采取约定并以全体同意的方式就股东资格继承作出不同规定的,相当于股东全体一致同意通过了关于该项事务的章程。即使其在形式上并未通过章程形式表现出来,也不因此影响该内容对全体股东的约束力。当然,如同对前一问题的分析理由,我们认为,该股东的"全体约定"应是死亡股东在死亡前股东之间作出的约定,死亡后其他股东的一致约定并不代表全体股东,应不足以排除股东资格可以继承。

五、特定身份的股东资格继承问题

《公务员法》第 59 条规定:"公务员应当遵纪守法,不得有下列行为:……(十六)违反有关规定从事或者参与营利性活动,在企业或者其他营利性组织中兼任职务。"根据上述规定,公务员被禁止从事或者参与营利性活动。因此,公务员不得继承股权成为公司的股东。有限责任公司的股东死亡后,其继承人如果是公务员,继承人可以依法继承的是与该股东所拥有的股权相对应的财产权益,不能继承股东资格或者股东地位。

▶ 类案检索

启东市建都房地产开发有限公司与周某 1 股东资格确认纠纷案

关键词: 股东资格　继承　章程另有规定

裁判摘要: 根据《公司法》规定,自然人股东死亡后,其合法继承人可以继承股东资格;但是,公司章程另有规定的除外。根据该条规定,《公司法》赋予了自然人股东的继承人继承股东资格的权利,但是同时亦允许公司章程对死亡股东的股权处理方式另行作出安排。因此,判断本案中周某 1 是否有权继承股东资格，关键在于解读建都公司章程有无对股东资格继承问题作出例外规定。

建都公司章程曾规定自然人股东死亡后，其合法继承人可以继承股东资格，但后删除了股东资格允许继承的条款，同时章程增加规定对正常到龄退休、长病、长休、死亡的股东，应及时办理股权转让手续。周某2去世前，对于前述章程的修订，其作为法定代表人均有参与且签字确认。公司章程作为公司的自治规则，是公司组织与活动最基本、最重要的准则，对全体股东均具有约束力。

正确理解章程条款，应在文义解释的基础上，综合考虑章程体系、制定背景以及实施情况等因素加以分析。首先，建都公司章程中删除了继承人可以继承股东资格的条款，且明确规定股东不得向股东以外的人转让股权，可以反映出建都公司具有高度的人合性和封闭性特征。其次，周某2去世前，公司章程对死亡股东股权的处理已经作出规定，虽然未明确死亡股东的股东资格不能继承，但结合该条所反映的建都公司高度人合性和封闭性的特征，以及死亡股东应及时办理股权转让手续的表述，可以认定排除股东资格继承是章程的真实意思表示。最后，周某2去世之前，股东郁某某、曹某某在离职时均将股权进行了转让，不再是建都公司的在册股东，建都公司亦根据章程规定支付了持股期间的股权回报款。该事例亦进一步印证了股东离开公司后按照章程规定不再享有股东资格的实践情况。因此，综观建都公司章程的演变，并结合建都公司对离职退股的实践处理方式，本案应当认定公司章程已经排除了股东资格的继承。

在排除股东资格继承后，标的股权如何处理属于公司治理事项，不影响本案股东资格的判断。建都公司作为有限责任公司、具有独立的法人人格和治理结构，案涉股权排除继承后，究竟是由公司回购还是由其他股东受让，均可通过公司自治实现。这两种方式均有利于打破公司僵局，维持公司的人合性和封闭性，体现公司意志，保护股东权益。此外，周某1虽无权继承股东资格，但其财产权利可以得到保障。建都公司将周某新的股权退股及持股收益支付给周某2的继承人。

【案　　号】（2018）最高法民终88号
【审理法院】最高人民法院

第四章 股份有限公司的设立和组织机构

第一节 设 立

第七十六条 设立股份有限公司,应当具备下列条件:

(一)发起人符合法定人数;

(二)有符合公司章程规定的全体发起人认购的股本总额或者募集的实收股本总额;

(三)股份发行、筹办事项符合法律规定;

(四)发起人制订公司章程,采用募集方式设立的经创立大会通过;

(五)有公司名称,建立符合股份有限公司要求的组织机构;

(六)有公司住所。

关联规定

法律、行政法规、司法解释

1.《中华人民共和国民法典》

第五十八条 法人应当依法成立。

法人应当有自己的名称、组织机构、住所、财产或者经费。法人成立的具体条件和程序,依照法律、行政法规的规定。

设立法人,法律、行政法规规定须经有关机关批准的,依照其规定。

第六十三条 法人以其主要办事机构所在地为住所。依法需要办理法人登记的,应当将主要办事机构所在地登记为住所。

2.《中华人民共和国公司法》

第二十三条 设立有限责任公司,应当具备下列条件:

(一)股东符合法定人数;

（二）有符合公司章程规定的全体股东认缴的出资额；

（三）股东共同制定公司章程；

（四）有公司名称，建立符合有限责任公司要求的组织机构；

（五）有公司住所。

第七十八条 设立股份有限公司，应当有二人以上二百人以下为发起人，其中须有半数以上的发起人在中国境内有住所。

第八十条 股份有限公司采取发起设立方式设立的，注册资本为在公司登记机关登记的全体发起人认购的股本总额。在发起人认购的股份缴足前，不得向他人募集股份。

股份有限公司采取募集方式设立的，注册资本为在公司登记机关登记的实收股本总额。

法律、行政法规以及国务院决定对股份有限公司注册资本实缴、注册资本最低限额另有规定的，从其规定。

第八十一条 股份有限公司章程应当载明下列事项：

（一）公司名称和住所；

（二）公司经营范围；

（三）公司设立方式；

（四）公司股份总数、每股金额和注册资本；

（五）发起人的姓名或者名称、认购的股份数、出资方式和出资时间；

（六）董事会的组成、职权和议事规则；

（七）公司法定代表人；

（八）监事会的组成、职权和议事规则；

（九）公司利润分配办法；

（十）公司的解散事由与清算办法；

（十一）公司的通知和公告办法；

（十二）股东大会会议认为需要规定的其他事项。

3.《中华人民共和国市场主体登记管理条例》

第八条 市场主体的一般登记事项包括：

（一）名称；

（二）主体类型；

（三）经营范围；

（四）住所或者主要经营场所；

（五）注册资本或者出资额；

（六）法定代表人、执行事务合伙人或者负责人姓名。

除前款规定外，还应当根据市场主体类型登记下列事项：

（一）有限责任公司股东、股份有限公司发起人、非公司企业法人出资人的姓名或者名称；

（二）个人独资企业的投资人姓名及居所；

（三）合伙企业的合伙人名称或者姓名、住所、承担责任方式；

（四）个体工商户的经营者姓名、住所、经营场所；

（五）法律、行政法规规定的其他事项。

第十条 市场主体只能登记一个名称，经登记的市场主体名称受法律保护。

市场主体名称由申请人依法自主申报。

第十一条 市场主体只能登记一个住所或者主要经营场所。

电子商务平台内的自然人经营者可以根据国家有关规定，将电子商务平台提供的网络经营场所作为经营场所。

省、自治区、直辖市人民政府可以根据有关法律、行政法规的规定和本地区实际情况，自行或者授权下级人民政府对住所或者主要经营场所作出更加便利市场主体从事经营活动的具体规定。

4.《企业名称登记管理规定》

第五条 企业名称应当使用规范汉字。民族自治地方的企业名称可以同时使用本民族自治地方通用的民族文字。

第六条 企业名称由行政区划名称、字号、行业或者经营特点、组织形式组成。跨省、自治区、直辖市经营的企业，其名称可以不含行政区划名称；跨行业综合经营的企业，其名称可以不含行业或者经营特点。

第八条 企业名称中的字号应当由两个以上汉字组成。县级以上地方行政区划名称、行业或者经营特点不得作为字号，另有含义的除外。

5.《最高人民法院关于适用〈中华人民共和国公司法〉若干问题的规定（三）》

第一条 为设立公司而签署公司章程、向公司认购出资或者股份并履行公司设立职责的人，应当认定为公司的发起人，包括有限责任公司设立时的股东。

▶ 条文释义

一、本条主旨

本条是关于股份有限公司设立条件的规定。

二、条文演变

1993年通过的《公司法》第73条规定:"设立股份有限公司,应当具备下列条件:(一)发起人符合法定人数;(二)发起人认缴和社会公开募集的股本达到法定资产最低限额;(三)股份发行、筹办事项符合法律规定;(四)发起人制订公司章程,并经创立大会通过;(五)有公司名称,建立符合股份有限公司要求的组织机构;(六)有固定的生产经营场所和必要的生产经营条件。"2005年《公司法》修订时,将该条的条文序号变为第77条,同时将第6项规定为有公司住所。2013年《公司法》修正时,不仅条文序号改为第76条,内容上也将股份有限公司设立条件中第2项的"发起人认购和募集的股本达到法定资本最低限额"修改为"有符合章程规定的全体发起人认购的股本总额或者募集的实收股本总额"。同时,2013年《公司法》修正时还取消了第81条有关股份有限公司的法定注册资本的最低限额为人民币500万元的规定。2012年10月25日,国务院常务会议部署推进公司注册资本登记制度改革,降低创业成本,激发社会投资活力。会议明确了改革的主要内容:放宽注册资本登记条件。除法律、法规另有规定外,取消有限责任公司最低注册资本3万元、一人有限责任公司最低注册资本10万元、股份有限公司最低注册资本500万元的限制;不再限制公司设立时股东(发起人)的首次出资比例和缴足出资的期限。

为对公司资本与登记制度的改革成果进行立法确认,2013年《公司法》修正时取消了股份有限公司法定资本最低限额。在公司设立阶段取消法定资本最低限额意义重大,成为我国公司资本市场改革的重大举措。放松资本管制,并将营业监管从主体设立时剥离出去,有利于降低股份有限责任公司注册门槛,从法律的角度上来说,0元也可注册公司。当然,在现实中,这种0元注册的可能性几乎是不存在的,创办和经营公司仅仅有注册资本远远不够,还需要公司运作成本、经营场所等。

2018年修正《公司法》时，本条未作修改。

三、条文解读

设立股份有限公司，应当具备六个法定条件：

第一，发起人符合法定人数。发起人是指依法筹办创立股份有限公司事务的人。股份有限公司不可能凭空自己出现，它的设立需要有一定的人来具体操作。当某些人有设立股份有限公司的意愿时，这些人首先应当进行协商，并在达成一致意见后，依法着手筹办创立股份有限公司需要办理的各种事务。《公司法》第78条规定，设立股份有限公司，应当有2人以上200人以下为发起人。也就是说，本条规定的发起人符合法定人数，是指发起人应当在2人以上200人以下。发起人少于2人，或者超过200人，都不得设立股份有限公司。

第二，有符合公司章程规定的全体发起人认购的股本总额或者募集的实收股本总额。2013年修正《公司法》彻底废除了注册资本的法定最低限额，2005年《公司法》第81条第3款规定了股份有限公司的法定注册资本的最低限额为人民币500万元，从而规定公司注册资本为在公司章程登记的全体股东认缴的出资额或者全体发起人认购的股本总额。

换言之，在废除法定注册资本最低限额的情况下，公司的注册资本完全由股东或者发起人自行决定，排除了法律干预的强制性因素。对于设立股份有限公司到底需要多少资本是由当事人自主决定还是由法律进行强行干预？很显然，法律不应采取强行限制的政策。当然，废除注册资本最低限额要求，不是说不要注册资本，而是说投入多少资本由投资者和企业自己决定。这是一个投资者自由、企业自主、市场自律的问题。通俗地讲，市场的归市场、政府的归政府。政府不能滥用其公共权力，干涉本应属于投资者和企业自主决定的事务。需要注意的是，2013年修正《公司法》时放弃了对注册资本最低限额的管制，但该规定仅针对的是从事普通业务的商事公司，并不包括从事特殊业务的公司在内。对于从事特殊业务的公司，如从事金融业务以及其他须经特别许可业务的机构，法律并未放弃管制，法律对此类公司的注册资本仍然设有最低限额。这是因为，这类公司或者机构所从事的业务一般涉及社会公众利益、自然资源统筹调配或者国家公共安全，因而需要对之施加必要的市场准入管制。①

第三，股份发行、筹办事项符合法律规定。发起人为了设立股份有限公司而发行股份时，以及在进行其他的筹办事项时，都必须符合法律规定的条件和程序，不得有所违反。例如，向社会公开募集股份，应当依法报国务院证券监督管理机构核准，并公告招股说明书、认股书；应当同依法设立的证券公司签订承销协议，通过证券公司承销其发行的股份；应当在法定的期限内召开创立大会，依法决定有关事项；应当在法定的期限内依法向公司登记机关申请设立登记；等等。

第四，发起人制定公司章程，采用募集方式设立的经创立大会通过。股份有限公司的章程，是指记载有关公司组织和行动基本规则的文件。对于公司来讲，章程是最为重要的自治规则，是对公司的存在与发展有着不可替代的重要意义的纲领性文件。根据本条的要求，章程应当由股份有限公司的全体发起人来共同制定，以使章程能反映全体投资者的意志。《公司法》第11条规定，设立公司必须依法制定公司章程。由于筹办创立股份有限公司事务的人是发起人，所以，在设立股份有限公司的过程中，公司章程应当由发起人制订。对于以发起设立方式设立的股份有限公司，由于是由发起人认购公司应发行的全部股份而设立公司，所以全体发起人共同制订的公司章程，就对全体发起人也就是全体股东有约束力，无须再以其他形式确认其效力。对于以募集设立方式设立的股份有限公司，由于除发起人以外，还有其他认股人参与，所以，发起人制订的公司章程，还应当经有其他认股人参加的创立大会，以出席会议的认股人所持表决权的半数以上通过，方为有效。

第五，有公司名称，建立符合股份有限公司要求的组织机构。公司名称，是指本公司与其他公司、企业相区别的文字符号。公司名称代表了一个特定的公司，是一家公司区别于其他公司的主要特征。没有公司名称，该公司就无法参与经济活动，也无法受到法律保护。公司名称是公司作为独立民商事主体的重要标志，是公司在从事民商事行为时为表明不同于他人特征而使用的名称，具有唯一性、特定性和排他性的特点。公司名称的意义主要有三：（1）公司的名称是公司成为独立民事主体的重要标志之一，是法人人格的表现。（2）公司的名称也是法人人格特定化的标志，公司可以其名称区别于其他民事主体。

---

① 施天涛：《公司资本制度改革：解读与辨析》，载《清华法学》2014年第5期。

（3）公司的名称也是公司商誉的主要组成部分，是一种无形资产。根据《保护工业产权巴黎公约》的规定，公司的名称是工业产权保护的对象之一。

公司名称的构成和使用，必须遵守法律、法规的规定，并符合规范化要求。我国对公司名称实行预先核准制度，设立中公司的名称，也应当满足公司名称的特点和构成要件。《企业名称登记管理规定》第11条规定："企业名称不得有下列情形：（一）损害国家尊严或者利益；（二）损害社会公共利益或者妨碍社会公共秩序；（三）使用或者变相使用政党、党政军机关、群团组织名称及其简称、特定称谓和部队番号；（四）使用外国国家（地区）、国际组织名称及其通用简称、特定称谓；（五）含有淫秽、色情、赌博、迷信、恐怖、暴力的内容；（六）含有民族、种族、宗教、性别歧视的内容；（七）违背公序良俗或者可能有其他不良影响；（八）可能使公众受骗或者产生误解；（九）法律、行政法规以及国家规定禁止的其他情形。"第17条规定："在同一企业登记机关，申请人拟定的企业名称中的字号不得与下列同行业或者不使用行业、经营特点表述的企业名称中的字号相同：（一）已经登记或者在保留期内的企业名称，有投资关系的除外；（二）已经注销或者变更登记未满1年的原企业名称，有投资关系或者受让企业名称的除外；（三）被撤销设立登记或者被撤销变更登记未满1年的原企业名称，有投资关系的除外。"因此，设立股份有限公司时应当申请公司名称预先核准，不得违反规定，并且应当依照《公司法》的规定，在其名称中标明股份有限公司或者股份公司字样。

建立符合股份有限公司要求的组织机构，是指公司必须依照《公司法》第四章第二节、第三节、第四节的规定，建立股东大会、董事会、监事会，并依法行使其职权。

第六，有公司住所。《民法典》第63条规定，法人以其主要办事机构所在地为住所。因此，公司住所是指公司主要办事机构所在地。公司要进行生产经营活动，就必然与他人产生各种关系。设立股份有限公司，应当确定公司主要办事机构的地点，便于他人与公司联系，也为了保证有关机构对公司的监管，保障投资者和债权人的合法权益。从法律上来看，公司住所具有以下几个方面的意义：一是作为法律文书的送达处所；二是作为诉讼管辖的根据；三是在一定意义上是公司享有权利和履行义务的法定场所。

第七十七条 股份有限公司的设立，可以采取发起设立或者募集设立的方式。

发起设立，是指由发起人认购公司应发行的全部股份而设立公司。

募集设立，是指由发起人认购公司应发行股份的一部分，其余股份向社会公开募集或者向特定对象募集而设立公司。

▶ 关联规定

法律、行政法规、司法解释

1.《中华人民共和国公司法》

第八十条 股份有限公司采取发起设立方式设立的，注册资本为在公司登记机关登记的全体发起人认购的股本总额。在发起人认购的股份缴足前，不得向他人募集股份。

股份有限公司采取募集方式设立的，注册资本为在公司登记机关登记的实收股本总额。

法律、行政法规以及国务院决定对股份有限公司注册资本实缴、注册资本最低限额另有规定的，从其规定。

第八十三条 以发起设立方式设立股份有限公司的，发起人应当书面认足公司章程规定其认购的股份，并按照公司章程规定缴纳出资。以非货币财产出资的，应当依法办理其财产权的转移手续。

发起人不依照前款规定缴纳出资的，应当按照发起人协议承担违约责任。

发起人认足公司章程规定的出资后，应当选举董事会和监事会，由董事会向公司登记机关报送公司章程以及法律、行政法规规定的其他文件，申请设立登记。

第八十四条 以募集设立方式设立股份有限公司的，发起人认购的股份不得少于公司股份总数的百分之三十五；但是，法律、行政法规另有规定的，从其规定。

2.《中华人民共和国证券法》

第九条 公开发行证券，必须符合法律、行政法规规定的条件，并依法报经国务院证券监督管理机构或者国务院授权的部门注册。未经依法注册，任何单位和个人不得公开发行证券。证券发行注册制的具体范围、实施步骤，由国务院规定。

有下列情形之一的，为公开发行：

（一）向不特定对象发行证券；

（二）向特定对象发行证券累计超过二百人，但依法实施员工持股计划的员工人数不计算在内；

（三）法律、行政法规规定的其他发行行为。

非公开发行证券，不得采用广告、公开劝诱和变相公开方式。

▶ 条文释义

一、本条主旨

本条是关于股份有限公司的设立方式的规定。

二、条文演变

1993年通过的《公司法》第74条规定："股份有限公司的设立，可以采取发起设立或者募集设立的方式。发起设立，是指由发起人认购公司应发行的全部股份而设立公司。募集设立，是指由发起人认购公司应发行股份的一部分，其余部分向社会公开募集而设立公司。"《公司法》2005年修订时，在保留股份有限公司公开募集设立方式的同时，增加了定向募集设立方式，规定"或者向特定对象募集而设立公司"之规定，确认了向特定对象募集而设立公司的合法性。也就是说，募集设立包括所谓的公募与私募两种形式，公募即是由发起人认购公司应发行股份的一部分，其余股份向社会公开募集而设立公司，私募则是发起人认购公司应发行股份的一部分，其余股份向特定对象募集而设立公司。私募是募集设立形式的一种，应当遵守募集设立的相关规定。为了拓宽投资渠道，方便公司设立，适应投资者选择不同投资方式的需求，鼓励投资创业，2005年《公司法》作了该修订。2013年修正《公司法》时，条文序号由原第 78 条改为第 77 条，内容未作修改。2018 年修正《公司法》时，本条未作修改。

三、条文解读

股份有限公司是资合性公司，其资本的来源，可以有两种方式：一是全部由发起人缴纳；二是由发起人缴纳一部分，其余部分通过募集而来。本条对这两种方式都作了规定，即发起人在设立股份有限公司时，可以根据发起人及公司的具体情况，决定在设立之时是否向以发起人以外的人发行股份。根据股份有限公司在设立时是否向发起人以外的人发行股份，本条将股份有限公司的设立，分为发起设立和募集设立两种。

（一）发起设立

1. 概念以及意义

发起设立，是指由发起人认购公司发行的全部股份而设立公司的方式。发起设立可以适用于任何类型公司的设立，有限责任公司只能采取发起设立方式。以发起设立的方式设立股份有限公司的，在设立时其股份全部由该公司的发起人认购，而不向发起人之外的任何人发行股份。由于没有向社会公众公开募集股份，所以，以发起设立方式设立的股份有限公司，在其发行新股之前，其全部股份都由发起人持有，公司的全部股东都是设立公司的发起人。

一般而言，采取发起设立方式，是由于各个发起人的资金比较雄厚或者公司的资本总额不需要太高，在创立公司时，不需向社会公众募集资金，凭借发起人的资金就构成公司的资本总额。在这种情形下，发起人采取发起设立方式设立公司可以有效缩短公司设立的时间，减少公司设立的费用，增加公司设立的稳定性。发起设立的方式仅适合规模不大的公司，如果所需股本较大，发起人又难以认购公司应发行的全部股份，则不宜采取此种设立方式。因此，以发起设立的方式设立股份有限公司比较简便，只要发起人认足了股份就可以向公司登记机关申请设立登记，但它要求各个发起人有比较雄厚的资金，即仅发起人就能够认购公司应发行的全部股份。

2. 法律限制

对于以发起设立方式设立的股份有限公司，发起人所认购的股份是否必须在公司成立时足额缴纳的问题。根据我国《公司法》第 80 条规定，发起人只需要认购即可，不需要实缴。

（二）募集设立

1. 概念及意义

募集设立，是指发起人认购公司发行股份的一部分，其余股份向社会公开募集或者向特定对象募集而设立公司。由于有限责任公司的人合性强，资本具有封闭性，其设立方式均为发起设立。所以，募集设立方式仅适用于股份有限公司和股份两合公司，我国由于没有股份两合公司，故只有股份有限公司可以采用这种设立方式。发起人采取募集设立方式设立公司，是希望通过向社会公众或者特定对象发行股份而募集更多的资金，从而使公司能够具有更多的资本。公司向社会公众或者特定对象募集股份，其结果是凡持有股份的人都是公司的股东。所以，募集设立的公司的股东，除发起人外还有认股人，即投资者。具体来说，其他投资者包括两种情况：一是广大的社会公众。发起人向不特定对象募集股份，即我们通常所说的公募设立。公募设立，即由发起人认购公司应发行股份的一部分，其余股份向社会公开募集而设立股份有限公司。根据《证券法》第9条规定，向不特定对象发行证券，以及向特定对象发行证券累计超过200人，但依法实施员工持股计划的员工人数不计算在内，均属于公开发行。公募设立与私募设立相对应。二是发起人向特定对象募集股份。发起人不向社会公众募集股份，而是在一定范围内向特定对象募集股份，即我们通常所说的私募。私募设立又称定向募集设立，是股份有限公司设立方式的一种，指的是由发起人认购公司应发行股份的一部分，其余股份向特定对象募集而设立股份有限公司。如向特定对象发行证券累计未超过200人，私募的对象以机构投资者居多，比如现在流行的天使投资和风险投资，在一定程度上可以认为是《公司法》中的向特定对象募集设立股份有限公司。

公募设立由于涉及广大社会公众的利益，因而有条件苛刻、程序复杂、费用高昂、风险较大等弊端，而私募设立则具有发行手续简单、发行周期短和费用少等优势。但私募设立由于投资者数量有限、流通性较差，有不利于提高发行人的社会信誉等不足之处。

募集设立公司方式具有发起设立无法比拟的优越性，设立规模较大的股份有限公司，单凭发起人的经济实力可能难以实现。以募集设立方式设立股份有限公司，发起人只需投入部分资金，发起人认购的股份不得少于股份总数的

35%，而且，以募集方式设立股份有限公司的，也不要求一次缴纳全部股款。因此，可以通过发行股份的方式充分吸收社会闲散资金，在短期内筹集设立公司所需要的巨额资本，从而使公司能够迅速聚集到较大的资本额，缓解发起人的出资压力，便于公司成立。但是，由于募集设立涉及发起人以外的人，所以法律对募集设立规定了较为严格的程序，以保护广大投资者的利益，保证正常的经济秩序。根据《公司法》第80条规定，募集设立股份有限公司的，注册资本为实收资本。此外，由于股权的高度分散，不利于实现发起人对公司的控制权，同时由于认股人的相对不确定，给公司资本的筹集带来许多不稳定因素，因此，需要对认股人的认股和股款缴纳行为予以规制。

2. **法律限制**

募集设立虽然具有非常大的优越性，但采取这种方式也存在弊端：一是这种方式须对外募集股份，还需召开创立大会，在审批程序上也较发起设立复杂，而且还可能受到国家金融政策等方面的制约。一般而言，对外募集程序为：发起人先认股、发布和公告招股说明书，制作认股书。公开募集设立程序为：由证券公司和证券公司签订成交协议（保护投资者权益）；银行签收款协议；由证监会审批；公开募股；召开创立大会；由公司的董事办理登记。二是由于股权的高度分散，不利于实现发起人对公司的控制权。三是因为募集设立向社会公开发行股票，又往往是溢价发行，从而形成公司的创设利润，因此有发起人为了这份利润而借设立公司之名，行骗取钱财之实的情况。

针对以上弊端，许多国家和地区的公司法都采取了一定的措施予以限制。比较常见的方式是对采取募集方式设立公司时发起人认购的股份应占公司所发行股份总数的比例作出限制性规定。根据《公司法》第84条规定，发起人认购的股份不得少于股份总数的35%。这既可以在一定程度上防止发起人逃避出资或只认购名义股份，遏制完全凭借他人的资本来开办公司而自己不承担财产责任的投机行为，又可以达到保持一定比例的股份由社会公众认购，从而保持股份有限公司的公众性的目的。

▶ 适用指引

股份有限公司通过募集方式发行股份，认股人认购股份，应当按照股份发行时确定的期限缴纳其所认购的全部股款，期限届满仍未缴纳的，构成违约。

公司发起人通知该认股人在合理期限内缴纳股款，该认股人于催告期满仍未缴纳的，视为其放弃认股权，认股合同解除。发起人可以就该认股人于催告期满仍未缴纳股款的股份，另行进行募集。

认股人未按期缴纳其所认购股份的股款，包括未缴纳和延期缴纳两种情形，认股人未缴纳或者延期股款，既违反认股合同约定的义务，也违反法定出资义务，给公司造成损失的，无论是基于违约责任还是侵权责任，公司均有权请求该认股人承担赔偿责任。此处，认股人未缴纳或延期缴纳股款给公司造成的损失，应当界定为公司因此造成的实际损失。如公司因另行募集发生的额外费用、因设立延误造成的损失等，而不应限于认股人未按期缴纳的股款范围。

> **第七十八条** 设立股份有限公司，应当有二人以上二百人以下为发起人，其中须有半数以上的发起人在中国境内有住所。

▶ 关联规定

法律、行政法规、司法解释

《最高人民法院关于适用〈中华人民共和国公司法〉若干问题的规定（三）》

第一条 为设立公司而签署公司章程、向公司认购出资或者股份并履行公司设立职责的人，应当认定为公司的发起人，包括有限责任公司设立时的股东。

▶ 条文释义

一、本条主旨

本条是关于股份有限公司发起人的人数及其资格的规定。

二、条文演变

1993年通过的《公司法》第75条规定："设立股份有限公司，应当有五人以上为发起人，其中须有过半数的发起人在中国境内有住所。国有企业改建为股份有限公司的，发起人可以少于五人，但应当采取募集设立方式。"2005年《公司法》修订时，将发起人由5人降至2人，考虑到《公司法》作为商事法，应当以当事人意思自治为主，所以将发起人最低数额的要求降低为2人，便于股东发起设立股份有限公司。同时增设了发起人的上限要求。1993年《公司法》中对于股份有限公司的发起人，只要求在5人以上，而未设上限。实际上，发起人如果过多，容易造成一定的混乱，妨碍设立的完成，或者由于募集设立股份有限公司的条件较发起设立更严格，实践中有投资者为了规避法律，利用发起设立对发起人人数上限没有限制的规定，行名为发起设立、实为募集设立之实，或者通过设立公司达到非法集资的目的。为了防止这种规避法律现象的发生，2005年《公司法》修订时，规定发起人人数不得超过200人。同时将发起人境内有住所由"过半数"修改为"半数以上"。此外，还取消了国有企业独家发起设立股份公司的条款。2013年修正《公司法》时，条文序号由原第79条改为第78条，内容未作修改。2018年修正《公司法》时，本条未作修改。

三、条文解读

（一）发起人的界定

《公司法》虽然采用了"发起人"的表述，但并未对发起人予以界定。《公司法规定（三）》第1条对"发起人"进行了界定，规定了为设立公司而签署公司章程、向公司认购出资或者股份并履行公司设立职责的人为公司的发起人。据此，发起人的法律特征主要有以下三点。

1. 发起人是为设立公司而签署公司章程的人

公司章程是由设立公司的股东制定并对公司、股东、公司经营管理人员具有约束力的、调整公司内部组织关系和经营行为的自治规则。公司章程的制定包括起草、讨论、协商、签署等多个环节，其中"起草""讨论""协商"等环节的参与者对公司章程的通过没有决定效力，只有公司章程的签署人，才能对公司章程的制定和通过具有实质性影响。因此，只有公司章程的签署人才是公司的发起人。

2. 发起人是向公司认购出资或者股份的人

根据《公司法》第80条第1款的规定，股份有限公司采取发起设立方式设立的，注册资本为在公司登记机关登记的全体发起人认购的股本总额。认购，是指股份有限公司股东认购股本的行为。认购股份与实际缴纳股款不同，购股人只要作出了认购行为，无论其是否已经实际缴纳出资，均可认定为公司发起人。

3. 发起人是履行公司设立职责的人

公司设立职责，是指发起人基于其发起人身份，依照法律的规定和合同的约定而应该享有的权利、应该负有的义务和应该承担的责任。履行公司设立职责，并非要求发起人实际参与、实际经办筹办事务。发起人可以授权其他发起人代表自己为实际的具体行为，不论发起人是否参与具体的筹办事务，都需要对公司设立事务承担责任。

为设立公司"签署公司章程""向公司认购出资或者股份""履行公设立职责"，构成了公司发起人同时具有的三个法律特征。同时，这三个特征也可以视为公司发起人的三个法定条件。股份有限公司发起人，是指依法订立设立公司协议、提出设立公司申请、认购公司股份、签署公司章程，并对公司设立承担法定责任者。

发起人应首先认股而成为设立中公司的原始构成人员，此为发起人的义务。具体说，也就是依《公司法》规定，当公司采取发起设立时，发起人须认足第一次应发行的股份；反之，当公司采取募股设立时，须认定第一次应发行股份的一定比例以上。因为，这一方面是全体发起人的共同义务，另一方面也为各发起人的个人义务。

发起人在公司设立阶段的各种法律关系中处于核心地位，涉及相关的权利、义务和责任。对发起人进行界定，一方面有助于明确发起人的法定人数，另一方面有助于追究公司发起人的法律责任。

（二）发起人的法定人数

根据本条规定，在我国设立股份有限公司，发起人人数的最低人数是2人，最高人数是200人。因此，公司无论采取发起设立还是募集设立，发起人至少须有2人，此为法定最低人数的要求。由此可见，我国目前并不承认一人股份有限公司。不过2021年12月向社会公开征求意见的《公司法（修订草案）》则承认一人股份有限公司，一个自然人或者一个法人可以以发起设立的方式成立一人股份有限公司。

（三）发起人的资格

发起人的资格，是指《公司法》对发起人的行为能力、身份、国籍、住所等所作的规定。公司发起人是筹办公司设立事务的人，并且须对公司设立行为承担责任。需要指出的是，作为自然人的发起人，必须是完全民事行为能力人，无民事行为能力以及限制民事行为能力不得作为股份有限公司的发起人。

本条规定了发起人的人数，但并未限制发起人必须是自然人还是法人、是中国人还是外国人，所以，无论自然人还是法人、中国人还是外国人，均有资格作为设立股份有限公司的发起人。同时，虽然中国人和外国人都可以作为发起人，但发起人必须有半数以上的人在中国境内有住所。作出此规定原因有三：一是由于发起人不以本国人为限，外国人或华侨也可成为发起人，规定半数以上须为本国人，是为防止公司被外国人操纵；二是能够使发起人确实负责任，经常执行设立中公司的事务，以免徒有其名；三是以便于有一定数量的人能够具体办理设立股份有限公司的各种手续，也便于国家对发起人进行监督管理，防止发起人利用设立股份有限公司来损害广大社会公众的利益。

发起人在中国境内有住所，就中国公民而言，是指公民以其户籍所在地为居住地或者其经常居住地在中国境内；就外国公民而言，是指其经常居住地在中国境内；就法人而言，是指其主要办事机构所在地在中国境内。因此，发起人是否在中国境内有住所，要视其经常居住地或者主要办事机构所在地是否在中国境内。

> 第七十九条　股份有限公司发起人承担公司筹办事务。
> 发起人应当签订发起人协议，明确各自在公司设立过程中的权利和义务。

▶ 条文释义

一、本条主旨

本条是关于发起人义务的规定。

二、条文演变

1993年通过的《公司法》第76条规定："股份有限公司的发起人，必须按照本法规定认购其应认购的股份，并承担公司筹办事务。"由于设立股份有限公司的发起人为多人，每个发起人在公司设立过程中各自认购的股份数、分工、各自的权利义务等，都需要明确。否则，可能导致股份有限公司无法设立或者产生各种纠纷。为了使股份有限公司顺利设立，并预防纠纷的发生，2005年《公司法》修订时，在原条文的基础上，增加了一款作为本条第2款，规定公司发起人应当签订发起人协议，明确各自在公司设立过程中的权利和义务。同时，删除发起人"必须按照本法规定认购其应认购的股份"的规定。2013年修正《公司法》时，条文序号由原第80条改为第79条，内容上未作修改。2018年修正《公司法》时，本条未作修改。

三、条文解读

（一）发起人承担公司筹办事务

股份有限公司的最终设立有赖于发起人对设立股份有限公司事务的筹办，否则股份有限公司不可能成立。发起人必须承担公司筹办事务，如制定公司章程、依法向国务院证券监督管理机构申请核准公开发行股份、依法选举董事会和监事会、依法公告招股说明书、制作认股书、与证券公司签订承销协议、与银行签订代收股款协议、依法召开公司创立大会，申请设立登记等。

（二）签订发起人协议

发起人协议又称公司设立协议，是指在公司设立过程中，由发起人订立的关于公司设立事项的协议。实践中，股份有限公司的发起人在设立过程中的权利与义务容易发生争议。为了避免争议发生，同时使股份有限公司的设立过程能够顺利完成，通过发起人之间签订发起人协议，规定如发起人认购的股份数量、发起人的出资方式、出资违约责任承担以及公司设立失败时的责任承担，有助于明确各自在设立过程中的权利和义务关系。当发起人对设立过程中的权利和义务产生争议时，应当以发起人协议为依据来解决争议。

▶ 适用指引

一、发起人协议与公司章程的关系

发起人协议在性质上属于合伙协议。公司章程，是指公司必须具备的由发起人设立公司的投资者制定的，并对公司、股东、公司经营管理人员具有约束力的，调整公司内部组织关系和经营行为的自治规则。在我国，学术界和实务界的通说认为公司章程是公司自治性质的根本规则。公司章程是发起设立公司的投资者就公司的重要事务及公司的组织和活动作出的具有规范性的长期安排，这种安排体现了很强的自治性。违反公司章程，表现为对内部自治规则的违反，当然应当承担相应的责任。

设立协议与公司章程之间存在着密切联系。例如，公司名称、注册资本、经营范围、股东构成、出资形式等事项，不仅是公司章程的绝对必要记载事项，而且也是设立协议的主要内容。有的发起人协议不仅通过约定上述内容调整协议各方在设立过程中的权利义务、协调各发起人的设立行为，甚至还约定了诸如未来公司的组织机构、股份转让、增资、减资、合并、分立、终止等事项。而且，在实务中，在订立有设立协议的场合，往往是以发起人协议为基础制定公司章程，发起人协议的基本内容通常都为公司章程所吸收。

公司章程与发起人协议尽管目标一致、关系密切，但是两者毕竟在性质和功能方面不同，主要表现出以下三个方面差异。

第一，是否必备文件不同。在我国，除采取有限责任公司形态的外商投资企业之外，《公司法》并没有将公司设立协议规定为有限责任公司设立环节必备的法律文件。因此，对于通常的有限责任公司，公司设立协议是任意性文件；而公司章程是必备性文件，任何公司成立都必须以提交章程为法定要件。需要注意的是，《公司法》规定股份有限公司发起人应当签订发起人协议，该规定具有强制性。

第二，是否要式文件不同。设立协议是不要式法律文件，作为当事人之间的合同，主要根据当事人的意思表示形成，其内容更多地体现了当事人的意志和要求，需要遵守合同法的一般规则；而公司章程则是要式法律文件，公司章程自治是以不违反法律、行政法规为前提的。公司章程必须依据《公司法》制定，是公司登记必须报送的文件之一，要经过有关政府部门必要的形式审查甚至实质审查，因此，公司章程的自治性是相对的。

第三，法律效力不同。从效力的范围来看，由合同协议的相对性决定，发起人协议由全体发起人签订，调整的是发起人之间的关系，因而只在发起人之间具有法律约束力；而公司章程调整的则是所有股东之间、股东与公司之间、公司的管理机构与公司之间的法律关系，其中包括制定公司章程的原始股东和章程制定后加入公司的新股东，都受章程的约束。从效力的期间来看，设立协议调整的是公司设立过程中的法律关系和法律行为，而公司章程的效力则及于公司成立后的整个存续过程。

二、公司成立后设立协议的效力

公司的设立过程就是履行设立协议的过程，公司的成立就是履行设立协议的结果，并标志着公司设立过程的结束和设立协议的终止。公司成立时，设立协议可能已经全部履行，但也可能是部分履行。有些条款，特别是关于公司成立之后的法律事项，如有关公司合并、分立、解散、清算等事项的约定尚不可能履行。但由于这些事项作为公司组织自身的法律关系已经转换为公司法规范的对象，或称为公司章程规定的内容，因而设立协议中未履行的条款也同样终止。

需要指出的是，如果对于相同的法律事项，设立协议与公司章程有不同的规定，无疑设立协议应该让位于公司章程，自然失效。如果设立协议中有公司章程未涉及但又属于公司存续或解散之后可能会遇到的事项，相应的条款可继续有效，但效力只应限于签约的发起人。

设立协议的终止也不意味着其不再具有任何法律意义，如同其他已经终止的合同一样，对合同有效期内发生的涉及签约当事人利益的问题，该协议仍是处理相关争议的基本依据。只是需要明确，这种争议应是公司设立期间而不是公司成立后的行为所发生的争议，争议所涉及的利益应是签约发起人的个别利益，而不是公司的整体利益。

▶ 类案检索

钟某某与黄某某、卢某某及第三人广州市位拉服装有限公司公司设立纠纷案

关键词：发起人协议　责任承担

裁判摘要：关于《股东合作章程》的性质以及本案的定性问题。本案基础法律关系的载体是《股东合作章程》，该协议的文本内容体现出了混合合同的性质，既涉及发起设立公司的相关事项，又包含了关于合作代理销售V-PULL品牌的相关条款，且钟某某在一审、二审中的陈述与主张也印证了以成立公司的方式进行合作经营是当事人的真实意愿。因此，钟某某有权依据发起设立公司的法律关系主张权利，一审法院将钟某某定性为公司发起人并无不当，但一审法院将本案案由定为发起人责任纠纷存在错误。发起人责任具有特定的适用范围，在公司设立失败的情况下，其主要涉及发起人的"对外"责任：一是对设立行为所产生的债务和费用负连带责任；二是对股份公司在募集设立时的认股人负返还股款及支付利息的连带责任。本案中，钟某某本身就是发起人，而并非股份公司中的认购人，其与发起人黄某某或其他公司设立参与人之间的纠纷属于公司设立纠纷，故将案由纠正为公司设立纠纷。

关于钟某某是否有权请求卢某某返还51万元并支付利息的问题。虽然发起人是指为设立公司而签署公司章程、向公司认购出资或者股份并履行公司设立职责的人，但公司设立行为的范畴更广，其包括资金筹集、营业筹备、场地及设备购置等一系列组建工作，其中不仅牵涉旨在未来成为股东的发起人，也包括一些无须成为股东的公司设立参与人，这些参与公司设立行为的主体之间

具有一定的合伙关系，一般通过签订书面的发起协议体现各当事人之间的权利义务关系，但合同关系的成立依据不限于书面形式，还包括口头、当事人行为或特定事实情形，因此，参与公司设立行为的主体之间可能在书面协议之外的事实上形成各种合作、协助、保护义务与职责。本案中，当事人签订《股东合作章程》旨在设立公司，该协议具有发起协议的性质，其列明的发起人为钟某某与黄某某。但事实上，卢某某也深度参与了公司发起设立的全过程。该协议约定了公司设立过程中发起人需借用由卢某某作为法人代表的法迪莱公司的账户，但在实际操作中，卢某某则指示钟某某直接将用于设立公司的出资款汇入其个人账户，后又与黄某某一同在未经钟某某同意的情况下擅自改变该钱款用途，另作其他处分。结合卢某某曾在钟某某与黄某某签订的《汇款授权书》上签署日期、卢某某能够实际直接支配钟某某的出资款、卢某某持有第三份《股东合作章程》、卢某某主动安排钟某某与黄某某进行合作等一系列事实情况，卢某某已经实际参与了钟某某与黄某某的公司筹备工作，对公司设立进程及最终设立失败产生了关键性的实质影响，且其与黄某某在主观和行动上表现出协同共谋的情况。综上，卢某某在事实上承担了妥善保管和协助使用钟某某的出资款的义务，其已经进入了钟某某与黄某某之间关于公司发起设立的法律关系之中，并成为其中的实际当事人，故在公司设立失败且《股东合作章程》被解除后，卢某某应当与黄某某一并向钟某某退回已汇入卢某某个人账户的出资款。

【案　　号】（2019）桂民终416号
【审理法院】广西壮族自治区高级人民法院

> **第八十条** 股份有限公司采取发起设立方式设立的，注册资本为在公司登记机关登记的全体发起人认购的股本总额。在发起人认购的股份缴足前，不得向他人募集股份。
>
> 股份有限公司采取募集方式设立的，注册资本为在公司登记机关登记的实收股本总额。
>
> 法律、行政法规以及国务院决定对股份有限公司注册资本实缴、注册资本最低限额另有规定的，从其规定。

关联规定

法律、行政法规、司法解释

1.《中华人民共和国公司法》

第二十六条 有限责任公司的注册资本为在公司登记机关登记的全体股东认缴的出资额。

法律、行政法规以及国务院决定对有限责任公司注册资本实缴、注册资本最低限额另有规定的，从其规定。

第八十三条 以发起设立方式设立股份有限公司的，发起人应当书面认足公司章程规定其认购的股份，并按照公司章程规定缴纳出资。以非货币财产出资的，应当依法办理其财产权的转移手续。

发起人不依照前款规定缴纳出资的，应当按照发起人协议承担违约责任。

发起人认足公司章程规定的出资后，应当选举董事会和监事会，由董事会向公司登记机关报送公司章程以及法律、行政法规规定的其他文件，申请设立登记。

第八十四条 以募集设立方式设立股份有限公司的，发起人认购的股份不得少于公司股份总数的百分之三十五；但是，法律、行政法规另有规定的，从其规定。

2.《中华人民共和国证券法》

第一百二十一条 证券公司经营本法第一百二十条第一款第（一）项至第（三）项业务的，注册资本最低限额为人民币五千万元；经营第（四）项至第（八）项业务之一的，注册资本最低限额为人民币一亿元；经营第（四）项至第（八）项业务中两项以上的，注册资本最低限额为人民币五亿元。证券公司的注册资本应当是实缴资本。

国务院证券监督管理机构根据审慎监管原则和各项业务的风险程度，可以调整注册资本最低限额，但不得少于前款规定的限额。

3.《中华人民共和国保险法》

第六十九条 设立保险公司，其注册资本的最低限额为人民币二亿元。

国务院保险监督管理机构根据保险公司的业务范围、经营规模，可以调整其注册资本的最低限额，但不得低于本条第一款规定的限额。

保险公司的注册资本必须为实缴货币资本。

4.《中华人民共和国商业银行法》

第十三条 设立全国性商业银行的注册资本最低限额为十亿元人民币。设立城市商业银行的注册资本最低限额为一亿元人民币，设立农村商业银行的注册资本最低限额为五千万元人民币。注册资本应当是实缴资本。

国务院银行业监督管理机构根据审慎监管的要求可以调整注册资本最低限额，但不得少于前款规定的限额。

5.《中华人民共和国证券投资基金法》

第十三条第（二）项 设立管理公开募集基金的基金管理公司，应当具备下列条件，并经国务院证券监督管理机构批准：

……

（二）注册资本不低于一亿元人民币，且必须为实缴货币资本；

……

6.《中华人民共和国市场主体登记管理条例》

第十三条第一款 除法律、行政法规或者国务院决定另有规定外，市场主体的注册资本或者出资额实行认缴登记制，以人民币表示。

▶ 条文释义

一、本条主旨

本条是关于股份有限公司注册资本的规定。

二、条文演变

1993年通过的《公司法》第78条规定:"股份有限公司的注册资本为在公司登记机关登记的实收股本总额。股份有限公司注册资本的最低限额为人民币一千万元。股份有限公司注册资本最低限额需高于上述所定限额的,由法律、行政法规另行规定。"2005年《公司法》修订时,将股份有限公司注册资本由实收制改为认购制,同时将股份有限公司的注册资本最低限额由1000万元改为500万元,这是公司资本制度的一项重大改革和突破。2005年《公司法》第81条规定:"股份有限公司采取发起设立方式设立的,注册资本为在公司登记机关登记的全体发起人认购的股本总额。公司全体发起人的首次出资额不得低于注册资本的百分之二十,其余部分由发起人自公司成立之日起两年内缴足;其中,投资公司可以在五年内缴足。在缴足前,不得向他人募集股份。股份有限公司采取募集方式设立的,注册资本为在公司登记机关登记的实收股本总额。股份有限公司注册资本的最低限额为人民币五百万元。法律、行政法规对股份有限公司注册资本的最低限额有较高规定的,从其规定。"2013年《公司法》修正时,条文序号由原第81条改为第80条。同时,内容上规定:"股份有限公司采取发起设立方式设立的,注册资本为在公司登记机关登记的全体发起人认购的股本总额。在发起人认购的股份缴足前,不得向他人募集股份。股份有限公司采取募集方式设立的,注册资本为在公司登记机关登记的实收股本总额。法律、行政法规以及国务院决定对股份有限公司注册资本实缴、注册资本最低限额另有规定的,从其规定。"可见,比较2005年《公司法》的规定,2013年修正时作出了重点修改。删除了2005年《公司法》第81条第1款"公司全体发起人的首次出资额不得低于注册资本的百分之二十,其余部分由发起人自公司成立之日起两年内缴足;其中,投资公司可以在五年内缴足。在缴足前,不得向他人募集股份"之规定,改为"在发起人认购的股份缴足前,不得向他人募集股份"。这就意味着除法律、行政法规以及国务院决定对公司注册资本实缴有另行规定的以外，取消了关于公司发起人应自公司成立之日起2年内缴足出资，投资公司在5年内缴足出资的规定，转而采取公司发起人自主约定认缴出资额、出资方式、出资期限等，并记载于公司章程的方式，有助于公司设立，是公司资本制度的一项重大改革。同时，还取消了股份有限公司的最低注册资本500万元要求。此后，《公司法》对此未作修改。

三、条文解读

本条区分发起设立与募集设立，对公司注册资本作了不同规定。发起设立的股份有限公司的注册资本，为在公司登记机关登记的全体发起人认购的股本总额；募集设立的股份有限公司的注册资本，为在公司登记机关登记的实收股本总额。这二者之间的区别是：前者的注册资本是发起人认购的股本总额，不必是实收的股本总额；而后者的注册资本必须是实收的股本总额。因为本条规定了发起设立的股份有限公司的发起人，可以分期缴纳其出资，而对于募集设立的股份有限公司的发起人及其他股东《公司法》不允许分期缴纳其出资，必须是一次足额缴纳。不允许募集设立的股份有限公司的股东分期缴纳出资的原因是：募集设立股份有限公司，发起人只需要按照《公司法》规定认购一定的股份数额，即可向国务院证券监督管理机构申请向社会公众公开募集股份。通过向社会公众募集股份，可以筹资设立公司，允许发起人分期缴纳出资的意义不大。同时，募集设立的股份有限公司，其股票有可能在证券交易所上市交易，允许股东分期缴纳出资则很难保证出资到位，也不利于保护社会公众利益。

（一）采取发起设立方式设立的股份有限公司的注册资本

采取发起设立方式设立的股份有限公司与有限责任公司相比，存在许多相同之处。例如，设立公司的人均为公司的股东，并不涉及社会公众；设立公司的人应当有比较紧密的联系，才能完成筹办公司的各项事务；全体公司股东的出资构成了公司的全部财产；等等。因此，对采取发起设立方式设立的股份有限公司的注册资本，本条作出了与有限责任公司的注册资本相似的规定。

根据本条的规定，采取发起设立方式设立的股份有限公司的注册资本，是指公司全体发起人同意购买并且在公司登记机关依法登记的股本的全部数额。因此，采取发起设立方式设立股份有限公司，法律并不要求其注册资本一次性全部缴足，发起人可以分期缴纳。这样规定的目的是避免造成资金的闲置，也更有利于人数较少时股份有限公司的设立，因为发起设立股份有限公司，是由全体发起人认购公司应发行的全部股份，不向社会公众募集，而且允许发起人分期缴纳出资有利于公司的设立。因此，发起设立的股份有限公司的发起人在公司章程中自行规定其认缴的注册资本是否分期出资、出资额和出资时间，全体股东（发起人）认缴的注册资本可以在10年、20年甚至更长时间内缴足。

对于发起人的股票，应当标明发起人股票字样。公司向发起人发行的股票应当为记名股票，并应当记载该发起人名称。发起人持有的本公司股份，自公司成立之日起1年内不得转让。因此，即使1年后发起人转让其股份，如果其未缴纳完出资，其受让人持有标明发起人字样的股票，即应承担相应的发起人的义务，因而不会对公司出资造成影响。况且，发起设立的股份有限公司，由于其没有社会公众股东，按照《证券法》关于股份上市条件的规定，其股票不能在证券交易所上市交易，因此，发起人转让其股份，只能是场外的协议转让，不特定的社会公众不可能受让其股份。

需要注意的是，在发起人缴足出资前，公司不得向他人募集股份。这里规定的募集股份，是指公司成立后向社会公众发行新股，或者向特定对象发行新股。要求必须在发起人缴足出资后才能向他人募集股份，其目的是保护其他投资者的利益。因为股份有限公司作为资合性的公司，可以向社会公开募集股份，也可以向特定的对象募集股份。采取发起设立方式设立的股份有限公司，如果发起人尚未缴足注册资本，就允许其向他人募集股份，一方面，牵涉到社会公众经济利益；另一方面，发起人在连自身的注册资本都没有完全出资到位的情况下募集股份，无疑是对社会公众的不负责任，使社会公众承担非常大的风险。此外，一些人也可能借此进行投机活动，如此无疑会损害其他投资者的利益。

（二）采取募集设立方式设立的股份有限公司的注册资本

由于采取募集设立方式设立的股份有限公司，发起人只需较少的投入，其他资金可以由社会上大批的小股资金聚集而来，所以，发起人没有必要对注册资本进行分期缴纳。为此，本条规定，采取募集设立方式设立的股份有限公司的注册资本，为在公司登记机关登记的实收股本总额。即公司的注册资本为公司实际收到作为公司股本的财产总额，已由股东认购但实际并未缴纳的部分，不得计入公司的注册资本额中。换言之，公司设立时，必须将资本或股份一次性全部发行并募足，由发起人或股东全部认足。这是对募集方式设立股份有限公司的特殊限制。募集方式设立的股份有限公司涉及社会公众的利益，当然应当谨慎对待。

（三）法律对实缴资本另有规定的除外

作为本条的但书条款，法律、行政法规、国务院决定对公司注册资本实缴、注册资本最低限额另有规定的，从其规定。现行的法律、行政法规等规定了银行业金融机构、证券公司、期货公司、基金管理公司、保险公司等公司实行注册资本实缴登记制。

第八十一条　股份有限公司章程应当载明下列事项：

（一）公司名称和住所；

（二）公司经营范围；

（三）公司设立方式；

（四）公司股份总数、每股金额和注册资本；

（五）发起人的姓名或者名称、认购的股份数、出资方式和出资时间；

（六）董事会的组成、职权和议事规则；

（七）公司法定代表人；

（八）监事会的组成、职权和议事规则；

（九）公司利润分配办法；

（十）公司的解散事由与清算办法；

（十一）公司的通知和公告办法；

（十二）股东大会会议认为需要规定的其他事项。

关联规定

一、法律、行政法规、司法解释

《中华人民共和国公司法》

第十一条　设立公司必须依法制定公司章程。公司章程对公司、股东、董事、监事、高级管理人员具有约束力。

第二十条第一款　公司股东应当遵守法律、行政法规和公司章程，依法行使股东权利，不得滥用股东权利损害公司或者其他股东的利益；不得滥用公司法人独立地位和股东有限责任损害公司债权人的利益。

第二十二条第二款　股东会或者股东大会、董事会的会议召集程序、表决方式违反法律、行政法规或者公司章程，或者决议内容违反公司章程的，股东可以自决议作出之日起六十日内，请求人民法院撤销。

第二十五条 有限责任公司章程应当载明下列事项：

（一）公司名称和住所；

（二）公司经营范围；

（三）公司注册资本；

（四）股东的姓名或者名称；

（五）股东的出资方式、出资额和出资时间；

（六）公司的机构及其产生办法、职权、议事规则；

（七）公司法定代表人；

（八）股东会会议认为需要规定的其他事项。

股东应当在公司章程上签名、盖章。

第一百零三条 股东出席股东大会会议，所持每一股份有一表决权。但是，公司持有的本公司股份没有表决权。

股东大会作出决议，必须经出席会议的股东所持表决权过半数通过。但是，股东大会作出修改公司章程、增加或者减少注册资本的决议，以及公司合并、分立、解散或者变更公司形式的决议，必须经出席会议的股东所持表决权的三分之二以上通过。

二、部门规章及规范性文件

1.《上市公司章程指引》

第十条 本公司章程自生效之日起，即成为规范公司的组织与行为、公司与股东、股东与股东之间权利义务关系的具有法律约束力的文件，对公司、股东、董事、监事、高级管理人员具有法律约束力的文件。依据本章程，股东可以起诉股东，股东可以起诉公司董事、监事、经理和其他高级管理人员，股东可以起诉公司，公司可以起诉股东、董事、监事、经理和其他高级管理人员。

2.《保险公司章程指引》

［说明：①《保险公司章程指引》（以下简称《章程指引》）规定保险公司章程至少应包括以下各章：总则；经营宗旨和范围；注册资本与股份；股东和股东大会；董事会；监事会；总经理及其他高级管理人员；财务会计制度、利润分配和审计；公司基本管理制度；通知和公告；合并、分立、增资、减资、解散和清算；公司治理特殊事项；修改章程；附则。②《章程指引》适用于股份制的保险集团（控股）公司、保险公司、保险资产管理公司，其他组织形式

的公司参照执行。上市保险公司还应符合中国证监会关于上市公司章程的相关规定。③《章程指引》仅就保险公司章程的必备条款作出规定。④在不违反法律、法规及《章程指引》要求的前提下，公司可以在其章程中增加《章程指引》规定以外的、适合本公司实际需要的其他内容，也可以对《章程指引》规定的内容做文字和顺序的调整或者变动。发生上述情形的，公司应当在报送中国保监会审核的章程材料中，对增加或者修改的《章程指引》的内容进行解释说明。⑤《章程指引》由中国保监会负责解释。⑥《章程指引》自发布之日起施行。］

3.《商业银行公司治理指引》

第八条 商业银行章程是商业银行公司治理的基本文件，对股东大会、董事会、监事会、高级管理层的组成、职责和议事规则等作出制度安排，并载明有关法律法规要求在章程中明确规定的其他事项。

商业银行应当制定章程并根据自身发展及相关法律法规要求及时修改完善。

▶ 条文释义

一、本条主旨

本条是关于股份有限公司的公司章程内容的规定。

二、条文演变

1993年通过的《公司法》第79条规定："股份有限公司章程应当载明下列事项：（一）公司名称和住所；（二）公司经营范围；（三）公司设立方式；（四）公司股份总数、每股金额和注册资本；（五）发起人的姓名或者名称、认购的股份数；（六）股东的权利和义务；（七）董事会的组成、职权、任期和议事规则；（八）公司法定代表人；（九）监事会的组成、职权、任期和议事规则；（十）公司利润分配办法；（十一）公司的解散事由与清算办法；（十二）公司的通知和公告办法；（十三）股东大会认为需要规定的其他事项。"2005年《公司法》修订时，对此作出了修改，第82条规定："股份有限公司章程应当载明下列事项：（一）公司名称和住所；（二）公司经营范围；（三）公司设立方式；（四）公司股份总数、每股金额和注册资本；（五）发起人的姓名或者名称、认购的股份数、出资方式和出资时间；（六）董事会的组成、职权、任期和议事规则；（七）公司法定代表人；（八）监事会的组成、职权、任期和议事规则；（九）公司利润分配办法；（十）公司的解散事由与清算办法；（十一）公司的通知和公告办法；（十二）股东大会会议认为需要规定的其他事项。"比较二者规定，可以发现有如下变化：一是将原规定第5项修改为"发起人的姓名或者名称、认购的股份数、出资方式和出资时间"，也即增加"出资方式和出资时间"；二是删除原规定第6项"股东的权利和义务"的规定。2013年《公司法》修正时，条文序号由原第82条改为第81条；内容上将第6项、第8项中的"任期"一词删除。2018年修正《公司法》时，本条内容未作修改。

三、条文解读

股份有限公司的章程，是指公司必须具备的由发起设立公司的投资者制定的，并对公司、股东、公司经营管理人员具有约束力的，调整公司内部组织关系和经营行为的自治规则。章程对于公司来说，其重要性是不言而喻的。在现代社会，多数国家都放松了对设立公司的管制，并且赋予了公司相当多的经营自由。作为管制的模式之一，《公司法》将公司设立及组织所必备事项预先规定在法律之中，成为公司章程的准据，并由公司章程对此予以针对性细化和作出具体规定。

《公司法》关于公司章程记载事项的规定，依据其效力的不同，可以分为绝对必要记载事项、相对必要记载事项、任意记载事项。所谓绝对必要记载事项，是指《公司法》规定的公司章程必须记载的事项，属于强行性规范。从法理角度讲，若不记载或者记载违法，则章程无效，而章程无效的法律后果之一就是公司的设立无效。相对必要事项，是指法律列举的，由发起人自由选择记载于章程的事项，如果发起人选择予以记载，则发生效力；如果不予记载，也不影响整个章程的效力，只是该事项不产生效力而已；如果记载违法，仅该事项无效，并不导致整个章程无效。相对必要事项一般包括：（1）分公司的设立，仅载明设立分公司即可，至于分公司的名称、住所则不必要预先制订。（2）分次发行股份的公司，在公司设立时的发行数额，即设立时第一次发行数额。以募集方式设立公司的发起人认购的股份，不得少于公司第一次发行股份总数的35%，而发起设立的公司究竟认股多少则不必列于章程之中。（3）股票溢价发行。公司法一般规定公司股票不得折价发行，股票溢价发行，符合资本维持原则并能够反映发起人的信用程度如何，因此是允许的，而股票是否溢价发行，应载于公司章程中。（4）特别股的权利义务，包括优先股等股票类型，特别股的权利义务必须记载于公司章程中才发生效力，特别股分派股利和公司剩余财产，特别股股东行使表决权及其他权利义务，都应记载于章程中。（5）发起人所得到的特别利益和发起人姓名。发起人创建公司，承担风险应得到特别利润，特别利润不同于发起人的酬劳，它大多指公司盈余的分配，优先认购新股权等项。任意记载事项，是指在《公司法》规定的绝对必要记载事项及相对必要记载事项之外，在不违反法律、行政法规强行性规定和社会公共利益的前提下，经由章程制定者共同同意自愿记载于公司章程的事项。任意记载事项与相对记载事项在公司章程中的效力上基本相同，区别在于后者是发起人选择法律列举的事项作为公司章程的内容，前者则是在法律并无明文列举的前提下，发起人根据不违反法律和股份公司性质的原则，一致同意载入公司章程的事项。任意记载事项一般包括：（1）股票种类；（2）股款缴纳方法；（3）股东会开会地点；（4）主席的选任等。

本条规定的就是绝对必要记载事项和任意记载事项。

（一）绝对必要记载事项

根据本条规定，本条规定了股份有限公司章程中必须记载的事项，其中前11项属于绝对必要记载事项。

1. 公司名称和住所

公司名称，是指公司用来代表自己以区别于其他公司的文字符号。公司章程载明的公司名称，应当依照《公司法》的规定，在公司名称中标明"股份有限公司"或者"股份公司"字样。同时，依照《企业名称登记管理规定》，企业名称应当由字号（或者商号）、行业或者经营特点、组织形式依次组成。公司住所，是指公司的主要办事机构所在地。公司章程应当规定公司住所，其法律意义在于确定诉讼管辖、据以确定受送达的处所、据以确定债务履行处所、据以确定公司登记机关等。

2. 公司经营范围

公司经营范围，是指公司可以从事哪些经营活动的界限。公司既然为企业法人，就意味着公司应当以营利为目的。而公司要营利，就必须进行经营，而要进行经营，就应当确定其经营范围。为此，公司章程应当载明公司经营范围。

3. 公司设立方式

公司设立方式，是指公司是以发起设立的方式设立还是以募集设立的方式设立。公司以哪种方式设立，不仅关系到公司在设立时是否向社会公众发行股份，而且关系到公司应当经过什么程序成立，因此，公司章程中应当载明公司设立方式。

4. 公司股份总数、每股金额和注册资本

公司股份总数，是指公司的资本划分为股份时所划分的股份的数额，即公司的资本总共有多少股。每股金额，是指每一股所代表的资本数额，每一股为多少元。注册资本，是指向公司登记机关登记的股本总额。本条要求公司章程载明公司股份总数、每股金额和注册资本，目的是使公司登记机关和社会公众能够准确地了解公司的情况，以便在知道真实信息的基础上，作出自己的判断，进行有关的行为。

5. 发起人的姓名或者名称、认购的股份数、出资方式和出资时间

发起人的姓名或者名称，是指自然人发起人的姓名、法人发起人的名称。发起人认购的股份数，是指每一个发起人所认购的股份的具体数额。发起人的出资方式，是指每一个发起人是用货币出资，还是用实物、知识产权、土地使用权等非货币财产方式出资。发起人的出资时间，是指每一个发起人缴纳其出资的时间。如果是一次缴纳，则应当是该次缴纳的时间；如果是分期缴纳，则应当是各次缴纳的时间。要求公司章程载明发起人的姓名或者名称、认购的股份数、出资方式和出资时间，目的是让社会公众及其他与公司发生法律关系的民事主体了解发起人的情况，进而对公司有一个比较正确的判断，使社会公众及其他民事主体的合法权益能够得到保障。

6. 董事会的组成、职权和议事规则

董事会的组成，是指董事会由哪些人组成。董事会的职权，是指董事会行使的具体职权。董事会的议事规则，是指董事会召集、举行会议以及作出决议应当遵守的准则。董事会是公司的经营决策和业务执行机关，在公司管理、生产经营活动中，具有极为重要的作用，因此，公司章程应当对董事会的组成、职权、任期和议事规则予以明确规定。

7. 公司法定代表人

公司法定代表人，是指对外代表公司行使职权的具体人员。2013年《公

司法》修正时将"董事长为公司的法定代表人",修改为"公司法定代表人依照公司章程的规定,由董事长、执行董事或者经理担任"。因此,公司章程应当载明董事长、执行董事和经理中,哪一位是公司的法定代表人。

8. 监事会的组成、职权和议事规则

监事会的组成,是指监事会由哪些人组成。监事会的职权,是指监事会行使的具体职权。监事会的议事规则,是指监事会召集、举行会议以及作出决议应当遵守的准则。监事会是公司的监督机构。在监事会的监督下,公司可以更有效地运转,以有利于达到设立公司所要达到的经济目的。因此,监事会对公司也非常重要,监事会的有关情况应当在公司章程中予以载明。

9. 公司利润分配办法

公司利润分配办法,是指公司对其弥补亏损和提取公积金后所余利润具体如何进行分配。股东投资、购买公司的股份,其目的是要获取利润,而公司利润分配办法直接关系到股东如何才能得到利润以及能够得到多少利润,所以,公司章程应当对公司利润分配办法作出规定。

10. 公司的解散事由与清算办法

公司的解散事由,是指可以导致公司解散的事件、情况。公司的清算办法,是指公司在解散后,具体如何进行清算。公司的解散事由与清算办法涉及公司的消灭,对公司是一项非常重要的事项,因此,应当在公司章程中予以载明。

11. 公司的通知和公告办法

公司的通知和公告办法,是指公司进行通知和公告的具体方式,如邮寄、专程送达、在某一份报纸或者杂志上予以登载等。公司的通知和公告办法关系到公司的股东、债权人等能否及时得到公司的有关信息,并据以作出自己的行为,所以应当在公司章程中予以载明。

(二)任意记载事项

除上述事项以外,股东大会根据公司的具体情况,认为还有一些事项需要规定在公司章程中时,还可以在公司章程中予以规定,属于任意记载事项。公司章程可以就股东大会会议认为需要规定的其他事项作出相应的规定,也即在不违反法律、行政法规强行性规定和社会公共利益的前提下,股东大会可以将绝对必要记载事项以外的事项记载于公司章程。

第八十二条　发起人的出资方式，适用本法第二十七条的规定。

关联规定

法律、行政法规、司法解释

1.《中华人民共和国公司法》

第二十七条　股东可以用货币出资，也可以用实物、知识产权、土地使用权等可以用货币估价并可以依法转让的非货币财产作价出资；但是，法律、行政法规规定不得作为出资的财产除外。

对作为出资的非货币财产应当评估作价，核实财产，不得高估或者低估作价。法律、行政法规对评估作价有规定的，从其规定。

2.《最高人民法院关于适用〈中华人民共和国公司法〉若干问题的规定（三）》

第七条　出资人以不享有处分权的财产出资，当事人之间对于出资行为效力产生争议的，人民法院可以参照民法典第三百一十一条的规定予以认定。

以贪污、受贿、侵占、挪用等违法犯罪所得的货币出资后取得股权的，对违法犯罪行为予以追究、处罚时，应当采取拍卖或者变卖的方式处置其股权。

第八条　出资人以划拨土地使用权出资，或者以设定权利负担的土地使用权出资，公司、其他股东或者公司债权人主张认定出资人未履行出资义务的，人民法院应当责令当事人在指定的合理期间内办理土地变更手续或者解除权利负担；逾期未办理或者未解除的，人民法院应当认定出资人未依法全面履行出资义务。

第九条　出资人以非货币财产出资，未依法评估作价，公司、其他股东或者公司债权人请求认定出资人未履行出资义务的，人民法院应当委托具有合法资格的评估机构对该财产评估作价。评估确定的价额显著低于公司章程所定价额的，人民法院应当认定出资人未依法全面履行出资义务。

第十条　出资人以房屋、土地使用权或者需要办理权属登记的知识产权等财产出资，已经交付公司使用但未办理权属变更手续，公司、其他股东或者公司债权人主张认定出资人未履行出资义务的，人民法院应当责令当事人在指定的合理期间内办理权属变更手续；在前述期间内办理了权属变更手续的，人民法院应当认定其已经履行了出资义务；出资人主张自其实际交付财产给公司使用时享有相应股东权利的，人民法院应予支持。

出资人以前款规定的财产出资，已经办理权属变更手续但未交付给公司使用，公司或者其他股东主张其向公司交付、并在实际交付之前不享有相应股东权利的，人民法院应予支持。

第十一条 出资人以其他公司股权出资，符合下列条件的，人民法院应当认定出资人已履行出资义务：

（一）出资的股权由出资人合法持有并依法可以转让；

（二）出资的股权无权利瑕疵或者权利负担；

（三）出资人已履行关于股权转让的法定手续；

（四）出资的股权已依法进行了价值评估。

股权出资不符合前款第（一）、（二）、（三）项的规定，公司、其他股东或者公司债权人请求认定出资人未履行出资义务的，人民法院应当责令该出资人在指定的合理期间内采取补正措施，以符合上述条件；逾期未补正的，人民法院应当认定其未依法全面履行出资义务。

股权出资不符合本条第一款第（四）项的规定，公司、其他股东或者公司债权人请求认定出资人未履行出资义务的，人民法院应当按照本规定第九条的规定处理。

▶ 条文释义

一、本条主旨

本条是关于股份有限公司发起人出资方式的规定。

二、条文演变

1993年通过的《公司法》第80条规定："发起人可以用货币出资，也可以用实物、工业产权、非专利技术、土地使用权作价出资。对作为出资的实物、工业产权、非专利技术或者土地使用权，必须进行评估作价，核实财产，并折合为股份。不得高估或者低估作价。土地使用权的评估作价，依照法律、行政法规的规定办理。发起人以工业产权、非专利技术作价出资的金额不得超过股份有限公司注册资本的百分之二十。"2005年《公司法》修订时，第83条规定为"发起人的出资方式，适用本法第二十七条的规定"，该规定更为简明凝练，因为相关内容在第27条有规定。2013年《公司法》修正时，条文序号由原第83条修改为第82条。2018年《公司法》修正时，本条未作修改。

三、条文解读

根据《公司法》第27条规定，股东可以用货币出资，也可以用实物、知识产权、土地使用权等可以用货币估价并可以依法转让的非货币财产作价出资；但是，法律、行政法规规定不得作为出资的财产除外。对作为出资的非货币财产应当评估作价，核实财产，不得高估或者低估作价。法律、行政法规对评估作价有规定的，从其规定。股份有限公司发起人的出资方式，也必须遵守这一规定。

（一）发起人出资的种类

发起人出资的种类包括货币以及实物、知识产权、土地使用权等可以用货币估价并可以依法转让的非货币财产。在这里，货币既可以是人民币，也可以是可以自由兑换的其他国家的货币，如美元、英镑等。实物，是指本身具有价值和使用价值的财产，如房屋、机器、设备、材料等。知识产权是一种无形财产权，它是指智力创造性劳动取得的成果，并且是由智力劳动者对其成果依法享有的一种权利。知识产权主要包括著作权、发明权、发现权、专利权、商标权、技术改进权等。土地使用权，是指对国家和集体所有的土地进行使用的权利。除此之外，其他可以用货币估价并可以依法转让的非货币财产，如股权、债权等，也属于发起人出资种类的范围。

（二）对非货币出资必须进行评估

由于实物、知识产权、土地使用权等是以物质或者权利的形态表现出来的，所以，为了确定它们在出资时所具有的价值，就需要对其进行评估作价，并对财产进行核实。同时，在对实物、工业产权、非专利技术、土地使用权进行评估作价后，还应当将其折合为股份，以确定发起人拥有公司股份的数额。为保证发起人出资的真实性和准确性，法律要求对作为出资的实物、知识产权、土地使用权等进行评估作价时，不得高估或者低估作价。

其他内容详见《公司法》第 27 条的解读，此处不再赘述。

> 第八十三条 以发起设立方式设立股份有限公司的,发起人应当书面认足公司章程规定其认购的股份,并按照公司章程规定缴纳出资。以非货币财产出资的,应当依法办理其财产权的转移手续。
>
> 发起人不依照前款规定缴纳出资的,应当按照发起人协议承担违约责任。
>
> 发起人认足公司章程规定的出资后,应当选举董事会和监事会,由董事会向公司登记机关报送公司章程以及法律、行政法规规定的其他文件,申请设立登记。

▶关联规定

法律、行政法规、司法解释

1.《中华人民共和国公司法》

第七十九条 股份有限公司发起人承担公司筹办事务。

发起人应当签订发起人协议,明确各自在公司设立过程中的权利和义务。

2.《中华人民共和国市场主体登记管理条例》

第十三条 除法律、行政法规或者国务院决定另有规定外,市场主体的注册资本或者出资额实行认缴登记制,以人民币表示。

出资方式应当符合法律、行政法规的规定。公司股东、非公司企业法人出资人、农民专业合作社(联合社)成员不得以劳务、信用、自然人姓名、商誉、特许经营权或者设定担保的财产等作价出资。

第十六条 申请办理市场主体登记,应当提交下列材料:

(一)申请书;

(二)申请人资格文件、自然人身份证明;

(三)住所或者主要经营场所相关文件;

(四)公司、非公司企业法人、农民专业合作社(联合社)章程或者合伙企业合伙协议;

（五）法律、行政法规和国务院市场监督管理部门规定提交的其他材料。

国务院市场监督管理部门应当根据市场主体类型分别制定登记材料清单和文书格式样本，通过政府网站、登记机关服务窗口等向社会公开。

登记机关能够通过政务信息共享平台获取的市场主体登记相关信息，不得要求申请人重复提供。

3.《最高人民法院关于适用〈中华人民共和国公司法〉若干问题的规定（三）》

第十三条 股东未履行或者未全面履行出资义务，公司或者其他股东请求其向公司依法全面履行出资义务的，人民法院应予支持。

公司债权人请求未履行或者未全面履行出资义务的股东在未出资本息范围内对公司债务不能清偿的部分承担补充赔偿责任的，人民法院应予支持；未履行或者未全面履行出资义务的股东已经承担上述责任，其他债权人提出相同请求的，人民法院不予支持。

股东在公司设立时未履行或者未全面履行出资义务，依照本条第一款或者第二款提起诉讼的原告，请求公司的发起人与被告股东承担连带责任的，人民法院应予支持；公司的发起人承担责任后，可以向被告股东追偿。

股东在公司增资时未履行或者未全面履行出资义务，依照本条第一款或者第二款提起诉讼的原告，请求未尽公司法第一百四十七条第一款规定的义务而使出资未缴足的董事、高级管理人员承担相应责任的，人民法院应予支持；董事、高级管理人员承担责任后，可以向被告股东追偿。

第十六条 股东未履行或者未全面履行出资义务或者抽逃出资，公司根据公司章程或者股东会决议对其利润分配请求权、新股优先认购权、剩余财产分配请求权等股东权利作出相应的合理限制，该股东请求认定该限制无效的，人民法院不予支持。

第十七条 有限责任公司的股东未履行出资义务或者抽逃全部出资，经公司催告缴纳或者返还，其在合理期间内仍未缴纳或者返还出资，公司以股东会决议解除该股东的股东资格，该股东请求确认该解除行为无效的，人民法院不予支持。

在前款规定的情形下，人民法院在判决时应当释明，公司应当及时办理法定减资程序或者由其他股东或者第三人缴纳相应的出资。在办理法定减资程序或者其他股东或者第三人缴纳相应的出资之前，公司债权人依照本规定第十三条或者第十四条请求相关当事人承担相应责任的,人民法院应予支持。

第十八条 有限责任公司的股东未履行或者未全面履行出资义务即转让股权,受让人对此知道或者应当知道,公司请求该股东履行出资义务、受让人对此承担连带责任的,人民法院应予支持;公司债权人依照本规定第十三条第二款向该股东提起诉讼,同时请求前述受让人对此承担连带责任的,人民法院应予支持。

受让人根据前款规定承担责任后,向该未履行或者未全面履行出资义务的股东追偿的,人民法院应予支持。但是,当事人另有约定的除外。

第二十条 当事人之间对是否已履行出资义务发生争议,原告提供对股东履行出资义务产生合理怀疑证据的,被告股东应当就其已履行出资义务承担举证责任。

▶ 条文释义

一、本条主旨

本条是关于股份有限公司发起设立程序的规定。

二、条文演变

本条自 1993 年作为第 82 条写入《公司法》,于 2005 年《公司法》修订时条文序号变更为第 84 条,后于 2013 年《公司法》修正时条文序号变更为第 83 条。根据我国 2005 年《公司法》第 26 条第 1 款和第 81 条第 1 款、第 2 款的规定,我国实行了更偏向法定资本制的"分期缴纳制"(或称缓和的法定资本制度)。有限责任公司及发起设立的股份有限公司的股东或发起人的首次出资额(缴资数额)不得低于注册资本的 20%,其余部分由发起人自公司成立之日起 2 年内缴足;其中,投资公司可以在 5 年内缴足。规定股份有限公司发起设立程序的第 84 条也规定:"以发起设立方式设立股份有限公司的,发起人应当书面认足公司章程规定其认购的股份;一次缴纳的,应即缴纳全部出资;分期缴纳的,应即缴纳首期出资。以非货币财产出资的,应当依法办理其财产权的转移手续。"与"分期缴纳制"相适应,2005 年《公司法》也规定董事会申请登记时,还要向公司登记机关报送"由依法设立的验资机构出具的验资证明"。

2013年《公司法》改革资本制度，引入了认缴资本制度，取消了首次出资额限额、足额缴纳期限以及法定资本最低限额的规定，认缴资本制度改革的重心是放松行政管制，资本制度的宽松化，有利于鼓励创业与扩大就业的营商环境，激发社会投资活力，也有利于现代经济下知识产权的创业和现代新型金融工具的运用。认缴制意味着注册资本可以"零首付"，且股东出资数额、出资期限均由股东在公司章程中自行约定。现行《公司法》沿革了2013年《公司法》的规定，根据第26条第1款和第80条第1款、第2款的规定，有限责任公司为认缴资本，股份有限公司为认缴股本，募集设立的股份有限公司仍为实收股本。

三、条文解读

发起设立，是指由发起人认购公司应发行的全部股份而设立公司。以发起设立方式设立股份有限公司的程序包括以下几点：

第一，发起人首先应当书面认足公司章程规定其认购的股份。具体到每个发起人认购的股份数，应当按照章程的规定认足。同时，发起人应当以书面形式认购股份。

第二，按公司章程缴纳的非货币财产出资应当依法办理其财产的转移手续；如果不按照规定缴纳出资，应当按照发起人协议承担违约责任。如果发起人不是以货币出资，而是以实物、知识产权、土地使用权等货币以外的其他财产出资的，则应当依法进行评估作价，核实财产，折合为股份，并应当依法办理财产权的转移手续，即以实物出资时，应当依法办理该实物由发起人所有转为公司所有的手续；以知识产权出资时，应当依法办理该知识产权转由公司所有的手续。如果发起人不按照上述规定缴纳其认购股份的股款，应当按照发起人协议的约定承担违约责任。

第三，选举董事会、监事会。发起人认足公司章程规定的出资后，就应当召开创立大会，由代表公司表决权过半数的认股人到会，并由代表到会过半数以上表决权作出成立公司、选举董事和监事组成公司的董事会和监事会的诸多决议，以使公司能够顺利成立，并健全公司的组织机构。

第四，申请设立登记。设立登记是公司取得法人资格的必经程序，发起人在选举董事会和监事会以后，董事会就应当向公司登记机关报送公司章程以及法律、行政法规规定的其他文件，申请设立登记。根据《市场主体登记管理条例》规定了国务院市场监督管理部门是公司的登记机关，第16条第1款规定了申请办理市场主体登记，应当提交的相关材料。为营造更快捷便利的营商环境，提高市场主体设立营业的便利度和时效性，该条第2款、第3款还规定，国务院市场监督管理部门应当根据市场主体类型分别制定登记材料清单和文书格式样本，通过政府网站、登记机关服务窗口等向社会公开。登记机关能够通过政务信息共享平台获取的市场主体登记相关信息，不得要求申请人重复提供。申请人申请市场主体设立登记，登记机关依法予以登记的，签发营业执照。营业执照签发日期为市场主体的成立日期。公司登记机关依法予以登记，签发公司营业执照，营业执照签发日期为公司的成立日期，公司设立完成，取得法律人格和法人资格。

▶ 适用指引

自发起人签订发起人协议或签署公司章程之日起，至设立登记完成、取得法人人格之间的这段时间，是公司的设立过程。在这个过渡过程中，公司的性质为设立中的公司。在公司设立过程中，发起人要承担出资的义务，否则要承担相应的出资违约责任。

一、发起人股东的出资义务

出资是股东对公司的基本义务，是形成公司财产的基础，为了保证公司资本的充足，维护债权人和社会公众的利益，各国公司法对股东和发起人都规定了严格的出资责任。根据《公司法》第28条之规定，股东应当按期足额缴纳公司章程中规定的各自所认缴的出资额，股东未按规定缴纳出资的，除应当向公司足额缴纳外，还应向已按期足额缴纳出资的股东承担违约责任。

发起人股东的出资义务，基于发起人协议和公司章程，是合同法上的义务。但同时，《公司法》具有强行法、团体法的特点，发起人股东的出资义务也是《公司法》上的义务，如果违反，将使公司无法获得预定资本和实现资本充足，对公司财产权造成侵害。因此，发起人股东的出资义务系法定的股东对公司的强制性责任，经过公司登记的出资协议产生的出资责任，是法定的股东资本填充责任，具有公信力。如有违反，要按照发起人协议承担违约责任。

二、违反出资义务的表现形式

发起人（股东）出资违约，是指发起人（股东）不按照发起人协议或公司章程规定缴纳出资，主要有以下几种表现形式。

（一）完全不履行

完全不履行包括以下几种情形：（1）拒绝出资。出资人或发起人、认股人在公司章程、设立协议或发起人协议、认股书生效后拒绝按约定出资。（2）出资不能。出资人或发起人、认股人以个人财力原因或者非货币出资毁损、灭失，客观上出资履行不能。（3）虚假出资。出资人或发起人、认股人宣称已经出资但事实上并未出资，在性质上构成欺诈。（4）抽逃出资。出资人或发起人、认股人将其已经转移到公司名下的出资抽回，在性质上亦属于欺诈。

（二）不适当履行

不适当履行指的是出资数额、时间、形式或者程序不符合法律规定或是当事人约定。其主要包括迟延履行、不完全履行以及瑕疵履行。表现为以非货币财产出资时，迟延履行一般包括出资人或发起人、认股人未按照约定或规定的期限办理财产权转移手续、未经法定评估机构对非货币财产出资进行评估等；不完全履行一般包括非货币财产出资的实际价额低于章程确定的价额等；瑕疵履行一般包括非货币出资的财产存在权利或是物的瑕疵，如存在第三人的合法权利或不符合约定的质量标准。

三、公司、守约股东的救济方式

股东违反出资协议约定的，构成出资违约。《公司法》赋予公司及其他守约股东特定的救济手段，主要有以下几种。

（一）行使追缴出资权

《公司法》第93条规定，发起人未按照公司章程的规定缴足出资的，应当补缴；其他发起人承担连带责任。《公司法规定（三）》第13条规定，股东未履行或未全面履行出资义务，公司或股东请求其向公司依法全面履行出资义务的，应予支持。根据以上法律及司法解释的规定，公司、守约股东可以向出资违约的股东行使追缴出资权,要求其补缴出资,其他发起人承担连带责任。

(二)行使违约损害赔偿请求权

损害赔偿,是指违约方不履行或不完全履行合同义务而给合同他方造成损失,依法或依合同约定应承担的赔偿责任。基于发起人协议和公司章程,发起人、股东的出资义务是合同法上的义务。在公司成立的情况下,违反出资义务的股东应当向公司承担违约的损害赔偿责任,如前所述,发起人股东的出资义务是一种法定的股东对公司的强制性资本填充责任,这也可以解释何以在发起人协议没有约定违约责任承担的情况下,法律也可以课以发起人股东的损害赔偿责任。在因股东违反出资义务而致公司不能成立或撤销的情况下,违约股东应当向其他足额缴纳股款的股东承担损害赔偿责任。《公司法》第28条第2款规定,股东不按照前款规定缴纳出资的,除应当向公司足额缴纳外,还应当向已按期足额缴纳出资的股东承担违约责任。违约损害赔偿应当坚持完全赔偿的原则,即因违约而使受害人遭受的全部损失都应当由违约方负赔偿责任。其他救济手段的行使,并不妨碍违约损害赔偿请求权的行使。

(三)行使除名权

违反发起人股东之间的依赖和共同出资的约定,无疑对依约足额出资的发起人股东构成违约,而且如果允许未缴纳出资的认股人参与公司事务或取得公司利润分配,实质是对守约发起人股东利益的一种变相剥夺,损害守约股东的利益。在认股人欠缴出资的情况下,其不仅负有对补缴出资和对公司、守约的发起人股东承担违约赔偿责任的义务,而且法律也应当对其新增资本认购权、表决权和分红权、对外转让股权作出相应限制,以体现权利义务对等的原则。在认股人没有继续出资的能力或依然恶意不予补足出资时,将会使公司长期处于资本充足受到严重损害的情况,上述财产性责任承担方式也并不足以解决其不履行出资义务的问题。此种情况下,发起人协议和公司章程可以规定,对不履行出资义务的认股人丧失权利可以解除其股东资格或将其除名。解除股东资格或公司除名,系借用合伙法关于"合伙除名"的规则而生成的公司法概念,是指公司依照自己的意思取消某股东的公司成员资格,将股东的姓名或名称从股东名册中除去。

我国《公司法规定(三)》第17条规定了解除股东资格或公司除名的问

题，即未履行出资义务的股份有限公司的发起人股东或有限公司股东，在公司在进行了催告的前置程序后，可以股东会决议解除其股东资格，即公司内部的股东会决议可解除股东资格并产生效力，这一规定体现了对公司自治的一种尊重。除名权具有人身性，即股东除名解决的是股东的身份和资格问题，而不是股东的财产权问题，除名权赋予不履行义务的股东退出的权利，而被除名的股东不再享有相应的股权，只剩下丧失股权后的财产权益。公司将未履行出资义务或抽逃全部出资的股东除名后，被除名的股东所认缴的出资依旧处于空洞状态，为向公司债权人传达更真实的信息，保证公司债权人的利益，根据《公司法规定（三）》第17条第2款的规定，法院在判决确定股东除名行为的效力时，应当向公司释明，公司应当及时办理减资程序或者由其他股东或者第三人缴纳相应的出资，以消除公司资本中的"黑洞"。这时，公司股东及股权的情况发生变化，其还应当到工商部门办理相应的变更登记，在上述程序完成之前，基于工商登记的确定力、公示公信力，被除名的股东仍然应当承担此前由于未履行出资义务或者抽逃全部出资所导致的对公司债权人的法律责任。解除股东资格，在人合性较强的有限责任公司中有较为广泛的适用基础，对于介于人合性与资合性之间的非上市的股份有限公司，也有适用的余地。

▶ 类案检索

一、江西鼎润科技股份有限公司与尹某某股东出资纠纷案

关键词： 股东出资　全面履行出资义务　股东大会决议

裁判摘要： 股东未履行或者未全面履行出资义务，公司或者其他股东请求其向公司依法全面履行出资义务的，人民法院应予支持。本案中，原告鼎润公司的股东所认缴的出资额、出资时间、出资所占比例系经多次股东大会决议通过的，详细记录在该公司的章程修正案及股东大会决议内容中，并且也在公司登记机关进行了登记确认。故，被告尹某某应严格按照公司章程、股东大会决议履行足额的出资义务。被告尹某某辩称应按照2018年12月20日的股东大会决议第3条来进行股权稀释，其无须再出资。但有限责任公司的股份实行认缴制，股东对自身所认缴的出资，在股东大会决议通过、公司章程进行修正且在公司登记机关进行登记后，具有法律效力。2018年12月20日的股东大会

决议第 3 条的内容，属于对出资时间及方式的约定，其内部约定不能对抗法律对股东应履行出资义务的强制性规定。

【案　　号】（2020）赣 0733 民初 2457 号

【审理法院】江西省会昌县人民法院

二、华融（福建自贸试验区）投资有限公司与华宇海西（厦门）经济发展有限公司股东出资纠纷案

关键词：股东出资　发起人

裁判摘要：根据《公司法》规定，以发起设立方式设立股份有限公司的，发起人应当书面认足公司章程规定其认购的股份，并按照公司章程规定缴纳出资，未按照前款规定缴纳出资的，应当按照发起人协议承担违约责任。本案中，各发起人通过公司章程对各自认购股份份额及出资缴纳时间、违约责任作出的约定，系各方的真实意思表示，且不违反法律、法规的强制性规定，合法有效。华宇海西公司未按照章程约定履行出资义务，应承担相应的违约责任。故对华融公司依据章程要求华宇海西公司支付自逾期之日即 2016 年 7 月 31 日起至股东资格被取消之日即 2017 年 12 月 28 日期间按日万分之五计算的违约金，于法有据。财产保全申请费 5000 元、诉讼财产保全责任险保险费 13 905 元系华融公司为实现其权利而支出的必要费用，应由华宇海西公司承担。

【案　　号】（2019）闽 0206 民初 5714 号

【审理法院】福建省厦门市湖里区人民法院

> **第八十四条** 以募集设立方式设立股份有限公司的，发起人认购的股份不得少于公司股份总数的百分之三十五；但是，法律、行政法规另有规定的，从其规定。

▶ 关联规定

法律、行政法规、司法解释

《中华人民共和国证券法》

第十一条 设立股份有限公司公开发行股票，应当符合《中华人民共和国公司法》规定的条件和经国务院批准的国务院证券监督管理机构规定的其他条件，向国务院证券监督管理机构报送募股申请和下列文件：

（一）公司章程；

（二）发起人协议；

（三）发起人姓名或者名称，发起人认购的股份数、出资种类及验资证明；

（四）招股说明书；

（五）代收股款银行的名称及地址；

（六）承销机构名称及有关的协议。

依照本法规定聘请保荐人的，还应当报送保荐人出具的发行保荐书。

法律、行政法规规定设立公司必须报经批准的，还应当提交相应的批准文件。

▶ 条文释义

一、本条主旨

本条是关于募集设立股份有限公司的发起人认购公司股份的法定最低限额的规定。

二、条文演变

本条文在1993年《公司法》中为第83条,2005年《公司法》修订时,将本条序号变更为第85条,并增加"但是,法律、行政法规另有规定的,从其规定",2013年《公司法》修正时将本条序号变更为第84条,2018年《公司法》修正时未再修改。

三、条文解读

发起设立(又称共同设立或单纯设立),是指由发起人认购公司应发行的全部股份而设立公司。通常情况下,通过发起设立方式设立的公司,其资本总额要求不需要过高或者公司发起人自有资本比较充足,公司创设过程中不需要向不特定的对象筹措资金,换言之,以其自有资金完全能满足公司设立的需求。因此,通过发起方式设立公司,能增加公司的稳定性,设立过程中相关费用投入也势必减少,其设立的时间也会有所缩短。实践中,发起设立适用范围较广,几乎任何形式的公司都可适用。现代社会中,大规模公司所需资金量大,此种情况下,发起设立的方式的弊端也显示出来,无法满足需要大规模股本的公司需要。

相比之下,募集设立公司在大规模资本需求中体现出了明显优势。所谓募集设立(也称渐次设立或者复杂设立),是指由发起人认购公司应发行股份的一部分,其余股份向社会公开募集或者向特定对象募集而设立公司。股份有限公司和两合公司在设立阶段可对外募集股份。无限公司、两合公司、有限责任公司的人合性强,资本具有封闭性,其设立方式均为发起设立。所以,募集设立方式仅适用于股份有限公司和股份两合公司,从《公司法》相关规定来看,我国只有股份有限公司可以采用这种设立方式。发起人采取募集设立方式设立公司,是希望通过向社会公众或者特定对象发行股份而募集更多的资金,从而使公司能够具有更多的资本。公司向社会公众或者特定对象募集股份,其结果是持有股份的人都是公司的股东。所以,募集设立的公司的股东,除发起人外还有认股人。其优势在于能在短期内筹集设立公司所需的巨额资本,缓解发起人的出资压力,便于公司成立。当然,募集设立也存在一些不足:一是从形式上看,其募集是对外的,需要召开创立大会等,审批程序上也有相应要求,在不同的阶段因国家金融方面政策的变动,也会影响到公司设立。二是设立的公司股权具有高度分散性，掌握在所认缴的众多股东手中，在一定程度上制约了发起人对公司的控制权。三是可能导致违法行为，因向社会公开发行股票中往往是溢价发行，这就形成了公司的创设利润。因此可能存在发起人为了个人私利，借设立公司之名，行骗取钱财之实。

为此，本条规定了发起人认购股份的法定最低限额，即以募集设立方式设立股份有限公司的，所有发起人认购的股份不得少于公司股份总数的35%。当然，根据《证券法》的规定，设立股份有限公司公开发行股票，应当符合公司法规定的条件和经国务院批准的国务院证券监督管理机构规定的其他条件。本条关于发起人认购公司股份最低限额的规定，就是发起人申请公开发行股票时必须具备的一个条件。另外，本条对发起人认购的股份数额作出了规定，同时又以但书的形式进行限制，即如果法律、行政法规对募集设立的股份有限公司的发起人认购的股份数额另有规定的，则依照其规定办理。

当然，发起人认购股份应达到公司股份总额的35%，是对募集设立公司而言。如果在公司成立以后，又通过发行新股，使发起人所持的股份少于公司股份总额35%的，则不能视为违法。

▶ 适用指引

对于募集设立公司而言，一方面，其对象是不特定的，即认股人具有相对不确定性，在筹集资本过程中可能存在不稳定因素。另一方面，股权的高度分散，在一定程度上也影响了发起人对公司的控制。这就有必要对认股人的认股和股款缴纳行为加以规制。这就是本条规定明确募集方式设立股份有限公司的发起人认购的股份不得少于35%的初衷。

法律实践中应考虑以下几个因素：（1）设立公司的性质是股份有限公司。其他类型的公司，如有限责任公司的设立，依据《公司法》的其他规定，不适用本条有关35%的限制。（2）35%的数额限制，其基数应该是拟设立股份有限责任公司的股份总额，是在设立时经相关程序批准核实的股份。（3）关于发起人认缴后出资形式，可以用货币出资，也可以用实物、知识产权、土地使用权等可以用货币估价并可以依法转让的非货币财产作价出资，但法律、行政法规规定不得作为出资的财产除外。

类案检索

张某某、黄某1合同纠纷案

关键词： 发起人　募集设立

裁判摘要： 案涉《发起人协议书》约定，公司注册资本为2000万元，该注册资本平均划分为100股，每股20万元，各发起人以"股"为单位进行认缴。但实际履行中，除了何某某、张某某在《发起人出资表》中注明各认购20万元外，其余发起人张某某、黄某1、黄某2等均未注明出资数额，发起人亦未按照公司法的规定制作公司章程、招股说明书、认股书，也未委托证券公司承销，而是由发起人自行将公司股权分割为100股对外出售。发起人认缴的股份未达"不得少于公司股份总数的百分之三十五"要求，《发起人协议书》违反了《公司法》第84条等法律规定，违反了法律的强制性规定，依法无效。

【案　　号】（2020）桂01民终5063号

【审理法院】广西壮族自治区南宁市中级人民法院

第八十五条 发起人向社会公开募集股份，必须公告招股说明书，并制作认股书。认股书应当载明本法第八十六条所列事项，由认股人填写认购股数、金额、住所，并签名、盖章。认股人按照所认购股数缴纳股款。

▶ 关联规定

法律、行政法规、司法解释

1.《中华人民共和国证券法》

第十一条 设立股份有限公司公开发行股票，应当符合《中华人民共和国公司法》规定的条件和经国务院批准的国务院证券监督管理机构规定的其他条件，向国务院证券监督管理机构报送募股申请和下列文件：

（一）公司章程；

（二）发起人协议；

（三）发起人姓名或者名称，发起人认购的股份数、出资种类及验资证明；

（四）招股说明书；

（五）代收股款银行的名称及地址；

（六）承销机构名称及有关的协议。

依照本法规定聘请保荐人的，还应当报送保荐人出具的发行保荐书。

法律、行政法规规定设立公司必须报经批准的，还应当提交相应的批准文件

第十三条 公司公开发行新股，应当报送募股申请和下列文件：

（一）公司营业执照；

（二）公司章程；

（三）股东大会决议；

（四）招股说明书或者其他公开发行募集文件；

（五）财务会计报告；

（六）代收股款银行的名称及地址。

依照本法规定聘请保荐人的，还应当报送保荐人出具的发行保荐书。依照本法规定实行承销的，还应当报送承销机构名称及有关的协议。

第十四条 公司对公开发行股票所募集资金，必须按照招股说明书或者其他公开发行募集文件所列资金用途使用；改变资金用途，必须经股东大会作出决议。擅自改变用途，未作纠正的，或者未经股东大会认可的，不得公开发行新股。

第二十条 发行人申请首次公开发行股票的，在提交申请文件后，应当按照国务院证券监督管理机构的规定预先披露有关申请文件。

2.《最高人民法院关于适用〈中华人民共和国公司法〉若干问题的规定（三）》

第六条 股份有限公司的认股人未按期缴纳所认股份的股款，经公司发起人催缴后在合理期间内仍未缴纳，公司发起人对该股份另行募集的，人民法院应当认定该募集行为有效。认股人延期缴纳股款给公司造成损失，公司请求该认股人承担赔偿责任的，人民法院应予支持。

▶ 条文释义

一、本条主旨

本条是关于向社会公开募集股份的发起人必须公告招股说明书并制作认股书的规定。

二、条文演变

1993年《公司法》中关于本条的内容为第84条，列明了发起人向社会公开募集股份时，向国务院证券管理部门递交募股申请的主要文件内容包括：（1）批准设立公司的文件；（2）公司章程；（3）经营估算书；（4）发起人姓名或者名称，发起人认购的股份数、出资种类及验资证明；（5）招股说明书；（6）代收股款银行的名称及地址；（7）承销机构名称及有关的协议。未经国务院证券管理部门批准，发起人不得向社会公开募集股份。2005年《公司法》修订时，将本条文内容进行修改，并将条文序号变更为第86条，此后修法时内容均无变化，仅将条文序号进行修改。

我国股票发行经历了审批制到审核制的转变，大体上来看，以 2000 年 3 月为分界点，之前采取的是审批制，此后则是审核制。《公司法》《证券法》中的相关条文能看出这一演变。1993 年《公司法》第 84 条规定，发起人向社会公开募集股份时，必须向国务院证券管理部门报送募股申请，并报送有关文件。未经国务院证券管理部门批准，发起人不得向社会公开募集股份。1998 年制定的《证券法》第 11 条则规定，公开发行股票，必须依照公司法规定的条件，报经国务院证券监督管理机构核准。2000 年 3 月，我国股票发行体制开始从审批制改为核准制，同时，从政府选择企业改为由中介机构主要是证券公司推荐企业上市，取消了发行额度和指标。因此，设立股份有限公司公开发行股票，必须向国务院证券监督管理机构报送募股申请，并报送有关法定申请文件。未经国务院证券监督管理机构核准，发起人不得向社会公开募集股份。否则，要承担《证券法》第 188 条等规定的法律责任。

三、条文解读

向社会公开募集股份的发起人必须公告招股说明书。招股说明书，是指专门表达募集股份的意思并载明有关信息的书面文件。之所以要求公告招股说明书，其目的在于让社会公众知晓发起人募集股份的意图并了解信息，进而吸引社会公众认购股份。此外，通过信息的公开，认股人等能进一步了解公司的情况，这也有利于保护投资者合法权益，防止发起人或者公司违法募股。

《公司法》中未明确规定公告招股说明书的具体方式，但从我国《证券法》等相关规定来看，设立股份有限公司公开发行股票，应当向国务院证券监督管理机构报送招股说明书等有关文件，经国务院证券监督管理机构核准后才能向社会公开募集，依法必须披露的信息，应当在国务院证券监督管理机构指定的媒体发布，同时将其置备于公司住所、证券交易所，供社会公众查阅。需要说明的是，根据《证券法》的规定，向不特定对象发行证券以及累计向超过 200 人的特定对象发行证券，都属于公开发行。本条所规定的向社会公开募集股份，仅指《证券法》规定的向不特定对象发行证券，即向社会公众发行证券，而不包括累计向超过 200 人的特定对象发行证券这一情形。

发起人应当制作认股书。为了便于社会公众认购所发行的股份，发起人还应当制作认股书。根据本条规定，认股书的内容应当包括：发起人认购的股份数；每股的票面金额和发行价格；无记名股票的发行总数；认股人的权利、义务；本次募股的起止期限及逾期未募足时认股人可以撤回所认股份的说明。

发起人依法制作认股书后，认购股份的人应当在认股书上填写所认股数、金额、住所，并在认股书上签名、盖章。认股人在按要求填写好认股书以后，就应当按照其所认股数缴纳股款。①

▶ 适用指引

发起人向社会公开募集股份，应当履行以下行为：（1）公司公开发行新股，股东大会应当对下列事项作出决议：新股种类及数额；新股发行价格；新股发行的起止日期；向原有股东发行新股的种类及数额。（2）发起人公开募集股份，必须公告新股招股说明书，并制作认股书；应当由依法设立的证券经营机构承销，签订承销协议；应当同银行签订代收股款协议。（3）发行股份的股款募足后，必须经依法设立的验资机构验资并出具证明。本条主要是对发起人公开募集股份所作的程序性规定，必须公告招股说明书，并制作认股书。

招股说明书，是指专门表达募集股份的意思并载明有关信息的书面文件。招股说明书应当附有发起人制订的公司章程，并载明下列事项：（1）发起人认购的股份数；（2）每股的票面金额和发行价格；（3）无记名股票的发行总数；（4）认股人的权利、义务；（5）本次募股的起止期限及逾期未募足时认股人可撤回所认股份的说明。

实践中，应注意股份有限公司的认股人未按期缴纳所认股份的股款的问题。募集方式设立的股份有限公司的出资，除了发起人认缴外，更多的是向其他认股人募集，如认股人认缴后，未按约缴纳股款，则公司发起人应在合理期限内催缴，经催缴后在合理期限不能缴纳的，根据《公司法规定（三）》第6条的规定，公司发起人对该股份另行募集的，人民法院应当认定该募集行为有效。认股人延期缴纳股款给公司造成损失，公司请求该认股人承担赔偿责任的，人民法院应予支持。

---

① 参见宋燕妮、赵旭东主编：《中华人民共和国公司法释义（修正版）》，法律出版社2019年版，第143~144页。

类案检索

上海花神百货商店与上海世茂股份有限公司、海通证券股份有限公司股东资格确认纠纷案

关键词： 股票认购　股东资格

裁判摘要： 花神百货商店要求确认其系世贸股份的股东，应当提供其向世贸股份认购股票并已缴纳股款的相关证据。现花神百货商店仅提供了其向海通证券付款的《收据》，该《收据》所载的交款时间、股票价格与世贸股份《招股说明书》等所载价格、时间均不符，花神百货商店亦未提供其他可以佐证其资金交付的走账凭证。因此，花神百货商店提供的证据并不足以证明其对世贸股份完成了股票认购及缴纳认购款的事实，该待证事实不具有高度可能性，故其要求确认为世贸股份股东，以及世贸股份应向其支付相应分红款的诉讼请求，法律依据不足。根据《公司法》第85条等规定，法院驳回花神百货商店的诉讼请求。

【案　　号】（2015）黄浦民二（商）初字第585号
【审理法院】上海市黄浦区人民法院

第八十六条 招股说明书应当附有发起人制订的公司章程，并载明下列事项：

（一）发起人认购的股份数；

（二）每股的票面金额和发行价格；

（三）无记名股票的发行总数；

（四）募集资金的用途；

（五）认股人的权利、义务；

（六）本次募股的起止期限及逾期未募足时认股人可以撤回所认股份的说明。

关联规定

法律、行政法规、司法解释

1.《中华人民共和国民法典》

第七十六条 以取得利润并分配给股东等出资人为目的成立的法人，为营利法人。

营利法人包括有限责任公司、股份有限公司和其他企业法人等。

第四百七十三条 要约邀请是希望他人向自己发出要约的表示。拍卖公告、招标公告、招股说明书、债券募集办法、基金招募说明书、商业广告和宣传、寄送的价目表等为要约邀请。

商业广告和宣传的内容符合要约条件的，构成要约。

2.《中华人民共和国公司法》

第七十六条 设立股份有限公司，应当具备下列条件：

（一）发起人符合法定人数；

（二）有符合公司章程规定的全体发起人认购的股本总额或者募集的实收股本总额；

（三）股份发行、筹办事项符合法律规定；

（四）发起人制订公司章程，采用募集方式设立的经创立大会通过；

（五）有公司名称，建立符合股份有限公司要求的组织机构；

（六）有公司住所。

第七十九条 股份有限公司发起人承担公司筹办事务。

发起人应当签订发起人协议，明确各自在公司设立过程中的权利和义务。

第一百三十四条 公司经国务院证券监督管理机构核准公开发行新股时，必须公告新股招股说明书和财务会计报告，并制作认股书。

3.《中华人民共和国证券法》

第十一条 设立股份有限公司公开发行股票，应当符合《中华人民共和国公司法》规定的条件和经国务院批准的国务院证券监督管理机构规定的其他条件，向国务院证券监督管理机构报送募股申请和下列文件：

（一）公司章程；

（二）发起人协议；

（三）发起人姓名或者名称，发起人认购的股份数、出资种类及验资证明；

（四）招股说明书；

（五）代收股款银行的名称及地址；

（六）承销机构名称及有关的协议。

依照本法规定聘请保荐人的，还应当报送保荐人出具的发行保荐书。

法律、行政法规规定设立公司必须报经批准的，还应当提交相应的批准文件。

第十三条 公司公开发行新股，应当报送募股申请和下列文件：

（一）公司营业执照；

（二）公司章程；

（三）股东大会决议；

（四）招股说明书或者其他公开发行募集文件；

（五）财务会计报告；

（六）代收股款银行的名称及地址。

依照本法规定聘请保荐人的，还应当报送保荐人出具的发行保荐书。依照本法规定实行承销的，还应当报送承销机构名称及有关的协议。

第十四条 公司对公开发行股票所募集资金，必须按照招股说明书或者其他公开发行募集文件所列资金用途使用；改变资金用途，必须经股东大会作出决议。擅自改变用途，未作纠正的，或者未经股东大会认可的，不得公开发行新股。

▶ 条文释义

一、本条主旨

本条是关于招股说明书应当记载事项的规定。

二、条文演变

本条原为1993年《公司法》中第87条，2005年《公司法》修订时增加"（四）募集资金的用途"作为第4项，其余内容不变。自2013年《公司法》修正时，条文序号变更为第86条。

三、条文解读

招股说明书，是指专门表达募集股份的意思并载明有关信息的书面文件，这是公司公开发行股票应当公开的最基本的法律文件，其内容具有法定性。为了便于广大社会公众知悉发起人、将要设立的股份有限公司及将要发行的股票的情况，了解认购股份后将会享受的权利及承担的义务等，吸引社会公众认购股份，本条规定，招股说明书的内容应当包括：（1）发起人认购的股份数，即发起人所认购股份的总额以及每个发起人所认购的股份数额；（2）每股的票面金额和发行价格，即股票上所载明的每一份额的股份所代表的货币数额和发行股票时每一股的价格；（3）无记名股票的发行总数，即发行的股票中有一定数量的无记名股票时，该无记名股票的数额；（4）募集资金的用途，即所募资金用于什么事项；（5）认股人的权利、义务，即认购公司股份的人所享有的权利和承担的义务；（6）本次募股的起止期限及逾期未募足时认股人可撤回所认股份的说明，即本次募股从什么时候开始，到什么时候结束，并说明如果在规定的期限内公司的股份没有募足，则认股人可以撤回其所认的股份，不再作为认股人。

此外，招股说明书除需要载明上述内容以外，还应当将发起人制订的公司章程，全文附在招股说明书中，不得有所遗漏。因为公司章程是公司和股东的行动纲领，规定了公司最为基本的运行规则，应当让社会公众了解，以决定是否购买该公司的股票。

▶ 适用指引

发起人向社会公开募集股份，必须公告招股说明书，并制作认股书。法律规定应当制定招股说明书并向社会公告，是为了让社会公众了解发起人或者公司的情况以及认股人所享有的权利和承担的义务。招股说明书是向社会发出的要约邀请，邀请公众向公司发出要约，购买公司的股份。

▶ 类案检索

广东粤财信托有限公司与丹东欣泰电气股份有限公司、辽宁欣泰股份有限公司、温某某、兴业证券股份有限公司证券虚假陈述责任纠纷案

关键词： 招股说明书　证券虚假陈述

裁判摘要： 丹东欣泰在创业板上市前发布的招股说明书"（八）发行人关于虚假陈述的相关承诺"载明："如发行申请文件中存在虚假记载、误导性陈述或重大遗漏，且对判断公司是否符合法律规定的发行条件构成重大、实质影响的，本公司将依法以二级市场价格回购首次公开发行的全部新股。"2016年7月5日，中国证券监督管理委员会作出（2016）84号行政处罚决定书，指出丹东欣泰于2014年1月3日取得中国证券监督管理委员会核准首次公开发行股票并在创业板上市的批复，认定丹东欣泰在首次发行股票和在创业板上市申请文件中相关财务数据存在虚假记载等情形，对丹东欣泰作出行政处罚。由此可见，丹东欣泰在发行申请中，存在虚假陈述等情形，应当承担《招股说明书》约定的"依法以二级市场价格回购首次公开发行的全部新股"的法律责任。

【案　　号】（2019）最高法民终1941号
【审理法院】最高人民法院

第八十七条　发起人向社会公开募集股份，应当由依法设立的证券公司承销，签订承销协议。

关联规定

一、法律、行政法规、司法解释

《中华人民共和国证券法》

第二十六条　发行人向不特定对象发行的证券，法律、行政法规规定应当由证券公司承销的，发行人应当同证券公司签订承销协议。证券承销业务采取代销或者包销方式。

证券代销是指证券公司代发行人发售证券，在承销期结束时，将未售出的证券全部退还给发行人的承销方式。

证券包销是指证券公司将发行人的证券按照协议全部购入或者在承销期结束时将售后剩余证券全部自行购入的承销方式。

二、部门规章及规范性文件

《证券发行与承销管理办法》

第二十二条　发行人和主承销商应当签订承销协议，在承销协议中界定双方的权利义务关系，约定明确的承销基数。采用包销方式的，应当明确包销责任；采用代销方式的，应当约定发行失败后的处理措施。

证券发行依照法律、行政法规的规定应由承销团承销的，组成承销团的承销商应当签订承销团协议，由主承销商负责组织承销工作。证券发行由两家以上证券公司联合主承销的，所有担任主承销商的证券公司应当共同承担主承销责任，履行相关义务。承销团由3家以上承销商组成的，可以设副主承销商，协助主承销商组织承销活动。

承销团成员应当按照承销团协议及承销协议的规定进行承销活动，不得进行虚假承销。

第二十三条 证券公司承销证券，应当依照《证券法》第二十八条①的规定采用包销或者代销方式。上市公司非公开发行股票未采用自行销售方式或者上市公司配股的，应当采用代销方式。

第二十四条 股票发行采用代销方式的，应当在发行公告（或认购邀请书）中披露发行失败后的处理措施。股票发行失败后，主承销商应当协助发行人按照发行价并加算银行同期存款利息返还股票认购人。

第二十五条 证券公司实施承销前，应当向中国证监会报送发行与承销方案。

第二十六条 上市公司发行证券期间相关证券的停复牌安排，应当遵守证券交易所的相关规则。

主承销商应当按有关规定及时划付申购资金冻结利息。

第二十七条 投资者申购缴款结束后，发行人和主承销商应当聘请具有证券、期货相关业务资格的会计师事务所对申购和募集资金进行验证，并出具验资报告；还应当聘请律师事务所对网下发行过程、配售行为、参与定价和配售的投资者资质条件及其与发行人和承销商的关联关系、资金划拨等事项进行见证，并出具专项法律意见书。证券上市后 10 日内，主承销商应当将验资报告、专项法律意见随同承销总结报告等文件一并报中国证监会。

▶ 条文释义

一、本条主旨

本条是关于发行股份方式的规定。

二、条文释义

（一）关于证券承销的含义

证券承销也被称为证券的间接发行，指证券发行人借助证券承销机构发行证券的行为。与直接发行相比，有以下明显区别：（1）证券承销由证券公司来

---

① 现对应《证券法》（2019 年修正）第 26 条。

承办发行事宜，而直接发行则可以由发行人自销，也可以由信托投资等机构帮助其选择投资者，以促成交易，但不代理发行。（2）证券承销适用于所有种类的证券，而直接发行通常仅适用于针对少数特定投资人的私募证券。（3）证券承销发行成本增加，但是因证券公司以其丰富的证券推销经验，通过广泛的销售网点进行推销，不仅可以在较短时间内筹集较多资金，而且可以扩大发行人的社会影响，分担发行人的发行风险。直接发行虽然省时省力，但是所筹资金有限，且证券持有人过于集中。在我国，证券承销的承销人只能是证券经营机构，包括各商业银行、信托投资公司、城市信用合作银行和证券公司等。

（二）关于证券承销制度

证券承销制度，是指用于规范证券承销中，证券监管部门、证券发行人、证券承销机构、证券投资者之间和证券承销、销售机构内部关系的法律、行政法规和协议的总称。证券发行人与证券承销机构之间的关系是证券承销制度的核心，二者之间签订的证券承销协议是证券承销制度的重要组成部分。证券承销商具有顾问、购买、分销及保护等功能，可协助企业在发行市场筹募所需资金，在资金供给者与需求者之间具有桥梁纽带作用。顾问功能，是指证券承销商利用自身对证券市场熟悉的优势，为发行人提供证券市场准入的相关咨询，建议发行证券的种类、价格、时机，提供相关财务和管理的咨询。这种功能甚至延续到证券发行结束以后。购买功能，是指因承销商的存在，在包销情况下，发行人能够避免因证券不能完全销售而带来的风险。分销功能，是指主承销商利用其在证券市场的广泛网络，通过分销商将证券销售给投资者。保护功能，是指在证券发行过程中，承销商在不违反法律、行政法规的前提下，可以进行稳定价格的操作，以保证证券市场稳定。

（三）关于证券承销法律关系

证券承销法律关系，是指在证券发行人委托证券经营机构承销其发行证券过程中，二者之间依照承销合同的约定和证券法律规定而形成的权利义务关系。证券发行人在公开募集股份时，依照信息披露规则，应当向社会公众披露招股说明书等文件，在募集公司债券时，则应公开其募集办法及财务会计报告。这些公开发行文件是投资者认购股份或公司债券所依赖的基础性信息文件，必须保证其真实、准确和完整。承销商在协助证券发行人编制招募文件时，应当尽到必要的注意义务，审查公开发行文件的真实性、准确性和完整性，防止和避免公开发行文件存在虚假、重大误导性陈述和遗漏。如果因上述文件和资料有虚假记载或重大遗漏或严重误导性陈述而使投资者遭受损害，承销商对此应当与发行人承担连带赔偿责任，受损害的投资者可以直接向承销商请求赔偿。证券承销商承销证券，发现含有虚假记载、误导性陈述或者重大遗漏的，不得进行销售活动；已经销售的，必须立即停止销售活动，并采取纠正措施。

（四）关于证券承销合同

证券承销法律关系是因订立证券承销合同而引起的。证券承销合同是证券发行人与证券承销商之间就证券承销所签订的确定相互之间权利、义务关系的协议。发行人有权要求证券承销商包销或代销发行的证券，支付证券价款；承销商按照约定为发行人包销或代销证券，有权利收取发行费用。证券承销合同的主要内容包括：（1）承销合同双方当事人。包括证券发行人与承销商的名称、地址、法定代表人姓名。（2）承销的形式。约定是包销，还是代销。是共同承销的，还要载明谁是承销团的主承销商。（3）承销证券的种类、数额。如果是共同承销，还应载明主承销商和其他承销商之间承销数额的比例。（4）证券主管机关批准该次证券承销的文件。（5）承销的期限及起止日期。（6）证券的销售价格。（7）包销酬金或代销手续费的计算及支付。（8）承销程序的报批手续及承销费用的负担。（9）承销商的情况通知义务。承销商有义务将销售情况及时通报发行人。（10）合同双方当事人违约责任。（11）其他主要条款。

（五）关于证券承销商的禁止性行为

证券承销商的禁止性行为，是指证券承销机构在证券承销中所从事的，违反法定职责的义务，依法应当承担法律责任的行为。由于证券承销不仅涉及证券发行人和承销商的利益，也关系到投资者和社会公众的利益，因此为保障各方当事人的合法权益，各国证券法除对承销商的承销资格进行限定外，还对证券承销商的承销行为作出较多的禁止性规定。在我国，证券承销商的禁止行为包括：（1）不具备承销资格的承销行为。包括未取得承销资格的证券经营机构或承销资料证书失效后从事或变相从事证券承销业务的行为，不具备特定类型承销资格而从事特定类型承销业务，以及采取欺诈或其他不正当手段获得证券承销业务资格的行为。（2）不正当招揽承销业务行为。包括以不正当许诺、诋毁同行、借助行政干预以及证监会认定的其他不正当竞争手段招揽业务的行为。（3）信息公开非法行为。包括承销商非法透露非公开信息、不按规定提交有关承销情况报告、公开信息与证监会审定内容不同等行为。（4）虚假承销行为，指证券经营机构名义上是承销团成员，实际上并未从事证券承销活动、承担应尽承销责任的行为。（5）非法截留所包销证券行为。包括通过故意囤积或截留、缩短承销期、减少销售网点、限制认购申请表发放数量以及证监会认定的其他行为来截留所包销证券的行为。（6）以不正当手段诱使他人认购证券行为，如以提供透支、回扣或证监会认定的其他不正当手段诱使他人认购证券的行为。（7）非法持有、买卖所承销证券的行为。包括在法律限制的期限非法持有、买卖所承销证券行为，违法参与所承销证券的私下交易或为该证券的非法私下交易提供便利的行为等。（8）其他禁止性行为，指其他违反证券法规、在承销中损害公共利益或破坏证券市场秩序的行为。包括迎合或鼓动发行人以不合理的高溢价发行股票行为，非法收取承销费行为，非法逃避监管机关检查、稽核的行为等。对于证券经营机构在承销过程中的上述行为，证券监管机构有权依法对违法行为人单处或并处警告、罚款、没收非法所得、取消承销业务资格等处罚。

（六）关于本条的解释

根据本条规定，发起人向社会公开募集股份，只能采取证券公司承销的方式，即发起人的募股申请，经国务院证券监督管理机构核准以后，发起人不能自己向社会公众发售股票，而是应当通过依法设立的证券公司承销股票。作出该规定的主要考虑是，向社会公开募集股份，涉及人数众多，由发行人自己发行股票工作量太大，不利于其募足应发行的股份；另外，根据《证券法》的规定，证券公司承销证券，应当对公开发行募集文件的真实性、准确性、完整性进行核查；发现有虚假记载、误导性陈述或者重大遗漏的，不得进行销售活动；已经销售的，必须立即停止销售活动，并采取纠正措施。也即由证券公司承销向社会公开发行的证券，可以对发行人的发行文件进行审查。

根据《证券法》的规定，证券承销一般应遵守以下法定程序：签订承销协议、承销证券、承销结束。证券承销业务包括代销和包销两种方式。证券公司代销、包销期最长不得超过 90 日。所谓代销，是指证券公司代发行人发售证券，在承销期结束时，将未售出的证券全部退还给发行人的承销方式。所谓包销，是指证券公司将发行人的证券按照协议全部购入或者在承销期结束时将售后剩余证券全部自行购入的承销方式。

签订证券承销协议，是证券公司承销证券所必须履行的法定程序。承销协议，又被称为承销合同，是确立证券公司与发行人在承销过程中的权利义务关系的证明文件。通过协议的方式确定证券公司与发行人之间的承销法律关系，有利于明确双方的权利义务和证券的发行。承销协议是要式文件，也属于要式合同。法律规定承销协议为要式合同，主要是为了规范证券承销业务活动，促使双方当事人之间建立规范的权利义务关系，进而保障证券顺利发行。承销协议分为两种：一种是代销协议；另一种是包销协议。这两种协议应当载明的基本事项是相同的。根据《证券法》的规定，发起人与证券公司签订的承销协议应当载明下列事项：（1）当事人的名称、住所及法定代表人姓名；（2）代销、包销证券的种类、数量、金额及发行价格；（3）代销、包销的期限及起止日期；（4）代销、包销的付款方式及日期；（5）代销、包销的费用和结算办法；（6）违约责任；（7）国务院证券监督管理机构规定的其他事项。本条规定发起人应当同承销其股票的证券公司签订承销协议，对于上述法定应当载明的事项，发起人在与证券公司签订承销协议时，都应当在承销协议中作出约定。

此外，公开发行股票，代销、包销期限届满，发行人应当在规定的期限内将股票发行情况报国务院证券监督管理机构备案。

▶ 适用指引

关于管辖问题，对于在科创板首次公开发行股票并上市企业的证券发行纠纷、证券承销合同纠纷、证券上市保荐合同纠纷、证券上市合同纠纷和证券欺诈责任纠纷等第一审民商事案件，由上海金融法院试点集中管辖。适用中注意以下问题：

第一，证券承销公司在协助证券发行人编制招募文件时，必须尽到必要的注意义务，检查公开发行文件的真实性、准确性和完整性，防止和避免公开发行文件存在虚假、重大误导性陈述和遗漏等问题；如果因上述文件和资料有虚假记载或重大遗漏或严重误导性陈述而使投资者遭受损害，承销商对此应与发行人一起负连带赔偿责任，受损害的投资者可以直接向承销商请求赔偿。

第二，在证券承销期内，有投资者认购证券公司所承销的证券的，证券公司应当将证券销售给认购人，优先满足他们的购买需要，当有人认购证券时，证券公司不得将证券留给自己而不销售给认购人；承销期满后，证券公司对自己所购入的证券是留存还是售出，则由其自行决定。

第三，股票发行人与券商签订的股票承销协议中特别约定，若承销股票不能在限期内获准上市，券商向股票发行人退回已承销股票，股票发行人向券商退回购股款，属于附条件的证券承销协议。

> 第八十八条　发起人向社会公开募集股份，应当同银行签订代收股款协议。
>
> 代收股款的银行应当按照协议代收和保存股款，向缴纳股款的认股人出具收款单据，并负有向有关部门出具收款证明的义务。

关联规定

法律、行政法规、司法解释

《中华人民共和国证券法》

第十一条　设立股份有限公司公开发行股票，应当符合《中华人民共和国公司法》规定的条件和经国务院批准的国务院证券监督管理机构规定的其他条件，向国务院证券监督管理机构报送募股申请和下列文件：

（一）公司章程；

（二）发起人协议；

（三）发起人姓名或者名称，发起人认购的股份数、出资种类及验资证明；

（四）招股说明书；

（五）代收股款银行的名称及地址；

（六）承销机构名称及有关的协议。

依照本法规定聘请保荐人的，还应当报送保荐人出具的发行保荐书。

法律、行政法规规定设立公司必须报经批准的，还应当提交相应的批准文件。

第十三条　公司公开发行新股，应当报送募股申请和下列文件：

（一）公司营业执照；

（二）公司章程；

（三）股东大会决议；

（四）招股说明书或者其他公开发行募集文件；

（五）财务会计报告；

（六）代收股款银行的名称及地址。

依照本法规定聘请保荐人的，还应当报送保荐人出具的发行保荐书。依照本法规定实行承销的，还应当报送承销机构名称及有关的协议。

第十四条 公司对公开发行股票所募集资金，必须按照招股说明书或者其他公开发行募集文件所列资金用途使用；改变资金用途，必须经股东大会作出决议。擅自改变用途，未作纠正的，或者未经股东大会认可的，不得公开发行新股。

▶ 条文释义

一、本条主旨

本条是关于发起人向社会公开募集股份应当同银行签订代收股款协议的规定。

二、条文演变

本条内容自1993年写入《公司法》后，内容均无变化。2013年《公司法》修正时，仅条文序号改为第88条，2018年《公司法》修正时，本条未作改动。

三、条文解读

发起人向社会公开募集股份，虽然是通过证券公司承销，但证券公司并不直接收取发售股份所得的股款。根据本条规定，证券公司承销股票所得的股款，应当通过银行代收。因此，发起人向社会公开募集股份，不仅应当与证券公司签订承销协议，而且应当同银行签订代收股款的协议，由银行代发起人收取其向社会公开募集股份所得的股款。

在发起人与银行签订代收股款的协议之后，代收股款的银行就应当按照协议的规定，代发起人收取其向社会公开募集股份所得的股款，并将该股款保存在本银行。同时，代收股款的银行对向其缴纳股款的认股人负有出具收到该认股人已经缴纳股款的单据的义务，以使该认股人能够持有已缴纳股款的凭据；代收股款的银行还负有向有关部门出具收款证明的义务，以使有关部门能够知悉公司的资金情况，便于有关部门对证券发行的管理，对所收股款的审核验资。

▶ 适用指引

一、代收股款的协议内容

代收股款协议是代收股款的银行与发起人签订的协议，属于一种委托合同，是发起人委托代收银行对代收股款事务相关权利义务的设定。代收股款协议的主要内容包括：（1）当事人（委托人、受托人）的名称、住所及法定代表人的姓名；（2）代收股款的种类、期限；（3）代收股款的保存、交付；（4）代理费用、支付方式和日期；（5）违约责任；（6）其他需要约定的事项。

二、代收股款的银行的义务

对代收股款的银行而言，其所负有的义务主要有：（1）按照协议代收和保存股款。代收股款的协议签订之后，代收股款的银行就应当按照协议的规定，代发起人收取其向社会公开募集股份所得的股款，并将该股款保存于本银行，以使公司设立所需的资本能够得到保证，从而使公司能够顺利成立。（2）向缴纳股款的认股人出具收款单据。认股人在缴纳股款后，应当有证明其已经缴纳股款的书面文件。为此，本条规定代收股款的银行对向其缴纳股款的认股人，负有出具收到该认股人已经缴纳股款的单据的义务，以使认股人能够持有已经缴纳股款的凭据。（3）向有关部门出具收款证明。为使有关部门能够知悉公司的资金情况，以便对股票发行进行监督管理、对所收股款进行审核验资，本条规定代收股款的银行还负有向有关部门出具收款证明的义务，这里的有关部门主要指的是工商行政管理部门、税务部门、证券监督管理机构、投资管理部门及会计师事务所、律师事务所等。《证券法》规定向国务院证券监督管理机构报送的申请文件中仅需要提交代收股款银行的名称及地址，而无须提交代收股款协议。

类案检索

国信证券有限责任公司与西仪股份有限公司、西仪集团有限责任公司公司设立纠纷案

关键词： 公开募集股份　代收股款协议

裁判摘要： 发起人向社会公开募集股份，应当由依法设立的证券公司承销，签订承销协议。发起人向社会公开募集股份，应当同银行签订代收股款协议。

【案　　号】（2003）民二终字第124号

【审理法院】最高人民法院

第八十九条　发行股份的股款缴足后,必须经依法设立的验资机构验资并出具证明。发起人应当自股款缴足之日起三十日内主持召开公司创立大会。创立大会由发起人、认股人组成。

发行的股份超过招股说明书规定的截止期限尚未募足的,或者发行股份的股款缴足后,发起人在三十日内未召开创立大会的,认股人可以按照所缴股款并加算银行同期存款利息,要求发起人返还。

关联规定

法律、行政法规、司法解释

1.《中华人民共和国民法典》

第七十五条　设立人为设立法人从事的民事活动,其法律后果由法人承受;法人未成立的,其法律后果由设立人承受,设立人为二人以上的,享有连带债权,承担连带债务。

设立人为设立法人以自己的名义从事民事活动产生的民事责任,第三人有权选择请求法人或者设立人承担。

2.《中华人民共和国证券法》

第十三条　公司公开发行新股,应当报送募股申请和下列文件:

(一)公司营业执照;

(二)公司章程;

(三)股东大会决议;

(四)招股说明书或者其他公开发行募集文件;

(五)财务会计报告;

(六)代收股款银行的名称及地址。

依照本法规定聘请保荐人的,还应当报送保荐人出具的发行保荐书。依照本法规定实行承销的,还应当报送承销机构名称及有关的协议。

3.《中华人民共和国市场主体登记管理条例》

第八条 市场主体的一般登记事项包括：

（一）名称；

（二）主体类型；

（三）经营范围；

（四）住所或者主要经营场所；

（五）注册资本或者出资额；

（六）法定代表人、执行事务合伙人或者负责人姓名。

除前款规定外，还应当根据市场主体类型登记下列事项：

（一）有限责任公司股东、股份有限公司发起人、非公司企业法人出资人的姓名或者名称；

（二）个人独资企业的投资人姓名及居所；

（三）合伙企业的合伙人名称或者姓名、住所、承担责任方式；

（四）个体工商户的经营者姓名、住所、经营场所；

（五）法律、行政法规规定的其他事项。

第九条 市场主体的下列事项应当向登记机关办理备案：

（一）章程或者合伙协议；

（二）经营期限或者合伙期限；

（三）有限责任公司股东或者股份有限公司发起人认缴的出资数额，合伙企业合伙人认缴或者实际缴付的出资数额、缴付期限和出资方式；

（四）公司董事、监事、高级管理人员；

（五）农民专业合作社（联合社）成员；

（六）参加经营的个体工商户家庭成员姓名；

（七）市场主体登记联络员、外商投资企业法律文件送达接受人；

（八）公司、合伙企业等市场主体受益所有人相关信息；

（九）法律、行政法规规定的其他事项。

4.《最高人民法院关于适用〈中华人民共和国公司法〉若干问题的规定（三）》

第一条 为设立公司而签署公司章程、向公司认购出资或者股份并履行公司设立职责的人，应当认定为公司的发起人，包括有限责任公司设立时的股东。

第六条 股份有限公司的认股人未按期缴纳所认股份的股款，经公司发起人催缴后在合理期间内仍未缴纳，公司发起人对该股份另行募集的，人民法院应当认定该募集行为有效。认股人延期缴纳股款给公司造成损失，公司请求该认股人承担赔偿责任的，人民法院应予支持。

▶ 条文释义

一、本条主旨

本条是关于创立大会召开的时间、组成及认股人有权要求返还股款的情形的规定。

二、条文演变

根据2005年《公司法》的规定，认股人可以抽回股本的法定情形有：（1）未按期募足股份；（2）发起人未按期召开创立大会；（3）公司不能成立。发起人对此应承担的责任为：对认股人已缴纳的股款，负返还股款并加算银行同期存款利息的连带责任。此外，2005年《公司法》改变了之前《公司法》实缴制的做法，改而采用分期缴纳制，但只限于有限责任公司的股东和股份有限公司的发起人，不适用于股份有限责任公司的认股人。理由是：一方面，认股人在认购股份时可以根据自己的实际能力决定认购股份的数额。另一方面，如果公众认股人也可以分期缴纳，势必造成许多实际困难，影响公司的运作效率。譬如，在公司按照实缴资本分配股利或者发行新股确定优先权时，就需要对众多的分期缴纳的股东及其实缴的数额进行统计和计算，徒增成本。

三、条文解读

根据本条规定，发行股份的股款缴足后应当依法验资，即必须经依法设立的会计师事务所验资并出具验资证明，以保证公司资本的足额、真实、合法，防止虚假出资。发起人应当在股款缴足并验资后30日内召开公司创立大会，创立大会由发起人、认股人组成。"认股人"，是指认购公司股份并缴纳股款的人，由于此时公司还未成立，所以不能称其为股东。从《公司法》对创立大会职权的规定来看，其具有通过公司章程、选举公司董事会和监事会成员、对发起人用于抵作股款的财产的作价进行审核、对因不可抗力等情况作出不设立公司的决议等职权。所以创立大会的性质是设立中公司的决议机关，是股东大会的前身。

根据《公司法》规定，发起人制作认股书，由认股人填写认购股数、金额、住所并签名、盖章。认股人按照所认股数缴纳股款。这时股份买卖合同已经成立，如果认股人要求退股，返还其股款，则属于违约行为，应当承担违约责任。本条规定认股人有权要求返还股款的情形，不属于认股人的违约行为，是发行人的原因造成的，属于认股人的权利，具体情形是：（1）根据《公司法》规定，招股说明书应当载明募股的起止期限及逾期未募足时认股人可以撤回所认股份的说明。所以本条规定，如果超过招股说明书规定的截止期限，发起人向社会公开募集的股份还没有全部募足，则认股人有权要求发起人返还其所缴纳的股款，并加算银行同期存款利息。（2）根据《公司法》规定，发行股份的股款缴足后，必须经依法设立的验资机构验资并出具证明，发起人应当在30日内主持召开创立大会。在法定期限内召开创立大会是发起人的义务。所以本条规定，发行股份的股款缴足后，发起人在30日内未召开创立大会的，认股人有权要求发起人返还其所缴纳的股款，并加算银行同期存款利息。

▶ 适用指引

公司发起人是公司设立过程中主要权利与义务的承受人，更是相应责任的承担者。公司发起人的民事责任，主要是由于公司不能成立或者公司设立过程中的过失致使公司利益或第三人利益受损害时，发起人应当承担的民事责任。

实践中，公司在设立过程中夭折的不在少数，其原因很多，如设立中达不到法定条件的，发起人发生重大变动的以及法院判决不准设立或撤销设立等。而设立公司是自始既有法律行为又有经济行为的复杂过程，势必发生各种利害关系。那么，由此所产生的权利义务及其责任谁来承担，则成为《公司法》所要解决的问题。

对此，《公司法》于股份有限公司的设立和组织机构一章中规定，股份有限公司的发起人应当承担下列责任：（1）公司不能成立时，对设立行为所产生的债务和费用负连带责任。（2）公司不能成立时，对认股人已缴纳的股款，负返还股款并加算银行同期存款利息的连带责任。根据《公司法》发起人责任规定的立法宗旨，有限责任公司的设立股东亦应参照《公司法》第94条的规定承担类似的责任。当公司不能成立时，发起人要对设立行为所生之后果负连带责任规定的理论根据，来自发起人合伙这一发起人的法律地位。发起人是基于以设立公司为目的的合伙协议来进行公司的筹划和设立活动的。发起人之间是一种合伙关系，各发起人都是权利义务的主体。

> **第九十条** 发起人应当在创立大会召开十五日前将会议日期通知各认股人或者予以公告。创立大会应有代表股份总数过半数的发起人、认股人出席，方可举行。
>
> 创立大会行使下列职权：
>
> （一）审议发起人关于公司筹办情况的报告；
>
> （二）通过公司章程；
>
> （三）选举董事会成员；
>
> （四）选举监事会成员；
>
> （五）对公司的设立费用进行审核；
>
> （六）对发起人用于抵作股款的财产的作价进行审核；
>
> （七）发生不可抗力或者经营条件发生重大变化直接影响公司设立的，可以作出不设立公司的决议。
>
> 创立大会对前款所列事项作出决议，必须经出席会议的认股人所持表决权过半数通过。

条文释义

一、本条主旨

本条是关于召开创立大会的程序及创立大会的职权的规定。

二、条文演变

本条内容自 1993 年写入《公司法》，在 2013 年《公司法》修正时，将"创立大会应有代表股份总数过半数的认股人出席，方可举行"修改为"创立大会应有代表股份总数过半数的发起人、认股人出席，方可举行"；同时，条文序号由原第 91 条修改为第 90 条。2018 年《公司法》修正时，本条未作修改。

三、条文解读

发起人依照《公司法》召开创立大会，首先应当在创立大会召开的15日以前，将举行创立大会的日期通知各认股人或者进行公告，以便各认股人按期参加创立大会。同时，在通知或者公告的日期举行创立大会时，应当有代表股份总数1/2以上的发起人、认股人出席，方可举行。如果出席创立大会的认股人所代表的股份总数达不到股份总数的1/2，则创立大会不得举行。

根据本条规定，创立大会的职权有：（1）审议发起人关于公司筹办情况的报告。根据《公司法》规定，发起人承担公司筹办事务。创立大会有权审议发起人关于公司筹办情况的报告。（2）通过公司章程。公司章程是规范公司组织和行为的基本规则，对每个股东具有约束力。根据《公司法》规定，发起人制订的公司章程，应当由创立大会通过。（3）选举董事会成员和监事会成员。根据《公司法》规定，董事会成员应当于创立大会结束后30日内，向公司登记机关申请设立登记，所以创立大会应当选出相应的组织机构，使其能够行使权力。（4）对公司的设立费用进行审核。合理的公司设立费用，是由设立后的公司承担的，所以应当由创立大会进行审核。（5）对发起人用于抵作股款的财产的作价进行审核。根据《公司法》规定，发起人可以用货币出资，也可以用实物、知识产权、土地使用权等可以用货币估价并可以依法转让的非货币财产作价出资。对作为出资的非货币财产应当评估作价，不得高估或者低估作价。本条规定由创立大会对发起人用于抵作股款的财产的作价进行审核。（6）发生不可抗力或者经营条件发生重大变化直接影响公司设立的，可以作出不设立公司的决议。

创立大会召开，所有出席会议的发起人、认股人，应当按照所持每一股份有一表决权的原则，对其职权范围内的事项进行表决。凡创立大会上表决的事项，必须经出席会议的发起人、认股人所持表决权的过半数通过方为有效。

第九十一条 发起人、认股人缴纳股款或者交付抵作股款的出资后，除未按期募足股份、发起人未按期召开创立大会或者创立大会决议不设立公司的情形外，不得抽回其股本。

▶ 关联规定

法律、行政法规、司法解释

1.《中华人民共和国公司法》

第九十三条 股份有限公司成立后，发起人未按照公司章程的规定缴足出资的，应当补缴；其他发起人承担连带责任。

股份有限公司成立后，发现作为设立公司出资的非货币财产的实际价额显著低于公司章程所定价额的，应当由交付该出资的发起人补足其差额；其他发起人承担连带责任。

第九十四条 股份有限公司的发起人应当承担下列责任：

（一）公司不能成立时，对设立行为所产生的债务和费用负连带责任；

（二）公司不能成立时，对认股人已缴纳的股款，负返还股款并加算银行同期存款利息的连带责任；

（三）在公司设立过程中，由于发起人的过失致使公司利益受到损害的，应当对公司承担赔偿责任。

2.《最高人民法院关于适用〈中华人民共和国公司法〉若干问题的规定（三）》

第四条 公司因故未成立，债权人请求全体或者部分发起人对设立公司行为所产生的费用和债务承担连带清偿责任的，人民法院应予支持。

部分发起人依照前款规定承担责任后，请求其他发起人分担的，人民法院应当判令其他发起人按照约定的责任承担比例分担责任；没有约定责任承担比例的，按照约定的出资比例分担责任；没有约定出资比例的，按照均等份额分担责任。

因部分发起人的过错导致公司未成立，其他发起人主张其承担设立行为所产生的费用和债务的，人民法院应当根据过错情况，确定过错一方的责任范围。

第六条　股份有限公司的认股人未按期缴纳所认股份的股款，经公司发起人催缴后在合理期间内仍未缴纳，公司发起人对该股份另行募集的，人民法院应当认定该募集行为有效。认股人延期缴纳股款给公司造成损失，公司请求该认股人承担赔偿责任的，人民法院应予支持。

▶ 条文释义

一、本条主旨

本条是关于发起人、认股人除特殊情形外不得抽回股本的规定。

二、条文演变

本条自1993年《公司法》制定后，经历次修正及修订，除条文序号变化外，条文内容没有变化。

三、条文解读

根据《公司法》规定，发行股份的股款缴足后，必须经依法设立的验资机构验资，发起人应当在30日内主持召开公司创立大会，并由创立大会选出的董事会申请公司设立登记。如果在这个阶段再允许发起人、认股人抽回其股本，就会导致实收股款与实际不符，就应当重新验资，由此会增加支出；如果因此低于法定注册资本的最低限额，则公司不能设立。这些情形都会给其他发起人、认股人造成损失。所以在一般情况下，发起人、认股人缴纳了股款或者发起人以非货币财产出资时已交付了抵作股款的出资后，就不得抽回其股本。但是如果公司最终未能成立，则发起人、认股人当然可以抽回其股本，本条即是对这种情况作的规定。本条规定发起人、认股人可以抽回其股本的情形是：（1）未按期募足股份。即在招股说明书规定的募股期限内没有募足公司发行的股份。（2）发起人未按期召开创立大会。根据《公司法》规定，发行股份的股款缴足后，必须依法验资，发起人应当在30日内主持召开创立大会。所以本条规定，对发起人未按法定要求召开创立大会的，认股人有权抽回其股本。

（3）创立大会决议不设立公司。根据《公司法》规定，发生不可抗力或者经营条件发生重大变化直接影响公司设立的，创立大会可以作出不设立公司的决议。在此情况下，发起人、认股人当然可以抽回其出资。

本条规定并不意味着发起人、认股人在任何时候都不能收回其投资。发起人、认股人可以在股份有限公司成立以后，依法转让其所持有的股份，这样不会造成公司资本的减少。

▶ 适用指引

本条规定了发起人、认股人缴纳股款或者交付抵作股款的出资后，可以抽回股本的情形。首先，如未在规定期限内募足股份，也就是出现《公司法》第89条第2款规定的情形时，认股人可以抽回股本。其次，如发起人未按期召开创立大会，也即又出现了《公司法》第89条第2款规定的情形时，认股人可以抽回股本。最后，当创立大会召开并作出不设立公司的决议后，如《公司法》第90条第7项规定，"发生不可抗力或者经营条件发生重大变化直接影响公司设立的，可以作出不设立公司的决议"。认股人根据上述不设立公司的决议也可以抽回股本。除以上三种情形外，发起人、认股人均不得抽回股本。

第九十二条　董事会应于创立大会结束后三十日内,向公司登记机关报送下列文件,申请设立登记:

(一)公司登记申请书;

(二)创立大会的会议记录;

(三)公司章程;

(四)验资证明;

(五)法定代表人、董事、监事的任职文件及其身份证明;

(六)发起人的法人资格证明或者自然人身份证明;

(七)公司住所证明。

以募集方式设立股份有限公司公开发行股票的,还应当向公司登记机关报送国务院证券监督管理机构的核准文件。

关联规定

法律、行政法规、司法解释

《中华人民共和国市场主体登记管理条例》

第十六条　申请办理市场主体登记,应当提交下列材料:

(一)申请书;

(二)申请人资格文件、自然人身份证明;

(三)住所或者主要经营场所相关文件;

(四)公司、非公司企业法人、农民专业合作社(联合社)章程或者合伙企业合伙协议;

(五)法律、行政法规和国务院市场监督管理部门规定提交的其他材料。

国务院市场监督管理部门应当根据市场主体类型分别制定登记材料清单和文书格式样本,通过政府网站、登记机关服务窗口等向社会公开。

登记机关能够通过政务信息共享平台获取的市场主体登记相关信息,不得要求申请人重复提供。

▶ 条文释义

一、本条主旨

本条是关于董事会申请公司设立登记的规定。

二、条文演变

1993年《公司法》中，该条规定为第94条，在1999年、2004年的修正中均未作任何变动。2005年《公司法》修订时，该条被变更为第93条，并增加了第2款内容，即"以募集方式设立股份有限公司公开发行股票的，还应当向公司登记机关报送国务院证券监督管理机构的核准文件"。在2013年《公司法》修正时，条文序号变更为第92条，内容没有变化并沿用至今。

三、条文解读

本条规定，在创立大会依法召开并依法作出决议以后，由创立大会选举的董事会成员组成的董事会，应当在创立大会结束后30日以内向公司登记机关报送法定的文件，申请设立登记，以使公司能够最终成立。根据本条规定，董事会在申请设立登记时，向公司登记机关报送的文件包括：（1）设立登记申请书。（2）创立大会的会议记录。（3）由发起人制订并经创立大会通过的公司章程。（4）由依法设立的会计师事务所出具的验资证明。（5）法定代表人、董事、监事的任职文件及其身份证明。根据《公司法》规定，股份有限公司的法定代表人由董事长或者经理担任，具体由公司章程作出规定。同时，《公司法》还对不得担任公司董事、监事的情形作了规定。公司章程及创立大会对上述人员的选任，应当符合《公司法》有关规定。（6）发起人为法人时，其营业执照等资格证明，发起人为自然人时的身份证明。（7）公司住所证明。

根据《证券法》的规定，设立股份有限公司公开发行股票，应当报经国务院证券监督管理机构核准。经国务院证券监督管理机构核准后，才能公开发行股票。所以，本条第2款规定，以募集方式设立的股份有限公司公开发行股票，还应当向公司登记机关报送国务院证券监督管理机构的发行核准文件。

> 第九十三条 股份有限公司成立后，发起人未按照公司章程的规定缴足出资的，应当补缴；其他发起人承担连带责任。
>
> 股份有限公司成立后，发现作为设立公司出资的非货币财产的实际价额显著低于公司章程所定价额的，应当由交付该出资的发起人补足其差额；其他发起人承担连带责任。

▶ 关联规定

法律、行政法规、司法解释

1.《中华人民共和国公司法》

第二十八条 股东应当按期足额缴纳公司章程中规定的各自所认缴的出资额。股东以货币出资的，应当将货币出资足额存入有限责任公司在银行开设的账户；以非货币财产出资的，应当依法办理其财产权的转移手续。

股东不按照前款规定缴纳出资的，除应当向公司足额缴纳外，还应当向已按期足额缴纳出资的股东承担违约责任。

第三十条 有限责任公司成立后，发现作为设立公司出资的非货币财产的实际价额显著低于公司章程所定价额的，应当由交付该出资的股东补足其差额；公司设立时的其他股东承担连带责任。

2.《中华人民共和国市场主体登记管理条例》

第十三条 除法律、行政法规或者国务院决定另有规定外，市场主体的注册资本或者出资额实行认缴登记制，以人民币表示。

出资方式应当符合法律、行政法规的规定。公司股东、非公司企业法人出资人、农民专业合作社（联合社）成员不得以劳务、信用、自然人姓名、商誉、特许经营权或者设定担保的财产等作价出资。

第四十五条 实行注册资本实缴登记制的市场主体虚报注册资本取得市场主体登记的，由登记机关责令改正，处虚报注册资本金额5%以上15%以下的罚款；情节严重的，吊销营业执照。

实行注册资本实缴登记制的市场主体的发起人、股东虚假出资,未交付或者未按期交付作为出资的货币或者非货币财产的,或者在市场主体成立后抽逃出资的,由登记机关责令改正,处虚假出资金额5%以上15%以下的罚款。

3.《最高人民法院关于适用〈中华人民共和国公司法〉若干问题的规定(三)》

第七条 出资人以不享有处分权的财产出资,当事人之间对于出资行为效力产生争议的,人民法院可以参照民法典第三百一十一条的规定予以认定。

以贪污、受贿、侵占、挪用等违法犯罪所得的货币出资后取得股权的,对违法犯罪行为予以追究、处罚时,应当采取拍卖或者变卖的方式处置其股权。

第八条 出资人以划拨土地使用权出资,或者以设定权利负担的土地使用权出资,公司、其他股东或者公司债权人主张认定出资人未履行出资义务的,人民法院应当责令当事人在指定的合理期间内办理土地变更手续或者解除权利负担;逾期未办理或者未解除的,人民法院应当认定出资人未依法全面履行出资义务。

第九条 出资人以非货币财产出资,未依法评估作价,公司、其他股东或者公司债权人请求认定出资人未履行出资义务的,人民法院应当委托具有合法资格的评估机构对该财产评估作价。评估确定的价额显著低于公司章程所定价额的,人民法院应当认定出资人未依法全面履行出资义务。

第十条 出资人以房屋、土地使用权或者需要办理权属登记的知识产权等财产出资,已经交付公司使用但未办理权属变更手续,公司、其他股东或者公司债权人主张认定出资人未履行出资义务的,人民法院应当责令当事人在指定的合理期间内办理权属变更手续;在前述期间内办理了权属变更手续的,人民法院应当认定其已经履行了出资义务;出资人主张自其实际交付财产给公司使用时享有相应股东权利的,人民法院应予支持。

出资人以前款规定的财产出资,已经办理权属变更手续但未交付给公司使用,公司或者其他股东主张其向公司交付、并在实际交付之前不享有相应股东权利的,人民法院应予支持。

第十一条 出资人以其他公司股权出资,符合下列条件的,人民法院应当认定出资人已履行出资义务:

(一)出资的股权由出资人合法持有并依法可以转让;

(二)出资的股权无权利瑕疵或者权利负担;

（三）出资人已履行关于股权转让的法定手续；

（四）出资的股权已依法进行了价值评估。

股权出资不符合前款第（一）、（二）、（三）项的规定，公司、其他股东或者公司债权人请求认定出资人未履行出资义务的，人民法院应当责令该出资人在指定的合理期间内采取补正措施，以符合上述条件；逾期未补正的，人民法院应当认定其未依法全面履行出资义务。

股权出资不符合本条第一款第（四）项的规定，公司、其他股东或者公司债权人请求认定出资人未履行出资义务的，人民法院应当按照本规定第九条的规定处理。

第十五条 出资人以符合法定条件的非货币财产出资后，因市场变化或者其他客观因素导致出资财产贬值，公司、其他股东或者公司债权人请求该出资人承担补足出资责任的，人民法院不予支持。但是，当事人另有约定的除外。

第十九条 公司股东未履行或者未全面履行出资义务或者抽逃出资，公司或者其他股东请求其向公司全面履行出资义务或者返还出资，被告股东以诉讼时效为由进行抗辩的，人民法院不予支持。

公司债权人的债权未过诉讼时效期间，其依照本规定第十三条第二款、第十四条第二款的规定请求未履行或者未全面履行出资义务或者抽逃出资的股东承担赔偿责任，被告股东以出资义务或者返还出资义务超过诉讼时效期间为由进行抗辩的，人民法院不予支持。

▶ 条文释义

一、本条主旨

本条是关于股份有限公司成立后发起人承担资本充实责任的规定。

二、条文演变

《公司法》2005年修订之前，只规定了有限责任公司股东未尽出资义务应当承担出资违约责任，以及在有限公司成立后发现股东以非货币出资方式的实际价额显著低于公司章程所定价额时由出资股东承担资本充实责任，其他股东承担连带责任。虽然规定了发起人在以非货币出资时应当依法评估，但关于发起人责任的规定不包含资本充实责任。2005年《公司法》修订时，第94条规定了发起人的出资补缴责任。在此之后，除条文顺序变更以外，未进行其他修改。

三、条文解读

由发起人承担的资本充实责任，是指由公司发起人共同承担的相互担保出资义务的履行，确保公司实收资本按照章程的规定如期缴足的民事责任。确立发起人承担资本充实责任，一方面是因为在公司设立过程中，发起人享有其他认股人所不能享有的权利，如以非货币财产出资的权利等。本着权利义务相对等的原则，发起人应当承担比其他股东更重的责任。另一方面，通过发起人之间建立出资担保关系，保证公司资本到位，以保护公司债权人利益。

本条对发起人资本充实责任的规定是：（1）认购担保责任。即设立股份有限公司而发行股份的，如果其发行股份未被认购或认购后又取消的，则应由发起人共同认购。（2）缴纳担保责任。即公司成立后，发起人未按照章程的规定缴足出资的，应当补缴；其他发起人承担连带责任。因为以募集方式设立股份有限公司的，不允许发起人分期缴纳其出资，所以不应存在公司成立后发起人未缴足出资的问题。（3）差额填补责任。即股份有限公司成立后，发现作为出资的非货币财产的实际价额显著低于公司章程所定价额的，应当由交付该出资的发起人补足其差额；其他发起人承担连带责任。根据《公司法》规定，无论是以发起方式设立股份有限公司，还是以募集方式设立股份有限公司，公司发起人都可以非货币财产出资，因此本条规定适用于以这两种方式设立的股份有限公司的发起人。根据本条规定，发现作为出资的非货币财产的实际价额显著低于公司章程所定价额的，应当由交付该出资的发起人补足其差额；其他发起人承担连带责任。履行了差额填补责任的发起人可向出资不实的股东行使求偿权。

> **第九十四条** 股份有限公司的发起人应当承担下列责任：
> （一）公司不能成立时，对设立行为所产生的债务和费用负连带责任；
> （二）公司不能成立时，对认股人已缴纳的股款，负返还股款并加算银行同期存款利息的连带责任；
> （三）在公司设立过程中，由于发起人的过失致使公司利益受到损害的，应当对公司承担赔偿责任。

▶ 关联规定

法律、行政法规、司法解释

1.《中华人民共和国民法典》

第七十五条 设立人为设立法人从事的民事活动，其法律后果由法人承受；法人未成立的，其法律后果由设立人承受，设立人为二人以上的，享有连带债权，承担连带债务。

设立人为设立法人以自己的名义从事民事活动产生的民事责任，第三人有权选择请求法人或者设立人承担。

2.《最高人民法院关于适用〈中华人民共和国公司法〉若干问题的规定（三）》

第二条 发起人为设立公司以自己名义对外签订合同，合同相对人请求该发起人承担合同责任的，人民法院应予支持；公司成立后合同相对人请求公司承担合同责任的，人民法院应予支持。

第三条 发起人以设立中公司名义对外签订合同，公司成立后合同相对人请求公司承担合同责任的，人民法院应予支持。

公司成立后有证据证明发起人利用设立中公司的名义为自己的利益与相对人签订合同，公司以此为由主张不承担合同责任的，人民法院应予支持，但相对人为善意的除外。

第四条 公司因故未成立，债权人请求全体或者部分发起人对设立公司行为所产生的费用和债务承担连带清偿责任的，人民法院应予支持。

部分发起人依照前款规定承担责任后，请求其他发起人分担的，人民法院应当判令其他发起人按照约定的责任承担比例分担责任；没有约定责任承担比例的，按照约定的出资比例分担责任；没有约定出资比例的，按照均等份额分担责任。

因部分发起人的过错导致公司未成立，其他发起人主张其承担设立行为所产生的费用和债务的，人民法院应当根据过错情况，确定过错一方的责任范围。

第五条 发起人因履行公司设立职责造成他人损害，公司成立后受害人请求公司承担侵权赔偿责任的，人民法院应予支持；公司未成立，受害人请求全体发起人承担连带赔偿责任的，人民法院应予支持。

公司或者无过错的发起人承担赔偿责任后，可以向有过错的发起人追偿。

▶ 条文释义

一、本条主旨

本条是关于股份有限公司发起人责任的规定。

二、条文演变

本条自 1993 年《公司法》制定时入法，其后内容均无实质变化。其中，2005 年《公司法》修订时，将"股份有限公司由股东组成"改为"股份有限公司股东大会由全体股东组成"；条文序号由原第 102 条改为第 99 条。2013 年《公司法》修正时，仅将条文序号改为第 98 条，内容未改动，并沿用至今。

三、条文解读

发起人在设立公司中的行为，会涉及三类主体，即公司、发起人、第三人。本条的三个款项，第 1 项、第 2 项分别规定了公司不能成立时，发起人的内外责任，分别是：对设立行为产生的债权债务，对外部的第三人所负担的连带清偿责任；对内部的认股人，负返还股款和银行同期存款利息的连带责任，另外还有公司设立不能时，内部如何分摊公司开办费用、公司设立失败的损失等问题。第3项则规定，在设立过程中，由于发起人的过失损害公司利益而应当对公司承担的侵权损害赔偿责任。

在股份有限公司的设立过程中，发起人依法筹办公司设立的各种事务。发起人在公司设立过程中如何行为，直接影响到公司能否成立以及成立以后公司的状况。所以，发起人对设立股份有限公司，应当承担法定的责任。公司不能成立，是指发起人在筹办公司设立的各种事务之后，公司最终没有成立。公司不能成立的原因较多，如发起人未按期召开创立大会，创立大会决议不设立公司，因公司的设立不符合《公司法》规定的条件公司登记机关不予登记等。公司无论何种原因不能成立，发起人都应当承担法定责任。

根据本条规定，发起人的责任主要有以下三个方面：

第一，在公司不能成立时，涉及第三人的，发起人对公司成立前的交易所承担的责任。对设立行为所产生的债务和费用负连带责任。"债务"包括合同之债和侵权之债；"费用"是指为设立公司支付的各项费用，如租用房屋费用、购买办公用品费用、承销股票费用等。这些债务和费用，本应当由成立后的公司负担，但由于设立失败，则由发起人承担。

第二，在公司不能成立时，不涉及第三人的，发起人或投资人内部因为出资承诺产生的责任。公司不能成立，发起人对认股人已缴纳的股款应当返还，并加算银行同期存款利息，作为对认股人的补偿。所谓连带责任，是指债权人以及认股人可以要求发起人中的任何一个人或者几个人予以清偿、返还，被要求的发起人不得拒绝。

第三，因为发起人自身的过失损害公司利益，应当对公司承担的侵权损害赔偿责任。发起人在公司设立的过程中，应当尽职尽责，使公司能够顺利成立。由于在公司的设立过程中所产生的债权债务，将由成立以后的公司承担，所以，如果发起人未尽善良管理者的义务，就有可能使成立后的公司受到损害。根据民法的一般原理，行为人对自己主观上存在过错的行为应当承担民事责任。为此，本条规定，在公司设立过程中，由于发起人的过失致使公司利益受到损害的，应当对公司承担赔偿责任。与前述关于发起人承担连带责任的规定不同，本项对发起人未规定连带责任，即有过失的发起人对公司承担赔偿责任。

> **第九十五条** 有限责任公司变更为股份有限公司时，折合的实收股本总额不得高于公司净资产额。有限责任公司变更为股份有限公司，为增加资本公开发行股份时，应当依法办理。

▶ 条文释义

一、本条主旨

本条是关于有限责任公司变更为股份有限公司时如何折合股份以及如何向社会公开发行股份的规定。

二、条文演变

1993年《公司法》第99条规定："有限责任公司依法经批准变更为股份有限公司时，折合的股份总额应当相等于公司净资产额。有限责任公司依法经批准变更为股份有限公司，为增加资本向社会公开募集股份时，应当依照本法有关向社会公开募集股份的规定办理。"1999年、2004年《公司法》修正时，本条未作变动。2005年《公司法》修订时，本条被变更为第96条，内容亦修订为："有限责任公司变更为股份有限公司时，折合的实收股本总额不得高于公司净资产额。有限责任公司变更为股份有限公司，为增加资本公开发行股份时，应当依法办理。"2013年《公司法》修正时，条文序号变更为第95条，内容沿用至今。

三、条文解读

有限责任公司变更为股份有限公司，应当将有限责任公司的资产折合为股份有限公司的股份。由于有限责任公司在其运营过程中，既会有资产，也会有负债，而《公司法》规定募集设立的股份有限公司的注册资本，为在公司登记机关登记的实收股本总额；发起设立的股份有限公司的注册资本，为在公司登记机关登记的全体发起人认购的股本总额，发起人应当在2年内缴足其所认股款。所以，有限责任公司的资产，在计入股份有限公司的股本时，应当减去其负债的部分，即计入股份有限公司股本的有限责任公司的资产，应当是有限责任公司的净资产，而不是其资产总额，有限责任公司的原股东所持有的出资总额，也就应当是由这些净资产折合而成的股份总额，而不应当是由有限责任公司的资产总额折合而成的股份总额。为此，本条规定，有限责任公司变更为股份有限公司时，折合的实收股本总额不得高于公司净资产额。

有限责任公司变更为股份有限公司后，为增加资本公开发行股份，既关系到广大社会公众的利益，也关系到整个社会秩序的稳定。所以，有限责任公司依法经批准变更为股份有限公司，为增加资本公开发行股份时，不得擅自公开发行，而应当依照《公司法》及《证券法》有关公开发行股份的规定办理。具体主要有以下六项：（1）应当向国务院证券监督管理机构递交募股申请，并报送有关文件，由国务院证券监督管理机构核准；（2）应当依照《证券法》的规定聘请具有保荐资格的机构担任发行保荐人；（3）应当制作并公告招股说明书，招股说明书应当附有公司章程；（4）应当制作认股书；（5）应当与证券承销机构签订承销协议，同银行签订代收股款的协议；（6）必须经法定验资机构验资并出具证明等。需要说明的是，根据《证券法》的规定，公开发行是指向不特定对象发行证券，累计向超过200人的特定对象发行证券，以及法律、行政法规规定的其他发行行为。

▶ 适用指引

一、有限责任公司变更为股份有限公司，必须对公司资产进行评估和验资

本条第1句规定："有限责任公司变更为股份有限公司时，折合的实收股份总额不得高于公司净资产额。"有限责任公司变更为股份有限公司，必须对公司的资产负债情况和债权、债务进行调查清理，准确地评估公司的净资产额，以确定公司自有的、实有的财产究竟有多少。这样规定的作用有两个方面：一是在有限责任公司变更公司形式时，对原公司的资本折合等额股份，计算股本总额，不是简单地按照原来登记的注册资本额进行折合。这是因为，有限责任公司的净资产与登记注册的资本额之间会发生背离。如果公司历年的税

后利润有法定公积金和任意公积金留存在公司中，而公司未将其转入资本并办理增加注册资本的变更登记，则公司的净资产会大于原先登记的注册资本额。反过来，如果公司连年发生亏损，股东们未追加出资，公司也未相应地减少注册资本并办理减资的变更登记，则公司的净资产会少于原先登记的注册资本额。根据上述情况，有限责任公司在变更为股份有限公司时，不能简单地按登记的注册资本额折合股份。二是有限责任公司变更公司形态时公司的净资产额不是简单地按账面净值来确定，在市场价格有重大变动的情况下，公司原有资产中有些财产因贬值而使其价值额下降，有些财产因升值而使价值额增加。因此，为了准确地核定公司的净资产额，需要按照国家规定的通行的会计准则和财务通则，对公司资产的现值进行重新评估，在按照财务会计处理原则确定公司的净资产后，如实地折合股份。

有限责任公司变更为股份有限公司时，其折合的股份总额不得超过公司的净资产额。本条所作的这项限制性规定，体现了《公司法》贯穿的公司资本不变原则和公司资本充实的原则。如果在有限责任公司变更为股份有限公司时，折合的股份总额超过公司的净资产额，那么就意味着公司的股份总额缺乏相应的实际财产的基础，带有虚假成分，容易造成公司的债权人或其他第三人的误认，不利于保护债权人的利益。当然，在一般情况下，折合的股份总额不会低于公司的净资产额，这是因为各个股东都会十分关心自己所占出资比例在折合成股份时，如何保证其应取得的股份比例，以维护自身的合法权益。

二、有限责任公司变更为股份有限公司时公司增资的程序

公开发行股份既关系到广大社会公众的利益，也关系到整个社会秩序的稳定，所以，有限责任公司变更为股份有限公司，为增加资本公开发行股份时，不得擅自进行，而应当依法办理。具体说来，首先，应当向国务院证券监督管理机构报送募股申请和有关文件，由国务院证券监督管理机构核准。其次，应当制作并公告招股说明书。再次，应当制作认股书。最后，应当同综合类证券公司签订承销协议，同银行签订代收股款的协议。除此之外，公司的其他筹办事项也必须符合法律的规定，不得有违法之处。

> 第九十六条　股份有限公司应当将公司章程、股东名册、公司债券存根、股东大会会议记录、董事会会议记录、监事会会议记录、财务会计报告置备于本公司。

条文释义

一、本条主旨

本条是关于股份有限公司应当将有关文件置备于公司的规定。

二、条文演变

1993年《公司法》第101条规定："股份有限公司应当将公司章程、股东名册、股东大会会议记录、财务会计报告置备于本公司。"1999年、2004年《公司法》修正中，本条未作变动。2005年《公司法》修订时，本条被修订为第97条，内容亦变更为："股份有限公司应当将公司章程、股东名册、公司债券存根、股东大会会议记录、董事会会议记录、监事会会议记录、财务会计报告置备于本公司。"2013年《公司法》修正时，本条仅序号被改为第96条，内容未作变动，并沿用至今。

三、条文解读

股东作为公司的投资者，有权了解公司相关情况。由于绝大多数股东不参与公司的日常经营活动，因此，其对公司情况的了解需要借助于相关的文件、资料。为此，《公司法》规定，股东有权查阅公司章程、股东名册、公司债券存根、股东大会会议记录、董事会会议决议、监事会会议决议和财务会计报告，对公司的经营提出建议或者质询。本条规定股份有限公司应当将公司章程、股东名册、股东大会会议记录、财务会计报告等文件置备于本公司，正是为了方便股东查阅，确保股东能够准确地了解有关的情况，同时也便于有关主管机构依法对公司进行必要的监督。

第九十七条 股东有权查阅公司章程、股东名册、公司债券存根、股东大会会议记录、董事会会议决议、监事会会议决议、财务会计报告，对公司的经营提出建议或者质询。

▶ 关联规定

法律、行政法规、司法解释

《最高人民法院关于适用〈中华人民共和国公司法〉若干问题的规定（四）》

第一条 公司股东、董事、监事等请求确认股东会或者股东大会、董事会决议无效或者不成立的，人民法院应当依法予以受理。

第二条 依据民法典第八十五条、公司法第二十二条第二款请求撤销股东会或者股东大会、董事会决议的原告，应当在起诉时具有公司股东资格。

第三条 原告请求确认股东会或者股东大会、董事会决议不成立、无效或者撤销决议的案件，应当列公司为被告。对决议涉及的其他利害关系人，可以依法列为第三人。

一审法庭辩论终结前，其他有原告资格的人以相同的诉讼请求申请参加前款规定诉讼的，可以列为共同原告。

第四条 股东请求撤销股东会或者股东大会、董事会决议，符合民法典第八十五条、公司法第二十二条第二款规定的，人民法院应当予以支持，但会议召集程序或者表决方式仅有轻微瑕疵，且对决议未产生实质影响的，人民法院不予支持。

第五条 股东会或者股东大会、董事会决议存在下列情形之一，当事人主张决议不成立的，人民法院应当予以支持：

（一）公司未召开会议的，但依据公司法第三十七条第二款或者公司章程规定可以不召开股东会或者股东大会而直接作出决定，并由全体股东在决定文件上签名、盖章的除外；

（二）会议未对决议事项进行表决的；

（三）出席会议的人数或者股东所持表决权不符合公司法或者公司章程规定的；

（四）会议的表决结果未达到公司法或者公司章程规定的通过比例的；

（五）导致决议不成立的其他情形。

第六条 股东会或者股东大会、董事会决议被人民法院判决确认无效或者撤销的，公司依据该决议与善意相对人形成的民事法律关系不受影响。

第七条 股东依据公司法第三十三条、第九十七条或者公司章程的规定，起诉请求查阅或者复制公司特定文件材料的，人民法院应当依法予以受理。

公司有证据证明前款规定的原告在起诉时不具有公司股东资格的，人民法院应当驳回起诉，但原告有初步证据证明在持股期间其合法权益受到损害，请求依法查阅或者复制其持股期间的公司特定文件材料的除外。

第八条 有限责任公司有证据证明股东存在下列情形之一的，人民法院应当认定股东有公司法第三十三条第二款规定的"不正当目的"：

（一）股东自营或者为他人经营与公司主营业务有实质性竞争关系业务的，但公司章程另有规定或者全体股东另有约定的除外；

（二）股东为了向他人通报有关信息查阅公司会计账簿，可能损害公司合法利益的；

（三）股东在向公司提出查阅请求之日前的三年内，曾通过查阅公司会计账簿，向他人通报有关信息损害公司合法利益的；

（四）股东有不正当目的的其他情形。

第九条 公司章程、股东之间的协议等实质性剥夺股东依据公司法第三十三条、第九十七条规定查阅或者复制公司文件材料的权利，公司以此为由拒绝股东查阅或者复制的，人民法院不予支持。

第十条 人民法院审理股东请求查阅或者复制公司特定文件材料的案件，对原告诉讼请求予以支持的，应当在判决中明确查阅或者复制公司特定文件材料的时间、地点和特定文件材料的名录。

股东依据人民法院生效判决查阅公司文件材料的，在该股东在场的情况下，可以由会计师、律师等依法或者依据执业行为规范负有保密义务的中介机构执业人员辅助进行。

第十一条 股东行使知情权后泄露公司商业秘密导致公司合法利益受到损

害，公司请求该股东赔偿相关损失的，人民法院应当予以支持。

根据本规定第十条辅助股东查阅公司文件材料的会计师、律师等泄露公司商业秘密导致公司合法利益受到损害，公司请求其赔偿相关损失的，人民法院应当予以支持。

第十二条 公司董事、高级管理人员等未依法履行职责，导致公司未依法制作或者保存公司法第三十三条、第九十七条规定的公司文件材料，给股东造成损失，股东依法请求负有相应责任的公司董事、高级管理人员承担民事赔偿责任的，人民法院应当予以支持。

条文释义

一、本条主旨

本条是关于股东查阅权和建议、质询权的规定。

二、条文演变

1993年《公司法》第110条规定："股东有权查阅公司章程、股东大会会议记录和财务会计报告，对公司的经营提出建议或者质询。"1999年、2004年《公司法》修正时，本条未作变动。2005年《公司法》修订时，本条被修订为第98条，内容亦修订为："股东有权查阅公司章程、股东名册、公司债券存根、股东大会会议记录、董事会会议决议、监事会会议决议、财务会计报告，对公司的经营提出建议或者质询。"2013年《公司法》修正时，本条仅序号改为第97条，内容未作变动并沿用至今。

三、条文解读

查阅权是股东的一项重要权利，是股东行使其他权利的基础，只有股东的查阅权得到充分保障，才能方便股东了解公司情况，参与股东大会的表决，监督公司的运营。根据本条规定，股东的查阅权包括以下几项：（1）查阅公司章程。公司章程是股东通过股东大会制定的，明确公司的组织规范和股东、各机构以及董事、监事、高级管理人员的行为准则，保障股东权利的基本文件，各股东理当有权查阅。（2）查阅股东名册。股东名册是记载股东名称及其持股数额、证明股东身份的簿记,是公司确认股东身份,允许其行使股东权利的凭证。股东名册对股东行使权利具有重要作用,赋予股东查阅股东名册的权利,可以监督公司及时记录自己的股东身份及持股数额,维护自身权益。(3)查阅公司债券存根。公司债券存根是记载债券持有人的情况(如持有人的姓名或者名称及住所,持有人取得债券的日期及债券的编号)和债券发行有关事项(如债券总额、利率、偿还期限和方式、发行日期及债券的编号)的簿记。赋予股东查阅公司债券存根的权利,有利于股东了解公司发行债券的情况,加强股东对公司重大负债的监督。(4)查阅股东大会会议记录。作为公司的成员,股东有权参加股东大会,也有权通过股东大会会议记录来了解股东大会的举行、决议情况,检查股东大会的决议是否违反法律、行政法规、公司章程的规定,是否侵害股东的合法权益。(5)查阅董事会、监事会会议决议。公司董事会、监事会由股东会选举的成员组成,其对公司经营管理和监督的重要事项所作的决议,对公司的运营有重大影响,应当对公司股东公开,允许股求查阅。这一方面有利于股东了解公司的经营管理状况,另一方面有利于股东对董事、监事的监督。(6)查阅财务会计报告。财务会计报告是反映公司一年中的财务状况和经营状况最重要的文件。公司股东有权通过查阅公司财务会计报告了解公司资产运用、经营成果、盈余分配情况,以作出自己的判断,决定自己的对策。股东作为公司的出资人,除可以通过股东大会来决定公司重大事项外,还可以通过对公司的经营管理提出建议或者质询来改善公司的经营管理活动,督促公司董事、监事、高级管理人员谨慎、勤勉履行职责,维护自己的权益。建议权,是指股东对公司提出的有关经营管理方面的意见、改善措施、方案的权利;质询权,是指股东对公司的决策失误、管理不当、高管人员的不尽职或失职行为提出质询,要求其改正的权利。

▶ 适用指引

股东知情权,是指法律赋予公司股东了解公司信息的权利。股东知情权包括股东了解公司的经营状况、财务状况以及其他与股东利益存在密切关系的公司情况的权利。从形式上看,股东知情权主要表现为股东查阅公司财务会计报告、会计账簿等相关档案材料的权利。更实质地看,股东知情权不仅指单纯地了解公司有关信息,而且包含着对公司进行检查监督的权利,如对公司提出建议或者质询。本条规定，股份有限公司的股东不但有权查阅公司章程、股东名册、公司债券存根、股东大会会议记录、董事会会议决议、监事会会议决议、财务会计报告，还有权对公司的经营提出建议或者质询。

股东知情权是法律规定的股东享有的一项重要的、独立的权利，不依附于其他股东权利而单独存在，也是股东实现其他股东权的基础性权利，是股东参与公司管理的前提和基础，公司不得限制或者剥夺股东的此项权利。此外，为了维护公司的合法利益，限制股东滥用知情权损害公司利益，《公司法》还对股东知情权的行使作出了一定限制：（1）对于诸如会计账簿等公司文件，没有赋予股东复制权。（2）股东对公司会计账簿行使查阅权时，除了须向公司递交书面申请外，还必须说明查阅的目的。当公司认为此目的不正当时，有权拒绝提供查阅。（3）对于股份有限公司的股东，仅享有对公司相关文件的查阅权，没有复制权。

在股东知情权法律关系中，权利主体是公司股东，义务主体是公司，因此，涉及股东知情权纠纷的诉讼，应当以公司为被告。

根据《公司法》第33条第2款的规定，有限责任公司股东有权要求查阅公司会计账簿。公司拒绝提供查阅，股东诉请人民法院要求行使查阅权的，人民法院应予支持，并可判决查阅账簿的具体方式。

中国民法典适用大全

商事卷·公司法（二）

最高人民法院民法典贯彻实施工作领导小组 编著

人民法院出版社

总目录

第一章	总 则	1
第二章	有限责任公司的设立和组织机构	115
	第一节 设 立	115
	第二节 组织机构	192
	第三节 一人有限责任公司的特别规定	292
	第四节 国有独资公司的特别规定	308
第三章	有限责任公司的股权转让	349
第四章	股份有限公司的设立和组织机构	422
	第一节 设 立	422
	第二节 股东大会	523
	第三节 董事会、经理	581
	第四节 监事会	624
	第五节 上市公司组织机构的特别规定	637
第五章	股份有限公司的股份发行和转让	676
	第一节 股份发行	676
	第二节 股份转让	722
第六章	公司董事、监事、高级管理人员的资格和义务	773
第七章	公司债券	794
第八章	公司财务、会计	824
第九章	公司合并、分立、增资、减资	859

第十章　公司解散和清算 898
第十一章　外国公司的分支机构 964
第十二章　法律责任 988
第十三章　附　则 1076

索引 1085
后记 1104

目 录

(第二册)

第二节 股东大会

第九十八条【股份有限公司股东大会的组成及其地位】……523

第九十九条【股东大会职权】……525

第 一 百 条【股东大会年会和必须召开临时股东大会的情形】……531

第一百零一条【股东大会会议召集人和主持人】……536

第一百零二条【股东大会召开程序】……541

第一百零三条【股东大会表决方式】……546

第一百零四条【公司章程有关股东大会职权及其行使】……552

第一百零五条【股份有限公司累积投票制】……560

第一百零六条【股东委托代理人出席股东大会会议行使表决权】……571

第一百零七条【股东大会会议记录要求】……575

第三节 董事会、经理

第一百零八条【股份有限公司董事会组成、任期以及职权】……581

第一百零九条【股份有限公司的董事长、副董事长产生及其职权】……588

第一百一十条【董事会的类型、通知、召集和主持】 592

第一百一十一条【董事会会议的举行、决议效力以及董事会表决】 596

第一百一十二条【董事会的出席与代理出席、会议记录与责任承担】 599

第一百一十三条【经理的设立及其职权】 609

第一百一十四条【董事会成员兼任经理】 613

第一百一十五条【公司不得向董事、监事、高级管理人员提供借款】 617

第一百一十六条【公司向股东披露董事、监事、高级管理人员从公司获得报酬情况】 620

第四节 监事会

第一百一十七条【监事会的设立、成员组成和会议召集、主持以及监事任期】 624

第一百一十八条【监事会职权以及监事会行使职权费用承担】 629

第一百一十九条【监事会会议的类型、会议记录、议事方式和表决程序】 634

第五节 上市公司组织机构的特别规定

第一百二十条【上市公司】 637

第一百二十一条【上市公司资产负债发生重大变化时应经股东大会作出决议】 649

第一百二十二条【上市公司设立独立董事】 654

第一百二十三条【上市公司董事会秘书及其职责】 663

第一百二十四条【上市公司董事关联交易回避制度】 669

第五章 股份有限公司的股份发行和转让

第一节 股份发行

第一百二十五条【股份和股票的概念】 676
第一百二十六条【股份有限公司股份发行原则】 679
第一百二十七条【股份有限公司股票发行价格】 682
第一百二十八条【股票的形式以及股票记载事项】 687
第一百二十九条【记名股票和无记名股票】 691
第一百三十条【股份有限公司股东名册】 696
第一百三十一条【授权国务院另行规定特殊种类股份】 699
第一百三十二条【股票交付】 702
第一百三十三条【公司发行新股】 704
第一百三十四条【公司公开发行新股应当遵守程序】 708
第一百三十五条【新股作价】 715
第一百三十六条【公司发行新股后办理变更登记】 719

第二节 股份转让

第一百三十七条【股份依法转让的基本要求】 722
第一百三十八条【股份转让场所】 729
第一百三十九条【记名股票转让】 734
第一百四十条【无记名股票转让】 740
第一百四十一条【公司发起人和公司内部高层人员持有股份转让限制】 743
第一百四十二条【公司收购本公司股份的限制性规定】 749
第一百四十三条【记名股票被盗、遗失或者丢失的处理】 761
第一百四十四条【上市公司股票交易的原则】 766

第一百四十五条【上市公司公开其有关信息】……………………………769

第六章　公司董事、监事、高级管理人员的资格和义务

第一百四十六条【董事、监事、高级管理人员消极资格】……………773

第一百四十七条【董事、监事、高级管理人员忠实和勤勉义务】……777

第一百四十八条【董事、高级管理人员不得违反对公司忠实义务的
　　　　　　　　具体规定】……………………………………………779

第一百四十九条【董事、监事、高级管理人员赔偿责任】……………783

第一百五十条【董事、监事、高级管理人员列席股东会、股东大会
　　　　　　　以及协助监事会工作的义务】………………………785

第一百五十一条【股东代表诉讼】………………………………………787

第一百五十二条【股东直接诉讼】………………………………………792

第七章　公司债券

第一百五十三条【公司债券的定义和发行条件】………………………794

第一百五十四条【公司债券募集办法公告】……………………………798

第一百五十五条【公司债券实物券记载事项】…………………………801

第一百五十六条【公司债券种类】………………………………………803

第一百五十七条【公司债券存根簿的置备和记载事项】………………805

第一百五十八条【记名公司债券登记结算制度】………………………807

第一百五十九条【公司债券转让价格】…………………………………810

第一百六十条【公司债券转让方式及效力】……………………………813

第一百六十一条【可转换公司债券的发行】……………………………815

第一百六十二条【可转换公司债券的转换规则】………………………820

第八章　公司财务、会计

第一百六十三条【公司建立财务、会计制度】..................824
第一百六十四条【公司编制年度财务会计报告的要求】..................831
第一百六十五条【公司依法对股东公开其财务会计报告】..................835
第一百六十六条【公司税后利润分配】..................837
第一百六十七条【资本公积金】..................841
第一百六十八条【公司公积金使用】..................846
第一百六十九条【公司聘用、解聘会计师事务所】..................849
第一百七十条【公司向会计师事务所提供资料应当履行一定义务】..................851
第一百七十一条【公司会计账簿设立和账户开立的禁止性规定】..................856

第九章　公司合并、分立、增资、减资

第一百七十二条【公司合并方式】..................859
第一百七十三条【公司合并程序和债权人异议权】..................866
第一百七十四条【公司合并前各方的债权、债务承继】..................870
第一百七十五条【公司分立财产分割和分立程序】..................872
第一百七十六条【公司分立前公司债务承担】..................880
第一百七十七条【公司减少注册资本】..................883
第一百七十八条【公司增加注册资本】..................889
第一百七十九条【公司分立、合并、增资、减资应予登记】..................894

第十章　公司解散和清算

第一百八十条【公司解散原因】..................898
第一百八十一条【通过修改公司章程而使公司继续存续】..................904

第一百八十二条【人民法院强制解散公司】……908
第一百八十三条【公司解散时清算组】……919
第一百八十四条【清算组职权】……929
第一百八十五条【清算期间债权申报】……934
第一百八十六条【清算方案的制定与公司财产的处分】……940
第一百八十七条【公司解散清算程序与破产清算程序衔接】……945
第一百八十八条【清算报告报送及公司注销登记】……950
第一百八十九条【清算组成员义务与责任】……953
第 一 百 九 十 条【公司破产法律适用】……959

第十一章　外国公司的分支机构

第一百九十一条【外国公司含义】……964
第一百九十二条【外国公司在中国设立分支机构的程序】……967
第一百九十三条【设立外国公司分支机构应当具备的条件】……971
第一百九十四条【外国公司的分支机构的名称要求及在本机构中
　　　　　　　置备公司章程】……973
第一百九十五条【外国公司分支机构的法律地位】……975
第一百九十六条【外国公司分支机构的活动原则】……980
第一百九十七条【外国公司分支机构撤销】……982

第十二章　法律责任

第一百九十八条【采取欺诈手段取得公司登记的法律责任】……988
第一百九十九条【虚假出资的法律责任】……994
第 二 百 条【公司发起人、股东抽逃出资的法律责任】……1001
第二百零一条【违法另立会计账簿的法律责任】……1007
第二百零二条【提供虚假财会报告的法律责任】……1011

第二百零三条【违法提取法定公积金的法律责任】..................1016

第二百零四条【公司合并、分立、减少注册资本或者进行清算违反

　　　　　　　公司法有关规定的法律责任】..................1020

第二百零五条【公司在清算期间开展违法经营活动的法律责任】......1026

第二百零六条【清算组违法活动的法律责任】....................1030

第二百零七条【资产评估、验资或者验证机构违法的法律责任】......1036

第二百零八条【公司登记机关违法的法律责任】..................1042

第二百零九条【公司登记机关的上级部门违法的法律责任】..........1046

第二百一十条【假冒有限责任公司或者股份有限公司及其分公司

　　　　　　　名义的法律责任】..............................1048

第二百一十一条【逾期开业、停业、不依法办理变更登记的法律责任】......1053

第二百一十二条【外国公司擅自在中国境内设立分支机构的法律责任】......1058

第二百一十三条【利用公司名义从事危害国家安全、社会公共

　　　　　　　　利益的严重违法行为的法律责任】..................1061

第二百一十四条【公司违法承担民事赔偿责任优先原则】..............1065

第二百一十五条【违反公司法规定、构成犯罪的依法追究

　　　　　　　　刑事责任】..................................1069

第十三章　附　则

第二百一十六条【公司法使用的一些用语含义】....................1076

第二百一十七条【外商投资的公司适用法律】......................1082

第二百一十八条【公司法施行日期】..............................1083

索引..1085

后记..1104

第二节 股东大会

第九十八条 股份有限公司股东大会由全体股东组成。股东大会是公司的权力机构，依照本法行使职权。

▶ 关联规定

法律、行政法规、司法解释

《中华人民共和国民法典》

第八十条 营利法人应当设权力机构。

权力机构行使修改法人章程，选举或者更换执行机构、监督机构成员，以及法人章程规定的其他职权。

▶ 条文释义

一、本条主旨

本条是关于股份有限公司股东大会的组成及其地位的规定。

二、条文演变

本条在历次《公司法》修改过程中均未作实质性修改，仅就表述方式作出变更。2005年《公司法》修订之前，表述方式为"股份有限公司由股东组成股东大会"，2005年《公司法》修订后，表述为"股份有限公司股东大会由全体股东组成"。

三、条文解读

公司虽为独立享有权利和承担义务的法律主体,但其行为必须依赖自然人的意思表示和行动。股份有限公司通常股东人数较多,为保持公司运作效率,不可能使每一股东均参与公司经营,且股东仅以所持股份为限对公司债务承担有限责任,也并非都有直接参与公司经营的积极性。因此,采取所有权与经营权分离的方式,由董事会作为公司业务的经营决策机构,负责公司的经营管理。虽然股份有限公司股东不直接参与公司的经营管理,但仍有必要通过一定的机制行使其作为出资人的权力。这种机制的现实选择和法律上的安排就是由全体股东组成公司的权力机关股东大会集合股东的意志,决定公司重大事项。

由于公司是由全体股东出资设立的,公司虽对公司财产独立享有法人财产权,但公司股东对公司享有最终所有权,这就决定了股东大会作为公司权力机构的地位。股东大会作为公司权力机构的地位体现在以下几个方面:(1)作为公司"宪法"的公司章程由股东大会制定和修改;(2)公司的经营管理机构、监督机构的成员由其任免,对其负责;(3)股东大会根据法律和章程的规定,决定公司的重大事项。同时,股东大会应当依法行使其权力,即应当行使法律规定的职权,并在行使职权时遵守法律规定的议事方式、表决方式及程序。

第九十九条　本法第三十七条第一款关于有限责任公司股东会职权的规定，适用于股份有限公司股东大会。

▶ 关联规定

一、法律、行政法规、司法解释

1.《中华人民共和国民法典》

第八十五条　营利法人的权力机构、执行机构作出决议的会议召集程序、表决方式违反法律、行政法规、法人章程，或者决议内容违反法人章程的，营利法人的出资人可以请求人民法院撤销该决议。但是，营利法人依据该决议与善意相对人形成的民事法律关系不受影响。

2.《中华人民共和国公司法》

第三十七条　股东会行使下列职权：

（一）决定公司的经营方针和投资计划；

（二）选举和更换非由职工代表担任的董事、监事，决定有关董事、监事的报酬事项；

（三）审议批准董事会的报告；

（四）审议批准监事会或者监事的报告；

（五）审议批准公司的年度财务预算方案、决算方案；

（六）审议批准公司的利润分配方案和弥补亏损方案；

（七）对公司增加或者减少注册资本作出决议；

（八）对发行公司债券作出决议；

（九）对公司合并、分立、解散、清算或者变更公司形式作出决议；

（十）修改公司章程；

（十一）公司章程规定的其他职权。

对前款所列事项股东以书面形式一致表示同意的，可以不召开股东会会议，直接作出决定，并由全体股东在决定文件上签名、盖章。

3.《最高人民法院关于适用〈中华人民共和国公司法〉若干问题的规定（五）》

第四条 分配利润的股东会或者股东大会决议作出后，公司应当在决议载明的时间内完成利润分配。决议没有载明时间的，以公司章程规定的为准。决议、章程中均未规定时间或者时间超过一年的，公司应当自决议作出之日起一年内完成利润分配。

决议中载明的利润分配完成时间超过公司章程规定时间的，股东可以依据民法典第八十五条、公司法第二十二条第二款规定请求人民法院撤销决议中关于该时间的规定。

二、司法指导性文件

《全国法院民商事审判工作会议纪要》

7.【表决权能否受限】股东认缴的出资未届履行期限，对未缴纳部分的出资是否享有以及如何行使表决权等问题，应当根据公司章程来确定。公司章程没有规定的，应当按照认缴出资的比例确定。如果股东（大）会作出不按认缴出资比例而按实际出资比例或者其他标准确定表决权的决议，股东请求确认决议无效的，人民法院应当审查该决议是否符合修改公司章程所要求的表决程序，即必须经代表三分之二以上表决权的股东通过。符合的，人民法院不予支持；反之，则依法予以支持。

条文释义

一、本条主旨

本条是关于股东大会职权的规定。

二、条文演变

本条文自1993年写入《公司法》。2005年《公司法》修订时，本条主要作了以下修改：（1）将股东大会的职权从具体列举式改为适用有限责任公司股东会职权的概括性规定，以减少法律条文的重复。（2）增加了一项概括式职权，即公司章程规定的其他职权，赋予公司章程更大的自治权。（3）根据《公司法》对职工董事的规定，对股东大会的选举和更换由职工代表担任的董事作了除外规定。

三、条文解读

股东大会的职权归纳起来有以下五项。

（一）投资经营决定权

投资经营决定权，是指股东大会有权对公司的投资计划和经营方针作出决定。公司的投资计划和经营方针是公司经营的目标方向和资金运用的长期计划，这样的计划和方针是否可行，是否能给公司和股东带来盈利，影响股东的收益预期，决定公司的命运与未来，是公司的重大问题，应由股东大会作出决定。

（二）人事任免权

公司的董事、监事是公司的经营管理者和监督者，对公司的经营状况起着决定性作用，其选举、更换和报酬，应当由股东大会决定。对由职工代表担任的董事、监事，根据法律规定，由公司职工通过职工代表大会、职工大会或者其他形式民主选举产生，股东大会没有选任、更换权。

（三）批准权

一是审批董事会、监事会工作报告。董事会、监事会是公司的经营管理机构和监督机构，由股东大会选举产生的董事、监事组成，并对股东大会负责。因此，法律要求董事会、监事会向股东大会作出报告，并由股东大会进行审议，提出意见，作出是否批准的决定。二是审议批准公司的年度财务预算方案、决算方案。公司的年度预算方案、决算方案是体现公司经营方针，反映公司经营活动及经营成果的重要文件，事关股东的基本利益，因此需要经过股东大会审议批准。三是审议批准公司的利润分配方案和弥补亏损方案。公司的利润分配方案和弥补亏损方案，关系到公司的经营成果的分配是否合理，各股东是否能够公平地取得收益，事关股东的根本利益，应当由股东大会审议批准。四是对公司增加或者减少注册资本作出决议。公司注册资本的增加与减少，涉及公司股东权益的扩大与缩减，这种变动应当由股东大会作出决议。五是对发行公司债券作出决议。发行公司债券会对公司的财务和经营产生较大影响，应由股东大会作出决议。六是对公司合并、分立、解散、清算和变更公司形式作出决议。这些事项直接涉及公司资本的重新组合甚至公司的终止以及公司最终债权、债务的清理和财产的分配，与股东权益有重大关系，应当由股东大会作出决议。

（四）章程修改权

公司章程是公司的"宪法"，确定公司的组织规范和股东、各机构以及董事、监事、高级管理人员的行为准则，由公司股东大会在公司设立时制定，也应由公司股东大会修改。

（五）公司章程规定的其他职权

股东大会除具有法律规定的职权外，股东还可以从公司实际出发，在不违背法律强制性规定的情况下，通过章程为股东大会规定必要的职权。例如，规定由股东大会决定承办公司审计业务的会计师事务所的聘任或者解聘等。

▶ 适用指引

一、如何认定控股股东不召开股东大会即自行签署的股东大会决议

控股股东不召开股东大会即自行签署股东大会决议的行为，属于滥用资本多数决原则的行为，相应的股东大会决议不符合法定的形成程序要求，应当认定决议不成立。理由：第一，股东大会决议的形成有法定程序要求。根据《公司法》第37条第2款规定，只有在股东对股东会所议事项以书面形式一致表示同意的情形下，才可以不召开股东会，直接作出决定，并由全体股东在决议文件上签名、盖章。换言之，只要股东之间对股东会所议事项存在争议，就必须依法召开股东会；不召开股东会就对应由股东会所议事项作出决定，明显违反法律规定。第二，资本多数决原则的适用并非没有边界。控股股东不召开股东大会即签署股东大会决议的做法，超越了资本多数决原则的合法适用范围，属于滥用资本多数决的行为。司法如果不予规制，将架空《公司法》对公司内部治理的制度设计。第三，应正确理解股东大会设置的内在价值。股东大会是

股东行使股东权利的平台，股东通过行使表决权对待议事项作出自己的意思决定，众股东分散之意思决定通过表决权规则汇集形成集体意志，转化为公司意思。不通过股东大会这一平台，包括控股股东在内的任何一个股东的意志均无法上升为公司意志。

二、股东大会决议与司法介入的界限

股东大会对于公司经营管理事项作出的决议，原则上不得由股东或公司直接诉请人民法院予以确认并执行。公司股东大会是公司最高权力机关，其有能力实现其自身事务的计划与安排，一般无须司法介入。例外需要介入的情形主要有：（1）当决议涉及的相关公司财产、章证、账册、文件等被不当侵占时，公司或股东可以凭借侵权之诉要求返还与赔偿；（2）在负有实施股东会决议职责的主体违反忠实勤勉义务且对公司造成损害的情况下，公司或股东可以诉请相关损害赔偿责任；（3）当公司决议通过具体分配方案的，股东可依据公司盈余分配纠纷诉请执行；（4）其他明确规定请求权基础的情形。至于"公司决议纠纷"案由，其涉及的是公司决议是否存在无效、可撤销或不成立的情形，而并非股东或公司可以任意要求对决议内容予以司法确认的依据，司法实践中要注意正确适用该案由。

三、完成增资的通常方式

公司增资在实践中可能体现为四种完成方式：（1）先由公司股东会作出对外增资的决议，公司再依此与具体的投资人订立投资入股协议或股权认购协议，随后双方依约履行认缴或实缴出资、出具出资证明书、修改股东名册以及办理变更登记等义务；（2）投资人与公司先订立投资入股协议或投资意向书，公司股东会就该增资事项作出决议，随后双方依约认缴或实缴出资，并继续完成余下法定变更程序；（3）控股股东或大股东代表公司与投资人订立投资入股协议后，该投资人即开始认缴或实缴出资，公司也随后履行增资的法定变更程序，但公司从未就增资事项召开股东会并作出决议；（4）投资人既未与公司订立投资入股协议或相关意向书，该公司也从未就增资事项召开股东会并作出决议，但投资人与公司之间又存在支付与接受款项、交付与转移财产、变更名册或工商登记等符合增资程序的行为。

就第（1）（2）类方式而言，投资人与公司股东会的表意事实可能互有先后地完成，就此应以在后发生的表意事实作为起始点，进而结合关于增资的履行行为或法定程序完成情况，具体判定投资人获得股权即股东身份的时间点。

就第（3）（4）类方式而言，涉及对当事人默示表意的判断，公司、股东以及投资人可能在相关增资变更程序或公司内部治理过程中，体现出投资人意在出资入股、公司意在接纳新股东的客观表象，人民法院须就此结合相关事实综合认定。例如，公司股东会就公司章程的股东变动事项予以审议表决、投资人在支付款项时明确表达出资入股的用途、投资人开始参与公司股东会决议并依据相关股权比例行使共益权、公司开始依据投资人的相关股权比例对其分配股利等。总之，应在这类个案中找出体现默示表意的关键事实，进而结合相关履行行为来判定完成增资的时间点。

审理公司决议纠纷类案件时应坚持以下司法导向：第一，严格遵守法律规定认定决议效力，高度重视公司决议的程序性事项，注重保护中小股东合法权益。对于公司决议存在瑕疵，符合法律规定不成立、无效或可撤销条件的，严格适用法律对决议效力作出相应认定。第二，注重维护决议效力和公司内外法律关系稳定。坚持以《民法典》所秉持的健全社会治理方式，维护社会和谐稳定的理念和指导思想处理公司决议类纠纷。公司决议不仅涉及股东与股东（董事与董事）之间、股东（董事）与公司之间的利益，通常情况下还会对公司以外的第三人产生影响。应在严格适用法律的同时，结合个案实际情况作出综合判断，以避免公司股东恶意利用制度设计侵害第三人权益，进而实现决议效力和公司内外法律关系的稳定。第三，尊重公司意思自治，重视公司内部治理规则。在审理案件时，注重挖掘公司章程、先前的股东会决议内容或约定，着重审查股东会议事规则是否有对公司会议召开程序或决议权限的特别规定，并予以尊重。

第一百条　股东大会应当每年召开一次年会。有下列情形之一的，应当在两个月内召开临时股东大会：

（一）董事人数不足本法规定人数或者公司章程所定人数的三分之二时；

（二）公司未弥补的亏损达实收股本总额三分之一时；

（三）单独或者合计持有公司百分之十以上股份的股东请求时；

（四）董事会认为必要时；

（五）监事会提议召开时；

（六）公司章程规定的其他情形。

▶ 关联规定

一、法律、行政法规、司法解释

《中华人民共和国民法典》

第八十五条　营利法人的权力机构、执行机构作出决议的会议召集程序、表决方式违反法律、行政法规、法人章程，或者决议内容违反法人章程的，营利法人的出资人可以请求人民法院撤销该决议。但是，营利法人依据该决议与善意相对人形成的民事法律关系不受影响。

二、司法指导性文件

《全国法院民商事审判工作会议纪要》

29.【请求召开股东（大）会不可诉】公司召开股东（大）会本质上属于公司内部治理范围。股东请求判令公司召开股东（大）会的，人民法院应当告知其按照《公司法》第 40 条或者第 101 条规定的程序自行召开。股东坚持起诉的，人民法院应当裁定不予受理；已经受理的，裁定驳回起诉。

▶ 条文释义

一、本条主旨

本条是关于股东大会年会和必须召开临时股东大会的情形的规定。

二、条文演变

本条自1993年写入《公司法》，2005年《公司法》修订时，对该条进行了修改，修改的主要内容为：一是将临时股东大会召开的情形之一"公司未弥补的亏损达股本总额三分之一时"修改为"公司未弥补的亏损达实收股本总额三分之一时"；二是增加了临时股东大会召开的情形之一，即"公司章程规定的其他情形"；三是条文序号由原第104条改为第101条。2013年《公司法》修正时，仅条文序号改为第100条，内容未作修改，并沿用至今。

三、条文解读

股东大会是公司的权力机构，通过召开会议的形式来行使自己的权力。股东大会会议依其召开时间的不同，分为股东大会年会和临时股东大会。由于股份有限公司通常股东人数较多，不可能经常召开股东大会，因此《公司法》确定股东大会应当每年召开一次年会，决定公司一年中的重大事项。股东大会年会何时召开、审议哪些事项，由公司章程规定。公司章程还可以规定一年中多次召开股东大会定期会议。在两次股东大会年会期间，公司可能出现一些特殊情况，需要由股东大会审议决定某些重大事项，因而有必要召开临时股东大会。临时股东大会与股东大会年会的区别在于二者的召集权人和召集程序不同，审议的事项也有区别。

必须召开临时股东大会的情形有：

第一，董事人数不足本法规定人数（5人）或者公司章程所定人数的2/3时。在此种情形下，公司的经营决策机构——董事会难以正常开展活动，公司需要增选董事或者采取其他必要对策，因此必须召开股东大会作出相关决定。

第二，公司未弥补的亏损达实收股本总额的1/3时。公司出现此种情形时，表明公司处于严重亏损状态，偿付能力严重不足，股东的利益将得不到保障，需要召开临时股东大会，决定采取增加资本，更换董事、监事、高级管理人员，调整公司经营方向或者投资计划等措施，或者决定是否追究董事、监事、高级管理人员的责任。

第三，单独或者合计持有公司10%以上股份的股东请求时。股东单独或者合计持有公司10%以上股份，表明其在公司中的权益占有相当的比重，当其认为必要时可以要求公司召开临时股东大会，审议、决定其关注的事项。

第四，董事会认为必要时。董事会是股东选举产生的董事组成的公司经营决策机构，最了解公司的情况，是股东大会最适合的召集人。当其认为公司出现特殊情形，有必要召开股东大会决定某些重大事项时，可以召集临时股东大会。

第五，监事会提议召开时。监事会是股东选举产生的监事组成的公司监督机构。当其发现董事、董事会不履行或者违反法律、章程的规定履行职权或者因董事会经营决策失误，严重影响公司运营时，应当担负监督之责。监事会认为应当及时召开股东大会作出相关决定的，有义务提议召开临时股东大会，公司应当在规定的期限内召开。

第六，公司章程规定的其他情形。本项是这次修改公司法增加的。允许通过公司章程规定应当召开临时股东大会的情形，体现了股东意思自治，可以适应不同公司的实际需要。

股份有限公司的股东大会分为股东年会和临时股东大会两种。股东年会，是指依照法律和公司章程的规定每年按时召开的股东大会。股东大会是公司的权力机构，每经过一段时间就应当举行，使股东大会以会议的形式对公司的重大事项作出决议。根据预算、决算、利润分配、亏损弥补等一年进行一次以及其他重大事项在年度内一般不会有太大变化的特点，股东年会应当每年召开一次。这样既可以及时对公司的重大事项作出决议，又可以节约股东的时间、精力，并减少公司为召集会议而必须支付的费用。临时股东大会，是指根据法定的事由在两次股东年会之间临时召集的不定期的股东大会。虽然在一般情况下股东年会可以对需要股东大会作出决议的事项作出决议，但遇有特殊情况，如临时发生的一些事项，必须由股东大会及时作出决议而本年度的股东年会已经举行或者还未到举行股东年会的时间，这时就需要临时召集股东大会，以对这些临时发生的事项作出决议，从而使股东的权利和利益得到切实的保障，使公司的经营得以顺利进行。

适用指引

确认股东会或股东大会是否应当召集须经一方或多方当事人的积极作为才能实现,才具有法律意义;即使法院判决股东会或股东大会应当召集,按现行法律并不能直接被执行,故不存在可执行性。一般情况下,提起股东会召集之诉的当事人应当是对股东会是否召集处于不确定状态,双方当事人对这一行为的必要性是有争议的。是否召开以及如何召开股东会或者股东大会是公司内部事务,人民法院不宜干预。

类案检索

新蓝置业有限公司、铁岭银行股份有限公司公司决议纠纷案

关键词: 公司决议　临时股东大会

裁判摘要: 铁岭银行于2015年12月末董事会、监事会成员任期均已经届满,并且董事人数已不足公司章程规定人数的2/3,铁岭银行的董事会和监事会并未在法定期限内召集召开股东大会或临时股东大会。据此,中国银行业监督管理委员会铁岭监管分局于2017年2月24日向铁岭银行下发《中国银行业监督管理委员会铁岭监管分局监管意见书》(监管意见书〔2017〕1号),明确要求铁岭银行在于2017年3月末前召开股东大会落实、解决相关问题。而此后,铁岭银行的董事会和监事会仍然未能在规定的期限内召集召开临时股东大会,以上事实足以表明铁岭银行的董事会和监事会不能正常履行职责及不按规定召开临时股东大会,严重影响了铁岭银行的正常运行。在此情况下,有权股东自行提议召开临时股东大会符合法律和公司章程的规定。副董事长孙某某在董事长郝某某被双规后行使董事长的权利和义务主持此次会议也符合相关规定。

铁法能源虽将其所持有的铁岭银行股权相关的全部股东权利授权铁岭公投行使,但又对上述授权进行了变更,撤销了铁岭公投出席铁岭银行股东大会及行使表决权的授权。故铁法能源于2017年11月3日提议召开临时股东大会时是持有表决权的股东,其与铁岭交投持有的表决权的股份超过了10%,符合《公司法》及公司章程中关于股东提议召集临时股东大会的主体条件。

铁岭银行于2017年11月6日在《铁岭日报》（第5版）将相关会议通知内容刊载公告符合规定。铁岭银行针对实德系失联股东采取了与之前股东大会通知相同的邮寄方式，将会议材料邮寄至新蓝公司在铁岭银行的预留地址，新蓝公司无人签收邮件被退回铁岭银行，铁岭银行并无过错。新蓝公司称顺丰速递打印单据上出现收件人电话为铁岭银行董办电话，为顺丰速递公司生成单据问题，与铁岭银行无关。新蓝公司未能提供有效的接收地址和电话，致使邮寄的会议通知未能由其签收，应当自行承担后果。

【审理法院】辽宁省高级人民法院

> **第一百零一条** 股东大会会议由董事会召集，董事长主持；董事长不能履行职务或者不履行职务的，由副董事长主持；副董事长不能履行职务或者不履行职务的，由半数以上董事共同推举一名董事主持。
>
> 董事会不能履行或者不履行召集股东大会会议职责的，监事会应当及时召集和主持；监事会不召集和主持的，连续九十日以上单独或者合计持有公司百分之十以上股份的股东可以自行召集和主持。

▶ 关联规定

一、法律、行政法规、司法解释

《中华人民共和国民法典》

第八十一条 营利法人应当设执行机构。

执行机构行使召集权力机构会议，决定法人的经营计划和投资方案，决定法人内部管理机构的设置，以及法人章程规定的其他职权。

执行机构为董事会或者执行董事的，董事长、执行董事或者经理按照法人章程的规定担任法定代表人；未设董事会或者执行董事的，法人章程规定的主要负责人为其执行机构和法定代表人。

第八十二条 营利法人设监事会或者监事等监督机构的，监督机构依法行使检查法人财务，监督执行机构成员、高级管理人员执行法人职务的行为，以及法人章程规定的其他职权。

第八十五条 营利法人的权力机构、执行机构作出决议的会议召集程序、表决方式违反法律、行政法规、法人章程，或者决议内容违反法人章程的，营利法人的出资人可以请求人民法院撤销该决议。但是，营利法人依据该决议与善意相对人形成的民事法律关系不受影响。

二、司法指导性文件

《全国法院民商事审判工作会议纪要》

29.【请求召开股东（大）会不可诉】公司召开股东（大）会本质上属于公司内部治理范围。股东请求判令公司召开股东（大）会的，人民法院应当告知其按照《公司法》第40条或者第101条规定的程序自行召开。股东坚持起诉的，人民法院应当裁定不予受理；已经受理的，裁定驳回起诉。

▶ 条文释义

一、本条主旨

本条是关于股东大会会议召集人和主持人的规定。

二、条文演变

2005年《公司法》修订时，对本条主要作了以下修改：一是增加了董事长不履行职务时，由副董事长主持股东大会的内容；二是增加了在副董事长不能履行职务或者不履行职务时，由半数以上董事共同推举的一名董事主持股东大会的内容；三是增加了在董事会不能履行或者不履行召集股东大会职责时，监事会应当及时召集和主持股东大会的内容；四是增加了在监事会不召集和主持股东大会时，连续90日以上单独或者合计持有公司百分10%以上股份的股东可以自行召集和主持的内容。2013年《公司法》修正时，仅将条文序号由原第102条修改为第101条，内容未作修改，并延续至今。

三、条文解读

股东大会会议的召开应当遵守法定程序，确定会议的召集人和主持人，这是会议能够正常召开并有序进行的重要保证。股东大会会议的召集人包括：（1）董事会。董事会是由股东选举产生的董事组成的公司经营决策机构，最了解公司的情况，是股东大会会议最适合的召集人，除特殊情况外，董事会为股东大会会议的法定召集人。同时，董事对公司负有注意及忠实义务，应当根据法律和章程的规定，通过董事会决议及时召集股东大会会议。对于股东大会年会，董事会应当在章程规定的时间、按照本法规定的程序召集。在出现《公司法》第101条规定的情形，应当召开临时股东大会时，董事会应当及时召集，并保证在2个月内召开。（2）监事会。监事会在以下两种情形下可以召集股东大会：一是在章程规定的期限内董事会不履行召集股东大会年会的义务时；二是在出现《公司法》第101条规定的情形，董事会在2个月内未召开股东大会时。（3）符合条件的股东。股东是公司的出资者和公司财产的最终所有者，在股东大会会议不能正常召开的情况下，应当赋予股东召集股东大会会议的权力以维护其合法权益。同时，由于股份有限公司股东人数较多、股权分散，如果赋予每一股东此项权力而不给予必要的限制，可能影响公司的正常经营，甚至导致公司组织机构和运营的混乱。因此，本条对股东召集股东大会会议的权力作了以下限制：一是持股数额的限制，必须单独或者合计持有公司10%以上股份；二是持股时间的限制，必须连续持股90日以上；三是程序限制，必须是在出现应当召开股东大会的情形，而董事会、监事会均不履行其召集股东大会会议的义务时，上述股东才能自行召集。

股东大会会议的主持人包括：（1）在股东大会会议由董事会召集时，董事长为主持人；董事长不能履行职务或者不履行职务的，由副董事长主持；副董事长不能履行职务或者不履行职务的，由半数以上董事共同推举一名董事主持。（2）在监事会召集股东大会会议时，监事会为主持人。（3）在连续90日以上单独或者合计持有公司10%以上股份的股东自行召集股东大会会议时，召集会议的股东为主持人；股东为数人时，该数人为共同主持人或者推举其中一人履行主持人职责。

▶ 适用指引

在正常情形下，股东大会会议应当由董事会召集，董事长主持。然而，因主客观方面的原因，董事会及董事长不能履行或者不履行职责、职务的情形时有发生，此时，应当由哪个机构和人员负责召集和主持股东会议，直接关系到股东权益的保障以及公司经营活动的正常进行。

一是在董事会能够履行职责召集股东大会，而董事长不能履行职务或者不履行职务时，由副董事长主持。而在副董事长不能履行职务或者不履行职务时，由半数以上董事共同推举一名董事主持。也就是说，在董事会能够召集股东大会的情形下，股东大会由董事会内部成员，如副董事长或者半数以上董事共同推选的董事主持。

二是在董事会不能履行或者不履行召集股东大会职责时，监事会应当及时召集和主持股东大会。监事会是股份有限公司的监督机构，代表的是公司及其股东的整体利益。所以，在公司及其股东、职工的利益因股东大会无法召开而得不到有效保障时，公司的监事会应当从维护公司及其股东、职工的利益出发，及时召集股东大会。

三是在监事会不召集和主持时，连续90日以上单独或者合计持有公司10%以上股份的股东可以自行召集和主持股东大会。在股东大会的召集和主持穷尽其他途径而未能实现时，在一定时期内持有公司一定数量股份的股东可以自行召集和主持股东大会，从而保障公司股东的利益。

实践中，股东因法律知识欠缺，径行选择向法院起诉请求判令公司召开股东会或者股东大会，人民法院应当向当事人告知，可以按照《公司法》第40条或者第101条规定，自行召开股东会或者股东大会。股东坚持起诉的，人民法院应当裁定不予受理；已经受理的，裁定驳回起诉。

▶ 类案检索

中国广顺房地产业开发公司等与深圳市广顺实业股份有限公司等公司决议纠纷案

关键词：董事会决议　召集程序　申请撤销

裁判摘要：公司董事长未经董事会决议，以董事长名义召集股东大会，违法了《公司法》对股东大会召集程序的规定。公司据此作出的股东大会决议属可撤销决议，公司的股东可向人民法院申请撤销。按照公司治理原理，董事会作为会议形式的公司机关，其职权的行使应以会议形式为之，董事长仅是董事会之主席，不得以一己之意代表董事会之意思决定。故公司欲召开股东大会，应先经董事会决议作出意思决定，再交由董事长以董事会名义执行，方符合法定召集程序。而本案中，深圳广顺公司2004年度股东大会仅由其董事长王某某以个人名义向股东发出召开通知，且在各股东提出异议时，王某某予以拒绝。其召集程序违反了《公司法》的规定及深圳广顺公司章程，故深圳广顺公司 2004 年度股东大会决议属可撤销之决议，深圳广顺公司的股东可请求人民法院撤销该决议。

【案　　号】（2007）高民终字第 601 号
【审理法院】北京市高级人民法院

第一百零二条　召开股东大会会议,应当将会议召开的时间、地点和审议的事项于会议召开二十日前通知各股东;临时股东大会应当于会议召开十五日前通知各股东;发行无记名股票的,应当于会议召开三十日前公告会议召开的时间、地点和审议事项。

单独或者合计持有公司百分之三以上股份的股东,可以在股东大会召开十日前提出临时提案并书面提交董事会;董事会应当在收到提案后二日内通知其他股东,并将该临时提案提交股东大会审议。临时提案的内容应当属于股东大会职权范围,并有明确议题和具体决议事项。

股东大会不得对前两款通知中未列明的事项作出决议。

无记名股票持有人出席股东大会会议的,应当于会议召开五日前至股东大会闭会时将股票交存于公司。

▶ 关联规定

法律、行政法规、司法解释

1.《中华人民共和国民法典》

第八十条　营利法人应当设权力机构。

权力机构行使修改法人章程,选举或者更换执行机构、监督机构成员,以及法人章程规定的其他职权。

第八十五条　营利法人的权力机构、执行机构作出决议的会议召集程序、表决方式违反法律、行政法规、法人章程,或者决议内容违反法人章程的,营利法人的出资人可以请求人民法院撤销该决议。但是,营利法人依据该决议与善意相对人形成的民事法律关系不受影响。

2.《中华人民共和国公司法》

第二十二条　公司股东会或者股东大会、董事会的决议内容违反法律、行政法规的无效。

股东会或者股东大会、董事会的会议召集程序、表决方式违反法律、行政法规或者公司章程，或者决议内容违反公司章程的，股东可以自决议作出之日起六十日内，请求人民法院撤销。

股东依照前款规定提起诉讼的，人民法院可以应公司的请求，要求股东提供相应担保。

公司根据股东会或者股东大会、董事会决议已办理变更登记的，人民法院宣告该决议无效或者撤销该决议后，公司应当向公司登记机关申请撤销变更登记。

第四十一条 召开股东会会议，应当于会议召开十五日前通知全体股东；但是，公司章程另有规定或者全体股东另有约定的除外。

股东会应当对所议事项的决定作成会议记录，出席会议的股东应当在会议记录上签名。

3.《最高人民法院关于适用〈中华人民共和国公司法〉若干问题的规定（四）》

第一条 公司股东、董事、监事等请求确认股东会或者股东大会、董事会决议无效或者不成立的，人民法院应当依法予以受理。

第二条 依据民法典第八十五条、公司法第二十二条第二款请求撤销股东会或者股东大会、董事会决议的原告，应当在起诉时具有公司股东资格。

第三条 原告请求确认股东会或者股东大会、董事会决议不成立、无效或者撤销决议的案件，应当列公司为被告。对决议涉及的其他利害关系人，可以依法列为第三人。

一审法庭辩论终结前，其他有原告资格的人以相同的诉讼请求申请参加前款规定诉讼的，可以列为共同原告。

第四条 股东请求撤销股东会或者股东大会、董事会决议，符合民法典第八十五条、公司法第二十二条第二款规定的，人民法院应当予以支持，但会议召集程序或者表决方式仅有轻微瑕疵，且对决议未产生实质影响的，人民法院不予支持。

第五条 股东会或者股东大会、董事会决议存在下列情形之一，当事人主张决议不成立的，人民法院应当予以支持：

（一）公司未召开会议的，但依据公司法第三十七条第二款或者公司章程规定可以不召开股东会或者股东大会而直接作出决定，并由全体股东在决定文件上签名、盖章的除外；

（二）会议未对决议事项进行表决的；

（三）出席会议的人数或者股东所持表决权不符合公司法或者公司章程规定的；

（四）会议的表决结果未达到公司法或者公司章程规定的通过比例的；

（五）导致决议不成立的其他情形。

第六条 股东会或者股东大会、董事会决议被人民法院判决确认无效或者撤销的，公司依据该决议与善意相对人形成的民事法律关系不受影响。

▶ 条文释义

一、本条主旨

本条是关于股东大会召开程序的规定。

二、条文演变

1993年《公司法》第105条规定："股东大会会议由董事会依照本法规定负责召集，由董事长主持。董事长因特殊原因不能履行职务时，由董事长指定的副董事长或者其他董事主持。召开股东大会，应当将会议审议的事项于会议召开三十日以前通知各股东。临时股东大会不得对通知中未列明的事项作出决议。发行无记名股票的，应当于会议召开四十五日以前就前款事项作出公告。无记名股票持有人出席股东大会的，应当于会议召开五日以前至股东大会闭会时止将股票交存于公司。"

2005年修订《公司法》时区分了股东大会的召集程序和召开程序，并作出了明确规定。其中，《公司法》第102条规定："股东大会会议由董事会召集，董事长主持；董事长不能履行职务或者不履行职务的，由副董事长主持；副董事长不能履行职务或者不履行职务的，由半数以上董事共同推举一名董事主持。董事会不能履行或者不履行召集股东大会会议职责的，监事会应当及时召集和主持；监事会不召集和主持的，连续九十日以上单独或者合计持有公司百分之十以上股份的股东可以自行召集和主持。"《公司法》第103条规定："召开股东大会会议，应当将会议召开的时间、地点和审议的事项于会议召二十日前通知各股东；临时股东大会应当于会议召开十五日前通知各股东；发行无记名股票的，应当于会议召开三十日前公告会议召开的时间、地点和审议事项。单独或者合计持有公司百分之三以上股份的股东，可以在股东大会召开十日前提出临时提案并书面提交董事会；董事会应当在收到提案后二日内通知其他股东，并将该临时提案提交股东大会审议。临时提案的内容应当属于股东大会职权范围，并有明确议题和具体决议事项。股东大会不得对前两款通知中未列明的事项作出决议。无记名股票持有人出席股东大会会议的，应当于会议召开五日前至股东大会闭会时将股票交存于公司。"

此后，虽然《公司法》分别于 2013 年和 2018 年又进行了两次修正，但上述内容未发生变化，仅条文序号分别变为《公司法》第 101 条和第 102 条。

三、条文解读

股份有限公司股东大会召开程序的重要性及其程序价值与有限责任公司股东会召开程序的重要性及其程序价值基本相同，故可参考本书对第 41 条的论述，此处不赘。需要说明的是，无论是股东会的召开程序还是股东大会的召开程序，均涉及股东权利的保护。为防止内部人控制和大股东（控股股东）欺压中小股东，《公司法》必须对股东会或者股东大会的召开程序作出明确规定。《公司法》第 102 条就股东大会召开需要通知的内容和时间作出了明确规定，并规定了股东大会不得就未通知的事项进行表决，旨在防止内部人或者大股东实施的"突袭"，符合程序正义的要求，亦具有重要的现实意义。

▶ 适用指引

实践中，不少法院未区分有限责任公司和股份有限公司，误将《公司法》第 102 条的规定适用于有限责任公司，而将《公司法》第 41 条的规定适用于股份有限公司。通过比较《公司法》关于有限责任公司股东会召开程序的规定和关于股份有限公司股东大会召开程序的规定，不难看出，《公司法》对股份有限公司股东大会召开程序的规定更加具体、严格。这是因为股份有限公司往往是公开公司，甚至有的股份有限公司还是上市公司，股东人数众多，且很多股东并不参与公司的管理，因而更需要通过程序机制来保障股东的权利。相反，有限责任公司往往是封闭公司，股东人数较少，且股东之间也存在一定程度的相互信任，故《公司法》对于有限责任公司股东会的召开程序规定较为简单，且允许公司章程或者股东协议对股东会召开程序作出与《公司法》不一致的规定。需要指出的是，其一，在公司章程未对有限责任公司股东会召开程序作出明确规定的情况下，自应适用《公司法》第41条的规定；其二，因《公司法》第41条对有限责任公司股东会召开程序的规定过于简单，《公司法》第102条的规定除依性质不能适用于有限责任公司外，也可类推适用于股份有限公司。例如，《公司法》第41条仅规定"召开股东会会议，应当于会议召开十五日前通知全体股东"，但未规定通知的具体内容，就可以参照《公司法》第102条的规定，认定通知的内容包括会议召开的时间、地点和审议的事项；再如，《公司法》第41条未规定股东会不得对通知中未列明的事项作出决议，也可参照适用《公司法》第102条，认定股东会不得对通知中未列明的事项作出决议。

值得注意的还有，根据《公司法规定（四）》第4条的规定，股东以股东大会召开程序存在瑕疵请求撤销股东大会决议的，即使符合《民法典》第85条、《公司法》第22条第2款规定的条件，但如果会议召集程序或者表决方式仅有轻微瑕疵，且对决议未产生实质影响的，人民法院也不应予以支持。此外，根据《民法典》第85条和《公司法规定（四）》第6条的规定，即使股东大会决议因股东大会召开程序存在瑕疵而被人民法院判决撤销，公司依据该决议与善意相对人形成的民事法律关系也不应受到影响。关于这两个问题，参见本书第22条的论述，此处不赘。

▶ 类案检索

李某、山东阳谷农村商业银行股份有限公司公司决议纠纷案

关键词： 股东大会　股东大会决议　召开程序　轻微瑕疵

裁判摘要： 公司治理亦需兼顾效率，在追求程序公正的同时应当正当维护公司决议的稳定性，因此，股东主张股东大会召开程序虽然存在轻微瑕疵，但对决议未产生实质影响，故应判决驳回股东关于请求撤销股东大会决议事项的诉讼请求。

【案　　号】（2020）鲁15民终4566号

【审理法院】山东省聊城市中级人民法院

> 第一百零三条　股东出席股东大会会议，所持每一股份有一表决权。但是，公司持有的本公司股份没有表决权。
> 　　股东大会作出决议，必须经出席会议的股东所持表决权过半数通过。但是，股东大会作出修改公司章程、增加或者减少注册资本的决议，以及公司合并、分立、解散或者变更公司形式的决议，必须经出席会议的股东所持表决权的三分之二以上通过。

关联规定

一、法律、行政法规、司法解释

《中华人民共和国公司法》

第四十二条　股东会会议由股东按照出资比例行使表决权；但是，公司章程另有规定的除外。

第四十三条　股东会的议事方式和表决程序，除本法有规定的外，由公司章程规定。

股东会会议作出修改公司章程、增加或者减少注册资本的决议，以及公司合并、分立、解散或者变更公司形式的决议，必须经代表三分之二以上表决权的股东通过。

第一百二十五条　股份有限公司的资本划分为股份，每一股的金额相等。

公司的股份采取股票的形式。股票是公司签发的证明股东所持股份的凭证。

第一百二十六条　股份的发行，实行公平、公正的原则，同种类的每一股份应当具有同等权利。

同次发行的同种类股票，每股的发行条件和价格应当相同；任何单位或者个人所认购的股份，每股应当支付相同价额。

第一百三十一条　国务院可以对公司发行本法规定以外的其他种类的股份，另行作出规定。

二、部门规章及规范性文件

《优先股试点管理办法》

第一条 为规范优先股发行和交易行为，保护投资者合法权益，根据《公司法》、《证券法》、《国务院关于开展优先股试点的指导意见》及相关法律法规，制定本办法。

第二条 本办法所称优先股是指依照《公司法》，在一般规定的普通种类股份之外，另行规定的其他种类股份，其股份持有人优先于普通股股东分配公司利润和剩余财产，但参与公司决策管理等权利受到限制。

第三条 上市公司可以发行优先股，非上市公众公司可以非公开发行优先股。

第四条 优先股试点应当符合《公司法》、《证券法》、《国务院关于开展优先股试点的指导意见》和本办法的相关规定，并遵循公开、公平、公正的原则，禁止欺诈、内幕交易和操纵市场的行为。

第五条 证券公司及其他证券服务机构参与优先股试点，应当遵守法律法规及中国证券监督管理委员会（以下简称中国证监会）相关规定，遵循行业公认的业务标准和行为规范，诚实守信、勤勉尽责。

第六条 试点期间不允许发行在股息分配和剩余财产分配上具有不同优先顺序的优先股，但允许发行在其他条款上具有不同设置的优先股。

同一公司既发行强制分红优先股，又发行不含强制分红条款优先股的，不属于发行在股息分配上具有不同优先顺序的优先股。

第七条 相同条款的优先股应当具有同等权利。同次发行的相同条款优先股，每股发行的条件、价格和票面股息率应当相同；任何单位或者个人认购的股份，每股应当支付相同价额。

第八条 发行优先股的公司除按《国务院关于开展优先股试点的指导意见》制定章程有关条款外，还应当按本办法在章程中明确优先股股东的有关权利和义务。

第九条 优先股股东按照约定的股息率分配股息后，有权同普通股股东一起参加剩余利润分配的，公司章程应明确优先股股东参与剩余利润分配的比例、条件等事项。

第十条 出现以下情况之一的，公司召开股东大会会议应通知优先股股东，并遵循《公司法》及公司章程通知普通股股东的规定程序。优先股股东有权出席股东大会会议，就以下事项与普通股股东分类表决，其所持每一优先股有一表决权，但公司持有的本公司优先股没有表决权：

（一）修改公司章程中与优先股相关的内容；
（二）一次或累计减少公司注册资本超过百分之十；
（三）公司合并、分立、解散或变更公司形式；
（四）发行优先股；
（五）公司章程规定的其他情形。

上述事项的决议，除须经出席会议的普通股股东（含表决权恢复的优先股股东）所持表决权的三分之二以上通过之外，还须经出席会议的优先股股东（不含表决权恢复的优先股股东）所持表决权的三分之二以上通过。

▶ 条文释义

一、本条主旨

本条是关于股东大会表决方式的规定。

二、条文演变

1993年制定的《公司法》第106条规定："股东出席股东大会，所持每一股份有一表决权。股东大会作出决议，必须经出席会议的股东所持表决权的半数以上通过。股东大会对公司合并、分立或者解散公司作出决议，必须经出席会议的股东所持表决权的三分之二以上通过。"第107条规定："修改公司章程必须经出席股东大会的股东所持表决权的三分之二以上通过。"此后，1999年修正的《公司法》和2004年修正的《公司法》对此没有作出修改。2005年修订的《公司法》将以上两个条文合并成为一个条文，并将其修改为第104条："股东出席股东大会会议，所持每一股份有一表决权。但是，公司持有的本公司股份没有表决权。股东大会作出决议，必须经出席会议的股东所持表决权过半数通过。但是，股东大会作出修改公司章程、增加或者减少注册资本的决议，以及公司合并、分立、解散或者变更公司形式的决议，必须经出席会议的股东所持表决权的三分之二以上通过。"此后，《公司法》虽经2013年和2018

年修正，仅于 2013 年修正时将条文序号改为第 103 条，内容上均未作修改。

三、条文解读

（一）一股一权原则

股东的表决权是股东对于股东大会决议事项表达赞成或反对的意思表示而参与决议的权利。这种以股权来计算表决权的方式充分反映了资本稀缺性导致的资本所有者至上。从常理而言，对公司投入较多资产的人自然更多与公司的利益相一致。但这只是一般情况，在一定条件下，如在关联交易的情况下，部分股东就可能通过损害公司的利益来获得个人利益，因此一股一权只是原则。

（二）公司持有的本公司股份没有表决权

表决权是股东的权利，公司持有本公司的股份只是在特定情况下的暂时持有，否则，若公司可因持有本公司股份而拥有本公司股东的身份，则公司的财产与股东的财产将产生混同，公司与其股东的独立人格难以区分。根据《公司法》第 142 条的规定，公司不得收购本公司股份。但是，有下列情形之一的除外：（1）减少公司注册资本；（2）与持有本公司股份的其他公司合并；（3）将股份用于员工持股计划或者股权激励；（4）股东因对股东大会作出的公司合并、分立决议持异议，要求公司收购其股份；（5）将股份用于转换上市公司发行的可转换为股票的公司债券；（6）上市公司为维护公司价值及股东权益所必需。因上述原因致使公司持有本公司股份的，根据法律的规定，公司应当在一定期限内转让或注销。因此，这种持股与以投资获益为目的的持股是不同的，相应的持股人也不能因此而获得投票权。

（三）一般决议和重大事项决议

根据所决议事项对公司利益和股东利益的影响的程度，将股东大会决议分为一般决议和重大事项决议。其中，一般决议须经出席会议的股东所持表决权过半数通过；股东大会作出修改公司章程、增加或者减少注册资本的决议，以及公司合并、分立、解散或者变更公司形式的决议，必须经出席会议的股东所持表决权的 2/3 以上通过。此外，也允许公司章程对本公司的需要绝对多数方能通过的事项进行更为严格地约定。①

▶ 适用指引

依据股东所享有的权利和承担的风险大小不同为标准,可以将股份划分为普通股和特别股。

第一。普通股(Ordinary shares or Common stock),是指股东权利一律平等,在行使权利时无任何差别待遇的股份。普通股是股份有限公司最重要、发行数量最多、构成公司资本基础部分的股份。持有普通股的股东按股份比例享有公司利润分配权、优先认股权和剩余资产分配权,并承担公司经营亏损的风险。在公司分配利润时具有不确定性,不享有特别权利,由公司盈利状况决定。在公司破产清算时,后于公司债权人及特别股中的优先股股东分得剩余财产。普通股的另一类权利就是其股东享有表决权,也就是说享有决定公司一切重大事务的决策权。股东的表决权是通过股东会来行使的,通常的规则是每一股份的股东享有一个表决权,即所谓的"一股一权"(One share,one vote)。

第二,特别股(Special stock),是指股份所代表的权利、义务不同于普通股,持股股东由此而享有特别权利和承担特别义务的股份。特别股根据所含权利义务的内容可分为优先股与后配股两类。

优先股,(Preferred stock)是公司在筹集资金时,给予投资者在分配收益及分配剩余资产等方面某些优先权的股份。优先股有固定的股息,不受公司经营状况和盈利的影响,并且其股息分配优先于普通股股东。当公司破产进行财产清算时,优先股股东对公司剩余财产有优先于普通股股东的索取权。但是,根据权利义务对等的原则,优先股其他方面的权利就会受到一些限制。一般而言,若优先股股东在股利分配、剩余财产分配方面享有优先权,则其表决权会受到限制或不享有表决权;若优先股股东在表决权方面享有优先权,则其在股利分配、剩余财产分配方面的权利就会受到一定限制。根据优先权内容的不同,优先股还可以分为盈余分配优先股和剩余财产分配优先股。在盈余分配优先股中,又有两大类:一是累积优先股和非累积优先股。累积优先股(Cumulative preference stock),是指公司在本年度未付足红利股息的,应

---

① 参见张海棠:《公司法适用与审判实务》,中国法制出版社2009年版,第249页。

在以后年度分配普通股红利股息前予以补足；非累积优先股 (Non-cumulative preference stock) 则不具有补足的优先权。二是参与分配优先股和不参与分配优先股。参与分配优先股 (Participating preferred shares)，是指在优先取得既定红利股息后，仍能同普通股股东一样参加公司盈余分配；不参与分配优先股 (Non-participating preferred shares)，是指只能取得既定的红利股息。

后配股，又称劣后股，是指在普通股之后参与公司盈余分配和剩余财产分配的股份。后配股因参与分配的顺序须排在优先股及普通股之后，故其风险更大。但后配股的股东对公司事务往往有高于其他股东的表决权，此类股份公开发行时，多由发起人认购，所以又被不是很准确地称为发起人股。后配股适用性不大，亦不常见。

在普通股和特别股这一分类中，依照股东有无表决权又可将股份再划分为表决权股和无表决权股。表决权股 (Voting stock)，是指享有表决权利的股份；无表决权 (Non-voting stock)，是指不享有表决权的股份。

我国《公司法》没有对发行特别股作出直接规定，但是《公司法》第131条规定："国务院可以对公司发行本法规定以外的其他种类的股份，另行作出规定。"这说明我国《公司法》并不绝对禁止公司发行特别股，只是当公司有此需求时，应根据国务院的特别规定实施发行行为。①

---

① 参见李东方：《公司法学》，中国政法大学出版社2012年版，第297页。

第一百零四条 本法和公司章程规定公司转让、受让重大资产或者对外提供担保等事项必须经股东大会作出决议的,董事会应当及时召集股东大会会议,由股东大会就上述事项进行表决。

▶ 关联规定

一、法律、行政法规、司法解释

1.《中华人民共和国公司法》

第二十条 公司股东应当遵守法律、行政法规和公司章程,依法行使股东权利,不得滥用股东权利损害公司或者其他股东的利益;不得滥用公司法人独立地位和股东有限责任损害公司债权人的利益。

公司股东滥用股东权利给公司或者其他股东造成损失的,应当依法承担赔偿责任。

公司股东滥用公司法人独立地位和股东有限责任,逃避债务,严重损害公司债权人利益的,应当对公司债务承担连带责任。

第二十二条 公司股东会或者股东大会、董事会的决议内容违反法律、行政法规的无效。

股东会或者股东大会、董事会的会议召集程序、表决方式违反法律、行政法规或者公司章程,或者决议内容违反公司章程的,股东可以自决议作出之日起六十日内,请求人民法院撤销。

第三十七条 股东会行使下列职权:

(一)决定公司的经营方针和投资计划;

(二)选举和更换非由职工代表担任的董事、监事,决定有关董事、监事的报酬事项;

(三)审议批准董事会的报告;

(四)审议批准监事会或者监事的报告;

(五)审议批准公司的年度财务预算方案、决算方案;

（六）审议批准公司的利润分配方案和弥补亏损方案；

（七）对公司增加或者减少注册资本作出决议；

（八）对发行公司债券作出决议；

（九）对公司合并、分立、解散、清算或者变更公司形式作出决议；

（十）修改公司章程；

（十一）公司章程规定的其他职权。

对前款所列事项股东以书面形式一致表示同意的，可以不召开股东会会议，直接作出决定，并由全体股东在决定文件上签名、盖章。

股东依照前款规定提起诉讼的，人民法院可以应公司的请求，要求股东提供相应担保。

公司根据股东会或者股东大会、董事会决议已办理变更登记的，人民法院宣告该决议无效或者撤销该决议后，公司应当向公司登记机关申请撤销变更登记。

第三十九条 股东会会议分为定期会议和临时会议。

定期会议应当依照公司章程的规定按时召开。代表十分之一以上表决权的股东，三分之一以上的董事，监事会或者不设监事会的公司的监事提议召开临时会议的，应当召开临时会议。

第四十条 有限责任公司设立董事会的，股东会会议由董事会召集，董事长主持；董事长不能履行职务或者不履行职务的，由副董事长主持；副董事长不能履行职务或者不履行职务的，由半数以上董事共同推举一名董事主持。

有限责任公司不设董事会的，股东会会议由执行董事召集和主持。

董事会或者执行董事不能履行或者不履行召集股东会会议职责的，由监事会或者不设监事会的公司的监事召集和主持；监事会或者监事不召集和主持的，代表十分之一以上表决权的股东可以自行召集和主持。

第四十二条 股东会会议由股东按照出资比例行使表决权；但是，公司章程另有规定的除外

第四十三条 股东会的议事方式和表决程序，除本法有规定的外，由公司章程规定。

股东会会议作出修改公司章程、增加或者减少注册资本的决议，以及公司合并、分立、解散或者变更公司形式的决议，必须经代表三分之二以上表决权的股东通过。

第一百零三条 股东出席股东大会会议，所持每一股份有一表决权。但是，公司持有的本公司股份没有表决权。

股东大会作出决议，必须经出席会议的股东所持表决权过半数通过。但是，股东大会作出修改公司章程、增加或者减少注册资本的决议，以及公司合并、分立、解散或者变更公司形式的决议，必须经出席会议的股东所持表决权的三分之二以上通过。

第一百二十一条 上市公司在一年内购买、出售重大资产或者担保金额超过公司资产总额百分之三十的，应当由股东大会作出决议，并经出席会议的股东所持表决权的三分之二以上通过。

2.《最高人民法院关于适用〈中华人民共和国公司法〉若干问题的规定（四）》

第四条 股东请求撤销股东会或者股东大会、董事会决议，符合民法典第八十五条、公司法第二十二条第二款规定的，人民法院应当予以支持，但会议召集程序或者表决方式仅有轻微瑕疵，且对决议未产生实质影响的，人民法院不予支持。

第五条 股东会或者股东大会、董事会决议存在下列情形之一，当事人主张决议不成立的，人民法院应当予以支持：

（一）公司未召开会议的，但依据公司法第三十七条第二款或者公司章程规定可以不召开股东会或者股东大会而直接作出决定，并由全体股东在决定文件上签名、盖章的除外；

（二）会议未对决议事项进行表决的；

（三）出席会议的人数或者股东所持表决权不符合公司法或者公司章程规定的；

（四）会议的表决结果未达到公司法或者公司章程规定的通过比例的；

（五）导致决议不成立的其他情形。

二、部门规章及规范性文件

1.《上市公司重大资产重组管理办法》

第二十四条 上市公司股东大会就重大资产重组事项作出决议，必须经出席会议的股东所持表决权的2/3以上通过。

上市公司重大资产重组事宜与本公司股东或者其关联人存在关联关系的，

股东大会就重大资产重组事项进行表决时，关联股东应当回避表决。

交易对方已经与上市公司控股股东就受让上市公司股权或者向上市公司推荐董事达成协议或者默契，可能导致上市公司的实际控制权发生变化的，上市公司控股股东及其关联人应当回避表决。

上市公司就重大资产重组事宜召开股东大会，应当以现场会议形式召开，并应当提供网络投票和其他合法方式为股东参加股东大会提供便利。除上市公司的董事、监事、高级管理人员、单独或者合计持有上市公司5%以上股份的股东以外，其他股东的投票情况应当单独统计并予以披露。

第二十五条 上市公司应当在股东大会作出重大资产重组决议后的次一工作日公告该决议，以及律师事务所对本次会议的召集程序、召集人和出席人员的资格、表决程序以及表决结果等事项出具的法律意见书。

属于本办法第十三条规定的交易情形的，上市公司还应当按照中国证监会的规定委托独立财务顾问在作出决议后3个工作日内向中国证监会提出申请。

第二十八条 股东大会作出重大资产重组的决议后，上市公司拟对交易对象、交易标的、交易价格等作出变更，构成对原交易方案重大调整的，应当在董事会表决通过后重新提交股东大会审议，并及时公告相关文件。

中国证监会审核期间，上市公司按照前款规定对原交易方案作出重大调整的，还应当按照本办法的规定向中国证监会重新提出申请，同时公告相关文件。

中国证监会审核期间，上市公司董事会决议撤回申请的，应当说明原因，予以公告；上市公司董事会决议终止本次交易的，还应当按照公司章程的规定提交股东大会审议。

2.《非上市公众公司监督管理办法》

第三十五条 公司申请其股票挂牌公开转让的，董事会应当依法就股票挂牌公开转让的具体方案作出决议，并提请股东大会批准，股东大会决议必须经出席会议的股东所持表决权的2/3以上通过。

董事会和股东大会决议中还应当包括以下内容：

（一）按照中国证监会的相关规定修改公司章程；

（二）按照法律、行政法规和公司章程的规定建立健全公司治理机制；

（三）履行信息披露义务，按照相关规定披露公开转让说明书、年度报告、中期报告及其他信息披露内容。

公司申请其股票挂牌公开转让时，可以按照本办法第五章规定申请发行股票。

第四十四条 公司董事会应当依法就本次股票发行的具体方案作出决议，并提请股东大会批准，股东大会决议必须经出席会议的股东所持表决权的 2/3 以上通过。

监事会应当对董事会编制的股票发行文件进行审核并提出书面审核意见。监事应当签署书面确认意见。

股东大会就股票发行作出的决议，至少应当包括下列事项：

（一）本次发行股票的种类和数量（数量上限）；

（二）发行对象或范围、现有股东优先认购安排；

（三）定价方式或发行价格（区间）；

（四）限售情况；

（五）募集资金用途；

（六）决议的有效期；

（七）对董事会办理本次发行具体事宜的授权；

（八）发行前滚存利润的分配方案；

（九）其他必须明确的事项。

申请向特定对象发行股票导致股东累计超过 200 人的股份有限公司，董事会和股东大会决议中还应当包括以下内容：

（一）按照中国证监会的相关规定修改公司章程；

（二）按照法律、行政法规和公司章程的规定建立健全公司治理机制；

（三）履行信息披露义务，按照相关规定披露定向发行说明书、发行情况报告书、年度报告、中期报告及其他信息披露内容。

3.《非上市公众公司重大资产重组管理办法》

第十五条 股东大会就重大资产重组事项作出的决议，必须经出席会议的股东所持表决权的 2/3 以上通过。公众公司股东人数超过 200 人的，应当对出席会议的持股比例在 10% 以下的股东表决情况实施单独计票。公众公司应当在决议后及时披露表决情况。

前款所称持股比例在 10% 以下的股东，不包括公众公司董事、监事、高级管理人员及其关联人以及持股比例在 10% 以上股东的关联人。

公众公司重大资产重组事项与本公司股东或者其关联人存在关联关系的，

股东大会就重大资产重组事项进行表决时,关联股东应当回避表决。

第二十条 股东大会作出重大资产重组的决议后,公众公司拟对交易对象、交易标的、交易价格等作出变更,构成对原重组方案重大调整的,应当在董事会表决通过后重新提交股东大会审议,并按照本办法的规定向全国股份转让系统重新报送信息披露文件或者向中国证监会重新提出核准申请。

股东大会作出重大资产重组的决议后,公众公司董事会决议终止本次交易或者撤回有关申请的,应当说明原因并披露,并提交股东大会审议。

▶ 条文释义

一、本条主旨

本条是关于公司章程有关股东大会职权及其行使的规定。

二、条文演变

《公司法》经过2005年修订取得了长足的进步,本条内容就是在这次修订时首次确立的。2005年修订的《公司法》除了在需要绝对多数通过的决议事项中加入了变更公司形式一项外,还在第105条规定对于此特殊事项,董事会应当及时召集股东大会会议,由股东大会就上述事项进行表决。这些事项有《公司法》和公司章程规定的必须经股东大会作出决议的公司转让、受让重大资产或者对外提供担保等事项。本条内容在2005年《公司法》修订后,在往后的历次修正中只是条文序号的变化,内容并没有修改过。

三、条文解读

《公司法》对公司决定的某些事项,如为本公司股东提供担保等必须经股东大会作出决议等作出规定,同时还授权公司章程可以就股东大会法定职权以外的其他职权作出规定。如股东大会可以对公司转让、受让重大资产或者为他人提供担保等事项作出决议。公司转让、受让重大资产,是指股份有限公司股东与他人之间按照重大资产转让、受让协议出售、购买重大资产的行为。所谓重大资产,通常是指公司转让、受让的资产总额、资产净额、主营业务收入三项指标中的任意一项指标,占公司最近一个会计年度经审计的合并报表的相对应指标的 50% 以上的资产。重大资产的重组往往对公司的生存和发展具有重大影响，所以，公司章程可以规定公司重大资产的转让和受让须由股东大会作出决议。为他人提供担保是指股份有限公司作为担保人为他人的债务关系提供担保。按照法律规定，当他人不能按期履行债务时，担保人须承担连带责任。对外提供担保可能对股份有限公司的生存和发展产生重大影响。所以，公司章程也可以规定对外提供担保须由股东大会作出决议。

董事会应当及时召集股东大会表决公司章程规定的事项。对于公司章程规定由公司股东大会决议的事项，股份有限公司董事会应当及时召集股东大会，由股东大会就相关事项进行表决。这时，股东大会会议的通知、公告、召集、主持等，应当按照《公司法》和公司章程规定的事项进行。

▶ 适用指引

关于程序瑕疵对股东大会、董事会决议效力的影响。

根据我国《公司法》第 22 条之规定，股东会或股东大会、董事会的会议召集程序、表决方式违反法律、行政法规或者公司章程规定的，股东可以请求人民法院撤销。也就是说，程序的瑕疵可以导致股东会或董事会会议决议被撤销，这样的决议在性质上是一种可撤销的法律行为。需要探讨的是，是否股东会或董事会的任何程序瑕疵都必然导致其决议被撤销。

从法理上来看，程序正义是法律的生命，有效的决议离不开会议对法定形式与程序的遵守，程序是否正当关系着股东权益与公司权益。实践中，在股东会与董事会会议程序方面，存在某些控股股东故意将会议内容模糊化，或者正式举行会议时突破原有通知的内容，以期达到自己目的的情况。对这些程序瑕疵，多数国家规定其可导致与此有关的决议无效或可撤销。

然而，规定程序瑕疵一概产生决议无效或撤销的法律后果未必是最恰当的选择。一方面，对决议的无效与撤销会引起已有法律关系的不稳定，对股东、公司以及第三人可能会造成损害；另一方面，从法理上说，程序正义的意义在于正当程序能维护实体权利、保障实体正义的实现，但对于程序的违反不必然导致实体权利受损及实体正义的落空，因为有些程序与实体正义并无关系。因此，应当根据程序上的瑕疵是否对公司实体决议产生实质性影响来确定决议的效力，如果对实体决议并不产生实质性影响则不宜宣告该决议无效或被撤销。

如尽管应书面通知而只是口头通知、应提前 10 天通知而只提前了 3 天，但股东或董事均出席了会议并进行了表决，则不宜否定会议和决议的效力。

近些年来，我国有关规定和司法实践中的做法已经体现了对程序瑕疵效力的这种认识和掌握的尺度。瑕疵通知是股东会或董事会会议程序瑕疵的一种常见情形，具体而言有通知对象瑕疵、通知时间瑕疵、通知方式瑕疵以及通知内容瑕疵等，按照有关规定，这种通知瑕疵就并不必然导致股东会决议的无效。如根据中国证监会《上市公司章程指引》（2014 年修订）第 169 条、《到境外上市公司章程必备条款》第 58 条的规定，上市公司因意外遗漏未向某有权得到通知的人送出会议通知或者该人没有收到会议通知，会议及会议作出的决议并不因此无效。

▶ 类案检索

贺某某与衡阳市利美电瓶车制造有限责任公司股东会决议效力纠纷案

关键词： 股东会决议　效力瑕疵　公司章程

裁判摘要： 公司股东会和股东应当在法律规定范围内行使权利和履行义务，利美公司股东会在变更公司章程这一重大事项中，应当严格依照《公司法》和公司章程规定行使权利，在本案罢免贺某某法定代表人重大事项决议中，表决的赞成票数为表决票数的 57.83%，未达到《公司法》和公司章程规定的 2/3 多数票，并且宋某某的委托表决存在时间上的效力瑕疵，应不具有表决的法律效力。

【案　　号】（2010）衡中法民二终字第 79 号
【审理法院】湖南省衡阳市中级人民法院

第一百零五条　股东大会选举董事、监事，可以依照公司章程的规定或者股东大会的决议，实行累积投票制。

本法所称累积投票制，是指股东大会选举董事或者监事时，每一股份拥有与应选董事或者监事人数相同的表决权，股东拥有的表决权可以集中使用。

▶ 关联规定

一、法律、行政法规、司法解释

1.《中华人民共和国公司法》

第四十三条　股东会的议事方式和表决程序，除本法有规定的外，由公司章程规定。

股东会会议作出修改公司章程、增加或者减少注册资本的决议，以及公司合并、分立、解散或者变更公司形式的决议，必须经代表三分之二以上表决权的股东通过。

第一百零三条　股东出席股东大会会议，所持每一股份有一表决权。但是，公司持有的本公司股份没有表决权。

股东大会作出决议，必须经出席会议的股东所持表决权过半数通过。但是，股东大会作出修改公司章程、增加或者减少注册资本的决议，以及公司合并、分立、解散或者变更公司形式的决议，必须经出席会议的股东所持表决权的三分之二以上通过。

第一百二十一条　上市公司在一年内购买、出售重大资产或者担保金额超过公司资产总额百分之三十的，应当由股东大会作出决议，并经出席会议的股东所持表决权的三分之二以上通过。

2.《最高人民法院关于适用〈中华人民共和国公司法〉若干问题的规定（四）》

第一条　公司股东、董事、监事等请求确认股东会或者股东大会、董事会决议无效或者不成立的，人民法院应当依法予以受理。

第三条 原告请求确认股东会或者股东大会、董事会决议不成立、无效或者撤销决议的案件，应当列公司为被告。对决议涉及的其他利害关系人，可以依法列为第三人。

一审法庭辩论终结前，其他有原告资格的人以相同的诉讼请求申请参加前款规定诉讼的，可以列为共同原告。

第五条 股东会或者股东大会、董事会决议存在下列情形之一，当事人主张决议不成立的，人民法院应当予以支持：

（一）公司未召开会议的，但依据公司法第三十七条第二款或者公司章程规定可以不召开股东会或者股东大会而直接作出决定，并由全体股东在决定文件上签名、盖章的除外；

（二）会议未对决议事项进行表决的；

（三）出席会议的人数或者股东所持表决权不符合公司法或者公司章程规定的；

（四）会议的表决结果未达到公司法或者公司章程规定的通过比例的；

（五）导致决议不成立的其他情形。

二、部门规章及规范性文件

1.《上市公司重大资产重组管理办法》

第二十四条 上市公司股东大会就重大资产重组事项作出决议，必须经出席会议的股东所持表决权的2/3以上通过。

上市公司重大资产重组事宜与本公司股东或者其关联人存在关联关系的，股东大会就重大资产重组事项进行表决时，关联股东应当回避表决。

交易对方已经与上市公司控股股东就受让上市公司股权或者向上市公司推荐董事达成协议或者默契，可能导致上市公司的实际控制权发生变化的，上市公司控股股东及其关联人应当回避表决。

上市公司就重大资产重组事宜召开股东大会，应当以现场会议形式召开，并应当提供网络投票和其他合法方式为股东参加股东大会提供便利。除上市公司的董事、监事、高级管理人员、单独或者合计持有上市公司5%以上股份的股东以外，其他股东的投票情况应当单独统计并予以披露。

第二十五条 上市公司应当在股东大会作出重大资产重组决议后的次一工

作日公告该决议,以及律师事务所对本次会议的召集程序、召集人和出席人员的资格、表决程序以及表决结果等事项出具的法律意见书。

属于本办法第十三条规定的交易情形的,上市公司还应当按照中国证监会的规定委托独立财务顾问在作出决议后3个工作日内向中国证监会提出申请。

第二十八条 股东大会作出重大资产重组的决议后,上市公司拟对交易对象、交易标的、交易价格等作出变更,构成对原交易方案重大调整的,应当在董事会表决通过后重新提交股东大会审议,并及时公告相关文件。

中国证监会审核期间,上市公司按照前款规定对原交易方案作出重大调整的,还应当按照本办法的规定向中国证监会重新提出申请,同时公告相关文件。

中国证监会审核期间,上市公司董事会决议撤回申请的,应当说明原因,予以公告;上市公司董事会决议终止本次交易的,还应当按照公司章程的规定提交股东大会审议。

2.《非上市公众公司信息披露管理办法》

第十六条 挂牌公司股东大会实行累积投票制和网络投票安排的,应当在年度报告中披露累积投票制和网络投票安排的实施情况。

第十九条 定期报告中的财务会计报告被出具非标准审计意见的,挂牌公司董事会应当针对该审计意见涉及事项作出专项说明。

3.《上市公司股东大会规则》

第十七条 股东大会拟讨论董事、监事选举事项的,股东大会通知中应当充分披露董事、监事候选人的详细资料,至少包括以下内容:

(一)教育背景、工作经历、兼职等个人情况;

(二)与公司或其控股股东及实际控制人是否存在关联关系;

(三)披露持有上市公司股份数量;

(四)是否受过中国证监会及其他有关部门的处罚和证券交易所惩戒。

除采取累积投票制选举董事、监事外,每位董事、监事候选人应当以单项提案提出。

第三十二条 股东大会就选举董事、监事进行表决时,根据公司章程的规定或者股东大会的决议,可以实行累积投票制。单一股东及其一致行动人拥有权益的股份比例在百分之三十及以上的上市公司,应当采用累积投票制。

前款所称累积投票制是指股东大会选举董事或者监事时,每一普通股(含表决权恢复的优先股）股份拥有与应选董事或者监事人数相同的表决权，股东拥有的表决权可以集中使用。

第三十三条 除累积投票制外，股东大会对所有提案应当逐项表决。对同一事项有不同提案的，应当按提案提出的时间顺序进行表决。除因不可抗力等特殊原因导致股东大会中止或不能作出决议外，股东大会不得对提案进行搁置或不予表决。

股东大会就发行优先股进行审议，应当就下列事项逐项进行表决：

（一）本次发行优先股的种类和数量；

（二）发行方式、发行对象及向原股东配售的安排；

（三）票面金额、发行价格或定价区间及其确定原则；

（四）优先股股东参与分配利润的方式，包括：股息率及其确定原则、股息发放的条件、股息支付方式、股息是否累积、是否可以参与剩余利润分配等；

（五）回购条款，包括回购的条件、期间、价格及其确定原则、回购选择权的行使主体等（如有）；

（六）募集资金用途；

（七）公司与相应发行对象签订的附条件生效的股份认购合同；

（八）决议的有效期；

（九）公司章程关于优先股股东和普通股股东利润分配政策相关条款的修订方案；

（十）对董事会办理本次发行具体事宜的授权；

（十一）其他事项。

4.《上市公司章程指引》

第八十二条 董事、监事候选人名单以提案的方式提请股东大会表决。

股东大会就选举董事、监事进行表决时，根据本章程的规定或者股东大会的决议，可以实行累积投票制。

前款所称累积投票制是指股东大会选举董事或者监事时，每一股份拥有与应选董事或者监事人数相同的表决权，股东拥有的表决权可以集中使用。董事会应当向股东公告候选董事、监事的简历和基本情况。

注释：1.公司应当在章程中规定董事、监事提名的方式和程序，以及累积投票制的相关事宜。

2. 单一股东及其一致行动人拥有权益的股份比例在百分之三十及以上的公司，应当采用累积投票制，并在公司章程中规定实施细则。

第八十三条 除累积投票制外，股东大会将对所有提案进行逐项表决，对同一事项有不同提案的，将按提案提出的时间顺序进行表决。除因不可抗力等特殊原因导致股东大会中止或不能作出决议外，股东大会将不会对提案进行搁置或不予表决。

5.《非上市公众公司监督管理办法》

第十条 公众公司股东大会、董事会、监事会的召集、提案审议、通知时间、召开程序、授权委托、表决和决议等应当符合法律、行政法规和公司章程的规定；会议记录应当完整并安全保存。

股东大会的提案审议应当符合规定程序，保障股东的知情权、参与权、质询权和表决权；董事会应当在职权范围和股东大会授权范围内对审议事项作出决议，不得代替股东大会对超出董事会职权范围和授权范围的事项进行决议。

第二十条 股票公开转让的科技创新公司存在特别表决权股份的，应当在公司章程中规定以下事项：

（一）特别表决权股份的持有人资格；

（二）特别表决权股份拥有的表决权数量与普通股份拥有的表决权数量的比例安排；

（三）持有人所持特别表决权股份能够参与表决的股东大会事项范围；

（四）特别表决权股份锁定安排及转让限制；

（五）特别表决权股份与普通股份的转换情形；

（六）其他事项。

全国股转系统应对存在特别表决权股份的公司表决权差异的设置、存续、调整、信息披露和投资者保护等事项制定具体规定。

第四十四条 公司董事会应当依法就本次股票发行的具体方案作出决议，并提请股东大会批准，股东大会决议必须经出席会议的股东所持表决权的2/3以上通过。

监事会应当对董事会编制的股票发行文件进行审核并提出书面审核意见。监事应当签署书面确认意见。

股东大会就股票发行作出的决议，至少应当包括下列事项：

（一）本次发行股票的种类和数量（数量上限）；

（二）发行对象或范围、现有股东优先认购安排；

（三）定价方式或发行价格（区间）；

（四）限售情况；

（五）募集资金用途；

（六）决议的有效期；

（七）对董事会办理本次发行具体事宜的授权；

（八）发行前滚存利润的分配方案；

（九）其他必须明确的事项。

申请向特定对象发行股票导致股东累计超过 200 人的股份有限公司，董事会和股东大会决议中还应当包括以下内容：

（一）按照中国证监会的相关规定修改公司章程；

（二）按照法律、行政法规和公司章程的规定建立健全公司治理机制；

（三）履行信息披露义务，按照相关规定披露定向发行说明书、发行情况报告书、年度报告、中期报告及其他信息披露内容。

6.《上市公司收购管理办法》

第五十一条 上市公司董事、监事、高级管理人员、员工或者其所控制或者委托的法人或者其他组织，拟对本公司进行收购或者通过本办法第五章规定的方式取得本公司控制权（以下简称管理层收购）的，该上市公司应当具备健全且运行良好的组织机构以及有效的内部控制制度，公司董事会成员中独立董事的比例应当达到或者超过 1/2。公司应当聘请符合《证券法》规定的资产评估机构提供公司资产评估报告，本次收购应当经董事会非关联董事作出决议，且取得 2/3 以上的独立董事同意后，提交公司股东大会审议，经出席股东大会的非关联股东所持表决权过半数通过。独立董事发表意见前，应当聘请独立财务顾问就本次收购出具专业意见，独立董事及独立财务顾问的意见应当一并予以公告。

上市公司董事、监事、高级管理人员存在《公司法》第一百四十八条规定情形，或者最近 3 年有证券市场不良诚信记录的，不得收购本公司。

第八十四条 有下列情形之一的，为拥有上市公司控制权：

（一）投资者为上市公司持股 50% 以上的控股股东；

（二）投资者可以实际支配上市公司股份表决权超过 30%；

（三）投资者通过实际支配上市公司股份表决权能够决定公司董事会半数

以上成员选任；

（四）投资者依其可实际支配的上市公司股份表决权足以对公司股东大会的决议产生重大影响；

（五）中国证监会认定的其他情形。

7.《上市公司治理准则》

第十七条 董事、监事的选举，应当充分反映中小股东意见。股东大会在董事、监事选举中应当积极推行累积投票制。单一股东及其一致行动人拥有权益的股份比例在30%及以上的上市公司，应当采用累积投票制。采用累积投票制的上市公司应当在公司章程中规定实施细则。

▶ 条文释义

一、本条主旨

本条是关于股份有限公司累积投票制的规定。

二、条文演变

在2002年中国证监会和国家经贸委出台的《上市公司治理准则》中，首次将累积投票制写入法律文件中。其第31条规定："股东大会在董事选举中应积极推行累积投票制度。控股股东控股比例在30%以上的上市公司，应当采用累积投票制。采用累积投票制度的上市公司应在公司章程里规定该制度的实施细则。"2005年，累积投票制被正式写入《公司法》，在第106条中引进这一重要制度，以应对因公司股权高度集中导致的"一股独大"以致控股股东完全操纵公司管理层选举的情形，2005年《公司法》第106条规定："股东大会选举董事、监事，可以依照公司章程的规定或者股东大会的决议，实行累积投票制。"此次修改增加了股份有限公司可实行累积投票制的规定，而没有规定强制性。同时，将实行累积投票制限定在股东大会选举董事、监事的事项上。本条内容在2005年修订后，在往后的修改中只是条文序号的变化，内容并没有修改过。

三、条文解读

（一）累积投票制的含义

《公司法》所称累积投票制，是指股份有限公司股东大会选举董事或者监事时，每一股份拥有与应选董事或者监事人数相同的表决权，股东拥有的表决权可以集中使用。累积投票制是一种与直接投票制相对应的公司董（监）事选举制度。在累积投票制下，每一有表决权的股份享有与拟选出的董（监）事人数相同的表决权，股东可以自由地在各候选人间分配其表决权，既可分散投于多人，也可集中投于一人，然后根据各候选人得票多少的顺序决定董（监）事人选。累积投票制在一定程度上为中小股东的代言人进入董（监）事会提供了保障。按通常投票法，股东必须在候选人中间平分选票。累积投票制则可以让股东将所有的选票投给一位候选人。假定某股东拥有100股，每股1票，将选出6位董事，通常的办法是让该股东给6位董事候选人的每一位投100票，总共600票。而累积投票法则可以让同样的600票投给一位董事候选人，或根据自己的愿望分投给各候选人。

（二）累积投票制的适用范围

股份有限公司累积投票制的适用范围为股份有限公司董事、监事的选举。股份有限公司股东大会在选举董事、监事时，可以依照公司章程的规定或者股东大会的决议，实行累积投票制。《公司法》对于股份有限公司选举董（监）事是否采取累积投票制，实行的是任意主义而非强制主义。

（三）公司累积投票制的特点

第一，仅在股东大会的议决中适用，而无须在公司的其他机关如董事会、监事会及公司的职工大会、职工代表大会等机构中使用。从整体上讲，股东以出资者身份对股份公司施加影响的方式主要是股东大会，依据累积投票制规定，股东只有在股东大会上才享有累积投票权并依该规则进行表决。股东，尤其是控股股东兼任董事、监事及高级管理人员的，在相关决议中行使表决权时不适用累积投票制。不享有累积投票权维护公司职工权益的职工大会或职工代表大会等机构可能需要就职工董事或职工监事人选作出决议，但其代议制的决议方式有别于资本决议规则，不适用累积投票制进行表决。

第二，只在选举公司管理者时才适用，而在决定公司其他重要事务时不采用。这主要表现为两个方面：一是只在选举管理者时才适用，而对诸如修改公司章程，增减公司注册资本，公司的合并、分立、解散等股东大会决议事项中均无须适用；二是只在选举公司董事、监事且是股东董事、股东监事时才适用，而选任、推荐或聘请其他人员时不适用。对于其他表决事项和人员选任，不因公司未适用该规则进行表决而遭受《公司法》第22条启动之非难，也无须担忧或承担表决结果或选举结果无效的不利后果。当然，只有在公司同时选举两名以上管理者时，累积投票制始能发挥其功效。

第三，公司累积投票制下，股东的投票权数由其持股数量与应选出的管理者人数决定。传统的投票方法中，每股同时只有一个表决权；而适用累积投票制时，每股同时有多个表决权，每股拥有的表决权权数为应选出的管理者人数，由此，单个股东的投票权数等于其持股数量与应选出的管理者人数的乘积。

第四，股东所拥有的投票权可以集中投票选举一人，也可以分散选举数人，最后按候选人得票的多寡来决定由谁当选。一方面，因每股有与应选出的管理者人数相同的投票权，股东在选择管理者的议决中将其投票权投给其所支持的一人或数人，而在分散投给数人时，具体投给各个管理者的投票权数量，可由股东根据候选人的管理能力、诚信程度等而在自己的投票权数量范围内在他们之间进行分配。

当然，股东拥有的投票权是集中一次使用而非分多次使用。此外，选举结果遵循按得票数的多寡来决定当选者，而不必完全恪守《公司法》之"股东大会作出决议必须经出席会议的股东所持表决权过半数通过"的限制。①

累积投票制度有利于中小股东选举其代表进入公司管理层，按照其持股比例参与董事会的活动，保护其利益，使其在公司管理层中有一席之地、可发表意见，降低过度集中决策的风险，既可维持公平，又不违背资本多数决原则。但是，它也可能削弱大股东对董事等人选的控制力，增大其投资风险，还可能因董事之间缺乏互信、互不合作，降低效率，提高治理成本，甚至出现拉帮结派现象，还可能出现泄露商业秘密的问题，而使所有股东同受其害。不过综合

---

① 李勇军、朱月娟：《公司累计投票制的性质、价值及其实现——基于对〈公司法〉第106条的分析》，载《西北农林科技大学学报（社会科学版）》2012年第12期。

比较，累积投票制度还是利大于弊的，更具有积极之意义。

《上市公司治理准则》对符合特定情况的上市公司采用累积投票制作有强制性规定。该准则第17条规定："董事、监事的选举，应当充分反映中小股东意见。股东大会在董事、监事选举中应当积极推行累积投票制。单一股东及其一致行动人拥有权益的股份比例在30%及以上的上市公司，应当采用累积投票制。采用累积投票制的上市公司应当在公司章程中规定实施细则。"

股东在股东大会上对董事、监事选举行使累积投票权，应当提前向股东大会发出通知，以提示其他人也可相应行使权利，以求选举公平。

（四）在累积投票制度中，影响小股东对人事选举投票结果的因素

第一，董事会的规模大小。董事会的规模越大，小股东推荐人选当选的可能性越大，当选的人数会越多；董事会的规模越小，小股东推荐的人选当选的可能性越小，当选的人数会越少。董事会的规模小到一定程度时，小股东无法使其候选人当选。大股东为了抵消累积投票对其可能产生的不利影响，可能采取对董事分类选举或分批错期选举的方式，以减少一次选举中的选举人数，降低小股东推荐人选当选的可能性。第二，董事、监事是否合并选举。如果两者合并选举，因候选人人数的增加，小股东的累积投票将得到更佳效果。目前，我国的董事、监事一般均为分别选举。

▶ 类案检索

一、广州盛景投资有限公司与江苏四环生物股份有限公司公司决议撤销纠纷案

关键词： 股东大会决议瑕疵　累积投票制

裁判摘要： 关于表决方式。（1）合并表决问题。股东徐某某提议免去林某独立董事职务，增补刘某为独立董事，同时股东盛景公司提议免去卢某独立董事职务，增补王某某为独立董事，对此，股东大会将一个免职议案与一个选举议案合并表决，确有可能影响股东正确行使表决权，如同意选举刘某为股东，就必须同意罢免林某，而不能选择罢免卢某，故两项议案分别表决更具有合理性。（2）投票方式问题。涉案股东大会将审议对两位独立董事的免职议案，可

能出现两个独立董事缺额,并已有两名候选人,根据公司章程第97条规定,应当采用累积投票制进行选举。因此,涉案股东大会采用一股一票方式进行选举,不符合章程规定。

【案　　号】(2017)苏02民终273号民事判决书

【审理法院】江苏省无锡市中级人民法院

二、深圳市某工贸有限公司与深圳某酒店股份有限公司侵害股东权纠纷案

关键词: 董事会决议无效　累积投票制

裁判摘要: 2003年6月27日召开的2002年度股东大会有关董事选举决议,所选出的两名独立董事、董事潘某,及其选举中未实行累计投票制,均违反了我国法律法规及被告《公司章程》的规定,其中任何一项事由的违反,都可以构成被告的董事选举决议无效,因此,该次股东大会有关董事选举的决议是无效的。鉴于被告该次董事选举决议无效,其以被告第四届董事会的名义选举王某为被告董事长及继续聘任闻某为被告总经理也属无效。被告应严格依照法律、法规及《公司章程》的要求,规范其行为,另行召开股东大会对公司董事进行重新选举,依法选举合法、合格之董事及独立董事。

【案　　号】(2003)深罗法民二初字第1727号

【审理法院】广东省深圳市罗湖区人民法院

> **第一百零六条** 股东可以委托代理人出席股东大会会议，代理人应当向公司提交股东授权委托书，并在授权范围内行使表决权。

关联规定

法律、行政法规、司法解释

1.《中华人民共和国民法典》

第一百六十一条 民事主体可以通过代理人实施民事法律行为。

依照法律规定、当事人约定或者民事法律行为的性质，应当由本人亲自实施的民事法律行为，不得代理。

第一百六十二条 代理人在代理权限内，以被代理人名义实施的民事法律行为，对被代理人发生效力。

第一百六十三条 代理包括委托代理和法定代理。

委托代理人按照被代理人的委托行使代理权。法定代理人依照法律的规定行使代理权。

第一百六十四条 代理人不履行或者不完全履行职责，造成被代理人损害的，应当承担民事责任。

代理人和相对人恶意串通，损害被代理人合法权益的，代理人和相对人应当承担连带责任。

第一百六十五条 委托代理授权采用书面形式的，授权委托书应当载明代理人的姓名或者名称、代理事项、权限和期限，并由被代理人签名或者盖章。

第一百六十六条 数人为同一代理事项的代理人的，应当共同行使代理权，但是当事人另有约定的除外。

第一百六十九条 代理人需要转委托第三人代理的，应当取得被代理人的同意或者追认。

转委托代理经被代理人同意或者追认的，被代理人可以就代理事务直接指示转委托的第三人，代理人仅就第三人的选任以及对第三人的指示承担责任。

转委托代理未经被代理人同意或者追认的，代理人应当对转委托的第三人的行为承担责任；但是，在紧急情况下代理人为了维护被代理人的利益需要转委托第三人代理的除外。

第一百七十一条 行为人没有代理权、超越代理权或者代理权终止后，仍然实施代理行为，未经被代理人追认的，对被代理人不发生效力。

相对人可以催告被代理人自收到通知之日起三十日内予以追认。被代理人未作表示的，视为拒绝追认。行为人实施的行为被追认前，善意相对人有撤销的权利。撤销应当以通知的方式作出。

行为人实施的行为未被追认的，善意相对人有权请求行为人履行债务或者就其受到的损害请求行为人赔偿。但是，赔偿的范围不得超过被代理人追认时相对人所能获得的利益。

相对人知道或者应当知道行为人无权代理的，相对人和行为人按照各自的过错承担责任。

第一百七十二条 行为人没有代理权、超越代理权或者代理权终止后，仍然实施代理行为，相对人有理由相信行为人有代理权的，代理行为有效。

第一百七十三条 有下列情形之一的，委托代理终止：

（一）代理期限届满或者代理事务完成；

（二）被代理人取消委托或者代理人辞去委托；

（三）代理人丧失民事行为能力；

（四）代理人或者被代理人死亡；

（五）作为代理人或者被代理人的法人、非法人组织终止。

第一百七十四条 被代理人死亡后，有下列情形之一的，委托代理人实施的代理行为有效：

（一）代理人不知道且不应当知道被代理人死亡；

（二）被代理人的继承人予以承认；

（三）授权中明确代理权在代理事务完成时终止；

（四）被代理人死亡前已经实施，为了被代理人的继承人的利益继续代理。

作为被代理人的法人、非法人组织终止的，参照适用前款规定。

2.《中华人民共和国证券法》

第九十条第一款 上市公司董事会、独立董事、持有百分之一以上有表决权股份的股东或者依照法律、行政法规或者国务院证券监督管理机构的规定设立的投资者保护机构(以下简称投资者保护机构),可以作为征集人,自行或者委托证券公司、证券服务机构,公开请求上市公司股东委托其代为出席股东大会,并代为行使提案权、表决权等股东权利。

3.《最高人民法院关于适用〈中华人民共和国公司法〉若干问题的规定(四)》

第五条 股东会或者股东大会、董事会决议存在下列情形之一,当事人主张决议不成立的,人民法院应当予以支持:

(一)公司未召开会议的,但依据公司法第三十七条第二款或者公司章程规定可以不召开股东会或者股东大会而直接作出决定,并由全体股东在决定文件上签名、盖章的除外;

(二)会议未对决议事项进行表决的;

(三)出席会议的人数或者股东所持表决权不符合公司法或者公司章程规定的;

(四)会议的表决结果未达到公司法或者公司章程规定的通过比例的;

(五)导致决议不成立的其他情形。

▶ 条文释义

一、本条主旨

本条是关于股东委托代理人出席股东大会会议行使表决权的规定。

二、条文演变

本条内容自 1993 年《公司法》确定后,没有修改过。

三、条文解读

股东可以委托代理人出席股东大会。出席股东大会并行使表决权,是股东固有的权利。但股东可能会因为居住遥远、出差、生病或者其他事务缠身等原因而无法出席股东大会,为了保证股东能够充分地行使自己的权利,股东可以委托他人代理自己出席股东大会,并依法行使其表决权。

代理人出席股东大会应当提交股东授权委托书。股东在委托代理人时,应当开具书面的授权委托书，在授权委托书上载明委托何人以自己的名义，参加哪一次股东大会，可以就哪些事项进行表决，并由股东在授权委托书上签名盖章。授权委托书上载明授权的范围，主要是为了防止代理人多次参加股东没有授权其参加的股东大会，或者对股东没有授权的事项进行表决，违背股东的真实意思，损害股东的利益，并对股东大会的决议产生不利的影响。除了书面的委托书，其他的委托方式，如股东以口头或者通过电话授权他人代表自己出席并行使其表决的，都应当无效。代理人出席股东大会时，应当向公司提交股东开具的授权委托书。公司经审查，认为代理人提交的授权委托书有效时，代理人才能出席股东大会。无行为能力的股东的法定代理人或者法人股东的法定代表人，基于法定代理权而行使表决权时，无须出具委托书。

代理人应当在授权范围内行使表决权。根据代理的基本原理，代理人只有在代理权限范围内行使代理权，代理行为才能对被代理人产生法律效力。代理人超出股东的授权范围行使表决权的，如果股东不予追认，则该行为无效，由此给股东造成损失的，代理人应当承担赔偿责任。

▶ 适用指引

一般而言，自然人股东的股权可由其本人亲自行使，本人因故不能亲自行使时，可委托他人代理行使。法人股东的股权除可由法定代表人行使外，一般由指定代理人行使。尤其是在股份有限公司中，由于股东人数众多，加之股东地处分散、投资有限，实际上很少有股东有足够的时间、金钱和兴趣参加股东大会，这使委托代理人行使股权已经成为股份有限公司股东参与公司决策程序的重要形式。

关于代理人的资格。我国《公司法》第106条规定："股东可以委托代理人出席股东大会，代理人应当向公司提交股东授权委托书，并在授权范围内行使表决权。"目前，我国公司立法未对代理人的资格作限制性规定。在确定代理人资格时，既不宜突出强调董事会的代理权限和代理地位，也不宜选定一个中间组织专任代理人，而应以尊重股东个人意愿和方便代理权的行使为原则。结合相关代理理论，我们以为，应规定凡具有完全民事行为能力者，不论其是否是本公司的股东，均可接受股东的委托作为股东的代理人。当然，如果公司章程约定代理人以本公司股东为限，法律对此约定的效力也应予以肯定。

第一百零七条　股东大会应当对所议事项的决定作成会议记录，主持人、出席会议的董事应当在会议记录上签名。会议记录应当与出席股东的签名册及代理出席的委托书一并保存。

关联规定

一、法律、行政法规、司法解释

1.《中华人民共和国公司法》

第三十三条　股东有权查阅、复制公司章程、股东会会议记录、董事会会议决议、监事会会议决议和财务会计报告。

股东可以要求查阅公司会计账簿。股东要求查阅公司会计账簿的，应当向公司提出书面请求，说明目的。公司有合理根据认为股东查阅会计账簿有不正当目的，可能损害公司合法利益的，可以拒绝提供查阅，并应当自股东提出书面请求之日起十五日内书面答复股东并说明理由。公司拒绝提供查阅的，股东可以请求人民法院要求公司提供查阅。

第四十一条　召开股东会会议，应当于会议召开十五日前通知全体股东；但是，公司章程另有规定或者全体股东另有约定的除外。

股东会应当对所议事项的决定作成会议记录，出席会议的股东应当在会议记录上签名。

2.《最高人民法院关于适用〈中华人民共和国公司法〉若干问题的规定（四）》

第五条　股东会或者股东大会、董事会决议存在下列情形之一，当事人主张决议不成立的，人民法院应当予以支持：

（一）公司未召开会议的，但依据公司法第三十七条第二款或者公司章程规定可以不召开股东会或者股东大会而直接作出决定，并由全体股东在决定文件上签名、盖章的除外；

（二）会议未对决议事项进行表决的；

（三）出席会议的人数或者股东所持表决权不符合公司法或者公司章程规定的；

（四）会议的表决结果未达到公司法或者公司章程规定的通过比例的；

（五）导致决议不成立的其他情形。

二、部门规章及规范性文件

1.《证券公司治理准则》

第十八条 证券公司股东会应当制作会议记录。会议记录应当真实、准确、完整，并依法保存。

2.《上市公司股东大会规则》

第五条 公司召开股东大会，应当聘请律师对以下问题出具法律意见并公告：

（一）会议的召集、召开程序是否符合法律、行政法规、本规则和公司章程的规定；

（二）出席会议人员的资格、召集人资格是否合法有效；

（三）会议的表决程序、表决结果是否合法有效；

（四）应公司要求对其他有关问题出具的法律意见。

第四十一条 股东大会会议记录由董事会秘书负责，会议记录应记载以下内容：

（一）会议时间、地点、议程和召集人姓名或名称；

（二）会议主持人以及出席或列席会议的董事、监事、董事会秘书、经理和其他高级管理人员姓名；

（三）出席会议的股东和代理人人数、所持有表决权的股份总数及占公司股份总数的比例；

（四）对每一提案的审议经过、发言要点和表决结果；

（五）股东的质询意见或建议以及相应的答复或说明；

（六）律师及计票人、监票人姓名；

（七）公司章程规定应当载入会议记录的其他内容。

出席会议的董事、监事、董事会秘书、召集人或其代表、会议主持人应当在会议记录上签名，并保证会议记录内容真实、准确和完整。会议记录应当与现场出席股东的签名册及代理出席的委托书、网络及其他方式表决情况的有效资料一并保存，保存期限不少于十年。

3.《上市公司章程指引》

第七十三条 股东大会应有会议记录，由董事会秘书负责。

会议记录记载以下内容：

（一）会议时间、地点、议程和召集人姓名或名称；

（二）会议主持人以及出席或列席会议的董事、监事、经理和其他高级管理人员姓名；

（三）出席会议的股东和代理人人数、所持有表决权的股份总数及占公司股份总数的比例；

（四）对每一提案的审议经过、发言要点和表决结果；

（五）股东的质询意见或建议以及相应的答复或说明；

（六）律师及计票人、监票人姓名；

（七）本章程规定应当载入会议记录的其他内容。

注释：既发行内资股又发行境内上市外资股的公司，会议记录的内容还应当包括：（1）出席股东大会的内资股股东（包括股东代理人）和境内上市外资股股东（包括股东代理人）所持有表决权的股份数，各占公司总股份的比例；（2）在记载表决结果时，还应当记载内资股股东和境内上市外资股股东对每一决议事项的表决情况。

未完成股权分置改革的公司，会议记录还应该包括：

（1）出席股东大会的流通股股东（包括股东代理人）和非流通股股东（包括股东代理人）所持有表决权的股份数，各占公司总股份的比例；

（2）在记载表决结果时，还应当记载流通股股东和非流通股股东对每一决议事项的表决情况。

公司应当根据实际情况，在章程中规定股东大会会议记录需要记载的其他内容。

第七十四条 召集人应当保证会议记录内容真实、准确和完整。出席会议的董事、监事、董事会秘书、召集人或其代表、会议主持人应当在会议记录上签名。会议记录应当与现场出席股东的签名册及代理出席的委托书、网络及其他方式表决情况的有效资料一并保存，保存期限不少于十年。

注释：公司应当根据具体情况，在章程中规定股东大会会议记录的保管期限。

4.《非上市公众公司监督管理办法》

第十条 公众公司股东大会、董事会、监事会的召集、提案审议、通知时间、召开程序、授权委托、表决和决议等应当符合法律、行政法规和公司章程的规定；会议记录应当完整并安全保存。

股东大会的提案审议应当符合规定程序，保障股东的知情权、参与权、质询权和表决权；董事会应当在职权范围和股东大会授权范围内对审议事项作出决议，不得代替股东大会对超出董事会职权范围和授权范围的事项进行决议。

▶ 条文释义

一、本条主旨

本条是关于股东大会会议记录要求的规定。

二、条文演变

本条为2005年《公司法》修订前第109条内容，2005年修订《公司法》后，本条新增了股东大会会议记录由主持人签名的规定，此后内容未修改过。

三、条文解读

（一）股东大会应当对所议事项的决定作成会议记录

会议记录是载明股东大会对所议事项作出决定的书面文件。股东大会在举行会议时，负责召集会议的董事会以及主持会议的董事长应当安排人员，详细记录会议的情况，中国证监会发布的《上市公司股东大会规则》第41条对此作了细化规定："股东大会会议记录由董事会秘书负责，会议记录应记载以下内容：（一）会议时间、地点、议程和召集人姓名或名称；（二）会议主持人以及出席或列席会议的董事、监事、董事会秘书、经理和其他高级管理人员姓名；（三）出席会议的股东和代理人人数、所持有表决权的股份总数及占公司股份总数的比例；（四）对每一提案的审议经过、发言要点和表决结果；（五）股东的质询意见或建议以及相应的答复或说明；（六）律师及计票人、监票人姓名；（七）公司章程规定应当载入会议记录的其他内容。出席会议的董事、

《公司法》 | 第四章 股份有限公司的设立和组织机构 | 第一百零七条

监事、董事会秘书、召集人或其代表、会议主持人应当在会议记录上签名，并保证会议记录内容真实、准确和完整。会议记录应当与现场出席股东的签名册及代理出席的委托书、网络及其他方式表决情况的有效资料一并保存，保存期限不少于十年。"

（二）股东大会会议记录由主持人、出席会议的董事签名

主持人、出席会议的董事应当在会议记录上签名，表示他们出席了股东大会，并对自己在会议上的行为负责。股东大会一般由董事会召集并由董事长主持，会议的主持人以及出席会议的董事的行为，对股东大会的进行有着重要的影响。为了明确主持人以及出席会议的董事对会议所承担的责任，会议记录应由主持人、出席会议的董事签名。

（三）会议记录与签名册及委托书一并保存

会议记录作成之后，应当与出席股东的签名册及代理出席的委托书一并保存，置备于本公司，以便没有出席会议的股东以及以后的新股东了解股东大会的内容，便于出席会议的股东在今后能够更加确切地了解股东大会的内容。此外，股东大会作成会议记录，也为将来在某种情况下，需要了解股东大会的情况时提供了有利的条件。

▶ 适用指引

一、股份有限公司会议记录的签署

股份有限公司股东人数通常较多，无法要求全部到会股东在会议记录上签字，在此情况下，《公司法》规定由会议主持人和到会董事在会议记录上签字，遂成为重要的签字替代方式。然而，会议主持人和到会董事签字的会议记录或决议，能否准确反映股东会会议和决议的真实状况，在实务上并非没有疑问。为了确保会议记录或决议的真实性，有些国家规定，召开股东会会议必须办理公证，会议决议和记录也必须办理公证。我国法律未规定召开股东会会议必须办理公证，但是，根据《上市公司股东大会规则》，上市公司召开股东会会议的，必须聘请律师进行见证。律师见证和办理会议公证的实际效果相似，它在

提高公司和会议成本的同时，加强了股东会会议的规范运作，有助于保证会议记录和决议的真实性。对于非上市公司召开的股东会会议，我国《公司法》既未要求公司办理公证，也未要求聘请律师进行见证，甚至未要求保留股东投票的原始记录，这种做法无法确保会议记录和决议的真实性。

二、有限责任公司股东会记录的签署

与股份有限公司会议记录的签署规则不同，《公司法》第41条第2款规定有限责任公司应制作股东会会议记录，出席会议的股东应在会议记录上签字。

▶ 类案检索

蔡某某与浙江嘉信医药股份有限公司公司决议撤销纠纷案

关键词：股东大会会议记录　缺失会议记录

裁判摘要：《公司法》第107条规定，股东大会应当对所议事项的决定作成会议记录，主持人、出席会议的董事应当在会议记录上签名；会议记录应当与出席股东的签名册及代理出席的委托书一并保存。嘉信公司章程也有相应规定。本案中，被告未证明股东大会形成了会议记录，在原告主张缺失会议记录之瑕疵后仍未提交，违反了法律和公司章程之规定。

【案　　号】（2016）浙0411民初3366号

【审理法院】浙江省嘉兴市秀洲区人民法院

第三节　董事会、经理

> 第一百零八条　股份有限公司设董事会，其成员为五人至十九人。
>
> 董事会成员中可以有公司职工代表。董事会中的职工代表由公司职工通过职工代表大会、职工大会或者其他形式民主选举产生。
>
> 本法第四十五条关于有限责任公司董事任期的规定，适用于股份有限公司董事。
>
> 本法第四十六条关于有限责任公司董事会职权的规定，适用于股份有限公司董事会。

▶ 关联规定

法律、行政法规、司法解释

《中华人民共和国公司法》

第四十四条　有限责任公司设董事会，其成员为三人至十三人；但是，本法第五十条另有规定的除外。

两个以上的国有企业或者两个以上的其他国有投资主体投资设立的有限责任公司，其董事会成员中应当有公司职工代表；其他有限责任公司董事会成员中可以有公司职工代表。董事会中的职工代表由公司职工通过职工代表大会、职工大会或者其他形式民主选举产生。

董事会设董事长一人，可以设副董事长。董事长、副董事长的产生办法由公司章程规定。

第四十五条　董事任期由公司章程规定，但每届任期不得超过三年。董事任期届满，连选可以连任。

董事任期届满未及时改选，或者董事在任期内辞职导致董事会成员低于法定人数的，在改选出的董事就任前，原董事仍应当依照法律、行政法规和公司章程的规定，履行董事职务。

第四十六条　董事会对股东会负责，行使下列职权：

（一）召集股东会会议，并向股东会报告工作；

（二）执行股东会的决议；

（三）决定公司的经营计划和投资方案；

（四）制订公司的年度财务预算方案、决算方案；

（五）制订公司的利润分配方案和弥补亏损方案；

（六）制订公司增加或者减少注册资本以及发行公司债券的方案；

（七）制订公司合并、分立、解散或者变更公司形式的方案；

（八）决定公司内部管理机构的设置；

（九）决定聘任或者解聘公司经理及其报酬事项，并根据经理的提名决定聘任或者解聘公司副经理、财务负责人及其报酬事项；

（十）制定公司的基本管理制度；

（十一）公司章程规定的其他职权。

第五十七条　一人有限责任公司的设立和组织机构，适用本节规定；本节没有规定的，适用本章第一节、第二节的规定。

本法所称一人有限责任公司，是指只有一个自然人股东或者一个法人股东的有限责任公司。

第六十七条　国有独资公司设董事会，依照本法第四十六条、第六十六条的规定行使职权。董事每届任期不得超过三年。董事会成员中应当有公司职工代表。

董事会成员由国有资产监督管理机构委派；但是，董事会成员中的职工代表由公司职工代表大会选举产生。

董事会设董事长一人，可以设副董事长。董事长、副董事长由国有资产监督管理机构从董事会成员中指定。

▶ 条文释义

一、本条主旨

本条是关于股份有限公司董事会组成、任期以及职权的规定。

二、条文演变

在1993年《公司法》中，第112条规定了股份有限公司董事会组成及董事会的各项职权。

在2005年《公司法》的修订中，增加了"董事会成员中可以有公司职工代表"的规定。注意，本条在此处用的是"可以"，不是"应当"，因此此项法律规定属于任意性规范，而不是强制性规范。2005年《公司法》还删去了董事会的具体职权，另在第二章第二节关于组织机构的规定第47条加以规定。此外，增加了"本法第四十七条关于有限责任公司董事会职权的规定，适用于股份有限公司董事会"的规定。

2005年《公司法》修订后，本条内容未有实质性变更。

三、条文解读

（一）股份有限公司设立董事会

股份有限公司股东众多，每个股东对公司的经营管理都可能存在自己的意见。如果每个股东都可以对公司进行具体的经营管理，那么就会因为股东意见的纷纭而使公司无所适从，从而造成公司经营管理的混乱。如果每个股东都通过股东大会对公司进行具体的经营管理，则会因为股东大会举行的不便而使公司应当立即决定的事项不能决定，从而影响公司的经营管理。所以，许多国家的公司法都规定，股份有限公司设董事会，依法对公司进行经营管理。董事会作为公司的中观决策和执行机构，是一个合议体，决议时应当贯彻少数服从多数的原则。董事会作为一个机构，由创立大会或者股东大会选举的全体董事组成。由于董事会的行为决定了公司的经营状况，关系到每个股东的利益，所以，为了集思广益，使公司得到良好的经营管理，同时也为了避免少数股东操纵董事会，损害其他股东的利益，股份有限公司董事会的人数应该适中，为5~19人。董事会成员人数通常应为单数，以防止董事会在作出决定时出现赞成、反对各半的僵局出现。

（二）董事会成员中可以有公司职工代表

2005年修订《公司法》时，突出了对职工权益的保障，其中重要的内容就是董事会成员中可以有公司职工代表。职工代表大会、职工大会是目前公司实行民主管理的基本形式，是职工行使民主管理权利的机构。考虑到不同类型的公司职工民主管理的途径和方式有所不同，本条第2款规定，董事会的职工代表由公司职工通过职工代表大会、职工大会或者其他形式民主选举产生。董事会成员中可以有公司职工代表属于任意性规范。

（三）董事任期

董事任期，是指担任董事职务的时间限制。根据本条和《公司法》第45条的规定，股份有限公司董事的任期由公司章程规定，但每届任期不得超过3年。董事任期届满，连选可以连任。董事任期届满未及时改选，或者董事在任期内辞职导致董事会成员低于法定人数的，在改选出的董事就任前，董事仍应当按照法律、行政法规和公司章程的规定，履行董事的职务，以免董事会因董事缺额而无法履行职权，影响公司的正常运营。

（四）董事会职权

股东大会是股份有限公司的权力机构，决定公司的重大问题。董事会则是股份有限公司的执行机关，负责公司经营活动的指挥和管理，其中包括代表公司对各种业务事项作出意思表示或者决策，以及组织实施和贯彻执行这些决策。因此，在一定程度上讲，董事会是股东大会的执行机关，是公司的业务决策机关。根据本条和《公司法》第46条的规定，股份有限公司董事会对股东大会负责，行使下列职权。

1. 召集股东大会会议，并向股东大会报告工作

董事会由董事组成，董事由股东大会选举产生，董事会对股东大会负责。因此，召集股东大会会议，并向股东大会报告工作，既是董事会的一项职权，也是董事会的一项义务。董事会应当依照法律规定和公司章程的规定，及时召集股东大会会议，并向股东大会报告自己的工作情况。

2. 执行股东大会的决议

股东大会作为公司的权力机构，是公司的最高决策机关，依照法律规定和公司章程规定决定公司的重大问题。股东大会对公司生产经营方面作出的决议，由董事会执行。因此，执行股东大会的决议，是董事会的一项职权，也是董事会的一项义务。董事会应当认真贯彻执行股东大会的决议。

3. 决定公司的经营计划和投资方案

公司的经营计划，是指管理公司内外业务的方向、目标和措施，是公司内部的、短期的管理计划。公司的投资方案，是指公司内部的短期的资金的运用方向。根据法律规定，决定公司的经营方针和投资计划，是公司股东大会的职权。所以公司的经营计划和投资方案，是执行股东大会决定的经营方针和投资计划的一项具体措施。因此，决定公司的经营计划和投资方案，既是董事会的一项职权，也是董事会的一项义务。董事会应当根据股东大会作出的公司经营方针和投资计划的决议，决定公司的经营计划和投资方案，不能违反股东大会有关公司经营方针和投资计划的决议。

4. 制订公司的年度财务预算方案、决算方案

根据法律规定，审议批准公司的年度财务预算方案、决算方案，是股东大会的职权。董事会作为股东大会的执行机关，应当按照有关规定及时拟订公司年度财务预算方案、决算方案，报请股东大会会议审议批准。因此，制订公司的年度财务预算方案、决算方案，既是董事会的一项职权，也是董事会的一项义务。

5. 制订公司的利润分配方案和弥补亏损方案

公司经过一段期间的经营活动，或者产生利润，或者产生亏损，或者收支相抵没有盈亏。当公司出现利润时，应当进行分配；出现亏损时，应当进行弥补。根据法律规定，审议批准公司的利润分配方案和弥补亏损方案，是股东大会的职权。而制订公司的利润分配方案和弥补亏损方案，则是董事会的职权。董事会应当按照规定及时制订公司的利润分配方案和弥补亏损方案，并提交股东大会会议审议批准。

6. 制订公司增加或者减少注册资本以及发行公司债券的方案

公司根据经营情况的需要，可以增加注册资本，也可以减少注册资本，还可以依照法律规定发行公司债券。根据法律规定，公司增加或者减少注册资本以及发行公司债券的方案，由股东大会作出决议。而提出增加或者减少注册资本以及发行公司债券的方案，则是董事会的职权。董事会应当根据公司经营需要，及时制订公司增加或者减少注册资本以及发行公司债券的方案，并提请股东大会会议审议，作出决议。

7. 制订公司合并、分立、变更公司形式、解散的方案

合并、分立、变更公司形式以及解散，都是公司的重大问题，关系到公司

是否继续存在、以何种形式存在、股东权利义务变化等，依照法律规定，由股东大会作出决议。但是，公司与谁合并、怎样分立、变更为什么样的股份有限公司以及解散的具体方案，由董事会拟订，然后提请股东大会会议进行审议并作出决议。

8. 决定公司内部管理机构的设置

董事会作为公司的业务执行机关，负责公司经营活动的指挥和管理，所以有权决定公司管理机构的设置。董事会决定内部管理机构设置，是指董事会有权根据本公司的具体情况，确定内部的管理机构设置，如设立事业开发部、市场营销部、综合管理部、客户服务部等具体的业务部门、行政管理部门等。

9. 聘任或者解聘高级管理人员并决定报酬事项

聘任或者解聘高级管理人员，是指董事会有权决定聘任或者解聘公司经理，并根据经理的提名决定聘任或者解聘公司的副经理、财务负责人等高级管理人员。同时，董事会有权决定经理、副经理、财务负责人等高级管理人员的报酬事项，如报酬标准、支付时间、支付方式等。

10. 制定公司的基本管理制度

公司的基本管理制度，是指保证公司能够正常运营的基本的管理体制。基本管理制度涉及公司内部运行的方方面面，董事会应当依照国家法律、公司章程等的要求，及时制定，保证公司具有良好的生产经营秩序。

除了上述十项职权外，董事会还行使公司章程规定的其他职权。

董事会行使的职权，概括起来，可以分为宏观决策权（如经营计划、投资方案）、经营管理权（如制订年度财务预算方案、决算方案）、机构与人事管理权（如内部管理机构设置、聘任经理）以及基本管理制度制定权。这些职权体现了董事会在公司内部组织机构中的地位，体现了董事会作为公司业务执行和业务决策机关应当享有的权利和承担的职责。

▶ 类案检索

麻某某与济南康都置业有限公司请求变更公司登记纠纷案

关键词： 董事　任期　变更

裁判摘要： 董事任期届满未及时改选，或董事在任期内辞职导致董事会成员低于法定人数的,在改选出的董事就任前,原董事仍应当依照法律、行政法规和公司章程的规定,履行董事职务。《公司法》的上述规定,是指为公司正常地运行,董事及时在合理期限内改选,为避免因短时间过渡时期影响公司运行而作出的规定,并非董事任职期间被迫延长的理由。

【案　　号】(2020)鲁01民终314号
【审理法院】山东省济南市中级人民法院

> 第一百零九条 董事会设董事长一人，可以设副董事长。董事长和副董事长由董事会以全体董事的过半数选举产生。
>
> 董事长召集和主持董事会会议，检查董事会决议的实施情况。副董事长协助董事长工作，董事长不能履行职务或者不履行职务的，由副董事长履行职务；副董事长不能履行职务或者不履行职务的，由半数以上董事共同推举一名董事履行职务。

关联规定

法律、行政法规、司法解释

《中华人民共和国公司法》

第四十七条 董事会会议由董事长召集和主持；董事长不能履行职务或者不履行职务的，由副董事长召集和主持；副董事长不能履行职务或者不履行职务的，由半数以上董事共同推举一名董事召集和主持。

第五十条 股东人数较少或者规模较小的有限责任公司，可以设一名执行董事，不设董事会。执行董事可以兼任公司经理。

执行董事的职权由公司章程规定。

第五十七条 一人有限责任公司的设立和组织机构，适用本节规定；本节没有规定的，适用本章第一节、第二节的规定。

第六十七条 国有独资公司设董事会，依照本法第四十六条、第六十六条的规定行使职权。董事每届任期不得超过三年。董事会成员中应当有公司职工代表。

董事会成员由国有资产监督管理机构委派；但是，董事会成员中的职工代表由公司职工代表大会选举产生。

董事会设董事长一人，可以设副董事长。董事长、副董事长由国有资产监督管理机构从董事会成员中指定。

▶ 条文释义

一、本条主旨

本条是关于股份有限公司的董事长、副董事长的产生及其职权的规定。

二、条文演变

一般情况下，公司由董事长担任公司的法定代表人，对外代表公司。1993年《公司法》曾规定董事会对内行使下列职权：（1）主持股东会（股东大会）和召集、主持董事会会议；（2）检查董事会决议的实施情况；（3）签署公司股票、债券。由于 1993 年《公司法》明确规定董事长是公司的法定代表人，因而赋予了董事长上述职权。由于 2005 年修订后的《公司法》对法定代表人作了重要修改，公司的法定代表人不再限定于董事长，而是可以由董事长、执行董事或者经理中的任何一人担任，因而立法未再规定董事长的具体职权。本条是对 2005 年《公司法》的继承，内容未有变更。

三、条文解读

（一）董事会设董事长一人，可以设副董事长

董事会作为股份有限公司法定、必备且常设的集体行使公司经营决策权的机构，采取会议体制；作为由 5~19 人组成的集体，有必要设置董事长，在董事会内部负责董事会会议的召集、主持等程序事务，协调董事会成员之间的关系，检查董事会决议的执行情况。对于一些经营规模较大、经营范围较广的公司，董事长一人往往难以履行其全部职责。为此，公司可以设副董事长，协助董事长工作。副董事长不是股份有限公司必设的机构。各公司的董事会根据公司的具体情况，可以决定设副董事长，也可以决定不设副董事长，而且设立副董事长的人数，由公司董事会自行决定。董事长、副董事长均为董事，在董事会内部仅享有召集、主持董事会等事务性特权。

（二）董事长和副董事长的产生

董事长和副董事长由董事会以全体董事的过半数选举产生。所以，董事

长、副董事长是选举产生的,而不是由某个人或者某个机构指定的。只有董事会才能选举董事长、副董事长,除此之外的任何机构,包括作为公司权力机构的股东大会,也无权选举董事长、副董事长。此外,董事会在选举董事长、副董事长时,表示同意的人数必须超过全体董事人数的一半,方为有效。董事会在选举董事长时,只能选举一人作为董事长。

(三)董事长的职权

1993年《公司法》较为突出董事长的职权,直接规定董事长为公司的法定代表人,并专条规定了董事长的职权,即主持股东大会和召集、主持董事会会议,检查董事会决议的实施情况,签署公司股票、公司债券等三项职权。2005年修订《公司法》时,各方面普遍反映,应当突出董事会的集体决策作用,强化对董事长权力的制约。因此,2005年《公司法》取消了董事长为公司的法定代表人的强制性规定,与之相适应,董事长也不再当然享有应当由法定代表人行使的签署公司股票、公司债券的职权;经过此次修改,本条仅规定了董事长有两个方面的职权,即召集和主持董事会会议,检查董事会决议的实施情况。根据《公司法》第101条的规定,董事长还有主持股东大会会议的职权。

副董事长协助董事长工作,董事长不能履行职务或者不履行职务的,由副董事长履行职务;副董事长不能履行职务或者不履行职务的,由半数以上董事共同推举一名董事履行职务。

▶ 类案检索

一、韩某某与北京金辇酒店管理有限公司公司决议撤销纠纷案

关键词:临时董事会 副董事长 决议效力

裁判摘要:由副董事长召集临时董事会会议符合《公司法》的规定,不是越权行为。根据《公司法》的规定,副董事长协助董事长工作,董事长不能履行职务或者不履行职务时,由副董事长履行职务。为了保证公司较强的应变能力和决策效率,《公司法》对于董事会临时会议的通知方式和通知时间的规定较普通董事会更为灵活一些,规定董事会召开临时会议,可以另定召集董事会

的通知方式和时限。所以,临时董事会的通知并不受提前10日通知全体董事的限制。

【案　　号】(2020)京民申3396号

【审理法院】北京市高级人民法院

二、淄博市临淄区公有资产经营公司与山东齐鲁乙烯化工股份有限公司等股东请求撤销董事会决议案

关键词：临时董事会　召集程序　表决方式　决议撤销

裁判摘要：董事会是股东会的常设执行机构，公司的日常管理及制定基本管理制度是董事会的职权范围。我国《公司法》第48条、第49条及第103条规定，董事会会议由董事长召集和主持；董事长不能履行职务或者不履行职务的，由副董事长召集和主持；副董事长不能履行职务或者不履行职务的，由半数以上董事共同推举一名董事召集和主持。董事会的议事方式和表决程序，除《公司法》有规定外，由公司章程规定。临时股东大会应当于会议召开15日前通知各股东，并要有明确议题和具体决议事项。对于公司部分董事会成员组织召开临时董事会会议，但在会议通知中未明确列明会议议题，也未按公司章程规定通知经理及监事列席会议，并且在表决时也存在股东未充分表明自己意见的情况，此次临时董事会的召开违反了《公司法》及公司章程的规定。同时此次董事会未能使股东有效地行使表决权，表决方式存在瑕疵。对于股东因此提起撤销董事会决议诉讼的，法院应予以支持。

【案　　号】(2007)淄民四终字第33号

【审理法院】山东省淄博市中级人民法院

> 第一百一十条　董事会每年度至少召开两次会议，每次会议应当于会议召开十日前通知全体董事和监事。
>
> 代表十分之一以上表决权的股东、三分之一以上董事或者监事会，可以提议召开董事会临时会议。董事长应当自接到提议后十日内，召集和主持董事会会议。
>
> 董事会召开临时会议，可以另定召集董事会的通知方式和通知时限。

▶ 关联规定

法律、行政法规、司法解释

《中华人民共和国民法典》

第四十七条　董事会会议由董事长召集和主持；董事长不能履行职务或者不履行职务的，由副董事长召集和主持；副董事长不能履行职务或者不履行职务的，由半数以上董事共同推举一名董事召集和主持。

第一百二十四条　上市公司董事与董事会会议决议事项所涉及的企业有关联关系的，不得对该项决议行使表决权，也不得代理其他董事行使表决权。该董事会会议由过半数的无关联关系董事出席即可举行，董事会会议所作决议须经无关联关系董事过半数通过。出席董事会的无关联关系董事人数不足三人的，应将该事项提交上市公司股东大会审议。

▶ 条文释义

一、本条主旨

本条是关于董事会的类型、通知、召集和主持的规定。

二、条文演变

在1993年《公司法》中,第116条规定:"董事会每年度至少召开二次会议,每次会议应当于会议召开十日以前通知全体董事。董事会召开临时会议,可以另定召集董事会的通知方式和通知时限。"在2005年修订的《公司法》中,增加了"代表十分之一以上表决权的股东、三分之一以上董事或者监事会,可以提议召开董事会临时会议。董事长应当自接到提议后十日内,召集和主持董事会会议"的规定。本条是对2005年《公司法》的继承,内容未有变更。

三、条文解读

(一)董事会会议的类型

董事会会议可以分为例行董事会会议和临时董事会会议两种。董事会是公司的中观决策和执行机构,其职权行使直接影响公司的经营状况。而董事会行使其职权的方式之一就是举行董事会会议并作出决议。董事会如果不召开董事会会议,就无法进行经营决策并执行公司的业务,无法代表全体股东的利益去经营公司的财产,这样就会严重影响公司的经营,损害公司和股东的利益。实践中,有的公司在成立之后,董事会会议很少召开,甚至有时一年也不召开一次,而由其他机构代行董事会的职权。为了使这种情况不再发生,《公司法》规定,董事会每年度至少应当召开两次会议,就董事会职权范围内的各项决议事项作出决议。在这里,每年度至少应当召开两次的董事会会议,是指公司章程规定的董事会的定期会议,即例行董事会会议,而不包括董事会的临时会议。临时董事会会议,是指根据特定主体的提议而临时召开的董事会。在例行董事会之间,公司的经营活动可能发生重大变化,特定主体可以提议召开临时董事会会议。

(二)特定主体可以提议召集临时董事会会议

公司在经营过程中可能发生影响到公司生存和发展的问题,这时代表十分之一以上表决权的股东、三分之一以上董事或者监事会,可以提议召开董事会临时会议。代表十分之一以上表决权的股东在股东大会上拥有相当的表决权,应当考虑其利益；三分之一以上董事提议，表明董事会成员中要求召开会议的意愿比较强烈；监事会提议召开董事会会议，是监事会履行对董事会及其成员监督之责的具体体现。因此，上述提议权人提议召开董事会临时会议的，董事长应当自接到提议后10日内，召集和主持董事会会议。这也是对董事长权力的制约。

（三）董事会会议的通知

董事会会议分为定期会议和临时会议两种，对举行这两种不同的会议在通知上有着不同的要求：（1）定期会议的通知要求。在董事会举行定期会议之前，董事长应当确定举行董事会会议的时间、地点、讨论决定的事项等，并应当按照公司章程规定的通知方式，如邮寄通知书、专人送达通知书等方式，将董事会将于何时、何地举行、召集的事由等情况在会议召开10日以前通知全体董事和监事，以便全体董事和监事能够参加或者列席董事会会议。（2）临时会议的通知要求。在某些情况下，如符合公司章程规定的召开董事会临时会议的条件或者经特定主体请求时，董事会应当召开临时会议。董事会在召开临时会议时，可以不按公司章程规定的一般通知方式通知全体董事和监事，也可以不在会议召开10日以前通知全体董事和监事，而只需按照公司章程规定的或者董事会确定的通知方式和通知时限通知全体董事和监事，就可以召开临时会议。

▶ 典型案例

蔡某某与真功夫公司损害股东利益责任纠纷案

关键词：临时董事会　召集程序

裁判摘要：本案中，人民法院对董事会会议的召开程序、决议内容进行合法性审查，及时纠正不合法的公司决议，妥善处理股东之间、股东与公司之间等利益冲突，从程序上将股东权利的司法救济落到实处，切实保护了股东的合法权益，对民营企业实现法治化管理、健康稳定发展起到促进作用。

基本案情：2007年7月，真功夫公司设立，投资人（股东）蔡某某任法定代表人及董事长。2011年4月，蔡某某因涉嫌经济犯罪被依法刑事羁押。2013年11月，真功夫公司董事会决定召开2013年第二次临时董事会会议，并采取特快专递的方式向蔡某某的身份证件上的住址邮寄送达会议通知。由于会议当天董事人数未达到公司章程规定，故会议主持人潘某某宣布会议延后15天举行，并以同样方式向蔡某某邮寄送达会议通知。同年12月，真功夫公司第二次临时董事会议召开，其中未到会的蔡某某、黄某某董事权利由会议主持人潘某某代为行使，会议全票通过选举潘某某为公司董事长等六项决议。2014年2月，蔡某某以临时董事会会议的召集程序、表决方式及董事会决议内容违反公司章程为由诉至法院，请求撤销涉案董事会决议。

广州市天河区人民法院认为，涉案董事会召集程序违反公司章程，判决撤销涉案董事会决议。广州市中级人民法院认为，真功夫公司应按照公司章程规定向蔡某某送达会议通知。真功夫公司在明知蔡某某被羁押情况下，仍仅向其身份证件上的地址邮寄会议通知，显然未尽合理、谨慎的义务，不符合章程"适当发出"的要求。涉案董事会的提案内容中有多项与蔡某某本人切身利益密切相关，该通知瑕疵不属于轻微瑕疵。故于2018年6月维持原判。

【审理法院】广州市天河区人民法院

【来　　源】广东省高级人民法院发布加强民营经济司法保护十大典型案例之四

▶ 类案检索

张某某与云南腾药制药股份有限公司公司决议撤销纠纷案

关键词：董事会秘书　决议效力

裁判摘要：董事会秘书具有公司高级管理人员的身份，在公司组织机构中，董事会秘书隶属于董事会，是协助董事会执行业务的助理机构。我国现行《公司法》规定了董事会秘书负责会议的筹备、文件保管事宜，对于对外代表权未作任何说明。对于董事会秘书的任免事项在《公司章程》中没有规定或经股东大会授权，董事会会议决议事项中可对董事会明确授权。董事会秘书具有担任董事会秘书的资格证书，即使其持有被告控股公司的股权，其担任董事会秘书的决议内容并不违反相关法律规定。

【案　　号】（2019）云0581民初4562号

【审理法院】云南省腾冲县人民法院

> 第一百一十一条　董事会会议应有过半数的董事出席方可举行。
> 董事会作出决议，必须经全体董事的过半数通过。
> 董事会决议的表决，实行一人一票。

条文释义

一、本条主旨

本条是关于董事会会议的举行、决议效力以及董事会表决的规定。

二、条文演变

在1993年《公司法》中，第117条规定了关于董事会会议的举行、决议效力，但未就董事会表决进行规定。在2005年《公司法》中，增加了"董事会决议的表决，实行一人一票制"的规定，对董事会的表决作出了规定。

本条是对2005年《公司法》的继承，内容未有变更。

三、条文解读

董事主要通过召开董事会会议的形式来行使职权，会议就必然要满足一定的程序要求：一是出席人数要求。如果只有少数人出席会议并作出决议，该决议就不能代表多数意见。二是表决比例要求。根据表决事项的不同，表决比例有简单多数和绝对多数之分。

（一）董事会会议应有过半数的董事出席方可举行

董事会是公司的经营决策和业务执行机构，对公司的经营，有着重要的作用。为了保证董事会的决议能够代表大多数股东的利益，有利于公司的经营，董事会会议应有过半数的董事出席方可举行。在董事会依法通知全体董事和监事之后，董事会并不是一定能够按时召开。如果按照董事会通知的时间和地点，出席董事会会议的董事，不足全体董事的一半，那么，董事会会议就不得召开。这时即使举行了董事会会议，该董事会会议及其所作出的决议也是无效的。只有出席董事会会议的董事占全体董事的 1/2 以上，董事会会议才能召开。

（二）董事会作出决议须经全体董事的过半数通过

董事会人数总体上来说比较少，容易形成相对集中的意志。同时，董事会作出决议，应当反映大多数成员的意愿。因此，本条要求董事会作出决议，必须经全体董事的过半数通过，该决议方为有效。

（三）董事会决议的表决实行一人一票

与股东大会会议"一股一票"的表决不同，董事会会议实行的是"一人一票"的表决方式。董事会会议审议表决事项时，往往实行一事一议的表决方式，每一董事只能享有一票表决权。实践中，表决票往往分为赞成票、否决票和弃权票三种类型。

▶ 适用指引

对于董事长代表公司的对外行为是否需要董事会决议的问题。在公司法理论中，董事长作为公司的法定代表人，承担对外代表公司的职权。一般来讲，董事长对外代表公司的职权由于是法律直接赋予的，不受任何限制。但在公司法实务中，我们仍然可以看到，不少公司通过章程或者内部决议的形式，对董事长对外代表公司的行为加以限制。例如，公司章程中记载"如果公司对外交易达到一定金额，董事长必须在经过董事会作出相关决议之后才有权对外代表公司，否则，董事长的代表行为将不被公司承认"。那么我们应当如何看待上述记载？

对外代表公司是《公司法》赋予董事长的法定职权，这里探讨的问题实质上是公司能否以内部约定的方式改变《公司法》规定的董事长法定的对外代表权。《公司法》并不排除公司通过内部约定限制董事长对外行为的权限，这种限制对内是有效的，但对外不应具有对抗第三人的效力，如果第三人不知道也不应当知道公司对董事长的对外代表行为作出的限制，那么，虽然董事长越权，但其行为构成表见代表行为，公司应当承担董事长代表行为的结果。如果由于多次交易等原因第三人知道或者应当知道公司对董事长对外行为所作的限制，那么董事长的越权行为则为无效，公司对此可以不予认可。①

▶ 类案检索

刘某某与成都华达实业股份有限公司公司决议纠纷案

关键词： 董事会会议　决议效力　表决

裁判摘要： 公司决议纠纷，是指公司股东（大）会、董事会决议的内容违反法律、行政法规的，股东会或股东大会、董事会的会议召集程序、表决方式违反法律、行政法规或公司章程，或者决议内容违反公司章程的，股东或利害关系人向人民法院提起诉讼，要求确认股东（大）会、董事会决议的效力或者撤销股东（大）会、董事会决议引发的纠纷。董事会会议应有过半数的董事出席方可举行。董事会作出决议，必须经全体董事的过半数通过。董事会决议的表决，实行一人一票。

【案　　号】（2021）川01民终4498号

【审理法院】四川省成都市中级人民法院

---

① 赵旭东主编：《公司法学》（第4版），高等教育出版社2015年版，第298页。

第一百一十二条 董事会会议，应由董事本人出席；董事因故不能出席，可以书面委托其他董事代为出席，委托书中应载明授权范围。

董事会应当对会议所议事项的决定作成会议记录，出席会议的董事应当在会议记录上签名。

董事应当对董事会的决议承担责任。董事会的决议违反法律、行政法规或者公司章程、股东大会决议，致使公司遭受严重损失的，参与决议的董事对公司负赔偿责任。但经证明在表决时曾表明异议并记载于会议记录的，该董事可以免除责任。

▶ **关联规定**

一、法律、行政法规、司法解释

1.《中华人民共和国公司法》

第一百一十一条 董事会会议应有过半数的董事出席方可举行。董事会作出决议，必须经全体董事的过半数通过。

董事会决议的表决，实行一人一票。

第一百四十九条 董事、监事、高级管理人员执行公司职务时违反法律、行政法规或者公司章程的规定，给公司造成损失的，应当承担赔偿责任。

2.《最高人民法院关于适用〈中华人民共和国公司法〉若干问题的规定（四）》

第五条 股东会或者股东大会、董事会决议存在下列情形之一，当事人主张决议不成立的，人民法院应当予以支持：

（一）公司未召开会议的，但依据公司法第三十七条第二款或者公司章程规定可以不召开股东会或者股东大会而直接作出决定，并由全体股东在决定文件上签名、盖章的除外；

（二）会议未对决议事项进行表决的；

（三）出席会议的人数或者股东所持表决权不符合公司法或者公司章程规

定的；

（四）会议的表决结果未达到公司法或者公司章程规定的通过比例的；

（五）导致决议不成立的其他情形。

二、部门规章及规范性文件

1.《保险公司控股股东管理办法》

第十条 保险公司控股股东提名的保险公司董事，应当审慎提名保险公司高级管理人员，提名人选应当符合中国保监会规定的条件。

保险公司控股股东提名的保险公司董事，应当以维护保险公司整体利益最大化为原则进行独立、公正决策，对所作决策依法承担责任，不得因直接或者间接为控股股东谋取利益导致保险公司、投保人、被保险人和受益人的合法权益受到损害。

保险公司董事会决策违反法律、行政法规和中国保监会规定的，中国保监会将依法追究董事的法律责任，经证明在表决时曾表明异议并记载于会议记录的董事除外。

2.《上市公司治理准则》

第二十一条 董事应当遵守法律法规及公司章程有关规定，忠实、勤勉、谨慎履职，并履行其作出的承诺。

第二十二条 董事应当保证有足够的时间和精力履行其应尽的职责。

董事应当出席董事会会议，对所议事项发表明确意见。董事本人确实不能出席的，可以书面委托其他董事按其意愿代为投票，委托人应当独立承担法律责任。独立董事不得委托非独立董事代为投票。

第二十三条 董事应当对董事会的决议承担责任。董事会的决议违反法律法规或者公司章程、股东大会决议，致使上市公司遭受严重损失的，参与决议的董事对公司负赔偿责任。但经证明在表决时曾表明异议并记载于会议记录的，该董事可以免除责任。

第二十四条 经股东大会批准，上市公司可以为董事购买责任保险。责任保险范围由合同约定，但董事因违反法律法规和公司章程规定而导致的责任除外。

▶ 条文释义

一、本条主旨

本条是关于董事会的出席与代理出席、会议记录与责任承担的规定。

二、条文演变

2005年对《公司法》进行了全面修订，本条的表述发生部分变化。本条第1款关于董事会的出席与代理出席规定，至今一直没有发生变化；第2款关于会议记录的规定，删除了记录员在会议记录上签名的规定，并采取了"应当"的表述，进一步强调董事在会议记录上签字的必要性；第3款关于董事责任承担的规定，新增董事会决议违反"股东大会决议"内容，董事会作为公司的执行机构应严格执行决策机构股东大会的决议。新增董事会决议违反股东大会决议，致使公司遭受严重损失的，参与决议的董事对公司负赔偿责任是董事忠诚和勤勉义务的本质要求，董事应对股东大会负责，违反股东大会决议，致使公司遭受严重损失的，董事承担责任。

三、条文解读

（一）董事会是公司人格的代表与实现者

在法律上，公司一旦成立，并选举了董事会，团体成员实际上就创设了一个全新的、独立的法律实体。该法律实体的角色是为了平衡相互冲突的利益，而具体平衡者是作为管理者的董事会。某人一旦被选举为董事，其不是只为股东服务的，更多是为公司这样一个法律实体的整体利益服务的独立管理者。如果说财产独立是公司人格基础的话，董事会则是公司人格的最大表征和实现者，是董事会而非股东和其他机构代表着公司。尽管作为闭锁性的有限公司常常由股东担任董事会成员，但他们是以董事而非股东身份，行使着有关权利并承担相应义务与责任，并以董事会名义为之的。现代各国公司法都赋予了董事会对公司事务的独断权或自主决策权以及执行公司事务的权力，董事会享有不受限制的商业决策自由，董事会有权利也有义务按照公司法和章程规定执行公司事务，股东只能通过股东会并以表决的形式行使法定的职权。所以，对于公司治理，无论是股东会中心说，还是经理说，事实上都是以董事会为真正中心的。如果没有董事会这个中心，公司所谓独立的人格是无以体现并实现的。

特别是随着最低资本金制度的取消和不要求初始资本，作为法律创造的公司人格及其信用几乎完全是通过董事会这个角色得以表达和实现的。通过董事会代表公司，其经营、财产得以独立化，进一步实现了公司人格的价值，并彰显着公司而非股东的信用。

（二）董事出席董事会会议的要求

董事会通过举行董事会会议并作出决议来行使其职权，董事是受股东大会的信任而被选举出来经营公司财产的人，所以，董事本人应当对股东大会负责，在董事会开会时对公司的经营决策和业务执行发表自己的意见，使董事会能够集思广益，作出符合公司利益的决定。但是，如果董事因为某种原因，如因疾病、临时在外地等原因，无法出席董事会会议的，他可以委托他人代为出席董事会会议。但董事委托他人代为出席董事会会议，必须符合两个条件：一是应当委托本公司的其他董事代为出席，而不能委托本公司董事以外的人代为出席。二是应当出具书面委托书，并在委托书中载明委托哪位董事代为就哪些事项代其发表意见，委托的董事还应当在委托书上签名盖章。由于董事会审议决定的是公司的重大决策事项，可能涉及公司的商业秘密，所以董事委托的代理人应为其他董事，不能委托董事以外的人员代为出席董事会会议。除书面委托外，其他委托方式，如口头委托、电话委托等无效，代理人超出董事的授权范围行使表决权的，该行为无效。此外，中国证监会于2018年发布的《上市公司治理准则》规定，上市公司的独立董事不得委托非独立董事代为投票。

（三）董事会会议记录的要求

董事会会议记录不仅明确、真实记载董事会会议对决议事项作出的决定，反映董事会活动，而且由于董事会对公司的经营决策和管理活动负有直接责任，此会议记录也就成为区分和确定董事责任的具有法律意义的文件。在董事会举行会议时，董事长应当指定专门的人员对董事会会议的举行情况、决议的事项及结果进行记录，并作成会议记录。出席会议的董事应当在会议记录上签名，表明该记录真实，对自己在董事会会议上的言行负责。董事会对会议所决议事项及结果作成会议记录，是将董事会的会议情况留下一个真实的证据，以便将来需要了解董事会会议的情况时,如为了查证董事会会议是否违法、某个董事是否对公司负赔偿责任时,能够比较方便地了解董事会会议的真实情况。

(四)董事对董事会的决议承担责任

董事会是一个集体,其在作出决议时,应当由出席会议的董事过半数同意,才能通过。也就是说,董事会的决议结果是根据各董事表示同意或者不同意的情况而作出的,董事应当对董事会的决议承担责任。当董事会的决议违反法律、行政法规或者公司章程、股东大会决议,致使公司遭受严重损失时,参与决议的董事对公司负赔偿责任。公司必须依法经营,这是董事应尽的责任。

这里应当注意的是,并不是在所有的情况下,也不是所有的董事都对公司负赔偿责任。只有具备了下列四个条件,董事才对公司负赔偿责任:一是董事会的决议违反了法律、行政法规或者公司章程、股东大会决议。二是董事会的决议致使公司遭受严重损失。虽然董事会的决议违反了法律、行政法规或者公司章程、股东大会决议时,董事应当承担相应的责任,但如果董事会决议没有使公司遭受严重损失,那么,董事不对公司负赔偿责任。三是该董事参与了董事会的决议。四是董事的赞同或弃权行为与公司损失之间存在因果关系。作为受股东信任而接受委托参与公司经营的董事,应当遵守公司章程,忠实履行职务,维护公司利益。当董事在董事会会议上对某一决议表示同意或者不同意,致使董事会作出了违反法律、行政法规或者公司章程的决议,给公司造成了严重损失时,该董事应当对公司负赔偿责任,而对该决议持相反意见的董事,则不对公司负赔偿责任。当然,责任的免除需要有证据,即只有证明在表决时该董事曾表示异议并记载于会议记录的,才能免除该董事的责任。

董事会的决议违反了法律、行政法规或者公司章程、股东大会决议。这里我们需要思考两个问题:一是董事会决议违法中的"法律、行政法规"的范围问题。我国《公司法》第112条规定的"法律和行政法规"应当与第22条中所规定的"法律和行政法规"概念的外延不同。《公司法》第22条规定的"法律和行政法规"概念从公司决议的稳定性和商事效率角度出发,应当作限缩解释,仅指法律、行政法规中的效力性、强制性规定。而第112条规定的"法律和行政法规"从保护公司利益、规范和约束董事行为角度出发,应当作扩大解释,涵盖所有法律、行政法规的规定,包括《公司法》第147条所规定的董事负有忠实和勤勉义务的规定。董事违反《公司法》中明文规定的忠实和勤勉义务当然属于违法行为。此外，董事会决议违法还包括违反股东会决议。我国《公司法》第112条规定了董事会决议违反股东大会决议的也属于违法行为。二是有限公司董事会决议违法是否也导致决议瑕疵责任的问题。我国《公司法》将决议瑕疵责任规定在"股份公司"一章，使用了股东大会的概念，表明决议瑕疵责任仅适用于股份公司。实际上，有限公司同样存在董事会决议违法情形，作出决议的董事也应当对公司承担赔偿责任。尽管有限公司的董事与股东大多为同一人，但股东兼董事在作出董事会决议时的身份是董事，同样要承担赔偿责任。

董事会的决议致使公司遭受严重损失。此处的公司受有损失可包括两种情况：一是董事会决议瑕疵导致决议被撤销、无效或者不存在，这会影响公司效率，造成公司重新召开董事会、承担诉讼费用等公司运营成本的增加。运营成本的增加属于公司遭受的损失。类似于合同法中的因"缔约过失责任"导致的合同信赖利益损失。即使董事会违反法律法规或公司章程的瑕疵被裁量驳回，因此而导致的公司诉讼费用等支出也属于公司的决议瑕疵损失。二是因违反法律法规或公司章程的决议被执行，导致公司受有损失。损失包括公司现存利益减损和可得利益损失。

公司受损与董事会决议违反法律法规或公司章程之间存在因果关系。在因果关系学说中，相当因果关系说为学界主流学说。该说由"条件关系"和"相当性"两个层次构成：条件关系用于判断违法行为是否为损害结果的条件，相当性则以"通常足以发生此损害"为判断标准。对于董事会决议而言：如果董事会决议不违反法律法规或公司章程、股东大会决议，公司仍然受有损失的，则说明董事会决议违反法律法规或公司章程、股东大会决议不是公司受损的原因；如果董事会决议不违反法律法规或公司章程、股东大会决议，公司不受损失，则符合条件关系，需要进一步判断，董事会决议违反法律法规或公司章程、股东大会决议是否足以导致公司受损，如果答案是肯定的，则董事会决议违反法律法规或公司章程、股东大会决议与公司受损具有因果关系。

关于是否要求董事具有过错问题。董事对公司的责任按照我国法律规定应当以过错责任为原则，只有在董事越权等例外情况下才承担无过错责任。但是结合商事责任的特殊性，这种过错应为过错推定，除非董事能够证明自己无过错，只要董事违反法律法规或者公司章程（包括违反忠实和注意义务），就推定董事有过错。

关于承担责任的董事范围，我国《公司法》规定为参与决议并且未表明异议的董事即表决时投赞成票的董事。董事无论是从任职资格还是从法律规定上讲，都有审查董事会决议程序、内容是否符合法律法规、公司章程和股东会决议的现实能力，负有对决议进行审查的义务，该义务也是董事忠实和注意义务的重要内容。表决时对瑕疵决议投赞成票的董事违反了此项审查义务的，应当承担责任。

需要探讨的是，缺席董事和投弃权票的董事是否要承担责任。缺席董事分为两种情况：一是董事虽然未亲自参加会议，但委托其他董事参会表决，这时缺席董事对委托的表决承担相应的责任，而不是由受托董事承担责任。二是缺席董事既未亲自参会也未委托他人参会。参加董事会是董事的职权，不可以无故放弃。公司法设立"董事会制度"就是要通过集中董事集体智慧进行决策，从而实现公司利益最大化。而且董事是否出席董事会，也会影响决议效力，各国公司法几乎都有对出席董事会的董事需要达到法定人数的规定，否则董事会无法形成决议，由此可见，董事无故不参加董事会既违背董事会制度本意，又会导致董事以不参会为由逃避董事责任，甚至影响董事会决议的效力。但董事参会属于具有人身性质的权力，不能强制其参会。因此，公司法有必要规定无故不参加董事会的董事也要对董事会决议效力瑕疵承担责任，从民事责任角度强化董事参会的义务。且根据我国《公司法》第112条规定，参与决议并且未表明异议的董事都要为效力瑕疵承担责任。对该条应采扩大解释，即只要没有投反对票的，无论是弃权还是赞成，都要承担责任。而且，董事必须具备一定的能力才具有任职资格，表决时董事应当充分发挥自身能力水平并尽到忠实和注意义务，如果任由董事弃权而不承担责任则会变相鼓励董事逃避职责，从而出现道德风险。

董事之间承担责任的能力可能差别较大，但是各个董事之间在导致公司受损的原因上是存在关联的，即公司受损是因为董事们表决权内容相同（共同赞成决议）导致的。因而由董事们承担连带责任既有充分理论依据又能够更加全面充分保障公司利益。

对于连带责任人之间内部的按份责任划分标准问题，理论界提出了三项原则可供司法实践参考。一是比较过错原则。将董事对瑕疵决议的过错大小进行比较，过错较大的分担较高比例的赔偿责任，过错相当或难以比较的，原则上平均分配。二是比较原因力原则。衡量各董事在作出瑕疵决议时所起的作用。

作用重要的分担的赔偿比例高,作用大小不相上下的,原则上平均分配。三是平衡考量(也称公平考量)原则即在确定董事之间最终分担责任比例时,适当考虑各董事的经济状况和其他相关因素。除了遵守上述原则外,一般来讲,董事长的责任要重于普通董事的责任,执行董事的责任要重于非执行董事、独立董事的责任。

▶ 适用指引

董事会决议的形式要件不需要加盖公章或者董事会章或附签名模板,只需出席会议的董事签名即可。

董事、经理对公司和股东承担责任是以存在义务为前提的。根据董事承担的义务内容,可以将董事义务分为注意义务与忠实义务两大类。所谓董事注意义务,是指董事执行职务时应履行的注意义务。董事注意义务通常又被称为董事的善管义务。我国《公司法》欠缺关于董事注意义务的规定,但是亦有相关体现,如《公司法》第149条规定:"董事、监事、高级管理人员执行公司职务时违反法律、行政法规或者公司章程的规定,给公司造成损失的,应当承担赔偿责任。"《公司法》第112条第3款规定:"董事应当对董事会的决议承担责任。董事会的决议违反法律、行政法规或者公司章程、股东大会决议,致使公司遭受严重损失的,参与决议的董事对公司负赔偿责任。但经证明在表决时曾表明异议并记载于会议记录的,该董事可以免除责任。"这些条文中包含对董事注意义务的规定。关于董事的忠实义务,法律仅仅作了规定,但是亦并未给出忠实义务的概念。一般认为,忠实义务应当是指董事应当遵守法律和公司章程,忠实履行职务,维护公司利益,未经公司同意,不得利用自己在公司的职位为自己或他人谋取利益。《公司法》第21条第1款、第147条以及第148条列举了董事、经理忠实义务的具体内容。

董事、经理违反忠实、注意义务侵害公司权益有多种表现形式。从行为表现来看,大体可分为积极作为与消极不作为。

一是董事、高级管理人员积极作为的侵权。如前所述,《公司法》第148条列举了董事、高级管理人员不得为的八种行为。若违反该八种行为,法律赋予的救济方式首先是董事、高级管理人员违反前款规定所得的收入应当归公司所有,即公司收缴董事、高级管理人员违法所得;若仍不能弥补公司损失,则公司可以起诉要求前述人员承担赔偿责任。这是《公司法》明确的董事、高级管理人员积极作为侵害公司权益的救济。

二是董事、高级管理人员消极不作为的侵权。在我国，对于侵权责任的承担主要有三种类型。第一种类型为直接责任和替代责任，第二种类型为单方责任和双方责任，第三种类型为单独责任和共同责任。同时，随着侵权行为法的发展，扩大了公平原则的适用，公平责任随之产生。而对于不作为侵权的责任承担，有学者认为可以借鉴侵权责任的三种类型，划分为直接责任和补充责任。直接责任，是指违法行为人对自己实施的行为所造成的他人人身损害和财产损害的后果由自己承担侵权责任。补充责任，是指多数行为人就基于不同发生原因而产生的同一给付内容的数个责任，各个负担全部履行义务，并因行为人之一的履行行为而使全体行为人的责任归于消灭的侵权责任。在侵权行为法中，补充责任可以分为法定义务不履行行为与他人的侵权行为发生竞合；约定义务的债务不履行行为与他人的侵权行为发生竞合；数个侵权行为偶然竞合而产生的补充责任。不作为侵权行为的补充责任即属于第一种。

回归公司法领域，从公司内部角度而言，对于董事、高级管理人员的不作为侵权行为的责任承担，《公司法》给予了三种与积极作为侵权共同适用的责任承担方式：（1）《公司法》第149条规定："董事、监事、高级管理人员执行公司职务时违反法律、行政法规或者公司章程的规定，给公司造成损失的，应当承担赔偿责任。"此条赋予了公司起诉侵权行为人要求损害赔偿的权利。（2）股东代表诉讼制度，即《公司法》第151条规定的董事、监事、高级管理人员、他人侵犯公司合法权益，给公司造成损害的，有限责任公司的股东、股份有限公司连续180日以上单独或者合计持有公司1%以上股份的股东，有权为了公司的利益以自己的名义直接向人民法院提起诉讼。（3）股东直接诉讼制度，即《公司法》第152条规定："董事、高级管理人员违反法律、行政法规或者公司章程的规定，损害股东利益的，股东可以向人民法院提起诉讼。"

类案检索

一、中国光大银行深圳分行与创智信息科技股份有限公司借款保证合同纠纷案

关键词： 借款合同　保证合同　公司担保能力　董事会决议

裁判摘要： 董事会决议记载的是董事以会议的形式依职权作出的特定意思表示，董事应当对董事会的决议承担责任。董事会的决议违反法律、行政法规或者公司章程，致使公司遭受严重损失的，参与决议的董事对公司负赔偿责任。但经证明在表决时曾表明异议并记载于会议记录的，该董事可以免除责任。因此，董事会决议的形式要件不需要加盖公章或者董事会章或附签名模板，只需出席会议的董事签名即可。该份董事会决议上有丁某等7位董事签名，已经符合了董事会决议形式要件的要求。加盖创智股份公章的行为，更加说明了这份董事会决议是由创智股份制作提供的。至于决议上的签名是否为董事亲笔所签，则属于实质审查的范畴，光大银行对此并无审查的义务。

【审理法院】最高人民法院

二、张某与公采网络科技有限公司、杨某某清算责任纠纷案

关键词： 侵权行为　清算组

裁判摘要： 关于是否应追加彭某某作为共同被告。清算组系公司清算阶段的执行机构，行使着相当于董事会的职权。参照《公司法》第112条第3款关于"董事会的决议违反法律、行政法规或者公司章程、股东大会决议，致使公司遭受严重损害的，参与决议的董事对公司负赔偿责任"的规定，清算组成员亦应对清算组的行为承担共同侵权责任。根据《侵权责任法》第8条、第13条关于"二人以上共同实施侵权行为，造成他人伤害的，应承担连带责任，法律规定承担连带责任的，被侵权人有权请求部分或者全部连带责任人承担责任"的规定，公采公司有权请求张某和杨某某承担责任，张某和杨某某承担责任后，可向其他连带责任人追偿。

【案　　号】（2020）粤06民终2695号

【审理法院】广东省佛山市中级人民法院

《公司法》 | 第四章 股份有限公司的设立和组织机构 | 第一百一十三条

> 第一百一十三条 股份有限公司设经理，由董事会决定聘任或者解聘。
> 本法第四十九条关于有限责任公司经理职权的规定，适用于股份有限公司经理。

▶ 关联规定

一、法律、行政法规、司法解释

《中华人民共和国公司法》

第四十六条 董事会对股东会负责，行使下列职权：

（一）召集股东会会议，并向股东会报告工作；

（二）执行股东会的决议；

（三）决定公司的经营计划和投资方案；

（四）制订公司的年度财务预算方案、决算方案；

（五）制订公司的利润分配方案和弥补亏损方案；

（六）制订公司增加或者减少注册资本以及发行公司债券的方案；

（七）制订公司合并、分立、解散或者变更公司形式的方案；

（八）决定公司内部管理机构的设置；

（九）决定聘任或者解聘公司经理及其报酬事项，并根据经理的提名决定聘任或者解聘公司副经理、财务负责人及其报酬事项；

（十）制定公司的基本管理制度；

（十一）公司章程规定的其他职权。

第四十九条 有限责任公司可以设经理，由董事会决定聘任或者解聘。经理对董事会负责，行使下列职权：

（一）主持公司的生产经营管理工作，组织实施董事会决议；

（二）组织实施公司年度经营计划和投资方案；

（三）拟订公司内部管理机构设置方案；

（四）拟订公司的基本管理制度；

（五）制定公司的具体规章；

（六）提请聘任或者解聘公司副经理、财务负责人；

（七）决定聘任或者解聘除应由董事会决定聘任或者解聘以外的负责管理人员；

（八）董事会授予的其他职权。

公司章程对经理职权另有规定的，从其规定。

经理列席董事会会议。

二、部门规章及规范性文件

1.《对外经济贸易企业转换经营机制实施办法》

第二十七条 企业总经理由对外贸易经济合作部任免（委任、聘任、解聘），副总经理由总经理提名，由对外贸易经济合作部任免（委任、聘任、解聘）或经过对外贸易经济合作部资格审查和授权后由总经理任免（聘任、解聘）。大型企业集团，有限责任公司董事会的组成，按国家有关法律、法规执行。

2.《上市公司治理准则》

第五十一条 高级管理人员的聘任，应当严格依照有关法律法规和公司章程的规定进行。上市公司控股股东、实际控制人及其关联方不得干预高级管理人员的正常选聘程序，不得越过股东大会、董事会直接任免高级管理人员。

鼓励上市公司采取公开、透明的方式，选聘高级管理人员。

第五十二条 上市公司应当和高级管理人员签订聘任合同，明确双方的权利义务关系。

高级管理人员的聘任和解聘应当履行法定程序，并及时披露。

第五十三条 上市公司应当在公司章程或者公司其他制度中明确高级管理人员的职责。高级管理人员应当遵守法律法规和公司章程，忠实、勤勉、谨慎地履行职责。

第五十四条 高级管理人员违反法律法规和公司章程规定，致使上市公司遭受损失的，公司董事会应当采取措施追究其法律责任。

▶ 条文释义

一、本条主旨

本条是关于股份有限公司经理的设立及其职权的规定。

二、条文演变

2005年对《公司法》进行了全面修订,本条的体例由原来列举经理的职权改为引用条款,其内容并未发生实质变化。

三、条文解读

(一)股份有限公司设经理

经理,是指应当在公司中设置以辅助董事会执行业务、进行日常经营管理的人员。经理由董事会任免,对董事会负责。经理具有以下特征:一是经理通常不是公司的法定机关,即公司可以设置经理,也可以不设置经理。二是股份公司的经理通常由董事会决定聘任。三是经理在授权范围内对外代表公司,并享有管理公司事务的广泛权力。四是公司章程、董事会或者公司与经理的契约可以对经理的权限予以限制。五是对经理权力的限制,不得对抗善意第三人。在我国的公司实践中,通常所有股份有限公司均设置经理作为董事会的执行辅助机关,由董事会决定聘任或解聘,经理对董事会负责,向董事会报告工作,接受董事会的监督。

《公司法》对公司经理的任职资格作出了明确的规定。经理作为辅助董事会执行业务的人员,由董事会聘任或者解聘,对董事会负责。董事会以经营管理知识、工作经验和创利能力为标准,挑选和聘任适合于本公司的经理,并决定经理的报酬及其支付方法。董事会如果认为某个经理不适合于本公司,可以依法召开董事会会议决定解聘该经理。由此可见,经理和董事会之间的法律关系,是经理对董事会负责,并不是经理和董事会具有同等权利的相互间平行存在的关系。

(二)股份有限公司经理的职权

经理作为公司具体业务执行者,负责公司生产经营管理工作,指挥公司内部管理机构的活动。根据本条和《公司法》第49条的规定，经理行使下列职权：

第一，主持公司的生产经营管理工作，组织实施董事会决议。经理负责主持公司的日常生产经营管理工作，掌管公司与经营管理有关的必要事务。与董事会职权的区分在于，董事会有经营决策权，而经理是组织实施公司董事会作出的决议。

第二，组织实施公司年度经营计划和投资方案。公司的经营方针和投资计划由股东大会决定，经营计划和投资方案由董事会决定。经理负责组织实施公司的年度经营计划和投资方案，具体落实董事会决定的经营计划和投资方案。

第三，拟订公司内部管理机构设置方案。为了有序地进行工作，公司需要设立既有一定分工、又能协调配合的内部管理机构，保障生产经营活动的正常进行。公司内部管理机构的设置方案，由经理拟订，报请董事会决定。

第四，拟订公司的基本管理制度。经理负责拟订公司的基本管理制度，报请董事会决定。

第五，制定公司的具体规章。经理根据董事会制定的公司基本管理制度，结合具体情况，制定公司的具体规章。

第六，提请聘任或者解聘公司副经理、财务负责人。经理根据工作需要，考察确定公司副经理、财务负责人的人选，提请董事会并由董事会决定聘任或者解聘。

第七，决定聘任或者解聘除应由董事会决定聘任或者解聘以外的负责管理人员。经理根据工作需要，决定聘任或者解聘由董事会决定聘任或者解聘以外的负责管理人员。

第八，公司章程和董事会授予的其他职权。这一项与其他各项联系起来看，《公司法》中对经理的职权从三个方面作出规定：一是法定的职权，即由《公司法》规定的经理职权；二是由公司章程规定的职权，即股东大会通过公司章程授予经理的职权，之所以说到股东大会，因为公司章程是股东大会通过的，章程的内容反映了其制定者的意志；三是董事会的授权，这种授权的内容和形式可能比较多，而且，一般来说也是经理职权的一个重要来源。

经理的上述职权，概括起来主要是公司日常经营管理活动的组织实施以及公司内部管理机构的设置、人员配备和具体规章制度的制定。

第一百一十四条　公司董事会可以决定由董事会成员兼任经理。

▶ 关联规定

一、法律、行政法规、司法解释

1.《中华人民共和国公司法》

第五十条　股东人数较少或者规模较小的有限责任公司，可以设一名执行董事，不设董事会。执行董事可以兼任公司经理。

执行董事的职权由公司章程规定。

第六十八条　国有独资公司设经理，由董事会聘任或者解聘。经理依照本法第四十九条规定行使职权。

经国有资产监督管理机构同意，董事会成员可以兼任经理。

2.《中华人民共和国农民专业合作社法》

第三十五条　农民专业合作社的理事长或者理事会可以按照成员大会的决定聘任经理和财务会计人员，理事长或者理事可以兼任经理。经理按照章程规定或者理事会的决定，可以聘任其他人员。

经理按照章程规定和理事长或者理事会授权，负责具体生产经营活动。

二、部门规章及规范性文件

《轻工集体企业股份合作制试行办法》

第二十三条　企业实行厂长（经理）负责制。厂长（经理）由股东大会（职工代表大会）选举和罢免，也可以由股东大会授权董事会聘任。厂长（经理）也可以由董事长或副董事长兼任。

厂长（经理）行使下列职权：领导和组织企业日常生产经营管理工作；组织实施职工（代表）大会、董事会的决议；决定企业内部机构设置；提出企业发展规划和生产经营计划方案；提出企业职工工资分配形式、工资调整方案、奖金分配方案，有关职工生活福利重大事项的方案；提出企业年度财务预算决算方案和税后利润分配方案;提出奖惩办法和其他重要的规章制度;任免企业中层管理人员,享有企业章程规定的其他职权。

厂长(经理)要定期向股东大会(职工代表大会)和董事会报告工作,并听取意见,接受监督。

▶ 条文释义

一、本条主旨

本条是关于董事会成员兼任经理的规定。

二、条文演变

2005年对《公司法》进行了全面修订,2005年前董事会职权补充与董事会成员兼任经理的内容在一条中进行规定,2005年后董事会成员兼任经理进行单独规定,但其内容并没有变化。

三、条文解读

(一)经理的特征

在我国,股份有限公司的经营决策机构董事会是集体议事并作出决定的机构,董事会的成员——董事只能在董事会会议上通过提出议案、发表意见、行使表决权等方式履行职责,发挥作用。为了保证董事会在公司经营管理中的核心地位,充分发挥董事的作用,有的公司实行董事兼任经理的做法,以此赋予董事个人在公司经营管理事务上的权利。本条对此予以认可,规定公司董事会可以决定由董事会成员兼任经理。

股份有限公司由董事会成员兼任经理,并不是由某一个人说了算的,而应当由董事会决议。董事会召开会议时,应当有过半数的董事出席,并由全体董事会的过半数同意通过,才能作出由董事会成员兼任经理的决议。

(二)经理兼任

董事可以兼任经理。根据我国《公司法》第50条规定,股东人数较少或规模较小的有限责任公司，可以设一名执行董事，不设董事会。执行董事可以兼任公司经理。根据《公司法》第 68 条第 2 款规定，经国有资产监督管理机构同意，董事会成员可以兼任经理。根据《公司法》第 114 条规定，股份有限公司董事会也可决定由董事会成员兼任经理。

（三）董事长与总经理的区分

在实践中，董事长兼任总经理或 CEO 的现象在许多国家较为普遍。原因有二：一是董事长兼任总经理或 CEO 符合公司自治的精神；二是董事长兼任总经理或 CEO 有利于提高决策和执行的效率。

从合法性看，董事长有权兼任总经理、法定代表人。但对其妥当性，应当具体情况具体分析。具体说来，在中小规模的公司尤其是家族公司，董事长兼任总经理、法定代表人亦无不可，但在规模庞大的公司尤其是上市公司，应当实行董事长与总经理互相分离的原则。换言之，董事长可以兼任法定代表人，但不宜兼任总经理，更不宜同时兼任总经理和法定代表人。理由有三：

一是董事长与总经理分设有利于避免公司经营者过分专权，完善公司内部民主与制衡机制。权力过大，可能滋生腐败或懈怠。董事长兼总经理在公司决策体系中位高权重，倘若不能慎独自律，很可能走向个人独裁。这对一家公司的民主治理来说风险极高。以董事长兼总经理的决策高效掩盖"一人大脑"在品德方面的潜在风险、在智慧方面的短浅绝非公司之幸。

二是董事长与总经理的法律角色不同，肩负的法律义务各异。具体说来，董事长的主要职责在于团结和集中全体董事会成员的智慧和经验，就公司经营管理中的重要事项作出决策。董事长在组织董事会的决策行为时贵在登高望远、举重若轻。而总经理的主要职责在于团结整个经营管理团队，将董事会的中观决策付诸实施。总经理在开展日常管理经营活动时贵在举轻若重。

三是从保护经营者自身利益的角度出发，经营者也应自觉避免董事长兼任总经理。因为，同时兼任董事长与总经理两项职务的经营者会面临两个法律角色的双重法律风险。倘若擅长决策而不长于执行的公司高管以董事长身份参与决策并无不妥，但其以总经理身份执行董事会决策时由于执行工作不当给公司造成损失，仍然要对公司承担赔偿责任。反之，倘若不擅长决策而长于执行的公司高管在执行活动中对公司无咎可责，但其仍应就其以董事长身份参与决策时的过错行为对公司承担赔偿责任。换言之，合格的董事长未必就是合格的总经理；合格的总经理未必是合格的董事长。可见，董事长兼任总经理的风险之高。董事长是否兼任总经理，应当认真评估其面临的法律风险。当然，对于董事长不宜兼任总经理应作限定解释：不妨碍副董事长兼任副总经理，也不妨碍董事长兼任副总经理、董事兼任经理。但严格说来，董事长是否兼任总经理应由董事会决定。董事长兼任总经理虽易导致专权，但只要存在相应的、有效的权力制衡机制，并不可怕。

▶ 类案检索

杨某某与上海金汇通创意设计发展股份有限公司经济补偿金纠纷案

关键词： 劳动关系　破产清算

裁判摘要： 杨某某系金汇通公司的股东，同时其还是金汇通公司法定代表人及董事长，是受投资者委派代表投资方行使管理公司职责的人员。杨某某作为法定代表人及董事长，与金汇通公司之间是以经营管理为内容的委托关系，其职权职责由《公司法》和公司章程规定。根据《公司法》规定，股份有限公司董事会可以决定由董事会成员兼任经理，并应定期向股东披露董事、监事、高级管理人员从公司获得的报酬情况。现杨某某并未提供其作为公司员工兼职的相关证据，故杨某某不是作为劳动者的身份在接受金汇通公司的管理、指挥，杨某某与金汇通公司之间并不存在以指挥和服从为特征的管理与被管理关系，不具有劳动关系从属性特征。金汇通公司虽然为杨某某缴纳了一段时间的社保，但社保的缴纳并非劳动关系认定的唯一标准，且杨某某作为金汇通公司的法定代表人及实际控制人，上述行为均可由其自行决定。现杨某某以劳动者身份诉请其所代表的法人单位支付公司进入破产程序前的工资，一审法院不予处理，无不当。

【案　　号】（2018）沪02民终6252号
【审理法院】 上海市第二中级人民法院

第一百一十五条 公司不得直接或者通过子公司向董事、监事、高级管理人员提供借款。

▶ **关联规定**

法律、行政法规、司法解释

1.《中华人民共和国公司法》

第二十一条 公司的控股股东、实际控制人、董事、监事、高级管理人员不得利用其关联关系损害公司利益。

违反前款规定，给公司造成损失的，应当承担赔偿责任。

第一百四十八条 董事、高级管理人员不得有下列行为：

（一）挪用公司资金；

（二）将公司资金以其个人名义或者以其他个人名义开立账户存储；

（三）违反公司章程的规定，未经股东会、股东大会或者董事会同意，将公司资金借贷给他人或者以公司财产为他人提供担保；

（四）违反公司章程的规定或者未经股东会、股东大会同意，与本公司订立合同或者进行交易；

（五）未经股东会或者股东大会同意，利用职务便利为自己或者他人谋取属于公司的商业机会，自营或者为他人经营与所任职公司同类的业务；

（六）接受他人与公司交易的佣金归为己有；

（七）擅自披露公司秘密；

（八）违反对公司忠实义务的其他行为。

董事、高级管理人员违反前款规定所得的收入应当归公司所有。

2.《中华人民共和国刑法》

第二百七十二条 公司、企业或者其他单位的工作人员，利用职务上的便利，挪用本单位资金归个人使用或者借贷给他人，数额较大、超过三个月未还的，或者虽未超过三个月，但数额较大、进行营利活动的，或者进行非法活动的，处三年以下有期徒刑或者拘役；挪用本单位资金数额巨大的，处三年以上七年以下有期徒刑；数额特别巨大的，处七年以上有期徒刑。

国有公司、企业或者其他国有单位中从事公务的人员和国有公司、企业或者其他国有单位委派到非国有公司、企业以及其他单位从事公务的人员有前款行为的，依照本法第三百八十四条的规定定罪处罚。

有第一款行为，在提起公诉前将挪用的资金退还的，可以从轻或者减轻处罚。其中，犯罪较轻的，可以减轻或者免除处罚。

▶ 条文释义

一、本条主旨

本条是关于公司不得向董事、监事、高级管理人员提供借款的规定。

二、条文演变

本条为2005年《公司法》全面修订时的新增条款，之后其内容没有变化。

三、条文解读

董事、监事、高级管理人员应当遵守法律、行政法规和公司章程，对公司负有忠实和勤勉义务。也就是说，董事、监事和高级管理人员不得利用在公司的地位和职权为自己谋取私利，不得将自己置于与公司利益相冲突的地位。由于股份有限公司的股权较为分散，股东特别是中小股东难以对公司董事、监事、高级管理人员进行有效监督，在公司实践中，有的董事、监事、高级管理人员利用职务之便，通过公司或者其子公司向自己提供借款转移公司资产、掏空公司，为自身谋取经济利益，严重损害了公司的利益。针对这种情况，2005年修订《公司法》时，增加了公司不得直接或者通过子公司向董事、监事、高级管理人员提供借款的规定，以防止其侵害公司利益。如果公司直接或者通过子公司向董事、监事、高级管理人员提供借款，股东或者债权人可以主张该借款行为无效；公司因此遭受损失的，获得借款的董事、监事、高级管理人员以及对该借款行为负有责任的董事、高级管理人员应当依法承担赔偿责任。

本条规定了公司不得直接向董事、监事和其他高级管理人员提供借款，也不得通过子公司向上述人员提供借款。这是强制性规定。即便是股东大会或是董事会作出决议也不可以推翻。如果董事会、股东大会作出这样的决议，将构成违反法律而无效。公司因此遭受损失的，获得借款的董事、监事、高级管理人员以及对向董事、监事高级管理人员提供借款负有责任的董事、高级管理人员应当依法承担赔偿责任。

第一百一十六条 公司应当定期向股东披露董事、监事、高级管理人员从公司获得报酬的情况。

关联规定

一、法律、行政法规、司法解释

1.《中华人民共和国公司法》

第三十三条 股东有权查阅、复制公司章程、股东会会议记录、董事会会议决议、监事会会议决议和财务会计报告。

股东可以要求查阅公司会计账簿。股东要求查阅公司会计账簿的，应当向公司提出书面请求，说明目的。公司有合理根据认为股东查阅会计账簿有不正当目的，可能损害公司合法利益的，可以拒绝提供查阅，并应当自股东提出书面请求之日起十五日内书面答复股东并说明理由。公司拒绝提供查阅的，股东可以请求人民法院要求公司提供查阅。

2.《最高人民法院关于适用〈中华人民共和国公司法〉若干问题的规定（四）》

第七条 股东依据公司法第三十三条、第九十七条或者公司章程的规定，起诉请求查阅或者复制公司特定文件材料的，人民法院应当依法予以受理。

公司有证据证明前款规定的原告在起诉时不具有公司股东资格的，人民法院应当驳回起诉，但原告有初步证据证明在持股期间其合法权益受到损害，请求依法查阅或者复制其持股期间的公司特定文件材料的除外。

第八条 有限责任公司有证据证明股东存在下列情形之一的，人民法院应当认定股东有公司法第三十三条第二款规定的"不正当目的"：

（一）股东自营或者为他人经营与公司主营业务有实质性竞争关系业务的，但公司章程另有规定或者全体股东另有约定的除外；

（二）股东为了向他人通报有关信息查阅公司会计账簿，可能损害公司合法利益的；

（三）股东在向公司提出查阅请求之日前的三年内，曾通过查阅公司会计账簿，向他人通报有关信息损害公司合法利益的；

（四）股东有不正当目的的其他情形。

第九条 公司章程、股东之间的协议等实质性剥夺股东依据公司法第三十三条、第九十七条规定查阅或者复制公司文件材料的权利，公司以此为由拒绝股东查阅或者复制的，人民法院不予支持。

第十条 人民法院审理股东请求查阅或者复制公司特定文件材料的案件，对原告诉讼请求予以支持的，应当在判决中明确查阅或者复制公司特定文件材料的时间、地点和特定文件材料的名录。

股东依据人民法院生效判决查阅公司文件材料的，在该股东在场的情况下，可以由会计师、律师等依法或者依据执业行为规范负有保密义务的中介机构执业人员辅助进行。

第十一条 股东行使知情权后泄露公司商业秘密导致公司合法利益受到损害，公司请求该股东赔偿相关损失的，人民法院应当予以支持。

根据本规定第十条辅助股东查阅公司文件材料的会计师、律师等泄露公司商业秘密导致公司合法利益受到损害，公司请求其赔偿相关损失的，人民法院应当予以支持。

二、部门规章及规范性文件

1.《上市公司信息披露管理办法》

第十六条 定期报告内容应当经上市公司董事会审议通过。未经董事会审议通过的定期报告不得披露。

公司董事、高级管理人员应当对定期报告签署书面确认意见，说明董事会的编制和审议程序是否符合法律、行政法规和中国证监会的规定，报告的内容是否能够真实、准确、完整地反映上市公司的实际情况。

监事会应当对董事会编制的定期报告进行审核并提出书面审核意见。监事应当签署书面确认意见。监事会对定期报告出具的书面审核意见，应当说明董事会的编制和审议程序是否符合法律、行政法规和中国证监会的规定，报告的内容是否能够真实、准确、完整地反映上市公司的实际情况。

董事、监事无法保证定期报告内容的真实性、准确性、完整性或者有异议的，应当在董事会或者监事会审议、审核定期报告时投反对票或者弃权票。

董事、监事和高级管理人员无法保证定期报告内容的真实性、准确性、完整性或者有异议的，应当在书面确认意见中发表意见并陈述理由，上市公司应当披露。上市公司不予披露的，董事、监事和高级管理人员可以直接申请披露。

董事、监事和高级管理人员按照前款规定发表意见，应当遵循审慎原则，其保证定期报告内容的真实性、准确性、完整性的责任不仅因发表意见而当然免除。

2.《公司债券发行与交易管理办法》

第五十三条　发行人的董事、高级管理人员应当对公司债券发行文件和定期报告签署书面确认意见。

发行人的监事会应当对董事会编制的公司债券发行文件和定期报告进行审核并提出书面审核意见。监事应当签署书面确认意见。

发行人的董事、监事和高级管理人员应当保证发行人及时、公平地披露信息，所披露的信息真实、准确、完整。

董事、监事和高级管理人员无法保证公司债券发行文件和定期报告内容的真实性、准确性、完整性或者有异议的，应当在书面确认意见中发表意见并陈述理由，发行人应当披露。发行人不予披露的，董事、监事和高级管理人员可以直接申请披露。

▶ 条文释义

一、本条主旨

本条是关于公司向股东披露董事、监事、高级管理人员从公司获得报酬情况的规定。

二、条文演变

本条为2005年《公司法》全面修订时新增条款，之后其内容没有变化。

三、条文解读

公司董事、监事的报酬事项由股东大会决定，经理的报酬事项由董事会决定。按照一般的委托代理理论，董事、监事、高级管理人员是公司的代理人。但是，董事、监事、高级管理人员只拥有公司很少一部分股份，或者根本就不拥有公司的股份，这样，就可能产生股东和董事、监事、高级管理人员的利益能否一致的问题。而为了更好地实现董事、监事、高级管理人员和股东利益的一致，代理理论认为需要建立各种机制来激励和监督董事、监事和高级管理人员。在众多的激励和监督机制中，公司董事、监事、高级管理人员的报酬制度是非常重要的一种激励和约束机制。

近年来，在公司实践中，董事、监事、高级管理人的报酬问题引起了社会的关注。一般说来，公司董事、监事、高级管理人的报酬应当与公司绩效挂钩。有关研究机构的调查表明，目前相当比例的公司董事、监事、高级管理人员的报酬不够合理。董事、监事、高级管理人员的报酬披露，不仅是证券市场信息披露当中颇为重要的内容，而且也是维护公司股东利益的需要。

本条未明确公司向股东披露董事、监事、高级管理人员报酬情况的期限及披露方式，可由公司章程或股东大会决议规定。通常情况下，董事、监事、高级管理人员报酬的披露以一年一次为宜，公司可采取直接向股东告知、在媒体上公告或者由董事会在股东大会上报告等方式向股东进行披露。

实践中，中国证监会要求，公开发行证券的公司应当在年度报告中披露董事、监事、高级管理人员的年度报酬情况，包括董事、监事和高级管理人员报酬的决策程序、报酬确定依据以及实际支付情况。披露每一位现任及报告期内离任的董事、监事和高级管理人员在报告期内从公司获得的税前报酬总额（包括基本工资、奖金、津贴、补贴、职工福利费和各项保险费、公积金、年金以及以其他形式从公司获得的报酬）及其全体合计金额，并说明是否在公司关联方获取报酬。对于董事、高级管理人员获得的股权激励，公司应当按照已解锁股份、未解锁股份、可行权股份、已行权股份、行权价以及报告期末市价单独列示。

第四节 监事会

> 第一百一十七条 股份有限公司设监事会，其成员不得少于三人。
>
> 监事会应当包括股东代表和适当比例的公司职工代表，其中职工代表的比例不得低于三分之一，具体比例由公司章程规定。监事会中的职工代表由公司职工通过职工代表大会、职工大会或者其他形式民主选举产生。
>
> 监事会设主席一人，可以设副主席。监事会主席和副主席由全体监事过半数选举产生。监事会主席召集和主持监事会会议；监事会主席不能履行职务或者不履行职务的，由监事会副主席召集和主持监事会会议；监事会副主席不能履行职务或者不履行职务的，由半数以上监事共同推举一名监事召集和主持监事会会议。
>
> 董事、高级管理人员不得兼任监事。
>
> 本法第五十二条关于有限责任公司监事任期的规定，适用于股份有限公司监事。

▶ 关联规定

一、法律、行政法规、司法解释

《中华人民共和国公司法》

第五十二条 监事的任期每届为三年。监事任期届满，连选可以连任。

监事任期届满未及时改选，或者监事在任期内辞职导致监事会成员低于法定人数的，在改选出的监事就任前，原监事仍应当依照法律、行政法规和公司章程的规定，履行监事职务。

二、部门规章及规范性文件

《上市公司章程指引》

第一百三十六条 本章程第九十五条关于不得担任董事的情形，同时适用于监事。

董事、经理和其他高级管理人员不得兼任监事。

▶ 条文释义

一、本条主旨

本条是关于监事会的设立、成员组成和会议召集、主持以及监事任期的规定。

二、条文解读

股份有限公司采取股东会、董事会、监事会三机构制约的管理模式，监事会是公司的监督机构，为必设机构，对公司的董事、高级管理人员及公司的经营活动进行监督。

（一）股份有限公司设监事会

股份有限公司是资合公司，其股东较多，彼此之间没有紧密的联系。经营管理者的经营状况如何，股东虽然有权进行监督，但这种监督的效果是有限的，并且这种监督不是经常性、专业性的，无法对公司所有经常发生的、复杂的财务状况和业务执行状况进行监督。为了保护公司和股东的利益，法律规定股份有限公司设监事会，作为公司的内部监督机构，行使对经营管理者的监督权。股东大会、董事会和监事会是股份有限公司必须设立的三个机构，任何股份有限公司都不得以任何理由不设其中的一个机构，尤其是监事会。这样，股份有限公司的内部管理体制才健全，三个机构之间既相对独立，又相互制衡，才能既赋予经营者以充分的自主权，又保障公司投资者的利益。公司监事会属于集体履行监督职责的机构。监事会具体由多少监事组成，应当由公司章程规定。发起人在制订公司章程或者股东大会在修改公司章程时，应当根据本公司的具体情况,规定组成监事会的人数。本条规定,监事会的成员不得少于3人,因此,公司章程在规定监事会的组成人数时,至少应当规定为3人或者3人以上。

(二)监事会的组成

监事会由全体监事组成。监事会包括两部分监事:一部分是股东代表;另一部分为职工代表。2005年修订《公司法》时,为了更好地维护公司职工的权益,加强职工对公司及公司董事、高级管理人员的监督,监事会应当包括职工代表,且职工代表的比例不得低于三分之一,这对监事会中的职工代表的最低比例作出了限制,在实际运用过程中,公司章程还可以规定更高的比例。我国是社会主义国家,劳动者是国家的主人。在公司的经营过程中,不仅作为财产投资者的股东有监督权,公司职工也有监督权。公司职工选举的职工代表是代表公司职工依法行使权利的人,所以在公司章程规定的监事会的人数中,应当有不得低于法定比例的职工代表,出任监事会的成员,在监事会中代表职工依法行使监督权。监事会设主席一人,可以设副主席。监事会主席和副主席由全体监事过半数选举产生。

(三)监事会会议的召集和主持

与董事会会议的召集和主持相似,股份有限公司监事会主席召集和主持监事会会议。监事会主席不能履行职务或者不履行职务的,由监事会副主席召集和主持监事会会议,监事会副主席不能履行职务或者不履行职务时,由半数以上监事共同推举一名监事召集和主持监事会会议。

(四)董事与高级管理人员不得兼任监事

监事会的主要职责就是从维护公司利益的角度出发,对公司董事、高级管理人员执行公司职务时的行为进行监督;在董事、高级管理人员执行公司职务违反法律、行政法规或者公司章程的规定,给公司造成损害时,代表公司对董事、高级管理人员进行诉讼。为确保监事独立、客观、公正地行使监督权,董事与高级管理人员不得兼任监事。

（五）股份有限公司监事的任期

为了保证监事会正确、适当地行使其职权，法律对监事会成员的任期作了规定。根据本条和《公司法》第52条的规定，监事的任期每届为3年。监事任期届满，连选可以连任。监事任期届满未及时改选，或者监事在任期内辞职导致监事会成员低于法定人数的，在改选出的监事就任前，监事仍应当按照法律、行政法规和公司章程的规定，履行监事的职务，以保证公司监督工作不致中断。

▶ 类案检索

一、肖某与清华同方（鞍山）环保设备股份有限公司请求变更公司登记纠纷案

关键词： 公司章程　监事　涤除权　变更登记

裁判摘要： 首先，公司章程是公司最基本的自治规则，也是公司治理的准则，对公司、股东、董事、监事、高级管理人员具有约束力。清华同方（鞍山）环保设备股份有限公司（以下简称清华同方）章程中规定"股东大会选举和更换由股东代表出任的监事，决定有关监事的报酬事项，审议批准监事会的报告；股东大会会议由董事会负责召集，由董事长主持；监事会例会每年至少召开一次会议，每次会议召开十日前通知全体监事，监事两人以上提议，可召开监事会临时会议"。其次，依据《公司法》第117条第1款"股份有限公司设监事会，其成员不得少于三人"的规定，肖某虽然提出辞去监事职务，但在未经股东会改选出新的监事前，其仍应当履行监事职务。最后，依据《公司法》第37条、第99条规定，公司监事的变更应属于清华同方股东大会行使职权决定的事项，肖某作为清华同方监事，应按照公司章程和《公司法》相关规定，由公司股东大会进行表决，而后再依据《公司法》规定办理变更手续。故一审、二审法院不支持肖某要求变更登记的诉讼请求。

【案　　号】（2021）辽03民终4613号

【审理法院】 辽宁省鞍山市中级人民法院

二、广州东凌国际投资股份有限公司、中国农业生产资料集团公司公司决议效力确认纠纷案

关键词： 股东大会　董事会　监事　章程

裁判摘要：《公司法》第117条规定，股份有限公司设监事会，其成员不得少于3人。监事会应当包括股东代表和适当比例的公司职工代表，其中职工代表的比例不得低于1/3，具体比例由公司章程规定。东凌国际公司《公司章程》第154条规定，监事会由3名监事组成，监事会应当包括股东代表和适当比例的公司职工代表，其中职工代表的比例不低于1/3。监事会中的职工代表由公司职工通过职工代表大会、职工大会或者其他形式民主选举产生。根据上述规定，东凌国际公司的监事会由3名人员组成，章程对于股东代表、职工代表的比例未作规定，应根据《公司法》有关监事制度的规定及东凌国际公司监事人员的实际情况予以确定是否符合相关规定。本案是因职工代表监事取代原股东代表监事而引发纠纷，即东凌国际公司在改选监事为周某某后因监事人员构成比例发生变化而引起争议。《公司法》有关监事中职工代表比例不得低于三分之一的规定，其目的是保护职工权益，强化职工作为公司利益相关者的地位，并不是否定股东对公司的管理地位，在《公司章程》没有对监事的构成比例作出规定的情况下，发生构成比例调整的情况应该经过公司权力机构股东大会的决定。现东凌国际公司有关监事人员由职工代表取代原股东代表，实质上行使了股东大会对于监事人员构成比例的决定权。中农公司作为东凌国际公司的股东之一，提出的四项提案均是针对东凌国际公司有关监事人员的任免问题而提出，属于《公司章程》第43条规定股东大会的职权范围，应提交股东大会审议。

【案　　号】（2018）粤01民终17313号
【审理法院】 广东省广州市中级人民法院

第一百一十八条　本法第五十三条、第五十四条关于有限责任公司监事会职权的规定，适用于股份有限公司监事会。

监事会行使职权所必需的费用，由公司承担。

关联规定

一、法律、行政法规、司法解释

《中华人民共和国公司法》

第五十三条　监事会、不设监事会的公司的监事行使下列职权：

（一）检查公司财务；

（二）对董事、高级管理人员执行公司职务的行为进行监督，对违反法律、行政法规、公司章程或者股东会决议的董事、高级管理人员提出罢免的建议；

（三）当董事、高级管理人员的行为损害公司的利益时，要求董事、高级管理人员予以纠正；

（四）提议召开临时股东会会议，在董事会不履行本法规定的召集和主持股东会会议职责时召集和主持股东会会议；

（五）向股东会会议提出提案；

（六）依照本法第一百五十一条的规定，对董事、高级管理人员提起诉讼；

（七）公司章程规定的其他职权。

第五十四条　监事可以列席董事会会议，并对董事会决议事项提出质询或者建议。

监事会、不设监事会的公司的监事发现公司经营情况异常，可以进行调查；必要时，可以聘请会计师事务所等协助其工作，费用由公司承担。

二、部门规章及规范性文件

《上市公司章程指引》

第一百四十五条　监事会行使下列职权：

（一）应当对董事会编制的公司定期报告进行审核并提出书面审核意见；

（二）检查公司财务；

（三）对董事、高级管理人员执行公司职务的行为进行监督，对违反法律、行政法规、本章程或者股东大会决议的董事、高级管理人员提出罢免的建议；

（四）当董事、高级管理人员的行为损害公司的利益时，要求董事、高级管理人员予以纠正；

（五）提议召开临时股东大会，在董事会不履行《公司法》规定的召集和主持股东大会职责时召集和主持股东大会；

（六）向股东大会提出提案；

（七）依照《公司法》第一百五十一条的规定，对董事、高级管理人员提起诉讼；

（八）发现公司经营情况异常，可以进行调查；必要时，可以聘请会计师事务所、律师事务所等专业机构协助其工作，费用由公司承担。

注释：公司章程可以规定监事的其他职权。

▶ 条文释义

一、本条主旨

本条是关于监事会职权以及监事会行使职权费用承担的规定。

二、条文演变

1993年制定的《公司法》第126条规定："监事会行使下列职权：（一）检查公司的财务；（二）对董事、经理执行公司职务时违反法律、法规或者公司章程的行为进行监督；（三）当董事和经理的行为损害公司的利益时，要求董事和经理予以纠正；（四）提议召开临时股东大会；（五）公司章程规定的其他职权。监事列席董事会会议。"1999年、2004年《公司法》修正时，均未对该条进行修改。2005年《公司法》修订时，将该条修改为"本法第五十四条、第五十五条关于有限责任公司监事会职权的规定，适用于股份有限公司监事会。监事会行使职权所必需的费用，由公司承担"。此后《公司法》虽经2013年、2018年两次修正，但这一表述延续到现在。条文顺序变更为《公司法》

第 118 条。

三、条文解读

（一）股份有限公司监事会的职权

1. 根据本条以及《公司法》第 53 条的规定，股份有限公司监事会的职权

第一，检查公司财务。主要是审核、查阅公司的财务会计报告和其他财务会计资料。财务会计报告是公司董事会制作的反映公司一定期限内财务状况和经营成果的书面文件，主要是对公司资产负债表、损益表等表册的说明。其他会计资料是指资产负债表、损益表、财务状况变动表（或者现金流量表）、附表及会计报表附注和财务状况的说明书等。审核、查阅公司的财务会计报告和其他财务会计资料，是指监事会有权对公司的财务会计报告和其他财务会计资料进行审查与核实，看其所制作表册和内容是否合法、是否符合公司章程的规定。

第二，监督董事、高级管理人员履职情况及提出罢免建议。为了确保董事、高级管理人员依法履职，监事会应当对董事、高级管理人员执行公司职务的行为进行监督。如果发现董事、高级管理人员在执行公司职务的过程中，存在违反法律、行政法规、公司章程或者股东大会决议情形的，有权提出罢免董事、高级管理人员的建议。建议罢免董事的，应当向产生该董事的机构如股东大会提出；建议罢免高级管理人员的，应当向董事会提出。

第三，要求董事、高级管理人员纠正其损害公司利益的行为。监事会应当认真履行监督董事、高级管理人员执行公司职务的行为，当发现董事、高级管理人员的行为损害公司的利益时，应当及时向该董事、高级管理人员提出，要求其予以纠正。

第四，提议召开及召集、主持临时股东大会会议。监事会在监督工作中，因情况紧急，如董事、高级管理人员实施严重违法行为并拒绝监事会要求纠正的意见，不予制止将对公司产生重大利益影响的，有权提议召开临时股东大会。如果董事会不履行召集和主持股东大会会议职责的，监事会有权直接召集和主持股东大会会议。

第五，向股东大会会议提出提案。监事会有权直接向股东大会会议提出议案，如提出建议罢免董事的议案等。

第六，依法对董事、高级管理人员提起诉讼。公司董事、高级管理人员在执行公司职务时，违反法律、行政法规或者公司章程的规定，给公司造成损害的，监事会有权依法对董事、高级管理人员提起诉讼，要求董事、高级管理人员赔偿公司损失。

第七，公司章程规定的其他职权。除了上述职权外，监事会还行使公司章程规定的其他职权。

2. 根据本条以及《公司法》第54条的规定，股份有限公司的监事、监事会的职权

第一，监事列席董事会会议并提出质询或者建议。监事作为由股东或者职工选举产生并负有对董事、高级管理人员执行职务的行为进行监督职责的人员，如果不了解公司业务决策、业务执行情况，是很难开展监督工作的。为了增强监督实效，保证监事能够有针对性地开展监督工作，应当建立监事了解公司业务决策情况和业务执行情况的机制。因此，《公司法》明确规定，监事可以列席董事会会议。这是法律赋予监事的一项权利，董事会应当予以保障，在召开董事会会议前，应当及时通知监事列席会议。在此基础上，《公司法》还赋予了监事进一步的监督权利，即如果监事认为董事会会议决议事项存在损害公司或者股东的利益以及侵犯职工合法权益的，有权对董事会决议事项提出质询或者建议。对于监事的质询，董事会应当认真对待，给予答复，作出说明或者解释；对于监事的建议，应当认真研究，该采纳的及时采纳。

第二，监事会有权进行调查。监事会履行监督职责，应当了解有关情况，这需要公司董事会、董事以及经理、副经理等高级管理人员的配合和协助。然而，实践中公司董事、高级管理人员不配合或者协助监事会开展监督工作的现象时有发生，有的甚至公开拒绝或者阻挠监事会履行监督职责。为了保证监事会依法履行监督职责，本条明确赋予监事会调查权，即监事会发现公司经营情况异常，可以进行调查；必要时，可以聘请会计师事务所等协助其工作，费用由公司承担。监事会行使调查权是有条件的，即在出现公司经营情况异常时才可以行使。所谓"异常"，是指公司经营情况出现了不正常的变化。

（二）监事会行使职权所必需的费用由公司承担

监事会是股份有限公司必须设立的组织机构，其行使的各项职权都是为了维护公司的利益，因此，监事会行使职权所必需的费用应由公司承担。实践

中，由于监事会的监督对象董事会掌握着公司的经营管理决策权，经理掌握着公司日常经营管理权，监事会并不控制公司的任何资金和财产，导致其履行职权所需经费没有保障，影响其监督职责的发挥。为此，2005年修订《公司法》时，明确了监事会履行职权所必需的费用由公司承担。这里需要说明的是，由公司负担的应是监事会履行职权所必需的费用，对于与监事会履行职权无关的经费，或者明显超出合理需要的部分，公司有权拒绝。对于监事会合理的经费要求，公司予以拒绝的，监事会有权要求公司支付；监事会成员已经垫付的，有权要求公司补偿。

▶ 类案检索

个旧市利达贸易有限公司与王某某损害公司利益责任纠纷案

关键词： 监事　劳动报酬　费用

裁判摘要： 公司应承担监事会履行职权必需的费用；监事会有权要求公司支付因履行职权产生的费用，监事会成员已经垫付的，有权要求公司补偿。

【案　　号】（2020）云2501民初1769号

【审理法院】云南省个旧市人民法院

第一百一十九条　监事会每六个月至少召开一次会议。监事可以提议召开临时监事会会议。

监事会的议事方式和表决程序，除本法有规定的外，由公司章程规定。

监事会决议应当经半数以上监事通过。

监事会应当对所议事项的决定作成会议记录，出席会议的监事应当在会议记录上签名。

关联规定

部门规章及规范性文件

《上市公司章程指引》

第一百四十六条　监事会每六个月至少召开一次会议。监事可以提议召开临时监事会会议。

监事会决议应当经半数以上监事通过。

第一百四十七条　监事会制定监事会议事规则，明确监事会的议事方式和表决程序，以确保监事会的工作效率和科学决策。

注释：监事会议事规则规定监事会的召开和表决程序。监事会议事规则应列入公司章程或作为章程的附件，由监事会拟定，股东大会批准。

第一百四十八条　监事会应当将所议事项的决定做成会议记录，出席会议的监事应当在会议记录上签名。

监事有权要求在记录上对其在会议上的发言作出某种说明性记载。监事会会议记录作为公司档案至少保存十年。

注释：公司应当根据具体情况，在章程中规定会议记录的保管期限。

▶ 条文释义

一、本条主旨

本条是关于监事会会议的类型、会议记录、议事方式和表决程序的规定。

二、条文演变

1993年制定的《公司法》第127条规定:"监事会的议事方式和表决程序由公司章程决定。"1999年、2004年《公司法》修正时,均未对该条进行修改。2005年《公司法》修订时,将该条修改为:"监事会每六个月至少召开一次会议。监事可以提议召开临时监事会会议。监事会的议事方式和表决程序,除本法有规定的外,由公司章程规定。监事会决议应当经半数以上监事通过。监事会应当对所议事项的决定作成会议记录,出席会议的监事应当在会议记录上签名。"此后《公司法》虽经2013年、2018年两次修正,但这一表述并未修改并延续到现在。条文顺序变更为《公司法》第119条。

三、条文解读

（一）监事会会议的类型

股份有限公司的监事会会议可以分为例行监事会会议和临时监事会会议两种。监事会是公司的监督机构,其代表公司对公司的董事、经理以及其他高级管理人员的业务执行进行监督。监事会行使职权的方式之一就是举行监事会会议并作出决议。监事会会议分为两种:一种为例行监事会会议,往往由公司章程作出具体规定。按照本条的规定,例行监事会会议每6个月至少召开一次,以便监事会能够及时对公司的业务执行情况进行监督。另一种为临时监事会会议,公司在经营活动中遇到重大事件时,公司监事可以提议召开临时监事会会议。

（二）监事会的议事方式和表决程序

监事会是公司的监督机构,对经营者进行监督,但它并不直接决定公司的经营事务、进行经营活动。监事会的这一性质决定了其议事方式和表决程序，并不需要像股东大会和董事会那样由法律作出严格的规定。因此本条除规定监事会决议应由半数以上监事通过外，将监事会的其他议事方式和表决程序授权由公司章程规定。公司章程在规定监事会的议事方式和表决程序时，应当从本公司的具体情况出发，以有利于监事会正确、适当地行使职权为原则作出规定。例如，公司可以在公司章程中规定监事会应当每一季度举行一次会议；监事会举行会议时应当有 1/2 以上的监事出席，并且应当有 1/2 以上的监事同意，才能通过决议。

（三）监事会会议记录

监事会应当对所议事项的决定作成会议记录，出席会议的监事应当在会议记录上签名。会议记录是载明监事会会议对所议事项作出决定的书面文件。监事会在举行会议时，主持会议的监事会主席应当安排人员详细记录会议的情况，包括会议举行的时间、地点、主要内容，会议议定的事项、具体的表决情况以及会议形成的决议情况。监事会会议记录应当由出席会议的监事签名，以保证会议记录及决议的真实性和效力，明确各位监事的责任。

第五节 上市公司组织机构的特别规定

第一百二十条 本法所称上市公司,是指其股票在证券交易所上市交易的股份有限公司。

关联规定

一、法律、行政法规、司法解释

1.《中华人民共和国证券法》

第十一条 设立股份有限公司公开发行股票,应当符合《中华人民共和国公司法》规定的条件和经国务院批准的国务院证券监督管理机构规定的其他条件,向国务院证券监督管理机构报送募股申请和下列文件:

(一)公司章程;

(二)发起人协议;

(三)发起人姓名或者名称,发起人认购的股份数、出资种类及验资证明;

(四)招股说明书;

(五)代收股款银行的名称及地址;

(六)承销机构名称及有关的协议。

依照本法规定聘请保荐人的,还应当报送保荐人出具的发行保荐书。

法律、行政法规规定设立公司必须报经批准的,还应当提交相应的批准文件。

第十二条 公司首次公开发行新股,应当符合下列条件:

(一)具备健全且运行良好的组织机构;

(二)具有持续经营能力;

(三)最近三年财务会计报告被出具无保留意见审计报告;

(四)发行人及其控股股东、实际控制人最近三年不存在贪污、贿赂、侵占财产、挪用财产或者破坏社会主义市场经济秩序的刑事犯罪；

（五）经国务院批准的国务院证券监督管理机构规定的其他条件。

上市公司发行新股，应当符合经国务院批准的国务院证券监督管理机构规定的条件，具体管理办法由国务院证券监督管理机构规定。

公开发行存托凭证的，应当符合首次公开发行新股的条件以及国务院证券监督管理机构规定的其他条件。

第十三条 公司公开发行新股，应当报送募股申请和下列文件：

（一）公司营业执照；

（二）公司章程；

（三）股东大会决议；

（四）招股说明书或者其他公开发行募集文件；

（五）财务会计报告；

（六）代收股款银行的名称及地址。

依照本法规定聘请保荐人的，还应当报送保荐人出具的发行保荐书。依照本法规定实行承销的，还应当报送承销机构名称及有关的协议。

第四十六条 申请证券上市交易，应当向证券交易所提出申请，由证券交易所依法审核同意，并由双方签订上市协议。

证券交易所根据国务院授权的部门的决定安排政府债券上市交易。

第四十七条 申请证券上市交易，应当符合证券交易所上市规则规定的上市条件。

证券交易所上市规则规定的上市条件，应当对发行人的经营年限、财务状况、最低公开发行比例和公司治理、诚信记录等提出要求。

第四十八条 上市交易的证券，有证券交易所规定的终止上市情形的，由证券交易所按照业务规则终止其上市交易。

证券交易所决定终止证券上市交易的，应当及时公告，并报国务院证券监督管理机构备案。

第四十九条 对证券交易所作出的不予上市交易、终止上市交易决定不服的，可以向证券交易所设立的复核机构申请复核。

2.《股票发行与交易管理暂行条例》

第三十二条 股份有限公司申请其股票在证券交易所交易，应当向证券交易所的上市委员会送交下列文件：

（一）申请书；

（二）公司登记注册文件；

（三）股票公开发行的批准文件；

（四）经会计师事务所审计的公司近三年或者成立以来的财务报告和由二名以上的注册会计师及其所在事务所签字、盖章的审计报告；

（五）证券交易所会员的推荐书；

（六）最近一次的招股说明书；

（七）证券交易所要求的其他文件。

第三十三条 股票获准在证券交易所交易后，上市公司应当公布上市公告并将本条例第三十二条所列文件予以公布。

3.《最高人民法院、最高人民检察院关于办理操纵证券、期货市场刑事案件适用法律若干问题的解释》

第一条 行为人具有下列情形之一的，可以认定为刑法第一百八十二条第一款第四项规定的"以其他方法操纵证券、期货市场"：

（一）利用虚假或者不确定的重大信息，诱导投资者作出投资决策，影响证券、期货交易价格或者证券、期货交易量，并进行相关交易或者谋取相关利益的；

（二）通过对证券及其发行人、上市公司、期货交易标的公开作出评价、预测或者投资建议，误导投资者作出投资决策，影响证券、期货交易价格或者证券、期货交易量，并进行与其评价、预测、投资建议方向相反的证券交易或者相关期货交易的；

（三）通过策划、实施资产收购或者重组、投资新业务、股权转让、上市公司收购等虚假重大事项，误导投资者作出投资决策，影响证券交易价格或者证券交易量，并进行相关交易或者谋取相关利益的；

（四）通过控制发行人、上市公司信息的生成或者控制信息披露的内容、时点、节奏，误导投资者作出投资决策，影响证券交易价格或者证券交易量，并进行相关交易或者谋取相关利益的；

（五）不以成交为目的，频繁申报、撤单或者大额申报、撤单，误导投资者作出投资决策，影响证券、期货交易价格或者证券、期货交易量，并进行与申报相反的交易或者谋取相关利益的；

（六）通过囤积现货，影响特定期货品种市场行情，并进行相关期货交

易的;

(七)以其他方法操纵证券、期货市场的。

4.《最高人民法院关于上海金融法院案件管辖的规定》

第三条 在上海证券交易所科创板上市公司的证券发行纠纷、证券承销合同纠纷、证券上市保荐合同纠纷、证券上市合同纠纷和证券欺诈责任纠纷等第一审民商事案件,由上海金融法院管辖。

5.《最高人民法院关于人民法院强制执行股权若干问题的规定》

第一条 本规定所称股权,包括有限责任公司股权、股份有限公司股份,但是在依法设立的证券交易所上市交易以及在国务院批准的其他全国性证券交易场所交易的股份有限公司股份除外。

二、部门规章及规范性文件

1.《上市公司证券发行管理办法》

第三条 上市公司发行证券,可以向不特定对象公开发行,也可以向特定对象非公开发行。

第四条 上市公司发行证券,必须真实、准确、完整、及时、公平地披露或者提供信息,不得有虚假记载、误导性陈述或者重大遗漏。

第五条 中国证监会对上市公司证券发行的核准,不表明其对该证券的投资价值或者投资者的收益作出实质性判断或者保证。因上市公司经营与收益的变化引致的投资风险,由认购证券的投资者自行负责。

第六条 上市公司的组织机构健全、运行良好,符合下列规定:

(一)公司章程合法有效,股东大会、董事会、监事会和独立董事制度健全,能够依法有效履行职责;

(二)公司内部控制制度健全,能够有效保证公司运行的效率、合法合规性和财务报告的可靠性;内部控制制度的完整性、合理性、有效性不存在重大缺陷;

(三)现任董事、监事和高级管理人员具备任职资格,能够忠实和勤勉地履行职务,不存在违反公司法第一百四十七条、第一百四十八条规定的行为,且最近三十六个月内未受到过中国证监会的行政处罚、最近十二个月内未受到过证券交易所的公开谴责;

(四)上市公司与控股股东或实际控制人的人员、资产、财务分开,机构、

业务独立,能够自主经营管理;

(五)最近十二个月内不存在违规对外提供担保的行为。

第七条 上市公司的盈利能力具有可持续性,符合下列规定:

(一)最近三个会计年度连续盈利。扣除非经常性损益后的净利润与扣除前的净利润相比,以低者作为计算依据;

(二)业务和盈利来源相对稳定,不存在严重依赖于控股股东、实际控制人的情形;

(三)现有主营业务或投资方向能够可持续发展,经营模式和投资计划稳健,主要产品或服务的市场前景良好,行业经营环境和市场需求不存在现实或可预见的重大不利变化;

(四)高级管理人员和核心技术人员稳定,最近十二个月内未发生重大不利变化;

(五)公司重要资产、核心技术或其他重大权益的取得合法,能够持续使用,不存在现实或可预见的重大不利变化;

(六)不存在可能严重影响公司持续经营的担保、诉讼、仲裁或其他重大事项;

(七)最近二十四个月内曾公开发行证券的,不存在发行当年营业利润比上年下降百分之五十以上的情形。

第八条 上市公司的财务状况良好,符合下列规定:

(一)会计基础工作规范,严格遵循国家统一会计制度的规定;

(二)最近三年及一期财务报表未被注册会计师出具保留意见、否定意见或无法表示意见的审计报告;被注册会计师出具带强调事项段的无保留意见审计报告的,所涉及的事项对发行人无重大不利影响或者在发行前重大不利影响已经消除;

(三)资产质量良好。不良资产不足以对公司财务状况造成重大不利影响;

(四)经营成果真实,现金流量正常。营业收入和成本费用的确认严格遵循国家有关企业会计准则的规定,最近三年资产减值准备计提充分合理,不存在操纵经营业绩的情形;

(五)最近三年以现金方式累计分配的利润不少于最近三年实现的年均可分配利润的百分之三十。

第九条 上市公司最近三十六个月内财务会计文件无虚假记载,且不存在下列重大违法行为：

（一）违反证券法律、行政法规或规章，受到中国证监会的行政处罚，或者受到刑事处罚；

（二）违反工商、税收、土地、环保、海关法律、行政法规或规章，受到行政处罚且情节严重，或者受到刑事处罚；

（三）违反国家其他法律、行政法规且情节严重的行为。

第十条 上市公司募集资金的数额和使用应当符合下列规定：

（一）募集资金数额不超过项目需要量；

（二）募集资金用途符合国家产业政策和有关环境保护、土地管理等法律和行政法规的规定；

（三）除金融类企业外，本次募集资金使用项目不得为持有交易性金融资产和可供出售的金融资产、借予他人、委托理财等财务性投资，不得直接或间接投资于以买卖有价证券为主要业务的公司；

（四）投资项目实施后，不会与控股股东或实际控制人产生同业竞争或影响公司生产经营的独立性；

（五）建立募集资金专项存储制度，募集资金必须存放于公司董事会决定的专项账户。

第十一条 上市公司存在下列情形之一的，不得公开发行证券：

（一）本次发行申请文件有虚假记载、误导性陈述或重大遗漏；

（二）擅自改变前次公开发行证券募集资金的用途而未作纠正；

（三）上市公司最近十二个月内受到过证券交易所的公开谴责；

（四）上市公司及其控股股东或实际控制人最近十二个月内存在未履行向投资者作出的公开承诺的行为；

（五）上市公司或其现任董事、高级管理人员因涉嫌犯罪被司法机关立案侦查或涉嫌违法违规被中国证监会立案调查；

（六）严重损害投资者的合法权益和社会公共利益的其他情形。

2.《创业板上市公司证券发行注册管理办法（试行）》

第二十四条 交易所审核部门负责审核上市公司证券发行上市申请；创业板上市委员会负责对上市公司向不特定对象发行证券的申请文件和审核部门出具的审核报告提出审议意见。

交易所主要通过向上市公司提出审核问询、上市公司回答问题方式开展审核工作，判断上市公司发行申请是否符合发行条件和信息披露要求。

3.《科创板上市公司证券发行注册管理办法（试行）》

第二十四条 交易所审核部门负责审核上市公司证券发行上市申请；科创板上市委员会负责对上市公司向不特定对象发行证券的申请文件和审核部门出具的审核报告提出审议意见。

交易所主要通过向上市公司提出审核问询、上市公司回答问题方式开展审核工作，判断上市公司发行申请是否符合发行条件和信息披露要求。

4.《创业板上市公司持续监管办法（试行）》

第十九条 上市公司并购重组，涉及发行股票的，由交易所审核通过后报中国证监会注册。

中国证监会收到交易所报送的审核意见等相关文件后，在五个工作日内对上市公司注册申请作出予以注册或者不予注册的决定，按规定应当扣除的时间不计算在本款规定的时限内。

三、司法指导性文件

1.《最高人民法院关于为河北雄安新区规划建设提供司法服务和保障的意见》

7.加强金融审判，有效防范化解重大金融风险。依法妥善审理涉及雄安新区建设融资、地方政府债券发行、民间借贷等金融案件，妥善审理雄安新区企业发行上市、并购重组、股权转让、债券发行、资产证券化过程中产生的矛盾纠纷案件。加强对涉及金融资产交易平台、股权众筹融资等创新业务案件的司法研究。支持雄安新区管委会、仲裁机构、商事和行业调解组织创新发展，加强矛盾纠纷源头治理，完善诉调对接，注重从源头上防范和化解金融领域重大风险。加强金融审判专业化建设，建立专门的金融审判庭。

2.《最高人民法院关于在执行工作中进一步强化善意文明执行理念的意见》

7.严格规范上市公司股票冻结。为维护资本市场稳定，依法保障债权人合法权益和债务人投资权益，人民法院在冻结债务人在上市公司的股票时，应当依照下列规定严格执行：

（1）严禁超标的冻结。冻结上市公司股票，应当以其价值足以清偿生效法律文书确定的债权额为限。股票价值应当以冻结前一交易日收盘价为基准，结合股票市场行情,一般在不超过20%的幅度内合理确定。股票冻结后,其价值发生重大变化的,经当事人申请,人民法院可以追加冻结或者解除部分冻结。

(2)可售性冻结。保全冻结上市公司股票后,被保全人申请将冻结措施变更为可售性冻结的,应当准许,但应当提前将被保全人在证券公司的资金账户在明确具体的数额范围内予以冻结。在执行过程中,被执行人申请通过二级市场交易方式自行变卖股票清偿债务的,人民法院可以按照前述规定办理,但应当要求其在10个交易日内变卖完毕。特殊情形下,可以适当延长。

(3)已质押股票的冻结。上市公司股票存在质押且质权人非本案保全申请人或申请执行人,目前,人民法院在采取冻结措施时,由于需要计入股票上存在的质押债权且该债权额往往难以准确计算,尤其是当股票存在多笔质押时还需指定对哪一笔质押股票进行冻结,为保障普通债权人合法权益,人民法院一般会对质押股票进行全部冻结,这既存在超标的冻结的风险,也会对质押债权人自行实现债权造成影响,不符合执行经济原则。

最高人民法院经与中国证券监督管理委员会沟通协调,由中国证券登记结算有限公司(以下简称中国结算公司)对现有冻结系统进行改造,确立了质押股票新型冻结方式,并在系统改造完成后正式实施。具体内容如下:

第一,债务人持有的上市公司股票存在质押且质权人非本案保全申请人或申请执行人,人民法院对质押股票冻结时,应当依照7(1)规定的计算方法冻结相应数量的股票,无需将质押债权额计算在内。冻结质押股票时,人民法院应当提前冻结债务人在证券公司的资金账户,并明确具体的冻结数额,不得对资金账户进行整体冻结。

第二,股票冻结后,不影响质权人变价股票实现其债权。质权人解除任何一部分股票质押的,冻结效力在冻结股票数量范围内对解除质押部分的股票自动生效。质权人变价股票实现其债权后变价款有剩余的,冻结效力在本案债权额范围内对剩余变价款自动生效。

第三,在执行程序中,为实现本案债权,人民法院可以在质押债权和本案债权额范围内对相应数量的股票采取强制变价措施,并在优先实现质押债权后清偿本案债务。

第四,两个以上国家机关冻结同一质押股票的,按照在证券公司或中国结算公司办理股票冻结手续的先后确定冻结顺位,依次满足各国家机关的冻结需求。两个以上国家机关在同一交易日分别在证券公司、中国结算公司冻结同一质押股票的,在先在证券公司办理股票冻结手续的为在先冻结。

第五,人民法院与其他国家机关就冻结质押股票产生争议的,由最高人民法院主动与最高人民检察院、公安部等部门依法协调解决。争议协调解决期间,证券公司或中国结算公司控制产生争议的相关股票,不协助任何一方执行。争议协调解决完成,证券公司或中国结算公司按照争议机关协商的最终结论处理。

第六,系统改造完成前已经完成的冻结不适用前述规定。案件保全申请人或申请执行人为质权人的,冻结措施不适用前述规定。

3.《最高人民法院关于推进破产案件依法高效审理的意见》

13.对于债权债务关系明确、债务人财产状况清楚、案情简单的破产清算、和解案件,人民法院可以适用快速审理方式。

破产案件具有下列情形之一的,不适用快速审理方式:

(1)债务人存在未结诉讼、仲裁等情形,债权债务关系复杂的;

(2)管理、变价、分配债务人财产可能期限较长或者存在较大困难等情形,债务人财产状况复杂的;

(3)债务人系上市公司、金融机构,或者存在关联企业合并破产、跨境破产等情形的;

(4)其他不宜适用快速审理方式的。

4.《最高人民法院关于为创业板改革并试点注册制提供司法保障的若干意见》

3.对实行注册制创业板上市公司所涉有关证券民商事案件试点集中管辖。按照改革安排,深圳证券交易所履行创业板股票发行审核职责。为统一裁判标准,保障创业板改革并试点注册制顺利推进,对在创业板以试点注册制首次公开发行股票并上市公司所涉证券发行纠纷、证券承销合同纠纷、证券上市保荐合同纠纷、证券上市合同纠纷和证券欺诈责任纠纷等第一审民商事案件,由广东省深圳市中级人民法院试点集中管辖。

▶ 条文释义

一、本条主旨

本条是关于上市公司的规定。

二、条文演变

1993 年制定出台的《公司法》第 151 条规定:"本法所称上市公司是指所发行的股票经国务院或者国务院授权证券管理部门批准在证券交易所上市交易的股份有限公司。"1999 年、2004 年修正的《公司法》均未修改该条。2005 年修订的《公司法》对上市公司的定义作了微调,即第 121 条规定:"本法所称上市公司,是指其股票在证券交易所上市交易的股份有限公司。"2013 年、2018 年修正的《公司法》,沿用了这一表述,只是将条文序号调整为第 120 条。

三、条文解读

上市公司具有以下两个特征:一是上市公司必须是已向社会发行股票的股份有限公司。即以募集设立方式成立的股份有限公司,可以依照法律规定的条件,申请其股票在证券交易所内进行交易,成为上市公司。以发起设立方式成立的股份有限公司,在公司成立后,经过批准向社会公开发行股份后,又达到《公司法》规定的上市条件的,也可以依法申请为上市公司。二是上市公司的股票必须在证券交易所公开竞价交易。证券交易所是国家批准设立的专为证券交易提供公开竞价交易场所的事业法人。我国目前有深圳证券交易所、上海证券交易所、北京证券交易所。上市公司的股票,依照有关法律、行政法规及证券交易所业务规则上市交易。

▶ 适用指引

根据股份有限公司的股票是否在证券交易所交易,可以将其分为上市公司和非上市公司两种形式。根据本条规定,上市公司,是指其股票在证券交易所上市交易的股份有限公司。上市公司具有一般股份有限公司所拥有的基本特征，但是由于股东人数众多，股票又在证券交易所公开挂牌交易，上市公司的运作及其股票交易活动对广大的公众投资者的利益和证券市场秩序会带来重大的影响，因此，需要从法律上对股票上市条件、上市交易规则、上市公司内部组织机构的设置、信息披露等，专门作出规定，严格加以规范。

根据《证券法》的规定，股份有限公司发行的股票要在证券交易所进行交易，应当向证券交易所提出申请，由证券交易所依法审核同意，并由双方签订上市协议。符合条件的股份有限公司，可以向证券交易所申请其股票上市交易。股份有限公司的股票上市交易申请经证券交易所依法核准后，其股票即在证券交易所挂牌交易，该股份有限公司即成为上市公司。

▶ 类案检索

九江联豪九鼎投资中心（有限合伙）与谢某与公司有关的纠纷案

关键词： A股上市　新三板挂牌　对赌条款

裁判摘要： 股份有限公司的股票已经依法发行是当事人可以进行股票交易的前提。关于公开发行股票的交易，《证券法》第39条规定："依法公开发行的股票、公司债券及其他证券，应当在依法设立的证券交易所上市交易或者在国务院批准的其他证券交易场所转让。"因此，公开发行股票的交易包括上市交易及其他转让方式，可供股票交易的场所即为股票市场，包括证券交易所和其他证券交易场所。

《证券法》第48条第1款规定："申请证券上市交易，应当向证券交易所提出申请，由证券交易所依法审核同意，并由双方签订上市协议。"案件审理时，我国依法设立的证券交易所包括上海证券交易所与深圳证券交易所，故此，前述法律规定的公开发行股票上市交易即指公开发行的股票在上海证券交易所或者深圳证券交易所交易。

首次公开发行股票并上市，又称首发或者首发上市，是指拟上市公司首次在证券市场公开发行股票募集资金并上市的行为。在主板和中小板首次公开发行股票并上市的，适用《首次公开发行股票并上市管理办法》；在创业板首次公开发行股票并上市的，适用《首次公开发行股票并在创业板上市管理办法》。结合前述关于上市交易的规定，首次公开发行股票并上市中的上市系指申请公司股票在上述证券交易所上市交易,通过首次公开发行股票并上市,目标公司即成为上市公众公司。

【案　　号】(2019)京03民终9876号
【审理法院】北京市第三中级人民法院

《公司法》 | 第四章 股份有限公司的设立和组织机构 | 第一百二十一条

> 第一百二十一条 上市公司在一年内购买、出售重大资产或者担保金额超过公司资产总额百分之三十的，应当由股东大会作出决议，并经出席会议的股东所持表决权的三分之二以上通过。

▶ **关联规定**

一、法律、行政法规、司法解释

1.《中华人民共和国证券法》

第八十条 发生可能对上市公司、股票在国务院批准的其他全国性证券交易场所交易的公司的股票交易价格产生较大影响的重大事件，投资者尚未得知时，公司应当立即将有关该重大事件的情况向国务院证券监督管理机构和证券交易场所报送临时报告，并予公告，说明事件的起因、目前的状态和可能产生的法律后果。

前款所称重大事件包括：

（一）公司的经营方针和经营范围的重大变化；

（二）公司的重大投资行为，公司在一年内购买、出售重大资产超过公司资产总额百分之三十，或者公司营业用主要资产的抵押、质押、出售或者报废一次超过该资产的百分之三十；

（三）公司订立重要合同、提供重大担保或者从事关联交易，可能对公司的资产、负债、权益和经营成果产生重要影响；

（四）公司发生重大债务和未能清偿到期重大债务的违约情况；

（五）公司发生重大亏损或者重大损失；

（六）公司生产经营的外部条件发生的重大变化；

（七）公司的董事、三分之一以上监事或者经理发生变动，董事长或者经理无法履行职责；

（八）持有公司百分之五以上股份的股东或者实际控制人持有股份或者控制公司的情况发生较大变化，公司的实际控制人及其控制的其他企业从事与公司相同或者相似业务的情况发生较大变化；

（九）公司分配股利、增资的计划，公司股权结构的重要变化，公司减资、合并、分立、解散及申请破产的决定，或者依法进入破产程序、被责令关闭；

（十）涉及公司的重大诉讼、仲裁，股东大会、董事会决议被依法撤销或者宣告无效；

（十一）公司涉嫌犯罪被依法立案调查，公司的控股股东、实际控制人、董事、监事、高级管理人员涉嫌犯罪被依法采取强制措施；

（十二）国务院证券监督管理机构规定的其他事项。

公司的控股股东或者实际控制人对重大事件的发生、进展产生较大影响的，应当及时将其知悉的有关情况书面告知公司，并配合公司履行信息披露义务。

2.《最高人民法院关于适用〈中华人民共和国公司法〉若干问题的规定（四）》

第五条 股东会或者股东大会、董事会决议存在下列情形之一，当事人主张决议不成立的，人民法院应当予以支持：

（一）公司未召开会议的，但依据公司法第三十七条第二款或者公司章程规定可以不召开股东会或者股东大会而直接作出决定，并由全体股东在决定文件上签名、盖章的除外；

（二）会议未对决议事项进行表决的；

（三）出席会议的人数或者股东所持表决权不符合公司法或者公司章程规定的；

（四）会议的表决结果未达到公司法或者公司章程规定的通过比例的；

（五）导致决议不成立的其他情形。

3.《最高人民法院关于适用〈中华人民共和国民法典〉有关担保制度的解释》

第八条 有下列情形之一，公司以其未依照公司法关于公司对外担保的规定作出决议为由主张不承担担保责任的，人民法院不予支持：

（一）金融机构开立保函或者担保公司提供担保；

（二）公司为其全资子公司开展经营活动提供担保；

（三）担保合同系由单独或者共同持有公司三分之二以上对担保事项有表决权的股东签字同意。

上市公司对外提供担保，不适用前款第二项、第三项的规定。

第九条 相对人根据上市公司公开披露的关于担保事项已经董事会或者股东大会决议通过的信息，与上市公司订立担保合同，相对人主张担保合同对上市公司发生效力，并由上市公司承担担保责任的，人民法院应予支持。

相对人未根据上市公司公开披露的关于担保事项已经董事会或者股东大会决议通过的信息，与上市公司订立担保合同，上市公司主张担保合同对其不发生效力，且不承担担保责任或者赔偿责任的，人民法院应予支持。

相对人与上市公司已公开披露的控股子公司订立的担保合同，或者相对人与股票在国务院批准的其他全国性证券交易场所交易的公司订立的担保合同，适用前两款规定。

二、部门规章及规范性文件

《上市公司证券发行管理办法》

第四十四条 股东大会就发行证券事项作出决议，必须经出席会议的股东所持表决权的三分之二以上通过。向本公司特定的股东及其关联人发行证券的，股东大会就发行方案进行表决时，关联股东应当回避。

上市公司就发行证券事项召开股东大会，应当提供网络或者其他方式为股东参加股东大会提供便利。

▶ 条文释义

一、本条主旨

本条是关于上市公司资产负债发生重大变化时应经股东大会作出决议的规定。

二、条文演变

2005年修订的《公司法》第122条规定："上市公司在一年内购买、出售重大资产或者担保金额超过公司资产总额百分之三十的，应当由股东大会作出决议，并经出席会议的股东所持表决权的三分之二以上通过。"2013年、2018年修正的《公司法》，未对条文内容作出修改，只是将条文序号调整为第121条。

三、条文解读

上市公司购买、出售资产或者对外提供担保，属于公司业务经营事项，本可以由董事会决定。但是如果公司购买重大资产，可能导致公司资金大量流出；公司出售重大资产，可能导致公司事实上被出售；公司对外提供大额担保，可能导致公司债务大量增加。对于上市公司而言，上述情况可能给公司的长期经营和广大股东的长远利益造成重大影响，甚至影响经济社会安定。因此，有必要对其规定特别严格的程序。

本条明确规定，上市公司在1年的期限内，公司购买、出售重大资产或者担保金额超过公司资产总额30%的，应当经上市公司的股东大会作出决议。与本条规定相衔接，《公司法》第104条规定，《公司法》和公司章程规定公司转让、受让重大资产或者对外提供担保等事项必须经股东大会作出决议的，董事会应当及时召集股东大会会议，由股东大会就上述事项进行表决。

上市公司的股东大会作出的决议可以分为普通决议和特别决议。当股东大会决议的内容涉及公司重大事项时，应当采用特别决议的方式进行。因此，本条规定，上市公司在1年内购买、出售重大资产或者担保金额超过公司资产总额30%的，在股东大会作出决议时，应当经出席会议的股东所持表决权的2/3以上通过，以保证此类决策能代表多数股东的意见和利益。

▶ 适用指引

公司股东大会是公司的权力机关，召开股东会议，对关系公司、股东切身利益的重大事项进行表决，是股东行使权利的方式。《公司法》第37条对有限责任公司股东会的职权作了规定，第37条规定的有限责任公司股东会的职权，适用于股份有限公司的股东大会。因此，上市公司股东大会可以依照《公司法》第37条行使以下职权：（1）决定公司的经营方针和投资计划；（2）选举和更换除由职工代表担任的董事、监事以外的董事和监事，决定有关董事、监事的报酬事项；（3）审议批准董事会的报告；（4）审议批准监事会或者监事的报告；（5）审议批准公司的年度财务预算方案、决算方案；（6）审议批准公司的利润分配方案和弥补亏损方案；（7）对公司增加或者减少注册资本作出决议；（8）对发行公司债券作出决议；（9）对公司合并、分立、解散、清算或者变更公司形式作出决议；（10）修改公司章程；（11）公司章程规定的其他职权。上述事项是法定应由上市公司股东大会决议的一般事项，应当由股东大会作出决议。

上市公司股东人数众多，股本规模大，重大的资产变动会产生较大的风险，给公司的长期经营和广大股东的长远利益带来影响，因此，本条根据上市公司的特殊情况，在《公司法》第 38 条规定的一般事项外，增加规定：上市公司在 1 年内购买、出售重大资产超过公司资产总额 30% 或者在 1 年内担保金额超过公司资产总额 30% 的，应当由股东大会作出决议。对于一般事项的表决，经过出席股东大会会议的股东所持表决权过半数通过，即可形成股东大会决议。由于上市公司股权比较分散，为更好地保护大多数股东的利益，减少大股东操纵的情况，本条将上述事项作为上市公司股东大会的特别决议事项，规定应当经过出席会议的股东所持表决权的 2/3 以上通过。

> 第一百二十二条　上市公司设独立董事，具体办法由国务院规定。

关联规定

一、法律、行政法规、司法解释

《中华人民共和国证券法》

第九十条　上市公司董事会、独立董事、持有百分之一以上有表决权股份的股东或者依照法律、行政法规或者国务院证券监督管理机构的规定设立的投资者保护机构（以下简称投资者保护机构），可以作为征集人，自行或者委托证券公司、证券服务机构，公开请求上市公司股东委托其代为出席股东大会，并代为行使提案权、表决权等股东权利。

依照前款规定征集股东权利的，征集人应当披露征集文件，上市公司应当予以配合。

禁止以有偿或者变相有偿的方式公开征集股东权利。

公开征集股东权利违反法律、行政法规或者国务院证券监督管理机构有关规定，导致上市公司或者其股东遭受损失的，应当依法承担赔偿责任。

二、部门规章及规范性文件

1.《上市公司治理准则》

第三十四条　上市公司应当依照有关规定建立独立董事制度。独立董事不得在上市公司兼任除董事会专门委员会委员外的其他职务。

第三十五条　独立董事的任职条件、选举更换程序等，应当符合有关规定。独立董事不得与其所受聘上市公司及其主要股东存在可能妨碍其进行独立客观判断的关系。

第三十六条　独立董事享有董事的一般职权，同时依照法律法规和公司章程针对相关事项享有特别职权。

独立董事应当独立履行职责，不受上市公司主要股东、实际控制人以及其他与上市公司存在利害关系的组织或者个人影响。上市公司应当保障独立董事依法履职。

第三十七条 独立董事应当依法履行董事义务，充分了解公司经营运作情况和董事会议题内容，维护上市公司和全体股东的利益，尤其关注中小股东的合法权益保护。独立董事应当按年度向股东大会报告工作。

上市公司股东间或者董事间发生冲突、对公司经营管理造成重大影响的，独立董事应当主动履行职责，维护上市公司整体利益。

2.《上市公司独立董事规则》

第一章 总则

第一条 为规范上市公司行为，充分发挥独立董事在上市公司治理中的作用，促进上市公司独立董事尽责履职，依据《中华人民共和国公司法》（以下简称《公司法》)、《中华人民共和国证券法》的规定，制定本规则。

第二条 本规则所称独立董事是指不在上市公司担任除董事外的其他职务，并与其所受聘的上市公司及其主要股东不存在可能妨碍其进行独立客观判断的关系的董事。

第三条 上市公司应当建立独立董事制度。

独立董事制度应当符合法律、行政法规和本规则的规定，有利于上市公司的持续规范发展、不得损害上市公司利益。

第四条 上市公司董事会成员中应当至少包括三分之一独立董事。

上市公司董事会下设薪酬与考核、审计、提名等专门委员会的，独立董事应当在审计委员会、提名委员会、薪酬与考核委员会成员中占多数，并担任召集人。

第五条 独立董事对上市公司及全体股东负有诚信与勤勉义务，并应当按照相关法律法规、本规则和公司章程的要求，认真履行职责，维护公司整体利益，尤其要关注中小股东的合法权益不受损害。

第二章 独立董事的独立性要求

第六条 独立董事必须具有独立性。

独立董事应当独立履行职责，不受上市公司主要股东、实际控制人或者其他与上市公司存在利害关系的单位或个人的影响。

独立董事原则上最多在五家上市公司兼任独立董事，并确保有足够的时间和精力有效地履行独立董事的职责。

第七条　下列人员不得担任独立董事：

（一）在上市公司或者其附属企业任职的人员及其直系亲属、主要社会关系（直系亲属是指配偶、父母、子女等；主要社会关系是指兄弟姐妹、配偶的父母、子女的配偶、兄弟姐妹的配偶、配偶的兄弟姐妹等）；

（二）直接或间接持有上市公司已发行股份百分之一以上或者是上市公司前十名股东中的自然人股东及其直系亲属；

（三）在直接或间接持有上市公司已发行股份百分之五以上的股东单位或者在上市公司前五名股东单位任职的人员及其直系亲属；

（四）最近一年内曾经具有前三项所列举情形的人员；

（五）为上市公司或者其附属企业提供财务、法律、咨询等服务的人员；

（六）法律、行政法规、部门规章等规定的其他人员；

（七）公司章程规定的其他人员；

（八）中国证券监督管理委员会（以下简称中国证监会）认定的其他人员。

第三章　独立董事的任职条件

第八条　独立董事应当具备与其行使职权相适应的任职条件。

第九条　担任独立董事应当符合下列基本条件：

（一）根据法律、行政法规及其他有关规定，具备担任上市公司董事的资格；

（二）具有本规则所要求的独立性；

（三）具备上市公司运作的基本知识，熟悉相关法律、行政法规、规章及规则；

（四）具有五年以上法律、经济或者其他履行独立董事职责所必需的工作经验；

（五）法律法规、公司章程规定的其他条件。

独立董事及拟担任独立董事的人士应当依照规定参加中国证监会及其授权机构所组织的培训。

第十条　上市公司应当在公司章程中明确，聘任适当人员担任独立董事，其中至少包括一名会计专业人士。

第四章　独立董事的提名、选举和更换程序

第十一条　独立董事的提名、选举和更换应当依法、规范地进行。

第十二条　上市公司董事会、监事会、单独或者合并持有上市公司已发行股份百分之一以上的股东可以提出独立董事候选人，并经股东大会选举决定。

第十三条　独立董事的提名人在提名前应当征得被提名人的同意。提名人应当充分了解被提名人职业、学历、职称、详细的工作经历、全部兼职等情况，并对其担任独立董事的资格和独立性发表意见，被提名人应当就其本人与上市公司之间不存在任何影响其独立客观判断的关系发表公开声明。

第十四条　在选举独立董事的股东大会召开前，上市公司董事会应当按照本规则第十三条的规定公布相关内容，并将所有被提名人的有关材料报送证券交易所。上市公司董事会对被提名人的有关情况有异议的，应同时报送董事会的书面意见。

第十五条　独立董事每届任期与该上市公司其他董事任期相同，任期届满，连选可以连任，但是连任时间不得超过六年。

第十六条　独立董事连续三次未亲自出席董事会会议的，由董事会提请股东大会予以撤换。

第十七条　独立董事任期届满前，上市公司可以经法定程序解除其职务。提前解除职务的，上市公司应将其作为特别披露事项予以披露。

第十八条　独立董事在任期届满前可以提出辞职。独立董事辞职应向董事会提交书面辞职报告，对任何与其辞职有关或其认为有必要引起公司股东和债权人注意的情况进行说明。

第十九条　如因独立董事辞职导致公司董事会中独立董事所占的比例低于本规则规定的最低要求时，该独立董事的辞职报告应当在下任独立董事填补其缺额后生效。

第二十条　独立董事出现不符合独立性条件或其他不适宜履行独立董事职责的情形，由此造成上市公司独立董事达不到本规则要求的人数时，上市公司应按规定补足独立董事人数。

第五章　独立董事的职权

第二十一条　独立董事应当按时出席董事会会议，了解上市公司的生产经营和运作情况，主动调查、获取做出决策所需要的情况和资料。

独立董事应当向公司股东大会提交年度述职报告，对其履行职责的情况进行说明。

第二十二条　为了充分发挥独立董事的作用，独立董事除应当具有《公司法》和其他相关法律、法规赋予董事的职权外，上市公司还应当赋予独立董事以下特别职权：

（一）重大关联交易（指上市公司拟与关联人达成的总额高于300万元或高于上市公司最近经审计净资产值的5%的关联交易）应由独立董事事前认可；独立董事作出判断前，可以聘请中介机构出具独立财务顾问报告，作为其判断的依据；

（二）向董事会提议聘用或解聘会计师事务所；

（三）向董事会提请召开临时股东大会；

（四）提议召开董事会；

（五）在股东大会召开前公开向股东征集投票权；

（六）独立聘请外部审计机构和咨询机构，对公司的具体事项进行审计和咨询；

独立董事行使前款第（一）项至第（五）项职权，应当取得全体独立董事的二分之一以上同意；行使前款第（六）项职权，应当经全体独立董事同意。

第（一）（二）项事项应由二分之一以上独立董事同意后，方可提交董事会讨论。

如本条第一款所列提议未被采纳或上述职权不能正常行使，上市公司应将有关情况予以披露。

法律、行政法规及中国证监会另有规定的，从其规定。

第二十三条 独立董事应当对以下事项向董事会或股东大会发表独立意见：

（一）提名、任免董事；

（二）聘任或解聘高级管理人员；

（三）公司董事、高级管理人员的薪酬；

（四）上市公司的股东、实际控制人及其关联企业对上市公司现有或新发生的总额高于三百万元或高于上市公司最近经审计净资产值的百分之五的借款或其他资金往来，以及公司是否采取有效措施回收欠款；

（五）独立董事认为可能损害中小股东权益的事项；

（六）法律、行政法规、中国证监会和公司章程规定的其他事项。

独立董事应当就前款事项发表以下几类意见之一：同意；保留意见及其理由；反对意见及其理由；无法发表意见及其障碍。

如本条第一款有关事项属于需要披露的事项，上市公司应当将独立董事的意见予以公告，独立董事出现意见分歧无法达成一致时，董事会应将各独立董事的意见分别披露。

第六章 独立董事履职保障

第二十四条 为了保证独立董事有效行使职权，上市公司应当为独立董事履行职责提供所必需的工作条件。上市公司董事会秘书应积极为独立董事履行职责提供协助，如介绍情况、提供材料等，定期通报公司运营情况，必要时可组织独立董事实地考察。独立董事发表的独立意见、提案及书面说明应当公告的，上市公司应及时协助办理公告事宜。

第二十五条 上市公司应当保证独立董事享有与其他董事同等的知情权。凡须经董事会决策的事项，上市公司必须按法定的时间提前通知独立董事并同时提供足够的资料，独立董事认为资料不充分的，可以要求补充。当二名或二名以上独立董事认为资料不充分或论证不明确时，可联名书面向董事会提出延期召开董事会会议或延期审议该事项，董事会应予以采纳。

上市公司向独立董事提供的资料，上市公司及独立董事本人应当至少保存五年。

第二十六条 独立董事行使职权时，上市公司有关人员应当积极配合，不得拒绝、阻碍或隐瞒，不得干预其独立行使职权。

第二十七条 独立董事聘请中介机构的费用及其他行使职权时所需的费用由上市公司承担。

第二十八条 上市公司应当给予独立董事适当的津贴。津贴的标准应当由董事会制订预案，股东大会审议通过，并在公司年报中进行披露。

除上述津贴外，独立董事不应从该上市公司及其主要股东或有利害关系的机构和人员取得额外的、未予披露的其他利益。

第二十九条 上市公司可以建立必要的独立董事责任保险制度，以降低独立董事正常履行职责可能引致的风险。

第七章 附则

第三十条 本规则自公布之日起施行。2001年8月16日施行的《关于在上市公司建立独立董事制度的指导意见》（证监发〔2001〕102号）、2004年12月7日施行的《关于加强社会公众股东权益保护的若干规定》（证监发〔2004〕118号）同时废止。

▶ 条文释义

一、本条主旨

本条是关于上市公司设立独立董事的规定。

二、条文演变

2005年修订的《公司法》第123条规定:"上市公司设立独立董事,具体办法由国务院规定。"2013年、2018年修正的《公司法》,未对条文内容作修改,只是将条文序号调整为第122条。

三、条文解读

所谓独立董事,是指不在公司担任董事外的其他职务,并与受聘的公司及其主要股东不存在妨碍其进行独立客观判断关系的董事。

中国证监会于2001年发布了《关于在上市公司建立独立董事制度的指导意见》,要求上市公司要建立独立董事制度。其中规定,独立董事对上市公司及全体股东负有诚信与勤勉义务。独立董事应当按照相关法律法规、该指导意见和公司章程的要求,认真履行职责,维护公司整体利益,尤其要关注中小股东的合法权益不受损害。独立董事应当独立履行职责,不受上市公司主要股东、实际控制人或者其他与上市公司存在利害关系的单位或个人的影响。独立董事原则上最多在5家上市公司兼任独立董事,并确保有足够的时间和精力有效地履行独立董事的职责。

我国2005年修改《公司法》时,确认了这一做法,增加规定,上市公司设立独立董事。当时还曾试图对独立董事的任职资格、职权范围、工作程序和退出机制等作出规定。但是,考虑到当时社会上对独立董事制度仍然存在不同的认识,特别是国外的独立董事制度大多是建立在一元制的公司治理结构(只设董事会,不设监事会)的基础上,而我国的公司治理实行的是二元体制(既设董事会,又设监事会),独立董事的功能与监事会的功能有着许多交叉之处,最终删除了对独立董事制度的具体规定,改为具体办法由国务院规定。

中国证监会于2018年发布的《上市公司治理准则》对独立董事提出了进一步的要求。例如,独立董事不得与其所受聘的上市公司及其主要股东存在可能妨碍其进行独立客观判断的关系；独立董事应当独立履行职责，不受上市公司主要股东、实际控制人以及其他与上市公司存在利害关系的组织或者个人影响；独立董事应当依法履行董事义务，充分了解公司经营运作情况和董事会议题内容，维护上市公司和全体股东的利益，尤其关注中小股东的合法权益保护。

▶ 适用指引

我国在近些年的公司实践中，开始探索在上市公司中推行独立董事制度。国家经贸委、中国证监会于1999年3月联合发布了《关于进一步促进境外上市公司规范运作和深化改革的意见》，规定境外上市公司应设立独立董事。中国证监会于2001年8月发布《关于在上市公司建立独立董事制度的指导意见》，规定境内上市公司应当聘请适当人员担任独立董事，其中应当至少包括1名会计专业人士（会计专业人士是指具有高级职称或注册会计师资格的人士）；在2003年6月30日前，上市公司董事会成员中应当至少包括1/3的独立董事。《公司法》从进一步改善上市公司治理结构，保护广大中小股东利益出发，在本条对上市公司设独立董事作出规定。考虑到我国股份有限公司实行法定的监事会制度，监事会在公司实践中，特别是国有独资或者控股公司的监督方面发挥了重要的作用，监事会制度还是应当继续采用。同时，为了加强对上市公司董事会决策过程的监督，强化对大股东的制衡机制，更好地维护广大中小股东的利益，法律对上市公司设立独立董事提出了要求。上市公司设立独立董事，具体办法授权国务院规定，上市公司应当按照国务院有关上市公司独立董事的具体办法执行。

▶ 典型案例

陈某与中国证券监督管理委员会四川监管局、中国证券监督管理委员会证券管理行政处罚及行政复议案

关键词： 独立董事　上市公司　信息披露　法律责任
裁判摘要： 根据《证券法》第63条的规定，发行人、上市公司依法披露

的信息，必须真实、准确、完整，不得有虚假记载、误导性陈述或者重大遗漏。根据《上市公司信息披露管理办法》第38条、第42条、第58条第1款的规定，上市公司董事、监事、高级管理人员应当勤勉尽责，关注信息披露文件的编制情况，保证定期报告、临时报告在规定期限内披露，配合上市公司及其他信息披露义务人履行信息披露义务；董事应当了解并持续关注公司生产经营情况、财务状况和公司已经发生的或者可能发生的重大事件及其影响，主动调查、获取决策所需要的资料；上市公司的董事、监事、高级管理人员应当对公司信息披露的真实性、准确性、完整性、及时性、公平性负责，但有充分证据表明其已经履行勤勉尽责义务的除外。由此可见，陈某作为时任前锋股份公司独立董事，对该公司信息披露的真实性、准确性、完整性、及时性、公平性负有勤勉尽责义务。根据在案证据，陈某在四川证监局对其作出《行政处罚事先告知书》后，未能提出相应证据证明其作为公司独立董事已经履行勤勉尽责义务而可以不承担相应责任。因此，四川证监局所作关于其没有提供证据显示其勤勉尽责，对前锋股份公司相关信息披露违法事项实施了必要的、有效的监督，其为前锋股份公司涉案违法行为的其他直接责任人员的认定，事实清楚。

【案　　号】（2017）京02行终1461号

【审理法院】北京市第二中级人民法院

【来　　源】《中国法院2019年度案例》

第一百二十三条 上市公司设董事会秘书，负责公司股东大会和董事会会议的筹备、文件保管以及公司股东资料的管理，办理信息披露事务等事宜。

▶ 关联规定

一、法律、行政法规、司法解释

《证券公司监督管理条例》

第二十一条 证券公司设董事会秘书，负责股东会和董事会会议的筹备、文件的保管以及股东资料的管理，按照规定或者根据国务院证券监督管理机构、股东等有关单位或者个人的要求，依法提供有关资料，办理信息报送或者信息披露事项。董事会秘书为证券公司高级管理人员。

二、部门规章及规范性文件

1.《上市公司治理准则》

第二十八条 上市公司设董事会秘书，负责公司股东大会和董事会会议的筹备及文件保管、公司股东资料的管理、办理信息披露事务、投资者关系工作等事宜。

董事会秘书作为上市公司高级管理人员，为履行职责有权参加相关会议，查阅有关文件，了解公司的财务和经营等情况。董事会及其他高级管理人员应当支持董事会秘书的工作。任何机构及个人不得干预董事会秘书的正常履职行为。

第九十三条 董事长对上市公司信息披露事务管理承担首要责任。

董事会秘书负责组织和协调公司信息披露事务，办理上市公司信息对外公布等相关事宜。

2.《期货交易所管理办法》

第四十六条 期货交易所可以设董事会秘书。董事会秘书由中国证监会提名，董事会通过。

董事会秘书负责期货交易所股东大会和董事会会议的筹备、文件保管以及期货交易所股东资料的管理等事宜。

3.《上市公司信息披露管理办法》

第三十八条 董事会秘书负责组织和协调公司信息披露事务，汇集上市公司应予披露的信息并报告董事会，持续关注媒体对公司的报道并主动求证报道的真实情况。董事会秘书有权参加股东大会、董事会会议、监事会会议和高级管理人员相关会议，有权了解公司的财务和经营情况，查阅涉及信息披露事宜的所有文件。董事会秘书负责办理上市公司信息对外公布等相关事宜。

上市公司应当为董事会秘书履行职责提供便利条件，财务负责人应当配合董事会秘书在财务信息披露方面的相关工作。

第三十条 上市公司应当制定信息披露事务管理制度。信息披露事务管理制度应当包括：

（一）明确上市公司应当披露的信息，确定披露标准；

（二）未公开信息的传递、审核、披露流程；

（三）信息披露事务管理部门及其负责人在信息披露中的职责；

（四）董事和董事会、监事和监事会、高级管理人员等的报告、审议和披露的职责；

（五）董事、监事、高级管理人员履行职责的记录和保管制度；

（六）未公开信息的保密措施，内幕信息知情人登记管理制度，内幕信息知情人的范围和保密责任；

（七）财务管理和会计核算的内部控制及监督机制；

（八）对外发布信息的申请、审核、发布流程；与投资者、证券服务机构、媒体等的信息沟通制度；

（九）信息披露相关文件、资料的档案管理制度；

（十）涉及子公司的信息披露事务管理和报告制度；

（十一）未按规定披露信息的责任追究机制，对违反规定人员的处理措施。

上市公司信息披露事务管理制度应当经公司董事会审议通过，报注册地证监局和证券交易所备案。

条文释义

一、本条主旨

本条是关于上市公司董事会秘书及其职责的规定。

二、条文演变

2005年修订的《公司法》第124条规定:"上市公司设董事会秘书,负责公司股东大会和董事会会议的筹备、文件保管以及公司股东资料的管理,办理信息披露事务等事宜。"2013年、2018年修正的《公司法》,未对条文内容作修改,只是将条文序号调整为第123条。

三、条文解读

董事会秘书,是指掌管董事会文书并协助董事会成员处理日常事务的人员。董事会秘书只是董事会设置的服务席位,既不能代表董事会,也不能代表董事长。

我国最初是对到我国香港特别行政区上市的公司提出了设立董事会秘书的要求。1993年6月由当时的国家体改委发布的《到香港上市公司章程必备条款》中规定:公司应设公司董事会秘书,由董事会委任;公司董事会秘书是公司的高级管理人员,其主要责任是保证公司有完整的组织文件和记录,准备和递交工商行政管理机关以及其他机构所要求的文件和表格,保证公司的股东名册妥善设立,保证有权得到公司有关记录和文件的人及时得到有关记录和文件;董事会应任命他们认为具有必备知识和经验的人担任公司董事会秘书。

1994年8月,当时的国务院证券委员会和国家体改委联合发布《到境外上市公司章程必备条款》,规定境外上市公司应当设立董事会秘书。

中国证监会于1997年12月发布的《上市公司章程指引》和稍后批复的上海证券交易所、深圳证券交易所的股票上市规则中,均提出了上市公司应设董事会秘书的要求。经过多年的实践,上市公司设董事会秘书的制度已经基本成熟,应当从法律上加以肯定。在法律中确立这项制度,有利于完善上市公司治理结构,提高上市公司管理的规范化水平和管理效率,更好地发挥董事会的作用,维护公司和股东的利益。因此,2005年修订《公司法》时,增加了上市公司设董事会秘书的规定。

董事会秘书是上市公司的高级管理人员，应当满足法律、行政法规以及公司章程对公司高级管理人员的资格和义务等方面的要求。例如，根据《公司法》第146条的规定，有下列情形之一的，不得担任董事会秘书：（1）无民事行为能力或者限制民事行为能力；（2）因贪污、贿赂、侵占财产、挪用财产或者破坏社会主义市场经济秩序，被判处刑罚，执行期满未逾五年，或者因犯罪被剥夺政治权利，执行期满未逾5年；（3）担任破产清算的公司、企业的董事或者厂长、经理，对该公司、企业的破产负有个人责任的，自该公司、企业破产清算完结之日起未逾3年；（4）担任因违法被吊销营业执照、责令关闭的公司、企业的法定代表人，并负有个人责任的，自该公司、企业被吊销营业执照之日起未逾3年；（5）个人所负数额较大的债务到期未清偿。又如，根据《公司法》第147条的规定，董事会秘书应当遵守法律、行政法规和公司章程，对公司负有忠实义务和勤勉义务；不得利用职权收受贿赂或者其他非法收入，不得侵占公司的财产。

同时，董事会秘书的工作具有较强的专业性，应该具备一定的专业知识。董事会秘书不仅要掌握《公司法》《证券法》《上市公司治理准则》等有关法律法规，还要熟悉公司章程、信息披露规则，掌握财务及行政管理方面的有关知识等。

▶ 适用指引

上市公司董事会秘书的主要职责有：一是负责公司股东大会和董事会会议的筹备、文件保管，即按照法定程序筹备股东大会和董事会会议，准备和提交有关会议文件和资料；负责保管公司股东名册、董事名册，大股东及董事、监事和高级管理人员持有本公司股票的资料，股东大会、董事会会议文件和会议记录等。二是负责公司股东资料的管理，如管理股东名册等资料。三是负责办理信息披露事务等事宜。如督促公司制定并执行信息披露管理制度和重大信息的内部报告制度，促使公司和相关当事人依法履行信息披露义务，按照有关规定向有关机构定期报告和临时报告；负责与公司信息披露有关的保密工作，制订保密措施，促使董事、监事和其他高级管理人员以及相关知情人员在信息披露前保守秘密，并在内幕信息泄露时及时采取补救措施。

上市公司应当为董事会秘书履行职责提供便利条件，董事、监事、其他高级管理人员和相关工作人员应当支持、配合董事会秘书的工作。董事会秘书为履行职责，有权了解公司的财务和经营情况，参加涉及信息披露的有关会议，查阅涉及信息披露的所有文件，并要求公司有关部门和人员及时提供相关资料和信息。

▶ 类案检索

深圳市鑫腾华资产管理有限公司与江苏中超控股股份有限公司公司决议撤销纠纷案

关键词： 公司决议　董事会秘书

裁判摘要： 中超集团于 2018 年 9 月 11 日向董事会提交了请求召开临时股东大会的函，董事会在 10 日内未给予答复，期间中超集团还于 2018 年 9 月 14 日向董事会提议由副董事长召集和主持董事会会议，遭董事会多数票反对而未获通过，显然中超控股的董事会不同意召开临时股东大会。后中超集团于 2018 年 9 月 22 日向监事会提出召开临时股东大会的请求，监事会在 5 日内未给予答复。至此，中超集团已履行了法律和章程规定的前置程序，其有权自行召集临时股东大会。中超集团于 2018 年 9 月 27 日向董事会发出了召开临时股东大会的通知，根据中超控股章程第 54 条以及《公司法》第 123 条之规定，董事会和董事会秘书应给予配合，董事会应当提供股权登记日的股东名册，董事会秘书负责股东大会的筹备及办理信息披露事务等事宜。鑫腾华公司认为中超集团抢夺公章和 EKEY 阻挠董事会秘书行使职权，导致本次股东大会并非经过董事会秘书筹备的合法程序开展，对此法院不予认同。自中超集团、杨某于 2018 年 8 月 9 日向鑫腾华公司发送解除股份转让交易的通知并在同年 9 月提起仲裁案之后，两大股东之间的矛盾迅速激化，从董事长黄某 1 和董事会秘书黄某 2 向深交所、江苏证监局递交的投诉函、控诉函等函件内容可见一斑，在此情形下，对于中超集团要求召开股东大会审议对鑫腾华公司一方不利的罢免董事议案，鑫腾华公司控制下的董事会及董事会秘书主观上没有接受的意愿，客观上也没有配合的行为，比如从 2018 年 9 月至 10 月期间中超控股工作人员与董事会秘书黄某 2 的微信聊天记录可反映，对与本次股东大会相关的事项，黄某2均以EKEY被抢为由表示无法公告，但对2018年10月16日财务总监和1名独立董事的辞职申请则明确同意发布公告，可见董事会秘书黄某2系消极地、不作为地对待本次股东大会，故事实上不可能推进由董事会秘书开展本次股东大会筹备事宜的工作。对此，中超控股陈述，中超集团与证券主管部门及相关服务机构沟通后，被获准开通股东披露专项通道，解决了股东大会公告和披露事宜，又由中国证券登记结算有限公司深圳分公司提供证券持有人登记信息，深圳证券信息有限公司开通网络投票平台。以上系中超集团和中超控股在董事会和董事会秘书不配合的情况下另行寻求的救济途径，以保证本次股东大会能够如期召开，保证股东依法享有的股东大会召集权不受阻挠，不存在程序违法违规之处。

【案　　号】（2018）苏02民初577号

【审理法院】江苏省无锡市中级人民法院

第一百二十四条 上市公司董事与董事会会议决议事项所涉及的企业有关联关系的,不得对该项决议行使表决权,也不得代理其他董事行使表决权。该董事会会议由过半数的无关联关系董事出席即可举行,董事会会议所作决议须经无关联关系董事过半数通过。出席董事会的无关联关系董事人数不足三人的,应将该事项提交上市公司股东大会审议。

▶ 关联规定

一、法律、行政法规、司法解释

1.《中华人民共和国企业国有资产法》

第四十六条 国有资本控股公司、国有资本参股公司与关联方的交易,依照《中华人民共和国公司法》和有关行政法规以及公司章程的规定,由公司股东会、股东大会或者董事会决定。由公司股东会、股东大会决定的,履行出资人职责的机构委派的股东代表,应当依照本法第十三条的规定行使权利。

公司董事会对公司与关联方的交易作出决议时,该交易涉及的董事不得行使表决权,也不得代理其他董事行使表决权。

2.《中华人民共和国证券法》

第八十条 发生可能对上市公司、股票在国务院批准的其他全国性证券交易场所交易的公司的股票交易价格产生较大影响的重大事件,投资者尚未得知时,公司应当立即将有关该重大事件的情况向国务院证券监督管理机构和证券交易场所报送临时报告,并予公告,说明事件的起因、目前的状态和可能产生的法律后果。

前款所称重大事件包括:

(一)公司的经营方针和经营范围的重大变化;

(二)公司的重大投资行为,公司在一年内购买、出售重大资产超过公司资产总额百分之三十,或者公司营业用主要资产的抵押、质押、出售或者报废一次超过该资产的百分之三十；

（三）公司订立重要合同、提供重大担保或者从事关联交易，可能对公司的资产、负债、权益和经营成果产生重要影响；

（四）公司发生重大债务和未能清偿到期重大债务的违约情况；

（五）公司发生重大亏损或者重大损失；

（六）公司生产经营的外部条件发生的重大变化；

（七）公司的董事、三分之一以上监事或者经理发生变动，董事长或者经理无法履行职责；

（八）持有公司百分之五以上股份的股东或者实际控制人持有股份或者控制公司的情况发生较大变化，公司的实际控制人及其控制的其他企业从事与公司相同或者相似业务的情况发生较大变化；

（九）公司分配股利、增资的计划，公司股权结构的重要变化，公司减资、合并、分立、解散及申请破产的决定，或者依法进入破产程序、被责令关闭；

（十）涉及公司的重大诉讼、仲裁，股东大会、董事会决议被依法撤销或者宣告无效；

（十一）公司涉嫌犯罪被依法立案调查，公司的控股股东、实际控制人、董事、监事、高级管理人员涉嫌犯罪被依法采取强制措施；

（十二）国务院证券监督管理机构规定的其他事项。

公司的控股股东或者实际控制人对重大事件的发生、进展产生较大影响的，应当及时将其知悉的有关情况书面告知公司，并配合公司履行信息披露义务。

第一百二十三条 国务院证券监督管理机构应当对证券公司净资本和其他风险控制指标作出规定。

证券公司除依照规定为其客户提供融资融券外，不得为其股东或者股东的关联人提供融资或者担保。

第二百零五条 证券公司违反本法第一百二十三条第二款的规定，为其股东或者股东的关联人提供融资或者担保的，责令改正，给予警告，并处以五十万元以上五百万元以下的罚款。对直接负责的主管人员和其他直接责任人员给予警告，并处以十万元以上一百万元以下的罚款。股东有过错的，在按照要求改正前，国务院证券监督管理机构可以限制其股东权利；拒不改正的，可以责令其转让所持证券公司股权。

3.《最高人民法院关于适用〈中华人民共和国公司法〉若干问题的规定（四）》

第五条 股东会或者股东大会、董事会决议存在下列情形之一，当事人主张决议不成立的，人民法院应当予以支持：

（一）公司未召开会议的，但依据公司法第三十七条第二款或者公司章程规定可以不召开股东会或者股东大会而直接作出决定，并由全体股东在决定文件上签名、盖章的除外；

（二）会议未对决议事项进行表决的；

（三）出席会议的人数或者股东所持表决权不符合公司法或者公司章程规定的；

（四）会议的表决结果未达到公司法或者公司章程规定的通过比例的；

（五）导致决议不成立的其他情形。

二、部门规章及规范性文件

1.《上市公司治理准则》

第二十九条 上市公司应当制定董事会议事规则，报股东大会批准，并列入公司章程或者作为章程附件。

第三十条 董事会应当定期召开会议，并根据需要及时召开临时会议。董事会会议议题应当事先拟定。

第三十一条 董事会会议应当严格依照规定的程序进行。董事会应当按规定的时间事先通知所有董事，并提供足够的资料。两名及以上独立董事认为资料不完整或者论证不充分的，可以联名书面向董事会提出延期召开会议或者延期审议该事项，董事会应当予以采纳，上市公司应当及时披露相关情况。

第三十二条 董事会会议记录应当真实、准确、完整。出席会议的董事、董事会秘书和记录人应当在会议记录上签名。董事会会议记录应当妥善保存。

第三十三条 董事会授权董事长在董事会闭会期间行使董事会部分职权的，上市公司应当在公司章程中明确规定授权的原则和具体内容。上市公司重大事项应当由董事会集体决策，不得将法定由董事会行使的职权授予董事长、总经理等行使。

2.《上市公司证券发行管理办法》

第四十四条 股东大会就发行证券事项作出决议，必须经出席会议的股东所持表决权的三分之二以上通过。向本公司特定的股东及其关联人发行证券的，股东大会就发行方案进行表决时，关联股东应当回避。

上市公司就发行证券事项召开股东大会，应当提供网络或者其他方式为股东参加股东大会提供便利。

3.《上市公司章程指引》

第一百一十九条 董事与董事会会议决议事项所涉及的企业有关联关系的，不得对该项决议行使表决权，也不得代理其他董事行使表决权。该董事会会议由过半数的无关联关系董事出席即可举行，董事会会议所作决议须经无关联关系董事过半数通过。出席董事会的无关联董事人数不足三人的，应将该事项提交股东大会审议。

▶ 条文释义

一、本条主旨

本条是关于上市公司董事关联交易回避制度的规定。

二、条文演变

2005年修订的《公司法》第125条规定："上市公司董事与董事会会议决议事项所涉及的企业有关联关系的，不得对该项决议行使表决权，也不得代理其他董事行使表决权。该董事会会议由过半数的无关联关系董事出席即可举行，董事会会议所作决议须经无关联关系董事过半数通过。出席董事会的无关联关系董事人数不足三人的，应将该事项提交上市公司股东大会审议。"2013年修正、2018年修正的《公司法》，沿用了这一表述，只是将条文序号调整为第124条。

三、条文解读

关联交易可以降低交易成本、优化资源配置、实现公司利润最大化，因此上市公司很难避免发生关联交易。但是，关联交易的一方往往能够通过关联关系控制另一方的决策、行为，从而造成交易双方地位的实质性不平等，容易产生利益输送等损害上市公司利益的结果。因此，如果没有适当程序进行规范，上市公司的关联交易很容易成为规避法律、侵害公司和其他投资者利益的工具，其公正性往往受到质疑。例如，上市公司的多数股东（或者控股股东）通过董事会影响公司决策，使上市公司与关联方进行不公平的资产买卖，违背自身利益为关联方提供担保，利用掠夺性定价向关联方输送利益等。

为防止上述情况发生，本条规定了上市公司董事关联交易回避制度。本条所称的关联关系，是指上市公司的董事与董事会决议事项所涉及的企业之间存在直接或者间接的利益关系。上市公司董事对上市公司负有忠实和勤勉的义务，当上市公司董事与董事会会议决议事项所涉及的企业存在关联关系时，公司董事将与董事会会议决议事项所涉及的企业存在利益冲突。从维护公司整体利益的角度出发，有必要对与董事会会议决议事项所涉及的企业有关联关系的公司董事的表决权进行限制，即董事不得对该项决议行使表决权，也不得代理其他董事行使表决权。

▶ 适用指引

董事与董事会会议决议事项所涉及的企业有关联关系的，应当回避董事会会议对该事项的表决。这是董事的一项法定义务。规定这项义务，主要是考虑董事与董事会会议表决事项所涉及的企业存在关联关系，就有可能在该项交易上与公司存在利益冲突，禁止董事在与公司有利益冲突的情况下，对与其有关联的交易行使表决权或者代理他人行使表决权，有利于防止董事利用其在公司所处地位，牺牲公司的利益谋求自己的利益或者为他人牟取利益。

董事会表决与董事有关联的交易事项，应当有过半数的无关联董事出席方可举行董事会会议。董事会会议对该类事项作出决议须经无关联关系董事过半数通过。这样规定主要是为了便于对这类关联交易事项的监督，防止少数人操纵董事会表决，确保董事会对这类关联交易事项所作的决议能够公正合理地体现上市公司利益和大多数股东的利益。

出席董事会的无关联关系董事人数不足 3 人的，应将该事项提交上市公司股东大会审议。出席董事会的无关联关系董事人数太少，容易造成少数人操纵表决，使董事会会议决议难以体现大多数股东的意志和利益。因此，为了有效地保护公司和多数股东的利益，当出席董事会的无关联董事人数不足 3 人时，应当将与董事有关联的交易事项提交上市公司股东大会会议审议。

典型案例

一、华泰贝通软件科技有限公司与邓某损害公司利益责任纠纷案

关键词：董事高管　忠实义务　关联交易

裁判摘要：对因违反忠实义务引发的损害公司利益责任纠纷，除一般侵权责任认定原理外，还应着重从行为人主体是否适格、侵权行为是否系行为人私自作出、受损利益是否属于原告公司等方面，坚持实质判断原则、紧扣忠实义务内涵对责任予以认定。因关联交易违反忠实义务责任纠纷，虽行为人主张对交易已履行合法程序，如结果存在不公平损害公司利益的，公司依然可以主张其承担损害赔偿责任。

基本案情：邓某曾系华泰贝通公司法定代表人、董事长、董事，具有成为损害公司利益责任纠纷案件的主体资格。《公司法》对董事及高级管理人员规定的忠实义务，并未限定在任职期间。故邓某基于曾任公司董事长及法定代表人的身份，可以成为本案适格被告。

华泰贝通公司认为，华泰友信公司出让股权的行为系邓某私自处分华泰贝通公司隐名持有财产的行为，则其应举证相应股权系华泰贝通公司隐名持有。首先，双方证据中均不包含涉及隐名持股的合同。其次，华泰贝通公司主张北京市海淀区人民法院判决华泰友信公司应向其返还的借款本金175万元为其出资款。但在华泰贝通公司的主张下，该笔款项已经生效判决确认性质并判令返还，其作为投资款明显没有事实和法律基础。最后，华泰贝通公司未提供证据证明其享有过投资权益。华泰贝通公司无法证明其主张的邓某非法处分的财产系其所有，则邓某损害公司利益的行为在本案中无法成立。

邓某虽代表华泰友信公司在转股协议上签字，但转股协议上同样有华泰友信公司签章，故签字不足以说明转让股权违背华泰友信公司意志。2005年至2008年，存在多次华泰友信公司委托邓某代表其公司参与商事活动的情况，则邓某在代表人处签字的行为，有合理解释。

华泰贝通公司无法证明邓某利用在公司的特殊身份损害了华泰贝通公司的投资权益。

【案　　号】（2018）京02民申805号
【审理法院】北京市第二中级人民法院

【来　　源】《人民法院案例选》（2020年第3辑）

二、无锡中欧教育咨询有限公司与无锡鱼果文化传媒有限公司、郭某损害公司利益责任纠纷案

关键词：关联交易

裁判摘要：判断本案所涉《广告设计合同》是否有效，关键在于识别该关联交易是否为法律禁止的不当关联交易。从我国《公司法》相关立法规定来看，关联方或关联关系的核心就在于"控制"或者"重大影响"。"控制"即为可以控制公司的人、财、物，对公司的事务有决定性的作用。"重大影响"即为可以影响公司的决定和判断。不当关联交易则是指关联方利用其"控制力"或"重大影响力"与公司进行的实质上违背了公司真实意思表示、权利义务不对等且损害了公司利益的交易。关联交易的相关文件和过程细节必须及时披露，并通过相关机构的审查和监管，不得损害公司各股东、债权人和投资人的权益。本案中，《广告设计合同》因违背了中欧公司的真实意思表示，且损害公司利益，应当认定为不当关联交易。

【案　　号】（2016）苏02民终1863号

【审理法院】江苏省无锡市中级人民法院

【来　　源】《中国法院2018年度案例》

第五章　股份有限公司的股份发行和转让

第一节　股份发行

> 第一百二十五条　股份有限公司的资本划分为股份，每一股的金额相等。
>
> 公司的股份采取股票的形式。股票是公司签发的证明股东所持股份的凭证。

▶ 条文释义

一、本条主旨

本条是关于股份和股票概念的规定。

二、条文演变

1993年《公司法》中本条的内容规定在第129条。《公司法》在1999年、2004年修正时，本条未作变更。2005年修订时，将本条的序号调整为第126条。2013年《公司法》修正时，将本条序号调整为第125条。2018年《公司法》修正时，本条未作调整。

三、条文解读

在我国《公司法》中，股份是股份有限公司特有的概念，是股份有限公司资本的最基本的构成单位。至于有限责任公司股东的出资，由于一般都不分为等额的份额，在我国《公司法》中称为出资额。

本条第1款是关于股份作出一般性的规定。股份作为我国《公司法》中的一个基本概念，具有两层含义：（1）股份是股份有限公司资本的基本构成单位，是公司资本的计算单位。按照本条第 1 款的规定，股份有限公司的全部资本划分为股份，每一股的金额相等。这样，所有股份的总额就是公司的资本总额。（2）股份是股东权利义务的产生根据和计算单位。股东在公司中享有权利、履行义务也与其拥有股份直接相关。股东按照其持有的股份数额行使股东权利，如表决权、分红权、剩余财产分配权、新股认购权等。

本条第 2 款是关于股票概念的规定，根据该款规定，股票是公司签发的证明股东所持股份的凭证。股票的概念包括以下三层含义：（1）股票是股份的表现形式，作为法律概念的股份在具体生活中的表现形式就是股票。股份是股票的价值内容，股票是股份的存在形式。（2）股票是证明股东权利的有价证券。股票通过其记载事项表明其所有人或者持有人在公司中所享有的权利；股票所代表的股东权利包含有财产权的内容，如分红权和剩余财产分配权等；股票可以流通并可以设置质押。因此，股票是一种有价证券，是证明股东权利的凭证。（3）股票是一种要式证券。按照本条第 2 款和《公司法》有关条款的规定，股票必须由公司签发，由公司的法定代表人签名、公司盖章。同时，股票的形式、记载事项等必须符合法律的规定。

需要特别注意的是，2021 年 12 月 24 日公布的《公司法（修订草案）》第 155 条规定：公司的资本划分为股份。公司的全部股份，根据公司章程的规定择一采用面额股或者无面额股。采用面额股的，每一股的金额相等。公司可以根据公司章程的规定将已发行的面额股全部转换为无面额股或者将无面额股全部转换为面额股。采用无面额股的，应当将发行股份所得股款的二分之一以上计入注册资本。即草案允许公司发行无面额股。这是一个非常重大的变化。无面额股，也称比例股或者部分股，即股票票面不表示一定金额的股份。这种股票仅在股票票面上表示占公司全部资产的比例或者股份总额的若干分之几。面额股，是指股票票面表示一定金额的股份。

▶ 适用指引

一、股份有限公司的股份

股份，是指由股份有限公司发行的股东所持有的通过股票形式来表现的可以转让的资本的一部分。股份有限公司的股份一般具有表明资本成分、说明股东地位、计算股东权责的含义。《公司法》规定了有限责任公司和股份有限公司两种公司形式,但只把股份有限公司股东所持有的出资称其为股份,而没有把有限责任股东所持有的出资称其为股份。股份作为公司资本的一部分,是公司资本的最小构成单位,不能再分,所有股东所持有的股份加起来即为公司的资本总额。股份有限公司的股份具有平等性,公司每股金额相等,所表现的股东权利和义务是相等的,即只要所持有的股份相同,其股东可以享有的权益和应当履行的义务就相同。股份为股份有限公司股东所持有。股份是股东权利的象征,股东持有多少股份,就享有所持股份限度的权利。

二、股份有限公司的股票

股票,是指由股份有限公司签发的证明股东按其所持股份享有权利和承担义务的凭证。股票具有以下性质:一是有价证券。股票是一种具有财产价值的证券。股票记载着股票种类、票面金额及代表的股份数,反映着股票持有人对公司的权利。二是证权证券。股票表现的是股东的权利。任何人只要合法占有股票,其就可以依法向公司行使权利,如要求公司分配自己的股息,要求分配公司的剩余财产。而且公司股票发生转移时,公司股东的权益也就随之转移。三是要式证券。股票应当采用纸面形式或者国务院证券监督管理机构规定的其他形式,其记载的内容和事项应当符合法律的规定。四是流通证券。股票可以在证券交易市场进行交易。

> 第一百二十六条　股份的发行，实行公平、公正的原则，同种类的每一股份应当具有同等权利。
> 同次发行的同种类股票，每股的发行条件和价格应当相同；任何单位或者个人所认购的股份，每股应当支付相同价额。

▶关联规定

法律、行政法规、司法解释

1.《中华人民共和国证券法》

第四条　证券发行、交易活动的当事人具有平等的法律地位，应当遵守自愿、有偿、诚实信用的原则。

第五条　证券的发行、交易活动，必须遵守法律、行政法规；禁止欺诈、内幕交易和操纵证券市场的行为。

2.《股票发行与交易管理暂行条例》

第三条　股票的发行与交易，应当遵循公开、公平和诚实信用的原则。

第四条　股票的发行与交易，应当维护社会主义公有制的主体地位，保障国有资产不受侵害。

▶条文释义

一、本条主旨

本条是关于股份有限公司股份发行原则的规定。

二、条文演变

1993年《公司法》第130条规定：股份的发行，实行公开、公平、公正的原则，必须同股同权，同股同利。同次发行的股票，每股的发行条件和价格应当相同。任何单位或者个人所认购的股份,每股应当支付相同价额。《公司法》在1999年、2004年修正时,该条未作变更。2005年《公司法》修订时,将本条的序号调整为第127条,内容修改为:"股份的发行,实行公平、公正的原则,同种类的每一股份应当具有同等权利。同次发行的同种类股票,每股的发行条件和价格应当相同;任何单位或者个人所认购的股份,每股应当支付相同价额。"2013年《公司法》修正时,将本条序号调整为第126条。2018年《公司法》修正时,该条未作调整。

三、条文解读

股份有限公司股份的发行,包括设立发行和新股发行两种情况。设立发行,是指股份有限公司在设立的过程中为了募集资本而进行的股份发行;新股发行,是指股份有限公司成立以后,在运营过程中为了增加公司资本而进行的股份发行。无论是设立发行还是新股发行,都应当遵守本条所规定的股份发行原则。

根据本条第1款的规定,股份的发行,实行公平、公正的原则。所谓公平,首先,是指发行的股份所代表权利的公平,即在同一次发行中的同一种股份应当具有同等的权利,享有同等的利益,同类股份必须同股同权、同股同利。其次,是指股份发行条件的公平,即在同次股份发行中,相同种类的股份,每股的发行条件和发行价格应当相同。无论任何人,获得相同的股份,应支付相同的对价。所谓公正,是指在股份的发行过程中,应保持公正性,不允许任何人进行内幕交易、价格操纵、价格欺诈等不正当行为获得超过其他人的利益。

本条关于股份发行原则的规定,2005年《公司法》修订时,有两点变化:第一,删除了修订前的《公司法》关于股份发行必须遵循公开原则的规定。公开原则意味着公司在发行股份时必须将与发行有关的资料向社会公布,这对于通过向社会不特定对象公开募集股份而进行股份发行即公募发行是适用的。但是,股份的发行按照本法的规定还包括私募发行,即向特定对象募集股份而进行的股份发行。对于私募发行,公开原则是不适用的。同时,《证券法》对公募发行股份必须坚持公开原则已经作出了规定,因此本条关于股份的发行原则没有规定公开原则。第二,将修订前的《公司法》中"同股同权,同股同利"修改为"同种类的每一股份应当具有同等权利",这实际上只是一种文字上的修改。因为,"同股同权,同股同利"的说法过于宽泛。实践中,股份有限公司为了公司运营的需要,有时会针对特定股东发行一些特别股,如在公司股利分派上享有优先权的特别股。这些特别股同普通股东所持有的普通股份相比,无论是在所代表的股东权利还是所享有的利益方面都是不同的。因此,如果同一次股份发行,既有特别股又有普通股,特别股和普通股实际上不会"同股同权,同股同利"。所以,为了文字表述更加准确,本条采用了"同种类的每一股份应当具有同等权利"的表述,以免在实际理解上产生歧义。

本条第 2 款实际上是对股份发行中的公平原则更具体的表述。同次发行的同种类股票,每股的发行条件和价格应当是相同的,任何单位或者个人所认购的股份,每股应当支付相同价额,对于同一种类的股票不允许针对不同的投资主体规定不同的发行条件和发行价格。这是股权平等原则在股份发行中的具体体现。

▶ 适用指引

股份的发行,是指股份有限公司为了筹集公司资本而出售和分配股份的法律行为。股份的发行应该遵循下列原则:一是公平原则。参与股份发行的当事人在相同条件下的法律地位是平等的,相同的投资者有相同的权利,相同的发行人在法律上负有相同的责任,不应当在相同的投资者之间存在不公平的待遇。股份有限公司每次发行股份时的发行条件和发行价格对于社会公众要相同。同次发行的股份,每股的发行条件、发行价格应当相同。任何单位和个人所认购的股份,每次应当支付相同的价额。二是公正原则。公司在发行股份时要依法处理发行中的问题,做到一视同仁。在股份发行中必须遵守统一制定的规则,当事人受到的法律保护是相同的,股份发行活动应当做到客观公正,依法办事,维护社会正义,保证有关公正原则的各项规范得以实施。三是同股同权原则。相同的股份在相同的条件下应当具有平等性。同一个公司,相同的股份,在享有的权利上是平等的,在股票上所体现的权利也应当是平等的,按持有股份的多少行使表决权,股利的分配也取决于持股的多少,相同的股份不应当有不相同的权利和股利分配。

> **第一百二十七条** 股票发行价格可以按票面金额，也可以超过票面金额，但不得低于票面金额。

关联规定

一、法律、行政法规、司法解释

1.《中华人民共和国公司法》

第八十六条 招股说明书应当附有发起人制订的公司章程，并载明下列事项：

（一）发起人认购的股份数；

（二）每股的票面金额和发行价格；

（三）无记名股票的发行总数；

（四）募集资金的用途；

（五）认股人的权利、义务；

（六）本次募股的起止期限及逾期未募足时认股人可以撤回所认股份的说明。

2.《中华人民共和国证券法》

第三十二条 股票发行采取溢价发行的，其发行价格由发行人与承销的证券公司协商确定。

二、部门规章及规范性文件

《中国银监会办公厅关于组建农村商业银行有关问题的批复》

一、农村商业银行可以采取溢价方式发行股份，但同次发行的同种股份每股发行条件和价格应当相同，任何单位或个人对所认购的股份每股应当支付相同价款。仅向新征集的发起人或股东采取溢价方式发行股份，而向拟组建农村商业银行的原农村信用社社员或股东按票面价格发行股份，不符合《中华人民共和国公司法》第 127 条、128 条规定。

二、农村商业银行溢价发行股份所得溢价款应列入该行资本公积金。资本公积金不得用于弥补该行的亏损。用溢价款处置不良资产或历年亏损挂账不符合《中华人民共和国公司法》第168条、169条规定。

三、出售不良资产和定向募集股金是法律性质和账务处理完全不同的两类交易行为，应分别签署相应的法律文件、分别进行账务处理。请你局督促申请人严格按照相关法律、法规，将农村商业银行发起人或股东向农村商业银行的股本投资与自愿出资协助农村商业银行或拟组建农村商业银行的农村信用社处置不良资产和历年亏损挂账的资金分户核算。

▶ 条文释义

一、本条主旨

本条是关于股份有限公司股票发行价格的规定。

二、条文演变

1993年《公司法》第131条规定：股票发行价格可以按票面金额，也可以超过票面金额，但不得低于票面金额。以超过票面金额为股票发行价格的，须经国务院证券管理部门批准。以超过票面金额发行股票所得溢价款列入公司资本公积金。股票溢价发行的具体管理办法由国务院另行规定。《公司法》在1999年修正时，该条未作变更。2004年《公司法》修正时，删除"以超过票面金额为股票发行价格的，须经国务院证券管理部门批准"的内容。2005年《公司法》修订时，将本条的序号调整为第128条，并删除"以超过票面金额发行股票所得溢价款列入公司资本公积金。股票溢价发行的具体管理办法由国务院另行规定"的内容。2013年《公司法》修正时，将本条序号调整为第127条。2018年《公司法》修正时，该条未作调整。

三、条文解读

关于股票的发行价格，一般包括以下三种方式：（1）平价发行，即股票的发行价格与股票的票面价格相同；（2）溢价发行，即股票的发行价格高于股票的票面价格；（3）折价发行，即股票的发行价格低于股票的票面价格。

股份有限公司通过发行股票的形式进行股份的发行，来募集公司设立或者增资所必需的资本。每一股票的票面价值是相同的，所有发行的股票的票面价值总额就等同于股份有限公司设立或者增资所需要的资本总额。因此，从资本充实的角度出发，股票只有平价发行或者溢价发行，股份发行所募集到的资金才能够等于或者高于公司所需要的资本。而股票的折价发行，即按照低于股票的票面价值发行股票，即使股份全部得以发行，所筹集到的资金也必然低于公司所需资本总额，这实际上会造成公司资本的虚增，有可能损害公司及股东的利益，对于公司债权人来说也是不利的。因此，各国对于股票的发行，一般要求必须平价发行或者溢价发行，而对于折价发行股票进行限制，如要求折价股份的发行对象只限于公司的原有股东或者公司职工、折价发行股份必须在公司成立一定年限以后等。

我国在公司资本制度上，坚持资本充实原则，不允许股票的折价发行，因此本条规定，股票发行价格可以按票面金额，也可以超过票面金额，但不得低于票面金额。同时，按照《公司法》的有关规定，股份有限公司以超过股票票面金额的发行价格发行股份所得的溢价款应当列入公司的资本公积金，用于转增公司资本。

需要特别注意的是，2021年《公司法（修订草案）》规定了无面额股，因此相应的本条内容修改为面额股股票的发行价格可以按票面金额，也可以超过票面金额，但不得低于票面金额。

我国现行《公司法》的规定股份有限公司只能发行面额股。股票不得以低于票面价值的价格发行。历史上，票面价值发挥了重要意义，一方面，保障公司中股东的平等和公平对待；另一方面，为债权人评估贷款风险或者防止债务人不公平转让提供帮助。而现在股票的票面价格与股票的实际价格几乎没有直接的联系。目前公司法的趋势是将票面价值的制度废除。在废除票面价值的情形下，也就不存在最低发行价格。股票的发行价格可以任意确定，只要所有的将要发行的股份其价格相同即可。废除股票发行价格的好处在于，股票的发行价格可以任意确定，而且以后股份的发行价格可以高于或者低于其原始发行价格。

▶ 适用指引

一、股票发行的价格

股票的发行价格是股票发行时所使用的价格,也是投资者认购股票时所支付的价格。股票发行价格一般由发行公司根据股票面额、股市行情和其他有关因素决定。股票的发行价格可以分为平价发行的价格和溢价发行的价格。平价发行,是指股票的发行价格与股票的票面金额相同,也称之为等价发行、券面发行。溢价发行,是指股票的实际发行价格超过其票面金额。股票可以按照票面额发行,也可以按高于票面额的价格发行,但不能以低于票面金额的价格发行。这是因为股票面额与股份总数的乘积构成公司的股本总额,如果以低于票面金额的价格发行,公司股本总额就会产生虚假,就可能损害公司债权人的利益。

二、股票发行价格由市场决定

按照市场经济的要求,股票的发行价格应主要通过市场机制形成。以前由证券监管机构审批股票发行价格,不能反映股票市场价格的真实走向,还会不适当地加大证券监管机构对股票价格趋势承担的责任。

▶ 类案检索

一、黔西县鑫华房地产开发有限责任公司与贵州织金农村商业银行股份有限公司公司决议撤销纠纷案

关键词: 股票 发行价格

裁判摘要: 根据《公司法》第127条"股票发行价格可以按票面金额,也可以超过票面金额,但不得低于票面金额",农商公司所募集股份价格未违反法律、法规的规定。鑫华公司上诉认为信用社的净资产为155 624 039.64元,每股净资产高达2.39元,但发行新股只以每股1.3元募集,损害其股东利益。因公司资本与资产并非同一关系,故其此项请求于法无据,法院不予支持。

【案　　号】(2015)黔高民商终字第85号

【审理法院】贵州省高级人民法院

二、于某与中大公司公司决议效力确认纠纷案

关键词： 股票　发行价格

裁判摘要： 股票的发行价格属于商业自主判断的范围，由发行人综合本体因素、环境因素和政策因素来综合确定。在本体因素方面，发行价格随发行人的实质经营状况而定。这些因素包括公司当前的盈利水平及未来的盈利前景、财务状况、生产技术水平、成本控制、员工素质、管理水平等，其中最为关键的是利润水平。在环境因素方面，股票发行价格主要受股票流通市场的状况及变化趋势和发行人所处行业的发展状况、经济区位状况影响。股票发行价格政策因素最主要的是两大经济政策因素：税负水平和利息率。除了以上两个因素外，国家有关的扶持与抑制政策对发行价格也是一个重要的影响因素。本案中，中大公司采取资产基础法对中大公司的股东全部权益进行评估，综合考虑了本体因素和环境因素，属于合理的商业自主判断。

【案　　号】（2012）南市民二终字第462号

【审理法院】广西壮族自治区南宁市中级人民法院

第一百二十八条 股票采用纸面形式或者国务院证券监督管理机构规定的其他形式。

股票应当载明下列主要事项：

（一）公司名称；

（二）公司成立日期；

（三）股票种类、票面金额及代表的股份数；

（四）股票的编号。

股票由法定代表人签名，公司盖章。

发起人的股票，应当标明发起人股票字样。

▶ **关联规定**

法律、行政法规、司法解释

1.《中华人民共和国公司法》

第七十六条 设立股份有限公司，应当具备下列条件：

（一）发起人符合法定人数；

（二）有符合公司章程规定的全体发起人认购的股本总额或者募集的实收股本总额；

（三）股份发行、筹办事项符合法律规定；

（四）发起人制订公司章程，采用募集方式设立的经创立大会通过；

（五）有公司名称，建立符合股份有限公司要求的组织机构；

（六）有公司住所。

2.《中华人民共和国证券法》

第二条 在中华人民共和国境内，股票、公司债券、存托凭证和国务院依法认定的其他证券的发行和交易，适用本法；本法未规定的，适用《中华人民共和国公司法》和其他法律、行政法规的规定。

政府债券、证券投资基金份额的上市交易，适用本法；其他法律、行政法规另有规定的,适用其规定。

资产支持证券、资产管理产品发行、交易的管理办法,由国务院依照本法的原则规定。

在中华人民共和国境外的证券发行和交易活动,扰乱中华人民共和国境内市场秩序,损害境内投资者合法权益的,依照本法有关规定处理并追究法律责任。

3.《股票发行与交易管理暂行条例》

第五条 国务院证券委员会(以下简称"证券委")是全国证券市场的主管机构,依照法律、法规的规定对全国证券市场进行统一管理。中国证券监督管理委员会(以下简称"证监会")是证券委的监督管理执行机构,依照法律、法规的规定对证券发行与交易的具体活动进行管理和监督。

▶ 条文释义

一、本条主旨

本条是关于股票的形式以及股票记载事项的规定。

二、条文演变

1993年《公司法》第132条规定:"股票采用纸面形式或者国务院证券管理部门规定的其他形式。股票应当载明下列主要事项:(一)公司名称;(二)公司登记成立的日期;(三)股票种类、票面金额及代表的股份数;(四)股票的编号。股票由董事长签名,公司盖章。发起人的股票,应当标明发起人股票字样。"《公司法》在1999年、2004年修正时,该条未作变更。2005年《公司法》修订时,将本条的序号调整为第129条,将"国务院证券管理部门"修改为"国务院证券监督管理机构",将原来由"董事长"签名,修改为"法定代表人"签名,并删去了"公司登记成立的日期"中的"登记"两字。2013年《公司法》修正时,将本条的序号调整为第128条。2018年《公司法》修正时,本条未作调整。

三、条文解读

根据本条第1款的规定，股份有限公司发行的股票应当采取纸面形式或者国务院证券监督管理机构规定的其他形式。传统的股票多采取纸面形式，即实物券式的股票。而当前我国现有的股份有限公司大多数是向社会公开发行股票的公司，股票一般是采取簿记券式，即以在证券登记结算机构记载股东账户的方式发行股票。随着科技的发展，股票的形式可以多种多样，不一定限于纸面形式和簿记券式两种类型，如磁卡形式、电子形式。只要该种股票形式能够真实准确地记载股票的内容，方便股东持有，方便交易就可以了。

股票是一种要式有价证券，只有其形式和记载内容符合法律规定，才具有法律的效力。根据本条规定，股票的记载事项应当包括以下四种：（1）公司的名称。公司的名称是指国家工商管理机关批准的名称，该名称应当是全称。（2）公司成立日期。公司成立的日期应当为公司登记机关核发公司营业执照的日期。上述两项属于公司的基本情况，对于证明股票持有人或者股票所有人的股东权利是必需的。（3）股票种类、票面金额及代表的股份数。股票的种类，即股票是记名股票，还是无记名股票，是普通股股票还是特别股股票，如果是特别股股票，是什么样的特别股，是享有分红优先权的特别股，还是其他类型的特别股。股票的票面金额，即股票的票面价值。我国不允许发行没有票面金额的股票，通过知悉股票的票面金额和股票的发行数量，就可以知道本次股份发行所募集资本的总额。股票所代表的股份数，指确定每张股票是多少股。（4）股票的编号。股票的编号为股票发行的序号。如果是发起人的股票，应当标明发起人股票的字样。这是因为，为了保持公司的稳定性，增强投资者特别是公众投资者对公司的信心，《公司法》对发起人的权利进行了一定的限制，要求发起人所持有的本公司股份，自公司成立之日起1年内不得转让。为了能够使这一规定在实践中得以执行，因此要求在发起人的股票上标明发起人股票的字样，以便公众了解。

2021年《公司法（修订草案）》第161条对本条进行了修订。将第2款第3项修改为"（三）股票种类、票面金额及代表的股份数，发行无面额股的，股票代表的股份数"。删除第2款第4项，将第3款修改为"股票采用纸面形式的，还应当载明股票的编号，由法定代表人签名，公司盖章"。

▶ 适用指引

一、股票的形式

股票有两种形式。一种形式是指通常所用的形式即纸面形式，另一种形式是国务院证券管理部门规定的形式。按照国务院颁布的《股票发行与交易管理暂行条例》的规定，簿记券式股票（是指发行人按照中国证券监督管理委员会规定的格式制作的、记载股东权益的书名册）也是股票的表现形式。

二、股票的内容

股票作为一种法律文件，应当包括以下内容：一是公司的名称。公司的名称是指国家工商管理机关批准的名称，该名称应当是全称。二是公司成立日期。公司成立的日期为公司登记机关核发公司营业执照的日期。三是股票的种类、票面金额及所代表的股份数。股票的种类是指股票为记名股票，还是无记名股票；票面金额是指每股股票所表示的具体数额，如1000元、2000元等；股票所代表的股份数是指每张股票是多少股，比如10股、20股，或者规定每多少金额为一股，如可以规定1元一股，也可以规定10元一股等。四是股票的编号。股票的编号为股票发行的序号。除此之外，公司股票还可以包括股票的发行日期、公司的地址、公司的股份总数、本次发行股票的股份数额等。公司的股票为发起人股票时，应当标明"发起人股票"字样。

三、股票的签章

股票由公司法定代表人签名，公司盖章。公司所盖之章应当是公司对外交往中用于证明公司的图章，该图章应当为公安机关所认可。

> **第一百二十九条** 公司发行的股票,可以为记名股票,也可以为无记名股票。
>
> 公司向发起人、法人发行的股票,应当为记名股票,并应当记载该发起人、法人的名称或者姓名,不得另立户名或者以代表人姓名记名。

▶ 关联规定

法律、行政法规、司法解释

1.《中华人民共和国证券法》

第九条 公开发行证券,必须符合法律、行政法规规定的条件,并依法报经国务院证券监督管理机构或者国务院授权的部门注册。未经依法注册,任何单位和个人不得公开发行证券。证券发行注册制的具体范围、实施步骤,由国务院规定。

有下列情形之一的,为公开发行:

(一)向不特定对象发行证券;

(二)向特定对象发行证券累计超过二百人,但依法实施员工持股计划的员工人数不计算在内;

(三)法律、行政法规规定的其他发行行为。

非公开发行证券,不得采用广告、公开劝诱和变相公开方式。

2.《股票发行与交易管理暂行条例》

第八条 设立股份有限公司申请公开发行股票,应当符合下列条件:

(一)其生产经营符合国家产业政策;

(二)其发行的普通股限于一种,同股同权;

(三)发起人认购的股本数额不少于公司拟发行的股本总额的百分之三十五;

(四)在公司拟发行的股本总额中,发起人认购的部分不少于人民币三千万元，但是国家另有规定的除外；

（五）向社会公众发行的部分不少于公司拟发行的股本总额的百分之二十五，其中公司职工认购的股本数额不得超过拟向社会公众发行的股本总额的百分之十；公司拟发行的股本总额超过人民币四亿元的，证监会按照规定可以酌情降低向社会公众发行的部分的比例，但是最低不少于公司拟发行的股本总额的百分之十；

（六）发起人在近三年内没有重大违法行为；

（七）证券委规定的其他条件。

第九条 原有企业改组设立股份有限公司申请公开发行股票，除应当符合本条例第八条所列条件外，还应当符合下列条件：

（一）发行前一年末，净资产在总资产中所占比例不低于百分之三十，无形资产在净资产中所占比例不高于百分之二十，但是证券委另有规定的除外；

（二）近三年连续盈利。

国有企业改组设立股份有限公司公开发行股票的，国家拥有的股份在公司拟发行的股本总额中所占的比例由国务院或者国务院授权的部门规定。

第十条 股份有限公司增资申请公开发行股票，除应当符合本条例第八条和第九条所列条件外，还应当符合下列条件：

（一）前一次公开发行股票所得资金的使用与其招股说明书所述的用途相符，并且资金使用效益良好；

（二）距前一次公开发行股票的时间不少于十二个月；

（三）从前一次公开发行股票到本次申请期间没有重大违法行为；

（四）证券委规定的其他条件。

第十一条 定向募集公司申请公开发行股票，除应当符合本条例第八条和第九条所列条件外，还应当符合下列条件：

（一）定向募集所得资金的使用与其招股说明书所述的用途相符，并且资金使用效益良好；

（二）距最近一次定向募集股份的时间不少于十二个月；

（三）从最近一次定向募集到本次公开发行期间没有重大违法行为；

（四）内部职工股权证按照规定范围发放，并且已交国家指定的证券机构集中托管；

（五）证券委规定的其他条件。

▶ 条文释义

一、本条主旨

本条是关于记名股票和无记名股票的规定。

二、条文演变

1993年《公司法》第133条规定："公司向发起人、国家授权投资的机构、法人发行的股票，应当为记名股票，并应当记载该发起人、机构或者法人的名称，不得另立户名或者以代表人姓名记名。对社会公众发行的股票，可以为记名股票，也可以为无记名股票。"《公司法》在1999年、2004年修正时，该条未作变更。2005年《公司法》修订时，将本条的序号调整为第130条，删除了公司向国家授权投资的机构发行的股票应当为记名股票的规定，将原来的第2款移为第1款，并删去了"对社会公众"发行股票的限制。2013年《公司法》修正时，将本条的序号调整为第129条。2018年《公司法》修正时，本条未作调整。

三、条文解读

根据股票上是否记载股东的姓名或者名称，将股票分为记名股票和无记名股票两种。记名股票，是指股票上记载有股东姓名或者名称的股票；无记名股票，是指股票上未记载股东姓名或者名称的股票。

记名股票和无记名股票在法律意义上是有区别的：首先，二者在股东权利的行使上是不同的。记名股票只能由股票上记载的股东行使股东权利，其他人即使合法持有该股票，也不得行使股东权利；而无记名股票，只要是合法持有该股票的人，均可以行使股东权利。其次，二者在转让方式上是不同的。无记名股票的转让，以实际交付为要件，只要股东将该股票交付给受让人就发生转让的法律效力；记名股票的转让，一般都要求必须履行一定的程序，如要求采取股票背书的形式进行转让，或者要求签署书面的股份转让合同。同时，记名股票的转让必须办理过户手续，即要求将受让人的姓名或者名称记载于公司的股东名册中，否则受让人不得以该转让来对抗公司、行使股东权利。最后，在具体的股东权利行使上，二者也是有所不同的。对于记名股票，公司召开股东大会或者进行分红等事项,只需要直接通知股东就可以;而对于无记名股票,则需要以公告的方式进行通知,同时按照《公司法》第102条第4款的规定,无记名股票的持有人出席股东大会的,应当于会议召开前5日至股东大会闭会时将股票交存于公司。

无记名股票仅以交付就可以发生转让的法律效力,流动性大,公司对股东的变化情况不能够及时了解。因此,如果公司发行的无记名股票的比例过大,是会影响公司的正常运作的。我国《公司法》虽然没有进行明确规定限制无记名股票的发行比例,但从公司正常运营的角度出发,公司可以从自身情况出发,在公司章程中对无记名股票的发行数量进行限制。

发起人、法人作为公司股票的发行对象,一般都拥有数量较大的股份,是为了便于对公司股份构成情况的了解,方便公司的运营,同时也有利于对公司的监管。本条要求公司向发起人、法人发行的股票,应当为记名股票,并要求股票上必须记载该发起人、法人的名称或者姓名,不得另立户名。

对于向社会公众发行的股票,按照本条的规定,既可以为记名股票,也可以为无记名股票,法律并没有进行限制。

值得注意的是,本条规定针对的是股票发行,即要求在股票发行时,向发起人、法人发行的股票必须是记名股票,并不是限制发起人、法人只能持有记名股票。股票发行以后,发起人、法人在流通市场上通过转让或者其他方式获得无记名股票的,本法并没有禁止。

2021年《公司法(修订草案)》第159条规定:"公司的股份采取股票的形式。股票是公司签发的证明股东所持股份的凭证。公司发行的股票,应当为记名股票。"即《公司法(修订草案)》中禁止公司发行无记名股票。

▶ 适用指引

一、公司发行记名股票的要求

记名股票,是指在股东名册上登记有持股人的姓名、名称和地址,并在股票上也注明持有人姓名、名称的股票。公司向发起人、法人发行的股票,应当为记名股票,并应当记载该发起人或者法人的姓名、名称,不得另立户名或者以代表人的姓名记名。法律之所以作这样的规定,其目的是加重发起人和法人的责任。记名股票一律用股东本名,不得另立户名或者以代表人姓名记名。

二、公司发行无记名股票的要求

无记名股票,是指在股票上不记载承购人的姓名,可以任意转让的股票。公司对社会公众发行的股票,可以为记名股票,也可以为无记名股票。依法持有无记名股票的任何人都是公司的股东,都可以凭其所持的股票向公司主张权利。

▶ 类案检索

国创公司与长峰公司股东资格确认纠纷案

关键词: 股票　记名股票

裁判摘要: 记名股票的转让固然只需要背书或者符合法律规定的其他方式进行转让便发生股权变更。但是,通过转让获得的股权必须以该股权真实存在为前提,如果股票不能在股东名册等备案文件中找到对应信息,则该股票可能由于不真实存在而转让无效。

【案　　号】(2008)海民初字第24891号
【审理法院】北京市海淀区人民法院

> 第一百三十条 公司发行记名股票的,应当置备股东名册,记载下列事项:
> (一)股东的姓名或者名称及住所;
> (二)各股东所持股份数;
> (三)各股东所持股票的编号;
> (四)各股东取得股份的日期。
> 发行无记名股票的,公司应当记载其股票数量、编号及发行日期。

▶ 条文释义

一、本条主旨

本条是关于股份有限公司股东名册的规定。

二、条文演变

1993年《公司法》第134条规定:公司发行记名股票的,应当置备股东名册,记载下列事项:(1)股东的姓名或者名称及住所;(2)各股东所持股份数;(3)各股东所持股票的编号;(4)各股东取得其股份的日期。发行无记名股票的,公司应当记载其股票数量、编号及发行日期。《公司法》在1999年、2004年《公司法》修正时,该条未作变更。2005年《公司法》修订时,将本条的序号调整为第131条,将第1款第4项"各股东取得其股份的日期"修改为"各股东取得股份的日期"。2013年《公司法》修正时,将本条的序号调整为第130条。2018年《公司法》修正时,本条未作调整。

三、条文解读

本条所称股东名册,是指股份有限公司置备的记载股东姓名或者名称以及持股种类和数量等情况的簿册。公司置备股东名册的意义在于:(1)可以使股份有限公司根据股东名册的记载,了解本公司股东的情况以及股权分布情况，方便公司的运营。（2）股东名册是确认记名股票股东身份的根据，也是记名股票股东向公司主张行使股东权利的依据。记名股票的股东按照其股票的记载享有股东权利，但是这种权利的行使是以记名股票的记载与股东名册的记载相一致为前提的，在两者不一致的情况下，以股东名册的记载为依据。例如，记名股票的股东依法对其股份进行了转让，但没有及时办理股东名册的变更，这时该股票的合法受让人就不能以股东的身份向公司主张行使股东权利。（3）股东名册是公司向记名股票股东履行各项义务的依据。公司可以根据股东名册的记载向股东办理派息分红和各项通知事宜，如通知召开股东大会等。

无记名股票不需要在公司股东名册上登记持有人的姓名和住址，谁持有此种股票谁就是该公司的股东，就可以凭所持有的股票对公司主张权利。因此，对于公司发行的无记名股票，本条要求股份有限公司对其有关情况如无记名股票的数量、股票编号以及发行日期予以记载，以便于公司、股东及其他有关人员对公司的股份构成情况能够有一个比较全面的了解。

▶ 适用指引

一、记名股票应当记载的事项

公司发行记名股票，需要在股东名册上载明下列事项：股东的姓名或者名称及住所；各股东所持股份数；各股东所持股票的编号；各股东取得股份的日期。记名股票转让过户时，必须到公司更改持有人的姓名，并将受让人的姓名等事项记载于股东名册上。因此，发行记名股票的公司应当置备股东名册，以便于公司股票发行、转让时立户、建户手续，也便于公司了解和掌握公司股东人数、股票流向变化等情况。

二、无记名股票应当记载的事项

无记名股票不需要在公司股东名册上登记持有人的姓名和住址，谁持有此种股票谁就是该公司的股东，就可以凭所持有的股票对公司主张权利。因此，发行无记名股票的公司不需要置备股东名册，只需要记载其股票数量、编号及发行日期，便于公司了解和掌握公司股票的发行情况。

无记名股票，其股票上不记载股东的姓名或者名称，股份有限公司内部也没有关于无记名股票股东有关情况的记载。实践中，无记名股票所代表的股东权利的行使，以持有该无记名股票为要件，即谁持有该股票，谁就是公司股东，就可以向公司主张行使股东权利。正是基于无记名股票的这一特点，本条规定无记名股票的转让，由股东将该股票交付给受让人后即发生转让的效力。

对于本条规定的理解，应注意以下两点：（1）无记名股票的交付，必须以交易双方存在转让合意为要件。无记名股票的转让，具有两层含义，既是股东权利的转让，也是该股票所有权的转让。因此，应当符合民法关于所有权转移的一般规定。无记名股票的所有人非以转让为目的，将股票交于其他人的，不属于无记名股票的交付，在双方之间不能产生股票转让的法律后果。（2）关于交付，可以分为现实交付和拟制交付两种类型。现实交付，即转让人将标的物置于受让人实际控制之下的交付方式，是实际占有的转移，如无记名股票的转让人直接将该股票交到受让人手中；拟制交付，是指不转移对标的物实际占有，而由交易双方通过合意或者其他方式达到转让的效果。例如，无记名股票转让人没有自己保管该股票，而是交由第三人保管，在转让该股票时，转让人、受让人、保管人可以合同的方式确认该股票所有权转移受让人、而仍由保管人保管，这样，虽然受让人没有占有该股票，但实际上已经取得对该股票的控制权，此时，应认为该股票已经交付。

按照本条规定，无记名股票交付后即发生转让的效力，受让人成为公司股东，享有股东权利。

第一百三十一条 国务院可以对公司发行本法规定以外的其他种类的股份，另行作出规定。

▶ **关联规定**

部门规章及规范性文件

1.《上市公司股东大会规则》

第三十三条 除累积投票制外，股东大会对所有提案应当逐项表决。对同一事项有不同提案的，应当按提案提出的时间顺序进行表决。除因不可抗力等特殊原因导致股东大会中止或不能作出决议外，股东大会不得对提案进行搁置或不予表决。

股东大会就发行优先股进行审议，应当就下列事项逐项进行表决：

（一）本次发行优先股的种类和数量；

（二）发行方式、发行对象及向原股东配售的安排；

（三）票面金额、发行价格或定价区间及其确定原则；

（四）优先股股东参与分配利润的方式，包括：股息率及其确定原则、股息发放的条件、股息支付方式、股息是否累积、是否可以参与剩余利润分配等；

（五）回购条款，包括回购的条件、期间、价格及其确定原则、回购选择权的行使主体等（如有）；

（六）募集资金用途；

（七）公司与相应发行对象签订的附条件生效的股份认购合同；

（八）决议的有效期；

（九）公司章程关于优先股股东和普通股股东利润分配政策相关条款的修订方案；

（十）对董事会办理本次发行具体事宜的授权；

（十一）其他事项。

2.《优先股试点管理办法》

第一条 为规范优先股发行和交易行为，保护投资者合法权益，根据《公司法》《证券法》《国务院关于开展优先股试点的指导意见》及相关法律法规，制定本办法。

第二条 本办法所称优先股是指依照《公司法》，在一般规定的普通种类股份之外，另行规定的其他种类股份，其股份持有人优先于普通股股东分配公司利润和剩余财产，但参与公司决策管理等权利受到限制。

第三条 上市公司可以发行优先股，非上市公众公司可以非公开发行优先股。

▶ 条文释义

一、本条主旨

本条是关于授权国务院另行规定特殊种类股份的规定。

二、条文演变

1993年《公司法》第135条规定："国务院可以对公司发行本法规定的股票以外的其他种类的股票，另行作出规定。"《公司法》在1999年、2004年修正时该条未作变更。2005年《公司法》修正时，将本条序号调整为第132条，内容修改为"国务院可以对公司发行本法规定以外的其他种类的股份，另行作出规定"。2013年《公司法》修正时，将本条的序号调整为第131条。2018年《公司法》修正时，本条未作调整。

三、条文解读

按照股份所表示的股东权的内容不同，股票可以区分为普通股和类别股（特别股）两种。

普通股，是指公司发行的没有特别权利和特别限制的股份。普通股的股东所拥有的股东权利是没有差别待遇的，在股息或者红利分配、剩余财产分配以及表决权行使等方面，没有任何优先权或者限制。普通股股东的权利和义务一般由法律进行规定。普通股是股份有限公司发行的股份的常态，大多数股份都是普通股。

类别股（特别股），是指公司发行的设有特别权利、特别限制的股份。特别股股东权利的内容一般在公司章程中予以确定，通常指其股东在公司盈余分配、公司剩余财产分配以及表决权行使等方面不同于普通股的股东。在公司某些事项上享有特别权利即优先权的特别股，称为优先股。按照优先权所针对事项的不同，又可以分为表决权优先股、公司盈余分配优先股以及公司剩余财产分配优先股等。在公司某些事项上受到特别限制的特别股，一般称为劣后股，其中又包括盈余分配劣后股和剩余财产分配劣后股等。当然，这种区分只是理论上的，实践中的特别股往往兼有多种性质。例如，在公司盈余分配上享有优先权的特别股，在公司表决权的行使上往往就处于劣后于普通股的地位。

公司发行特别股，是一种市场化的选择，有利于股份有限公司采取更加灵活多样化的方式筹集公司资本，也利于满足具有不同偏好的投资者多样化的投资需求。《公司法》不禁止股份有限公司发行特别股，但同时又在本条规定，国务院可以对公司发行本法规定以外的其他种类的股份，另行作出规定。实际上是将规范公司发行特别股的权利授予了国务院。

2021年《公司法（修订草案）》第157条规定："公司可以按照公司章程的规定发行下列与普通股权利不同的类别股：（一）优先或者劣后分配利润或者剩余财产的股份；（二）每一股的表决权数多于或者少于普通股的股份；（三）转让须经公司同意等转让受限的股份；（四）国务院规定的其他类别股。公开发行股份的公司不得发行前款第二项、第三项规定的类别股；公开发行前已发行的除外。"

▶ 适用指引

《公司法》规定了记名股票和无记名股票的发行问题。按照不同的划分标准，股票可以分为不同的类型，如普通股股票和优先股股票、有表决权股票和无表决权股票等，这些类型的股票如何发行，《公司法》未作规定。在改革开放的过程中，根据某种特殊需要，我国也曾发行过一些特殊种类的股票。今后随着改革开放的发展，还可能产生一些特殊种类的股份。目前，对这些特殊类型的股份《公司法》没有预先作出具体的规定。因此，为了保持我国法律政策的稳定性和连续性，本条作出了授权性规定。

> 第一百三十二条　股份有限公司成立后，即向股东正式交付股票。公司成立前不得向股东交付股票。

条文释义

一、本条主旨

本条是关于股票交付的规定。

二、条文演变

1993年《公司法》第136条规定：股份有限公司登记成立后，即向股东正式交付股票。公司登记成立前不得向股东交付股票。《公司法》在1999年、2004年修正时该条未作变更。2005年《公司法》修订时将本条序号调整为第133条。2013年《公司法》修正时，将本条的序号调整为第132条。2018年《公司法》修正时，本条未作调整。

三、条文解读

股份有限公司的股票是一种代表股东权利的有价证券，具有流通性，可以自由转让。因此，股票应当具有确定性，即股票所代表的权利应当是确定的、无瑕疵的，这样才能保证交易的安全，维护正常的交易秩序，保护交易双方的合法权益。因此，本条规定，股份有限公司只有在公司成立以后，才能向股东正式交付股票，公司成立前不得向股东交付股票。因为，如果允许公司在成立前就向股东交付股票，同时该股票在市场上进行了流通，一旦设立中的公司因为种种原因最后没有成立，该股票所代表的股东权利不存在，所有围绕该股票已经发生的交易都会受到影响，这种情况的发生将会严重影响市场的交易秩序。

在公司成立以后，应当立即向股东交付股票，不得迟延。特别是公司发行无记名股票的，由于该股票是股东行使其权利的唯一依据，如果公司迟延交付股票，将可能损害股东的权利。因此，本条规定，股份有限公司成立后，应即向股东正式交付股票。

▶ 适用指引

股份有限公司成立后，应当马上向股东正式交付股票。公司成立前不得向股东交付股票。股票的交付时间是公司成立后。公司成立之时应当是公司营业执照签发之日。确定公司向股东正式交付股票的日期，其主要理由和目的：一是公司的股票是基于公司的成立而产生的，也就是说，没有公司的存在，也就没有公司股票的存在，在公司与股票的关系上可以这样说，公司先于股票的存在而存在，所以公司只有在成立后才可以向股东交付股票。二是保证公司成立以后的稳定。公司成立前就允许交付股票，就容易产生股票的交易情况发生，会助长股票的投机行为；同时，公司一旦没有成立就有可能给社会造成不利的影响，使得社会公众遭受更大的损失。比如，原来股票发行溢价发行为 7 元，如果允许成立前发行，就有可能使得股票由原来的 7 元变为 8 元、9 元甚至更高。这样，一旦公司没有成立，就使新的认购人比原来的认购人有比较大的损失；另外，这样也不利于国家对股票的管理，造成宏观上的失控。

> 第一百三十三条　公司发行新股，股东大会应当对下列事项作出决议：
> （一）新股种类及数额；
> （二）新股发行价格；
> （三）新股发行的起止日期；
> （四）向原有股东发行新股的种类及数额。

关联规定

法律、行政法规、司法解释

1.《中华人民共和国证券法》

第十三条　公司公开发行新股，应当报送募股申请和下列文件：

（一）公司营业执照；

（二）公司章程；

（三）股东大会决议；

（四）招股说明书或者其他公开发行募集文件；

（五）财务会计报告；

（六）代收股款银行的名称及地址。

依照本法规定聘请保荐人的，还应当报送保荐人出具的发行保荐书。依照本法规定实行承销的，还应当报送承销机构名称及有关的协议。

第十四条　公司对公开发行股票所募集资金，必须按照招股说明书或者其他公开发行募集文件所列资金用途使用；改变资金用途，必须经股东大会作出决议。擅自改变用途，未作纠正的，或者未经股东大会认可的，不得公开发行新股。

2.《股票发行与交易管理暂行条例》

第七条　股票发行人必须是具有股票发行资格的股份有限公司。

前款所称股份有限公司，包括已经成立的股份有限公司和经批准拟成立的股份有限公司。

第八条 设立股份有限公司申请公开发行股票，应当符合下列条件：

（一）其生产经营符合国家产业政策；

（二）其发行的普通股限于一种，同股同权；

（三）发起人认购的股本数额不少于公司拟发行的股本总额的百分之三十五；

（四）在公司拟发行的股本总额中，发起人认购的部分不少于人民币三千万元，但是国家另有规定的除外；

（五）向社会公众发行的部分不少于公司拟发行的股本总额的百分之二十五，其中公司职工认购的股本数额不得超过拟向社会公众发行的股本总额的百分之十；公司拟发行的股本总额超过人民币四亿元的，证监会按照规定可以酌情降低向社会公众发行的部分的比例，但是最低不少于公司拟发行的股本总额的百分之十；

（六）发起人在近三年内没有重大违法行为；

（七）证券委规定的其他条件。

▶ 条文释义

一、本条主旨

本条是关于公司发行新股的规定。

二、条文演变

1993年《公司法》第138条规定："公司发行新股，股东大会应当对下列事项作出决议：（一）新股种类及数额；（二）新股发行价格；（三）新股发行的起止日期；（四）向原有股东发行新股的种类及数额。"《公司法》在1999年、2004年修正时该条未作变更。2005年《公司法》修订时将本条序号调整为第134条。2013年《公司法》修正时，将本条的序号调整为第133条。2018年《公司法》修正时，本条未作调整。

三、条文解读

新股发行，是指在公司成立以后再次发行股份的行为。公司在成立以后，是否需要发行新股，什么时候发行新股，发行新股的数量是多少，应由公司根据自身的经营情况和资金需求情况以及市场状况等确定。股份的发行包括向社会公开募集而发行和向特定对象募集的不公开发行两种方式，对于向特定对象私募进行的新股发行，《公司法》只要求公司发行新股应当由股东大会决议；但是，向社会公开募集发行新股，应当符合《证券法》的有关规定。

根据本条规定，公司发行新股，由股东大会对有关事项作出决议。公司是否发行新股属于公司是否增加注册资本的事项，应当由股东大会作出决议。需要股东大会作出决议的新股发行事项包括：（1）新股的种类及数额，即本次发行的新股是什么类型的股份，是普通股还是特别股，如果是特别股，属于什么类型的特别股。此次新股发行的数额是多少。（2）新股的发行价格。此次新股发行，是平价发行还是溢价发行，具体的发行价格是多少。（3）新股发行的起止日期，对于采用公开募集的方式发行新股的，按照《证券法》的有关规定，如果发行期限届满，向投资者出售的股票数量未达到拟公开发行股票数量的70%的，为发行失败。因此，股东大会必须对新股发行的期限作出明确规定。（4）向原有股东发行新股的种类及数额。本法对于有限责任公司，规定了股东在公司新增资本时享有按照出资比例优先认缴的权利；对于股份有限公司，由于其股东数量较多，特别是存在无记名股票股东，笼统规定股东享有优先认购的权利，实践中不好操作，因此本法未规定这一权利。但是，实践中确实存在股份有限公司向原有股东发行新股增加公司资本的情况，因此本条要求股份有限公司向原有股东发行新股的，应当由股东大会对向原有股东发行新股的种类及数额作出决议。

需要特别注意的是，2021年《公司法（修订草案）》采纳了授权资本制。授权资本制，是指在设立公司时，必须在公司章程中确定资本总额，股东只认足一定比例的资本或章程中所规定的最低限额，公司就可以成立；未认足的资本，授权董事会根据公司营业需要和市场情况随时发行新股。在授权资本制的情况下，需要在公司章程中对公司所发行的"授权股份"进行界定，公司章程必须规定"授权公司发行股份的数额"以及授权公司发行的"股份的种类和每种股份的数额"。此外，如果公司被授予发行一种以上的股份，应当在每种股份发行之前在公司章程中对该种股份上的优先权、限制和相关权利作出规定。除非章程有特别规定，公司发行股份的时间、价格和类别均由董事会自由裁量决定，不必经过股东会批准。在授权资本的限额之内增资发行新股，也不必经由股东会决议。2021年《公司法（修订草案）》第97条规定："公司章程或者股东会可以授权董事会决定发行公司股份总数中设立时应发行股份数之外的部分，并可以对授权发行股份的期限和比例作出限制。"第164条规定："公司章程或者股东会授权董事会决定发行新股的，董事会决议应当经全体董事三分之二以上通过。发行新股所代表的表决权数超过公司已发行股份代表的表决权总数百分之二十的，应当经股东会决议。"

▶ 适用指引

一、公司发行新股需要决议的事项

发行新股，是指股份有限公司成立后再向社会募集股份的法律行为。股份有限公司发行新股是股份有限公司向社会募集股份，完成或者增加公司注册资本的行为。公司发行新股关系到公司股东的权益，公司是否发行新股，需要由公司章程规定的股东大会来确定。需要决议的事项包括：一是新股的种类及数额。二是新股发行价格。应当确定一个能为发行新股的公司和广大投资者共同接受的发行价格，以避免发行价格过高或过低。三是新股发行的起止日期。期限过短，投资者往往来不及进行选择，公司也难以募足股份；期限过长，先期缴纳出资的投资者将损失部分资本得利，发行新股的公司所付出的筹资成本也将增大。四是向原有股东发行新股的种类及数额。

二、发行新股应当由股东大会作出决议

公司发行新股应当由股东大会作出决议。对于公司发行新股需要由股东大会作出的决议类型，本条没有作出特别的规定，应理解为由公司的股东大会作出普通决议，也就是说，公司发行新股必须有半数以上持公司表决权的股东的同意方可进行。否则，其决议无效，公司不能发行新股。

第一百三十四条　公司经国务院证券监督管理机构核准公开发行新股时，必须公告新股招股说明书和财务会计报告，并制作认股书。

本法第八十七条、第八十八条的规定适用于公司公开发行新股。

▶ 关联规定

法律、行政法规、司法解释

1.《中华人民共和国公司法》

第八十七条　发起人向社会公开募集股份，应当由依法设立的证券公司承销，签订承销协议。

第八十八条　发起人向社会公开募集股份，应当同银行签订代收股款协议。

代收股款的银行应当按照协议代收和保存股款，向缴纳股款的认股人出具收款单据，并负有向有关部门出具收款证明的义务。

2.《中华人民共和国证券法》

第九条　公开发行证券，必须符合法律、行政法规规定的条件，并依法报经国务院证券监督管理机构或者国务院授权的部门注册。未经依法注册，任何单位和个人不得公开发行证券。证券发行注册制的具体范围、实施步骤，由国务院规定。

有下列情形之一的，为公开发行：

（一）向不特定对象发行证券；

（二）向特定对象发行证券累计超过二百人，但依法实施员工持股计划的员工人数不计算在内；

（三）法律、行政法规规定的其他发行行为。

非公开发行证券，不得采用广告、公开劝诱和变相公开方式。

第十条　发行人申请公开发行股票、可转换为股票的公司债券，依法采取承销方式的，或者公开发行法律、行政法规规定实行保荐制度的其他证券的，应当聘请证券公司担任保荐人。

保荐人应当遵守业务规则和行业规范，诚实守信，勤勉尽责，对发行人的申请文件和信息披露资料进行审慎核查，督导发行人规范运作。

保荐人的管理办法由国务院证券监督管理机构规定。

第十一条 设立股份有限公司公开发行股票，应当符合《中华人民共和国公司法》规定的条件和经国务院批准的国务院证券监督管理机构规定的其他条件，向国务院证券监督管理机构报送募股申请和下列文件：

（一）公司章程；

（二）发起人协议；

（三）发起人姓名或者名称，发起人认购的股份数、出资种类及验资证明；

（四）招股说明书；

（五）代收股款银行的名称及地址；

（六）承销机构名称及有关的协议。

依照本法规定聘请保荐人的，还应当报送保荐人出具的发行保荐书。

法律、行政法规规定设立公司必须报经批准的，还应当提交相应的批准文件。

第十二条 公司首次公开发行新股，应当符合下列条件：

（一）具备健全且运行良好的组织机构；

（二）具有持续经营能力；

（三）最近三年财务会计报告被出具无保留意见审计报告；

（四）发行人及其控股股东、实际控制人最近三年不存在贪污、贿赂、侵占财产、挪用财产或者破坏社会主义市场经济秩序的刑事犯罪；

（五）经国务院批准的国务院证券监督管理机构规定的其他条件。

上市公司发行新股，应当符合经国务院批准的国务院证券监督管理机构规定的条件，具体管理办法由国务院证券监督管理机构规定。

公开发行存托凭证的，应当符合首次公开发行新股的条件以及国务院证券监督管理机构规定的其他条件。

第十三条 公司公开发行新股，应当报送募股申请和下列文件：

（一）公司营业执照；

（二）公司章程；

（三）股东大会决议；

（四）招股说明书或者其他公开发行募集文件；
（五）财务会计报告；
（六）代收股款银行的名称及地址。

依照本法规定聘请保荐人的，还应当报送保荐人出具的发行保荐书。依照本法规定实行承销的，还应当报送承销机构名称及有关的协议。

3.《股票发行与交易管理暂行条例》

第五条 国务院证券委员会（以下简称"证券委"）是全国证券市场的主管机构，依照法律、法规的规定对全国证券市场进行统一管理。中国证券监督管理委员会（以下简称"证监会"）是证券委的监督管理执行机构，依照法律、法规的规定对证券发行与交易的具体活动进行管理和监督。

第八条 设立股份有限公司申请公开发行股票，应当符合下列条件：

（一）其生产经营符合国家产业政策；

（二）其发行的普通股限于一种，同股同权；

（三）发起人认购的股本数额不少于公司拟发行的股本总额的百分之三十五；

（四）在公司拟发行的股本总额中，发起人认购的部分不少于人民币三千万元，但是国家另有规定的除外；

（五）向社会公众发行的部分不少于公司拟发行的股本总额的百分之二十五，其中公司职工认购的股本数额不得超过拟向社会公众发行的股本总额的百分之十；公司拟发行的股本总额超过人民币四亿元的，证监会按照规定可以酌情降低向社会公众发行的部分的比例，但是最低不少于公司拟发行的股本总额的百分之十；

（六）发起人在近三年内没有重大违法行为；

（七）证券委规定的其他条件。

第二十条 公开发行的股票应当由证券经营机构承销。承销包括包销和代销两种方式。

发行人应当与证券经营机构签署承销协议。承销协议应当载明下列事项：

（一）当事人的名称、住所及法定代表人的姓名；

（二）承销方式；

（三）承销股票的种类、数量、金额及发行价格；

（四）承销期及起止日期；

（五）承销付款的日期及方式；

（六）承销费用的计算、支付方式和日期；

（七）违约责任；

（八）其他需要约定的事项。

证券经营机构收取承销费用的原则，由证监会确定。

第二十一条 证券经营机构承销股票，应当对招股说明书和其他有关宣传材料的真实性、准确性、完整性进行核查；发现含有虚假、严重误导性陈述或者重大遗漏的，不得发出要约邀请或者要约；已经发出的，应当立即停止销售活动，并采取相应的补救措施。

条文释义

一、本条主旨

本条是关于公司公开发行新股应当遵守程序的规定。

二、条文演变

1993年《公司法》第139条规定："股东大会作出发行新股的决议后，董事会必须向国务院授权的部门或者省级人民政府申请批准。属于向社会公开募集的，须经国务院证券管理部门批准。"第140条规定："公司经批准向社会公开发行新股时，必须公告新股招股说明书和财务会计报表及附属明细表，并制作认股书。公司向社会公开发行新股，应当由依法设立的证券经营机构承销，签订承销协议。"《公司法》在1999年、2004年修正时上述两条未作修改。2005年《公司法》修订时将上述两条合并为第135条，内容修改为："公司经国务院证券监督管理机构核准公开发行新股时，必须公告新股招股说明书和财务会计报告，并制作认股书。本法第八十八条、第八十九条的规定适用于公司公开发行新股。"2013年《公司法》修正时，将本条的序号调整为第134条，本条涉及的原第88条和第89条的序号调整为第87条和第88条，因此本条相应地也作了调整。2018年《公司法》修正时，本条未作调整。

三、条文解读

新股发行，包括向社会不特定对象公募发行和向特定对象私募发行两种方式。公开发行的判断标准，按照《证券法》的规定包括：向不特定对象发行证券；累计向超过200人的特定对象发行证券；法律、行政法规规定的其他发行行为。《公司法》对于股份有限公司是否发行新股，没有规定限制性条件；但是，以向社会公开募集的方式发行新股的，由于涉及公众投资者利益的保护问题，应当符合《证券法》的有关规定。因此，本条规定公司公开发行新股的，应当经国务院证券监督管理机构核准。

按照证券法的有关规定，股份有限公司向社会公开发行新股，必须符合以下条件：（1）具备健全而运行良好的组织机构；（2）具有持续赢利能力、财务状况良好；（3）最近3年内财务会计文件无虚假记载，无其他重大违法行为；（4）经国务院批准的国务院证券监督管理机构规定的其他条件。股份有限公司准备以向社会公开发行的方式发行新股时，应当符合上述条件，并向国务院证券监督管理机构报送募股申请和有关文件；经国务院证券监督管理机构核准后，方可进行新股发行。

股份有限公司以向社会公开发行的方式发行新股时，为了便于广大投资者特别是公众投资者对新股发行的有关情况以及公司情况的了解，使其能够慎重地作出投资决策，公司应当将有关信息进行披露。因此，本条规定，股份有限公司经核准向社会公开发行新股时，必须公告新股招股说明书，说明新股的发行数量、每股的票面金额和发行价格、无记名股票的发行数量、募集资金用途、认股人的权利义务以及新股的发行期限等情况；公司还要公告财务会计报告，以便于投资者更好地了解公司情况。此外，公司还要制作认股书，供认股人填写。

按照本条第2款的规定，股份有限公司公开发行新股，应当按照本法第88条的规定，由依法设立的证券经营机构承销，签订承销协议。同时，还要按照本法第89条的规定，同银行签订代收股款协议，代收股款的银行应当按照协议代收和保存新股发行所募集的股款，向缴纳股款的认股人出具收款单据，并向有关部门出具收款证明。

▶ 适用指引

一、公司发行新股需经国务院证券监督管理机构核准

中国证券监督管理委员会负责证券的发行、交易的监督管理等事项。目前，该委员会已经制定了有关公司新股发行的具体管理办法，并就新股发行的发行程序与核准事项作出了具体规定。公司发行新股时应当经国务院证券监督管理机构核准。

二、股份有限公司发行新股时应当制作和公告法律文件

股份有限公司发行新股时应当制作和公告的法律文件包括：一是必须公告新股招股说明书。新股招股说明书，是指对公司发行新股的有关事项予以说明的文书。新股招股说明书所包括的内容应当同公司成立时的招股说明书的内容。按照法律规定，招股说明书应当附有公司章程，并载明下列内容：发起人认购的股份数；每股的票面金额和发行价格；无记名股票的发行总数；认股人的权利和义务；本次募股的起止期限及逾期未募足时认股人可撤回所认股份的说明。二是必须公告公司的财务会计报告。公司的财务会计报告包括公司的财务会计报表以及附属的明细表。前者包括公司的资产负债表、损益表、财务状况变动表、财务情况说明书、利润分配表；后者包括对公司的财务会计报表作进一步说明的有关表册，如资产负债表的附属明细表包括存货表、固定资产及累计折旧表、在建工程表、无形资产及递延资产表等。损益表的附属明细表包括主营业收支明细表、营业外收支明细表等。三是制作认股书。认股书是由公司的董事会制作的用以作为认股人认股的书面性文件。

三、公司应当与证券经营机构签订承销协议

发行股票是一项很复杂的工作，其技术性强、数量大且时间又相对集中，证券经营机构是从事这方面的专业机构，熟悉这方面的工作，由其进行有利于对股票发行的管理。公司发行新股应当和证券经营机构签订承销协议。该协议应当包括：当事人的名称、住所、法定代表人的姓名；承销人的权利与义务；委托承销人的权利与义务；股票的种类；数量；金额及发行价格；享受权利与承担义务的起止期限等。

四、公司应当与银行签订代购股款协议

代收股款的银行应当按照协议代收和保存股款,向缴纳股款的认股人出具收款单据,并负有向有关部门出具收款证明的义务。

> **第一百三十五条** 公司发行新股，可以根据公司经营情况和财务状况，确定其作价方案。

▶ 关联规定

部门规章及规范性文件

《证券发行与承销管理办法》

第四条 首次公开发行股票，可以通过向网下投资者询价的方式确定股票发行价格，也可以通过发行人与主承销商自主协商直接定价等其他合法可行的方式确定发行价格。公开发行股票数量在2000万股（含）以下且无老股转让计划的，可以通过直接定价的方式确定发行价格。发行人和主承销商应当在招股意向书（或招股说明书，下同）和发行公告中披露本次发行股票的定价方式。上市公司发行证券的定价，应当符合中国证监会关于上市公司证券发行的有关规定。

第五条 首次公开发行股票，网下投资者须具备丰富的投资经验和良好的定价能力，应当接受中国证券业协会的自律管理，遵守中国证券业协会的自律规则。

网下投资者参与报价时，应当持有一定金额的非限售股份或存托凭证。发行人和主承销商可以根据自律规则，设置网下投资者的具体条件，并在发行公告中预先披露。主承销商应当对网下投资者是否符合预先披露的条件进行核查，对不符合条件的投资者，应当拒绝或剔除其报价。

第六条 首次公开发行股票采用询价方式定价的，符合条件的网下机构和个人投资者可以自主决定是否报价，主承销商无正当理由不得拒绝。网下投资者应当遵循独立、客观、诚信的原则合理报价，不得协商报价或者故意压低、抬高价格。

网下投资者报价应当包含每股价格和该价格对应的拟申购股数，且只能有一个报价。非个人投资者应当以机构为单位进行报价。首次公开发行股票价格

（或发行价格区间）确定后，提供有效报价的投资者方可参与申购。

第七条 首次公开发行股票采用询价方式的，网下投资者报价后，发行人和主承销商应当剔除拟申购总量中报价最高的部分，剔除部分不得低于所有网下投资者拟申购总量的10%，然后根据剩余报价及拟申购数量协商确定发行价格。剔除部分不得参与网下申购。

公开发行股票数量在4亿股（含）以下的，有效报价投资者的数量不少于10家；公开发行股票数量在4亿股以上的，有效报价投资者的数量不少于20家。剔除最高报价部分后有效报价投资者数量不足的，应当中止发行。

第八条 首次公开发行股票时，发行人和主承销商可以自主协商确定参与网下询价投资者的条件、有效报价条件、配售原则和配售方式，并按照事先确定的配售原则在有效申购的网下投资者中选择配售股票的对象。

第九条 首次公开发行股票采用直接定价方式的，全部向网上投资者发行，不进行网下询价和配售。

首次公开发行股票采用询价方式的，公开发行后总股本在4亿股（含）以下的，网下初始发行比例不低于本次公开发行股票数量的60%；公开发行后总股本超过4亿股的，网下初始发行比例不低于本次公开发行股票数量的70%。其中，应当安排不低于本次网下发行股票数量的40%优先向通过公开募集方式设立的证券投资基金（以下简称公募基金）、全国社会保障基金（以下简称社保基金）和基本养老保险基金（以下简称养老金）配售，安排一定比例的股票向根据《企业年金基金管理办法》设立的企业年金基金和符合《保险资金运用管理暂行办法》等相关规定的保险资金（以下简称保险资金）配售。公募基金、社保基金、养老金、企业年金基金和保险资金有效申购不足安排数量的，发行人和主承销商可以向其他符合条件的网下投资者配售剩余部分。

对网下投资者进行分类配售的，同类投资者获得配售的比例应当相同。公募基金、社保基金、养老金、企业年金基金和保险资金的配售比例应当不低于其他投资者。

安排向战略投资者配售股票的，应当扣除向战略投资者配售部分后确定网下网上发行比例。

网下投资者可与发行人和主承销商自主约定网下配售股票的持有期限并公开披露。

▶ 条文释义

一、本条主旨

本条是关于新股作价的规定。

二、条文演变

1993年《公司法》第141条规定:"公司发行新股,可根据公司连续盈利情况和财产增值情况,确定其作价方案。"《公司法》在1999年、2004年修正时本条未作修改。2005年《公司法》修订时将本条序号调整为第136条,内容修改为:"公司发行新股,可以根据公司经营情况和财务状况,确定其作价方案。"将公司发行新股作价基础由原来的"公司连续盈利情况和财产增值情况"修改为"公司经营情况和财务状况",使公司发行新股作价的基础更加全面和充实。2013年《公司法》修正时,将本条的序号调整为第135条。2018年《公司法》修正时,本条未作调整。

三、条文解读

发行新股的作价方案,是指公司对自己将要发行的股票的价格提出一个设想。这个设想须与承销商进行协商后确定。发行新股应当根据公司的经营情况和财务状况来确定其作价方案。公司的经营状况和财务状况比较好,就能提高自己的价格。

股份有限公司发行新股的,应当确定其股票价格。根据我国《公司法》的规定,我国不允许股票折价发行,股票的发行价格应当等于或者高于股票的票面金额。除了这一限制以外,法律对公司新股发行价格未规定限制条件,而是由公司自主决定。按照本条的规定,公司发行新股,可以根据公司的经营情况和财务状况,来确定其作价方案。在实际操作中,公司在确定新股作价方案时,需要考虑的因素很多,如公司的投资计划、公司的赢利状况、公司的发展前景等;通过公开发行的方式发行新股的,同时还要考虑股票市场的状况,如股票一级市场的供求情况以及二级市场的整体股价水平、股票市场的走势、股票的市盈率、同类股票的价格水平以及同期银行利率水平等因素。总而言之,股份有限公司发行新股所确定的作价方案,应当是适当的,要保证新股的发行价格能够为投资者所接受，能够吸引到足够的投资者，筹集到公司所需要的资金。

按照本法有关条款的规定，公司新股的作价方案拟订后，要由公司的股东大会以决议的形式予以确定。

2021年《公司法（修订草案）》中本条并入了第163条，作为第163条第2款予以规定。

第一百三十六条 公司发行新股募足股款后,必须向公司登记机关办理变更登记,并公告。

▶ 关联规定

法律、行政法规、司法解释

《中华人民共和国证券法》

第三十三条 股票发行采用代销方式,代销期限届满,向投资者出售的股票数量未达到拟公开发行股票数量百分之七十的,为发行失败。发行人应当按照发行价并加算银行同期存款利息返还股票认购人。

第三十四条 公开发行股票,代销、包销期限届满,发行人应当在规定的期限内将股票发行情况报国务院证券监督管理机构备案。

▶ 条文释义

一、本条主旨

本条是关于公司发行新股后办理变更登记的规定。

二、条文演变

1993年《公司法》第142条规定:"公司发行新股募足股款后,必须向公司登记机关办理变更登记,并公告。"《公司法》在1999年、2004年修正时本条未作修改。2005年《公司法》修订时将本条序号调整为第137条。2013年《公司法》修正时,将本条的序号调整为第136条。2018年《公司法》修正时,本条未作调整。

三、条文解读

根据我国相关法律规定，设立公司，应当在公司登记机关办理登记，公司的登记事项包括公司名称、住所、法定代表人、注册资本、企业类型、经营范围、营业期限、有限责任公司股东或者股份有限公司发起人的姓名或者名称等事项。同时，还规定公众可以向公司登记机关查询公司登记事项。这是让公众特别是潜在投资人或者交易方了解公司状况，保护交易安全的必要措施。同时，按照有关规定，公司变更登记事项，应当向原公司登记机关申请变更登记。

公司发行新股募足股款后，公司的注册资本以及股份构成、股东姓名或者名称等事项都会发生变化，这些事项属于法定的公司登记事项的，公司应当按照有关规定向原公司登记机关提交依法设立的验资机构出具的验资证明以及有关证明，申请办理变更登记。

股份有限公司的股东人数较多，特别是公开发行股票的公司和上市公司，存在众多的公众投资者。公司的情况，特别是资本变动情况应当为广大股东以及社会公众所了解。因此，本条规定，股份有限公司发行新股募足股款后，除了向公司登记机关办理变更登记外，还要将有关情况进行公告。

2021年《公司法（修订草案）》中本条的相关内容和第88条的相关内容合并为一条，作为第167条。本条内容作为第167的第3款内容，修改为"公司发行股份募足股款后，应予公告"。关于登记的相关内容，2021年《公司法（修订草案）》，新设第二章"公司登记"，专章规定公司登记相关事项。

▶ 适用指引

一、变更登记

公司发行新股，必然要改变公司的注册资本，因此，往往需要经股东大会决议修改公司章程，即向公司的登记机关办理注册资本变更登记。公司未办理变更登记者，登记机关不予承认发行股份后的变更情况。

二、变更公告

公司的资本不仅是公司赖以存续的物质条件,而且是公司债权人的物质保障,同时也是公司经济实力的象征。公司发行新股募足股款后,不仅公司赖以经营的物质条件得到改善,公司债权人的利益担保也更加充实,公司的经济实力也得到进一步的增强。对公司募足股款后的情况向社会公众予以公开,有利于进一步加强社会公众的投资信心,也有利于公司进一步加快发展。

▶ 类案检索

白某某、玉溪红塔区兴旺小额贷款股份有限公司小额借款合同纠纷案

关键词: 增资　变更登记　股东

裁判摘要: "白某某投资1000万元,成为兴旺小贷公司股东"经过了兴旺小贷公司股东大会的讨论并形成决议通过。该投资协议属于双方当事人的真实意思表示,内容不违反相关法律、行政法规的效力和禁止性规定,亦符合兴旺小贷公司公司章程中规定的股东大会有权"对公司增加或减少注册资本作出决议",投资协议合法有效。由于白某某向兴旺小贷公司投资1000万元,相应的《收据》系公司向其出具,这表明白某某系向兴旺小贷公司投资,通过增加兴旺小贷公司注册资本的方式而获取公司股权。该投资协议有效,应当继续履行。

【案　　号】(2015)云高民二终字第293号

【审理法院】云南省高级人民法院

第二节　股份转让

第一百三十七条　股东持有的股份可以依法转让。

▶ 关联规定

法律、行政法规、司法解释

1.《中华人民共和国民法典》

第一百四十三条　具备下列条件的民事法律行为有效：

（一）行为人具有相应的民事行为能力；

（二）意思表示真实；

（三）不违反法律、行政法规的强制性规定，不违背公序良俗。

第一百四十四条　无民事行为能力人实施的民事法律行为无效。

第一百四十六条　行为人与相对人以虚假的意思表示实施的民事法律行为无效。

以虚假的意思表示隐藏的民事法律行为的效力，依照有关法律规定处理。

第一百五十三条　违反法律、行政法规的强制性规定的民事法律行为无效。但是，该强制性规定不导致该民事法律行为无效的除外。

违背公序良俗的民事法律行为无效。

第一百五十四条　行为人与相对人恶意串通，损害他人合法权益的民事法律行为无效。

2.《中华人民共和国证券法》

第三十五条　证券交易当事人依法买卖的证券，必须是依法发行并交付的证券。

非依法发行的证券，不得买卖。

第三十六条第一款　依法发行的证券，《中华人民共和国公司法》和其他法律对其转让期限有限制性规定的，在限定的期限内不得转让。

条文释义

一、本条主旨

本条是关于股份依法转让的基本要求的规定。

二、条文演变

本条自1993年《公司法》制定以来，在历次《公司法》修订和修正中仅发生条文编号的变化，内容均未发生变化。

三、条文解读

所谓股份转让，是指股份有限公司的股份持有人依法自愿将自己所持有的股份转让给他人，使他人取得股份成为股东的法律行为。股份转让在《公司法》中特指股份有限公司的股份转让。《公司法》将有限责任公司股东转让出资的行为称为股权转让。

（一）以自由转让为原则

股份自由转让是股份有限公司的一个特点，也是一项基本原则。在股份转让中，只要股东转让行为符合法定要求，其他人就无权干涉股份持有人转让自己的股份。股份转让，对于股份有限公司的股份持有人来讲，是将自己的出资收回；对于取得股份的人来讲，意味着成为公司的股东。由于股份有限公司是一种资合性的公司，只要公司的"资本"不减，就能维持公司的正常运行，确保公司债权人的合法权益。所以，股份有限公司的股份转让是一种自由的转让。

股份有限公司同有限责任公司相比，从本质上来讲，其最大的不同是有限责任公司是人合性公司，同时兼具资合性的部分性质，而股份有限公司是资合性公司。因此，股份有限公司和有限责任公司最大的不同在于股份有限公司的股份是可以自由转让的。有限责任公司的设立和存在，虽建立在股东的出资之上，但更建立在股东之间的人身关系与信任关系之上。正因如此，《公司法》

规定，有限责任公司的股东向股东以外的人转让其股权，应当经其他股东过半数同意，其他股东对转让的股权享有优先购买权。而股份有限公司的设立和存在，仅依附于股东的出资，股东之间的人身牵绊更弱，流动性更强。对于股份有限公司来说，更重要的是资本的稳定。只要股份有限公司的股份总数没有变化，资本总额没有变化，股份持有人的改变不会影响公司的存在，也不会影响公司债权人的利益。同时，股份有限公司的灵活性更能增强对投资者的吸引力，投资者通过购买股份成为公司的股东，参与公司利益的分配，但同时，当投资者想要退出时，可以通过对股权的自由转让而转移投资风险，这也是股份有限公司能够容纳更多人数的股东的重要原因。

（二）以依法转让为前提

股份以自由转让为原则，即股东在一般情况下可以完全按自己的意愿转让自己所持有的股份。但这并非绝对的自由，为了维护公司、股东和其他利害关系人的利益，防止利用转让活动进行不当行为，对有些股份的转让要有必要的限制。

按照《公司法》有关条款的规定，对股份有限公司股权转让的限制主要包括：（1）发起人持有的本公司股份，自公司成立之日起1年内不得转让。（2）公司公开发行股份在证券交易所上市交易的，公开发行股份前已经发行的股份自上市交易之日起1年内不得转让。（3）公司董事、监事、高级管理人员持有的本公司的股份，在其任职期间每年转让的股份不得超过其所持有本公司股份总数的25%，但公司股票在证券交易所上市交易的，自上市交易之日起1年内不得转让。上述人员离职后半年内，不得转让其所持有的本公司股份。同时授权公司章程可以对公司董事、监事、高级管理人员转让其所持有的本公司股份作出其他限制性规定。（4）除了法定情形外，公司不得收购本公司的股份，不得接受本公司的股票作为质押权的标的。如果其他法律对股份有限公司的股权转让有规定的，也应依照执行。股份有限公司股权的转让，应当以符合法律规定的形式进行。但是，除了法律另有规定外，可以自由转让，公司不得以章程或者股东大会决议予以剥夺或者限制。

在2021年《公司法（修订草案）》中，将"股东"明确为"股份有限公司的股东"，将"转让"明确为"可以向其他股东转让，也可以向股东以外的人转让"。同时增加本条后半段"公司章程规定转让受限的股份，其转让按照公司章程的规定"。

▶ 适用指引

股份转让所受的限制有以下四个方面。

一、应符合《民法典》的相关规定

股份转让作为平等主体之间的法律行为，其本质上是一个合同，应当受《民法典》相关规定的调整，符合《民法典》对于合同的基本要求。

根据《民法典》关于法律行为效力的相关规定，具备下列条件的民事法律行为有效：（1）行为人具有相应的民事行为能力；（2）意思表示真实；（3）不违反法律、行政法规的强制性规定，不违背公序良俗。而当行为人的意思表示出现通谋虚伪、恶意串通并损害他人合法权益情形时，相应的法律行为无效。其他条款也规定了可撤销法律行为的相应情形。

应用到股份转让中，股份转让行为同样应该遵守《民法典》关于法律行为的以上要求。例如，当事人明知所涉股权未经过评估而签订国有股权转让协议的，若评估价格属于明显不合理的低价，可认定为恶意串通，该股权转让协议无效。

二、应符合《公司法》的相关规定

《公司法》第141条、第142条分别对发起人股、公司高管持股及本公司股份的收购及质押作了限制。

（一）时间上的限制

《公司法》规定，发起人持有的本公司股份，自公司成立之日起1年内不得转让。为了保证公司的稳定和运营的连续性，也防止发起人以设立公司为名义非法集资或者炒作股票盈利，或者不适当地转移投资风险，规定发起人股份转让的时间限制，可以在一定程度上保障证券市场的有序和公司的稳定运营。同理，因我国一般实际情况是股票上市交易后，短时间内价格会远高于上市前的价格，从而打新的现象盛行，所以，《公司法》规定公司公开发行股份前已发行的股份，自公司股票在证券交易所上市交易之日起1年内不得转让。这一规定可以避免公司上市后大量抛售原始股赚取差价的现象。此外,《公司法》还规定公司董事、监事、高级管理人员所持本公司股份自公司股票上市交易之日起1年内不得转让。上述人员离职后半年内,不得转让其所持有的本公司股份。

（二）比例上的限制

公司董事、监事、高级管理人员应当向公司申报所持有的本公司的股份及其变动情况,在任职期间每年转让的股份不得超过其所持有本公司股份总数的25%。董事、监事、高管通常掌握着公司大量内幕信息,如果允许其随意转让股票,有可能会导致内幕交易,损害公司和股东利益。《公司法》从时间上和比例上对于公司董事、监事、高管转让股份进行限制,是防止内幕交易的制度建设,从法律层面对于内幕交易进行客观规制。

（三）情形上的限制

公司不得收购本公司股份。但是,有下列情形之一的除外：（1）减少公司注册资本；（2）与持有本公司股份的其他公司合并；（3）将股份用于员工持股计划或者股权激励；（4）股东因对股东大会作出的公司合并、分立决议持异议,要求公司收购其股份；（5）将股份用于转换上市公司发行的可转换为股票的公司债券；（6）上市公司为维护公司价值及股东权益所必需。公司收购自己的股份,将使公司成为自己的股东,混淆公司与股东之间的法律关系,非常容易产生公司的股东或经理等人员利用负责公司运营的权利,通过其所实际掌握的公司拥有的本公司股份影响公司决策,损害公司股东或者其他债权人利益的情况。因此,《公司法》规定除其规定的特殊情形外,公司不得收购本公司的股份。而且即使符合上述情形进行收购后,也要在一定的时间内转让或注销。

可以看出,上述限制是在承认股份可以自由转让的基础上,为避免特殊身份之人或公司本身利用股份转让的自由性而谋取私利,损害他人或公司利益,从而从法律层面上进行的限制。这些限制有利于维护公司的整体稳定和运营平稳,也有利于保障证券市场的公平有序。

三、应符合其他法律、行政法规、部门规章的相关规定

《公司法》第125条第2款规定,公司的股份采取股票的形式。《证券法》

第2条第1款规定，在中华人民共和国境内，股票、公司债券、存托凭证和国务院依法认定的其他证券的发行和交易，适用该法。可见，股份的转让即股票的交易，受《证券法》的调整。本条规定的"依法"，自然也应当遵守《证券法》的相关规定。《证券法》的具体规定不再赘述。

四、公司章程是否可以限制公司股份转让

关于公司章程是否可以限制公司股份转让，理论界和实务界一直都有争议。

目前，对于本条规定的股东持有的股份可以依法转让的较为权威的理解是，除了法律有特别规定外，股份有限公司的股权是可以自由转让的，公司不得以任何方式进行限制。例如，常州百货大楼股份有限公司诉常州市信和信息咨询有限公司等股权转让纠纷案中，法院认为，对于非上市股份有限公司能否在章程中对股份转让作出限制，目前立法无明确规定。在法无明文规定的情形下，应否认可非上市股份有限公司章程对股份转让设限的效力，应综合分析各种相关因素，尽力找出现行立法的本意，并以此作为判断的标准。

但是，我们同时看到，2021年《公司法（修订草案）》中给本条增加了"公司章程规定转让受限的股份，其转让按照公司章程的规定"的内容。从法律层面明确赋予了公司章程限制股份转让的权利，如果该条通过为正式法律文本，将为股份转让明确创设新的限制。同时，公司章程对于股份转让的限制是否属于必须登记公示的内容，以保障股份受让人的知情权，以及违反公司章程进行的股份转让是否有效，是否适用善意取得制度等相关问题都需要进一步细化的规定。

▶ 类案检索

苏州工业园区广程通信技术有限公司与中国北方工业公司股权转合同纠纷案

关键词： 恶意串通　股权转让协议无效

裁判摘要： 国有资产转让不仅应当由国有资产监督管理部门审批，而且应当由国有资产评估资格的评估机构进行评估。当事人明知所涉股权未经过评

估而签订国有股权转让协议的,可以认定当事人明知或应知其行为将造成国家的损失,而故意为之,说明当事人并非善意。如果签订转让协议后评估价格属于明显不合理的低价,且受让方明知价格明显低于市场价格仍与之交易,谋取不当利益的,即可认定为恶意串通。在上述情形下,应认定为该股权转让协议无效。

【案　　号】(2009)民二终字第15号

【审理法院】最高人民法院

第一百三十八条　股东转让其股份，应当在依法设立的证券交易场所进行或者按照国务院规定的其他方式进行。

▶ 关联规定

一、法律、行政法规、司法解释

1.《中华人民共和国公司法》

第一百二十九条　公司发行的股票，可以为记名股票，也可以为无记名股票。

公司向发起人、法人发行的股票，应当为记名股票，并应当记载该发起人、法人的名称或者姓名，不得另立户名或者以代表人姓名记名。

2.《中华人民共和国证券法》

第九条　公开发行证券，必须符合法律、行政法规规定的条件，并依法报经国务院证券监督管理机构或者国务院授权的部门注册。未经依法注册，任何单位和个人不得公开发行证券。证券发行注册制的具体范围、实施步骤，由国务院规定。

有下列情形之一的，为公开发行：

（一）向不特定对象发行证券；

（二）向特定对象发行证券累计超过二百人，但依法实施员工持股计划的员工人数不计算在内；

（三）法律、行政法规规定的其他发行行为。

非公开发行证券，不得采用广告、公开劝诱和变相公开方式。

第三十七条　公开发行的证券，应当在依法设立的证券交易所上市交易或者在国务院批准的其他全国性证券交易场所交易。

非公开发行的证券，可以在证券交易所、国务院批准的其他全国性证券交易场所、按照国务院规定设立的区域性股权市场转让。

第三十八条　证券在证券交易所上市交易，应当采用公开的集中交易方式或者国务院证券监督管理机构批准的其他方式。

二、部门规章及规范性文件

《最高人民法院、最高人民检察院、公安部、中国证券监督管理委员会关于整治非法证券活动有关问题的通知》

三、明确法律政策界限，依法打击非法证券活动

（四）关于非法证券活动性质的认定。非法证券活动是否涉嫌犯罪，由公安机关、司法机关认定。公安机关、司法机关认为需要有关行政主管机关进行性质认定的，行政主管机关应当出具认定意见。对因案情复杂、意见分歧，需要进行协调的，协调小组应当根据办案部门的要求，组织有关单位进行研究解决。

（六）关于非法证券活动受害人的救济途径。根据1998年3月25日《国务院办公厅转发证监会关于清理整顿场外非法股票交易方案的通知》（国办发〔1998〕10号）的规定，最高人民法院于1998年12月4日发布了《关于中止审理、中止执行涉及场外非法股票交易经济纠纷案件的通知》（法〔1998〕145号），目的是为配合国家当时解决STAQ、NET交易系统发生的问题，而非针对目前非法证券活动所产生的纠纷。如果非法证券活动构成犯罪，被害人应当通过公安、司法机关刑事追赃程序追偿；如果非法证券活动仅是一般违法行为而没有构成犯罪，当事人符合民事诉讼法规定的起诉条件的，可以通过民事诉讼程序请求赔偿。

▶ 条文释义

一、本条主旨

本条是关于股份转让场所的规定。

二、条文演变

2005年《公司法》修订时，对本条进行修改，增加了一种转让的方式，即"或者按照国务院规定的方式进行"。之后直到2018年《公司法》修正，该条规定保持不变，仅有条目编号的区别。在2021年《公司法（修订草案）》

中，本条内容亦没有修改。

三、条文释义

（一）在依法设立的证券交易场所进行

证券交易场所包括了证券交易所和证券交易所以外的其他交易场所。关于证券交易场所的设立，《证券法》等法律、行政法规均有所规定。按照现行规定，上市公司股票的转让要在证券交易所进行。目前，我国依法设立的证券交易所有三个，分别是：上海证券交易所、深圳证券交易所、北京证券交易所。按照《证券法》的规定，股票在证券交易所上市交易应采用公开的集中交易方式或者国务院证券监督管理机构批准的其他方式进行交易。

（二）国务院规定的方式

为确保股份依法有序转让，确保股份的自由转让，法律同时规定股份可以依照国务院规定的方式转让，这种方式由国务院根据我国的具体情况作出具体的规定。

▶ 适用指引

股东转让自己所持有的股份必须依法进行，这就对股份的自由转让原则予以一些限制性规定，其中转让股份的场所便是法定要求和限制性规定之一。本条规定，股东转让股份应当在依法设立的证券交易场所进行。这就是说，股票交易场所并不仅限于证券交易所的集中市场，在依法设立的其他证券交易场所也可以交易。这种证券交易场所的设立经过证券管理部门依法批准，在其场所内交易的股票，也必须是按照本法规定发行的股票，而不是任何一种不规则的或者违反法律规定发行的股票都可以在其中进行交易。

转让其股份的股东所在股份有限公司有上市公司与非上市公司之分。只有上市公司发行的股份必须在证券交易所内挂牌交易。从国际通行规则来看，上市公司的股份转让要求到证券交易所进行，非上市公司的股份转让可以到证券交易所以外的场所进行。因此，本法规定，股份的转让，可以按照国务院规定的其他方式进行。

类案检索

一、荆某某与陈某某、湖南大康国际农业食品股份有限公司股权转让纠纷案

关键词： 上市公司　商事股权转让　场所转让效力

裁判摘要：《公司法》第138条对股份有限公司股东转让股份场所或方式的规定，对股份转让关系效力并无影响。违反《公司法》第138条规定不能否定荆某某个人通过合法的民事行为取得股份的权利，也不影响陈某某与荆某某之间《股份转让协议》的效力。陈某某作为大康农业公司的股东转让其持有的大康农业公司股份是对自己权利的正常处分，不违反法律、行政法规的强制性规定。该股份转让关系不会引起陈某某股东身份及大康农业公司股权关系的变化，亦不导致对股份转让市场秩序的负面影响。股东转让股份是否按照《公司法》第138条规定在依法设立的场所进行不影响股份转让合同的效力。

【案　　号】（2018）最高法民终60号

【审理法院】最高人民法院

二、甘某某与陈某某企业出资人权益纠纷案

关键词： 股权转让效力

裁判摘要： 股权转让实质上是股权在转让方与受让方之间的流通，主要受合同法调整，在判断股权转让协议的效力问题上，同时需要兼顾《公司法》的特殊规定。

《公司法》第138条规定："股份有限公司股东转让其股份，应当在依法设立的证券交易场所进行或者按照国务院规定的其他方式进行。"首先，该规定不属于禁止性、效力性规范，并未对发生在证券交易所以外的股权转让行为作出效力性评价，不影响对股权转让合同效力的认定。其次，实践中对未上市股份有限公司股权交易方式尚未有明确、统一的操作规程，《市场主体登记管理条例》中亦未将股份有限公司股权转让作为强制登记的范畴。另外，《公司法规定（三）》第25条第2款规定，实际出资人与名义股东因投资权益的归属发生争议，实际出资人以其实际履行了出资义务为由向名义股东主张权利的，人民法院应予支持。该规定虽然针对的是有限责任公司，但从该条款的法律精

神来理解，是为对实际出资人的出资权益依法给予保护。本案大康公司虽为股份有限公司，但甘某某请求的仅为其作为实际投资人的相关财产权益，故在本案中亦可以参照适用，甘某某出资100万元受让陈黎明的股权，其请求支付该股权财产权益的诉求应被支持。

【案　　号】（2016）湘民终593号

【审理法院】湖南省高级人民法院

> **第一百三十九条** 记名股票，由股东以背书方式或者法律、行政法规规定的其他方式转让；转让后由公司将受让人的姓名或者名称及住所记载于股东名册。
>
> 股东大会召开前二十日内或者公司决定分配股利的基准日前五日内，不得进行前款规定的股东名册的变更登记。但是，法律对上市公司股东名册变更登记另有规定的，从其规定。

▶ 关联规定

一、法律、行政法规、司法解释

《国务院关于股份有限公司境内上市外资股的规定》

第三条 公司发行的境内上市外资股，采取记名股票形式，以人民币标明面值，以外币认购、买卖，在境内证券交易所上市交易。

发行境内上市外资股的公司向境内投资人发行的股份（以下简称内资股），采取记名股票形式。

第二十四条 经国务院证券委员会批准，境内上市外资股或者其派生形式可以在境外流通转让。

前款所称派生形式，是指股票的认股权凭证和境外存股凭证。

二、部门规章及规范性文件

《上市公司收购管理办法》

第十三条 通过证券交易所的证券交易，投资者及其一致行动人拥有权益的股份达到一个上市公司已发行股份的5%时，应当在该事实发生之日起3日内编制权益变动报告书，向中国证监会、证券交易所提交书面报告，通知该上市公司，并予公告；在上述期限内，不得再行买卖该上市公司的股票，但中国证监会规定的情形除外。

前述投资者及其一致行动人拥有权益的股份达到一个上市公司已发行股份

的5%后，通过证券交易所的证券交易，其拥有权益的股份占该上市公司已发行股份的比例每增加或者减少5%，应当依照前款规定进行报告和公告。在该事实发生之日起至公告后3日内，不得再行买卖该上市公司的股票，但中国证监会规定的情形除外。

前述投资者及其一致行动人拥有权益的股份达到一个上市公司已发行股份的5%后，其拥有权益的股份占该上市公司已发行股份的比例每增加或者减少1%，应当在该事实发生的次日通知该上市公司，并予公告。

违反本条第一款、第二款的规定买入在上市公司中拥有权益的股份的，在买入后的36个月内，对该超过规定比例部分的股份不得行使表决权。

第十四条 通过协议转让方式，投资者及其一致行动人在一个上市公司中拥有权益的股份拟达到或者超过一个上市公司已发行股份的5%时，应当在该事实发生之日起3日内编制权益变动报告书，向中国证监会、证券交易所提交书面报告，通知该上市公司，并予公告。

前述投资者及其一致行动人拥有权益的股份达到一个上市公司已发行股份的5%后，其拥有权益的股份占该上市公司已发行股份的比例每增加或者减少达到或者超过5%的，应当依照前款规定履行报告、公告义务。

前两款规定的投资者及其一致行动人在作出报告、公告前，不得再行买卖该上市公司的股票。相关股份转让及过户登记手续按照本办法第四章及证券交易所、证券登记结算机构的规定办理。

第十九条 因上市公司减少股本导致投资者及其一致行动人拥有权益的股份变动出现本办法第十四条规定情形的，投资者及其一致行动人免于履行报告和公告义务。上市公司应当自完成减少股本的变更登记之日起2个工作日内，就因此导致的公司股东拥有权益的股份变动情况作出公告；因公司减少股本可能导致投资者及其一致行动人成为公司第一大股东或者实际控制人的，该投资者及其一致行动人应当自公司董事会公告有关减少公司股本决议之日起3个工作日内，按照本办法第十七条第一款的规定履行报告、公告义务。

第四十五条 收购期限届满后15日内，收购人应当向证券交易所提交关于收购情况的书面报告，并予以公告。

第六十三条第二款 相关投资者应在前款规定的权益变动行为完成后3日内就股份增持情况做出公告，律师应就相关投资者权益变动行为发表符合规定的专项核查意见并由上市公司予以披露。相关投资者按照前款第（五）项规定采用集中竞价方式增持股份的，每累计增持股份比例达到上市公司已发行股份的2%的，在事实发生当日和上市公司发布相关股东增持公司股份进展公告的当日不得再行增持股份。前款第（四）项规定的增持不超过2%的股份锁定期为增持行为完成之日起6个月。

条文释义

一、本条主旨

本条是关于记名股票转让的规定。

二、条文演变

本条在2005年《公司法》修订时，本条进行了修改：一是将第3款中的"三十日"改为"二十日"；二是增加了"但是，法律对上市公司股东名册变更登记另有规定的，从其规定"的内容。自2005年至2018年《公司法》的历次修订或修正，本条内容未再发生改变。

三、条文解读

股票转让的方式因记名股票和无记名股票的区分而有不同的规定。记名股票的持有人因其姓名记载于股票之上，从而使自己成为享有该股份的唯一持有者，不能任意转让给他人，这要求股东在转让股票时必须到公司办理过户手续，为此法律明确规定了转让记名股票的特定方式。依据本条规定，记名股票，由股东以背书方式或者法律、行政法规规定的其他方式转让。

记名股票的转让应采取背书方式。即出让人将转让股票的意见记载于股票的背面，并签名盖章和注明日期。记名股票的受让人还必须按照法律和公司章程的有关规定办理过户手续，即将受让人的姓名或者名称及住所记载于股票之中和公司的股东名册中。违反此项程序的股票转让，对公司没有效力。因为股东名册是确认记名股票股东身份的根据，也是记名股票股东向公司主张行使股东权利的依据。记名股票的股东按照其股票的记载享有股东权利，但是这种权利的行使是以记名股票的记载与股东名册的记载相一致为前提的，在两者不一致的情况下，以股东名册的记载为依据。因此，在记名股票转让后，必须将有关事项记载于股东名册，否则公司有权拒绝受让人以股东的身份向公司主张行使股东权利。

记名股票可以采取法律、行政法规规定的其他方式转让。这主要是针对无纸化记名转让形式而作出的规定。记名股票被盗、遗失或者灭失，股东可以依照《民事诉讼法》规定的公示催告程序，请求人民法院宣告该股票失效。人民法院宣告该股票失效后，股东可以向公司申请补发股票。上市公司的股票，依照有关法律、行政法规及证券交易所交易规则上市交易。

为防止个别股东利用股票转让分散或集中表决权，以达到操纵股东大会的目的，以及为了使股利分配能顺利进行，便于操作，避免发生不必要的纠纷，也需保持股东的稳定性。本条规定，公司在股东大会召开前20日内或者公司决定分配股利的基准日前5日内，不得进行记名股票股东名册的变更登记，即不予办理股票转让过户手续。但是，法律对上市公司股东名册变更登记另有规定的，按照该规定执行。

2021年《公司法（修订草案）》中，不再区分记名股票和不记名股票，而是在草案第170条对"股票的转让"作出了规定，具体规定内容与本条类似，没有大的变化。

▶ 适用指引

记名股票，是指股票上记载有股东姓名或名称的股票。所谓背书，是有价证券转让的一种法定形式，是指记名股票上所记载的股东作为背书人，通过在股票上签名盖章，并在股票背面记载被背书人的名称或姓名，将该股票所代表的股东权利转让给受让人的行为。

本条规定，记名股票通过背书形式转让。一方面，出让人将转让股票的意思表示记载于股票的背面，并签名盖章和注明日期。另一方面，记名股票的受让人还必须将姓名或者名称及住所记载于股票上和记载于公司的股东名册中。如果只是进行了背书而未登记在股东名册中，对公司不发生法律效力。因为公司股东名册上的记载为对抗要件，如果不依法办理股票过户手续，公司的股东名册没有变更，股权就没有真正转移，股票受让人的权益无法得到保障，无法享受到公司股东的权利和义务。根据背书的形式要求，以背书方式转让的记名股票应为实物券式股票。如果股份有限公司股票采取无纸化形式，则应采取法律、行政法规规定的其他方式转让。我国目前上市公司股票即采取簿记券的无纸化形式，所有交易均通过证券登记结算机构记载股东账户的方式进行，该种转让即属于法律、行政法规规定的其他方式。

本法规定，召开股东大会，应当将会议审议的事项于会议召开20日前通知各股东，这就要求在股东大会召开前的一段时间内，公司记名股票股东应当是确定的，只有这样才能保证股东大会的顺利召开。也为了防止个别股东利用股票转让分散或集中表决权，以达到操纵股东大会的目的，以及为了使股利分配能顺利进行，避免发生不必要的纠纷，因此，本条规定，在股东大会召开前20日内不得进行股东名册的变更登记。这段时间内，即使进行了记名股票的转让，受让人也不得要求公司在股东名册上对有关事项进行变更；仍由原记名股票的转让人作为股东，参加股东大会，行使股东权利。同时，在公司确定利润分配方案，进行股利分配时，也需要保持股东的确定性，以有利于操作。因此，本条还同时规定，在公司决定分配股利的基准日前5日内，也不得进行股东名册的变更登记，这段时间内，即使进行了转让，仍然由记名股票的转让人，作为股东接受股利分配。当然，在股利分配结束后，记名股票的受让人可以依据股票转让合同的约定向转让人请求返还该部分股利。此外，基于上市公司的具体特点，本条还专门规定，法律对上市公司股东名册变更登记另有规定的，从其规定。

▶ 类案检索

一、国创公司与长峰公司股东资格确认纠纷案

关键词： 股东名册　转让标的是否真实存在　股东资格

裁判摘要： 依据我国《公司法》的相关规定，股份有限公司发行的股票是公司签发的证明股东所持股份的凭证，公司向发起人、法人发行的股票，应当为记名股票。记名股票，由股东以背书方式或者法律、行政法规规定的其他方式转让，故股份有限公司记名股东资格的确认并不以所购股份的实际出资人或有价证券代保管单上登记的委托人为判断依据。据此，虽国创公司持有记载股票发行情况的有价证券代保管单，但在长峰公司股东名册及记名股份投资者名录中未记载与其所持有价证券代保管单所登记的委托人或持有人的相符信息，

且长峰公司的全部记名股份均有明确持股人的情况下，国创公司要求确认其享有长峰公司股东资格的诉讼请求，缺乏事实及法律依据，法院不予支持。如国创公司认为其由此损失，可另行解决。

【案　　号】（2008）海民初字第24891号

【审理法院】北京市海淀区人民法院

二、黑龙江省直属粮库管理有限公司与广发银行股份有限公司顺德分行、佛山市顺德区长洋物资有限公司案外人执行异议案

关键词： 股东名册变更　登记机关的变更登记　对抗执行

裁判摘要： 公司登记机关的变更登记并非股份公司股权变动的生效要件，股份公司的股权转让已依法完成股东名册变更的，受让人取得该股权，法院不得对该股份执行。

粤星公司出让其所持有的金谷公司股份前曾召开股东会，并得到股东会同意。股份交易通过第三方黑龙江联合产权交易所进行，并在《生活报》发出股权转让公告。直属粮库公司与粤星公司签订《股权转让协议》后，已依约向黑龙江联合产权交易所给付股权转让款1000万元。金谷公司股东名册及公司章程均在交易后作出了修改，粤星公司不再登记在股东名册中，直属粮库公司所持的股份由1000万股变更为2000万股。

直属粮库公司已完成股权交易相关手续，依据法律规定应可取得粤星公司所持有的金谷公司1000万股股权。由于公司股份可能因增减资而发生股权比例变化，而粤星公司转让的为股份数而非股权比例，因此，法院按股权数进行判决，不支持股权占比数。

金谷公司为股份有限公司，登记事项仅为发起人的姓名或者名称，并没有要求对公司现股东进行登记。公司股东变更未办理变更登记，股权变更事项并非无效，并不因此认为直属粮库公司未能取得案涉股份。

【案　　号】（2016）粤0606民初字第121号

【审理法院】广东省佛山市顺德区人民法院

> 第一百四十条 无记名股票的转让，由股东将该股票交付给受让人后即发生转让的效力。

条文释义

一、本条主旨

本条是关于无记名股票转让的规定。

二、条文演变

2005年《公司法》在修订中，本条是对原来第146条规定的修改。这次修改，将原来关于"由股东在依法设立的证券交易场所将该股票交付给受让人后即发生转让的效力"中的"在依法设立的证券交易场所"几个字删去。这样修改，使无记名股票的转让更简化，操作更方便。

三、条文解读

与记名股票的转让方式相比，无记名股票的转让较为简单。大多数国家的法律规定，无记名股票的转让，其方式依一般无记名有价证券转让的规则，只要股份持有人将股票交付给受让人后，该行为即发生法律效力，受让人即成为合法的股份持有人。《公司法》也作了类似规定，即无记名股票的转让，由股东将该股票交付给受让人后即发生转让的效力；股票持有人交付股票后即产生法律效力，而原持有人则丧失其相应的股份和股东权，股票的受让人即成为公司股份的合法持有者。

在2021年《公司法（修订草案）》中，本条已被删除。

适用指引

无记名股票是否适用善意取得制度

我国《公司法》第140条规定应理解为，无记名股票的交付转让不仅在当事人之间生效，还可以对抗公司及公司之外的第三人。其理由是：第一，由于无记名股票被视为特殊动产，转让人将其交付给受让人时即发生转让的效力，受让人因占有无记名股票可以直接对抗第三人。第二，我国《公司法》第102条第1款规定，发行无记名股票的公司在召开股东大会时必须履行公告程序；同条第4款又规定，无记名股票的持有人出席股东大会时，应在会议召开5日前至股东大会闭会时将股票交存于公司。通过公司的公告程序及股票持有人向公司交存股票的方式，无记名股票的持有人即使无股东名册的记载也可以对公司行使股东权利。

《票据法》第12条规定："以欺诈、偷盗或者胁迫等手段取得票据的，或者明知有前列情形，出于恶意取得票据的，不得享有票据权利。持票人因重大过失取得不符合本法规定的票据的，也不得享有票据权利。"通说认为，该条规定了出于恶意取得票据的，不得享有票据权利，因此是反向规定了如果是善意的，则取得了票据是可以享有相应的权利的。无记名股票作为票据的一种，自然也不应该例外。

因此有学者认为，无记名股票为一种有价证券，只有流通才能发挥其功能。从促进股份流通、保护交易安全的视角而论，应承认无记名股票可以发生善意取得。

类案检索

鞍山泰乐机电科技股份有限公司与李某、杨某某、刘某1、刘某2、赵某某股东资格确认纠纷案

关键词： 股权转让

裁判要点： 泰乐公司的性质是股份有限公司，其股份的转让，不需要经过公司股东的同意。《公司法》第140条规定："无记名股票的转让，由股东将该股票交付给受让人后即发生转让的效力。"依据此规定，李某等 4 人在依据股份转让协议实际取得股份时，就有了泰乐公司的股东资格，且依法享有相应的股东权利。

【案　　号】（2017）辽 03 民终 1162 号
【审理法院】 辽宁省鞍山市中级人民法院

第一百四十一条　发起人持有的本公司股份，自公司成立之日起一年内不得转让。公司公开发行股份前已发行的股份，自公司股票在证券交易所上市交易之日起一年内不得转让。

公司董事、监事、高级管理人员应当向公司申报所持有的本公司的股份及其变动情况，在任职期间每年转让的股份不得超过其所持有本公司股份总数的百分之二十五；所持本公司股份自公司股票上市交易之日起一年内不得转让。上述人员离职后半年内，不得转让其所持有的本公司股份。公司章程可以对公司董事、监事、高级管理人员转让其所持有的本公司股份作出其他限制性规定。

关联规定

法律、行政法规、司法解释

《中华人民共和国证券法》

第四十四条　上市公司、股票在国务院批准的其他全国性证券交易场所交易的公司持有百分之五以上股份的股东、董事、监事、高级管理人员，将其持有的该公司的股票或者其他具有股权性质的证券在买入后六个月内卖出，或者在卖出后六个月内又买入，由此所得收益归该公司所有，公司董事会应当收回其所得收益。但是，证券公司因购入包销售后剩余股票而持有百分之五以上股份，以及有国务院证券监督管理机构规定的其他情形的除外。

前款所称董事、监事、高级管理人员、自然人股东持有的股票或者其他具有股权性质的证券，包括其配偶、父母、子女持有的及利用他人账户持有的股票或者其他具有股权性质的证券。

公司董事会不按照第一款规定执行的，股东有权要求董事会在三十日内执行。公司董事会未在上述期限内执行的，股东有权为了公司的利益以自己的名义直接向人民法院提起诉讼。

公司董事会不按照第一款的规定执行的，负有责任的董事依法承担连带责任。

条文释义

一、本条主旨

本条是关于公司发起人和公司内部高层人员持有股份转让限制的规定。

二、条文演变

本条是在2005年《公司法》修订的时候，在1993年《公司法》第147条规定的基础上修改而成。主要有三点修改：一是放宽了对发起人转让时间的限制，即由3年修改为1年；二是增加了"公司公开发行股份前已发行的股份，自公司股票在证券交易所上市交易之日起一年内不得转让"的规定；三是放宽了公司董事等法定人员转让的限制；四是扩大了公司管理机构人员的限制范围。

三、条文解读

股份有限公司是由发起人作为倡导者设立的，公司的设立宗旨、经营范围、经营方式等内容一般也都由发起人确定。因此，在公司设立后的一定时间内，发起人应作为股东留在公司，以保证公司稳定和运营的连续性。同时，如果允许发起人在公司成立后很短的时间内就进行本公司的股份的转让，发起人可能会不适当地转移投资风险，甚至会出现发起人以设立公司为名义非法集资或者炒作股票盈利的现象。因此，本条规定，发起人持有的本公司股份，自公司成立之日起1年内不得转让。公司成立1年以后，发起人所持有的本公司股份可以依法转让。

从我国当前的实际情况看，股份有限公司的股票在证券交易所上市交易后，其价格往往比上市前的股票价格要高，因此出现了低价抢购公司公开发行前的股份即所谓原始股、在公司上市后大量抛售以赚取差价的现象，产生了大量的不正当交易，扰乱了证券市场的秩序，也影响了公司的正常运营。因此，本条规定，公司公开发行股票前已发行的股份，自公司股票在证券交易所上市交易之日起1年内不得转让。

对董事、监事、高级管理人员转让其所持有的本公司股份的限制，主要基于两个理由：（1）董事、监事、高级管理人员，对公司负有特殊义务，应加强其与公司之间的联系，将公司的利益与其个人利益联系在一起，以促使其尽职尽责地履行职务；（2）董事、监事、高级管理人员负责公司的运营，掌握着大量的公司信息，如果允许其随意转让本公司股份，可能会出现董事、监事、高级管理人员利用所掌握的信息进行内幕交易、损害公司利益以及股东利益的情况。

2021年《公司法（修订草案）》第171条，删除了"发起人持有的本公司股份，自公司成立之日起一年内不得转让"。修改为"公司控股股东持有的公司公开发行股份前已发行的股份，自公司股票在证券交易所上市交易之日起三年内不得转让"。

2021年《公司法（修订草案）》第171条还增加"股票在法律、行政法规规定的限制转让期限内出质的，质权人不得在限制转让期限内行使质权"。该条比较好理解，质权的实现要以权利转让为体现，因在限制转让期限内无法进行股票的转让，自然无法实现股票权利的转移。但是本条同时肯定了在限制转让期限内，股票上可以设立质权，股票的担保功能不因在限制转让期限内而受到否认。

▶ 适用指引

一、股东转让股份的限制

（一）发起人

股份有限公司的发起人在公司中具有特殊的法律地位，本法规定，公司发起设立时，发起人必须认购公司发行的全部股份；公司募集设立时，发起人认购的股份不得少于公司股份总数的35%，公司正式成立之后，发起人即转为股东。发起人的特殊法律地位及其与公司的密切关系表明，发起人对公司的成立及成立初期的财产稳定和组织管理有重要影响。为了避免发起人借设立公司投机牟利、损害其他股东及社会公众的利益，保证公司成立后一段时期能顺利经营，本条第1款规定，发起人持有的本公司股份，自公司成立之日起1年内不得转让。公司公开发行股份前已发行的股份，自公司股票在证券交易所上市交易之日起1年内不得转让。法律作这一规定的目的是增强发起人在公司创办阶段的责任感和防止某些人利用创办公司的名义实施违法投机行为。

（二）上市交易前的股东

公司公开发行股份前已发行的股份自公司股票在证券交易所上市交易之日起1年内不得转让。法律作这一规定的目的是，确保上市公司上市初期的稳健运作和防止某些人从事一些违法投机行为。

二、公司管理人员转让股份的限制

（一）法律规定的限制

一是公司董事、监事、高级管理人员应当向公司申报所持有的本公司的股份及其变动情况。二是这些人员在任职期间每年转让的股份不得超过其所持有本公司股份总数的25%；公司股票在证券交易所上市交易的，自上市交易之日起1年内不得转让。三是这些人员离职后半年内，不得转让其所持有的本公司股份。法律作出上述限制性规定，目的是防止这些人因了解公司情况从事投机行为，损害其他投资者的合法权益。需要说明的是，如果这些人属于法定限制的"发起人"则同时执行有关发起人的限制性规定。作为公司的高级管理人员，董事、监事及高级管理人员个人的行为对公司经营管理影响极大。

（二）公司章程规定的限制

按照本条规定，公司章程可以对法定的公司管理人员转让股份作出更严格的规定。这项规定属于授权规定。公司章程可以规定，也可以不作规定。章程有规定的，执行章程的规定；章程没有规定的，执行法律的规定。

▶ 典型案例

张某某与王某股权转让合同纠纷案

关键词：限制转让期股权转让合同　合同效力

裁判摘要：《公司法》原第147条第1款关于"发起人持有的本公司股份，自公司成立之日起三年内不得转让"的规定，旨在防范发起人利用公司设立谋取不当利益,并通过转让股份逃避发起人可能承担的法律责任。

股份有限公司的发起人在公司成立后3年内,与他人签订股权转让协议,约定待公司成立3年后为受让方办理股权过户手续,并在协议中约定将股权委托受让方行使的,该股权转让合同不违反《公司法》原第147条第1款的规定。协议双方在《公司法》所规定的发起人股份禁售期内,将股权委托给未来的股权受让方行使,也并不违反法律的强制性规定,且在双方正式办理股权登记过户前,上述行为并不能免除转让股份的发起人的法律责任,也不能免除其股东责任。因此,上述股权转让合同应认定为合法有效。

【案　　号】(2005)苏民二初字第0009号
【审理法院】江苏省高级人民法院
【来　　源】《最高人民法院公报》(2007年第5期)

▶ 类案检索

山东金达源集团有限公司、东营伟宁商贸有限公司申请执行人执行异议之诉

关键词： 限制转让期　受让人明知　对抗执行

裁判摘要： 2016年3月22日,东营农商行设立,亨圆公司是发起人。之后,亨圆公司将其涉案股权出质给红岭公司,进行了工商登记。2016年8月至10月,亨圆公司未经红岭公司同意,与再审申请人订立股权转让协议,向再审申请人转让涉案股权。亨圆公司作为出质人,未经质权人同意向再审申请人转让股权,该行为违反了《物权法》第226条第2款关于"基金份额、股权出质后,不得转让,但经出质人与质权人协商同意的除外"的规定。且其向再审申请人转让股权的行为亦违反了《公司法》第141条第1款关于"发起人持有的本公司股份,自公司成立之日起一年内不得转让"的规定。再审申请人明知违反法律规定而受让股权,应自行承担不利后果。《最高人民法院关于人民法院民事执行中查封、扣押、冻结财产的规定》第17条规定:"被执行人将其所有的需要办理过户登记的财产出卖给第三人,第三人已经支付部分或者全部价款并实际占有该财产,但尚未办理产权过户登记手续的,人民法院可以查封、扣押、冻结;第三人已经支付全部价款并实际占有,但未办理过户登记手续的，如果第三人对此没有过错，人民法院不得查封、扣押、冻结。"因再审申请人明知违反法律规定而受让股权，并非善意，不应属于《最高人民法院关于人民法院民事执行中查封、扣押、冻结财产的规定》第17条中第三人的保护范畴。

【案　　号】（2019）最高法民申4228号
【审理法院】最高人民法院

第一百四十二条　公司不得收购本公司股份。但是，有下列情形之一的除外：

（一）减少公司注册资本；

（二）与持有本公司股份的其他公司合并；

（三）将股份用于员工持股计划或者股权激励；

（四）股东因对股东大会作出的公司合并、分立决议持异议，要求公司收购其股份；

（五）将股份用于转换上市公司发行的可转换为股票的公司债券；

（六）上市公司为维护公司价值及股东权益所必需。

公司因前款第（一）项、第（二）项规定的情形收购本公司股份的，应当经股东大会决议；公司因前款第（三）项、第（五）项、第（六）项规定的情形收购本公司股份的，可以依照公司章程的规定或者股东大会的授权，经三分之二以上董事出席的董事会会议决议。

公司依照本条第一款规定收购本公司股份后，属于第（一）项情形的，应当自收购之日起十日内注销；属于第（二）项、第（四）项情形的，应当在六个月内转让或者注销；属于第（三）项、第（五）项、第（六）项情形的，公司合计持有的本公司股份数不得超过本公司已发行股份总额的百分之十，并应当在三年内转让或者注销。

上市公司收购本公司股份的，应当依照《中华人民共和国证券法》的规定履行信息披露义务。上市公司因本条第一款第（三）项、第（五）项、第（六）项规定的情形收购本公司股份的，应当通过公开的集中交易方式进行。

公司不得接受本公司的股票作为质押权的标的。

关联规定

一、法律、行政法规、司法解释

1.《中华人民共和国公司法》

第七十四条 有下列情形之一的，对股东会该项决议投反对票的股东可以请求公司按照合理的价格收购其股权：

（一）公司连续五年不向股东分配利润，而公司该五年连续盈利，并且符合本法规定的分配利润条件的；

（二）公司合并、分立、转让主要财产的；

（三）公司章程规定的营业期限届满或者章程规定的其他解散事由出现，股东会会议通过决议修改章程使公司存续的。

自股东会会议决议通过之日起六十日内，股东与公司不能达成股权收购协议的，股东可以自股东会会议决议通过之日起九十日内向人民法院提起诉讼。

第一百六十一条 上市公司经股东大会决议可以发行可转换为股票的公司债券，并在公司债券募集办法中规定具体的转换办法。上市公司发行可转换为股票的公司债券，应当报国务院证券监督管理机构核准。

发行可转换为股票的公司债券，应当在债券上标明可转换公司债券字样，并在公司债券存根簿上载明可转换公司债券的数额。

第一百七十七条 公司需要减少注册资本时，必须编制资产负债表及财产清单。公司应当自作出减少注册资本决议之日起十日内通知债权人，并于三十日内在报纸上公告。债权人自接到通知书之日起三十日内，未接到通知书的自公告之日起四十五日内，有权要求公司清偿债务或者提供相应的担保。

第一百七十九条 公司合并或者分立，登记事项发生变更的，应当依法向公司登记机关办理变更登记；公司解散的，应当依法办理公司注销登记；设立新公司的，应当依法办理公司设立登记。

公司增加或者减少注册资本，应当依法向公司登记机关办理变更登记。

2.《中华人民共和国证券法》

第十五条 公开发行公司债券，应当符合下列条件：

（一）具备健全且运行良好的组织机构；

（二）最近三年平均可分配利润足以支付公司债券一年的利息；

（三）国务院规定的其他条件。

公开发行公司债券筹集的资金，必须按照公司债券募集办法所列资金用途使用；改变资金用途，必须经债券持有人会议作出决议。公开发行公司债券筹集的资金，不得用于弥补亏损和非生产性支出。

上市公司发行可转换为股票的公司债券，除应当符合第一款规定的条件外，还应当遵守本法第十二条第二款的规定。但是，按照公司债券募集办法，上市公司通过收购本公司股份的方式进行公司债券转换的除外。

3.《股票发行与交易管理暂行条例》

第四十一条 未依照国家有关规定经过批准，股份有限公司不得购回其发行在外的股票。

第七十条 股份有限公司违反本条例规定，有下列行为之一的，根据不同情况，单处或者并处警告、责令退还非法所筹股款、没收非法所得、罚款；情节严重的，停止其发行股票资格：

（一）未经批准发行或者变相发行股票的；

（二）以欺骗或者其他不正当手段获准发行股票或者获准其股票在证券交易场所交易的；

（三）未按照规定方式、范围发行股票，或者在招股说明书失效后销售股票的；

（四）未经批准购回其发行在外的股票的。

对前款所列行为负有直接责任的股份有限公司的董事、监事和高级管理人员，给予警告或者处以三万元以上三十万元以下的罚款。

4.《中华人民共和国市场主体登记管理条例》

第三十一条 公司增加注册资本的，应当自变更决议或者决定作出之日起30日内申请变更登记。

公司减少注册资本的，应当自公告之日起45日内申请变更登记，并应当提交公司在报纸上登载公司减少注册资本公告的有关证明和公司债务清偿或者债务担保情况的说明。

第六十九条 公司在合并、分立、减少注册资本或者进行清算时，不按照规定通知或者公告债权人的，由公司登记机关责令改正，处以1万元以上10万元以下的罚款。

公司在进行清算时，隐匿财产，对资产负债表或者财产清单作虚假记载或者在未清偿债务前分配公司财产的，由公司登记机关责令改正，对公司处以隐匿财产或者未清偿债务前分配公司财产金额5%以上10%以下的罚款；对直接负责的主管人员和其他直接责任人员处以1万元以上10万元以下的罚款。

公司在清算期间开展与清算无关的经营活动的，由公司登记机关予以警告，没收违法所得。

二、部门规章及规范性文件

1.《上市公司收购管理办法》

第六十三条 有下列情形之一的，投资者可以免于发出要约：

（一）经政府或者国有资产管理部门批准进行国有资产无偿划转、变更、合并，导致投资者在一个上市公司中拥有权益的股份占该公司已发行股份的比例超过30%；

（二）因上市公司按照股东大会批准的确定价格向特定股东回购股份而减少股本，导致投资者在该公司中拥有权益的股份超过该公司已发行股份的30%；

（三）经上市公司股东大会非关联股东批准，投资者取得上市公司向其发行的新股，导致其在该公司拥有权益的股份超过该公司已发行股份的30%，投资者承诺3年内不转让本次向其发行的新股，且公司股东大会同意投资者免于发出要约；

（四）在一个上市公司中拥有权益的股份达到或者超过该公司已发行股份的30%的，自上述事实发生之日起一年后，每12个月内增持不超过该公司已发行的2%的股份；

（五）在一个上市公司中拥有权益的股份达到或者超过该公司已发行股份的50%的，继续增加其在该公司拥有的权益不影响该公司的上市地位；

（六）证券公司、银行等金融机构在其经营范围内依法从事承销、贷款等业务导致其持有一个上市公司已发行股份超过30%，没有实际控制该公司的行为或者意图，并且提出在合理期限内向非关联方转让相关股份的解决方案；

（七）因继承导致在一个上市公司中拥有权益的股份超过该公司已发行股份的30%；

（八）因履行约定购回式证券交易协议购回上市公司股份导致投资者在一个上市公司中拥有权益的股份超过该公司已发行股份的30%，并且能够证明标的股份的表决权在协议期间未发生转移；

（九）因所持优先股表决权依法恢复导致投资者在一个上市公司中拥有权益的股份超过该公司已发行股份的30%；

（十）中国证监会为适应证券市场发展变化和保护投资者合法权益的需要而认定的其他情形。

相关投资者应在前款规定的权益变动行为完成后3日内就股份增持情况做出公告，律师应就相关投资者权益变动行为发表符合规定的专项核查意见并由上市公司予以披露。相关投资者按照前款第（五）项规定采用集中竞价方式增持股份的，每累计增持股份比例达到上市公司已发行股份的2%的，在事实发生当日和上市公司发布相关股东增持公司股份进展公告的当日不得再行增持股份。前款第（四）项规定的增持不超过2%的股份锁定期为增持行为完成之日起6个月。

2.《上市公司信息披露管理办法》

第二十二条 发生可能对上市公司证券及其衍生品种交易价格产生较大影响的重大事件，投资者尚未得知时，上市公司应当立即披露，说明事件的起因、目前的状态和可能产生的影响。

前款所称重大事件包括：

（一）《证券法》第八十条第二款规定的重大事件；

……

（七）公司开展股权激励、回购股份、重大资产重组、资产分拆上市或者挂牌；

……

上市公司的控股股东或者实际控制人对重大事件的发生、进展产生较大影响的，应当及时将其知悉的有关情况书面告知上市公司，并配合上市公司履行信息披露义务。

第二十七条 涉及上市公司的收购、合并、分立、发行股份、回购股份等行为导致上市公司股本总额、股东、实际控制人等发生重大变化的，信息披露义务人应当依法履行报告、公告义务，披露权益变动情况。

3.《优先股试点管理办法》

第二十六条 上市公司公开发行优先股，应当符合以下情形之一：

（一）其普通股为上证50指数成份股；

（二）以公开发行优先股作为支付手段收购或吸收合并其他上市公司；

（三）以减少注册资本为目的回购普通股的，可以公开发行优先股作为支付手段，或者在回购方案实施完毕后，可公开发行不超过回购减资总额的优先股。

中国证监会核准公开发行优先股后不再符合本条第（一）项情形的，上市公司仍可实施本次发行。

第五十五条 上市公司以减少注册资本为目的回购普通股公开发行优先股的，以及以非公开发行优先股为支付手段向公司特定股东回购普通股的，除应当符合优先股发行条件和程序，还应符合以下规定：

（一）上市公司回购普通股应当由董事会依法作出决议并提交股东大会批准；

（二）上市公司股东大会就回购普通股作出的决议，应当包括下列事项：回购普通股的价格区间，回购普通股的数量和比例，回购普通股的期限，决议的有效期，对董事会办理本次回购股份事宜的具体授权，其他相关事项。以发行优先股作为支付手段的，应当包括拟用于支付的优先股总金额以及支付比例；回购方案实施完毕之日起一年内公开发行优先股的，应当包括回购的资金总额以及资金来源；

（三）上市公司股东大会就回购普通股作出决议，必须经出席会议的普通股股东（含表决权恢复的优先股股东）所持表决权的三分之二以上通过；

（四）上市公司应当在股东大会作出回购普通股决议后的次日公告该决议；

（五）依法通知债权人。

本办法未做规定的应当符合中国证监会有关上市公司回购的其他规定。

4.《创业板上市公司证券发行注册管理办法（试行）》

第十三条 上市公司发行可转债，应当符合下列规定：

（一）具备健全且运行良好的组织机构；

（二）最近三年平均可分配利润足以支付公司债券一年的利息；

（三）具有合理的资产负债结构和正常的现金流量。

除前款规定条件外，上市公司向不特定对象发行可转债，还应当遵守本办法第九条第（二）项至第（六）项、第十条的规定；向特定对象发行可转债，还应当遵守本办法第十一条的规定。但是，按照公司债券募集办法，上市公司通过收购本公司股份的方式进行公司债券转换的除外。

5.《科创板上市公司证券发行注册管理办法(试行)》

第十三条 上市公司发行可转债,应当符合下列规定:

(一)具备健全且运行良好的组织机构;

(二)最近三年平均可分配利润足以支付公司债券一年的利息;

(三)具有合理的资产负债结构和正常的现金流量。

除前款规定条件外,上市公司向不特定对象发行可转债,还应当遵守本办法第九条第(二)项至第(五)项、第十条的规定;向特定对象发行可转债,还应当遵守本办法第十一条的规定。但是,按照公司债券募集办法,上市公司通过收购本公司股份的方式进行公司债券转换的除外。

6.《北京证券交易所上市公司证券发行注册管理办法(试行)》

第十二条 上市公司发行可转换为股票的公司债券,应当符合下列规定:

(一)具备健全且运行良好的组织机构;

(二)最近三年平均可分配利润足以支付公司债券一年的利息;

(三)具有合理的资产负债结构和正常的现金流量。

除前款规定条件外,上市公司向特定对象发行可转换为股票的公司债券,还应当遵守本办法第九条、第十条的规定;向不特定合格投资者公开发行可转换为股票的公司债券,还应当遵守本办法第十一条的规定。但上市公司通过收购本公司股份的方式进行公司债券转换的除外。

三、司法指导性文件

《全国法院民商事审判工作会议纪要》

5.【与目标公司"对赌"】投资方与目标公司订立的"对赌协议"在不存在法定无效事由的情况下,目标公司仅以存在股权回购或者金钱补偿约定为由,主张"对赌协议"无效的,人民法院不予支持,但投资方主张实际履行的,人民法院应当审查是否符合公司法关于"股东不得抽逃出资"及股份回购的强制性规定,判决是否支持其诉讼请求。

投资方请求目标公司回购股份的,人民法院应当依据《公司法》第35条关于"股东不得抽逃出资"或者第142条关于股份回购的强制性规定进行审查。经审查,目标公司未完成减资程序的,人民法院应当驳回其诉讼请求。

投资方请求目标公司承担金钱补偿义务的,人民法院应当依据《公司法》第35条关于"股东不得抽逃出资"和第166条关于利润分配的强制性规定进行审查。经审查，目标公司没有利润或者虽有利润但不足以补偿投资方的，人民法院应当驳回或者部分支持其诉讼请求。今后目标公司有利润时，投资方还可以依据该事实另行提起诉讼。

▶ 条文释义

一、本条主旨

本条是关于公司收购本公司股份的限制性规定。

二、条文演变

1994年7月1日实施的《公司法》第149条规定了对于公司收购本公司股份的应当予以限制。2005年修订的《公司法》对该条作了第一次修改。这次修改重点是扩大了除外情况的规定。需要说明的是，本条规定的内容，在过去制定《公司法》时就有争议，一些专家学者认为应扩大除外情况的规定。但由于当时制定《公司法》时除外情况实践较少，除外情况应少一些的意见占多数。所以，当时只规定较窄的除外范围。这次修改时情况已经发生了变化，《公司法》实施已有十年之多，根据现实的情况扩大是必要的。所以，除外情况作了扩大的规定。同修订前规定相比，主要有以下修改：一是增加了两项除外责任。即增加了"将股份奖励给本公司职工"和"股东因对股东大会作出的公司合并、分立决议持异议，要求公司收购其股份的"两种除外情况。二是由于除外情况的增加，相应地也增加了"转让或注销"的规定。即公司因"将股份奖励给本公司职工"的原因而收购本公司股份的，应当经股东大会决议。属于"股东因对股东大会作出的公司合并、分立决议持异议，要求公司收购其股份的"情形的，应当在6个月内转让或注销。公司因"将股份奖励给本公司职工"收购本公司股份，不得超过本公司已发行股份总数的5%；用于收购的资金应当从公司的税后利润中支出；所收购的股份应当在1年内转让给职工。此外，这次修改还根据原《担保法》关于权利质权规定的精神，将"抵押权"修改为"质押权"，并将条文序号调整为第143条。2013年《公司法》修正时对该条作了第二次修改，将条文序号调整为第142条。

2018年《公司法》修正时对该条作了第三次修改。这次修改是针对本条在实践中存在的问题，从三个方面对本条规定作了修改完善：一是补充完善允许股份回购的情形。将现行规定中"将股份奖励给本公司职工"这一情形修改为"将股份用于员工持股计划或者股权激励"，增加"将股份用于转换上市公司发行的可转换为股票的公司债券"和"上市公司为维护公司价值及股东权益所必需"两种情形。二是适当简化股份回购的决策程序，提高公司持有本公司股份的数额上限，延长公司持有所回购股份的期限。规定公司因将股份用于员工持股计划或者股权激励、用于转换上市公司发行的可转换为股票的公司债券，以及上市公司为维护公司价值及股东权益所必需而收购本公司股份的，可以依照公司章程的规定或者股东大会的授权，经 2/3 以上董事出席的董事会会议决议，不必经股东大会决议。因上述情形收购本公司股份的，公司合计持有的本公司股份数不得超过本公司已发行股份总额的 10%，并应当在 3 年内转让或者注销。三是补充上市公司股份回购的规范要求。为防止上市公司滥用股份回购制度，引发操纵市场、内幕交易等利益输送行为，增加规定上市公司收购本公司股份应当依照《证券法》的规定履行信息披露义务，除国家另有规定外，上市公司收购本公司股份应当通过公开的集中交易方式进行。此外，根据实际情况和需要，这次修改还删去了之前《公司法》关于公司因奖励职工收购本公司股份，用于收购的资金应当从公司的税后利润中支出的规定。

三、条文解读

公司收购自己的股份，将使公司成为自己的股东，混淆了公司与股东之间的法律关系，非常容易产生公司的董事或者经理等人员利用负责公司运营的权利，通过其所实际掌握的公司拥有的本公司股份影响公司决策，损害公司股东或者债权人利益的情况。同时，允许公司拥有自己的股份，就使公司可以方便地利用其所掌握的内部消息进行股票操作、操纵公司股票价格、扰乱证券市场秩序，损害其他投资者特别是公众投资者的利益。此外，公司拥有本公司股份，将使该股份所代表的资本实际上处于虚置的地位，违反了公司资本充实原则。

根据本条规定，公司在下列情形下，可以收购本公司股份：（1）减少公司注册资本。按照本法有关条款的规定，公司成立以后股东是不得抽回出资的。在这种情况下，公司成立以后，要减少公司的注册资本，只能通过以公司的名义购买本公司股份、再将该部分股份注销的形式。因此，对于公司因减少注册资本的原因而收购本公司股份，法律是允许的。（2）与持有本公司股份的其他公司合并。公司的股份可以为其他公司所持有，当公司与拥有本公司股份的其他公司进行吸收合并时，被合并的其他公司的所有资产都归公司所有，其他公司所拥有的本公司股份自然也为本公司所有。（3）将股份奖励给本公司职工。近年来，为了激励职工，很多股份有限公司都推行职工持股计划，即奖励职工部分本公司股份，从而把职工利益与公司利益联系在一起，激励职工更好地为公司工作。为了推行这一计划，公司就需要收购本公司的股份，再将其发放给职工。（4）因股东行使回购请求权，而收购本公司股份。《公司法》规定了有限责任公司股东的回购请求权，即在公司出现法定情形时，股东可以请求公司以合理价格回购其所拥有的股权，从而达到离开公司的目的。这是针对有限责任公司股权流动性差而作出的规定，以防止出现在公司损害股东利益时，股东没有救济措施又不能通过向他人转让股权而离开公司的情况。股份有限公司的股份是可以自由转让的，股东对公司经营情况不满，可以直接转让其股权而离开公司。因此，本条对股份有限公司股东的股份回购请求权，只作了有限度的规定，即股东在对股东大会作出的公司合并、分立决议持异议时，可以要求公司收购其股份。当股东行使这项权利时，公司就会拥有本公司的股份。

公司因减少注册资本、与其他公司合并而收购本公司股份的，按照本条第2款的规定，都应当由股东大会作出决议，这也是和股东大会的职权相吻合的。而股东的股份回购请求，属于股东的权利，股东依法提出这一要求时，公司就应收购其股份，不需要股东大会作出决议。

《公司法》虽然允许公司在特定情况下收购本公司股份，但按照有关条款规定，回购的股份不享有表决权、不得参加红利分配。实际上这部分股份是处于虚置状态的，因此，公司在依法回购本公司股份后，应当及时处理，防止股份长期虚置，影响公司运营。

根据本条第2款和第3款的规定，公司因减少注册资本而收购本公司股份的，应当自收购之日起10日内将该部分股份注销；公司因与其他公司合并以及因股东行使回购请求权而收购本公司股份的，应当自收购之日起6个月内转让或者注销；公司为推行职工持股计划而收购本公司股份的，应当在3年内转让给职工。

公司为奖励职工而收购本公司股份的，只是公司经营计划的一部分，不应对公司的股份构成情况以及公司运营情况产生大的影响。因此本条第3款规定，公司为将股份奖励给职工而收购本公司股份的，收购的股份数额不得超过已经发行股份总额的 10%。

本条第 5 款是关于公司不得接受本公司的股票作为质押权标的的规定。质押，属于担保的一种形式，即债务人或者第三人在不转移所有权的前提下，将某一动产或者权利转由债权人占有和控制，以保证债权人的权利的实现；在债务人不履行债务时，债权人有权以该动产或者权利折价或者以变卖、拍卖该动产或者权利的价款优先受偿。因此，质押权的设立，是以债权人可以取得质押权标的物的所有权为前提的。而本法规定，除了法定特殊情况外，公司是不得拥有本公司股份的。因此，本公司的股票是不能作为质押权标的和用来对公司债权进行担保的，即使设立了以本公司股票为质押权标的的担保，最后也无法实现。因此，本法禁止公司接受本公司的股票作为质押权标的。

▶ 适用指引

《公司法》原则上禁止股份回购，但是在特殊情况下公司法又允许股份回购。虽然在特殊情况下公司法允许股份回购，但是对于股份回购的方式，公司法作了严格的规定。根据本条第 2 款规定，公司为了减少公司资本、与持有本公司股份的其他公司合并而收购本公司的股份，必须经过股东大会决议，并且应当办理以下手续：（1）减资回购的股份应在 10 日内注销，公司合并和异议股东引起的股份回购应在 6 个月内将股份转让或者注销，否则属于违法行为。（2）办理变更登记手续，即办理减少资本的手续。办理变更登记手续的机关为工商行政管理机关。（3）公告，即在国家或者当地主要报纸上进行公告。公告的目的是便于债权人和社会公众了解公司资本减少的情况，以利于保护自己的合法权益。

股票作为有价证券，其所代表的股东权利是一种具有财产内容的权利。股票既可以流通，也可以质押，但是应受到一定限制。根据本条第 5 款的规定，公司不得接受本公司的股票作为质押权的标的。

类案检索

湘潭孝颐堂医养院有限公司与湖南神隆高科技股份有限公司合同纠纷案

关键词： 合同　预约合同　预约与本约的关系

裁判摘要： 股权转让采取的是用海洋生物公司先转出孝颐堂医养院股权，再认购神隆高科技公司股权的做法，孝颐堂医养院股权的退出和神隆高科技公司股份的获得的合意就是在同一个合同内完成，实际上是股权置换，也没有实际支付股权转让款，协议中没有体现系根据《合作备忘录》或《重整计划》回购股权的意思表示，因此不能认定为已经回购股权。

《民商审判会议纪要》第5条第2款、第3款指出："投资方请求目标公司回购股权的，人民法院应当依据《公司法》第35条关于'股东不得抽逃出资'或者第142条关于股份回购的强制性规定进行审查。经审查，目标公司未完成减资程序的，人民法院应当驳回其诉讼请求。投资方请求目标公司承担金钱补偿义务的，人民法院应当依据《公司法》第35条关于'股东不得抽逃出资'和第166条关于利润分配的强制性规定进行审查。经审查，目标公司没有利润或者虽有利润但不足以补偿投资方的，人民法院应当驳回或者部分支持其诉讼请求。今后目标公司有利润时，投资方还可以依据该事实另行提起诉讼。"本案双方的协议名称虽未表述为"对赌协议"，但在有关内容和作用、功能上与"对赌协议"相似，也是股东与目标公司之间就股权投资、回购等达成的协议，亦应当受到《公司法》有关规定的约束。

【案　　号】（2020）湘民终901号
【审理法院】湖南省高级人民法院

> **第一百四十三条** 记名股票被盗、遗失或者灭失，股东可以依照《中华人民共和国民事诉讼法》规定的公示催告程序，请求人民法院宣告该股票失效。人民法院宣告该股票失效后，股东可以向公司申请补发股票。

▶ 关联规定

法律、行政法规、司法解释

1.《中华人民共和国民事诉讼法》

第二百二十五条 按照规定可以背书转让的票据持有人，因票据被盗、遗失或者灭失，可以向票据支付地的基层人民法院申请公示催告。依照法律规定可以申请公示催告的其他事项，适用本章规定。

申请人应当向人民法院递交申请书，写明票面金额、发票人、持票人、背书人等票据主要内容和申请的理由、事实。

第二百二十六条 人民法院决定受理申请，应当同时通知支付人停止支付，并在三日内发出公告，催促利害关系人申报权利。公示催告的期间，由人民法院根据情况决定，但不得少于六十日。

第二百二十七条 支付人收到人民法院停止支付的通知，应当停止支付，至公示催告程序终结。

公示催告期间，转让票据权利的行为无效。

第二百二十八条 利害关系人应当在公示催告期间向人民法院申报。

人民法院收到利害关系人的申报后，应当裁定终结公示催告程序，并通知申请人和支付人。

申请人或者申报人可以向人民法院起诉。

第二百二十九条 没有人申报的，人民法院应当根据申请人的申请，作出判决，宣告票据无效。判决应当公告，并通知支付人。自判决公告之日起，申请人有权向支付人请求支付。

第二百三十条 利害关系人因正当理由不能在判决前向人民法院申报的,自知道或者应当知道判决公告之日起一年内,可以向作出判决的人民法院起诉。

2.《最高人民法院关于适用〈中华人民共和国民事诉讼法〉的解释》

第四百四十二条 民事诉讼法第二百二十五条规定的票据持有人,是指票据被盗、遗失或者灭失前的最后持有人。

第四百四十三条 人民法院收到公示催告的申请后,应当立即审查,并决定是否受理。经审查认为符合受理条件的,通知予以受理,并同时通知支付人停止支付;认为不符合受理条件的,七日内裁定驳回申请。

第四百四十四条 因票据丧失,申请公示催告的,人民法院应结合票据存根、丧失票据的复印件、出票人关于签发票据的证明、申请人合法取得票据的证明、银行挂失止付通知书、报案证明等证据,决定是否受理。

第四百四十五条 人民法院依照民事诉讼法第二百二十六条规定发出的受理申请的公告,应当写明下列内容:

(一)公示催告申请人的姓名或者名称;

(二)票据的种类、号码、票面金额、出票人、背书人、持票人、付款期限等事项以及其他可以申请公示催告的权利凭证的种类、号码、权利范围、权利人、义务人、行权日期等事项;

(三)申报权利的期间;

(四)在公示催告期间转让票据等权利凭证,利害关系人不申报的法律后果。

第四百四十六条 公告应当在有关报纸或者其他媒体上刊登,并于同日公布于人民法院公告栏内。人民法院所在地有证券交易所的,还应当同日在该交易所公布。

第四百四十七条 公告期间不得少于六十日,且公示催告期间届满日不得早于票据付款日后十五日。

第四百四十八条 在申报期届满后、判决作出之前,利害关系人申报权利的,应当适用民事诉讼法第二百二十八条第二款、第三款规定处理。

第四百四十九条 利害关系人申报权利,人民法院应当通知其向法院出示票据,并通知公示催告申请人在指定的期间查看该票据。公示催告申请人申请公示催告的票据与利害关系人出示的票据不一致的,应当裁定驳回利害关系人的申报。

第四百五十条 在申报权利的期间无人申报权利，或者申报被驳回的，申请人应当自公示催告期间届满之日起一个月内申请作出判决。逾期不申请判决的，终结公示催告程序。

裁定终结公示催告程序的，应当通知申请人和支付人。

第四百五十一条 判决公告之日起，公示催告申请人有权依据判决向付款人请求付款。

付款人拒绝付款，申请人向人民法院起诉，符合民事诉讼法第一百二十二条规定的起诉条件的，人民法院应予受理。

第四百五十二条 适用公示催告程序审理案件，可由审判员一人独任审理；判决宣告票据无效的，应当组成合议庭审理。

第四百五十三条 公示催告申请人撤回申请，应在公示催告前提出；公示催告期间申请撤回的，人民法院可以径行裁定终结公示催告程序。

第四百五十四条 人民法院依照民事诉讼法第二百二十七条规定通知支付人停止支付，应当符合有关财产保全的规定。支付人收到停止支付通知后拒不止付的，除可依照民事诉讼法第一百一十四条、第一百一十七条规定采取强制措施外，在判决后，支付人仍应承担付款义务。

第四百五十五条 人民法院依照民事诉讼法第二百二十八条规定终结公示催告程序后，公示催告申请人或者申报人向人民法院提起诉讼，因票据权利纠纷提起的，由票据支付地或者被告住所地人民法院管辖；因非票据权利纠纷提起的，由被告住所地人民法院管辖。

第四百五十六条 依照民事诉讼法第二百二十八条规定制作的终结公示催告程序的裁定书，由审判员、书记员署名，加盖人民法院印章。

第四百五十七条 依照民事诉讼法第二百三十条的规定，利害关系人向人民法院起诉的，人民法院可按票据纠纷适用普通程序审理。

第四百五十八条 民事诉讼法第二百二十三条规定的正当理由，包括：

（一）因发生意外事件或者不可抗力致使利害关系人无法知道公告事实的；

（二）利害关系人因被限制人身自由而无法知道公告事实，或者虽然知道公告事实，但无法自己或者委托他人代为申报权利的；

（三）不属于法定申请公示催告情形的；

（四）未予公告或者未按法定方式公告的；

（五）其他导致利害关系人在判决作出前未能向人民法院申报权利的客观事由。

第四百五十九条 根据民事诉讼法第二百三十条的规定，利害关系人请求人民法院撤销除权判决的，应当将申请人列为被告。

利害关系人仅诉请确认其为合法持票人的，人民法院应当在裁判文书中写明，确认利害关系人为票据权利人的判决作出后，除权判决即被撤销。

条文释义

一、本条主旨

本条是关于记名股票被盗、遗失或者丢失的处理规定。

二、条文演变

1994年7月1日实施的《公司法》第150条规定了对于记名股票被盗、遗失或者丢失的应当如何处理。2005年修订的《公司法》对该条作了第一次修改，主要是从立法技术考虑，将原规定中的"民事诉讼法"修改为"《中华人民共和国民事诉讼法》"，将两款合并为一款，删除了原第2款中的"依照公示催告程序"一句，并将条文序号调整为第144条。2013年修正的《公司法》对该条作了第二次修改，将条文序号调整为第143条。2018年修正《公司法》对该条未作修改。

三、条文解读

根据本条规定，记名股票被盗、遗失或者丢失，股东可以依照《民事诉讼法》规定的公示催告程序，请求人民法院宣告该股票失效。

公示催告程序，是我国《民事诉讼法》第十八章规定的一种非诉程序，是指在票据、证券持有人丧失票据及证券的情况下，人民法院根据权利人的申请，以公告的方式，告知并催促利害关系人在指定期限内向人民法院申报权利，如不申报权利，人民法院依法作出宣告票据、证券或者其他事项无效的程序，也称为除权程序。

根据本条和《民事诉讼法》的有关规定，记名股票被盗、遗失或者丢失，股东依照公示催告程序请求法院宣告该股票无效的，应经过以下程序：（1）提出申请，即股东向人民法院提出公示催告申请，并向人民法院递交申请书，写明记名股票的主要内容和申请的理由、事实。（2）人民法院决定受理申请的，应当同时通知公司停止该记名股票所代表股东权利的行使，并在3日内发布公告，催促利害关系人申报权利。公示催告的期间，由人民法院根据情况决定，但不得少于60日。公司收到人民法院的通知后，应当停止该记名股票所代表股东权利的行使，直至公示催告程序终结。公示催告期间，转让该记名股票所代表股东权利的行为无效。（3）有关利害关系人认为申请人的公示催告请求与事实不符合的，应当在公示催告期间，向人民法院申报。如申报该记名股票并不是被盗、遗失或者丢失，而是被合法转让给自己，人民法院收到申报人的申报后，应当裁定终结公示催告程序，并通知申请人和公司，申请人或者申报人可以向人民法院起诉。（4）在公示催告期间，没有人申报的，人民法院即根据申请人的申请，作出判决，宣告该记名股票无效。判决应当公告，并通知公司。人民法院通过公示催告程序宣告该记名股票无效后，股东可以依据本条规定，请求公司向其补发股票。申报人因正当理由不能在判决前向人民法院申报的，自知道或者应当知道判决之日起一年内，可以向作出判决的人民法院起诉。

适用指引

记名股票属于可背书转让的证券，在被盗、遗失或者丢失时，可以申请公示催告程序。无记名股票转让无须背书，则不适用公示催告程序。

> **第一百四十四条** 上市公司的股票,依照有关法律、行政法规及证券交易所交易规则上市交易。

▶ 关联规定

一、法律、行政法规、司法解释

《中华人民共和国证券法》

第四十六条 申请证券上市交易,应当向证券交易所提出申请,由证券交易所依法审核同意,并由双方签订上市协议。

证券交易所根据国务院授权的部门的决定安排政府债券上市交易。

第四十七条 申请证券上市交易,应当符合证券交易所上市规则规定的上市条件。

证券交易所上市规则规定的上市条件,应当对发行人的经营年限、财务状况、最低公开发行比例和公司治理、诚信记录等提出要求。

第四十八条 上市交易的证券,有证券交易所规定的终止上市情形的,由证券交易所按照业务规则终止其上市交易。

证券交易所决定终止证券上市交易的,应当及时公告,并报国务院证券监督管理机构备案。

第四十九条 对证券交易所作出的不予上市交易、终止上市交易决定不服的,可以向证券交易所设立的复核机构申请复核。

二、部门规章及规范性文件

《上市公司收购管理办法》

第二条 上市公司的收购及相关股份权益变动活动,必须遵守法律、行政法规及中国证券监督管理委员会(以下简称中国证监会)的规定。当事人应当诚实守信,遵守社会公德、商业道德,自觉维护证券市场秩序,接受政府、社会公众的监督。

第三条 上市公司的收购及相关股份权益变动活动,必须遵循公开、公平、公正的原则。

上市公司的收购及相关股份权益变动活动中的信息披露义务人,应当充分披露其在上市公司中的权益及变动情况,依法严格履行报告、公告和其他法定义务。在相关信息披露前,负有保密义务。

信息披露义务人报告、公告的信息必须真实、准确、完整,不得有虚假记载、误导性陈述或者重大遗漏。

▶ 条文释义

一、本条主旨

本条是关于上市公司股票交易的原则规定。

二、条文演变

1993年《公司法》第154条规定:"经批准的上市公司的股份,依照有关法律、行政法规上市交易。"《公司法》于1999年、2004年进行修正时,本条未变更。2005年修订时,条文序号调整为第145条,内容修改为:"上市公司的股票,依照有关法律、行政法规及证券交易所交易规则上市交易。"2013年修正时,仅将条文序号调整为第144条,内容未作变化。2018年修正时,本条未作变更。

《公司法》于1993年制定时,《证券法》尚没有出台,因此在《公司法》制定时对上市公司股票上市和交易作出了一些规定,之后《公司法》和《证券法》修订时,就将《公司法》中规范股票上市和交易的条款都挪入了《证券法》。《公司法》在2005年修订时,也增加规定上市公司的股票交易,除依照有关法律、行政法规外,还应当依照证券交易所的业务规则进行。

三、条文解读

上市公司,是指所发行的股票经批准在依法设立的证券交易所上市交易的股份有限公司。按照《证券法》的有关规定,股份有限公司申请其股票上市交易的,应当符合下列条件:(1)股票经国务院证券监督管理机构核准已公开发行；（2）公司股本总额不少于人民币 3000 万元；（3）公开发行的股份达到公司股份总数的 25% 以上；公司股本总额超过人民币 4 亿元的，公开发行股份的比例为 10% 以上；（4）公司最近 3 年无重大违法行为，财务会计报告无虚假记载。（5）符合证券交易所制定并报国务院证券监督管理机构批准的其他条件。

第一百四十五条 上市公司必须依照法律、行政法规的规定，公开其财务状况、经营情况及重大诉讼，在每会计年度内半年公布一次财务会计报告。

▶ **关联规定**

法律、行政法规、司法解释

《中华人民共和国证券法》

第七十八条 发行人及法律、行政法规和国务院证券监督管理机构规定的其他信息披露义务人，应当及时依法履行信息披露义务。

信息披露义务人披露的信息，应当真实、准确、完整，简明清晰，通俗易懂，不得有虚假记载、误导性陈述或者重大遗漏。

证券同时在境内境外公开发行、交易的，其信息披露义务人在境外披露的信息，应当在境内同时披露。

第七十九条 上市公司、公司债券上市交易的公司、股票在国务院批准的其他全国性证券交易场所交易的公司，应当按照国务院证券监督管理机构和证券交易场所规定的内容和格式编制定期报告，并按照以下规定报送和公告：

（一）在每一会计年度结束之日起四个月内，报送并公告年度报告，其中的年度财务会计报告应当经符合本法规定的会计师事务所审计；

（二）在每一会计年度的上半年结束之日起二个月内，报送并公告中期报告。

第八十条 发生可能对上市公司、股票在国务院批准的其他全国性证券交易场所交易的公司的股票交易价格产生较大影响的重大事件，投资者尚未得知时，公司应当立即将有关该重大事件的情况向国务院证券监督管理机构和证券交易场所报送临时报告，并予公告，说明事件的起因、目前的状态和可能产生的法律后果。

前款所称重大事件包括：

（一）公司的经营方针和经营范围的重大变化；

（二）公司的重大投资行为，公司在一年内购买、出售重大资产超过公司资产总额百分之三十，或者公司营业用主要资产的抵押、质押、出售或者报废一次超过该资产的百分之三十；

（三）公司订立重要合同、提供重大担保或者从事关联交易，可能对公司的资产、负债、权益和经营成果产生重要影响；

（四）公司发生重大债务和未能清偿到期重大债务的违约情况；

（五）公司发生重大亏损或者重大损失；

（六）公司生产经营的外部条件发生的重大变化；

（七）公司的董事、三分之一以上监事或者经理发生变动，董事长或者经理无法履行职责；

（八）持有公司百分之五以上股份的股东或者实际控制人持有股份或者控制公司的情况发生较大变化，公司的实际控制人及其控制的其他企业从事与公司相同或者相似业务的情况发生较大变化；

（九）公司分配股利、增资的计划，公司股权结构的重要变化，公司减资、合并、分立、解散及申请破产的决定，或者依法进入破产程序、被责令关闭；

（十）涉及公司的重大诉讼、仲裁，股东大会、董事会决议被依法撤销或者宣告无效；

（十一）公司涉嫌犯罪被依法立案调查，公司的控股股东、实际控制人、董事、监事、高级管理人员涉嫌犯罪被依法采取强制措施；

（十二）国务院证券监督管理机构规定的其他事项。

公司的控股股东或者实际控制人对重大事件的发生、进展产生较大影响的，应当及时将其知悉的有关情况书面告知公司，并配合公司履行信息披露义务。

第八十一条 发生可能对上市交易公司债券的交易价格产生较大影响的重大事件，投资者尚未得知时，公司应当立即将有关该重大事件的情况向国务院证券监督管理机构和证券交易场所报送临时报告，并予公告，说明事件的起因、目前的状态和可能产生的法律后果。

前款所称重大事件包括：

（一）公司股权结构或者生产经营状况发生重大变化；

（二）公司债券信用评级发生变化；

（三）公司重大资产抵押、质押、出售、转让、报废；

（四）公司发生未能清偿到期债务的情况；

（五）公司新增借款或者对外提供担保超过上年末净资产的百分之二十；

（六）公司放弃债权或者财产超过上年末净资产的百分之十；

（七）公司发生超过上年末净资产百分之十的重大损失；

（八）公司分配股利，作出减资、合并、分立、解散及申请破产的决定，或者依法进入破产程序、被责令关闭；

（九）涉及公司的重大诉讼、仲裁；

（十）公司涉嫌犯罪被依法立案调查，公司的控股股东、实际控制人、董事、监事、高级管理人员涉嫌犯罪被依法采取强制措施；

（十一）国务院证券监督管理机构规定的其他事项。

▶ 条文释义

一、本条主旨

本条是关于上市公司公开其有关信息的规定。

二、条文演变

1993年《公司法》第156条规定：上市公司必须按照法律、行政法规的规定，定期公开其财务状况和经营情况，在每会计年度内半年公布一次财务会计报告。《公司法》于1999年、2004年进行修正时，本条未变更。2005年修订时，条文序号调整为第146条，内容修改为："上市公司必须依照法律、行政法规的规定，公开其财务状况、经营情况及重大诉讼，在每会计年度内半年公布一次财务会计报告。"2013年《公司法》修正时，仅将条文序号调整为第145条，内容未作变化。2018年《公司法》修正时，本条未作变更。从条文演变过程来看，2005年修订并未作原则性修改，只是在公开的内容中根据《证券法》的有关规定，将"定期"二字删除，增加了"重大诉讼"一项。

三、条文解读

上市公司的股票在依法设立的证券交易所进行交易，面对着广大的投资者，为了方便投资者进行投资决策、保护投资者的合法权益，上市公司应当将公司的有关情况及时、准确地予以披露。《证券法》对上市公司的信息披露有着更详尽、更具体的规定，《证券法》第79条规定："上市公司、公司债券上市交易的公司、股票在国务院批准的其他全国性证券交易场所交易的公司，应当按照国务院证券监督管理机构和证券交易场所规定的内容和格式编制定期报告，并按照以下规定报送和公告：（一）在每一会计年度结束之日起四个月内，报送并公告年度报告，其中的年度财务会计报告应当经符合本法规定的会计师事务所审计；（二）在每一会计年度的上半年结束之日起二个月内，报送并公告中期报告。" 第80条规定："发生可能对上市公司、股票在国务院批准的其他全国性证券交易场所交易的公司的股票交易价格产生较大影响的重大事件，投资者尚未得知时，公司应当立即将有关该重大事件的情况向国务院证券监督管理机构和证券交易场所报送临时报告，并予公告，说明事件的起因、目前的状态和可能产生的法律后果。前款所称重大事件包括：（一）公司的经营方针和经营范围的重大变化；（二）公司的重大投资行为，公司在一年内购买、出售重大资产超过公司资产总额百分之三十，或者公司营业用主要资产的抵押、质押、出售或者报废一次超过该资产的百分之三十；（三）公司订立重要合同、提供重大担保或者从事关联交易，可能对公司的资产、负债、权益和经营成果产生重要影响；（四）公司发生重大债务和未能清偿到期重大债务的违约情况；（五）公司发生重大亏损或者重大损失；（六）公司生产经营的外部条件发生的重大变化；（七）公司的董事、三分之一以上监事或者经理发生变动，董事长或者经理无法履行职责；（八）持有公司百分之五以上股份的股东或者实际控制人持有股份或者控制公司的情况发生较大变化，公司的实际控制人及其控制的其他企业从事与公司相同或者相似业务的情况发生较大变化；（九）公司分配股利、增资的计划，公司股权结构的重要变化，公司减资、合并、分立、解散及申请破产的决定，或者依法进入破产程序、被责令关闭；（十）涉及公司的重大诉讼、仲裁，股东大会、董事会决议被依法撤销或者宣告无效；（十一）公司涉嫌犯罪被依法立案调查，公司的控股股东、实际控制人、董事、监事、高级管理人员涉嫌犯罪被依法采取强制措施；（十二）国务院证券监督管理机构规定的其他事项。公司的控股股东或者实际控制人对重大事件的发生、进展产生较大影响的，应当及时将其知悉的有关情况书面告知公司，并配合公司履行信息披露义务。"根据本条的规定，《证券法》以及其他法律、行政法规对上市公司公布其财务状况、经营情况和重大诉讼有规定的，应依据其规定执行。

第六章 公司董事、监事、高级管理人员的资格和义务

第一百四十六条 有下列情形之一的，不得担任公司的董事、监事、高级管理人员：

（一）无民事行为能力或者限制民事行为能力；

（二）因贪污、贿赂、侵占财产、挪用财产或者破坏社会主义市场经济秩序，被判处刑罚，执行期满未逾五年，或者因犯罪被剥夺政治权利，执行期满未逾五年；

（三）担任破产清算的公司、企业的董事或者厂长、经理，对该公司、企业的破产负有个人责任的，自该公司、企业破产清算完结之日起未逾三年；

（四）担任因违法被吊销营业执照、责令关闭的公司、企业的法定代表人，并负有个人责任的，自该公司、企业被吊销营业执照之日起未逾三年；

（五）个人所负数额较大的债务到期未清偿。

公司违反前款规定选举、委派董事、监事或者聘任高级管理人员的，该选举、委派或者聘任无效。

董事、监事、高级管理人员在任职期间出现本条第一款所列情形的，公司应当解除其职务。

▶ 关联规定

法律、行政法规、司法解释

1.《中华人民共和国保险法》

第八十二条 有《中华人民共和国公司法》第一百四十六条规定的情形或者下列情形之一的，不得担任保险公司的董事、监事、高级管理人员：

（一）因违法行为或者违纪行为被金融监督管理机构取消任职资格的金融机构的董事、监事、高级管理人员，自被取消任职资格之日起未逾五年的；

（二）因违法行为或者违纪行为被吊销执业资格的律师、注册会计师或者资产评估机构、验证机构等机构的专业人员，自被吊销执业资格之日起未逾五年的。

2.《中华人民共和国证券法》

第一百二十四条 证券公司的董事、监事、高级管理人员，应当正直诚实、品行良好，熟悉证券法律、行政法规，具有履行职责所需的经营管理能力。证券公司任免董事、监事、高级管理人员，应当报国务院证券监督管理机构备案。

有《中华人民共和国公司法》第一百四十六条规定的情形或者下列情形之一的，不得担任证券公司的董事、监事、高级管理人员：

（一）因违法行为或者违纪行为被解除职务的证券交易场所、证券登记结算机构的负责人或者证券公司的董事、监事、高级管理人员，自被解除职务之日起未逾五年；

（二）因违法行为或者违纪行为被吊销执业证书或者被取消资格的律师、注册会计师或者其他证券服务机构的专业人员，自被吊销执业证书或者被取消资格之日起未逾五年。

▶ 条文释义

一、本条主旨

本条是关于董事、监事、高级管理人员消极资格的规定。

二、条文演变

1993年《公司法》第57条规定："有下列情形之一的，不得担任公司的董事、监事、经理：（一）无民事行为能力或者限制民事行为能力；（二）因犯有贪污、贿赂、侵占财产、挪用财产罪或者破坏社会经济秩序罪，被判处刑罚，执行期满未逾五年，或者因犯罪被剥夺政治权利，执行期满未逾五年；（三）担任因经营不善破产清算的公司、企业的董事或者厂长、经理，并对该公司、企业的破产负有个人责任的,自该公司、企业破产清算完结之日起未逾三年;(四)担任因违法被吊销营业执照的公司、企业的法定代表人,并负有个人责任的,自该公司、企业被吊销营业执照之日起未逾三年;(五)个人所负数额较大的债务到期未清偿。公司违反前款规定选举、委派董事、监事或者聘任经理的,该选举、委派或者聘任无效。"《公司法》于1999年、2004年进行修正时,本条未变更。2005年《公司法》修订时,条文序号调整为第147条,内容修改为:"有下列情形之一的,不得担任公司的董事、监事、高级管理人员:(一)无民事行为能力或者限制民事行为能力;(二)因贪污、贿赂、侵占财产、挪用财产或者破坏社会主义市场经济秩序,被判处刑罚,执行期满未逾五年,或者因犯罪被剥夺政治权利,执行期满未逾五年;(三)担任破产清算的公司、企业的董事或者厂长、经理,对该公司、企业的破产负有个人责任的,自该公司、企业破产清算完结之日起未逾三年;(四)担任因违法被吊销营业执照、责令关闭的公司、企业的法定代表人,并负有个人责任的,自该公司、企业被吊销营业执照之日起未逾三年;(五)个人所负数额较大的债务到期未清偿。公司违反前款规定选举、委派董事、监事或者聘任高级管理人员的,该选举、委派或者聘任无效。董事、监事、高级管理人员在任职期间出现本条第一款所列情形的,公司应当解除其职务。"2013年修正时,仅将条文序号调整为第146条,内容未作变化。2018年修正时,本条未作变更。

本条于2005年修订时,主要作了以下修改:一是扩大了人员范围。公司的副经理、财务负责人、上市公司的董事会秘书和公司章程规定的其他高级管理人员也受该条限制。二是增加规定,董事、监事、高级管理人员在任职期间出现限制情形的,公司应当解除其职务。此外,还作了一些文字性修改。

三、条文解读

本条规定的是公司董事、监事、高级管理人员的消极资格,即不能担任公司董事、监事、高级管理人员的情形。本条规定了五种,不得担任公司董事、监事、高级管理人员的情形。对第一类人员进行限制的原因是,这是对公司董事、监事、高级管理人员的基本要求。董事、监事、高级管理人员要执行公司职务,独立行使权利、履行义务、承担责任,必须是完全民事行为能力人。对第二类人员进行限制的原因是,董事、监事、高级管理人员管理、监督的是公司财产的运营,应当有较高的诚信度,对于采取非法手段牟取私利的人,应当限制他们担任公司董事、监事、高级管理人员。因此，因贪污、贿赂、侵占财产、挪用财产或者破坏社会主义市场经济秩序，被判处刑罚或者因犯罪被剥夺政治权利的人员，在刑罚执行期满后的一定期限内，不宜担任公司领导职务。对第三类人员进行限制的原因是，有这类情形的人员通常在经营管理能力方面有欠缺，应该让他们经过一段时间的重新实践，提高能力后，再从事公司经营管理工作。对第四类人员进行限制的原因是，这类人员属于对公司、企业的严重违法行为负有领导责任的人员，由于缺乏守法意识，应当让他们经过一段时间的反省改过，增强法律观念、培养守法意识后，再担任公司领导职务。对第五类人员进行限制的原因是，发生这类情形可能是由于当事人不信守承诺、到期不清偿债务，也可能是当事人无力偿还。不管属于哪种情况，聘请这类人员担任公司领导职务是有较大风险的。根据本条第2款、第3款的规定，公司违反第1款规定所作出的选举、委派和聘任行为无效。在上述有关人员担任职务期间发现其不符合任职资格的，公司应撤销其职务，重新选任。

> 第一百四十七条 董事、监事、高级管理人员应当遵守法律、行政法规和公司章程，对公司负有忠实义务和勤勉义务。
> 董事、监事、高级管理人员不得利用职权收受贿赂或者其他非法收入，不得侵占公司的财产。

▶ 条文释义

一、本条主旨

本条是关于董事、监事、高级管理人员忠实和勤勉义务的规定。

二、条文演变

1993 年《公司法》第 59 条规定："董事、监事、经理应当遵守公司章程，忠实履行职务，维护公司利益，不得利用在公司的地位和职权为自己谋取私利。董事、监事、经理不得利用职权收受贿赂或者其他非法收入，不得侵占公司的财产。"《公司法》于 1999 年、2004 年进行修正时，本条未变更。2005 年修订时，条文序号调整为第 148 条，内容修改为："董事、监事、高级管理人员应当遵守法律、行政法规和公司章程，对公司负有忠实义务和勤勉义务。董事、监事、高级管理人员不得利用职权收受贿赂或者其他非法收入，不得侵占公司的财产。"2013 年《公司法》修正时，仅将条文序号调整为第 147 条，内容未作变化。2018 年《公司法》修正时，本条未作变更。

2005 年《公司法》修订时作了以下修改：一是扩大义务主体，即将经理扩大为包括经理在内的其他高级管理人员，包括副经理、财务负责人、上市公司董事会秘书和公司章程规定的其他人员；二是扩大了遵守的依据，即由遵守公司章程扩大为遵守法律、行政法规；三是将"忠实履行职务，维护公司利益，不得利用在公司的地位和职权为自己谋取私利"修改为"对公司负有忠实义务和勤勉义务"。上述修改，并没有改变原规定的立法原意，只是将原规定的含义表述更明确、更准确。

三、条文解读

公司董事是基于股东的信任由股东会或者股东大会选举产生的。董事组成董事会。董事会是公司经营决策机关,享有经营管理公司的权力。董事会的职权由董事集体行使。因此可以说,在法律和公司章程的范围内,董事被授予了广泛地参与管理公司事务和公司财产的权力。董事基于股东的信任取得了法律和公司章程赋予的参与公司经营决策的权力,就应当在遵循法律和公司章程的前提下,为公司的最大利益服务。为确保董事权力的正当行使,防止董事放弃、怠于行使权力或者为自己的利益滥用权力,保护公司利益和全体股东的共同利益,从法律上对董事的义务作严格的规定,以约束董事的执行公司职务的行为,是非常必要的。

从学理上讲,董事义务按其内容不同一般可分为注意义务和忠实义务两大类。注意义务又称为勤勉义务或者善管注意义务,是指董事履行职责时,应当为公司的最佳利益,具有一个善良管理人的细心,尽一个普通谨慎之人的合理注意。忠实义务,是指董事应当忠实履行职责,其自身利益与公司利益发生冲突时,应当维护公司利益,不得利用董事的地位牺牲公司利益为自己或者第三人牟利。监事、高级管理人员也在公司中处于重要地位,在法律和公司章程的范围内被授予了监督或者管理公司事务等职权。他们同样应当为公司的最大利益行使权力,对他们也应当规定严格的义务,以约束他们执行公司职务的行为。因此,本条规定监事、高级管理人员也负有忠实和勤勉义务。

本条关于董事、监事、高级管理人员的忠实和勤勉义务的规定包含以下内容:(1)董事、监事、高级管理人员负有遵守法律、行政法规和公司章程的义务,在守法和遵守公司章程的前提下,履行忠实义务和勤勉义务,不得采取非法手段为公司牟取不正当利益,不得从事违法经营活动。(2)董事、监事、高级管理人员的忠实和勤勉义务是对公司承担的法定义务,而不是对单个或者部分股东所承担的义务。董事、监事、高级管理人员作为公司财产的监督管理者,应当为公司的利益,而不是为单个或者部分股东的利益,经营管理公司财产,监督公司财产的运营,保证公司财产的安全,实现公司的经济利益。

本条第2款规定了一项禁止性义务,是忠实义务的一个具体内容。

《公司法》 | 第六章 公司董事、监事、高级管理人员的资格和义务 | 第一百四十八条

第一百四十八条　董事、高级管理人员不得有下列行为：

（一）挪用公司资金；

（二）将公司资金以其个人名义或者以其他个人名义开立账户存储；

（三）违反公司章程的规定，未经股东会、股东大会或者董事会同意，将公司资金借贷给他人或者 以公司财产为他人提供担保；

（四）违反公司章程的规定或者未经股东会、股东大会同意，与本公司订立合同或者进行交易；

（五）未经股东会或者股东大会同意，利用职务便利为自己或者他人谋取属于公司的商业机会，自营或者为他人经营与所任职公司同类的业务；

（六）接受他人与公司交易的佣金归为己有；

（七）擅自披露公司秘密；

（八）违反对公司忠实义务的其他行为。

董事、高级管理人员违反前款规定所得的收入应当归公司所有。

▶ 条文释义

一、本条主旨

本条是关于董事、高级管理人员不得违反对公司忠实义务的具体规定。

二、条文演变

1993年《公司法》第60条规定："董事、经理不得挪用公司资金或者将公司资金借贷给他人。董事、经理不得将公司资产以其个人名义或者以其他个人名义开立帐户存储。董事、经理不得以公司资产为本公司的股东或者其他个人债务提供担保。"第61条规定："董事、经理不得自营或者为他人经营与其所任职公司同类的营业或者从事损害本公司利益的活动。从事上述营业或者活

动的，所得收入应当归公司所有。董事、经理除公司章程规定或者股东会同意外，不得同本公司订立合同或者进行交易。"第 62 条规定："董事、监事、经理除依照法律规定或者经股东会同意外，不得泄露公司秘密。"《公司法》于 1999 年、2004 年进行修正时，上述条款未变更。2005 年修订时，第 149 条规定："董事、高级管理人员不得有下列行为：（一）挪用公司资金；（二）将公司资金以其个人名义或者以其他个人名义开立账户存储；（三）违反公司章程的规定，未经股东会、股东大会或者董事会同意，将公司资金借贷给他人或者以公司财产为他人提供担保；（四）违反公司章程的规定或者未经股东会、股东大会同意，与本公司订立合同或者进行交易；（五）未经股东会或者股东大会同意，利用职务便利为自己或者他人谋取属于公司的商业机会，自营或者为他人经营与所任职公司同类的业务；（六）接受他人与公司交易的佣金归为己有；（七）擅自披露公司秘密；（八）违反对公司忠实义务的其他行为。董事、高级管理人员违反前款规定所得的收入应当归公司所有。" 2013 年修正时，仅将条文序号调整为第 148 条，内容未作变化。2018 年修正时，本条未作变更。

2005 年修订的核心是将修订前第 60 条、第 61 条、第 62 条合并作为一条，并作了如下修订：增加了两项内容，一项是"接受他人与公司交易的佣金归为己有"；另一项是"违反对公司忠实义务的其他行为"，这一规定扩大了"董事、监事、高级管理人员"忠实义务，进一步强化"董事、监事、高级管理人员"应负的责任。

三、条文解读

根据本条规定，公司董事、高级管理人员的下列行为，属于违反忠实义务的行为，应当予以禁止：

第一，挪用公司资金。挪用公司资金，是指公司董事、高级管理人员利用分管、负责或者办理某项业务的权利或职权所形成的便利条件，擅自将公司所有或公司有支配权的资金挪作他用，主要是为其个人使用或者为与其有利害关系的他人使用。挪用公司资金，必然会影响公司资金的正常使用，从而影响公司正常的投资经营活动，同时这种行为也给公司的经营带来了不可预测的风险，对公司利益造成危害。这种行为是违反董事、高级管理人员对公司的忠实义务的，应当禁止。

第二，将公司资金以其个人名义或者以其他个人名义开立账户存储。在公司与个人没有发生正常交易的情况下，将公司资金以个人名义存储，极易造成公司财产的流失，应当禁止这种行为。

第三，违反公司章程的规定，未经股东会、股东大会或者董事会同意，将公司资金借贷给他人或者以公司财产为他人提供担保。这种行为也属于利用职权擅自将公司资金挪作他用，与挪用公司资金行为的性质基本相同，也应当是禁止的。

第四，违反公司章程的规定或者未经股东会、股东大会同意，与本公司订立合同或者进行交易。董事、高级管理人员与本公司订立合同或者进行交易时，董事、高级管理人员个人在交易中处于与公司利益相冲突的地位，为了保护公司利益，这种交易应当按照公司章程的规定或者经股东会、股东大会同意，方可进行。董事、高级管理人员如果违反公司章程的规定或者未股东会、股东大会同意，擅自与本公司订立合同或者进行交易，就是违反了对公司的忠实义务，应当禁止这种行为。

第五，未经股东会或者股东大会同意，利用职务便利为自己或者他人谋取属于公司的商业机会，自营或者为他人经营与所任职公司同类的业务。所谓商业机会，是赢得客户、获取商业利润的机会。在竞争日趋激烈的市场中，能否获得商业机会对公司的发展至关重要，如果公司董事、高级管理人员利用职务便利抢占本属于公司的商业机会为自己或为他人牟取利益，无疑会给公司的利益造成损害。董事、高级管理人员自营或者为他人经营与所任职公司同类的业务，发生与公司争夺商业机会的道德风险会大大增加。因此，从事这种业务，应当经股东会或股东大会同意，未经股东会或股东大会同意，自营或者为他人经营与所任职公司同类的业务，是违反忠实义务的行为，应当予以禁止。

第六，接受他人与公司交易的佣金归为己有。董事、高级管理人员执行公司职务，应当代表公司的利益，不能收取他人支付的佣金。接受他人与公司交易的佣金归为己有，就是利用职务为自己牟取利益，这种行为违背了忠实义务，应当禁止。

第七，擅自披露公司秘密。公司秘密一般是具有商业价值的，公司秘密的披露往往会对公司的市场地位产生影响，有些公司秘密的披露甚至会使公司丧失竞争优势，从而给公司的利益造成重大损害。因此，董事、高级管理人员擅自披露公司秘密是违反忠实义务的，应当禁止这种行为。

第八，违反对公司忠实义务的其他行为。

除本条所列的上述 7 种行为外，实践中，可能还会有违反对公司忠实义务的其他行为，但法律中难以一一列举。因此，在本项概括地规定禁止违反对公司忠实义务的其他行为是必要的。

第一百四十九条 董事、监事、高级管理人员执行公司职务时违反法律、行政法规或者公司章程的规定，给公司造成损失的，应当承担赔偿责任。

条文释义

一、本条主旨

本条是关于董事、监事、高级管理人员赔偿责任的规定。

二、条文演变

1993年《公司法》第63条规定：董事、监事、经理执行公司职务时违反法律、行政法规或者公司章程的规定，给公司造成损害的，应当承担赔偿责任。《公司法》于1999年、2004年进行修正时，本条未变更。2005年修订时，条文序号调整为第150条，内容修改为："董事、监事、高级管理人员执行公司职务时违反法律、行政法规或者公司章程的规定，给公司造成损失的，应当承担赔偿责任。"2013年修正时，仅将条文序号调整为第149条，内容未作变化。2018年修正时，本条未作变更。

2005年修订本条规定是对修订前的第63条规定的保留，未作实质性修改。只是为同其他规定保持一致，将原规定中的"经理"相应地修改为"高级管理人员"，将"损害"改为"损失"。

三、条文解读

董事、监事、高级管理人员享有法律和公司章程赋予的管理、监督公司事务的职权，同时负有对公司忠诚和勤勉的义务，在执行公司职务时，依照法律和公司章程行使职权，履行义务，维护公司的利益。为促使董事、监事、高级管理人员依法为公司利益行使权力、履行义务，使公司的合法权益在受到侵害时能得到恢复或补偿，应当明确董事、监事、高级管理人员违法执行职务给公司造成损害所应承担的法律责任。本条是对董事、监事、高级管理人员给公司造成损害所应承担的民事赔偿责任的规定。根据这一规定，董事、监事、高级管理人员承担赔偿责任应当具备以下条件：一是必须有公司受到损害的事实存在。二是损害行为必须是行为人违反法律、行政法规或者公司章程执行职务的行为。因本法明确规定公司的董事、监事、高级管理人员对公司负有忠实义务和勤勉义务，因此，上述人员不履行忠实义务和勤勉义务的，也是违反法律的行为。三是违法行为与损害事实之间必须有因果关系。四是行为人必须有过错，也就是必须有过失或者故意。承担责任的方式，可以根据受侵害的公司权益的性质、具体情况的不同，采取不同的办法，主要是赔偿公司财产损失。

> 第一百五十条　股东会或者股东大会要求董事、监事、高级管理人员列席会议的，董事、监事、高级管理人员应当列席并接受股东的质询。
>
> 董事、高级管理人员应当如实向监事会或者不设监事会的有限责任公司的监事提供有关情况和资料，不得妨碍监事会或者监事行使职权。

条文释义

一、本条主旨

本条是关于董事、监事、高级管理人员列席股东会、股东大会以及协助监事会工作的义务的规定。

二、条文演变

本条是 2005 年修订《公司法》时新增加的一条规定，2005 年《公司法》第 151 条规定："股东会或者股东大会要求董事、监事、高级管理人员列席会议的，董事、监事、高级管理人员应当列席并接受股东的质询。董事、高级管理人员应当如实向监事会或者不设监事会的有限责任公司的监事提供有关情况和资料，不得妨碍监事会或者监事行使职权。"2013 年修正时，仅将条文序号调整为第 150 条，内容未作变化。2018 年修正时，本条未作变更。

增加这一规定的主要考虑是，强化股东权益的维护机制，进一步明确股东和董事、监事、高级管理人员的关系。董事、监事、高级管理人员与股东的关系是一种信任委托的关系，也是一种出资者和管理者的关系。出资者基于信任原因，将公司的管理权委托给了董事、监事、高级管理人员经营公司，并支付相应的报酬，董事、监事、高级管理人员有义务也有责任按照法律、行政法规的规定，忠实地履行自己的职责，也有义务向他的委托人报告相应的工作情况，接受相应的质询。鉴于社会实践中，存在着有的董事、监事、高级管理人员不愿意或者故意不向股东汇报自己经营工作的现象，2005年修订《公司法》时，以法律的形式将董事、监事、高级管理人员列席并接受股东的质询作为一项义务作了明确的规定，以法律的形式进一步明确出资者和公司经营管理者的法律关系，以确保股东的合法权益不受侵犯。

三、条文解读

法律和公司章程规定由股东会或者股东大会决议的事项，属于对公司特别重要的事项以及有关公司经营的基本事项，如修改公司章程，选举董事、监事。为了使股东能够在充分了解情况的基础上正确地行使表决权，更好地保障公司利益和股东利益，应当赋予股东在股东会议上质询的权利。根据本条第1款的规定，股东会或者股东大会召开会议，可以要求董事、监事、高级管理人员列席会议；在股东会议上，股东有权向列席股东会议的董事、监事、高级管理人员提出质询；股东质询权只能在股东会议上行使；董事、监事、高级管理人员接到股东会或者股东大会提出的列席股东会议的要求后，应当按时列席股东会议，不得拒绝列席会议；在列席股东会议时，应当接受股东的质询。

监事会和不设监事会的有限责任公司的监事具有监督董事、高级管理人员依照法律和公司章程的规定履行职务的职能。本法第53条赋予了监事会、不设监事会的有限责任公司的监事若干重要的、具体的监督职权，比如，检查公司财务，对董事、高级管理人员提出罢免的建议，纠正董事、高级管理人员损害公司利益的行为，向股东会会议提出提案，依法对董事、高级管理人员提起诉讼。为了确保监事会和不设监事会的有限责任公司的监事了解董事、高级管理人员执行公司职务的有关情况，正确有效地行使监督职权，从法律上规定董事、高级管理人员对监事会、不设监事会的有限责任公司的监事的说明义务是必要的。根据本条规定，董事、高级管理人员有义务如实向监事会或者监事提供有关情况和资料，不得隐瞒事实，不得作虚假陈述或提供虚假资料，不得妨碍监事会或者监事行使职权。

第一百五十一条 董事、高级管理人员有本法第一百四十九条规定的情形的,有限责任公司的股东、股份有限公司连续一百八十日以上单独或者合计持有公司百分之一以上股份的股东,可以书面请求监事会或者不设监事会的有限责任公司的监事向人民法院提起诉讼;监事有本法第一百四十九条规定的情形的,前述股东可以书面请求董事会或者不设董事会的有限责任公司的执行董事向人民法院提起诉讼。

监事会、不设监事会的有限责任公司的监事,或者董事会、执行董事收到前款规定的股东书面请求后拒绝提起诉讼,或者自收到请求之日起三十日内未提起诉讼,或者情况紧急、不立即提起诉讼将会使公司利益受到难以弥补的损害的,前款规定的股东有权为了公司的利益以自己的名义直接向人民法院提起诉讼。

他人侵犯公司合法权益,给公司造成损失的,本条第一款规定的股东可以依照前两款的规定向人民法院提起诉讼。

▶ 关联规定

一、法律、行政法规、司法解释

1.《最高人民法院关于适用〈中华人民共和国公司法〉若干问题的规定(一)》

第四条 公司法第一百五十一条规定的 180 日以上连续持股期间,应为股东向人民法院提起诉讼时,已期满的持股时间;规定的合计持有公司百分之一以上股份,是指两个以上股东持股份额的合计。

2.《最高人民法院关于适用〈中华人民共和国公司法〉若干问题的规定(四)》

第二十三条 监事会或者不设监事会的有限责任公司的监事依据公司法第一百五十一条第一款规定对董事、高级管理人员提起诉讼的,应当列公司为原告,依法由监事会主席或者不设监事会的有限责任公司的监事代表公司进行诉讼。

董事会或者不设董事会的有限责任公司的执行董事依据公司法第一百五十一条第一款规定对监事提起诉讼的，或者依据公司法第一百五十一条第三款规定对他人提起诉讼的，应当列公司为原告，依法由董事长或者执行董事代表公司进行诉讼。

第二十四条 符合公司法第一百五十一条第一款规定条件的股东，依据公司法第一百五十一条第二款、第三款规定，直接对董事、监事、高级管理人员或者他人提起诉讼的，应当列公司为第三人参加诉讼。

一审法庭辩论终结前，符合公司法第一百五十一条第一款规定条件的其他股东，以相同的诉讼请求申请参加诉讼的，应当列为共同原告。

第二十五条 股东依据公司法第一百五十一条第二款、第三款规定直接提起诉讼的案件，胜诉利益归属于公司。股东请求被告直接向其承担民事责任的，人民法院不予支持。

第二十六条 股东依据公司法第一百五十一条第二款、第三款规定直接提起诉讼的案件，其诉讼请求部分或者全部得到人民法院支持的，公司应当承担股东因参加诉讼支付的合理费用。

3.《最高人民法院关于适用〈中华人民共和国公司法〉若干问题的规定（五）》

第一条 关联交易损害公司利益，原告公司依据民法典第八十四条、公司法第二十一条规定请求控股股东、实际控制人、董事、监事、高级管理人员赔偿所造成的损失，被告仅以该交易已经履行了信息披露、经股东会或者股东大会同意等法律、行政法规或者公司章程规定的程序为由抗辩的，人民法院不予支持。

公司没有提起诉讼的，符合公司法第一百五十一条第一款规定条件的股东，可以依据公司法第一百五十一条第二款、第三款规定向人民法院提起诉讼。

第二条 关联交易合同存在无效、可撤销或者对公司不发生效力的情形，公司没有起诉合同相对方的，符合公司法第一百五十一条第一款规定条件的股东，可以依据公司法第一百五十一条第二款、第三款规定向人民法院提起诉讼。

二、司法指导性文件

《全国法院民商事审判工作会议纪要》

24.【何时成为股东不影响起诉】股东提起股东代表诉讼，被告以行为发生时原告尚未成为公司股东为由抗辩该股东不是适格原告的，人民法院不予支持。

25.【正确适用前置程序】根据《公司法》第151条的规定，股东提起代表诉讼的前置程序之一是，股东必须先书面请求公司有关机关向人民法院提起诉讼。一般情况下，股东没有履行该前置程序的，应当驳回起诉。但是，该项前置程序针对的是公司治理的一般情况，即在股东向公司有关机关提出书面申请之时，存在公司有关机关提起诉讼的可能性。如果查明的相关事实表明，根本不存在该种可能性的，人民法院不应当以原告未履行前置程序为由驳回起诉。

26.【股东代表诉讼的反诉】股东依据《公司法》第151条第3款的规定提起股东代表诉讼后，被告以原告股东恶意起诉侵犯其合法权益为由提起反诉的，人民法院应予受理。被告以公司在案涉纠纷中应当承担侵权或者违约等责任为由对公司提出的反诉，因不符合反诉的要件，人民法院应当裁定不予受理；已经受理的，裁定驳回起诉。

27.【股东代表诉讼的调解】公司是股东代表诉讼的最终受益人，为避免因原告股东与被告通过调解损害公司利益，人民法院应当审查调解协议是否为公司的意思。只有在调解协议经公司股东（大）会、董事会决议通过后，人民法院才能出具调解书予以确认。至于具体决议机关，取决于公司章程的规定。公司章程没有规定的，人民法院应当认定公司股东（大）会为决议机关。

▶ 条文释义

一、本条主旨

本条是关于股东代表诉讼的规定。

二、条文演变

本条是 2005 年修订《公司法》时新增加的一条规定，条文序号为第 152 条。2013 年《公司法》修正时，仅将条文序号调整为第 151 条，内容未作变化。2018 年《公司法》修正时，本条未作变更。增加这一规定主要目的是强化股东权益的维护机制，是有利于厘清当董事、监事、高级管理人员执行公司职务违反规定给公司造成损失及他人给公司造成损失时，公司股东如何维护权利，保护合法权益的规定。

三、条文解读

股东享有提起代表诉讼的权利，在董事、高级管理人员违反忠实和勤勉义务，给公司利益造成损害，而公司又不追究其责任时，股东可以代表公司提起诉讼，维护公司的合法权益。在实践中，大股东操纵董事、高级管理人员损害公司利益以及公司中小股东利益的情况时有发生，迫切需要强化对公司利益以及公司中小股东利益的保护机制。赋予股东提起代表诉讼的权利，具有重要的实际意义。因此，本条对股东代表诉讼的权利作出了规定。

根据本条规定，股东提起代表诉讼应当符合以下法定要求：

提起代表诉讼的股东资格。为防止出现个别股东随意使用此项诉讼权利，造成董事、监事、高级管理人员疲于应付诉讼，难以专注于公司事务的监督和管理，影响公司的正常经营活动，有必要对提起代表诉讼的股东资格作出限制。根据本条规定，有限责任公司的股东、股份有限公司连续 180 日以上单独或者合计持有公司 1% 以上股份的股东，有权提起股东代表诉讼。

提起股东代表诉讼的前置条件。根据本条规定，董事会或者不设董事会的有限责任公司的执行董事，监事会、不设监事会的有限责任公司的监事是法定的公司机关，依法代表公司行使权力，有权代表公司提起诉讼，当发生董事、监事、高级管理人员违反法定义务，损害公司利益的情形时，股东应当依法向上述有关公司机关提出请求，请求有关公司机关向人民法院提起诉讼。如果有关公司机关拒绝履行职责或者怠于履行职责，则股东为维护公司利益可以向人民法院提起代表诉讼。这样一方面符合法定程序，另一方面也可以对股东诉讼作适当限制，避免滥诉给公司造成不利影响。因此，本条规定，董事、高级管理人员有本法第 149 条规定的情形的，股东可以书面请求监事会或者不设监事会的有限责任公司的监事向人民法院提起诉讼；监事有本法第 149 条规定的情形的，董事会或者不设董事会的有限责任公司的执行董事向人民法院提起诉讼。监事会、监事或者董事会、执行董事收到前款规定的股东书面请求后拒绝提起诉讼，或者自收到请求之日起 30 日内未提起诉讼，或者情况紧急，不立即提起诉讼将会使公司利益受到难以弥补的损害的，前款规定的股东有权为了公司的利益以自己的名义直接向人民法院提起诉讼。

诉讼事由。股东代表诉讼主要是针对董事、监事、高级管理人员违反对公司的忠实和勤勉义务，给公司造成损害的行为提起的诉讼。对于公司董事、监事、高级管理人员以外的其他人侵犯公司合法权益，给公司造成损害的，股东也可以代表公司向人民法院提起诉讼。

> 第一百五十二条　董事、高级管理人员违反法律、行政法规或者公司章程的规定，损害股东利益的，股东可以向人民法院提起诉讼。

▶ 关联规定

法律、行政法规、司法解释

《最高人民法院关于适用〈中华人民共和国公司法〉若干问题的规定（二）》

第二十三条　清算组成员从事清算事务时，违反法律、行政法规或者公司章程给公司或者债权人造成损失，公司或者债权人主张其承担赔偿责任的，人民法院应依法予以支持。

有限责任公司的股东、股份有限公司连续一百八十日以上单独或者合计持有公司百分之一以上股份的股东，依据公司法第一百五十一条第三款的规定，以清算组成员有前款所述行为为由向人民法院提起诉讼的，人民法院应予受理。

公司已经清算完毕注销，上述股东参照公司法第一百五十一条第三款的规定，直接以清算组成员为被告、其他股东为第三人向人民法院提起诉讼的，人民法院应予受理。

▶ 条文释义

一、本条主旨

本条是关于股东直接诉讼的规定。

二、条文演变

本条是 2005 年《公司法》修订时新增加的规定，条文序号为第 153 条。

2013年《公司法》修正时，仅将条文序号调整为第152条，内容未作变化。2018年《公司法》修正时，本条未作变更。增加这一规定的主要目的是确保股东投资权益不受侵犯。

三、条文解读

股东是公司的投资人，有权维护自己在公司的合法权益，公司董事、高级管理人员违反法律、行政法规或者公司章程的规定，损害股东利益的，股东有权为自己的利益向人民法院提起诉讼。本条对股东为维护自身权益向人民法院提起对董事、高级管理人员诉讼的规定，主要有以下内容：（1）每一个股东都可以在董事、高级管理人员损害其自身权益时提起诉讼。股东提起这类诉讼只要具备股东身份即可，没有具体的持股时间、持股数量的限制。（2）提起诉讼的事由，是董事、高级管理人员违反法律、行政法规或者公司章程的规定，损害了股东的利益。（3）提起诉讼的时间。《公司法》未作限制，根据《民法典》的规定，除法律另有规定外，向人民法院请求保护民事权利的诉讼时效期间为3年，股东从知道或者应当知道其权利被侵害时起3年内向人民法院提起诉讼，其权利都可以获得合法有效的保护；但是，从权利被侵害之日起超过20年的，人民法院不予保护。因此，股东在知道自己的利益被损害后，应当及时提起诉讼，保护自己的合法权益。

第七章　公司债券

第一百五十三条　本法所称公司债券，是指公司依照法定程序发行、约定在一定期限还本付息的有价证券。

公司发行公司债券应当符合《中华人民共和国证券法》规定的发行条件。

关联规定

法律、行政法规、司法解释

《中华人民共和国证券法》

第十五条　公开发行公司债券，应当符合下列条件：

（一）具备健全且运行良好的组织机构；

（二）最近三年平均可分配利润足以支付公司债券一年的利息；

（三）国务院规定的其他条件。

公开发行公司债券筹集的资金，必须按照公司债券募集办法所列资金用途使用；改变资金用途，必须经债券持有人会议作出决议。公开发行公司债券筹集的资金，不得用于弥补亏损和非生产性支出。

上市公司发行可转换为股票的公司债券，除应当符合第一款规定的条件外，还应当遵守本法第十二条第二款的规定。但是，按照公司债券募集办法，上市公司通过收购本公司股份的方式进行公司债券转换的除外。

第十六条　申请公开发行公司债券，应当向国务院授权的部门或者国务院证券监督管理机构报送下列文件：

（一）公司营业执照；

（二）公司章程；

（三）公司债券募集办法；

（四）国务院授权的部门或者国务院证券监督管理机构规定的其他文件。

依照本法规定聘请保荐人的，还应当报送保荐人出具的发行保荐书。

第十七条 有下列情形之一的，不得再次公开发行公司债券：

（一）对已公开发行的公司债券或者其他债务有违约或者延迟支付本息的事实，仍处于继续状态；

（二）违反本法规定，改变公开发行公司债券所募资金的用途。

▶ 条文释义

一、本条主旨

本条是关于公司债券的定义和发行条件的规定。

二、条文演变

1993年《公司法》第160条规定："本法所称公司债券是指公司依照法定程序发行的、约定在一定期限还本付息的有价证券。"《公司法》于1999年、2004年进行修正时，本条未变更。2005年《公司法》修订时，条文序号调整为第154条，内容修改为："本法所称公司债券，是指公司依照法定程序发行、约定在一定期限还本付息的有价证券。公司发行公司债券应当符合《中华人民共和国证券法》规定的发行条件。"2013年《公司法》修正时，仅将条文序号调整为第153条，内容未作变化。2018年《公司法》修正时，本条未作变更。

本条是2005年修订时对之前的《公司法》第160条规定的保留，未作实质性修改。但需要说明的是，一是关于公司债券发行的主体。修订后的《公司法》没有限制，删去了修订前的《公司法》第159条的下述规定，即"股份有限公司、国有独资公司和两个以上的国有企业或者其他两个以上的国有投资主体投资设立的有限责任公司，为筹集生产经营资金，可以依照本法发行公司债券"，也就是说，只要符合法定条件的公司，就可以公平地享有发行公司债券的权利。二是为便于操作与指引，《公司法》增加"公司发行公司债券应当符合《中华人民共和国证券法》规定的发行条件"的规定。

三、条文解读

公司债券是一种有价证券,是公司融资的重要手段。为了规范公司债券的发行和交易,从法律上对公司债券作出界定是必要的。

根据本条规定,公司债券具有两个基本法律特征:

公司债券是公司依照法定程序发行的有价证券。《证券法》对公司债券的发行程序作了规定,主要有以下内容:(1)向国务院授权的部门或者国务院证券监督管理机构提出公开发行公司债券的申请。根据《证券法》的规定,公开发行证券,必须经国务院证券监督管理机构或者国务院授权的部门注册;未经注册,任何单位和个人不得公开发行证券。(2)按照法律规定向注册机关提交申请文件。根据《证券法》的规定,公司申请公开发行公司债券,应当向注册机关报送下列文件:①公司营业执照;②公司章程;③公司债券募集办法;④资产评估报告和验资报告;⑤国务院授权的部门或者国务院证券监督管理机构规定的其他文件。(3)聘请保荐人。《证券法》规定,采取承销方式公开发行可转换为股票的公司债券的,应当聘请具有保荐资格的机构担任保荐人,并且在向国务院授权的部门或者国务院证券监督管理机构提出发行公司债券的申请时,应当向国务院授权的部门或者国务院证券监督管理机构报送保荐人出具的保荐书。(4)公告公开发行募集文件。《证券法》要求公司债券的发行人在其发行申请经注册后,在证券公开发行前,公告公开发行募集文件,并将该文件置备于指定场所供公众查阅。发行人不得在公告公开发行募集文件前发行证券。

公司债券是公司与债券持有人约定在一定期限内还本付息的债务凭证。公司债券与股票不同,债券持有人为公司的债权人,不享有参与公司经营决策、选择管理者的权利。但不论公司是否营利,债券持有人都有权在债务期限届满时请求公司还本付息,并且在公司解散时,对公司财产享有优先于股东的受偿权。

《证券法》还对公司债券的公开发行规定了明确具体的条件,主要有以下三个方面的内容。

一是一般公司债券的发行条件。(1)具备健全且运行良好的组织机构;(2)最近3年平均可分配利润足以支付公司债券1年的利息;(3)国务院规定的其他条件。

二是上市公司发行可转换为股票的公司债券的条件，除符合一般公司债券的发行条件外，还应当符合《证券法》关于公开发行股票的条件：（1）具备健全且运行良好的组织机构；（2）具有持续经营能力；（3）最近三年财务会计报告被出具无保留意见审计报告；（4）发行人及其控股股东、实际控制人最近三年不存在贪污、贿赂、侵占财产、挪用财产或者破坏社会主义市场经济秩序的刑事犯罪；（5）经国务院批准的国务院证券监督管理机构规定的其他条件。

三是不得再次公开发行公司债券的情形。根据《证券法》的规定，有下列情形之一的，不得再次公开发行公司债券：（1）对已公开发行的公司债券或者其他债务有违约或者延迟支付本息的事实，仍处于继续状态；（2）违反《证券法》规定，改变公开发行公司债券所募资金的用途。

公司公开发行公司债券，必须符合《证券法》规定的上述条件。

第一百五十四条 发行公司债券的申请经国务院授权的部门核准后，应当公告公司债券募集办法。

公司债券募集办法中应当载明下列主要事项：

（一）公司名称；
（二）债券募集资金的用途；
（三）债券总额和债券的票面金额；
（四）债券利率的确定方式；
（五）还本付息的期限和方式；
（六）债券担保情况；
（七）债券的发行价格、发行的起止日期；
（八）公司净资产额；
（九）已发行的尚未到期的公司债券总额；
（十）公司债券的承销机构。

▶ 条文释义

一、本条主旨

本条是关于公司债券募集办法公告的规定。

二、条文演变

1993年《公司法》第166条规定：发行公司债券的申请经批准后，应当公告公司债券募集办法。公司债券募集办法中应当载明下列主要事项：（1）公司名称；（2）债券总额和债券的票面金额；（3）债券的利率；（4）还本付息的期限和方式；（5）债券发行的起止日期；（6）公司净资产额；（7）已发行的尚未到期的公司债券总额；（8）公司债券的承销机构。《公司法》于1999年、2004年进行修正时，本条未变更。2005年《公司法》修订时，条文序号调整为第155条，内容修改为："发行公司债券的申请经国务院授权的部门核准后，应当公告公司债券募集办法。公司债券募集办法中应当载明下列主要事项：（一）公司名称；（二）债券募集资金的用途；（三）债券总额和债券的票面金额；（四）债券利率的确定方式；（五）还本付息的期限和方式；（六）债券担保情况；（七）债券的发行价格、发行的起止日期；（八）公司净资产额；（九）已发行的尚未到期的公司债券总额；（十）公司债券的承销机构。"2013年修正时，仅将条文序号调整为第154条，内容未作变化。2018年修正时，本条未作变更。

本条是于2005年《公司法》修订时在之前的第166条规定的基础作出的一条规定。主要对募集办法的有关内容作了调整或修订。比如增加了"债券募集资金的用途""债券的担保情况"，将"债券的利率"修订为"债券利率的确定方式"，将"债券发行的起止日期"一项调整为"债券的发行价格、发行的起止日期"。

三、条文解读

公司发行的公司债券，是向社会公众举借的长期债务。为使公司债券的募集规范进行，保护债券持有人的利益，法律要求公司制作明确的公司债券募集办法，并在提出发行公司债券的申请时，将公司债券募集办法报送国务院授权的部门或者国务院证券监督管理机构。公司债券募集办法是国务院授权的部门或者国务院证券监督管理机构对公司发行公司债券监管的重要内容。公司发行公司债券的申请应当将公司制作的公司债券募集办法予以公告，作为公司向非特定的公司债券认购人发出的要约。公告公司债券募集办法的原因是：一是说明公司的基本情况以及将以何种条件发行公司债券，便于社会公众在了解公司背景、同意债券募集条件的前提下自愿认购；二是可以使公司债券的募集过程公开、透明，以确保公司债券的发行符合公平原则，防止发生欺诈；三是有利于社会公众对公司债券发行行为的监督和政府行政机关的监管。

为了规范公司债券的募集，保护债券持有人的利益，法律对公司债券募集办法的记载内容也提出了要求。根据本条规定，公司债券募集办法中应当载明下列主要事项：

第一，公司名称。这是为确定公司债券的发行人，从而确定公司债券的偿债人。

第二，债券募集资金的用途。这是为了明确债券募集资金的使用方向，使债券认购人能够评估购买该公司债券的风险和收益，作出正确的判断，也便于行政管理机关的监管。

第三，债券总额和债券的票面金额。债券总额，是指当次发行的公司债券的总金额，不包括公司已发行的公司债券的余额。债券的票面金额，是指当次发行的公司债券票面上标明的金额。载明债券总额和债券票面金额，可以使债券认购人明确当次公司债券的发行规模以及债券的票面价值。

第四，债券利率的确定方式。这可以使债券认购人确定债券的预期利益。

第五，还本付息的期限和方式。这是公司对外承担偿债责任的依据，是社会公众决定是否购买公司债券的关键因素。

第六，债券担保情况。这是说明公司偿债风险的内容。

第七，债券的发行价格、发行的起止日期。这是对债券承销机构有约束力的条款。

第八，公司净资产额。公司净资产是偿还公司债的基本财产保证，是债券认购人判断认购风险的重要依据之一。

第九，已发行的尚未到期的公司债券总额。已发行的尚未到期的公司债券总额与当次发行的公司债券总额构成公司发行的公司债券总额。记载这项内容，可以使社会公众了解公司累计发行债券总额同公司净资产额的比例，是债券认购人判断债券偿还风险的重要依据之一，也是国务院授权的部门或者国务院证券监督管理机构审核的重要内容。

第十，公司债券的承销机构。一般情况下，总金额比较大的债券发行往往采取由证券公司承销的方式，为使债券认购人了解发行人与承销的证券公司之间的委托关系，便于认购公司债券，应当在公司债券募集办法中载明公司债券的承销机构。

上述内容是公司债券募集办法中的法定记载事项，公司申请发行公司债券必须完整、真实、准确地作出记载。除上述事项外，公司也可以在债券募集办法中记载其他有关事项。

> 第一百五十五条 公司以实物券方式发行公司债券的，必须在债券上载明公司名称、债券票面金额、利率、偿还期限等事项，并由法定代表人签名，公司盖章。

▶ 条文释义

一、本条主旨

本条是关于公司债券实物券记载事项的规定。

二、条文演变

1993年《公司法》第167条规定："公司发行公司债券，必须在债券上载明公司名称、债券票面金额、利率、偿还期限等事项，并由董事长签名，公司盖章。"《公司法》于1999年、2004年进行修正时，本条未变更。2005年修订时，条文序号调整为第156条，内容修改为："公司以实物券方式发行公司债券的，必须在债券上载明公司名称、债券票面金额、利率、偿还期限等事项，并由法定代表人签名，公司盖章。"2013年修正时，仅将条文序号调整为第155条，内容未作变化。2018年修正时，本条未作变更。2005年修订时是对修订前的《公司法》第167条规定的保留，只是作了个别文字修改，使该规定更准确、更符合立法原意。

三、条文解读

公司债券是公司向债券认购人出具的债务凭证，是公司债券持有人向公司行使债权的依据。公司债券以实物券方式发行的，应当对表明公司与债券持有人之间债权债务关系的内容作出清楚明确的记载，以便于债券持有人行使权利。根据本条规定，实物券形式的公司债券上应当记载的事项与前条规定的公司债券募集办法中必须载明的主要事项相同，具体包括公司名称、债券票面金额、利率、偿还期限等。这些事项记载于实物券形式的公司债券上，对作为发行人的公司具有法律约束力。同时，票面上的法定记载事项所载明的内容，应当依据公司股东会、股东大会或者董事会作出的决议，并且应当同公司债券募集办法、公司债券存根簿上所记载的内容相一致。

实物券形式的公司债券上应当由公司法定代表人签名，公司盖章。

> 第一百五十六条 公司债券，可以为记名债券，也可以为无记名债券。

条文释义

一、本条主旨

本条是关于公司债券种类的规定。

二、条文演变

1993年《公司法》第168条规定："公司债券可分为记名债券和无记名债券。"《公司法》于1999年、2004年进行修正时，本条未变更。2005年修订时，条文序号调整为第157条，内容修改为："公司债券，可以为记名债券，也可以为无记名债券。"2013年修正时，仅将条文序号调整为第156条，内容未作变化。2018年修正时，本条未作变更。

本条是《公司法》于2005年修订时对之前第168条规定的保留，未作实质修改。

三、条文解读

公司债券可以根据不同的标准分为许多种类，根据是否在公司债券上签署债权人的姓名，可以将公司债券分为记名债券和无记名债券。记名债券与无记名债券在确认权利人的方式、债券转让、债券兑付等方面适用不同的法律规则。

记名债券的基本特征是债券上明确记载认购人的姓名或名称、住所。相应地，在公司债券的存根簿上也应载明记名债券持有人的姓名或名称、住所、取得债券的日期及其债券编号。记名债券与公司债券存根簿上记载的债券持有人应当一致。当记名债券和公司债券存根簿上记载的债券持有人相同时，则该持有人是该债券的合法权利人，可以依法享有和行使债权人的权利。如果债券持有人将该债券转让，必须依法相应地变更记名债券上和公司债券存根簿上的持有人姓名或名称、住所，否则该转让不发生对抗公司的效力。

无记名债券的基本特征是债券上不记载认购人的姓名或名称、住所。相应地，公司债券存根簿上也不作相关记载。无记名债券依实际占有来确定其权利人，持有人即被视为债权人，可以依法享有并行使债权人的权利。

记名债券与无记名债券相比各有优劣。记名债券的权属性稳定，灭失或损毁时可以获得挂失、公示催告等法律救济，但转让需要办理变更持有人的手续，对流通有一定影响；无记名债券则便于流通，可以满足债权人随时变现的需要，但在灭失或损毁时无法得到挂失等救济，权属性上的风险大于记名债券。

第一百五十七条　公司发行公司债券应当置备公司债券存根簿。

发行记名公司债券的，应当在公司债券存根簿上载明下列事项：

（一）债券持有人的姓名或者名称及住所；

（二）债券持有人取得债券的日期及债券的编号；

（三）债券总额，债券的票面金额、利率、还本付息的期限和方式；

（四）债券的发行日期。

发行无记名公司债券的，应当在公司债券存根簿上载明债券总额、利率、偿还期限和方式、发行日期及债券的编号。

条文释义

一、本条主旨

本条是关于公司债券存根簿的置备和记载事项的规定。

二、条文演变

1993年《公司法》第169条规定：公司发行公司债券应当置备公司债券存根簿。发行记名公司债券的，应当在公司债券存根簿上载明下列事项：（1）债券持有人的姓名或者名称及住所；（2）债券持有人取得债券的日期及债券的编号；（3）债券总额，债券的票面金额，债券的利率，债券的还本付息的期限和方式；（4）债券的发行日期。发行无记名公司债券的，应当在公司债券存根簿上载明债券总额、利率、偿还期限和方式、发行日期及债券的编号。2005年修订时，条文序号调整为第158条，内容修改为："公司发行公司债券应当置备公司债券存根簿。发行记名公司债券的，应当在公司债券存根簿上载明下列事项：（一）债券持有人的姓名或者名称及住所；（二）债券持有人取得债券的日期及债券的编号；（三）债券总额，债券的票面金额、利率、还本付息的期限和方式；（四）债券的发行日期。发行无记名公司债券的，应当在公司债券存根簿上载明债券总额、利率、偿还期限和方式、发行日期及债券的编号。"2013年修正时，仅将条文序号调整为第157条，内容未作变化。2018年修正时，本条未作变更。

本条是《公司法》于2005年修订时对之前《公司法》第169条规定的保留，未作实质修改。

三、条文解读

公司债券存根簿是公司发行公司债券的原始记录，是确定公司发行债券的规模以及公司与其发行的公司债券的持有人之间权利义务关系的原始依据，具有确认记名债券权利人的功能，因此，法律要求公司发行公司债券应当置备公司债券存根簿，并且对公司债券存根簿的记载事项作出了规定。根据本条规定，记名公司债券存根簿和无记名公司债券存根簿记载的内容有所不同。记名公司债券存根簿应当记载以下事项：（1）债券持有人的姓名或者名称及住所；（2）债券持有人取得债券的日期及债券的编号；（3）债券总额、债券的票面金额、利率、还本付息的期限和方式；（4）债券的发行日期。无记名公司债券存根簿应当载明债券总额、利率、偿还期限和方式、发行日期及债券的编号。

公司发行公司债券应当严格按照法律规定置备和记载公司债券存根簿，不得有缺项和遗漏。除本条规定应当记载的事项外，发行公司债券的公司也可以根据实际需要，在公司债券存根簿上记载其他事项。

第一百五十八条 记名公司债券的登记结算机构应当建立债券登记、存管、付息、兑付等相关制度。

关联规定

部门规章及规范性文件

《证券登记结算管理办法》

第三条 证券登记结算活动必须遵循公开、公平、公正、安全、高效的原则。

第四条 证券登记结算机构为证券交易提供集中登记、存管与结算服务，不以营利为目的，依法登记，取得法人资格。

证券登记结算业务采取全国集中统一的运营方式，由证券登记结算机构依法集中统一办理。

证券登记结算机构实行行业自律管理，依据业务规则对证券登记结算业务参与人采取自律管理措施。

第五条 证券登记结算业务参与人及其相关业务活动必须遵守法律、行政法规、中国证监会的规定以及证券登记结算机构依法制定的业务规则。

第六条 证券登记结算机构根据《中国共产党章程》设立党组织，发挥领导作用，把方向、管大局、保落实，依照规定讨论和决定证券登记结算机构重大事项，保证监督党和国家的方针、政策在证券登记结算机构得到全面贯彻落实。

第七条 中国证监会依法对证券登记结算机构及证券登记结算活动进行监督管理，负责对证券登记结算机构评估与检查。

第八条 证券登记结算机构的设立和解散，必须经中国证监会批准。

▶ 条文释义

一、本条主旨

本条是关于记名公司债券登记结算制度的规定。

二、条文演变

本条是 2005 年《公司法》修订时新增加的一条规定，条文序号为第 159 条。2013 年《公司法》修正时，仅将条文序号调整为第 158 条，内容未作变化。2018 年《公司法》修正时，本条未作变更。增加这一规定：一是确保债券正常流通；二是维护债权人的合法权益，维护正常的经济秩序。

三、条文解读

公司债券是针对社会公众的、长期的、集团性的债务，有些公司债券是可以上市交易的。为了规范公司债券发行转让过程中涉及的登记、托管、结算业务，保护公司债券持有人的利益，法律设置了证券登记结算制度。《证券法》规定，上市交易的证券应当全部存管在证券登记结算机构。中国证券监督管理委员会于 2003 年制定了《证券公司债券管理暂行办法》，规定证券公司发行的债券应当由中国证券登记结算有限责任公司负责登记、托管和结算；中央国债登记结算有限责任公司经批准也可以负责证券公司债券的登记、托管和结算。

《证券法》对证券登记结算机构的职能和基本业务规则作了规定。根据《证券法》的规定，证券登记结算机构履行以下职能：（1）证券账户、结算账户的设立；（2）证券的存管和过户；（3）证券持有人名册登记；（4）证券交易的清算和交收；（5）受发行人的委托派发证券权益；（6）办理与上述业务有关的查询、信息服务；（7）国务院证券监督管理机构批准的其他业务。为了保证业务的正常进行，证券登记结算机构应当具有必备的服务设备和完善的数据安全保护措施，建立完善的业务、财务和安全防范等管理制度，建立完善的风险管理系统。证券登记结算机构应当按照规定以投资者本人的名义为投资者开立证券账户；应当妥善保存登记、存管和结算的原始凭证及有关文件和资料，保存期限不得少于二十年；为证券交易提供净额结算服务时，应当要求结算参与人按照货银对付的原则，足额交付证券和资金，并提供交收担保；在交收完成之前，任何人不得动用用于交收的证券、资金和担保物；按照业务规则收取的各类结算资金和证券必须存放于专门的清算交收账户，并将其用于成交的证券交易的清算交收。《证券法》的规定为证券登记结算机构建立证券登记、托管、结算等相关制度提供了法律基础，记名公司债券的登记结算机构应当依照本法和《证券法》的规定，建立债券登记、托管、付息、兑付等相关制度，以便更好地保护公司债券持有人的合法权益。

> **第一百五十九条** 公司债券可以转让，转让价格由转让人与受让人约定。
>
> 公司债券在证券交易所上市交易的，按照证券交易所的交易规则转让。

▶ **关联规定**

法律、行政法规、司法解释

《中华人民共和国证券法》

第四十六条 申请证券上市交易，应当向证券交易所提出申请，由证券交易所依法审核同意，并由双方签订上市协议。

证券交易所根据国务院授权的部门的决定安排政府债券上市交易。

第八十一条 发生可能对上市交易公司债券的交易价格产生较大影响的重大事件，投资者尚未得知时，公司应当立即将有关该重大事件的情况向国务院证券监督管理机构和证券交易场所报送临时报告，并予公告，说明事件的起因、目前的状态和可能产生的法律后果。

前款所称重大事件包括：

（一）公司股权结构或者生产经营状况发生重大变化；

（二）公司债券信用评级发生变化；

（三）公司重大资产抵押、质押、出售、转让、报废；

（四）公司发生未能清偿到期债务的情况；

（五）公司新增借款或者对外提供担保超过上年末净资产的百分之二十；

（六）公司放弃债权或者财产超过上年末净资产的百分之十；

（七）公司发生超过上年末净资产百分之十的重大损失；

（八）公司分配股利，作出减资、合并、分立、解散及申请破产的决定，或者依法进入破产程序、被责令关闭；

（九）涉及公司的重大诉讼、仲裁；

（十）公司涉嫌犯罪被依法立案调查，公司的控股股东、实际控制人、董事、监事、高级管理人员涉嫌犯罪被依法采取强制措施；

（十一）国务院证券监督管理机构规定的其他事项。

▶ 条文释义

一、本条主旨

本条是关于公司债券转让价格的规定。

二、条文演变

1993年《公司法》第170条规定："公司债券可以转让，转让公司债券应当在依法设立的证券交易场所进行。公司债券的转让价格由转让人与受让人约定。"公司法于1999年、2004年进行修正时，本条未变更。2005年修订时，条文序号调整为第160条，内容修改为："公司债券可以转让，转让价格由转让人与受让人约定。公司债券在证券交易所上市交易的，按照证券交易所的交易规则转让。"2013年修正时，仅将条文序号调整为第159条，内容未作变化。2018年修正时，本条未作变更。

本条规定是《公司法》于2005年修订时在之前第170条规定的基础上作出的一条规定，未作实质修改。

三、条文解读

公司依法发行的公司债券与股票等其他有价证券一样，具有流通性，可以转让。依法转让公司债券是债券持有人享有的民事权利。根据本条规定，公司债券的转让价格主要通过两种方式确定：一是由转让人与受让人约定。公司债券的转让一般应当遵循证券交易活动公平、自愿、等价、有偿的原则，由债券转让人与受让人协商决定。因此，一般通过协议转让公司债券的，债券转让价格，也就是债券的交易价格，由转让人与受让人约定。二是按照证券交易所交易规则确定。公司债券在证券交易所上市交易的，应当遵守证券交易所的交易规则，采用集中竞价的方式转让。

根据《证券法》的规定，依法公开发行的公司债券，应当在依法设立的证券交易场所或者在国务院批准的其他全国性证券交易场所转让，这样有利于维护证券市场的交易秩序。

> 第一百六十条　记名公司债券，由债券持有人以背书方式或者法律、行政法规规定的其他方式转让；转让后由公司将受让人的姓名或者名称及住所记载于公司债券存根簿。
> 　　无记名公司债券的转让，由债券持有人将该债券交付给受让人后即发生转让的效力。

条文释义

一、本条主旨

本条是关于公司债券转让方式及效力的规定。

二、条文演变

1993年《公司法》第171条规定："记名债券，由债券持有人以背书方式或者法律、行政法规规定的其他方式转让。记名债券的转让，由公司将受让人的姓名或者名称及住所记载于公司债券存根簿。无记名债券，由债券持有人在依法设立的证券交易场所将该债券交付给受让人后即发行转让的效力。"《公司法》于1999年、2004年进行修正时，本条未变更。2005年修订时，条文序号调整为第161条，内容修改为："记名公司债券，由债券持有人以背书方式或者法律、行政法规规定的其他方式转让；转让后由公司将受让人的姓名或者名称及住所记载于公司债券存根簿。无记名公司债券的转让，由债券持有人将该债券交付给受让人后即发生转让的效力。"2013年修正时，仅将条文序号调整为第160条，内容未作变化。2018年修正时，本条未作变更。

本条是《公司法》于2005年修订时对之前第171条规定的保留。这次修订主要是将原规定中的"无记名债券，由债券持有人在依法设立的证券交易场所将该债券交付给受让人后即发生转让的效力"修改为"无记名公司债券的转让，由债券持有人将该债券交付给受让人后即发生转让的效力"。也就是将交易场所的限定删去，目的是便于转让。

三、条文解读

记名公司债券与无记名公司债券的转让方式不同,发生转让效力的要件也不同,因此,本条对这两种公司债券的转让分别作了规定。

记名公司债券通过债券持有人的意思表示和债券的实际交付,成立转让。因此,记名公司债券的持有人转让其债权时,应当在债券票面上背书,记载转让人的转让意思,并将其所持债券交付受让人。除这种转让方式外,对记名公司债券,也可以采用法律、行政法规规定的其他方式转让。转让记名公司债券,必须在公司债券存根簿上办理过户手续,也就是变更债券持有人的姓名或者名称及住所等记载事项才能产生转让效力,否则该转让不能对抗公司。

无记名公司债券只通过交付债券就可成立转让。因此,无记名公司债券的持有人转让其债权时,不需在债券票面上作背书,将债券交付受让人即发生转让效力,持有无记名公司债券的人视为债权人,可以对抗公司和第三人。

第一百六十一条 上市公司经股东大会决议可以发行可转换为股票的公司债券,并在公司债券募集办法中规定具体的转换办法。上市公司发行可转换为股票的公司债券,应当报国务院证券监督管理机构核准。

发行可转换为股票的公司债券,应当在债券上标明可转换公司债券字样,并在公司债券存根簿上载明可转换公司债券的数额。

关联规定

部门规章及规范性文件

《上市公司证券发行管理办法》

第十四条 公开发行可转换公司债券的公司,除应当符合本章第一节规定外,还应当符合下列规定:

(一)最近三个会计年度加权平均净资产收益率平均不低于百分之六。扣除非经常性损益后的净利润与扣除前的净利润相比,以低者作为加权平均净资产收益率的计算依据;

(二)本次发行后累计公司债券余额不超过最近一期末净资产额的百分之四十;

(三)最近三个会计年度实现的年均可分配利润不少于公司债券一年的利息。

前款所称可转换公司债券,是指发行公司依法发行、在一定期间内依据约定的条件可以转换成股份的公司债券。

第十五条 可转换公司债券的期限最短为一年,最长为六年。

第十六条 可转换公司债券每张面值一百元。可转换公司债券的利率由发行公司与主承销商协商确定,但必须符合国家的有关规定。

第十七条 公开发行可转换公司债券,应当委托具有资格的资信评级机构进行信用评级和跟踪评级。

资信评级机构每年至少公告一次跟踪评级报告。

第十八条　上市公司应当在可转换公司债券期满后五个工作日内办理完毕偿还债券余额本息的事项。

第十九条　公开发行可转换公司债券，应当约定保护债券持有人权利的办法，以及债券持有人会议的权利、程序和决议生效条件。

存在下列事项之一的，应当召开债券持有人会议：

（一）拟变更募集说明书的约定；

（二）发行人不能按期支付本息；

（三）发行人减资、合并、分立、解散或者申请破产；

（四）保证人或者担保物发生重大变化；

（五）其他影响债券持有人重大权益的事项。

第二十条　公开发行可转换公司债券，应当提供担保，但最近一期末经审计的净资产不低于人民币十五亿元的公司除外。

提供担保的，应当为全额担保，担保范围包括债券的本金及利息、违约金、损害赔偿金和实现债权的费用。以保证方式提供担保的，应当为连带责任担保，且保证人最近一期经审计的净资产额应不低于其累计对外担保的金额。证券公司或上市公司不得作为发行可转债的担保人，但上市商业银行除外。

设定抵押或质押的，抵押或质押财产的估值应不低于担保金额。估值应经有资格的资产评估机构评估。

第二十一条　可转换公司债券自发行结束之日起六个月后方可转换为公司股票，转股期限由公司根据可转换公司债券的存续期限及公司财务状况确定。

债券持有人对转换股票或者不转换股票有选择权，并于转股的次日成为发行公司的股东。

第二十二条　转股价格应不低于募集说明书公告日前二十个交易日该公司股票交易均价和前一个交易日的均价。

前款所称转股价格，是指募集说明书事先约定的可转换公司债券转换为每股股份所支付的价格。

第二十三条　募集说明书可以约定赎回条款，规定上市公司可按事先约定的条件和价格赎回尚未转股的可转换公司债券。

第二十四条　募集说明书可以约定回售条款，规定债券持有人可按事先约定的条件和价格将所持债券回售给上市公司。

募集说明书应当约定，上市公司改变公告的募集资金用途的，赋予债券持有人一次回售的权利。

第二十五条 募集说明书应当约定转股价格调整的原则及方式。发行可转换公司债券后，因配股、增发、送股、派息、分立及其他原因引起上市公司股份变动的，应当同时调整转股价格。

第二十六条 募集说明书约定转股价格向下修正条款的，应当同时约定：

（一）转股价格修正方案须提交公司股东大会表决，且须经出席会议的股东所持表决权的三分之二以上同意。股东大会进行表决时，持有公司可转换债券的股东应当回避；

（二）修正后的转股价格不低于前项规定的股东大会召开日前二十个交易日该公司股票交易均价和前一个交易日的均价。

第二十七条 上市公司可以公开发行认股权和债券分离交易的可转换公司债券（简称"分离交易的可转换公司债券"）。

发行分离交易的可转换公司债券，除符合本章第一节规定外，还应当符合下列规定：

（一）公司最近一期末经审计的净资产不低于人民币十五亿元；

（二）最近三个会计年度实现的年均可分配利润不少于公司债券一年的利息；

（三）最近三个会计年度经营活动产生的现金流量净额平均不少于公司债券一年的利息，符合本办法第十四条第（一）项规定的公司除外；

（四）本次发行后累计公司债券余额不超过最近一期末净资产额的百分之四十，预计所附认股权全部行权后募集的资金总量不超过拟发行公司债券金额。

第二十八条 分离交易的可转换公司债券应当申请在上市公司股票上市的证券交易所上市交易。

分离交易的可转换公司债券中的公司债券和认股权分别符合证券交易所上市条件的，应当分别上市交易。

第二十九条 分离交易的可转换公司债券的期限最短为一年。

债券的面值、利率、信用评级、偿还本息、债权保护适用本办法第十六条至第十九条的规定。

第三十条 发行分离交易的可转换公司债券，发行人提供担保的，适用本办法第二十条第二款至第四款的规定。

第三十一条 认股权证上市交易的，认股权证约定的要素应当包括行权价格、存续期间、行权期间或行权日、行权比例。

第三十二条 认股权证的行权价格应不低于公告募集说明书日前二十个交易日公司股票均价和前一个交易日的均价。

第三十三条 认股权证的存续期间不超过公司债券的期限，自发行结束之日起不少于六个月。

募集说明书公告的权证存续期限不得调整。

第三十四条 认股权证自发行结束至少已满六个月起方可行权，行权期间为存续期限届满前的一段期间，或者是存续期限内的特定交易日。

第三十五条 分离交易的可转换公司债券募集说明书应当约定，上市公司改变公告的募集资金用途的，赋予债券持有人一次回售的权利。

条文释义

一、本条主旨

本条是关于可转换公司债券的发行的规定。

二、条文演变

本条由1993年《公司法》第172条演化而来，2005年《公司法》修订时将条文中"报请国务院证券管理部门批准"变更为"报国务院证券监督管理机构核准"，同时条文序号变更为第162条，后于2013年《公司法》修正时变更为第161条，内容至今无变化。

三、条文解读

可转换公司债券是指发行公司依法发行、在一定期间内依据约定的条件可以转换成股份的公司债券。可转换公司债券的期限最短为1年，最长为6年。可转换公司债券自发行结束之日起6个月后方可转换为公司股票，转股期限由公司根据可转换公司债券的存续期限及公司财务状况确定。债券持有人对转换股票或者不转换股票有选择权，并于转股的次日成为发行公司的股东。上市公司经股东大会决议及获得国务院证券监督管理机构核准后可以发行可转换为股票的公司债券。由于可转换公司债券可能影响到公司股票的发行，所以债券的制作、存根簿的置备、债券向股票的转换等方面都有其特殊之处。

第一百六十二条 发行可转换为股票的公司债券的，公司应当按照其转换办法向债券持有人换发股票，但债券持有人对转换股票或者不转换股票有选择权。

关联规定

一、法律、行政法规、司法解释

《最高人民法院关于审理与企业改制相关的民事纠纷案件若干问题的规定》

第十四条 债权人与债务人自愿达成债权转股权协议，且不违反法律和行政法规强制性规定的，人民法院在审理相关的民事纠纷案件中，应当确认债权转股权协议有效。

政策性债权转股权，按照国务院有关部门的规定处理。

第十五条 债务人以隐瞒企业资产或者虚列企业资产为手段，骗取债权人与其签订债权转股权协议，债权人在法定期间内行使撤销权的，人民法院应当予以支持。

债权转股权协议被撤销后，债权人有权要求债务人清偿债务。

第十六条 部分债权人进行债权转股权的行为，不影响其他债权人向债务人主张债权。

二、部门规章及规范性文件

《国务院办公厅关于规范发展区域性股权市场的通知》

四、区域性股权市场的各项活动应遵守法律法规和证监会制定的业务及监管规则。在区域性股权市场发行或转让证券的，限于股票、可转换为股票的公司债券以及国务院有关部门按程序认可的其他证券，不得违规发行或转让私募债券；不得采用广告、公开劝诱等公开或变相公开方式发行证券，不得以任何形式非法集资；不得采取集中竞价、做市商等集中交易方式进行证券转让，投资者买入后卖出或卖出后买入同一证券的时间间隔不得少于五个交易日；除法律、行政法规另有规定外，单只证券持有人累计不得超过法律、行政法规规定的私募证券持有人数量上限；证券持有人名册和登记过户记录必须真实、准确、完整，不得隐匿、伪造、篡改或毁损。在区域性股权市场进行有限责任公司股权融资或转让的，不得违反本通知相关规定。

▶ 条文释义

一、本条主旨

本条是关于可转换公司债券的转换规则的规定。

二、条文演变

本条自1993年写入《公司法》，内容一致无变化，仅条文序号略有改动。

三、条文解读

可转换为股票的公司债券的持有人，享有在一定期间后将所持有的公司债券转换成股票的权利，通过行使转换权取得公司股权，使其对公司的债权消灭。可以说，可转换公司债券潜在地拥有股票的性质。转换1股所需的公司债券的金额为转换价格，一般都以发行可转换公司债券时的股票价格为标准。债券持有人通常在经过一定时间后，根据股价行情选择是否行使转换权。如果股价上升，债券持有人可以获得将债券转换为股票的收益；反之，如果股价下跌，债券持有人则要自己承担投资风险。债券持有人如果不行使转换权，那么不管公司经营效益如何，都可以得到确定的利息收益。发行可转换公司债券，可以为具有不同投资偏好的认购人提供一种更加灵活的选择机制，有利于债券持有人回避风险、保障收益。同时，对发行公司来说，可转换公司债券的利率较一般公司债券利率低，公司可以降低发行债券的成本，而当股价上涨时，又可以吸引债券持有人投资于股票，减少公司负债，增加公司资本，提高公司的资本比率，改善财务状况。因此，发行可转换公司债券是公司筹资的重要手段。

适用指引

一、发行主体

可转换公司债券作为一种特殊公司债券,法律对其发行主体有特殊规定。根据相关规定,上市公司经批准可成为可转换公司债券的发行主体。

上市公司,是指其股票在证券交易所上市交易的股份有限公司。已经成立且已上市的股份有限公司,在具备法定条件的情况下,经注册可以发行可转换公司债券,注册部门为国务院证券监督管理机构。一般的有限责任公司、非上市的股份有限公司虽能发行一般的公司债券,却因不能公开发行股票,债券无法向股票转换而不具备发行可转换公司债券的主体资格。

二、发行条件

上市公司发行可转换公司债券,除应当符合公开发行证券的一般规定外,还应当符合下列条件:(1)最近3个会计年度加权平均净资产收益率平均不低于6%。扣除非经常性损益后的净利润与扣除前的净利润相比,以低者作为加权平均净资产收益率的计算依据。(2)本次发行后累计公司债券余额不超过最近一期末净资产额的40%。(3)最近3个会计年度实现的年均可分配利润不少于公司债券1年的利息。

公司债券募集办法中应规定转换办法。一般来说,转换办法应当包括以下内容:(1)转换比率或转换价额。所谓转换比率,是指以多少公司债券转换多少股票。例如:公司债券金额100元转换5股。所谓转换价额,是指公司债券金额与股票市值之比,以此来折换股份,但需事先确定股票市值的基准日。(2)转换为何种股份。在公司发行有几种股票的情况下,需要明确债券在期限届满时能够转换为何种股份。(3)转换期限,确定转换期限是为了明确债券持有人行使其转换权的期间。在此期间内,债券持有人可随时请求公司换发股票。

上市公司有下列情形之一的,不得发行可转换公司债券:(1)前一次公开发行的公司债券尚未募足的;(2)对已公开发行的公司债券或者其他债券有违约或者有延迟支付本息的事实,且仍处于继续状态的;(3)违反《证券法》的规定,改变公开发行公司债券所募资金的用途。

三、发行程序

（一）股东大会决议

发行可转换公司债券的上市公司应先由股东大会作出发行可转换公司债券的决议。决议应当包括以下内容：（1）股东大会就发行股票作出决议应当包括的事项；（2）债券利率；（3）债券期限；（4）担保事项；（5）回售条款；（6）还本付息的期限和方式；（7）转股期；（8）转股价格的确定和修正。

（二）向国务院证券监督管理机构提出发行申请

发行可转换公司债券，必须依照《公司法》《证券法》《上市公司证券发行管理办法》等规定报经批准。未经批准的，不得发行可转换公司债券。

中国证监会依照下列程序审核发行证券的申请：（1）收到申请文件后，5个工作日内决定是否受理；（2）受理后对申请文件进行初审；（3）发行审核委员会审核申请文件；（4）作出核准或者不予核准的决定。

（三）公告可转换公司债券募集说明书

上市公司在公开发行可转换公司债券前的2~5个工作日内，应当将经中国证监会核准的募集说明书摘要或者募集意向书摘要刊登在至少一种中国证监会指定的报刊上，同时将其全文刊登往中国证监会指定的互联网网站上，置备于中国证监会指定的场所，供公众查阅。

（四）证券公司承销发售可转换公司债券

与发行人签订有承销协议的证券公司，按募集说明书中规定的发行起止日期发售可转换公司债券。可转换公司债券募集说明书的有效期为6个月。自中国证监会核准发行之日起，上市公司应在6个月内发行；超过6个月未发行的，核准文件失效，须重新经中国证监会核准后方可发行。

发行人和证券公司应当在可转换公司债券承销期满后15个工作日内，向中国证监会提交承销情况的书面报告。

第八章 公司财务、会计

第一百六十三条 公司应当依照法律、行政法规和国务院财政部门的规定建立本公司的财务、会计制度。

关联规定

一、法律、行政法规、司法解释

《中华人民共和国会计法》

第九条 各单位必须根据实际发生的经济业务事项进行会计核算，填制会计凭证，登记会计帐簿，编制财务会计报告。

任何单位不得以虚假的经济业务事项或者资料进行会计核算。

第十条 下列经济业务事项，应当办理会计手续，进行会计核算：

（一）款项和有价证券的收付；

（二）财物的收发、增减和使用；

（三）债权债务的发生和结算；

（四）资本、基金的增减；

（五）收入、支出、费用、成本的计算；

（六）财务成果的计算和处理；

（七）需要办理会计手续、进行会计核算的其他事项。

第十三条 会计凭证、会计帐簿、财务会计报告和其他会计资料，必须符合国家统一的会计制度的规定。

使用电子计算机进行会计核算的，其软件及其生成的会计凭证、会计帐簿、财务会计报告和其他会计资料，也必须符合国家统一的会计制度的规定。

任何单位和个人不得伪造、变造会计凭证、会计帐簿及其他会计资料，不得提供虚假的财务会计报告。

二、部门规章及规范性文件

《企业会计准则——基本准则》

第三条 企业会计准则包括基本准则和具体准则，具体准则的制定应当遵循本准则。

第四条 企业应当编制财务会计报告（又称财务报告，下同）。财务会计报告的目标是向财务会计报告使用者提供与企业财务状况、经营成果和现金流量等有关的会计信息，反映企业管理层受托责任履行情况，有助于财务会计报告使用者作出经济决策。

财务会计报告使用者包括投资者、债权人、政府及其有关部门和社会公众等。

▶ 条文释义

一、本条主旨

本条是关于公司建立财务、会计制度的规定。

二、条文演变

本条在1993年《公司法》即有规定，之后历次修订、修正中未作实质性修改，对原条文内容均予保留，仅作条文序号的修正。2005年修订将修订前的《公司法》第174条"公司应当依照法律、行政法规和国务院财政主管部门的规定建立本公司的财务、会计制度"的规定予以保留，文字调整为"公司应当依照法律、行政法规和国务院财政部门的规定建立本公司的财务、会计制度"，条文序号调整为第164条，2013年修正后的内容不变，条文序号又调整为第163条。

三、条文解读

公司的财务、会计制度，本属于企业的内部事务，然而，各国公司法毫不例外地对此作了强制性的具体规定。我国《公司法》亦规定，公司应当依照法律、行政法规和国务院财政主管部门的规定建立本公司的财务、会计制度。主要是要求公司资产负债、利润分配规范化和向社会公开化。其根本原因在于其牵涉到股东、他人和债权人的合法权益。

（一）公司应建立自己的财务、会计制度

公司的财务、会计制度是关于公司财务、会计行为规范的总称，包括财务制度和会计制度。所谓财务制度，是指公司资金管理、成本费用的计算、营业收入的分配、货币的管理、公司的财务报告、公司的清算及公司纳税等方面的规程。所谓会计制度，是指会计记账、会计核算等方面的规程，它是公司生产经营过程中各种财务制度的具体反映。公司的财务制度是通过会计制度来实现的。公司应建立自己的财务会计制度是公司立法中的一项重要的法律制度，是对公司的法定要求。对此，世界一些国家和地区公司立法都有所规定。

（二）公司建立财务、会计制度的基本依据

根据《公司法》的规定，公司建立财务、会计制度的基本依据有三：

第一，法律，即全国人大及其常委会通过的规范性文件。包括了《公司法》有关规定、《会计法》的规定及其他法律的有关规定。对此，需要说明的是，《会计法》是重要的依据，现行《会计法》是1985年1月21日第六届全国人民代表大会常务委员会第九次会议通过、1993年12月29日第八届全国人民代表大会常务委员会第五次会议修正、1999年10月31日第九届全国人民代表大会常务委员会第十二次会议修订、2017年11月4日第十二届全国人民代表大会常务委员会第三十次会议《关于修改〈中华人民共和国会计法〉等十一部法律的决定》第二次修正。主要就会计核算、会计核算的特别规定、会计监督、会计机构和会计人员、法律责任作了规定。

第二，行政法规，即国务院通过或批准的规范性文件。如国务院于2000年6月21日颁布的《企业财务会计报告条例》等。

第三，行政规章，即国务院财政部门颁布的规范性文件。如财政部制定的工业企业的会计制度，商品流通企业的会计制度，交通运输企业的会计制度，旅游、饮食服务的企业会计制度，施工企业的会计制度，种植、养殖等农业方面的会计制度，对外经济合作方面的会计制度、金融会计制度等。

(三）建立健全公司财务、会计制度的意义

公司财务会计是公司内部管理的一种手段和方式，因此完善的财务会计制度有助于公司了解自身经营状况，提高经营效率。同时，由于公司的经营事关股东、债权人和社会公共利益，完善的财务会计制度具有保护各方利益的功能和作用。

1. 保障公司高效运营

公司作为现代企业的重要组织形式，以提高经济效益、劳动生产率和实现资产保值增值为目的。在公司中，董事、高级管理人员作为公司的经营管理者，应恪尽职守，实现公司的良好运行。一方面，由于公司财务会计信息可以说明公司的经营者怎样管理和使用资源，并从某一特定的方面反映经营者的业绩，因此股东可根据此考评经营者的经营绩效，督促其提高公司运行效率。另一方面，公司的经营者要作出正确的生产和经营决策，进行有效的组织管理，必须以真实可靠、全面完整的财务信息为基础。经营者能从财务信息中了解企业资金管理的现状和结果，从而为正确地筹措资金、合理有效地使用资金、最大限度地提高资金收益率找到依据。

2. 保护公司股东利益

股东向公司投资的主要目的是获取利润，即取得股息和红利，因此，公司经营效果的好坏直接关系到股东的收益和亏损负担。但股东并不直接参与经营，公司的业务是由董事和高级管理人员执行的，股东除参加股东大会外无机会参与，由此可能导致董事、高级管理人员侵害股东的合法利益。为防止具体业务执行者对股东权益的损害，依法建立公司财务、会计制度是十分重要的。《公司法》直接规定公司应定期编制、公告有关财务会计报告和会计表册，这可以使股东在对公司充分知情的基础上行使其股东权，以保障其合法权益。

3. 保护公司债权人利益

由于股东对公司债务只承担有限责任，因此公司债权人的利益系于公司的资产状况。公司资产数量的增减、结构的变动与公司债权人的利益密切相关。为降低交易风险，保证交易安全，作为公司交易对象的一方为避免公司股东的有限责任带来的意外损失，必须对公司的资产状况、偿债能力等有所了解。为此，有必要通过规范的会计手段将公司财产状况清楚地予以公示，以示信于债权人。在具体规定上，为避免公司股东滥用其有限责任而损害债权人的合法权

益,法律对公司弥补亏损、提取公积金及使用公积金等都作了具体的规定。

4. 有利于吸引投资,保护社会公众利益

公司,特别是股份有限公司要广泛筹集资金、吸引投资,就必须使社会公众能够经常了解和掌握其生产经营状况。这就不仅要求公司有健全的会计制度,而且要求公司定期公开其财务会计报告。同时,公司经营的好坏会对社会生活的稳定和国民经济的发展产生较大的影响。完善公司的财务会计制度,特别是健全提取公积金的强制性规定,能促进公司提高经济效益,进而维护社会公共利益。完善的公司财务制度、真实及时的会计信息也为国家宏观经济调控的决策提供直接依据,能促进社会经济结构的合理调整,实现经济资源的合理配置。

▶ 适用指引

目前,规定我国股份有限公司财务会计制度的主要法律规范有两种。

一、《会计法》

1985年1月21日,第六届全国人大常委会第九次会议通过了《会计法》,该法自1985年5月1日起施行,至今经历了多次修正和修订。

《会计法》规定了会计工作的两项基本任务:一是对经济活动进行经济核算;二是对经济活动实行监督。会计核算是会计工作的基本任务之一,其主要目标是向有关各方提供对决策有用的会计信息。《会计法》规定了会计核算的范围、会计年度、记账的货币单位以及会计核算方法、程序等。同时,《会计法》也规定了会计监督的基本内容。

二、《企业财务会计报告条例》《企业会计制度》

为了规范企业的会计行为,提高我国企业的会计信息质量,党中央、国务院多次要求建立健全国家统一的会计制度,我国《会计法》规定,国家实行统一的会计制度。同时,为了贯彻实施《会计法》,国务院于2000年6月21日发布了《企业财务会计报告条例》。《企业财务会计报告条例》对1992年制定的《企业会计准则》(已废止)所规定的会计要素的定义作了重新修订,赋予了会计六大要素以新的内涵,使之更加符合其质量特征,该条例于2001年1

月1日起实施。为此,需要对现行会计制度重新修订,使会计制度所规定的各项会计要素的确认、计量、记录和报告更加符合《企业财务会计报告条例》的规定。财政部根据《会计法》和《企业财务会计报告条例》的规定,于2000年12月29日颁布了《企业会计制度》,于2001年1月1日起暂在股份有限公司范围内执行。《企业会计制度》的适时发布,是对《企业财务会计报告条例》的具体运用。《企业会计制度》是在《股份有限公司会计制度——会计科目和会计报表》(已废止)和已经发布的10个具体会计准则的基础上,根据近几年股份有限公司执行制度和具体准则的实际情况,按照会计要素的定义和会计国际化的要求,加以完善后制定的。公司应当依照法律、行政法规和国务院财政部门的规定建立本公司的财务、会计制度,可以说,在涉及股东行使权利、分配权益或债权人对公司主张权利的各类纠纷中,如股东行使知情权、要求公司进行盈余分配或股权回购,或者公司债权人向公司主张权利等情形下均需要以清晰、明确的公司账册作为确定其权益的事实基础,因此,在此类案件的审理中,公司是否严格依照国家法律法规建立合法合规的财务会计账簿至关重要。

▶ 类案检索

一、北京北鹰吉成科技有限公司与王某清算责任纠纷案

关键词: 清算 财务会计资料

裁判摘要: 公司股东因怠于履行义务或有意逃避债务,提供的财务会计资料不完整甚至明显缺失,不能真实、客观、完整反映公司财务状况和可用于对外偿付到期债务的完整资产状况,使清算缺乏合理依据不能顺利进行的,公司股东应当承担连带责任,清偿债务。

【案　　号】(2013)一中民终字第6082号
【审理法院】北京市第一中级人民法院

二、胡某某与广州市朗葳空气净化设备有限公司股东知情权纠纷案

关键词: 股东知情权

裁判摘要: 为保障股东知情权的真正实现,达到定分止争的目的,根据股

东构成的具体情况,在不损害公司利益的情况下,应支持股东查阅相关原始凭证的请求。

【案　　号】(2014)穗南法民二初字29号
【审理法院】广东省广州市南沙区人民法院

第一百六十四条 公司应当在每一会计年度终了时编制财务会计报告,并依法经会计师事务所审计。

财务会计报告应当依照法律、行政法规和国务院财政部门的规定制作。

▶ 关联规定

一、法律、行政法规、司法解释

《中华人民共和国会计法》

第二十条 财务会计报告应当根据经过审核的会计帐簿记录和有关资料编制,并符合本法和国家统一的会计制度关于财务会计报告的编制要求、提供对象和提供期限的规定;其他法律、行政法规另有规定的,从其规定。

财务会计报告由会计报表、会计报表附注和财务情况说明书组成。向不同的会计资料使用者提供的财务会计报告,其编制依据应当一致。有关法律、行政法规规定会计报表、会计报表附注和财务情况说明书须经注册会计师审计的,注册会计师及其所在的会计师事务所出具的审计报告应当随同财务会计报告一并提供。

第二十一条 财务会计报告应当由单位负责人和主管会计工作的负责人、会计机构负责人(会计主管人员)签名并盖章;设置总会计师的单位,还须由总会计师签名并盖章。

单位负责人应当保证财务会计报告真实、完整。

第二十三条 各单位对会计凭证、会计帐簿、财务会计报告和其他会计资料应当建立档案,妥善保管。会计档案的保管期限和销毁办法,由国务院财政部门会同有关部门制定。

二、部门规章及规范性文件

《企业会计准则——基本准则》

第四条 企业应当编制财务会计报告（又称财务报告，下同）。财务会计报告的目标是向财务会计报告使用者提供与企业财务状况、经营成果和现金流量等有关的会计信息，反映企业管理层受托责任履行情况，有助于财务会计报告使用者作出经济决策。

财务会计报告使用者包括投资者、债权人、政府及其有关部门和社会公众等。

▶ 条文释义

一、本条主旨

本条是关于公司编制年度财务会计报告要求的规定。

二、条文演变

本条在《公司法》历次修订、修正中未作实质性修改，对原条文内容均予保留，仅作条文序号的修正。2005年修订将修订前的《公司法》第175条"公司应当在每一会计年度终了时制作财务会计报告，并依法经审查验证。财务会计报告应当包括下列财务会计报表及附属明细表：（一）资产负债表；（二）损益表；（三）财务状况变动表；（四）财务情况说明书；（五）利润分配表"的规定，修改为第165条"公司应当在每一会计年度终了时编制财务会计报告，并依法经会计师事务所审计。财务会计报告应当依照法律、行政法规和国务院财政部门的规定制作"的规定。2013年《公司法》修正后的内容不变，条文序号调整为第164条。

三、条文解读

公司财务会计报告，是指公司对外提供的反映公司某一特定日期财务状况和某一会计期间经营成果、现金流量的文件。

公司财务会计报告的组成根据本条、《企业财务会计报告条例》和《企业会计制度》的规定，分为年度、半年度、季度和月度财务会计报告。其中，年度、半年度财务会计报告应当包括：会计报表；会计报表附注；财务情况说明书。会计报表应当包括资产负债表、利润表、现金流量表及相关附表。季度、月度财务会计报告通常仅指会计报表，会计报表至少应当包括资产负债表和利润表。国家统一的会计制度规定季度、月度财务会计报告需要编制会计报表附注的，从其规定。

公司编制财务会计报告，应当根据真实的交易、事项以及完整、准确的账簿记录等资料，并按照国家统一的会计制度规定的编制基础、编制依据、编制原则和方法进行编制。公司不得违反《企业财务会计报告条例》和国家统一的会计制度规定，随意改变财务会计报告的编制基础、编制依据、编制原则和方法。任何组织或者个人不得授意、指使、强令公司违反本条例和国家统一的会计制度规定，改变财务会计报告的编制基础、编制依据、编制原则和方法。

▶ 类案检索

一、无锡梁溪冷轧薄板有限公司与无锡太平洋镀锌薄板有限公司等股东知情权纠纷案

关键词： 股东知情权

裁判摘要： 丧失股东资格的人对其丧失股东资格前公司的经营状况与经营信息仍然享有知情权。股东行使知情权的方式限于查阅、复审相关资料，除公司章程有特别规定外，不得请求公司接受其审计安排。

【案　　号】（2006）锡民再终字第0028号

【审理法院】 江苏省无锡市中级人民法院

二、郑某某与淮安第一钢结构有限公司公司盈余分配纠纷案

关键词： 股利分配　资本维持原则

裁判摘要： 基于公司资本维持原则，股东分配的资金来源不能是公司的资本，而只能是公司的利润。公司可否进行股利分配，除了审查是否有利润外，还应审查是否有可供分配的利润。判断是否具备可分配利润，仅具有股东会决议分配年度利润的形式要件不足以认定，还必须有符合《公司法》规定的依法

经过审查验证的财务报表和利润分配计划的实质要件。在仅有形式要件而没有实质要件，从而导致股东与公司发生利润分配纠纷时，法院对有无利润的判断上可从公司在工商部门的年检报告、合法的会计年度终了时的财务会计报告、年度利润司法审计报告等证据审查中作出判断。公司无可供分配利润而通过决议把分配给股东的利润份额以借据的形式载明，其因违反资本维持原则的强行规范而非当然地转化为合法的债权债务关系。

【案　　号】（2011）淮中商终字第2号

【审理法院】江苏省淮安市中级人民法院

第一百六十五条　有限责任公司应当依照公司章程规定的期限将财务会计报告送交各股东。

股份有限公司的财务会计报告应当在召开股东大会年会的二十日前置备于本公司，供股东查阅；公开发行股票的股份有限公司必须公告其财务会计报告。

条文释义

一、本条主旨

本条是关于公司依法对股东公开其财务会计报告的规定。

二、条文演变

本条由1993年《公司法》第176条演变而来，2005年《公司法》修订时将第3款的"以募集设立方式成立的股份有限公司必须公告其财务会计报告"修改为"公开发行股票的股份有限公司必须公告其财务会计报告"，并将条文序号修改为第166条，此后未再进行修改，仅对条文序号略作调整。

三、条文解读

财务会计报告的公示制度是公司依照法律规定向社会公开其财务会计报告的制度。实行会计报告公示制度是公司制度的内在要求，它对于保护股东、债权人、交易关系人的利益，维护交易安全和社会经济秩序，维护社会公众利益，都具有重要的作用。为保护股东的合法权益，确保股东行使权利，《公司法》对公司财务会计报告公开作了原则性的要求。

（一）《公司法》对有限责任公司的要求

按照《公司法》规定，有限责任公司要将财务会计报告送交各股东。依照《公司法》的规定，有限责任公司的股东在50人以下，人数较少，所以要求有限责任公司要将财务会计报告送交各股东。送交的期限，《公司法》并未作强制性的规定，只要求依照公司章程的规定执行。据此，有限责任公司的章程应当规定在公司召开股东会会议前多少日内将财务会计报告送交各股东。为减少纠纷，维护股东的合法权益，需要强调的是，股东在制定公司章程时一定要对此作出规定，公司章程中既可以规定一个时段，也可以规定具体时间。比如可以规定财务会计报告制定后多少日内送交，或开会前多少日内送交。

（二）《公司法》对股份有限公司的要求

按照《公司法》规定，股份有限公司要将财务会计报告置备公司。由于股份有限公司规模大，股东人数众多，不可能像有限责任公司那样将财务会计报告一一送交各股东，所以，《公司法》要求股份有限公司要将财务会计报告在召开股东大会年会的20日前置备于本公司，以供股东查阅。

（三）对公开发行股票的股份有限公司的要求

按照《公司法》规定，对公开发行股票的股份有限公司要公告财务会计报告。

▶ 适用指引

由于公司的类型不同，法律对公司财务会计报告公开的范围和方式的要求也不相同。在我国，公司主要采用以下三种方式公示其财务会计报告：

第一，将报表置备于公司住所供股东查阅或送交各股东。依本法规定，有限责任公司应当按公司章程规定的期限将财务会计报告送交各股东；股份有限公司的财务会计报告应当在召开股东大会年会的20日以前置备于本公司，供股东查阅。

第二，向有关部门或单位报送会计报表。公司财务会计报告应按月或按年报送当地财税机关、开户银行和主管部门等。

第三，公告公司的财务会计报告。本法规定，以募集设立方式成立的股份有限公司必须公告其财务会计报告；上市公司必须按照法律、行政法规的规定，定期公开其财务状况和经营状况，在每一会计年度内半年公布一次财务会计报告。

> 第一百六十六条 公司分配当年税后利润时，应当提取利润的百分之十列入公司法定公积金。公司法定公积金累计额为公司注册资本的百分之五十以上的，可以不再提取。
>
> 公司的法定公积金不足以弥补以前年度亏损的，在依照前款规定提取法定公积金之前，应当先用当年利润弥补亏损。
>
> 公司从税后利润中提取法定公积金后，经股东会或者股东大会决议，还可以从税后利润中提取任意公积金。
>
> 公司弥补亏损和提取公积金后所余税后利润，有限责任公司依照本法第三十四条的规定分配；股份有限公司按照股东持有的股份比例分配，但股份有限公司章程规定不按持股比例分配的除外。
>
> 股东会、股东大会或者董事会违反前款规定，在公司弥补亏损和提取法定公积金之前向股东分配利润的，股东必须将违反规定分配的利润退还公司。
>
> 公司持有的本公司股份不得分配利润。

▶ 关联规定

一、法律、行政法规、司法解释

1.《中华人民共和国公司法》

第三十四条 股东按照实缴的出资比例分取红利；公司新增资本时，股东有权优先按照实缴的出资比例认缴出资。但是，全体股东约定不按照出资比例分取红利或者不按照出资比例优先认缴出资的除外。

2.《中华人民共和国证券法》

第九十一条 上市公司应当在章程中明确分配现金股利的具体安排和决策程序，依法保障股东的资产收益权。

上市公司当年税后利润，在弥补亏损及提取法定公积金后有盈余的，应当按照公司章程的规定分配现金股利。

二、部门规章及规范性文件

《企业财务通则》

第十八条 企业从税后利润中提取的盈余公积包括法定公积金和任意公积金，可以用于弥补企业亏损或者转增资本。法定公积金转增资本后留存企业的部分，以不少于转增前注册资本的 25% 为限。

第五十条 企业年度净利润，除法律、行政法规另有规定外，按照以下顺序分配：

（一）弥补以前年度亏损。

（二）提取 10% 法定公积金。法定公积金累计额达到注册资本 50% 以后，可以不再提取。

（三）提取任意公积金。任意公积金提取比例由投资者决议。

（四）向投资者分配利润。企业以前年度未分配的利润，并入本年度利润，在充分考虑现金流量状况后，向投资者分配。属于各级人民政府及其部门、机构出资的企业，应当将应付国有利润上缴财政。

国有企业可以将任意公积金与法定公积金合并提取。股份有限公司依法回购后暂未转让或者注销的股份，不得参与利润分配；以回购股份对经营者及其他职工实施股权激励的，在拟订利润分配方案时，应当预留回购股份所需利润。

▶ 条文释义

一、本条主旨

本条是关于公司税后利润分配的规定。

二、条文演变

2005 年修订《公司法》时，本条是在 1993 年《公司法》第 177 条规定的基础上修改形成的。同原规定比，这一条作了较大的修改，主要是：一是取消了提取公益金的强制性要求。二是增加了公司持有的本公司的股份不得分配利润的规定。增加这一规定的目的是保护个人投资者的合法权益。三是将原来关于"公司弥补亏损和提取公积金、法定公益金后所余利润,有限责任公司按照股东的出资比例分配,股份有限公司按照股东持有的股份比例分配"的规定修改为"公司弥补亏损和提取公积金后所余税后利润,有限责任公司依照本法第三十五条的规定分配;股份有限公司按照股东持有的股份比例分配,但股份有限公司章程规定不按持股比例分配的除外"。其后《公司法》历次修改中,本条内容未变动。

三、条文解读

公司的税后利润,是公司在一定时期内生产经营的财务成果,分为营业利润、投资收益和营业外收支净额。营业利润,是指核算期内营业收入减去营业成本和有关费用,再减去营业收入应负担的税收后的数额。投资收益,是指公司对外投资取得的利润、股利、利息等扣除发生的投资损失后的数额。营业外收支净额,是指与公司生产经营无直接关系的各项收入减去各项支出后的数额。营业外收入包括固定资产盘盈、处理固定资产收益、罚款净收入等。营业外支出包括固定资产盘亏、处理固定资产损失、各项滞纳金和罚款支出、非常损失、职工劳动保险费支出、法定补偿金等。公司的税后利润应当按照下列顺序分配:

第一,弥补公司的亏损。公司亏损是指在一个会计年度内,公司的盈利低于公司的全部成本、费用及其损失的总和。在公司存续期间内,公司应当经常保持与其资本相当的实有财产。当公司有利润时,应当首先用利润弥补公司的亏损,使公司资本得以维持。

第二,提取法定公积金。公司当年的税后利润在弥补亏损后,如果仍有剩余,应当提取10%列入法定公积金。公司的法定公积金累积金额达到公司注册资本的50%后,可以不再提取。公司不得削减法定公积金的提取比例。

第三,提取任意公积金。公司除了提取法定公积金以外,可以根据公司的实际情况,在提取了法定公积金后,由股东会或者股东大会决定另外再从税后利润中提取一定的公积金。此部分是公司自行决定提取的,不是法律强制要求的,被称为任意公积金。任意公积金提取多少,由公司自行决定。

第四,支付普通股股利。公司税后利润在进行以上分配后,如仍有剩余,可以按确定的利润分配方案向公司的普通股股东支付股利。有限责任公司,除了全体股东另有约定的外,按照股东实际缴纳的出资比例分取红利;股份有限公司，除了公司章程另有规定的外，按照股东持有的股份比例分配。公司持有的本公司的股份不得分配股利。

法律规定公司的税后利润应当先用于弥补亏损、提取法定公积金，然后才能分配给公司的股东，以保持公司资本的稳定性，维护债权人的利益。如果公司的股东会、股东大会或者董事会违反法律的规定，在公司弥补亏损和提取法定公积金之前向股东分配利润，股东必须将违反规定分配的利润退还公司。

第一百六十七条　股份有限公司以超过股票票面金额的发行价格发行股份所得的溢价款以及国务院财政部门规定列入资本公积金的其他收入，应当列为公司资本公积金。

关联规定

部门规章及规范性文件

《企业财务通则》

第十七条　对投资者实际缴付的出资超出注册资本的差额（包括股票溢价），企业应当作为资本公积管理。

经投资者审议决定后，资本公积用于转增资本。国家另有规定的，从其规定。

第十九条　企业增加实收资本或者以资本公积、盈余公积转增实收资本，由投资者履行财务决策程序后，办理相关财务事项和工商变更登记。

第二十条　企业取得的各类财政资金，区分以下情况处理：

（一）属于国家直接投资、资本注入的，按照国家有关规定增加国家资本或者国有资本公积。

（二）属于投资补助的，增加资本公积或者实收资本。国家拨款时对权属有规定的，按规定执行；没有规定的，由全体投资者共同享有。

（三）属于贷款贴息、专项经费补助的，作为企业收益处理。

（四）属于政府转贷、偿还性资助的，作为企业负债管理。

（五）属于弥补亏损、救助损失或者其他用途的，作为企业收益处理。

条文释义

一、本条主旨

本条是关于资本公积金的规定。

二、条文演变

1993年《公司法》第178条规定："股份有限公司依照本法规定，以超过股票票面金额的发行价格发行股份所得物溢价款以及国务院财政主管部门规定列入资本公积金的其他收入，应当列入公司资本公积金。"《公司法》于1999年、2004年《公司法》修正时，该条未作变更。2005年《公司法》修订时，将本条的序号调整为第168条，内容修改为："股份有限公司以超过股票票面金额的发行价格发行股份所得的溢价款以及国务院财政部门规定列入资本公积金的其他收入，应当列为公司资本公积金。"2013年《公司法》修正时，将本条序号调整为第167条。2018年《公司法》修正时，该条未作调整。

三、条文解读

资本公积金是指直接由资本或资产等原因形成的公积金。依照本条规定，股份有限公司的股票超过票额发行所得净溢价额以及国务院财政部门规定列入公积金的收入，如接受捐赠的财产、资产评估确认的价值或者合同、协议约定的价值与原账面净值的差额以及资本汇率折算差额，都应当按照规定列入资本公积金。

2021年《公司法（修订草案）》将本条内容规定在第209条，内容修改为："公司以超过股票票面金额的发行价格发行股份所得的溢价款、发行无面额股所得股款未计入注册资本的金额以及国务院财政部门规定列入资本公积金的其他收入，应当列为公司资本公积金。"

适用指引

资本公积金是指从公司的利润以外的收入中提取的一种公积金。按照《公司法》，资本公积金的构成如下：

第一，股票溢价款。即公司以超过股票票面价值而发行的股票时，其超过部分为股票溢价。对于这一部分《公司法》将其列入资本公积金。

第二，国务院财政部门规定的情况。如法定财产重估增值、接受捐赠的财产价值等应列入资本公积金。

▶ 典型案例

兰州神骏物流有限公司与兰州民百（集团）股份有限公司侵权纠纷案

关键词： 资本公积金

裁判摘要： 公司因接受赠与而增加的资本公积金属于公司所有，是公司的资产，股东不能主张该资本公积金中与自己持股比例相对应的部分归属于自己，上市公司股权分置改革中，公司股东大会作出决议将资本公积金向流通股股东转增股份时，公司的流通股股东可以按持股比例获得相应的新增股份，而非流通股股东不能以其持股比例向公司请求支付相应的新增股份。即使该股东大会决议无效，也只是产生流通股股东不能取得新增股份的法律效果，而非流通股股东仍然不能取得该新增的股份。

基本案情： 2006年4月21日，兰州民百（集团）股份有限公司（以下简称民百公司）第四届董事会第十六次会议审议并通过了公司《股权分置改革方案》，主要内容是：（1）民百公司第一大非流通股股东红楼集团有限公司（以下简称红楼集团）向公司无偿注入兰州红楼房地产开发有限公司36.6045%股权，根据浙江东方中汇会计师事务所有限公司出具的《审计报告》，截至2005年12月31日，该部分权益经审计的账面价值为3000万元。（2）为使红楼集团注入的兰州红楼房地产开发有限公司36.6045%权益完全由流通股股东享有，民百公司向流通股股东实施资本公积金定向转增28 379 137股，相当于每10股流通股定向转增2.1621股。（3）除红楼集团外的其他非流通股股东向流通股股东支付9 589 497股股份。（4）上述组合方案的总体对价水平相当于每10股流通股股东获得2.89 271股。2006年5月29日，民百公司召开股东大会审议通过了该《股权分置改革方案》，并于2006年6月2日刊登了股权分置改革方案实施公告。因神骏公司（当时名称为兰州神骏医药科技有限公司，2008

年10月20日更名为现名称兰州神骏物流有限公司,以下均简称神骏公司)等非流通股股东未明确表示同意参加本次股权分置改革,由民百公司第一大股东红楼集团代为垫付3 119 196股,第二大股东兰州民百佛慈集团有限公司(以下简称民佛公司)代为垫付542 421股,合计代神骏公司等非流通股股东垫付对价3 661 617股。

民百公司2006年第一次临时股东大会暨股权分置改革相关股东会议通过了股权分置改革方案后,神骏公司在法定期限内向兰州市中级人民法院提起了诉讼,请求确认5月29日的临时股东大会关于红楼集团假借无偿赠送权益性资产实为非公开发行新股28 379 138股的决议违法,判决该次股东大会关于以3000万元权益性资产作价增发新股的决议无效等。兰州市中级人民法院以(2006)兰法民二初字第82号民事判决驳回了神骏公司的诉讼请求,神骏公司不服该判决向甘肃省高级人民法院提出上诉。审理中经甘肃省高级人民法院主持调解,神骏公司与民百公司达成了调解,该调解书(以下简称159号调解书)内容为:神骏公司与民百公司共同确认红楼集团向民百公司无偿赠送的3000万元权益性资产真实合法,在此前提下2006年5月29日召开的民百公司股东大会通过的决议合法有效,不存在侵犯神骏公司合法权益的问题;神骏公司放弃全部诉讼请求;民百公司今后依然尊重神骏公司作为股东的各项权益等。

2007年6月6日,神骏公司向甘肃省高级人民法院提起诉讼,请求民百公司、民佛公司、红楼集团依照民百公司股权分置改革方案,立即安排其向民佛公司、红楼集团偿还代为垫付的对价款项及利息,办理神骏公司持有的民百公司股票流通的手续,排除流通的妨碍。该案在审理中,经甘肃省高级人民法院主持,双方当事人于2007年6月29日达成调解,该调解书(以下简称24号调解书)载明神骏公司向民佛公司和红楼集团偿还了代垫的股份1 621 479股,民百公司安排神骏公司持有的民百公司限售流通股予以上市流通。神骏公司认为其已偿还了民百公司第一、第二股东即红楼集团、民佛公司垫付的对价,红楼集团真实合法无偿赠送给民百公司的3000万元权益性资产折合的28 379 137股民百公司股份中,因神骏公司当时在民百公司持股比例为6.18%,所以神骏公司应当按比例享有1 753 800股。故神骏公司向甘肃省高级人民法院提起诉讼,要求民百公司赔偿1 753 800股股份,折合赔偿人民币20 081 010元(按神骏公司持有民百公司非流通股解禁上市后20个交易日的平均股价每股 10 元计算）及相应利息，并由民百公司负担案件诉讼费。

【案　　号】（2009）民二终字第 75 号

【审理法院】最高人民法院

【案件来源】《最高人民法院公报》（2010 年第 2 期）

类案检索

红富士公司与董某、苏某损害公司利益责任纠纷案

关键词： 资本公积

裁判摘要： 公司法的立法宗旨在于强调公司意思自治，一般而言，公司法应当慎重介入公司内部治理及运营，但如果控股股东滥用权利对公司利益及小股东利益造成实质损害，则公司法可以对此予以规制。资本公积仅能用于公司扩大生产经营或转增注册资本，不得用于弥补公司亏损或转为负债等其他用途，控股股东为推动公司上市而将其对公司的债权转入资本公积，应视为其对公司债务的豁免，控股股东再利用其对公司的控制权，擅自将资本公积调整为公司对其的应付款，减少了公司的所有者权益，损害了公司利益和小股东利益，依法应当承担返还财产、恢复原状的责任，将账款调整回资本公积科目。

【案　　号】（2020）沪民再 1 号

【审理法院】上海市高级人民法院

> 第一百六十八条　公司的公积金用于弥补公司的亏损、扩大公司生产经营或者转为增加公司资本。但是，资本公积金不得用于弥补公司的亏损。
>
> 法定公积金转为资本时，所留存的该项公积金不得少于转增前公司注册资本的百分之二十五。

▶ 关联规定

一、法律、行政法规、司法解释

《中华人民共和国公司法》

第一百六十六条　公司分配当年税后利润时，应当提取利润的百分之十列入公司法定公积金。公司法定公积金累计额为公司注册资本的百分之五十以上的，可以不再提取。

公司的法定公积金不足以弥补以前年度亏损的，在依照前款规定提取法定公积金之前，应当先用当年利润弥补亏损。

公司从税后利润中提取法定公积金后，经股东会或者股东大会决议，还可以从税后利润中提取任意公积金。

公司弥补亏损和提取公积金后所余税后利润，有限责任公司依照本法第三十四条的规定分配；股份有限公司按照股东持有的股份比例分配，但股份有限公司章程规定不按持股比例分配的除外。

股东会、股东大会或者董事会违反前款规定，在公司弥补亏损和提取法定公积金之前向股东分配利润的，股东必须将违反规定分配的利润退还公司。

公司持有的本公司股份不得分配利润。

二、部门规章及规范性文件

1.《证券发行与承销管理办法》

第十八条　上市公司发行证券，存在利润分配方案、公积金转增股本方案尚未提交股东大会表决或者虽经股东大会表决通过但未实施的，应当在方案实施后发行。相关方案实施前，主承销商不得承销上市公司发行的证券。

2.《企业财务通则》

第十七条 对投资者实际缴付的出资超出注册资本的差额（包括股票溢价），企业应当作为资本公积管理。

经投资者审议决定后，资本公积用于转增资本。国家另有规定的，从其规定。

第十八条 企业从税后利润中提取的盈余公积包括法定公积金和任意公积金，可以用于弥补企业亏损或者转增资本。法定公积金转增资本后留存企业的部分，以不少于转增前注册资本的 25% 为限。

第十九条 企业增加实收资本或者以资本公积、盈余公积转增实收资本，由投资者履行财务决策程序后，办理相关财务事项和工商变更登记。

▶ 条文释义

一、本条主旨

本条是关于公司公积金使用的规定。

二、条文演变

本条是在 1993 年《公司法》第 179 条规定的基础上作出的一条规定。2005 年《公司法》修订时作了以下修改：一是增加规定资本公积金不得用于弥补公司亏损的规定；二是删去了原来第 2 款中关于"股份有限公司经股东大会决议将公积金转为资本时，按股东原有股份比例派送新股或者增加每股面值"的规定。此后内容未再进行修改。

三、条文解读

由于公司的公积金是按照特定的目的提留的，使用时应当做到专款专用。如果公积金的使用违背提取目的，不仅将很难发挥应有的作用，并且会损害公司的股东或者债权人的利益。依照本条规定，公司公积金应当用于以下三个方面。

（一）弥补公司的亏损

公司在生产或者经营过程中，有时盈利，有时亏损。如果公司盈利时完全分光，当公司出现暂时的亏损时会减少公司的资本，公司将很难发展。有了公积金作为储备金，当公司亏损时不仅可以弥补资本的亏空，而且还可以动用一部分作为红利进行分配，使公司在保持原有经营规模或者在相对稳定的情况下调整经营政策，尽快地扭亏为盈。公积金弥补亏损实际上起到了维护公司信誉和抗御经营风险的作用。公司应当首先动用公司的法定公积金弥补公司的亏损，当公司的法定公积金不足以弥补时，用当年的利润弥补，当年的利润仍不足以弥补时，可以用公司的任意公积金弥补。

（二）扩大公司生产经营

公司在发展过程中扩大生产经营规模、增强公司的实力，这需要增加投入。如果公司对外募集扩大公司生产经营规模的资金，手续复杂，成本较高。如果公司用公司的公积金来扩大公司的生产或者经营规模，手续简单，成本也较低。

（三）增加公司的资本

增加公司的资本是指增加公司的注册资本。将公司的公积金用来增加公司的资本，有利于公司的发展和壮大。将公积金增加为公司的资本，实际上是增加股东的投资，对有限责任公司是按每个股东的出资比例增加其出资额；对股份有限公司，则按股东所持股份比例来增加其出资额，一种是增加公司的股份数，另一种是不改变公司的股份数，增加股份面值。

资本公积金应用于维持公司的资本充实，依照本条规定，不得用于弥补公司的亏损。同时，为保证公司有一定数量的法定公积金用于弥补公司的亏损等，本条对将《公司法》定公积金用于增加公司的资本数量作出了限制，规定将法定公积金转为资本，所留存的该项公积金不得少于转为资本前公司注册资本的25%。

第一百六十九条　公司聘用、解聘承办公司审计业务的会计师事务所，依照公司章程的规定，由股东会、股东大会或者董事会决定。

公司股东会、股东大会或者董事会就解聘会计师事务所进行表决时，应当允许会计师事务所陈述意见。

▶ 关联规定

法律、行政法规、司法解释

1.《中华人民共和国企业国有资产法》

第六十七条　履行出资人职责的机构根据需要，可以委托会计师事务所对国有独资企业、国有独资公司的年度财务会计报告进行审计，或者通过国有资本控股公司的股东会、股东大会决议，由国有资本控股公司聘请会计师事务所对公司的年度财务会计报告进行审计，维护出资人权益。

2.《中华人民共和国保险法》

第八十八条　保险公司聘请或者解聘会计师事务所、资产评估机构、资信评级机构等中介服务机构，应当向保险监督管理机构报告；解聘会计师事务所、资产评估机构、资信评级机构等中介服务机构，应当说明理由。

3.《证券公司监督管理条例》

第七十四条　证券公司聘请或者解聘会计师事务所的，应当自做出决定之日起3个工作日内报国务院证券监督管理机构备案；解聘会计师事务所的，应当说明理由。

▶ 条文释义

一、本条主旨

本条是关于公司聘用、解聘会计师事务所的规定。

二、条文演变

这是 2005 年《公司法》第一次修订时新增加的一条规定。2013 年《公司法》修正时由第 170 条修改为第 169 条。

三、条文解读

依照本条规定,公司聘任或解聘承办公司审计业务的会计师事务所,应当依照公司章程的规定,由股东会、股东大会或者董事会决定。公司经理或其他高级管理人员不得自行决定聘任或解聘承办公司审计业务的会计师事务所。公司为明确此项决定权由哪个机构行使,应当在章程中对此作出决定。

本条规定只适用于承办公司审计业务,即接受公司委托,对公司的财务会计报告进行独立审计,出具审计意见的会计师事务所。

为了保证会计师事务所独立、客观、公正地进行审计,防止公司随意解聘会计师事务所,本条规定,在公司股东会、股东大会或者董事会就解聘会计师事务所进行表决时,应当允许会计师事务所陈述自己的意见。

第一百七十条 公司应当向聘用的会计师事务所提供真实、完整的会计凭证、会计账簿、财务会计报告及其他会计资料，不得拒绝、隐匿、谎报。

▶ 关联规定

一、法律、行政法规、司法解释

1.《中华人民共和国会计法》

第四条 单位负责人对本单位的会计工作和会计资料的真实性、完整性负责。

第三十一条 有关法律、行政法规规定，须经注册会计师进行审计的单位，应当向受委托的会计师事务所如实提供会计凭证、会计帐簿、财务会计报告和其他会计资料以及有关情况。

任何单位或者个人不得以任何方式要求或者示意注册会计师及其所在的会计师事务所出具不实或者不当的审计报告。

财政部门有权对会计师事务所出具审计报告的程序和内容进行监督。

第四十二条 违反本法规定，有下列行为之一的，由县级以上人民政府财政部门责令限期改正，可以对单位并处三千元以上五万元以下的罚款；对其直接负责的主管人员和其他直接责任人员，可以处二千元以上二万元以下的罚款；属于国家工作人员的，还应当由其所在单位或者有关单位依法给予行政处分：

（一）不依法设置会计帐簿的；

（二）私设会计帐簿的；

（三）未按照规定填制、取得原始凭证或者填制、取得的原始凭证不符合规定的；

（四）以未经审核的会计凭证为依据登记会计帐簿或者登记会计帐簿不符合规定的；

（五）随意变更会计处理方法的；

（六）向不同的会计资料使用者提供的财务会计报告编制依据不一致的；

（七）未按照规定使用会计记录文字或者记帐本位币的；

（八）未按照规定保管会计资料，致使会计资料毁损、灭失的；

（九）未按照规定建立并实施单位内部会计监督制度或者拒绝依法实施的监督或者不如实提供有关会计资料及有关情况的；

（十）任用会计人员不符合本法规定的。

有前款所列行为之一，构成犯罪的，依法追究刑事责任。

会计人员有第一款所列行为之一，情节严重的，五年内不得从事会计工作。

有关法律对第一款所列行为的处罚另有规定的，依照有关法律的规定办理。

2.《中华人民共和国注册会计师法》

第二十条 注册会计师执行审计业务，遇有下列情形之一的，应当拒绝出具有关报告：

（一）委托人示意其作不实或者不当证明的；

（二）委托人故意不提供有关会计资料和文件的；

（三）因委托人有其他不合理要求，致使注册会计师出具的报告不能对财务会计的重要事项作出正确表述的。

二、部门规章及规范性文件

1.《证券发行上市保荐业务管理办法》

第五十三条 发行人应当为保荐机构及时提供真实、准确、完整的财务会计资料和其他资料，全面配合保荐机构开展尽职调查和其他相关工作。

发行人的控股股东、实际控制人、董事、监事、高级管理人员应当全面配合保荐机构开展尽职调查和其他相关工作，不得要求或者协助发行人隐瞒应当披露的信息。

2.《科创板首次公开发行股票注册管理办法（试行）》

第五条 发行人作为信息披露第一责任人，应当诚实守信，依法充分披露投资者作出价值判断和投资决策所必需的信息，所披露信息必须真实、准确、完整，不得有虚假记载、误导性陈述或者重大遗漏。

发行人应当为保荐人、证券服务机构及时提供真实、准确、完整的财务会计资料和其他资料，全面配合相关机构开展尽职调查和其他相关工作。

发行人的控股股东、实际控制人应当全面配合相关机构开展尽职调查和其他相关工作，不得要求或者协助发行人隐瞒应当披露的信息。

3.《科创板上市公司证券发行注册管理办法（试行）》

第五条 上市公司应当诚实守信，依法充分披露投资者作出价值判断和投资决策所必需的信息，所披露信息必须真实、准确、完整，简明清晰、通俗易懂，不得有虚假记载、误导性陈述或者重大遗漏。

上市公司应当按照保荐人、证券服务机构要求，依法向其提供真实、准确、完整的财务会计资料和其他资料，配合相关机构开展尽职调查和其他相关工作。

上市公司控股股东、实际控制人、董事、监事、高级管理人员应当配合相关机构开展尽职调查和其他相关工作，不得要求或者协助上市公司隐瞒应当提供的资料或者应当披露的信息。

▶ 条文释义

一、本条主旨

本条是关于公司向会计师事务所提供资料应当履行一定义务的规定。

二、条文演变

这是 2005 年《公司法》修订时新增加的一条规定。2013 年《公司法》修正时，条文序号由第 171 条修改为第 170 条。

三、条文解读

会计师事务所对公司的财务进行审计，并作出审计报告，需要公司提供真实、准确、完整的会计凭证、会计账簿、财务会计报告及其他会计资料。所谓真实，是指会计凭证、会计账簿、财务会计报告及其他会计资料反映了实际情况，没有弄虚作假；所谓准确，是指会计凭证、会计账簿、财务会计报告及其他会计资料的数据应当与实际情况相符或者是符合合乎逻辑的推测；所谓完整，是指会计凭证、会计账簿、财务会计报告及其他会计资料没有遗漏。如果公司提供的会计资料不真实、不准确、不完整，将影响会计师事务所审计报告的公正性和客观性。为了保证会计师事务所能获得真实、准确、完整的会计资料，本条规定公司向会计师事务所提供会计凭证、会计账簿、财务会计报告及其他会计资料不得拒绝、隐匿、谎报。所谓拒绝，是指拒不提供全部或部分会计凭证、会计账簿、财务会计报告及其他会计资料；所谓隐匿，是指藏而不报；所谓谎报，是指以假充真、真账假做或假账真做。公司违反本条规定的义务，要受到相应的处罚。

（一）会计账簿与会计凭证

我国《会计法》第13条第1款规定："会计凭证、会计帐簿、财务会计报告和其他会计资料，必须符合国家统一的会计制度的规定。"第14条第1款规定："会计凭证包括原始凭证和记帐凭证。"我国《公司法》第170条亦将会计凭证与会计账簿并列。可见，会计账簿不包括原始凭证和记账凭证。

依照《会计法》第13条、第14条、第15条、第20条的规定，公司会计资料包括会计凭证（原始凭证和记账凭证）、会计账簿（总账、明细账、日记账和其他辅助性账簿）、财务会计报告（会计报表、会计报表附注、财务情况说明书）和其他会计资料。《公司法》第170条规定："公司应当向聘用的会计师事务所提供真实、完整的会计凭证、会计账簿、财务会计报告及其他会计资料，不得拒绝、隐匿、谎报。"可见《公司法》与《会计法》对会计资料的分类规定一致。依照《公司法》第33条的规定，有限责任公司的股东仅可以查阅、复制财务会计报告及查阅会计账簿，但原始凭证和记账凭证不属于股东知情权的内容。

（二）公司的相关义务

公司向会计师事务所提供会计资料时必须履行如下义务。

1. 真实、完整的会计资料

这是公司应主动履行的法定义务。确保会计资料的真实、完整是《会计法》的基本要求。按照《会计法》的规定，公司必须依法设置会计账簿，并保证其真实、完整。公司的法定代表人要对本单位的会计工作和会计资料的真实性、完整性负责。任何单位和个人不得伪造、变造会计凭证、会计账簿及其他会计资料，不得提供虚假的财务会计报告。

（1）会计凭证。包括原始凭证和记账凭证。办理《会计法》规定的经济业务事项，必须填制或者取得原始凭证并及时送交会计机构。记账凭证应当根据经过审核的原始凭证及有关资料编制。（2）会计账簿登记。该登记必须以经过审核的会计凭证为依据，并符合有关法律、行政法规和国家统一的会计制度的规定。会计账簿包括总账、明细账、日记账和其他辅助性账簿。（3）财务会计报告。该报告中要对会计处理方法变更的原因、情况及影响作出说明；单位提供的担保、未决诉讼等或有事项，应当按照国家统一的会计制度的规定作出说明。财务会计报告应当根据经过审核的会计账簿记录和有关资料编制，并符合《会计法》和国家统一的会计制度关于财务会计报告的编制要求、提供对象和提供期限的规定；其他法律、行政法规另有规定的，从其规定。

2. 不得拒绝、隐匿、谎报

这是应会计师事务所的要求必须履行的一项法定义务。也就是，公司必须按照会计师事务所的要求提供相关的会计资料，不得故意拒绝、隐匿、谎报，如发生此种情况要依法承担相应的法律责任。

> **第一百七十一条** 公司除法定的会计账簿外，不得另立会计账簿。对公司资产，不得以任何个人名义开立账户存储。

▶ 关联规定

法律、行政法规、司法解释

1.《中华人民共和国公司法》

第二百零一条 公司违反本法规定，在法定的会计账簿以外另立会计账簿的，由县级以上人民政府财政部门责令改正，处以五万元以上五十万元以下的罚款。

2.《中华人民共和国税收征收管理法实施细则》

第二十六条 纳税人、扣缴义务人会计制度健全，能够通过计算机正确、完整计算其收入和所得或者代扣代缴、代收代缴税款情况的，其计算机输出的完整的书面会计记录，可视同会计账簿。

纳税人、扣缴义务人会计制度不健全，不能通过计算机正确、完整计算其收入和所得或者代扣代缴、代收代缴税款情况的，应当建立总账及与纳税或者代扣代缴、代收代缴税款有关的其他账簿。

▶ 条文释义

一、本条主旨

本条是关于公司会计账簿设立和账户开立的禁止性规定。

二、条文演变

本条是对 1993 年《公司法》第 181 条规定的保留，未作实质性修改。

三、条文解读

公司会计账册，是公司年终制作财务会计报告时的基本凭证，只有准确、真实、完整，才能确保财务会计报告的真实完整，才能确保国家正常的经济秩序。但有的公司为了小集团利益，在账册上作手脚，设立两本账，一本是按规定设立的，如实记录公司的经济往来项目，但公司不将其对外，仅公司内部使用。另一本内容虚假，该入账的不按规定入账，不该入账的违反规定入账，公司将其对外，以达到少纳税、逃避有关部门监管的目的。还有的公司为了逃避银行对公司资金往来的监管，为了使公司提取、使用现金方便，伪造、变造会计凭证、会计账簿，编制虚假财务会计报告，将公司财产不计入公司账册，以个人名义存储银行。这样做，使公司在使用资金时不通过公司的财务部门，也逃避了银行对公司经济往来的监管，势必造成公司乱用资金的现象，也给一些人侵吞公款提供了机会，使公司财产遭受损失。在公有制经济中，实际上是国有资产的流失，因而既损害了股东的利益，又损害了国家的利益。上述行为均违反《会计法》等有关法律、行政法规规定的违法行为，一经查处即应受法律制裁，有关责任人员还应承担相应的法律责任。

会计账簿，是指记载和反映公司财产状况和营业状况的各种账簿、文书的总称。在法定会计账簿之外另立会计账簿，就是私设会计账簿。具体来讲，就是在法定的会计账簿、文书之外另设一套或者多套会计账簿、文书，将一项经济业务的核算在不同的会计账簿、文书之间采取种种手段作出不同的反映，或者将一项经济业务不通过法定的会计账簿、文书予以反映，而是通过另设的会计账簿、文书进行核算。会计账簿不仅是公司管理者准确地掌握经营情况的重要手段，也是股东、债权人和社会公众了解公司财产和经营状况的主要途径，在国家税收管理和诉讼程序中还是决定税额的主要依据和重要的诉讼证据。私自设立会计账簿，不仅会损害公司的股东、债权人和社会公众的利益，还会损害国家的利益，是一种严重的违法行为。《会计法》明确规定，各单位发生的各项经济业务事项应当在依法设置的会计账簿、文书上统一登记、核算，不得违反会计法及国家统一会计制度的规定私设会计账簿、文书登记、核算。

将公司财产以个人名义存储于银行，不仅逃避了有关机关对公司经济往来的监管，也给一些人侵吞公司财产提供了机会。为了维护国家经济管理秩序，保证公司财产、股东权益和债权人利益不受侵害，本条明确规定禁止将公司财产以任何个人名义开立账户存储。

第九章 公司合并、分立、增资、减资

第一百七十二条 公司合并可以采取吸收合并或者新设合并。

一个公司吸收其他公司为吸收合并，被吸收的公司解散。两个以上公司合并设立一个新的公司为新设合并，合并各方解散。

关联规定

一、法律、行政法规、司法解释

1.《中华人民共和国民法典》

第六十七条 法人合并的，其权利和义务由合并后的法人享有和承担。

法人分立的，其权利和义务由分立后的法人享有连带债权，承担连带债务，但是债权人和债务人另有约定的除外。

2.《中华人民共和国公司法》

第三十七条 股东会行使下列职权：

（一）决定公司的经营方针和投资计划；

（二）选举和更换非由职工代表担任的董事、监事，决定有关董事、监事的报酬事项；

（三）审议批准董事会的报告；

（四）审议批准监事会或者监事的报告；

（五）审议批准公司的年度财务预算方案、决算方案；

（六）审议批准公司的利润分配方案和弥补亏损方案；

（七）对公司增加或者减少注册资本作出决议；

（八）对发行公司债券作出决议；

（九）对公司合并、分立、解散、清算或者变更公司形式作出决议；

（十）修改公司章程；

（十一）公司章程规定的其他职权。

对前款所列事项股东以书面形式一致表示同意的，可以不召开股东会会议，直接作出决定，并由全体股东在决定文件上签名、盖章。

第四十三条 股东会的议事方式和表决程序，除本法有规定的外，由公司章程规定。

股东会会议作出修改公司章程、增加或者减少注册资本的决议，以及公司合并、分立、解散或者变更公司形式的决议，必须经代表三分之二以上表决权的股东通过。

第四十六条 董事会对股东会负责，行使下列职权：

（一）召集股东会会议，并向股东会报告工作；

（二）执行股东会的决议；

（三）决定公司的经营计划和投资方案；

（四）制订公司的年度财务预算方案、决算方案；

（五）制订公司的利润分配方案和弥补亏损方案；

（六）制订公司增加或者减少注册资本以及发行公司债券的方案；

（七）制订公司合并、分立、解散或者变更公司形式的方案；

（八）决定公司内部管理机构的设置；

（九）决定聘任或者解聘公司经理及其报酬事项，并根据经理的提名决定聘任或者解聘公司副经理、财务负责人及其报酬事项；

（十）制定公司的基本管理制度；

（十一）公司章程规定的其他职权。

第六十六条 国有独资公司不设股东会，由国有资产监督管理机构行使股东会职权。国有资产监督管理机构可以授权公司董事会行使股东会的部分职权，决定公司的重大事项，但公司的合并、分立、解散、增加或者减少注册资本和发行公司债券，必须由国有资产监督管理机构决定；其中，重要的国有独资公司合并、分立、解散、申请破产的，应当由国有资产监督管理机构审核后，报本级人民政府批准。

前款所称重要的国有独资公司，按照国务院的规定确定。

第七十四条 有下列情形之一的，对股东会该项决议投反对票的股东可以请求公司按照合理的价格收购其股权：

（一）公司连续五年不向股东分配利润，而公司该五年连续盈利，并且符

合本法规定的分配利润条件的;

(二)公司合并、分立、转让主要财产的;

(三)公司章程规定的营业期限届满或者章程规定的其他解散事由出现,股东会会议通过决议修改章程使公司存续的。

自股东会会议决议通过之日起六十日内,股东与公司不能达成股权收购协议的,股东可以自股东会会议决议通过之日起九十日内向人民法院提起诉讼。

第一百零三条 股东出席股东大会会议,所持每一股份有一表决权。但是,公司持有的本公司股份没有表决权。

股东大会作出决议,必须经出席会议的股东所持表决权过半数通过。但是,股东大会作出修改公司章程、增加或者减少注册资本的决议,以及公司合并、分立、解散或者变更公司形式的决议,必须经出席会议的股东所持表决权的三分之二以上通过。

第一百四十二条 公司不得收购本公司股份。但是,有下列情形之一的除外:

(一)减少公司注册资本;

(二)与持有本公司股份的其他公司合并;

(三)将股份用于员工持股计划或者股权激励;

(四)股东因对股东大会作出的公司合并、分立决议持异议,要求公司收购其股份;

(五)将股份用于转换上市公司发行的可转换为股票的公司债券;

(六)上市公司为维护公司价值及股东权益所必需。

公司因前款第(一)项、第(二)项规定的情形收购本公司股份的,应当经股东大会决议;公司因前款第(三)项、第(五)项、第(六)项规定的情形收购本公司股份的,可以依照公司章程的规定或者股东大会的授权,经三分之二以上董事出席的董事会会议决议。

公司依照本条第一款规定收购本公司股份后,属于第(一)项情形的,应当自收购之日起十日内注销;属于第(二)项、第(四)项情形的,应当在六个月内转让或者注销;属于第(三)项、第(五)项、第(六)项情形的,公司合计持有的本公司股份数不得超过本公司已发行股份总额的百分之十,并应当在三年内转让或者注销。

上市公司收购本公司股份的,应当依照《中华人民共和国证券法》的规定履行信息披露义务。上市公司因本条第一款第（三）项、第（五）项、第（六）项规定的情形收购本公司股份的，应当通过公开的集中交易方式进行。

公司不得接受本公司的股票作为质押权的标的。

第一百八十条 公司因下列原因解散：

（一）公司章程规定的营业期限届满或者公司章程规定的其他解散事由出现；

（二）股东会或者股东大会决议解散；

（三）因公司合并或者分立需要解散；

（四）依法被吊销营业执照、责令关闭或者被撤销；

（五）人民法院依照本法第一百八十二条的规定予以解散。

3.《中华人民共和国证券法》

第七十六条 收购行为完成后，收购人与被收购公司合并，并将该公司解散的，被解散公司的原有股票由收购人依法更换。

收购行为完成后，收购人应当在十五日内将收购情况报告国务院证券监督管理机构和证券交易所，并予公告。

第七十七条 国务院证券监督管理机构依照本法制定上市公司收购的具体办法。

上市公司分立或者被其他公司合并，应当向国务院证券监督管理机构报告，并予公告。

4.《中华人民共和国企业国有资产法》

第三十条 国家出资企业合并、分立、改制、上市，增加或者减少注册资本，发行债券，进行重大投资，为他人提供大额担保，转让重大财产，进行大额捐赠，分配利润，以及解散、申请破产等重大事项，应当遵守法律、行政法规以及企业章程的规定，不得损害出资人和债权人的权益。

5.《最高人民法院关于适用〈中华人民共和国民事诉讼法〉的解释》

第二十二条 因股东名册记载、请求变更公司登记、股东知情权、公司决议、公司合并、公司分立、公司减资、公司增资等纠纷提起的诉讼，依照民事诉讼法第二十七条规定确定管辖。

6.《最高人民法院关于审理外商投资企业纠纷案件若干问题的规定（一）》

第二条 当事人就外商投资企业相关事项达成的补充协议对已获批准的合同不构成重大或实质性变更的，人民法院不应以未经外商投资企业审批机关批准为由认定该补充协议未生效。

前款规定的重大或实质性变更包括注册资本、公司类型、经营范围、营业期限、股东认缴的出资额、出资方式的变更以及公司合并、公司分立、股权转让等。

7.《最高人民法院关于审理与企业改制相关的民事纠纷案件若干问题的规定》

第三十一条 企业吸收合并后,被兼并企业的债务应当由兼并方承担。

第三十二条 企业新设合并后,被兼并企业的债务由新设合并后的企业法人承担。

第三十三条 企业吸收合并或新设合并后,被兼并企业应当办理而未办理工商注销登记,债权人起诉被兼并企业的,人民法院应当根据企业兼并后的具体情况,告知债权人追加责任主体,并判令责任主体承担民事责任。

二、部门规章及规范性文件

1.《保险公司股权管理办法》

第三条 中国保险监督管理委员会(以下简称中国保险会)按照实质重于形式的原则,依法对保险公司股权实施穿透式监管和分类监管。

股权监管贯穿于以下环节:

(一)投资设立保险公司;

(二)变更保险公司注册资本;

(三)变更保险公司股权;

(四)保险公司上市;

(五)保险公司合并、分立;

(六)保险公司治理;

(七)保险公司风险处置或者破产清算。

2.《上市公司重大资产重组管理办法》

第五十条 换股吸收合并涉及上市公司的,上市公司的股份定价及发行按照本章规定执行。

上市公司发行优先股用于购买资产或者与其他公司合并,中国证监会另有规定的,从其规定。

上市公司可以向特定对象发行可转换为股票的公司债券、定向权证、存托凭证等用于购买资产或者与其他公司合并。

▶ 条文释义

一、本条主旨

本条是关于公司合并方式的规定。

二、条文演变

本条规定是1993年《公司法》第184条第1款、第2款的规定，只是删去了"两种形式"几个字，并将"二"修改或"两"。

三、条文解读

公司合并，是指两个或者两个以上的公司通过订立合并协议，根据《公司法》等有关法律的规定，合并为一个公司的法律行为。公司合并具有以下一些特点：

第一，公司的合并是两个或两个以上的公司合成为一个公司，是两个或两个以上的公司之间以订立合并协议的形式产生的。

第二，公司合并必须依法定程序进行。公司的合并一般是公司之间自由的合并，但这种自由的前提必须是遵守法律，有些公司的合并还要经过有关部门的批准。

第三，公司合并是一种法律行为。公司合并属一种合同行为，作为合同行为来说，需要合同各方达成协议，且这种协议必须是依法订立的，否则这种行为无效。

公司合并的形式，是指公司合并过程中合并各方以什么形式并为一个公司。根据本条的规定，公司合并可以采取以下两种形式：

第一，吸收合并。吸收合并又称存续合并，它是指两个或者两个以上的公司合并时，其中一个或者一个以上的公司并入另一个公司的法律行为。接受被合并公司的公司，应当于公司合并以后到公司登记机关办理变更登记手续，继续享有法人地位；被兼并的公司法人资格消灭，成为另一个公司的组成部分，应当宣告停业，并到公司登记机关办理注销手续。如果合并的几个公司强弱悬殊，一般会采取吸收合并的方式，由实力强大的公司吸收另一个或几个公司。

第二，新设合并。新设合并，是指两个或者两个以上的公司组合成为一个新公司的法律行为。这种合并是以原来所有公司的法人资格消灭为前提的。以这种形式进行合并以后，原公司应当到公司登记机关办理注销登记手续。新设立的公司应当到公司登记机关办理设立登记手续，取得法人资格。当然，新设立的公司应当符合《公司法》规定的设立公司的条件。当两个或者多个地位大致相同的公司同时存在，并且任何一个公司都不愿意被并入另一个公司时，新设合并就是比较可取的方式。

> 第一百七十三条　公司合并，应当由合并各方签订合并协议，并编制资产负债表及财产清单。公司应当自作出合并决议之日起十日内通知债权人，并于三十日内在报纸上公告。债权人自接到通知书之日起三十日内，未接到通知书的自公告之日起四十五日内，可以要求公司清偿债务或者提供相应的担保。

▶ 关联规定

部门规章及规范性文件

《医疗机构管理条例实施细则》

第二十九条　因分立或者合并而保留的医疗机构应当申请变更登记；因分立或者合并而新设置的医疗机构应当申请设置许可和执业登记；因合并而终止的医疗机构应当申请注销登记。

▶ 条文释义

一、本条主旨

本条是关于公司合并程序和债权人异议权的规定。

二、条文演变

本条规定是在1993年《公司法》第184条第3款规定的基础上作出的一条规定。2005年《公司法》修订时，主要作了以下修改：一是将原规定中的"并于三十日内在报纸上至少公告三次"修改为"并于三十日内在报纸上公告"；二是将原规定中的"未接到通知书的自第一次公告之日起九十日内"修改为"未接到通知书的自公告之日起四十五日内"；三是将"有权要求公司清偿债务或者提供相应的担保"修改为"可以要求公司清偿债务或者提供相应的担保";四是删除"不清偿债务或者不提供相应的担保的,公司不得合并"的规定。由上述修改可以看出,2005年修订《公司法》简化了公司合并的程序,立法目的是便于资本的管理重组与流动。

三、条文解读

公司合并涉及公司、股东和债权人等相关人的利益,应当依法进行。根据本条和公司法其他条文的规定,公司合并的程序通常如下:

第一,签订公司合并协议。公司合并协议,是指由两个或者两个以上的公司就公司合并的有关事项订立的书面协议。协议的内容应当载明法律、行政法规规定的事项和双方当事人约定的事项。

第二,编制资产负债表和财产清单。资产负债表是反映公司资产及负债状况、股东权益的公司主要的会计报表。资产负债表是合并中必须编制的报表。合并各方应当真实、全面地编制此表,以反映公司的财产情况。解散的公司不得隐瞒公司的债权债务。公司还要编制财产清单,清晰地反映公司的财产状况。财产清单应当翔实、准确。

第三,合并决议的形成。公司合并应当在公司股东会或者股东大会作出合并决议后方能进行其他工作。公司合并会影响到股东利益,如股权结构的变化。根据《公司法》第43条、第66条和第103条的规定,就有限责任公司来讲,其合并应当由股东会作出特别决议,即经代表2/3以上表决权的股东通过才能进行;就国有独资公司来讲,其合并必须由国有资产监督管理机构决定,其中重要的国有独资公司合并应当由国有资产监督管理机构审核后,报本级人民政府批准,才能进行;就股份有限公司来讲,其合并应当由公司的股东大会作出特别决议,即必须经出席会议的股东所持表决权2/3以上决议通过才能进行。

第四,向债权人通知和公告。公司应当自作出合并决议之日起10日内通知债权人,并于30日内在报纸上公告。一般来说,对所有的已知债权人应当采用通知的方式告知,只有对那些未知的或者不能通过普通的通知方式告知的债权人才可以采取公告的方式。通知和公告的目的主要是告知公司债权人,以便让他们决定对公司的合并是否提出异议,此外,公告也可以起到通知未参加股东会(股东大会)的股东的作用。

第五,合并登记。合并登记分为解散登记和变更登记。公司合并以后,解散的公司应当到工商登记机关办理注销登记手续；存续公司应当到登记机关办理变更登记手续；新成立的公司应当到登记机关办理设立登记手续。公司合并只有进行登记后，才能得到法律上的承认。

本条还规定了公司债权人的异议权。公司合并会影响债权人的利益，如果是强强联合，会使作为债权人债权总体担保的范围扩大，对债权人影响不大；如果是业绩一好一坏的公司合并时，原业绩好的公司的债权人可能会受到负面影响。根据本条规定，公司合并应当向债权人进行通知和公告。债权人自接到通知书之日起30日内，未接到通知书的自公告之日起45日内，可以要求公司清偿债务或者提供相应的担保。如果公司债权人在法定的时间内不能提出异议，则可视为对公司合并的默认，对自己债务人更换的默认。

▶ 适用指引

一、公司合并的条件

公司合并的条件，是指公司之间合并的有效条件。即公司合并在何种条件下，才能发生法律效力。公司合并须具备以下条件，方能发生法律效力：

第一，须有公司最高权力机构的决议。公司合并是公司内部的重大问题。既涉及股东、债权人的权益，又涉及社会的稳定。应当由公司的出资人或者股份持有人的议事机构股东会或股东大会等以决议的形式决定。

第二，须为公司之间的自愿合并。公司合并是公司之间共同的法律行为，任何一方均不能强迫另一方同自己签订公司合并协议。合并协议须由双方或者多方的协商一致同意。

第三，须为合法的合并。公司合并分为内容合法和程序合法。内容合法即合并双方或者多方所约定的合并协议的内容不能违反法律、行政法规的规定。比如，不得损害公司债权人、股东的利益等。程序合法，是指合并过程中必须履行各种法律手续等。

二、公司合并应经的程序

按照公司法规定，公司合并应经的程序有：

第一，签订合并协议。公司合并应当由公司股东会或者股东大会作出合并决议，之后订立合并决议。

第二，编制资产负债表及财产清单。公司决定合并之时，应当编制公司的资产负债表和财产清单。

第三，通知债权人。公司股东会或股东大会等自作出合并决议之日起10日内通知债权人，并于30日内在报纸上进行公告。债权人自接到通知书之日起30日内，未接到通知书的自公告之日起45日内，可以要求公司清偿债务或者提供担保，超过以上期限未向公司提出要求的，视为承认公司的合并。

第四，合并登记。合并后须依法进行公司登记。

第一百七十四条 公司合并时，合并各方的债权、债务，应当由合并后存续的公司或者新设的公司承继。

▶ 关联规定

一、法律、行政法规、司法解释

1.《中华人民共和国民法典》

第六十七条 法人合并的，其权利和义务由合并后的法人享有和承担。

法人分立的，其权利和义务由分立后的法人享有连带债权，承担连带债务，但是债权人和债务人另有约定的除外。

2.《最高人民法院关于民事执行中变更、追加当事人若干问题的规定》

第五条 作为申请执行人的法人或非法人组织因合并而终止，合并后存续或新设的法人、非法人组织申请变更其为申请执行人的，人民法院应予支持。

3.《最高人民法院关于审理与企业改制相关的民事纠纷案件若干问题的规定》

第三十一条 企业吸收合并后，被兼并企业的债务应当由兼并方承担。

第三十二条 企业新设合并后，被兼并企业的债务由新设合并后的企业法人承担。

第三十三条 企业吸收合并或新设合并后，被兼并企业应当办理而未办理工商注销登记，债权人起诉被兼并企业的，人民法院应当根据企业兼并后的具体情况，告知债权人追加责任主体，并判令责任主体承担民事责任。

二、部门规章及规范性文件

《对外贸易经济合作部、国家工商行政管理总局关于外商投资企业合并与分立的规定》

第二十四条 合并后存续的公司或者新设的公司全部承继因合并而解散的公司的债权、债务。

分立后的公司按照分立协议承继原公司的债权、债务。

▶ 条文释义

一、本条主旨

本条是关于公司合并前各方的债权、债务承继的规定。

二、条文演变

本条规定是 1993 年《公司法》第 184 条第 4 款的规定，未作修改。

三、条文解读

债权、债务的承继，是指合并后存续的公司或者新设立的公司，必须无条件地接受因合并而消灭的公司对外债权与债务。公司进行生产经营，不可避免地会对外产生债权债务，而公司合并后，至少有一个公司丧失法人人格，而且存续的或者新设立的公司也与以前的公司不同，对于公司合并前的债权债务，必须要有人承继。根据主体的承继性原则，公司合并时，合并各方的债权、债务，应当由合并后存续的公司或者新设的公司承继。根据本条规定，合并后的公司有权对原来公司的债权进行清理并予以收取，同时必须接受原来公司的债务，有义务对债权人进行清偿。

公司合并的法律后果之一就是债权、债务的接受。所谓债权、债务的接受，是指合并后存续的公司或者新设立的公司，必须无条件地接受因合并而消灭的公司的对外债权与债务。合并后公司有权对原来公司的债权进行清理并予以收取，有义务清偿原公司的债务。

此外，公司合并还有如公司的消灭、存续、成立，股东的重新入股或者退股等法律后果。

第一百七十五条 公司分立，其财产作相应的分割。

公司分立，应当编制资产负债表及财产清单。公司应当自作出分立决议之日起十日内通知债权人，并于三十日内在报纸上公告。

▶ 关联规定

一、法律、行政法规、司法解释

1.《中华人民共和国公司法》

第三十七条 股东会行使下列职权：

（一）决定公司的经营方针和投资计划；

（二）选举和更换非由职工代表担任的董事、监事，决定有关董事、监事的报酬事项；

（三）审议批准董事会的报告；

（四）审议批准监事会或者监事的报告；

（五）审议批准公司的年度财务预算方案、决算方案；

（六）审议批准公司的利润分配方案和弥补亏损方案；

（七）对公司增加或者减少注册资本作出决议；

（八）对发行公司债券作出决议；

（九）对公司合并、分立、解散、清算或者变更公司形式作出决议；

（十）修改公司章程；

（十一）公司章程规定的其他职权。

对前款所列事项股东以书面形式一致表示同意的，可以不召开股东会会议，直接作出决定，并由全体股东在决定文件上签名、盖章。

第四十三条 股东会的议事方式和表决程序，除本法有规定的外，由公司章程规定。

股东会会议作出修改公司章程、增加或者减少注册资本的决议，以及公司合并、分立、解散或者变更公司形式的决议，必须经代表三分之二以上表决权的股东通过。

第四十六条 董事会对股东会负责，行使下列职权：

（一）召集股东会会议，并向股东会报告工作；

（二）执行股东会的决议；

（三）决定公司的经营计划和投资方案；

（四）制订公司的年度财务预算方案、决算方案；

（五）制订公司的利润分配方案和弥补亏损方案；

（六）制订公司增加或者减少注册资本以及发行公司债券的方案；

（七）制订公司合并、分立、解散或者变更公司形式的方案；

（八）决定公司内部管理机构的设置；

（九）决定聘任或者解聘公司经理及其报酬事项，并根据经理的提名决定聘任或者解聘公司副经理、财务负责人及其报酬事项；

（十）制定公司的基本管理制度；

（十一）公司章程规定的其他职权。

第六十六条 国有独资公司不设股东会，由国有资产监督管理机构行使股东会职权。国有资产监督管理机构可以授权公司董事会行使股东会的部分职权，决定公司的重大事项，但公司的合并、分立、解散、增加或者减少注册资本和发行公司债券，必须由国有资产监督管理机构决定；其中，重要的国有独资公司合并、分立、解散、申请破产的，应当由国有资产监督管理机构审核后，报本级人民政府批准。

前款所称重要的国有独资公司，按照国务院的规定确定。

第七十四条 有下列情形之一的，对股东会该项决议投反对票的股东可以请求公司按照合理的价格收购其股权：

（一）公司连续五年不向股东分配利润，而公司该五年连续盈利，并且符合本法规定的分配利润条件的；

（二）公司合并、分立、转让主要财产的；

（三）公司章程规定的营业期限届满或者章程规定的其他解散事由出现，股东会会议通过决议修改章程使公司存续的。

自股东会会议决议通过之日起六十日内，股东与公司不能达成股权收购协议的，股东可以自股东会会议决议通过之日起九十日内向人民法院提起诉讼。

第一百零三条 股东出席股东大会会议，所持每一股份有一表决权。但是，公司持有的本公司股份没有表决权。

股东大会作出决议，必须经出席会议的股东所持表决权过半数通过。但是，股东大会作出修改公司章程、增加或者减少注册资本的决议，以及公司合并、分立、解散或者变更公司形式的决议，必须经出席会议的股东所持表决权的三分之二以上通过。

第一百四十二条 公司不得收购本公司股份。但是，有下列情形之一的除外：

（一）减少公司注册资本；

（二）与持有本公司股份的其他公司合并；

（三）将股份用于员工持股计划或者股权激励；

（四）股东因对股东大会作出的公司合并、分立决议持异议，要求公司收购其股份；

（五）将股份用于转换上市公司发行的可转换为股票的公司债券；

（六）上市公司为维护公司价值及股东权益所必需。

公司因前款第（一）项、第（二）项规定的情形收购本公司股份的，应当经股东大会决议；公司因前款第（三）项、第（五）项、第（六）项规定的情形收购本公司股份的，可以依照公司章程的规定或者股东大会的授权，经三分之二以上董事出席的董事会会议决议。

公司依照本条第一款规定收购本公司股份后，属于第（一）项情形的，应当自收购之日起十日内注销；属于第（二）项、第（四）项情形的，应当在六个月内转让或者注销；属于第（三）项、第（五）项、第（六）项情形的，公司合计持有的本公司股份数不得超过本公司已发行股份总额的百分之十，并应当在三年内转让或者注销。

上市公司收购本公司股份的，应当依照《中华人民共和国证券法》的规定履行信息披露义务。上市公司因本条第一款第（三）项、第（五）项、第（六）项规定的情形收购本公司股份的，应当通过公开的集中交易方式进行。

公司不得接受本公司的股票作为质押权的标的。

第一百八十条 公司因下列原因解散：

（一）公司章程规定的营业期限届满或者公司章程规定的其他解散事由出现；

（二）股东会或者股东大会决议解散；

（三）因公司合并或者分立需要解散；

（四）依法被吊销营业执照、责令关闭或者被撤销；

（五）人民法院依照本法第一百八十二条的规定予以解散。

2.《中华人民共和国注册会计师法》

第十四条　注册会计师承办下列审计业务：

（一）审查企业会计报表，出具审计报告；

（二）验证企业资本，出具验资报告；

（三）办理企业合并、分立、清算事宜中的审计业务，出具有关的报告；

（四）法律、行政法规规定的其他审计业务。

注册会计师依法执行审计业务出具的报告，具有证明效力。

3.《中华人民共和国企业国有资产法》

第三十条　国家出资企业合并、分立、改制、上市，增加或者减少注册资本，发行债券，进行重大投资，为他人提供大额担保，转让重大财产，进行大额捐赠，分配利润，以及解散、申请破产等重大事项，应当遵守法律、行政法规以及企业章程的规定，不得损害出资人和债权人的权益。

4.《最高人民法院关于适用〈中华人民共和国民事诉讼法〉的解释》

第二十二条　因股东名册记载、请求变更公司登记、股东知情权、公司决议、公司合并、公司分立、公司减资、公司增资等纠纷提起的诉讼，依照民事诉讼法第二十七条规定确定管辖。

5.《最高人民法院关于审理外商投资企业纠纷案件若干问题的规定（一）》

第二条　当事人就外商投资企业相关事项达成的补充协议对已获批准的合同不构成重大或实质性变更的，人民法院不应以未经外商投资企业审批机关批准为由认定该补充协议未生效。

前款规定的重大或实质性变更包括注册资本、公司类型、经营范围、营业期限、股东认缴的出资额、出资方式的变更以及公司合并、公司分立、股权转让等。

二、部门规章及规范性文件

《保险公司股权管理办法》

第三条　中国保险监督管理委员会（以下简称中国保监会）按照实质重于形式的原则，依法对保险公司股权实施穿透式监管和分类监管。

股权监管贯穿于以下环节：

（一）投资设立保险公司；

（二）变更保险公司注册资本；

（三）变更保险公司股权；

（四）保险公司上市；

（五）保险公司合并、分立；

（六）保险公司治理；

（七）保险公司风险处置或者破产清算。

▶ 条文释义

一、本条主旨

本条是关于公司分立财产分割和分立程序的规定。

二、条文演变

本条规定是在1993年《公司法》第185条第1款、第2款的规定基础上修改而来。2005年《公司法》修订时，第1款未作修改。第2款作了如下修改：一是将原规定中的"并于三十日内在报纸上公告三次"修订为"并于三十日内在报纸上公告"；二是删去了原条文关于"债权人自接到通知书之日起三十日内，未接到通知书的自第一次公告之日起九十日内，有权要求公司清偿债务或者提供相应的担保，不清偿债务或者不提供相应的担保的，公司不得分立"的规定。由上可看出，修订后的《公司法》简化了分立的程序，目的是促进资本的流动和重组。

三、条文解读

公司分立，是指一个公司依据法律、行政法规的规定，分成两个或者两个以上的公司的法律行为。公司分立有以下特点：

第一，公司分立是公司本身的行为。公司本身的行为，是指公司分立由公司的投资人来决定，即要由公司的股东会或者股东大会决定作出分立决议。公司分立只有在股东会或者股东大会依法同意下才能进行。否则，分立无效。

第二，公司分立是分立各方共同的行为。公司分立涉及该公司的债权、债务和财产的分割等一系列的问题。只有分立各方就分立过程中涉及的一切问题达成一致的意见后，公司的分立工作才能顺利进行。否则，公司难以分立。

第三，公司分立是依法进行的法律行为。公司分立要依照公司法及有关法律、行政法规的规定进行。否则，分立无效。

第四，公司分立是公司变更的一种形式。公司分立并不是公司的完全解散，而是或者以原来公司的解散而成立新的公司形式出现，或者在原有的公司中分出一部分成立新的公司，原有的公司仍然存在。无论何种情况，原有公司实质上并没有消灭，只是同原来的公司相比，有了新的变化。

第五，公司分立是一种法律行为。这种行为是由公司的各方经过协商，最终达成一致意见的结果；各方未达成一致意见的，公司不能分立。公司分立是依法进行的，违反法律规定的，分立无效。

公司分立，其财产作相应的分割。公司分立时，应当就财产的分割问题达成一致协议。本条只规定了财产要作相应的分割，至于实践中具体如何做到"相应分割"，本法没有作明确的规定。这个问题主要由股东会讨论，通过分立决议，然后由分立各方就财产问题按照平等自愿的原则达成协议。需要说明的是，这里所说的"财产"是指广义的财产，既包括积极财产，如债权，也包括消极财产，如债务；既包括有形财产，如设备，也包括无形财产，如商誉。

公司分立的程序和公司合并的程序基本相同，应当编制资产负债表及财产清单，公司应当自作出分立决议之日起10日内通知债权人，并于30日内在报纸上公告。与公司合并不同的是，在对债权人保护的方式上，公司合并时债权人享有异议权，可以要求公司清偿债务或者提供相应的担保，而公司分立时法律只是强调了公司的通知义务，并没有赋予债权人同样的权利。2005年修订前的《公司法》规定，债权人在得到通知后有权要求公司清偿债务或者提供相应的担保，不清偿债务或者不提供相应的担保的，公司不得分立。2005年修订时删去了这一规定，但是这并不表明法律对公司分立时债权人权利的漠视，相反，根据下一条的规定，除公司在分立前与债权人就债务清偿达成书面协议外，公司分立前的债务由分立后的公司承担连带责任，对债权人的利益作了更切实际的保护。

适用指引

一、公司分立的形式

公司分立有新设分立和派生分立两种形式。《公司法》未对公司分立形式作出规定。

（一）新设分立

所谓新设分立，是指将原来一个具有法人资格的公司分割成两个或者两个以上的具有法人资格的公司的法律行为。新设分立是以原来公司法人资格的消灭为前提。消灭的公司应当办理公司终止登记手续；分立的公司，应当办理公司设立登记手续。但需说明的是，分立后的公司要符合公司设立的法定条件。

（二）派生分立

所谓派生分立，是指原公司仍然存在且将原公司的一部分分出去成立一个新公司的法律行为。分出去的公司法人资格不以原有公司法人资格的消灭为前提。但是原有公司由于分出去一部分，原有公司的股东人数、资金数额、生产规模等方面会发生变化。在这种情况下，原来的公司应当进行变更登记。分出去的一部分要进行设立登记。进行设立登记时应符合公司成立的法定条件。

二、公司分立程序

按照本条规定，公司分立程序包括：

第一，进行财产分割。公司分立前分立各方（包括分立发起人之间、分立发起人与原公司法定代表人之间）应签订分立协议，对公司的债权债务等作出妥善处理，对其财产作相应分割，同时还应编制资产负债表及财产清单。

第二，通知债权人。公司分立涉及债权人的利益，公司作出分立决议以后，应当自作出分立决议之日起10日内通知债权人，并于30日内在报纸上公告。债权人自得知公司分立后宜立即到公司请求自己的债权。比如可以要求公司清偿自己的债务或者要求提供一定的担保。也可以不要求清偿债务或者提供担保，不要求清偿债务或者提供担保并不会损害债权人的合法权益，按照

2005年修订后的《公司法》的规定，公司在分立前与债权人就债务清偿未达成书面协议的，公司分立前的债务由分立后的公司承担连带责任。

此外，公司分立后应办理相应的登记手续。

第一百七十六条 公司分立前的债务由分立后的公司承担连带责任。但是,公司在分立前与债权人就债务清偿达成的书面协议另有约定的除外。

关联规定

一、法律、行政法规、司法解释

《中华人民共和国民法典》

第六十七条 法人合并的,其权利和义务由合并后的法人享有和承担。

法人分立的,其权利和义务由分立后的法人享有连带债权,承担连带债务,但是债权人和债务人另有约定的除外。

二、部门规章及规范性文件

1.《财政部、国家税务总局关于继续执行企业、事业单位改制重组有关契税政策的公告》

四、公司分立

公司依照法律规定、合同约定分立为两个或两个以上与原公司投资主体相同的公司,对分立后公司承受原公司土地、房屋权属,免征契税。

2.《对外贸易经济合作部、国家工商行政管理总局关于外商投资企业合并与分立的规定》

第二十四条 合并后存续的公司或者新设的公司全部承继因合并而解散的公司的债权、债务。

分立后的公司按照分立协议承继原公司的债权、债务。

▶ 条文释义

一、本条主旨

本条是关于公司分立前公司债务承担问题的规定。

二、条文演变

本条是 2005 年修订《公司法》时在 1993 年《公司法》第 185 条第 3 款关于"公司分立前的债务按所达成的协议由分立后的公司承担"规定的基础上作出的一条新的规定。这一规定进一步明确了原规定的含义，更有利于保护债权人的合法权益。

三、条文解读

公司分立时，债权人对公司分立不能施加实质影响，但是，公司分立一般都会影响全体债权人的利益。这是因为：第一，公司分立会导致公司资产减少。第二，无论是解散分立还是存续分立，分立的公司原则上都可以自由决定如何分配公司财产，包括债权债务的分割。因此，分立的公司完全有可能单方面把债务分割给一个并不拥有与债务等值财产的公司。如前所述，在 2005 年修订前的《公司法》中为保护债权人的利益，规定债权人在得到通知后有权要求公司清偿债务或者提供相应的担保，公司不清偿债务或者不提供相应担保的，不得分立。从十多年的司法实践来看，该规定可操作性不是很强，债权人对公司分立无效的请求很难实现。为了更好地保护债权人的利益，同时又不至于因保护债权人的利益而剥夺公司分立行为的自由，2005 年修订后的本条规定，公司分立前的债务由分立后的公司承担连带责任。但是，公司在分立前与债权人就债务清偿达成的书面协议另有约定的除外。根据本条规定，分立后的公司对分立前的公司债务承担无限连带责任，债权人可以在诉讼时效内向任一公司主张权利，请求偿还债务，可以说法律对债权人的利益作了充分的保护。同时，根据意思自治原则，只要债权人同意，并与公司在分立前就债务清偿达成书面协议，可以免除其他分立后的公司的清偿责任，债权人一旦与分立的公司签订还债协议，就只能按照协议的约定来行使权利，其他分立后的公司不再承担责任。

公司分立前债务的承担方式：

第一，按约定办理。债权人与分立的公司就债权清偿问题达成书面协议的，按照协议办理，如一方不履行协议的，另一方可依法定程序请求履行协议。

第二，承担连带责任。公司分立前未与债权人就清偿债务问题达成书面协议的，分立后的公司承担连带责任。债权人可以向分立后的任何一方请求自己的债权，要求履行偿还债务。被请求的一方不得以各种非法定的理由拒绝履行偿还义务。否则，债权人有权依照法定程序向人民法院起诉，由人民法院依法作出裁决。

第一百七十七条　公司需要减少注册资本时，必须编制资产负债表及财产清单。

公司应当自作出减少注册资本决议之日起十日内通知债权人，并于三十日内在报纸上公告。债权人自接到通知书之日起三十日内，未接到通知书的自公告之日起四十五日内，有权要求公司清偿债务或者提供相应的担保。

▶ 关联规定

一、法律、行政法规、司法解释

1.《中华人民共和国公司法》

第三十七条　股东会行使下列职权：

（一）决定公司的经营方针和投资计划；

（二）选举和更换非由职工代表担任的董事、监事，决定有关董事、监事的报酬事项；

（三）审议批准董事会的报告；

（四）审议批准监事会或者监事的报告；

（五）审议批准公司的年度财务预算方案、决算方案；

（六）审议批准公司的利润分配方案和弥补亏损方案；

（七）对公司增加或者减少注册资本作出决议；

（八）对发行公司债券作出决议；

（九）对公司合并、分立、解散、清算或者变更公司形式作出决议；

（十）修改公司章程；

（十一）公司章程规定的其他职权。

对前款所列事项股东以书面形式一致表示同意的，可以不召开股东会会议，直接作出决定，并由全体股东在决定文件上签名、盖章。

第四十三条　股东会的议事方式和表决程序，除本法有规定的外，由公司章程规定。

股东会会议作出修改公司章程、增加或者减少注册资本的决议,以及公司合并、分立、解散或者变更公司形式的决议,必须经代表三分之二以上表决权的股东通过。

第四十六条 董事会对股东会负责,行使下列职权:

(一)召集股东会会议,并向股东会报告工作;

(二)执行股东会的决议;

(三)决定公司的经营计划和投资方案;

(四)制订公司的年度财务预算方案、决算方案;

(五)制订公司的利润分配方案和弥补亏损方案;

(六)制订公司增加或者减少注册资本以及发行公司债券的方案;

(七)制订公司合并、分立、解散或者变更公司形式的方案;

(八)决定公司内部管理机构的设置;

(九)决定聘任或者解聘公司经理及其报酬事项,并根据经理的提名决定聘任或者解聘公司副经理、财务负责人及其报酬事项;

(十)制定公司的基本管理制度;

(十一)公司章程规定的其他职权。

第六十六条 国有独资公司不设股东会,由国有资产监督管理机构行使股东会职权。国有资产监督管理机构可以授权公司董事会行使股东会的部分职权,决定公司的重大事项,但公司的合并、分立、解散、增加或者减少注册资本和发行公司债券,必须由国有资产监督管理机构决定;其中,重要的国有独资公司合并、分立、解散、申请破产的,应当由国有资产监督管理机构审核后,报本级人民政府批准。

前款所称重要的国有独资公司,按照国务院的规定确定。

第一百零三条 股东出席股东大会会议,所持每一股份有一表决权。但是,公司持有的本公司股份没有表决权。

股东大会作出决议,必须经出席会议的股东所持表决权过半数通过。但是,股东大会作出修改公司章程、增加或者减少注册资本的决议,以及公司合并、分立、解散或者变更公司形式的决议,必须经出席会议的股东所持表决权的三分之二以上通过。

第一百七十九条 公司合并或者分立,登记事项发生变更的,应当依法向公司登记机关办理变更登记；公司解散的，应当依法办理公司注销登记；设立新公司的，应当依法办理公司设立登记。

公司增加或者减少注册资本，应当依法向公司登记机关办理变更登记。

2.《中华人民共和国企业国有资产法》

第三十条 国家出资企业合并、分立、改制、上市，增加或者减少注册资本，发行债券，进行重大投资，为他人提供大额担保，转让重大财产，进行大额捐赠，分配利润，以及解散、申请破产等重大事项，应当遵守法律、行政法规以及企业章程的规定，不得损害出资人和债权人的权益。

3.《证券公司监督管理条例》

第十三条 证券公司增加注册资本且股权结构发生重大调整，减少注册资本，变更业务范围或者公司章程中的重要条款，合并、分立，设立、收购或者撤销境内分支机构，在境外设立、收购、参股证券经营机构，应当经国务院证券监督管理机构批准。

前款所称公司章程中的重要条款，是指规定下列事项的条款：

（一）证券公司的名称、住所；

（二）证券公司的组织机构及其产生办法、职权、议事规则；

（三）证券公司对外投资、对外提供担保的类型、金额和内部审批程序；

（四）证券公司的解散事由与清算办法；

（五）国务院证券监督管理机构要求证券公司章程规定的其他事项。

本条第一款所称证券公司分支机构，是指从事业务经营活动的分公司、证券营业部等证券公司下属的非法人单位。

二、部门规章及规范性文件

1.《优先股试点管理办法》

第二十六条 上市公司公开发行优先股，应当符合以下情形之一：

（一）其普通股为上证50指数成份股；

（二）以公开发行优先股作为支付手段收购或吸收合并其他上市公司；

（三）以减少注册资本为目的回购普通股的，可以公开发行优先股作为支付手段，或者在回购方案实施完毕后，可公开发行不超过回购减资总额的优先股。

中国证监会核准公开发行优先股后不再符合本条第（一）项情形的，上市公司仍可实施本次发行。

2.《中华人民共和国市场主体登记管理条例实施细则》

第三十六条 市场主体变更注册资本或者出资额的，应当办理变更登记。

公司增加注册资本，有限责任公司股东认缴新增资本的出资和股份有限公司的股东认购新股的，应当按照设立时缴纳出资和缴纳股款的规定执行。股份有限公司以公开发行新股方式或者上市公司以非公开发行新股方式增加注册资本，还应当提交国务院证券监督管理机构的核准或者注册文件。

公司减少注册资本，可以通过国家企业信用信息公示系统公告，公告期45日，应当于公告期届满后申请变更登记。法律、行政法规或者国务院决定对公司注册资本有最低限额规定的，减少后的注册资本应当不少于最低限额。

外商投资企业注册资本（出资额）币种发生变更，应当向登记机关申请变更登记。

▶ 条文释义

一、本条主旨

本条是关于公司减少注册资本的规定。

二、条文演变

本条是1993年《公司法》第186条的规定。2005年《公司法》修订时，将原来第2款中的"并于三十日内在报纸上至少公告三次"修改为"并于三十日内在报纸上公告"，"未接到通知书的自第一次公告之日起九十日内"修改为"未接到通知书的自公告之日起四十五日内"。将原来第3款中的"公司减少资本后"，改为"公司减资后"，条文序号变更为第178条。2013年《公司法》修正时，删除第3款"公司减少资本后的注册资本不得低于法定的最低限额"的规定，条文序号变更为第177条。

三、条文解读

公司注册资本减少，是指公司依法对已经注册的资本通过一定的程序进行削减的法律行为，简称减资。减资依公司净资产流出与否，分为实质性减资和形式性减资。实质性减资是指减少注册资本的同时，将一定金额返还给股东，从而也减少了净资产的减资形式，其实际上使股东优先于债权人获得了保护。形式性减资是指只减少注册资本额，注销部分股份，不将公司净资产流出的减资形式，这种减资形式不产生资金的流动，往往是亏损企业的行为，旨在使公司的注册资本与净资产水准接近。减资虽然可能危及社会交易安全，但是却有其合理性：一方面，公司运营过程中可能存在预定资本过多的情况，从而造成资本过剩。闲置过多的资本显然有悖于效率的原则，因此，如果允许减少注册资本，投资者就有机会将有限的资源转入产生利润更多的领域，从而能够避免资源的浪费，这是实质性减资的合理性所在。另一方面，公司的营业可能出现严重亏损，公司资本已经不能真实反映公司的实际资产，公司注销部分股份，而不返还给股东，由股东承担公司的亏损，使公司的注册资本与净资产水准相符，有利于昭示公司的真正信用状况，反而有利于交易的安全，这是形式减资的合理性所在。

对于注册资本的减少，原则上来说是不允许的，尤其是实行法定资本制的国家，资本维持原则一般不允许减少注册资本，但也不是说绝对地禁止。世界上大多数国家对减少注册资本采取认可的态度，只是要求比较严格，限制性的规定较多。根据本条规定，公司减少注册资本有以下几个程序：

第一，编制资产负债表和财产清单。公司减资无论是对公司股东还是公司债权人，影响都很大，本法赋予了股东和债权人在公司减资过程中进行自我保护的方法。但是，无论是股东进行投票还是公司债权人要求公司清偿债务或者提供担保，前提都是对公司的经营状况尤其是财务状况有一定了解才可作出理智的决定，因此，本条规定，公司需要减少注册资本时，必须编制资产负债表及财产清单。

第二，股东会（股东大会）作出减资决议。公司减资，往往伴随着股权结构的变动和股东利益的调整，在公司不依股东持股比例减资尤其是在注销的情况下，更是如此；因此公司减资直接引发公司股东之间的利益冲突。为了保证公司减资能够体现绝大多数股东的意志，根据本法第43条、第66条和第103条的规定，就有限责任公司来讲，应当由股东会作出特别决议，即经代表2/3以上表决权的股东通过才能进行；就国有独资公司来讲，必须由国有资产监督管理机构决定；就股份有限公司来讲，应当由公司的股东大会作出特别决议，即必须经出席会议的股东所持表决权2/3以上决议通过才能进行。

第三，向债权人通知和公告。公司应当自作出减少注册资本决议之日起10日内通知债权人，并于30日内在报纸上公告。这一程序与公司增资的规定相同，主要是为了保护公司债权人的利益。

公司减资对债权人的影响甚巨：公司的实质减资，导致公司净资产减少，等同于股东优先于债权人回收所投入的资本；公司的形式减资，也会减少应当保留在公司的财产数额，同样会导致公司责任财产的减少。因此，公司减资时一定要注重保护债权人的利益。根据本条规定，债权人自接到通知书之日起30日内，未接到通知书的自公告之日起45日内，有权要求公司清偿债务或者提供相应的担保。如果债权人没有在此期间内对公司主张权利，公司可以将其视为没有提出要求。

第四，减资登记。公司减资以后，应当到工商登记机关办理变更登记手续，公司减资只有进行登记后，才能得到法律上的承认。

根据本法第26条、第80条的规定，法律、行政法规以及国务院决定对有限责任公司注册资本实缴、注册资本最低限额另有规定的，从其规定。法律、行政法规以及国务院决定对股份有限公司注册资本实缴、注册资本最低限额另有规定的，从其规定。因此，在有相关规定的情况下，公司减资后的注册资本不得低于特定的最低限额。

▶ 适用指引

对法律、行政法规以及国务院决定的有限责任公司、股份有限公司注册资本的最低限额另有规定的，公司减少注册资本，仍要遵守法定最低资本额的规定。

第一百七十八条 有限责任公司增加注册资本时，股东认缴新增资本的出资，依照本法设立有限责任公司缴纳出资的有关规定执行。

股份有限公司为增加注册资本发行新股时，股东认购新股，依照本法设立股份有限公司缴纳股款的有关规定执行。

▶ 关联规定

一、法律、行政法规、司法解释

1.《中华人民共和国公司法》

第三十七条 股东会行使下列职权：

（一）决定公司的经营方针和投资计划；

（二）选举和更换非由职工代表担任的董事、监事，决定有关董事、监事的报酬事项；

（三）审议批准董事会的报告；

（四）审议批准监事会或者监事的报告；

（五）审议批准公司的年度财务预算方案、决算方案；

（六）审议批准公司的利润分配方案和弥补亏损方案；

（七）对公司增加或者减少注册资本作出决议；

（八）对发行公司债券作出决议；

（九）对公司合并、分立、解散、清算或者变更公司形式作出决议；

（十）修改公司章程；

（十一）公司章程规定的其他职权。

对前款所列事项股东以书面形式一致表示同意的，可以不召开股东会会议，直接作出决定，并由全体股东在决定文件上签名、盖章。

第四十三条 股东会的议事方式和表决程序，除本法有规定的外，由公司章程规定。

股东会会议作出修改公司章程、增加或者减少注册资本的决议，以及公司合并、分立、解散或者变更公司形式的决议，必须经代表三分之二以上表决权的股东通过。

第四十六条 董事会对股东会负责，行使下列职权：

（一）召集股东会会议，并向股东会报告工作；

（二）执行股东会的决议；

（三）决定公司的经营计划和投资方案；

（四）制订公司的年度财务预算方案、决算方案；

（五）制订公司的利润分配方案和弥补亏损方案；

（六）制订公司增加或者减少注册资本以及发行公司债券的方案；

（七）制订公司合并、分立、解散或者变更公司形式的方案；

（八）决定公司内部管理机构的设置；

（九）决定聘任或者解聘公司经理及其报酬事项，并根据经理的提名决定聘任或者解聘公司副经理、财务负责人及其报酬事项；

（十）制定公司的基本管理制度；

（十一）公司章程规定的其他职权。

第六十六条 国有独资公司不设股东会，由国有资产监督管理机构行使股东会职权。国有资产监督管理机构可以授权公司董事会行使股东会的部分职权，决定公司的重大事项，但公司的合并、分立、解散、增加或者减少注册资本和发行公司债券，必须由国有资产监督管理机构决定；其中，重要的国有独资公司合并、分立、解散、申请破产的，应当由国有资产监督管理机构审核后，报本级人民政府批准。

前款所称重要的国有独资公司，按照国务院的规定确定。

第九十五条 有限责任公司变更为股份有限公司时，折合的实收股本总额不得高于公司净资产额。有限责任公司变更为股份有限公司，为增加资本公开发行股份时，应当依法办理。

第一百零三条 股东出席股东大会会议，所持每一股份有一表决权。但是，公司持有的本公司股份没有表决权。

股东大会作出决议，必须经出席会议的股东所持表决权过半数通过。但是，股东大会作出修改公司章程、增加或者减少注册资本的决议，以及公司合并、分立、解散或者变更公司形式的决议，必须经出席会议的股东所持表决权的三分之二以上通过。

第一百六十八条 公司的公积金用于弥补公司的亏损、扩大公司生产经营或者转为增加公司资本。但是，资本公积金不得用于弥补公司的亏损。

法定公积金转为资本时，所留存的该项公积金不得少于转增前公司注册资本的百分之二十五。

第一百七十九条 公司合并或者分立，登记事项发生变更的，应当依法向公司登记机关办理变更登记；公司解散的，应当依法办理公司注销登记；设立新公司的，应当依法办理公司设立登记。

公司增加或者减少注册资本，应当依法向公司登记机关办理变更登记。

2.《中华人民共和国企业国有资产法》

第三十条 国家出资企业合并、分立、改制、上市，增加或者减少注册资本，发行债券，进行重大投资，为他人提供大额担保，转让重大财产，进行大额捐赠，分配利润，以及解散、申请破产等重大事项，应当遵守法律、行政法规以及企业章程的规定，不得损害出资人和债权人的权益。

3.《证券公司监督管理条例》

第十三条 证券公司增加注册资本且股权结构发生重大调整，减少注册资本，变更业务范围或者公司章程中的重要条款，合并、分立，设立、收购或者撤销境内分支机构，在境外设立、收购、参股证券经营机构，应当经国务院证券监督管理机构批准。

前款所称公司章程中的重要条款，是指规定下列事项的条款：

（一）证券公司的名称、住所；

（二）证券公司的组织机构及其产生办法、职权、议事规则；

（三）证券公司对外投资、对外提供担保的类型、金额和内部审批程序；

（四）证券公司的解散事由与清算办法；

（五）国务院证券监督管理机构要求证券公司章程规定的其他事项。

本条第一款所称证券公司分支机构，是指从事业务经营活动的分公司、证券营业部等证券公司下属的非法人单位。

二、部门规章及规范性文件

《公开募集证券投资基金管理人监督管理办法》

第五十九条 基金管理公司变更下列重大事项，应当报中国证监会批准，并依法公告：

（一）变更实际控制人、主要股东、持有 5% 以上股权的非主要股东；

（二）变更持股不足 5% 但对公司治理有重大影响的股东；

（三）设立从事资产管理及相关业务的境内子公司；

（四）公司合并、分立；

（五）中国证监会规定的其他重大事项。

基金管理公司增加注册资本，股东必须以来源合法的自有货币资金实缴。

基金管理公司股东不得通过变更股东实际控制人等方式变相规避重大事项报批要求。

条文释义

一、本条主旨

本条是关于公司增加注册资本的规定。

二、条文演变

本条源自 1993 年《公司法》第 187 条的规定，至今未作实质修改。

三、条文解读

公司增加注册资本，是指公司经股东会（股东大会）决议使公司的注册资本在原来的注册资本的基础上予以扩大的法律行为。公司为了扩大经营规模或者经营范围，或者为了与公司的实际资产相符，或者为了提高公司的资本信誉，有时需要增加注册资本。公司注册资本的增加不会损害公司债权人的利益，因此，没有必要履行保护债权人的程序，但是，资本增加却涉及股东的利益和公司本身财产的变化，因此，本法规定增资必须经过股东会（股东大会）作出特别决议才能进行。

有限责任公司应执行法定的缴资的规定。按照《公司法》的规定，有限责任公司增加注册资本时，股东认缴新增资本的出资，依《公司法》设立有限责任公司缴纳出资的有关规定执行。如股东要依法缴纳所认缴的出资，以货币出资的，要依法定要求存入公司账户；以实物、知识产权、土地使用权等非货币财产出资的，依法办理财产转移手续。需要说明的是，按照《公司法》的规定，有限责任公司由 50 名以下股东组成，所以公司增加注册资本时吸收新的股东参加，其股东人数之和不能超过 50 人，同时增加注册资本后要相应地修改公司章程并进行公司章程的变更登记。

股份有限公司应执行法定的缴股的规定。按照《公司法》的规定，股份有限公司为增加注册资本发行新股时，股东认购新股应当依照《公司法》设立股份有限公司缴纳股款的有关规定执行，如向社会募集新股，必须公告招股说明书，制作认股书，认股人按所认股份缴纳股款。新增股款缴足后要经法定验资机构验资，同时，股份有限公司增加注册资本，要相应地对公司章程进行修改，并进行变更登记。

> **第一百七十九条** 公司合并或者分立,登记事项发生变更的,应当依法向公司登记机关办理变更登记;公司解散的,应当依法办理公司注销登记;设立新公司的,应当依法办理公司设立登记。
>
> 公司增加或者减少注册资本,应当依法向公司登记机关办理变更登记。

▶ 关联规定

法律、行政法规、司法解释

1.《中华人民共和国公司法》

第三十七条 股东会行使下列职权:

(一)决定公司的经营方针和投资计划;

(二)选举和更换非由职工代表担任的董事、监事,决定有关董事、监事的报酬事项;

(三)审议批准董事会的报告;

(四)审议批准监事会或者监事的报告;

(五)审议批准公司的年度财务预算方案、决算方案;

(六)审议批准公司的利润分配方案和弥补亏损方案;

(七)对公司增加或者减少注册资本作出决议;

(八)对发行公司债券作出决议;

(九)对公司合并、分立、解散、清算或者变更公司形式作出决议;

(十)修改公司章程;

(十一)公司章程规定的其他职权。

对前款所列事项股东以书面形式一致表示同意的,可以不召开股东会会议,直接作出决定,并由全体股东在决定文件上签名、盖章。

第四十三条 股东会的议事方式和表决程序,除本法有规定的外,由公司章程规定。

股东会会议作出修改公司章程、增加或者减少注册资本的决议，以及公司合并、分立、解散或者变更公司形式的决议，必须经代表三分之二以上表决权的股东通过。

第四十六条 董事会对股东会负责，行使下列职权：

（一）召集股东会会议，并向股东会报告工作；

（二）执行股东会的决议；

（三）决定公司的经营计划和投资方案；

（四）制订公司的年度财务预算方案、决算方案；

（五）制订公司的利润分配方案和弥补亏损方案；

（六）制订公司增加或者减少注册资本以及发行公司债券的方案；

（七）制订公司合并、分立、解散或者变更公司形式的方案；

（八）决定公司内部管理机构的设置；

（九）决定聘任或者解聘公司经理及其报酬事项，并根据经理的提名决定聘任或者解聘公司副经理、财务负责人及其报酬事项；

（十）制定公司的基本管理制度；

（十一）公司章程规定的其他职权。

第六十六条 国有独资公司不设股东会，由国有资产监督管理机构行使股东会职权。国有资产监督管理机构可以授权公司董事会行使股东会的部分职权，决定公司的重大事项，但公司的合并、分立、解散、增加或者减少注册资本和发行公司债券，必须由国有资产监督管理机构决定；其中，重要的国有独资公司合并、分立、解散、申请破产的，应当由国有资产监督管理机构审核后，报本级人民政府批准。

前款所称重要的国有独资公司，按照国务院的规定确定。

第九十五条 有限责任公司变更为股份有限公司时，折合的实收股本总额不得高于公司净资产额。有限责任公司变更为股份有限公司，为增加资本公开发行股份时，应当依法办理。

第一百零三条 股东出席股东大会会议，所持每一股份有一表决权。但是，公司持有的本公司股份没有表决权。

股东大会作出决议，必须经出席会议的股东所持表决权过半数通过。但是，股东大会作出修改公司章程、增加或者减少注册资本的决议，以及公司合并、分立、解散或者变更公司形式的决议，必须经出席会议的股东所持表决权的三分之二以上通过。

第一百六十八条 公司的公积金用于弥补公司的亏损、扩大公司生产经营或者转为增加公司资本。但是,资本公积金不得用于弥补公司的亏损。

法定公积金转为资本时,所留存的该项公积金不得少于转增前公司注册资本的百分之二十五。

第一百七十八条 有限责任公司增加注册资本时,股东认缴新增资本的出资,依照本法设立有限责任公司缴纳出资的有关规定执行。

股份有限公司为增加注册资本发行新股时,股东认购新股,依照本法设立股份有限公司缴纳股款的有关规定执行。

2.《中华人民共和国企业国有资产法》

第三十条 国家出资企业合并、分立、改制、上市,增加或者减少注册资本,发行债券,进行重大投资,为他人提供大额担保,转让重大财产,进行大额捐赠,分配利润,以及解散、申请破产等重大事项,应当遵守法律、行政法规以及企业章程的规定,不得损害出资人和债权人的权益。

3.《证券公司监督管理条例》

第十三条 证券公司增加注册资本且股权结构发生重大调整,减少注册资本,变更业务范围或者公司章程中的重要条款,合并、分立,设立、收购或者撤销境内分支机构,在境外设立、收购、参股证券经营机构,应当经国务院证券监督管理机构批准。

前款所称公司章程中的重要条款,是指规定下列事项的条款:

(一)证券公司的名称、住所;

(二)证券公司的组织机构及其产生办法、职权、议事规则;

(三)证券公司对外投资、对外提供担保的类型、金额和内部审批程序;

(四)证券公司的解散事由与清算办法;

(五)国务院证券监督管理机构要求证券公司章程规定的其他事项。

本条第一款所称证券公司分支机构,是指从事业务经营活动的分公司、证券营业部等证券公司下属的非法人单位。

条文释义

一、本条主旨

本条是关于公司分立、合并、增资、减资应予登记的规定。

二、条文演变

本条源自 1993 年《公司法》第 188 条的规定，未作实质修改。

三、条文解读

无论是公司的合并、分立，还是注册资本的增加、减少，都属于公司有关事项的变更。由于这些事项都关系到公司设立登记事项，一旦变更，必须在登记事项上有所反映，以方便公司登记机关管理和公众查询。

公司合并的登记。由于公司的合并有吸收合并和新设合并两种，因此，公司合并登记情况也有所不同。吸收合并时，并入的公司法人资格消灭，应到公司登记机关办理注销登记手续。存续的公司应当办理变更登记。新设合并时，由于原来的公司法人资格均已消灭，因此，应当办理注销登记，新成立的公司应当办理设立登记。

公司分立的登记。《公司法》虽然对公司的分立未作形式划分，但一般分为新设分立和派生分立两种形式。新设分立的，原来的公司法人资格消灭，应当办理注销登记；分立出去的公司符合《公司法》规定的，办理设立登记。派生分立的，原来的公司办理变更登记，派生的公司应办理设立登记。

公司的增资、减资的登记。公司的增资、减资涉及公司注册资本的增加或减少，在符合法定程序情况下进行的增资或者减资，应当到公司登记机关办理变更登记手续。

第十章　公司解散和清算

第一百八十条　公司因下列原因解散：

（一）公司章程规定的营业期限届满或者公司章程规定的其他解散事由出现；

（二）股东会或者股东大会决议解散；

（三）因公司合并或者分立需要解散；

（四）依法被吊销营业执照、责令关闭或者被撤销；

（五）人民法院依照本法第一百八十二条的规定予以解散。

关联规定

法律、行政法规、司法解释

1.《中华人民共和国民法典》

第六十九条　有下列情形之一的，法人解散：

（一）法人章程规定的存续期间届满或者法人章程规定的其他解散事由出现；

（二）法人的权力机构决议解散；

（三）因法人合并或者分立需要解散；

（四）法人依法被吊销营业执照、登记证书，被责令关闭或者被撤销；

（五）法律规定的其他情形。

2.《中华人民共和国公司法》

第六十六条　国有独资公司不设股东会，由国有资产监督管理机构行使股东会职权。国有资产监督管理机构可以授权公司董事会行使股东会的部分职权，决定公司的重大事项，但公司的合并、分立、解散、增加或者减少注册资本和发行公司债券，必须由国有资产监督管理机构决定；其中，重要的国有独资公司合并、分立、解散、申请破产的,应当由国有资产监督管理机构审核后,报本级人民政府批准。

前款所称重要的国有独资公司,按照国务院的规定确定。

3.《中华人民共和国市场主体登记管理条例》

第三十一条 市场主体因解散、被宣告破产或者其他法定事由需要终止的,应当依法向登记机关申请注销登记。经登记机关注销登记,市场主体终止。

市场主体注销依法须经批准的,应当经批准后向登记机关申请注销登记。

第四十条 提交虚假材料或者采取其他欺诈手段隐瞒重要事实取得市场主体登记的,受虚假市场主体登记影响的自然人、法人和其他组织可以向登记机关提出撤销市场主体登记的申请。

登记机关受理申请后,应当及时开展调查。经调查认定存在虚假市场主体登记情形的,登记机关应当撤销市场主体登记。相关市场主体和人员无法联系或者拒不配合的,登记机关可以将相关市场主体的登记时间、登记事项等通过国家企业信用信息公示系统向社会公示,公示期为45日。相关市场主体及其利害关系人在公示期内没有提出异议的,登记机关可以撤销市场主体登记。

因虚假市场主体登记被撤销的市场主体,其直接责任人自市场主体登记被撤销之日起3年内不得再次申请市场主体登记。登记机关应当通过国家企业信用信息公示系统予以公示。

第四十四条 提交虚假材料或者采取其他欺诈手段隐瞒重要事实取得市场主体登记的,由登记机关责令改正,没收违法所得,并处5万元以上20万元以下的罚款;情节严重的,处20万元以上100万元以下的罚款,吊销营业执照。

第四十五条 实行注册资本实缴登记制的市场主体虚报注册资本取得市场主体登记的,由登记机关责令改正,处虚报注册资本金额5%以上15%以下的罚款;情节严重的,吊销营业执照。

实行注册资本实缴登记制的市场主体的发起人、股东虚假出资,未交付或者未按期交付作为出资的货币或者非货币财产的,或者在市场主体成立后抽逃出资的,由登记机关责令改正,处虚假出资金额5%以上15%以下的罚款。

第四十六条 市场主体未依照本条例办理变更登记的,由登记机关责令改正;拒不改正的,处1万元以上10万元以下的罚款;情节严重的,吊销营业执照。

第四十八条 市场主体未依照本条例将营业执照置于住所或者主要经营场所醒目位置的,由登记机关责令改正;拒不改正的,处3万元以下的罚款。

从事电子商务经营的市场主体未在其首页显著位置持续公示营业执照信息或者相关链接标识的,由登记机关依照《中华人民共和国电子商务法》处罚。

市场主体伪造、涂改、出租、出借、转让营业执照的,由登记机关没收违法所得,处10万元以下的罚款;情节严重的,处10万元以上50万元以下的罚款,吊销营业执照。

▶ 条文释义

一、本条主旨

本条是关于公司解散原因的规定。

二、条文演变

我国 1993 年《公司法》中仅有第 190 条、第 192 条分别对公司自愿解散及行政解散作出规定,并未对公司司法解散制度作出规定。与其相关的法规、规章中亦未对公司司法解散制度作出规定。2005 年修订的《公司法》对此进行了修改。具体为:(1)在原法第 190 条中规定的决议解散的权力机构为股东会的基础上增加了股东大会,对决议公司解散的权力机构根据有限责任公司与股份有限公司的不同进行了区分。(2)将原法第 192 条规定的"公司违反法律、行政法规被依法责令关闭的,应当解散,由有关主管机关组织股东、有关机关及有关专业人员成立清算组,进行清算"修改为"依法被吊销营业执照、责令关闭或者被撤销"。增加了行政解散的适用情形,并将原法第 192 条与第 190 条合并,将公司解散事由统一归于一个条文之内。(3)新增"人民法院依照本法第一百八十三条的规定予以解散"的规定,确立公司司法解散制度,即对于"公司经营管理发生严重困难,继续存续会使股东利益受到重大损失,通过其他途径不能解决的,持有公司全部股东表决权百分之十以上的股东,可以请求人民法院解散公司"〔现为《公司法》(2018 年修正)第 182 条〕。此后历次修改中内容未发生实质性变更。

三、条文解读

公司解散,是指已经成立的公司,因公司章程或者法定事由出现而停止公司的经营活动,开始进行清算,使公司法人资格消灭的法律行为。

公司解散后,一般需要经过清算程序,清理法人财产和债权债务,处理未尽事宜,通过注销登记等方式最终消灭公司法人人格。公司在解散后、清算完结前其法人人格仍然存续,但其行为能力被限定于清算范围内,只能开展与清算有关的活动。

公司解散的原因通常可以分为自愿解散和强制解散。自愿解散是指法人基于自身意愿而解散。强制解散又称非自愿解散,是指法人非因自身意愿,被政府有关部门决定或者法院裁判而解散。强制解散又可分为行政解散和司法解散,前者多基于行政机关作出的行政决定,如吊销营业执照、责令关闭等;后者主要指公司法人因出现显著困难或公司僵局而由法院判决解散的情形。

本条规定中第1项至第3项属于自愿解散的情形。

第一,公司章程规定的营业期限届满或者公司章程规定的其他解散事由出现。公司的营业期限是公司存续的时间界限,公司章程可以规定公司的营业期限。《公司法》规定,公司营业执照签发日期是公司的成立日期,公司的营业期限从公司营业执照签发之日起计算。公司的营业期限届满,公司应当停止活动,进入解散阶段。如果公司的营业期限届满仍有存在的必要,经公司的权力机构修改公司章程中的营业期限,并向工商行政管理部门申请营业期限变更,经变更登记后,公司的解散事由消灭,可以继续经营。公司章程也可以根据本公司的具体情况,规定某些特定的事由作为公司解散的原因,一旦公司出现了公司章程中规定的应当解散的原因,公司就应当停止生产或者经营活动,进入公司解散程序。

第二,股东会或者股东大会决议解散。有限责任公司的权力机构是公司的股东会,股份有限公司的权力机构是公司的股东大会,其作为公司权力机构有权对公司的重要事务作出决议。公司停止经营活动,消灭法人资格是公司的重要事务,应当由公司的股东会或者股东大会作出决议。

第三,因公司合并或者分立需要解散。公司合并,是指两个或者两个以上的公司以签订协议等方式,不经过清算程序,直接合并为一个公司的法律行为。公司,合并可以分为吸收合并和新设合并两种方式。吸收合并,是指一个公司吸收其他公司，被吸收公司解散，又称存续合并；新设合并，是指两个或两个以上的公司合并设立一个新的公司，合并各方解散，又称新设合并。公司合并均会产生公司解散的结果。公司分立，是指一个公司通过签订协议等方式，不经过清算程序，分立为两个或者两个以上的公司的法律行为。公司分立可以分为存续分立和解散分立两种方式。存续分立，是指一个公司分离成为两个或者两个以上的公司，本公司继续存在，又称派生分立；解散分立，是指一个公司分解为两个或者两个以上的公司，本公司解散，又称新设分立。在解散分立的情况下，发生公司解散的结果。

本条规定中第4项属于行政解散的情形。其中，吊销营业执照书，是指剥夺被处罚公司已取得的营业执照，使其丧失继续从事经营活动的资格；责令关闭，是指因行为人违反了有关法律规定，由行政机关作出停止经营的处罚决定，使公司停止其经营活动；被撤销，是指由行政机关撤销有瑕疵的行政登记。上述情形均源于行政机关的行政行为，在上述行为发生后，法人应解散并进入清算程序。

本条规定中第5项属于司法解散的情形，即公司经营管理发生严重困难，继续存续会使股东利益受到重大损失，通过其他途径不能解决的，人民法院可以根据持有公司全部股东表决权10%以上的股东的请求解散公司。

▶ 适用指引

适用本条时应注意：

第一，公司以外的其他形式企业解散时，不适用本条规定，如合伙企业解散时应适用《合伙企业法》第57条的规定。

第二，本法对特殊形式的公司解散作出了特别规定。如《公司法》第66条规定："国有独资公司不设股东会，由国有资产监督管理机构行使股东会职权。国有资产监督管理机构可以授权公司董事会行使股东会的部分职权，决定公司的重大事项，但公司的合并、分立、解散、增加或者减少注册资本和发行公司债券，必须由国有资产监督管理机构决定；其中，重要的国有独资公司合并、分立、解散、申请破产的，应当由国有资产监督管理机构审核后，报本级人民政府批准。前款所称重要的国有独资公司，按照国务院的规定确定。"《公司法》第217条规定："外商投资的有限责任公司和股份有限公司适用本法；

有关外商投资的法律另有规定的,适用其规定。"

第三,对于保险、银行等特殊行业,根据特别法优于普通法的原则,应优先适用《保险法》《商业银行法》及有关行政法规的特别规定。如《保险法》第89条规定:"保险公司因分立、合并需要解散,或者股东会、股东大会决议解散,或者公司章程规定的解散事由出现,经国务院保险监督管理机构批准后解散。经营有人寿保险业务的保险公司,除因分立、合并或者被依法撤销外,不得解散。保险公司解散,应当依法成立清算组进行清算。"

第一百八十一条　公司有本法第一百八十条第（一）项情形的，可以通过修改公司章程而存续。

依照前款规定修改公司章程，有限责任公司须经持有三分之二以上表决权的股东通过，股份有限公司须经出席股东大会会议的股东所持表决权的三分之二以上通过。

关联规定

一、法律、行政法规、司法解释

《中华人民共和国公司法》

第四十二条　股东会会议由股东按照出资比例行使表决权；但是，公司章程另有规定的除外。

第四十三条　股东会的议事方式和表决程序，除本法有规定的外，由公司章程规定。

股东会会议作出修改公司章程、增加或者减少注册资本的决议，以及公司合并、分立、解散或者变更公司形式的决议，必须经代表三分之二以上表决权的股东通过。

第六十六条　国有独资公司不设股东会，由国有资产监督管理机构行使股东会职权。国有资产监督管理机构可以授权公司董事会行使股东会的部分职权，决定公司的重大事项，但公司的合并、分立、解散、增加或者减少注册资本和发行公司债券，必须由国有资产监督管理机构决定；其中，重要的国有独资公司合并、分立、解散、申请破产的，应当由国有资产监督管理机构审核后，报本级人民政府批准。

前款所称重要的国有独资公司，按照国务院的规定确定。

第七十四条　有下列情形之一的，对股东会该项决议投反对票的股东可以请求公司按照合理的价格收购其股权：

（一）公司连续五年不向股东分配利润，而公司该五年连续盈利，并且符合本法规定的分配利润条件的；

（二）公司合并、分立、转让主要财产的；

（三）公司章程规定的营业期限届满或者章程规定的其他解散事由出现，股东会会议通过决议修改章程使公司存续的。

自股东会会议决议通过之日起六十日内，股东与公司不能达成股权收购协议的，股东可以自股东会会议决议通过之日起九十日内向人民法院提起诉讼。

二、司法指导性文件

《最高人民法院关于审理公司强制清算案件工作座谈会纪要》

18. 公司因公司章程规定的营业期限届满或者公司章程规定的其他解散事由出现，或者股东会、股东大会决议自愿解散的，人民法院受理强制清算申请后，清算组对股东进行剩余财产分配前，申请人以公司修改章程，或者股东会、股东大会决议公司继续存续为由，请求撤回强制清算申请的，人民法院应予准许。

▶ 条文释义

一、本条主旨

本条是关于通过修改公司章程而使公司继续存续的规定。

二、条文演变

我国1993年《公司法》第38条、第39条、第40条、第103条、第106条、第107条中虽然规定了有限责任公司股东会、股份有限公司股东大会享有修改公司章程的职权，并规定修改公司章程的决议，有限责任公司必须经代表三分之二以上表决权的股东通过，股份有限公司必须经出席股东大会的股东所持表决权的三分之二以上通过，但其中并未规定股东会、股东大会有权通过修改公司章程而使公司继续存续，同时亦未规定股东可以请求公司按照合理的价格收购其股权。2005年修订《公司法》时对此进行了修改，增加了本条规定，明确了有限责任公司股东会、股份有限公司股东大会通过修改公司章程使公司继续存续，从而充分体现了公司自治的要求。同时，因持有公司多数表决权的其他股东通过股东会决议修改公司章程，决定公司存续，必然与公司章程订立时股东的意愿发生重大差异，应允许对此决议投反对票的股东退出公司，不能要求少数表决权股东违背自己意愿被强迫承担公司继续经营的风险，因此新增了此种情况下投反对票的股东请求公司按照合理的价格收购其股权的规定。此后历次修改中内容未发生实质性变更。

三、条文解读

公司自治是公司制度的基本原则之一，是指公司治理主体依照法律规定和公司章程，自主安排公司治理机构，配置公司权利、义务和责任的活动。公司自治的实现需通过公司的意思机关形成各种决定实现，即通过公司章程或股东会、股东大会、董事会决议实现。因此，公司自治的实现，必然要求作为公司所有者的股东享有公司进行自主决策、管理、监督、经营的权力。

如果公司的章程规定了公司的营业期限，公司的营业期限届满，公司应当停止生产或者经营活动。同样，公司的章程规定了公司解散的事由，当出现这些事由时，公司也应当停止生产或者经营活动。但是，如果公司意思机关认为应当继续生产或者经营，可以修改公司章程规定的营业期限或者修改公司章程规定的解散事由，使公司继续存在。由于修改公司的章程是公司特别重大的事务，因此，在有限责任公司必须经过代表三分之二以上表决权的股东通过，在股份有限公司必须经过出席股东大会会议的股东所持表决权的三分之二以上通过。

▶ 适用指引

适用本条规定时应注意，根据特别法优于普通法的原则，对于保险、银行等特殊行业，应优先适用《保险法》《商业银行法》及有关行政法规的特别规定。如《保险法》第89条规定："保险公司因分立、合并需要解散，或者股东会、股东大会决议解散，或者公司章程规定的解散事由出现，经国务院保险监督管理机构批准后解散。经营有人寿保险业务的保险公司，除因分立、合并或者被依法撤销外，不得解散。保险公司解散，应当依法成立清算组进行清算。"

类案检索

陕西汽车实业有限公司、陕西万方汽车销售服务有限公司申请公司清算纠纷案

关键词： 章程规定　营业期限届满　公司内部治理

裁判摘要： 公司解散清算是公司清算机关以终止公司法律人格为目的而依法进行的具有确定法律后果的行为。虽然根据万方销售公司章程的规定，该公司的营业期限已经届满，但是双方当事人认可该公司治理机构及治理状态均属正常，公司内部对是否延长经营期限、是否解散并未形成决议。万方销售公司亦不存在被吊销企业法人营业执照、责令关闭或者被撤销的解散事由。根据《公司法规定（二）》和最高人民法院《关于审理公司强制清算案件工作座谈会纪要》的相关规定，人民法院受理公司清算案件的前提是公司已经解散并怠于清算，因本案中并无万方销售公司解散的法律事实，二审法院裁定不予受理陕汽公司的清算申请并无不当。

【案　　号】（2021）最高法民申 2310 号

【审理法院】最高人民法院

> 第一百八十二条 公司经营管理发生严重困难，继续存续会使股东利益受到重大损失，通过其他途径不能解决的，持有公司全部股东表决权百分之十以上的股东，可以请求人民法院解散公司。

▶ 关联规定

法律、行政法规、司法解释

《最高人民法院关于适用〈中华人民共和国公司法〉若干问题的规定（二）》

第一条 单独或者合计持有公司全部股东表决权百分之十以上的股东，以下列事由之一提起解散公司诉讼，并符合公司法第一百八十二条规定的，人民法院应予受理：

（一）公司持续两年以上无法召开股东会或者股东大会，公司经营管理发生严重困难的；

（二）股东表决时无法达到法定或者公司章程规定的比例，持续两年以上不能做出有效的股东会或者股东大会决议，公司经营管理发生严重困难的；

（三）公司董事长期冲突，且无法通过股东会或者股东大会解决，公司经营管理发生严重困难的；

（四）经营管理发生其他严重困难，公司继续存续会使股东利益受到重大损失的情形。

股东以知情权、利润分配请求权等权益受到损害，或者公司亏损、财产不足以偿还全部债务，以及公司被吊销企业法人营业执照未进行清算等为由，提起解散公司诉讼的，人民法院不予受理。

第二条 股东提起解散公司诉讼，同时又申请人民法院对公司进行清算的，人民法院对其提出的清算申请不予受理。人民法院可以告知原告，在人民法院判决解散公司后，依据民法典第七十条、公司法第一百八十三条和本规定第七条的规定，自行组织清算或者另行申请人民法院对公司进行清算。

第三条　股东提起解散公司诉讼时，向人民法院申请财产保全或者证据保全的，在股东提供担保且不影响公司正常经营的情形下，人民法院可予以保全。

第四条　股东提起解散公司诉讼应当以公司为被告。

原告以其他股东为被告一并提起诉讼的，人民法院应当告知原告将其他股东变更为第三人；原告坚持不予变更的，人民法院应当驳回原告对其他股东的起诉。

原告提起解散公司诉讼应当告知其他股东，或者由人民法院通知其参加诉讼。其他股东或者有关利害关系人申请以共同原告或者第三人身份参加诉讼的，人民法院应予准许。

第五条　人民法院审理解散公司诉讼案件，应当注重调解。当事人协商同意由公司或者股东收购股份，或者以减资等方式使公司存续，且不违反法律、行政法规强制性规定的，人民法院应予支持。当事人不能协商一致使公司存续的，人民法院应当及时判决。

经人民法院调解公司收购原告股份的，公司应当自调解书生效之日起六个月内将股份转让或者注销。股份转让或者注销之前，原告不得以公司收购其股份为由对抗公司债权人。

第六条　人民法院关于解散公司诉讼作出的判决，对公司全体股东具有法律约束力。

人民法院判决驳回解散公司诉讼请求后，提起该诉讼的股东或者其他股东又以同一事实和理由提起解散公司诉讼的，人民法院不予受理。

▶ 条文释义

一、本条主旨

本条是关于人民法院强制解散公司的规定。

二、条文演变

我国 1993 年《公司法》中仅对公司自愿解散及行政解散作出规定，并未对公司司法解散制度作出规定。与其相关的法规、规章中亦未对公司司法解散制度作出规定。这造成公司僵局的情况下，权益受损的中小股东缺乏司法救济的途径。而司法机关因缺乏法律依据，对于是否受理股东向法院提起解散公司诉讼的案件，只能采取审慎的态度。2002年8月26日最高人民法院（2002）民立他字第1号致山东省人民法院的复函中载明："你院关于人民法院能否受理公司解散和清算案件的请示，经研究答复如下：'《中华人民共和国公司法》未规定公司的司法解散程序，人民法院受理股东强制解散清算公司的诉讼请求没有法律依据。依照《中华人民共和国民事诉讼法》第一百零八条之规定，本案原告的诉讼请求不属人民法院的受案范围。'"

2005年10月27日修订的《公司法》增加了公司司法解散制度的规定，赋予了中小股东在出现公司僵局时通过申请法院解散公司的权利，并确立了公司僵局的认定条件及提起公司解散诉讼的股东资格。此后历次修改中内容未发生实质性变更。

三、条文解读

公司经营管理出现严重困难，是指因股东间或者公司管理人员之间的利益冲突和矛盾导致公司有效运行的失灵，股东会或者董事会因对方的拒绝参加会议而无法有效召集，任何一方的提议都不被对方接受和认可，即使能够举行会议也无法通过任何议案，公司的一切事务处于一种瘫痪状态，此种状态又称公司僵局。依据《公司法规定（二）》的规定，公司经营管理发生严重困难主要包括以下情形：公司持续两年以上无法召开股东会或者股东大会，公司经营管理发生严重困难的；股东表决时无法达到法定或者公司章程规定的比例，持续两年以上不能作出有效的股东会或者股东大会决议，公司经营管理发生严重困难的；公司董事长期冲突，且无法通过股东会或者股东大会解决，公司经营管理发生严重困难的；经营管理发生其他严重困难，公司继续存续会使股东利益受到重大损失的情形。可见，公司是否盈利，不是公司是否应当通过人民法院强制解散公司的理由。结合司法解释的规定，可以将人民法院强制解散公司的理由进一步分为三大类：（1）基于资本多数决导致公司的经营管理出现严重困难，即股东会、股东大会因在表决中无法达到法定或者公司章程约定的资本多数而不能作出决议；（2）基于人数多数决导致公司的经营管理出现严重困难，即董事会在表决中无法达到法定或者公司章程约定的表决人数而不能作出决议；（3）基于全体一致决导致公司的经营管理出现严重困难，即股东会或者董事会因在表决中无法达到全部表决股份或者全体成员一致通过而不能作出决议。公司的经营管理出现严重困难，是公司内部的事情，应当先由公司内部解决。如果通过自力救济、行政管理、仲裁等手段能够解决公司经营管理出现的严重困难问题，公司无须解散。公司的经营管理出现严重困难，会使公司及其股东的利益受到损害。如果公司及其股东的利益受到损害不严重，解散公司是一种不利益的行为，只有在公司及其股东的利益会受到严重损害，并且通过其他途径不能解决时，才应当解散公司，保护公司及其股东的利益。

如果公司经营管理出现困难，任何股东都可以申请公司解散，将使公司的经营处于不稳定中，不利于公司的发展和许多相关利益主体的利益。为了避免出现此种情况，本条规定，可以提出解散公司请求的应当是单独或者合并持有公司全部股东表决权 10% 以上的股东。上述股东提出解散公司，只能向人民法院提出。有管辖权的人民法院收到请求，应当受理，并根据公司的实际情况作出是否解散公司的裁决。同时，人民法院审理解散公司诉讼案件，应当注重调解。当事人协商同意由公司或者股东收购股份，或者以减资等方式使公司存续，且不违反法律、行政法规强制性规定的，人民法院应予支持。当事人不能协商一致使公司存续的，人民法院应当及时判决。经人民法院调解公司收购原告股份的，公司应当自调解书生效之日起 6 个月内将股份转让或者注销。股份转让或者注销之前，原告不得以公司收购其股份为由对抗公司债权人。人民法院关于解散公司诉讼作出的判决，对公司全体股东具有法律约束力。

▶ 适用指引

适用本条规定时应注意以下几点：

第一，因公司解散纠纷提起的诉讼，根据《民事诉讼法》第 27 条的规定，"因公司设立、确认股东资格、分配利润、解散等纠纷提起的诉讼，由公司住所地人民法院管辖"。

第二，因公司解散纠纷提起的诉讼，原告只能是公司的现实股东，且必须是单独或者合计持有公司全部股东表决权 10% 以上的股东。

第三，因公司解散纠纷提起的诉讼，根据《公司法规定（二）》第 4 条规定，被告必须是公司，原告以其他股东为被告一并提起诉讼的，法院应当告知原告将其他股东变更为第三人。其他股东和利害关系人可以申请以共同原告或者第三人身份参加诉讼。

▶ 指导案例

指导案例 8 号：林某某诉常熟市凯莱实业有限公司、戴某某公司解散纠纷案

（最高人民法院审判委员会讨论通过　2012 年 4 月 9 日发布）

关键词：民事　公司解散　经营管理严重困难　公司僵局

裁判要点：《公司法》第 183 条将"公司经营管理发生严重困难"作为股东提起解散公司之诉的条件之一。判断"公司经营管理是否发生严重困难"，应从公司组织机构的运行状态进行综合分析。公司虽处于盈利状态，但其股东会机制长期失灵，内部管理有严重障碍，已陷入僵局状态，可以认定为公司经营管理发生严重困难。对于符合公司法及相关司法解释规定的其他条件的，人民法院可以依法判决公司解散。

相关法条：《公司法》第一百八十三条

基本案情：原告林某某诉称：常熟市凯莱实业有限公司（以下简称凯莱公司）经营管理发生严重困难，陷入公司僵局且无法通过其他方法解决，其权益遭受重大损害，请求解散凯莱公司。

被告凯莱公司及戴某某辩称：凯莱公司及其下属分公司运营状态良好，不符合公司解散的条件，戴某某与林某某的矛盾有其他解决途径，不应通过司法程序强制解散公司。

法院经审理查明：凯莱公司成立于 2002 年 1 月，林某某与戴某某系该公司股东，各占 50% 的股份，戴某某任公司法定代表人及执行董事，林某某任公司总经理兼公司监事。凯莱公司章程明确规定：股东会的决议须经代表二分之一以上表决权的股东通过，但对公司增加或减少注册资本、合并、解散、变更公司形式、修改公司章程作出决议时，必须经代表三分之二以上表决权的股东通过。股东会会议由股东按照出资比例行使表决权。2006 年起，林某某与戴某某两人之间的矛盾逐渐显现。同年 5 月 9 日，林某某提议并通知召开股东会，由于戴某某认为林某某没有召集会议的权利，会议未能召开。同年 6 月 6 日、8 月 8 日、9 月 16 日、10 月 10 日、10 月 17 日，林某某委托律师向凯莱公司和戴某某发函称，因股东权益受到严重侵害，林某某作为享有公司股东会二分之一表决权的股东，已按公司章程规定的程序表决并通过了解散凯莱公司的决议，要求戴某某提供凯莱公司的财务账册等资料，并对凯莱公司进行清算。同年6月17日、9月7日、10月13日，戴某某回函称，林某某作出的股东会决议没有合法依据，戴某某不同意解散公司，并要求林某某交出公司财务资料。同年11月15日、25日，林某某再次向凯莱公司和戴某某发函，要求凯莱公司和戴某某提供公司财务账册等供其查阅、分配公司收入、解散公司。

江苏常熟服装城管理委员会（以下简称服装城管委会）证明凯莱公司目前经营尚正常，且愿意组织林某某和戴某某进行调解。

另查明，凯莱公司章程载明监事行使下列权利：（1）检查公司财务；（2）对执行董事、经理执行公司职务时违反法律、法规或者公司章程的行为进行监督；（3）当董事和经理的行为损害公司的利益时，要求董事和经理予以纠正；（4）提议召开临时股东会。从2006年6月1日至今，凯莱公司未召开过股东会。服装城管委会调解委员会于2009年12月15日、16日两次组织双方进行调解，但均未成功。

裁判结果： 江苏省苏州市中级人民法院于2009年12月8日以（2006）苏中民二初字第0277号民事判决，驳回林某某的诉讼请求。宣判后，林某某提起上诉。江苏省高级人民法院于2010年10月19日以（2010）苏商终字第0043号民事判决，撤销一审判决，依法改判解散凯莱公司。

裁判理由： 法院生效裁判认为：首先，凯莱公司的经营管理已发生严重困难。根据《公司法》第183条和《公司法规定（二）》第1条的规定，判断公司的经营管理是否出现严重困难，应当从公司的股东会、董事会或执行董事及监事会或监事的运行现状进行综合分析。"公司经营管理发生严重困难"的侧重点在于公司管理方面存有严重内部障碍，如股东会机制失灵、无法就公司的经营管理进行决策等，不应片面理解为公司资金缺乏、严重亏损等经营性困难。本案中，凯莱公司仅有戴某某与林某某两名股东，两人各占50%的股份，凯莱公司章程规定"股东会的决议须经代表二分之一以上表决权的股东通过"，且各方当事人一致认可该"二分之一以上"不包括本数。因此，只要两名股东的意见存有分歧、互不配合，就无法形成有效表决，显然影响公司的运营。凯莱公司已持续4年未召开股东会，无法形成有效股东会决议，也就无法通过股东会决议的方式管理公司，股东会机制已经失灵。执行董事戴某某作为互有矛盾的两名股东之一，其管理公司的行为，已无法贯彻股东会的决议。林某某作为公司监事不能正常行使监事职权，无法发挥监督作用。由于凯莱公司的内部机制已无法正常运行、无法对公司的经营作出决策，即使尚未处于亏损状况，也不能改变该公司的经营管理已发生严重困难的事实。

其次，由于凯莱公司的内部运营机制早已失灵，林某某的股东权、监事权长期处于无法行使的状态，其投资凯莱公司的目的无法实现，利益受到重大损失，且凯莱公司的僵局通过其他途径长期无法解决。《公司法规定（二）》第5条明确规定了"当事人不能协商一致使公司存续的，人民法院应当及时判决"。本案中，林某某在提起公司解散诉讼之前，已通过其他途径试图化解与戴某某之间的矛盾，服装城管委会也曾组织双方当事人调解，但双方仍不能达成一致意见。两审法院也基于慎用司法手段强制解散公司的考虑，积极进行调解，但均未成功。

此外，林某某持有凯莱公司50%的股份，也符合公司法关于提起公司解散诉讼的股东须持有公司10%以上股份的条件。

综上所述，凯莱公司已符合公司法及《公司法规定（二）》所规定的股东提起解散公司之诉的条件。二审法院从充分保护股东合法权益，合理规范公司治理结构，促进市场经济健康有序发展的角度出发，依法作出了上述判决。

▶ 典型案例

长春东北亚物流有限公司与吉林荟冠投资有限公司及董某某、东证融成资本管理有限公司公司解散纠纷案

关键词： 强制解散　穷尽救济途径　公司僵局

裁判摘要： 一审法院认为，由于东北亚公司的股东之间矛盾重重，已经丧失了作为有限责任公司存续之根基的人合性，公司经营管理发生严重困难，公司亦已经沦落为控股股东压迫欺凌非控股股东的工具，该种状态之持续会使荟冠公司以及东证公司投资公司的目的不能实现，股东利益受到重大损失。在双方之间的矛盾不能通过其他途径予以解决的情况下，荟冠公司提出解散东北亚公司的请求符合法律规定，依法应予以准许。遂判决如下：解散长春东北亚物流有限公司。二审法院认为，东北亚公司股东之间及董事之间长期存在冲突，

自2013年8月6日以后再未召开董事会,自2015年2月3日以后再未召开股东会,公司运营决策机制失灵,股东已无法自行解决彼此间的冲突,已然形成僵局状态。东北亚公司继续存续必然会损害荟冠公司的重大利益,在没有其他途径解决东北亚公司僵局状态的情况下,不解散东北亚公司,无法解决股东荟冠公司与董某某之间的矛盾冲突,也没有办法使双方重新建立起彼此合作的信任基础,更难以使东北亚公司的内部运营机制恢复正常;荟冠公司坚持主张解散公司,东证公司同意荟冠公司的主张,且荟冠公司诉请解散东北亚公司具有事实及法律依据,符合《公司法》第182条、《公司法〉规定(二)》第1条第1款3项规定的情形。为充分保护公司股东合法权益,合理规范公司治理结构,促进市场经济健康有序发展,东北亚公司不得不予以解散,故一审判决应予维持。

基本案情:2004年8月17日,长春粮食(集团)有限公司(以下简称长粮集团)与董某某签订《合作合同书》,该《合作合同书》约定长粮集团与董某某共同投资组建吉林省东北亚物流中心有限责任公司(暂定名),注册资金为人民币1000万元,其中长粮集团出资人民币490万元,占东北亚公司注册资本的49%;董某某出资人民币510万元,占东北亚公司注册资本的51%。长粮集团以位于长白路东八条面积为10万平方米的土地使用权及附属配套设施、地上建筑物作价人民币5000万元投入到新成立的公司作为公司的固定资产。董某某向长粮集团支付2550万元用于长粮集团职工安置、补偿等费用。长粮集团投入到公司的10万平方米土地作为公司的固定资产,双方按份共有,长粮集团享有49%的所有权,董某某享有51%的所有权。长粮集团负责将投入新公司的国有土地使用权证由划拨地转为出让地,并承担土地转变过程中的一切费用。另外,长粮集团负责把吉林盐业集团长春有限公司所属的约1.36万平方米土地于2004年11月前置换到新成立的公司的名下,并全权负责置换该宗土地的相关事项。同时,该合同约定新公司的董事长由董某某担任,董事会成员5人,长粮集团方2人,董某某方3人。

2004年9月1日,长粮集团与董某某签订《补充合作合同书》,约定长粮集团将位于青岗路69号粮油市场总面积149 000平方米的土地使用权及附属配套设施、地上建筑物、铁路专用线、烘干塔、储油罐等作价人民币4000万元投入到东北亚公司并作为该公司的固定资产并入东北亚公司,由双方共同经营,长粮集团与董某某按份共有,4000万元固定资产中长粮集团享有1960

万元49%的所有权，董某某出资2040万元，享有51%的所有权。董某某向长粮集团支付人民币2040万元用于长粮集团职工安置、补偿、土地转让、所有配套设施、地上建筑物及水、电、煤气、铁路专用线等更名过户费用。同时，长粮集团负责将青岗路149 000平方米国有土地使用权由划拨地转为出让地，负责将该宗土地及地上所有配套设施、地上建筑物与水、电、煤气、铁路专用线等原有名称更名过户到东北亚公司名下并承担所有更名过户手续的一切税费。

2004年9月20日，东北亚公司经长春市工商局长江路分局注册登记成立，法定代表人为董某某，注册资金为人民币1000万元，长粮集团出资490万元，占注册资金的49%，董某某出资510万元，占注册资金的51%。

2005年1月27日，长粮集团、吉林荟冠粮食实业股份有限公司（以下简称荟冠实业）、董某某三方签订了《三方合作合同书》，约定长粮集团以长春两会集团裕昌源粮油加工有限公司4.7万平方米土地、长春练市第一仓库、长春粮油食品供应总公司、吉林盐业集团5.3万平方米土地、青岗路69号14.9万平方米土地和上述土地的地上建筑物作价人民币9000万元投入到东北亚公司，并作为该公司的固定资产。在9000万元固定资产中董某某向长粮集团出资4590万元，享有该固定资产的51%所有权。长粮集团以价值4410万元的土地及地上物建筑物实物出资，享有该固定资产的49%所有权。长粮集团经过内部改制于2005年1月18日注册成立荟冠实业，长粮集团将投入到东北亚公司的全部投资转给荟冠实业，由荟冠实业承接和全部履行长粮集团与董某某签订合同的原有全部权利义务。2005年1月，长粮集团将其持有的东北亚公司49%的股权全部转让给荟冠实业。

2005年9月5日，荟冠实业更名为荟冠集团股份有限公司（以下简称荟冠集团）。2014年10月30日，荟冠集团更名为吉林荟冠投资有限公司，即本案荟冠公司。

2006年3月24日，董某某向荟冠公司发出《荟冠集团违反合同的几点意见》，明确了荟冠公司承接了长粮集团与董某某合作当中的全部权利和义务。

2006年9月29日，东北亚公司注册资本增资至9000万元，增资后荟冠公司的投资金额为4410万元，占注册资本的49%；董某某的投资金额为4590万元，占注册资本的51%。

2007年5月18日，董某某向荟冠公司发出《关于荟冠集团按补充合同

(四）未全额支付款项的函》，表明荟冠公司应当对其违约行为向董某某承担违约责任，违约金共计 4 606 530 元。2007 年 9 月 4 日，荟冠公司向董某某回复《关于荟冠集团应支付物流公司相关款项的意见函》，表明荟冠公司截至 2006 年 7 月 31 日已经多向董某某支付 222.76 万元。

2007 年 11 月 24 日，荟冠公司与董某某签订了《补充合同书（五）》，约定双方一致同意不再追究前四份合同中各方的违约责任。

2012 年 4 月 27 日至 7 月 24 日，荟冠公司与董某某之间的往来函件中显示：2012 年 4 月 27 日，荟冠公司向董某某致函，要求修改公司章程中股东会会议决议事项通过比例，修改董事会人数，建议由双方分别担任董事长、总经理。2012 年 5 月 21 日，董某某回函荟冠公司表示，东北亚公司董事会成员 5 人，董某某方 3 人，荟冠公司方 2 人，董某某方担任董事长和总经理，荟冠公司方董事 2 人，1 名为非执行董事，一名副总，符合公司章程的规定；东北亚公司经营正常，无须修改公司章程。2012 年 6 月 4 日，荟冠公司再次向董某某致函要求修改公司章程。2012 年 6 月 18 日，董某某回函表示公司章程条款未违背股东双方合作的初衷，无须修改。2012 年 7 月 15 日，荟冠公司第三次向董某某致函坚持要求修改公司章程，2012 年 7 月 24 日，董某某回函表示不想修改公司章程。另，2012 年 5 月 21 日，董某某回函表示荟冠公司与董某某关于买卖股权的问题已经洽谈了 3 年，因荟冠公司的原因，最终未果，并表示由于荟冠公司的原因，导致四层库房被迫闲置。

2012 年至 2014 年，荟冠公司与董某某进行多次股权转让事宜的磋商、谈判，并拟定了多份《股权转让协议》，但最终均未能达成协议。

2014 年 11 月 28 日，荟冠公司与东证公司签订《关于长春东北亚物流有限公司之股权转让协议》，约定荟冠公司将其持有的东北亚公司 10% 股权以 9000 万元的价款转让给东证公司，并约定自东北亚公司大股东董某某放弃优先购买权的意思表示后 30 日内，东证公司或东证公司指定的第三方向荟冠公司支付第一笔股权转让款 2000 万元，自荟冠公司收到第一笔款项后 10 个工作日内，荟冠公司应配合东证公司或东证公司指定的第三方按照法律、法规及时变更 5% 股权的工商登记档案，变更股东名册、公司章程。就该转让及董某某是否行使优先购买权的问题，荟冠公司于 2014 年 12 月 4 日制作《致长春东北亚物流有限公司股东董某某女士的函》，该函内容为："我公司拟向东证融成资本管理有限公司转让所持长春东北亚物流有限公司 10% 股权，转让价格为9000万元。依据《公司法》、长春东北亚物流有限公司《公司章程》的有关规定，同等条件下您享有优先购买该股权的权利，请您接到此函后五日内予以回复为盼！如您选择购买请按附件一的合同文本内容，贵我双方签订股权转让协议；如您选择放弃请在附件二声明人处签字。附件一：吉林荟冠投资有限公司与东证融成资本管理有限公司签订的《股权转让协议》复议件。附件二：放弃优先购买权的声明。"此函由董某某的丈夫、东北亚公司的总经理王某某于2014年12月5日签收。至2015年2月6日，董某某未表示行使优先权。东证公司按照转让协议约定给荟冠公司转账2000万元作为部分股权转让对价款。

此后荟冠公司因东北亚公司拒绝配合办理前述股权转让事宜的工商变更登记手续而将其诉至法院。

【案　　号】（2016）吉民终569号
【审理法院】吉林省高级人民法院
【来　　源】《最高人民法院公报》（2018年第7期）

类案检索

吉林省金融控股集团股份有限公司与吉林省金融资产管理有限公司、宏运集团有限公司公司解散纠纷案

关键词： 优势地位　损害小股东　强制解散

裁判摘要： 大股东利用优势地位单方决策，擅自将公司资金出借给其关联公司，损害小股东权益，致使股东矛盾激化，公司经营管理出现严重困难，经营目的无法实现，且通过其他途径已无法解决，小股东诉请解散公司的，人民法院应予支持。

【案　　号】（2019）最高法民申1474号
【审理法院】最高人民法院
【来　　源】《最高人民法院公报》（2021年第1期）

第一百八十三条 公司因本法第一百八十条第（一）项、第（二）项、第（四）项、第（五）项规定而解散的，应当在解散事由出现之日起十五日内成立清算组，开始清算。有限责任公司的清算组由股东组成，股份有限公司的清算组由董事或者股东大会确定的人员组成。逾期不成立清算组进行清算的，债权人可以申请人民法院指定有关人员组成清算组进行清算。人民法院应当受理该申请，并及时组织清算组进行清算。

关联规定

一、法律、行政法规、司法解释

1.《中华人民共和国民法典》

第七十条 法人解散的，除合并或者分立的情形外，清算义务人应当及时组成清算组进行清算。

法人的董事、理事等执行机构或者决策机构的成员为清算义务人。法律、行政法规另有规定，依照其规定的。

清算义务人未及时履行清算义务，造成损害的，应当承担民事责任；主管机关或者利害关系人可以申请人民法院指定有关人员组成清算组进行清算。

2.《中华人民共和国市场主体登记管理条例》

第三十二条 市场主体注销登记前依法应当清算的，清算组应当自成立之日起10日内将清算组成员、清算组负责人名单通过国家企业信用信息公示系统公告。清算组可以通过国家企业信用信息公示系统发布债权人公告。

清算组应当自清算结束之日起30日内向登记机关申请注销登记。市场主体申请注销登记前，应当依法办理分支机构注销登记。

3.《最高人民法院关于适用〈中华人民共和国公司法〉若干问题的规定（二）》

第七条 公司应当依照民法典第七十条、公司法第一百八十三条的规定，在解散事由出现之日起十五日内成立清算组,开始自行清算。

有下列情形之一,债权人、公司股东、董事或其他利害关系人申请人民法院指定清算组进行清算的,人民法院应予受理:

(一)公司解散逾期不成立清算组进行清算的;

(二)虽然成立清算组但故意拖延清算的;

(三)违法清算可能严重损害债权人或者股东利益的。

第八条 人民法院受理公司清算案件,应当及时指定有关人员组成清算组。

清算组成员可以从下列人员或者机构中产生:

(一)公司股东、董事、监事、高级管理人员;

(二)依法设立的律师事务所、会计师事务所、破产清算事务所等社会中介机构;

(三)依法设立的律师事务所、会计师事务所、破产清算事务所等社会中介机构中具备相关专业知识并取得执业资格的人员。

第九条 人民法院指定的清算组成员有下列情形之一的,人民法院可以根据债权人、公司股东、董事或其他利害关系人的申请,或者依职权更换清算组成员:

(一)有违反法律或者行政法规的行为;

(二)丧失执业能力或者民事行为能力;

(三)有严重损害公司或者债权人利益的行为。

第十八条 有限责任公司的股东、股份有限公司的董事和控股股东未在法定期限内成立清算组开始清算,导致公司财产贬值、流失、毁损或者灭失,债权人主张其在造成损失范围内对公司债务承担赔偿责任的,人民法院应依法予以支持。

有限责任公司的股东、股份有限公司的董事和控股股东因怠于履行义务,导致公司主要财产、账册、重要文件等灭失,无法进行清算,债权人主张其对公司债务承担连带清偿责任的,人民法院应依法予以支持。

上述情形系实际控制人原因造成,债权人主张实际控制人对公司债务承担相应民事责任的,人民法院应依法予以支持。

二、司法指导性文件

1.《最高人民法院关于审理公司强制清算案件工作座谈会纪要》

五、关于强制清算的申请

7. 公司债权人或者股东向人民法院申请强制清算应当提交清算申请书。申请书应当载明申请人、被申请人的基本情况和申请的事实和理由。同时，申请人应当向人民法院提交被申请人已经发生解散事由以及申请人对被申请人享有债权或者股权的有关证据。公司解散后已经自行成立清算组进行清算，但债权人或者股东以其故意拖延清算，或者存在其他违法清算可能严重损害债权人或者股东利益为由，申请人民法院强制清算的，申请人还应当向人民法院提交公司故意拖延清算，或者存在其他违法清算行为可能严重损害其利益的相应证据材料。

8. 申请人提交的材料需要更正、补充的，人民法院应当责令申请人于七日内予以更正、补充。申请人由于客观原因无法按时更正、补充的，应当向人民法院予以书面说明并提出延期申请，由人民法院决定是否延长期限。

十、关于强制清算清算组的指定

22. 人民法院受理强制清算案件后，应当及时指定清算组成员。公司股东、董事、监事、高级管理人员能够而且愿意参加清算的，人民法院可优先考虑指定上述人员组成清算组；上述人员不能、不愿进行清算，或者由其负责清算不利于清算依法进行的，人民法院可以指定《人民法院中介机构管理人名册》和《人民法院个人管理人名册》中的中介机构或者个人组成清算组；人民法院也可根据实际需要，指定公司股东、董事、监事、高级管理人员，与管理人名册中的中介机构或者个人共同组成清算组。人民法院指定管理人名册中的中介机构或者个人组成清算组，或者担任清算组成员的，应当参照适用最高人民法院《关于审理企业破产案件指定管理人的规定》。

23. 强制清算清算组成员的人数应当为单数。人民法院指定清算组成员的同时，应当根据清算组成员的推选，或者依职权，指定清算组负责人。清算组负责人代行清算中公司诉讼代表人职权。清算组成员未依法履行职责的，人民法院应当依据利害关系人的申请，或者依职权及时予以更换。

2.《全国法院民商事审判工作会议纪要》

14.【急于履行清算义务的认定】公司法司法解释（二）第 18 条第 2 款规

定的"怠于履行义务",是指有限责任公司的股东在法定清算事由出现后,在能够履行清算义务的情况下,故意拖延、拒绝履行清算义务,或者因过失导致无法进行清算的消极行为。股东举证证明其已经为履行清算义务采取了积极措施,或者小股东举证证明其既不是公司董事会或者监事会成员,也没有选派人员担任该机关成员,且从未参与公司经营管理,以不构成"怠于履行义务"为由,主张其不应当对公司债务承担连带清偿责任的,人民法院依法予以支持。

15.【因果关系抗辩】有限责任公司的股东举证证明其"怠于履行义务"的消极不作为与"公司主要财产、账册、重要文件等灭失,无法进行清算"的结果之间没有因果关系,主张其不应对公司债务承担连带清偿责任的,人民法院依法予以支持。

16.【诉讼时效期间】公司债权人请求股东对公司债务承担连带清偿责任,股东以公司债权人对公司的债权已经超过诉讼时效期间为由抗辩,经查证属实的,人民法院依法予以支持。

公司债权人以公司法司法解释(二)第 18 条第 2 款为依据,请求有限责任公司的股东对公司债务承担连带清偿责任的,诉讼时效期间自公司债权人知道或者应当知道公司无法进行清算之日起计算。

17.【公司解散清算与破产清算的衔接】要依法区分公司解散清算与破产清算的不同功能和不同适用条件。债务人同时符合破产清算条件和强制清算条件的,应当及时适用破产清算程序实现对债权人利益的公平保护。债权人对符合破产清算条件的债务人提起公司强制清算申请,经人民法院释明,债权人仍然坚持申请对债务人强制清算的,人民法院应当裁定不予受理。

▶ 条文释义

一、本条主旨

本条是关于公司解散时清算组的规定。

二、条文演变

我国 1993 年《公司法》第 191 条规定:"公司依照前条第(一)项、第(二)项规定解散的,应当在十五日内成立清算组,有限责任公司的清算组由股东组成，股份有限公司的清算组由股东大会确定其人选；逾期不成立清算组进行清算的，债权人可以申请人民法院指定有关人员组成清算组，进行清算。人民法院应当受理该申请，并及时指定清算组成员，进行清算。"该条规定中对于成立清算组期限的计算规定并不明确，未确定成立清算组期限的起算时间。此外，该条文规定股份有限公司清算组由股东大会设立。后续实务操作中显示因股份有限公司资合性强、股东人数众多且分散，召开股东大会成本及难度较高，缺乏可操作性。因此，2005年10月27日修订的《公司法》时对此条文进行了修改。具体为：（1）将原法中规定的"应当在十五日内成立清算组"修改为"应当在解散事由出现之日起十五日内成立清算组，开始清算"，对期限规定上的不确定问题进行了明确；（2）将原法"股份有限公司的清算组由股东大会确定其人选"修改为"股份有限公司的清算组由董事或者股东大会确定的人员组成"，增加了人员选定的有权机关，扩大了股份有限公司的董事会职权，以适应股份有限公司资合性强、股东人数众多且分散的情况，实务中也更具可操作性。此后历次修改中内容未发生实质性变更。

三、条文解读

公司清算也称公司清盘，是指公司解散后，依照法律规定的方式和程序清理公司债权债务，处理公司剩余财产，待了结公司各种法律关系后，向公司登记机关申请注销登记，最终消灭公司法人资格的一种法律行为。公司清算的目的是保护股东和债权人的利益，除因合并或者分立解散，公司债权债务已全部由合并或分立后存续或者新设的公司承继，不需要进行清算外，公司解散必须依法清算，清算是公司终止的必经前置程序。

清算一般可以分为普通清算和强制清算，也可因清算原因不同而区分为破产清算和非破产清算。普通清算是指由公司自行组织清算机构依法进行的清算，一般适用于自愿解散且公司资产能够抵偿其债务的情况。特别清算是指公司解散时不能自行组织清算，或者在普通清算过程中发生显著障碍，由有关政府部门或者法院介入进行的清算，一般适用于强制解散的情况。破产清算是指公司被依法宣布破产后，依照破产法的规定进行的清算。非破产清算是指破产清算以外的其他清算。

公司进入清算程序应首先由公司清算义务人选任清算组，并由清算组接替公司法人机关执行清算事务。因此清算义务人与清算组系完全不同的法律概念。清算义务人是指基于其与公司存在的特定法律关系而在公司解散时负有依法组织清算的义务，并在公司因未及时清算给相关权利人造成损害时依法承担相应责任的民事主体。清算义务人的产生主要基于法律规定和公司章程的规定，根据公司性质的不同，清算义务人亦不相同。清算组，也称为清算人，是指具体负责清算事务的主体，其义务在于依照法定程序具体实施清算事务。根据《民法典》第70条第2款的规定，"法人的董事、理事等执行机构或者决策机构的成员为清算义务人"。而本条中规定"有限责任公司的清算组由股东组成，股份有限公司的清算组由董事或者股东大会确定的人员组成。"因此，清算义务人与清算组必然产生主体的竞合。

公司解散后即应进入清算阶段，需首先组成清算组。因组建清算组需要一定的时间，因此本条规定公司自解散之日起开始到此后的15日内应当成立清算组，开始清算。根据《公司法规定（二）》的规定，公司解散逾期不成立清算组进行清算的，虽然成立清算组但故意拖延清算的，违法清算可能严重损害债权人或者股东利益的情况下，债权人、公司股东、董事或其他利害关系人可以申请人民法院指定有关人员组成清算组。人民法院受理公司清算案件，应当及时指定有关人员组成清算组。清算组成员可以从下列人员或者机构中产生：公司股东、董事、监事、高级管理人员；依法设立的律师事务所、会计师事务所、破产清算事务所等社会中介机构；依法设立的律师事务所、会计师事务所、破产清算事务所等社会中介机构中具备相关专业知识并取得执业资格的人员。人民法院指定的清算组成员有下列情形之一的，人民法院可以根据债权人、公司股东的申请，或者依职权更换清算组成员：有违反法律或者行政法规的行为；丧失执业能力或者民事行为能力；有严重损害公司或者债权人利益的行为。

公司解散清算过程中，因责任主体不同而产生的民事责任并不相同。《公司法规定（二）》第18条、第19条及第20条分别规定了清算义务人承担民事责任的三种情况，分别为：（1）不作为的债权民事责任，即清算义务人未在法定期限内成立清算组开始清算，导致公司财产贬值、流失、毁损或者灭失，清算义务人应在造成损失范围内对公司债务承担赔偿责任。清算义务人因怠于履行义务，导致公司主要财产、账册、重要文件等灭失，无法进行清算，清算义务人应对公司债务承担连带清偿责任。（2）作为的债权民事责任，即清算义务人在公司解散后，恶意处置公司财产给债权人造成损失，或者未经依法清算，以虚假的清算报告骗取公司登记机关办理法人注销登记，清算义务人应对公司债务承担相应赔偿责任。（3）公司未经清算即办理注销登记，导致公司无法清算，清算义务人应对公司债务承担清偿责任。这里需要注意区分的是，虽然根据法律规定，清算是公司终止的前置程序，公司未经清算不得办理注销登记，然而在实务中却又实际存在着公司未经清算即办理注销登记的情形，其原因主要为两种情况：（1）公司解散后没有实际清算，但以虚假清算报告骗取公司登记机关办理法人注销登记；（2）公司解散后，对公承诺人，即向公司登记机关承诺对公司债务承担责任的股东、第三人等，向公司登记机关承诺清理公司债权债务而未对公司进行清算的情况下办理了公司注销登记的。在上述第二种情况下，债权人向对公承诺人追究民事责任，并不当然免除清算义务人应当清算而未清算的责任，因此债权人仍可以向清算义务人主张清偿责任。此外，还应当注意到的是，《公司法规定（二）》公布施行时，我国相关法律法规中并未明确"清算义务人"的概念，因此该解释中对上述责任主体的描述中包含"公司的实际控制人"。根据《公司法》第216条第3项的规定，"实际控制人，是指虽不是公司的股东，但通过投资关系、协议或者其他安排，能够实际支配公司行为的人"。由此可知，实际控制人并不必然是公司的出资人，这一规定与《民法典》第70条第2款关于清算义务人的规定相一致。

在清算过程中，清算组履行清算中公司对内管理和对外代表的职能，因此清算组成员应对公司负有忠实和勤勉义务，遵守法律法规及章程的规定从事清算活动。因此《公司法》第189条、《公司法规定（二）》第11条、第15条、第23条对清算组成员的民事责任作出了规定，明确了清算组成员在过错责任原则的基础上承担民事赔偿责任。

▶ 适用指引

适用本条规定时应注意以下几点内容。

第一，根据公司类型不同，清算组成员的产生并不相同。有限责任公司的清算组由股东组成；股份有限公司的清算组由董事或者股东大会确定的人员组成；在逾期不成立清算组的情况下，经由债权人申请，人民法院应指定有关人员组成清算组进行清算。

第二，清算组成立时间与登记备案时间。根据《市场主体登记管理条例》

第 32 条的规定,"市场主体注销登记前依法应当清算的,清算组应当自成立之日起 10 日内将清算组成员、清算组负责人名单通过国家企业信用信息公示系统公告"。

第三,强制清算申请主体的扩大解释。《公司法规定(二)》第 7 条中对申请人民法院指定清算组进行清算的主体进行了扩大解释,除本条规定的债权人外,还规定公司股东、董事或其他利害关系人有权申请人民法院指定清算组进行清算。其中,"利害关系人"的范围应包括公司主管机关、职工等其他可能参与公司财产分配的主体。

第四,法院指定强制清算的情形。《公司法规定(二)》第 7 条中对法院指定强制清算的情形作出了明确规定,分别为:(1)公司解散逾期不成立清算组进行清算的;(2)虽然成立清算组但故意拖延清算的;(3)违法清算可能严重损害债权人或者股东利益的。

第五,《保险法》《商业银行法》及行政法规有特别规定的,应根据特别法优于普通法的原则,优先适用特别规定。

▶ 典型案例

陈某申请上海上器集团新能源科技有限公司强制清算纠纷案

关键词: 少数股东 利益冲突 强制清算

裁判摘要: 少数股东能否以多数股东与公司清算事务之间存在利益冲突为由申请强制清算。根据相关生效裁判查明的事实,新能源公司的多数股东上器集团公司、母线桥架公司曾有滥用股东权利,严重损害新能源公司和其他股东合法权益的事实,并因此对新能源公司负有巨额的损害赔偿债务。本案所涉清算工作的主要内容就是认定和追收两公司对新能源公司所负的债务。在此前提下,如果由上器集团公司和母线桥架公司主导公司清算过程,将与清算事务发生直接和严重的利益冲突,难以确保清算过程客观中立,存在发生故意拖延或者违法清算,严重损害债权人或者其他股东利益的现实可能性。因此,少数股东陈某申请对公司进行强制清算,多数股东又不能提出足以确保依法及时清算的有效措施或者提供相应担保的,应当参照《公司法规定(二)》第 7 条第 2 款第 2 项、第 3 项和第 3 款的规定,对陈某提出的强制清算申请予以受理。

基本案情：新能源公司设立于2009年4月，股东上器集团公司为持股48%，陈某持股35%，母线桥架公司持股17%。自2010年起，新能源公司三股东之间发生严重的矛盾对立。2013年3月，陈某以上器集团公司、母线桥架公司共同损害新能源公司利益为由诉至法院，要求两股东赔偿相应损失。2018年5月，上海市第二中级人民法院作出（2017）沪02民终8899号民事判决，认定上器集团公司、母线桥架公司通过股东会决议损害了新能源公司的利益，判令上器集团公司、母线桥架公司赔偿新能源公司相应损失人民币4449万余元。该判决发生法律效力后，上器集团公司、母线桥架公司未履行相应义务，陈某申请对两公司进行强制执行，但两公司仍未按照执行通知书履行义务，也未按照法律规定申报财产。（2017）沪02民终8899号民事判决作出后，陈某和上器集团公司分别向检察机关申请抗诉。经检察机关抗诉，上海市高级人民法院于2019年3月6日作出（2019）沪民抗2号民事裁定，裁定提审（2017）沪02民终8899号案，再审期间，中止原判决的执行。2018年8月，陈某以新能源公司面临严重管理僵局，且无法通过自力救济途径加以打破为由，诉至法院要求解散新能源公司。2019年2月11日，上海市嘉定区人民法院作出（2018）沪0114民初13972号民事判决，判决解散新能源公司。该判决书已发生法律效力。2019年5月5日，新能源公司召开临时股东会并决议成立清算组，清算组成员由三方股东各指派一人组成。陈某收到相关会议通知但未参加临时股东会。之后，陈某以新能源公司解散后无法成立清算组且股东间缺乏基本信任，不能进行自行清算等为由，向上海市第三中级人民法院申请对新能源公司进行强制清算。期间，新能源公司及上器集团公司、母线桥架公司均表示，新能源公司已在判决解散后的法定期限内成立了清算组，因（2019）沪民再4号案尚在审理过程中，故清算工作无法开展，待该案裁判结果确定后即可推进清算工作。本案二审审理期间，上海市高级人民法院对（2019）沪民再4号案作出再审判决，判决维持（2017）沪02民终8899号民事判决。该判决生效后，上器集团公司、母线桥架公司仍拒绝履行相应义务。经法院释明，新能源公司清算组仍未通知和公告债权人申报债权，未全面清理公司债权债务；多数股东上器集团公司、母线桥架公司表示不能提出足以确保依法及时清算的有效措施，或者提供相应担保。

【案　　号】（2019）沪清终1号
【审理法院】上海高级人民法院

【来　　源】上海市高级人民法院2020年第四批参考性案例

类案检索

汪某、任某某等与铜陵永安商贸有限责任公司申请公司清算纠纷案

关键词： 吊销营业执照　解散事由　清算组

裁判摘要： 永安商贸公司于2013年11月15日被铜陵市工商行政管理局吊销营业执照，出现了《公司法》第180条规定的解散事由。依据《公司法》第183条的规定，永安商贸公司应当在解散事由出现之日起15日内成立清算组，开始清算。但永安商贸公司未在法律规定的时间内成立清算组进行清算，且无法自行成立清算组进行清算。依据相关司法解释规定，永安商贸公司的股东在公司解散事由出现后，公司逾期不成立清算组进行清算的情形下，有权申请人民法院指定清算组对公司进行清算。

【案　　号】（2015）皖破终字第00003号

【审理法院】安徽省高级人民法院

《公司法》｜第十章　公司解散和清算｜第一百八十四条

第一百八十四条　清算组在清算期间行使下列职权：

（一）清理公司财产，分别编制资产负债表和财产清单；

（二）通知、公告债权人；

（三）处理与清算有关的公司未了结的业务；

（四）清缴所欠税款以及清算过程中产生的税款；

（五）清理债权、债务；

（六）处理公司清偿债务后的剩余财产；

（七）代表公司参与民事诉讼活动。

▶ **关联规定**

法律、行政法规、司法解释

1.《中华人民共和国民法典》

第七十一条　法人的清算程序和清算组职权，依照有关法律的规定；没有规定的，参照适用公司法律的有关规定。

第七十二条第一款　清算期间法人存续，但是不得从事与清算无关的活动。

2.《最高人民法院关于适用〈中华人民共和国公司法〉若干问题的规定（二）》

第十条　公司依法清算结束并办理注销登记前，有关公司的民事诉讼，应当以公司的名义进行。

公司成立清算组的，由清算组负责人代表公司参加诉讼；尚未成立清算组的，由原法定代表人代表公司参加诉讼。

第十一条　公司清算时，清算组应当按照公司法第一百八十五条的规定，将公司解散清算事宜书面通知全体已知债权人，并根据公司规模和营业地域范围在全国或者公司注册登记地省级有影响的报纸上进行公告。

清算组未按照前款规定履行通知和公告义务，导致债权人未及时申报债权而未获清偿，债权人主张清算组成员对因此造成的损失承担赔偿责任的，人民法院应依法予以支持。

第十五条 公司自行清算的，清算方案应当报股东会或者股东大会决议确认；人民法院组织清算的，清算方案应当报人民法院确认。未经确认的清算方案，清算组不得执行。

执行未经确认的清算方案给公司或者债权人造成损失，公司、股东、董事、公司其他利害关系人或者债权人主张清算组成员承担赔偿责任的，人民法院应依法予以支持。

第十七条 人民法院指定的清算组在清理公司财产、编制资产负债表和财产清单时，发现公司财产不足清偿债务的，可以与债权人协商制作有关债务清偿方案。

债务清偿方案经全体债权人确认且不损害其他利害关系人利益的，人民法院可依清算组的申请裁定予以认可。清算组依据该清偿方案清偿债务后，应当向人民法院申请裁定终结清算程序。

债权人对债务清偿方案不予确认或者人民法院不予认可的，清算组应当依法向人民法院申请宣告破产。

3.《中华人民共和国外资保险公司管理条例》

第二十七条 外资保险公司违反法律、行政法规，被国务院保险监督管理机构吊销经营保险业务许可证的，依法撤销，由国务院保险监督管理机构依法及时组织成立清算组进行清算。

▶ 条文释义

一、本条主旨

本条是关于清算组职权的规定。

二、条文演变

我国1993年《公司法》第193条即已规定："清算组在清算期间行使下列职权：（一）清理公司财产，分别编制资产负债表和财产清单；（二）通知或者公告债权人；（三）处理与清算有关的公司未了结的业务；（四）清缴所欠税款;(五)清理债权、债务;(六)处理公司清偿债务后和剩余财产;(七)代表公司参与民事诉讼活动。"2005年10月27日修订《公司法》时仅对此条文进行了部分修改,即修改原条文"(四)清缴所欠税款"为"(四)清缴所欠税款以及清算过程中产生的税款",明确将清算过程中产生的税款纳入需要清缴的范围,使本条规定更加全面、明确。此后历次修改中内容未发生实质性变更。

三、条文解读

清算组是在公司清算期间负责清算事务执行的法定组织。由于公司在宣布解散之后,公司的业务执行机关,即失去了业务执行的权力,公司的后继事务由清算组接管。因此,在清算期间,清算组是公司业务的执行机构,全面负责公司相关业务的处理,必须赋予清算组必要的职权。

(一)清理公司财产,分别编制资产负债表和财产清单

清算组织有义务全面清理公司的全部财产,包括固定资产、流动资产、有形资产、无形资产、债权债务等现有的自有资产,并列出财产清单,同时编制公司的资产负债表,明晰公司的负债情况。

(二)通知、公告债权人

清算组接管公司后,应在法定期限内直接通知已知的债权人,通过法定的媒体发布公告通知未知的债权人,以便债权人在法定期限内向申报债权。

(三)处理与清算有关的公司未了结的业务

主要包括决定公司解散前已经订立,目前尚在履行中的合同继续履行或者终止履行。但应注意清算组无权进行与清算无关的新的业务活动。清算组在处理此项业务时应当坚持三项原则:第一,作出的处理决定必须合法;第二,有利于保护公司和债权人的合法权益;第三,有利于尽快了结公司未了结的业务。

(四)清缴所欠税款以及清算过程中产生的税款

清算组在清算过程中应当对公司的纳税事宜进行清查,对公司欠缴税款或

者在清算过程中产生的税款，清算组有责任报请税务机关逐项查实，并以清算公司的清算财产缴纳。

（五）清理债权、债务

清算组应清理公司解散清算前及为清算的目的产生的各项债权、债务关系，决定互负债务情况下的相互冲抵，订立保理合同有偿转让债权，但不能放弃或无偿转让债权。

（六）处理公司清偿债务后的剩余财产

公司在支付清算费用，职工工资、劳动保险费用、法定补偿金，清缴税款，清偿所欠债务后公司剩余的财产属于股东权益，有限责任公司应按照股东的出资比例分配，股份有限公司应按照股东持有的股份比例分配。

（七）代表公司参与民事诉讼活动

公司清算成立后，由清算组负责人代表公司参加诉讼，有关公司的民事诉讼，应当以公司的名义进行。公司已解散但尚未成立清算组的，由原法定代表人代表公司参加诉讼。

▶ 适用指引

适用本条规定时应注意：

第一，依据《公司法规定（二）》，公司解散时，股东尚未缴纳的出资均应作为清算财产。股东尚未缴纳的出资，包括到期应缴未缴的出资，以及依照《公司法》第 26 条和第 80 条的规定分期缴纳尚未届满缴纳期限的出资。公司财产不足以清偿债务时，债权人主张未缴出资股东，以及公司设立时的其他股东或者发起人在未缴出资范围内对公司债务承担连带清偿责任的，人民法院应依法予以支持。

第二，清算组如在清算过程中发现公司财产不足以清偿债务，应及时向法院申请宣告破产。公司经人民法院裁定宣告破产后，清算组应当将清算事务移交给人民法院，公司进入破产清算程序。

第三，根据特别法优于普通法的原则，对于《保险法》《商业银行法》等法律及行政法规有特别规定的，应优先适用特别规定。如《外资保险公司管理条例》第 27 条规定："外资保险公司违反法律、行政法规，被国务院保险监督管理机构吊销经营保险业务许可证的，依法撤销，由国务院保险监督管理机构依法及时组织成立清算组进行清算。"

类案检索

王某某与上海金鸿建筑工程有限公司公司决议撤销纠纷案

关键词： 清算组　清算财产　清算组决议

裁判摘要：《公司法》第 184 条规定，清算组在行使职权中具备清理公司财产职责。原审据此认定清算组将 A 用于出资的集体土地使用权未纳入公司清算财产进行评估的行为是否为扩大解释。对此，法院认为，就清理公司财产而言，清算组在行使清理公司财产职责时，不但要对已纳入清算财产范围内财产进行查询、登记，还应包括对不应纳入被清算财产范围内的财产进行清理、甄别。本案系争集体土地使用权是否应再纳入公司的清算财产，根据原审法院作出的《关于未注明使用期限的集体土地使用权应否纳入企业清算财产的答复》相关规定，明确 A 投入的集体土地使用权不应再纳入公司的清算财产。在可明确集体土地使用权不应纳入被清算财产范围的情况下，对清算组而言，其作出清算组决议是其职责，不能因案涉集体土地使用权之前曾作价或进行过登记而一定要纳入清算财产。

【案　　号】（2014）沪一中民四（商）终字第 1883 号

【审理法院】上海市第一中级人民法院

> **第一百八十五条** 清算组应当自成立之日起十日内通知债权人,并于六十日内在报纸上公告。债权人应当自接到通知书之日起三十日内,未接到通知书的自公告之日起四十五日内,向清算组申报其债权。
>
> 债权人申报债权,应当说明债权的有关事项,并提供证明材料。清算组应当对债权进行登记。
>
> 在申报债权期间,清算组不得对债权人进行清偿。

▶ 关联规定

法律、行政法规、司法解释

1.《金融机构撤销条例》

第十四条 清算组应当自成立之日起 10 日内,书面通知债权人申报债权,并于 60 日内在报纸上至少公告 3 次。

债权人应当自接到通知书之日起 30 日内,未接到通知书的债权人应当自第一次公告之日起 90 日内,向清算组申报债权。

清算组可以决定小额储蓄存款人可以不申报债权,由清算组根据被撤销的金融机构会计账册和有关凭证,对储蓄存款予以确认和登记。

第十五条 债权人申报债权,应当说明债权性质、数额和发生时间,并提供有关证明材料。清算组应当审查申报债权的证明材料,确认债权有无财产担保及数额,对有财产担保的债权和无财产担保的债权分别登记。

第十六条 债权人未在规定期限内申报债权的,按照下列规定处理:

(一)已知债权人的债权,应当列入清算范围;

(二)未知债权人的债权,在被撤销的金融机构的清算财产分配结束前,可以请求清偿;被撤销的金融机构的清算财产已经分配结束的,不再予以清偿。

2.《最高人民法院关于适用〈中华人民共和国公司法〉若干问题的规定（二）》

第十一条　公司清算时，清算组应当按照公司法第一百八十五条的规定，将公司解散清算事宜书面通知全体已知债权人，并根据公司规模和营业地域范围在全国或者公司注册登记地省级有影响的报纸上进行公告。

清算组未按照前款规定履行通知和公告义务，导致债权人未及时申报债权而未获清偿，债权人主张清算组成员对因此造成的损失承担赔偿责任的，人民法院应依法予以支持。

第十二条　公司清算时，债权人对清算组核定的债权有异议的，可以要求清算组重新核定。清算组不予重新核定，或者债权人对重新核定的债权仍有异议，债权人以公司为被告向人民法院提起诉讼请求确认的，人民法院应予受理。

第十三条　债权人在规定的期限内未申报债权，在公司清算程序终结前补充申报的，清算组应予登记。

公司清算程序终结，是指清算报告经股东会、股东大会或者人民法院确认完毕。

第十四条　债权人补充申报的债权，可以在公司尚未分配财产中依法清偿。公司尚未分配财产不能全额清偿，债权人主张股东以其在剩余财产分配中已经取得的财产予以清偿的，人民法院应予支持；但债权人因重大过错未在规定期限内申报债权的除外。

债权人或者清算组，以公司尚未分配财产和股东在剩余财产分配中已经取得的财产，不能全额清偿补充申报的债权为由，向人民法院提出破产清算申请的，人民法院不予受理。

▶ 条文释义

一、本条主旨

本条是关于清算期间债权申报的规定。

二、条文演变

1993年《公司法》和1999年《公司法》、2004年《公司法》第194条均规定:"清算组应当自成立之日起十日内通知债权人,并于六十日内在报纸上至少公告三次。债权人应当自接到通知书之日起三十日内,未接到通知书的自第一次公告之日起九十日内,向清算组申报其债权。债权人申报其债权,应当说明债权的有关事项,并提供证明材料。清算组应当对债权进行登记。"

2005年《公司法》第186条规定:"清算组应当自成立之日起十日内通知债权人,并于六十日内在报纸上公告。债权人应当自接到通知书之日起三十日内,未接到通知书的自公告之日起四十五日内,向清算组申报其债权。债权人申报债权,应当说明债权的有关事项,并提供证明材料。清算组应当对债权进行登记。在申报债权期间,清算组不得对债权人进行清偿。"一是将原本需"至少公告三次"的规定调整为"公告"即可,将未收到通知书债权人的申报债权时间从"自第一次公告之日起九十日内"调整为"自公告之日起四十五日内";二是增加"在申报债权期间,清算组不得对债权人进行清偿"的规定作为第3款;三是对法条序号作出了变更。

2013年修正和2018年修正的《公司法》对本条规定内容不变,法条序号变更为了第185条。

三、条文解读

本条第1款规定了清算组通知、公告债权人和债权人申报债权的时间要求;第2款规定了债权人申报债权需说明有关事项、提供证明材料;第3款规定了申报债权期间清算组不得对债权人进行清偿。

完善的公司解散清算法律程序规范是公司终止过程中债权人利益保护的前提。从公司进入解散状态开始,公司债权人将在与控股股东、清算组等多个利益主体的博弈过程中保护自己的财产利益。

首先,规定清算组的职权。《公司法》第184条规定的清算组的职权是对债权人权益的程序性保障,其内容包括:(1)清理公司财产,分别编制资产负债表和财产清单,确定债务人的责任财产,防止偿债资产流失;(2)通知、公告债权人,使债权人获悉公司的真实情况,即时申报债权;(3)清理债权、债务,建立债权债务的对应关系,为清偿做准备;(4)代表公司参与民事诉讼,使债务人在清算期间不丧失诉讼利益,保护债权人的受偿标的。

关于清算组通知、公告债权人的职责,《公司法规定(二)》第11条进行了细化:(1)通知、公告的具体要求。公司清算时,清算组应将公司解散清算事宜书面通知全体已知债权人,并根据公司规模和营业地域范围在全国或者公司注册登记地省级有影响的报纸上进行公告。(2)清算组未据此履行通知、公告义务的后果。清算组未按前述规定履行通知、公告义务,导致债权人未及时申报债权而未获清偿,债权人主张清算组成员对因此造成的损失承担赔偿责任的,人民法院应依法予以支持。

其次,规定清算组的行为规范,明确清算组的禁止行为。解散清算与破产清算程序相比,债权人缺乏表达利益诉求的机构,即债权人会议,因而,对债权人的保护只能体现在对清算组的行为规制方面。针对此问题,《公司法》不但从正面规定了清算组的职权,还从反面规定了清算程序中清算组的禁止行为:(1)在申报债权期间,清算组不得对债权人进行清偿,保障了同顺位债权人的公平受偿机会。(2)清算期间,公司存续,但不得开展与清算无关的经营活动,保障了公司责任财产的安全;(3)公司财产在未依照前款规定清偿前,不得分配给股东,保障了债权人利益对股东利益的优先地位;(4)清算组成员不得利用职权收受贿赂或者获取其他非法收入,不得侵占公司财产,防止了清算组成员对公司财产的侵吞。

再次,强化外部监督,增加股东会、股东大会和人民法院对清算组的制约。《公司法》第186条规定,清算组在清理公司财产、编制资产负债表和财产清单后,应当制定清算方案,并报股东会、股东大会或者人民法院确认。这在一定程度上加强了法院对清算方案和清算分配的司法干预,为债权人的权益保护增加了一层防护网。

最后,规定法律责任,督促义务人履行保护债权人权利的义务。《公司法》主要通过规定民事赔偿责任和行政处罚责任的方式督促义务人履行保护债权人权利的义务。《公司法》第189条规定了清算组成员因故意或者重大过失给公司或者债权人造成损失时应当承担的赔偿责任。同时,第205条、206条规定了公司和清算组相应的行政责任。

▶ 适用指引

一、逾期未申报债权的债权人享有补充申报的权利

我国《企业破产法》第 56 条规定："在人民法院确定的债权申报期限内，债权人未申报债权的，可以在破产财产最后分配前补充申报；但是，此前已进行的分配，不再对其补充分配。为审查和确认补充申报债权的费用，由补充申报人承担。"上述规定改变了 1991 年《民事诉讼法》第 200 条规定的"逾期未申报债权的，视为放弃债权"的立法模式，明确了债权人补充申报的权利。这有利于对债权人的充分保护。《公司法规定（二）》在公司清算中参考《企业破产法》的规定，确立了补充申报制度，即对已经超过申报期限的债权，允许其在公司清算程序终结前进行补充申报并获清偿。

享有补充申报权的债权人范围是全体债权人，既包括有过错的债权人又包括无过错的债权人，既包括已知债权人又包括未知债权人。因为《企业破产法》第 56 条并未区分已知债权和未知债权而规定不同的法律后果，公司法中区分已知债权人与未知债权人的意义仅限于申报期限的不同，未涉及申报效力的差异。

二、补充申报必须在法定期限内提出

补充申报是对债权人权利的优先保护，但权利的行使都是有界限的，在补充申报中这一界限体现在两个方面：在程序方面，补充申报必须在法定期限内提出；在实体方面，补充申报的受偿范围受到一定的限制。

《企业破产法》第 56 条规定的补充申报期限为"破产财产最后分配前"，与此不同，解散清算中债权人补充申报的法定期限是"公司清算程序终结前"。公司清算程序终结是指清算报告经股东会、股东大会或者人民法院确认完毕。清算报告的确认机关因自行清算或者强制清算而不同：在自行清算程序中为股东会或者股东大会，在强制清算程序中则为人民法院。这里的"公司清算程序终结"与《公司法》第 188 条的"公司清算结束"不同。"公司清算结束"仅指清算事务的结束，在破产清算中，其含义等同于"破产财产最后分配"的完结；而"公司清算程序终结"是指清算事务结束后，权力机关依法确认了清算组制作的清算报告。公司清算程序终结后，未申报债权的债权人丧失其补充申

报的权利和机会，但这并不意味着其权利无法得到救济，如其未及时申报债权系因清算组未依法通知或者公告造成的，其可以在程序终结后，根据《公司法》第189条和《公司法规定（二）》第11条的规定向清算组成员追究相应的赔偿责任。

▶ 类案检索

董某、易某某损害公司债权人利益责任纠纷案

关键词：公司解散清算　通知公告　申报债权

裁判摘要：依照《公司法规定（二）》第11条的规定，公司清算时，清算组应当按照《公司法》第185条的规定，将公司解散清算事宜书面通知全体已知债权人，并根据公司规模和营业地域范围在全国或者公司注册登记地省级有影响的报纸上进行公告。清算组未按照前款规定履行通知和公告义务，导致债权人未及时申报债权而未获清偿，债权人主张清算组成员对因此造成的损失承担赔偿责任的，人民法院应依法予以支持。

【案　　号】（2021）冀民再52号

【审理法院】河北省高级人民法院

第一百八十六条 清算组在清理公司财产、编制资产负债表和财产清单后，应当制定清算方案，并报股东会、股东大会或者人民法院确认。

公司财产在分别支付清算费用、职工的工资、社会保险费用和法定补偿金，缴纳所欠税款，清偿公司债务后的剩余财产，有限责任公司按照股东的出资比例分配，股份有限公司按照股东持有的股份比例分配。

清算期间，公司存续，但不得开展与清算无关的经营活动。公司财产在未依照前款规定清偿前，不得分配给股东。

关联规定

法律、行政法规、司法解释

1.《中华人民共和国民法典》

第七十一条 法人的清算程序和清算组职权，依照有关法律的规定；没有规定的，参照适用公司法律的有关规定。

第七十二条 清算期间法人存续，但是不得从事与清算无关的活动。

法人清算后的剩余财产，按照法人章程的规定或者法人权力机构的决议处理。法律另有规定的，依照其规定。

清算结束并完成法人注销登记时，法人终止；依法不需要办理法人登记的，清算结束时，法人终止。

2.《最高人民法院关于适用〈中华人民共和国公司法〉若干问题的规定（二）》

第十条 公司依法清算结束并办理注销登记前，有关公司的民事诉讼，应当以公司的名义进行。

公司成立清算组的，由清算组负责人代表公司参加诉讼；尚未成立清算组的，由原法定代表人代表公司参加诉讼。

第十五条　公司自行清算的,清算方案应当报股东会或者股东大会决议确认;人民法院组织清算的,清算方案应当报人民法院确认。未经确认的清算方案,清算组不得执行。

执行未经确认的清算方案给公司或者债权人造成损失,公司、股东、董事、公司其他利害关系人或者债权人主张清算组成员承担赔偿责任的,人民法院应依法予以支持。

第十六条　人民法院组织清算的,清算组应当自成立之日起六个月内清算完毕。

因特殊情况无法在六个月内完成清算的,清算组应当向人民法院申请延长。

第十九条　有限责任公司的股东、股份有限公司的董事和控股股东,以及公司的实际控制人在公司解散后,恶意处置公司财产给债权人造成损失,或者未经依法清算,以虚假的清算报告骗取公司登记机关办理法人注销登记,债权人主张其对公司债务承担相应赔偿责任的,人民法院应依法予以支持。

第二十条　公司解散应当在依法清算完毕后,申请办理注销登记。公司未经清算即办理注销登记,导致公司无法进行清算,债权人主张有限责任公司的股东、股份有限公司的董事和控股股东,以及公司的实际控制人对公司债务承担清偿责任的,人民法院应依法予以支持。

公司未经依法清算即办理注销登记,股东或者第三人在公司登记机关办理注销登记时承诺对公司债务承担责任,债权人主张其对公司债务承担相应民事责任的,人民法院应依法予以支持。

第二十三条　清算组成员从事清算事务时,违反法律、行政法规或者公司章程给公司或者债权人造成损失,公司或者债权人主张其承担赔偿责任的,人民法院应依法予以支持。

有限责任公司的股东、股份有限公司连续一百八十日以上单独或者合计持有公司百分之一以上股份的股东,依据公司法第一百五十一条第三款的规定,以清算组成员有前款所述行为为由向人民法院提起诉讼的,人民法院应予受理。

公司已经清算完毕注销,上述股东参照公司法第一百五十一条第三款的规定,直接以清算组成员为被告、其他股东为第三人向人民法院提起诉讼的,人民法院应予受理。

▶ 条文释义

一、本条主旨

本条是关于清算方案的制定与公司财产的处分的规定。

二、条文演变

1993年颁布实施的《公司法》和1999年修正的《公司法》、2004年修正的《公司法》第195条均规定:"清算组在清理公司财产、编制资产负债表和财产清单后,应当制定清算方案,并报股东会或者有关主管机关确认。公司财产能够清偿公司债务的,分别支付清算费用、职工工资和劳动保险费用,缴纳所欠税款,清偿公司债务。公司财产按前款规定清偿后的剩余财产,有限责任公司按照股东的出资比例分配,股份有限公司按照股东持有的股份比例分配。清算期间,公司不得开展新的经营活动。公司财产在未按第二款的规定清偿前,不得分配给股东。"

2005年修订的《公司法》第187条规定:"清算组在清理公司财产、编制资产负债表和财产清单后,应当制定清算方案,并报股东会、股东大会或者人民法院确认。公司财产在分别支付清算费用、职工的工资、社会保险费用和法定补偿金,缴纳所欠税款,清偿公司债务后的剩余财产,有限责任公司按照股东的出资比例分配,股份有限公司按照股东持有的股份比例分配。清算期间,公司存续,但不得开展与清算无关的经营活动。公司财产在未依照前款规定清偿前,不得分配给股东。"一是将有权确认清算方案的主体调整为"股东会、股东大会或者人民法院";二是将原第2~4款的规定从文字表述等立法技术上加以完善,合并为两款;三是对法条序号作出了变更。

2013年修正和2018年修正的《公司法》该条规定内容不变,法条序号变更为了第186条。

三、条文解读

本条第1款规定了清算方案的制定;第2款规定了公司财产的清偿、分配顺序等处分原则;第3款规定了清算期间公司不得开展与清算无关的经营活动,即其行为能力受限。

本条明确规定，清算期间，公司存续。既然清算期间公司的主体资格仍然存在，那么涉及该清算中公司的民事诉讼也应当以公司作为诉讼主体。《公司法规定（二）》第10条进一步明确规定，公司依法清算结束并办理注销登记前，有关公司的民事诉讼，应当以公司的名义进行。清算期间，公司存续，但不得开展与清算无关的经营活动。清算中公司的法人资格仍然存在，公司股东会和监事会作为公司的组织机构也仍然存在（尽管其职权此时可能已经大大缩减），只是作为公司决策机构和对外代表的董事会以及作为公司执行机构的经理等不再履行其职责，而由依法成立的清算组接管董事会的全部权力，取代原公司执行机关，行使清算中公司的代表及执行机关的职能。清算组在清算目的范围内对内执行清算事务，对外代表公司了结债权债务，与解散事由出现前公司的机关具有类似的法律地位。只不过清算组的任务是清理公司的债权债务，而解散前公司机关的任务是管理公司事务从事经营活动而已。二者虽然在行为内容上有所不同，但是其身份是类似的。

《公司法规定（二）》第10条进一步明确有关清算中公司的民事诉讼，成立清算组的，应当由清算组代表参加诉讼活动。清算组本身作为一个组织机构，在我国现行法律框架下，可能由一人构成也可能由多人组成，而且在大多数情况下是由多人组成的。当清算组只有一人时，该人即自然代表清算组、代表公司而为相应的行为。当清算组由多人组成时，应当由清算组负责人代表公司参加诉讼活动。理论上而言，清算事务应当由全体清算组成员共同决定，由清算组负责人代表执行。对于在实践中公司解散之后清算完毕前尚未成立清算组的，仍由原法定代表人代表公司参加公司诉讼活动。原法定代表人代表清算中的公司参加诉讼是为解决司法实践中的实务问题而进行的一种变通规定。当然，这并不表明在公司清算过程中，公司可以以原法定代表人仍能够代表公司为由而拒绝成立清算组。

本条规定，清算组必须在清理了公司的财产、编制了公司的资产负债表和财产清单后，制定公司的清算方案，并报股东会、股东大会或者人民法院确认。有观点据此认为，股东会或股东大会的确认是人民法院确认的前置程序，即清算方案应当先由股东（大）会进行确认，只有在股东（大）会不能或拒绝确认的前提下，法院才予以确认；也有观点认为所有的清算方案最终都需要经过人民法院确认。

根据《公司法规定（二）》第15条之规定，在公司自行清算的情况下，有限责任公司应当报股东会确认，股份有限公司应当报股东大会确认，这是因为股东会或者股东大会是公司最高权力机关，也是公司最高意思决定机关，由此机关进行确认一方面体现了公司自治性，另一方面较之公司外部人员，股东对自己公司的财产状况最为清楚，对公司资产、负债及财产分配应当最具有话语权；在人民法院组织清算即人民法院指定清算组进行公司强制清算的情况下，清算组应当将清算方案报人民法院确认。即将股东会或者股东大会与人民法院作为清算方案的确认主体，并不是指同一种类的清算中有先后两个确认主体，而是指针对不同的清算原因和清算情况应当适用不同的确认主体。

▶ 适用指引

清算方案已报经股东（大）会或人民法院确认，执行过程中仍给公司或债权人造成了损失，公司股东或者债权人有无救济途径？实践中，由于清算方案涉及了公司清算过程中公司现有财产的处分和实体权利的安排，清算组在制定方案时参照了大量数据资料，股东（大）会和人民法院作为清算方案的确认机关不可能对每一项证据及数据资料的真实性、合法性进行全面细致的审查，因此其所行使的是形式审查的权力，清算方案在执行之前报有关机关确认，仅是清算方案得以生效的形式要件，而清算组就清算方案作出决议才是清算方案有效的实质要件。

依据《公司法规定（二）》第23条的规定，清算组成员从事清算事务时，违反法律、行政法规或者公司章程给公司或者债权人造成损失，公司或者债权人主张其承担赔偿责任的，人民法院应依法予以支持。可见，如果清算组成员因重大过失或者故意造成清算方案存在瑕疵，导致有瑕疵的方案在执行过程中给公司或者债权人带来了损失，即使该方案已经经过有关机关的确认，公司、股东、公司其他利害关系人或者债权人仍可以通过诉讼来实现自身权利的救济，清算组成员应当承担赔偿责任。此时，提起诉讼所针对的责任主体并不是股东（大）会或者人民法院等确认机关，而是清算组成员这些清算方案的制定者。

第一百八十七条 清算组在清理公司财产、编制资产负债表和财产清单后，发现公司财产不足清偿债务的，应当依法向人民法院申请宣告破产。

公司经人民法院裁定宣告破产后，清算组应当将清算事务移交给人民法院。

▶ 关联规定

法律、行政法规、司法解释

1.《中华人民共和国企业破产法》

第二条 企业法人不能清偿到期债务，并且资产不足以清偿全部债务或者明显缺乏清偿能力的，依照本法规定清理债务。

企业法人有前款规定情形，或者有明显丧失清偿能力可能的，可以依照本法规定进行重整。

第七条 债务人有本法第二条规定的情形，可以向人民法院提出重整、和解或者破产清算申请。

债务人不能清偿到期债务，债权人可以向人民法院提出对债务人进行重整或者破产清算的申请。

企业法人已解散但未清算或者未清算完毕，资产不足以清偿债务的，依法负有清算责任的人应当向人民法院申请破产清算。

第八条 向人民法院提出破产申请，应当提交破产申请书和有关证据。

破产申请书应当载明下列事项：

（一）申请人、被申请人的基本情况；

（二）申请目的；

（三）申请的事实和理由；

（四）人民法院认为应当载明的其他事项。

债务人提出申请的，还应当向人民法院提交财产状况说明、债务清册、债权清册、有关财务会计报告、职工安置预案以及职工工资的支付和社会保险费用的缴纳情况。

2.《最高人民法院关于适用〈中华人民共和国公司法〉若干问题的规定（二）》

第十七条 人民法院指定的清算组在清理公司财产、编制资产负债表和财产清单时，发现公司财产不足清偿债务的，可以与债权人协商制作有关债务清偿方案。

债务清偿方案经全体债权人确认且不损害其他利害关系人利益的，人民法院可依清算组的申请裁定予以认可。清算组依据该清偿方案清偿债务后，应当向人民法院申请裁定终结清算程序。

债权人对债务清偿方案不予确认或者人民法院不予认可的，清算组应当依法向人民法院申请宣告破产。

▶ 条文释义

一、本条主旨

本条是关于公司解散清算程序与破产清算程序衔接的规定。

二、条文演变

1993 年颁布实施的《公司法》和 1999 年修正的《公司法》、2004 年修正的《公司法》第 196 条均规定："因公司解散而清算，清算组在清理公司财产、编制资产负债表和财产清单后，发现公司财产不足清偿债务的，应当立即向人民法院申请宣告破产。公司经人民法院裁定宣告破产后，清算组应当将清算事务移交给人民法院。"

2005 年《公司法》第 188 条规定："清算组在清理公司财产、编制资产负债表和财产清单后，发现公司财产不足清偿债务的，应当依法向人民法院申请宣告破产。公司经人民法院裁定宣告破产后，清算组应当将清算事务移交给人民法院。"2013 年修正和 2018 年修正的《公司法》该条规定内容不变，法条序号变更为了第 187 条。

三、条文解读

本条第1款规定了清算组发现公司资不抵债应依法向人民法院提出破产申请；第2款规定了宣告公司破产后清算事务移交人民法院。

清算组向人民法院提出破产申请的前提是，清算组在清理公司财产、编制资产负债表和财产清单时，发现公司财产不足清偿债务。此处公司财产既包括固定资产，也包括流动资产；既包括有形财产，也包括知识产权等无形资产。法律为公司清算设置了严格的清算程序。在成立清算组，通知、公告债权人并进行债权登记后，清算组要全面清理公司的全部财产，还需要编制资产负债表和财产清单。

公司经人民法院裁定宣告破产后，清算组应当将清算事务移交给人民法院，由人民法院按照《企业破产法》的有关规定指定破产管理人进行破产清算。转入破产清算程序后，应遵循《民事诉讼法》和《企业破产法》的有关规定。

《公司法规定（二）》第17条在此基础上，又作出了公司强制清算中资不抵债时的债务清偿协定的相关规定，由债权人协商制作清偿方案，提高公司清算的效率，严格而不失快捷地使已经出现解散事由的公司退出市场。依据该条规定，清算组在清理公司财产、编制资产负债表和财产清单时，发现公司财产不足以清偿债务后，根据协定机制能否顺利运行可以区分为两种情形：其一，顺利地通过协定机制解决了债务清偿，并经清算组申请由人民法院裁定终结清算程序；其二，由于债务清偿方案未获债权人确认或不被人民法院裁定认可，而导致公司依申请进入破产清算程序。

（一）破产清算与非破产清算

依据清算的原因是否基于公司被宣告破产，可以将公司清算分为破产清算和非破产清算。破产清算，是指公司被宣告破产时，依破产程序进行的清算。具体指公司不能清偿到期债务而被依法宣告破产，由管理人对公司资产进行清理，将破产财产公平地分配给债权人，并最终消灭公司法人资格的一系列程序和制度，破产清算始终在法院的严格监督下进行。公司被依法宣告破产的，需依照有关企业破产的法律实施破产清算，即公司破产清算的具体规范不属于公司法调整的内容，人民法院处理公司破产案件应当依照我国《企业破产法》的有关规定实施破产清算。非破产清算,是指非因破产原因而在破产程序之外进行的清算。此种清算的财产除用来清偿公司的全部债务外,还极有可能将剩余财产分配给股东。依据本条规定,非破产清算可以转化为破产清算。

可见,破产清算和非破产清算不仅发生清算的原因不同,其适用的法律也不同,相应的决定清算组成员的机关也有所不同。破产清算组的组成人员必须由人民法院决定,而非破产清算组的成员则不同,如我国《公司法》第183条规定:"公司因本法第一百八十条第(一)项、第(二)项、第(四)项、第(五)项规定而解散的,应当在解散事由出现之日起十五日内成立清算组,开始清算。有限责任公司的清算组由股东组成,股份有限公司的清算组由董事或者股东大会确定的人员组成。逾期不成立清算组进行清算的,债权人可以申请人民法院指定有关人员组成清算组进行清算。人民法院应当受理该申请,并及时组织清算组进行清算。"可见,我国非破产清算的清算组成员的选定以公司自治为原则,以法院决定为补充。

(二)解散清算向破产清算的转换

解散清算中的公司经人民法院裁定,宣告进入破产还债程序后,清算事务应当移交人民法院,此时,清算组已经完成其职责,应当解散,不得再以公司清算组的名义进行活动,而应当由有管辖权的人民法院接管并依照我国《企业破产法》有关规定指定管理人进行清算。

依据本条规定,解散清算以公司能够清偿其债务为前提,当清算组在清查公司财产、考察业务状况、编制资产负债表和财产清单后,发现公司财产不足以清偿债务的,应当依法向法院申请宣告破产。将清算中资不抵债的公司及时转入破产程序,有利于依靠国家强制力尽快解决公司的各种权利义务关系,使公司的债权人能够就公司的全部资产按照法律规定的顺序和比例得到及时清偿,使公司的股东获得重新发展的机会。因此,清算组在制定资产负债表和财产清单时,就应当确认公司财产是否足以清偿债务。在公司财产不足以清偿债务的情况下,清算组就不必向股东会、股东大会或者人民法院提交清算方案,而应当依法向法院申请宣告破产。

《公司法规定(二)》第17条第1款、第2款规定:"人民法院指定的清算组在清理公司财产、编制资产负债表和财产清单时,发现公司财产不足清偿债务的,可以与债权人协商制作有关债务清偿方案。债务清偿方案经全体债权人确认且不损害其他利害关系人利益的，人民法院可依清算组的申请裁定予以认可。清算组依据该清偿方案清偿债务后，应当向人民法院申请裁定终结清算程序。"在意思自治和公平原则的引导下，要么协定完成终结，要么再根据《公司法规定（二）》第17条第3款的规定转入破产终结，更好地保护债权人的利益，提高了经济效益。

《公司法规定（二）》第17条规定在强制清算中有协定完成终结的方式，正是通过债权人协定的方式解决清算中公司的原有债权债务关系，从而消灭公司的法人人格，但该司法解释规定得十分慎重，在债权人确认债务清偿方案时要求全体一致通过。同时，依该条司法解释的规定，如果债权人不能协商一致形成债务清偿方案，或者人民法院经审查不予认可已确定的债务清偿方案，清算中的公司应当及时转入破产程序，强制清算应当终结，通过破产程序实现债权的公平受偿，终止公司法人人格，了结公司债权债务关系。

▶ 适用指引

特别清算人提出的债务清偿协定建议必须经债权人会议决议才可成立。我国《公司法规定（二）》第17条设置了协定机制，首先，该条规定债务清偿方案需经全体债权人确认，但并没有规定必须通过会议的形式。全体债权人确认债务清偿方案的目的在于实现其自主安排财产的权利，提高经济效率，只要债务清偿方案体现了全体债权人的意志，就符合该解释的规定，因此，确认的形式既可以是会议，也可以是传签文件等其他非会议形式。其次，如果采用会议形式，该条规定采取的是全体通过的表决原则，要求债务清偿方案必须经过所有债权人确认才得以生效，清算组才可以依据该方案清偿公司债务，并最终向人民法院申请裁定终结清算程序。

> 第一百八十八条　公司清算结束后，清算组应当制作清算报告，报股东会、股东大会或者人民法院确认，并报送公司登记机关，申请注销公司登记，公告公司终止。

▶ 关联规定

法律、行政法规、司法解释

《最高人民法院关于适用〈中华人民共和国公司法〉若干问题的规定（二）》

第二十条　公司解散应当在依法清算完毕后，申请办理注销登记。公司未经清算即办理注销登记，导致公司无法进行清算，债权人主张有限责任公司的股东、股份有限公司的董事和控股股东，以及公司的实际控制人对公司债务承担清偿责任的，人民法院应依法予以支持。

公司未经依法清算即办理注销登记，股东或者第三人在公司登记机关办理注销登记时承诺对公司债务承担责任，债权人主张其对公司债务承担相应民事责任的，人民法院应依法予以支持。

▶ 条文释义

一、本条主旨

本条是关于清算报告报送及公司注销登记的规定。

二、条文演变

1993 年颁布实施的《公司法》和 1999 年修正的《公司法》、2004 年修正的《公司法》第 197 条均规定："公司清算结束后，清算组应当制作清算报告，报股东会或者有关主管机关确认，并报送公司登记机关，申请注销公司登记，公告公司终止。不申请注销公司登记的,由公司登记机关吊销其公司营业执照,并予以公告。"

2005年《公司法》第189条规定:"公司清算结束后,清算组应当制作清算报告,报股东会、股东大会或者人民法院确认,并报送公司登记机关,申请注销公司登记,公告公司终止。"2013年修正和2018年修正的《公司法》该条规定内容不变,法条序号变更为了第188条。

三、条文解读

在公司自行清算的情况下,有限责任公司清算组应当将清算报告报股东会确认,股份有限公司清算组应当将清算报告报股东大会确认,这是因为股东会或者股东大会是公司最高权力机关,也是公司最高意思决定机关,由此机关进行确认,一方面体现了公司自治性,另一方面较之公司外部人员,股东对自己公司的财产状况最为清楚,对公司资产、负债及财产分配应当最具有话语权。

在人民法院组织清算即人民法院指定清算组进行公司强制清算的情况下,清算组应当将清算报告报人民法院确认。

▶ 适用指引

追究对公承诺人民事责任,并不当然免除清算义务人应当清算而不清算的责任,公司债权人仍然可以要求有限责任公司的股东、股份有限公司的董事和控股股东,以及公司的实际控制人对公司债务承担清偿责任。

公司未经清算即办理注销登记,导致公司无法进行清算的,有限责任公司的股东、股份有限公司的董事和控股股东应当对公司债务承担清偿责任,上述清算义务主体之间的清偿责任是一种连带责任。清算义务人的责任基础是侵权责任,其赔偿数额应以给公司债权人造成的损失为限,该种损失数额从理论上来说不应当大于公司解散时尚存的财产数额,因为后者是公司债权人在清算义务人没有违法情况下可能获得的最大数额。也正是因为清算义务人的责任基础是侵权责任,故清算义务人对公司债务承担清偿责任的前提是公司无法进行清算,如果公司仍然可以进行清算,则清算义务人仅在接受公司财产范围或造成公司财产流失范围内承担赔偿责任。

类案检索

临沂市荣鹏木业有限公司、费县吉兴木业有限公司买卖合同纠纷案

关键词： 注销登记　诉讼主体地位

裁判摘要： 再审法院再审审理本案之前，吉兴公司以决议解散为由向当地工商登记机关提出公司注销登记申请并获核准注销登记，公司股东依法组成清算组对吉兴公司资产债权债务进行了清算。依据原《民法总则》第68条"有下列原因之一并依法完成清算、注销登记的，法人终止：（一）法人解散"和《公司法》第188条"公司清算结束后，清算组应当制作清算报告，报股东会、股东大会或者人民法院确认，并报送公司登记机关，申请注销公司登记，公告公司终止"的规定，吉兴公司通过省级媒体发布了注销公告，并依法组成清算组对公司资产债权债务进行了清算，已清算完毕，并经当地工商登记机关核准注销登记，吉兴公司作为企业法人终止。依据原《民法总则》第59条的规定，吉兴公司作为法人主体的民事权利能力和民事行为能力到终止时消灭，即吉兴公司的民事诉讼主体地位已不存在。因吉兴公司向当地工商登记机关办理注销登记时，未确定权利义务承受人，公司股东在注销登记时也未承诺对公司债务承担责任，且吉兴公司在本案原审诉讼中是债权人，而非债务人，故本案诉讼已无法继续，应依法终结诉讼。因吉兴公司股东诉讼地位不等同于吉兴公司诉讼地位，以吉兴公司股东承担吉兴公司在本案的诉讼主体地位，缺乏法律依据。再审法院裁定本案终结诉讼。

【案　　号】（2020）鲁民再272号

【审理法院】山东省高级人民法院

第一百八十九条 清算组成员应当忠于职守,依法履行清算义务。

清算组成员不得利用职权收受贿赂或者其他非法收入,不得侵占公司财产。

清算组成员因故意或者重大过失给公司或者债权人造成损失的,应当承担赔偿责任。

关联规定

法律、行政法规、司法解释

《最高人民法院关于适用〈中华人民共和国公司法〉若干问题的规定(二)》

第十一条 公司清算时,清算组应当按照公司法第一百八十五条的规定,将公司解散清算事宜书面通知全体已知债权人,并根据公司规模和营业地域范围在全国或者公司注册登记地省级有影响的报纸上进行公告。

清算组未按照前款规定履行通知和公告义务,导致债权人未及时申报债权而未获清偿,债权人主张清算组成员对因此造成的损失承担赔偿责任的,人民法院应依法予以支持。

第十五条 公司自行清算的,清算方案应当报股东会或者股东大会决议确认;人民法院组织清算的,清算方案应当报人民法院确认。未经确认的清算方案,清算组不得执行。

执行未经确认的清算方案给公司或者债权人造成损失,公司、股东、董事、公司其他利害关系人或者债权人主张清算组成员承担赔偿责任的,人民法院应依法予以支持。

第十八条 有限责任公司的股东、股份有限公司的董事和控股股东未在法定期限内成立清算组开始清算,导致公司财产贬值、流失、毁损或者灭失,债权人主张其在造成损失范围内对公司债务承担赔偿责任的,人民法院应依法予以支持。

有限责任公司的股东、股份有限公司的董事和控股股东因怠于履行义务，导致公司主要财产、账册、重要文件等灭失，无法进行清算，债权人主张其对公司债务承担连带清偿责任的，人民法院应依法予以支持。

上述情形系实际控制人原因造成，债权人主张实际控制人对公司债务承担相应民事责任的，人民法院应依法予以支持。

第十九条 有限责任公司的股东、股份有限公司的董事和控股股东，以及公司的实际控制人在公司解散后，恶意处置公司财产给债权人造成损失，或者未经依法清算，以虚假的清算报告骗取公司登记机关办理法人注销登记，债权人主张其对公司债务承担相应赔偿责任的，人民法院应依法予以支持。

第二十条 公司解散应当在依法清算完毕后，申请办理注销登记。公司未经清算即办理注销登记，导致公司无法进行清算，债权人主张有限责任公司的股东、股份有限公司的董事和控股股东，以及公司的实际控制人对公司债务承担清偿责任的，人民法院应依法予以支持。

公司未经依法清算即办理注销登记，股东或者第三人在公司登记机关办理注销登记时承诺对公司债务承担责任，债权人主张其对公司债务承担相应民事责任的，人民法院应依法予以支持。

第二十一条 按照本规定第十八条和第二十条第一款的规定应当承担责任的有限责任公司的股东、股份有限公司的董事和控股股东，以及公司的实际控制人为二人以上的，其中一人或者数人依法承担民事责任后，主张其他人员按照过错大小分担责任的，人民法院应依法予以支持。

第二十三条 清算组成员从事清算事务时，违反法律、行政法规或者公司章程给公司或者债权人造成损失，公司或者债权人主张其承担赔偿责任的，人民法院应依法予以支持。

有限责任公司的股东、股份有限公司连续一百八十日以上单独或者合计持有公司百分之一以上股份的股东，依据公司法第一百五十一条第三款的规定，以清算组成员有前款所述行为为由向人民法院提起诉讼的，人民法院应予受理。

公司已经清算完毕注销，上述股东参照公司法第一百五十一条第三款的规定，直接以清算组成员为被告、其他股东为第三人向人民法院提起诉讼的，人民法院应予受理。

▶ 条文释义

一、本条主旨

本条是关于清算组成员义务与责任的规定。

二、条文演变

1993年颁布实施的《公司法》和1999年修正的《公司法》、2004年修正的《公司法》第198条均规定:"清算组成员应当忠于职守,依法履行清算义务。清算组成员不得利用职权收受贿赂或者其他非法收入,不得侵占公司财产。清算组成员因故意或者重大过失给公司或者债权人造成损失的,应当承担赔偿责任。"

2005年《公司法》该条规定内容不变,法条序号变更为第190条。2013年修正和2018年修正的《公司法》该条规定内容不变,法条序号变更为了第189条。

三、条文解读

本条第1款规定了清算组成员应当忠诚履职;第2款规定了清算组成员不得利用职权收受非法收入或侵占公司财产;第3款规定了清算组成员对故意或者重大过失给公司或者债权人造成的损失承担赔偿责任。

清算组作为解散公司的执行机关,应当忠实、尽责履职,在行使清理公司财产、处理与清算有关的公司未了结的业务、清理公司债权债务、处理公司清偿债务后的剩余财产、代表公司参与民事诉讼活动等职权过程中,依法最大限度维护公司、股东、债权人利益;不得利用职权收受非法收入或侵占公司财产;故意或者重大过失给公司或者债权人造成损失的,应当承担赔偿责任;违法作出清算行为的,公司股东会可不予认可,公司债权人可请求人民法院确认其清算行为无效。

适用指引

一、正确适用《公司法规定（二）》第18条第2款规定

《公司法规定（二）》第18条第2款规定："有限责任公司的股东、股份有限公司的董事和控股股东因怠于履行义务，导致公司主要财产、账册、重要文件等灭失，无法进行清算，债权人主张其对公司债务承担连带清偿责任的，人民法院应依法予以支持。"对该条的理解不够准确，会导致在一些案件中不适当扩大股东的清算责任。个别案例中，出现了债权人在债权未能实现后将债权转让，受让人在时隔多年，甚至是数十年之后，才起诉要求股东承担清算责任。为避免出现不公平结果，在适用前述司法解释时，要注意把握以下几点：

一是要准确认定"怠于履行清算义务"要件。所谓"怠于"履行清算义务，指的是能够履行清算义务而不履行。有限责任公司股东如果能够举证证明其已经为履行清算义务作出了积极努力，或者未能履行清算义务是由于实际控制公司主要财产、账册、文件的股东的故意拖延、拒绝清算行为等客观原因所导致，或者能够证明自己没有参与经营，也没有管理账册文件的，均不构成怠于履行清算义务。

二是不能忽略因果关系要件。《公司法规定（二）》第18条第2款规定的有限责任公司股东承担责任的条件是股东的怠于履行清算义务行为，导致了财产、账册、文件灭失，最终造成无法清算的后果，这其中包含了因果关系要件。实践中，应避免一种简单化处理方式，即只要股东怠于履行清算义务，就直接判令其承担责任，是不妥当的。有限责任公司的股东能够证明，公司主要财产、账册、文件灭失与其怠于履行清算义务之间没有因果关系的，也不应判令其承担责任。

三是要依法适用诉讼时效制度。债权人以公司未及时清算、无法清算为由主张清算义务人承担民事赔偿责任的诉讼时效，自债权人知道或者应当知道公司法定清算事由出现之日的第16日起开始起算。

二、公司无法清算的认定和处理

《公司法规定（二）》第18条第2款规定的"无法进行清算"是指由于公司据以进行清算的财产、账册、重要文件等灭失，无法按照法律规定的程序对

公司的债权债务进行正常的清理，造成公司的财产和负债范围无法确定，债权人的债权无法得以清偿。这条司法解释主要是针对"借解散逃废债务""人去楼空"的现象作出的特别规定。公司无法进行正常的清算，并不意味着公司可以不再经过清算即可直接向公司登记机关申请注销登记。清算过程中，如果发现据以进行清算的客观依据已经灭失，无法全面、客观地进行债权债务清理的，清算组仍应出具清算报告并在清算报告中对此情形予以说明。

三、清算义务人不履行或怠于履行清算义务，其他股东是否可以请求损害赔偿

根据《公司法规定（二）》第18条对清算义务人未尽清算义务应当对公司债务承担相应民事责任的规定，已足以保护公司债权人的利益。然而，当因清算义务人不履行或者怠于履行清算义务，造成公司财产损失，没有损害债权人利益（公司对外没有债务）或者债权人没有提起损害赔偿时，清算义务人以外的公司其他股东的利益如何保护，是实践中需要解决的问题。公司股东是公司的开办者或投资者，对公司解散后的剩余财产享有分配权，这是股东的固有权利。公司股东由于人数众多，持有的股权份额不同，不可能全部参与公司的经营与管理，众多中小股东由于不能参与公司经营管理，不能对公司重大事务参与决策，其利益往往会受到公司董事和控股股东的侵害。在公司解散后，由于清算义务人未尽清算义务，造成公司财产损失的，会直接侵害到其他股东的利益，此时，清算义务人以外的其他股东，应当有权要求清算义务人对公司财产损失进行赔偿。

四、清算义务人及实际控制人在公司解散后恶意处置公司财产给公司债权人造成损失而对公司债务承担赔偿责任的构成要件

公司清算义务人及实际控制人对公司债务承担赔偿责任必须同时具备主观要件和客观要件：主观上，必须是恶意（故意或重大过失），即明知或者应当知道自己的行为会造成公司财产损失并进而损害债权人利益，一般表现为故意侵占公司财产或故意以不合理的低价处置公司财产等情形；客观上，必须造成了债权人的损失，即其行为造成了公司财产的损失并损害了债权人的利益。如果仅仅是造成了公司财产的损失而公司资产仍足以偿还债务，则不构成对债权人的损害，债权人不能请求清算义务人或实际控制人承担赔偿责任，但此时因

为清算义务人或实际控制人的行为造成了公司财产的损失，公司、公司其他股东可以请求其对公司承担损害赔偿责任。

类案检索

安徽三建工程有限公司与华纺房地产开发公司等清算责任纠纷案

关键词：清算　申报债权　通知

裁判摘要：旺泰集团、华纺公司作为华纺旺泰公司的股东、清算组成员，在明知华纺旺泰公司对安徽三建公司尚有质保金未予退还的情况下，未通知已知债权人（安徽三建公司）即进行清算并注销华纺旺泰公司的行为，构成共同侵权，导致安徽三建公司丧失申报债权的机会，应当对安徽三建公司遭受的损失承担连带赔偿责任。

【案　　号】（2021）京03民终3045号

【审理法院】北京市第三中级人民法院

第一百九十条 公司被依法宣告破产的，依照有关企业破产的法律实施破产清算。

关联规定

法律、行政法规、司法解释

1.《中华人民共和国企业破产法》

第七条 债务人有本法第二条规定的情形，可以向人民法院提出重整、和解或者破产清算申请。

债务人不能清偿到期债务，债权人可以向人民法院提出对债务人进行重整或者破产清算的申请。

企业法人已解散但未清算或者未清算完毕，资产不足以清偿债务的，依法负有清算责任的人应当向人民法院申请破产清算。

第十条 债权人提出破产申请的，人民法院应当自收到申请之日起五日内通知债务人。债务人对申请有异议的，应当自收到人民法院的通知之日起七日内向人民法院提出。人民法院应当自异议期满之日起十日内裁定是否受理。

除前款规定的情形外，人民法院应当自收到破产申请之日起十五日内裁定是否受理。

有特殊情况需要延长前两款规定的裁定受理期限的，经上一级人民法院批准，可以延长十五日。

第十一条 人民法院受理破产申请的，应当自裁定作出之日起五日内送达申请人。

债权人提出申请的，人民法院应当自裁定作出之日起五日内送达债务人。债务人应当自裁定送达之日起十五日内，向人民法院提交财产状况说明、债务清册、债权清册、有关财务会计报告以及职工工资的支付和社会保险费用的缴纳情况。

第十二条 人民法院裁定不受理破产申请的，应当自裁定作出之日起五日内送达申请人并说明理由。申请人对裁定不服的，可以自裁定送达之日起十日内向上一级人民法院提起上诉。

人民法院受理破产申请后至破产宣告前，经审查发现债务人不符合本法第二条规定情形的，可以裁定驳回申请。申请人对裁定不服的，可以自裁定送达之日起十日内向上一级人民法院提起上诉。

第十三条　人民法院裁定受理破产申请的，应当同时指定管理人。

2.《最高人民法院关于适用〈中华人民共和国企业破产法〉若干问题的规定（一）》

第二条　下列情形同时存在的，人民法院应当认定债务人不能清偿到期债务：

（一）债权债务关系依法成立；

（二）债务履行期限已经届满；

（三）债务人未完全清偿债务。

3.《最高人民法院关于适用〈中华人民共和国企业破产法〉若干问题的规定（二）》

第一条　除债务人所有的货币、实物外，债务人依法享有的可以用货币估价并可以依法转让的债权、股权、知识产权、用益物权等财产和财产权益，人民法院均应认定为债务人财产。

第二条　下列财产不应认定为债务人财产：

（一）债务人基于仓储、保管、承揽、代销、借用、寄存、租赁等合同或者其他法律关系占有、使用的他人财产；

（二）债务人在所有权保留买卖中尚未取得所有权的财产；

（三）所有权专属于国家且不得转让的财产；

（四）其他依照法律、行政法规不属于债务人的财产。

第三条　债务人已依法设定担保物权的特定财产，人民法院应当认定为债务人财产。

对债务人的特定财产在担保物权消灭或者实现担保物权后的剩余部分，在破产程序中可用以清偿破产费用、共益债务和其他破产债权。

第四条　债务人对按份享有所有权的共有财产的相关份额，或者共同享有所有权的共有财产的相应财产权利，以及依法分割共有财产所得部分，人民法院均应认定为债务人财产。

人民法院宣告债务人破产清算，属于共有财产分割的法定事由。人民法院裁定债务人重整或者和解的，共有财产的分割应当依据民法典第三百零三条的规定进行；基于重整或者和解的需要必须分割共有财产，管理人请求分割的，人民法院应予准许。

因分割共有财产导致其他共有人损害产生的债务，其他共有人请求作为共益债务清偿的，人民法院应予支持。

▶ 条文释义

一、本条主旨

本条是关于公司破产法律适用的规定。

二、条文演变

1993年颁布实施的《公司法》和1999年修正的《公司法》、2004年修正的《公司法》第189条均规定："公司因不能清偿到期债务，被依法宣告破产的，由人民法院依照有关法律的规定，组织股东、有关机关及有关专业人员成立清算组，对公司进行破产清算。"

2005年《公司法》第191条规定："公司被依法宣告破产的，依照有关企业破产的法律实施破产清算。"2013年修正和2018年修正的《公司法》对该条规定内容不变，法条序号变更为了第190条。

三、条文解读

2005年《公司法》明确规定公司解散后（除合并、分立引起的外）应当进行清算，并对公司因不同原因解散后进行清算的规定予以统一，将因依法被吊销营业执照、责令关闭或者被撤销而解散的公司清算组的构成，与自愿解散的公司同等对待。将自行清算与强制清算也统一规定于《公司法》第184条①，并彻底改变了原有的清算制度体系，规定了以自行清算为原则、法院主持的强制清算为补充的清算体系，即不论公司自行解散或者强制解散，均优先

---

① 现为《公司法》（2018年修正）第183条。

适用一般的清算程序，由公司自行成立清算组；在公司逾期不进行清算的情况下，人民法院可以依债权人的申请，组织清算组进行清算。2005年《公司法》改变了由有关机关组织清算的相关规定，使公司能够在更大限度内自行决定公司的事务。

解散清算和破产清算的区别在于：第一，清算发生的原因不同。解散清算是公司在有足够财产清偿债务情况下因解散而进行清算，公司解散清算的原因一般包括公司营业期限期满、公司章程规定的解散事由出现、股东会决议和公司违反法律、行政法规而被依法责令关闭等；破产清算的原因是公司不能清偿到期债务，并且资产不足以清偿全部债务或者明显缺乏清偿能力。第二，清算的程序不同。解散清算是按公司法的有关规定进行清算，清算程序一般具有较大的任意性，公司清算人可以按照公司的具体情况灵活掌握清算的进程；破产清算则必须严格按照《企业破产法》规定的破产程序进行清算，破产清算是一种具有较强的强制性的清算程序。第三，清算人的选任不同。解散清算由公司按照公司法的规定确定清算人，在特殊情况下才由法院依法指定清算人；破产清算是法院按照《企业破产法》的规定，从法定的人员范围中依法定的程序和方法选任。第四，债权人在公司清算中所起的作用不同。在公司解散清算中，债权人的地位比较被动，清算程序由清算组掌控，并对公司全体股东和债权人负责；而在破产清算中，债权人组成债权人会议，参与破产清算程序，决定公司清算中的有关重大事项，如决定破产财产的分配方案和破产财产的处理方案等。

▶ 类案检索

海南金厦建设股份有限公司、中国农业银行股份有限公司深圳市分行股东出资纠纷案

关键词：破产程序　个人清偿程序

裁判摘要：破产程序是集体强制清偿程序，破产程序的开始意味着个人清偿程序的中止，当破产程序终结后，个人清偿程序恢复，而本案清算组提出的处理方案未获多数债权人通过，但并未免除债务人的债务，仅是对该部分财产在破产程序中不予处理，亦没有禁止主张追偿的债权人在破产程序结束后向北大中基公司虚假出资、抽逃出资的股东进行追索，海南金厦公司的申诉理由缺乏相应的证据支持和事实及法律依据，均不能成立。

【案　　号】（2016）最高法民再279号
【审理法院】最高人民法院

第十一章　外国公司的分支机构

第一百九十一条　本法所称外国公司是指依照外国法律在中国境外设立的公司。

▶ 关联规定

法律、行政法规、司法解释

1.《中华人民共和国涉外民事关系法律适用法》

第十四条　法人及其分支机构的民事权利能力、民事行为能力、组织机构、股东权利义务等事项，适用登记地法律。

法人的主营业地与登记地不一致的，可以适用主营业地法律。法人的经常居所地，为其主营业地。

2.《最高人民法院关于适用〈中华人民共和国涉外民事关系法律适用法〉若干问题的解释（一）》

第十四条　人民法院应当将法人的设立登记地认定为涉外民事关系法律适用法规定的法人的登记地。

▶ 条文释义

一、本条主旨

本条是关于外国公司含义的规定。

二、条文解读

根据本条规定，本法所称外国公司是指依照外国法律在中国境外设立的公司。外国公司具有以下特点：第一，外国公司是公司的一种，这种公司是依据公司所在国的国籍来划分的一种公司。在中国境外依据他国法律设立的公司，对于中国来讲，就是一种外国公司。第二，外国公司的设立，依据的是外国的法律。"外国法律"相对外国公司自身而言，则是该公司的"本国法律"。因此，也可以说，外国公司是按照其本国法律规定的条件、程序设立的公司。第三，外国公司是一种在境外登记成立的公司。第四，外国公司包括各种类型的公司，即包括有限责任公司、股份有限公司、无限公司、两合公司等法定责任形式的公司。这就是说，只要它在其本国被视为公司，不论它采用何种公司形式，中国都承认其为外国公司。

▸ 适用指引

一、关于公司国籍的认定

公司依据哪国法律在哪国境内登记设立即具有该国国籍。公司的国籍与公司资金的来源、公司营业中心地或者股东的国籍等无关。

确定一个公司是否属于外国公司，主要就是确定该公司的国籍。在确定公司的国籍问题上，各国立法例大致有三种不同的标准：第一种是以公司主要营业所的所在地来确定公司国籍；第二种是以控制该公司的股份持有者的国籍来作为确定该公司国籍的依据；第三种是以公司设立时所依据的法律来作为确定公司国籍的标准，即公司依哪一国法律设立的，就属于哪国公司，就在该国取得法律上的人格，这是目前世界上通行的做法，一般称之为准据法说。我国《公司法》对外国公司国籍的确定，采用的是准据法说。

二、关于如何认定《涉外民事关系法律适用法》规定的法人的登记地问题

根据《涉外民事关系法律适用法》第14条的规定，法人及其分支机构的民事权利能力、民事行为能力等事项，适用登记地的法律。司法实践中，有些外国公司并未在其注册登记地开展经营活动，而是在我国香港特别行政区开展经营活动，根据香港特别行政区的公司条例，海外公司在我国香港特别行政区营业要进行营业登记，在此情况下应如何认定企业的登记地存在争议。《涉外

民事关系法律适用法解释（一）》第14条规定："人民法院应当将法人的设立登记地认定为涉外民事关系法律适用法规定的法人的登记地。"据此，应将法人的登记地理解为法人的设立登记地而非营业登记地。

第一百九十二条　外国公司在中国境内设立分支机构，必须向中国主管机关提出申请，并提交其公司章程、所属国的公司登记证书等有关文件，经批准后，向公司登记机关依法办理登记，领取营业执照。外国公司分支机构的审批办法由国务院另行规定。

▶ 关联规定

法律、行政法规、司法解释

《中华人民共和国市场主体登记管理条例》

第二条　本条例所称市场主体，是指在中华人民共和国境内以营利为目的从事经营活动的下列自然人、法人及非法人组织：

（一）公司、非公司企业法人及其分支机构；

（二）个人独资企业、合伙企业及其分支机构；

（三）农民专业合作社（联合社）及其分支机构；

（四）个体工商户；

（五）外国公司分支机构；

（六）法律、行政法规规定的其他市场主体。

第三条　市场主体应当依照本条例办理登记。未经登记，不得以市场主体名义从事经营活动。法律、行政法规规定无需办理登记的除外。

市场主体登记包括设立登记、变更登记和注销登记。

第五条　国务院市场监督管理部门主管全国市场主体登记管理工作。

县级以上地方人民政府市场监督管理部门主管本辖区市场主体登记管理工作，加强统筹指导和监督管理。

第八条　市场主体的一般登记事项包括：

（一）名称；

（二）主体类型；

（三）经营范围；

（四）住所或者主要经营场所；

（五）注册资本或者出资额；

（六）法定代表人、执行事务合伙人或者负责人姓名。

第十六条 申请办理市场主体登记，应当提交下列材料：

（一）申请书；

（二）申请人资格文件、自然人身份证明；

（三）住所或者主要经营场所相关文件；

（四）公司、非公司企业法人、农民专业合作社（联合社）章程或者合伙企业合伙协议；

（五）法律、行政法规和国务院市场监督管理部门规定提交的其他材料。

国务院市场监督管理部门应当根据市场主体类型分别制定登记材料清单和文书格式样本，通过政府网站、登记机关服务窗口等向社会公开。

登记机关能够通过政务信息共享平台获取的市场主体登记相关信息，不得要求申请人重复提供。

▶ 条文释义

一、本条主旨

本条是关于外国公司在中国设立分支机构的程序的规定。

二、条文解读

按照本条第1款的规定，外国公司在中国境内设立分支机构必须经过批准和登记两道程序。为了对外国公司在中国境内设立分支机构实施必要的监督管理，明确外国公司在我国的法律地位，凡是在我国境内设立分支机构的外国公司，都必须就该设立行为向我国主管机关申请批准。外国公司申请批准必须提交其公司章程、所属国主管机关签发的公司登记证书等文件，以明确该公司的国籍及该外国公司的责任形式。我国主管机关对外国公司提交的有关证明文件依法进行审查后，对符合我国法律规定条件的，依法予以批准。外国公司在获得设立批准后，持批准文件及有关证明文件，向公司登记机关申请办理登记手续，经公司登记机关审查批准后，即可领取营业执照，营业执照是外国公司的分支机构在中国境内从事经营活动的合法凭证，自领取营业执照之日起，外国公司的分支机构即告成立。

按照本条第2款的规定，外国公司分支机构的审批办法由国务院另行规定。本法授权国务院另行规定外国公司分支机构的审批办法，主要有以下考虑：一是有关主管机关对外国公司分支机构市场准入的审批权限需由国务院在具体审批办法中加以确定；二是考虑到某些行业或地区不宜设立外国公司的分支机构，或者某些行业目前暂时不允许设立外国公司的分支机构，这些具体限制规定也需要由国务院根据我国的实际情况进行规定，并且根据情况变化进行适时的调整。根据本条规定，外国公司的分支机构在中国境内的登记应当按照以下程序办理。

（一）提出申请

外国公司在中国境内设立分支机构必须向登记机关提出申请。目前受理申请的机关为县级以上地方人民政府市场监督管理部门。外国公司在中国境内设立分支机构一般应当登记下列事项：（1）名称；（2）主体类型；（3）经营范围；（4）住所或者主要经营场所；（5）注册资本或者出资额；（6）负责人姓名。

（二）提交文件

外国公司向中国登记机关提出设立分支机构的申请时，应当提交有关文件。主要包括主管机关的批准文件、申请书、外国公司所属国的公司登记证书、外国公司的公司章程、分支机构的住所或者主要经营场所相关文件。除此之外还包括分支机构代表人或者代理人的授权委托书、简历及身份证明，外国公司股东会或者董事会关于在中国设立分支机构的决议，外国公司的资信证明，分支机构的经营计划书以及审批机关要求的其他材料。申请人应当对提交材料的真实性、合法性和有效性负责。

（三）领取营业执照

经审查符合法律、法规规定条件的，登记机关给予注册登记，颁发营业执照。外国公司分支机构自登记机关核准登记并颁发营业执照之日起，即为成立之日，可以开始从事业务活动。外国公司应依法自开业之日起一定期限内向税务机关办理税务登记。外国公司分支机构要求变更名称、经营范围、代表人、经营期限、注册地址的，应当向原审批机关提出申请，获得批准后，向登记机关办理变更登记手续。

▶ 适用指引

一、外国公司的分支机构与外国企业常驻代表机构的区别

根据《外国企业常驻代表机构登记管理条例》（2018年修订）第2条的规定，外国企业常驻代表机构是指外国企业依照该条例规定，在中国境内设立的从事与该外国企业业务有关的非营利性活动的办事机构。外国企业常驻代表机构与外国公司分支机构最主要的区别在于，除中国缔结或者参加的国际条约、协定规定可以设立从事营利性活动的代表机构的以外，外国企业常驻代表机构不得在中国境内从事营利性活动，否则，可能面临没收违法所得、罚款、吊销登记证等不同程度的处罚。

二、外国公司的分支机构与外商投资企业的区别

外商投资企业是全部或者部分由外国投资者投资，依照中国法律在中国境内经登记注册设立的企业。其与外国公司分支机构的区别在于：第一，外商投资企业的股东既可以是外国公司，也可以是外国的自然人或者其他经济组织，而外国公司分支机构的设立者只能是外国公司；第二，外商投资企业是在中国境内设立的独立企业，能够独立对外承担民事责任，而外国公司的分支机构仅是外国公司的组成部分，不是独立存在的企业法人，其从事经营活动所产生的民事责任由外国公司承担；第三，外商投资企业有注册资本，外国公司的分支机构则没有注册资本，只有外国公司所拨付的经营资金。

> 第一百九十三条 外国公司在中国境内设立分支机构，必须在中国境内指定负责该分支机构的代表人或者代理人，并向该分支机构拨付与其所从事的经营活动相适应的资金。
> 对外国公司分支机构的经营资金需要规定最低限额的，由国务院另行规定。

条文释义

一、本条主旨

本条是关于设立外国公司分支机构应当具备的条件的规定。

二、条文解读

根据本条规定，外国公司在中国设立分支机构要符合以下条件。

（一）外国公司必须在中国境内指定负责该分支机构的负责人或者代理人

外国公司在中国设立分支机构，并通过该机构从事生产经营活动，必须由设立该分支机构的外国公司的法定代表人签署授权证书或者委托书，在中国境内指定代表人或者代理人。代表人或者代理人是分支机构法律行为的执行人，对外代表该外国公司在中国的分支机构参加民事活动和诉讼活动，其行为的法律后果由外国公司承担。需要指出的是，该代表人或者代理人作为该分支机构的负责人，可以是中国公民，也可以是非中国公民。在我国，有关主管部门对外国公司分支机构的代表人或者代理人有一定的资格要求。

（二）外国公司必须向该分支机构拨付与其所从事的经营活动相适应的资金

资金是外国公司的分支机构在中国赖以存在的基础，是分支机构独立从事生产经营活动的物质保障。它一方面反映外国公司分支机构的规模和经营能力，一方面也是外国公司分支机构承担法律责任的经济基础。外国公司向其分支机构拨付的资金，必须出具资金信用证明、验资证明或者资金担保等，并经法定登记程序，经登记主管机关核定。

按照本条第 2 款的规定，对外国公司分支机构的经营资金需要规定最低限额的，由国务院另行规定。由于从事不同行业、不同规模的生产经营活动所需要的资金数量是不同的，为合理配置资源，防止经营欺诈，保障交易安全，外国公司分支机构的经营资金并不是外国公司决定向分支机构拨付多少就是多少，外国公司在中国境内设立分支机构所需要的资金规模最低限额应当区分不同情况由国务院规定，以保证外国公司分支机构不但具有实实在在的财产，而且其数量也必须与其所从事的经营活动相适应。外国公司拨付的资金达不到国务院规定的最低限额的，不得在中国境内设立分支机构。

▶ 适用指引

实践中需要注意的问题是，本条中"相适应的资金"和"最低限额"并非该外国公司分支机构承担民事责任的限度。外国公司的分支机构仅仅是其所属的外国公司的组成部分，分支机构的行为就等同于外国公司的行为，因此外国公司分支机构需要依法承担民事责任时，不以该分支机构的经营资金数额及所支配的财产为限，外国公司分支机构的财产不足以清偿全部债务的，应当由设立该分支机构的外国公司承担全部责任。

> 第一百九十四条 外国公司的分支机构应当在其名称中标明该外国公司的国籍及责任形式。
> 外国公司的分支机构应当在本机构中置备该外国公司章程。

▶ 关联规定

法律、行政法规、司法解释

《中华人民共和国市场主体登记管理条例》

第十条 市场主体只能登记一个名称，经登记的市场主体名称受法律保护。

市场主体名称由申请人依法自主申报。

▶ 条文释义

一、本条主旨

本条是关于外国公司的分支机构的名称要求及在本机构中置备公司章程的规定。

二、条文解读

（一）外国公司的分支机构应当在其名称中标明该外国公司的国籍及责任形式

公司的名称是公司用以经营并区别于其他公司或者企业的标志。同其他公司或者中国公司的分公司一样，外国公司的分支机构也有自己的名称，这是外国公司分支机构进行活动，与其他主体发生各种法律关系的重要条件。为了使交易对象准确了解其法律性质，本条规定外国公司的分支机构应当在其名称中标明该外国公司的国籍及责任形式。具体而言，外国公司分支机构的名称应当符合以下要求：（1）应当标明其所属外国公司的国籍。一般情况下，公司依据哪国法律在哪国境内登记设立即具有该国国籍。分支机构归属于哪一个公司就应标明哪个公司的国籍，不允许外国公司分支机构名称所标明的国籍不同于设立它的外国公司的国籍。（2）应当标明设立它的外国公司的名称。不得使用与设立该分支机构所属公司不一致的名称，以便于要求外国公司承担法律责任时的责任追究。（3）应当标明设立该分支机构的外国公司的责任形式。《公司法》规定中国的公司可以采取有限责任公司或者股份有限公司的形式。为了保护与该分支机构交易的第三方的利益，《公司法》要求外国公司分支机构名称中应当标明外国公司的责任形式。（4）应当标明反映外国公司分支机构的字样，如标明"分公司""代表处"或者"联络处"等，以表明他不是独立的法人，而只是外国公司的分支机构。总之，外国公司分支机构的名称必须完整、清楚、明确，符合法律要求，不得含糊、缺项。

（二）外国公司的分支机构应当在本机构中置备该外国公司章程

公司章程是规范公司的组织与行为，规定公司与股东之间、股东与股东之间权利义务关系的公司基本法律文件，是公司组织和活动的基本准则。要求外国公司的分支机构将外国公司的章程置备于本机构中，有利于交易相对人能够了解该外国公司的责任形式、资信情况、内部组织机构等具体情况，并根据章程所载明的情况作出自己的判断，从而决定是否与该外国公司分支机构发生经济关系。同时，也有利于公司登记机关、税务机关及其他有关管理机关对外国公司的分支机构进行监督和管理。因此，外国公司的分支机构必须在本机构所在地置备该外国公司的章程，以备查阅或查验。

第一百九十五条　外国公司在中国境内设立的分支机构不具有中国法人资格。

外国公司对其分支机构在中国境内进行经营活动承担民事责任。

▶ 关联规定

一、法律、行政法规、司法解释

1.《中华人民共和国民法典》

第一百零二条　非法人组织是不具有法人资格，但是能够依法以自己的名义从事民事活动的组织。

非法人组织包括个人独资企业、合伙企业、不具有法人资格的专业服务机构等。

第一百零三条　非法人组织应当依照法律的规定登记。

设立非法人组织，法律、行政法规规定须经有关机关批准的，依照其规定。

第一百零四条　非法人组织的财产不足以清偿债务的，其出资人或者设立人承担无限责任。法律另有规定的，依照其规定。

第一百零五条　非法人组织可以确定一人或者数人代表该组织从事民事活动。

第一百零六条　有下列情形之一的，非法人组织解散：

（一）章程规定的存续期间届满或者章程规定的其他解散事由出现；

（二）出资人或者设立人决定解散；

（三）法律规定的其他情形。

第一百零七条　非法人组织解散的，应当依法进行清算。

2.《中华人民共和国民事诉讼法》

第五十一条　公民、法人和其他组织可以作为民事诉讼的当事人。

法人由其法定代表人进行诉讼。其他组织由其主要负责人进行诉讼。

3.《最高人民法院关于适用〈中华人民共和国民事诉讼法〉的解释》

第五十二条 民事诉讼法第五十一条规定的其他组织是指合法成立、有一定的组织机构和财产,但又不具备法人资格的组织,包括:

(一)依法登记领取营业执照的个人独资企业;

(二)依法登记领取营业执照的合伙企业;

(三)依法登记领取我国营业执照的中外合作经营企业、外资企业;

(四)依法成立的社会团体的分支机构、代表机构;

(五)依法设立并领取营业执照的法人的分支机构;

(六)依法设立并领取营业执照的商业银行、政策性银行和非银行金融机构的分支机构;

(七)经依法登记领取营业执照的乡镇企业、街道企业;

(八)其他符合本条规定条件的组织。

二、司法指导性文件

《第二次全国涉外商事海事审判工作会议纪要》

13.外国企业在我国境内依法设立并领取营业执照的分支机构,具有民事诉讼主体资格,可以作为当事人参加诉讼。因分支机构不能独立承担民事责任,其作为被告时,人民法院可以根据原告的申请追加设立该分支机构的外国企业为共同被告。

外国企业在我国境内设立的代表机构不具有诉讼主体资格的,涉及代表机构的纠纷案件应由外国企业作为当事人参加诉讼。

▶ 条文释义

一、本条主旨

本条是关于外国公司分支机构的法律地位的规定。

二、条文解读

外国公司的分支机构作为一种民事主体,其性质属于非法人组织。非法人组织是指合法成立、有一定的组织机构和财产,但又不具备法人资格的组织。

非法人组织主要具备以下特征：（1）有自己的名称、组织机构、场所及一定的财产；（2）依法登记；（3）能够以自己的名义从事民事活动；（4）该组织的财产不足以清偿债务时，其出资人或者设立人一般要承担无限责任。非法人组织主要包括：（1）依法登记领取营业执照的个人独资企业；（2）依法登记领取营业执照的合伙企业；（3）依法登记领取我国营业执照的中外合作经营企业、外资企业；（4）依法成立的社会团体的分支机构、代表机构；（5）依法设立并领取营业执照的法人的分支机构；（6）依法设立并领取营业执照的商业银行、政策性银行和非银行金融机构的分支机构；（7）经依法登记领取营业执照的乡镇企业、街道企业；（8）其他符合本条规定条件的组织。

外国公司的分支机构，是指依照外国法律设立的公司依照本法的规定在中国境内设立的从事生产经营等业务活动的场所或者办事机构。

外国公司的分支机构具有以下法律特征。

（一）外国公司的分支机构隶属于外国公司，是外国公司的组成部分

法人分支机构是法人的组成部分，直属于设立它的法人，这在国际上是一项通行的法律原则。外国公司的分支机构也不例外。因此，外国公司在中国境内成立分支机构之前，必须先在其所属国依法成立并取得公司资格，否则无权到中国境内设立分支机构。外国公司分支机构不能独立于外国公司而存在，如果外国公司因宣告破产、股东会决议解散、被依法撤销等原因而终止时，则外国公司分支机构也应撤销。

（二）外国公司的分支机构须依照中国法律在中国境内设立

一是要依法办理登记并领取营业执照。根据《市场主体登记管理条例》的规定，县级以上地方人民政府市场监督管理部门是外国公司的分支机构的登记管理机关。二是从事经营活动时要履行中国法律规定的各项义务，不得损害中华人民共和国的社会公共利益，同时，外国公司的合法权益受中华人民共和国的法律保护。三是撤销时要依照本法的有关规定进行清算。违反中国法律从事业务活动的，要依法追究其法律责任。

（三）外国公司的分支机构以营利为目的从事经营活动

只有经依法登记从事经营活动的分支机构才是公司法意义上的外国公司分

支机构。经营活动既包括直接以营利为目的的活动，也包括间接以营利为目的的活动。为满足经营活动所需，外国公司的分支机构必须在中国境内有确定的住所，有与其所从事的经营活动相适应的资金，有确定的代表人或者代理人等等。

（四）外国公司的分支机构不具有中国法人资格

外国公司的分支机构没有独立的财产，不进行独立核算，没有法定的、完整的组织机构，不能以自己的名义对外享有权利和承担责任，不具有中国法人资格。外国公司的分支机构只是外国公司在中国的一个分公司或者办事处、经营场所，它在中国境内从事经营活动是以外国公司的名义进行的，由此产生的权利和义务均归属于设立该分支机构的外国公司，其民事责任理应也由所属外国公司来承担。当然，外国公司的分支机构在中国境内从事经营活动产生债务时，一般首先由该分支机构进行清偿，当分支机构不能清偿时，再由所属外国公司来进行清偿。所属外国公司也可以直接清偿。

▶ 适用指引

一、外国公司的分支机构具有民事诉讼主体资格

《民事诉讼法》第 51 条规定：公民、法人和其他组织可以作为民事诉讼的当事人。《民事诉讼法解释》第 52 条规定：其他组织是指合法成立、有一定的组织机构和财产，但又不具备法人资格的组织。外国公司的分支机构在性质上属于其他组织，在民事诉讼中应当具有诉讼当事人资格。《第二次全国涉外商事海事审判工作会议纪要》第 13 条对此也予以明确："外国企业在我国境内依法设立并领取营业执照的分支机构，具有民事诉讼主体资格，可以作为当事人参加诉讼。因分支机构不能独立承担民事责任，其作为被告时，人民法院可以根据原告的申请追加设立该分支机构的外国企业为共同被告。"

二、以外国公司的分支机构为一方当事人的案件为涉外案件

依照《涉外民事关系法律适用法解释（一）》第 1 条和最高人民法院《民事诉讼法解释》第 520 条的规定，当事人一方或者双方是外国企业或者组织的

案件属于涉外案件。外国公司在中国设立的分支机构虽然按照中国法律办理了登记,且经营地在中国境内,但该类机构不具备独立的法人资格,只是外国公司的组成部分,具有外国国籍,属于外国企业,其民事责任由设立其的外国公司承担,因此以此类机构为一方当事人的案件为涉外案件。

类案检索

江阴市恒盛橡塑制品有限公司与英国码头监理有限公司青岛代表处、英国码头监理有限公司买卖合同纠纷案

关键词:外国公司　分支机构　责任承担

裁判摘要:码头监理公司代表处在中华人民共和国境内设立,其责任承担问题应当按照《涉外民事关系法律适用法》第14条的规定,适用中华人民共和国法律。《公司法》第195条规定,外国公司在中国境内设立的分支机构不具有中国法人资格。外国公司对其分支机构在中国境内进行经营活动承担民事责任。也即外国企业派驻我国的代表处是该外国企业的代表机构,对外代表该外国企业,代表处在我国境内的一切业务活动,由其所代表的外国企业承担法律责任。本案中,码头监理公司代表处向恒盛公司订货并在《对账函》上加盖码头监理公司代表处印章的行为均代表码头监理公司本身,应由码头监理公司直接承担民事责任。

【案　　号】(2018)苏02民初281号
【审理法院】江苏省无锡市中级人民法院

> 第一百九十六条 经批准设立的外国公司分支机构，在中国境内从事业务活动，必须遵守中国的法律，不得损害中国的社会公共利益，其合法权益受中国法律保护。

关联规定

法律、行政法规、司法解释

《中华人民共和国民事诉讼法》

第五条 外国人、无国籍人、外国企业和组织在人民法院起诉、应诉，同中华人民共和国公民、法人和其他组织有同等的诉讼权利义务。

外国法院对中华人民共和国公民、法人和其他组织的民事诉讼权利加以限制的，中华人民共和国人民法院对该国公民、企业和组织的民事诉讼权利，实行对等原则。

条文释义

一、本条主旨

本条是关于外国公司分支机构的活动原则的规定。

二、条文解读

外国公司的分支机构虽然经过主管机关批准在中国境内合法成立，但是其在中国境内从事业务活动时，应当遵守以下原则。

（一）必须遵守中华人民共和国法律

依属地管辖原则，外国公司分支机构在中国境内的营业活动，应受中国法律管辖，这是我国主权原则的体现。任何单位和个人只要在中国境内从事有关的行为，就必须遵守中国的法律，这是涉及国家主权的问题，不允许有任何的怀疑。中国作为一个主权国家，除享有外交特权和豁免权的人以外，其法律对领域内的所有人都发生效力，任何单位和个人都不得例外。只要在中国境内从事有关的行为，就必须遵守中国的法律。外国公司分支机构在中国境内从事经营活动，属于中国法律规范的对象，同中国的单位和个人一样，也必须遵守中国的法律，否则要承担相应的法律责任。这里的法律包括本法在内的所有现行有效的中华人民共和国法律。

（二）不得损害中华人民共和国的社会公共利益

社会公共利益是全体社会成员的共同利益，对社会公共利益的损害，意味着对整个社会秩序的破坏，这在任何社会都是不被允许的，在中国也不例外。维护社会公共利益是中国宪法和有关法律规定的一项基本原则。这项原则不仅对中国公司有约束力，对于在中华人民共和国境内的外国公司也同样有约束力。法律保障社会公共利益，就等于保护了每一个行为人的利益，外国公司分支机构的利益受中华人民共和国的法律保护，其行为也应当受法律的约束，并不得损害中华人民共和国的公共利益。比如，外国公司分支机构不得在中国境内非法开展业务，不得拒绝履行其应当履行的义务，不得扰乱中国正常的经济秩序。同时也要接受工商、税务部门以及外汇、海关等部门的管理和监督等等。

（三）外国公司分支机构的合法权益受法律保护

外国公司分支机构的行为在受到中国法律约束的同时，其合法权益当然受中国法律保护。中国法律对中国境内的一切经济组织的合法权益都要依法保护，这也是中国在吸引外资过程中的郑重承诺。外国公司分支机构取得营业执照后，就取得了在中国境内从事生产经营活动的资格，具有与中国公司基本相同的权利。如依法取得财产的所有权、订立合同等权利。外国公司分支机构在经营活动中，若其合法权益受到不法侵害，当然享有在中国提起诉讼、请求法律保护的权利。

第一百九十七条 外国公司撤销其在中国境内的分支机构时，必须依法清偿债务，依照本法有关公司清算程序的规定进行清算。未清偿债务之前，不得将其分支机构的财产移至中国境外。

关联规定

法律、行政法规、司法解释

1.《中华人民共和国公司法》

第一百八十三条 公司因本法第一百八十条第（一）项、第（二）项、第（四）项、第（五）项规定而解散的，应当在解散事由出现之日起十五日内成立清算组，开始清算。有限责任公司的清算组由股东组成，股份有限公司的清算组由董事或者股东大会确定的人员组成。逾期不成立清算组进行清算的，债权人可以申请人民法院指定有关人员组成清算组进行清算。人民法院应当受理该申请，并及时组织清算组进行清算。

第一百八十五条 清算组应当自成立之日起十日内通知债权人，并于六十日内在报纸上公告。债权人应当自接到通知书之日起三十日内，未接到通知书的自公告之日起四十五日内，向清算组申报其债权。

债权人申报债权，应当说明债权的有关事项，并提供证明材料。清算组应当对债权进行登记。

在申报债权期间，清算组不得对债权人进行清偿。

第一百八十六条 清算组在清理公司财产、编制资产负债表和财产清单后，应当制定清算方案，并报股东会、股东大会或者人民法院确认。

公司财产在分别支付清算费用、职工的工资、社会保险费用和法定补偿金，缴纳所欠税款，清偿公司债务后的剩余财产，有限责任公司按照股东的出资比例分配，股份有限公司按照股东持有的股份比例分配。

清算期间，公司存续，但不得开展与清算无关的经营活动。公司财产在未依照前款规定清偿前，不得分配给股东。

2.《中华人民共和国市场主体登记管理条例》

第三十一条 市场主体因解散、被宣告破产或者其他法定事由需要终止的，应当依法向登记机关申请注销登记。经登记机关注销登记，市场主体终止。

市场主体注销依法须经批准的，应当经批准后向登记机关申请注销登记。

第三十二条 市场主体注销登记前依法应当清算的，清算组应当自成立之日起10日内将清算组成员、清算组负责人名单通过国家企业信用信息公示系统公告。清算组可以通过国家企业信用信息公示系统发布债权人公告。

清算组应当自清算结束之日起30日内向登记机关申请注销登记。市场主体申请注销登记前，应当依法办理分支机构注销登记。

第三十三条 市场主体未发生债权债务或者已将债权债务清偿完结，未发生或者已结清清偿费用、职工工资、社会保险费用、法定补偿金、应缴纳税款（滞纳金、罚款），并由全体投资人书面承诺对上述情况的真实性承担法律责任的，可以按照简易程序办理注销登记。

市场主体应当将承诺书及注销登记申请通过国家企业信用信息公示系统公示，公示期为20日。在公示期内无相关部门、债权人及其他利害关系人提出异议的，市场主体可以于公示期届满之日起20日内向登记机关申请注销登记。

个体工商户按照简易程序办理注销登记的，无需公示，由登记机关将个体工商户的注销登记申请推送至税务等有关部门，有关部门在10日内没有提出异议的，可以直接办理注销登记。

市场主体注销依法须经批准的，或者市场主体被吊销营业执照、责令关闭、撤销，或者被列入经营异常名录的，不适用简易注销程序。

3.《最高人民法院关于适用〈中华人民共和国公司法〉若干问题的规定（二）》

第八条 人民法院受理公司清算案件，应当及时指定有关人员组成清算组。

清算组成员可以从下列人员或者机构中产生：

（一）公司股东、董事、监事、高级管理人员；

（二）依法设立的律师事务所、会计师事务所、破产清算事务所等社会中介机构；

（三）依法设立的律师事务所、会计师事务所、破产清算事务所等社会中介机构中具备相关专业知识并取得执业资格的人员。

第九条 人民法院指定的清算组成员有下列情形之一的，人民法院可以根据债权人、公司股东、董事或其他利害关系人的申请，或者依职权更换清算组成员：

（一）有违反法律或者行政法规的行为；

（二）丧失执业能力或者民事行为能力；

（三）有严重损害公司或者债权人利益的行为。

第十条 公司依法清算结束并办理注销登记前，有关公司的民事诉讼，应当以公司的名义进行。

公司成立清算组的，由清算组负责人代表公司参加诉讼；尚未成立清算组的，由原法定代表人代表公司参加诉讼。

第十一条 公司清算时，清算组应当按照公司法第一百八十五条的规定，将公司解散清算事宜书面通知全体已知债权人，并根据公司规模和营业地域范围在全国或者公司注册登记地省级有影响的报纸上进行公告。

清算组未按照前款规定履行通知和公告义务，导致债权人未及时申报债权而未获清偿，债权人主张清算组成员对因此造成的损失承担赔偿责任的，人民法院应依法予以支持。

第十二条 公司清算时，债权人对清算组核定的债权有异议的，可以要求清算组重新核定。清算组不予重新核定，或者债权人对重新核定的债权仍有异议，债权人以公司为被告向人民法院提起诉讼请求确认的，人民法院应予受理。

第十三条 债权人在规定的期限内未申报债权，在公司清算程序终结前补充申报的，清算组应予登记。

公司清算程序终结，是指清算报告经股东会、股东大会或者人民法院确认完毕。

第十四条 债权人补充申报的债权，可以在公司尚未分配财产中依法清偿。公司尚未分配财产不能全额清偿，债权人主张股东以其在剩余财产分配中已经取得的财产予以清偿的，人民法院应予支持；但债权人因重大过错未在规定期限内申报债权的除外。

债权人或者清算组，以公司尚未分配财产和股东在剩余财产分配中已经取得的财产，不能全额清偿补充申报的债权为由，向人民法院提出破产清算申请的，人民法院不予受理。

第十五条 公司自行清算的，清算方案应当报股东会或者股东大会决议确认；人民法院组织清算的，清算方案应当报人民法院确认。未经确认的清算方案，清算组不得执行。

执行未经确认的清算方案给公司或者债权人造成损失，公司、股东、董事、公司其他利害关系人或者债权人主张清算组成员承担赔偿责任的，人民法院应依法予以支持。

第十六条 人民法院组织清算的，清算组应当自成立之日起六个月内清算完毕。

因特殊情况无法在六个月内完成清算的，清算组应当向人民法院申请延长。

第十七条 人民法院指定的清算组在清理公司财产、编制资产负债表和财产清单时，发现公司财产不足清偿债务的，可以与债权人协商制作有关债务清偿方案。

债务清偿方案经全体债权人确认且不损害其他利害关系人利益的，人民法院可依清算组的申请裁定予以认可。清算组依据该清偿方案清偿债务后，应当向人民法院申请裁定终结清算程序。

债权人对债务清偿方案不予确认或者人民法院不予认可的，清算组应当依法向人民法院申请宣告破产。

▶ 条文释义

一、本条主旨

本条是关于外国公司分支机构撤销的规定。

二、条文解读

外国公司的分支机构是依照中华人民共和国的法律设立的，其撤销与清算自然也应当按照中华人民共和国的法律进行。外国公司撤销其在中国境内的分支机构时，必须依法清偿债务，按照本法有关公司清算程序的规定进行清算。其清算的程序为：第一，成立清算组进行清算。外国公司的分支机构出现撤销情形后，外国公司应当在法律规定的期限内成立清算组，逾期不成立清算组，债权人可以申请人民法院指定有关人员组成清算组进行清算。第二，通知和公告债权人。清算组应当自成立之日起法定期限内通知债权人，并于法定期限内在报纸上进行公告；债权人应当自接到通知书之日起的法定期限内，未接到通知书的自第一次公告之日起的法定期限内，向清算组申报其债权。第三，制订清算方案，清理债权、债务。清算组在清理外国公司分支机构财产、编制资产负债表和财产清单后，应当制订清算方案，进行债务清偿。外国公司分支机构的财产能够清偿其债务的，分别按顺序支付清算费用、职工工资和劳动保险费用以及法定补偿金，缴纳所欠税款，清偿公司债务。分支机构财产不足以清偿债务的，由其所属的外国公司负责清偿。第四，办理注销登记。清算结束后，清算组应当制作清算报告，报有关主管机关确认，并报送原公司登记机关，在法定期限内申请注销登记，由公司登记机关发布公告、缴销营业执照。为防止外国公司逃避债务，本条规定外国公司清偿债务前，不得将其分支机构的财产转移至中国境外。

外国公司分支机构的撤销是指外国公司依法终结其在东道国设立的分支机构的业务活动，使已经设立的该分支机构归于消灭的法律行为。外国公司撤销在中华人民共和国境内设立的分支机构主要分为两种：一种是主动撤销，即所属外国公司自愿把在中国境内的分支机构关闭，不再在中国境内从事经营活动。另一种是被动撤销，即东道国政府强令外国公司分支机构撤销。被动撤销主要发生在外国公司分支机构在从事经营活动的过程中违反了东道国法律的相关规定，公司登记机关责令其停止营业吊销营业执照等情形。

▶ 适用指引

外国公司的分支机构作为中国境内的一个市场主体，自办理设立登记并领取营业执照之日产生，自办理注销登记之日终止。因此，外国公司依法清偿债务并完成对分支机构的清算后，还应当向登记机关申请办理分支机构注销登记。按照《市场主体登记管理条例》第32条的规定，清算组应当自清算结束之日起30日内向登记机关申请注销登记。

需要注意的问题是，外国公司的分支机构是外国公司的组成部分，分支机构的债务实质上是该外国公司的债务，因此，用于清偿分支机构债务的财产不限于该分支机构的现有财产，如果分支机构的现有财产不足以清偿所欠债务时，债务人有权向该分支机构所属的外国公司请求偿还。

第十二章　法律责任

> 第一百九十八条　违反本法规定，虚报注册资本、提交虚假材料或者采取其他欺诈手段隐瞒重要事实取得公司登记的，由公司登记机关责令改正，对虚报注册资本的公司，处以虚报注册资本金额百分之五以上百分之十五以下的罚款；对提交虚假材料或者采取其他欺诈手段隐瞒重要事实的公司，处以五万元以上五十万元以下的罚款；情节严重的，撤销公司登记或者吊销营业执照。

▶ 关联规定

法律、行政法规、司法解释

1.《中华人民共和国公司法》

第十六条　公司向其他企业投资或者为他人提供担保，依照公司章程的规定，由董事会或者股东会、股东大会决议；公司章程对投资或者担保的总额及单项投资或者担保的数额有限额规定的，不得超过规定的限额。

公司为公司股东或者实际控制人提供担保的，必须经股东会或者股东大会决议。

前款规定的股东或者受前款规定的实际控制人支配的股东，不得参加前款规定事项的表决。该项表决由出席会议的其他股东所持表决权的过半数通过。

第二十五条　有限责任公司章程应当载明下列事项：

（一）公司名称和住所；

（二）公司经营范围；

（三）公司注册资本；

（四）股东的姓名或者名称；

（五）股东的出资方式、出资额和出资时间；

（六）公司的机构及其产生办法、职权、议事规则；

（七）公司法定代表人；

（八）股东会会议认为需要规定的其他事项。股东应当在公司章程上签名、盖章。

第二十六条 有限责任公司的注册资本为在公司登记机关登记的全体股东认缴的出资额。

法律、行政法规以及国务院决定对有限责任公司注册资本实缴、注册资本最低限额另有规定的，从其规定。

2.《中华人民共和国市场主体登记管理条例》

第十三条 除法律、行政法规或者国务院决定另有规定外，市场主体的注册资本或者出资额实行认缴登记制，以人民币表示。

出资方式应当符合法律、行政法规的规定。公司股东、非公司企业法人出资人、农民专业合作社（联合社）成员不得以劳务、信用、自然人姓名、商誉、特许经营权或者设定担保的财产等作价出资。

第四十五条 实行注册资本实缴登记制的市场主体虚报注册资本取得市场主体登记的，由登记机关责令改正，处虚报注册资本金额5%以上15%以下的罚款；情节严重的，吊销营业执照。

实行注册资本实缴登记制的市场主体的发起人、股东虚假出资，未交付或者未按期交付作为出资的货币或者非货币财产的，或者在市场主体成立后抽逃出资的，由登记机关责令改正，处虚假出资金额5%以上15%以下的罚款。

▶ 条文释义

一、本条主旨

本条是关于采取欺诈手段取得公司登记的法律责任的规定。

二、条文演变

1993年《公司法》第206条规定："违反本法规定，办理公司登记时虚报注册资本、提交虚假证明文件或者采取其他欺诈手段隐瞒重要事实取得公司登记的，责令改正，对虚报注册资本的公司，处以虚报注册资本金额百分之五以上百分之十以下的罚款；对提交虚假证明文件或者采取其他欺诈手段隐瞒重要事实的公司，处以一万元以上十万元以下的罚款；情节严重的，撤销公司登记。构成犯罪的，依法追究刑事责任。"1999年、2004年《公司法》对1993年《公司法》第206条未作调整。2005年《公司法》第199条对该条进行了个别微调，包括：删除了"办理公司登记时"；和增加了罚款数额。调整后的第199条规定："违反本法规定，虚报注册资本、提交虚假材料或者采取其他欺诈手段隐瞒重要事实取得公司登记的，由公司登记机关责令改正，对虚报注册资本的公司，处以虚报注册资本金额百分之五以上百分之十五以下的罚款；对提交虚假材料或者采取其他欺诈手段隐瞒重要事实的公司，处以五万元以上五十万元以下的罚款；情节严重的，撤销公司登记或者吊销营业执照。"2013年和2018年《公司法》将本条调整为第198条，条文内容与2005年的内容保持不变。

三、条文解读

（一）关于违法行为

本条涉及的违法行为有以下三种。

1. 虚报注册资本

这里的"虚报"主要是指为骗取公司登记而故意夸大资本数额，实际上根本就没有出资或者没有全部出资。这里的"注册资本"，是指在公司登记机关登记的资本数额，包括设立时股东认缴的出资额，也包括成立增加的资本额。

2. 提交虚假材料

本条中所说的"虚假材料"，主是指设立（变更、注销）登记申请书、公司章程、验资证明等文件和从事法律、行政法规规定须经有关部门审批的业务所提交的有关部门的批准文件是虚假的，如设立申请书中股东出资额的验资证明是虚构的，或者从事特种行业所提交的有关部门的批准文件是伪造的等。

3. 采取其他欺诈手段隐瞒重要事实

本条中所谓"其他欺诈手段"，是指采用其他隐瞒事实的方法欺骗公司登记机关的行为。

（二）关于行政处罚

实施本条规定的行政处罚的主体为公司登记机关，即市场监督管理部门。行政处罚的主要方式有以下三种。

1. 责令改正

对任何一种违法行为，均应当予以改正，所以行政处罚法并未将责令改正包括在行政处罚的种类之中，但是行政机关实施处罚时，首先应当责令当事人改正违法行为或者限制改正违法行为，然后才是行政处罚。

2. 罚款

罚款是行政处罚的一种方式。由公司登记机关对虚报注册资本的公司，处以虚报注册资本金额5%以上15%以下的罚款；对提交虚报材料或者采取其他欺诈手段隐瞒重要事实的公司，处以5万元以上50万元以下的罚款。

3. 撤销公司登记

本条规定，采取欺诈手段，违法取得公司登记，情节严重的，可以由公司登记机关撤销公司登记。撤销公司设立登记从根本上否认了公司的民事主体资格的合法性，被撤销公司登记的公司的民事主体资格归于消灭，因此只能适用于违法行为特别严重、已不能行使营业执照所赋予权利的违法者，至于什么样的违法行为算是情节严重，本条没有明确规定，可以由公司登记机关总结执法经验作出具体规定。

▶ 类案检索

一、海南华辰实业投资有限公司与海南省工商行政管理局、海南省人民政府及原审第三人王某某工商行政处罚案

关键词： 工商登记　虚假材料　注册资本　欺诈手段　罚款

裁判摘要： 首先，根据查明的事实，王某某未在华辰公司提交给省工商局变更登记的有关材料上签名，且华辰公司也承认其提交给省工商局的上述材料中王某某的签名系伪造。由此，省工商局认定华辰公司在2014年6月3日核准的变更登记中存在提交虚假材料取得公司登记的行为，事实清楚。其次，《公司法》第198条规定："违反本法规定，虚报注册资本、提交虚假材料或者

采取其他欺诈手段隐瞒重要事实取得公司登记的，由公司登记机关责令改正，对虚报注册资本的公司，处以虚报注册资本金额百分之五以上百分之十五以下的罚款；对提交虚假材料或者采取其他欺诈手段隐瞒重要事实的公司，处以五万元以上五十万元以下的罚款；情节严重的，撤销公司登记或者吊销营业执照。"华辰公司提交未经其他股东同意并伪造股东签名及伪造股东会决议的材料取得公司登记的行为，不仅侵犯作为股东之一的王某某的合法权益，也严重扰乱公司登记管理秩序和市场经济秩序，属于情节严重的情形。省工商局依据上述规定撤销给华辰公司核准变更登记的行为，适用法律正确。

综上，省工商局4号决定书撤销其于2014年6月3日核准的华辰公司变更登记的决定，事实清楚，适用法律正确。省政府作出的30号复议决定书维持省工商局的4号决定书，亦事实清楚，程序合法。原审认定事实清楚，程序合法，适用法律及判决结果正确。上诉人华辰公司的上诉请求缺乏事实根据和法律依据，依法应予驳回。

【案　　号】（2016）琼行终167号
【审理法院】海南省高级人民法院

二、四川华泰钢桥有限责任公司诉四川省工商行政管理局工商行政撤销上诉案

关键词： 工商登记　虚假材料　注册资本　欺诈手段　罚款

裁判摘要： 根据《行政许可法》第12条第5项关于"企业或者其他组织的设立等，需要确定主体资格的事项"的规定，公司设立属于行政许可事项，应当受《行政许可法》及相关公司法律规范调整。《公司法》是对公司这类组织的民事主体进行规范的专门法律，其关于公司的设立、变更及撤销的规定更明确具体，应当优先予以适用。根据《公司法》第198条关于"违反本法规定，虚报注册资本、提交虚假材料或者采取其他欺诈手段隐瞒重要事实取得公司登记的，由公司登记机关责令改正，对虚报注册资本的公司，处以虚报注册资本金额百分之五以上百分之十五以下的罚款；对提交虚假材料或者采取其他欺诈手段隐瞒重要事实的公司，处以五万元以上五十万元以下的罚款；情节严重的，撤销公司登记或者吊销营业执照"的规定，对提交虚假材料取得公司登记的情形，如公司登记机关作出撤销公司登记的处理，应当有该情形情节严重的事实。本案中，省工商局作出的1号撤销行政许可决定，仅认定川西物协站

在变更为新路公司时提交的《职工代表大会纪要》为虚假，但没有认定、也未提交证据证明该提交虚假材料的行为情节严重的事实，故省工商局作出的1号撤销行政许可决定认定事实不清。《行政许可法》第7条规定："公民、法人或者其他组织对行政机关实施行政许可，享有陈述权、申辩权；……"本案中，省工商局在作出1号撤销行政许可决定前，没有将按行政许可监督检查程序撤销华泰公司登记的理由、法律依据向华泰公司进行告知，客观上造成华泰公司无法对省工商局的处理是否合法适当进行有针对性的陈述和申辩，这违反了《行政许可法》关于实施行政许可的程序规定，属于程序违法的情形。

【案　　　号】（2014）川行终字第156号
【审理法院】四川省高级人民法院

> 第一百九十九条 公司的发起人、股东虚假出资，未交付或者未按期交付作为出资的货币或者非货币财产的，由公司登记机关责令改正，处以虚假出资金额百分之五以上百分之十五以下的罚款。

▶ 关联规定

法律、行政法规、司法解释

1.《中华人民共和国公司法》

第三条 公司是企业法人，有独立的法人财产，享有法人财产权。公司以其全部财产对公司的债务承担责任。

有限责任公司的股东以其认缴的出资额为限对公司承担责任；股份有限公司的股东以其认购的股份为限对公司承担责任。

第二十八条 股东应当按期足额缴纳公司章程中规定的各自所认缴的出资额。股东以货币出资的，应当将货币出资足额存入有限责任公司在银行开设的账户；以非货币财产出资的，应当依法办理其财产权的转移手续。

股东不按照前款规定缴纳出资的，除应当向公司足额缴纳外，还应当向已按期足额缴纳出资的股东承担违约责任。

第八十三条 以发起设立方式设立股份有限公司的，发起人应当书面认足公司章程规定其认购的股份，并按照公司章程规定缴纳出资。以非货币财产出资的，应当依法办理其财产权的转移手续。

发起人不依照前款规定缴纳出资的，应当按照发起人协议承担违约责任。

发起人认足公司章程规定的出资后，应当选举董事会和监事会，由董事会向公司登记机关报送公司章程以及法律、行政法规规定的其他文件，申请设立登记。

2.《中华人民共和国市场主体登记管理条例》

第十三条 除法律、行政法规或者国务院决定另有规定外，市场主体的注册资本或者出资额实行认缴登记制，以人民币表示。

出资方式应当符合法律、行政法规的规定。公司股东、非公司企业法人出资人、农民专业合作社（联合社）成员不得以劳务、信用、自然人姓名、商誉、特许经营权或者设定担保的财产等作价出资。

第四十五条 实行注册资本实缴登记制的市场主体虚报注册资本取得市场主体登记的，由登记机关责令改正，处虚报注册资本金额5%以上15%以下的罚款；情节严重的，吊销营业执照。

实行注册资本实缴登记制的市场主体的发起人、股东虚假出资，未交付或者未按期交付作为出资的货币或者非货币财产的，或者在市场主体成立后抽逃出资的，由登记机关责令改正，处虚假出资金额5%以上15%以下的罚款。

3.《最高人民法院关于适用〈中华人民共和国公司法〉若干问题的规定（三）》

第六条 股份有限公司的认股人未按期缴纳所认股份的股款，经公司发起人催缴后在合理期间内仍未缴纳，公司发起人对该股份另行募集的，人民法院应当认定该募集行为有效。认股人延期缴纳股款给公司造成损失，公司请求该认股人承担赔偿责任的，人民法院应予支持。

第八条 出资人以划拨土地使用权出资，或者以设定权利负担的土地使用权出资，公司、其他股东或者公司债权人主张认定出资人未履行出资义务的，人民法院应当责令当事人在指定的合理期间内办理土地变更手续或者解除权利负担；逾期未办理或者未解除的，人民法院应当认定出资人未依法全面履行出资义务。

第九条 出资人以非货币财产出资，未依法评估作价，公司、其他股东或者公司债权人请求认定出资人未履行出资义务的，人民法院应当委托具有合法资格的评估机构对该财产评估作价。评估确定的价额显著低于公司章程所定价额的，人民法院应当认定出资人未依法全面履行出资义务。

第十条 出资人以房屋、土地使用权或者需要办理权属登记的知识产权等财产出资，已经交付公司使用但未办理权属变更手续，公司、其他股东或者公司债权人主张认定出资人未履行出资义务的，人民法院应当责令当事人在指定的合理期间内办理权属变更手续；在前述期间内办理了权属变更手续的，人民法院应当认定其已经履行了出资义务；出资人主张自其实际交付财产给公司使用时享有相应股东权利的，人民法院应予支持。

出资人以前款规定的财产出资，已经办理权属变更手续但未交付给公司使用，公司或者其他股东主张其向公司交付、并在实际交付之前不享有相应股东权利的，人民法院应予支持。

第十一条 出资人以其他公司股权出资，符合下列条件的，人民法院应当认定出资人已履行出资义务：

（一）出资的股权由出资人合法持有并依法可以转让；

（二）出资的股权无权利瑕疵或者权利负担；

（三）出资人已履行关于股权转让的法定手续；

（四）出资的股权已依法进行了价值评估。

股权出资不符合前款第（一）、（二）、（三）项的规定，公司、其他股东或者公司债权人请求认定出资人未履行出资义务的，人民法院应当责令该出资人在指定的合理期间内采取补正措施，以符合上述条件；逾期未补正的，人民法院应当认定其未依法全面履行出资义务。

股权出资不符合本条第一款第（四）项的规定，公司、其他股东或者公司债权人请求认定出资人未履行出资义务的，人民法院应当按照本规定第九条的规定处理。

第十三条 股东未履行或者未全面履行出资义务，公司或者其他股东请求其向公司依法全面履行出资义务的，人民法院应予支持。

公司债权人请求未履行或者未全面履行出资义务的股东在未出资本息范围内对公司债务不能清偿的部分承担补充赔偿责任的，人民法院应予支持；未履行或者未全面履行出资义务的股东已经承担上述责任，其他债权人提出相同请求的，人民法院不予支持。

股东在公司设立时未履行或者未全面履行出资义务，依照本条第一款或者第二款提起诉讼的原告，请求公司的发起人与被告股东承担连带责任的，人民法院应予支持；公司的发起人承担责任后，可以向被告股东追偿。

股东在公司增资时未履行或者未全面履行出资义务，依照本条第一款或者第二款提起诉讼的原告，请求未尽公司法第一百四十七条第一款规定的义务而使出资未缴足的董事、高级管理人员承担相应责任的，人民法院应予支持；董事、高级管理人员承担责任后，可以向被告股东追偿。

第十八条 有限责任公司的股东未履行或者未全面履行出资义务即转让股权，受让人对此知道或者应当知道，公司请求该股东履行出资义务、受让人对此承担连带责任的，人民法院应予支持；公司债权人依照本规定第十三条第二款向该股东提起诉讼，同时请求前述受让人对此承担连带责任的，人民法院应予支持。

受让人根据前款规定承担责任后，向该未履行或者未全面履行出资义务的股东追偿的，人民法院应予支持。但是，当事人另有约定的除外。

▶ 条文释义

一、本条主旨

本条是关于虚假出资的法律责任的规定。

二、条文演变

1993年《公司法》第208条规定："公司的发起人、股东未交付货币、实物或者未转移财产权，虚假出资，欺骗债权人和社会公众的，责令改正，处以虚假出资金额百分之五以上百分之十以下的罚款。构成犯罪的，依法追究刑事责任。"1999年、2004年《公司法》对1993年《公司法》第208条未作调整。2005年《公司法》第200条对该条中有关"虚假出资"的行为进行了微调，并提高了罚款的幅度和金额，调整后的第200条规定："公司的发起人、股东虚假出资，未交付或者未按期交付作为出资的货币或者非货币财产的，由公司登记机关责令改正，处以虚假出资金额百分之五以上百分之十五以下的罚款。"因公司的发起人和股东出资是公司经营资本的一部分，是公司从事生产经营活动的基础，是公司承担风险、偿还债务的基本保证，维系着市场交易安全和债权人的合法权益，对虚假出资的行为予以法律上的否定评价是十分必要的。2013年《公司法》的第199条和2018年《公司法》第199条，对2005年《公司法》第200条的内容进行了保留，只将序号调整为第199条。

三、条文解读

（一）关于出资

根据本法的规定，公司的发起人、股东在签订设立公司的协议，制定公司章程，确立公司名称、依据等相关事宜后，需要根据达成的协议和法律的规定，按期足额缴纳各自所应当认缴的出资额，经验资机构验资后，根据公司性质的不同去申请公司设立登记。在这个过程中，公司的发起人、股东的出资是否真实和按期足额缴纳非常重要。如果有的公司的发起人、股东虚假出资，既会影响其他发起人或者股东的利益，也会危及市场经济的稳健发展。因此，本法要求公司的发起人、股东必须足额、按期地缴纳出资。

（二）关于法律责任

依据本条规定，追究虚假出资行为的法律责任包括两方面。

1. 责令改正

公司登记机关应当及时责令虚假出资的公司发起人、股东履行其出资义务，改正虚假出资行为。

2. 罚款

公司发起人、股东虚假出资，总是为追求一定的经济利益。因此，有关主管机关对行为人除责令改正外，同时，处以罚款是必要的，以使行为人承担经济责任，受到惩罚和教育。根据本条规定，公司的发起人、股东虚假出资的，未交付或者未按期交付作为出资的货币或者非货币财产的，公司登记机关应当对其处以虚假出资金额5%以上15%以下的罚款。

▶ 类案检索

一、傅某某与南宁市市场监督管理局工商行政处罚纠纷案

关键词： 虚假出资　出资的货币　非货币财产　罚款

裁判摘要： 关于被诉105号行政处罚决定适用法律是否正确的问题：（1）《公司法》从1993年颁布至2004年修正，对有限责任公司的注册资本均规定为"全体股东实缴的出资额"。《公司法》从2005年修订至今，对有限责任公司的注册资本修正为"全体股东认缴的出资额"。虽然《公司法》对有限责任公司的注册资本从"全体股东实缴的出资额"修订为"全体股东认缴的出资额"，但《公司法》从1993年颁布至今，历经多次修正、修订，均明确规定"股东应当按期足额缴纳公司章程中规定的各自所认缴的出资额"（2013年修正的《公司法》第26条规定），且对公司的发起人、股东出资违法的法律责任

作出明确规定,即对虚假出资,未交付或者未按期交付作为出资的货币或者非货币财产的,由公司登记机关责令改正,处以罚款,处罚的幅度从"虚假出资金额百分之五以上百分之十以下",提升至"虚假出资金额百分之五以上百分之十五以下"。据此,原南宁市工商行政管理局认定"当事人在南宁百利公司增资108万美元的过程中,并未履行出资义务,行为已违法",决定对傅某某等人虚假出资违法行为进行处罚,适用法律并无不当。上诉人傅某某上诉提出原南宁市工商行政管理局背离注册资本认缴制改革,滥用职权"选择性执法"的上诉理由,没有事实依据,法院不予支持。(2)2005年修订的《公司法》第200条规定:"公司的发起人、股东虚假出资,未交付或者未按期交付作为出资的货币或者非货币财产的,由公司登记机关责令改正,处以虚假出资金额百分之五以上百分之十五以下的罚款。"而2013年修正的《公司法》第199条与2005修订的《公司法》第200条规定的内容完全一致,仅为条款序号不同,被诉105号行政处罚决定在适用法律时未注明法律实施时间,存在瑕疵。但原南宁市工商行政管理局适用2005年修订的《公司法》第200条的规定,作出被诉105号行政处罚决定,并未加重对上诉人傅某某的处罚,该行政处罚决定结果正确。

【案　　号】(2019)桂行终1099号
【审理法院】广西壮族自治区高级人民法院

二、边某某等与付某某等股东资格权确认纠纷案

关键词: 不出资　虚假出资　股东地位　行政责任　罚款

裁判摘要: 边某某等6人及付某某、赵某某2人所持有的公司股份已于2012年7月24日全部转让给鼎华公司,鼎华公司现是哈达图公司的唯一股东,目前边某某等6人及付某某、赵某某2人在哈达图公司已经没有股份,不再是哈达图公司股东。边某某等6人诉求确认2004年其在哈达图公司的股权比例与现在的哈达图公司及鼎华公司无关,故其起诉哈达图公司、鼎华公司属被告主体不适格。关于边某某等6人上诉主张付某某、赵某某2人没有真实出资所占股权比例应归零,确认边某某等6人持股比例为5.84%的问题。首先出资是股东对公司的基本义务,也是形成公司财产的基础。但根据《公司法》第28条第2款之规定:"股东不按照前款规定缴纳出资的,除应当向公司足额缴纳外,还应当向已按期足额缴纳出资的股东承担违约责任。"欠缴股东应

当向公司足额缴纳，还应向已按期足额缴纳出资的股东承担违约责任。另根据《公司法》第199条之规定，"公司的发起人、股东虚假出资，未交付或者未按期交付作为出资的货币或者非货币财产的，由公司登记机关责令改正，处以虚假出资金额百分之五以上百分之十五以下的罚款"，因此，股东不出资或出资不实并不必然导致股东地位的丧失，但会导致承担相应的民事责任和行政责任。故边某某等6人主张因付某某、赵某某2人没有真实出资所占股权比例应归零，确认边某某等6人持股比例为5.84%的上诉请求，于法无据，法院不予支持。综上，一审判决虽适用法律不当，但判决结果正确。依照《民事诉讼法》第170条第1款第1项、《民事诉讼法解释》第334条之规定，判决驳回上诉，维持原判。

【案　　号】（2016）内25民终145号
【审理法院】内蒙古自治区锡林郭勒盟中级人民法院

第二百条　公司的发起人、股东在公司成立后，抽逃其出资的，由公司登记机关责令改正，处以所抽逃出资金额百分之五以上百分之十五以下的罚款。

▶ 关联规定

一、法律、行政法规、司法解释

1.《中华人民共和国刑法》

第一百五十九条　公司发起人、股东违反公司法的规定未交付货币、实物或者未转移财产权，虚假出资，或者在公司成立后又抽逃其出资，数额巨大、后果严重或者有其他严重情节的，处五年以下有期徒刑或者拘役，并处或者单处虚假出资金额或者抽逃出资金额百分之二以上百分之十以下罚金。

单位犯前款罪的，对单位判处罚金，并对其直接负责的主管人员和其他直接责任人员，处五年以下有期徒刑或者拘役。

2.《中华人民共和国市场主体登记管理条例》

第四十五条　实行注册资本实缴登记制的市场主体虚报注册资本取得市场主体登记的，由登记机关责令改正，处虚报注册资本金额5%以上15%以下的罚款；情节严重的，吊销营业执照。

实行注册资本实缴登记制的市场主体的发起人、股东虚假出资，未交付或者未按期交付作为出资的货币或者非货币财产的，或者在市场主体成立后抽逃出资的，由登记机关责令改正，处虚假出资金额5%以上15%以下的罚款。

3.《最高人民法院关于适用〈中华人民共和国公司法〉若干问题的规定（三）》

第十二条　公司成立后，公司、股东或者公司债权人以相关股东的行为符合下列情形之一且损害公司权益为由，请求认定该股东抽逃出资的，人民法院应予支持：

（一）制作虚假财务会计报表虚增利润进行分配；

（二）通过虚构债权债务关系将其出资转出；

（三）利用关联交易将出资转出；

（四）其他未经法定程序将出资抽回的行为。

第十四条 股东抽逃出资，公司或者其他股东请求其向公司返还出资本息、协助抽逃出资的其他股东、董事、高级管理人员或者实际控制人对此承担连带责任的，人民法院应予支持。

公司债权人请求抽逃出资的股东在抽逃出资本息范围内对公司债务不能清偿的部分承担补充赔偿责任、协助抽逃出资的其他股东、董事、高级管理人员或者实际控制人对此承担连带责任的，人民法院应予支持；抽逃出资的股东已经承担上述责任，其他债权人提出相同请求的，人民法院不予支持。

第十六条 股东未履行或者未全面履行出资义务或者抽逃出资，公司根据公司章程或者股东会决议对其利润分配请求权、新股优先认购权、剩余财产分配请求权等股东权利作出相应的合理限制，该股东请求认定该限制无效的，人民法院不予支持。

第十七条 有限责任公司的股东未履行出资义务或者抽逃全部出资，经公司催告缴纳或者返还，其在合理期间内仍未缴纳或者返还出资，公司以股东会决议解除该股东的股东资格，该股东请求确认该解除行为无效的，人民法院不予支持。

在前款规定的情形下，人民法院在判决时应当释明，公司应当及时办理法定减资程序或者由其他股东或者第三人缴纳相应的出资。在办理法定减资程序或者其他股东或者第三人缴纳相应的出资之前，公司债权人依照本规定第十三条或者第十四条请求相关当事人承担相应责任的，人民法院应予支持。

第十九条 公司股东未履行或者未全面履行出资义务或者抽逃出资，公司或者其他股东请求其向公司全面履行出资义务或者返还出资，被告股东以诉讼时效为由进行抗辩的，人民法院不予支持。

公司债权人的债权未过诉讼时效期间，其依照本规定第十三条第二款、第十四条第二款的规定请求未履行或者未全面履行出资义务或者抽逃出资的股东承担赔偿责任，被告股东以出资义务或者返还出资义务超过诉讼时效期间为由进行抗辩的，人民法院不予支持。

二、部门规章及规范性文件

《人民币银行结算账户管理办法》

第三十七条 注册验资的临时存款账户在验资期间只收不付，注册验资资金的汇缴人应与出资人的名称一致。

第三十八条 存款人开立单位银行结算账户，自正式开立之日起3个工作日后，方可办理付款业务。但注册验资的临时存款账户转为基本存款账户和因借款转存开立的一般存款账户除外。

▶ 条文释义

一、本条主旨

本条是关于公司发起人、股东抽逃出资的法律责任的规定。

二、条文演变

1993年《公司法》第209条规定："公司的发起人、股东在公司成立后，抽逃其出资的，责令改正，处以所抽逃出资金额百分之五以上百分之十以下的罚款。构成犯罪的，依法追究刑事责任。"2005年《公司法》修订时，将其中表述修改为"由公司登记机关责令改正"，并将条文序号修改为第201条。此后，本条文内容均未再进行修改，仅条文序号略有改动，2018年修正《公司法》条文序号调整为第200条。

三、条文解读

出资构成的注册资本是公司信誉及其承担责任的物质基础。因此，本法规定的发起人、股东出资后，不得抽回出资。公司的发起人、股东在公司成立后，抽逃其出资，是对公司债权人、社会公众和公司登记机关的欺骗，应当承担相应的法律责任。

实践中，抽逃出资主要包括两种情况：一种是为了达到设立公司的目的，通过向其他企业借款或者向银行贷款等手段取得资金，作为自己出资，等公司登记成立后，又抽回这些资金；另一种是在公司设立时，依法缴纳了自己的出资，但当公司成立后，又将其出资撤回。对何为抽逃出资，《公司法规定（三）》进行了规定，公司成立后，公司、股东或者公司债权人以相关股东的行为符合下列情形之一且损害公司权益为由，请求认定该股东抽逃出资的，人民法院应予支持：制作虚假财务会议报表虚增利润进行分配；通过虚构债权债务关系将其出资转出；利用关联交易将出资转出；其他未经法定程序将出资抽回的行为。公司的发起人、股东在公司成立后，抽逃其出资，是对公司债权人、社会公众和公司登记机关的欺骗，应当承担相应的法律责任。

抽逃不同于一般的交易，一般的交易是有公正、合理的对价，但"抽逃"是指股东出资资金或者相应的资产从公司转移给股东时，股东并未向公司支付公正、合理的对价，即未向公司交付等值的资产或权益。这也是认定抽逃出资行为的关键所在。股东抽逃出资虽然大多采取隐蔽、秘密的手段，但在财务记录上一般有迹可循。财务记录，如公司的资产负债采、长期投资账册、资产损益表、财务状况变动表、利润分配表及其工作底稿等，是股东抽逃出资的外在表现形式。

抽逃出资的股东具体主要采取以下四种财务记录方式。

1. 借方记录"银行存款"，贷方记录"其他应收账款"

以"其他应收账款"长期挂账，挂账方多为股东或与股东有关联关系的人，理由多为材料采购等，但其实股东与公司并未有真正的、公正的业务往来。因此，需查验公司的资产负债表等账务记录，以及有关的合同、发票、汇款单据等，看两者数据是否吻合。

2. 借方记录"银行存款"，贷方记录"长期投资"

使公司资本长期滞留在公司账外，不能供公司使用。但实际上与股东并无基础的投资关系，或者公司对股东进行无对价的反投资或抵押担保，公司没有得到相应的收益，却要因股东的债务承担连带保证责任，股东无法偿还债务时，股东的出资被部分或全部执行给案外人。此种情形需要通过查验抵押投资协议、汇款单据、被投资担保的公司的注册情况、公司的收益情况等，以此来查证公司对外投资担保的真实性和公司是否享有公平合理的收益。

3. 做混账

将应收账款、预付账款、其他应收款三个账户合并设置应收综合账户，而且债权、债务未按单位或个人分别设置分户明细账。

4. 不做账或者做假账

公司成立后，股东强行转移公司资产，"银行存款"项下账面上的公司注册资金并未减少，账面数额仅是一个虚假的夸大数字。能够进行此项操作的一般是控股股东，利用其强势地位抽逃出资。此时，需要股东对交易、财务记录进行查阅、调查，或通过有法定资格的审计师事务所或者会计师事务所独立审计，出具书面审计报告，以确认公司资金减少的事实和减少的原因。

▶ 类案检索

一、吴某1与吴某2、房县瑞浩矿业有限公司撤销权纠纷案

关键词： 公司成立　故意　抽逃出资　出资金额　罚款

裁判摘要： 吴某1、徐某某申请注册成立房县瑞浩矿业有限公司后，很快将房县瑞浩矿业有限公司注册资金500万元转移。根据《公司法》第201条的规定，公司的发起人、股东在公司成立后，抽逃其出资的，由公司登记机关责令改正，处以所抽逃出资金额5%以上15%以下的罚款。出资构成的注册资本是公司信誉及其承担责任的物质基础。公司发起人、股东出资后，不得抽回出资。公司的发起人、股东在公司成立后，抽逃其出资，是对公司债权人、社会公众和公司登记机关的欺骗，应当承担相应的法律责任。

【案　　号】（2015）鄂十堰中民三终字第00184号

【审理法院】湖北省十堰市中级人民法院

二、资合实业有限公司、中国寰岛（集团）公司与北京资合房地产开发有限公司、北京亚洲大酒店有限公司股东出资纠纷案

关键词： 公司成立　故意　抽逃出资　出资金额　罚款

裁判摘要： 第一，1993年《公司法》第18条规定："外商投资的有限责任公司适用本法，有关中外合资经营企业、中外合作经营企业、外资企业的法律另有规定的，适用其规定。"1990年修正的《中外合资经营企业法》中没有对中外股东的出资义务及违反该义务应承担的责任作出明确规定，该法第5条第4款规定："上述各项投资应在合营企业的合同和章程中加以规定，其价格（场地除外）由合营各方评议商定。"故本案有关股东出资义务及责任承担应当

依照1993年《公司法》的相关规定。1993年《公司法》第4条第2款规定："公司享有由股东投资形成的全部法人财产权,依法享有民事权利,承担民事责任";第25条第1款规定:"股东应当足额缴纳公司章程中规定的各自所认缴的出资额";第34条规定:"股东在公司登记后,不得抽回出资";第193条规定:"清算组在清算期间行使下列职权:(一)清理公司财产,分别编制资产负债表和财产清单";第209条规定:"公司的发起人、股东在公司成立后,抽逃其出资的,责令改正,处以所抽逃出资金额百分之五以上百分之十以下的罚款"。前述法律规定对于股东出资的财产性质、归属,股东应当按照公司章程足额缴纳认缴的出资,股东不得抽逃出资,股东如有抽逃出资的行为应当改正(返还)、清算组负有清理公司资产职责等均予以明确规定。结合本案查明事实,资合实业公司委托亚洲大酒店公司向资合房地产公司出资217万美元,随后又通过亚洲大酒店公司将该款项从资合房地产公司转出,该行为无论从金额、时间节点、款项流转顺序等方面均足以认定系抽逃出资,完全可以适用1993年《公司法》的相关规定予以认定、处理,不属于《公司法规定(一)》第2条因"当时的法律法规和司法解释没有明确规定"而可以参照适用2005年《公司法》的情形。故一审法院判决认定资合实业公司抽逃217万美元出资并应予返还正确,但适用法律有误,应当予以纠正。

【案　　　号】(2017)京民终332号
【审理法院】北京市高级人民法院

第二百零一条 公司违反本法规定，在法定的会计账簿以外另立会计账簿的，由县级以上人民政府财政部门责令改正，处以五万元以上五十万元以下的罚款。

关联规定

法律、行政法规、司法解释

1.《中华人民共和国会计法》

第三条 各单位必须依法设置会计账簿，并保证其真实、完整。

第五条 会计机构、会计人员依照本法规定进行会计核算，实行会计监督。

任何单位或者个人不得以任何方式授意、指使、强令会计机构、会计人员伪造、变造会计凭证、会计账簿和其他会计资料，提供虚假财务会计报告。

任何单位或者个人不得对依法履行职责、抵制违反本法规定行为的会计人员实行打击报复。

第十三条 会计凭证、会计账簿、财务会计报告和其他会计资料，必须符合国家统一的会计制度的规定。

使用电子计算机进行会计核算的，其软件及其生成的会计凭证、会计账簿、财务会计报告和其他会计资料，也必须符合国家统一的会计制度的规定。

任何单位和个人不得伪造、变造会计凭证、会计账簿及其他会计资料，不得提供虚假的财务会计报告。

第十五条 会计账簿登记，必须以经过审核的会计凭证为依据，并符合有关法律、行政法规和国家统一的会计制度的规定。会计账簿包括总账、明细账、日记账和其他辅助性账簿。

会计账簿应当按照连续编号的页码顺序登记。会计账簿记录发生错误或者隔页、缺号、跳行的，应当按照国家统一的会计制度规定的方法更正，并由会计人员和会计机构负责人（会计主管人员）在更正处盖章。

使用电子计算机进行会计核算的，其会计账簿的登记、更正，应当符合国家统一的会计制度的规定。

第十六条 各单位发生的各项经济业务事项应当在依法设置的会计账簿上统一登记、核算，不得违反本法和国家统一的会计制度的规定私设会计账簿登记、核算。

第十七条 各单位应当定期将会计账簿记录与实物、款项及有关资料相互核对，保证会计账簿记录与实物及款项的实有数额相符、会计账簿记录与会计凭证的有关内容相符、会计账簿之间相对应的记录相符、会计账簿记录与会计报表的有关内容相符。

2.《中华人民共和国公司法》

第九十六条 股份有限公司应当将公司章程、股东名册、公司债券存根、股东大会会议记录、董事会会议记录、监事会会议记录、财务会计报告置备于本公司。

第九十七条 股东有权查阅公司章程、股东名册、公司债券存根、股东大会会议记录、董事会会议决议、监事会会议决议、财务会计报告，对公司的经营提出建议或者质询。

第一百六十三条 公司应当依照法律、行政法规和国务院财政部门的规定建立本公司的财务、会计制度。

第一百六十四条 公司应当在每一会计年度终了时编制财务会计报告，并依法经会计师事务所审计。

财务会计报告应当依照法律、行政法规和国务院财政部门的规定制作。

第一百六十五条 有限责任公司应当依照公司章程规定的期限将财务会计报告送交各股东。

股份有限公司的财务会计报告应当在召开股东大会年会的二十日前置备于本公司，供股东查阅；公开发行股票的股份有限公司必须公告其财务会计报告。

第一百七十条 公司应当向聘用的会计师事务所提供真实、完整的会计凭证、会计账簿、财务会计报告及其他会计资料，不得拒绝、隐匿、谎报。

▶ 条文释义

一、本条主旨

本条是关于违法另立会计账簿法律责任的规定。

二、条文演变

1993 年《公司法》第 211 条规定:"公司违反本法规定,在法定的会计账册以外另立会计账册的,责令改正,处以一万元以上十万元以下的罚款。构成犯罪的,依法追究刑事责任。将公司资产以任何个人名义开立账户存储的,没收违法所得,并处以违法所得一倍以上五倍以下的罚款。构成犯罪的,依法追究刑事责任。"1999 年、2004 年《公司法》对于 1993 年《公司法》第 211 条未作调整。2005 年《公司法》对于该条进行修改,在第 202 条规定:"公司违反本法规定,在法定的会计账簿以外另立会计账簿的,由县级以上人民政府财政部门责令改正,处以五万元以上五十万元以下的罚款。"除了将"会计账册"调整为"会计账簿",将"责令改正"调整为"由县级以上人民政府财政部门责令改正",罚款数额由"处以一万元以上十万元以下"调整为"处以五万元以上五十万元以下"的"升格"外,还删除了原第 2 款规定:"将公司资产以任何个人名义开立账户存储的,没收违法所得,并处以违法所得一倍以上五倍以下的罚款。构成犯罪的,依法追究刑事责任"。2013 年《公司法》和 2018 年《公司法》沿袭了 2005 年《公司法》对本条内容的规定,只是对序号进行调整,由原 2005 年《公司法》第 202 条调整为现行的第 201 条。

三、条文解读

(一)关于本条中另立账簿行为的特点

首先,另立会计账簿行为的主体是公司,因此只能是法人而非自然人。

其次,另立会计账簿行为的主观方面,大多是为逃避有关主管机关监督、检查或者逃避公司的法定义务,目的与动机十分明确,因而行为的主观方面是故意。

最后,另立会计账簿行为的客观方面主要表现为公司违反法律、行政法规和国务院财政部门关于设立会计账簿的规定,在法定的账簿之外设立了另外一套会计账簿。

(二)关于法律责任

根据本条规定,违法另立会计账簿的法律责任主要包括两种方式:一是责令改正方式。由县级以上人民政府财政部门责令改正。二是罚款方式。处以5万元以上50万元以下的罚款。

▶ 类案检索

张某某与句容恒信会计师事务所有限公司股东知情权纠纷案

关键词: 公司管理　财务会计报告　会计账簿　责令改正　罚款

裁判摘要: 关于原告张某某要求查阅被告恒信公司账外账的诉请。张某某并未提供证据证明恒信公司设立了账外账,即使其提供了恒信公司设立账外账的线索,根据《公司法》关于"公司除法定的会计账簿外,不得另立会计账簿";"公司违反本法规定,在法定的会计账簿以外另立会计账簿的,由县级以上人民政府财政部门责令改正,处以五万元以上五十万元以下的罚款"的规定,其应向有关行政机关反映,不属于法律规定的股东知情权的范围,故本案不予理涉。

【案　　号】(2015)句商初字第0083号

【审理法院】江苏省句容市人民法院

> **第二百零二条** 公司在依法向有关主管部门提供的财务会计报告等材料上作虚假记载或者隐瞒重要事实的，由有关主管部门对直接负责的主管人员和其他直接责任人员处以三万元以上三十万元以下的罚款。

▶ 关联规定

法律、行政法规、司法解释

1.《中华人民共和国刑法》

第一百六十一条 依法负有信息披露义务的公司、企业向股东和社会公众提供虚假的或者隐瞒重要事实的财务会计报告，或者对依法应当披露的其他重要信息不按照规定披露，严重损害股东或者其他人利益，或者有其他严重情节的，对其直接负责的主管人员和其他直接责任人员，处五年以下有期徒刑或者拘役，并处或者单处罚金；情节特别严重的，处五年以上十年以下有期徒刑，并处罚金。

前款规定的公司、企业的控股股东、实际控制人实施或者组织、指使实施前款行为的，或者隐瞒相关事项导致前款规定的情形发生的，依照前款的规定处罚。

犯前款罪的控股股东、实际控制人是单位的，对单位判处罚金，并对其直接负责的主管人员和其他直接责任人员，依照第一款的规定处罚。

2.《中华人民共和国会计法》

第五条 会计机构、会计人员依照本法规定进行会计核算，实行会计监督。

任何单位或者个人不得以任何方式授意、指使、强令会计机构、会计人员伪造、变造会计凭证、会计账簿和其他会计资料，提供虚假财务会计报告。

任何单位或者个人不得对依法履行职责、抵制违反本法规定行为的会计人员实行打击报复。

第九条 各单位必须根据实际发生的经济业务事项进行会计核算，填制会计凭证，登记会计账簿，编制财务会计报告。

任何单位不得以虚假的经济事项或者资料进行会计核算。

第十三条 会计凭证、会计账簿、财务会计报告和其他会计资料，必须符合国家统一的会计制度的规定。

使用电子计算机进行会计核算的，其软件及其生成的会计凭证、会计账簿、财务会计报告和其他会计资料，也必须符合国家统一的会计制度的规定。

任何单位和个人不得伪造、变造会计凭证、会计账簿及其他会计资料，不得提供虚假的财务会计报告。

第二十条 财务会计报告应当根据经过审核的会计账簿记录和有关资料编制，并符合本法和国家统一的会计制度关于财务会计报告的编制要求、提供对象和提供期限的规定；其他法律、行政法规另有规定的，从其规定。

财务会计报告由会计报表、会计报表附注和财务情况说明书组成。向不同的会计资料使用者提供的财务会计报告，其编制依据应当一致。有关法律、行政法规规定会计报表、会计报表附注和财务情况说明书须经注册会计师审计的，注册会计师及其所在的会计师事务所出具的审计报告应当随同财务会计报告一并提供。

第二十一条 财务会计报告应当由单位负责人和主管会计工作的负责人、会计机构负责人（会计主管人员）签名并盖章；设置总会计师的单位，还须由总会计师签名并盖章。

单位负责人应当保证财务会计报告真实、完整。

第三十二条 财政部门对各单位的下列情况实施监督：

（一）是否依法设置会计账簿；

（二）会计凭证、会计账簿、财务会计报告和其他会计资料是否真实、完整；

（三）会计核算是否符合本法和国家统一的会计制度的规定；

（四）从事会计工作的人员是否具备专业能力、遵守职业道德。

在对前款第（二）项所列事项实施监督，发现重大违法嫌疑时，国务院财政部门及其派出机构可以向与被监督单位有经济业务往来的单位和被监督单位开立账户的金融机构查询有关情况，有关单位和金融机构应当给予支持。

第三十五条 各单位必须依照有关法律、行政法规的规定，接受有关监督检查部门依法实施的监督检查，如实提供会计凭证、会计账簿、财务会计报告和其他会计资料以及有关情况，不得拒绝、隐匿、谎报。

第四十条 因有提供虚假财务会计报告，做假账，隐匿或者故意销毁会计凭证、会计账簿、财务会计报告，贪污，挪用公款，职务侵占等与会计职务有关的违法行为被依法追究刑事责任的人员，不得再从事会计工作。

3.《中华人民共和国公司法》

第六十二条 一人有限责任公司应当在每一会计年度终了时编制财务会计报告，并经会计师事务所审计。

▶ 条文释义

一、本条主旨

本条是关于提供虚假财会报告的法律责任的规定。

二、条文演变

本条由1993年《公司法》第212条演变而来。1993年《公司法》第212条规定："公司向股东和社会公众提供虚假的或者隐瞒重要事实的财务会计报告的，对直接负责的主管人员和其他直接责任人员处以一万元以上十万元以下的罚款。构成犯罪的，依法追究刑事责任。"1999年、2004年《公司法》未作调整。2005年《公司法》对该条进行了修改。其主要修改内容包括：（1）序号调整。由原第212条调整为第203条。（2）主体调整。由"公司向股东和社会公众"调整为"公司在依法向有关主管部门"。（3）行为方式的调整。由"提供虚假的或者隐瞒重要事实的财务会计报告的"调整为"提供的财务会计报告等材料上作虚假记载或者隐瞒重要事实的"。（4）罚款数额的调整。由"处以一万元以上十万元以下的罚款"调整为"处以三万元以上三十万元以下的罚款"。（5）调整合并部分内容。由于2005年《公司法》新设了第216条，规定，"违反本法规定，构成犯罪的，依法追究刑事责任"，故将"构成犯罪的，依法追究刑事责任"予以位置调整合并。2013年《公司法》和2018年《公司法》对于内容没有调整，只是将序号由原来的第203条调整为现第202条。

三、条文解读

（一）关于提供财务会计报告的作用和意义

公司的财务会计报告是用货币形式反映公司的生产经营活动和财务状况的一种书面报告文件。它根据公司会计账簿的记录，按照规定的形式、内容和方法编制而成。其目的在于系统地、有重点地、简明扼要地反映公司的财务状况和经营成果，向公司机关、股东、债权人、潜在投资者、政府有关部门等会计报表使用人提供必要的账务资料和会计信息。股东和社会公众就是通过公司的财务会计报告来了解公司的经营状况及其成果，在此基础上维护自己的合法权益，并决定今后投资的意向。

（二）关于提供不真实的财务会计报告行为的司法认定

本条禁止在公司向有关主管部门提供的财务会计报告等材料上作虚假记载或者隐瞒重要事实。认定提供不真实的财务会计报告行为应当注意以下三个方面。

1. 提供不真实的财务会计报告行为的主体

从形式上看，该行为的主体是公司，是公司向股东和社会公众提供了不真实的财务会计报告。但是操纵这一行为的主体是公司中直接负责的主管人员和其他直接责任人员。因此，这两类人员才是该行为的真正幕后指挥者，应当承担本条的法律责任。

2. 提供不真实的财务会计报告行为的主观方面

公司中直接负责的主管人员和其他直接责任人员，通过公司向股东和社会公众提供不真实的财务会计报告，是行为人在某种不法目的与动机驱动之下的一种故意行为。提供虚假财会报告与工作过失造成财务会计报告失实行为在客观上有相同之处，即财务会计报告虚假或遗漏。但二者区别的关键在于主观方面的不同，本行为主观上表现为行为人故意提供虚假的或者隐瞒重要事实的财务会计报告，而后者在主观上则是行为人由于业务能力、工作经验和态度等方面的原因，使其所制作的财务会计报告中有错算、错记、漏记等情形，即由工作过失造成财务会计报告失实的情况。

3. 提供不真实的财务会计报告行为的客观方面

主要表现是违反了其如实提供财务会计报告的义务；提供的财务会计报告是虚假的或者隐瞒了重要事实。

▶ 类案检索

汾阳市市场监督管理局、汾阳市人民政府与汾阳市五丰包装有限公司工商行政处罚及行政复议案

关键词： 主管部门　财务会计报告　虚假记载　隐瞒事实　罚款

裁判摘要：《公司法》第202条规定：公司在依法向有关主管部门提供的财务会计报告等材料上作虚假记载或者隐瞒重要事实的，由有关主管部门对直接负责的主管人员和其他直接责任人员处以3万元以上30万元以下的罚款。《国家工商行政管理总局关于工商行政机关正确行使行政处罚自由裁量权的指导意见》第4条第1项规定：在听证报告、案件调查终结报告、行政处罚决定书或者其他处理决定中应当将处罚裁量的情况进行表述，不予行政处罚、减轻行政处罚、从轻行政处罚、从重行政处罚的，应当说明理由。《山西省工商行政管理机关行政处罚裁量权适用规则》第6条第2项规定：罚款为一定幅度的金额的，从轻处罚应选择最低数处罚，或者在从最低数到最高数这一幅度当中选择较低的30%部分进行处罚；从重处罚应选择最高数处罚，或者在从最高数到最低数这一幅度当中选择较高的30%部分进行处罚；一般行政处罚取从轻与从重行政处罚中间部分进行处罚。汾阳市场监管局作出的汾工质稽二罚字（2018）16号行政处罚决定，违反了上述规定，决定书中未对处罚裁量的情况进行表述，其依据《公司法》第202条的规定在3万元以上30元以下的幅度内对汾阳市五丰公司作出10万元的处罚，该处罚属于从轻行政处罚或从重行政处罚无从得知，该处罚数额如何确定无计算依据。因此，汾阳市场监管局作出的汾工质稽二罚字（2018）16号行政处罚决定，存在程序违法。

【案　　号】（2019）晋11行终135号
【审理法院】山西省吕梁市中级人民法院

> 第二百零三条 公司不依照本法规定提取法定公积金的，由县级以上人民政府财政部门责令如数补足应当提取的金额，可以对公司处以二十万元以下的罚款。

▶ 关联规定

法律、行政法规、司法解释

《中华人民共和国公司法》

第一百六十六条 公司分配当年税后利润时，应当提取利润的百分之十列入公司法定公积金。公司法定公积金累计额为公司注册资本的百分之五十以上的，可以不再提取。

公司的法定公积金不足以弥补以前年度亏损的，在依照前款规定提取法定公积金之前，应当先用当年利润弥补亏损。

公司从税后利润中提取法定公积金后，经股东会或者股东大会决议，还可以从税后利润中提取任意公积金。

公司弥补亏损和提取公积金后所余税后利润，有限责任公司依照本法第三十四条的规定分配；股份有限公司按照股东持有的股份比例分配，但股份有限公司章程规定不按持股比例分配的除外。

股东会、股东大会或者董事会违反前款规定，在公司弥补亏损和提取法定公积金之前向股东分配利润的，股东必须将违反规定分配的利润退还公司。

公司持有的本公司股份不得分配利润。

第一百六十七条 股份有限公司以超过股票票面金额的发行价格发行股份所得的溢价款以及国务院财政部门规定列入资本公积金的其他收入，应当列为公司资本公积金。

第一百六十八条 公司的公积金用于弥补公司的亏损、扩大公司生产经营或者转为增加公司资本。但是，资本公积金不得用于弥补公司的亏损。

法定公积金转为资本时，所留存的该项公积金不得少于转增前公司注册资本的百分之二十五。

条文释义

一、本条主旨

本条是关于违法提取法定公积金的法律责任的规定。

二、条文演变

本条自1993年《公司法》第216条演变而来。第216条规定:"公司不按照本法规定提取法定公积金、法定公益金的,责令如数补足应当提取的金额,并可对公司处以一万元以上十万元以下罚款。"1999年、2004年《公司法》第216条未作变动。2005年《公司法》对该条进行了调整。调整之处包括:(1)序号调整。由原第216条调整为第204条。(2)事项调整。将原先规定中的"提取法定公积金、法定公益金的"调整为"提取法定公积金的"。(3)主体调整。将原先规定中的"责令如数补足应当提取的金额"调整为"由县级以上人民政府财政部门责令如数补足应当提取的金额"。(4)罚款数额调整。将原先规定中的"处以一万元以上十万元以下罚款"调整为"处以二十万元以下的罚款"。该条规定:"公司不依照本法规定提取法定公积金的,由县级以上人民政府财政部门责令如数补足应当提取的金额,可以对公司处以二十万元以下的罚款。"2013年《公司法》和2018年《公司法》对2005年《公司法》第204条的内容,未作调整,只将序号调整为第203条。

三、条文解读

（一）关于法定公积金

法定公积金,又称为强制公积金,是依照法律规定必须提取的,为必须从公司税后利润提取的一部分资金。公司不得随意或擅自取消,也不得变更为法定数额以下。《公司法》第166条规定:"公司分配当年税后利润时,应当提取利润的百分之十列入公司法定公积金。公司法定公积金累计额为公司注册资本的百分之五十以上的,可以不再提取。公司的法定公积金不足以弥补以前年度亏损的，在依照前款规定提取法定公积金之前，应当先用当年利润弥补亏损。公司从税后利润中提取法定公积金后，经股东会或者股东大会决议，还可以从税后利润中提取任意公积金。公司弥补亏损和提取公积金后所余税后利润，有限责任公司依照本法第三十四条的规定分配；股份有限公司按照股东持有的股份比例分配，但股份有限公司章程规定不按持股比例分配的除外。股东会、股东大会或者董事会违反前款规定，在公司弥补亏损和提取法定公积金之前向股东分配利润的，股东必须将违反规定分配的利润退还公司。公司持有的本公司股份不得分配利润。"设立法定公积金的主要目的，是弥补公司的亏损、扩大公司生产经营或者转让增加公司资本。

（二）不依法提取公积金的情形

公司不依法提取法定公积金的行为常常有两种情况：一是公司未按时提取法定公积金；二是公司未如数提取法定公积金。

▶ 类案检索

一、北京自由空间酒店管理有限公司与华某某公司盈余分配纠纷案

关键词： 公司资本　注册资本　法定公积金　如数补足　罚款

裁判摘要： 提取法定公积金系公司的法定义务，从本案审理的情况来看，管理公司内部财务会计制度混乱，根据《公司法》第203条的规定，"公司不依照本法规定提取法定公积金的，由县级以上人民政府财政部门责令如数补足应当提取的金额，可以对公司处以二十万元以下的罚款"，管理公司应尽快按照法律规定补足法定公积金，弥补亏损，交清税款，依法进行企业运行。

【案　　号】（2015）一中民（商）终字第437号

【审理法院】 北京市第一中级人民法院

二、云南中建鼎茂建材有限公司与邱某某、倪某某、田某某公司盈余分配纠纷案

关键词： 公司资本　注册资本　法定公积金　如数补足　罚款

裁判摘要： 根据《公司法》第166条"公司分配当年税后利润时，应当提

取利润的百分之十列入公司法定公积金"及第 203 条"公司不依照本法规定提取法定公积金的，由县级以上人民政府财政部门责令如数补足应当提取的金额，可以对公司处以二十万元以下的罚款"的规定，虽然公司分配当年利润时应当提取法定公积金，但该条款并不属于效力性强制性规定，公司未提取法定公积金，属于政府相关部门的职能范围，并不必然导致公司股东会对利润分配的决议无效。

【案　　号】（2019）云 28 民终 581 号
【审理法院】云南省西双版纳傣族自治州中级人民法院

第二百零四条 公司在合并、分立、减少注册资本或者进行清算时，不依照本法规定通知或者公告债权人的，由公司登记机关责令改正，对公司处以一万元以上十万元以下的罚款。

公司在进行清算时，隐匿财产，对资产负债表或者财产清单作虚假记载或者在未清偿债务前分配公司财产的，由公司登记机关责令改正，对公司处以隐匿财产或者未清偿债务前分配公司财产金额百分之五以上百分之十以下的罚款；对直接负责的主管人员和其他直接责任人员处以一万元以上十万元以下的罚款。

▶ 关联规定

法律、行政法规、司法解释

1.《中华人民共和国刑法》

第一百六十二条 公司、企业进行清算时，隐匿财产，对资产负债表或者财产清单作虚伪记载或者在未清偿债务前分配公司、企业财产，严重损害债权人或者其他人利益的，对其直接负责的主管人员和其他直接责任人员，处五年以下有期徒刑或者拘役，并处或者单处二万元以上二十万元以下罚金。

2.《中华人民共和国公司法》

第一百七十三条 公司合并，应当由合并各方签订合并协议，并编制资产负债表及财产清单。公司应当自作出合并决议之日起十日内通知债权人，并于三十日内在报纸上公告。债权人自接到通知书之日起三十日内，未接到通知书的自公告之日起四十五日内，可以要求公司清偿债务或者提供相应的担保。

第一百七十五条 公司分立，其财产作相应的分割。

公司分立，应当编制资产负债表及财产清单。公司应当自作出分立决议之日起十日内通知债权人，并于三十日内在报纸上公告。

第一百八十三条 公司因本法第一百八十条第（一）项、第（二）项、第（四）项、第（五）项规定而解散的，应当在解散事由出现之日起十五日内成立清算组，开始清算。有限责任公司的清算组由股东组成，股份有限公司的清算组由董事或者股东大会确定的人员组成。逾期不成立清算组进行清算的，债权人可以申请人民法院指定有关人员组成清算组进行清算。人民法院应当受理该申请，并及时组织清算组进行清算。

第一百八十五条　清算组应当自成立之日起十日内通知债权人，并于六十日内在报纸上公告。债权人应当自接到通知书之日起三十日内，未接到通知书的自公告之日起四十五日内，向清算组申报其债权。

债权人申报债权，应当说明债权的有关事项，并提供证明材料。清算组应当对债权进行登记。

在申报债权期间，清算组不得对债权人进行清偿。

3.《**最高人民法院关于适用〈中华人民共和国公司法〉若干问题的规定（二）**》

第十一条　公司清算时，清算组应当按照公司法第一百八十五条的规定，将公司解散清算事宜书面通知全体已知债权人，并根据公司规模和营业地域范围在全国或者公司注册登记地省级有影响的报纸上进行公告。

清算组未按照前款规定履行通知和公告义务，导致债权人未及时申报债权而未获清偿，债权人主张清算组成员对因此造成的损失承担赔偿责任的，人民法院应依法予以支持。

第十二条　公司清算时，债权人对清算组核定的债权有异议的，可以要求清算组重新核定。清算组不予重新核定，或者债权人对重新核定的债权仍有异议，债权人以公司为被告向人民法院提起诉讼请求确认的，人民法院应予受理。

第十四条　债权人补充申报的债权，可以在公司尚未分配财产中依法清偿。公司尚未分配财产不能全额清偿，债权人主张股东以其在剩余财产分配中已经取得的财产予以清偿的，人民法院应予支持；但债权人因重大过错未在规定期限内申报债权的除外。

债权人或者清算组，以公司尚未分配财产和股东在剩余财产分配中已经取得的财产，不能全额清偿补充申报的债权为由，向人民法院提出破产清算申请的，人民法院不予受理。

第十五条　公司自行清算的，清算方案应当报股东会或者股东大会决议确认；人民法院组织清算的，清算方案应当报人民法院确认。未经确认的清算方案，清算组不得执行。

执行未经确认的清算方案给公司或者债权人造成损失，公司、股东、董事、公司其他利害关系人或者债权人主张清算组成员承担赔偿责任的，人民法院应依法予以支持。

第十七条 人民法院指定的清算组在清理公司财产、编制资产负债表和财产清单时，发现公司财产不足清偿债务的，可以与债权人协商制作有关债务清偿方案。

债务清偿方案经全体债权人确认且不损害其他利害关系人利益的，人民法院可依清算组的申请裁定予以认可。清算组依据该清偿方案清偿债务后，应当向人民法院申请裁定终结清算程序。

债权人对债务清偿方案不予确认或者人民法院不予认可的，清算组应当依法向人民法院申请宣告破产。

▶ 条文释义

一、本条主旨

本条是关于公司合并、分立、减少注册资本或者进行清算违反本法有关规定的法律责任的规定。

二、条文演变

本条规定源于1993年《公司法》第217条，该条规定："公司在合并、分立、减少注册资本或者进行清算时，不按照本法规定通知或者公告债权人的，责令改正，对公司处以一万元以上十万元以下的罚款。公司在进行清算时，隐匿财产，对资产负债表或者财产清单作虚伪记载或者未清偿债务前分配公司财产的，责令改正，对公司处以隐匿财产或者未清偿债务前分配公司财产金额百分之一以上百分之五以下的罚款。对直接负责的主管人员和其他直接责任人员处以一万元以上十万元以下的罚款。构成犯罪的，依法追究刑事责任。"1999年、2004年《公司法》对上述条文未作调整。2005年《公司法》由于增加了第216条"违反本法规定，构成犯罪的，依法追究刑事责任"的内容，因此，删除了原先第217条第2款中的"构成犯罪的，依法追究刑事责任"的表述；

另外，序号作了调整，由原先的第217条调整为第205条。2013年《公司法》和2018年《公司法》对2005年《公司法》第205条的内容未作调整，将序号由第205条调整为第204条。

三、条文解读

（一）关于通知债权人的义务

本法规定了公司应当自作出合并、分立决议、减少注册资本或者进行清算时通知债权人的义务。关于合并决议之日起通知债权人的义务，《公司法》第173条规定："公司合并，应当由合并各方签订合并协议，并编制资产负债表及财产清单。公司应当自作出合并决议之日起十日内通知债权人，并于三十日内在报纸上公告。债权人自接到通知书之日起三十日内，未接到通知书的自公告之日起四十五日内，可以要求公司清偿债务或者提供相应的担保。"关于公司分立决议之日起通知债权人的义务，《公司法》第175条规定："公司分立，其财产作相应的分割。公司分立，应当编制资产负债表及财产清单。公司应当自作出分立决议之日起十日内通知债权人，并于三十日内在报纸上公告。"法律这样要求的目的，在于防止公司恶意逃避债务，从而保护债权人的利益。

（二）关于违法清算行为

第一，隐匿财产，是指将公司财产予以转移、隐藏。公司的财产既包括资金，也包括工具、设备、产品、货物等各种财物。

第二，对资产负债表或者财产清单作虚假记载，是指公司在制作资产负债表或者财产清单时，故意采取隐瞒或者欺骗等方法，对资产负债表或者财产清单进行虚报，以达到逃避公司债务的目的。

第三，未清偿债务前分配公司财产，是指在清算过程中，违反法律规定，在清偿债务之前，就分配公司的财产。

上述违法行为的目的，或是逃避公司的债务，或是使少数股东、债权人在分配公司财产或者清偿公司债务时优于其他股东或者债权人分得财产或者得到抵偿，其后果是将损害债权人和其他人的利益。

（三）公司在进行清算时违法行为的罚款对象和计算方式

罚款的对象包括两类：其一，直接负责的主管人员；其二，其他直接责任人员。

罚款的计算方式：其一，对公司处以隐匿财产或者未清偿债务前分配公司财产金额 5% 以上 10% 以下的罚款；其二，对直接负责的主管人员和其他直接责任人员处以 1 万元以上 10 万元以下的罚款。

▶ 类案检索

一、许某某与林某某合同纠纷案

关键词：债权人　清算　隐匿财产　虚假记载　罚款

裁判摘要：启航公司系依法登记成立的有限责任公司，其股东以其认缴的出资额对公司承担有限责任，公司以其全部资产对其债务承担责任，公司的设立、变更、解散、清算、注销均应按照法定的程序进行。公司股东大会决定解散启航公司，则应成立清算组，由清算组按照法定程序通知并公告债权人申报债权，并制定清算方案，结清公司债务、处理公司财产，并办理公司工商注销登记。现启航公司的股东大会决定解散启航公司，但未履行上述清算程序及清算义务，其内部擅自处分公司的财产、债务，可能损害不特定第三人的利益，该《解散合伙协议书》依法应认定为无效。许某某、林某某等股东应按照法律规定，履行公司解散和清算程序后，公司若有剩余财产，再行决定如何处理，故许某某请求林某某支付 7.5 万元，不予支持。

【案　　号】（2016）闽 0581 民初 6705 号

【审理法院】福建省石狮市人民法院

二、福建旺达房地产开发有限公司与平潭综合实验区市场监督管理局行政处罚决定、被上诉人福建省工商行政管理局行政复议决定案

关键词：债权人　清算　隐匿财产　虚假记载　罚款

裁判摘要：根据《公司法》第 177 条和《公司登记管理条例》第 31 条第 2 款的规定，公司必须编制资产负债表及财产清单，作出减少注册资本决议之

日起 10 日内通知债权人，并于 30 日内在报纸上公告；公司的债权人自接到通知书之日起 30 日内，未接到通知书的自公告之日起 45 日内，有权要求公司清偿债务或者提供相应的担保；公司应当自公告之日起 45 日后申请变更登记，并应当提交公司在报纸上登载公司减少注册资本公告的有关证明和公司债务清偿或者债务担保情况的说明。根据《公司法》第 204 条的规定，公司在减少注册资本时不依法通知或者公告债权人的，由公司登记机关责令改正，对公司处以 1 万元以上 10 万元以下的罚款。由上述法律规定可知，办理减资登记时公司通知债权人并向公司登记机关如实说明其债务清偿或者债务担保情况是必须履行的法定义务，上诉人认为债务清偿或者债务担保情况说明只是形式要件材料，只要有内容即可的理由没有法律依据。相反，《公司登记管理条例》第 2 条第 2 款明确规定："申请办理公司登记，申请人应当对申请文件、材料的真实性负责。"公司应对其提供材料的真实性予以负责，其提供虚假材料办理减资登记的，公司登记机关应予以处罚。

【案　　号】（2018）闽 01 行终 695 号
【审理法院】福建省福州市中级人民法院

第二百零五条 公司在清算期间开展与清算无关的经营活动的,由公司登记机关予以警告,没收违法所得。

▶ 关联规定

法律、行政法规、司法解释

《中华人民共和国公司法》

第一百八十四条 清算组在清算期间行使下列职权:

(一)清理公司财产,分别编制资产负债表和财产清单;

(二)通知、公告债权人;

(三)处理与清算有关的公司未了结的业务;

(四)清缴所欠税款以及清算过程中产生的税款;

(五)清理债权、债务;

(六)处理公司清偿债务后的剩余财产;

(七)代表公司参与民事诉讼活动。

第一百八十六条 清算组在清理公司财产、编制资产负债表和财产清单后,应当制定清算方案,并报股东会、股东大会或者人民法院确认。

公司财产在分别支付清算费用、职工的工资、社会保险费用和法定补偿金,缴纳所欠税款,清偿公司债务后的剩余财产,有限责任公司按照股东的出资比例分配,股份有限公司按照股东持有的股份比例分配。

清算期间,公司存续,但不得开展与清算无关的经营活动。公司财产在未依照前款规定清偿前,不得分配给股东。

条文释义

一、本条主旨

本条是关于公司在清算期间开展违法经营活动的法律责任的规定。

二、条文演变

本条内容，首次出现在 2005 年《公司法》中，其中，第 206 条规定："公司在清算期间开展与清算无关的经营活动的，由公司登记机关予以警告，没收违法所得。"该条内容，后为 2013 年《公司法》和 2018 年《公司法》所延续，只在序号上进行了变动，由原第 206 条调整为现第 205 条。

三、条文解读

（一）关于公司权利能力受到限制

《公司法》第 186 条第 3 款规定："清算期间，公司存续，但不得开展与清算无关的经营活动。公司财产在未依照前款规定清偿前，不得分配给股东。"公司进行清算程序，公司存续，其法人资格仍然存在，只是其权利能力受到限制。公司董事长、董事会不能再像以前一样行使职权，而是由清算组行使管理公司业务和财产的职权。

（二）关于行政处罚

本条的行政处罚共有二种方式：

其一，警告。警告是公司登记机关对公司开展与清算无关的经营活动行为所作的正式否定性评价，是对公司的谴责和告诫，目的是使公司认识到其行为的违法性和对公司债权人的危害性，纠正违法行为。

其二，没收违法所得。没收违法所得，是指公司登记机关没收公司通过开展与清算无关的经营活动取得的财产收入，属于财产罚的一种。

类案检索

一、无锡戏码头文化发展有限公司与金某等、无锡蓉景憩号餐饮管理有限公司确认合同无效纠纷案

关键词： 清算期间　经营活动　公司登记机关　警告　违法所得

裁判摘要： 无锡蓉景公司于2018年6月11日被工商管理部门吊销营业执照。根据《公司法》第180条、第186条的规定，依法被吊销营业执照是公司解散的原因之一，公司的清算义务主体应对公司进行解散清算，并在清算结束后向公司登记机关申请公司注销登记，至此公司方才终止。清算期间，公司仍然存续，但不得开展与清算无关的经营活动。该规定属于强制性规定，但强制性规定又包括管理性规范和效力性规范，前者着重违反行为之事实价值判断，以禁止其行为为目的；后者着重违反行为之法律价值判断，以否认其法律效力为目的。当事人之间订立的合同只有违反了强制性规定中的效力性规范时，人民法院才能以此认定合同无效。《公司法》第205条规定："公司在清算期间开展与清算无关的经营活动的，由公司登记机关予以警告，没收违法所得。"遵循体系解释的方法可以看出，《公司法》第186条第3款的规定主要是出于维护一定的交易秩序，对于公司管理所作的规定。其目的主要是为了保护债权人的利益，避免清算中的公司开展与清算无关的经营活动而损害债权人的利益，而不是为了否认与清算无关的经营行为的效力。如果公司违反了该项规定，从事了与清算无关的民事行为所导致的法律后果就是《公司法》第205条的适用，由公司登记机关予以警告或没收违法所得，即导致相应的行政处罚，但是被吊销营业执照的公司实施的与清算无关的民事行为在民商法上的效力并不因此而受到影响。故本案合作协议、解除协议对双方有约束力。

【案　　号】（2020）苏02民终546号
【审理法院】 江苏省无锡市中级人民法院

二、周某1、周某2、杨某与徐州嘉朗物业管理有限公司、徐州天基房地产开发有限公司确认合同无效纠纷案

关键词： 清算期间　经营活动　公司登记机关　警告　违法所得

裁判摘要： 虽然天基公司在签订案涉湖光山色小区前期物业服务合同延长

期限协议时已被吊销营业执照,但仍然存续,具有订立合同的民事主体资格。《公司法》第186条第3款虽然规定清算期间公司不得从事与清算无关的活动,但该规定旨在保护公司债权人的权益,并没有明确否定与清算无关的经营行为的效力。对于公司在清算期间开展与清算无关的经营活动应承担的法律责任,《公司法》第205条进行了明确的规定。因此,上诉人周某1、周某2、杨某以天基公司在签订案涉湖光山色小区前期物业服务合同延长期限协议时已被吊销营业执照为由,主张案涉湖光山色小区前期物业服务合同延长期限协议无效的诉讼请求不能成立。

【案　　号】(2021)苏03民终10115号
【审理法院】江苏省徐州市中级人民法院

> **第二百零六条** 清算组不依照本法规定向公司登记机关报送清算报告，或者报送清算报告隐瞒重要事实或者有重大遗漏的，由公司登记机关责令改正。
>
> 清算组成员利用职权徇私舞弊、谋取非法收入或者侵占公司财产的，由公司登记机关责令退还公司财产，没收违法所得，并可以处以违法所得一倍以上五倍以下的罚款。

▶ 关联规定

法律、行政法规、司法解释

1.《中华人民共和国公司法》

第一百八十四条 清算组在清算期间行使下列职权：

（一）清理公司财产，分别编制资产负债表和财产清单；

（二）通知、公告债权人；

（三）处理与清算有关的公司未了结的业务；

（四）清缴所欠税款以及清算过程中产生的税款；

（五）清理债权、债务；

（六）处理公司清偿债务后的剩余财产；

（七）代表公司参与民事诉讼活动。

第一百八十六条 清算组在清理公司财产、编制资产负债表和财产清单后，应当制定清算方案，并报股东会、股东大会或者人民法院确认。

公司财产在分别支付清算费用、职工的工资、社会保险费用和法定补偿金，缴纳所欠税款，清偿公司债务后的剩余财产，有限责任公司按照股东的出资比例分配，股份有限公司按照股东持有的股份比例分配。

清算期间，公司存续，但不得开展与清算无关的经营活动。公司财产在未依照前款规定清偿前，不得分配给股东。

第一百八十八条 公司清算结束后，清算组应当制作清算报告，报股东会、股东大会或者人民法院确认，并报送公司登记机关，申请注销公司登记，公告公司终止。

第一百八十九条 清算组成员应当忠于职守，依法履行清算义务。

清算组成员不得利用职权收受贿赂或者其他非法收入，不得侵占公司财产。

清算组成员因故意或者重大过失给公司或者债权人造成损失的，应当承担赔偿责任。

2.《中华人民共和国市场主体登记管理条例》

第三十二条 市场主体注销登记前依法应当清算的，清算组应当自成立之日起10日内将清算组成员、清算组负责人名单通过国家企业信用信息公示系统公告。清算组可以通过国家企业信用信息公示系统发布债权人公告。

清算组应当自清算结束之日起30日内向登记机关申请注销登记。市场主体申请注销登记前，应当依法办理分支机构注销登记。

3.《最高人民法院关于适用〈中华人民共和国公司法〉若干问题的规定（二）》

第九条 人民法院指定的清算组成员有下列情形之一的，人民法院可以根据债权人、公司股东、董事或其他利害关系人的申请，或者依职权更换清算组成员：

（一）有违反法律或者行政法规的行为；

（二）丧失执业能力或者民事行为能力；

（三）有严重损害公司或者债权人利益的行为。

第十二条 公司清算时，债权人对清算组核定的债权有异议的，可以要求清算组重新核定。清算组不予重新核定，或者债权人对重新核定的债权仍有异议，债权人以公司为被告向人民法院提起诉讼请求确认的，人民法院应予受理。

第十三条 债权人在规定的期限内未申报债权，在公司清算程序终结前补充申报的，清算组应予登记。

公司清算程序终结，是指清算报告经股东会、股东大会或者人民法院确认完毕。

第十四条 债权人补充申报的债权，可以在公司尚未分配财产中依法清偿。公司尚未分配财产不能全额清偿，债权人主张股东以其在剩余财产分配中已经取得的财产予以清偿的,人民法院应予支持;但债权人因重大过错未在规定期限内申报债权的除外。

债权人或者清算组,以公司尚未分配财产和股东在剩余财产分配中已经取得的财产,不能全额清偿补充申报的债权为由,向人民法院提出破产清算申请的,人民法院不予受理。

第十五条 公司自行清算的,清算方案应当报股东会或者股东大会决议确认;人民法院组织清算的,清算方案应当报人民法院确认。未经确认的清算方案,清算组不得执行。

执行未经确认的清算方案给公司或者债权人造成损失,公司、股东、董事、公司其他利害关系人或者债权人主张清算组成员承担赔偿责任的,人民法院应依法予以支持。

第十六条 人民法院组织清算的,清算组应当自成立之日起六个月内清算完毕。

因特殊情况无法在六个月内完成清算的,清算组应当向人民法院申请延长。

第十七条 人民法院指定的清算组在清理公司财产、编制资产负债表和财产清单时,发现公司财产不足清偿债务的,可以与债权人协商制作有关债务清偿方案。

债务清偿方案经全体债权人确认且不损害其他利害关系人利益的,人民法院可依清算组的申请裁定予以认可。清算组依据该清偿方案清偿债务后,应当向人民法院申请裁定终结清算程序。

债权人对债务清偿方案不予确认或者人民法院不予认可的,清算组应当依法向人民法院申请宣告破产。

▶ 条文释义

一、本条主旨

本条是关于清算组违法活动的法律责任的规定。

二、条文演变

1993年《公司法》第218条规定:"清算组不按照本法规定向公司登记机关报送清算报告,或者报送清算报告隐瞒重要事实或者有重大遗漏的,责令改正。清算组成员利用职权徇私舞弊、谋取非法收入或者侵占公司财产的,责令退还公司财产,没收违法所得,并可处以违法所得一倍以上五倍以下的罚款。构成犯罪的,依法追究刑事责任。"1999年、2004年《公司法》未作变动。2005年《公司法》将该条调整为第207条。内容上,在第1款中将"责令改正"修改为"由公司登记机关责令改正";第2款中将"责令退还公司财产"修改为"由公司登记机关责令退还公司财产";因2005年《公司法》增加了第216条"违反本法规定,构成犯罪,依法追究刑事责任"的内容,故删除了第2款中的"构成犯罪的,依法追究刑事责任"。该条为2013年《公司法》和2018年《公司法》所延续,内容未作调整,仅将序号由第207条调整为第206条。

三、条文解读

关于清算组的违法行为。本条第1款规定的清算组的违法行为主要有以下三种:(1)不按照《公司法》规定向公司登记机关报送清算报告。根据《公司法》第188条的规定,报送清算报告是清算组的义务,如果清算组不履行义务,该作为而未作为,就是违法行为。(2)向公司登记机关报送的清算报告中隐瞒了重要事实。这是一种故意的违法行为。清算组在清算报告中隐瞒的重要事实,往往是对公司债务的隐瞒,会使公司债权人受到损害,因为一旦公司清算结算,注销公司登记,债权人再想实现自己的债权是比较复杂和困难的。(3)向公司登记机关报送的清算报告中有重大遗漏。这属于清算组的重大过失行为,与在清算报告中隐瞒重要事实一样,都有可能损害公司债权人的利益。

本条第2款规定的清算组的违法行为主要包括以下几种情况:(1)清算组成员利用职权徇私舞弊。所谓徇私舞弊,是指为个人私利或者亲友私情的行为。(2)清算组成员利用职权牟取非法收入。所谓利用职权牟取非法收入,是指利用本人职务范围内的权力,即自己职务上主管、负责的或者承办的事实的职权所造成的便利条件,谋求不合法的财产或利益。(3)清算组成员利用职权侵占公司财产。所谓利用职权侵占公司财产,是指利用职务上的便利,侵吞、骗取或者其他非法占有公司财物的行为。

类案检索

一、昌邑市大丰棉花加工有限公司与昌邑市工商行政管理局行政登记、行政撤销案

关键词： 清算组　清算报告　隐瞒事实　重大遗漏　罚款

裁判摘要：《公司法》第206条规定：清算组不依照本法规定向公司登记机关报送清算报告，或者报送清算报告隐瞒重要事实或者有重大遗漏的，由公司登记机关责令改正。《公司登记管理条例》第44条规定：公司申请注销登记，应当提交下列文件：（1）公司清算组负责人签署的注销登记申请书；（2）人民法院的破产裁定、解散裁判文书，公司依照《公司法》作出的决议或者决定，行政机关责令关闭或者公司被撤销的文件；（3）股东会、股东大会、一人有限责任公司的股东、外商投资的公司董事会或者人民法院、公司批准机关备案、确认的清算报告；（4）《企业法人营业执照》；（5）法律、行政法规规定应当提交的其他文件。第52条规定：公司登记机关应当根据下列情况分别作出是否受理的决定：（1）申请文件、材料齐全，符合法定形式的，或者申请人按照公司登记机关的要求提交全部补正申请文件、材料的，应当决定予以受理。（2）申请文件、材料齐全，符合法定形式，但公司登记机关认为申请文件、材料需要核实的，应当决定予以受理，同时书面告知申请人需要核实的事项、理由以及时间。第69条规定：提交虚假材料或者采取其他欺诈手段隐瞒重要事实，取得公司登记的，由公司登记机关责令改正，处以5万元以上50万元以下的罚款；情节严重的，撤销公司登记或者吊销营业执照。根据上述法律规定，申请人昌邑市丝绸有限公司隐瞒公司不动产正在抵押期间的重要事实而申请公司注销登记的民事行为存在重大违法情形，应属无效民事行为。被告依据无效民事行为而进行公司注销登记的具体行政行为也应归于无效。无效行政行为自始无效，利害关系人可随时主张要求确认，不受法定起诉期限的限制，被告辩称原告的起诉已超过起诉期限而应予驳回的主张，法院不予采纳。

【案　　号】（2014）昌行初字第13号

【审理法院】山东省昌邑市人民法院

二、詹某某与宜昌鑫河造船有限公司申请公司清算纠纷案

关键词： 清算组　清算报告　隐瞒事实　重大遗漏　罚款

裁判摘要： 根据《公司法》规定和《鑫河公司清算方案》，公司进行清算时，如清算组隐匿财产或者虚假记载，由公司登记机关责令改正，清算组成员利用职权徇私舞弊、谋取非法收入或者侵占公司财产的，由公司登记机关责令退还公司财产，没收违法所得，并处罚款。申请人鑫河公司提交的债权申报项目清单材料只是说明申请人对清算组出具报告的对账金额存在争议，应就争议事项在清算过程中另案诉讼审理查明，不能证明清算组存在可能损害股东利益的情形，申请人认为清算组有关人员或涉嫌严重经济问题亦未经相关主管部门查证。因此，申请人申请法院指定清算组对公司进行清算，缺乏事实和法律依据。依法裁定：不予受理申请人的强制清算申请。

【案　　号】（2021）鄂 05 清终 1 号

【审理法院】湖北省宜昌市中级人民法院

第二百零七条 承担资产评估、验资或者验证的机构提供虚假材料的，由公司登记机关没收违法所得，处以违法所得一倍以上五倍以下的罚款，并可以由有关主管部门依法责令该机构停业、吊销直接责任人员的资格证书，吊销营业执照。

承担资产评估、验资或者验证的机构因过失提供有重大遗漏的报告的，由公司登记机关责令改正，情节较重的，处以所得收入一倍以上五倍以下的罚款，并可以由有关主管部门依法责令该机构停业、吊销直接责任人员的资格证书，吊销营业执照。

承担资产评估、验资或者验证的机构因其出具的评估结果、验资或者验证证明不实，给公司债权人造成损失的，除能够证明自己没有过错的外，在其评估或者证明不实的金额范围内承担赔偿责任。

▶ 关联规定

法律、行政法规、司法解释

1.《中华人民共和国刑法》

第二百二十九条 承担资产评估、验资、验证、会计、审计、法律服务、保荐、安全评价、环境影响评价、环境监测等职责的中介组织的人员故意提供虚假证明文件，情节严重的，处五年以下有期徒刑或者拘役，并处罚金；有下列情形之一的，处五年以上十年以下有期徒刑，并处罚金：

（一）提供与证券发行相关的虚假的资产评估、会计、审计、法律服务、保荐等证明文件，情节特别严重的；

（二）提供与重大资产交易相关的虚假的资产评估、会计、审计等证明文件，情节特别严重的；

（三）在涉及公共安全的重大工程、项目中提供虚假的安全评价、环境影响评价等证明文件，致使公共财产、国家和人民利益遭受特别重大损失的。

有前款行为，同时索取他人财物或者非法收受他人财物构成犯罪的，依照处罚较重的规定定罪处罚。

第一款规定的人员，严重不负责任，出具的证明文件有重大失实，造成严重后果的，处三年以下有期徒刑或者拘役，并处或者单处罚金。

2.《中华人民共和国公司法》

第八十九条 发行股份的股款缴足后，必须经依法设立的验资机构验资并出具证明。发起人应当自股款缴足之日起三十日内主持召开公司创立大会。创立大会由发起人、认股人组成。

发行的股份超过招股说明书规定的截止期限尚未募足的，或者发行股份的股款缴足后，发起人在三十日内未召开创立大会的，认股人可以按照所缴股款并加算银行同期存款利息，要求发起人返还。

第九十二条 董事会应于创立大会结束后三十日内，向公司登记机关报送下列文件，申请设立登记：

（一）公司登记申请书；

（二）创立大会的会议记录；

（三）公司章程；

（四）验资证明；

（五）法定代表人、董事、监事的任职文件及其身份证明；

（六）发起人的法人资格证明或者自然人身份证明；

（七）公司住所证明。以募集方式设立股份有限公司公开发行股票的，还应当向公司登记机关报送国务院证券监督管理机构的核准文件。

▶ 条文释义

一、本条主旨

本条是关于资产评估、验资或者验证机构违法的法律责任的规定。

二、条文演变

本条源于1993年《公司法》第219条，该条规定："承担资产评估、验资或者验证的机构提供虚假证明文件的，没收违法所得，处以违法所得一倍以上五倍以下的罚款，并可以由有关主管部门依法责令该机构停业，吊销直接责任人员的资格证书。构成犯罪的,依法追究刑事责任。承担资产评估、验资或者验证的机构因过失提供有重大遗漏的报告的,责令改正,情节较重的,处以所得收入一倍以上三倍以下的罚款,并可由有关主管部门依法责令该机构停业,吊销直接责任人员的资格证书。"1999年、2004年《公司法》对该条未作调整。2005年《公司法》对该条作出以下调整:(1)增加了主体。将原第219条第1款中"没收违法所得",调整为"由公司登记机关没收违法所得";将第2款中的"责令改正",调整为"由公司登记机关责令改正"。(2)新增了处罚类型。由原第219条第1款的"可以由有关主管部门依法责令该机构停业,吊销直接责任人员的资格证书",调整为"可以由有关主管部门依法责令该机构停业、吊销直接责任人员的资格证书,吊销营业执照";第2款中的"可由有关主管部门依法责令该机构停业,吊销直接责任人员的资格证书",调整为"可以由有关主管部门依法责令该机构停业、吊销直接责任人员的资格证书,吊销营业执照"。即新增了"吊销营业执照"的处罚类型。(3)加大了罚款的力度。由第2款规定的"情节较重的,处以所得收入一倍以上三倍以下的罚款",调整为"情节较重的,处以所得收入一倍以上五倍以下的罚款"。(4)删除部分表述。由于2005年《公司法》新增了第216条"违反本法规定,构成犯罪的,依法追究刑事责任"的规定,故而在第219条第1款中删除了"构成犯罪的,依法追究刑事责任"的表述。(5)新增了第3款的内容。即新增"承担资产评估、验资或者验证的机构因其出具的评估结果、验资或者验证证明不实,给公司债权人造成损失的,除能够证明自己没有过错的外,在其评估或者证明不实的金额范围内承担赔偿责任。"2013年、2018年《公司法》保留了该条内容,在2018年《公司法》中将序号调整为第207条。

三、条文解读

本条主要是规定了承担资产评估、验资或者验证的机构承担法律责任的三种不同情况:第一,承担资产评估、验资或者验证的机构提供虚假材料的;第二,承担资产评估、验资或者验证的机构因过失提供有重大遗漏的报告的;第三,承担资产评估、验资或者验证的机构因其出具的评估结果、验资或者验证证明不实,给公司债权人造成损失的。

（一）关于承担资产评估、验资或者验证的机构提供虚假材料

主要是指承担资产评估、验资、验证、会计、审计、法律服务等职责的中介组织及其人员故意提供虚假证明文件。对于这类违法行为的行政处罚主要有五种，分别是：没收违法所得、罚款、责令停业、吊销资格证书和吊销营业执照。

（二）关于承担资产评估、验资或者验证的机构因过失提供有重大遗漏的报告

该款的适用条件主要包括以下两点：

第一，必须是过失所致。即由于疏忽大意或过于自信所致，如果工作人员认真负责，完全因受蒙蔽无法发现的，则不能依本条第2款进行处罚。

第二，必须是情节严重。如果提供的报告因过失遗漏了一些内容，但情节轻微，就不能适用第2款规定的法律责任；所谓的情节严重，主要是指"给国家、公司、股东、债权人造成重大经济损失的、造成极为恶劣影响的、造成市场秩序甚至社会严重混乱的等"。

（三）关于承担资产评估、验资或者验证的机构因其出具的评估结果、验资或者验证证明不实，给公司债权人造成损失

1.承担资产评估、验资或者验证的机构要证明自己没有过错

根据我国《民事诉讼法》第67条的规定，当事人对自己提出的主张，有责任提供证据。在关于承担资产评估、验资或者验证的机构是否承担民事责任的诉讼中，遭受损失的债权人只需证明自己因为信任中介机构提供的不实的评估结果、验资或者验证证明，从而遭受了损失即可，不需证明承担资产评估、验资或者验证的机构是否存在过失。相反，承担资产评估、验资或者验证的机构要证明自己在提供评估结果、验资或者验证证明时没有过错，即通常所说的举证责任倒置。

2.承担资产评估、验资或者验证的机构承担赔偿责任的范围

由于承担资产评估、验资或者验证的机构所出具的评估结果、验资或者验证证明不光是提供给有关部门，往往还要为广大社会公众、股民提供信息，因此，如果给他人造成损失，其损失往往是承担资产评估、验资或者验证的机构

所不能预见的,如果让承担资产评估、验资或者验证的机构承担所有的损失而不加以限制的话,对承担资产评估、验资或者验证的机构也是不公平的。因此,本条规定,承担资产评估、验资或者验证的机构在其评估或者证明不实的金额范围内承担赔偿责任,即承担的是一种补充赔偿责任。

▶ 类案检索

一、白竹洲公司与周某某、资元天台公司、新华水利、锦源公司股东出资纠纷案

关键词: 资产评估　过失　重大遗漏　责令改正　罚款

裁判摘要: 关于资元天台公司是否要承担补足责任问题,根据《公司法》第207条第2款的规定,承担资产评估、验资或者验证的机构因过失提供有重大遗漏的报告的,由公司登记机关责令改正,情节较重的,处以所得收入一倍以上五倍以下的罚款,并可以由有关主管部门依法责令该机构停业、吊销直接责任人员的资格证书,吊销营业执照。即使资元天台公司在验资过程中存在不足,其应该承担的责任也是行政责任,而不是民事补足责任。

【案　　号】(2016)湘0922民初603号

【审理法院】 湖南省桃江县人民法院

二、申请执行人杨某与被执行人陕西八达园林建设有限公司建设工程施工合同纠纷案

关键词: 验资机构　验资不实　过错责任　举证责任　赔偿责任

裁判摘要: 西安康胜会计师事务所在陕西八达公司成立时,出具了虚假验资报告。根据《公司法》第207条第3款的规定,承担资产评估、验资或者验证的机构因出具的评估结果、验资或者验证证明不实,给公司债权人造成损失的,除能够证明自己没有过错外,在其评估或者证明不实的金额范围内承担赔偿责任。

【案　　号】(2021)陕1026执异31号之二

【审理法院】 陕西省柞水县人民法院

三、肇庆端州农村商业银行股份有限公司东岗支行与新乡市升华新能源有限公司、深圳骐骏新能源有限公司、深圳汉骐超能科技有限公司等买卖合同纠纷案

关键词：验资机构　验资不实　过错责任　举证责任　赔偿责任

裁判摘要：关于东岗支行在本案中是否具有过错的问题。首先，《公司法》第207条第3款规定："承担资产评估、验资或者验证的机构因其出具的评估结果、验资或者验证证明不实，给公司债权人造成损失的，除能够证明自己没有过错的外，在其评估或者证明不实的金额范围内承担赔偿责任。"故东岗支行所应适用的责任类型为过错推定责任，负有证明自己没有过错的义务。本案中，东岗支行虽认为自己不存在任何过错，但并未提供证据证明，故应当承担举证不能的不利后果。其次，从操作规范上看，《人民币银行结算账户管理办法实施细则》第11条规定："单位存款人因增资验资需要开立银行结算账户的，应持其基本存款账户开户许可证、股东会或董事会决议等证明文件，在银行开立一个临时存款账户。该账户的使用和撤销比照因注册验资开立的临时存款账户管理。"《人民币银行结算账户管理办法》第37条规定："注册验资的临时存款账户在验资期间只收不付，注册验资资金的汇缴人应与出资人的名称一致。"因此，东岗支行应当在骐骏公司开立的临时存款账户中为其办理增资验资业务。然而在本案中，东岗支行违反上述规定，违规在骐骏公司开立的一般存款账户中为其办理增资验资业务，客观上为费某抽逃出资提供了便利。同时如前所述，东岗支行未待2013年2月6日经过便回函证明费某出资数额无误，且将落款日期填为2013年2月8日，显然未尽到必要的审慎审查义务，具有过错。

【案　　号】（2019）豫07民终2490号
【审理法院】河南省新乡市中级人民法院

第二百零八条 公司登记机关对不符合本法规定条件的登记申请予以登记，或者对符合本法规定条件的登记申请不予登记的，对直接负责的主管人员和其他直接责任人员，依法给予行政处分。

▶ 关联规定

法律、行政法规、司法解释

1.《中华人民共和国刑法》

第三百九十七条 国家机关工作人员滥用职权或者玩忽职守，致使公共财产、国家和人民利益遭受重大损失的，处三年以下有期徒刑或者拘役；情节特别严重的，处三年以上七年以下有期徒刑。本法另有规定的，依照规定。

国家机关工作人员徇私舞弊，犯前款罪的，处五年以下有期徒刑或者拘役；情节特别严重的，处五年以上十年以下有期徒刑。本法另有规定的，依照规定。

2.《中华人民共和国市场主体登记管理条例》

第三条 市场主体应当依照本条例办理登记。未经登记，不得以市场主体名义从事经营活动。法律、行政法规规定无需办理登记的除外。

市场主体登记包括设立登记、变更登记和注销登记。

第十六条 申请办理市场主体登记，应当提交下列材料：

（一）申请书；

（二）申请人资格文件、自然人身份证明；

（三）住所或者主要经营场所相关文件；

（四）公司、非公司企业法人、农民专业合作社（联合社）章程或者合伙企业合伙协议；

（五）法律、行政法规和国务院市场监督管理部门规定提交的其他材料。

国务院市场监督管理部门应当根据市场主体类型分别制定登记材料清单和文书格式样本，通过政府网站、登记机关服务窗口等向社会公开。

登记机关能够通过政务信息共享平台获取的市场主体登记相关信息，不得要求申请人重复提供。

第十九条 登记机关应当对申请材料进行形式审查。对申请材料齐全、符合法定形式的予以确认并当场登记。不能当场登记的，应当在3个工作日内予以登记；情形复杂的，经登记机关负责人批准，可以再延长3个工作日。

申请材料不齐全或者不符合法定形式的，登记机关应当一次性告知申请人需要补正的材料。

第二十条 登记申请不符合法律、行政法规规定，或者可能危害国家安全、社会公共利益的，登记机关不予登记并说明理由。

第二十一条 申请人申请市场主体设立登记，登记机关依法予以登记的，签发营业执照。营业执照签发日期为市场主体的成立日期。

法律、行政法规或者国务院决定规定设立市场主体须经批准的，应当在批准文件有效期内向登记机关申请登记。

第四十条 提交虚假材料或者采取其他欺诈手段隐瞒重要事实取得市场主体登记的，受虚假市场主体登记影响的自然人、法人和其他组织可以向登记机关提出撤销市场主体登记的申请。

登记机关受理申请后，应当及时开展调查。经调查认定存在虚假市场主体登记情形的，登记机关应当撤销市场主体登记。相关市场主体和人员无法联系或者拒不配合的，登记机关可以将相关市场主体的登记时间、登记事项等通过国家企业信用信息公示系统向社会公示，公示期为45日。相关市场主体及其利害关系人在公示期内没有提出异议的，登记机关可以撤销市场主体登记。

因虚假市场主体登记被撤销的市场主体，其直接责任人自市场主体登记被撤销之日起3年内不得再次申请市场主体登记。登记机关应当通过国家企业信用信息公示系统予以公示。

第四十一条 有下列情形之一的，登记机关可以不予撤销市场主体登记：

（一）撤销市场主体登记可能对社会公共利益造成重大损害；

（二）撤销市场主体登记后无法恢复到登记前的状态；

（三）法律、行政法规规定的其他情形。

第四十二条 登记机关或者其上级机关认定撤销市场主体登记决定错误的，可以撤销该决定，恢复原登记状态，并通过国家企业信用信息公示系统公示。

第四十九条 违反本条例规定的，登记机关确定罚款金额时，应当综合考虑市场主体的类型、规模、违法情节等因素。

第五十二条 法律、行政法规对市场主体登记管理违法行为处罚另有规定的，从其规定。

3.《最高人民法院关于适用〈中华人民共和国公司法〉若干问题的规定（三）》

第二十三条 当事人依法履行出资义务或者依法继受取得股权后，公司未根据公司法第三十一条、第三十二条的规定签发出资证明书、记载于股东名册并办理公司登记机关登记，当事人请求公司履行上述义务的，人民法院应予支持。

第二十四条 有限责任公司的实际出资人与名义出资人订立合同，约定由实际出资人出资并享有投资权益，以名义出资人为名义股东，实际出资人与名义股东对该合同效力发生争议的，如无法律规定的无效情形，人民法院应当认定该合同有效。

前款规定的实际出资人与名义股东因投资权益的归属发生争议，实际出资人以其实际履行了出资义务为由向名义股东主张权利的，人民法院应予支持。名义股东以公司股东名册记载、公司登记机关登记为由否认实际出资人权利的，人民法院不予支持。

实际出资人未经公司其他股东半数以上同意，请求公司变更股东、签发出资证明书、记载于股东名册、记载于公司章程并办理公司登记机关登记的，人民法院不予支持。

▶ 条文释义

一、本条主旨

本条是关于公司登记机关违法的法律责任的规定。

二、条文演变

本条源于1993年《公司法》第222条："公司登记机关对不符合本法规定条件的登记申请予以登记，情节严重的，对直接负责的主管人员和其他直接责任人员，依法给予行政处分。构成犯罪的，依法追究刑事责任。"1999年、2004年《公司法》对该条予以保留，未做变动。

2005年《公司法》对该条进行调整，主要调整内容有：（1）序号调整。由原第222条调整为第209条。（2）增加登记机关承担责任的内容。即增加了"或者对符合本法规定条件的登记申请不予登记的"。（3）降低了处罚标准。即取消了"情节严重的"限制。（4）合并调整有关内容。由于2005年《公司法》增加了第216条"违反本法规定，构成犯罪的，依法追究刑事责任"的内容，故而将该条中的"构成犯罪的，依法追究刑事责任"合并至第216条。2013年《公司法》和2018年《公司法》保留了2005年《公司法》第209条的内容，仅对序号进行了调整，由原第209条调整为现第208条。

三、条文解读

（一）关于登记机关的法定职权

公司登记需要依照法定程序，对符合登记条件的，才能予以登记，任何部门不得强令给予不符合法定条件的公司登记，目的是维护社会公众的信赖利益。作为公司登记机关，应当依法登记，不能违反权限，对符合登记条件的申请不予以登记。违反本条的，除行政责任外，如果构成民事侵权由行政机关承担民事责任。构成犯罪的，按涉嫌玩忽职守追究刑事责任。行政责任与刑事责任的承担主体是登记机关的直接负责的主管人员和其他直接责任人员。

（二）关于本条的构成要件

本条规定的责任主体是公司登记机关上级部门的直接负责的主管人员和其他直接责任人员。客观表现是强令公司登记机关对不符合本法规定条件的登记申请予以登记，或者对符合本法规定条件的登记申请不予以登记，或者对违法登记进行包庇。"包庇"是指明知是违法登记而向有关部门作假证明或施加影响、压力、帮助逃避法律制裁的行为。

> 第二百零九条 公司登记机关的上级部门强令公司登记机关对不符合本法规定条件的登记申请予以登记，或者对符合本法规定条件的登记申请不予登记的，或者对违法登记进行包庇的，对直接负责的主管人员和其他直接责任人员依法给予行政处分。

▶ 条文释义

一、本条主旨

本条是关于公司登记机关的上级部门违法的法律责任的规定。

二、条文演变

本条源于1993年《公司法》第223条的规定："公司登记机关的上级部门强令公司登记机关对不符合本法规定条件的登记申请予以登记的，或者对违法登记进行包庇的，对直接负责的主管人员和其他直接责任人员依法给予行政处分。构成犯罪的，依法追究刑事责任。"1999年、2004年《公司法》未对该条进行调整。2005年《公司法》对该条进行了适当调整，主要调整有：（1）序号调整。由原第223条调整为第210条。（2）增加了行政违法的处罚事项。即增加了"对符合本法规定条件的登记申请不予登记的"这一事项。（3）合并调整有关内容。由于2005年《公司法》新增加了第216条"违反本法规定，构成犯罪的，依法追究刑事责任"，故将该条中原有内容"构成犯罪的，依法追究刑事责任"合并调整至第216条。2013年《公司法》和2018年《公司法》对内容未作调整，仅将序号由原第210条调整为现第209条。

三、条文解读

公司登记机关的上级部门，不得强令公司登记机关违法履行登记职责，并不得对公司登记机关的违法登记行为进行包庇。这里所说的强令公司登记机关违法履行登记职责，是指公司登记机关的上级部门的有关主管人员明知公司登记机关的行为违反法律规定，仍强迫、命令公司登记机关对不符合本法规定条件的公司予以登记，或者对符合本法规定条件的公司不予登记。这里所说的对公司登记机关的违法登记行为进行包庇，是指公司登记机关的上级部门的有关主管人员明知公司登记机关的行为违反法律规定，仍通过各种方式对其违法登记行为进行袒护或者遮掩。各级公司登记机关作为办理公司登记事项的行政机关，应当严格按照法律规定的条件和程序以及职责权限划分，恪尽职守，秉公行事，坚决防止放弃履行职责、不正当履行职责甚至超越职权、滥用职权等行为，公司登记机关的有关主管人员更不应当强迫、命令下级机关违法办理公司登记事项，或者对其违法登记行为进行包庇。

对公司登记机关的上级部门强令公司登记机关违法履行职责的行为，以及对公司登记机关违法登记行为进行包庇的行为，一般情况下应当根据有关规定，由本机关或者其上级机关或者监察部门视情节轻重，对直接负责的主管人员和其他直接责任人员给予行政处分，包括警告、记过、记大过、降级、降职、撤职、留用察看和开除等。

第二百一十条 未依法登记为有限责任公司或者股份有限公司，而冒用有限责任公司或者股份有限公司名义的，或者未依法登记为有限责任公司或者股份有限公司的分公司，而冒用有限责任公司或者股份有限公司的分公司名义的，由公司登记机关责令改正或者予以取缔，可以并处十万元以下的罚款。

关联规定

法律、行政法规、司法解释

《中华人民共和国市场主体登记管理条例》

第八条 市场主体的一般登记事项包括：

（一）名称；

（二）主体类型；

（三）经营范围；

（四）住所或者主要经营场所；

（五）注册资本或者出资额；

（六）法定代表人、执行事务合伙人或者负责人姓名。

除前款规定外，还应当根据市场主体类型登记下列事项：

（一）有限责任公司股东、股份有限公司发起人、非公司企业法人出资人的姓名或者名称；

（二）个人独资企业的投资人姓名及居所；

（三）合伙企业的合伙人名称或者姓名、住所、承担责任方式；

（四）个体工商户的经营者姓名、住所、经营场所；

（五）法律、行政法规规定的其他事项。

第九条 市场主体的下列事项应当向登记机关办理备案：

（一）章程或者合伙协议；

（二）经营期限或者合伙期限；

（三）有限责任公司股东或者股份有限公司发起人认缴的出资数额，合伙企业合伙人认缴或者实际缴付的出资数额、缴付期限和出资方式；

（四）公司董事、监事、高级管理人员；

（五）农民专业合作社（联合社）成员；

（六）参加经营的个体工商户家庭成员姓名；

（七）市场主体登记联络员、外商投资企业法律文件送达接受人；

（八）公司、合伙企业等市场主体受益所有人相关信息；

（九）法律、行政法规规定的其他事项。

▶ 条文释义

一、本条主旨

本条是关于假冒有限责任公司或者股份有限公司及其分公司名义的法律责任的规定。

二、条文演变

本条规定源于1993年《公司法》第224条的规定："未依法登记为有限责任公司或者股份有限公司，而冒用有限责任公司或者股份有限公司名义的，责令改正或者予以取缔，并可处以一万元以上十万元以下的罚款。构成犯罪的，依法追究刑事责任。"1999年、2004年《公司法》对该条予以了保留，未作调整。2005年《公司法》对该条进行了调整，主要内容有：（1）序号调整。由原第224条调整为第211条。（2）新增受到行政处罚的行政违法行为，即增加"未依法登记为有限责任公司或者股份有限公司的分公司，而冒用有限责任公司或者股份有限公司的分公司名义的"这一行为。（3）新增行政处罚主体。即由原"责令改正或者予以取缔"调整为"由公司登记机关责令改正或者予以取缔"。（4）罚款数额的调整。即由原"并可处以一万元以上十万元以下的罚款"，调整为"可以并处十万元以下的罚款"。（5）合并调整有关内容。因2005年新增第216条规定"违反本法规定，构成犯罪的，依法追究刑事责任"，故将原法条中的"构成犯罪的，依法追究刑事责任"合并调整至第216条。2013年、2018年《公司法》对内容未作调整，仅将序号调整为第210条。

三、条文解读

（一）关于公司名义

根据本法规定，申请设立公司的，符合本法规定的设立条件的，由公司登记机关分别登记为有限责任公司或者股份有限公司；不符合本法规定的设立条件的，不得登记为有限责任公司或者股份有限公司。依照本法设立的公司，必须在公司名称中标明有限责任公司或者股份有限公司字样。公司设立分公司的，同样应当向公司登记机关申请登记，领取营业执照。

依法登记是公司取得民事主体资格的形式条件。第一，只有依法登记后，公司才可以得到法律的承认；第二，只有经过登记公司才可以开始以自己的名义从事经营活动；第三，登记保证了公司的设立符合国家法律的统一要求；第四，登记也有利于国家和社会对企业的监督及维护社会经济秩序的稳定。

（二）关于法律责任

营业执照则是工商行政管理机关给核准登记的公司颁发的从事符合规定范围生产经营活动的合法凭证，取得营业执照是公司成立的标志。在领取营业执照前，任何人不得以公司或者分公司的名义从事经营活动。行为人冒用有限责任公司或者股份有限公司或者其分公司的名义，在主观方面是故意的，即明知自己没有依法登记为有限责任公司或者股份有限责任公司或者公司的分公司，而使用虚假的、不真实的有限责任公司或者股份有限公司或者公司的分公司的名义，有扰乱市场经济秩序的可能，也是对和其进行交易的善意第三人利益的损害，应当禁止。

本条规定的违法主体具有多样性，可能是自然人、法人，也可能是其他企业；可能是有限责任公司，也可能是股份有限公司。不论是谁，违反了上述规定的，都应当依法由公司登记机关责令改正或者予以取缔，并可处以10万元以下的罚款。

类案检索

一、北京同仁堂化妆品有限公司不服北京市工商行政管理局丰台分局所作行政处罚决定案

关键词： 公司登记机关　登记　主管人员　直接责任人员　行政处分

裁判摘要：《公司法》第210条规定，未依法登记为有限责任公司或者股份有限公司，而冒用有限责任公司或者股份有限公司名义的，或者未依法登记为有限责任公司或者股份有限公司的分公司，而冒用有限责任公司或者股份有限公司的分公司名义的，由公司登记机关责令改正或者予以取缔，可以并处十万元以下的罚款。本案中，同仁堂公司于2005年12月成立，工商登记住所地在北京市丰台区。同仁堂公司于2015年4月至2017年10月期间，在未办理工商登记注册的情况下，在北京市朝阳区雅宝路12号华声国际大厦112—113设立从事经营的机构，对外从事销售北京同仁堂牙膏及丽颜坊化妆品的经营活动，其行为符合上述法律中"未依法登记为有限责任公司，而冒用有限责任公司名义的行为"的规定。

【案　　号】（2019）京02行终757号
【审理法院】北京市第二中级人民法院

二、三明市三元区爱佳门窗店与三明市三元区市场监督管理局行政处罚案

关键词： 公司登记机关　登记　主管人员　直接责任人员　行政处分

裁判摘要：《公司法》第210条规定："未依法登记为有限责任公司或者股份有限公司，而冒用有限责任公司或者股份有限公司名义的，或者未依法登记为有限责任公司或者股份有限公司的分公司，而冒用有限责任公司或者股份有限公司的分公司名义的，由公司登记机关责令改正或者予以取缔，可以并处十万元以下的罚款。"爱佳门窗店系个体工商户，未依法登记为有限责任公司，对外发放印有"三明市爱佳门业有限责任公司罗兰西尼门窗三明旗舰店"的名片，并使用印有"福建爱佳门业有限责任公司"字样的订货合同开展经营活动。该事实有爱佳门窗店经营者签字确认的现场笔录和调查笔录为证，违法事实清楚，三元市监局依法在法定幅度内对爱佳门窗店进行处罚，适用法律正

确,程序合法。

【案　　号】(2020)闽04行终99号

【审理法院】福建省三明市中级人民法院

> **第二百一十一条** 公司成立后无正当理由超过六个月未开业的，或者开业后自行停业连续六个月以上的，可以由公司登记机关吊销营业执照。
>
> 公司登记事项发生变更时，未依照本法规定办理有关变更登记的，由公司登记机关责令限期登记；逾期不登记的，处以一万元以上十万元以下的罚款。

▶ 关联规定

法律、行政法规、司法解释

《中华人民共和国市场主体登记管理条例》

第三条 市场主体应当依照本条例办理登记。未经登记，不得以市场主体名义从事经营活动。法律、行政法规规定无需办理登记的除外。

市场主体登记包括设立登记、变更登记和注销登记。

第二十四条 市场主体变更登记事项，应当自作出变更决议、决定或者法定变更事项发生之日起 30 日内向登记机关申请变更登记。

市场主体变更登记事项属于依法须经批准的，申请人应当在批准文件有效期内向登记机关申请变更登记。

第二十五条 公司、非公司企业法人的法定代表人在任职期间发生本条例第十二条所列情形之一的，应当向登记机关申请变更登记。

第二十六条 市场主体变更经营范围，属于依法须经批准的项目的，应当自批准之日起 30 日内申请变更登记。许可证或者批准文件被吊销、撤销或者有效期届满的，应当自许可证或者批准文件被吊销、撤销或者有效期届满之日起 30 日内向登记机关申请变更登记或者办理注销登记。

第二十七条 市场主体变更住所或者主要经营场所跨登记机关辖区的，应当在迁入新的住所或者主要经营场所前，向迁入地登记机关申请变更登记。迁出地登记机关无正当理由不得拒绝移交市场主体档案等相关材料。

第二十八条 市场主体变更登记涉及营业执照记载事项的，登记机关应当及时为市场主体换发营业执照。

第二十九条 市场主体变更本条例第九条规定的备案事项的，应当自作出变更决议、决定或者法定变更事项发生之日起30日内向登记机关办理备案。农民专业合作社（联合社）成员发生变更的，应当自本会计年度终了之日起90日内向登记机关办理备案。

第三十七条 任何单位和个人不得伪造、涂改、出租、出借、转让营业执照。

营业执照遗失或者毁坏的，市场主体应当通过国家企业信用信息公示系统声明作废，申请补领。

登记机关依法作出变更登记、注销登记和撤销登记决定的，市场主体应当缴回营业执照。拒不缴回或者无法缴回营业执照的，由登记机关通过国家企业信用信息公示系统公告营业执照作废。

第四十六条 市场主体未依照本条例办理变更登记的，由登记机关责令改正；拒不改正的，处1万元以上10万元以下的罚款；情节严重的，吊销营业执照。

▶ 条文释义

一、本条主旨

本条是关于逾期开业、停业、不依法办理变更登记的法律责任的规定。

二、条文演变

1993年《公司法》第225条规定："公司成立后无正当理由超过六个月未开业的，或者开业后自行停业连续六个月以上的，由公司登记机关吊销其公司营业执照。公司登记事项发生变更时，未按照本法规定办理有关变更登记的，责令限期登记，逾期不登记的，处以一万元以上十万以下的罚款。"1999年、2004年《公司法》保留该条，未作调整。2005年《公司法》对该条进行了微调，其调整内容主要有：（1）序号进行了调整。由原第225条，调整为第212条。（2）自由裁量权调整。从"由公司登记机关吊销其公司营业执照"，调整为"可以由公司登记机关吊销营业执照"。(3)增加执法主体。从"责令限期登记"调整为"由公司登记机关责令限期登记"。2013年《公司法》和2018年《公司法》对该条的内容未予调整，仅仅序号进行了调整，由原第212条调整为现第211条。

三、条文解读

（一）关于开业

修改后的公司法对公司的设立采取了比较宽松的态度，但国家仍然要对它进行必要的监督管理，这也是维护正常的社会经济秩序所必需的。如果公司成立后无正当理由超过6个月未开业或者开业后自行停业连续6个月以上的，依法可以给予吊销营业执照的行政处罚，即由公司登记机关收回公司营业执照并予以注销，依法取消其民事主体资格。需要指出的是，"未开业"是指没有正式对外营业；"无正当理由"是一种原则性描述，至于何为正当理由，何为不正当理由，要靠公司登记机关根据具体情况来认定。

（二）关于公司登记事项发生变更

由于公司的设立是经登记而生效的，所以公司要变更也只能采取相同的法律程序，撤销设立时所登记的事项，进行新的变更后的事项登记，变更才能发生法律效力。变更登记和设立登记一样是公司登记法律制度的重要组成部分，它一方面适应了公司变化的需要，有利于保护与变更公司有关的其他当事人的合法权益；另一方面，也便于国家对公司实行监督管理，及时掌握公司的各种变化动态。如果公司登记事项发生变更时，不按照本法的规定办理有关的变更登记，显然就违反了法律的义务性规范，公司登记机关应责令限期登记；对于逾期仍不登记的，处以1万元以上10万元以下的罚款。责任限期登记实际上责令改正的一种形式，针对不依法申请办理变更登记的行为，首先就是应责令当事人限期改正不办理有关变更登记的违法行为，如果公司在限期内办理了变更登记，也就不再给予行政处罚；如果公司逾期仍不办理有关变更登记的，公司登记机关在继续责令其限期登记的同时，应给予必要的经济上的处罚，即处以1万元以下10万元以下的罚款。

▶ 类案检索

一、长沙昶兴建材有限公司与长沙市工商行政管理局天心分局工商行政处罚案

关键词： 逾期开业　变更登记　限期登记　吊销营业执照　罚款

裁判摘要：《公司法》第211条规定：公司成立后无正当理由超过6个月未开业的，或者开业后自行停业连续6个月以上的，可以由公司登记机关吊销营业执照。《公司登记管理条例》第67条规定：公司成立后无正当理由超过6个月未开业的，或者开业后自行停业连续6个月以上的，可以由公司登记机关吊销营业执照。本案中，昶兴公司在2010年12月即已注销税务登记，其最后年检年度为2012年，2013年后无正常经营情形，无正当理由已自行停业连续6个月以上，且没有到工商局天心区分局办理注销登记，同时也未参加2013年度（含）前企业年度检验并且未按期公示2013年、2014年的年度报告，通过登记住所（经营场所）以及留存的联系方式也无法与之取得联系。昶兴公司的状况符合上述法律、法规吊销营业执照情形。工商局天心区分局对昶兴公司作出吊销营业执照行政处罚决定书，认定事实上虽存在一定瑕疵，但对处理结果不产生直接影响，程序适当，处罚正确，昶兴公司的请求没有事实及法律依据，法院不予支持。

【案　　号】（2017）湘01行终496号

【审理法院】湖南省长沙市中级人民法院

二、北京成功启航教育咨询有限公司不服北京市朝阳区市场监督管理局行政处罚决定案

关键词： 逾期开业　变更登记　限期登记　吊销营业执照　罚款

裁判摘要：《公司法》第211条第2款规定：公司登记事项发生变更时，未依照本法规定办理有关变更登记的，由公司登记机关责令限期登记；逾期不登记的，处以1万元以上10万元以下的罚款。本案中，朝阳市监局在对成功启航公司擅自改变企业住所未按规定办理变更登记的行为进行调查并作出处罚的过程中取得了对该公司法定代表人晏某的询问（调查）笔录、现场笔录、现场照片等证据。上述证据已经形成证据链条，彼此相互印证，证明成功启航公

司的行为构成擅自变更登记事项。朝阳市监局针对该事项已于2019年3月1日向成功启航公司发送了责令改正通知书，但其未及时作出改正。朝阳市监局基于上述违法事实，按照《北京市工商行政管理局行政处罚裁量基准》第13条确定的处罚幅度，对成功启航公司作出罚款10 000元的处罚决定并无不当，法院予以确认。成功启航公司关于其实际经营地址作出的单方陈述不能否认在案证据所证明的案件事实，其认为该处罚事项认定事实不清的主张不能成立，对此本院不予支持。

朝阳市监局在作出被诉《处罚决定书》的过程中，履行了现场检查、立案、询问调查、告知、听证、送达等法定程序，充分保障了成功启航公司的陈述、申辩、听证的权利。朝阳市监局经审批延期后，在法定期限内作出被诉《处罚决定书》，行政执法程序亦无不当，法院予以确认。综上所述，朝阳市监局作出本案被诉《处罚决定书》职权明确，事实清楚，程序合法，适用法律并无不当。

【案　　号】（2020）京03行终1048号

【审理法院】北京市第三中级人民法院

第二百一十二条 外国公司违反本法规定，擅自在中国境内设立分支机构的，由公司登记机关责令改正或者关闭，可以并处五万元以上二十万元以下的罚款。

▶ 关联规定

法律、行政法规、司法解释

1.《中华人民共和国公司法》

第一百九十一条 本法所称外国公司是指依照外国法律在中国境外设立的公司。

第一百九十二条 外国公司在中国境内设立分支机构，必须向中国主管机关提出申请，并提交其公司章程、所属国的公司登记证书等有关文件，经批准后，向公司登记机关依法办理登记，领取营业执照。

外国公司分支机构的审批办法由国务院另行规定。

第一百九十三条 外国公司在中国境内设立分支机构，必须在中国境内指定负责该分支机构的代表人或者代理人，并向该分支机构拨付与其所从事的经营活动相适应的资金。

对外国公司分支机构的经营资金需要规定最低限额的，由国务院另行规定。

第一百九十四条 外国公司的分支机构应当在其名称中标明该外国公司的国籍及责任形式。

外国公司的分支机构应当在本机构中置备该外国公司章程。

第一百九十五条 外国公司在中国境内设立的分支机构不具有中国法人资格。

外国公司对其分支机构在中国境内进行经营活动承担民事责任。

第一百九十六条 经批准设立的外国公司分支机构，在中国境内从事业务活动，必须遵守中国的法律，不得损害中国的社会公共利益，其合法权益受中国法律保护。

第一百九十七条　外国公司撤销其在中国境内的分支机构时，必须依法清偿债务，依照本法有关公司清算程序的规定进行清算。未清偿债务之前，不得将其分支机构的财产移至中国境外。

2.《中华人民共和国市场主体登记管理条例》

第二条　本条例所称市场主体，是指在中华人民共和国境内以营利为目的从事经营活动的下列自然人、法人及非法人组织：

（一）公司、非公司企业法人及其分支机构；

（二）个人独资企业、合伙企业及其分支机构；

（三）农民专业合作社（联合社）及其分支机构；

（四）个体工商户；

（五）外国公司分支机构；

（六）法律、行政法规规定的其他市场主体。

条文释义

一、本条主旨

本条是关于外国公司擅自在中国境内设立分支机构的法律责任的规定。

二、条文演变

本条源于1993年《公司法》第226条的规定："外国公司违反本法规定，擅自在中国境内设立分支机构的，责令改正或者关闭，并可处以一万元以上十万元以下的罚款。"1999年、2004年《公司法》未进行调整。2005年《公司法》对该条进行了微调，调整内容主要有：（1）序号调整。由原第226条调整为第213条。（2）增加行政处罚主体。从"责令改正或者关闭"，调整为"由公司登记机关责令改正或者关闭"。（3）罚款数额的增大。从"并可处以一万元以上十万元以下的罚款"，调整为"可以并处五万元以上二十万元以下的罚款"。2013年《公司法》和2018年《公司法》对该条的内容未作调整，仅将序号从原第213条，调整为第212条。

三、条文解读

（一）关于外国公司

外国公司，是指依照外国法律在中国境内登记成立的公司。外国公司在我国设立的分支机构，首先要经我国有关主管机关批准，并依法办理核准登记手续。公司登记主管机关对其递交的申请文件进行审查后，认为材料齐全，符合中国法律、法规的，准予登记，发给其在中国营业的执照，外国公司的分支机构领取营业执照后方可开始营业。根据本条规定，外国公司违反本法规定，擅自在中国境内设立分支机构的，由公司登记机关责令改正或者关闭，并可以并处5万元以上20万元以下的罚款。

（二）关于法律责任

根据本条规定，除上述行政罚款外，对于情节不太严重的外国公司违法在中国境内设立分支机构的，公司登记机关可以责令改正，改正的形式可以是要求其依法补办有关设立分支机构的手续，也可以要求自行停止设立的分支机构。对于不符合设立分支机构条件或者主观恶性较大的，公司登记机关有权关闭外国公司违法设立的分支机构。对于外国公司违法在中国境内设立分支机构的行为，公司登记机关在作出上述任何一种处理以后，还可并处罚款，罚款的幅度为5万元以上20万元以下。

第二百一十三条 利用公司名义从事危害国家安全、社会公共利益的严重违法行为的，吊销营业执照。

▶ 关联规定

法律、行政法规、司法解释

1.《中华人民共和国刑法》

第一百零二条 勾结外国，危害中华人民共和国的主权、领土完整和安全的，处无期徒刑或者十年以上有期徒刑。

与境外机构、组织、个人相勾结，犯前款罪的，依照前款的规定处罚。

第一百零九条 国家机关工作人员在履行公务期间，擅离岗位，叛逃境外或者在境外叛逃的，处五年以上十年以下有期徒刑。

掌握国家秘密的国家工作人员叛逃境外或者在域外叛逃的，依照前款的规定从重处罚。

第一百一十条 有下列间谍行为之一，危害国家安全的，处十年以上有期徒刑或者无期徒刑；情节较轻的，处三年以上十年以下有期徒刑：

（一）参加间谍组织或者接受间谍组织及其代理人的任务的；

（二）为敌人指示轰击目标的。

2.《中华人民共和国民法典》

第一百三十二条 民事主体不得滥用民事权利损害国家利益、社会公共利益或者他人合法权益。

第五百三十四条 对当事人利用合同实施危害国家利益、社会公共利益行为的，市场监督管理和其他有关行政主管部门依照法律、行政法规的规定负责监督处理。

条文释义

一、本条主旨

本条是关于利用公司名义从事危害国家安全、社会公共利益的严重违法行为的法律责任的规定。

二、条文演变

本条规定是 2005 年《公司法》新增内容。2005 年《公司法》第 214 条规定："利用公司名义从事危害国家安全、社会公共利益的严重违法行为的，吊销营业执照。"2013 年《公司法》和 2018 年《公司法》保留了该条的内容，但在序号上进行了调整，由原第 214 条调整为现第 213 条。

三、条文解读

（一）关于适用对象

本条主要是针对不法分子利用公司的掩护作用、从事非法活动的现象而增加的规定。这些不法分子成立公司不是想进行正常的市场经济活动，而是想利用公司的外壳进行危害国家安全、社会公共利益的活动，逃避有关部门的监管和法律的制裁，如黑社会组织成立公司洗钱等。对待这样的公司必须吊销其营业执照。对从事犯罪活动的，应依法追究刑事责任。

（二）关于严重违法行为

本条的"危害国家安全、社会公共利益的严重违法行为"，主要包括以下行为：（1）分裂国家、破坏国家统一行为；（2）资助危害国家安全犯罪活动；（3）资敌行为；（4）生产、销售伪劣产品行为；（5）其他严重违法行为，如走私行为、虚开增值税专用发票行为等。

▶ **类案检索**

一、东莞市市场监督管理局与东莞市海顺建材有限公司市场监督管理行政处罚纠纷案

关键词： 国家安全　社会公共利益　严重违法行为　营业执照　行政处罚

裁判摘要：《公司法》第213条规定："利用公司名义从事危害国家安全、社会公共利益的严重违法行为的，吊销营业执照。"该条主要是针对不法分子成立公司进行非正常的市场经济活动，利用公司的掩护作用从事危害国家安全、社会公共利益的非法活动，企图逃避有关部门的监管和法律的制裁所作出的规定。就本案而言，海顺公司系经依法核准设立的企业法人，登记经营范围包括淡化沙的加工与销售，案涉违法行为只是其在从事前述经营活动期间因违反相关行政管理规定所致，并未由此改变海顺公司从河道中取水淡化海沙并销售的合法经营目的，且从东莞市水务局曾向海顺公司下达过的系列通知书和告知函来看，针对案涉违法行为应负何种法律责任，现行《水法》《防洪法》及相关地方性法规本身亦有作出专项规定。此外，结合全案证据材料显示，海顺公司固然存在案涉违法行为，但尚不能证明已达到足以危害国家安全、社会公共利益的严重程度。据此，原东莞工商局依据公司法前述规定吊销海顺公司营业执照，主要证据不足，法律适用错误。

【案　　号】（2019）粤19行终386号
【审理法院】广东省东莞市中级人民法院

二、南京蚁米电子科技股份有限公司与南京市工商行政管理局工商行政处罚决定案

关键词： 国家安全　社会公共利益　严重违法行为　营业执照　行政处罚

裁判摘要： 蚁米公司经营行为已构成传销。依据《禁止传销条例》第24条第1款"有本例第七条规定的行为，组织策划传销的，由工商行政管理部门没收非法财物，没收违法所得，处50万元以上200万元以下的罚款；构成犯罪的，依法追究刑事责任"，第25条"工商行政管理部门依照本条例第二十四条的规定进行处罚时，可以依照有关法律、行政法规定的规定，责令停业整顿或者吊销营业执照"，以及《公司法》第213条"利用公司名义从事危害国家

安全、社会公共利益的严重违法行为的，吊销营业执照"等规定，市工商局认定原告的违法行为后，经过听证程序，作出行政处罚决定：（1）吊销蚁米公司营业执照；（2）没收违法所得 7 105 876 元；（3）罚款 1 500 000 元，被告作出的该具体行政行为适用法律正确，处罚程序合法。综上所述，市工商局对蚁米公司传销违法行为作出的被诉具体行政行为事实清楚，适用法律、法规正确，符合法定程序，并无不当。蚁米公司要求撤销被诉具体行政行为的诉讼请求不能成立，不予支持。

【案　　号】（2015）宁行终字第 125 号
【审理法院】江苏省南京市中级人民法院

第二百一十四条 公司违反本法规定，应当承担民事赔偿责任和缴纳罚款、罚金的，其财产不足以支付时，先承担民事赔偿责任。

▶ 关联规定

法律、行政法规、司法解释

1.《中华人民共和国公司法》

第二十条 公司股东应当遵守法律、行政法规和公司章程，依法行使股东权利，不得滥用股东权利损害公司或者其他股东的利益；不得滥用公司法人独立地位和股东有限责任损害公司债权人的利益。

公司股东滥用股东权利给公司或者其他股东造成损失的，应当依法承担赔偿责任。

公司股东滥用公司法人独立地位和股东有限责任，逃避债务，严重损害公司债权人利益的，应当对公司债务承担连带责任。

第二十一条 公司的控股股东、实际控制人、董事、监事、高级管理人员不得利用其关联关系损害公司利益。

违反前款规定，给公司造成损失的，应当承担赔偿责任。

第九十四条 股份有限公司的发起人应当承担下列责任：

（一）公司不能成立时，对设立行为所产生的债务和费用负连带责任；

（二）公司不能成立时，对认股人已缴纳的股款，负返还股款并加算银行同期存款利息的连带责任；

（三）在公司设立过程中，由于发起人的过失致使公司利益受到损害的，应当对公司承担赔偿责任。

第一百一十二条 董事会会议，应由董事本人出席；董事因故不能出席，可以书面委托其他董事代为出席，委托书中应载明授权范围。

董事会应当对会议所议事项的决定作成会议记录，出席会议的董事应当在会议记录上签名。

董事应当对董事会的决议承担责任。董事会的决议违反法律、行政法规或者公司章程、股东大会决议，致使公司遭受严重损失的，参与决议的董事对公司负赔偿责任。但经证明在表决时曾表明异议并记载于会议记录的，该董事可以免除责任。

第一百四十九条 董事、监事、高级管理人员执行公司职务时违反法律、行政法规或者公司章程的规定，给公司造成损失的，应当承担赔偿责任。

第一百八十九条 清算组成员应当忠于职守，依法履行清算义务。

清算组成员不得利用职权收受贿赂或者其他非法收入，不得侵占公司财产。

清算组成员因故意或者重大过失给公司或者债权人造成损失的，应当承担赔偿责任。

2.《最高人民法院关于适用〈中华人民共和国公司法〉若干问题的规定（四）》

第十二条 公司董事、高级管理人员等未依法履行职责，导致公司未依法制作或者保存公司法第三十三条、第九十七条规定的公司文件材料，给股东造成损失，股东依法请求负有相应责任的公司董事、高级管理人员承担民事赔偿责任的，人民法院应当予以支持。

▶ 条文释义

一、本条主旨

本条是关于公司违法承担民事赔偿责任优先原则的规定。

二、条文演变

本条规定，沿袭自1993年《公司法》第228条："公司违反本法规定的，应当承担民事赔偿责任和缴纳罚款、罚金的，其财产不足以支付时，先承担民事赔偿责任。"在其后的历次修改中，本条未发生实质性变动，仅将序号调整为第214条。

三、条文解读

本条是有关公司某一行为可能构成犯罪、可能承担民事赔偿责任或可能被处以罚款时,出现刑事责任、民事责任和行政责任竞合时处理规定。在遇到此竞合情形时,违法公司既应承担民事赔偿责任,又要承担行政责任和刑事责任、缴纳罚款或罚金的情况下,如果其财产不足以同时支付的,应当先行承担民事赔偿责任。公司用以承担民事责任的财产,应当是公司的合法财产。

确定民事赔偿优先原则的主要原因,是基于以下几个方面的考虑:第一,公司法在基本性质上属于民商法,其立法主旨是保护个人或民事主体的权利,包括财产权和人身权;公司法上的责任制度是以民事责任制度为主,以罚款和罚金等行政和刑事责任为辅助手段。第二,市场监督的有效性来分析,公司法上设定民事赔偿优先原则,有利于市场主体实现自治和自律。私法自治具体到公司制度就是公司自治。第三,法律的最高目标是实现公平、公正。从自然人以及单位与国家主体的对比来看,自然人与单位显然属于弱势群体,因此,当二者的权益发生冲突时,法律应当优先保护弱者的权益。

▶ 类案检索

一、陈某宏与黄某斌、南宁妥当投资担保有限公司隆林分公司股东出资纠纷案

关键词: 民事赔偿　行政罚款　罚金　财产　民事责任

裁判摘要: 民事活动必须遵守法律,法律没有规定的,应当遵守国家政策。被告黄某斌、南宁妥当投资担保有限公司隆林分公司在原告陈某宏出资后,未告知原告陈某宏有关公司经营、收益及盈亏状况,未给原告陈某宏任何分红,从未通知原告陈某宏参加过股东会议,未颁发股东证书给原告陈某宏。且原告陈某宏向被告黄某斌出资入股后,被告黄某斌、南宁妥当投资担保有限公司隆林分公司亦未到相关部门变更股东出资情况及公司注册资金。2011年12月28日,经广西红盾信息网网上办公系统查询,该公司注册资本为0元,也未年检。被告黄某斌、南宁妥当投资担保有限公司隆林分公司的行为与《公司法》中的相关规定相悖,二被告的行为不但违反了相关法律,亦违反了民

事活动应当遵循自愿、公平、等价有偿、诚信的原则。《公司法》第215条规定："公司违反本法规定，应当承担民事赔偿责任和缴纳罚款、罚金的，其财产不足以支付时，先承担民事赔偿责任。"故二被告的违法行为应承担相应的民事责任。原告提出诉请要求二被告返还出资股金人民币32 000元及支付利息人民币7017.47元，于法有据，法院予以支持。被告黄某斌、南宁妥当投资担保有限公司隆林分公司经传票合法传唤拒不到庭，亦未提交书面答辩意见，视为其自动放弃对本案的答辩权、质证权及辩论权。根据《公司法》第215条，《民法通则》第4条、第6条、第106条、第130条、第134条第4项、第7项及《民事诉讼法》第130条之规定，判决被告黄某斌、南宁妥当投资担保有限公司隆林分公司返还原告陈某宏股东出资资金人民币32 000元；被告黄某斌、南宁妥当投资担保有限公司隆林分公司支付原告陈某宏利息人民币7017.47元。

【案　　号】（2012）隆民二初字第5号

【审理法院】广西壮族自治区隆林各族自治县人民法院

二、仁化县水务局与陈某某执行分配方案异议之诉案

关键词： 民事赔偿　行政罚款　罚金　财产　民事责任

裁判摘要：《公司法》第214条规定了民事责任优先原则。参照上述法律规定的民事责任优先原则以及国不与民争利的立法精神，若同一被执行人既有民事债权执行案件，又有行政处罚、司法罚款或者罚金刑、没收财产刑事执行案件，且被执行人的财产不足清偿全体债权人的债权时，民事债权应优先受偿。

【案　　号】（2017）粤0224民初388号

【审理法院】广东省仁化县人民法院

第二百一十五条 违反本法规定，构成犯罪的，依法追究刑事责任。

关联规定

法律、行政法规、司法解释

《中华人民共和国刑法》

第三条 法律明文规定为犯罪行为的，依照法律定罪处刑；法律没有明文规定为犯罪行为的，不得定罪处刑。

第十四条 明知自己的行为会发生危害社会的结果，并且希望或者放任这种结果发生，因而构成犯罪的，是故意犯罪

故意犯罪，应当负刑事责任。

第三十条 公司、企业、事业单位、机关、团体实施的危害社会的行为，法律规定为单位犯罪的，应当负刑事责任。

第一百五十八条 申请公司登记使用虚假证明文件或者采取其他欺诈手段虚报注册资本，欺骗公司登记主管部门，取得公司登记，虚报注册资本数额巨大、后果严重或者有其他严重情节的，处三年以下有期徒刑或者拘役，并处或者单处虚报注册资本金额百分之一以上百分之五以下罚金。

单位犯前款罪的，对单位判处罚金，并对其直接负责的主管人员和其他直接责任人员，处三年以下有期徒刑或者拘役。

第一百五十九条 公司发起人、股东违反公司法的规定未交付货币、实物或者未转移财产权，虚假出资，或者在公司成立后又抽逃其出资，数额巨大、后果严重或者有其他严重情节的，处五年以下有期徒刑或者拘役，并处或者单处虚假出资金额或者抽逃出资金额百分之二以上百分之十以下罚金。

单位犯前款罪的，对单位判处罚金，并对其直接负责的主管人员和其他直接责任人员，处五年以下有期徒刑或者拘役。

第一百六十条 在招股说明书、认股书、公司、企业债券募集办法等发

行文件中隐瞒重要事实或者编造重大虚假内容，发行股票或者公司、企业债券、存托凭证或者国务院依法认定的其他证券，数额巨大、后果严重或者有其他严重情节的，处五年以下有期徒刑或者拘役，并处或者单处罚金；数额特别巨大、后果特别严重或者有其他特别严重情节的，处五年以上有期徒刑，并处罚金。

控股股东、实际控制人组织、指使实施前款行为的，处五年以下有期徒刑或者拘役，并处或者单处非法募集资金金额百分之二十以上一倍以下罚金；数额特别巨大、后果特别严重或者有其他特别严重情节的，处五年以上有期徒刑，并处非法募集资金金额百分之二十以上一倍以下罚金。

单位犯前两款罪的，对单位判处非法募集资金金额百分之二十以上一倍以下罚金，并对其直接负责的主管人员和其他直接责任人员，依照第一款的规定处罚。

第一百六十一条 依法负有信息披露义务的公司、企业向股东和社会公众提供虚假的或者隐瞒重要事实的财务会计报告，或者对依法应当披露的其他重要信息不按照规定披露，严重损害股东或者其他人利益，或者有其他严重情节的，对其直接负责的主管人员和其他直接责任人员，处五年以下有期徒刑或者拘役，并处或者单处罚金；情节特别严重的，处五年以上十年以下有期徒刑，并处罚金。

前款规定的公司、企业的控股股东、实际控制人实施或者组织、指使实施前款行为的，或者隐瞒相关事项导致前款规定的情形发生的，依照前款的规定处罚。

犯前款罪的控股股东、实际控制人是单位的，对单位判处罚金，并对其直接负责的主管人员和其他直接责任人员，依照第一款的规定处罚。

第二百二十九条 承担资产评估、验资、验证、会计、审计、法律服务、保荐、安全评价、环境影响评价、环境监测等职责的中介组织的人员故意提供虚假证明文件，情节严重的，处五年以下有期徒刑或者拘役，并处罚金；有下列情形之一的，处五年以上十年以下有期徒刑，并处罚金：

（一）提供与证券发行相关的虚假的资产评估、会计、审计、法律服务、保荐等证明文件，情节特别严重的；

（二）提供与重大资产交易相关的虚假的资产评估、会计、审计等证明文件，情节特别严重的；

（三）在涉及公共安全的重大工程、项目中提供虚假的安全评价、环境影响评价等证明文件，致使公共财产、国家和人民利益遭受特别重大损失的。

有前款行为，同时索取他人财物或者非法收受他人财物构成犯罪的，依照处罚较重的规定定罪处罚。

第一款规定的人员，严重不负责任，出具的证明文件有重大失实，造成严重后果的，处三年以下有期徒刑或者拘役，并处或者单处罚金。

▶ 条文释义

一、本条主旨

本条是关于违反《公司法》规定、构成犯罪依法追究刑事责任的规定。

二、条文演变

本条内容在1993年《公司法》和1999年《公司法》中未作规定，首创于2005年《公司法》第216条："违反本法规定，构成犯罪的，依法追究刑事责任。"并在2013年《公司法》和2018年《公司法》中，得以延续，条文内容没有变动，序号在2018年《公司法》中为第215条。

三、条文解读

违反《公司法》规定，依照刑法构成犯罪，需要追究刑事责任的行为主要有以下八种。

第一，在办理公司登记时虚报注册资本、提交虚假证明文件或者采取其他欺诈手段隐瞒重要事实取得公司登记，情节严重的。主要法律依据是《刑法》第158条："申请公司登记使用虚假证明文件或者采取其他欺诈手段虚报注册资本，欺骗公司登记主管部门，取得公司登记，虚报注册资本数额巨大、后果严重或者有其他严重情节的，处三年以下有期徒刑或者拘役，并处或者单处虚报注册资本金额百分之一以上百分之五以下罚金。单位犯前款罪的，对单位判处罚金，并对其直接负责的主管人员和其他直接责任人员，处三年以下有期徒刑或者拘役。"

第二，公司的发起人、股东虚假出资，未交付或者未按期交付作为出资的货币或者非货币财产,情节严重的。主要法律依据是《刑法》第159条:"公司发起人、股东违反公司法的规定未交付货币、实物或者未转移财产权,虚假出资,或者在公司成立后又抽逃其出资,数额巨大、后果严重或者有其他严重情节的,处五年以下有期徒刑或者拘役,并处或者单处虚假出资金额或者抽逃出资金额百分之二以上百分之十以下罚金。单位犯前款罪的,对单位判处罚金,并对其直接负责的主管人员和其他直接责任人员,处五年以下有期徒刑或者拘役。"

第三,公司的发起人、股东在公司成立后抽逃其出资,情节严重的。主要法律依据是《刑法》第159条规定。

第四,公司向有关主管部门提供虚假的或者隐瞒重要事实的财务会计报告等材料,情节严重的。主要法律依据是《刑法》第161条:"依法负有信息披露义务的公司、企业向股东和社会公众提供虚假的或者隐瞒重要事实的财务会计报告,或者对依法应当披露的其他重要信息不按照规定披露,严重损害股东或者其他人利益,或者有其他严重情节的,对其直接负责的主管人员和其他直接责任人员,处五年以下有期徒刑或者拘役,并处或者单处罚金;情节特别严重的,处五年以上十年以下有期徒刑,并处罚金。前款规定的公司、企业的控股股东、实际控制人实施或者组织、指使实施前款行为的,或者隐瞒相关事项导致前款规定的情形发生的,依照前款的规定处罚。犯前款罪的控股股东、实际控制人是单位的,对单位判处罚金,并对其直接负责的主管人员和其他直接责任人员,依照第一款的规定处罚。"

第五,清算组不按本法规定向公司登记机关报送清算报告,或者报送清算报告隐瞒重要事实或者有重大遗漏,情节严重的。主要法律依据是《刑法》第162条:"公司、企业进行清算时,隐匿财产,对资产负债表或者财产清单作虚伪记载或者在未清偿债务前分配公司、企业财产,严重损害债权人或者其他人利益的,对其直接负责的主管人员和其他直接责任人员,处五年以下有期徒刑或者拘役,并处或者单处二万元以上二十万元以下罚金。"

第六,承担资产评估、验资或者验证的机构提供虚假证明文件,情节严重的。主要法律依据是《刑法》第229条:"承担资产评估、验资、验证、会计、审计、法律服务、保荐、安全评价、环境影响评价、环境监测等职责的中介组织的人员故意提供虚假证明文件,情节严重的,处五年以下有期徒刑或者拘役,并处罚金;有下列情形之一的,处五年以上十年以下有期徒刑,并处罚金：（一）提供与证券发行相关的虚假的资产评估、会计、审计、法律服务、保荐等证明文件，情节特别严重的；（二）提供与重大资产交易相关的虚假的资产评估、会计、审计等证明文件，情节特别严重的；（三）在涉及公共安全的重大工程、项目中提供虚假的安全评价、环境影响评价等证明文件，致使公共财产、国家和人民利益遭受特别重大损失的。有前款行为，同时索取他人财物或者非法收受他人财物构成犯罪的，依照处罚较重的规定定罪处罚。第一款规定的人员，严重不负责任，出具的证明文件有重大失实，造成严重后果的，处三年以下有期徒刑或者拘役，并处或者单处罚金。"

第七，利用公司名义从事危害国家安全、社会公共利益的严重违法行为的。

第八，其他违反本法规定，构成犯罪的行为。

▶ 类案检索

一、思某某、牛某某、杨某某与云南楚雄森茂林业有限责任公司损害公司利益责任纠纷案

关键词： 重大损失　犯罪　刑事责任　驳回起诉

裁判摘要：《公司法》第171条规定：公司除法定的会计账簿外，不得另立会计账簿。对公司财产，不得以任何个人名义开立账户存储。第215条规定：违反本法规定，构成犯罪的，依法追究刑事责任。本案思某某等违反法律及财务管理规定，在公司正常账户外私设个人账户（小金库），将公司的资金擅自存入账外账户并使用，导致有部分款项未归还公司，给公司造成重大损失的行为，有可能涉嫌刑事犯罪。据此，依照《最高人民法院关于在审理经济纠纷案件中涉及经济犯罪嫌疑若干问题的规定》第11条规定，裁定撤销楚雄市人民法院（2018）云2301民初1336号民事判决；驳回原审原告云南楚雄森茂林业有限责任公司的起诉。

【案　　号】（2019）云23民终1275号
【审理法院】云南省楚雄彝族自治州中级人民法院

二、常某文与河北和高房地产开发有限公司房屋买卖合同纠纷案

关键词：公司利益　犯罪嫌疑　实体判决　犯罪构成　驳回起诉

裁判摘要：一审法院认为，首先，《公司法》第71条规定，有限责任公司的股东之间可以相互转让其全部或者部分股权，故股权转让的转让方和受让方均应当是股东而不是公司。本案中，股权转让的受让方是股东李某奇，股权转让金应当由李某奇支付。第7次股东会决议、选房协议书及相关证据证明，以和高公司房产抵顶李某奇个人承诺支付的股权转让金。李某奇在获得全部股权后，既未按约定履行相关决议，也未提供证据证明其将抵顶的房价款补入公司，之后又将90%股权转让他人。其次，《公司法》第20条规定，公司股东应当遵守法律、行政法规和公司章程，依法行使公司股东权利，不得滥用公司法人独立地位和股东有限责任损害公司债权人的利益；第21条规定，公司的控股股东、实际控制人、董事、监事、高级管理人员不得利用其关联关系损害公司利益；第215条规定，违反本法规定，构成犯罪的，依法追究刑事责任。本案中，案件基本事实即涉案股权转让和以房抵债行为本身有经济犯罪嫌疑。根据《最高人民法院关于在审理经济纠纷案件中涉及经济犯罪嫌疑若干问题的规定》第11条和《最高人民法院关于审理民事纠纷案件中涉及刑事犯罪若干程序问题的处理意见》第1条第3款第1项规定，人民法院作为经济纠纷受理的案件，经审理认为不属经济纠纷案件而有经济犯罪嫌疑的，应当裁定驳回起诉，将有关材料移送公安机关或检察机关。故本案应当裁定驳回常某文起诉，并将全案移送公安机关。综上所述，根据《民事诉讼法》第119条第4项，《民事诉讼法司法解释》第208条第3款规定，裁定如下：驳回原告常某文的起诉。

二审法院经审理认为，根据《民事诉讼法》第171条规定，"第二审人民法院对不服第一审人民法院裁定的上诉案件的处理，一律适用裁定"，一审法院裁定处理本案，二审法院也只能裁定作出处理，不能作出实体判决。故上诉人要求二审法院作出实体判决，无法律依据支持。本案是基于股权转让、以公司房产抵顶股权转让金而产生的纠纷。公司股东之间股权转让行为本身不为法律所禁止，一审法院以本案有经济犯罪嫌疑、可能涉嫌侵占公司财产的刑事犯罪为由，于2019年8月12日向邯郸市公安局开发区分局发出移送函，但截至二审开庭前，公安机关并未立案侦查。本案事实满足犯罪构成四个要件目前

证据不足。综上，依照《民事诉讼法》第171条、《民事诉讼法司法解释》第332条规定，裁定撤销河北省邯郸经济技术开发区人民法院（2018）冀0491民初1498号民事裁定；本案指令河北省邯郸经济技术开发区人民法院审理。

【案　　号】（2019）冀民04民终5777号

【审理法院】河北省邯郸市中级人民法院

第十三章 附 则

第二百一十六条 本法下列用语的含义：

（一）高级管理人员，是指公司的经理、副经理、财务负责人，上市公司董事会秘书和公司章程规定的其他人员。

（二）控股股东，是指其出资额占有限责任公司资本总额百分之五十以上或者其持有的股份占股份有限公司股本总额百分之五十以上的股东；出资额或者持有股份的比例虽然不足百分之五十，但依其出资额或者持有的股份所享有的表决权已足以对股东会、股东大会的决议产生重大影响的股东。

（三）实际控制人，是指虽不是公司的股东，但通过投资关系、协议或者其他安排，能够实际支配公司行为的人。

（四）关联关系，是指公司控股股东、实际控制人、董事、监事、高级管理人员与其直接或者间接控制的企业之间的关系，以及可能导致公司利益转移的其他关系。但是，国家控股的企业之间不仅因为同受国家控股而具有关联关系。

▶ **关联规定**

部门规章及规范性文件

1.《商业银行股权管理暂行办法》

第四条 投资人及其关联方、一致行动人单独或合计拟首次持有或累计增持商业银行资本总额或股份总额百分之五以上的，应当事先报银监会或其派出机构核准。对通过境内外证券市场拟持有商业银行股份总额百分之五以上的行政许可批复，有效期为六个月。审批的具体要求和程序按照银监会相关规定执行。

投资人及其关联方、一致行动人单独或合计持有商业银行资本总额或股份总额百分之一以上、百分之五以下的,应当在取得相应股权后十个工作日内向银监会或其派出机构报告。报告的具体要求和程序,由银监会另行规定。

2.《中国银保监会信托公司行政许可事项实施办法》

第十条 有以下情形之一的,不得作为信托公司的出资人:

(一)公司治理结构与管理机制存在明显缺陷;

(二)关联企业众多、股权关系复杂且不透明、关联交易频繁且异常;

(三)核心主业不突出且其经营范围涉及行业过多;

(四)现金流量波动受经济景气影响较大;

(五)资产负债率、财务杠杆率高于行业平均水平;

(六)代他人持有信托公司股权;

(七)其他对信托公司产生重大不利影响的情况。

第二十一条 所有拟投资入股信托公司的出资人的资格以及信托公司变更股权或调整股权结构均应经过审批,但出资人及其关联方、一致行动人单独或合计持有同一上市信托公司股份未达到该信托公司股份总额5%的除外。

第二十二条 信托公司由于实际控制人变更所引起的变更股权或调整股权结构,由所在地银保监局受理并初步审查,银保监会审查并决定。决定机关自受理之日起3个月内作出批准或不批准的书面决定。

信托公司由于其他原因引起变更股权或调整股权结构的,由银保监分局或所在地银保监局受理并初步审查,银保监局审查并决定。决定机关自受理之日起3个月内作出批准或不批准的书面决定,并抄报银保监会。

第四十八条 信托公司以固有资产从事股权投资业务,应遵守以下规定:

(一)不得投资于关联方,但按规定事前报告并进行信息披露的除外;

(二)不得控制、共同控制或实质性影响被投资企业,不得参与被投资企业的日常经营;

(三)持有被投资企业股权不得超过5年。

第五十七条 拟任人有以下情形之一的,视为不符合本办法第五十五条第(六)项、第(七)项、第(八)项规定的条件,不得担任信托公司董事和高级管理人员:

(一)截至申请任职资格时,本人或其配偶仍有数额较大的逾期债务未能偿还,包括但不限于在该信托公司的逾期债务;

（二）本人及其近亲属合并持有该信托公司5%以上股份，且从该信托公司获得的授信总额明显超过其持有的该信托公司股权净值；

（三）本人及其所控股的信托公司股东单位合并持有该信托公司5%以上股份，且从该信托公司获得的授信总额明显超过其持有的该信托公司股权净值；

（四）本人或其配偶在持有该信托公司5%以上股份的股东单位任职，且该股东单位从该信托公司获得的授信总额明显超过其持有的该信托公司股权净值，但能够证明授信与本人及其配偶没有关系的除外；

（五）存在其他所任职务与其在该信托公司拟任、现任职务有明显利益冲突，或明显分散其在该信托公司履职时间和精力的情形。

第五十九条 除不得存在第五十六条、第五十七条所列情形外，信托公司独立董事拟任人还不得存在下列情形：

（一）本人及其近亲属合并持有该信托公司1%以上股份或股权；

（二）本人或其近亲属在持有该信托公司1%以上股份或股权的股东单位任职；

（三）本人或其近亲属在该信托公司、该信托公司控股或者实际控制的机构任职；

（四）本人或其近亲属在不能按期偿还该信托公司债务的机构任职；

（五）本人或其近亲属任职的机构与本人拟任职信托公司之间存在法律、会计、审计、管理咨询、担保合作等方面的业务联系或债权债务等方面的利益关系，以致妨碍其履职独立性的情形；

（六）本人或其近亲属可能被拟任职信托公司大股东、高管层控制或施加重大影响，以致妨碍其履职独立性的其他情形；

（七）本人已在其他信托公司任职。

独立董事在同一家信托公司任职时间累计不得超过6年。

第七十二条 本办法中下列用语的含义：

（一）实际控制人，是指根据《中华人民共和国公司法》第二百一十六条规定，虽不是公司的股东，但通过投资关系、协议或者其他安排，能够实际支配公司行为的人。

（二）关联方，是指根据《企业会计准则第36号关联方披露》规定，一方控制、共同控制另一方或对另一方施加重大影响，以及两方或两方以上同受一方控制、共同控制或重大影响的。但国家控制的企业之间不因为同受国家控股而具有关联关系。银保监会另有规定的从其规定。

（三）一致行动，是指投资者通过协议、其他安排，与其他投资者共同扩大其所能够支配的一个公司股份表决权数量的行为或者事实。达成一致行动的相关投资者，为一致行动人。

（四）个别财务报表，是相对于合并财务报表而言，指由公司或子公司编制的，仅反映母公司或子公司自身财务状况、经营成果和现金流量的财务报表。

▶ 条文释义

一、本条主旨

本条是关于公司法使用的一些用语含义的规定。

二、条文解读

根据本条的规定，高级管理人员、控股股东、实际控制人、关联关系的具体含义如下。

（一）高级管理人员

高级管理人员是指公司的经理、副经理、财务负责人，上市公司董事会秘书和公司章程规定的其他人员。

（二）控股股东

控股股东是指其出资额占有限责任公司资本总额50%以上或者其持有的股份占股份有限公司股本总额50%以上的股东；出资额或者持有股份的比例虽然不足50%，但依其出资额或者持有的股份所享有的表决权已足以对股东会、股东大会的决议产生重大影响的股东。

实践中，控股股东一般是指公司内所持股份比例达到能够左右股东会、股东大会和董事会的决议，从而可以控制公司局面的大股东。根据所持股份比例的大小，控股股东又可以分为绝对控股股东（所持股份在50%以上）和相对控股股东（持股比例低于50%）。一般来讲，拥有上市公司20%~30%的股份就可成为公司的相对控股股东。

（三）实际控制人

实际控制人是指虽不是公司的股东，但通过投资关系、协议或者其他安排，能够实际支配公司行为的人。

实际控制人是指股份未登记在其名下，但通过股权控制关系、协议或者通过其他安排，能够决定公司的人事、财务和经营管理政策的自然人、法人或者其他组织。实际控制人的概念，相对发行人便是发起人；相对上市公司即是控股股东。实际控制人隐藏在发行人、上市公司幕后，操纵发行人或上市公司进行虚假陈述极为方便；更何况，中国许多上市公司与实际控制人在人员、财务、资产等方面本就没有彻底分开。在实践中，实际控制人是取得上市公司实际控制权的有关当事人，包括具有下列情形之一的自然人、法人或者其他组织：（1）在行使表决权时，可以控制该公司的董事会半数以上的成员或者主要负责人当选的；（2）能够行使或者控制的该公司的表决权数量，超过该公司控股股东或者最大出资人在名义上能够行使的有表决权数量的；（3）以其他方式在事实上对该公司进行控制的。

（四）关联关系

关联关系是指公司控股股东、实际控制人、董事、监事、高级管理人员与其直接或者间接控制的企业之间的关系以及可能导致公司利益转移的其他关系。但是，国家控股的企业之间不仅因为同受国家控股而具有关联关系。

实践中，关联关系主要包括关联法人、关联自然人和潜在关联人。

1. 具有以下情形之一的法人，为本公司的关联法人

（1）直接或间接地控制本公司，以及与本公司同受某一企业控制的法人（包括但不限于母公司、子公司、与本公司受同一母公司控制的子公司）；（2）由前项所述法人直接或间接控制的除公司及其控股子公司以外的法人；（3）由公司关联自然人直接或间接控制的，或担任董事、监事、高级管理人员的，除公司及其控股子公司以外的法人；（4）持有公司5%以上股份的法人；（5）中国证监会、深圳证券交易所或公司根据实质重于形式的原则认定的其他与公司有特殊关系，可能造成公司其利益的法人。

2. 本公司的关联自然人

（1）持有本公司 5% 以上股份的个人股东；（2）本公司的董事、监事及高级管理人员；（3）前两项所述人士的亲属，包括：①父母；②配偶；③兄弟姐妹；④年满 18 周岁的子女；⑤配偶的父母、子女的配偶、配偶的兄弟姐妹、兄弟姐妹的配偶。

3. 公司潜在关联人

因与本公司关联法人签署协议或作出安排，在协议生效后符合前述关联法人、关联自然人条件的，为本公司潜在关联人。

▶ 类案检索

陈某与北京爱表动力网络科技有限公司损害公司利益责任纠纷案

关键词： 损害公司利益责任纠纷　高管　勤勉义务

裁判摘要： 高级管理人员的勤勉义务要求行为人履行其职责时必须表现出一般审慎者处于相似位置时在类似情况下所表现出来的勤勉、注意和技能，同时，在从事公司经营管理活动时应当恪尽职守，尽到其所应具有的经营管理水平。认定高级管理人员是否违反勤勉义务应当以其职责范围来判断，不应将公司的全部事项均作为高级管理人员是否尽到勤勉义务的判断标准。

【案　　号】（2019）京 03 民终 15352 号

【审理法院】北京市第三中级人民法院

> 第二百一十七条　外商投资的有限责任公司和股份有限公司适用本法；有关外商投资的法律另有规定的，适用其规定。

条文释义

一、本条主旨

本条是关于外商投资的公司适用法律的规定。

二、条文解读

（一）外商投资的企业原则上适用公司法的规定

外商投资，是指外国的自然人、企业或者其他组织（以下称外国投资者）直接或者间接在中国境内进行的投资活动，包括下列情形：（1）外国投资者单独或者与其他投资者共同在中国境内设立外商投资企业；（2）外国投资者取得中国境内企业的股份、股权、财产份额或者其他类似权益；（3）外国投资者单独或者与其他投资者共同在中国境内投资新建项目；（4）法律、行政法规或者国务院规定的其他方式的投资。

由于《公司法》是规范公司的基本法律，是其他规范公司的专门规范的母法，适用于在我国境内设立的所有公司。所以，如果企业全部或者部分由外国投资者投资，依照中国法律在中国境内经登记注册设立，原则上都适用《公司法》。

（二）外商投资的法律对外商投资的有限责任公司和股份有限公司另有规定的，优先适用其规定

为了进一步扩大对外开放，积极促进外商投资，保护外商投资合法权益，规范外商投资管理，推动形成全面开放新格局，促进社会主义市场经济健康发展，我国自2020年1月1日起正式施行《外商投资法》。该法规定，其中对外商投资企业的组织和行为有着特别规定，这些规定应优先于《公司法》而适用。

第二百一十八条　本法自 2006 年 1 月 1 日起施行。

> 条文释义

一、本条主旨

本条是关于公司法施行日期的规定。

二、条文解读

法律的施行日期是指法律生效的日期。"本法自 2006 年 1 月 1 日起施行"，是指本法自 2006 年 1 月 1 日起生效。法律生效日期的问题，是任何一部法律都要涉及的问题。一部法律通过以后，就产生了从什么时候开始起生效、在什么地域范围内生效、对什么人有效的问题，这些问题就是法律的效力范围问题。法律效力范围包括时间效力、空间效力和对人的效力三个方面。生效日期是法律的时间效力问题。

法律的时间效力问题，又包括法律从何时开始生效、到何时终止生效和法律生效后有无溯及力三个问题。我国以前制定的法律中，关于生效日期的规定，有以下三种情况：一是在法律条文中规定"本法自 × 年 × 月 × 日起施行"，如 1996 年 7 月 5 日八届全国人大常委会第二十次会议通过的《枪支管理法》第 50 条规定："本法自 1996 年 10 月 1 日起施行"，直接规定了具体的生效日期。二是在法律条文中没有直接规定具体的生效日期，而是规定"本法自公布之日起施行"，但法律何时公布，根据我国《宪法》关于法律由国家主席公布的规定，则由国家主席发布主席令来确定，按照目前国家主席公布法律的习惯做法，是在全国人大或者全国人大常委会通过法律的当天发布主席令公布法律，如《公务员法》是 2005 年 4 月 27 日十届全国人大常委会第十五次会议通过，同日签署第 35 号主席令予以公布。三是规定生效日期取决于另一部法律的制定和施行时间或者其他情况，如 1986 年制定的《企业破产法（试行）》第 43 条规定："本法自全民所有制工业企业法实施满三个月之日起试行"，当时，全民所有制工业企业法尚未制定出来，所以《企业破产法（试行）》正式开始生效的时间是《全民所有制工业企业法》1988年8月1日生效后三个月的1988年11月1日。《公司法》采用的是第一种形式，直接规定了具体的生效日期。

为了使《公司法》在通过以后能有一段时间做思想、业务、组织等方面的准备，以便更好地实施，1993年《公司法》第230条规定："本法自1994年7月1日起施行。"2005年《公司法》修订时将该条调整为第219条，内容修改为："本法自2006年1月1日起施行。"从《公司法》通过或修订通过到生效之日，间隔了一段时间，在这段时间内，有关部门、公司、企业单位或者个人，特别是公司登记部门，应当做好本法施行的各项准备工作。一是要认真清理以前制定的各种法规、规章、办法、规定等，凡发现与本法规定相抵触的，都要予以废止或者修改；二是本法规定的一些措施制度，需要制定一些配套规定予以具体化，有关部门应当抓紧制定有关的配套规定；三是有关部门应当做好本法的宣传工作，要在全社会进行广泛的公司法的宣传教育，使各部门、各行业、各单位以及每个社会成员都增强法治观念，以便更好地在本法生效后守法、执法。

索 引

一、关键词索引

A

按期足额缴纳出资 143，465

B

保护公司职工权益 62
变更登记 26，41，43，47，111，161，166，223，270，362，394，627，719，721，734，738，739，759，867，878，888，897，901，1054，1057
表决程序 219，248，283，635
表决方式 109，212，248，285，545，548，558，591，597

C

财务会计报告 172，273，304，346，516，520，631，708，769，828，832，835，850，853，857，1010，1014，1072
参与重大决策 12，74
查阅公司会计账簿 172，287
查阅权 519
抽逃出资 188，191，466，946，1003，1005
出资不实 152，154
出资证明书 156，160，166，390
创立大会 496，499，502，505

D

代理出席 601
代收股款协议 491，493
吊销营业执照 773，898，928，988，1036，1053，1056，1061
定期会议 205，285，593
董事会表决 596，673
董事会成员 228，234，331，336，583，614
董事会秘书 341，595，665，667，1082

董事会职权　239，243，584
董事缺位　236
董事任期　232，269，332，584，586
独立董事　660

F

发起人认购公司股份　470
发起人协议　440，442，464
发起人义务　439
发起人责任　511
发起设立　431，436，447，463，471
非货币财产　138，140，143，153，459，464，509，998
分公司　49，973，1049
分支机构　49，968，971，973，976，979，980，985，1059

G

高级管理人员　37，98，103，242，262，273，338，341，347，586，606，618，622，626，631，666，744，774，777，779，783，785，790，793，1079
高级管理人员兼职禁止　338
高级管理人员消极资格　774
公司变更　32，513
公司成立日期　24，159，689
公司登记机关的上级部门违法　1046
公司登记机关违法　1044
公司对外投资　51，58，295
公司发行新股　705，713，715，719

公司法定代表人　46，123，455
公司法律地位　7
公司分立　876，881，897
公司工会　64
公司合并　197，219，241，320，404，585，758，864，866，871，897，901，1022
公司会计账簿　172，287，856
公司僵局　910，912，914
公司解散　220，326，456，894，900，911，912，922
公司经理　254，258，335，611，614
公司经营范围　25，41，123，454
公司决议撤销　112
公司决议无效　108
公司利润分配　181，243，244，456
公司名称　25，29，117，123，159，427，454，687，798，801
公司设立登记　20，147，505，897
公司收购本公司股份　408，756
公司债券　241，323，517，585，795，798，801，803
公司债券存根簿　805
公司债券登记结算　808
公司债券转让　811，813
公司章程　37，41，118，122，124，143，171，201，218，222，242，299，316，393，405，418，427，436，440，454，461，557，727，746，901，905，974
公司住所　25，35，117，428，454

公司注销登记　894，950
公司自治　230，237，243，244，906
股东表决权　194，196，217
股东表决权排除制度　97
股东出资方式　137
股东大会年会　532
股东大会召开程序　543
股东大会职权　526，557
股东代表诉讼　789
股东会职权　198，202，243，526
股东名册　164，363，391，696，734，738
股东人数　119，120
股东责任形式　7
股东知情权　114，169，176，287，520，829，833
股东直接诉讼　792
股东资格继承　415
股份有限公司董事会　582
股份有限公司发起人　458，511，720
股份有限公司经理　611
股份有限公司设立条件　425
股份转让　723
股份转让场所　730
股份转让限制　744
股票发行价格　683
股票记载事项　688
股票交付　702，740
股权拍卖　380
股权收益权　178
股权转让　296，352，371，374，376

关联关系　95，672，1080
关联交易　95，672，674，675
关联交易回避　672
国有独资公司董事会　328
国有独资公司监事会　343
国有独资公司经理　335
国有独资公司设立　309
国有独资公司章程　316

H

回避　672
会议记录　171，214，248，283，504，516，578，601，635
会议通知　213，215

J

记名公司债券　805，808，813
记名股票　689，693，696，701，736，764
监事会会议　170，262，283，288，626，635
监事会职权　343，630
监事会主席　264，266，346，624
监事任期　267，625
建议权　278

K

可转换公司债券　818，821
会计师事务所　279，304，831，849，853

L

滥用公司法人独立地位　73
滥用股东权利　72，89，223
累积投票制　252，566，569，570
临时董事会　590，591，593
临时股东大会　532，534，541
临时会议　205，285，593
另立会计账簿　856，1009

M

民主管理　65
募集设立　430，448，471，473

N

年度财务会计报告　832

Q

强制解散　901，909，914，918
勤勉义务　777，1081
清算方案　942
清算期间开展违法经营活动　1027
清算组成员　955
清算组违法　1032
清算组职权　930

R

人格混同　79

S

上市公司董事会秘书　665，1079

实际控制人　60，96，957，1080
首次股东会会议　203

T

特别股　550，701
特别事项调查权　278

W

外国公司分支机构　970，971，973，976，980，985
违法提取法定公积金　1017
无记名股票　481，541，682，693，697，701，740，765

X

消极资格　774
新股作价　717
信息披露　661，663，749，772
刑事责任　1071，1073
虚报注册资本　990，1071
虚假出资　466，997，998，999
宣告破产　947，959

Y

一人有限责任公司设立　293
一人有限责任公司章程　299
议事方式　219，248，284，635
异议股东股份回购请求权　401
隐匿财产　1023，1024
盈余分配　13，182，244
营业执照　24，48，297，967

优先购买权　355，374，379，386，419
优先认缴出资　178
有限责任公司设立条件　116
逾期开业　1054，1056

Z

债权人异议权　866
债权申报　935
招股说明书　475，481，482，494，708
证券承销　484
执行董事　45，209，258，260，787
职工代表大会　64，224，261，327，342，581，624
职工董事　227
制作认股书　475，708
质询权　278，519
忠实义务　103，674，777，779
注册资本　24，121，126，132，135，159，197，219，239，320，446，455，546，585，749，837，846，886，892，894，991，1018，1022
资本充实责任　508
资本公积金　90，842，843，847
资本维持原则　188，833
资产评估、验资或者验证机构违法　1037
资产收益权　13
子公司　49，617

二、条文索引

《中华人民共和国公司法》

第一条　1	第二十五条　121，124，318
第二条　4	第二十六条　126，135
第三条　6，81	第二十七条　136，140，145，459
第四条　12，74	第二十八条　141，465
第五条　16	第二十九条　146
第六条　18	第三十条　150
第七条　24	第三十一条　156，392
第八条　27	第三十二条　161，363，394
第九条　31	第三十三条　168，854
第十条　34	第三十四条　177
第十一条　37，74，472	第三十五条　183
第十二条　41	第三十六条　192
第十三条　25，45	第三十七条　197，323
第十四条　48	第三十八条　203
第十五条　51	第三十九条　205
第十六条　54，97	第四十条　209
第十七条　62	第四十一条　213，223，545
第十八条　64	第四十二条　216
第十九条　68	第四十三条　219
第二十条　69，81，89	第四十四条　224，332
第二十一条　92	第四十五条　232，584
第二十二条　105，558，603	第四十六条　239，583
第二十三条　115	第四十七条　245
第二十四条　119，418	第四十八条　248

索引 | 二、条文索引

第四十九条　254，612
第五十条　258，614
第五十一条　258，285
第五十二条　267
第五十三条　271，345，348，631
第五十四条　278，632
第五十五条　283
第五十六条　289
第五十七条　292，299
第五十八条　295
第五十九条　297
第六十条　299
第六十一条　301
第六十二条　303
第六十三条　305
第六十四条　308
第六十五条　316
第六十六条　320，902
第六十七条　327
第六十八条　334，615
第六十九条　338
第七十条　342
第七十一条　349，380
第七十二条　377
第七十三条　388
第七十四条　399
第七十五条　414
第七十六条　422
第七十七条　429
第七十八条　426，435
第七十九条　439

第八十条　433，436，444
第八十一条　450
第八十二条　457
第八十三条　461
第八十四条　433，470
第八十五条　474
第八十六条　479
第八十七条　483
第八十八条　490
第八十九条　494，503
第九十条　499
第九十一条　501
第九十二条　504
第九十三条　506
第九十四条　510
第九十五条　513
第九十六条　516
第九十七条　517
第九十八条　523
第九十九条　525
第一百条　531
第一百零一条　536，590
第一百零二条　541，694，741
第一百零三条　546
第一百零四条　552，652
第一百零五条　252，560
第一百零六条　571
第一百零七条　575
第一百零八条　581
第一百零九条　332，588
第一百一十条　592

1091

第一百一十一条　596
第一百一十二条　599
第一百一十三条　609
第一百一十四条　613
第一百一十五条　617
第一百一十六条　620
第一百一十七条　624
第一百一十八条　629
第一百一十九条　634
第一百二十条　637
第一百二十一条　649
第一百二十二条　654
第一百二十三条　663
第一百二十四条　669
第一百二十五条　676，726
第一百二十六条　679
第一百二十七条　682
第一百二十八条　687
第一百二十九条　691
第一百三十条　696
第一百三十一条　551，699
第一百三十二条　702
第一百三十三条　704
第一百三十四条　708
第一百三十五条　715
第一百三十六条　719
第一百三十七条　722
第一百三十八条　729
第一百三十九条　734
第一百四十条　740
第一百四十一条　743

第一百四十二条　405，549，749
第一百四十三条　761
第一百四十四条　766
第一百四十五条　769
第一百四十六条　773
第一百四十七条　666，777
第一百四十八条　606，779
第一百四十九条　606，783
第一百五十条　785
第一百五十一条　75，607，787
第一百五十二条　607，792
第一百五十三条　794
第一百五十四条　798
第一百五十五条　801
第一百五十六条　803
第一百五十七条　805
第一百五十八条　807
第一百五十九条　810
第一百六十条　813
第一百六十一条　815
第一百六十二条　820
第一百六十三条　824
第一百六十四条　831
第一百六十五条　835
第一百六十六条　404，837，1017
第一百六十七条　841
第一百六十八条　846
第一百六十九条　849
第一百七十条　851
第一百七十一条　856，1073
第一百七十二条　859

第一百七十三条　866，1023
第一百七十四条　870
第一百七十五条　872，1023
第一百七十六条　880
第一百七十七条　883
第一百七十八条　889
第一百七十九条　894
第一百八十条　405，898
第一百八十一条　405，904
第一百八十二条　908
第一百八十三条　912，919，948
第一百八十四条　929，936
第一百八十五条　934
第一百八十六条　937，940，1027
第一百八十七条　945
第一百八十八条　950，1033
第一百八十九条　953
第一百九十条　959
第一百九十一条　964
第一百九十二条　967
第一百九十三条　971
第一百九十四条　973
第一百九十五条　975

第一百九十六条　980
第一百九十七条　982
第一百九十八条　988
第一百九十九条　994
第二百条　1001
第二百零一条　1007
第二百零二条　1011
第二百零三条　1016
第二百零四条　1020
第二百零五条　1026
第二百零六条　1030
第二百零七条　1036
第二百零八条　1042
第二百零九条　1046
第二百一十条　1048
第二百一十一条　1053
第二百一十二条　1058
第二百一十三条　1061
第二百一十四条　1065
第二百一十五条　1069
第二百一十六条　96，341，1076
第二百一十七条　902，1082
第二百一十八条　1083

三、案例索引

（一）指导案例

指导案例 15 号：徐工集团工程机械股份有限公司诉成都川交工贸有限责任公司等买卖合同纠纷案 ········· 79

指导案例 163 号：江苏省纺织工业（集团）进出口有限公司及其五家子公司实质合并破产重整案 ········· 82

指导案例 165 号：重庆金江印染有限公司、重庆川江针纺有限公司破产管理人申请实质合并破产清算案 ········· 86

指导案例 33 号：瑞士嘉吉国际公司诉福建金石制油有限公司等确认合同无效纠纷案 ········· 99

指导案例 10 号：李某某诉上海佳动力环保科技有限公司公司决议撤销纠纷案 ········· 112

指导案例 67 号：汤某某诉周某某股权转让纠纷案 ········· 371

指导案例 96 号：宋某某诉西安市大华餐饮有限公司股东资格确认纠纷案 ········· 409

指导案例 8 号：林某某诉常熟市凯莱实业有限公司、戴某某公司解散纠纷案 ········· 912

（二）典型案例

海南碧桂园房地产开发有限公司与三亚凯利投资有限公司、张某某等确认合同效力纠纷案 ········· 8

庆阳市太一热力有限公司、李某某与甘肃居立门业有限责任公司盈余分配纠纷案 ········· 13

郑某某与余某 1 等滥用股东权利损害赔偿责任纠纷案 ········· 89

河南省中原小额贷款有限公司、雏鹰农牧集团股份有限公司与河南新郑农村商业银行股份有限公司、郑州正通联合会计师事务所、西藏吉腾实业有限公司、河南泰元投资担保有限公司损害公司债权人利益责任纠纷案 189

张某某与江苏万华工贸发展有限公司、万某、吴某某、毛某某股东权纠纷案 194

中静实业（集团）有限公司与上海电力实业有限公司、中国水利电力物资有限公司、上海新能源环保工程有限公司、上海联合产权交易所股权转让纠纷案 374

薛某1等4人与西藏国能矿业发展有限公司、西藏龙辉矿业有限公司股权转让合同纠纷案 376

袁某某与长江置业（湖南）发展有限公司请求公司收购股份纠纷案 411

蔡某某与真功夫公司损害股东利益责任纠纷案 594

陈某与中国证券监督管理委员会四川监管局、中国证券监督管理委员会证券管理行政处罚及行政复议案 661

华泰贝通软件科技有限公司与邓某损害公司利益责任纠纷案 674

无锡中欧教育咨询有限公司与无锡鱼果文化传媒有限公司、郭某损害公司利益责任纠纷案 675

张某某与王某股权转让合同纠纷案 746

兰州神骏物流有限公司与兰州民百（集团）股份有限公司侵权纠纷案 843

长春东北亚物流有限公司与吉林荟冠投资有限公司及董某某、东证融成资本管理有限公司公司解散纠纷案 914

陈某申请上海上器集团新能源科技有限公司强制清算纠纷案 926

（三）类案检索

柳州化工股份有限公司、广西柳州化工控股有限公司与广西金伍岳能源集团有限公司、贵州鑫悦煤炭有公司、贵州新益矿业有限公司合同纠纷案 52

红富士公司与董某、苏某损害公司利益责任纠纷案 90

姚某某与鸿大（上海）投资管理有限公司、章某等公司决议纠纷案 91

微研公司与徐某某等买卖合同损害公司利益纠纷案 103
刘某某等与彭某等损害股东利益纠纷案 104
刘某与同利水电站股东知情权纠纷案 114
刘某某等股东出资纠纷案 118
华某某、潘某某等股东资格确认纠纷案 120
李某某与河南省德瑞置业有限公司、马某某借款合同纠纷案 124
李某某与德瑞置业公司、马某某认缴出资纠纷案 135
扬州晶新微电子有限公司与伊川县人民政府、洛阳市鼎晶电子材料有限公司合同纠纷案 140
武汉新睿途实业有限公司与武汉富拓包装技术有限责任公司、沈某某等2人增资纠纷案 145
江西省煤炭集团云南矿业有限责任公司与福建双林农业开发有限责任公司等股东出资纠纷案 154
江苏省范群干燥设备厂与汤某某等股东资格纠纷案 160
赵某某与西安市五星商贸有限公司股东知情权纠纷案 176
石某某等与珠海市建安建筑装饰工程有限公司股东知情权案 176
叶某某与厦门华龙兴业房地产开发有限公司公司盈余分配权纠纷案 181
高某某与定西市熙海油脂有限责任公司等股东资格确认纠纷案 191
重庆鼎典物业发展有限公司申请破产清算案 196
杨某某与昆明宝信捷生物应用设备有限公司等公司盈余分配纠纷案 202
北京贝瑞德生物科技有限公司与吕某公司证照返还纠纷案 212
刘某某等与新沂市恒大机械有限公司股东会决议效力纠纷案 215
韦某某与河池利达石油运输有限公司及覃某某等23人撤销临时股东会决议案 215
郑某某与余某某等滥用股东权利损害赔偿责任纠纷案 223
28名股东与金某等损害公司利益赔偿纠纷案 230
孙某某与中顺公司高级管理人员损害公司利益赔偿案 237
欧某与金之彩公司、美盈森公司公司决议纠纷案 237
白某某等与福建省兴泰建筑工程有限公司盈余分配案 243
沈某某与宏昇公司盈余分配纠纷案 244
邹某某与佳成公司等公司决议纠纷案 247

范某与金天地典当公司典当纠纷案 252
中广核实华公司与江西实华公司公司决议纠纷案 252
李某某与中南环保公司董事会决议效力确认纠纷案 256
张某某与奋发公司决议效力确认纠纷案 257
富盛公司、全盛公司与施某某损害股东利益责任纠纷案 260
帆船港公司与东永公司等公司决议撤销纠纷案 260
上海保翔冷藏有限公司与上海长翔冷藏物流有限公司决议效力确认
　纠纷案 265
蓉联公司与黄某某损害公司利益纠纷案 266
陈某与汇银运达公司请求变更公司登记纠纷案 270
高某与衡水展拓工程咨询有限公司请求变更公司登记纠纷案 270
中机国际（西安）技术发展有限公司与杨某某等 11 人股东会或者股
　东大会、董事会决议撤销纠纷案 276
兆润公司与万杰公司等损害公司利益责任纠纷案 276
唐城实业有限公司与周某等损害公司利益责任纠纷 277
煜森公司与李某某、刘某某损害公司利益责任纠纷案 282
王某某与福民公司股东知情权纠纷案 282
上海亚新公司与上海古强公司股东知情权纠纷案 287
李某某与宇红公司股东知情权纠纷案 288
苏尊荣大律所与兆润公司、乔某委托代理合同纠纷案 291
温某某、内蒙古联创投资有限公司股权转让纠纷案 296
江苏南通二建集团有限公司、天津国储置业有限公司建设工程施工合
　同纠纷案 306
新广国际公司与兴业银行广州分行借款合同纠纷案 326
云南旅投与小孩儿旅行社等公司解散纠纷案 326
冯某与 A 公司劳动争议纠纷案 341
甘肃兰驼集团有限责任公司与常柴银川柴油机有限公司、兰州常柴西
　北车辆有限公司、兰州万通房地产经营开发有限公司股权转让纠纷案 386
启东市建都房地产开发有限公司与周某 1 股东资格确认纠纷案 420
钟某某与黄某某、卢某某及第三人广州市位拉服装有限公司公司设立
　纠纷案 442

江西鼎润科技股份有限公司与尹某某股东出资纠纷案 ·············· 468
华融（福建自贸试验区）投资有限公司与华宇海西（厦门）经济发展
　有限公司股东出资纠纷案 ····························· 469
张某某、黄某1合同纠纷案 ································ 473
上海花神百货商店与上海世茂股份有限公司、海通证券股份有限公司
　股东资格确认纠纷案 ································· 478
广东粤财信托有限公司与丹东欣泰电气股份有限公司、辽宁欣泰股份
　有限公司、温某某、兴业证券股份有限公司证券虚假陈述责任纠纷案 ··· 482
国信证券有限责任公司与西仪股份有限公司、西仪集团有限责任公司
　公司设立纠纷案 ···································· 493
新蓝置业有限公司、铁岭银行股份有限公司公司决议纠纷案 ········· 534
中国广顺房地产业开发公司等与深圳市广顺实业股份有限公司等公司
　决议纠纷案 ······································· 539
李某、山东阳谷农村商业银行股份有限公司公司决议纠纷案 ········· 545
贺某某与衡阳市利美电瓶车制造有限责任公司股东会决议效力纠纷案 ··· 559
广州盛景投资有限公司与江苏四环生物股份有限公司公司决议撤销
　纠纷案 ·· 569
深圳市某工贸有限公司与深圳某酒店股份有限公司侵害股东权纠纷案 ··· 570
蔡某某与浙江嘉信医药股份有限公司公司决议撤销纠纷案 ·········· 580
麻某某与济南康都置业有限公司请求变更公司登记纠纷案 ·········· 586
韩某某与北京金辇酒店管理有限公司公司决议撤销纠纷案 ·········· 590
淄博市临淄区公有资产经营公司与山东齐鲁乙烯化工股份有限公司等
　股东请求撤销董事会决议案 ···························· 591
张某某与云南腾药制药股份有限公司公司决议撤销纠纷案 ·········· 595
刘某某与成都华达实业股份有限公司公司决议纠纷案 ············· 598
中国光大银行深圳分行与创智信息科技股份有限公司借款保证合同
　纠纷案 ·· 608
张某与公采网络科技有限公司、杨某某清算责任纠纷案 ············ 608
杨某某与上海金汇通创意设计发展股份有限公司经济补偿金纠纷案 ···· 616
肖某与清华同方（鞍山）环保设备股份有限公司请求变更公司登记
　纠纷案 ·· 627

广州东凌国际投资股份有限公司、中国农业生产资料集团公司公司决
　议效力确认纠纷案……………………………………………………… 628
个旧市利达贸易有限公司与王某某损害公司利益责任纠纷案…………… 633
九江联豪九鼎投资中心（有限合伙）与谢某与公司有关的纠纷案……… 647
深圳市鑫腾华资产管理有限公司与江苏中超控股股份有限公司公司决
　议撤销纠纷案…………………………………………………………… 667
黔西县鑫华房地产开发有限责任公司与贵州织金农村商业银行股份有
　限公司公司决议撤销纠纷案…………………………………………… 685
于某与中大公司公司决议效力确认纠纷案………………………………… 686
国创公司与长峰公司股东资格确认纠纷案………………………………… 695
白某某、玉溪红塔区兴旺小额贷款股份有限公司小额借款合同纠纷案… 721
苏州工业园区广程通信技术有限公司与中国北方工业公司股权转合同
　纠纷案…………………………………………………………………… 727
荆某某与陈某某、湖南大康国际农业食品股份有限公司股权转让纠纷案… 732
甘某某与陈某某企业出资人权益纠纷案…………………………………… 732
国创公司与长峰公司股东资格确认纠纷案………………………………… 738
黑龙江省直属粮库管理有限公司与广发银行股份有限公司顺德分行、
　佛山市顺德区长洋物资有限公司案外人执行异议案………………… 739
鞍山泰乐机电科技股份有限公司与李某、杨某某、刘某1、刘某2、
　赵某某股东资格确认纠纷案…………………………………………… 741
山东金达源集团有限公司、东营伟宁商贸有限公司申请执行人执行异
　议之诉…………………………………………………………………… 747
湘潭孝颐堂医养院有限公司与湖南神隆高科技股份有限公司合同纠纷案… 760
北京北鹰吉成科技有限公司与王某清算责任纠纷案……………………… 829
胡某某与广州市朗葳空气净化设备有限公司股东知情权纠纷案………… 829
无锡梁溪冷轧薄板有限公司与无锡太平洋镀锌薄板有限公司等股东知
　情权纠纷案……………………………………………………………… 833
郑某某与淮安第一钢结构有限公司公司盈余分配纠纷案………………… 833
红富士公司与董某、苏某损害公司利益责任纠纷案……………………… 845
陕西汽车实业有限公司、陕西万方汽车销售服务有限公司申请公司清
　算纠纷案………………………………………………………………… 907

中国民法典适用大全 | 商事卷·公司法

吉林省金融控股集团股份有限公司与吉林省金融资产管理有限公司、
  宏运集团有限公司公司解散纠纷案 918
汪某、任某某等与铜陵永安商贸有限责任公司申请公司清算纠纷案 928
王某某与上海金鸿建筑工程有限公司公司决议撤销纠纷案 933
董某、易某某损害公司债权人利益责任纠纷案 939
临沂市荣鹏木业有限公司、费县吉兴木业有限公司买卖合同纠纷案 952
安徽三建工程有限公司与华纺房地产开发公司等清算责任纠纷案 958
海南金厦建设股份有限公司、中国农业银行股份有限公司深圳市分行
  股东出资纠纷案 962
江阴市恒盛橡塑制品有限公司与英国码头监理有限公司青岛代表处、
  英国码头监理有限公司买卖合同纠纷案 979
海南华辰实业投资有限公司与海南省工商行政管理局、海南省人民政
  府及原审第三人王某某工商行政处罚案 991
四川华泰钢桥有限责任公司诉四川省工商行政管理局工商行政撤销
  上诉案 992
傅某某与南宁市市场监督管理局工商行政处罚纠纷案 998
边某某等与付某某等股东资格权确认纠纷案 999
吴某1与吴某2、房县瑞浩矿业有限公司撤销权纠纷案 1005
资合实业有限公司、中国寰岛（集团）公司与北京资合房地产开发有
  限公司、北京亚洲大酒店有限公司股东出资纠纷案 1005
张某某与句容恒信会计师事务所有限公司股东知情权纠纷案 1010
汾阳市市场监督管理局、汾阳市人民政府与汾阳市五丰包装有限公司
  工商行政处罚及行政复议案 1015
北京自由空间酒店管理有限公司与华某某公司盈余分配纠纷案 1018
云南中建鼎茂建材有限公司与邱某某、倪某某、田某某公司盈余分配
  纠纷案 1018
许某某与林某某合同纠纷案 1024
福建旺达房地产开发有限公司与平潭综合实验区市场监督管理局行政
  处罚决定、被上诉人福建省工商行政管理局行政复议决定案 1024
无锡戏码头文化发展有限公司与金某等、无锡蓉景憩号餐饮管理有限
  公司确认合同无效纠纷案 1028

周某1、周某2、杨某与徐州嘉朗物业管理有限公司、徐州天基房地产开发有限公司确认合同无效纠纷案 1028

昌邑市大丰棉花加工有限公司与昌邑市工商行政管理局行政登记、行政撤销案 1034

詹某某与宜昌鑫河造船有限公司申请公司清算纠纷案 1035

白竹洲公司与周某某、资元天台公司、新华水利、锦源公司股东出资纠纷案 1040

申请执行人杨某与被执行人陕西八达园林建设有限公司建设工程施工合同纠纷案 1040

肇庆端州农村商业银行股份有限公司东岗支行与新乡市升华新能源有限公司、深圳骐骏新能源有限公司、深圳汉骐超能科技有限公司等买卖合同纠纷案 1041

北京同仁堂化妆品有限公司不服北京市工商行政管理局丰台分局所作行政处罚决定案 1051

三明市三元区爱佳门窗店与三明市三元区市场监督管理局行政处罚案 ... 1051

长沙昶兴建材有限公司与长沙市工商行政管理局天心分局工商行政处罚案 1056

北京成功启航教育咨询有限公司不服北京市朝阳区市场监督管理局行政处罚决定案 1056

东莞市市场监督管理局与东莞市海顺建材有限公司市场监督管理行政处罚纠纷案 1063

南京蚁米电子科技股份有限公司与南京市工商行政管理局工商行政处罚决定案 1063

陈某宏与黄某斌、南宁妥当投资担保有限公司隆林分公司股东出资纠纷案 1067

仁化县水务局与陈某某执行分配方案异议之诉案 1068

思某某、牛某某、杨某某与云南楚雄森茂林业有限责任公司损害公司利益责任纠纷案 1073

常某文与河北和高房地产开发有限公司房屋买卖合同纠纷案 1074

陈某与北京爱表动力网络科技有限公司损害公司利益责任纠纷案 1081

四、参考文献

（一）图书

安建主编：《中华人民共和国公司法释义》，法律出版社 2013 年版。

安建主编：《中华人民共和国公司法释义》，法律出版社 2005 年版。

甘培忠：《企业与公司法学》（第 7 版），北京大学出版社第 2014 年版。

桂敏杰、安建主编：《新公司法条文解析》，人民法院出版社 2006 年版。

李东方：《公司法学》，中国政法大学出版社 2012 年版。

刘俊海：《现代公司法》，法律出版社 2008 年版。

施天涛：《公司法论》，法律出版社 2005 年版。

宋燕妮、赵旭东主编：《中华人民共和国公司法释义（修正版）》，法律出版社 2019 年版。

叶林：《公司法研究》，中国人民大学出版社 2008 年版。

张海棠：《公司法适用与审判实务》，中国法制出版社 2009 年版。

赵旭东主编：《公司法学》（第 4 版），高等教育出版社 2015 年版。

朱少平主编：《〈中华人民共和国公司法〉释义及实用指南》，中国民主法制出版社 2012 年版。

最高人民法院民事审判第二庭编著：《最高人民法院关于公司法解释（三）、清算纪要理解与适用》，人民法院出版社 2016 年版。

（二）期刊报纸

邓峰：《董事会制度的渊源、进化和中国的学习》，载《证券法苑》2011 年第 4 期。

李勇军、朱月娟：《公司累计投票制的性质、价值及其实现——基于对〈公司法〉第 106 条的分析》，载《西北农林科技大学学报（社会科学版）》2012 年第 12 期。

钱玉林：《公司章程"另有规定"检讨》，载《法学研究》2009年第2期。

施天涛：《公司资本制度改革：解读与辨析》，载《清华法学》2014年第5期。

叶林：《董事忠实义务及其扩张》，载《政治与法律》2021年第2期。

后 记

2022年10月22日胜利闭幕的中国共产党第二十次全国代表大会，是在全党全国各族人民迈上全面建设社会主义现代化新征程、向第二个百年奋斗目标进军的关键时刻召开的一次十分重要的大会，大会制定的行动纲领和大政方针为新时代人民法院审判执行工作指明了方向。编辑出版《中国民法典适用大全》，是最高人民法院深入学习贯彻党的二十大精神，全面贯彻习近平新时代中国特色社会主义思想，全面把握新时代新征程党和国家事业发展新要求、人民群众新期待，助力民法典统一正确实施的有力举措。

习近平总书记指出："民法典实施水平和效果，是衡量各级党和国家机关履行为人民服务宗旨的重要尺度。"[①] 学习好、贯彻好、实施好民法典是人民法院的重要职责和光荣使命。最高人民法院党组深入学习贯彻习近平法治思想，认真贯彻落实党中央决策部署，围绕切实实施民法典这一工作重心，采取系列举措把民法典贯彻实施工作不断引向深入，有效提升了民商事司法审判工作质效。为帮助广大法官牢固树立法典化思维，全面认识民法典各编和谐统一的体系关系，确立以民法典为中心的民事实体法律适用理念，确保民法典在各级人民法院统一正确实施，同时向社会公众宣传普及民法典司法适用知识，最高人民法院民法典贯彻实施工作领导小组组织力量编写了本套丛书。本套丛书以民法典的统一正确适用为中心，结合我国民商合一的立法模式，将有关的商事、知识产权等法律的适用问题一并纳入编辑范围，形成完整体系，旨在凸显民法典在民商事实体法中的基本法地位，进一步统一民商事裁判尺度，更好地辅助

---

① 习近平：《充分认识颁布实施民法典重大意义 依法更好保障人民合法权益》，载《求是》2020年第12期。

后 记

司法办案、便利社会生活。

为贯彻落实习近平总书记关于推动媒体融合发展重要讲话精神，人民法院出版社依托"法信"平台，把《中国民法典适用大全》作为重点融媒体出版项目进行编辑加工，在出版纸质书和手机阅读版的同时，配套推出《中国民法典适用大全》专题库，为读者提供民法典、知识产权与竞争、生态环境、商事、涉外商事海事等审判数字资源检索服务，并推出图书的电子书和"民法典适用大全"小程序，满足读者在各种数字化场景下的阅读需求。

本卷为商事卷公司法册。公司法是我国社会主义法律体系的重要组成部分，自实施以来，对公司及其经营行为进行保护，促使公司不断完善内部治理、规范决策机制、降低管理成本、保护公司股东的权益，积极净化公司对外交易环境和秩序，弘扬诚信交易原则，为市场主体的健康发展创造了良好的法律环境，对推动我国市场经济的繁荣与发展发挥了重要作用。在民法典颁布和国家大力完善营商环境的大背景下，为准确地理解公司法立法精神，树立先进的公司司法理念，进一步提高驾驭公司运行、解决纠纷的能力，满足司法实践需要，我们编辑了《中国民法典适用大全》商事卷公司法册。《中国民法典适用大全（商事卷·公司法）》的编辑工作紧扣公司法的适用，突出以下特点：一是权威性。在立法机关有关权威释义、最高人民法院相关司法解释理解与适用等权威著作基础上，结合司法实践优秀成果和最新裁判规则，吸收立法机关、专家学者有关意见，重点对公司法的具体司法适用进行详细阐述。二是全面性。对涉及公司的有关法律、行政法规、司法解释、部门规章和司法指导性文件进行了系统梳理，就有关法律法规与民法典条文的衔接适用问题作了系统论述。三是实用性。紧密结合审判实践，对近年来尤其是民法典实施后公司法领域有关指导性案例、典型案例和相关类案进行了系统检索和整理，为准确适用相关条文提供了鲜活参照。

参与商事卷公司法册编写和审核的人员主要是最高人民法院资深法官或业务骨干。编写人员有（按照条文顺序）孙亚菲、肖瑶、潘勇锋、孙德昌、郝晋琪、唐荣娜、王静、王福蕾、尚可、周新峰、孔庆贺、吴光荣、张海玲、刘佳、王涛、周媛媛、李婧、张颖、陈瑜、张昊、苏蓓、李季宁、李明。核稿人员有林文学、郭锋、杨永清、潘勇锋、孙亚菲、刘崇理、李敬阳、李洁、唐荣娜、齐招财。案例审核人员有陈志远、石磊、张乐园、梁颖、冉沁、李谦。

《中国民法典适用大全》的编辑出版是有关各方共同努力的结果。感谢全国人大常委会法工委等单位一直以来对人民法院工作的有力指导和大力支持！感谢积极支持人民法院民事审判执行工作的专家学者和其他法律从业人员！感谢有关地方法院对《中国民法典适用大全》编写工作提供的大力支持、所提出的宝贵意见建议！感谢人民法院出版社的各位编辑对本套丛书出版的辛苦付出和不懈努力！

疏漏不周之处在所难免，敬请各位读者批评指正。

编　者

二〇二二年十一月